U0521851

风云际会观世界

世界经济与政治研究所纪念建所60周年学术文集

中国社会科学院世界经济与政治研究所 编著

中国社会科学出版社

图书在版编目（CIP）数据

风云际会观世界 ：世界经济与政治研究所纪念建所60周年学术文集 / 中国社会科学院世界经济与政治研究所编著. -- 北京 ：中国社会科学出版社，2024. 12.

ISBN 978-7-5227-4435-3

Ⅰ. F11-53；D5-53

中国国家版本馆 CIP 数据核字第 20245ZB773 号

出 版 人　赵剑英

责任编辑　朱亚琪　夏大勇

责任校对　李　锦

责任印制　郝美娜

出　　版　中国社会科学出版社

社　　址　北京鼓楼西大街甲 158 号

邮　　编　100720

网　　址　http://www.csspw.cn

发 行 部　010-84083685

门 市 部　010-84029450

经　　销　新华书店及其他书店

印刷装订　北京君升印刷有限公司

版　　次　2024 年 12 月第 1 版

印　　次　2024 年 12 月第 1 次印刷

开　　本　710×1000　1/16

印　　张　54.75

字　　数　818 千字

定　　价　318.00 元

编 者 序

2024 年是中国社会科学院世界经济与政治研究所(以下简称世经政所)成立 60 周年。60 年间,世经政所始终站在世界经济与国际政治研究的前沿,以科学的态度和严谨的学风,致力于学术与政策研究,取得丰硕成果。在此背景下,世经政所结集出版《风云际会观世界——世界经济与政治研究所纪念建所 60 周年学术文集》。

世经政所是中国社会科学院下属的国际问题研究所之一,成立于 1964 年。2020 年 5 月起,世经政所成为中国社会科学院国家全球战略智库的实体依托单位。世经政所研究领域涵括习近平外交思想、全球宏观经济、国际金融、国际贸易、国际投资、国际发展、国际政治理论、外交政策、国际政治经济学、全球治理、国际大宗商品和国家安全等,是国际问题研究领域有重要影响力的综合性研究机构。

这本论文集收录了研究所目前在职人员发表在国内顶级和权威期刊的优秀代表作。论文集共包括 30 篇论文,发表时间跨度为 2002 年 11 月至 2024 年 10 月,汇集了世经政所各个学科的代表性研究成果。文集中论文按照所内学科和研究室布局排序,属同一研究室的以发表时间排序。论文作者涵盖我所老中青三代研究人员,体现了我所科研事业的赓续传承,也展现出科研工作者执着的学术追求和深厚的家国情怀。

这本论文集的出版既是对世经政所研究成果的一次集中呈现,更标示着世经政所蓄势站在了事业发展的新起点上。当今,中国式现代化在改革开放中破浪前行,向着实现第二个百年奋斗目标迈进。在迎来建所 60 周年之际，迈向新征程的世经政所将始终心怀“国之大者”，始终铭记为人民做学问的初心，在科研和智库建设中担当使命，大力推进学术创新和自主知识体系建设，为实现中华民族伟大复兴中国梦贡献更多智慧和力量。

在纪念建所60周年之际，世经政所还组织年轻学者对已离退休学者进行访谈，另行结集印行学术访谈录，展现老一辈学人耕耘奉献的历程和风采，点亮薪火相传、接续奋斗的未来之路。

《风云际会观世界——世界经济与政治研究所
纪念建所60周年学术文集》编委会
2024年12月

目　录

西方国际关系理论批判与中国特色社会主义国际关系理论建构
欧阳向英　阿列克斯·巴特勒 / 1

推进新时代中国国际问题研究　王　镭 / 25

结构压力是国家间互动造就的　徐　进 / 47

新经济测度　刘仕国 / 74

中国国际投资头寸表失衡与金融调整渠道　肖立晟　陈思翀 / 94

不对称合作:理解国际关系的一个视角　孙　杰 / 122

工业赶超与经济结构失衡　张　斌　茅　锐 / 153

布雷顿森林遗产与国际金融体系重建　高海红 / 178

人民币增加值有效汇率及其向不可贸易品部门的拓展
杨盼盼　李晓琴　徐奇渊 / 210

美债减持与国际货币体系多元化路径　刘东民　宋　爽 / 238

垂直分工下中国对外贸易中的内涵 CO_2 及其结构研究　马　涛 / 265

中国省级出口的增加值分解及其应用　苏庆义 / 290

全球供应链脆弱性测度
——基于贸易网络方法的分析
崔晓敏　熊婉婷　杨盼盼　徐奇渊 / 316

成本压力、吸收能力与技术获取型 OFDI　王碧珺　李　冉　张　明 / 339

资本充裕度与国际投资体制的演变　潘圆圆　张　明 / 368

中国城市低保制度的瞄准度分析　宋　锦　李　实　王德文 / 401

汇率变动、产品再配置与行业出口质量　毛日昇　陈瑶雯 / 429
技术进步、经济周期与制造业岗位丢失　姚　曦　续　继 / 471
中国与国际人权规范重塑　袁正清　李志永　主父笑飞 / 511
必要性现实主义：重构修昔底德的权力理论　李隽旸 / 531
“边缘困境”与春秋霸政
——基于道义现实主义的扩展讨论　沈　陈 / 569
从结构主义到国际关系理论：一项系统的考察
——兼论华尔兹结构观的局限性　薛　力 / 596
国际安全竞争必定导向国内军事化？
——竞争态势、战略反应与制度调适　肖　河 / 624
国际秩序的评判研究　邹治波 / 658
什么影响了国际货币基金组织的预测误差
——一个政治经济学分析　熊爱宗 / 681
贸易、权力与福利：大国博弈的国际经济政治学
分析　张宇燕　夏广涛 / 710
技术与霸权兴衰的关系
——国家与市场逻辑的博弈　任　琳　黄宇韬 / 738
收入不确定、股票市场与中国居民货币需求　王永中 / 767
权力转移、地理距离与大国战和关系　逄锐之 / 794
统筹发展和安全视野下的数字经济治理绩效研究　郎　平　郎　昆 / 842

西方国际关系理论批判与中国特色社会主义国际关系理论建构

欧阳向英　阿列克斯·巴特勒*

内容摘要：本文从马克思主义视角对西方国际关系理论加以分析和批判，重新归纳和总结马克思主义国际关系理论的有机构成，为构建中国特色社会主义国际关系学提供一定的理论支撑，同时为应对当前国际政治经济格局的新变化提供马克思主义的解决方案。马克思主义国际关系的三个方面，即国际经济关系、国际政治关系和国际安全关系，理论上应随时代的发展而补充新内容，实践中应对现实的国际问题给予有效的解读与回答。

关键词：马克思主义国际关系　国际经济关系　国际政治关系　国际安全关系

国际关系研究领域多年来由西方理论占据话语优势，以致很多人对有无系统的马克思主义国际关系理论存在怀疑。自现实主义诞生以来，西方国际关系理论日益将现实政治作为自己的研究重点，并对现实的国际关系产生了重要影响，任何研究国际关系理论的人都无法忽略其抽象性与解释力，这是自然而然的，但与此同时，马克思主义国际关系理论被明显忽视，有中国特色的社会主义国际关系理论研究者更是少之又少，不能不说

* 欧阳向英，中国社会科学院世界经济与政治研究所研究员；阿列克斯·巴特勒，俄罗斯科学院政治学教授、俄罗斯军事科学院院士。

是个遗憾。从马克思主义国际关系视角对西方国际关系理论加以分析和批判，重新归纳和总结马克思主义国际关系理论的有机构成，不仅对于构建有中国特色的国际关系理论是必要的，对于应对当前国际政治经济格局新变化也是重要的。

一　对西方国际关系理论的批判

西方国际关系理论的初始问题是战争起因，必然包括同一体系框架内的大国关系和不同体系框架下的对立博弈。第一次世界大战促进了西方国际关系理论的兴起，目的是研究特定体系框架内国家间的相互关系和作用，发展到第二次世界大战前夕，诞生了一系列理论著作。苏联成立后，以苏联为首的第三国际活跃在国际舞台，所谓“新型国家的行为方式”成为西方关注的焦点，因此国际关系学科第一部重量级学术专著恰恰是俄罗斯问题专家爱德华·卡尔的作品并不是偶然的。第二次世界大战后，苏联成为超级大国，美苏矛盾和冲突成为国际关系研究领域的重大课题，无论哪个流派的西方国际关系理论都暗含对苏联的解读与攻击，并无实质区别。[①] 马克思主义国际关系理论与之完全对立，正如政治现实主义也是在与马克思主义的斗争中发展成为最重要的国际关系学派的。

先看西方国际关系理论的前提假设。无政府状态是现实主义和新现实主义的理论预设，在马基雅维利、伯特兰·罗素、雷茵霍尔德·尼布尔[②]和汉

① 举例来说，卡特任总统时期，对苏联和中国展开人权攻势，这主要基于自由主义观点。里根时期对外政策上表现出来的反苏反共倾向，某种程度上基于政治现实主义，尤其受罗伯特·斯特劳斯-休普（Robert Strausz-Hupé）、威廉·金特纳（William Kintner）和托马斯·波索尼（Thomas Possony）的影响。尽管这两个学派非常不同，但目的是相同的，就是摧毁苏联。在这一点上，西方国际关系各流派并无实质差别，只是实现的路径不同。英国理论家斯蒂夫·史密斯（Steve Smith）也认为，各流派之间，无论是理想主义和现实主义，还是传统主义和行为主义，其争论都非实质性的，而是细枝末节。参见 Алекс Бэттлер. Мирология. Прогресс и сила в мировых отношениях. Том Ⅱ. Борьба всех против всех，Москва：ИТРК，2015，c. 22。

② 伯特兰·罗素为英国新现实主义和新实证主义奠基人之一，著名哲学家、数学家和社会活动家，1950 年获诺贝尔文学奖。雷茵霍尔德·尼布尔为德裔美国新教领袖，曾任纽约神学院副院长。

斯·摩根索的著作中都有体现。此观点最有力的支持者约翰·米尔斯海默曾下断言，国际体系处于无政府状态。耶尔·弗格森在某种意义上吸收了肯尼思·沃尔兹的观点，提出（世界意义上的）政权缺失是战争的主要原因，因为没人去消除战争。① 在调和无政府状态与国际合作的矛盾时，弗里德里希·克拉托赫维尔②给出的解释是，各国领导人在各种峰会上经常见面，讨论并解决世界关系的许多问题，使国际合作得以维持；还有的学者用“规则”来解释，即一切社会行为取决于规则，甚至在无政府状态下，规则仍是行动的自然前提。显然，这一流派将国际社会视为无人看管的森林，而各国遵守丛林法则是行动的前提。我们认为，数千年来所谓“规则”并不能消除不可计数的战争与冲突，所以“规则”并不是和平的真正原因；国际社会也并非处于无政府状态，而是经济关系上按供需规律、政治和地缘战略关系上按力的规律运行。所谓力，主要是军事实力和国家安全能力；所谓规律，就是强者总是要征服弱者，而弱者不会贸然攻击强者。战争与和平都不是无政府状态的结果，而是力的作用的结果。正如恩格斯所说：“历史是这样创造的：最终的结果总是从许多单个的意志的相互冲突中产生出来的，而其中每一个意志，又是由于许多特殊的生活条件，才成为它所成为的那样。这样就有无数互相交错的力量，有无数个力的平行四边形，由此就产生出一个合力，即历史结果，而这个结果又可以看做一个作为整体的、不自觉地和不自主地起着作用的力量的产物。”③ 也就是说，表面看起来是不自觉的力量在起作用（类似于现实主义者认为的“无政府状态”），实际是无数具有单个意志的力交错起作用的结果，最终形成了某种历史事件。所以，世界的和平与稳定并非取决于某种议事机制的建立与健全，即便真的有世界政府，也无法建设一个无冲突的世界，联合国的例子就说明了这一点。

---

① Michael Sullivan, *Theories of International Relations: Transition vs. Persistence*, New York: Palgrave, 2001, p. 10.

② 弗里德里希·克拉托赫维尔曾任德国慕尼黑大学教授，移居美国后重返欧洲，现任欧洲大学国际关系学院教授，建构主义代表人物之一。

③ 《马克思恩格斯选集》第四卷，人民出版社 2012 年版，第 605 页。

理想与现实是国际政治学科中的一组重要概念。以爱德华·卡尔为例，他继承了马基雅维利的思想，对乌托邦主义构成打击。卡尔提出三论断：(1) 历史发展的原因和结果通过理性可分析、可理解，而不是通过乌托邦主义者的想象来完成；(2) 不是理论创造实践，而是实践创造理论；(3) 不是政治是伦理的功能，而是伦理是政治的功能。也就是说，道德是力量的产物。统治阶级为了保障自己的利益，总是希望社会内部和谐稳定，反对可能威胁到它的阶级斗争。同理，国际和平也体现着占统治地位的强国的特定利益。如果没有一个国家强大到足以统治世界，族群（如英国、美国、法国）利益就会优先，也就是所谓“集体安全”。所以，当“集体安全”意味着强国统治的时候，其背后隐藏的贪婪目的昭然若揭。强者的权利和道德与弱者的权利和道德截然不同，以致彻底的现实主义者只应去追求力量，而非其他东西。卡尔的理论是可以自洽的，不足的是其理论与历史过程缺乏联系，这也是西方诸多国际关系学派的通病。比如，他无法解释不同的资产阶级国家占统治地位的阶级意识形态相同，也就是政治道德的预设一致，却为什么在国际关系上彼此会有冲突。从卡尔的思想中，我们既能看到尼采“强力意志”的影子，又能看到马克思实践论的影响，虽然这种影响更多的是作为批判对象出现的。

作为政治现实主义的奠基人，汉斯·摩根索是混乱的始作俑者。单从语义学来看，他把“概念”与“范畴”混为一谈，且不去辨析多义词的确切含义。如“power”一词，就具有三个含义：权力、力量和国家政权，通常他将这三个意思混用。此外，他引入“force”一词，表示“物理上的强制力”和“暴力”，用“authority”表示“合法政权”，这时“power”就只表示“单纯的力”。类似的例子很多。从逻辑上看，摩根索是地理决定论的支持者，认为地理因素是一国对外政策的决定性因素，但他却不能据此对地缘战争加以正确预测，相反对预测持有极端的怀疑态度。显然，摩根索没读过恩格斯的著作，否则他一定会对恩格斯的预测能力讶异不已，因为恩格斯提前1/4世纪预见到世界大战的不可避免，并明确指出参战各方，以及俄国革命的必然性。[①] 摩根索指出：国际政治如同任何其他政治一样，就是权力斗争；无论国际政治的最终目的如何，权力总是直接目的；政治无非就是保住权力、加强权力或展示权力。但是，如果我们继续追问，权力的目的是什么？摩根索就语焉不详了。他回避了权力就是利用地位获得利益这一点，这使他的“权力”概念变得空洞，无法解释诸如美国对波兰的政策为什么不只是地位—配额问题，而且是对苏（俄）斗争问题，与经济利益和领土扩张密切相关。此外，他混淆了手段和目的。当他说经济政策本身必须与作为政治工具的经济政策区分开时，他强调的是后者具有左右其他国家政策的属性，因此瑞士对美国的出口政策就是纯粹的经济政策，而苏联对东欧的经济政策就是作为政治工具的经济政策。这看似有理，实际上并没有搞清经济与政治的关系，也没有弄懂手段与目的的关系。我们认为，当各种经济的、金融的和文化的手段统统指向一个目的时，或者一个工具（如意识形态或宣传工具）服务于许多目的，而这许多目的又集聚成某一主体的对外战略目的时，那就是政治目的。对外政策的目的与手段是互为可逆的，这是国际关系理论中的一个重要现象。

谈到大国关系，肯尼思·沃尔兹有许多创见，比如他认为美苏竞争的根源在于国际关系的双极结构，然而他的问题在于，首先，他对“对外政策”“国际政治”和“国际关系”没有很好地区分，尽管他解释了对外政策与国际环境的互动关系，但对外政策这个环节处于政治体系的何种结构当中，他没有说清楚。其次，沃尔兹意识到“结构”与“无政府主义”有矛盾，因为结构是组织性概念，与国家共存，而无政府主义反对一切组织结构，但他以微观经济中的经济主体和市场的关系来解决这对矛盾，就使矛盾更加无解。“国际政治体系，如同经济市场一样，形成于以自我为中心的行为体的相互作用之中。国际结构由各自时代基本的政治行为体确定，例如城邦、帝国或民族。结构与国家共存。”[②] 既然国际关系由各个国家构建，如同市场由各个私人公司组成，市场的规律（按照资本主义经济

① 参见《马克思恩格斯全集》第二十一卷，人民出版社 1965 年版，第 400—401 页。

② Kenneth Waltz, *Theory of International Politics*, New York: McGraw-Hill, 1979, p. 91.

运行的法则调整供需）就类似国际体系的规律，那么这就不完全是无政府主义了。况且，任何国家出于军事或政治目的，都会采取一定的经济手段，以保障自己的经济利益。从终极意义上说，无论哪个领域发生的国家行为，最终目的都是实现经济利益。沃尔兹说，国家外交政策的首要动机就是生存，可以有多重动机，但生存是前提性的。考虑到不是所有的国家都面临威胁，这时维护生存就失去了意义，所以沃尔兹所说的生存前提只存在于某些经常处于险境的国家，生存也未必是所有国家对外政策的首要动机。最后，势力均衡是沃尔兹理论中的重要概念，但均势能否保障安全，在沃尔兹的论述中有自相矛盾之处。由于沃尔兹坚持认为无政府主义在国际关系领域占据统治地位，那么均势靠什么来调节各方关系，又是谁充当调节的主体？如果由关系参与者各方进行调节，那么这与沃尔兹对均势法则的规定又相悖，因为他提出均势法则自发地起作用，不以参与者的意志为转移。而且，如果均势是安全的保障，那么各方应尽力维持均势，而不是使自己的力量最大化，但我们知道，这与国际关系的实际状况并不符合。

在所有的西方国际关系理论中，批判理论是与马克思的理论最接近的。批判理论的兴起主要归功于罗伯特·考克斯，他是近20年被引率最高的25名国际关系学者之一，其著作《生产、权力和世界秩序》也是国际关系学的名著之一。批判理论与马克思主义有很深的渊源，但其直接来源并非马克思，而是哈贝马斯。考克斯与马克思的共同之处在于对当代资本主义的批判，但他反对马克思的经济基础和上层建筑学说。与其说考克斯受马克思或法兰克福学派影响，不如说受他在联合国国际劳工组织期间工作经历的影响更大。正是这段经历，使他开始思考工人阶级的处境，以及改变国际资本统治地位的行动。考克斯的理论有几大特点。首先，批判理论致力于研究世界整体，而不是某一部分，特别关注世界主导秩序，以及秩序的产生。其次，考克斯的理论明显贯穿着历史主义，而这个历史不是过去事件的简单记录，而是不间歇的变化过程。他用历史唯物主义去修正新现实主义，主要包含四个方面的内容：一是他将辩证法分为逻辑层面和现实历史层面，认为在逻辑层面辩证法就是通过分析矛盾而寻求真理的对话，在现实历史层面则是作为反对一方的社会力量自身发展的可能性；二是他指出批判主义与新现实主义在对待冲突上有根本不同，新现实主义认为冲突是常态结构的再生产，而历史唯物主义认为冲突是可能使结构发生变化的原因；三是历史唯物主义研究国家与公民社会的关系，而新现实主义对此缺乏关注；四是历史唯物主义既研究生产力，又研究国家和国际关系中的权力—力量，而新现实主义忽略了对生产力的研究。在对现实主义和新现实主义做出区分后，考克斯提出了自己的“历史结构”，即物质能力—组织—思想观念，其中物质能力和组织（制度）作为基础，而思想观念是更上层的东西，三个维度相互作用、相互影响。同时，他为国家与国际秩序做了一个模型，即国家形式—世界秩序—社会力量，其中国家形式和世界秩序是基础，而社会力量（与国家的国际化、生产的国际化和统治阶级有关）处于上层，三个维度也是相互作用、相互影响。考克斯提出的国际秩序模型是以新现实主义为批驳对象的，他认为后者完全忽视国家形式和社会力量，只把重心放在世界秩序和力量均衡上，难以说明谁在国际舞台占上风，对诸如美国（从更宽泛的意义上说，西方）如何保持自己的领导地位缺乏解释力。考克斯对帝国主义的批判非常深刻。他指出，近年来美国已用“开放市场”和“武装进攻”代替“民主”和“自由”，导致“硬实力”和“软实力”不再像以往那样相互补充，而是各行其是乃至分道扬镳。只要美元作为国际基础货币的地位不改变，美国对国际货币基金组织的控制不改变，对以世界银行和世界贸易组织为代表的国际经济体系不改变，美元的任何贬值都可以在缩减美国债务的同时扩大出口竞争力，这就意味着美国作为帝国主义的本质不会改变。由于帝国主义行径是激发别国（也包括组织和个人）愤怒的主要原因，所以它也是恐怖主义的源头。

苏联解体后，结构主义兴起，说明两极世界终结后需要新理论对世界秩序加以重构。在结构主义者看来，国际制度有两个功能：其一是调节功能，制定各国行为标准；其二是确立规范，使国际行为可评价。调节功能是国际制度的主要功能，因为一国可以独立制订自己的战略规划和目的，但如何实现这一目的，则与他国有关，一国必须在“国际社会”中来考虑自己与他国的关系。评价功能往往通过国际法、外交和主权等进行。作为结构主义的代表人物，昆士兰大学教授克里斯蒂安·罗尔斯-斯密特反对一切现实主义和马克思主义，认为它们过度看重物质力量，却对规范人们行为的伦理性力量一无所知。他指出，首先，结构决定着社会角色和政治角色的行为，无论它是一个人，还是一个国家。规范的、观念的或想象的结构与物质结构同等重要，思想、信仰和价值也具有结构的特征，并对社会和政治行为有巨大影响。其次，结构使人认识到自己的利益所在，并为之付出行动。最后，结构与人相互塑造，通过人的有意识的实践活动来完成。结构主义者也分为现代主义者和后现代主义者，他们都采用分析的视角，但运用的概念是不固定的，哪怕最关键的概念，如思想、规范、文化和社会本质等，都在时刻变化。由此可见，结构主义者不仅对马克思主义的意识形态理论缺乏充分了解，对结构的客观性和稳定性也并不看重，走向解构主义并瓦解自身几乎是必然的。

世界体系理论产生于20世纪70年代。它的创始人沃勒斯坦把世界体系定义为具有广泛劳动分工的实体，这一实体中既包括功能分工，也包括地理分工。沃勒斯坦认为，支配世界体系的是霸权，而霸权指在工业、农业和金融业都具有巨大优势竞争力的大国。在沃勒斯坦看来，当代世界体系实质上是资本主义的世界体系，在世界体系“中心—半边缘—边缘”的动态结构中，西方发达资本主义国家居于中心地位。值得注意的是，各阶层的地位不是一成不变的。即使处于霸权地位的国家，其地位也会遇到挑战。世界体系各阶层竞争中的优势，主要取决于其生产效益。所谓霸权，包括的不仅仅是中心地位，还可以解释为一种优势。沃勒斯坦对资本主义体系进行判断有四个前提：第一个前提是从浩瀚的宇宙到最小的物理现象，当然也包括历史社会体系在内的所有体系都有生命。第二个前提是对作为历史社会体系的资本主义世界经济运转方式的最重要特征的描述，即资本主义体系中资本家实现其目标的根本驱动力是无止境的资本积累，而不管这种积累发生在哪里和以何种方式得以实现，由于积累需要占有剩余价值，资本家积累的动力加速了阶级斗争的爆发。第三个前提是对现代世界体系在1945年至2010年所发生的事情的解读，细分为两个时期：1945年至1970年左右是世界经济的强势扩张期，甚至是迄今为止资本主义世界经济历史上最具扩张性的康德拉季耶夫周期A阶段，20世纪70年代以来资本家把他们的重点从生产领域转移到金融领域，世界体系随之陷入了现代世界体系历史上范围最广、持续时间最长的投机泡沫以及最高水平的多重债务中；1970年左右至2010年，当准垄断遭到破坏时，世界体系自身也就进入了康德拉季耶夫B阶段的衰退期，并可能一直持续到2050年左右，美国霸权在这一时期也面临加速衰落。第四个前提是对当前世界体系在结构性危机中所发生事情的描述，即包括世界经济、国家间体系、文化—意识形态潮流、生活资源的可获得性、气候条件和流行病所呈现的混乱，贸易保护主义和极端主义借此抬头，世界范围内出现“达沃斯精神”（希望有一个“非资本主义”的体系，但仍保留等级制、剥削和两极分化等现有体系的基本特征）和“阿雷格里港精神”（希望有一个迄今为止从未存在过的体系，一个相对民主和相对平等的体系）的两大集团之间的斗争。随着时间的推移，两个原因使资本主义世界体系处于结构性危机当中：一是美国霸权的衰落，这是一种并发性现象，或者说周期性现象；二是出现了全球范围的生产利润紧缩，这是一种结构性现象，或者说长期现象。资本主义生产方式本质上是世界性的，因此资本主义的灭亡必然也是世界性的，它在世界范围内扩张的极限就是其灭亡的时间。在世界体系中，经济落后的国家要改变其外围国家的地位，必须走社会主义道路，因为社会主义本身就是不发达国家在世界体系中寻求生存发展的一种反应。社会主义代替资本主义是世界体系内在矛盾运动的必然结果，社会主义生产方式只有在新的世界体系中才能得到全面实现。由于沃勒斯坦的这些思想在一定程度上回应了马克思生产全球化的理论，所以被西方称为具有马克思主义色彩的理论或20世纪80年代的马克思主义。

二 马克思主义国际关系理论的三个方面

马克思主义经典作家对国际关系的论述与西方学者迥然不同。西方国际关系理论的起点是威斯特伐利亚体系的建立，而马克思主义国际关系理论的起点是资本主义登上舞台，人类历史进入世界史；西方国际关系理论的核心概念是国家行为体，而马克思主义国际关系理论的核心概念是阶级，从阶级斗争的视角来分析国际战争与和平等现象；西方国际关系理论注重现实主义，而马克思主义国际关系理论从历史唯物主义出发，强调历史与现实的统一。基于整体主义视角，马克思主义国际关系理论应包含国际经济关系、国际政治关系和国际安全关系三个方面。它们相互联系、相互作用，构成马克思主义国际关系理论的整体。

（一）国际经济关系

随着世界市场的开拓，特别是国际贸易、国际金融、国际投资和国际合作的发展，世界经济和世界政治相互作用、相互影响，经济问题日趋政治化，政治问题也包含着经济动因，国际经济关系成为国际关系的基础。国际分工与依附是国际经济关系的核心概念，世界经济一体化是世界市场发展的必然趋势，靠资本输出掠夺全世界是帝国主义时期国际经济关系的一个重要标志。

国际分工与依附是国际经济关系的核心概念。作为国际经济关系的逻辑起点，国际分工是国际范围内生产力和生产关系相互作用的结果，它不仅反映国际社会再生产过程中人与自然的关系，其本身又是各国生产者之间的一种社会协作关系，具有自然和社会两重属性。从历史角度看，国际分工的出现和发展始终与资本主义发达国家对落后国家剥削和掠夺联系在一起，既具有进步性，也具有局限性。一方面，它促进了生产国际化和分工专业化，成为世界经济发展的强有力杠杆；另一方面，它作为帝国主义剥削和掠夺的手段，又阻碍国际生产力和国际经济关系的健康发展。在以资本为主导的国际经济关系中，劳动生产力发展的不同水平决定着一个国家在国际分工中所处的不同地位，也决定着劳动者的地位。由于国际劳动分工是大工业的产物，而最早的工业革命又发生在欧洲国家，这就自然形成了先进工业国、后进工业国和落后农业国的差别，从而形成以少数先进工业国为中心、以广大农业国为外围的分工格局和外围依附中心的发展进程。同时，这种不平等的国际分工，也并不是说对落后国家完全没有好处，它可以使落后或较贫穷的国家获得比本国生产更便宜的技术和产品，可以节约本国劳动，因而也存在着对本国经济发展有利的一面。从长期来看，发展的不平衡不仅导致霸权国或中心国地位的变化，更为重要的是在这些国家地位的变动过程中，会引起工人阶级的革命，从而为社会主义国际分工做好物质准备。尽管如此，与私有制紧密联系的资本主义国际分工的强制性和被迫性仍然是人类向理想社会迈进的桎梏。国际分工不仅是经济全球化的动因，而且是国际经济关系的基础。

世界经济一体化是世界市场发展的必然趋势。由于开拓了世界市场，资产阶级挖掉了工业脚下的民族基础，使民族的闭关自守状态、民族的局限性和片面性都被打破，一切国家的生产和消费都成为世界性的，以至每一国家的人民都受到另一国家发生的事情的影响。① 列宁结合资本主义新的发展实践，提出了国际垄断资本主义的理论。他认为，资本主义国际化和世界性的发展进程，与国际垄断资本的对外扩张进程是一致的，资本主义发展到帝国主义之后，整个世界正在融合为一个有机的经济机体："资本主义已经发展到这个最高阶段。社会的生产力和资本的规模业已超出单个民族国家的狭隘范围。这一切促使大国竭力去奴役其他民族，去抢夺殖民地作为原料来源和资本输出场所。整个世界正在融合为一个单一的经济机体，整个世界已被少数大国瓜分完毕。"② 列宁还分析了由资本主义劳动世界性所形成的世界体系中的矛盾，认为资本主义劳动世界性发展中的矛盾主要是国际垄断同盟瓜分世界所造成的，这些矛盾只有在社会主义制度

① 参见《马克思恩格斯选集》第一卷，人民出版社 1995 年版，第 241 页。

② 《列宁全集》第二十六卷，人民出版社 2017 年版，第 294 页。

下才能得到解决。帝国主义时代由于国际垄断资本的全球性发展，必然带来劳动者争取解放斗争的世界性的联合，使社会主义革命条件逐步成熟。

靠资本输出掠夺全世界是帝国主义时期国际经济关系的一个重要标志。少数金融寡头不仅统治了各资本主义国家国内的经济生活和政治生活，并且不断向外扩张，在与其他国家的金融资本争夺和勾结中，形成国际金融寡头，力图统治整个世界经济。资本输出替代商品输出成为资本主义世界扩张的主要手段和途径。金融资本成为一种存在于一切经济关系和一切国际关系中的巨大力量，甚至是起决定作用的力量，它能够支配而且实际上已经支配着一些政治上完全独立的国家，同时还要从国外市场上，从全世界上把竞争者排除掉，主要手段就是使竞争者在金融上处于依附地位。① 强国不仅在瓜分领土、瓜分殖民地这种直接意义上瓜分了整个地球，而且通过大银行和大资本家在经济上重新瓜分了全球。它一方面加强了对殖民地的剥削和掠夺，加剧了殖民地人民与宗主国的矛盾；另一方面它也促进了殖民地资产阶级的形成和资本主义的发展，并进一步把殖民地拖入世界市场。这一切又会推动殖民地无产阶级的发展和壮大，从而为殖民地人民的民族民主革命创造条件。

资本主义制度下建立统一世界经济体系的趋势，在社会主义制度下不仅不会被消灭，反而会得到发展和完善。“因为估计到建立统一的、由各国无产阶级按总计划调整的完整的世界经济的趋势，这种趋势在资本主义制度下已经十分明显地表现出来，在社会主义制度下必然会继续发展而臻于完善。”② 如果想用社会主义世界联邦来对抗资本主义世界体系，那么当社会主义的力量还不足够强大时，把“世界联邦”当作一个独立的口号未必是正确的。为了实现迅速发展生产力这一目标，社会主义国家应当实行对外开放政策，即通过与资本主义国家的贸易、学习资本主义国家的先进科学技术、引进资本主义国家的资金、先进技术装备和管理经验等，来加速自己的发展。对外开放，与资本主义国家建立经济联系，不仅是克服经

① 参见《列宁全集》第二十八卷，人民出版社1990年版，第134页。

② 《列宁全集》第三十九卷，人民出版社2017年版，第165页。

济落后的需要，也是建立和平共处关系的需要。

（二）国际政治关系

世界民主与霸权主义的冲突是国际政治关系的核心问题。在马克思和恩格斯生活的时代，民主和霸权尚未成为世界性的问题。世界民主和霸权主义理论的出现，是国际政治长期演变的结果。尤其在第二次世界大战后，民主日益明显地被某些西方强国利用，成为其在世界范围推行霸权、实现战略扩张的借口，与民主的实质完全相悖。民主原则扩展到国际范围后，理应遵循国家不分大小一律平等的原则，在国际事务上拥有同等的话语权，但截至目前，国际组织和各种国际论坛中充斥着霸权主义和强权政治，不合理的国际政治秩序仍占主导地位。霸权主义和强权政治日渐成为国际政治中的毒瘤，东西方、强弱国、不同制度国家间存在着严重的经济利益和文化冲突，世界民主成为空谈。

霸权和民主理论的国际化发展恰好印证了马克思关于自由、平等、人权、民主都是历史概念的观点。有国家存在，就会有政治上的集权和工商业上的霸权，扩展到世界范围，就是为实现更大的经济利益和巩固此经济利益所必不可少的政治权力而追求的世界霸权。经济原因是霸权主义的基础，同时霸权主义与政治制度密切关联。从历史上看，争夺霸权的野心往往以非经济驱动的面目出现，比如俄国就曾打着泛斯拉夫主义的旗帜来实施争夺世界霸权的计划，其目的就是要侵占君士坦丁堡。“请去问问乌克兰的农民，叶卡特林娜起先也曾把他们从‘波兰的压迫下’解放出来过（借口是宗教），其目的仅仅是为了后来吞并他们。俄国泛斯拉夫主义的全部欺骗实质上是什么呢？就是要侵占君士坦丁堡——仅此而已。只有实行这种侵占才能有力地影响俄国农民的宗教传统，鼓动他们去保卫神圣的沙皇格勒，延长沙皇制度的寿命。只要俄国人一占领君士坦丁堡，保加利亚和塞尔维亚的独立和自由就完了：这些兄弟们（bratanki）很快会感觉到，过去甚至在土耳其人统治下他们还要好过得多。这些兄弟们完全是因为幼稚透顶，才相信沙皇关心的是他们的利益，而不是他本身的利益。”① 现在看来，美国在世界各地灌输的人权信条与俄国当年鼓吹泛斯拉夫主义是何其相似！一旦军国主义和霸权主义占上风，就不排除发动战争这样一种可能，甚至通过战争来扩大市场也被资产阶级视为天经地义，这正如恩格斯早就指出的，在资产阶级看来，“战争是唯一真正的万应灵药”②。

在帝国主义时代，规模巨大的垄断资本组成了国际同盟，最富裕的国家把全世界的领土瓜分完毕，国际托拉斯开始从经济上瓜分世界。在这种情况下，帝国主义战争，即争夺世界霸权、争夺银行资本的市场和扼杀各弱小民族的战争是不可避免的。资本家垄断同盟对世界的争夺，体现在国际政治关系上，就是帝国主义大国争夺世界霸权，这是帝国主义的重要特点。垄断资本主义的政治上层建筑转向反动是必然的。“这种新的经济即垄断资本主义（帝国主义就是垄断资本主义）的政治上层建筑，就是从民主转向政治反动。民主适应于自由竞争。政治反动适应于垄断。”③ 世界霸权是帝国主义政治的内容，而帝国主义政治的继续便是帝国主义战争。它作为大垄断资本家集团政治的继续，同样有着残暴性和残酷性，是最反动的战争。这种帝国主义战争，不再具有资产阶级进步的、民族解放的意义。

两个平行市场和资本主义总危机的理论，是斯大林关于国际问题的重要论述。他认为，两个平行市场的形成，不仅使资本主义总危机加深，而且使资本主义列强争夺世界霸权的斗争加剧。“第二次世界大战本身就是由这种危机产生的。在战争时期互相厮打的两个资本主义同盟，其中每一个都指望粉碎敌方，而获得世界霸权，它们都想从这里寻找摆脱危机的出路。美国指望击溃自己最危险的竞争者德国和日本，夺取国外市场、世界的原料资源，并取得世界霸权。”④ 资本主义总危机是包括经济、政治在内

① 《马克思恩格斯全集》第三十五卷，人民出版社1971年版，第272页。

② 《马克思恩格斯全集》第三十八卷，人民出版社1972年版，第199页。

③ 《列宁全集》第二十八卷，人民出版社2017年版，第133页。

④ 《斯大林选集》下卷，人民出版社1979年版，第561页。

的资本主义体系的全面危机，基础是世界社会主义实力的强大。要消灭危机，就要消灭资本主义制度。社会主义在被资本主义包围中生存和发展，资本主义不仅要利用一切办法遏制社会主义、破坏社会主义的发展和实力，而且总在等待时机进攻社会主义、颠覆社会主义。世界民主不可能不经过斗争就顺利到来，更不可能一蹴而就。同时，斯大林强调，虽然社会主义和资本主义是两种性质根本不同的制度，它们之间的矛盾和对立是无法避免的，但它们之间的相互依赖是客观存在着的。社会主义和资本主义之间斗争的本质，是谁战胜谁的问题，但在谁也消灭不了谁的时候，只能在斗争中求得并存。

（三）国际安全关系

战争与和平是国际关系理论中最敏感、最复杂、最具有全局性的重要问题。马克思和恩格斯生活的时代，正处于自由资本主义时代，先进的资本主义国家对落后国家的殖民掠夺、各主要资本主义国家之间为争夺殖民地和市场而进行的战争，以及各国人民反封建压迫与资本主义剥削的战争，构成了国际安全关系的重要特征。

战争是人类进入阶级社会才出现的社会现象。战争的具体原因可能千差万别，但历史上的一切战争，包括宗教战争，共同原因都是掠夺财富和夺取维护这种财富的权力，归根结底也就是阶级冲突和斗争。阶级对立是国家或民族间爆发战争的根本原因，而经济目标几乎是发动战争的唯一驱动因素。没有私有制、阶级剥削、阶级压迫和阶级斗争，没有维持这种剥削和压迫的国家这一工具，也就不会产生战争。而只要有利益相互对立、相互冲突和社会地位不同的阶级存在，阶级之间的战争就不会消灭。马克思和恩格斯把资本主义时期各种战争的具体原因进行了大致分类：一是争夺地区霸权，如英国发动的海外侵略战争，正是为了实现它成为世界帝国的野心；二是边界争端和领土扩张，如沙皇俄国对外战争的主要目的就是领土扩张，其疆域边界也因一次次的领土兼并而不断更改；三是国内革命引发危机，如 1789 年法国大革命和 1848 年欧洲革命所引起的一系列动荡；

四是统治者转移国内矛盾，如19世纪末的俄国为取得借款所发动的战争，目的在于“进行垂死挣扎”；五是抢夺世界市场，为了这个目标，资产阶级不惜动用国家全部生产能力，从而加剧国内危机。依据其阶级内容，战争可以划分为正义战争和非正义战争。决定战争胜负的主要因素在于战争性质，虽然人与武器这两个方面的因素也很重要。

战争不仅体现着国际安全关系，也会对国际经济关系产生影响。战争有正义战争和非正义战争之分，因而战争对人类历史发展具有双重作用。它无情地摧毁人类的生命财产，造成巨大社会灾难，有很大的破坏作用，同时它起着非常重要的革命作用，催生着新社会，推动着历史的发展。在阶级社会，战争与和平的关系是矛盾统一体：两者既相互对立，又相互联系，在一定条件下又可以相互转化。马克思和恩格斯都主张反对战争，维护和平。首先，消灭私有制、消灭阶级是实现和平的唯一途径。通过无产阶级革命，建立社会主义制度而消灭私有制，从而消灭阶级，是最终消灭战争、实现永久和平的唯一正确途径。实现永久和平的基本条件，就是每一个民族都将有同一个统治者——劳动。也就是说，只有在劳动者得到彻底解放、除了共同劳动不存在任何统治者的时候，永久和平才能彻底实现。其次，马克思和恩格斯明确表达了对资产阶级战争的反对态度。再次，马克思和恩格斯号召，全世界无产阶级联合起来，根绝一切战争。最后，在资本主义列强争夺欧洲霸权、争夺世界霸权的战争迫近的情况下，捍卫和平并非没有可能，其途径就是裁军，从而保障和平。时至今日，马克思和恩格斯对国际安全关系的阐述对我们处理战争与和平的关系仍有非常重要的指导作用。

列宁认为，帝国主义时代战争的根源就是帝国主义，战争不仅是资本主义经济发展的必然要求，也是帝国主义列强争霸世界斗争的必然结果，体现着帝国主义的本质。战争是政治的继续，这是探讨战争性质的基本出发点。帝国主义战争是帝国主义政策的继续，民族解放战争是民族解放政策的继续，无产阶级被迫进行的革命战争是无产阶级政策的继续。任何战争都同产生它的政治制度分不开。要改变战争的性质，只有变换掌权的阶级。无产阶级必须拿起武器反对资产阶级战争，但使用暴力并不是无产阶级的理想和唯一选择。由资本主义向社会主义过渡的形式是多样化的，至于采取民主的形式还是暴力的形式，需要由各国无产阶级依据本国的具体情况和形势而决定。斯大林对战争与和平理论有进一步的发展。他认为，帝国主义时代战争的根源在于列强争夺和瓜分世界的斗争，这是由它们之间发展不平衡引起的。在发展极不平衡的条件下，争夺销售市场和资本输出市场的斗争已经使周期性的重分世界和势力范围的帝国主义战争不可避免。换言之，帝国主义阵营内的冲突已经不能用和平方式解决，必须诉诸战争。独占势力范围必然引起战争，而战争又是恢复均势的唯一手段。只要帝国主义存在，战争就难以避免，然而社会主义国家可以通过和平的外交政策延缓和推迟战争的爆发。社会主义的目的是和平，揭露帝国主义的阴谋是实现和平的手段，制止战争是和平发展的基本条件，维护和平必须有强大的国防，必须建立有效的国际管制机构，等等。

三　构建中国特色社会主义国际关系理论

中国特色社会主义国际关系理论是马克思主义国际关系理论的一部分，是后者的现实化和本土化，其生命力取决于解释力和创新性，取决于能否对现实的国际问题予以有效的分析与研判。当今世界不确定性日益增加，面对激烈的大国博弈和各种思潮涌动，中国特色社会主义国际关系理论至少应对以下三个问题做出回答。

（一）中国与世界的经济关系

在世界经济论坛2017年年会上，习近平主席就全球化与世界经济的关系以及全球化进程中的中国应承担的时代责任等问题发表了精彩演讲，对当今世界出现的“反全球化”浪潮做出了鲜明回应。伴随着改革开放的历史进程，中国与世界的经济交往日益密切，积极融入经济全球化的中国已成为国际自由贸易与开放经济的一面旗帜。然而，我们也应看到，无论在发达国家还是发展中国家，都有部分人提出“反全球化”的诉求，他们认为全球化加剧了国与国之间的不平等，也使国内收入分化和失业更加严重。客观地讲，全球化具有正反两方面效应，重要的是如何在放大它的正面效应的同时减少负面效应，这取决于各国政府的判断以及政策的制定和执行，也取决于全球治理能力的加强和发展中国家对国际经济秩序变革的推动。如果“逆全球化”成为一种时代背景，中国该如何处理与世界的经济关系，或许历史经验有助于我们思考这一问题，因为任何现实问题都不是孤立的。即便全球化不会出现逆转，中国也应该认真思考自己在世界经济中的角色与定位，以高超的定力来应对不断变化的外部环境。

独立自主、自力更生，是以毛泽东为代表的中国共产党人在领导中国革命和建设活动中，逐步形成的一个具有普遍指导意义的原则。中华人民共和国成立后的相当一段时期，政治上坚持独立自主、经济上自力更生，某种程度上是由于帝国主义的包围和封锁政策。毛泽东并非不重视对外贸易，他认为社会主义国家应当努力创造条件开展对外贸易，包括对资本主义国家的贸易，但反对带有附加条件的贸易，反对不加管制的进口。“我们这类国家，如中国和苏联，主要依靠国内市场，而不是国外市场。这并不是说不要国外联系，不做生意。不，需要联系，需要做生意，不要孤立。”① 在中国和外部世界的商业关系方面，不论意识形态有多大差异，都可以进行自由平等的贸易。对内节制资本和对外统制贸易，是中国在经济斗争中的两个基本政策。对外贸易必须严格统制，不但奢侈品、非必需品不许进口，就是日用必需品在必要时也不许进口，而由自己生产。要学习资本主义国家的先进的科学技术和企业管理方法中合乎科学的方面，以中国人民的实际需要为基础，批判地加以吸收。

随着综合国力的提高，中国外交的主要任务由捍卫主权逐渐过渡到积极建立对外经济联系，为中国的经济发展服务。对外开放具有深远的政治影响，因为一个国家要取得真正的政治独立，必须努力摆脱贫困，而要摆

① 《毛泽东文集》第六卷，人民出版社1999年版，第340页。

脱贫困，在经济政策和对外政策上都要立足于自己的实际，不能给自己设置障碍，不能孤立于世界之外。邓小平多次阐述中国对外开放的必要性、紧迫性和长期性，指出现在的世界是开放的世界，闭关自守只能让中国变得落后。“经验证明，关起门来搞建设是不能成功的，中国的发展离不开世界。当然，像中国这样大的国家搞建设，不靠自己不行，主要靠自己，这叫做自力更生。但是，在坚持自力更生的基础上，还需要对外开放，吸收外国的资金和技术来帮助我们发展。这种帮助不是单方面的。中国取得了国际的特别是发达国家的资金和技术，中国对国际的经济也会做出较多的贡献。”① 建立国际经济新秩序，要有利于广大发展中国家的发展利益，缩小南北经济差距，使南方国家摆脱贫穷和落后状态，因为世界的发展决不能长期建立在广大发展中国家贫穷落后的基础之上。对外开放和经济合作，“这是一个战略问题”②。同时要警惕一些西方国家对社会主义搞和平演变。邓小平的这些深入分析和论述对于中国在改革开放条件下坚持正确的外交路线具有重要指导意义。

党的十八大后，中国改革开放的伟大事业进入新阶段。“一带一路”、亚洲基础设施投资银行、金砖国家新开发银行等顶层设计前所未有，努力利用国际国内两个市场、两种资源对我们的经济管理能力和外交水平提出了新挑战。中国提出创新驱动、协同联动、与时俱进、公平包容，打造富有活力的增长模式、开放共赢的合作模式、公正合理的治理模式和平衡普惠的发展模式，以利于解决世界经济发展动力不足和分配不均的难题，得到了国际社会的广泛认同。与此同时，我们要看到，经济国际化、一体化和全球化是国际经济关系中既有联系又相区别的三个层次。世界经济从未真正实现过一体化，包括欧盟在内，经济全球化目前也困难重重。世界范围内金融霸权主义仍然存在，贸易保护主义抬头，而中国在全球价值链中居于不利地位，本来就非中性的国际经济秩序在以美国为首的西方发达国家推动下继续向既得利益者倾斜，在此情况下，中国要进一步明确自己的

① 《邓小平文选》第三卷，人民出版社 1993 年版，第 78 页。

② 《邓小平文选》第三卷，人民出版社 1993 年版，第 32 页。

经济战略目标。中国要融入经济全球化，但全球化只是中国获得必要的资金和技术的一种手段，并非目的，不应为全球化而全球化。特朗普上台和欧洲民粹主义风行，决定了西方对中国的打压政策不会停止，大国博弈会更加激烈，议价机制会更加复杂。中国有必要重温独立自主、自力更生的理念，首先立足国内，解决好国内问题，然后才是以适当的规模和速度进行对外经济关系的深化与拓展。

（二）中国与世界的政治交往

作为联合国五大常任理事国之一，中国要维护广大发展中国家的正当利益，而作为现存最大的社会主义国家，中国与资本主义国家存在着制度上的差异。中国与世界各国的政治交往有合作，也有博弈，维持平等互利的关键就在于坚持国际民主原则。

国际民主的核心是国家不分大小，一律平等。民主对于所有国家都是必需的，而且应当是全面的，政治上、军事上、经济上、文化上、党务上以及国际关系上，都需要民主。“在国际关系上，各国都应该是民主的国家，并发生民主的相互关系，我们希望外国及外国朋友以民主态度对待我们，我们也应该以民主态度对待外国及外国朋友……新的国际联盟亦将是如此。只有民主的统一，才能打倒法西斯，才能建设新中国与新世界。”① 毛泽东提出，社会主义国家与资本主义国家应在坚持和平共处五项原则的基础上，实行和平竞赛。从现实情况看，不同的制度是可以和平共处的，其基础就是国际民主原则，但国际民主不是坐等来的。毛泽东告诫我们，中国在国际上要获得真正的平等地位，必须靠自己的努力，首先通过革命使人民获得自由和民主，使生产力获得解放。毛泽东先后提出两个中间地带和三个世界的思想②，指出虽然各发达资本主义国家之间、发达资本主义国家与发展中国家之间、各发展中国家之间也都有矛盾，但世界的最主

① 《毛泽东文集》第三卷，人民出版社 1996 年版，第 170 页。

② 亚洲、非洲、拉丁美洲是第一个中间地带，欧洲、北美加拿大、大洋洲和日本是第二个中间地带；美国、苏联是第一世界，日本、欧洲、澳大利亚、加拿大是第二世界，中国属于第三世界。

要的矛盾是第一世界同第二、第三世界的矛盾。三个世界的划分，不仅是毛泽东对马克思主义国际政治理论的杰出贡献，而且是社会主义国家参与国际斗争的有效战略。长期以来，中国外交都以第三世界和广大发展中国家为基石，团结多数推动国际政治秩序的合理变革。

邓小平高度评价了毛泽东关于三个世界划分的战略思想，指出第二次世界大战后国际政治形势的一个重大变化，就是第三世界的兴起及其国际分量的大大增加，需要重建国际政治经济新秩序。“国际关系新秩序的最主要的原则，应该是不干涉别国的内政，不干涉别国的社会制度。要求全世界所有国家都照搬美、英、法的模式是办不到的。世界上那么多伊斯兰国家就根本不可能实行美国的所谓民主制度，穆斯林人口占了世界人口的五分之一。中华人民共和国不会向美国学习资本主义制度，中国人口也占了世界人口的五分之一。还有非洲，非洲统一组织的强烈的普遍的呼声就是要求别国不要干涉他们的内政。这是世界局势的一个大背景。”① 观察中东动乱和欧洲难民危机，我们不得不惊叹邓小平的高度预见性，重申国际民主对国际政治实践的特殊意义。“至于国际政治新秩序，我认为，中印两国共同倡导的和平共处五项原则是最经得住考验的。这些原则的创造者是周恩来总理和尼赫鲁总理。”② 中国永远属于第三世界，但永远不当头，永远不做超级大国。中国不输出革命，也不允许外国干涉我们的内政。中国观察国家关系不看社会制度，而是从国家自身的战略利益出发，既着眼于自身长远的战略利益，同时尊重对方的利益，不计较历史恩怨，不计较社会制度和意识形态的差别，并且国家不分大小强弱，都相互尊重、平等相待，这些原则都是解决国际政治问题的法宝。

从毛泽东时代到邓小平时代，中国对外政治关系既体现了连续性，也发生了一些明显的变化，如从扶持第三世界兄弟党搞革命建设到不以意识形态划分远近亲疏，从与某一大国结盟反对另一大国到发展等距离外交关

① 《邓小平文选》第三卷，人民出版社 1993 年版，第 359 页。
② 《邓小平文选》第三卷，人民出版社 1993 年版，第 283 页。

系，从着力提高中国在社会主义阵营的话语权到决不当头，中国外交的意识形态色彩逐渐淡化。这一调整的好处是回避了两种制度的矛盾，但也使得中国外交缺乏鲜明的价值观。习近平总书记提出，外交要处理好“义”和“利”的关系，实际就是要对中国与世界的政治关系做出适当调整。完全以意识形态取舍不行，因为意识形态相同而国家利益不一致一样会有冲突；完全以利相交也不行，因为“先义后利者荣，先利后义者辱”，只靠利益往来难以交下真朋友。中俄新时代全面战略协作伙伴关系是中国外交义利结合的范例，既互利互惠，又同声共气，彼此形成了良好的战略支撑。如何构建新型大国关系，成为中国处理与世界政治关系的重中之重。

（三）中国在维护世界和平中的角色

当今世界，和平是总的国际潮流，是人心所向。但局部战争和地区武装冲突不断，为世界和平蒙上一层阴影。台湾仍未回归，半岛核云笼罩，日本煽风点火，越南反复无常，南海屡招搅局，都使中国周边局势更为复杂。中国建设需要和平的国际环境，因此维护世界和平是中国的必然选择。

毛泽东不仅为中国制定了和平的外交政策，而且向全世界宣布中国要为世界和平承担自己应有的责任。他指出，世界和平不可分割，这是当今世界政治的特点。① 因此，制止战争维护和平的斗争也是相互联系不可分割的整体，全世界一切被压迫人民和被压迫民族要联合起来，保卫世界和平。中国要和平，但并非不支持被压迫人民的革命斗争，因此中国对古巴、阿尔及利亚、越南南方人民反对美国帝国主义的战争都给予了支持。世界大战的危险确实存在，但能够被制止。以社会主义国家为核心的民主力量的迅速发展，使帝国主义者不敢轻易发动世界大战，如果这种民主力量能继续发展，就可能制止战争。冷战时期，社会主义国家与资本主义国家能够和平共处。

① 参见《毛泽东文集》第二卷，人民出版社1993年版，第133页。

中国进入新时期之初，邓小平在分析新形势下战争与和平问题时指出，战争危险仍然存在，霸权主义是现代战争的根源，但同时防止新的世界战争爆发的因素在增长，战争是可以避免的，第三世界的力量是当代世界和平力量发展的重要因素。中国属于第三世界，第三世界的人口占世界人口的3/4，是不希望战争的。和平的力量还应该包括美苏以外的发达国家，以及美国和苏联人民。[①]“中国现在是维护世界和平和稳定的力量，不是破坏力量。中国发展得越强大，世界和平越靠得住。……中国在毛泽东主席和周恩来总理领导的时候，就强调反对超级大国的霸权主义，并认为霸权主义是战争的根源。因为我们讲的战争不是小打小闹，是世界战争。打世界大战只有两个超级大国有资格，别人没有资格，中国没有资格，日本没有资格，欧洲也没有资格。所以，反对超级大国的霸权主义也就是维护世界和平。”[②] 总之，邓小平当时对世界和平局势的判断是，只要美苏两家打不起来，就没有世界大战。至今，我们仍然认为，大战固然可以推迟，但是一些偶然的、局部的情况是难以完全预料的。我们应当抢时间，扎扎实实做好反侵略战争的准备，特别是能指挥现代战争人才的准备。一定要在国民经济不断发展的基础上，改善武器装备，加速国防现代化，提高干部指挥现代战争的能力。

苏联解体、东欧剧变以来，世界发生了复杂而深刻的变化。国际局势总体走向缓和，世界多极化趋势进一步加强。超级大国操纵国际事务的局面已经有了很大改变，第三世界国家的国际地位有所提高，但是世界各种矛盾也在深入发展，不少国家和地区的民族矛盾、领土争端和宗教纷争日益突出，甚至酿成流血冲突和局部战争。构建人类命运共同体，建立以互信、互利、平等、合作为核心的新安全观，实现有效裁军和军备控制，强化在国际和地区事务中的协调与合作，强调维护联合国权威和公认的国际准则，成为防止冲突和战争的可靠前提。只有以合作谋和平、以合作促安全，才能实现世界和平和中国的长治久安。在国际安全

---

① 参见《邓小平文选》第三卷，人民出版社1993年版，第127页。

② 《邓小平文选》第三卷，人民出版社1993年版，第104页。

问题上，中国将积极承担更多国际责任，同世界各国共同维护人类良知和国际公理，在世界和地区事务中主持公道、伸张正义，更加积极有为地参与热点问题的解决，通过平等协商处理矛盾和分歧，以最大的诚意和耐心，坚持对话解决分歧。作为负责任的大国，中国正在为维护世界和平贡献更多公共产品。

（本文发表于《马克思主义研究》2017 年第 5 期）

推进新时代中国国际问题研究

王　镭*

内容摘要：在全面建成社会主义现代化强国、实现第二个百年奋斗目标的新征程上，中国国际问题研究担当为中国特色大国外交提供有力的智力支持、服务实现中华民族伟大复兴的历史使命，要以习近平外交思想为指引，坚持运用唯物史观、坚持运用事物矛盾运动的观点、坚持运用实践第一的观点、坚持运用人民至上的观点，立足中国国情、把握时代脉搏，走出一条中国特色国际问题研究新路。坚持问题导向，围绕构建人类命运共同体、走和平发展道路、发展全球伙伴关系、参与全球治理体系改革和建设等新时代中国外交面对的重大理论和实践课题，中国国际问题研究将把握科学世界观和方法论，开辟自己"解释世界、改变世界"的道路。

关键词：习近平外交思想　新时代　国际问题研究

党的十八大以来，以习近平同志为核心的党中央深刻把握新时代中国和世界发展大势，在对外工作上进行一系列重大理论和实践创新，系统提出富有中国特色、体现时代精神、引领人类发展进步潮流的新理念、新主张、新倡议，形成了习近平外交思想。习近平外交思想是马克思主义基本原理同中国特色大国外交实践相结合的重大理论成果，为推进新时代中国国际问题研究注入了强大动力、提供了根本遵循。

* 王镭，中国社会科学院世界经济与政治研究所党委书记、副所长，译审。

一　坚守新时代国际问题研究使命担当

（一）锚定中国国际问题研究所处的历史方位

习近平外交思想是在中国同世界的关系发生历史性变化的深刻背景下形成和发展的，其重大理论贡献和实践价值在于“准确判断当今世界大势和时代发展潮流，准确把握我国发展新的历史方位，作出当今世界正经历百年未有之大变局、中华民族伟大复兴进入关键时期等一系列重大战略论断，确定了新时代我国外交工作的战略目标和战略坐标”①。这一重要思想对时代趋势和国际局势重大变化的科学把握，为走出一条中国特色大国外交新路提供了科学指引，也为新时代国际问题研究指明了方向。

国际格局深刻演变的横坐标和中华民族在伟大复兴之路上前行的纵坐标，标注了新时代中国国际问题研究所处的历史方位。从世界大变局看，世界正处于大发展大变革大调整时期，国际力量对比深刻变化，国际体系和国际秩序深度调整，新一轮科技革命和产业变革深入发展，国际政治和社会思潮深层演变。从新时代的中国看，中华民族正处在伟大复兴的关键时期，当前和今后一个时期，中国发展仍然处于重要战略机遇期；同时，我们将面对更多逆风逆水的外部环境，要为应对一系列新的风险挑战作好充分准备。新时代国际问题研究要在时代坐标中把握所处新的历史方位，辩证认识国内外大势，统筹分析国内外两个大局，准确识变、科学应变、主动求变，在新征程上谱写服务中华民族伟大复兴新篇章。

（二）担当中国国际问题研究的使命任务

习近平总书记指出：“一百年来，中国共产党团结带领中国人民进行的一切奋斗、一切牺牲、一切创造，归结起来就是一个主题：实现中华民

① 中共中央宣传部、中华人民共和国外交部：《习近平外交思想学习纲要》，人民出版社、学习出版社2021年版，第8—9页。

族伟大复兴。”① 为中国人民谋幸福、为中华民族谋复兴，这是中国共产党的初心使命，也是中国外交和中国国际问题研究的责任担当所在。

经过全党全国各族人民持续奋斗，我们实现了第一个百年奋斗目标，全面建成了小康社会，开启了全面建设社会主义现代化国家新征程，向第二个百年奋斗目标进军，中国前所未有地走近世界舞台中央，中华民族伟大复兴进入了不可逆转的历史进程。同时，“中华民族伟大复兴，绝不是轻轻松松、敲锣打鼓就能实现的”②。我们所处的，是一个船到中流浪更急、人到半山路更陡的时候。面对前进道路上只会越来越复杂的风险挑战，国际问题研究要深入分析世界转型过渡期国际形势演变规律，准确把握中国外部环境基本特征。既要洞察世界多极化加速推进、经济全球化持续发展、和平与发展仍然是时代主题的大势，又要跟踪大国关系深入调整、世界经济格局深刻演变、国际安全局势错综复杂的态势与动向，为中国特色大国外交提供有力智力支持，为营造有利于实现中华民族伟大复兴的良好外部环境纳良言、献良策。

（三）明确中国国际问题研究的出发点和落脚点

党的十八大以来，以习近平同志为核心的党中央坚定不移把维护国家主权、安全、发展利益放在对外工作的首要位置，弘扬新中国外交敢于斗争、善于斗争的优良传统和鲜明特色，在涉及国家主权、安全、发展利益的问题上亮明原则立场、划出红线、捍卫底线，始终牢牢掌握维护国家利益的战略主动权，充分展示了中国人民维护国家利益的决心、意志和能力。

无论国际形势如何变化、中国和世界关系如何变化，维护国家利益始终是对外工作的根本任务。正因如此，维护国家主权、安全、发展利益成为国际问题研究要始终坚守的出发点和落脚点。面对波谲云诡的国

① 习近平：《在庆祝中国共产党成立100周年大会上的讲话》，人民出版社2021年版，第3页。

② 《习近平著作选读》第二卷，人民出版社2023年版，第13页。

际形势和艰巨繁重的改革发展稳定任务，中国国际问题研究要着眼统筹安全和发展，“图之于未萌，虑之于未有”，善观情势，有效预判国家核心利益和重大原则面临的风险挑战；围绕维护国家政治安全、维护国家主权和国土安全、维护经济金融安全、维护网络安全、维护生物安全、维护海外利益安全等问题，开展持续、深入研究，助力中国外交在变局中把握规律，在乱象中趋利避害，不断增强塑造国家安全态势的能力，在促进维护国家主权、安全、发展利益中，践行新时代国际问题研究的使命担当。

（四）中国国际问题研究要走自己的路

习近平总书记指出：“走自己的路，是党的全部理论和实践立足点，更是党百年奋斗得出的历史结论。中国特色社会主义是党和人民历经千辛万苦、付出巨大代价取得的根本成就，是实现中华民族伟大复兴的正确道路。”① 他在总结党的十八大以来对外工作重大理论和实践创新成果时强调，要坚持以中国特色社会主义为根本增强战略自信。

新时代中国特色大国外交是一项前无古人的伟大事业，面对复杂形势、严峻挑战，没有教科书和现成答案。坚持中国共产党领导、坚持中国特色社会主义，对我国对外工作来说，是管根本的一条。服务中国特色大国外交，决定了中国国际问题研究必须坚定中国特色社会主义道路自信、理论自信、制度自信、文化自信，走出一条自己的路。要深刻认识中国特色社会主义最本质的特征是中国共产党领导，中国特色社会主义制度的最大优势是中国共产党领导，在始终坚持党的领导的前提下，胸怀“国之大者”，聚焦国际变局中重大议题，不断总结中国特色大国外交实践经验，丰富和发展对外工作理念，提出真正解决问题的新思路新方案新办法，忠实履行服务中华民族伟大复兴的历史使命。

---

① 习近平：《在庆祝中国共产党成立100周年大会上的讲话》，人民出版社2021年版，第13页。

二　把握科学世界观和方法论，开辟中国国际问题研究新境界

党的二十大报告指出：“马克思主义是我们立党立国、兴党兴国的根本指导思想。”① 党的十八大以来，以习近平同志为核心的党中央领导我国对外工作攻坚克难，战胜一系列艰难险阻，取得全方位、开创性历史成就，根本在于有中国化时代化的马克思主义科学理论指导。面对动荡不安、纷繁复杂的世界变局，新时代国际问题研究能否开辟理论建设新境界，关键在于把握马克思主义科学世界观和方法论，立足中国国情，把握时代脉搏，不断提升观察世界、分析形势、解决问题的研究能力，走出一条中国特色国际问题研究新路。

（一）坚持运用唯物史观

恩格斯指出：“全部哲学，特别是近代哲学的重大的基本问题，是思维和存在的关系问题。”② 马克思主义的唯物史观揭示了人类社会运动的基本规律，为我们正确观察和认识世界的历史演进提供了根本指南。

历史唯物主义认为，“生产力是推动社会进步最活跃、最革命的要素”；同时，“生产力和生产关系、经济基础和上层建筑相互作用、相互制约，支配着整个社会发展进程”③。正是基于唯物史观，习近平外交思想深刻辨析世界范围内生产力和生产关系矛盾运动、经济基础和上层建筑相互作用，作出“当今世界正在经历百年未有之大变局”④“实现中华民族伟大复兴进入了不可逆转的历史进程”⑤“经济全球化是社会生产力发展的客观

① 习近平：《高举中国特色社会主义伟大旗帜　为全面建设社会主义现代化国家而团结奋斗——在中国共产党第二十次全国代表大会上的报告》，人民出版社 2022 年版，第 16 页。

② 《马克思恩格斯文集》第四卷，人民出版社 2009 年版，第 277 页。

③ 《习近平著作选读》第二卷，人民出版社 2023 年版，第 163 页。

④ 《习近平谈治国理政》第四卷，外文出版社 2022 年版，第 227 页。

⑤ 习近平：《在庆祝中国共产党成立 100 周年大会上的讲话》，人民出版社 2021 年版，第 7 页。

要求和科技进步的必然结果”① “和平发展大势不可逆转”② 等一系列重大论断。正是在这些基于唯物史观的重大论断的基础上，新时代中国外交处变不惊、沉着应对，应势而动、顺势而为，始终保持战略定力、把握战略主动。

国际问题研究坚持运用历史唯物主义，就是要注重把握好生产力和生产关系、经济基础和上层建筑之间决定和被决定、作用与反作用的有机联系。在对国际社会及其国家成员的观察中，既要将生产力发展作为分析的根本性依据，又要充分重视来自生产关系、上层建筑的影响和作用，从而获得对国际社会复杂样态的客观、全面把握。既要看到，随着科技水平和物质生产力发展，从长期、总体看世界必然走向更高程度的分工和一体化；又要看到，由于在民族国家和国际社会层面，存在来自生产关系、上层建筑领域的客观约束，其产生的反作用力也深刻影响着国际社会的变化演进，成为生成世界形势变乱交织的重要动因。从总体看，建设一个更加美好的世界，要求制度规则的演变与社会生产力发展变化相适应，要求文化思想观念的更新与时代变革相协调，通过妥善处理国家间关系和不断改革完善全球治理，让各国人民从发展中获得更多福祉，持续推进人类社会文明进步。这就需要国际问题研究坚持运用唯物史观，着眼生产力与生产关系、经济基础与上层建筑间相互作用，全面观察和认识国际体系和国际秩序的历史演进与转型变动，为建设和平安宁、繁荣发展的世界提出整体性、综合性方案。

（二）坚持运用事物矛盾运动的观点

辩证唯物主义认为，物质是运动的、普遍联系的，矛盾是物质运动的根本动因，是事物联系的实质内容。辩证唯物主义为认识事物发展变化提供了科学的世界观和方法论，为我们洞悉国际风云变幻、驾驭外交复杂局面提供了有力的思想武器。

---

① 《习近平著作选读》第一卷，人民出版社2023年版，第554页。

② 《习近平著作选读》第二卷，人民出版社2023年版，第48页。

习近平总书记指出："人的认识活动和实践活动，从根本上说就是不断认识矛盾、不断解决矛盾的过程。"① 唯物辩证法要求以运动变化和相互联系的观点看世界，在认识和解决复杂的矛盾关系中推动事物发展。习近平外交思想创造性地运用和发展马克思主义唯物辩证法，提出对外工作中一系列科学的思想方法和工作方法，要求树立正确的历史观、大局观、角色观，统筹国内国际两个大局，加强顶层设计、战略谋划和策略运用，坚持底线思维，注重工作实效等。正是基于科学的思想方法和工作方法，新时代中国外交准确分析问题和形势，不断丰富发展外交方略，统筹推进建设新型国际关系，推动中国的角色日益从国际体系的参与者成为建设者、引领者。

国际问题研究坚持运用事物矛盾运动的观点，就是要善于识别和把握主要矛盾和次要矛盾、矛盾的主要方面和次要方面的关系。当前，面对风云多变的国际形势，特别是美西方对中国崛起的全面围堵和打压，要冷静分析、沉着应对，抓住主要矛盾和矛盾的主要方面，在区分主次的前提下，助力中国外交制订正确的战略和策略，以优先解决主要矛盾和矛盾的主要方面带动解决其他矛盾，始终在全局中把握战略主动。要善于分析主要矛盾和次要矛盾、矛盾的主要方面和次要方面之间的相互关联与作用，深入研究如何在能动地推动矛盾以及矛盾对立面之间的转化中育新机、开新局。矛盾存在于事物运动的始终。从事物发展变化的总体进程看，应对矛盾、解决矛盾，不可能毕其功于一役。国际问题研究为中国特色大国外交服务，需要着眼实现中华民族伟大复兴整体进程，分析把握前进征程上各个阶段的特征特性及具体条件，识别其中的主要矛盾，研究应对矛盾的有效策略，通过在整体进程中持续积累正面成效，推动矛盾运动和转化不断向有利方向演变，在国际格局变动中保持和增强有利于实现民族复兴的战略主动地位。

---

① 习近平：《辩证唯物主义是中国共产党人的世界观和方法论》，《求是》2019 年第 1 期。

（三）坚持运用实践第一的观点

“辩证唯物论的认识论把实践提到第一的地位，认为人的认识一点也不能离开实践。”① 世界是物质的，人是通过实践去把握物质世界的，实践是人与世界相互作用的中介。正是在中国特色社会主义进入新时代的历史性实践进程中，习近平外交思想引领中国特色大国外交阔步前行，也开辟了当今世界国际关系理论创新的新境界。

习近平总书记强调把握认识和实践的辩证关系，要求“坚持实践第一的观点，不断推进实践基础上的理论创新”②。他指出：“实事求是，是马克思主义的根本观点，是中国共产党人认识世界、改造世界的根本要求，是我们党的基本思想方法、工作方法、领导方法。不论过去、现在和将来，我们都要坚持一切从实际出发，理论联系实际，在实践中检验真理和发展真理。”③ 以习近平同志为主要代表的中国共产党人，正是根据时代变化和实践发展，提出新时代对外工作的一系列新理念新论断新倡议，创立了习近平外交思想；也正是通过指导新时代对外工作不断开创新局面、取得新成就，检验和彰显了习近平外交思想的先进性、科学性、真理性。

国际问题研究坚持运用实践第一的观点，就是要秉持实事求是这一基本思想方法，坚持一切从实际出发。当今，我国发展面临新的战略机遇、新的战略任务、新的战略环境，各种风险挑战、困难问题比以往更为严峻复杂。情况越是严峻复杂，越是要求国际问题研究作实事求是的学问，在深入实际基础上，由表及里、由此及彼、去粗取精、去伪存真，实现认识过程从感性认识阶段到理性认识阶段的跃进。毛泽东鲜明地指出：“认识开始于经验——这就是认识论的唯物论”“认识有待于深化，认识的感性阶段有待于发展到理性阶段——这就是认识论的辩证法”④。要着力提升辩证思维能力和水平，把握现象和本质、形式和内容、原因和结果、偶然和

① 《毛泽东选集》第一卷，人民出版社1991年版，第284页。

② 习近平：《辩证唯物主义是中国共产党人的世界观和方法论》，《求是》2019年第1期。

③ 《习近平著作选读》第一卷，人民出版社2023年版，第209页。

④ 《毛泽东选集》第一卷，人民出版社1991年版，第290—291页。

必然、可能和现实、内因和外因、共性和个性、局部和全局、当前和长远的关系，从而获得符合事物客观实际的科学认识。要自觉地让研究的结果回到实践，进入检验理论和发展理论的过程。国际问题研究所能达到的认识世界、改造世界的程度，或者说其科学性、有效性，最终在实践中得到检验。将研究形成的理性认识应用于实践，看其能否达到预想的目的，验证其是否符合客观真理性，并依据实践检验的结果修正和完善理论。由于事物运动的永恒性，实践和认识没有止境。国际问题研究在实践、认识、再实践、再认识的循环往复中推进，在实践和认识的每一循环中实现螺旋式上升，得到完善和发展。

（四）坚持运用人民至上的观点

《共产党宣言》在阐释未来社会的本质规定时指出："在那里，每个人的自由发展是一切人的自由发展的条件。"[①] 人的自由而全面的发展是马克思主义追求的价值目标，人民性是马克思主义的本质属性。历史唯物主义认为，人是实践的主体，人民是创造历史的真正动力，是社会物质、精神财富的创造者和社会变革的决定力量。基于唯物史观，我们党秉持人民至上理念，坚持群众路线，并将群众路线与马克思主义认识论统一起来，将其作为党的生命线和根本工作路线。

习近平总书记指出："世界又一次站在历史的十字路口，何去何从取决于各国人民的抉择"[②] "中国梦同世界各国人民的美好梦想息息相通"[③]。习近平外交思想鲜明提出坚持以人民为中心，强调人民群众是中国外交的力量源泉，走群众路线在对外工作中得到全面、具体的体现。中国特色大国外交坚持人民立场，尊重人民历史主体地位，始终坚定维护人民利益，促进各国人民相互了解、相互支持、相互帮助，共同推动世界和平与发展的崇高事业。

---

① 《马克思恩格斯文集》第二卷，人民出版社 2009 年版，第 53 页。

② 习近平：《高举中国特色社会主义伟大旗帜　为全面建设社会主义现代化国家而团结奋斗——在中国共产党第二十次全国代表大会上的报告》，人民出版社 2022 年版，第 49 页。

③ 《习近平外交演讲集》第一卷，中央文献出版社 2022 年版，第 157—158 页。

国际问题研究坚持运用人民至上的观点，就是要站稳人民立场，研究工作始终立足以人民为中心的发展思想。中华民族伟大复兴的中国梦，本质是国家富强、民族振兴、人民幸福，一切对外工作最终是为了维护好、发展好中国人民的利益；同时，“‘穷则独善其身，达则兼善天下。’这是中华民族始终崇尚的品德和胸怀”①。中国梦不仅造福中国人民，也要造福各国人民。要深入探究中国与世界各国寻求发展的利益汇合点，探析中国与世界各国实现合作共赢的路径与条件，应答中国与世界各国如何在互利合作中增进人民福祉。要注重历史发展总体进程中的人民主体作用，始终关注国际社会社情民意、人心背向。当今世界，恃强凌弱、巧取豪夺、零和博弈等霸权霸道霸凌行径危害深重，其背后驱动是资本至上逻辑。资本至上逻辑横行，既伤害发展中国家人民的利益，也伤及发达国家自身民众的利益。这必然影响到国际社会人心向背，也终归会影响到发达国家的民意并体现在其政治和社会生态演化中。面对霸权主义、单边主义、唯我独尊、强权政治愈演愈烈，新时代国际问题研究要加强研究新形势下国际社会以及矛盾冲突相关国家中人心民意的变化与走向，寻求调动一切积极因素、团结一切积极力量，共同站在历史正确一方、推进世界发展进步。要把握“国之交在于民相亲，民相亲在于心相通”②，研究工作中始终重视推动文明交流互鉴，促进人民相知相亲。面对国际社会中存在的种种文化偏见和壁垒，以及某些国家搞“价值观”联盟、挑动意识形态对抗等现象，要通过深入的学术研究和学理探究，阐析和平、发展、公平、正义、民主、自由的全人类共同价值，阐发中华文明具有突出的连续性、创新性、统一性、包容性、和平性，推动以文明交流超越文明隔阂、文明互鉴超越文明冲突、文明共存超越文明优越，增进各国人民对中国文化、中华文明的理解和认知，促进人类多样文明和合共生，为实现各国合作共赢和世界和谐发展筑牢人心民意根基。

① 《习近平外交演讲集》第一卷，中央文献出版社2022年版，第111页。
② 《习近平外交演讲集》第二卷，中央文献出版社2022年版，第33页。

三　坚持问题导向，回答世界之问、时代之问

习近平总书记指出："问题是事物矛盾的表现形式，我们强调问题意识、坚持问题导向，就是承认矛盾的普遍性、客观性，就是要善于把认识和化解矛盾作为打开工作局面的突破口。"① 当今世界格局和国际秩序深刻演变，中华民族伟大复兴的历史进程进入关键时期，中国外交面对的矛盾和问题复杂性前所未有。新时代中国国际问题研究，要以习近平外交思想为指引，坚持问题导向，聚焦新时代中国外交面对的重大理论和实践课题，在正确分析、有效应对矛盾的过程中开辟自己"解释世界、改变世界"的道路。

（一）推动构建人类命运共同体

当前，世界百年未有之大变局加速演进，不稳定性不确定性更加突出，和平赤字、发展赤字、治理赤字、信任赤字、文明赤字更加凸显，人类社会面临严峻的全球性挑战和世界性难题。习近平总书记站在人类历史发展进程的高度，以大国领袖心系天下的崇高情怀，着眼各国人民的前途和福祉所在，提出构建人类命运共同体，从根本上回答了"建设一个什么样的世界、如何建设这个世界"②，为人类社会实现共同发展、持续繁荣、长治久安绘制了蓝图，为人类社会走向光明未来指明了正道。

构建人类命运共同体是当代中国对世界的重要思想和理论贡献。马克思和恩格斯在《德意志意识形态》中指出："各个相互影响的活动范围在这个发展进程中越是扩大，各民族的原始封闭状态由于日益完善的生产方式、交往以及因交往而自然形成的不同民族之间的分工消灭得越是彻底，历史也就越是成为世界历史。"③ 马克思主义唯物史观深刻揭示了人类历史

① 习近平：《辩证唯物主义是中国共产党人的世界观和方法论》，《求是》2019 年第 1 期。

② 中共中央宣传部、中华人民共和国外交部：《习近平外交思想学习纲要》，人民出版社、学习出版社 2021 年版，第 48 页。

③ 《马克思恩格斯文集》第一卷，人民出版社 2009 年版，第 540—541 页。

发展的总趋势，即人类社会生产力越是发展，分工就越是深化，人类交往也随之越是密切，历史也必将越是向世界历史转变，也只有在世界历史条件下形成的真正的共同体中，人的自由而全面的发展才获得实现的前提。历史和现实日益证明，人类同在一个地球村，越来越成为你中有我、我中有你的命运共同体。习近平外交思想正确把握和顺应和平、发展、合作、共赢的时代潮流，站在历史正确的一边、站在人类文明进步的一边、站在实现人的自由而全面发展的高度，提出构建人类命运共同体。构建人类命运共同体主张维护好、发展好各国人民的共同利益，坚持要合作不要对抗、要开放不要封闭、要互利共赢不要零和博弈，从而把世界各国人民对美好生活的向往变成现实。构建人类命运共同体反对以“普世价值”之名搞意识形态和制度模式输出、唯我独尊、强施于人，主张秉持和平、发展、公平、正义、民主、自由的全人类共同价值，充分尊重文明多样性，和而不同、美美与共，让世界文明的百花园生机盎然，共同推动人类社会发展进步。

构建人类命运共同体为创造更加繁荣美好的世界指明了实践路径。中国开创性地提出建设相互尊重、公平正义、合作共赢的新型国际关系，回答了在风云变幻、错综复杂的国际社会中，各国相处应遵循什么样的准则、构建什么样的国际关系。构建新型国际关系，主张各国和各国人民共同享受尊严、共同享有安全保障、共同掌握世界命运、共同应对全球挑战，实质是要走出一条国与国交往的新路，为构建人类命运共同体开辟道路、创造条件。中国以共商共建共享为原则，推动“一带一路”建设，是为新时代中国与世界实现开放共赢作出的顶层设计，深刻彰显了中华民族历来秉持的“天下大同”理念，为构建人类命运共同体提供了重要的实践平台。中国顺应世界人民对促进共同发展、维护和平稳定、推动文明进步的渴望，提出全球发展倡议、全球安全倡议和全球文明倡议，破解全球发展难题、应对国际安全挑战、促进文明互学互鉴，以实际行动践行人类命运共同体理念，为人类和平与发展事业持续增添正能量。人类命运共同体理念提出10年来，实践内涵不断丰富、实践成果日益丰硕，产生日趋广泛而深远的国际影响，成为中国引领时代潮流和人类文明进步方向的鲜明旗帜。

新时代的中国国际问题研究，要从“建设一个什么样的世界、如何建设这个世界”这一根本命题出发，不断拓展和深化对构建人类命运共同体时代背景、重大意义、丰富内涵和实现途径等重大问题的研究和阐释，并在此基础上推进中国特色大国外交理论与实践创新，深入阐析提出构建人类命运共同体的哲学思想渊源和深厚中华优秀传统文化根基。从学理上讲清中国共产党是为中国人民谋幸福、为中华民族谋复兴，也是为人类谋进步、为世界谋大同的党；讲清中国将自身发展与世界发展相统一的天下胸怀和大国担当。面对种种对人类命运共同体的误读、曲解，要深刻解析构建人类命运共同体的价值追求、思想意涵、实践成效，不断凝聚更多共识、持续汇聚更多力量，共同应对全球性挑战，携手开创更加美好的世界。

（二）坚持走和平发展道路

面对国际社会对中国发展走向的关切，习近平总书记指出“中国人的血脉中没有称王称霸、穷兵黩武的基因”① “中国坚持和平发展，决心不会动摇”，向世界鲜明解答了“中国如何发展？中国发展起来了将是一个什么样的国家？”② 的问题。历史上，一些强大起来的国家走上侵略别国的道路，给世界带来严重创伤。随着中国的发展壮大，国际上有人担心中国会走“国强必霸”的路子，也有人渲染“中国威胁论”。中国共产党作为执政党，准确把握历史发展规律，顺应时代潮流，明确提出中国将始终不渝坚持走和平发展道路。坚持走和平发展道路载入党章和宪法，向世界表明中国走和平发展道路的战略决心坚定不移。

走和平发展道路是新时代中国外交的基本原则。这一基本原则植根于中华文明的深厚渊源。中华民族是爱好和平的民族，中国人民是爱好和平

① 《习近平外交演讲集》第一卷，中央文献出版社 2022 年版，第 156 页。

② 习近平：《论坚持推动构建人类命运共同体》，中央文献出版社 2018 年版，第 191、190 页。

的人民，和平性是中华文明的突出特性之一。自古以来，中华民族对外交往通商而不是侵略掠夺，执着于保家卫国而不是殖民征服。和合共生是中华文化的精髓，蕴含着人心和善的道德观、和而不同的社会观、协和万邦的国际观。追求和平、和睦、和谐在中华民族历史中一脉相承。“如果不从源远流长的历史连续性来认识中国，就不可能理解古代中国，也不可能理解现代中国，更不可能理解未来中国。”① 正是中华文明的和平基因、和平特性，从根本上决定了中国走和平发展道路。同时，以走和平发展道路为新时代中国外交基本原则是关照历史、关照时代的必然选择。近代以来，中华民族遭受西方列强侵略，经历的屈辱历史刻骨铭心。中华民族历来秉持“己所不欲，勿施于人”的“仁恕”道德律，绝不会将自己曾遭受的苦难强加于其他民族。进入21世纪，和平、发展、合作、共赢已成为不可阻挡的世界潮流，是人心所向、大势所趋，殖民主义、霸权主义是与历史趋势相悖的属于旧时代的老路，和平发展道路才是顺应历史大势的属于新时代的通途。致力于全面建设社会主义现代化国家、实现中华民族伟大复兴的中国，以发展为第一要务，需要聚精会神搞建设，需要和平安定的国际环境。走和平发展道路成为中国基于历史经验和国家根本利益作出的战略抉择。

走和平发展道路在中国式现代化实践历程中得到充分体现。在资本逻辑驱动下推进的西方现代化进程充斥着战争和掠夺等血腥罪恶。新中国成立70多年来，实行社会主义制度，始终高举和平的旗帜，提出和坚持和平共处五项原则，倡导和奉行独立自主的和平外交政策，实行防御性国防政策。“70多年来中国从未主动挑起一场战争，从未侵占别国一寸土地，并且是世界上唯一将和平发展写进宪法的国家，是五核国中唯一承诺不首先使用核武器的国家。”② 中国用事实否定了“国强必霸”的旧逻辑、旧思维。中国以依靠自己力量为基点，坚定开展以相互尊重、互利共赢为原则

① 习近平：《在文化传承发展座谈会上的讲话》，《求是》2023年第17期。

② 《建设一个更加安全的世界——王毅主任在第59届慕尼黑安全会议中国专场上的主旨讲话》，http://russiaembassy.fmprc.gov.cn/ziliao_674904/zyjh_674906/202302/t20230218_11027033.shtml。

的对外合作，实现了经济长期快速发展，对世界经济增长作出重要贡献。发展起来的中国，发挥着负责任大国作用，担当国际和地区安全的维护者、建设者、贡献者，是国际形势和平发展的正能量。同时，中国坚守维护国家核心利益的底线，建设足以自卫防御的国防力量，积极推动各国共同走和平发展道路。实践证明，和平发展道路走得通，走得好，是中国式现代化的题中应有之义、必由之路。

新时代的中国国际问题研究，要基于中国外交实践，从学理上深入解读中国和平发展道路。对和平与发展这对基本范畴内在联系的认知，是理解走和平发展道路这一新时代中国外交基本原则的逻辑起点，其中蕴含以和平谋发展、以发展保和平、以发展促和平三个层面。走和平发展道路，一是以和平的方式谋求发展，中国绝不走殖民主义、霸权主义的老路；二是以发展维护和平，以综合国力提升有效增强捍卫国家主权、安全、发展利益以及应对外部势力挑衅、威胁的能力；三是以发展促进和平，中国坚定反对国际社会中的霸凌霸道行径，中国力量的增长是世界和平力量的增长。

对和平与发展关系的三个层面的把握，系统构成中国和平发展道路的逻辑理路，将中国外交实践升华为理论命题，对“中国如何发展？中国发展起来了将是一个什么样的国家？”作出理性应答。针对种种对中国走和平发展道路的歪曲、抹黑，要从三个层面着眼，以中国外交的生动实践和经验事实为据作出系统性回应与批驳，并在此基础上，从中华民族历史文化、人民至上价值立场、国家制度政策设计、中国发展目标条件、人类社会前进趋势等维度，深入解读中国走和平发展道路的合理性、必然性、实践性，向世界展现和平发展中的中国可信、可敬、可爱的国家形象。

（三）积极发展全球伙伴关系

在中国与世界关系发生历史性变化的背景下，习近平总书记开创性地提出，要在坚持不结盟原则的前提下广交朋友，形成遍布全球的伙伴关系网络。发展全球伙伴关系，向世界表明了新形势下中国拓展深化对外关系的根本路径，推动中国对外工作布局向全方位、多层次、立体化方向发展。发展全球伙伴关系与经济全球化背景下世界各国相互依存的时代特征相契合。伙伴之间没有主从之分，具有平等性；伙伴之间以共赢理念处理国与国关系，具有和平性；伙伴之间求同存异，具有包容性。发展全球伙伴关系顺应时代大势，开辟了构建新型国际关系的新路径和通向人类命运共同体的新起点。

发展全球伙伴关系是新时代中国外交理论的重要创新。在国际舞台上倡导互相尊重主权和领土完整、互不侵犯、互不干涉内政、平等互利、和平共处五项原则，在此基础上同各国发展友好合作，是新中国外交优良传统。实行改革开放以来，中国确定“真正的不结盟”方针，积极开展全方位外交，并从20世纪末开始，在秉持不结盟政策基础上，同有关国家建立不同形式的伙伴关系。中国倡导的伙伴关系主张结伴而不结盟，超越了政治和军事同盟的老套路，破除了结盟对抗的旧思维，不设假想敌，不针对第三方。不同社会制度相互包容，不同发展模式相互合作，不同价值文化相互交流，建立基于共同利益和发展追求、非排他的“朋友圈”。各国平等相待，尊重各国主权和彼此核心利益，摒弃国际关系中以大欺小、以强凌弱、以富压贫的强权逻辑。以共赢而非“零和”的理念处理国与国交往，致力于寻求各国共同利益的汇合点、做大各国共同利益的蛋糕。发展全球伙伴关系，弘扬中华文化和而不同、以和为贵理念，符合时代潮流，开创了国际关系新模式，为推动世界和平与繁荣注入巨大生机动力。

发展全球伙伴关系是新时代中国外交工作的重要着力点。大力推进中俄新时代全面战略协作伙伴关系，推动中美关系健康稳定发展，打造中欧和平、增长、改革、文明四大伙伴关系，秉持亲诚惠容理念打造周边命运共同体，秉持正确义利观和真实亲诚理念加强同发展中国家团结合作，新时代中国外交在积极建设遍布全球的伙伴关系网络中生动展开。通过有效运筹大国关系、深耕周边外交、深化与发展中国家团结合作，在国际社会显示出中国在维护世界和平、促进共同发展中发挥着日益重要的作用。正是在积极有为构建全球伙伴关系过程中，走和平发展道路这一基本原则落地落实，转化为具体行动，推动对外工作在变局中开创新局。在相互尊重、合作共赢基础上持续建设全球伙伴关系，和平发展道路上有越来越多的同行伙伴加入，为中国发展营造着有利外部环境，也为建设繁荣安宁的世界汇聚了更多力量。着力发展全球伙伴关系，中国的和平发展道路越走越宽广。

新时代的中国国际问题研究，要从中国外交所处历史方位高度，把握构建全球伙伴网络深刻意涵与实践意义。处于世界百年未有之大变局与中华民族伟大复兴战略全局的历史交汇期，只有走出一条中国特色大国外交新路，才能在风云激荡的世界历史时空中赢得主动、赢得未来。构建全球伙伴网络是新时代中国外交重大创新，其中贯穿着平等性、和平性、包容性三大特征。三大特征克服和超越国家间关系的自利性、对抗性、排他性，强化了构建国家间关系的建设性、稳定性、持久性，形成一种符合时代精神的国家间关系构建新模式。承载三大特征、以中国全球伙伴关系建设为具象表征的这种新模式，塑造和增进国家间的良性互动，不仅带来物质生产领域的联通共赢，也促进精神文化领域的融通共生，并现实地形成一种强劲且具韧性的实现世界和平与繁荣的牵引力量。中国的伙伴关系建设面向全球，其中涵括不同国家和地区。针对不同对象建设伙伴关系，必然面对差异的具体环境和条件，在贯穿三大特征前提下，又需要着眼矛盾特殊性，“具体情况具体分析”，深入研究如何采取适合的方式和策略，以获得预期的效应。同时，在经济全球化背景下，不同国家和地区之间的关联日趋密切，全球伙伴关系网络建设有赖于持续深化系统性、总体性分析与谋划。既抓住其建设进程中面对的主要矛盾、关键环节，又坚持两点论，把握好大国、周边、发展中国家以及多边合作在外交布局中的定位与相互关系，做大同心圆、公约数，不断优化网络布局和结构，整体性推进全球伙伴关系建设。既直面当前问题与挑战，又坚持发展变化的观点，着眼长远、久久为功，在矛盾运动中克服难点、补齐短板，不断增强网络功能和成效，为网络建设持续注入动力。面对外部环境复杂变化，围堵、“脱钩”和“小院高墙”等接踵而至，要以敢于斗争、善于斗争为原则研究提出应对方略举措，积极应变、主动求变、破局突围，在力量对比变动中不断积聚势能，获得更大斗争主动。面对中国新发展阶段、新发展格局，要深入研究构建“双循环”与全球伙伴关系建设内在关系，实现两者相互连接、彼此助推、相辅相成，使中国发展与世界发展达成更高水平的相互成就。

（四）积极参与全球治理体系改革和建设

人类正处在一个挑战层出不穷、风险日益增多的时代，面对“世界怎么了、我们怎么办”之问，习近平总书记指出，中国将继续发挥负责任大国作用，积极参与全球治理体系改革和建设，不断贡献中国智慧和力量。[①]中国致力于做全球治理变革进程的参与者、推动者、引领者，彰显其维护世界和平、促进共同发展的外交政策宗旨，体现了新时代中国外交的大国担当。推动全球治理体系向着更加公正合理方向发展，有利于各国携手有效应对各种全球性挑战、有效克服各类传统和非传统安全威胁，更好实现中国人民和各国人民对美好生活的向往，推动建设一个更加美好的世界。

秉持公平正义理念，提出全球治理体系变革中国主张。随着新兴市场国家和一大批发展中国家快速发展，国际格局和国际体系正在发生深刻调整。发达国家与新兴市场国家和发展中国家在全球经济中的占比，从1991年的63%和37%，变化为2018年的41%和59%。[②]与此对照，全球治理体系的不适应、不对称前所未有，发展中国家在国际事务中的代表性和发言权不足更为凸显，国际政治经济秩序需要在顺应历史潮流的革弊鼎新中更为有效发挥维护和平、推动发展的功能。在世界大变局中，新时代中国外交强调以公平正义为理念引领全球治理体系改革。从中国与发展中国家关系角度看，以公平正义为理念改革全球治理体系，体现为中国坚持自身发展中国家定位，把维护自身利益同维护广大发展中国家共同利益结合起

① 中共中央宣传部、中华人民共和国外交部：《习近平外交思想学习纲要》，人民出版社、学习出版社2021年版，第145页。

② 刘海霞：《世界百年未有之大变局下两种制度竞争合作的新态势》，《世界社会主义研究》2022年第4期。

来，坚持在国际社会为发展中国家仗义执言，推动全球治理朝着更加公正合理的方向发展。其根本目的在于，帮助广大发展中国家获得更为有利的发展环境，也为整个世界实现更为均衡、可持续的发展创造条件。从国际体系中各国家主体间关系角度看，以公平正义为理念改革全球治理体系，要求坚定维护多边主义，坚持开放包容、不搞封闭排他，坚持协商合作、不搞冲突对抗。习近平总书记指出："世界上的问题错综复杂，解决问题的出路是维护和践行多边主义，推动构建人类命运共同体。""多边主义的要义是国际上的事由大家共同商量着办，世界前途命运由各国共同掌握。"① 践行多边主义要求毫不动摇维护以联合国为核心的国际体系、以国际法为基础的国际秩序、以联合国宪章为基础的国际关系基本准则。多边主义离不开联合国，离不开国际法，也离不开各国合作。唯有践行真正的多边主义，才能阻遏国际上的霸权、霸道行径，阻止将世界推向分裂和对抗，才能为各国共同应对全球性挑战聚合更多力量、开辟更大空间。

践行共商共建共享全球治理观，推动世界朝着和平与发展的目标迈进。中国倡导在全球治理中共商规则、共建机制、共享权利，是在参与引领全球治理变革实践中贯彻公平正义理念的具体体现。新时代中国外交遵循共商共建共享原则指明的路径，全方位参与和推动全球治理体系改革建设。推动全球经济治理，主张主动适应和积极引导经济全球化发展，各国都成为全球发展的参与者、贡献者、受益者，不能一个国家发展、其他国家不发展，一部分国家发展、另一部分国家不发展。倡导全球安全治理，主张推进国际共同安全，推动树立共同、综合、合作、可持续的全球安全观，共同构建普遍安全的人类命运共同体。促进网络空间治理，主张各国在信息领域的主权权益都不应受到侵犯，建立多边、民主、透明的国际互联网治理体系，共同构建网络空间命运共同体。引领全球环境治理，主张坚持人与自然和谐共生、坚持共同但有区别的责任原则，开创公平合理、合作共赢的全球环境治理体系，共同建设人与自然生命共同体。重视新疆域治理，主张把深海、极地、外空、互联网等领域打造成各方合作的新疆

① 《习近平外交演讲集》第二卷，中央文献出版社 2022 年版，第 323—324 页。

域，确保各国权利共享、责任共担。推进全球公共卫生安全治理，主张人民至上、生命至上，倡导团结合作、科学施策，构建人类卫生健康共同体。秉持共商共建共享原则，新时代中国外交顺应和平、发展、合作、共赢的历史潮流，在积极参与引领全球治理体系变革中，推进国际关系民主化，推动构建人类命运共同体，为维护和促进世界和平与发展贡献了中国方案、中国力量。

新时代的中国国际问题研究，要着眼中国外交在国际事务中的大国担当，为中国参与引领全球治理体系改革提供智力支撑。当今世界经历的大变局根本上表现为，随着世界各种力量消长变化，“一超独大”的单极世界事实上向着协同共治的多极世界转变。单边主义、霸权主义越来越不得人心，世界多极化、国际关系民主化成为不可阻挡的历史趋势。新时代中国外交顺应时代潮流、立足中国国情，探索和开辟出一条中国参与引领全球治理体系改革和建设的道路。其突出的规定性表现为，以推动全球治理体系朝着更加公正合理方向发展为根本指针，始终贯彻公平正义基本理念，遵循共商共建共享推进路径。要深入解析中国倡导的全球治理变革之路与国际体系和国际秩序历史演进规律的内在契合，深刻揭示中国主张的全球治理改革方案中蕴含的历史必然性和时代先进性。不断总结新时代中国外交参与引领全球治理变革的实践经验，进而不断丰富和充实有关全球治理的中国方案及其内在学理和话语叙事。充分认识国际体系演进的复杂性、长期性，在全球治理变革中着眼多主体、多方面调动积极因素、积累正面力量，积跬步以至千里，持续集聚推动变革的动能。着力研究全球治理各领域的主要矛盾、关键议题，充分运用有利时机和条件，推动实现突破性改革。有力揭露美国为维护其霸权的种种霸道行径给世界带来的严重危害。主动、深入地向世界宣介全球治理体系改革建设中的中国贡献及其在推动国际关系民主化、增进世界和平与发展、造福世界各国人民方面取得的实际成效，不断增强国际社会对中国主张、中国方案的认同和支持。

四 结语

习近平外交思想坚持辩证唯物主义和历史唯物主义，贯穿马克思主义立场、观点、方法，是中国特色大国外交的根本遵循和行动指南，也因此为新时代中国国际问题研究提供了科学的方向引领、深厚的思想资源、坚实的理论基础。习近平外交思想根植于新时代中国特色大国外交壮阔实践，在指导推动我国对外工作中展现出强大真理力量，并将随着新时代中国外交的实践不断丰富和发展。中国国际问题研究由此得到的深刻启示是，面向新时代中国特色大国外交这项前无古人的伟大事业，只有在习近平外交思想指引下，走出一条自己的理论探索和与实际相结合的道路，才能担当起服务中华民族伟大复兴的历史使命。

这是一条中国特色国际问题研究的新路，要求把握科学世界观和方法论，坚持运用唯物史观、坚持运用事物矛盾运动的观点、坚持运用实践第一的观点、坚持运用人民至上的观点，由此开辟中国国际问题研究的新境界。换言之，就是要以马克思主义唯物史观和唯物辩证法为指导，借鉴吸收古今中外国际关系理论以及相关研究方法的有益养分，应答世界之问、时代之问，建设具有强大“解释世界、改造世界”功能的国际问题研究中国学派。

在中华民族伟大复兴战略全局与世界百年未有之大变局相交汇的历史时空中，新时代中国国际问题研究以为中国特色大国外交提供智力支持为旨归。推动构建人类命运共同体、坚持走和平发展道路、积极发展全球伙伴关系、积极参与全球治理体系改革和建设等，涵括于习近平外交思想核心要义之中，构成新时代中国外交的总目标、基本原则、重要着力点和大国担当，系统性呈现出中国特色大国外交的样貌和布局，同时也历史性地规定了新时代中国国际问题研究所须面向的重大主题。坚守以维护国家主权、安全、发展利益为出发点和落脚点，始终立足中国国情，对这一系列重大主题和其中包含的重要课题，进行系统性探究、整体性把握、时代性阐发、学理性解析，提出基于实践又在实践中得到检验和完善的理论观点、对策建议，中国国际问题研究将在此过程中向前推进。坚持运用科学世界观和方法论，以一系列创新性概念、范畴、理念、观点及其相互关联为支撑，深入探究中国特色大国外交重大主题，由此新时代中国国际问题研究呈现充满生机、前景广阔的发展图景。

在习近平外交思想科学指引下，在实践、认识、再实践、再认识的循环往复中，新时代中国国际问题研究必将实现理论和方法的不断丰富与提升，建构形成与中国特色大国外交相称的国际问题研究中国学派，在中国哲学社会科学自主知识体系建设中展现作为，为实现中华民族伟大复兴的中国梦作出应有贡献。

（本文发表于《马克思主义研究》2023年第9期）

结构压力是国家间互动造就的

徐　进*

内容摘要：国际关系理论研究围绕体系与单元的关系形成了体系决定论和单元决定论两大阵营。笔者提出了一个弱结构现实主义理论框架，旨在重新思考体系与单元之间的关系。弱结构现实主义既反对结构现实主义的绝对结构选择，也反对还原理论的绝对单元选择，试图走出“第三条道路”。弱结构现实主义在遵循结构现实主义一系列基本假定（国家是理性行为体这一点除外）的前提下发展自己的理论，主张体系必须通过结构压力才能驱动单元，结构压力是一个变量而非常量。结构压力的变化是国家间互动造就的。这样，弱结构现实主义就恢复了单元的能动性，形成了一个单元与体系双向互动的模型。相较于结构现实主义，弱结构现实主义可以更好地解释和预测较长时段内国家的对外政策和国家间关系变化；相较于还原理论，弱结构现实主义更加有助于我们理解较长时段内大国关系发展的整体性趋势。弱结构现实主义既反对结构现实主义特别是进攻性现实主义对大国政治悲剧的命定式论断，也反对还原理论特别是大战略理论寄望于个人或团体能一举扭转大国政治悲剧的愿望式论断。

关键词：结构压力　弱结构现实主义　结构现实主义　体系理论　还原理论

在国际关系理论研究中，体系与单元之间的关系曾经是一个引起广泛

* 徐进，中国社会科学院世界经济与政治研究所研究员。

关注和讨论的话题。围绕这一对矛盾，国际关系学界基本上形成了体系决定论和单元决定论两大阵营。体系理论学者坚信“结构选择”，即体系结构对国家行为具有决定性影响，而国家执行的政策与发挥的作用并不重要；还原理论学者通常强调“单元决定论”，即国家的领导人、政治结构、利益集团以及国家间的战略互动对国际关系起着决定性作用。然而，现实世界并非与两类学者的叙事逻辑相吻合。本文提出了“弱结构现实主义”，希望能够在上述两大阵营之间走出“第三条道路”。弱结构现实主义是结构现实主义的一个变体，它在遵循结构现实主义一系列基本假定（国家是理性行为体这一点除外）的前提下发展自己的理论。一方面，弱结构现实主义承认结构对国家行为的“选择”作用；另一方面，国家在结构面前并非被动无为，而是具有相当强的主观能动性，可以采取抗拒、规避、拖延或驾驭等多种方式应对结构施加其上的“命运”。实现这种对体系与单元关系辩证式调和的关键在于如何定义和理解二者之间的结构压力。简单地说，结构压力是体系施加于单元并驱动单元行为的压力，但体系不会自动产生这种压力，该压力实际上是由国家间互动造就的。

一 国际关系中的两种决定论及其批评

体系与单元的关系之辩与国际关系研究的层次分析密不可分。20世纪50年代，肯尼思·华尔兹（Kenneth N. Waltz）分别在国际体系层次、国家层次和个人层次上分析了国际战争发生的原因。[①] 戴维·辛格（J. David Singer）系统地探讨了国际关系研究中的分析层次问题，并提出了国际体系和国家两个层次。[②] 国际体系层次的理论研究属于体系理论范畴，国家

① ［美］肯尼思·华尔兹：《人、国家与战争：一种理论分析》，信强译，上海人民出版社2012年版。

② J. David Singer, “The Level-of-Analysis Problem in International Relations”, in Klaus Knorr and Sidney Verba, eds., *The International System: Theoretical Essays*, Princeton: Princeton University Press, 1961, pp. 77-92.

层次则属于单元层次的研究。[①] 华尔兹认为，国际政治理论可以分为体系理论和还原理论。体系理论是指体系层次的理论研究，以体系特性作为解释依据；还原理论是指单元层次的理论研究，以单元特性作为解释依据。[②] 对研究层次的区分是体系与单元关系之辩的根源。

体系理论学者强调体系层次的因素在国际政治中的重要作用。例如，华尔兹认为，只有体系层次的研究才能称为国际政治理论，而还原理论只能称作对外政策理论。结构现实主义认为，体系由结构和互动的单元构成。[③] 结构是体系层次的要素，由实力最强大的几个单元形成的实力分配状态所决定，可分为单极、两极和多极。结构就像选择器一样，通过奖励和惩罚对国家的行动进行筛选，从而使国家行动逐渐趋同。因此，结构现实主义的研究重点是国际体系结构对国家行为的影响，其理论逻辑的核心是结构选择，即国际体系结构导致国家冲突或促成合作的行为。结构选择本质上是结构决定论，认为结构一旦形成，就会对单元的行为产生决定性作用。它迫使所有国家按照结构的要求行事，违反者将受到结构的惩罚。这是一种自上而下的单线叙事，单元被笼罩在结构的阴影之下而缺乏能动性，或者说单元即便有能动性也是不重要的，因为它无法走出结构的阴影。

在华尔兹的著作《国际政治理论》出版以前的很长时间内，还原理论在国际关系学界占据绝对主导地位。该理论主张从单元和次单元层次出发寻找国家行为的动因，认为国家的特征、政策、文化、互动方式、党派、利益集团和决策者都会对国家行为产生重要乃至决定性影响。还原理论的成果较为丰富，包括但不限于古典现实主义、国际政治心理学、大战略研究、对外政策分析和决策理论等。但还原理论无法解决的一个问题是可选的自变量过于繁杂，因而难以构建一个类似体系理论的严格且简约的理论。

---

① 还有次国家层次的研究，即打开国家的“黑箱”，从国内政治的角度探讨国际问题。

② ［美］肯尼思·华尔兹：《国际政治理论》，信强译，上海人民出版社 2003 年版，第 24—50 页。

③ ［美］肯尼思·华尔兹：《国际政治理论》，信强译，上海人民出版社 2003 年版，第 42 页。

新古典现实主义试图在体系与单元关系之辩中走出一条中间道路，是带有体系色彩的还原理论。新古典现实主义学者虽然研究的具体问题各不相同，但这些问题具有一个共同点，即探讨当面临相同的体系结构和压力时，为何国家做出的政策反应不同。[①] 为解答这类问题，新古典现实主义将古典现实主义强调的国内政治因素与结构现实主义强调的国际体系结构相结合，以期更准确地理解国家的对外行为。新古典现实主义指出，国际结构和体系压力通常只能塑造一国外交政策的大致轮廓，或将一国外交政策选项缩小到一定的范围，但不能强制性地替代决策者做出明确而唯一的决策，在各类国内政治因素影响下形成的决策者对国际结构变化的主观认知才是一国具体外交政策的直接动因。新古典现实主义侧重于研究国内政治因素对决策者的影响，因此其本质上是一种还原理论或对外政策理论。[②] 更严格地说，新古典现实主义是一种“结构+单元”研究路径，而不是一种独立的理论，因为独立的理论需要有统一的核心解释变量。新古典现实主义的解释变量繁多，这也是它遭到诟病的主要原因。

不论是体系理论还是还原理论，都是构造国际关系理论的方式。它们各有优缺点。体系理论是一种高度简约、科学而宏观的国际政治理论，但无法对国家具体的对外政策予以解释。华尔兹认为，体系理论只需要能够解释少数反复出现的重大现象，而无须面面俱到地去解释国家对外政策的不同和变化。因此结构现实主义更加倾向于对国际政治做出整体性解释并规避反常现象，当有些现象能被体系理论解释时，它便宣称自己具有一定的解释力；当有些现象未能被体系理论解释时，它则宣称时机不到或这些现象不属于其解释范围。另外，国际结构的变化频率很低。如果体系理论只有国际结构一个自变量，那么在长时段内国际结构实际上可视为常量而

① 最初将这一学派命名为新古典现实主义的文献，参见 Gideon Rose，“Neoclassical Realism and Theories of Foreign Policy”，*World Politics*，Vol. 51，No. 1，1998，pp. 144-172。对新古典现实主义比较全面的论述，参见［加拿大］诺林·里普斯曼、［美］杰弗里·托利弗、［美］斯蒂芬·洛贝尔《新古典现实主义国际政治理论》，刘丰、张晨译，上海人民出版社 2017 年版。

② ［加拿大］诺林·里普斯曼、［美］杰弗里·托利弗、［美］斯蒂芬·洛贝尔：《新古典现实主义国际政治理论》，刘丰、张晨译，上海人民出版社 2017 年版，第 33—47 页。

非变量。但国家行为和国际结果又不可能不发生变化，因此单纯从国际结构出发，难以满足人们更精确深入地理解国际政治现象的要求。

还原理论长于对各类国际现象和国家行为进行全面细致的解释，但华尔兹对其提出了批评，例如：单元性质以及互动模式的变化与单元行为的结果之间没有直接关系；尽管行为体的属性和互动方式千差万别，但国际结果的相似性和重复性却始终存在；仅仅根据各国的内部构成和自身属性难以准确理解国际政治的结果，而必须从系统层次寻找原因；等等。① 本文一定程度上认可这些观点，但不认同华尔兹把“洗澡水和孩子一起倒掉”的做法。在下文有关弱结构现实主义理论的叙述中，单元将发挥结构决定论者意料之外的作用。

新古典现实主义虽然是一种跨层次分析的有益尝试，但其把结构视为一个常量，或是淡化为一种背景因素或环境因素，会导致体系结构在新古典现实主义的各类理论模型中不起作用，而且新古典现实主义忽视了国际结构与国内因素的关联性，如当国际结构发生变化时特定国内因素的作用是否发生变化、在不同的国际结构下相同的国内因素的作用是否一样等。这意味着新古典现实主义本质上是一种利用国内政治因素解释国际现象的还原理论。

2022 年，美国学者乔纳森·柯什纳（Jonathan Kirshner）在其专著《不清晰的未来》中也批评了结构现实主义的结构选择逻辑。他认为结构现实主义建立在对微观经济学寡头竞争理论误读的基础之上。华尔兹以为寡头垄断竞争的结果是确定的，没有正确解读市场压力的企业都将受到惩罚乃至被淘汰，而实际情况并非如此。寡头垄断市场的结果是不确定的，企业虽然受到市场力量的影响，但它们反过来也塑造了其他参与者所面对的市场力量。而且寡头竞争理论认为寡头之间通过合作比通过竞争所获得的利益更大。将这一论断推广到国际关系领域，就是作为“寡头”的大国的互动也会影响体系结构。因此，柯什纳呼吁将古典现实主义带回来，重

① ［美］肯尼思·华尔兹：《国际政治理论》，信强译，上海人民出版社 2003 年版，第 24—50、69—73 页。

视国家的选择以及国家间互动。[①] 柯什纳虽然指出了结构现实主义存在的问题，但他主张利用古典现实主义分析大国政治现象，却对结构现实主义置之不理。

近年来，阎学通提出了道义现实主义，在对领导人进行分类的基础上构建了一个从次单元层次出发，历经单元层次并向上贯通体系层次的理论。也就是说，不同的领导人类型（次单元因素）决定了不同的国家类型（单元因素），进而塑造了不同的国际格局、秩序和规范（体系因素）。[②] 道义现实主义基于还原理论，但又意在打通体系与单元之间的隔阂。笔者也认为领导人会对单元产生较大影响，但怀疑它能对体系产生长期的本质性影响。从一个较长的历史进程来看，领导人的类型更迭是高度不确定的，这会导致道义现实主义对体系问题的解释走入偶发因素决定论和不可知论。

二　结构压力与弱结构现实主义

体系与单元关系之辩已沉寂多年，学者们难以在体系与单元的功能区分以及相互关系的影响机制方面有新的发现。在此，本文提出一种弱结构现实主义，尝试重新思考体系与单元关系。

弱结构现实主义是相对于结构现实主义而言的。[③] 弱结构现实主义是结构现实主义的一个分支，两者的理论前提基本一致。约翰·米尔斯海默（John J. Mearsheimer）总结了结构现实主义的五个理论前提：国际体系处于无政府状态；大国具备进攻性军事力量，为其彼此伤害甚至相互摧毁提供必要的资本；国家永远无法把握其他国家的意图；生存是大国的首要目

① Jonanthan Kirshner, *An Unwritten Future: Realism and Uncertainty in World Politics*, Princeton: Princeton University Press, 2022.

② 参见阎学通《大国领导力》，李佩芝译，中信出版社2020年版。

③ 由于结构现实主义（包括它的一些分支，如进攻性现实主义）强调结构选择且无视单元的能动性，故似可将之统称为强结构现实主义。

标；大国是理性行为体。[①] 弱结构现实主义赞同前四个理论前提，但在大国是否为理性行为体这一点上提出了自己的观点。结构现实主义为突出体系结构对国家行为的主导作用而把国家原子化，假定国家是单一理性行为体，这是为了构建一个高度简约、适合于单变量解释的理论模型。弱结构现实主义为了平衡结构与单元之间的关系并适当强调单元的能动性，没有假定国家是单一理性行为体，既承认国家具有一定的理性，也承认国内政治因素甚至个人因素对国家政策和行为的影响。因此，在这一点上弱结构现实主义与还原理论具有相似性。另外，弱结构现实主义同样认为国际体系包含结构和互动的单元两类要素，国际体系的结构由大国实力分配状态所决定并分为单极、两极和多极三种模式。

结构现实主义认为结构是国家行为最重要的（但不是唯一的）驱动力。结构对国家的各类行为施加奖励或惩罚，从而对行为进行筛选，最终使国家的行为逐渐趋同，某些固定的行为模式不断重现，这就是所谓的结构选择。在结构选择论的逻辑链中，结构与国家行为之间的一个逻辑环节被忽略了。结构并非直接驱动国家，而是先产生结构压力（或者说体系压力），这一压力再驱使国家采取相应的行动。结构现实主义忽略了结构压力问题。弱结构现实主义恰恰认为结构压力是一个值得讨论的变量。当结构压力大时，大国间的战略竞争更加激烈，国家间的安全困境加剧；当结构压力小时，大国间的战略竞争趋于温和，国家间的安全困境缓解。

结构压力如何产生，又为什么会发生变化？结构压力并不是体系结构自然产生的，而是由国家间互动产生的。国家间互动方式的变化会促使结构压力发生变化。例如，当崛起国挑战守成国核心利益时，结构压力会非常大；当崛起国与守成国在边缘地带竞争时，结构压力并不太大；当崛起国与守成国就某些重要问题达成协议时，结构压力会显著下降。由于结构压力源自国家间互动，因此国家能动性的重要性凸显，而国家的能动性又来源于国内相关因素，包括国内政治因素和决策者因素，因此弱结构现实

① ［美］约翰·米尔斯海默：《大国政治的悲剧》（修订版），王义桅、唐小松译，上海世纪出版集团 2015 年版，第 34—35 页。

主义不能假定国家是理性行为体，而必须打开国家“黑箱”。但打开国家“黑箱”并非弱结构现实主义的目标而是前提，这一点与新古典现实主义具有本质区别。弱结构现实主义需要知道国家这个“黑箱”内发生了什么，但不致力于研究这些事情为什么发生。

如果只是强调国家间互动产生了结构压力，那么弱结构现实主义与还原理论以及新古典现实主义并不存在明显差异。弱结构现实主义作为结构现实主义的一个分支，仍然强调结构对单元的作用。结构压力产生后，在一段时期内又会反过来相对独立地作用于单元。特别是当结构压力不断增大时，受到压力驱使的国家就会越来越严格地按照体系结构的要求采取行动，更加难以摆脱结构压力。

弱结构现实主义认为，从中长时段来看，结构压力是一个处于非线性变化状态的变量。国家行为的变化会促使国家间互动发生变化，但这种变化的方向和速度都具有不确定性。结构压力可以在一个较长时段内上升、下降或不变，但可能因为某一事件而突然转变方向。例如，20 世纪 60 年代，中国采取既反美又反苏（当时称为“两个拳头打人”）的外交政策。由于同时与两个超级大国进行对抗，中国面临巨大的结构压力。但随着 1971 年中美关系“解冻”，中国面临的结构压力骤然减轻。结构压力可以在某个时段内急剧上升或下降。例如，1914 年 6 月奥匈帝国皇储弗朗茨·斐迪南（Franz Ferdinand）大公在萨拉热窝遇刺身亡后，英、法、德、奥、俄五国围绕该事件互动所造成的结构压力陡然上升，最终导致第一次世界大战爆发。虽然在斐迪南大公遇刺之前同盟国和协约国之间的战略竞争已在不断加剧，结构压力处于上升期，但刺杀事件的确使压力在短短一个月的时间内急剧升高。

结构压力在某种极性状态下是否比在另一种极性状态下高/低？弱结构现实主义认为，结构压力与极性无关。由于结构压力具有非线性特征，其在任何一种极性状态下都有可能处于上升、下降或波动状态。华尔兹认为，两极格局比多极格局和单极格局更稳定，这是否意味着两极格局下结构压力相对更弱？弱结构现实主义认为，两极格局的稳定性主要取决于两个超级大国的行为。一方面，对手的明确性使两个超级大国之间的互动方式相对而言简单明了，这有助于减少结构压力的波动性；另一方面，两个超级大国巨大的体量使它们一旦发生“碰撞”，就会使结构压力急剧上升。冷战期间，美苏在柏林和古巴的直接对抗均有可能使“冷战”变为“热战”。①

弱结构现实主义认为，体系结构并非对单元始终产生恒定的压力，从而使单元始终受到压力的驱使去采取相应的行动。结构压力其实是变动不居的。② 因此，结构选择不是立刻选择和时刻选择，而只是一种可以预测和观察到的长期趋势。受这种长期趋势的影响，单元的互动将出现两个特征：一是大国将围绕国际体系的霸权而展开竞争，因此其关系呈不断下滑趋势，但下滑速度和幅度取决于国家的能动性与互动性。这就是弱结构现实主义主张的结构选择。二是大国并非时时刻刻都在争霸。受领导人、国内政治或意识形态影响，大国会在某个时间段追求与霸权无关或只是间接相关的目标，从而延缓均势的变动，抑或在另一个时间段极力追求与霸权高度相关的目标，从而加速均势的变动。这就是弱结构现实主义主张的单元选择。

体系理论侧重于解释国际结果的变动以及国际体系的稳定性，而单元理论侧重于解释国家对外政策的变化。弱结构现实主义虽然也强调国际结果的变动和国际体系的稳定性，但认为在实力结构没有发生变化的情况下，静态的实力结构只是体系结果的一种原因，而不是唯一的决定性因素，单元能动性通过其造成结构压力的变动也会对体系结果产生影响。弱结构现实主义与单元理论同样关注国家对外政策的变化，两者的区别在于：单元理论（包括新古典现实主义理论）认为国家对外政策的变化可以

① 冷战时期两极的稳定性究竟是由于两极本身的特征还是由于核武器的存在是一个有争议的问题。由于大国之间极力避免爆发核战争，因此核武器可以有效控制结构压力在短时期内迅速上升。

② 这里存在对结构压力进行衡量的问题，但这并不是本文要解决的问题，本文旨在提出结构压力的研究意义以及可能的整体性研究方向。如何观测结构压力是未来需要进一步研究的问题，如可以采用观察单位时间里国家间关系下滑的幅度、主要大国军费开支的变化和国际危机的频度等指标来表征结构压力。

解释国际结果，因此致力于挖掘影响国家对外政策的国内因素，而弱结构现实主义把国家对外政策当作理论叙事逻辑的出发点，并不探讨国内因素对国家对外政策的影响。

弱结构现实主义旨在把结构选择和单元能动性有机结合起来，但在实际情况中结构和单元经常发生交互作用，那么在研究中如何判断是哪个因素发挥了主要作用呢？例如，如果决策者意识到受体系限制，为实现对外政策目标，该决策者就会将上述限制作为重要的考量因素纳入对外政策的制定过程。这既体现了体系对决策者的限制，也反映了决策者对体系限制发挥了能动性。[①] 弱结构现实主义可以尝试从三个方面回答这一问题：第一，有的决策者能够正确认识到体系对单元的限制，而有的决策者缺乏正确的认知，那么这两类国家间的互动就可能造成结构压力的非线性变动，即单元能动性发挥了更大的作用，这符合弱结构现实主义的预期。[②] 第二，某一个决策者在其任内可以做到正确认知，但无法保证继任者也是如此。决策者还要综合考虑多种可能影响对外政策的因素，有时候未必能顶住来自国内政治的压力，从而将体系因素置于次要地位。第三，弱结构现实主义认为体系结构只是为决策者展示了一种宏观甚至带有一定模糊性的长时段发展趋势，或者说是提供了一种有较强弹性的长时段宏观决策参考框架。由于单元不是结构的“奴隶”，因此决策者可以发挥主观能动性去思考和解释特定体系结构对国家对外政策的意义和作用。

下文将采取多案例集合研究的方式展示弱结构现实主义的理论逻辑。这些案例同处于一个较长的特定时间段，且大致具备时间上的连续性和空间上的一致性。格局一旦形成就具有长期性和静态性，而单元能动性会造成结构压力时常发生变化，所以用局限于一个较短时间范围和较小空间范围内发生的特定事件，难以深入探讨长期静态的格局同非线性变化的结构压力之间的关系。有鉴于此，本文采用发生在某一格局存续期内的一系列

---

① 感谢匿名审稿专家提出这一重要问题。

② 如果每个决策者都能考虑到体系对单元施加的限制，就可以构成强结构主义者脑海中最理想的画面，而这在国际关系中是不存在的，也不是弱结构现实主义研究的对象。即使这一理想画面能够出现，它也只会短期存在，如果将时间线拉长，情况就会发生变化。

案例来展示结构压力的变化。

三　弱结构现实主义视野下的欧洲多极格局（1871—1914 年）

1871—1914 年的欧洲外交史可以较为清晰地展示弱结构现实主义的逻辑。[①] 在此期间，欧洲处于多极格局，英、法、德、俄、奥五国纵横捭阖，逐渐形成了同盟国和协约国两大军事集团。1914 年 6 月 28 日斐迪南大公遇刺之后，欧洲两大军事集团在一个月内走向公开对抗。第一次世界大战之前欧洲外交的核心问题是如何评价德意志第二帝国的外交政策。

主张还原理论的学者（包括绝大多数历史学家特别是大战略学者以及一些国际关系学者）认为，俾斯麦时代的大战略堪称典范，其有效避免了德国崛起引起的国际震荡，同时以复杂的同盟体系避免了其他大国对德国崛起的担忧和恐惧。威廉二世时代的德国大战略则被认为出现了严重问题。德国的不当行为导致欧洲日益分裂为两大敌对阵营，最终导致 1914 年“七月危机”之后世界大战的爆发。还原论者的一个基本结论是：如果德国能够改变自己并全部或部分避免所犯的错误，那么德国崛起不仅可以持续下去，而且第一次世界大战爆发的概率也会大大下降。[②] 结构现实主义者则认为，是当时的体系结构驱使欧洲大国进行越来越激烈的战略竞争，同盟国与协约国两大集团之间存在结构性矛盾，这与德国是一个什么样的

① 本文从理论和逻辑困惑出发，尝试运用演绎方法构建新的理论，案例是对这一理论的展示性说明。这种理论构建方式虽然不会完全排除经验困惑，但不是基于经验困惑解决一个具体问题，与运用归纳法写作的问题解决型论文具有较大区别。

② Sidney Fay, *The Origins of the World War*, New York: Macmillan, 1928; Fritz Fischer, *Germany's Aims in the First World War*, New York: W. W. Norton, 1967; Fritz Fischer, *War of Illusions: German Policies from 1911 to 1914*, New York: W. W. Norton, 1975; ［美］杰克·斯奈德：《帝国的迷思：国内政治与对外扩张》，于铁军等译，北京大学出版社 2007 年版；徐弃郁：《脆弱的崛起：大战略与德意志帝国的命运》，新华出版社 2011 年版；姜鹏：《隐忍的崛起：基于地缘战略心理学视角》，中国社会科学出版社 2020 年版；梅然：《德意志帝国的大战略：德国与大战的来临》，北京大学出版社 2016 年版。

国家或与其犯过什么样的战略错误无关，它们之间终有一战。①

从弱结构现实主义的角度来看，这两类研究都存在一些问题。还原论者忽视了结构的力量，未能看到两大军事集团的形成与对抗是结构性矛盾驱使的结果。结构现实主义者则描绘了一幅过于阴暗的历史画面，既无法解释欧洲为什么从1871年到1914年保持了长达43年的和平，也无法解释为何欧洲大国并不是时刻关注权力均势的变动。

（一）弱结构现实主义的单元选择

从1871年德意志第二帝国成立到1905年日俄战争结束，欧洲大国的政策目标并未集中在欧洲大陆均势的变动之上，而是各有追求。各大国政策目标的分散性使大国之间的互动没有产生强大的结构压力，体系均势由此基本保持稳定。

德国采取自我克制与多重结盟的政策，极力维持欧洲均势，有效规避了结构压力。德意志实现统一后，奥托·冯·俾斯麦（Otto von Bismarck）深知一个从欧洲心脏地带崛起的强大国家有可能引发各大国的普遍担忧。位于四战之地的德国一旦寻求继续扩张，必定会引发欧洲其他大国的强势反弹，所以他公开宣布德意志统一后不再寻求领土扩张。另外，他在对外政策方面多有克制，力图通过缔结多重同盟的方式维持均势，规避和防止结构压力。“法国之外的所有大国由于相互间关系而需要我们，并且尽可能地避免组建反对我们的联盟。”② 他要使德国与其他大国的距离小于后者彼此间的距离，包括使德俄间距离和德奥间距离小于俄奥间距离。

俾斯麦极力回避给人以德国主宰欧洲大陆的印象，因为他十分珍视并致力于维护欧洲的君主保守主义秩序。为维护欧洲君主政体的稳定，他首先想到的是恢复梅特涅时代的神圣同盟。1873年6月，俄奥两国皇帝签订

① ［美］约翰·米尔斯海默：《大国政治的悲剧》（修订版），王义桅、唐小松译，上海世纪出版集团2015年版，第387—505页。

② 转引自梅然《德意志帝国的大战略：德国与大战的来临》，北京大学出版社2016年版，第221页。

《兴勃隆协定》，约定遇有第三国侵略危及欧洲和平时，两国应立即商讨共同的行动方针。同年 10 月，德皇加入这一协定，从而结成第一次“三皇同盟”，这在形式上恢复了梅特涅时代的神圣同盟。第一次三皇同盟孤立了法国，拉近了德俄、德奥双边关系以及德奥俄三边关系，将德国可能面临的结构压力化解于无形。然而，三皇同盟具有内在的不稳定性，因为俄奥两国在巴尔干问题上存在不可调和的矛盾。那么德国该如何维护德俄奥三边合作？尤其是在俄奥矛盾凸显时，德国应该怎么办？俄奥因彼此间矛盾而相互牵制并有赖于德国，从而不愿或难以与德国为敌。不过，如何控制俄奥矛盾升级是德国面临的重要问题。

1875 年波黑发生反抗奥斯曼帝国统治的起义后，东方危机由此引发。英、俄、奥、土等大国围绕波黑、土耳其和黑海海峡等问题展开博弈。1877 年，俄土战争爆发，俄军大败土军，逼近奥斯曼帝国首都伊斯坦布尔。1878 年，俄土签订《圣斯特法诺和约》，俄国极大地加强了在巴尔干地区的优势地位。该和约遭到英奥两国的强烈反对。英奥要求召开国际会议重新审议和约条款，同时进行军事动员，英奥与俄国在巴尔干的战争阴云密布。1876 年 10 月，沙皇向德国官员表示，一旦俄奥爆发战争，俄国希望德国站在自己这一边。俾斯麦回复，假如奥地利在欧洲的地位或者独立性受到严重威胁，从此以后确保势力均衡的因素之一就会消失，那样也会严重威胁到德国的利益，虽然德国在巴尔干地区并无利益纠葛。[①] 不愿意在俄奥之间选边站队的俾斯麦公开表示，愿意出面在英奥俄土之间充当“诚实的掮客”，斡旋东方危机。1878 年 6 月 13 日，柏林会议开幕。经过一个月的激烈较量，7 月 13 日各方签署了《柏林条约》。柏林会议是俄国外交的一大失败，其在《圣斯特法诺和约》中的绝大部分收益付之东流。英奥德三国成为最大的赢家，英国和奥匈挡住了俄国在巴尔干势力的回归；德国则因柏林会议的召开而一举成为欧洲外交的中心，俾斯麦以“公正无私心”的态度扮演了一名“掮客”，成功地使与会各国的显要都围绕

① ［英］埃里克·埃克：《俾斯麦与德意志帝国》，启蒙编译所译，上海社会科学院出版社 2015 年版，第 268 页。

在自己身边，并催生了一种以德国为中心的欧洲多极均势。从这个角度来讲，柏林会议的划时代意义不在于它做了什么，而在于它在什么地方举行。

然而，《柏林条约》没有给巴尔干地区的难题提供永久性解决方案。俄国迁怒于德国，认为俄国在普法战争和德意志统一战争中都站在普鲁士一边，德国现在却不知恩图报。尽管俾斯麦辩称自己的立场不偏不倚，一切决定均由大会做出，但俄国还是指责俾斯麦赞同英奥的态度。由于俄奥与俄德矛盾的发展，第一次三皇同盟形同解体。

在德俄奥三边合作一时恢复无望时，与俄奥中某一方联合便成为俾斯麦值得考虑的选择。维持德俄友好是俾斯麦外交的支柱之一，但他又不愿倒向俄国，因为这会给德国带来巨大的结构压力，使德国（很大程度上因其地理位置）比俄国更多地承受西方大国（英国和法国）与奥匈结盟的军事压力，并让德国不得不更多地依附俄国。俾斯麦认为他一生的政策都是在不让德国承担俄国排他性保护的前提下培养与俄国的友好关系。因此，他认为德奥结盟更胜一筹。首先，德强奥弱的实力对比状况既可以使德国更方便地控制奥匈帝国，特别是防止其在巴尔干地区采取冒险行动而与俄国发生冲突，也有助于防止德国因被俄国击败而丧失大国地位，并导致均势失衡。其次，德奥秘密结盟可在一定程度上避免刺激俄国，为未来的三国合作留下操作空间。[①] 最后，德奥同盟可以防止法奥接近，起到孤立法国的作用。德奥结为同盟之后，为防止俄法接近，俾斯麦于 1881 年 6 月 18 日与俄奥两国大使在柏林再次签订了三国协定，第二次三皇同盟成立。为照顾俄奥两国在巴尔干问题上的利益，三国在协定的秘密条款中规定：奥匈吞并土属波斯尼亚和黑塞哥维那。[②]

作为欧洲的新兴强国，意大利与法国在北非和地中海控制权问题上的矛盾加深。俾斯麦抓住机会拉拢意大利，于 1882 年 5 月 20 日成立了德奥意三国同盟。根据三国同盟条款，当法国进攻三国中的任何一国时，其他

① 德奥结盟在当时是个公开的秘密，虽然各国并不知道条约的具体内容。

② 刘德斌主编：《国际关系史》（第二版），高等教育出版社 2018 年版，第 171 页。

两国应全力予以协助；当缔约国的一国或两国遭受两个或两个以上的大国（法俄）进攻，则缔约国应协同作战；当一大国（俄国）攻击缔约国一方时，其他两个缔约国应保持善意中立。由此可见，这是一个防备法俄两国的同盟。另外，1881 年奥匈帝国在俾斯麦的支持下与塞尔维亚结为同盟，使塞尔维亚成为奥匈帝国的保护国。1883 年，德国、奥匈帝国和罗马尼亚结为同盟，俾斯麦同意将罗马尼亚划入奥匈帝国的势力范围。[①] 奥塞同盟和德奥罗同盟都是旨在防止俄国在巴尔干地区的扩张。

英国也是俾斯麦重点关注的国家。由于法国和英意两国在争夺北非殖民地方面矛盾重重，俾斯麦便怂恿英意奥三国加强合作。1887 年，英意奥三国两次就地中海、亚得里亚海、北非和近东等问题达成合作协议。两次地中海协定形成了三国联合在地中海和近东抵制法俄的局面。为安抚俄国，德俄于 1887 年 6 月 18 日签订了《再保险条约》，规定缔约国一方如与第三国（法国和奥匈帝国除外）交战，另一方应保持善意的中立。德国承认俄国在保加利亚和东鲁美利亚占优势的合法性，双方维持巴尔干地区现状并重申黑海海峡对外国军舰封闭。附加议定书规定，当俄国采取行动保卫黑海入海口时，德国保持善意中立，并给予俄国道义和外交支持。[②] 但是俾斯麦清楚，如果俄国发起此类行动，英奥必然反对。这样一来，两次地中海协定与《再保险条约》就构成了一对矛盾，形成了英奥意一方、法俄为另一方在地中海和近东相互牵制而德国遥控各方的局面。

至此，俾斯麦织就了一张以德国为中心、繁复无比的同盟网络。“俾斯麦这位强大的首相如巨人般驾驭着欧洲，弱小一点的人们焦灼地看着他的脸色行事。”[③] 奥匈帝国和意大利是德国的盟友，英国对德态度友好，俄国是三皇同盟的一员，塞尔维亚的野心暂时得到抑制，罗马尼亚的国王则来自德国的霍亨佐伦家族。另外，德国的科尔玛·冯·德·戈尔茨（Colmar von der Goltz）将军帮助土耳其重组军队，并为德国人在该国的影

① 刘德斌主编：《国际关系史》（第二版），高等教育出版社 2018 年版，第 171—172 页。

② 刘德斌主编：《国际关系史》（第二版），高等教育出版社 2018 年版，第 175 页。

③ ［英］乔治·皮博迪·古奇：《欧洲现代史（1878—1919）：欧洲各国在第一次世界大战前的交涉》，吴莉苇译，商务印书馆 2022 年版，第 56 页。

响奠定了基础。[①]

俾斯麦同盟网络是维持欧洲均势、控制结构压力的重要原因，但不是唯一的原因。出于各种原因，英、俄、法、奥、意等国在这一时期也采取了有利于欧洲均势但并不引发结构压力迅速上升的政策。英国并未将德国统一视为对欧洲大陆均势的破坏，反而认为这有益于反制法俄两国的霸权野心。英国对于俾斯麦外交总体上表示支持。俾斯麦构筑的同盟网络既遏制了俄国在巴尔干地区和海峡问题上的野心，又遏制了法国对地中海的野心以及对德国的领土复仇主义。欧洲大陆的东西两端以及近东、地中海地带都保持了令英国满意的均势。在这种情况下，英国的外交眼光从欧洲大陆转向世界各地的殖民地，帝国主义的殖民扩张成为这一时期英国外交的主轴。英国历史学家 A. J. P. 泰勒（Allan John Percivale Taylor）指出，英国人对均势已失去了兴趣。绝大多数英国人到这时都承认欧洲大陆上的事件与自己无关，不管发生什么情况，英国和它的贸易是不会遇到危险的。由于德、法、奥、俄经常相互抵消力量，没有必要让英国人去做任何事情。1864—1906 年，没有一个英国政治家必须考虑派遣远征军去大陆的问题。[②] 英国在殖民扩张中也与法、德、俄等大国产生了不同程度的矛盾，有些矛盾曾一度激化甚至走到战争边缘，如 1898 年英法为争夺东非殖民地而爆发了法绍达危机。但这些殖民地矛盾只不过是“茶杯里的风暴”，对欧洲核心地带的均势并未产生本质性影响。[③]

虽然 1878 年的柏林会议是俄国外交的一次失败，但它只是让俄国放弃了刚刚获得的利益，而不是割让早期既得利益。黑海海峡仍然对各国封闭，俄国黑海舰队虽然不能通过黑海海峡抵达地中海，但英国的舰队同样无法进入黑海。俄、奥、英在巴尔干地区仍然维持均势，俾斯麦的同盟体

---

① ［英］乔治·皮博迪·古奇：《欧洲现代史（1878—1919）：欧洲各国在第一次世界大战前的交涉》，吴莉苇译，商务印书馆 2022 年版，第 56 页。

② ［英］A. J. P. 泰勒：《争夺欧洲霸权的斗争：1848—1918》，沈苏儒译，商务印书馆 2019 年版，第 373—374 页。

③ 这一时期英国的“光荣孤立”是指英国不介入欧洲大陆事务，并非指它不介入世界事务。相反，它孤立于欧洲之外才能更好地参与全球竞争。

系阻止了俄国势力向西欧和南欧延伸，但也阻止了其他大国联合起来对付俄国。俄国因此也走上了向东方扩张的道路，直到它在1905年与日本的战争失败后，目光才再次转向欧洲。

割让阿尔萨斯和洛林使得德国和法国的矛盾更加不可化解，但这并不意味着两国关系时刻处于战争危机当中。事实上，法德关系在1871年之后总体上保持和平，直至1914年第一次世界大战爆发。法国从来没有忘记收复领土，但对德强法弱的实力对比状况也非常清楚。1875年"战争在望"危机和1886年布朗热主义的后果表明，法国的领土复仇行动得不到欧洲大国的支持。1875年年初，法国政府向议院提交了改组军队的议案，其中最重要的条款是每个团中营的数量从三个增至四个。俾斯麦认为这是法国扩军备战的一个标志。随后，德国发布了禁止出口马匹的命令。① 与此同时，意大利国王与奥匈帝国皇帝在威尼斯的会晤也使俾斯麦怀疑他们正在筹备奥意法三国同盟，以支持教皇并敌对反教权的德国。于是他"决定先下手为强，不通过正常的外交渠道，而是通过报刊鸣响警钟"②。这些文章在欧洲一度引起了轩然大波，大家都认为这是俾斯麦在幕后操纵，而战争已迫在眉睫了。此时俄国开始介入事端。1875年5月10日，沙皇亚历山大二世（Alexander Ⅱ）和外交大臣亚历山大·戈尔恰科夫（Alexander Gorchakov）抵达柏林。他们告诉威廉一世（Wilhelm Ⅰ）和俾斯麦，倘若法国与德国之间爆发战争，欧洲其他大国不会作壁上观。威廉一世和俾斯麦都表示德国绝对不想要战争。在得到这两人的保证后，沙皇于次日告诉法国驻

① ［英］埃里克·埃克：《俾斯麦与德意志帝国》，启蒙编译所译，上海社会科学院出版社2015年版，第268页。

② 1875年4月7日，与德国外交部关系非常密切的柏林《邮报》发表了题为《战争近在眼前吗?》的文章，指责法国重整军备。该文作者是德国政府新闻出版局的前任官员，他的身份使人怀疑这篇文章具有强烈的官方色彩。这也是本次事件得名为"战争在望"危机的由来。另外，《科隆报》刊登了一篇文章，声称法国改组军队是为战争做准备，还用批判的措辞评论了威尼斯会议。该文作者是俾斯麦的首要新闻宣传员，他要求报纸编辑对原文不做任何改动，因为它"像官方文件一样，每个字都经过了仔细的权衡"。俾斯麦本人控制的报纸《北德意志综合报》也声称目前没有来自奥地利或意大利的危险，可是来自法国的危险相当大。转引自［英］埃里克·埃克《俾斯麦与德意志帝国》，启蒙编译所译，上海社会科学院出版社2015年版，第233—235页。

德大使，俾斯麦采取了息事宁人的态度，两国的和平得以确保。① 这次危机使法国看到，如果要向德国复仇，它找不到任何盟国。俄英不愿意看到德国或法国称霸西欧，只是希望维持欧洲大陆均势，而在这一点上它们与俾斯麦见解一致。

1886—1887年，狂热的领土复仇主义者乔治·布朗热（George Boulanger）将军出任法国陆军部长，掀起了一股对德复仇的民族沙文主义浪潮。布朗热主义是一种兼有侵略性的威权主义、好战的军国主义和狂热的复仇主义的混和体。1887年2月，具有保守党倾向的英国《旗帜报》发表了一篇发人深思的文章，文章称如果德国在与法国的战争中侵犯比利时领土，英国不会“捍卫比利时的中立”。据称此文出自英国首相索尔兹伯里侯爵罗伯特·盖斯科因-塞西尔（Robert Arthur Talbot Gascoyne-Cecil）的精心策划。由此可知，英国政府是在暗示，当德法发生战争并且德军进入比利时领土时，英国将保持中立，不会支持法国。索尔兹伯里侯爵选择站在俾斯麦一边，对法国不断施加压力，有效打击了布朗热主义。1887年6月，布朗热被免去陆军部长一职，法德战争危机再次解除。② 这次由布朗热主义引发的战争危机也证明了法国收复领土的时机并不成熟。

俾斯麦当然希望消解法国人的复仇之心。他有意通过怀柔之策减少法国人的敌意，尤其是在1875年后，“战争在望”危机中英俄的干预让他更多地看到了战争手段的限度，法国国内政治的有利变化也让他更愿尝试怀柔手段。柏林会议后俾斯麦向法国代表保证，他建立的同盟体系旨在防止奥俄战争，而不是防备法国复仇。他曾多次对法国表示：除莱茵河外，在其他任何地方他都将支持法国。1882年他对法国驻德大使说道：“我要的是息事宁人，我愿意言归于好。我们没有任何道理去想方设法伤害你们；我们倒是处于还欠你们一笔补偿的地位。”③

---

① ［英］埃里克·埃克：《俾斯麦与德意志帝国》，启蒙编译所译，上海社会科学院出版社2015年版，第238页。

② 引自T. G. Otte, *The Foreign Office Mind: The Making of British Foreign Policy, 1865-1914*, Cambridge: Cambridge University Press, 2011, p. 176。

③ ［英］A. J. P. 泰勒：《争夺欧洲霸权的斗争：1848—1918》，沈苏儒译，商务印书馆2019年版，第371—372页。

收复领土暂时无望的法国转向殖民扩张。法国在殖民扩张方面取得了较大的进展，但也与其他大国产生了不小的矛盾。法国因埃及问题疏远了英国，又因突尼斯问题疏远了意大利。俄国受制于三皇同盟和《再保险条约》爱莫能助，因此在很长一段时间内法国的外交态势是相对孤立的，而这正符合俾斯麦的意愿，他一再鼓励法国继续进行殖民扩张。俾斯麦期待法国保持殖民扩张的势头并由此扩大与英意的矛盾，从而更加无力关注法德边界问题。

奥匈帝国和意大利是欧洲大国中实力相对较弱的两个国家。得益于俾斯麦同盟网络的庇护，奥匈帝国可以宣称它遏止了俄国向巴尔干的进军，维护了本国在该地区的利益，意大利则可以宣称它在与法国关于北非和地中海的竞争中不落下风。总之，德国的崛起没有引起欧洲均势的大动荡，欧洲多极格局的结构压力没有明显上升。

（二）弱结构现实主义的结构选择

1890 年，一系列国家间互动的变化使欧洲大国的眼光又重新汇聚到欧洲多极均势上来，它们逐渐分裂成两大对立的军事集团，均势的变动使结构压力逐步上升，各大国的政策选择空间不断收窄，并在 1914 年“七月危机”后处于失控的边缘。

在威廉二世（Wilhelm Ⅱ）继位和俾斯麦去职之后，德国外交政策经历了一个逐渐转型的过程。在俾斯麦时代，他坚持德国是一个欧洲大陆强国，必须从欧洲大陆出发考虑外交问题，像英俄那样热衷于殖民扩张对他来讲不过是转移一下精力，或是利用殖民地问题拨弄英法关系。俾斯麦认为：“我的非洲地图是在欧洲。这儿是俄国，这儿是法国，而我们则在中间。这就是我的非洲地图。”[①] 1897 年之后，德国外交开始了所谓“世界政策”（Weltpolitik）时代，也就是眼光不要仅限于欧洲大陆，而要像英

① 转引自［英］A. J. P. 泰勒《争夺欧洲霸权的斗争：1848—1918》，沈苏儒译，商务印书馆 2021 年版，第 386 页。

国那样，更多地从世界角度看待外交。[①] 由此，德国要突破地理因素对其形成的限制，而在世界范围内建立自己的势力范围。泰勒评论："新德国所意识到的只有它的力量；它看不到危险，不承认存在任何阻碍……俾斯麦当政时，他曾经是对列强的和平保证，尽管这种和平局面是由德国来组织的。现在列强不得不寻求其他的保证了——而且最后是针对德国本身的和平保证。"但是扩张会遇到来自别国的阻力，这让德国以为是其他大国在联合反德。正是这种扩张不断引发和激化了法、俄、英等国的反作用力并延伸到欧洲大陆，催生了难以逆转的结构压力，使欧洲不断分裂为两大军事集团。

1897年出任外交大臣并于1900年出任首相的伯恩哈德·冯·比洛（Bernhard von BüLOW）是德国执行世界政策的操盘手。比洛认为，在德国崛起为欧洲霸权国之前会有一个遭遇其他大国联合反对的"危险地带"，一旦渡过这个时期，德国将强大到没有哪一个强国甚至强国集团敢于向它进攻。在那之前，比洛的外交政策主要是保持行动自由，即同俄英两国都保持良好关系，而又不向任何一方做出承诺，因为他假定英俄冲突是不可避免的，所以保持行动自由的政策既安全又有利。1898年德国曾与英国商谈两国结盟的问题，但谈判最终归于失败。与英国结盟是德国长期以来想要达成的一项外交政策目标，但德国希望英国承诺在法德战争中站在德国一边或至少保持中立，而英国想要德国在远东、中亚以及非洲殖民地问题上支持自己，结果双方都发现自己无法满足对方的要求。英国不愿意在法德争端中预先表明立场，德国不愿意因为支持英国的殖民扩张而与俄法交恶。英国只有在万不得已时才主动寻求与德国合作，而德国不愿意卷入任何反俄事务，因为英国海军对他们的帮助只是杯水车薪。总之，德国正试

① "世界政策"没有一个确切的定义。就连使之成为德国外交政策指导性方针的比洛本人也没有给出准确的说明。有的历史学家认为世界政策主要是出于国内政治原因：它的初衷是面对国内舆论，是加强民族团结以及用长期的预算投入对国家议会造成压力的手段，使持不同政见者（如社会民主党）保持安静，借此巩固现有的主导型工业和政治局面。参见［德］克里斯托弗·克拉克《梦游者：1914年，欧洲如何走向"一战"》，董莹、肖潇译，中信出版社2014年版，第122页。

图使自己既是欧洲强国又是世界强国。德国在欧洲的安全要靠同俄国保持良好关系，其殖民地和海外贸易则要靠英国的善意，因此必须同俄英都搞好关系。德国人真正希望的是俄英之间开战，届时德国可以向双方高价出卖自己的中立。

保持行动自由的政策在理论上站得住脚，在实践中德国虽然未犯重大的原则性错误，但小错误积少成多，其累积效应不可小视。以“克鲁格电报事件”为例。1896年1月3日，正当英国殖民者与布尔人的德兰士瓦共和国矛盾不断上升之时，威廉二世给德兰士瓦共和国总统保罗·克鲁格（Paul Kruger）发去电报，祝贺他“在没有向友好强国呼吁支援的情况下”保持了独立。威廉二世还邀请俄国和法国参与，共同对英国施压。但是英国并未屈服于对方压力，反而组织了一支强大的海军特遣舰队前往南非，使得德国自称能保卫德兰士瓦的承诺成为世界的笑柄。德国只好又表现得好像不应该把“克鲁格电报事件”看得太严重。同年1月10日，德国外交部高官弗里德里希·冯·荷尔施泰因（Frederich von Holstein）写道：“如果事情的结束就像看来正在发生的那样：德国得到一点小小的外交上的胜利，英国得到一点小小的政治上的教训，那就让我们感到满意吧。”①但是这次事件在英国和德国引起了轩然大波，一度严重恶化了英德关系。英国认为这个电报威胁到其殖民帝国大业，因而不能容忍。德国在两次摩洛哥危机中的表现则使其与英国和法国的关系更加恶化，并促使英法走得更近。

保持行动自由的政策虽然保证了德国政策的灵活性，在客观上却进一步加强了德国的孤立状态。英国没有对德国做出任何安全承诺，而法俄同盟极大地限制了德国在欧洲的活动空间。然而德国政治家并没有意识到问题的严重性，因为他们相信英法与英俄之间的紧张关系无法保证这些国家能够联合起来对付德国。当英国出乎德国意料地与法俄两国相继达成协议以解决它们之间的殖民地纠纷后，德国保持行动自由的政策难以为继，未

① ［英］A. J. P. 泰勒：《争夺欧洲霸权的斗争：1848—1918》，沈苏儒译，商务印书馆2019年版，第475—476页。

来的行动受到了更多约束。

德国争取英国、离散英法关系的最后一次努力是1909—1911年的英德海军谈判。德国提议两国签订一个限制海军军备的公约，同时约定彼此都不发动反对另一方的战争、不加入矛头针对两国中任何一国的联盟；如两国中任何一国与第三国（或更多国家）进行敌对行动，另一国应遵守善意中立。德国首相特奥巴登·冯·贝特曼-霍尔维格（Theobald Von Bethmann-Hollweg）表示，只有英国愿意签订一个全面的政治协定，他才会在海军军备方面做出让步；而如果有了这样的协定，在海军方面做出让步就不必要了。英国的考虑则正好相反。英国表示只有德国无条件削减海军计划才会令其满意，而如果削减了海军计划，即使不签订正式协定，两国政治关系也会得到改善。另外，英国外交大臣爱德华·格雷（Edward Grey）认为，德国的这个方案要价太高，不仅会限制其海军军备，而且有利于德国在欧洲建立霸权。因此，他不能承诺，如果德国和法国同俄国交战，英国将不介入。他甚至不能发表一个表示赞成欧洲维持现状的声明，因为任何看来是确认丧失阿尔萨斯和洛林的安排，法国都不可能参加。① 这场谈判的唯一结果是彼此之间的猜疑加剧。英国由此深信，德国不仅决心挑战英国的海上优势，还要在欧洲建立统治地位；德国同样深信，英国在阴谋联合法俄两国“包围”德国。自此，三国协约更加稳固，德国转而强化德奥关系，以免失去这唯一的盟国而孤立无援。

英俄与法德是两类不同的国家。法德本质上是大陆强国，它们关注的重点是欧洲大陆，而英俄两国相对于欧洲大陆核心地带来说都是欧洲侧翼大国，总的来说它们希望欧洲保持平静，这样它们便可以追求其他目标。大致以1905年日俄战争为分界线，此前英俄两国致力于构筑殖民帝国，对欧洲大陆事务相对不是很重视；此后两国把关注点从殖民地事务转向了欧洲大陆。这一外交重心的转移使欧洲格局的结构压力开始明显上升。

前文提及法国因无法夺回割让给德国的领土而暂时转向殖民地的争

---

① ［英］A. J. P. 泰勒：《争夺欧洲霸权的斗争：1848—1918》，沈苏儒译，商务印书馆2019年版，第591—592页。

夺，由此在埃及等非洲殖民地问题上成为英国和意大利的强劲对手。1898年，英法两国军队为争夺非洲殖民地在苏丹的法绍达地区相遇并对峙。经过一系列外交磋商，法国最终撤军，英国获胜。法国的主动屈服主要出于两点：一是实力孱弱。法国海军实力太弱，而英国只要愿意就能占领法国在非洲的整个殖民帝国。[①] 二是法国无意再增加一个敌人。法国的首要敌人是德国，再与英国为敌的代价太大，这么做只会有利于德国，并毁掉任何收复阿尔萨斯和洛林的机会。1903 年，英法两国元首实现互访，为两国解决双边关系中的重大问题营造了良好氛围。1904 年 4 月，英法签署一系列协定，就有关非洲和远东殖民地的控制权问题达成谅解。协约的签订也为英国进一步放弃“光荣孤立”政策并转向欧洲大陆事务创造了部分条件。1906 年 1 月，在为解决第一次摩洛哥危机而召开的阿尔赫西拉斯国际会议上，英国全力支持法国对抗德国，两国关系得以进一步加强。

英法协约签订前后，法国围绕法意关系展开了一系列外交行动。1900 年 12 月，法意签署协定，划分了双方在北非的势力范围。1902 年德奥意三国同盟条约续订时，意大利有意拉开与德奥的距离。意大利向法国保证，续订条款中没有针对法国的挑衅，意大利不会在任何情况下入侵法国或威胁法国的安全。自此，意大利开始在两大集团之间观望，法国由此解除了来自南部的安全威胁。在解决了法英和法意关系中存在的问题之后，法国开始重新关注法德关系问题。这对德国意味着危险来临。当法国致力于殖民地争夺时，法德关系是安全的；一旦法国开始关注欧洲大陆事务，那么法德关系的恶化就是可以预期之事。

长期以来，英国一直认为俄国是其最强劲的对手。英俄在远东、中亚、阿富汗和近东等地区反复争夺，这其实也是俾斯麦当年能够成功构建欧洲多极均势的重要外部条件之一。例如，中亚的安全关乎整个英帝国殖民体系的存亡和英国世界霸权的兴废，因为俄国一旦征服中亚，就可能通过阿富汗威胁到英属印度。中亚的重要性和脆弱性也考验着英国的外交政

---

① ［英］乔治·皮博迪·古奇：《欧洲现代史（1878—1919）：欧洲各国在第一次世界大战前的交涉》，吴莉苇译，商务印书馆 2022 年版，第 216 页。

策。正如后来担任英国首相的亨利·坎贝尔-班纳曼爵士（Sir Henry Campell-Bannerman）所言："害怕俄国人入侵印度，是断断续续萦回于英国几代人脑际的噩梦。"格雷也在其回忆录中写道："俄国向印度边界的推进是最敏感、最危险的问题。"①

然而随着情况的变化，英俄都感到有必要在殖民地事务方面达成一定的妥协。1885年之后，随着俄国在中亚的大规模扩张趋于结束，英俄在中亚地区的激烈争夺也渐趋平静。1885年9月，英俄初步划分了俄国与阿富汗的边界。1895年，英俄划分了在帕米尔地区的势力范围。此后，俄国的战略关注重点从中亚转向远东。在远东，随着日本的崛起，英国发现日本正在成为抵挡俄国势力南下的屏障，于是于1902年与日本结盟，在远东共同对抗俄国。英日同盟的形成使日本处于对抗沙俄的前沿，英国则退居后方予以支持。1904年爆发的日俄战争是英日一方与俄国一方为争夺远东而进行的决战。1907年7月，俄国与日本签署秘密条约，明确划分了两国在远东的势力范围并同意维持现状，俄国在远东的扩张趋于结束。1907年8月31日，英俄两国达成关于划分双方在波斯、阿富汗和中国西藏地区势力范围的条约。至此，英法和英俄相继解决了在殖民地问题上的争议，而法俄早在1893年即已结为同盟，英国加入法俄同盟而形成三国协约的前景一片光明。在摆脱了殖民地问题的羁绊后，三国将其注意力转向更加危险的欧洲政治博弈，导致欧洲大陆结构压力上升的一股力量已经形成。

奥匈帝国虽然在欧洲大国中实力相对较弱，却拥有启动危险的欧洲政治游戏的"钥匙"即巴尔干问题。当英、法、俄三国之间解决了殖民地问题后，奥匈却不合时宜地开启了欧洲大国的"巴尔干游戏"。由于担心塞尔维亚统一整个南斯拉夫，进而把奥匈帝国挤出巴尔干地区，奥匈帝国于1909年宣布兼并波斯尼亚和黑塞哥维那。② 奥匈帝国的这一举措意欲达到一石多鸟的目标。首先，奥匈帝国希望通过兼并措施激发本国各民族的爱

① 转引自杜哲元《中亚大变局与英国的政策应对（1864—1885年）》，中国社会科学出版社2021年版，第26页。

② 根据1885年《柏林条约》第25条，波斯尼亚和黑塞哥维那的主权归奥斯曼帝国，治权归奥匈帝国。

国主义热情，重振王朝雄风。其次，奥匈帝国意欲以此举向德国表明，其作为同盟伙伴还是有实力和有作为的。再次，奥匈帝国判断俄国在日俄战争失败后国力大减，不会强力介入此事。最后，吞并波黑有助于奥匈帝国取得巴尔干地区最具战略意义的要地萨洛尼卡，由此构建一条贯穿马其顿地区与新帕扎尔地区的走廊，将其与奥匈帝国连接，控制爱琴海港口通往中东与亚洲的贸易路线。

奥匈帝国的这一举措立即引起德俄两国的高度关注。德国支持奥匈帝国的兼并政策，但先致信俄国，希望以两国联手向有关各方交换备忘录的方式来承认兼并有效。俄国无意促成此事，因此对德国的提议置之不理。德国首相比洛于是单方面宣布："德国政府高兴地提及，俄国政府认识到德国这一步的友好精神，并且俄国看来倾向于接受该提议。（我们）已经准备好建议维也纳内阁邀请各国，同时通知她们正式赞同取消《柏林条约》第25条。任何模棱两可的答复都必定被我们视为拒绝。在这种情况下，我们将让事情按部就班地进行。所有可能发生之事的责任都舍此无二地取决于伊兹沃尔斯基。"比洛自认为采取了温和的施压方式，但全世界都认为他接近于下了最后通牒。① 实力孱弱的俄国此时无力也无意反对合并，否则在奥塞冲突爆发之时将自取其辱。失去俄国支持的塞尔维亚也只好承认其权利未因兼并而受到侵害。奥匈帝国兼并波黑加剧了同盟国与协约国之间的对立。德奥关系得以加强，但也意味着德国更难控制一个自信心得到极大提升的奥匈帝国。俄国认为这是一次屈辱的失败，于是加强了与英法的关系，三国协约更加稳固。另外，俄国趁机加强了与塞尔维亚和保加利亚的关系，并许诺俄国在战胜同盟国后帮助巴尔干斯拉夫人实现统一。这导致欧洲大陆结构压力上升的另一股力量也已经形成。

当德国在两次波斯尼亚危机中全力支持盟国时，法国却表现出极其谨慎的态度，并没有全力支持自己的盟国俄国。这是因为法国长期以来认为本国在巴尔干地区没有太大的利益，为支持俄国把自己牵连进去并不划

① 转引自［英］乔治·皮博迪·古奇《欧洲现代史（1878—1919）：欧洲各国在第一次世界大战前的交涉》，吴莉苇译，商务印书馆2022年版，第306—307页。

算。1912 年雷蒙·普恩加莱（Raymond Poincaré）相继出任法国外长和总统后，彻底扭转了法国的巴尔干政策，转为全力支持俄国对抗奥匈帝国。普恩加莱在上任总统的第二天即宣称他将“保持与俄国之间最正直的关系”，并且“在充分与对方协商的基础上确立法国的外交政策”。随后他又向俄国人重申，如果俄奥在巴尔干问题上的分歧升级为战争，法国将向俄国伸出援手。[①] 法国巴尔干政策出现转向是因为其认识到以前所谓“巴尔干地区发生的事情不会影响到整个大陆”这一观点已经过时了，俄奥在巴尔干地区发生的任何冲突都会触发德奥两国的联合行动；如果法国此时保持旁观，法俄同盟就失去了意义，而法国不能失去俄国这个盟友。此后，俄奥在巴尔干地区的争夺更加激烈。因两股力量之间的不断碰撞引发的结构压力在不断增加，两大集团之间的关系呈现无法遏止的加速下滑之势，而引爆双方关系的导火索在 1914 年 6 月出现了。

四　结论

本文提出了一个弱结构现实主义理论框架，旨在重新思考体系与单元之间的关系。弱结构现实主义既反对结构现实主义的绝对结构选择，也反对还原理论的绝对单元选择，而是试图在体系与单元之间走出“第三条道路”。弱结构现实主义主张，体系必须通过结构压力才能驱动单元，结构压力是一个变量而不是常量。结构压力的变化源于国家互动的变化。这样，弱结构现实主义就恢复了单元的能动性，将单元互动与体系结构通过结构压力相关联，形成了单元与体系的双向互动。弱结构现实主义承认结构对单元行为的“选择”作用，但这种结构选择不是绝对的，并不意味着单元的完全被动，它只是一种宏观趋势，而单元具有能动性去影响这一宏观趋势的发展变动。相较于结构现实主义，弱结构现实主义可以帮助我们更好地解释和预测较长时段内国家对外政策和国家间关系的变化；相较于

① ［德］克里斯托弗·克拉克：《梦游者：1914 年，欧洲如何走向“一战”》，董莹、肖潇译，中信出版社 2014 年版，第 247 页。

还原理论，它更加有助于我们理解较长时段内大国关系发展的整体性趋势。

弱结构现实主义理论对于我们理解当前守成国与崛起国之间的战略竞争态势具有较强的价值。当前守成国与崛起国之间存在结构性矛盾，由此双边关系从中长期来看处于下滑态势。但是结构性矛盾的存在并不等于结构压力的恒定，由于结构压力是个变量，这表明双边关系下滑的斜率是由双方互动决定的。如果双方对抗加剧，则结构压力上升，双边关系下滑的斜率增加；如果双方能够设法缓和对抗，则结构压力下降，双边关系下滑的斜率减小。由此，弱结构现实主义既反对结构现实主义特别是进攻性现实主义对大国政治悲剧的命定式论断，也反对还原理论特别是大战略理论寄望于个人或团体能够一举扭转大国政治悲剧的愿望式论断。

（本文发表于《世界经济与政治》2024 年第 10 期）

新经济测度

刘仕国[*]

内容摘要：关于新经济的争论，在根本上表现为对新经济概念之内涵与外延界定以及统计依据的差异上。新经济之“新”为其精确测度带来了挑战。在对国际大量相关文献研究的基础上，本文力图在新经济测度方面尝试做进一步研究，并导出了一些迥异于一般直觉的结论。

关键词：新经济　信息经济　恒质价格（或物量）指数　增长贡献度（率）

一　新经济的定义与几种测度思路

（一）新经济的定义

首次提出“新经济”一词的美国《商业周刊》以及其他多数美国文献，均称新经济的促成技术仅指信息技术。① 多数人认为，新经济是过去20年里各种结构变化的产物，代表着一种新的经济增长方式，核心是新技术——经济范式的形成与发展：新的技术结构、产业结构和相关的制度结构。

从经济科学的角度看，“经济”的含义有如下方面。（1）社会生产关

---

* 刘仕国，中国社会科学院世界经济与政治研究所研究员。

① 中国文献中的“新经济”多由包括信息技术、生物技术、新材料、微型机电系统等在内的多种技术促成。

系的总和或社会经济制度。(2) 产品与服务的生产、分配、交换、消费活动，即人们的生产与再生产活动。(3) 一国国民经济整体或其中的各个部门。

“新经济”正是基于上述3方面的一个立体的综合概念：

——它并不仅指某一产业/部门或某些产业/部门，但这一或这些产业/部门是“新经济”概念的核心；

——这一或这些核心产业/部门的技术在整个国民经济生产与再生产活动中具有广泛甚至全面的应用与渗透力；

——这一或这些核心产业对国民经济的应用与渗透效应扩展到整个社会生产关系，即这些核心产业/部门形成了独特的社会生产关系/社会经济制度形态。新技术、新产业和新社会3个层面是“新经济”概念缺一不可的要素。

作为新技术，信息技术在国民经济体系中形成了新的独立的信息产业部门，与此同时，它在其他几乎所有国民经济产业部门都具有全面的应用与渗透力，在此基础上，信息技术正在彻底地改变社会生活方式与内容。本文认定，当前的新经济即为信息经济。

信息产业指同信息的生产、出版、传递、处理以及信息设备制造、信息系统建设等活动有关的产业部门的总称。人们关于信息产业外延的界定有多种观点，最大的共识在于信息业由属于制造业的硬信息业和属于服务业的软信息业组成，最大的分歧在于软信息业和硬信息业究竟涵盖哪些行业。试以2000年正式施行的北美产业分类体系（NAICS-1997）、联合国国际标准产业分类（ISIC第三版）和美国《商业周刊》进行全球信息企业实力排行时所用标准来说明这一分歧，如表1所示。

信息经济指信息行业和非信息行业的一切信息活动，大致可分为如下3部分。(1) 信息提供业，指直接向市场提供信息产品和信息服务并以信息商品形式出售的产业部门。(2) 政府或非信息企业为了内部需要而进行的信息活动。(3) 信息工具的制造业，其中信息工具包括计算机、通信、电话、电台等。信息在经济生活中地位的上升以至于独立信息经济部门的形成及其壮大，都意味着一种全新经济形态——信息经济的出现。

表1　　**信息产业的内涵与外延：4种界定的区别**

类目			4种界定的外延			
粗目	细目		NAICS-1997	《商业周刊》	OECD	本文
软信息业	信息生产	知识生产业：科学研究与开发	×	×	×	√
		教育服务电影、录像生产与后期制作及录音业	√	×	×	√
	信息传递	广播与电信业：无线广播与电视广播业；有线网络与节目发行；电信业；电影与录像发行与放映业	√	√	√	√
	信息服务与数据处理服务	信息服务：新闻联合企业；图书馆与档案馆；信息恢复服务；杂项信息的提供服务；库存图片代理与新闻剪辑服务	√	√	√	√
		数据处理服务：以电子设备为工具/手段的数据预备与加工服务；软盘与磁带间的数据转换及数据核查服务；缩微胶片服务	√	√	√	√
	计算机系统设计及相关服务	计算机程序设计服务；计算机系统设计服务；计算机设备管理服务及其他相关服务	×	√	√	√
	信息设备与耗材的批发、租赁	机械、设备及耗材批发；办公机械与设备（含计算机）租赁	×	×	√	√
硬信息业	信息出版	新闻、期刊、图书与数据库出版业	√	×	×	√
		软件出版	√	√	×	√
		音乐出版	√	×	×	√

续表

类目			四种界定的外延			
粗目	细目		NAICS-1997	《商业周刊》	OECD	本文
硬信息业	信息设备制造	计算机及外围设备制造业	×	√	√	√
		通信设备生产	×	√	√	√
		音频及视频设备生产	×	√	√	√
		半导体及其他电子元器件生产	×	√	√	√
		导航、测量、电子诊断及控制仪器生产磁性及光学介质的生产与再生产	×	√	√	√
	电子及精密设备修理与维修	消费者电子设备修理与维修；计算机及办公机械修理与维修；通信设备修理与维修；其他相关服务	×	×	×	√

（二）几种测度研究思路

第一，从各种“异常”经济现象中判断新经济是否存在，如美国进步政策研究所（PPI）关于新经济的系列研究报告。PPI 对新经济的测度指标共有 3 类 71 项，为理解和把握新经济动态提供了基本框架，但在数据可得性方面受到很大限制。

第二，测度具体的新经济部门在开业数、生产、贸易、就业等方面活动的规模，如 OECD 秘书处推出《测度 ICT 部门》的报告①，按国际社会基本公认的信息通信部门的定义，确立了一个测度 ICT 部门产出的框架。

第三，在测度新经济部门直接经济结果的基础上，进一步测度新技术在传统经济部门中广为应用的间接影响。美国商务部经济分析局从国民经济核算框架的角度对新的信息技术在国民经济中的深入影响提出了

① Bill Pattinson and Pierre M. Montagnier and Laurent Moussiegt, “Measuring the ICT Sector”, *Working Paper of the Information Society*, OECD's Directorate for Science, Technology and Industry, Paris, France: OECD.

许多很有见地的观点，并指明了目前面临的诸多数据与方法困境。①

二　部分国家新经济基本情况的测度

按OECD的界定，确立信息产业的定义必须依据两条原则。

第一，信息设备制造业的产品必须实现信息处理与通信的功能（包括信息传递与显示），物理现象的删除、检测和/或记录或物理过程的控制必须应用电子处理。

第二，对信息服务业而言，产品必须使信息处理和通信功能能够通过电子手段来实现。这两条原则将信息产业限定为现代信息产业，即通过电子手段的信息产业，从而同传统的信息产业如活字印刷术等区别开来。

因此，根据联合国标准产业分类第三版（ISIC-3）的框架，对信息产业的外延做出如下界定。

第一，信息设备制造业由如下生产活动部门组成：办公、会计与计算机械生产（代码为3000，下同），绝缘电线与电缆生产（3130），电子显像管与真空管及其他相关电子元器件生产（3210），电视与收音机发射装置及有线电话、有线电报设备生产（3220），电视与无线电广播接收机、音像录制或翻录设备及相关制品生产（3230），测量、检查、化验导通等设备的生产，不包括工业加工控制设备的生产（3312），工业加工控制设备生产（3313）。

第二，信息服务业由如下生产活动部门组成：机械、设备与耗材（仅限于前述信息设备制造业定义所含）批发（5150）；办公用机械与设备（包括计算机）的租赁（7123）；通信服务（6420）；计算机与相关活动（72），由硬件咨询（7210）、软件咨询与估计（7220）、数据加工（7230）、数据库活动（7240）、办公、会计与计算设备的维修（7250）及其他计算

① J. Steven Landefeld and Barbara M. Fraumeni, "Measuring the New Economy", *Survey of Current Business*, March 2001, pp. 24-40.

机相关活动（7290）组成。

据经合组织的专家测算[1]，1997 年，OECD 信息产业有 58.6 万个企业、1280 万就业人员，创造增加值 1.2 万亿美元（PPP）；1998 年，OECD 信息产业出口 6200 多亿美元，进口 6460 亿美元。

用多变量的 K-Means 聚类方法，综合企业个数、就业数、产值、增加值、R&D 支出、进口与出口等数据，对上述各指标数据均齐全的 14 个国家应用统计软件 SPSS 进行聚类分析的结果如下。第一类：美国，为信息产业规模最庞大的国家；第二类：意大利和英国，信息产业规模其次；第三类：澳大利亚、加拿大、捷克、芬兰、法国、匈牙利、日本、韩国、挪威、葡萄牙、瑞典同属 OECD 内信息产业发展的第三梯队。

信息产业大致可以分为信息设备制造业、通信业及其他信息服务业三大行业。同样根据 Pat-tinson 等的数据，SPSS 的 K-means 聚类分析将当前 OECD 信息产业发展较好的国家分为 3 类。第一类：服务与通信主导型信息产业国，信息设备制造业、通信业和其他信息服务业的相对比例为 3.36∶41.31∶55.33，如澳大利亚和意大利。第二类：均衡型信息产业国，信息设备制造业、通信业和其他信息服务业的相对比例为 36.29∶24.9∶38.82，如加拿大、芬兰、法国、德国、英国、美国和瑞典。第三类：制造业主导型信息产业国，信息设备制造业、通信业和其他信息服务业的相对比例为 73.51∶20.7∶5.79，如韩国和日本。

按信息产业在国民经济中的规模，参评 OECD 国家可分为 3 类。第一类包括澳大利亚、加拿大、法国、德国、意大利、日本，以中等比例的人力创造的增加值却相对最低。第二类包括芬兰、瑞典、英国、美国，以相对最多的人力创造中等的增加值。第三类如韩国，以相对较少的人力创造相对较高的增加值，即信息产业在 GDP 中具有相对很高的份额，在总就业中的比例却相对最低。从表 2 可知，美国经济并不是世界上“信息化”最

---

① Bill Pattinson and Pierre M. Montagnier and Laurent Moussiegt, “Measuring the ICT Sector”, *Working Paper of the Information Society*, OECD's Directorate for Science, Technology and Industry, Paris, France: OECD.

高的国家。1998—1999年，（1）信息产业在本国GDP中所占比重，美国为6.43%，韩国更高，达8.66%；（2）信息产业在就业中所占比重，美国为3.41%，而瑞典、英国和芬兰均比美国高。

表2　**信息产业在部分国家国民经济中的地位与作用：1998—1999年**

单位：%

	占GDP比重	占总进口比重	占总出口比重	占全部就业比重	增加值率比重	研发强度比重	相对劳动生产率	进口渗透率比重	出口率比重
加拿大	4.76	12.52	6.50	3.08	40.68	8.95	1.54	28.76	21.92
芬兰	5.83	14.79	16.70	4.00	32.05	15.66	1.46	20.07	35.85
法国	3.77	10.39	9.92	3.39	46.00	9.48	1.11	22.21	27.07
德国	4.89	9.97	8.43	2.72		6.34	1.80		
意大利	4.28	7.59	4.24	3.34	39.46	3.11	1.28	13.93	10.33
日本	5.04	14.38	25.75	3.17	35.95	17.20	1.59	8.39	19.68
韩国	8.66	14.81	16.11	2.30	48.12	8.99	3.77	22.68	40.78
瑞典	5.97	11.32	13.12	4.33	31.36	12.12	1.38	18.39	30.19
英国	6.12	13.20	6.91	4.13	35.58	3.94	1.48	17.43	21.04
美国	6.43	14.84	13.36	3.41	49.53	10.30	1.88	12.98	11.13

注：（1）加拿大、芬兰、法国和德国为1997年数据。（2）研发强度为R&D投入占增加值比重，相对劳动生产率为信息劳动生产率与全部劳动生产率之比率，进口渗透率为信息产业进口占国内总使用比重，出口率为信息产业出口占本行业增加值比重。

资料来源：根据Bill Pattinson and Pierre M. Montagnier and Laurent Moussiegt，"Measuring the ICT Sector"，*Working Paper of the Information Society*，OECD's Directorate for Science，Technology and Industry，Paris，France：OECD及IMF，*International Financial Statistics*（IFS，月刊）数据，于2001年4月计算所得。

按信息产业贸易在总贸易、国内生产与需求中的地位与作用，参评国家分为如下3类。第一类，包括澳大利亚、加拿大、意大利、英国、美国5国，其特征为"出少进多"：信息产品出口率较低（14.6%），而且在总出口中的比重也较低（7.09%）；尽管在总进口中的比重约为1/8，但对国内需求的满足比较重要，进口渗透率达19%。第二类，包括芬兰、法国、韩国和瑞典，其特征为"出多进多"：信息产品出口率相当高，国内生产量的1/3用于出口（在三类国家中为最高），出口量在总出口中较高（达

14%)；在总进口中约占 13%，高达 21%的信息产品需要进口。第三类，主要是日本，表现为“出多进少”。信息产品是日本相当重要的出口品，出口率达 20%，在总出口中更达 26%，几乎是第二类国家的两倍和第一类国家的 3.2 倍，但国内对进口的依赖相当低，进口渗透率仅为 8.4%，约为第一、第二类国家水平的 0.4 倍。

在信息产业领域，美国“一超独强”，日本紧随其后，其余国家则均属于“第三世界”。依据信息产业中企业个数、就业人数、产值、增加值、R&D 支出、进口与出口指标（见表 3），K-Means 聚类法测算了 3 类国家间的距离：美、日间的距离为 33.56，美国同其余国家的距离为 96.27，日本同其余国家的距离为 65.92。美国信息产业的国际“超强”地位具体表现为：（1）产出规模很大，产值与增加值分别占 OECD 总量的 46%和 49%；（2）增加值创造能力很强，增加值率达 49.5%（仅韩国可与其比肩，为 48%)；（3）发展持续性较强，R&D 支出费用占 OECD 信息产业全部 R&D 支出的一半以上；（4）庞大的国内市场是美国信息产业发展的主要支撑力量。

表 3　**部分国家信息产业国际地位的比较**

（占 OECD 信息产业各指标总值比重）　单位：%

	企业个数	就业人数	产值	增加值	R&D 支出	进口	出口
加拿大	5.25	3.36	3.34	2.94	2.69	4.68	2.9
法国	4.95	5.32	3.89	3.87	3.75	5.85	5.71
德国		7.61		7.49	4.85	9.93	8.64
芬兰	0.19	0.44	0.03		0.33	2.1	3.12
意大利	11.57	5.24	5.3	4.52	1.44	3.62	2.21
日本	7.59	16.09	16.43	12.76	22.45	7.28	16.34
韩国	1.2	3.61	5.06	5.27	4.85	3.19	5.51
墨西哥					0	3.79	4.47
英国	16.31	8.69	8.95	6.88	2.78	8.9	9.0
美国	29.51	35.32	45.63	48.85	51.49	28.32	23.71

资料来源：Bill Pattinson and Pierre M. Montagnier and Laurent Moussiegt，“Measuring the ICT Sector”，*Working Paper of the Information Society*，OECD's Directorate for Science，Technology and Industry，Paris，France：OECD。

信息产业的发展潜力，可以从基础设施、人力资源、技术基础等方面来评价（见表4），聚类分析法将上述参评国家分为如下4类。第一类为美国，产业发展潜力最佳，各项指标几乎均领先别的国家。第二类为日本、韩国，发展潜力稍弱于美国却领先于别的国家。第三类包括澳大利亚、加拿大、芬兰、法国、德国、意大利、英国和瑞典，信息产业的发展基础较好，但落后于美国、日本、韩国；第四类包括巴西、中国、墨西哥、俄国与印度（印度由于缺少一个指标的数据而未能纳入计算机统一处理，但也可人工将其判为本类），在参与比较的16个国家中发展潜力最弱。值得关注的是，在世界信息产业领域（主要是计算机软件）内颇为引人注目的印度，在信息产业发展潜力方面并没有什么特别出众之处，可以说是16个比较国中最差的，或者说其信息产业发展的持续性令人怀疑。结合信息产业既有发展成就，信息业基础设施的国际差别表明，世界信息产业的发展似乎存在"强者愈强、弱者愈弱"的趋势。

表4　**部分国家信息产业发展潜力指标**

	2000年每千人拥有电话主线（条）	1998年每千人拥有移动电话（部）	1998年每千人拥有个人电脑（台）	2000年2月每万人拥有因特网用户（户）	1987—1997年每百万人中研发科学家与工程师数（人）	1998年工业品出口中高技术产品占比（%）	1997年所用专利中本国占比（%）
澳大利亚	524.1	286	411.6	567.30	3357	11	18.5
巴西	148.7	47	30.1	26.22	168	9	0.1
加拿大	676.5	176	330.0	540.17	2719	15	7.7
中国	85.8	19	8.9	0.57	454	15	20.8
芬兰	546.9	572	349.2	1218.42	2799	22	3.7
法国	580.2	188	207.8	131.47	2659	23	16.6
德国	601.2	170	304.7	207.62	2831	14	35.3
印度	32.0	1	2.7	0.23	149	5	
意大利	462.2	355	173.4	114.42	1318	8	2.8
日本	556.9	374	237.2	208.06	4909	26	84.1
韩国	463.7	302	156.8	60.03	2193	27	71.4
墨西哥	124.7	35	47.0	40.88	214	19	1.2
俄罗斯	216.7	5	40.6	14.69	3587	12	31.7

续表

	2000年每千人拥有电话主线（条）	1998年每千人拥有移动电话（部）	1998年每千人拥有个人电脑（台）	2000年2月每万人拥有因特网用户（户）	1987—1997年每百万人中研发科学家与工程师数（人）	1998年工业品出口中高技术产品占比（%）	1997年所用专利中本国占比（%）
瑞典	682.0	464	361.4	670.83	3826	20	6.9
英国	567.2	252	263.0	321.39	2448	28	17.9
美国	673.0	256	458.6	1939.97	3676	33	53.2

资料来源：World Bank，*World Development Report* 2000/2001，New York：Oxford University Press，Table 19，pp. 310-311。

三　信息产业对经济增长贡献的测算：美国实例

信息产业对经济增长的作用表现在两个方面：其一，信息产业本身的迅速成长与壮大；其二，信息产品与服务价格的下降推动着经济体其他部分对其投资与消费的巨大增长。鉴于美国有关统计数据的基础较好，数据也较系统，本文首先以美国为例，测度信息产业本身对经济增长的贡献。

（一）美国经济与信息产业的增长态势

在美国经济持续稳定增长的20世纪90年代，以1995年为分界点，无论是产出①还是投入，信息产业的增长比非信息产业都更为抢眼。

其一，信息技术产品与服务增速更高。非信息技术投资和消费在整个20世纪90年代，其年均增长率从未超过3%。信息产业中，除通信设备生产在20世纪90年代前期的年均增幅低于两位数外，其余时间，计算机、软件和信息技术服务以及20世纪90年代后期的通信设备生产，年均增速均在两位数以上，为非信息技术投资或消费增速的5—20倍。

其二，在信息业产出大幅度增长的同时，其价格尤其是计算机的价格呈剧降之势。信息技术产品价格的年均降幅，1995年后5年为9.74%，比前五年（4.42%）翻了一倍多，其中计算机价格堪称代表。20世纪90年

① 此处的“产出”概念与GDP概念并不是同一概念。二者的关系为：产出=GDP+家庭和政府部门耐用品引致的服务流量估算值，其中耐用品包括IT产品。

代前半期和后半期，计算机价格年均降幅分别为15.77%和32.09%；软件、通信设备和信息技术服务的价格也分别呈下降之势，尽管降幅远低于计算机。而非信息技术产品与服务的投资和消费不但没有下降，反有小幅上升。计算机价格的迅速下降，关键因素在于半导体产品价格的迅速下降。①

（二）恒质价格指数：信息产业对经济增长贡献的测度难点之一

前述信息产品的价格指数，是包含着功效变化和功效恒定时价格变化的市场综合观测值，而直接用来测度信息产业对经济增长贡献的只能是功效恒定时的价格指数，即恒质价格指数（Constant Quality Price Index）。从1997年起，美国劳工统计局将由享乐模型法②计算出的半导体恒质价格指数引进生产者价格指数（PPI），但并未对此前的PPI历史数据进行修订。计算机的恒质价格指数，早在1985年就已引进美国国民收入与支出账户中，但直到现在也没有引进PPI。作为因特网高速发展与扩散的关键，通信技术中目前仅有交换设备与终端设备、移动电话等部分通信设备具有恒质价格指数，而光纤、微波广播和通信卫星等信息传输技术产品③还没有

---

① 计算机内的半导体器件主要是存储芯片和逻辑芯片。存储芯片的价格，1974—1996年年均降幅41%，同期GDP缩减指数年均升幅4.6%。逻辑芯片的价格，1985—1996年年均降幅54.1%，同期GDP缩减指数，年均升幅2.6%。1994—1995年以后，半导体价格的下跌更呈加速趋势：微处理器价格降幅猛增至每年90%以上，半导体产品的寿命周期由3年缩短为两年。Moore定律是信息技术产品价格迅速下降的经典概括。1965年，Fairchild半导体公司的研究主管Gordon E. Moore认为（即Moore定律）：微电子芯片处理能力每隔18—24个月就翻一番，亦即芯片处理能力潜在年均增长率达35%—45%。Moore的预测产生于半导体刚刚发展的年代，但35年来芯片的发展史已证明其正确性。近来，他认为该定律至少在近10年内仍将是正确的。

② 将半导体的匹配模型、享乐（Hedonic）函数及享乐指数方法结合起来，假设半导体价格为半导体功效决定因子（如处理速度与存储容量）的函数，将半导体功效设为固定值后，对不同时点上的半导体价格进行计量建模，即可求解其恒质价格指数。享乐函数是各类异质商品或服务的价格（Pn）同包括在其中的特征要素（$ck \times n$）数量间的关系：$P=h(c)$。其理论假定为：异质商品是这些特征要素的加总，经济行为则同这些特征要素直接有关。享乐价格指数是享乐函数的应用之一。

③ 这部分通信技术的进步速度甚至比半导体梦幻式的发展速度有过之而无不及，典型如密集波长多路分离技术（DWDM），自1997年开始安装以来，光纤传输能力每6—12个月就翻一番，难怪有人断定Moore定律的命运已被这一新定律“终结”。

这一指数。软件中，目前仅打包软件具有 1998 年以后的恒质价格指数。①

(三) 耐用品服务流量：信息产业对经济增长贡献的测度难点之二

资本服务是增长核算中的一个重要变量，其流量估算以资本成本为基础：②

信息服务流量=资本成本×资本名义存量

其中，资本成本是资产价格与相应资本投入价格之间的转换因子，它包括资本的名义回报率、折旧率和价格剧降导致的资本损失率。由于信息产品价格的剧降，资本成本成为信息技术经济学的基本概念。③

表 5 列出了信息耐用品服务流量的计算方法及流程，其中关键环节如下。第一，信息耐用品的资本存量，以 BEA 的各项投资（资本投入）数据为基础，利用永续盘存法即可估计出各项资本的存量，并以各类资本的质量价格为权数进行加总。第二，信息耐用品的服务流量，如果 GDP 核算不包括本项内容，就不足以精确测度出信息技术对美国经济的全面影响。第三，资本质量的增长，即资本投入增长同资本存量增长之差。对信息技术投资的增加增加了资本的质量。资本存量估计不能测出资本质量的提升，实际上低估了信息技术投资对经济增长的影响。

---

① 在 1999 年美国 NIPA 第十一次综合修订中，计算机软件支出已归作投资，而在此前，企业的软件支出被处理为当期费用，个人和政府的软件支出被处理为非耐用品购买。软件投资正在高速增长，其数额现在已经超过计算机硬件投资许多。BEA 将软件分为三大类：其一为打包（prepackaged）软件，是以标准形式销售或授权许可，以包裹形式传输或以电子邮件形式从因特网上下载的软件；其二为 Own-account 软件，是为特定用途而开发的软件；其三为客户专用软件，是按用户的特定应用要求定做的。

② Dale W. Jorgneson，“Information Technology and the U. S. Economy”，*American Economy Review*，Vol. 91，No. 1，January 2001.

③ 在经济学的其他许多领域，尤其在厂商行为建模、生产率测度和税收经济学中，资本成本也已成为非常重要的概念。经济学界对资本成本测度数 10 年的争论焦点集中在以下 3 个方面：（1）将资产价格下降率引入资本成本，是以资产价格下降率完全可预见或可合理预期为假定前提的；（2）折旧率的相对稳定同税收政策的变化与价格变化之间的矛盾，如何合理处理；（3）影响资本收入的税收结构取决于不同时点上的税法特点。

表 5

资本服务流量估算方法

资产 i 在 t 时期的各指标	t 时期总资产的指标	增长率	备注
投资数量 I_{it}	总投资数量 $I_t = \sum_i \bar{u}_{it} I_{it}$	$dlnI_t = \sum_i \bar{u}_{it} dlnI_{it}$	$\bar{u}_{it} = \frac{1}{2}\left(\frac{P_{it}I_{it}}{\sum_i P_{it}I_{it}} + \frac{P_{i,\ t-1}I_{i,\ t-1}}{\sum_i P_{i,\ t-1}I_{i,\ t-1}}\right)$
投资价格 P_{it}	总投资价格 $P_t = \frac{\sum_i P_{it}I_{it}}{I_t}$		
资本存量数量 $S_{it} = S_{i,\ t-1}(1-\delta_i) + I_{it} = \sum_{\tau=0}^{t}(1-\delta_i)^{\tau} I_{i,\ t-\tau}$	资本总存量数量 $S_t = \sum_i \bar{\omega}_{it} S_{it}$	$dlnS_t = \sum_i \bar{\omega}_{it} dlnS_{it}$	$\bar{\omega}_{it} = \frac{1}{2}\left(\frac{P_{it}^* S_{it}}{\sum_i P_{it}^* S_{it}} + \frac{P_{i,\ t-1}^* S_{i,\ t-1}}{\sum_i P_{i,\ t-1}^* S_{i,\ t-1}}\right)$
资本存量价格 P_{it}^*	资本总存量价格 $P_t^* = \frac{\sum_i P_{it}^* S_{it}}{S_t}$		
资本服务数量 $K_{it} = q_i \frac{S_{it}+S_{i,t-1}}{2}$ 其中 q_i 为常系数，且 $\sum_i q_i = 1$	资本总服务数量 $K_t = \sum_i \bar{v}_{it} K_{it}$	$dlnK_t = \sum_i \bar{v}_{it} dlnK_{it}$	$\bar{v}_{it} = \frac{1}{2}\left(\frac{c_{it}K_{it}}{\sum_i c_{it}K_{it}} + \frac{c_{i,\ t-1}K_{i,\ t-1}}{\sum_i c_{i,\ t-1}IK_{i,\ t-1}}\right)$
资本服务价格 $c_{it} = (i_t - \pi_{it})\ P_{i,t-1} + \delta_i P_{it}$	资本总服务价格 $c_t = \frac{\sum_i c_{it}K_{it}}{K_t}$	$c_{it}\ \frac{1 - ITC_{it} - \tau_i Z_{it}}{1-\tau_i}(r_{it}P_{i,\ t-1} + \delta_i P_{it}) + \tau_P P_{i,\ t-1}$ 其中 $r_{it} = \beta[(1-\tau_i)\ i_t - \pi_{it}] + (1-\beta)\left[\frac{\rho_t - \pi_{it}(1-t_q^R)}{(1-t_q^R)\alpha + (1-t_q^R)(1-\alpha)}\right]$	

续表

资产 i 在 t 时期的各指标	t 时期总资产的指标	增长率	备注
资本质量（定义） $q_{k_t}=\frac{K_t}{(S_{it}+S_{i,t-1})/2}$		$dlnq_{Kt}=dlnk_t-dln\frac{(S_{it}+S_{i,t-1})}{2}$ $=\sum_i v_{it}-\omega_{it}dln\frac{(S_{it}+S_{i,t-1})}{2}$	

注：$\pi_{it}=(P_{it}-P_{i,t-1})/P_{i,t-1}$，即资产 i 的通货膨胀率；δ_i 为几何折旧率；ITC_{it}为投资税抵免，τ_i 为法定税率，Z_{it}为资本消耗抵免，τ_P 为财产税率；β 为债务—资本比率，i_t 为债务的利息成本，ρ_t 为股本回报率，α 为红利支付比率，t_q^R 和 t_q^r 分别为对资本盈余和红利的税率。

资料来源：Dale W. Jorgenson and K. J. Stiroh，“Raising the Speed Limit：U. S. Economy Growth in the Information Age”，*Brooking Papers on Economic Activity*，No. 1，2000，Appendix B。

（四）劳动投入恒质物量指数：信息产业对经济增长贡献的测度难点之三

劳动投入恒质物量指数综合考虑了不同性别、职业类别、年龄和教育水平劳动力的异质性。

劳动投入增长与劳动时间增长之间的差异即为劳动质量的增长，反映了高边际产品的劳动对低边际产品劳动的替代。

设 H_{jt} 为第 j 类工人在时期 t 的工时数，则总工时数 $H_t = \sum_j H_{jt}$；设 L_{jt} 为第 j 类工人在时期 t 投入的劳动数量，并假定其值与 H_{jt} 成常数比例 q_{Lj} 且 $\sum_j q_{Lj} = 1$，即 $L_{jt} = q_{Lj} H_{jt}$，则劳动总投入 $L_t = \sum_j \bar{v}_{jt} L_{jt} = \sum_j \bar{v}_{jt} q_{Lj} H_{jt}$，其中：

$$\bar{v}_{jt} = \frac{1}{2}\left(\frac{w_{jt}L_{jt}}{\sum_j w_{jt}L_{jt}} + \frac{w_{j,\ t-1}L_{j,\ t-1}}{\sum_j w_{j,\ t-1}L_{j,\ t-1}}\right)$$

为第 j 类劳动收入在全部劳动收入中的份额，按两年移动平均法计算；设 w_{jt} 为第 j 类工人的小时工资，则劳动总投入的价格为：

$$P_{Lt} = \frac{\sum_j w_{jt} L_{jt}}{\sum_j \bar{v}_{jt} L_{jt}}$$

劳动质量总指数为 $q_{Lt} = \frac{L_t}{H_t}$，其中 $H_t = \sum_j H_{jt}$，则 $q_{Lt} = \frac{\sum_j \bar{v}_{jt} L_{jt}}{H_t}$；

进一步地，劳动质量增长为 $dlnq_{Lt} = dln(\sum_j \bar{v}_{jt} L_{jt}) - dlhH_t$。①

劳动投入的增长包括3部分：（1）劳动物量投入的增长；（2）劳动价格的增长；（3）劳动质量的增长。从长远看，测度劳动投入对经济增长的贡献，实质上是测度劳动物量投入对经济增长的贡献，为此，就需要用劳动质量指数和劳动价格指数去缩减劳动投入增长。

① Dale W. Jorgenson and K. J. Stiroh, "Raising the Speed Limit: US Economy Growth in the Information Age", *Brooking Papers on Economic Activity*, No. 1, 2000.

（五）信息产业对美国经济增长贡献的测度

信息产业对国民经济增长最重大的影响途径是价格变化与质量变化。①因此，在 IT 投资品的产出和 IT 资本服务的投入既定的情况下，生产可能性边界是分析信息产业效应的合适框架，其最大优点在于，IT 产出的价格通过 IT 资本服务的价格而与 IT 投入的价格联系起来。总产出 Y 包括投资品产出和消费品产出，由资本和劳动投入转化而来，生产力是总投入的“希克斯中性”扩展：

$$Y(I_n, I_c, I_s, I_t, C_n, C_c) = AX(K_n, K_c, K_s, K_t, L)$$

其中，I_n 为非信息产业投资，I_c 为计算机投资，I_s 为软件投资，I_t 为通信设备投资，C_n 为非 IT 消费品和服务，C_c 为 IT 资本服务。各项投入如下：非信息产业资本服务 K_n，计算机服务 K_c，软件服务 K_s，电信设备服务 K_t 和劳动投入 L。

假定产品市场和要素市场是竞争性的，则生产者均衡意味着产出的增长是投入的加权增长与全要素生产率（TFP）增长之和：

$$\bar{\omega}_{I_n} dlnI_n + \bar{\omega}_{I_c} dlnI_c + \bar{\omega}_{I_s} dlnI_s + \bar{\omega}_{I_t} dlnI_t + \bar{\omega}_{C_n} dlnC_n + \bar{\omega}_{C_c} dlnC_c =$$

$$\bar{v}_{K_n} dlnK_n + \bar{v}_{K_c} dlnK_c + \bar{v}_{K_s} dlnK_s + \bar{v}_{K_t} dlnK_t + \bar{v}_L dlnL + dlnA$$

其中，$\bar{\omega}$ 和 $\bar{v}$ 分别为产出比重和投入比重。在回报率不变的假设下，所有比重加总为 1：$\bar{\omega}_{I_n} + \bar{\omega}_{I_c} + \bar{\omega}_{I_s} + \bar{\omega}_{I_t} + \bar{\omega}_{C_n} + \bar{\omega}_{C_c} = 1$，$\bar{v}_{K_n} + \bar{v}_{K_c} + \bar{v}_{K_s} + \bar{v}_{K_t} + \bar{v}_L = 1$

根据该式，各要素对美国经济产出增长和投入增长的贡献就计算出来了。

信息产业对 GDP 增长贡献的增加势头相当引人注目。信息产业对产出增长的年均贡献率，1948—1973 年为 5.01%，1973—1990 年为 15.73%，1990—1995 年为 24.58%，1995—1999 年为 28.68%；信息产业对总投入增长的年均贡献率变化与此类似。

① 从这个意义上讲，信息技术的迅速提升，使增长经济学中大家熟知的许多概念变得过时了：作为资本投入的测度指标，资本存量已不能够反映信息产业日渐上升的重要性；工时投入指标越来越为劳动投入指标替代。

（六）信息技术对美国平均劳动生产率增长贡献的测度

设 H 为工作小时，并令平均劳动生产率（平均每工时产出）$y=Y/H$，小时资本投入 $k=K/H$，则各要素对经济增长贡献的方程就变形为：

$$dlny=\bar{v}_k dlnk+\bar{v}_L\ (dlnL-dlnH)\ +dlnA$$

按此，平均劳动生产率的增长分为3个来源：（1）资本深化，即小时投入资本的增长率，反映资本与劳动间的替代情况；（2）劳动质量提升，反映具有高边际产品的劳动力在全部劳动力中比重的上升；（3）全要素生产率（TFP）增长。1948—1999年美国平均劳动生产率的增长情况如表6所示。

表6　**信息产业对美国平均劳动生产率增长的年均贡献：1948—1999年**　单位：%

	1948—1999	1948—1973	1974—1990	1991—1995	1996—1999
GDP	3.46	3.99	2.86	2.36	4.08
工时	1.37	1.16	1.59	1.17	1.98
平均劳动生产率	2.09	2.82	1.26	1.19	2.11
资本深化	1.13	1.45	0.79	0.64	1.24
信息技术	0.30	0.15	0.35	0.43	0.89
非信息技术	0.83	1.30	0.44	0.21	0.35
劳动质量	0.34	0.46	0.22	0.32	0.12
全要素生产率	0.61	0.92	0.25	0.24	0.75
信息技术	0.16	0.06	0.19	0.25	0.50
非信息技术	0.45	0.86	0.06	-0.01	0.25

资料来源：Dale W. Jorgneson, "Information Technology and the U.S. Economy", *American Economy Review*, Vol. 91, No. 1, January 2001, p. 25。

1948—1999年，平均劳动生产率增长是美国GDP增长的主导决定因素：对GDP增长的贡献度为2.09个百分点，贡献率为60.4%。

在平均劳动生产率中，资本深化的贡献率，1948—1999年年均为

54%。在20世纪90年代，资本深化对平均劳动生产率增长的贡献率呈现加速趋势：贡献率从由前5年年均53.8%上升到后5年的年均58.8%。相反地，劳动质量提升对平均劳动生产率增长的作用则呈下降趋势，反映了老龄化等劳动力结构变化以及劳动力潜在供应趋紧的情况。

20世纪90年代资本不断深化的主要推动力来自信息技术。信息技术对美国资本深化的年均贡献率，1991—1995年为67%，1996—1999年为72%。信息产业资本深化对美国GDP增长的年均贡献率，1948—1999年为8.67%，1991—1995年为18.22%，1996—1999年为21.81%。

美国全要素生产率的上升，主要是信息技术推动的结果。在20世纪90年代前5年，信息产业对全要素生产率增长平均每年贡献0.25个百分点，非信息业的年均贡献却为-0.01个百分点；在20世纪90年代后半期，信息产业的年均贡献度比前5年翻了一番，达0.5个百分点，贡献率占2/3，非信息产业的年均贡献度尽管转为正值，但仅为0.25个百分点。

四　信息产业对产出增长贡献的粗略测度：七国集团

近年来已经有人就信息产业对经济增长贡献情况进行了国别比较①，本部分内容对这些研究进行综述，并侧重于对数据相对齐全的七国集团成员做进一步的分析，以测度信息产业对有关国家经济增长贡献趋势的差异。

囿于数据的可获得性，本部分将对信息产业的前述外延做部分调整。本部分的信息产品指计算机及外围设备、其他与信息相关的办公设备（如复印机、收银机、计算器）、通信设备与仪器。测度方法类似于前文“美国实例”中所用方法。表7反映出如下结论。

① P. Schreyer, "The Contribution of Information and Communication Technology to Output Growth: A Study of The G7 Countries", *OECD STI working paper*, DSTI/DOC, 2000.

表7　7个主要国家信息产业对产出增长的贡献：按不同价格指数测算

	年份	加拿大	法国	联邦德国	意大利	日本	英国	美国
产出增长	1980—1985	2.80	1.70	1.40	1.40	3.50	2.10	3.40
	1986—1990	2.90	3.20	3.60	3.00	4.90	3.90	3.20
	1991—1996	1.70	0.90	1.80	1.20	1.80	2.10	3.00
贡献度按信息产业调和价格指数计算	1980—1985	0.25	0.17	0.12	0.13	0.11	0.16	0.28
	1986—1990	0.31	0.23	0.17	0.18	0.17	0.27	0.34
	1991—1996	0.28	0.17	0.19	0.21	0.19	0.29	0.42
贡献度按最接近的核算价格指数计算	1980—1985	0.29	0.16	0.09	0.13	0.09	0.13	0.28
	1986—1990	0.35	0.22	0.12	0.18	0.15	0.27	0.30
	1991—1996	0.31	0.17	0.15	0.21	0.20	0.31	0.41

资料来源：P. Schreyer，"The Contribution of Information and Communication Technology to Output Growth：A Study of The G7 Countries"，*OECD STI working paper* DSTI/DOC，2000，p. 18。

第一，从1980—1985年到1986—1990年，再到1991—1996年，信息产业对GDP增长的贡献率始终呈上升趋势的国家有联邦德国、意大利、日本、英国和美国，表明信息产业对这些国家经济增长的推动作用持续加强；而加拿大和法国，信息产业对经济增长的贡献率在20世纪80年代后期达到高峰，20世纪90年代前期则有所回落，其中法国的回落幅度最大（-26.1%）。

第二，20世纪80年代后期与前期相比，7个国家的信息产业对经济增长的贡献率均呈上升趋势，按贡献率升幅高低依次为英国（68.8%）、日本（54.5%）、联邦德国（41.7%）、意大利（38.5%）、法国（35.3%）和加拿大（24%），美国的升幅最低，为21.4%。

第三，1991—1996年同1986—1990年相比，信息产业对经济增长的贡献率，除法国和加拿大呈回落之势外，英国、日本、意大利和联邦德国的升势明显趋缓，升幅为6.4%—16.7%，大大低于20世纪80年代后期对20世纪80年代前期的升幅，唯有美国升势强劲，升幅达23.5%，超过20

世纪 80 年代后期对 20 世纪 80 年代前期的升幅。

第四，1991—1996 年，信息产业对 GDP 增长的贡献率，意大利最高，达 15%，其次是英国（13.8%），联邦德国（13.6%）次之，其后是美国（12.4%）。

（本文发表于《世界经济》2002 年第 10 期）

中国国际投资头寸表失衡与金融调整渠道

肖立晟　陈思翀*

内容摘要：本文估算了中国1998—2011年基于市场价值的中国国际投资头寸表季度数据，并运用Gourinchas和Rey的现值模型量化分解了中国外部失衡调整中金融和贸易两种调整渠道的贡献度。① 结果表明，中国持续的外部失衡中存在显著的估值效应损失，在2011年年末达到4212亿美元，占对外净资产总额的25%；金融调整渠道能显著地解释约12%的外部失衡动态变化，并且与贸易调整渠道之间存在显著的正相关关系。这意味着在中国外部失衡持续为正值的条件下，不但中国未来净出口增长率会下降，而且将经历更低的对外净资产回报率。因此本文建议，在短期内应改善中国外汇储备币种结构，在中期推进人民币国际化进程，在长期推动国际货币体系改革。

关键词：国际投资头寸表　金融调整渠道　估值效应　贸易调整渠道

一　引言

2000年以来，中国对外贸易投资迅速增长，国内居民和政府持有的海

* 肖立晟，中国社会科学院世界经济与政治研究所研究员；陈思翀，中南财经政法大学金融学院教授。

① Gourinchas, P. O. and H. Rey., "International Financial Adjustment", *Journal of Political Economy*, Vol. 115, No. 4, August 2007, pp. 665-703.

外资产和负债大幅累积，至 2011 年年末，对外资产负债总额占 GDP 比重达到 104%。[①] 与此同时，中国对外资产与负债的资产种类和币种结构却存在错配，对外资产主要以外币计价，大部分投资于债券类资产，对外负债主要以人民币计价，大部分投资于 FDI 资产。一旦人民币汇率或资产价格波动幅度上升，对外净资产价值将会出现大幅变动，从 1998 年至 2011 年末，由于汇率和资产价格变化所产生的价值波动的累计值已经达到 4212 亿美元。[②] 这其中，外部资产和负债总量的迅速累积代表中国与世界的金融联系在不断强化；价值变动的损失则实际上反映了外部失衡调整中的金融渠道。

所谓金融调整渠道，是指一国外部资产和负债，随着汇率和资产价格的随机波动而变化的机制。传统的国际经济学理论认为，一国经济的外部失衡是经常账户的失衡，调整过程是通过汇率变化影响国际市场中不同商品交易的相对价格，进而影响一国进出口的相对竞争力，实现经济的再平衡。然而，Gourinchas 和 Rey[③] 的研究结果表明，基于经常账户的统计和调整机制有重大的漏洞：汇率的波动不仅会改变两国商品的价值，同时会改变两国资产的价值；资产价值的变化并不会反映到经常账户中，而只会体现在一国对外净资产上，因此仅仅关注经常账户无法反映一国外部失衡的真实程度。[④] 一国外部失衡的调整除了传统的贸易调整渠道，还包含基于估值效应的金融调整渠道。这就要求我们跳出贸易收支失衡的窠臼，从国际投资头寸表的角度来分析中国经济真实外部失衡及其调整机制。

金融调整渠道对于认识中国外部失衡的可持续性、防范货币危机，以及人民币的国际化进程等具有重要意义。但限于数据的可得性，国内文献尚没有建立一个完整的分析框架。本文的贡献主要是以下两点：第一，利用国家外汇管理局公布的季度中国国际收支平衡表和年度国际投资头寸

① 数据来源：国家外汇管理局与本文测算结果，具体请参见本文第三部分。

② 数据来源：国家外汇管理局与本文测算结果，具体请参见本文第三部分。

③ Gourinchas, P. O. and H. Rey., "International Financial Adjustment", *Journal of Political Economy*, Vol. 115, No. 4, August 2007, pp. 665-703.

④ 金融调整渠道除包含汇率变动，还包含资产价格的变动，详细论述请参见文献综述。

表，重新编制了以市值定价为基础的，1998年至2011年末季度国际投资头寸表。第二，在此基础上，利用Campbell和Shiller、Gourinchas和Rey的现值模型分解了金融调整渠道和贸易调整渠道对中国外部失衡调整的贡献比率。①

本文以下部分的结构安排如下：第二部分是相关文献综述；第三部分是数据说明；第四部分是实证分析；第五部分是结论。

二 文献综述

外部调整是国际金融学的核心内容。传统的分析范式是Obstfeld和Rogoff提出的经常账户跨期优化方法。② 当一个国家的国民收入出现短期波动时，可以借助国外贷款避免消费和投资的急剧萎缩；类似地，当一个国家储蓄充足，就能够参与国外的生产性投资项目或对外放款。这种资源的跨时交易通过各国间的贸易往来体现在经常账户中。在引入具有前瞻性的消费者和政府预算约束后，一国的经常账户应该反映该国对未来收入的预期。这就是新开放宏观经济学分析外部调整机制最主要的工具。

然而，随着全球金融一体化程度不断提高，Gourinchas指出其中存在两个缺陷：第一，没有考虑汇率波动和资产价格变化；第二，对外资产负债收益率采用的是无风险债券利率。③ 在新开放宏观经济学中，一国经常账户的变动与一国对外净资产的变化完全一致，也就是说对外净资产等于一国经常账户历年的累积额。但是随着近年来各国持有的跨国资产的增

① Campbell, J. Y. and Shiller, R. J., "The Dividend-Price Ratio and Expectations of Future Dividends and Discount Factors", *Review of Financial Studies*, Vol. 1, No. 3, July 1988, pp. 195-227; Gourinchas, P. O. and H. Rey., "International Financial Adjustment", *Journal of Political Economy*, Vol. 115, No. 4, August 2007, pp. 665-703.

② Obstfeld, M. and Rogoff K., "The Intertemporal Approach to the Current Account", in *Handbook of International Economics*, Vol. 3, Gene M. Grossman and Kenneth Rogoff, eds., Amsterdam: North-Holland, 1995.

③ Gourinchas, P. O., "Valuation Effects and External Adjustment: a Review", in "Current Account and External Financing", Kevin Cowan, Sebastian Edwards and Rodrigo Valdes, eds., *Series on Central Banking, Analysis and Economic Policy*, Vol XII, Banco Central de Chile, 2008, pp. 195-236.

加，资产结构和币种结构的作用越来越重要。以外部资产为例，大体可分为两部分，一部分收益率较低且波动较小，如债务性资产（包括债务证券和其他投资资产）和官方储备。对于这类资产，一旦汇率发生波动，其以本币度量的资产价值也会相应变化。另一部分为收益率变动较大的权益性资产，如证券投资和直接投资。对于这类资产，不仅要考虑汇率波动的影响，还要考虑资产价格波动对外部资产的影响。而传统的经常账户并不能完全捕捉汇率波动和资产收益率的变化。这种由于汇率和资产价格变化所产生的"估值效应"，度量方式即对外净资产市值与经常账户累积额之差。①

估值效应有可能让一国外部资产与外部负债的收益率出现长期系统性的差异。在这方面，美国和中国是完全相反的两类国家，在以美元霸权为基础的国际货币体系下，美国获得了"过度特权"，中国承担了"过度损失"。现有的研究表明，美国居民持有的海外资产收益率高于海外负债的成本。Gourinchas 和 Rey 对此做了开创性的研究。② 他们发现，1952—2004年，美国持有外国资产的平均收益率是 5.72%，外国持有美国资产的平均收益率是 3.61%，二者相差 2.11 个百分点。这种差额收益率的产生并不完全是由于美元资产的低风险性，很大程度上是在当前以美元霸权为基础的国际货币体系下，美元不断相对其他货币贬值所产生的估值效应。Lane 和

① 关于估值效应的文献综述请参见范小云、肖立晟、方斯琦《从贸易调整渠道到金融调整渠道——国际金融外部调整理论的新发展》，《金融研究》2011 年第 2 期。以美国为例，"估值效应"对外部调整的作用体现在如下两个方面：一是汇率变动带来的估值效应在外部调整中的作用。美国近 2/3 的对外资产用外国货币计值，95%的对外负债用美元计值，因此当美元贬值时，美国投资者持有的以外国货币标价的资产的美元价值上升，美国投资者获得大量资本利得，而负债的美元价值几乎保持不变。美元贬值使得财富从外国转移到美国，美国的外部失衡得到缓解。二是资产价格变动带来的估值效应在外部调整中的作用。当美国投资者持有的外国资产（如外国公司的股票）价格上升（下降），美国的净投资头寸将会改善（恶化），相反，当外国投资者持有的美国资产（如美国公司的股票）价格上升（下降），美国的净投资头寸将会恶化（改善）。上述两种（汇率与资产价格）变化对美国对外净资产的影响并不能体现在经常账户余额中，这也就出现了美国经常账户赤字屡创新高而对外净资产水平却相对平稳的异常现象。

② Gourinchas，P. O. and H. Rey.，"From World Banker to World Venture Capitalist：US External Adjustment and the Exorbitant Privilege"，in R. Clarida ed.，*G7 Current Account Imbalances：Sustainability and Adjustment*，University of Chicago Press，2007，pp. 11-66.

Milesi-Ferretti 的研究也表明，在 2000—2007 年，与美国外部头寸的收益相对应的正是对外净资产多头国家的损失。①

相对应，中国的外部资产和负债收益率也出现了系统性差异。中国也许是当前国际货币体系下对外净资产遭受侵蚀最严重的国家之一。一方面，倪权生和潘英丽发现，考虑人民币和资产升值因素，1999—2009 年美国在华直接投资收益率约为 18%；② 另一方面，张斌等发现，2002—2009 年，国家外汇储备投资的平均名义收益率仅为 5.72%。二者差距达到了 12.28%。这种收益率差距表明，美国以美元霸权为基础，以"过度特权"的形式，获得大量超额收益；而中国则承担了巨大的"过度损失"，从而构成了国际金融调整渠道的基础。③

基于估值效应，Gourinchas 和 Rey④ 引入对外净资产的超额收益率，在 Campbell 和 Shiller⑤ 动态现值模型的分析框架下，探讨了金融调整对于一国外部失衡调整渠道的经济含义，并且通过实证分析得出了两条重要结论：第一，对美国而言，约 27%的动态外部调整由金融调整渠道实现；第二，对外净资产的变动能有效预测未来汇率走势。这意味着在外部调整过程中，应更多关注包含"估值效应"的对外净资产头寸。随后，IMF、Pan、Cardarelli 和 Konstantinou 等采用类似的方法分别测算了主要工业国家金融调整渠道的有效性。结果表明，欧元区、美国和日本等主要经济体的金融调整渠道的作用较为显著。⑥

---

① Lane, P. and Milesi-Ferretti, G. M., "Where Did All The Borrowing Go? A Forensic Analysis of The U. S. External Position", *Journal of the Japanese and International Economies*, Vol. 23, No. 2, June 2009, pp. 177-199.

② 倪权生、潘英丽：《中美相互投资收益率差异及其蕴含的政策启示》，《上海金融》2010 年第 12 期。

③ 张斌、王勋、华秀萍：《中国外汇储备的名义收益率和真实收益率》，《经济研究》2010 年第 10 期。

④ Gourinchas, P. O. and H. Rey., "International Financial Adjustment", *Journal of Political Economy*, Vol. 115, No. 4, August 2007, pp. 665-703.

⑤ Campbell, J. Y. and Shiller, R. J., "The Dividend-Price Ratio and Expectations of Future Dividends and Discount Factors", *Review of Financial Studies*, Vol. 1, No. 3, July 1988, pp. 195-227.

⑥ IMF, "Globalization and External Imbalances", *IMF World Economic Outlook*, April 2005; Pan, H., "The Dynamics of External Adjustments: Evidence from Emerging Markets", *University of California Davis Working Paper*, 2006; Cardarelli, Roberto and Panagiotis Konstantinou, "International Financial Adjustment: Evidence from the G6 Countries", *Mimeo*, *International Monetary Fund and University of Macedonia*, 2007.

张定胜和成文利用动态一般均衡模型解释了作为储备货币发行国美国所具备的“嚣张的特权”：廉价地获取新兴市场国家的储备资金，并运用贬值的手段降低偿债成本。[①] 宋效军等、廖泽芳和雷达[②]运用向量误差修正模型实证检验了中国对外净资产变化中的金融调整渠道，结果显示中国遭受了较高估值效应损失。这主要是因为中国是一个不成熟的债权国，只能以投资于外币资产，无法发行本币计价的债券资产。然而，由于缺乏质量较高的季度数据，国内研究都采用年度数据的向量误差修正模型，在这种情况下，研究结果一方面会因为样本不足而缺乏稳健性，另一方面也无法有效分解贸易渠道和金融渠道对外部调整的贡献程度。

本文的贡献在于估算了季度频率的中国国际投资头寸表，在此基础上运用 Campbell 和 Shiller 的现值模型将中国外部调整渠道分解为贸易调整渠道和金融调整渠道，并量化了两种调整渠道在中国外部失衡调整中的相对重要性。[③]

三　数据

为了度量中国外部失衡的规模和性质，首先需要准确衡量中国国际投资头寸（IIP）。中国官方针对国际头寸表的统计数据起步较晚，2009 年才开始根据市值标准编制中国国际投资头寸表。[④] 对于研究者而言，现有的国际投资统计数据序列较短，年度数据仅始于 2004 年，季度数据的统计仅始于 2011 年，无法刻画中国外部失衡变化的典型特征。

本部分致力于重新估算季度的中国国际投资头寸表。尽管中国国际投

① 张定胜、成文利：《“嚣张的特权”之理论阐述》，《经济研究》2011 年第 9 期。

② 宋效军、陈德兵、任若恩：《我国外部均衡调节中的估值效应分析》，《国际金融研究》2006 年第 3 期；廖泽芳、雷达：《全球经济失衡的利益考察——基于估值的视角》，《世界经济研究》2012 年第 9 期。

③ Campbell, J. Y. and Shiller, R. J., “The Dividend-Price Ratio and Expectations of Future Dividends and Discount Factors”, *Review of Financial Studies*, Vol. 1, No. 3, July 1988, pp. 195-227.

④ 关于国家外汇管理局国际投资头寸表的编制方法，请参见外管局网站公布的《正确解读中国国际投资头寸表》，http：//www. gov. cn/gzdt/2011-12/05/content_2011354. htm。

资头寸表数据存在较大不足，但是官方关于国际收支平衡表的统计质量较高，日前公布了自1998年至2011年末的季度数据。国际收支平衡表报告的是跨境资本当年的流量数据，国际投资头寸表则是跨境资本的历年存量数据。因此，我们可以在国际收支平衡表的基础上，估算出国际投资头寸表的季度数据。我们采用标准的市值估计方法来估算中国季度的国际投资头寸表，这也有助于补充官方调查统计数据的不足。

本文使用的方法，是对自1998年至2011年末的每个季度、主要分项的IIP数据进行市值估算。估算的数据来源包括：国家外汇管理局数据库，中国商务部，OECD数据库，UNCTAD数据库，IFS数据库，BIS数据库，COFER数据库，彭博数据库，美国财政部TIC数据库，Lane和Shambaugh①，Lane和Milesi-Ferretti②。具体估算方法如下：

令V_t^x、V_{t+1}^x分别表示t期末和$t+1$期末第x类资产的期末值，γ_{t+1}^x表示第x类资产在第$t+1$期间的收益率，$Flow_{t+1}^x$表示第$t+1$期间第x类资产的流量变化，我们就使用流量—存量调整公式来描述资产的累积过程：

$$V_{t+1}^x = \gamma_{t+1}^x V_t^x + Flow_{t+1}^x \tag{1}$$

根据式（1），我们只需知道每一类资产的基期存量价值、各期的收益率，以及各期的流量变化，就可以估算出各类资产每一期的存量价值。接下来，我们分项描述如何估算中国对外总资产和总负债的季度数据。

（一）对外资产

本文的对外总资产中包含3类资产。分别是对外直接投资、对外其他债务，以及外汇储备。在标准的对外资产负债表中，资产方一般分为5类：股票组合（portfolio equity），直接投资（direct investment），债务组合

① Lane，P. and J. C. Shambaugh.，“Financial Exchange Rates and International Currency Exposures”，*American Economic Review*，Vol. 100，No. 1，March 2010，pp. 518-540.

② Lane，P. and Milesi-Ferretti，G. M.，“The External Wealth of Nations Mark Ⅱ：Revised and Extended Estimates of Foreign Assets and Liabilities，1970-2004”，*Journal of International Economics*，Vol. 73，No. 2，November 2007，pp. 223-250.

(portfolio debt)(大部分是债券投资),其他债务(other debt)(大部分是银行借贷),外汇储备(reserves)。由于中国自2006年才开始持有股票组合,且占对外资产总额不到1.5%,因此,我们不单独考虑股票组合资产,将其合并至直接投资项目;① 债务组合占对外资产比重不到5%,且其资产性质和其他债务类非常接近,因此,我们将债务组合资产合并至其他债务资产中。最终,对外资产3类资产的计算方法如下:

1. OFDI

为了估算OFDI(对外直接投资)的市值,我们以Lane和Milesi-Ferretti统计的1997年末中国OFDI总额为基期,用如下方法估算中国OFDI的收益率水平:首先,根据中国商务部公布的OFDI目的地,可以获得中国OFDI的地区分布;其次以该地区作为东道国吸引直接投资(Inward FDI)给投资国提供的平均收益率②,作为中国OFDI在该地区的收益率水平;最后以地区投资额作为权重,就可以获得中国历年OFDI的收益率水平。在此基础上,根据流量—存量调整公式就可以获得中国对外直接投资各期的存量价值。为了确认数据的稳健性,我们将市值估算结果分别与外管局公布的数据、历年名义存量(将历年国际收支平衡表中对应项直接累计,即账面价值累计值)比较。图1表明,本文的估算结果与外管局公布的2004—2011年的年度数据拟合程度较好,二者数据显著高于不做调整的累积值,这表明本文采用的方法较为合理。

2. 其他债务资产

其他债务资产主要包含跨国银行借贷资产和对外私人债券投资。在中国国际投资头寸表中,主要是跨国银行借贷资产,私人债券投资规模非常有限。鉴于二者都是非状态依存资产,我们将二者合并考虑,假定私人债

① 中国股票组合的份额较低,即使采用全球股票市场平均收益率作为股票组合的收益率单独估算其市值,也不会对结果产生实质的影响。

② Lane, P. and Milesi-Ferretti, G. M., "The External Wealth of Nations Mark Ⅱ: Revised and Extended Estimates of Foreign Assets and Liabilities, 1970-2004", *Journal of International Economics*, Vol. 73, No. 2, November 2007, pp. 223-250. 各地区内向FDI(Inward FDI)收益率的数据来源:UNCTAD数据库。

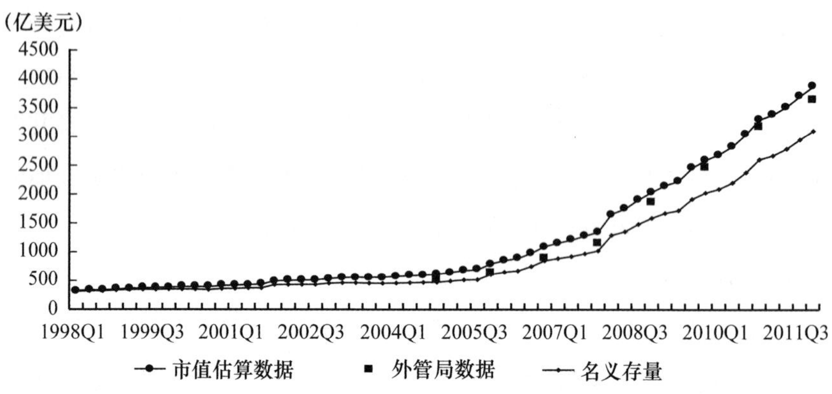

图1　中国OFDI数据比较

资料来源：国家外汇管理局、OECD数据库、笔者计算结果。

券投资与跨国银行借贷资产的分布一致，收益率近似等于一年期银行存款利率。1998年的基期存量数据依然取自Lane和Milesi-Ferretti数据库，流量数据则来源于外管局的国际收支平衡表。①

因为各国的债券收益率并不完全一致，为了估算“其他债务资产”的收益率水平，可以采用两种方法：一种是直接采用全球债券收益率的综合指数（例如，所罗门全球综合投资级债券指数）计算收益率，另一种是根据中国其他债务资产的币种权重加权计算收益率。为了更准确地计算中国其他债务资产的收益率，我们采用第二种方法；因此，我们需要获得中国跨国银行借贷资产的币种结构。② 遗憾的是，中国官方并没有公布“其他债务资产”的币种结构（即银行持有的海外资产的币种结构）。我们只能通过其他国家持有的中国国内银行的海外负债，来估算中国其他债务资产的币种结构。

本文采用Lane和Shambaugh基于国际清算银行（BIS）双边信贷数据

① Lane, P. and Milesi-Ferretti, G. M., “The External Wealth of Nations Mark Ⅱ: Revised and Extended Estimates of Foreign Assets and Liabilities, 1970-2004”, *Journal of International Economics*, Vol. 73, No. 2, November 2007, pp. 223-250.

② 我们假定同一币种的信贷资产收益率近似等于该币种的10年期国债收益率。

的估算方法。[①] 国际清算银行（BIS）公布了 1998—2011 年包含 20 个报告国的跨国银行和与 178 个国家的双边对外资产和负债数据，且数据对“本币”和“外币”部分进行了分离（按区位划分）。尽管报告国数量少，但它们是世界主要金融中心。报告国的资产中有 72%—90%是其他报告国的负债。通过 BIS 报告国银行体系对外负债的区分构成数据，我们得到 20 个报告国对中国的双边银行信贷债权债务，从而推理出中国银行体系对外资产的分布。这些数据揭示了中国持有报告国债权之地理分布格局，可以较好地推演出中国的银行资产的币种结构。我们主要计算了中国“其他债务资产”中美元、欧元、英镑、日元的比重，在此基础上加权美元、欧元、英镑、日元的一年期存款利率作为“其他债务资产”的历年收益率。

接下来，我们将市值估算结果分别与外管局公布的数据、历年流量累计数据（未作市值调整）比较。在图 2 中，我们发现与 OFDI 数据不同，

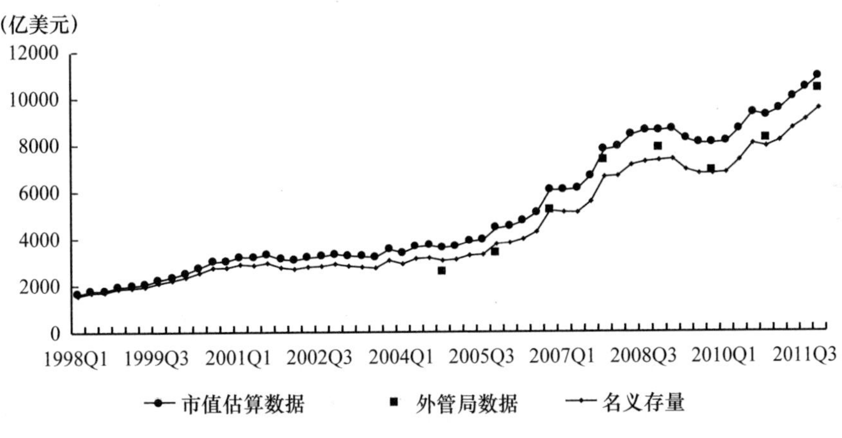

图 2 其他债务资产估计结果比较

资料来源：国家外汇管理局；Lane，P. and Milesi-Ferretti，G. M.，“The External Wealth of Nations Mark Ⅱ：Revised and Extended Estimates of Foreign Assets and Liabilities，1970－2004”，*Journal of International Economics*，Vol. 73，No. 2，November 2007，pp. 223−250；BIS 数据库；笔者计算结果。

① Lane，P. and J. C. Shambaugh.，“Financial Exchange Rates and International Currency Exposures”，*American Economic Review*，Vol. 100，No. 1，March 2010，pp. 518−540.

外管局公布的数据与历年流量累计数据的拟合程度较高，低于本文市值估算的数据。之所以会出现这种情况，是因为根据国际惯例，外管局在编制国际投资头寸表时并没有对“其他投资资产”进行市值调整，只是采用账面价值原则进行计值，因此，虽然本文的市值估算数据要高于外管局的统计结果，但是可以更好地反映债务类资产的市值变化。

3. 外汇储备

外汇储备一直是国内关注的焦点，中国人民银行公布了外汇储备历年的月度数据，该数据是按照市场价值计算的外汇储备规模数据，包括央行外汇市场干预形成的外汇储备、储备投资收益和汇率变化引起的储备价值变动（估值效应），数据质量较高，可以直接采用该数据作为外汇储备的市值数据。

接下来，我们需要估算外汇储备的收益率。[①] 决定外汇储备收益率的主要因素包括外汇储备的币种结构、投资工具和期限结构。首先，我们需要知道外汇储备的国别分布，即币种结构。虽然官方没有公布外汇储备的币种结构，但是国内外学者使用了多种方法对其估算。[②] 本文主要使用张斌等的估算方法。张斌等综合考虑 IMF 的 COFER[③] 数据库和美国财政部 TIC 数据库中提供的国家外汇储备的信息。COFER 数据按全球、发达国家、发展中国家和新兴市场经济体的组别，公布官方外汇储备的币种构成数据。在此基础上，结合 TIC 数据和中国的外汇储备数据，可以比较准确地了解中国持有的美元外汇资产在全部外汇储备资产中的比重，剩下来的非美元货币比重按照 COFER 数据中欧元、英镑和日元的比例推算。比如，基于 TIC 数据，美元资产占 65%，也就意味着非美元资产占比 35%，COFER 数据中发展和新兴市场经济体当年的欧元、英镑和日元资产比例为

① 这是为了计算对外资产的总收益率。

② Eichengreen, J. and Mathieson, J., *The Currency Composition of Foreign Exchange Reserves-retrospect and Prospect*, International Monetary Fund, 2000；张斌、王勋、华秀萍：《中国外汇储备的名义收益率和真实收益率》，《经济研究》2010 年第 10 期。

③ COFER 数据库：Currency Composition of Official Foreign Exchange Reserves，以下简称 COFER，数据来源：http://www.imf.org/external/np/sta/cofer/eng/index.htm。

32∶2∶1，那我们就认为国家外汇储备中的美元、欧元、英镑和日元资产分别占比为65%、32%、2%和1%。[①] 估算了外汇储备的币种结构后，需要进一步考虑外汇储备的投资工具和期限结构。根据美国财政部TIC数据库，可以获得中国持有美国长期国债、机构债、公司债，以及短期国债、机构债、公司债等国债期限结构，[②] 根据日本央行的公布的数据可以获得中国持有日元资产对应的期限结构[③]。然而，由于中国的外汇储备管理并不透明，除了间接通过美国和日本当局获得相关期限结构外，我们无法直接获得储备资产在其他币种的国债、机构债、公司债中的具体资产构成和期限结构。因此，我们采用张斌等提出的替代方法：假定非美元投资在资产结构和期限结构与样本期内美元资产的投资工具权重和期限结构权重的均值相同。在此基础上，计算以人民币计价的外汇储备资产收益率。[④] 计算结果见图3。

（二）对外负债

对外负债包括：来华FDI负债，股本证券负债和其他投资负债（包含债务证券负债）。与对外资产类似，我们将债务证券负债合并至其他债务负债中。对外资产3类资产的计算方法如下。

---

① 详细计算方法请参见张斌、王勋、华秀萍《中国外汇储备的名义收益率和真实收益率》，《经济研究》2010年第10期。

② TIC数据库中包含了2000年、2002—2011年历年数据，数据表明，2003年之前中国持有的国债95%以上是长期债券，且期限结构非常稳定，所以，我们认为1998年和1999年的外汇储备币种结构与2000年相同，2001年数据等于2000年与2002年的均值。

③ 参见日本央行相关数据：http：//www. boj. or. jp/statistics/br/bop/index. htm/。数据始于2005年，此前的期限结构参照美元资产。事实上，在2005年之前，中国的外汇储备规模不大，投资策略也相对保守，主要是投资于长期国债市场，因此，做这类近似处理不会对后文实证结果造成严重影响。

④ 张斌、王勋、华秀萍：《中国外汇储备的名义收益率和真实收益率》，《经济研究》2010年第10期。需要指出的是，本文计算的外汇储备收益率与张斌等的有3处不同：其一，张斌等计算的是年化收益率，本文计算的是季度收益率；其二，本文考虑了外汇储备中日本债券的投资工具和期限结构；其三，张斌等计算的是美元计价的收益率水平，本文计算的是以人民币计价的收益率水平，这是因为实证研究的部分需要的是本币（人民币）计价的收益率。

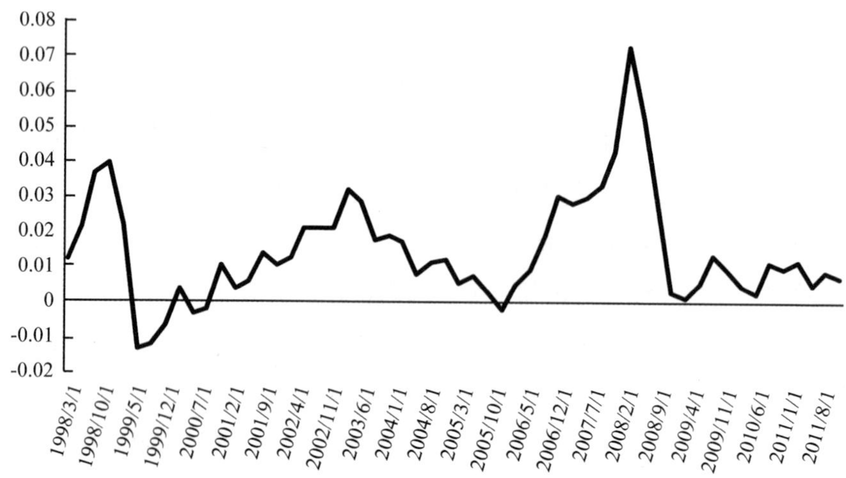

图3 以人民币计价的外汇储备收益率水平

1. 来华 FDI 负债

如何估算来华 FDI 的存量一直是富有争议的话题。本文采用 OECD 数据库公布的 OECD 国家历年对外直接投资的平均收益率作为来华 FDI 的收益率。在此基础上，以 Lane 和 Milesi-Ferretti 统计的 1997 年末来华 FDI 总额为基期，结合国家外汇管理局公布的历年来华 FDI 季度流量数据，① 我们就可以计算出来华 FDI 的历年季度存量数据，数据结果见图 4。市值估算数据在 2009—2011 年拟合程度较高，在 2009 年以前，市值估算数据显著高于外管局公布的数据；同时，我们也发现，2004—2008 年外管局公布的来华 FDI 数据甚至比不做任何调整的来华 FDI 累计值还要低。这可能是

① Lane, P. and Milesi-Ferretti, G. M., "The External Wealth of Nations Mark Ⅱ: Revised and Extended Estimates of Foreign Assets and Liabilities, 1970-2004", *Journal of International Economics*, Vol. 73, No. 2, November 2007, pp. 223-250. 为了尽可能精确计算来华 FDI 季度流量数据，我们将国际收支平衡表中，外国在华直接投资账户差额减去投资收益账户的借方，以此来获得外国在华直接投资的净值。这实际上就是当期来华直接投资流入额减去来华直接投资流出额，再减去来华直接投资的利润汇回。这里也涉及如何处理中国国际收支平衡表的投资收益项。由于中国国际收支平衡表中投资收益项基本平衡，借方主要是来华 FDI 的收益汇出，贷方则主要是外汇储备汇回，二者都是当期变化值，并不需要进行收益率的存量调整。借贷双边正负相抵，并不会显著影响对外净资产市值，因此，我们没有单独考虑国际平衡表中的投资收益项。

由于外管局是自 2009 年才开始通过外商投资企业年检和境外投资企业调查的渠道采集数据。例如，当年来华 FDI 的存量比 2008 年增加近 4000 亿美元，二者的差额应该等于国际收支平衡表 2009 年来华 FDI 流量变化；但 2009 年国际收支平衡表中外国来华直接投资的流量仅增加 1310 亿美元。这显然是因为外管局在 2009 年才开始对来华 FDI 历年的存量价值做了相应的调整。因此，本文采用的市值估算数据可能会更好地描述 2009 年之前来华 FDI 历年变化情况。

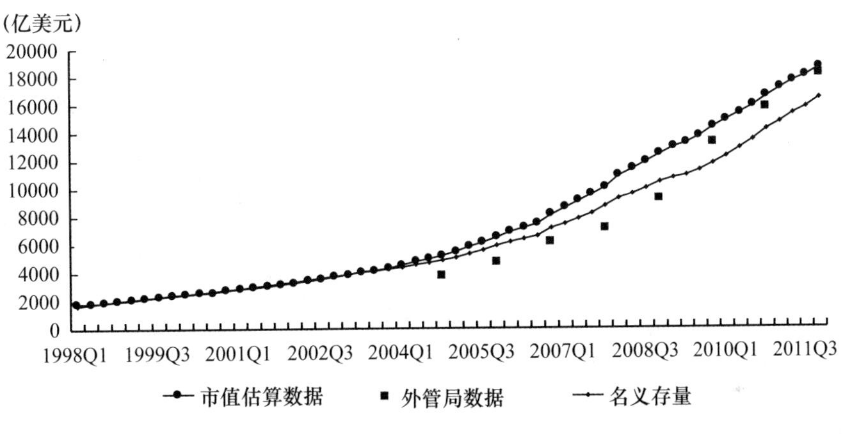

图 4　来华 FDI 负债估计结果比较

资料来源：国家外汇管理局；OECD 数据库；Lane，P. and Milesi-Ferretti，G. M.，"The External Wealth of Nations Mark Ⅱ：Revised and Extended Estimates of Foreign Assets and Liabilities，1970-2004"，*Journal of International Economics*，Vol. 73，No. 2，November 2007，pp. 223-250；笔者计算结果。

2. 股本证券负债

股本证券负债市值的估算方法如下：我们采用 Lane 和 Milesi-Ferretti 统计的 1997 年末中国股本证券负债为基期，国际收支平衡表股本证券负债为流量数据，采用 QFII（合格的境外机构投资者）的收益率水平代表中国股本证券负债收益率,[①] 计算各期的存量价值，结果见图5。除了由于2008年国际金融危机爆发导致股票市场暴跌，其他时期市值估计都高于名义存量；而外管局数据则基本与名义存量相等，表明其采用的是账面价值累加的统计方法，没有进行价值重估，这一点在外管局网站公布的《正确解读中国国际投资头寸表》一文中有详细说明。在本文计算的中国对外股本证券负债市值数据中，2009年末股本证券市值数据约为3500亿美元，相对接近于CPIS的统计数据3874亿美元，这表明，本文方法计算的股本证券市值较稳健。

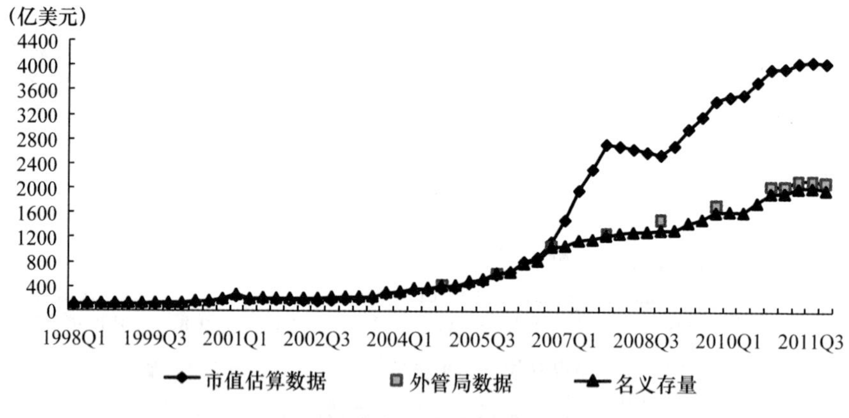

图5　股票证券负债估计结果比较

资料来源：国家外汇管理局；彭博数据库；Lane，P. and Milesi-Ferretti，G. M.，"The External Wealth of Nations Mark Ⅱ：Revised and Extended Estimates of Foreign Assets and Liabilities，1970 - 2004"，*Journal of International Economics*，Vol. 73，No. 2，November 2007，pp. 223-250；笔者计算结果。

① Lane，P. and Milesi-Ferretti，G. M.，"The External Wealth of Nations Mark Ⅱ：Revised and Extended Estimates of Foreign Assets and Liabilities，1970-2004"，*Journal of International Economics*，Vol. 73，No. 2，November 2007，pp. 223-250. 根据中国证监会公布的数据，2011年末QFII的资产总额约为2655亿元美元，规模大致与官方公布的股本证券负债2114亿相当。二者来源与规模都相近，因此，我们可以用QFII的收益率近似代替对外股本证券负债。从Datastream数据库我们可以获得自2003年中国引进QFII制度以来QFII基金历年收益率水平，本文以此作为2003—2011年股本证券负债收益率水平；在2003年之前，我们采用A股上证综指的收益率作为股本证券负债收益率。

3. 其他投资负债

其他投资负债主要是外资银行跨境贷款和公司债券投资。我们的数据包括其他投资负债和债券证券负债之和。我们采用Lane和Milesi-Ferretti统计的1997年末中国其他投资负债和债券证券负债之和为基期，国际收支平衡表其他投资负债与债务证券负债之和为流量数据，国内银行一年期存款利率为收益率，计算各期的存量价值。[①] 数据结果见图6，2007—2011年，市值估算的数据与外管局公布的数据拟合程度非常高，但是二者均系统性地高于流量累积的名义存量。这意味着，外管局在处理其他投资负债时可能并不是采用历年流量账面价值的累计值，而是采用调查数据，这也是IMF等国际金融机构认可的市值计算方法。总体而言，我们估算的结果可以有效地反映"其他投资负债"的市值变化。

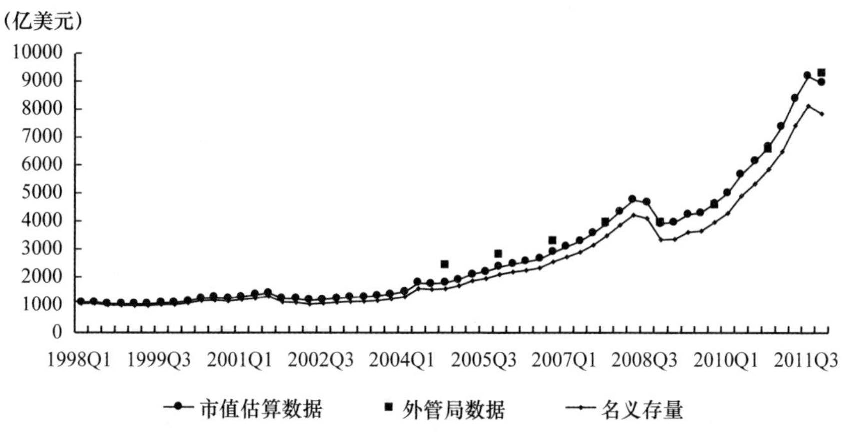

图6　其他投资负债估计结果比较

资料来源：国家外汇管理局；OECD数据库；Lane, P. and Milesi-Ferretti, G. M., "The External Wealth of Nations Mark Ⅱ: Revised and Extended Estimates of Foreign Assets and Liabilities, 1970-2004", *Journal of International Economics*, Vol. 73, No. 2, November 2007, pp. 223-250；笔者计算结果。

① Lane, P. and Milesi-Ferretti, G. M., "The External Wealth of Nations Mark Ⅱ: Revised and Extended Estimates of Foreign Assets and Liabilities, 1970-2004", *Journal of International Economics*, Vol. 73, No. 2, November 2007, pp. 223-250.

（三）中国对外净资产市值相对账面价值的损失——估值效应的度量

在前文估值效应的定义中，对外净资产市值与经常账户累积额之差即估值效应，差值若为正，则代表一国在对外金融资产交易中获得收益，若为负则反之；此处，我们根据中国对外资产负债表的估算结果，测度其中蕴含的估值效应损失。对外资产减去对外负债即中国外部财富的净值，这代表了中国的海外债权。从理论上而言，若国内外投资利率均是无风险债券利率，那么对外净资产可以近似等于经常账户累积额，在标准的开放宏观经济学模型中，也一般假定对外净资产等于经常账户累积额。① 然而，我们的数据分析表明，由于对外资产和负债收益率并不完全相同（见图7）。在2005年之后，对外净资产与经常账户累积额出现了系统性偏差，对外净资产持续低于经常账户累积额，二者之差在2011年末达到4212亿美元，占对外净资产总额的25%。这表明对外金融资产负债收益率的不同，已经对中国外部失衡调整发挥越来越重要的作用。在下一部分，我们

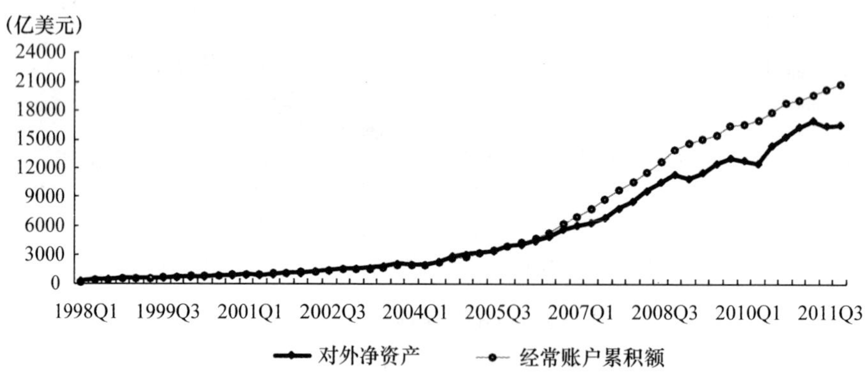

图7　对外净资产与经常账户累积额比较

资料来源：笔者计算结果。

---

① Obstfeld, M. and Rogoff K., "The Intertemporal Approach to the Current Account", in *Handbook of International Economics*, Vol. 3, edited by Gene M. Grossman and Kenneth Rogoff, Amsterdam: North-Holland, 1995.

将遵循 Gourinchas 和 Rey① 的方法，在 Campbell 和 Shiller 动态现值模型的分析框架下分解金融渠道和贸易渠道对外部调整的贡献度。②

四 实证分析

在重新编制的以市值为基础的中国国际投资头寸表的基础上，本文遵循 Gourinchas 和 Rey 的思路，基于一国经济外部失衡的跨期约束条件所构造的理论模型，并采用中国数据进行实证分析。具体而言，根据 Gourinchas 和 Rey 的理论模型，可以将一国对外净资产失衡的调整机制分解为金融调整渠道和贸易调整渠道：③

$$nxa_t = -\sum_{j=1}^{\infty}\rho^j E_t(r_{t+j} + \Delta nx_{t+j}) = -\underbrace{\sum_{j=1}^{\infty}\rho^j E_t r_{t+j}}_{\text{金融调整渠道}} - \underbrace{\sum_{j=1}^{\infty}\rho^j E_t \Delta nx_{t+j}}_{\text{贸易调整渠道}} \quad (2)$$

其中，nxa_t 是代表对外净资产失衡状态的指标，是资产、负债、出口、进口等的周期性因素的线性组合。对外净资产失衡指标随着出口及资产的增加而上升，随着进口和负债的增加而减少。与传统的经常账户失衡不同，本文中对外净资产的失衡状态同时包含了来自贸易账户的净出口流量，以及来自国际投资头寸的对外净资产存量变化。Δnx_{t+j}是净出口增长率的周期性部分，r_{t+j}是对外净资产回报率。此外，ρ 是贴现率④，而 E 则代表期望值。

模型等式（2）表明一个国家当期的对外净资产失衡指标（nxa_t）等于未来对外净资产收益率（r）与净出口（Δnx）的现值之和。由于对外净

① Gourinchas, P. O. and H. Rey. , "International Financial Adjustment", *Journal of Political Economy*, Vol. 115, No. 4, August 2007, pp. 665-703.

② Campbell, J. Y. and Shiller, R. J. , "The Dividend-Price Ratio and Expectations of Future Dividends and Discount Factors", *Review of Financial Studies*, Vol. 1, No. 3, July 1988, pp. 195-227.

③ 限于篇幅，具体理论推导请参见 Gourinchas, P. O. and H. Rey. , "International Financial Adjustment", *Journal of Political Economy*, Vol. 115, No. 4, August 2007, pp. 665-703。

④ Gourinchas, P. O. and H. Rey. , "International Financial Adjustment", *Journal of Political Economy*, Vol. 115, No. 4, August 2007, pp. 665-703. 根据理论模型，ρ 为 1 加上稳态下净出口与对外净资产的相对比例，与 Gourinchas 和 Rey 的研究相似，在本文中它也类似于贴现率。

资产失衡指标包含了贸易收支的流量变化和海外净资产的存量变化两个部分，所以该指标的变化能够预测未来该国对外净资产回报率的变化或是未来净出口增长率的变化。其中，通过净出口变化的调整即传统的贸易调整渠道，通过对外净资产收益率变化的调整即金融调整渠道。金融调整渠道同时包含资产收益率和汇率变动的影响。换句话说，无论是由于净资产规模增加还是贸易收支顺差，只要模型等式（2）左边的一国经济的外部失衡指标 nxa 为正值，那么该国必须通过模型等式（2）右边的两项，即未来净出口的下降（贸易渠道）或是对外净资产收益率的下降（金融渠道）来进行调整。在本节中，我们拟通过将模型等式（2）应用于中国1998Q1—2011Q4 的季度数据①，并使用预测估计和方差分解方法，揭示金融渠道和贸易渠道在中国对外经济调整过程中的相对重要性。

（一）向量自回归（VAR）预测模型的估计结果

由于理论模型中关于未来的预期项是不可观测的变量，因此我们必须通过构造模型等式（2）右边各项预期值的经验代理变量，才能将外部失衡指标 nxa 进行分解。在相关文献中，通常使用的方法是利用向量自回归模型（VAR），同时结合对数线性化模型等式（2）来获得各预期项的估计值。这里我们遵循 Campbell 和 Shiller、Gourinchas 和 Rey 的方法设定一个包含 3 个状态变量 $Z_t=[\Delta nx_t, r_t, nxa_t]'$ 的 VAR 预测系统②：

$$Z_{t+1}=A\cdot Z_t+\varepsilon_{t+1} \tag{3}$$

其中，ε 为预测误差。需要指出的是，由于各状态变量数据均经去除均值处理，所以该 VAR 系统不包含常数项。这意味着方差分解仅限于关注

① 此处需要指出的是，本文理论和实证分析采用的均是本币计价的对外资产负债市值；前文为了便于与官方数据进行比较，给出的是以美元计价的对外资产负债数据，在实证分析中，我们采用的是以本币计价的方法，二者的计算方法非常类似，只需将 1998 年基期存量和历年流量均按照当期平均汇率换算成人民币资产，然后根据对应的收益率进行存量—流量估算即可。

② Gourinchas, P. O. and H. Rey., "International Financial Adjustment", *Journal of Political Economy*, Vol. 115, No. 4, August 2007, pp. 665-703; Campbell, J. Y. and Shiller, R. J., "The Dividend-Price Ratio and Expectations of Future Dividends and Discount Factors", *Review of Financial Studies*, Vol. 1, No. 3, July 1988, pp. 195-227.

外部失衡等变量的变动，而不受这些变量均值的影响。这里我们使用普通最小二乘法（OLS）来对此VAR系统进行估计。①

表1报告了向量自回归模型的估计结果。本文VAR预测系统中各式解释变量的联合显著性*Wald*检验均显示，VAR估计系数整体上在统计意义上都是非常显著的。这表明了无论是未来净出口增长率、未来对外净资产回报率还是未来的外部失衡指标，都是可以预测的。具体而言，首先，外部失衡指标无论对于净出口增长率、对外净资产回报率还是未来的外部失衡，都存在着显著预测效果。和前文的理论模型一致，正的外部失衡指标能够预测未来净出口增长率下降的同时往往也预示着对外净资产在未来更低的回报率。其次，对外净资产回报率主要是被其本身的滞后项所预测，存在着较强的持续性。最后，外部失衡指标虽然也存在着显著的一阶正相关关系，但是持续性不如对外净资产回报率。

表1　　**VAR估计结果**

	Δnx_{t-1}	r_{t-1}	nxa_{t-1}	*Wald* 检验	*Adj.* R^2
Δnx_{t-1}	0.083	-1.582	-0.599	0.0	0.277
SE	(0.124)	(1.159)	(0.118)		
t值	[0.667]	[-1.365]	[-5.096]		
r_t	0.008	0.680	-0.018	0.0	0.561
SE	(0.006)	(0.079)	(0.006)		
t值	[1.369]	[8.608]	[-2.888]		
nxa_t	0.082	-1.932	0.375	0.0	0.152
SE	(0.141)	(1.233)	(0.116)		
t值	[0.580]	[-1.566]	[3.243]		

注：（1）本表数据的样本区间为1998Q2—2011Q4。（2）根据AIC和BIC信息准则，VAR模型的最优滞后阶数皆为一阶滞后。（3）*Wald*检验报告了相应的ρ值。（4）圆括号内为通过GMM方法计算得到的稳健标准误，方括号内为相应的t值。

① 具体而言，本文是在GMM的框架下选取了普通最小二乘法（OLS）的一阶条件作为矩条件进行估计。同时，本文尝试了广义最小二乘法（GLS）和最大似然法（MLE）的估计值，但是几乎不会影响VAR模型的估计结果，以及之后对金融和贸易渠道在中国对外经济调整过程中的相对重要性的方差分解。

（二）基于现值模型的中国经济外部失衡指标估计值及其分解

在获得了向量自回归模型的估计系数矩阵（A）之后，我们可以将其代入理论模型等式（2）来获得预期未来净出口增长率和预期未来对外净资产回报率的估计值。并且，通过计算模型等式（2）右边各组成部分的方差或标准差，我们可以量化金融和贸易这两大渠道在中国经济外部失衡调整过程中的相对重要性。具体而言，给定以上去除均值后的VAR预测系统，首先我们可以利用系数矩阵（A）的估计值并根据以下性质得到状态变量 Z_t 的向前 h 阶预测值：$E_t(Z_{t+h}) = A^h Z_t$。然后，通过设定恰当的贴现值（ρ）①，我们就可以计算模型等式（2）右边分别反映金融和贸易调整渠道的两项现值之和的估计值：

$$
\begin{aligned}
nxa_t &= -\sum_{j=1}^{\infty}\rho^j E_t(\Delta nx_{t+j}) - \sum_{j=1}^{\infty}\rho^j E_t(r_{t+j}) \\
&= -e'_1\sum_{j=1}^{\infty}\rho^j A^j Z_t - e'_2\sum_{j=1}^{\infty}\rho^j A^j Z_t \qquad (4)\\
&= -e'_1\rho A(I-\rho A)^{-1}Z_t - e'_2\rho A(I-\rho A)^{-1}Z_t \\
&= nxa_t^{\Delta nx} + nxa_t^r
\end{aligned}
$$

其中，$e_1=[1, 0, 0]'$为此处我们定义的用来提取VAR系统中的第一个状态变量净出口增长率预测值的单位向量。类似地，我们可以通过定义单位向量 $e_2=[0, 1, 0]'$得到预期未来净资产回报率的估计值。I 则为单位矩阵。$nxa_t^{\Delta nx}$ 是外部失衡指标中和预期未来净出口增长率变动相对应的部分（贸易调整渠道），而 nxa_t^r 则为外部失衡指标中和预期未来对外净资产回报率相对应的部分（金融调整渠道）。

在利用向量自回归模型的估计结果和方差分解方法来量化分析金融渠道和贸易渠道在中国对外经济调整过程中的相对重要性之前，我们首先通

① Gourinchas, P. O. and H. Rey., "International Financial Adjustment", *Journal of Political Economy*, Vol. 115, No. 4, August 2007, pp. 665-703. 在本文实证分析的基准结果中，我们遵循Gourinchas和Rey的方法将贴现值设定为 $\rho=0.95$。在后文的稳健性检验中，我们发现贴现值的变化并不会对本文的主要结论产生显著影响。

过比较外部失衡指标的实际值与估计值来检验现值模型的稳健性。从理论上来说，将外部失衡指标分解为预期对外净资产回报率贴现值和预期净出口增长率贴现值之和的模型等式（2）仅仅是一个对数近似的会计恒等式，而且在推导过程中使用了很少的假设条件，所以其结论应该是非常稳健的。但是，正如 Campbell 和 Shiller、Gourinchas 和 Rey 都已经指出的那样，当我们将此模型应用于实际数据进行经验研究的时候，根据数据样本的不同仍然有可能产生比较大的误差，所以有必要检验动态现值模型应用于中国数据样本时产生的误差大小。①

图 8 比较了中国外部失衡指标的实际值（nxa_t）以及根据 VAR 系统估计结果和模型等式（2）计算的外部失衡指标的估计值（$nxa_t^{\Delta nx}+nxa_t^r$）。整体而言，模型的拟合程度较好，中国经济外部失衡指标估计值和实际值基本吻合，偏离幅度很小。这意味着模型误差并不是引起外部失衡指标动态

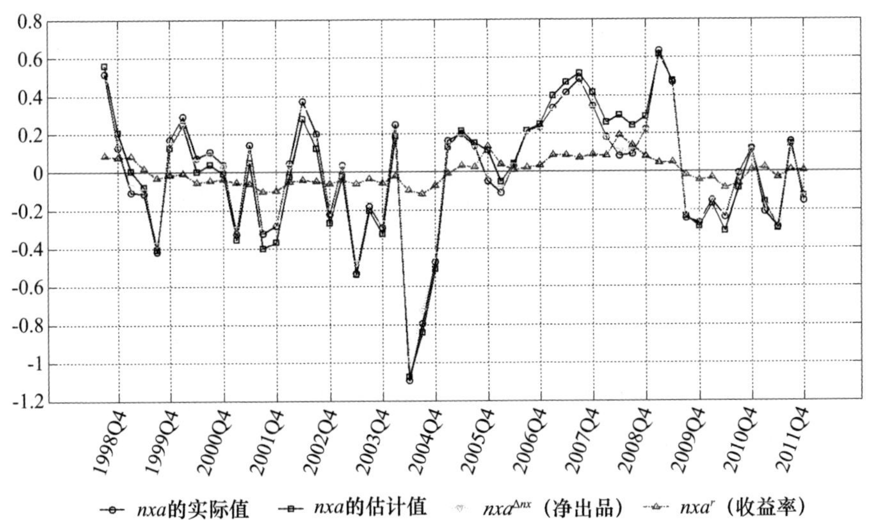

图 8　中国经济外部失衡的实际值和估计值及其分解

① Campbell, J. Y. and Shiller, R. J., "The Dividend-Price Ratio and Expectations of Future Dividends and Discount Factors", *Review of Financial Studies*, Vol. 1, No. 3, July 1988, pp. 195-227; Gourinchas, P. O. and H. Rey., "International Financial Adjustment", *Journal of Political Economy*, Vol. 115, No. 4, August 2007, pp. 665-703.

波动的重要因素。因此我们认为，动态现值模型在中国经济外部失衡调整的经验分析中具有良好的适用性。此外，图8分别描述了外部失衡指标（nxa_t）的两个组成部分随时间变化的趋势：预期未来净出口增长（$nxa_t^{\Delta nx}$）和预期未来对外净资产回报率（nxa_t^r）。外部失衡指标的动态变化和与预期未来净出口增长率相对应的组成部分（贸易调整渠道）之间的关系更加紧密。

（三）中国经济外部失衡的金融和贸易调整渠道及与主要国际经济体的比较

在利用向量自回归模型获得了关于预期未来回报率和预期未来贸易收支增长率的估计值之后，我们还能够将之与模型等式（2）结合起来，运用方差分解的方法来量化金融调整渠道（nxa_t^r）和贸易调整渠道（$nxa_t^{\Delta nx}$）对于外部失衡指标（nxa_t）动态变化的相对重要性。为了衡量贸易和金融渠道对于外部失衡指标变化的相对贡献率，我们可以计算各分解部分和外部失衡指标之间的协方差占外部失衡指标方差的百分比。具体而言，首先将等式（4）两边乘以 nxa_t，然后再对该等式两边取期望值，就可以将外部失衡指标的方差分解为其与贸易调整渠道和金融调整渠道的协方差之和：

$$var(nxa_t) = cov(nxa_t^{\Delta nx}, nxa_t) + cov(nxa_t^r, nxa_t) \tag{5}$$

然后，将等式（5）两边同时除以外部失衡指标的方差，就可以得到外部失衡指标（nxa_t）的方差，分别由代表贸易调整渠道的预期未来净出口增长（$nxa_t^{\Delta nx}$）和代表金融调整渠道的预期未来对外净资产回报率（nxa_t^r）所解释的比例：

$$1 = \frac{cov(nxa_t^{\Delta nx}, nxa_t)}{var(nxa_t)} + \frac{cov(nxa_t^r, nxa_t)}{var(nxa_t)} \equiv \beta_{\Delta nx} + \beta_r \tag{6}$$

其中，$\beta_{\Delta nx}$ 和 β_r 可以分别由 $nxa_t^{\Delta nx}$ 和 nxa_t^r 对 nxa_t 进行回归的系数获得。

表2报告了基于等式（6）将外部失衡指标的方差分解为其与预期未

来净出口增长率和预期未来对外净资产回报率的协方差之和的结果。从表2中我们可以发现，贸易渠道在中国经济外部失衡的调整中发挥了最为重要的作用，能够解释约90%的外部失衡指标的动态变化；而金融渠道则能够解释剩余约12%的对外经济失衡调整（存在2%的误差）。值得注意的是，关于外部失衡指标的分解并不是直交的，这一点可以从各分解部分（$nxa_t^{\Delta nx}$ 和 nxa_t^r）之间的协方差中得到确认。事实上，$nxa_t^{\Delta nx}$ 和 nxa_t^r 之间存在着显著的正相关关系，表明贸易渠道和金融渠道在中国对外失衡的调整过程中互为补充，具有同方向相互强化的作用。换句话说，尽管本文的实证结果显示金融调整渠道在中国也可以作为贸易调整渠道的有效补充，但是在中国外部失衡指标为正值的条件下，这意味着不但中国未来的净出口增长率将会下降，而且将经历更低的对外净资产回报率。

表2　**中国经济外部失衡的贸易和金融调整渠道及与部分经济体的比较**

	$\beta_{\Delta nx}$	β_r	cor		$\beta_{\Delta nx}$	β_r	cor
中国	90.6%	12.1%	+22.9%	美国	64.0%	27.0%	+
	(238.8)	(7.9)	–		–	–	–
日本	79.0%	9.4%	+	中国台湾	76.8%	23.9%	+
	–	–	–		–	–	–

注：本表报告了基于等式（6）将中国外部失衡指标的方差分解为，预期未来净出口增长率和预期未来对外净资产回报率的结果。其中，$\beta_{\Delta nx}$ 和 β_r 分别代表了外部失衡指标（nxa_t）的方差中分别由代表贸易调整渠道的预期未来净出口增长（$nxa_t^{\Delta nx}$）和代表金融调整渠道的预期未来对外净资产回报率（nxa_t^r）所解释的比例；cor 则代表了 $nxa_t^{\Delta nx}$ 和 nxa_t^r 之间的协方差占外部失衡指标（nxa_t^r）方差的比例；贴现率 ρ 设定为0.95。括号内为基于GMM方法的稳健标准误所计算的 t 值。并且，本表将中国经济外部失衡调整中贸易和金融渠道的相对重要性和美国以及日本和中国台湾进行了比较。由于美国、日本和中国台湾的实证结果仅报告了符号，并没有具体数值，我们只报告 $nxa_t^{\Delta nx}$ 和 nxa_t^r 之间相关关系的符号。

资料来源：Gourinchas, P. O. and H. Rey., "International Financial Adjustment", *Journal of Political Economy*, Vol. 115, No. 4, August 2007, pp. 665–703; Cardarelli, Roberto and Panagiotis Konstantinou, "International Financial Adjustment: Evidence from the G6 Countries", *Mimeo*, *International Monetary Fund and University of Macedonia*, 2007.

值得注意的是，一个经济体的外部失衡调整并不是单方面的，而是同时依赖于其他经济体的外部失衡调整。因此，本文还将中国经济的外部失衡和美国、日本和中国台湾进行了比较，探求全球失衡的调整特征。从表2中我们可以发现，作为长期拥有贸易盈余和巨额外汇储备的东亚地区重要经济体，金融调整渠道无论是在中国、日本还是中国台湾的外部失衡调整中都发挥了一定的作用（分别约占12%、9%和24%），并且和贸易调整渠道之间存在着显著的正相关关系。另外，作为东亚经济体重要贸易伙伴的美国，同时是世界上最重要的金融资产输出国，金融调整渠道在其对外失衡的调整中占据了更为重要的作用（约占27%）。而且，美国的金融和贸易调整渠道之间存在着显著的正相关关系。综上所述，这意味着估值效应不仅使美国能够享受超额回报率，从而放松美国的对外预算约束条件，同时给东亚地区各经济体的对外净资产收益率带来了巨大的下行压力。

对于美国而言，一方面，美国主要以外币持有国外资产。另一方面，得益于美元在国际金融市场上的统治性地位，美国能够以本国货币美元大量举债，因此其对外负债主要是以本国货币美元计价。而与之相反，作为不成熟的国际债权人的东亚各经济体并不具备以本国货币向债务国提供融资的能力，所以只能以外汇储备等形式持有大量的美元计价资产。因此，一旦美元对东亚各经济体的货币产生贬值，不仅会提升美国相对于东亚地区的净出口（贸易渠道），而且会影响美国和东亚各经济体的对外资产和负债的估值（金融渠道）。具体表现在以下两个方面：一方面，美国持有的国外资产相对于其对外负债会升值；另一方面，东亚各经济体的国外资产相对于其对外负债则会贬值。虽然客观上金融调整的渠道有助于美国和东亚经济体间失衡状态的调整过程，从而成为贸易调整渠道的有效补充，代价却是东亚经济体的对外净资产蒙受巨大损失。

（四）稳健性检验

在本小节中，我们将从两个不同的角度检验本文实证研究结论的稳健性。首先，将 nxa 中的可变权重换成不变权重。在本文实证研究计算外部失衡指标（nxa）的过程中，我们基于理论模型采取了随时间可变权重的方法。与之相反，表 3 中报告的结果则基于 Gourinchas 和 Rey 的以样本均值取代可变权重的固定权重法所计算的外部失衡指标。① 目的在于检验本文对于中国经济外部失衡的贸易和金融调整渠道相对重要性的量化分析结果，是否会由于采取不同权重计算外部失衡指标而产生重大差异。其次，在下表中我们报告了基于不同的 ρ 值将外部失衡指标分解为贸易和金融调整渠道两个部分，以此检验本文结论对于不同贴现率设定的稳健性。检验结果显示，无论是贴现率的设定还是基于不同权重外部失衡指标的计算都不会改变本文的基本结论：除了传统的占据主导地位的贸易调整渠道，金融调整渠道对中国外部失衡的调整有显著的补充作用。

表 3　**稳健性检验**

	$\beta_{\Delta nx}$	β_r	cor		$\beta_{\Delta nx}$	β_r	cor
ρ=0. 95（固定权重法）	93. 0%	12. 5%	+25. 3%	ρ=0. 90（可变权重法）	82. 0%	6. 5%	+10. 7%
	(155. 7)	(8. 9)			(332. 4)	(7. 7)	
ρ=0. 94（可变权重法）	88. 9%	11. 5%	+21. 3%	ρ=0. 96（可变权重法）	92. 5%	12. 6%	+24. 7%
	(263. 9)	(7. 9)			(214. 9)	(8. 0)	

注：本表报告稳健性检验结果。首先，本表报告了在 ρ=0. 95 的条件下，基于固定权重法计算外部失衡指标所得到的中国经济外部失衡的贸易和金融调整渠道的相对重要性。其次，本表报告了在可变权重的条件下，基于不同贴现值（ρ=0. 90，0. 94，0. 96）所得到的估计结果。其余设定同表 2。

五　结论

本文估算了中国国际投资头寸表 1998 年至 2011 年季度数据，在此基础上，运用现值模型估计了中国外部失衡的调整渠道，结果表明：首先，自 2005 年人民币汇改以来，中国外部失衡中存在显著的估值效应损失。对外净资产与经常账户累积额出现了系统性偏差，对外净资产持续低于经常账户累积额，二者之差（即估值效应损失）在 2011 年末达到

① Gourinchas, P. O. and H. Rey., "International Financial Adjustment", *Journal of Political Economy*, Vol. 115, No. 4, August 2007, pp. 665-703.

4212亿美元，占对外净资产总额的25%。其次，中国外部失衡调整中存在经济意义上和统计意义上都很显著的金融调整渠道。占据主导地位的传统贸易调整渠道能够解释90%的外部失衡的动态变化，而金融调整渠道能够解释约12%的外部失衡动态变化，二者存在显著的正相关关系。这意味着在中国外部失衡持续为正值的条件下，不但中国未来净出口增长率会下降，而且将经历更低的对外净资产回报率。最后，与其他经济体的研究结果相比，本文发现，与能够享受超额回报率的美国持续且正向的金融调整渠道相反，包括中国在内的东亚经济体将主要承担全球失衡金融调整渠道的成本。基于本文的研究结论，我们提出以下三点政策建议。

第一，短期内，应改善外汇储备币种结构。现阶段，由于人民币并非国际储备货币，中国被动积累了大量外汇储备。为了尽量避免美元资产收益率低下和美元波动对国家外汇储备带来的价值损失，短期之内能做的也许只能是实施外汇储备的币种投资分散化，由美元资产为主逐步向其他国际储备货币和收益率较高的新兴市场国家资产转移，并推动新兴市场国家之间的货币互换。

第二，在中期，推进人民币国际化。中国应该深化经济金融体系的结构改革，提高经济效率，降低经济运行的风险，推动中国经济的长期可持续增长和人民币国际竞争力的提高，从而促进中国逐步成长为一个成熟的债权国。

第三，在长期，应该改革国际货币体系。在当前的国际货币体系下，中国等新兴市场国家或是出于预防性需求和维护金融稳定的动机主动持有外汇储备，或是由于维持汇率制度和货币政策独立性的需要被动积累大量外汇储备，却无法发行外币债券消除汇率敞口。因此，当美元对人民币出现贬值，中国国内居民的财富会通过金融调整渠道无偿地转移至美国。为了改变这种不平等的国际货币体系，中国应继续推动国际货币体系的改革，构建超主权或者多元化的国际货币体系。

总体而言，本文为研究中国的外部失衡调整问题提供了一个新的研究视角，即从金融资产价值变化分析外部失衡的调整机制。在国际金融危机的冲击下，中国的外部失衡正处于再平衡的阶段，如何破解中国蒙受国际金融调整损失的难题将是未来研究的重点。

（本文发表于《经济研究》2013 年第 7 期）

不对称合作：理解国际关系的一个视角

孙 杰*

内容摘要：在国际关系中尽管存在着无法回避的冲突与竞争，但是在现实中不对称合作是一种常态。不对称合作导致了合作收益分配中的不对称，使得弱势一方难以在权力竞争中提高自己的相对收益并改善实力基础，那么为什么还会出现不对称合作？本文首先从元合作的概念出发，借助与合作相关的理论假说推导出合作中内生存在的不对称性，其次利用扩展的古诺模型展开分析。研究表明：如果弱势一方能够开展全方位的国际合作，那么多局合作收益的加总就可能使其达到最终提高自身国际地位的目的。由于大国常常要面对制衡的局面而无法像小国那样左右逢源地展开全面合作，从而给了小国通过多局不对称合作最终提升自身与大国实力对比地位的机会。因此在现实中，不对称合作不仅是完全可能的，而且可以成为理解国际关系的一个重要视角。合作，包括不对称合作在内，不是一种没有冲突的状态，而是对潜在冲突的管理，也是一种博弈和竞争，一种更文明的竞争方式。更重要的是，即使是在不对称合作的情况下，小国也可能通过合作实现对大国的赶超，避免冲突，实现和平崛起。

关键词：合作　国际关系　不对称性　古诺模型

---

* 孙杰，中国社会科学院世界经济与政治研究所研究员。

一 导论

冲突与合作是国际关系研究中的两种极端状态。尽管传统的政治学和经济学都不否认合作的存在，但是在很长一段时期内，冲突以及为了在冲突中取得优势而进行的竞争是这两个学科的主要研究视角。国际关系中充满潜在的冲突和竞争，不过在绝大多数情况下又表现出合作的有序状态。虽然竞争和冲突可能是对国际关系更本质的认识，但不可否认的是，冲突是一种对立或争斗，并且常常导致彼此损害的状态；而合作，包括为了避免冲突而维持对立现状的努力、秩序和依赖，是社会常态以及人类文明发展和积累的必要条件，也是国际关系中一种更常见的状态。因此，从冲突的角度来研究合作可以构成理解国际关系的一个视角。

2005 年，为了纪念美国《科学》杂志创刊 125 周年，科学家们提出了 125 个迄今科学还没有很好解决的问题。在前 25 个重大问题中，人类合作行为如何发展是仅有的一个与社会科学有关的问题。在此后的 10 年间，学术界开始重视合作问题并展开跨学科研究，相关文献的数量也出现了明显增长。①

合作的发生之所以成为一个谜，主要是因为从经济学的利己主义经济人的基本假定出发，很难对合作给出逻辑自洽的解释。尽管亚当·斯密（Adam Smith）对市场如何引导利己经济人在各自追求自身利益的市场过程中实现合作的机制给出了逻辑连贯且精致有力的说明，囚徒困境、公地悲剧和搭便车问题却证明了单纯依靠市场机制难以在利己的经济人之间达到完美合作的效果。将合作视为利益计算的结果，或者说是对合作剩余的

① 根据 2015 年 5 月 22 日的检索结果，在爱思唯尔（Elsevier Science Direct）数据库全学科搜索标题中包含 cooperation 的文献共有 451850 个结果，其中 1996 年以前仅有 192160 个，占全部文献的 42.5%。在 1997—2004 年的 8 年，就增加了 77316 个，占比 17.1%，而在 2005 年以后的 10 年间，增量高达 182374 个，几乎相当于 1996 年之前的全部研究文献，占比 40.4%。但是迄今为止，这些文献还大多是从生物学的角度展开的。

追求这样一种经济学帝国主义的解释虽然影响广泛，[①] 却遭到了福山的批判。[②] 近年来的最后通牒实验和公共物品实验也对利己主义经济人假定提出挑战。强互惠假说对于解释合作的产生是一个革命性的变化。因为不论是此前的亲缘互惠还是互惠利他（包括直接互惠、间接互惠以及网络互惠），甚至包括组间选择假说在内，其理论硬核都包含了利益计算以及自私基因。[③] 如果一定要给强互惠行为寻找激励机制的话，那么这种激励就是正义感本身。[④] 这样，强互惠假说就可以解决长期困扰合作产生的 N 阶搭便车问题，并成为目前合作研究的一个主流。

但是，对合作的一般理论解释还不能解释现实国际关系中的合作。[⑤]

① 乔治·摩尔（Jorge Moll）等人的脑科学研究表明，当人们在做匿名捐赠行为时，中脑的腹侧被盖区、被纹体和腹侧纹体都会被激活，而这些区域正是人在获得金钱奖赏时被激活的脑区。因此，对于他们来说，捐赠与自己获得金钱可以获得同样的奖赏或满足。迪恩·乔斯佛德（Dean Tjsovold）和马克·维林格尔（Marc Willinger）等都认为，合作不是基于利他，而是利益主体的自利需要伙伴。具有合作可能的工作能够把自利的个体整合为联盟，此时参与者将其他参与者的行为作为一种正外部性，竞争性工作则是在自利的推动下形成个体之间的竞争，此时参与者将其他参与者的行为作为一种负外部性。参见 Jorge Moll，Frank Krueger，Roland Zahn，Matteo Pardini，Ricardo de Oliveira-Spiza and Jordan Grafman，"Human Fronto-Mesolimbic Network Guide Decision about Charitable Donation"，*Proceedings of the National Academy of Sciences USA*，Vol. 103，No. 42，2006，pp. 15623-15628；Dean Tjsovold，*Team Organization：An Enduring Competitive Advantage*，New York：John Wiley and Sons Ltd.，1994，pp. 58-146；Marc Willinger and Anthony Ziegelmeyer，"Framing and Cooperation in Public Good Games：An Experiment with an Interior Solution"，*Econopmic Letters*，Vol. 65，No. 3，1999，pp. 323-328。

② 福山指出："我们可以认为新古典主义经济学有 80%是正确的：它揭示了货币与市场的本质，它认为人类行为的基本模式是理性的、自私的。这个学说的 80%是正确的，剩下的 20%新古典主义经济学只能给出拙劣的解释。亚当·斯密充分地认识到经济生活已经深入社会生活，它不能与社会习俗、道德和习惯分开来单独加以理解。简而言之，它不可与文化分离。"参见［美］弗朗西斯·福山《信任：社会美德与创造经济繁荣》，彭志华译，海南出版社 2001 年版，第 16 页。

③ Martin Nowak，"Five Rules for the Evolution of Cooperation"，*Science*，Vol. 314，December 8，2006.

④ 从强互惠的定义看，应该是一种典型的利他行为，已经超越了互惠的含义。因为从利他主义等本意来说应该是不求互惠回报的，或者说，互惠本身还不是利他。所以，用强互惠的提法来说明出于利他的动机本身不是非常准确。

⑤ 国际关系领域在一般意义上对合作的讨论主要集中在 20 世纪 80—90 年代，肯尼斯·奥耶（Kenneth A. Oye）编的《无政府状态下的合作》就是一项最重要的成果，从报偿结构、未来的影响以及参与者数目 3 个环境维度解释了合作的出现。而在最近十多年来，则主要关注诸如气候、军控和反恐等具体领域的合作问题。

首先，现实世界中的合作常常是不对称的合作。[①] 在国际关系理论中，与不对称合作最接近的研究是霸权合作理论。然而理论和现实都已经证明，霸权之后的合作依然是可能的。所以，霸权合作理论认为合作的不对称性源自权力基础的外生性，因而仅仅用权力基础的不对称来解释不对称合作可能是不够的，也许从合作自身的逻辑中内生推演出合作的不对称性才能给予更充分的说明。其次，目前对合作的研究主要是解释自利经济人假定下的合作悖论，而从政治学权力竞争角度来解释合作悖论的研究还较少。在国际关系中，不论是对世界市场份额的竞争还是国家间的权力竞争，都是一种此消彼长的零和博弈。[②] 不对称合作的直接后果可能是合作收益分配的不对称，此时，如果弱势一方获得的合作收益小于强势一方获得的合作收益，使得弱势一方难以在零和博弈中取得优势，那么为什么还会出现不对称合作呢？[③] 邓肯·斯奈德尔（Duncan Snidal）、罗伯特·鲍威尔（Robert Powell）及约瑟夫·格里科（Joseph Grieco）等人就指出担心对手取得较大的相对收益阻碍了合作的出现。[④] 合作的起源本身是一个谜，而

① 尽管基欧汉指出："在霸权机制衰落以后，或者说在经历了一段纷争的转换时期以后，更多的对称性合作模式的演进也许是可能的。"参见［美］罗伯特·基欧汉《霸权之后：世界政治经济中的合作与纷争》，苏长和、信强、何曜译，上海人民出版社 2006 年版，第 7 页。但是在现实中，特别是在大国与小国的合作中，对称合作只是一种理论上的可能。

② 我们在此说的零和博弈是在假定世界市场总规模和权力总量既定的条件下做出的判断。从逻辑上说，市场占有率和权力的概念本身就是以总量既定的假定为前提的。即使考虑到市场规模和权力扩大的情况，在增量市场上竞争依然存在。因为在增量市场上放弃竞争就意味着在市场占有率和权力竞争中的落败。在这个意义上，帕累托改进的视角是经济学个人主义。事实上，只要考虑到实力对比，哪怕对方绝对收益的增加不是以己方绝对收益的下降为代价，也一定意味着己方相对实力的下降。市场占有率就是一种相对实力，而权力竞争也是以相对实力为基础的。因此，不仅是政治学，而且包括经济学在内，最终都离不开实力对比、权力和零和博弈的窠臼。

③ 虽然霸权合作理论比较接近不对称合作理论，但是它主要是从公共产品供给的角度说明了不对称合作的形成，也可以从相对收益和绝对收益的角度解释弱势一方参与不对称合作的问题。但本文关注的问题是在不对称合作中，面对不对称收益分配和国际权力竞争，弱势方如何能够在不利的收益分配下实现赶超和崛起。对此，国际关系理论文献关注不多。基欧汉承认，《霸权之后：世界政治经济中的合作与纷争》所遭受到的最严厉的批评就是对制度化合作中的收益分配重视不够。近年来对合作收益研究的文献有不少，但是一般是从合作研发等具体角度展开的，从国际关系角度展开的一般理论研究却不多。

④ Duncan Snidal, "International Cooperation among Relative Gain Maximizers", *International Studies Quarterly*, Vol. 35, No. 4, 1991, pp. 387-402; Robert Powell, "Absolute and Relative Gains in International Rational Theory", *The American Political Science Review*, Vol. 85, No. 4, 1991, pp. 1303-1320; Joseph Grieco, Robert Powell and Duncan Snidal, "The Relative-Gains Problem for International Cooperation", *The American Political Science Review*, Vol. 87, No. 3, 1993, pp. 727-743.

不对称合作的出现就更是一个谜中之谜。最后，如果弱势方在不对称合作中无法取得超过强势方的收益，那么为什么中国在本轮全球化浪潮中能够不断通过对外开放增强自身实力，目前 GDP 总量已居全球第二，并且有可能在未来超过美国而成为世界第一呢？上述 3 个问题是目前在国际合作研究中较少涉及的内容，也是本文试图给出解释的问题。罗伯特·基欧汉（Robert Keohane）明确了合作不等于和谐，说明了合作与冲突的关系，① 本文则进一步指出合作是权力竞争的一种聪明方式，是不对称条件下权力竞争的前奏和延续。

本文的研究思路和章节安排如下：第一部分主要是通过对合作元概念的逻辑推演来说明合作不对称性的内生性及其 3 个来源；第二部分从托马斯·谢林（Thomas C. Schelling）的聚焦点理论来说明在国际关系的权力竞争中为什么会出现不对称合作；第三部分在古诺模型的框架内进行模拟演算，通过单局博弈和多局博弈的比较来说明在不对称合作中弱势方崛起的原因和可能条件；第四部分总结全文的结论。

二　合作的不对称性

在讨论合作的不对称性之前，我们有必要先讨论一下合作的定义，因为只有通过对合作定义的逻辑解析，我们才可能发现合作逻辑中所隐含的不对称性，由此进一步探寻合作不对称性的来源并分析不对称合作中的博弈。

（一）从合作的元概念理解合作

在很长一段时间里，人们虽然讨论了国际关系领域的合作问题，但是常常将合作当成一种约定俗成且没有歧义的概念而没有对合作的定义进行深入分析。在肯尼思·沃尔兹（Kenneth N. Waltz）的经典著作《现实主义与国际政治》中，开篇讨论的是冲突，此后虽然也讨论了相互依赖和全球

① ［美］罗伯特·基欧汉：《霸权之后：世界政治经济中的合作与纷争》，苏长和、信强、何曜译，上海人民出版社 2006 年版，第 51—54 页。

化治理，却没有对合作及其定义进行正面讨论。[①] 在汉斯·摩根索（Hans J. Morgenthau）的《国家间政治：权力斗争与和平》中也存在类似情况。[②] 小约瑟夫·奈（Joseph Nye）在其《理解全球冲突与合作：理论与历史》一书中，依然没有对合作概念本身进行深入探讨。[③] 这可能是在过去相当长的一段时间内，国际关系理论更重视对冲突的研究所造成的。有意思的是，在罗伯特·阿克塞尔罗德（Robert Axelrod）的著作《合作的进化》中，也没有对合作的定义进行深入讨论。[④] 即使在当代研究合作理论的代表人物马丁·诺瓦克（Martin A. Nowak）名为《超级合作者》的专著中，只是提出“我在本书中提到的‘合作’，不仅仅是指为了共同的目标而工作，而是指更具体的一层意思，即原先的竞争对手决定开始相互帮助”[⑤]，还是没有对概念本身展开深入分析。

事实上，对一种现象给出定义本身，不仅是为了确定研究的逻辑起点，也决定了对于这种现象的分析结论，因而是非常重要的一个过程。

直到近年来的一些专项研究文献中，对合作定义的探讨才逐渐深入并分为两种。[⑥] 其一是以迈克尔·阿盖（Michael Argyle）以及罗伯特·汗德（Robert Hinde）和卓·格尔贝尔（Jo Groebel）从行为学的角度给出的定义，[⑦] 即一种

---

① ［美］肯尼思·沃尔兹：《现实主义与国际政治》，张睿壮、刘丰译，北京大学出版社2012年版。

② ［美］汉斯·摩根索：《国家间政治：权力斗争与和平》（第七版），徐昕、郝望、李保平译，北京大学出版社2006年版。

③ 事实上，直到第八版，奈的这本享誉盛名的教科书还一直称为《理解国际冲突》，没有将合作纳入书名。而在第九版中，他对于合作的定义，也仅仅是在第220页引用了一般的词典解释，即“一起工作或行动”而没有展开自己的论述。参见［美］小约瑟夫·奈、［加拿大］戴维·韦尔奇《理解全球冲突与合作：理论与历史》（第九版），张小明译，上海人民出版社2012年版。

④ ［美］罗伯特·阿克塞尔罗德：《合作的进化》（修订版），吴坚忠译，上海人民出版社2007年版。

⑤ ［美］马丁·诺瓦克、［美］罗杰、海菲尔德：《超级合作者》，尤志勇、魏薇译，浙江人民出版社2013年版。

⑥ 不同领域的学者从不同角度对合作给出了不同的定义，具体可以参见黄少安、张苏《人类的合作及其演进研究》，《中国社会科学》2013年第7期；黄少安、韦倩《合作行为与合作经济学：一个理论分析框架》，《经济理论与经济管理》2011年第2期。

⑦ Michael Argyle, *Cooperation: The Basisi of Sociability*, London: Routledge, 1991; Robert A. Hinde and Jo Groebel, *Cooperation and Prosocial Behavior*, New York: Cambridge University Press, 1991.

行为可以被视为合作必须具有两个要件：刻意和配合。这首先意味着合作是一种配合行为，而考虑到在合作中的配合不一定可以给每一个合作者带来直接的利益，甚至在短期内只有成本而没有收益，所以才需要刻意克制自己的自利本能和冲动。其二是以汉斯·斐格（Hans Feger）、凯文·克来门茨（Kevin Clements）和大卫·斯蒂芬斯（David Stephens）以及迈克尔·马斯特顿-吉本斯（Michael Mesterton-Gibbons）和阿伦·杜盖金（Alan Dugatkin）等为代表，① 基于行为经济性对合作进行的定义，即合作并不需要过分看重有意或无意的协同，而是强调合作作为一种联合行动能够给各参与方带来利益的结果并将其作为定义合作的核心。只要联合行动能够比不联合行动带来更高的利益，那么不论这种联合行动是有意的还是无意的，就都是合作。②

本文对合作的分析从对合作词义上的字面理解开始。合作是由两个或两个以上的参与者构成的行动。不论是中文还是英文，合作本身都是一个复合概念，即由“合”与“作”两部分组成。“合”是合作的元概念（Meta-Concept），“作”则是“合”的表征。也就是说没有“作”，“合”本身只是一个意愿和观念而不能作为一个客观研究对象。合作应该是基于观念建构③之上的自主和自愿的刻意配合。它首先要有主观配合的意愿，其次还要有客观配合的行动。所以约翰·米尔斯海默（John Mearsheimer）也曾经指出，合作意味着一方具有利用对方的强烈动机。④ 极而言之，我们甚至可以说合作是一种主观的动机，但是这种主观要通过客观行动体现

① Hans Feger, “Cooperation Between Groups”, In Robert A. Hinde and Jo Groebel, eds., *Cooperation and Prosocial Behavior*, New York: Cambridge University Press, 1991; Kevin C. Clements and David W. Stephens, “Testing Models of Non-kin Cooperation: Mutualism and the Prisoner's Dilemma”, *Animal Behavior*, Vol. 50, No. 2, 1995, pp. 527–535; Michael Mesterton-Gibbons and Alan L. Dugatkin, “Cooperation Among Unrelated Individuals: Evolutionary Factors”, *Quarterly Review of Biology*, Vol. 67, No. 1, 1995.

② 道金斯在《自私的基因》中列举了大量自然界中的无意合作，而亚当·斯密对市场机制的解释也是一种对经济人来说无意识的市场合作行为。参见［英］理查德·道金斯《自私的基因》，卢允中、张岱云、陈复加译，中信出版社2012年版。

③ 这种建构包括对合作剩余的认知以及对合作剩余不对称分配方案的认同两部分。

④ ［美］约翰·米尔斯海默：《大国政治的悲剧》，王义桅、唐小松译，上海人民出版社2008年版，第52页。

才能得到确认。

缺乏合作的观念建构，单纯受到共同利益驱动而形成的可能仅是集体行动而不是合作。曼瑟尔·奥尔森（Mancur Olson）在《集体行动的逻辑》中只讲集体行动却很少提及合作可能就是由于合作与集体行动的这种差异。也正是由于集体行动仅仅是单纯受到共同利益驱动，缺乏配合行动的自主意识和观念建构，才会出现搭便车问题。① 而在合作的元概念中，“合”本身是不存在搭便车的逻辑的。只是由于现实中的合作常常是从集体行动中演化而来的，所以才经常存在搭便车的困扰。

本文中给出的合作定义是：合作是个体间基于对现实利益的考量，以合作剩余认知和观念建构为基础的一种自觉自愿的、刻意的理性配合行为。

（二）合作中内生的不对称性：配合、协调与权力

当我们说合作是一种配合行为时，我们是从每个合作方个体的角度对合作进行研究得到的结论。如果从合作群体的角度看，合作就是一种有协调的联合行动，否则就不是合作而可能是冲突。没有协调，不仅可能出现囚徒困境，也可能出现市场失灵。那么问题在于合作方之间应该如何进行协调。

阿克塞尔罗德在对合作演化的研究中认为，合作的产生不需要强权的介入，从而为自组织理论提供了一个例证。但是，自组织理论的几种假说都确认在自然演化的某个阶段、某个时点或者某种状态下的非线性特征。因为如果在一个混沌系统中一直维持各个因素之间的线性机制，就只能一直维持混沌，不可能从无序走向有序。而在合作的演进中，各因素之间相互作用的非线性特征就是各合作方之间权力基础的非对称性。事实上，不论是自组织还是对合作各方配合行动的协调，都必须依靠这种不对称以及建立在这种不对称之上的权力。所以，现实中的合作就需要授权协调。这

① 在另一方面，阿克塞尔罗德在讨论合作进化的时候，就只研究了背叛而没有涉及搭便车行为。

样，只要我们从合作的元概念走到现实中的合作逻辑，那么也就一定会从抽象的合作概念进入不对称合作的理论。

合作是比冲突更为常态化的一种关系状态，那么在国际关系的研究范式下，合作关系也就难逃权力竞争的魔咒。合作中各方的关系是一种相互依赖的关系，而权力本身也正是一种处于相互依赖中的不对称关系。因此，合作本身也就必然包含了不对称、权力和权力竞争。

在相互依赖的关系中权力体现得更明显。即使是自由主义国际关系理论的代表人物基欧汉和奈在其《权力与相互依赖》中，也是从不对称相互依赖中引申出权力的概念，进而强调相互依赖中的权力竞争。“有人认为，相互依赖的增加将创造一个充满合作的、美好的新世界，以取代充满国际冲突的、恶劣的旧世界。我们必须谨慎看待这个问题。”“一个颇有用途的起点是，将非对称相互依赖视为行为体的权力来源。”① 在他们看来，相互依赖的不对称性主要体现为3点：信息的不对称、关注的不对称和信仰的不对称，而这又源于国家之间财富和权力的不平衡分布。他们还使用相互依赖中的敏感性和脆弱性对权力特征进行描述：如果说权力可以被定义为一个行为体促使其他行为体做其原本不会去做的事情的能力，那么非对称的相互依赖本身就可以变成权力的来源，对相互依赖关系依赖性比较小的一方（这种依赖性就可以使用敏感性和脆弱性来衡量）常常就拥有比较强的权力资源。② 这是由于他们在变动中付出的代价可能小于对方，政策自主性和主导性就比较高，就可以促动变化或以促动变化相威胁，迫使对方按照自己的意愿行事，从而达到控制结果的目的。所以，与其说基欧汉和奈关注的是权力和相互依赖，不如更准确地说他们关注的是不对称相互依赖和权力。无独有偶，现实主义者罗伯特·吉尔平（Robert Gilpin）甚至就直接认为，相互依赖本身就是有赖于强制力或者要付出代价的相互影响

---

① ［美］罗伯特·基欧汉、约瑟夫·奈：《权力与相互依赖》，门洪华译，北京大学出版社2012年版，第10、18页。

② 这里值得注意的是，敏感性和脆弱性与实力对比有关，但是也不一定如此。这意味着权力和不对称不一定简单地等于实力对比的不对称。但是在下面的分析中，我们出于简化的目的将不对称等同于实力对比的不对称。应该说这也是本文的一个不足。

和相互联系。因此，相互依赖指的是“相互的，但又不平等的依附关系”①。

另外，合作需要协调，但是不论这种协调来源何处，都会成为一种权力，从而加剧合作中本来就存在的不对称相互依赖。所以，合作中的相互依赖本身就是以不对称为特征的。“经济相互依赖在社会集团以及国家之间建立了一种实力关系……相互依赖产生了一种可供利用和操纵的脆弱性……作为这一现象的对策，各个国家均努力加强自己的独立性而增加别国对自己的依赖性。”② 由此，我们可以得到的结论不是相互依赖导致合作，而是相互依赖导致权力竞争。基欧汉更明确写道：“合作不应该被视为没有冲突的状态，而应该被视为对冲突或潜在冲突的反应。没有冲突的凶兆，也就没有必要进行合作了。”③ 因此，在不对称的现实世界中，从合作的起源到合作的维持，各方都不仅不可能是没有冲突的，而且也不可能是完全平等的。在这个意义上，合作是一种聪明的权力竞争方式，是不对称条件下权力竞争的前奏和延续。

当然，不对称合作不等于霸权合作。不对称合作涉及权力问题，但是权力不等于霸权。合作无法回避权力的不对称，而如果不对称合作中的权力变成了霸权，也就彻底背离了元合作所要求的基本特征，没有了合作的自愿性和自觉性。强权下的屈从不是合作，霸权下的强制也不是合作。即使是具有一定强制性的制度合作也必须是建立在一致同意基础上的，而不能是外部强制的。合作只能包容自身概念所内生出来的不对称权力，而不能产生于强制。在这个意义上，制度合作不仅是合作的高级形式，而且也是合作的终极形式，因为在制度合作基础上再向前推进，就很可能偏离了合作的原意。真正的合作不需要制度来保障，而演变到制度合作这个合作

---

① ［美］罗伯特·吉尔平：《国际关系政治经济学》，杨宇光等译，上海人民出版社 2011 年版，第 24 页。

② ［美］罗伯特·吉尔平：《国际关系政治经济学》，杨宇光等译，上海人民出版社 2011 年版，第 30 页。

③ 参见［美］罗伯特·基欧汉《霸权之后：世界政治经济中的合作与纷争》，苏长和、信强、何曜译，上海人民出版社 2006 年版，第 53—54 页。

的最高层次（也是最后的层次）的时候，合作的真正含义已经弱化了。

（三）合作不对称性的现实来源

合作本身会内生出不对称性，而以下 3 个原因则强化了现实中合作的不对称性。

首先是选择性激励。从观念建构的角度看，集体行动不是合作，但是从配合行为的角度来说，合作则一定是集体行动。为了维持合作秩序，防止合作退化，就必须抑制搭便车的问题。奥尔森把集体行动的成员分成 3 类：即使承担全部成本，受到激励就能提供集体产品的特权集团；数量上不会受到忽视，且需要激励才会提供公共产品的中间集团；因为数量众多可以搭便车，因而不会受到激励去提供公共产品的潜在集团。① 据此他认为，要促成合作，不仅需要激励，而且需要额外的选择性激励。那些没有为集体行动作出贡献的潜在集团虽然也可以享受作为集体产品的收益，但是他们获得的收益必须与那些为集体行动作出贡献、参与了集体产品供给的成员获得的收益明显不同。潜在集团之所以称为潜在集团，就是因为奥尔森相信只要设计出选择性激励的制度，那么潜在集团参与集体行动的潜力和能力就会被动员起来。② 按照奥尔森的理论，要形成集体行动就必须满足下面两个条件之一：或者集团成员数量小以致潜在集团无法存在，或者对潜在集团给予选择性激励。从选择性激励中我们可以追问的一个问题是：由谁行使选择性激励的行为？这将引出本文重点说明的一个问题，即合作的不对称性。这种不对称性不仅可能来自合作方在合作之前实力或权力的不对称，而且，即使在合作开始之前各方在实力和权力基础方面都是对称的，那么为了实现合作，防止搭便车，原本平等的各方也必然被授予不对称的权力，以实现选择性激励。

---

① ［美］曼瑟尔·奥尔森：《集体行动的逻辑》，陈郁、郭宇峰、李崇新译，格致出版社、上海三联书店、上海人民出版社 2011 年版，第 41 页。

② 奥尔森还认为，这种选择性激励既可以是积极的，也可以是消极的，也就是说，既可以通过惩罚来强制，也可以通过奖励来诱导。参见［美］曼瑟尔·奥尔森《集体行动的逻辑》，陈郁、郭宇峰、李崇新译，格致出版社、上海三联书店、上海人民出版社 2011 年版，第 42 页。

其次是授权惩罚。对于国际关系研究来说，集团的数目一般不会很大，也就是说每一个成员的行为和决策都不会被其他成员所忽视。那么在这种情况下是不是合作就一定能够出现呢？对于依然可能存在的搭便车行为还必须存在有效的惩戒机制以维持合作秩序，否则如果搭便车行为得不到约束、制止和惩戒且被所有成员感知，就会造成更多中间集团成员转变为潜在集团成员，集体行动就会流产，更遑论合作。相反，如果存在惩罚机制，只要背叛行为会引致严厉的惩罚而使背叛的成本超过合作的成本，背叛者在合作博弈中的生存适应性就会下降，合作者就会取得比背叛者更高的生存适应性，从而可以维持群体合作的演化。菲奥纳·麦吉利夫（Fiona McGillivray）和阿拉斯泰尔·史密斯（Alastair Smith）从国际关系的角度研究了合作、信任与惩罚之间的关系。① 西蒙·盖切特（Simon Gachter）等人与约瑟夫·亨里奇（Joseph Henrich）和罗伯特·博伊德（Robert Boyd）的研究表明②，授权惩罚是一种能够维持合作秩序的有效惩戒机制。但是，授权惩罚者的存在也使得合作者之间出现不对称的权力。

最后是不对称的成本分摊。奥尔森指出③，在一个包含小国和大国的同盟中，对于小国来说，在不参与联盟的情况下，他们会根据军事威胁的评价来确定军事开支。例如与敌对国的地理距离、可能受到军事威胁的边境线等因素，从历史角度评估敌对威胁，甚至包括他们对战争的态度和自我防御能力的评估，而不是单纯地依赖于 GDP 的绝对水平。但是在加入联盟以后，他们按照 GDP 的比例投入国防的开支绝对额就非常有限。结果他

① Fiona McGillivray and Alastair Smith, "Trust and Cooperation Through Agent-Specific Punishments", *International Organization*, Vol. 54, No. 3, 2000, pp. 809-824.

② Simon Gachter, Elke Renner and Martin Sefton, "The Long-Run Benefit of Punishment", *Sciences*, Vol. 322, No. 4, 2008, pp. 1510-1512; Joseph Henrich and Robert Boyd, "Why People Punish Defectors: Weak Conformist Transmission Can Stablize Costly Enforcement of Norms in Cooperative Dilemmas", *Journal of Theoretical Biology*, Vol. 208, No. 1, 2001, pp. 79-89.

③ Mancur Olson, Jr., "The Principle of 'Fiscal Equivalence': The Division of Responsibilities Among Different Levels of Government", *The American Economic Review*, Vol. 59, No. 2, 1969, pp. 479-487.

们发现借助联盟的力量（集体产品），就很容易满足他们对国防的需求。而从联盟的角度来讲，即使小国分担了比GDP比例更高的成本，对于联盟的总支出也没有明显的影响，所以他们就没有通过提高国防收益的主观评估来刻意提高他们在联盟内部成本分担的动力。[①] 与此相反，在其他情况相同时，一个国家越大，其对联盟公共产品的评价就越高，他们也愿意为集团分担更多的集体产品成本。因此，联盟中较大的国家应该比较小的国家在国防开支上投入更高比例的GDP。毫无疑问，这种偏离GDP比例的成本分担也强化了大国和小国在联盟合作中的不对称性，使得大国在合作中自然将具有更大的主导权。

事实上，奥尔森在《集体行动的逻辑》中给出的结论在他的《权力与繁荣》中得到了进一步的阐述和推演，那就是在出现选择性激励以后，治理的概念就出现了。[②] 不论是得到选择性激励的主体还是由此产生的治理主体，其权力显然已经不同于集团中的其他成员，他们将利用这种权力有效地维持秩序并惩戒违约。如果直接将奥尔森的理论应用于国际关系的分析，就可能出现一个逻辑问题，那就是应该先有选择性激励，然后才有集体行动。但是问题是，在出现集体行动以前，又应该如何确定并实施选择性激励呢？显然，从合作的一开始就必须有权力因素的介入才可以。

基欧汉在《霸权之后：世界政治经济中的合作与纷争》的序言中指出，新制度自由主义在国际机制下的合作理论上的缺失包括：第一，制度化合作中的收益分配存在问题，即由谁来主导分配？第二，制度与权力之间的内生性关系不明，因为制度本身就需要用权力和利益来解释；第三，授权理论缺失，因为对不完全合约需要一个权威性的解释。其实，这三个问题对奥尔森和金德尔伯格来说也一样。由此，我们也可以进一步深化他们的研究思路，那就是对合作的研究最终导向了权力，而这种权力本身就

① 正是由于小国缺乏影响全球平衡的能力，因此他们通常接受中立或消极的外交政策，和平主义思潮流行。

② ［美］曼瑟·奥尔森：《权力与繁荣》，苏长和、嵇飞译，上海人民出版社2005年版。

是不对称的，一种非强制性的合作关系，一种治理与被治理的关系。

三 不对称合作的出现

从经济学追求个人绝对利益的思维角度看，个人理性公理在所有纳什讨价还价公理中可能居于首位。因为只要能够通过合作获得比自己单干更高的收益，那么合作就是可能的。但是，国际关系中的权力竞争常常是一个零和博弈过程，这样，单纯从一个人的个人理性角度进行分析就不再是唯一的考量标准了。其实，经济学在讨论企业和国家为扩大自己市场份额而展开竞争时，也会从封闭的个人理性视野扩展为国家间和企业间的竞争关系，从而进入一个零和博弈的对局。正如邓肯·斯奈德尔（Duncan Snidal）、罗伯特·鲍威尔（Robert Powell）和约瑟夫·格里科（Joseph Grieco）等人所研究的那样，只要有损于提高自身的权力或份额的目标，只要对手从合作中获得的剩余比自己从合作中获得的剩余更大，从而导致自己在权力竞争中落后，即使合作能够给自己带来剩余，合作依然是难以出现的。

如果合作关系本身就会内生出不对称性，如果合作各方从一开始就处于不平等的地位，从而最终影响到合作剩余的分配，那么弱势一方为什么还会参与合作呢？

（一）不对称合作出现的两个前提条件

对于不对称合作的条件，我们可以从对一般合作条件的拓展中得到。[①] 一个是对合作剩余分配理念认识的改变，另一个则涉及合作剩余的性质。

首先，由于合作双方实力的不对称，合作收益的分配也必然具有不对称的特征，从而需要对个人理性、对称性和等价盈利描述的不变性等纳什公理进行相应的修正。在零和博弈中，即使双方的合作剩余都为正，但是从权力对比的角度或者从相对利益比较的角度看，一方收益的相对增加就

① 一般来说，博弈合作解应该满足纳什公理，即符合个人理性、保证帕累托改进的强有效性、具备对称性和等价盈利描述的不变性（刻度同变性）以及无关选择的独立性。

意味着另一方权力或收益的相对下降，因此，单纯的个人理性视角就不应该仅仅从博弈一方的角度进行考量，而应该从两个博弈对手之间利益对比关系的角度展开。例如，如果均分合作剩余，那么原本弱势一方的相对收益就会超过原本强势的一方。在这种情况下，纳什合作解就只能是维持原来权力对比或相对利益不变的分配方案。[①] 也只有这样，才能保证帕累托改善的强有效性。这个强有效性应该超越一般有效性，也就是超越了在不使一方利益受损的情况下提高另一方收益的一般帕累托改善的含义。一般的帕累托改善虽然不会使得对方的绝对利益受到影响，但是会造成一方相对利益的损失。[②] 而帕累托改善的强有效性不仅包括不会使对方的绝对利益受到影响的含义，更增加了不会使得对方的相对利益受到影响的内容。如果合作之前双方的实力基础之比是8∶2，那么对于合作剩余的分配也应该是8∶2。[③]

当然，在这种情况下，对称性显然就不再成立了，或者说对称已经不再是绝对水平的对称，而是一种相对的对称，是一种基于实力对比的对称，并且这种对称的结果并不能在博弈双方互换。等价盈利描述的不变性也只是在相对对称的意义上依然成立。

其次，合作收益应该是能够进行补偿性分配的可转移效用。奥尔森在《集体行动的逻辑》中明确指出，集体行动的收益是一种公共产品或集体

---

① 笔者在此倾向于使用了“权力指数考量可能超越个人理性”。之所以特别增加了“可能”两个字，并不是因为一般性的行文审慎考虑，而是的确在可能的不对称情况下，因为第三方竞争的原因，个人理性依然成为合作唯一考量的情况。本文最后一部分将对此进行更详细的说明。

② 对帕累托改善主要存在两种批评：其一是帕累托改善没有涉及公平问题，而仅仅是与每一种初始状态相对应的最优状态；其二是帕累托改善的分析视角是社会总福利，而从阿罗定理角度看，由于不能从个人偏好推导出社会偏好，社会总福利本身就是无法度量的，所以要得到一个让所有人都满意的方案也是不可能的。这其中的一个重要原因就在于一个人的福利不仅取决于其绝对水平，也取决于其相对水平。假定甲乙双方初始的绝对实力分别是8和2，之后在甲方绝对实力没有发生变化依然为8的情况下，乙方收益增加，绝对实力从2上升到4。如果按照个人主义视角的分析，仅仅考虑各自的绝对实力，这种变化就是一种典型的帕累托改善。但是，如果将绝对实力作为权力基础，那么甲方的权力指数就从8/10下降到8/12，而乙方的权力指数就从2/10上升到4/12。此时，甲方的绝对利益虽然没有变化，但是相对利益下降了。

③ 在此分析的是一种极端的情况，即合作收益的分配比例与各自的权力基础相等。在实际的合作中，考虑到双方对合作的贡献，分配比例常常会更高一些。本文在后面证明的是在极端情况下的赶超可能，而在现实中，弱势一方的赶超可能会更容易些。

产品。这种假定在一方面增加了他的研究难度，在另一方面又简化了他的分析。一方面，正是因为集体行动的收益是一种公共产品，所以才有搭便车的问题，才引出了一系列的集体行动难题。并且将搭便车的假定延伸到惩罚行为中搭便车，就可以推导出 N 阶搭便车的问题，最终使得合作的起源成为一个难解的谜题。但是另一方面，集体行动收益的公共产品假定又使得奥尔森的研究变得简单，因为要形成集体行动就仅仅变成了一个如何克服搭便车的问题而规避了集体行动收益的分配问题。

事实上，合作收益可能并不一定是公共产品或集体产品，也可以是一种具体的效用，并且是一种可转移的效用。这样，就出现了合作收益的分配问题，而什么样的分配方案将成为能够被合作双方都认为是合理的，并且能够接受的分配原则却是一个规范问题，即如何判断分配合理性的问题。我们在前面已经讨论了合作双方对合作剩余分配理念的转变。

在现实中的情况可能比这个还要复杂。合作的收益可能既不是公共产品，也不是分配的结果，而是各方自然分享的不对称收益。在这种状况下，如果合作双方对于合作收益的贡献程度不同，贡献大的一方显然会要求更多的分配比例。然而在现实中各方自然得到的收益却可能是贡献大的一方自然获得的收益分配比例比较少。例如在集体防御中，处于对峙前沿的小国受到的威胁最大，为了维持防御状态应该付出的成本最多，冲突发生以后遭受的实际损失也更多，却不一定是最大的成本分担者。奥尔森在《联盟的经济理论》一文中①，从理论和经验上提出了国际组织的成本分摊问题以及成本分摊的激励问题，并进行了深入研究，但是还没有从实际操作的角度提出效用的可转移性与补偿之间的关系问题。在经济合作中的一个典型例子就是合作研发。由于存在人力资本结构的差异，合作研发中一方实际可以享受到的潜在收益可能与其付出的成本并不对称。在这种情况下，进行收益补偿就成为促成不对称合作的一个必要条件了。

更常见的一种情形是，当合作收益是一种集体产品，或者按照通行规

① Mancur Olson, Jr. and Richard Zeckhauser, "An Economic Theory of Alliances", *The Review of Economics and Statistics*, Vol. 48, No. 1, 1966, pp. 266-279.

则进行分配的结果并不能满足我们在前面提出的不对称合作的第一个条件时，就有必要进行转移效用的补偿。例如，为了吸引外国直接投资，在对收益按照股权比例进行分配以后，还有必要进行税收优惠等措施。

（二）不对称合作的原因：聚焦点的差异

按照前面的思路，如果博弈双方处于零和博弈状态，要达成合作就需要调整对纳什公理的理解，增加对权力指数的考量。只有在获取合作剩余的同时，不改变原有的实力对比关系才可能实现不对称合作。也就是说，在零和博弈条件下的合作解应该满足对合作收益和合作剩余分配的比例与合作双方实力对比的比例大体相等的条件，因而不改变实力对比。在这个意义上说，合作解是唯一的，所以也是困难的。在不对称情况下，如果弱势一方明知在合作收益的分享中不占优，而且博弈双方也明知合作的背后还是竞争，不对称的收益分享不仅不会改变初始不对称的格局，甚至还会加剧弱势一方的弱势地位，那么弱势一方为什么还会参与合作，不对称合作为什么还会出现呢？在权力竞争的国际关系中，这种不会改变博弈双方实力对比的合作本身又有什么意义呢？

一种可能的答案是需要我们跳出单局的零和博弈视角，将单局博弈放在多局博弈的背景下重新考量单局博弈解的意义。这也意味着博弈双方不仅要改变对合作收益和合作剩余的认知和评估，而且博弈双方对合作收益和合作剩余的认知和聚焦要出现差异，从而改变原有博弈的零和性质。这样，才可能会出现合作。

显然，如果博弈双方在合作收益和合作剩余问题上的认知和评估聚焦相同，那么在零和博弈的大前提下要达成合作解是非常困难的，更遑论不对称合作。我们在前面也提到过，如果合作双方对于合作收益与合作剩余的贡献程度不同，贡献大的一方显然会要求更多的分配比例。特别是当对合作收益贡献大的一方实力较弱时，如果按照扩展后的个人理性原则只能按照较弱的实力而取得较少的收益时，合作就难以达成。即使相对收益较少一方的绝对收益也有所增加，只要他更看重相对收益的增减，合作也依然难以达成。相反，如果合作双方对合作收益与合作剩余的认知和评价不同，那么合作中的冲突就会减少，实现合作的可能性也就提高。事实上，此时的博弈已经不再是零和博弈，而在相当程度上转变为非零和博弈了。

在现实中，不论是对两个企业来说，还是对两个国家来说，即使他们都关注自身的绝对利益，但是他们之间总会存在潜在的竞争关系和零和博弈。正如现实主义国际关系理论中的权力竞争以及国际经济竞争中的市场占有率所揭示的那样，由于这种根本的竞争关系具有零和博弈的性质，几乎无法进行调和，只有他们对合作收益和合作剩余问题的认知和评估方面的聚焦出现差异，零和博弈的关系才有可能变成非零和博弈关系，合作出现的概率才会上升。

进一步说，在零和博弈的基本冲突无法回避或调和的情况下，要将博弈双方存在的现实的或潜在的零和博弈转变为非零和博弈，就要使他们在合作收益和合作剩余问题上的认知和评估方面的聚焦出现差异，而这种聚焦产生差异的原因可能就是他们在评估视角、时间眼界和对未来贴现率的判断上出现差异。① 从理论上说，对于国家间或企业间的竞争来说，这些差异不应该是来自个体智力方面的差异而应该是各自不对称的实力对比、博弈情景以及他们对多局博弈认知的差异所导致的。一般来说，在两个实力相差悬殊的博弈对手之间，弱小的一方所面临的挑战最集中，即如何快速提升自身的实力。因此，其对合作收益与合作剩余的评估视角更集中，对当前的挑战会给与更多的关注。相对来说，对未来贴现率估值越低，时间眼界也就越短，对绝对收益的赋值就会越高。在这种情况下，他们会更多地考虑如何提升自身的绝对实力水平而不是相对实力对比。② 相反，强

① 一般来说，人们在认知上都有重视当前忽略未来的倾向，因此时间和眼界都是有限的。但是比较而言，本文后面将指出，由于弱势一方在现实中承受的压力更大，往往会使得他们对未来收益的贴现更小，时间眼界也更短。而强势一方在现实中的相对优势使得他们能够更关注未来。

② 中国在20世纪70年代末的改革开放就是这样一个典型的情形。当时中国的整体实力和人民生活水平都很低，所以如何提高自身实力和改善人民生活是最重要的。只要通过改革开放能够取得比闭关锁国更快的发展速度、获得更高的收益就是最重要的聚焦点。相反，能够获得比博弈对方更高的相对收益还不是当时中国改革开放的直接目标，才有用优惠政策吸引外资的措施。因此，当时的目标是实现四个现代化。至于能够在国际上参与全球治理和规则制订等还不是主要考量。

势一方面对更多的是来自外部的国际竞争和均势考虑，因此他们对合作收益和合作剩余评估的视角更宽广、对未来变化的考虑更多，时间更长，眼界也更宽。由于对弱势一方存在巨大的实力优势，所以他们暂时不担心弱势一方可能的挑战。这样对于强势一方来说，与弱势一方的博弈并不是他们的战略重点，他们考虑更多的是与其他势均力敌的霸权势力的权力竞争。只要与弱势一方的合作能够增强他们的实力，从而有助于他们与其他势均力敌的霸权势力的权力竞争，合作对于他们就是可以接受的。

四　弱势一方赶超的可能性

其实，之所以会出现不对称合作，除了由于合作各方在聚焦点上存在差异，从而使得非合作博弈向合作博弈转变，更重要的是在不对称合作中，还存在弱势一方实现赶超相对强势一方的可能性。否则，随着时间的推移，弱势一方的聚焦点最终也会向强势一方的聚焦点靠拢，使得原本出现的合作博弈再次转化为非合作博弈。与蜈蚣博弈的情况相似，只要各方都预见到这种情况，那么不对称合作还是难以出现的。

要回答这个问题，我们不仅需要从单局博弈中跳出来，更要将关注的重点从对单局和单期博弈收益的分析扩展为多局和多期博弈收益的累加结果。在前面我们已经说明，为了在与势均力敌的竞争对手进行的主博弈局中取得优势，强势的一方可以通过与弱势一方的次博弈局的合作来增强自己的实力，然后携此额外收益回过头来在与老对手的竞争中获得优势。而对弱势一方来说，单次博弈带来的收益也不足以改变实力对比，必须积小胜才能求大胜。对不对称合作得失的考量也必须超越单局博弈视角、采取更加迂回的策略，也要携次博弈局的累积收益以求得在主博弈局中取得优势。只是对于弱势一方来说，其与最强势方的博弈常常是次博弈局，而与实力略超过自己的相对强势方的博弈才是主博弈局。弱势一方要通过在次博弈局中与最强势对手的不对称合作中获得不对称的收益，然后携此收益在主博弈局中逐步取得对相对强势对手的优势，改变实力对比。只有经过长期的卧薪尝胆与励精图治，才可能最后改变对最强势对手的实力对比。①

我们的分析从基本的古诺模型的情景开始。② 这样做的可行性在于：

第一，本文从竞争的角度研究合作背后的博弈。事实上，只要将合作看成是对冲突的一种管理方式，那么对最终结局胜负的有序竞争本身与博弈过程就是一种合作。因此可以借用古诺模型展开我们的研究模拟。当然，还有必要根据不对称合作的特点对模型进行调整。

第二，基本的古诺模型是一个只有两个寡头厂商进行静态博弈的简单模型。所以这个模型适用于本文的单局双边博弈，特别是当一个国家（通常是弱势一方）以开放国内市场的方式与另一个国家（通常是强势一方）合作并进行博弈的时候。此时，就是弱势一方借助强势一方开拓出国内的新市场并与其进行寡头竞争；另外，本文的多局博弈可以通过数个并行的单局双边博弈来体现。由于本文的分析将基本古诺模型的单期分析扩展为多期分析，对于可能涉及的时间贴现问题，我们在此做了简化处理。事实上，就国际关系中弱势一方赶超的客观进程而言，由于很难假定存在使用收益进行无风险的再投资并获取收益的机会，所以在赶超分析中我们可以忽略实力累积过程中贴现率因素的影响。

第三，基本的古诺模型假定，这两个厂商在市场需求曲线的每一点上都有着完全信息，在进行产量决策的时候不进行协商，相互独立地同时做出决策，因而只能根据对对方产量的预测来决定自己的最优产量。加之他们的目标都是利润最大化，因此是一个标准的非合作博弈。这种情况也与国际关系中的权力竞争非常相似。各家厂商的产量可以看成是各国在权力

① 正如本文前面对聚焦点分析中所指出的那样，博弈各方的不对称性也会反映在他们对收益的评估视角、时间眼界和未来贴现率的差距上，甚至会随着各方不对称性程度的变化而变化。应该指出，弱势一方在赶超中对收益的评估视角、时间眼界和未来贴现率方面可能会逐渐与强势一方趋同。这样，聚焦点就会逐渐趋同，正和的合作博弈就会逐渐退化为零和的非合作博弈。因此，我们不能认为合作本身最终能够完全消弭冲突，权力竞争的悲剧可能一直在博弈的尽头恭候着博弈双方。

② 对古诺模型及其扩展形式的阐述，请参见［美］乔尔·沃森《策略：博弈论导论》，费方域、赖丹馨等译，格致出版社、上海三联书店、上海人民出版社 2010 年版。

竞争中提供的国际公共产品的数量。因此，这个产量可以被看成是与厂商权力正相关的。而规模报酬不变，也不考虑技术进步以及其他非市场因素等假定，由于只是简化分析，不会对结果产生根本影响。

第四，市场出清价格是总产量的减函数。① 在国际关系中，如果完全按照需求提供国际公共产品，供求相等，也就显示不出国际公共产品的价值。但是，如果提供的国际公共产品数量过低，又显示不出权力收益本身，所以如同在古诺模型中要在价格和产量之间进行权衡一样，也必须在公共产品供给量和与之相关的权力收益之间进行权衡。

当然，为了适应本文的研究需要，我对基本古诺模型做了两个调整：

第一，基本的古诺模型假定两个厂商有着相同的成本结构、生产同质的产品，因此可以看作是对称的寡头竞争。在我们分析中，厂商 1 是最强势的博弈方，厂商 2 是相对强势的博弈方，厂商 3 是弱势博弈方，也是我们分析的主角。我们假定厂商 1、2、3 的国内市场总需求分别标准化为 4、2、1②，$c_1=0.7$，$c_2=0.8$，$c_3=0.9$，且厂商的利润最终也会变成国内总需求从而提高本国的实力水平。在这里，各国在成本系数上的差距比国内总需求的差距更重要，实际上代表了各国在技术水平方面的差距，而技术水平的差距是现代社会中权力的一个重要来源。

第二，考虑到古诺模型在分析国际关系中不对称合作的适用性，在沿用原模型的分析框架的同时，我们索性在此后的分析中直接将厂商 1、厂商 2 和厂商 3 改称为国家 1、国家 2 和国家 3，价格就相当于提供公共产品的单位收益，利润相当于提供公共产品的净收益或实力增量，利润最大化原则也可以看作净收益最大化原则，将市场需求实际代表了国家规模，也就是国家实力，产量可以认为是公共产品供给量，故依然可以称为产量，

① 在基本古诺模型中给出的函数形式是：$P=a-(y_1+y_2)$。其中，a 是市场总需求，y_1 和 y_2 分别是两个厂商的产量。

② 对 a 的规模差异的设定实际对我们的分析影响不大，因为在情景 1 中只会影响最弱势一方对次弱势一方的追赶速度，在情景 2 中由于国家 3 将进入国家 1 和国家 2 的市场，所以不对称性的提高可以加快追赶速度。但是在我们的分析框架内，不论是哪种情景，真正影响追赶速度的主要因素是 3 个国家成本系数的不对称程度。

成本依然称为成本。[①] 这样，在以下的推导过程中，π_i 表示国家 i 的净收益水平，a_i 表示国家 i 的实力，c_i 代表国家 i 的成本系数，y_i 代表国家 i 的公共产品供给量，P 代表收益水平。

情景 1：国家 3 与国家 1 合作，但国家 2 不与任何人合作。

对于弱势方国家 3 来说，它与最强势国家 1 的博弈适用不对称成本的古诺模型，其所获取的收益也将是不对称的。因此，国家 3 应该清楚地知道，通过与强势国家 1 合作虽然不会改变其与国家 1 的实力对比（甚至由于不对称性还会使实力对比恶化），但是可以增强自身的实力的绝对水平，从而可能在与相对强势国家 2 的博弈中逐渐改变弱势地位。这样，国家 3 将开放国内市场并与最强势国家 1 开展合作。在我们的分析中假定，国家 3 由于受到自身技术水平的限制，无法依靠自己的力量开发这个市场，也就是说在开放前这个国内市场是不存在的。因此，在开放以后从这个市场获得的利润才是一种纯粹的增量。

按照基本古诺模型的思路，我们可以推导出在成本不对称条件下国家 3 在向国家 1 开放国内市场以后获得的利润：[②]

$$\pi_1 = py_1 - TC_1 = y_1\ [a_3 - (y_1 + y_3)\ ] - c_1 y_1 \tag{1}$$

$$\pi_3 = py_3 - TC_3 = y_3\ [a_3 - (y_1 + y_3)\ ] - c_3 y_3 \tag{2}$$

根据$\frac{\partial \pi_1}{\partial Y_1} = 0$ 和$\frac{\partial \pi_3}{\partial Y_3} = 0$ 我们可以得到国家 1 和国家 3 的均衡产量分别是：

$$y_1^* = \frac{a_3 + C_3 - 2C_1}{3} \text{以及}\ y_3{}^* = \frac{a_3 + C_1 - 2C_3}{3} \tag{3}$$

此时，市场总产量就是：

$$Y^* = y_1{}^* + y_3{}^* = \frac{2a_3 - (C_1 + C_3)}{3} \tag{4}$$

① 读者可以从国际关系的角度方便地按此理解，但是为了行文顺畅，本文不做这种变换，依然称为价格、利润、市场需求、产量和成本。

② 为节省篇幅，本处省略了推导过程，有兴趣的读者可向笔者索取。另外，感谢谢申祥教授就公式推导给出的修改意见。

市场均衡价格就是：

$$P^{*}=a_3-Y^{*}=a_3-\frac{2a_3-(C_1+C_3)}{3}=\frac{a_3+(C_1+C_3)}{3} \tag{5}$$

国家1的均衡利润就是：

$$\begin{aligned}\pi_1{}^{*}&=P^{*}Y_3{}^{*}-TC=P^{*}Y_3{}^{*}-C_1Y_1{}^{*}=(P^{*}-C_1)\ Y_1{}^{*}\\&=\left[\frac{a_3+(C_1+C_3)}{3}-C_1\right]\left(\frac{a_3+C_3-2C_1}{3}\right)\\&=\frac{(a_3+C_3-2C_1)^2}{9}\end{aligned} \tag{6}$$

同理，我们可以得到：

$$\pi_3{}^{*}=\frac{(a_3+C_1-2C_3)^2}{9} \tag{7}$$

再将 $c_1=0.7$ 和 $c_3=0.9$ 代入（7）式以后，我们可以计算出：

$$\pi_3=\frac{(a_3-1.1)^2}{9} \tag{8}$$

由于我们已经假定国家2不与任何人合作，因此，与3个国家彼此都不进行合作的初始情景相比，国家3在实力上就对国家2取得了 $\pi_3=\frac{(a_3-1.1)^2}{9}$ 的增量优势。① 这样，只要对 a 赋值，通过复利公式我们就能算出，经过多少个生产周期，国家3就能够超越国家2的实力。

同理，将 $c_1=0.7$ 和 $c_3=0.9$ 代入（6）式以后，我们也可以计算出：

$$\pi_1=\frac{(a_3-0.5)^2}{9} \tag{9}$$

很显然在两国合作的情形下，一定有 $\pi_1>\pi_3$。也就是说，在这种情况

① 在此我们必须指出的是，如果国家3不通过开放国内市场的方式与国家1或国家2合作，由于没有相应的技术支持，这个国内市场很可能本来就是无法得到开发的。即使这个市场存在，且国家3在这个市场上可以获得垄断收益，当时由于相比国家1和国家2在成本系数上和市场总需求方面的劣势，在国家1和国家2同样垄断各自国内市场的情况下，国家3也无法实现对国家1和国家2的赶超。也就是说，如果不合作，弱势方也没有机会赶超强势方。从各国经济发展的历史比较看，闭关锁国也的确是没有出路的。

下，弱势国家与最强势国家的绝对实力差距是不断扩大的，这也符合调整后不对称合作的纳什公理。不过即使如此，我们也应该看到，如果国家 1 由于国家 3 开放其国内市场而对其进行一定的补偿，也就是偏离一些不对称的比例，那么由于国家 3 期初的产出水平比较小而国家 1 的期初产出水平比较大，① 所以仅就增长速度而言，国家 3 的实力增长速度还是可能超过国家 1 的实力增长速度。

情景 2：国家 3 在国内市场上同时与国家 1 和国家 2 合作，但国家 2 不与国家 1 合作。

当然，国家 3 不仅可以对国家 1 开放国内市场，还可以同时对国家 2 开放同一个国内市场。此时，古诺模型就变成了成本不对称的三寡头垄断竞争市场。

按照古诺模型的分析思路，我们可以得到：

$$y=y_1+y_2+y_3 \tag{10}$$

$$P=a_3-(y_1+y_2+y_3) \tag{11}$$

由此，我们也可以得到：

$$\pi_1=py_1-TC_1=y_1[a_3-(y_1+y_2+y_3)]-TC_1 \tag{12}$$

$$\pi_2=py_2-TC_2=y_2[a_3-(y_1+y_2+y_3)]-TC_2 \tag{13}$$

$$\pi_3=py_3-TC_3=y_3[a_3-(y_1+y_2+y_3)]-TC_3 \tag{14}$$

同样，我们假定这三个寡头有着不同的成本结构，但是都没有固定成本，则他们生产 y_1、y_2 和 y_3 时的总成本分别是 c_1y_1、c_2y_2 和 c_3y_2，因此：

$$\pi_1=y_1[a_3-(y_1+y_2+y_3)]-c_1y_1=(a-c_1)y_1-y_1^2-y_1y_2-y_1y_3 \tag{15}$$

$$\pi_2=y_2[a_3-(y_1+y_2+y_3)]-c_2y_2=(a-c_2)y_2-y_2^2-y_1y_2-y_2y_3 \tag{16}$$

$$\pi_3=y_3[a_3-(y_1+y_2+y_3)]-c_3y_3=(a-c_3)y_3-y_3^2-y_1y_3-y_2y_3 \tag{17}$$

从净收益最大化的条件 $\frac{\partial\pi_i}{\partial Y_i}=0$，可以得到如下三个方程：

---

① 就本文中强调的不对称合作而言，扩展的古诺模型所涉及的成本不对称情形对于本研究来说只是一种具有引申意义、比较特殊的不对称情形。在我们的案例中，这里所涉及的因产出或市场规模而造成的不对称是更具有一般意义的不对称情形。

$$(a_3-c_1)-2y_1-y_2-y_3=0 \tag{18}$$

$$(a_3-c_2)-2y_2-y_1-y_3=0 \tag{19}$$

$$(a_3-c_3)-2y_3-y_1-y_2=0 \tag{20}$$

由上面这3个净收益最大化条件联立，可以解出3个国家的最优产量。首先，将（18）式与（19）式联立：

$$(a_3-c_1)-2y_1-y_2=(a_3-c_2)-2y_2-y_1$$

即：

$$(c_2-c_1)+y_2=y_1 \tag{21}$$

再将（18）式与（20）式联立，可得：

$$(a_3-c_3)-2[(a_3-c_1)-2y_1-y_2]-y_1-y_2=0$$

$$(a_3-c_3)-2a_3+2c_1+4y_1+2y_2-y_1-y_2=0$$

即：

$$y_2=a_3+c_3-2c_1-3y_1 \tag{22}$$

将（22）式代入（21）式，则有：

$$(c_2-c_1)+(a_3+c_3-2c_1-3y_1)=y_1$$

$$c_2-c_1+a_3+c_3-2c_1=4y_1$$

这样，我们就得到3个国家的均衡产量：

$$y_1{}^*=\frac{a_3+C_2+C_3-3C_1}{4} \tag{23}$$

以此类推，可得：

$$y_2{}^*=\frac{a_3+C_1+C_3-3C_2}{4} \tag{24}$$

$$y_3{}^*=\frac{a_3+C_1+C_2-3C_3}{4} \tag{25}$$

此时，市场总的均衡产量就是：

$$Y^*=y_1{}^*+y_2{}^*+y_3{}^*=\frac{3a_3-C_1-C_2-C_3}{4} \tag{26}$$

市场均衡价格就是：

$$P^*=a_3-Y^*=a_3-\frac{3a_3-C_1-C_2-C_3}{4}=\frac{a_3+C_1+C_2+C_3}{4} \tag{27}$$

国家 1 的均衡利润就是：

$$\begin{aligned}\pi_1{}^*&=P^*Y_1{}^*-TC_1=P^*Y_1{}^*-C_1Y_1{}^*=(P^*-C_1)\ Y_1{}^*\\&=\left[\frac{a_3+C_1+C_2+C_3}{4}-C_1\right]\left(\frac{a_3+C_2+C_3-3C_1}{4}\right)\\&=\frac{(a_3+C_2+C_3-3C_1)^2}{16}\end{aligned} \tag{28}$$

类似的可得：

$$\pi_2{}^*=\frac{(a_3+C_1+C_3-3C_2)^2}{16} \tag{29}$$

$$\pi_3{}^*=\frac{(a_3+C_1+C_2-3C_3)^2}{16} \tag{30}$$

与情境 1 一样，通过对 c_1、c_2 和 c_3 赋值，经过整理后可得：

$$\pi_1^*=\frac{(a_3-0.4)^2}{16} \tag{31}$$

$$\pi_2^*=\frac{(a_3-0.8)^2}{16} \tag{32}$$

$$\pi_3^*=\frac{(a_3-1.2)^2}{16} \tag{33}$$

与第一种情形相比，由于国家 2 通过与国家 3 的合作也可以获得利润，并且国家 2 取得的利润也高于国家 3 取得的利润，所以从理论上说，国家 3 在这种情况下无法实现对国家 2 的赶超。但是在现实中，由于国家 3 在本国市场同时对国家 1 和国家 2 开放，降低了所有参与者所获得的利润的绝对水平，并在国家 1 和国家 2 之间会形成竞争，使得他们有可能对国家 3 做出一些让步或补偿。所以国家 3 就有可能取得相对收益上的优势，从而实现对国家 1 和国家 2 的赶超。

按照这样的思路，我们还可以研究国家 3 在与国家 1 合作的同时，国家 2 也开放本国市场而与国家 1 开展合作的情形，以及国家 3 同时与国家

1 和国家 2 合作时，国家 2 也与国家 1 合作。这些情况都会削弱国家 3 的赶超速度优势或增加为争取相对收益的谈判难度，国家 3 对国家 1 和国家 2 的赶超难度都会有所提高。不过在现实中，由于强国之间难免陷入“大国政治的悲剧”，因此更可能出现的是彼此制衡的状态而不是合作。这就避免了小国通过不对称合作实现赶超中可能遇到的不利局面。

情景 3：国家 3 同时与国家 1 和国家 2 在它们各自的市场上进行合作。

在情形 1 和情形 2 中，我们都是假定国家 3 因为看重国家 1 和国家 2 的技术优势而采取“引进来”的合作策略。在情形 3 中，我们考虑国家 3 依托其禀赋优势采取“走出去”的合作策略。这不仅是因为从经济发展的角度看，不少新兴市场经济体都在经历了引资以后走上了对外投资的道路，而且国家 3 也可以对国家 1 和国家 2 出口自己具有比较优势甚至绝对优势的产品，从而进入国家 1 和国家 2 的市场。反过来说，即使国家 3 作为弱势国家，在一些公共产品的提供成本上可能无法与国家 1 和国家 2 相比，但是国家 1 和国家 2 作为公共产品供给商，也可能以开放本国的一些没有禀赋优势的市场的方式与国家 3 进行合作。[①] 在这种情况下，国家 3 即使不能对国家 1 和国家 2 形成不对称优势，至少我们可以认为国家 3 能够在国家 1 和国家 2 的国内市场上与他们进行具有相同成本结构的寡头竞争。[②] 因此，我们在下面的研究中假定，国家 3 对国家 1 和国家 2 具备了优势，即不再是 $c_1 \leqslant c_2 \leqslant c_3$，而是 $c_1 \geqslant c_2 \geqslant c_3$。

在这种情况下，我们可以知道，国家 3 新增的总产量是由其在国家 1 和国家 2 的市场上通过寡头竞争获得的产量的总和。参照前面的分析，我

① 与前面对“引进来”的假定相似，我们在“走出去”的情形中也假定在国家 3 进入国家 1 和国家 2 的市场前，在后两个国家中这个产业是不存在的，只是在合作后他们才能够借助国家 3 的禀赋优势开发出这个产业市场。因而国家 1 和国家 2 开放国内市场对于它们来说，这种合作行为也将增加自己的总产出。

② 类比国际贸易的基本理论，国家 3 能够进入国家 1 和国家 2 的国内市场，就一定具有贸易优势。但是，考虑到在国家 3 内部可能存在众多的潜在出口供应商，并且在他们之间可能开展激烈的竞争，或者由于国家之间总体实力的不对称，使得国家 3 在进入国家 1 和国家 2 的国内市场时不得不付出一定的代价，所以虽然国家 3 具有贸易优势，但是最终国家 3 在国家 1 和国家 2 的国内市场上将与国家 1 和国家 2 进行具有相同成本结构的寡头竞争。

们可以推导出国家 3 进入国家 1 市场后的情况：

$$\pi_1 = py_1 - TC_1 = y_1 [a_1 - (y_1 + y_3)] - c_1 y_1 \tag{34}$$

$$\pi_3 = py_3 - TC_3 = y_3 [a_1 - (y_1 + y_3)] - c_3 y_3 \tag{35}$$

我们可以得到国家 1 和国家 3 的最优产量分别是：

$$y_1 = (a_1 + c_3 - 2c_1)/3; \ y_3 = (a_1 + c_1 - 2c_3)/3$$

此时，市场总产量就是：

$$y = y_1 + y_3 = [2a_1 - (c_1 + c_3)]/3$$

市场均衡单位收益就是：

$$P^* = [a_1 + (c_1 + c_3)]/3 \tag{36}$$

两个国家的均衡净收益就是：

$$\pi_1^* = \frac{(a_1 + C_3 - 2C_1)^2}{9} \tag{37}$$

$$\pi_3^* = \frac{(a_1 + C_1 - 2C_3)^2}{9} \tag{38}$$

同理，我们还可以得到国家 3 进入国家 2 市场后的情况

$$\pi_2^* = \frac{(a_2 + C_3 - 2C_2)^2}{9} \tag{39}$$

$$\pi_3^* = \frac{(a_2 + C_2 - 2C_3)^2}{9} \tag{40}$$

与基本的古诺模型相比，我们反过来假定 $c_1 = 0.9$，$c_2 = 0.8$，$c_3 = 0.7$。将这些数值代入，我们可以得到：

$$\pi_3 = \frac{(a_1 - 0.5)^2 + (a_2 - 0.4)^2}{9} \tag{41}$$

显然，(41) 式明显大于 (8) 式。这意味着，与第一种和第二种情景相比，国家 3 由于同时进入国家 1 和国家 2 的市场，因此 π_3 的增长得到了进一步的提高。也就是说，对于国家 3 来说，通过发挥自己的资源禀赋优势，利用多局合作就能够较快地改变原有实力对比的不对称程度。

正是由于在情景 3 中国家 3 利用了自身的禀赋特点，对国家 1 和国家 2 具备了成本系数上的优势，从而在事实上改变了不对称的局面，同时进

入了比自己更大的市场，所以追赶速度明显提升。此时，$\pi_1^* = \frac{(a_1-1.1)^2}{9}$，$\pi_2^* = \frac{(a_2-0.9)^2}{9}$，不仅明显小于 $\pi_3 = \frac{(a_1-0.5)^2 + (a_2-0.4)^2}{9}$，甚至也小于国家 3 分别在国家 1 和国家 2 市场上单独取得的收益。这意味着对于弱势方的追赶而言，发现自身的禀赋优势采取走出去的战略比引进来的战略具有更明显的追赶效果。①

当然，这里讨论还只是一种比较简单情况，我们还可以将国家 3 同时进入国家 1 和国家 2 市场的情形扩展为国家 3 只进入国家 1 市场（或只进入国家 2 市场）的简单情形和在国家 3 同时进入国家 1 和国家 2 市场时国家 1 和国家 2 也同时进入另外两个国外市场的复杂情形。不难想象，在简单情形下，改变的只是国家 3 对国家 2 和国家 1 的赶超速度。但是在复杂情形，国家 3 要实现对国家 2 和国家 1 的赶超所需要的条件也更复杂，所面临的合作竞争也更微妙。首先，这种微妙性意味着合作各方都要为了争取合作的机会而彼此展开竞争。新兴市场经济体之间为了引资而进行的竞争就是这样一种典型的竞争。这种为了合作而进行竞争的现象，充分反映出合作与竞争的关系。其次，如果我们修改前面只有 3 个国家的假定而假定存在 N 个国家（这显然更接近现实的国际关系），只要除最强国家之外的其他所有国家市场总需求之和超过最强国家的市场总需求，那么弱势国家与除最强国家之外的其他所有国家合作（特别是进入这些国家的国内市场）的结果甚至就可能最终超越最强的国家。

另外，在我们上面的模拟中，尽管每一个生产周期后弱势国家所取得的优势可能非常有限，但是，考虑到每一个产品生产周期可能非常短②，因而从季度或年度时间单位看，使用复利公式计算的净产出的绝对增长可能依然会非常显著。此外，在多期分析情形下还要考虑技术外溢使得成本

① 当然，这绝不意味着引进来的战略可有可无，因为只有通过引进来的战略，才可能接触到强势国家的技术优势并加以学习，从而从根本上提高自身的实力基础。

② 这种生产周期可以长到产品从立项研发到最终销售的全过程，也可以短到一个产品的生产过程，或者一天完成许多次的生产周期。

系数发生变化的情况，这也会提高弱势方的赶超速度。

这样，我们从标准古诺模型开始，通过引入不对称双寡头（或三寡头）进行产量竞争的博弈模型，先后在一个博弈对局中引入与第三方博弈者进行另一个博弈对局的情形，通过比较静态分析来研究弱势方在获得与两个强势方的不同合作机会（即开放自己的市场和进入对方的市场）的情况下，与强势方在多局博弈中经过多期博弈之后实力对比的变化情况。本研究证明，弱势方有可能最终改变与相对强势方甚至绝对强势方实力对比的不对称程度而实现崛起。①

毫无疑问，弱势方的崛起源于其在博弈中实力增长的相对优势。在既定规模和既定收益的条件下，额外的合作剩余肯定会提高实力增长的相对优势，因而能够实现赶超。但是，如果弱势方在这个过程中自身的成本系数不发生有利的变化，随着其实力水平的提升，弱势方在超过最强势的博弈方的总体实力前，它的相对优势也就会逐渐下降甚至消失。这个结论与中等收入陷阱的机理具有异曲同工之处。这也可以解释为什么不少国家都实行对外开放和走出去的战略，但是只有少部分国家实现了赶超。

五　结论

本文中，我们从合作的定义出发，推导出合作概念中内生的不对称性。为了防止搭便车行为造成合作退化，不论是选择性激励还是授权惩罚，都将在事实上导致合作方之间的不对称性，而合作的配合特征则使得合作本身内生出权力的不对称性。

不对称合作可能带来不对称的收益，因而可能无助于弱势一方通过合作来改变自身的国际地位。但是，这种结论只是单局博弈分析的结论。如果弱势一方的合作是全方位的，那么多局合作收益的加总就可能使弱势一方最终取得对强势一方在实力对比上的改善。当然，从理论上说，如果强

① 毫无疑问，当弱势方同时处于情景 1 和情景 3 的时候，也就是弱势方在条件许可的情况下，同时采取引进来和走出去策略，赶超速度会更快。

势一方也采取了全面合作，那么弱势一方的赶超将是非常困难的。在现实中，由于大国常常面临制衡而无法像小国那样左右逢源地展开全面合作，这就给了小国在不对称合作中提升自身实力对比的机会。当然，弱势一方还应该利用合作竞争来为自己争取优势，也应该在竞争中不断提升自身的实力，才可能最终实现赶超。

国际关系中充满了竞争，也常常表现出合作。但是只要我们看到博弈双方聚焦点的差异，那么通过合作来进行竞争就是可能的，而且即使是在不对称合作中，弱国也有可能提升自身的相对实力，从而在竞争中取得优势地位。因此，理解合作的不对称性和不对称合作，也就有助于理解国际关系本身。

（本文发表于《世界经济与政治》2015年第9期）

工业赶超与经济结构失衡

张　斌　茅　锐*

内容摘要： 在一个两部门世代交叠模型中引入扶持工业部门的政策组合，研究政府之手对经济结构主要指标储蓄率、资本真实边际回报率以及资本与劳动在工业与非工业部门间分配结构的影响，结果发现：在平衡增长路径上，工业扶持政策有三个方面的长期影响。刺激资本和劳动力流向工业部门，提高工业部门的相对资本存量和产出；减少消费者对工业和非工业品的最终消费，提高储蓄率；压低资本的真实边际回报率。数值模拟结果显示，如果政府采取歧视非工业部门发展、刺激工业部门发展这一政策组合，则当政府增加相当于GDP的10%的额外工业品需求时，如投资基础设施建设，会导致储蓄率上升2.6个百分点，资本真实边际回报率下降0.4个百分点。

关键词： 工业赶超　储蓄过剩　结构失衡

一　引言

工业化是中国有识之士的百年夙愿。清朝后期以来，中国的知识阶层尽管在政治体制、经济体制和文化等诸多领域的认同上存在严重分歧，但他们普遍认同工业化是中华民族复兴的必经之路。中华人民共和国成立的

* 张斌，中国社会科学院世界经济与政治研究所副所长、研究员；茅锐，浙江大学公共管理学院教授。

最初30年，政府尝试了一系列推进工业部门跨越式发展的政策，但受困于当时国内外的历史条件难以持续。改革开放以来，中国政府调整了经济发展战略：一方面采取渐进的市场化改革和对外开放措施，利用国内外两个市场的力量发展经济；另一方面运用复杂的政策组合扶持工业部门。在市场与政府的双重力量下，中国的工业快速赶超西方大国。短短的三十多年，中国相继成为世界工厂、全球最大的制造业国和最大的出口国。

在工业快速赶超的同时，中国的经济结构出现了巨大变化。相比于发展阶段相似的国家，中国的储蓄率和投资率更高，① 工业增加值在GDP中的占比更高，外贸顺差在GDP中的占比也持续较高。这些异常的经济结构引起了对资源配置效率和增长可持续性的广泛担忧。自2003年以来的历届政府工作报告，多次把扩大内需和调整经济结构作为关键内容。经济结构失衡有好坏之分。如果经济结构失衡来自特定环境下市场力量自发作用的结果，这些失衡表现并不必然代表资源配置扭曲，经济结构失衡可能会逐渐自行矫正，政府或许没有必要对失衡采取断然措施。如果结构异常由市场失灵、外部性或者政策扭曲所致，则纠正经济结构失衡等同于纠正资源配置扭曲，政府有必要采取措施纠正失衡，② 以避免可能造成的严重后果。中国20世纪50年代初采取的工业赶超战略，在其运行中造成居民基本生活在很长一段时间内得不到保障。改革开放尽管调整了经济发展战略，但在实现工业现代化的巨大压力下，不顾统筹兼顾、综合平衡，偏爱和支持工业部门发展的理念仍广泛存在，一些支持工业部门发展的政策仍影响着资源配置的合理性。

本文旨在研究以扶持工业部门为导向的政府之手对储蓄率、投资率和产业结构等指标的影响。我们在一个两部门世代交叠模型中引入扶持工业部门的政策组合，考察其对资本和劳动在部门间的分配及储蓄率、资本回

① L. Kuijs, "Investment and Saving in China", *World Bank Policy Research Paper Series*, No. 2005/3633, 2005；余永定：《见证失衡：双顺差、人民币汇率和美元陷阱》，生活·读书·新知三联书店2010年版。

② O. J. Blanchard and G. M. Milesi-Ferretti, "Global Imbalances: In Midstream?" *SSRN Electronic Journal*, No. 1525542, 2010.

报率和产业结构造成的影响。本文发现，扶持工业部门的政策组合会带来以下后果：（1）刺激资本和劳动流向工业部门，增加工业部门的相对资本存量和产出；（2）减少工业和服务业消费，提高储蓄率；（3）降低资本的边际回报率。数值模拟结果显示，如果政府歧视性地增加相当于GDP之10%的工业品需求（例如投资基础设施建设），会使储蓄率上升2.6个百分点，资本的边际回报率下降0.4个百分点。

关于中国经济失衡的研究已有大量文献。其中，对内部失衡，特别是高储蓄率和高投资率现象的解释主要有以下几种观点。（1）金融和社保体系发育滞后，住房、医疗、教育等领域的公共支出不足，导致预防性储蓄增多。[①]（2）抚养比下降、性别结构失衡和劳动力转移，导致储蓄率上升。[②]（3）特殊的产业结构和部分行业的垄断特征，导致收入分配中劳动的份额下降，政府和企业的份额上升，遏制居民部门的消费。[③]（4）对关键行业尤其是服务业的供给抑制政策，压低消费需求，提高了储蓄率。[④]（5）在财政分权和地方官员晋升锦标赛体制下，政府对基础设施建设投资的偏好抑制消费。[⑤]（6）金融抑制和流动性不足，尤其是对私营企业和消

---

① M. D. Chamon and E. S. Prasad, "Why Are Saving Rates of Urban Households in China Rising?" *American Economic Journal: Macroeconomics*, Vol. 2, No. 1, 2010, pp. 93-130; L. Kuijs, "How Will China's Saving-Investment Balance Evolve", *World Bank Policy Research Paper Series*, No. 2006/3958, 2006；陈斌开、林毅夫：《金融抑制、产业结构与收入分配》，《世界经济》2012年第1期；何立新、封进、佐藤宏：《养老保险改革对家庭储蓄率的影响：中国的经验证据》，《经济研究》2008年第10期；徐忠、张雪春、丁志杰等：《公共财政与中国国民收入的高储蓄倾向》，《中国社会科学》2010年第6期。

② F. Modigliani and S. L. Cao, "The Chinese Saving Puzzle and the Life-Cycle Hypothesis", *Journal of Economic Literature*, Vol. 42, No. 1, 2004, pp. 145-170; Z. Song and D. Yang, "Life Cycle Earnings and Saving in a Fast-Growing Economy", *Working Paper*, *University of Hong Kong*, 2010；李扬、殷剑峰：《劳动力转移过程中的高储蓄、高投资和中国经济增长》，《经济研究》2005年第2期；王德文、蔡昉、张学辉：《人口转变的储蓄效应和增长效应——论中国增长可持续性的人口因素》，《人口研究》2004年第5期。

③ 白重恩、钱震杰：《国民收入的要素分配：统计数据背后的故事》，《经济研究》2009年第3期；龚刚、杨光：《论工资性收入占国民收入比例的演变》，《管理世界》2010年第5期；李稻葵、刘霖林、王红领：《GDP中劳动份额演变的U型规律》，《经济研究》2009年第1期。

④ 徐朝阳：《供给抑制政策下的中国经济》，《经济研究》2014年第7期。

⑤ B. Chen and Y. Yao, "The Cursed Virtue: Government Infrastructural Investment and Household Consumption in Chinese Provinces", *Oxford Bulletin of Economics and Statistics*, Vol. 73, No. 6, 2011, pp. 856-877；柳庆刚、姚洋：《地方政府竞争和结构失衡》，《世界经济》2012年第12期。

费部门的歧视，使储蓄被迫增加。① （7）较高的资本回报率支持了较高的储蓄率。②

这些文献为理解中国的高储蓄率和高投资率提供了丰富的视角，但对政府之手与经济结构间的关系还研究得不够充分。政府对工业部门提供的优惠政策是中国经济运行中重要的特征事实，这些政策会影响企业决策和资源配置，也势必影响经济结构。但除了徐朝阳的研究，③ 国内关于经济结构失衡的研究文献很少从这个角度讨论问题。本文的分析对理解中国的经济结构失衡提供了新的重要视角。

2008 年国际金融危机以来，中国的经济增速趋势性下滑，政府的保增长压力随之加大。政府保增长的重要手段是开发区建设以及铁路、公路等基础设施建设。这些手段在短期内缓解了外需下降对工业部门的负面冲击，为工业部门发展提供了新的国内需求。但仅从短期角度认知这些政策的效果远远不够。本文的分析框架有助于厘清它们对经济结构的长期影响，为更全面地理解政策后果提供了依据。

本文余下的内容由四部分组成。第二部分讨论政府的动机和行为，梳理政府采取的工业扶持政策。第三部分建立两部门动态一般均衡模型，引入支持工业部门发展的政策组合，讨论它们对资源分配和经济结构造成的影响。第四部分是数值模拟。最后为小结。

二　支持工业部门发展的政策组合

相比西方成熟的市场经济体，作为发展中的大国，中国政府的行为存在显著差异。在西方成熟的市场经济体中，政府的主要职能是提供公共服

① Z. Song, K. Storesletten and F. Zilibotti, "Growing like China", *The American Economic Review*, Vol. 101, No. 1, 2011, pp. 196-233；万广华、张茵、牛建高：《流动性约束、不确定性与中国居民消费》，《经济研究》2001 年第 11 期。

② C. E. Bai, C. T. Hsieh and Y. Qian, "The Return to Capital in China", *Brookings Papers on Economic Activity*, Vol. 37, No. 2, 2006, pp. 61-101.

③ 徐朝阳：《供给抑制政策下的中国经济》，《经济研究》2014 年第 7 期。

务。而至少在过去几十年，中国政府的主要职能是推动经济转型和发展。政府不仅是公共服务的提供者，更是经济活动的关键参与者。其对经济活动的干预程度和影响力远大于西方成熟市场经济体中的政府。一些东亚国家在工业化进程中也出现过类似情形。例如，日本自1868年明治维新开始的约一个世纪的工业发展，就被认为是由理性规划政府推动的。日本政府在19世纪末20世纪初设立富国强军目标，在20世纪三四十年代设立战争准备和战后复苏目标，又在五六十年代相继设立收入倍增和赶超欧美目标。为实现这些目标，日本政府通过引导企业流向以形成合意的竞争程度，并向私人企业发送鼓励特定产业的政策信号。① 战后的韩国也实施了约30年的扶持幼小产业政策，通过信贷支持和税收减免，鼓励政府选定行业的成长，相继在20世纪60年代发展了水泥、化肥和冶炼产业，在20世纪70年代发展了钢铁、化工和造船产业，在20世纪80年代及以后发展了电子产业。② 但即使与这些国家相比，中国政府对工业化的扶持也显得更加全面和直接。

中国政府干预经济活动的初衷主要是实现工业部门的跨越式发展。经历了与西方签订不平等条约、丧失边境领土乃至被日本占领大面积国土的百余年屈辱历史，中国有识之士普遍认同只有建立现代工业，中国才具备不受列强侵略和实现民族复兴的物质基础。工业化成为首要发展目标。中华人民共和国成立伊始，国内民生凋敝、百废待兴的现状和国外严峻的敌对势力包围，更进一步凸显了从农业国转变为工业国的迫切性。然而，如何实现工业化却是政府亟待探索的未解难题。从1949年中华人民共和国成立伊始，到1953年开始的全面效仿苏联式计划经济，再到1958年开始的“大跃进”和人民公社化运动，中国政府倾举国之力推进工业部门的赶超发展，意在为保家卫国尽快实现基于重工业的国防现代化。但即便初步建立了相对独立的工业体系和国民经济体系，工业部门发展仍然有限，农业

① C. Johnson, *MITI and the Japanese Miracle: The Growth of Industrial Policy: 1925-1975*, Stanford: Stanford University Press, 1982.

② L. E. Westphal, “Industrial Policy in an Export Propelled Economy: Lessons from South Korea's Experience”, *Journal of Economic Perspectives*, Vol. 4, No. 3, 1990, pp. 41-59.

和服务业部门的发展遭受打击。[①] 这些经验教训令中国政府意识到，必须充分利用前30年建立的基本制度优势和物质基础，抓住历史机遇，与西方发达国家恢复正常的邦交往来，面对世界市场，在发展商品经济的基础上继续实现工业现代化。

中共中央在1978年12月召开了党的十一届三中全会，决定把党的工作重心转移到以经济建设为中心上来，拉开了改革开放的序幕。近30年政府政策的核心宗旨是寻求市场与政府力量的结合，向市场要工业化效率，向政府要工业化速度和规模，具体情况主要如下。（1）在工业领域，尤其是一般工业消费品领域，推进市场化改革和对外开放措施，例如20世纪八九十年代的价格改革，80年代末对私有企业身份的法律认同，90年代中期放开外商直接投资政策，90年代后期的国企改革政策，2001年加入世贸组织（WTO）等。（2）通过各种手段保持对工业部门和基础设施建设的扶持，例如在工业用地、税收、收费、厂房建设和信贷方面给予优惠，通过巨额购汇减轻人民币升值压力，以保持出口和进口替代部门的国际竞争力，对工业部门研发等设置专项财政支出等。（3）利用公共部门资金支持与工业部门发展相配套的开发区、铁路、公路、港口、机场等基础设施建设，在降低工业部门运营成本的同时，扩大对工业品的需求。（4）在农业和医疗、教育、铁路、通信、金融等诸多服务业中，实施价格管制和准入管制措施，限制资源流入这些领域。

不仅中央政府和知识界重视工业部门发展，地方政府从自身利益出发，也热衷于推动工业部门发展。无论是出于地方官员GDP锦标赛动机，[②] 还是出于财政激励下的竞次发展模式[③]，地方政府热衷于招商引资和基础设施建设。各地政府通过提供低成本厂房和配套措施、低成本使用土地、减免税收手段招商引资，并展开区域之间的竞争招商引资。招商引资

① 萧冬连：《筚路维艰：中国社会主义路径的五次选择》，社会科学文献出版社2014年版。

② 周黎安：《中国地方官员的晋升锦标赛模式研究》，《经济研究》2007年第7期。

③ 陶然、陆曦、苏福兵：《地区竞争格局演变下的中国转轨：财政激励和发展模式反思》，《经济研究》2009年第7期。

的主要对象是工业企业。地方政府收入的很大部分，再加上大量的地方政府银行贷款，被用于基础设施建设。2004—2014 年，全国基础设施建设投资与全国固定资产投资之比平均为 25.6%，与 GDP 之比平均达 13.8%。[①]比较而言，地方政府无论是从发展观导向出发，还是从地方财政收益出发，[②] 对待服务业的热衷程度远远小于工业部门。地方政府更愿意将公共财政资金用于支持能带来回报的工业部门，而不是公共服务支出。地方政府受限于来自中央层面的全行业管制政策，对支持金融、教育、医疗等中高端服务业发展鲜有作为。

对工业部门的优惠政策环境不仅带来了工业和基础设施部门的超常规发展，也惠及了民生。以市场化为导向的改革开放政策促进了工业部门生产率的提高，激励大量资源流入工业部门。政府对工业的优惠政策和对基础设施建设的大量投入更加剧了资源流入。短短 30 年，中国一跃成为世界最大的制造业国和出口国，并在高速公路、机场、铁路等基础设施建设方面取得了重大改善，居民部门对一般制造业品的消费保持着近 10%的年均增速。与工业部门高速发展形成鲜明对照的是，部分服务业部门发展严重滞后，尤其是医疗、教育和城镇公共服务等领域。住房困境背后反映的是城市公共服务发展的滞后。详见表 1。

表 1　　**1985—2010 年 GDP 及主要产品和服务的增长**

	GDP（1978 年=100）	煤（亿吨）	钢（万吨）	电视机（万台）	汽车（万辆）	每千人医生	每千人床位
1985 年	192.7	8.7	4679	435	43	3.3	2.1
2010 年	2071.8	32.4	63722	11830	1826	4.4	3.3
倍数	10.8	3.7	13.6	27.2	42.5	1.3	1.6

资料来源：国家统计局、国家卫生与计划生育委员会网站。

① 国家统计局网站。

② 陶然、陆曦、苏福兵：《地区竞争格局演变下的中国转轨：财政激励和发展模式反思》，《经济研究》2009 年第 7 期。

总体而言，中国在过去30年中探索出了一条中国特色社会主义市场经济的发展道路：实施市场与政府合力促进工业和基础设施发展的政策组合，快速实现了工业化，缩小了与发达国家在可比物质领域中的差异，也惠及了民生。但该策略在鼓励工业部门发展的同时，至少就政策环境而言，对其他部门带来了不平等的发展环境。

三 模型

在现实中，政府通过复杂的政策组合扶持工业部门发展。本文建模的首要任务就是刻画这种政策环境。既有文献往往只考察一项政策，如在服务业部门实施资本准入管制①、在金融部门实施歧视私营企业的信贷配给②或降低工业部门中间品投入的进口关税。③ 这些做法的优点在于，便于细致讨论某一具体政策对经济结构指标的影响机制和结果，缺点则是对政策环境描述的代表性不足。给定中国政府对经济的广泛干预，单独强调其中的一项政策可能会以偏概全。

本文考虑一种假想的政策环境，目的是更完整地刻画现实中复杂的工业扶持政策组合。具体来说，本文假设政府对非工业部门的资本收益征税，并用所得税收购买工业品进行基础设施投资。其中，对非工业部门征收资本收益税的假设，反映了政府对该部门的歧视。在技术上，这不同于徐朝阳④直接限定非工业部门资本存量的增速，而与Song等⑤的利率溢价

① 徐朝阳：《供给抑制政策下的中国经济》，《经济研究》2014年第7期。

② Z. Song，K. Storesletten and F. Zilibotti，"Growing like China"，*The American Economic Review*，Vol. 101，No. 1，2011.

③ J. Ju，K. Shi and S. J. Wei，"Trade Reforms and Current Account Imbalances：When Does the General Equilibrium Effect Overturn a Partial Equilibrium Intuition?" *NBER Working Paper*，No. 18653，2012.

④ 徐朝阳：《供给抑制政策下的中国经济》，《经济研究》2014年第7期。

⑤ Z. Song，K. Storesletten and F. Zilibotti，"Growing like China"，*The American Economic Review*，Vol. 101，No. 1，2011.

设定更为相似。关键的不同之处是，Song 等①考虑的是国有部门和私有部门间的利率楔子，而本文考虑的是工业部门和非工业部门间的利率楔子。本文设定当中的非工业部门投资所要求的利率水平更高，意味着该部门的投资环境更为不利，这会导致资本流向工业部门。该假设体现了政策对非工业部门的“压”。在现实中，工业部门能够以优惠的价格获得土地和信贷（例如，工业用地的价格一般显著低于非工业用地，而企业又可以通过将低价获得的土地抵押给银行获得低价的信贷），与本文假设政府对非工业部门征收资本收益税的本质是一致的。与此同时，本文假设政府将全部税收收入用于购买工业品，进行基础设施投资。这一方面意味着工业部门面临的需求增加；另一方面意味着，资本投入的价格因政府增加了投资而下降。这两方面效果体现了政策对工业部门的“推”，类似于 Ju 等②的刻画方式；只不过在他们的文章中，政府是通过开放贸易来实现增加产品需求和降低投入品价格这两个目标的。综合来看，本文假想的政策环境中，既有对非工业部门的“压”，又有对工业部门的“推”，因此与现有文献相比，较为全面地刻画了现实中复杂的工业扶持政策。当然，与文献中的所有假设一样，本文考察的假想环境是对现实的高度抽象。但我们不妨考虑下面这个与之相似的现实情景，以理解这一抽象假设的背景：政府以低价收购农地，将其中的一部分以低价甚至免费出售给工业企业，而将另一部分以高价出售给商业企业；出售商业用地获得的超额回报被政府用来进行基础设施建设。这个现实情景的前一部分体现了政府对非工业部门的“压”，而后一部分体现了对工业部门的“推”，与本文对政策的理论刻画是一致的。

下文在一个两部门世代交叠模型中，考察政府的工业扶持政策组合。模型中的私人部门由消费者和厂商组成。其中，消费者存活两期，各代消

① Z. Song, K. Storesletten and F. Zilibotti, “Growing like China”, *The American Economic Review*, Vol. 101, No. 1, 2011.

② J. Ju, K. Shi and S. J. Wei, “Trade Reforms and Current Account Imbalances: When Does the General Equilibrium Effect Overturn a Partial Equilibrium Intuition?” *NBER Working Paper*, No. 18653, 2012.

费者以世代交叠的方式共存。消费者的即期效用取决于工业品和非工业品的消费。厂商由工业和非工业两类企业组成。工业品既可用于消费，也可用于投资；非工业品则只能用于消费。政府对非工业部门的资本收益征税，并将税收收入用于购置工业品，以进行政府投资。模型的具体设定如下。

（一）消费者

考虑出生在时间 t 的第 t 代代表性消费者。消费者存活两期，年轻期和老年期，在变量下标中以 1 和 2 区分。假设该消费者具有对数效用函数，以 β 作为两期间的效用折现因子，则其毕生效用贴现值 U_t 为：

$$U_t=\ln c_{1t}+\beta\ln c_{2t+1} \tag{1}$$

其中，c_{1t} 和 c_{2t}+1 分别表示其年轻和老年时的即期消费；下标“$1t$”和“$2t$+1”分别表示该消费者是第 t 期的年轻人和第 t+1 期的老年人。

在（1）式中，即期消费 c 是工业品和服务业品以柯布—道古拉斯形式的复合：

$$c_{1t}=(c_{1t}^M)^{\omega}(c_{1t}^S)^{1-\omega},\ c_{2t+1}=(c_{2t+1}^M)^{\omega}(c_{2t+1}^S)^{1-\omega} \tag{2}$$

其中，ω 是一个常数，反映了工业品消费在即期消费总支出中的占比。（2）式两个等式中的 ω 相同，其隐含的假设是，无论对不同代的消费者而言，还是对年轻或老年时的同一代消费者而言，即期消费 c 的复合方式是一样的。这有助于简化模型的求解过程。

以工业品为计价物，将其价格规则化为 1。同时，假设年轻消费者无弹性地供给 1 单位的劳动禀赋，获取工资收入 w。以 p 表示非工业品的相对价格，则年轻消费者的预算约束为：

$$c_{1t}^M+s_t+p_tc_{1t}^S=w_t \tag{3}$$

（3）式表明，年轻消费者的工资收入被用于三方面支出：工业品消费 c_{1t}^M、非工业品消费 $p_tc_{1t}^S$ 以及储蓄 S_t。假设老年消费者没有劳动禀赋，其全部收入来自年轻时的储蓄回报。设资本按 δ 的比例折旧。因此，老年消费者的预算约束为：

$$c_{2t+1}^{M}+p_{t+1}c_{2t+1}^{S}=(1+r_{t+1}-\delta)s_{t} \tag{4}$$

（4）式表明，老年消费者上一期的储蓄 s_t，加上当期利息所得 $r_{t+1}s_t$，再减去资本折旧 δs_t，将被全部用于当期的工业品消费 c_{2t+1}^{M} 和服务业品消费 $p_{t+1}c_{2t+1}^{S}$。其中，r 表示实际利率。

综合（1）式—（4）式，我们可以将第 t 代代表性消费者的跨期最优化函数表达为：

$$\begin{aligned}&\max\ln(c_{1t}^{M})^{\omega}(c_{1t}^{S})^{1-\omega}+\beta\ln(c_{2t+1}^{M})^{\omega}(c_{2t+1}^{S})^{1-\omega}\\&\text{s. t. } c_{1t}^{M}+s_t+p_t c_{1t}^{S}=w_t,\ c_{2t+1}^{M}+p_{t+1}c_{2t+1}^{S}=(1+r_{t+1}-\delta)s_t\end{aligned} \tag{5}$$

（二）厂商

工业和非工业部门均使用资本和劳动力进行生产。为简单起见，设它们采用相似的柯布—道格拉斯形式生产函数，两个部门的全要素生产率可能不同。设劳动力可以在两部门间自由流动，工资均为 w。

为抽象地刻画政府对工业部门实施的一系列支持政策，我们假设政府进行如下干预。首先，政府对服务业部门的资本收益征税，两个部门税前的资本边际回报率不同，但在资本跨部门自由流动的驱使下，其税后资本回报率相同。其次，政府用非工业资本收益税购置工业品，增加对工业部门的产品需求。假设政府对非工业部门的资本收益征收 μ 单位的从价税。若记工业部门面临的实际利率为 r，则非工业部门面临的实际利率是 $(1+\mu)r$。工业部门代表性厂商的最优化函数为：

$$\max\pi_t^{M}=y_t^{M}-r_t k_t^{M}-w_t l_t^{M}=A_t^{M}(k_t^{M})^{\alpha}(l_t^{M})^{1-\alpha}-r_t k_t^{M}-w_t l_t^{M} \tag{6}$$

而非工业部门代表性厂商的最优化函数为：

$$\begin{aligned}\max\pi_t^{S}=&p_t y_t^{S}-(1+\mu)r_t k_t^{S}-w_t l_t^{S}=p_t A_t^{S}(k_t^{S})^{\alpha}(1_t^{S})^{1-\alpha}-\\&(1+\mu)r_t k_t^{S}-w_t l_t^{S}\end{aligned} \tag{7}$$

（三）政府

在（7）式中，代表性非工业厂商的单位资本成本是代表性制造业厂商的（1+μ）倍。其原因在于，非工业厂商 $(1+\mu)r_t k_t^{S}$ 的资本支出中，包括向政府支付的$\mu r_t k_t^S$资本收益税。为刻画扶持政策对工业需求的刺激作用，假设政府将财政收入全部用于购买工业品，进行政府投资。对非工业部门的资本收益税最终将以国有资本的形式成为资本存量的一部分。国有资本也按δ的比例折旧。记政府第t期初时的国有资本存量为a_t，则政府第t期的总收入τ_t包括资本收益税$\mu r_t k_t^S$和期初国有资本存量产生的利息收入$r_t a_t$两部分：

$$\tau_t = r_t \left(\mu k_t^S + a_t\right) \tag{8}$$

政府将全部财政收入用于购买工业品，并作为新增的国有资本。显然，新增国有资本是第$t+1$期国有资本存量a_t+1与第t期资本存量在折旧后的余值（$1-\delta$）a_t之差。因此，政府的预算约束为：

$$\tau_t = a_{t+1} - \left(1-\delta\right) a_t \tag{9}$$

（四）静态均衡

我们首先求解模型的静态均衡。对消费者而言，静态均衡对应于即期效用最大化问题。给定跨期优化函数（5）式中的两个预算约束式，并将工资、利率和储蓄视为既定，分别求解c_{1t}^M和c_{2t}^S如何取值以使c_{1t}最大化，以及求解c_{2t+1}^M和c_{2t+1}^S如何取值以使c_{2t+1}最大化。其结果为：

$$\frac{c_{1t}^M}{c_{1t}^S} = \frac{\omega p_t}{1-\omega},\quad \frac{c_{2t+1}^M}{c_{2t+1}^S} = \frac{\omega p_{t+1}}{1-\omega} \tag{10}$$

显然，（10）式说明，在以柯布—道格拉斯形式复合的即期总消费中，工业品的消费支出份额是ω，非工业品的消费支出份额是$1-\omega$。

对工业和非工业的代表性厂商而言，静态均衡就对应于利润最优化函数（6）式和（7）式。从中可得两类厂商资本与劳动力即期投入量之间的关系，即两部门厂商的资本—劳动密集度为：

$$\frac{k_t^M}{l_t^M} = \frac{\alpha w_t}{\left(1-\alpha\right) r_t},\quad \frac{k_t^S}{l_t^S} = \frac{\alpha w_t}{\left(1-\alpha\right)\left(1+\mu\right) r_t} \tag{11}$$

（11）式说明，在柯布—道格拉斯形式的生产函数设定下，资本收益占厂商总成本的份额是α，劳动者所得占厂商总成本的份额是$1-\alpha$。将

（11）式稍加变形可知，两部门的资本—劳动密集度之间存在以下关系：

$$\frac{k_t^M}{l_t^M} = (1+\mu)\frac{k_t^S}{l_t^S} \tag{12}$$

（12）式意味着，工业部门的资本—劳动密集度是服务业部门的（1+μ）倍，即非工业部门的资本收益税导致工业部门具有比非工业部门更高的资本劳动比。当资本收益税率 μ 提高时，非工业部门就需要压低单位劳动的资本存量，以提高资本的实际边际回报。唯有如此，当扣除资本收益税后，投资者面对的税后资本边际回报，方能与工业品部门的资本边际回报持平。

将（11）式中两部门的资本—劳动密集度，分别代入两类厂商的利润最大化函数（6）式和（7）式中，可得：

$$(r_t)^{\alpha}(w_t)^{1-\alpha} = \alpha^{\alpha}(1-\alpha)^{1-\alpha}A_t^M,$$
$$[(1+\mu)r_t]^{\alpha}(w_t)^{1-\alpha} = \alpha^{\alpha}(1-\alpha)^{1-\alpha}p_tA_t^S \tag{13}$$

（13）式意味着，非工业品的相对价格 p 由下式决定：

$$p_t = (1+\mu)^{\alpha}A_t^M/A_t^S \tag{14}$$

（14）式意味着，非工业品的相对价格不仅取决于两部门的相对生产率，也取决于对非工业部门的资本收益税率。税率水平 μ 越高，非工业品的相对价格就越高。（14）式也意味着，两部门的相对名义产值 $y_t^M/p_ty_t^S$ 与相对生产率不直接相关，只取决于要素的相对分配。这是因为相对生产率的变化将完全被相对价格的变化抵消。①

在静态均衡中，劳动力市场出清条件为：

$$l_t^M + l_t^S = 1 \tag{15}$$

其中，1 是本文规则化的劳动力市场规模，等于第 t 代代表性年轻消费者的劳动禀赋。资本市场出清条件为：

$$k_t^M + k_t^S = k_t \tag{16}$$

其中，k_t 是第 t 期初的资本存量，即第 t 期生产过程中所能使用的全

① B. Herrendorf, R. Rogerson and A. Valentinyi, "Growth and Structural Transformation", *NBER Working Paper*, No. 18996, 2013.

部资本。注意到给定 k_t，则（12）式、（15）式和（16）式是关于 l_t^M、l_t^S、k_t^M和 k_t^S 这四个未知数的三个方程。这意味着，我们可以将其他三个未知数写成非工业部门的期初资本存量 k_t^S 和总资本存量 k_t 的方程：

$$l_t^M=\frac{k_t/k_t^S-1}{\mu+k_t/k_t^S},\quad l_t^S=\frac{1+\mu}{\mu+k_t/k_t^S},\quad k_t^M=k_t-k_t^S \tag{17}$$

（17）式给出了两部门间的要素分配。将（17）式代入（13）式，可将工资和利率同样写成资本存量 k_t 和非工业资本存量 k_t^S 的方程：

$$w_t=(1-\alpha)A_t^M(\mu k_t^S+k_t)^{\alpha},\quad r_t=\alpha A_t^M(\mu k_t^S+k_t)^{\alpha-1} \tag{18}$$

需要说明的是，在（17）式和（18）式中，k_t 和 k_t^S 仍是待解的未知变量。这两个变量如何取值依赖于动态问题的求解。

（五）动态均衡

为求解动态均衡，首先需要求解消费者的跨期优化问题。给定要素和产品价格，利用关系式（10）式，可以从消费者最优化问题（5）式中解出消费者年轻和老年期对工业和非工业品的消费，以及消费者年轻时的储蓄：

$$\begin{gathered}c_{1t}^M=\frac{\omega w_t}{1+\beta},\quad c_{1t}^S=\frac{(1-\omega)w_t}{(1+\beta)p_t},\quad c_{2t+1}^M=\frac{\beta\omega w_1(1+r_{t+1}-\delta)}{1+\beta}\\ c_{2t+1}^M=\frac{\beta(1-\omega)w_1(1+r_{t+1}-\delta)}{(1+\beta)p_{t+1}},\quad s_t=\frac{\beta w_t}{1+\beta}\end{gathered} \tag{19}$$

动态均衡的核心问题是确定资本积累路径。注意到资本由私人资本和国有资本两部门组成。其中，第 t 期的私人资本由第 t 期老年人持有，数量为 s_{t-1}。经过第 t 期的生产过程，私人资本折旧后的余值将全部被老年人索回，不会成为第 $t+1$ 期的资本存量。而第 t 期国有资本折旧后的余值将继续积累，成为第 $t+1$ 期资本存量的一部分。因此，第 $t+1$ 期的资本存量 k_{t+1}等于第 t 期国有资本存量折旧后的余值 $(1-\delta)(k_t-s_{t-1})$、第 t 期年轻人的储蓄 s_t 与第 t 期政府储蓄（即财政收入）τ_t 三者之和：

$$k_{t+1}=(1-\delta)(k_t-s_{t-1})+s_t+\tau_t \tag{20}$$

将（20）式移项后有：

$$k_{t+1}-k_t+\delta k_t=s_t+\tau_t-(1-\delta)\ s_{t-1} \tag{21}$$

其中，（21）式等号左边是资本存量变动加上折旧，即总投资。由于在封闭经济中总投资等于总储蓄，故（21）式等号右边就是总储蓄。显然，它取决于以下三项：第 t 期年轻人的正储蓄，政府第 t 期的正储蓄，以及第 t 期老年人的负储蓄。

从工业品的市场出清条件来看，总投资等于工业总产出减去工业品消费后的余值：

$$k_{t+1}-(1-\delta)\ k_t=y_t^M-c_{1t}^M-c_{2t}^M \tag{22}$$

与此同时，非工业品的市场出清条件为：

$$y_t^S=c_{1t}^S+c_{2t}^S \tag{23}$$

利用静态均衡结论（10）式、（14）式、（17）式和（18）式，动态均衡结论（19）式，以及（6）式和（7）式中的生产函数形式，可以将工业和非工业品的市场出清条件（22）式和（23）式重写为：

$$k_{t+1}-(1-\delta)\ k_t=A_t^M\ (\mu k_t^S+k_t)^{\alpha}\left[1-\frac{(1+\mu)\ k_t^S}{(1-\omega)\ (\mu k_t^S+k_t)}\right],$$

$$\frac{(1+\beta)\ (1+\mu)\ k_t^S}{(1-\alpha)\ (1-\omega)\ (\mu k_t^S+k_t)}=1+\frac{\beta A_{t-1}^M\ (\mu k_{t-1}^S+k_{t-1})^{\alpha}}{A_t^M\ (\mu k_t^S+k_t)^{\alpha}}\left[1-\delta+\frac{\alpha A_t^M}{(\mu k_t^S+k_t)^{1-\alpha}}\right] \tag{24}$$

其中，$A_t^M\ (\mu k_t^S+k_t)^{\alpha}$ 是第 t 期的 GDP。如前文所述，由于两部门相对生产率的变化与服务业品相对价格的变化相互抵消，故非工业生产率 A_t^S 不在以工业品为计价物的 GDP 中。在（24）式的第一式中，方括号内为储蓄率。因此，该式既代表工业品的市场出清，也意味着总投资等于总储蓄。将（24）式的第二式进行移项后，有：

$$\frac{(1+\mu)\ k_t^S}{\mu k_t^S+k_t}=\frac{(1-\alpha)\ (1-\omega)}{1+\beta}\left\{1+\frac{\beta A_{t-1}^M\ (\mu k_{t-1}^M+k_{t-1})^{a}}{A_t^M\ (\mu k_t^S+k_t)^{a}}\left[1-\delta+\frac{\alpha A_t^M}{(\mu k_t^S+k_t)^{1-a}}\right]\right\}$$

其中，左边正是非工业劳动占比 l_t^S。由于任一部门总产值中劳动的占比和整体经济中劳动的占比为相同的常数 $1-\alpha$，且工资在两部门间均等，故 l_t^S 也是非工业产值在 GDP 中的份额。等式右边是非工业品消费与 GDP

之比。因此，（24）式的第二式对应非工业品的市场出清条件。

将（24）式中的第一式滞后一期，那么（24）式将是关于 k_t、k_t^S 两个变量的一阶差分方程组。给定第 $t-1$ 期的资本总量 k_{t-1} 和其中分配在服务业部门的数量 k_{t-1}^S，则第 t 期的资本总量 k_t 和服务业部门资本 k_t^S 将由（24）式决定。

（六）平衡增长路径

动态均衡由（24）式中总资本存量和服务业资本存量两个变量的一阶差分方程组刻画。这还不足以讨论资本收益税率 μ 的经济影响。为此，我们关注动态均衡（24）式所确定的平衡增长路径。在平衡增长路径上。总资本存量和服务业资本存量都是外生参数的函数，而与它们的滞后项无关。为保证平衡增长路径存在，需假设工业生产率按常速增长。为便于后文表述，令：

$$(A_{t+1}^M/A_t^M)^{\frac{1}{1-\alpha}}=g$$

记平衡增长路径上的实际利率为 r，记非工业资本存量在总资本存量中的占比

为 $k_t^S/k_t=\varphi$，根据（18）式有：

$$k_t=\frac{(\alpha A_t^M/r)^{\frac{1}{1-\alpha}}}{1+\mu\varphi} \tag{25}$$

（25）式表明，在平衡增长路径上，资本存量的增速也是常数，且为：

$$k_{t+1}/k_t=g \tag{26}$$

根据 r 和 φ 的定义，可将总资本存量和非工业资本存量都写成 r 和 φ 的函数。在平衡增长路径上，关于总资本存量和非工业资本存量的动态均衡（24）式可改写为关于 r 和 φ 的联立方程组：

$$\alpha(g+\delta-1)=r\left[1-\frac{(1+\omega\mu)\varphi}{1-\omega}\right]$$

$$g\left[\frac{(1+\beta)(1+\mu)\varphi}{(1-\alpha)(1-\omega)(1+\mu\varphi)-1}\right]=\beta(1-\delta+r) \tag{27}$$

显然，由（27）式可以解出 r 和 φ，它们都是资本收益税率 μ 的函数。我们可以据此讨论资本收益税率变化所带来的经济影响。

我们注意到（27）式中的第一式左边是常数；右边是 r 的增函数，φ 的减函数。（27）式中的第二式右边是 r 的增函数，左边是 φ 的增函数。因此，可以在 $r-\varphi$ 构成的二维空间中，将（27）式中的两式画成两条向上倾斜的曲线。r 与 φ 正相关变化，才能维持工业品市场供求平衡，原因是更高的 r 对应于更低的人均资本存量，且对应于每期更低的投资。只有工业品才被用于投资，每期更低的投资意味着工业品在全部产品中的占比更低，工业部门资本在全部资本中的占比也因而更低，即在工业品市场出清条件中 φ 应更高。同样的道理，更高的 r 需要更高的 φ，才能对应于非工业产品在更高水平上的供求平衡。如图 1 所示，两条曲线的交点就是平衡增长路径上 r 和 φ 的解。我们在此不对这两条曲线的相对位置做更多的讨论，因为这不会影响接下来的推理。但我们可以说明（见附录），平衡增长路径是存在的，而且是唯一和稳定的。

图 1　平衡增长路径上 r 和 φ 的决定

本文关心的核心问题是平衡增长路径上的比较静态结果，即政府对工业品部门支持力度 μ（具体表现为非工业资本收益税率）的变化如何影响

r和φ。为此，我们假设政府对工业品部门的支持力度μ上升，有以下定理。

定理1：政府对工业品部门的支持力度提高，将减小平衡增长路径上非工业资本在总资本中的占比。

给定r，μ上升会带动工业品供求平衡曲线和非工业品供求平衡曲线同时向左移动，φ下降。μ上升会带来供求两方面效果。一方面，工业品相对非工业品的价格下降，带来工业品相对非工业品的消费需求上升。另一方面，给定r（意味着工业部门的资本劳动比不变），μ上升要求非工业部门的资本劳动比下降，以维持两部门税后的边际资本回报相等。实现这一变化的唯一途径是，非工业部门的资本和劳动按照工业部门的资本劳动比流入工业部门。

两条曲线都向左移动，图1无法说明μ的提高将如何影响利率r。为求解r的变化方向，我们将（27）式中的两式均对μ取偏导数，得到：

$$r\left[\omega\varphi+(1+\omega\mu)\frac{\partial\varphi}{\partial\mu}\right]=\frac{\partial r}{\partial\mu}\left[1-\varphi-\omega(1+\mu\varphi)\right]$$

$$\frac{\varphi(1-\varphi)+(1+\mu)\dfrac{\partial\varphi}{\partial\mu}}{(1+\mu\varphi)^{2}}=\frac{\beta(1-\alpha)(1-\omega)\partial r}{g(1+\beta)\partial\mu} \tag{28}$$

根据（28）式，我们有以下定理。

定理2：政府对工业品部门的支持力度提高，将减小平衡增长路径上的实际利率。证明见附录。

对该定理的直观解释是，当政府把从非工业部门征得的资本收益税，全部用于购买工业品时，本质上实施了一种强制投资行为。这种工业扶持政策越强，工业部门的资本存量就越多，从而其实际利率就越低。根据一阶条件，实际利率是由工业部门的资本劳动比决定的。实际利率下降意味着工业部门的资本劳动比上升。因此，定理2也表明，非工业部门的资本劳动比将随着扶持政策力度的增强而下降，也即资本和劳动会以高于工业部门原有的资本劳动比，从非工业部门流向工业部门。

在判定了政府对工业部门支持力度的提高对r和φ的影响后，我们可以进而讨论储蓄率将如何变化。在封闭经济中，总储蓄等于总投资，由（22）式决定。因此，总储蓄率为：

$$sratio_t=\frac{k_{t+1}-(1-\delta)k_t}{y_t^M+p_t y_t^S} \tag{29}$$

根据（24）式，可将（29）式重写为：

$$sratio_t=1-\frac{1+\mu}{(1-\omega)(\mu+k_t/k_t^S)} \tag{30}$$

定理3：政府对工业品部门的支持力度提高，将提高平衡增长路径上的储蓄率。

在（30）式中，$(1+\mu)/(\mu+k_t/k_t^S)$ 是（17）式中的非工业劳动投入 l_t^S，也等价于非工业产品在总产出中的占比。这个占比越低，储蓄率越高。如前文所述，μ 上升会导致资本和劳动从非工业部门流向工业部门，减少非工业产出在总产出中的占比 $(1+\mu)/(\mu+k_t/k_t^S)$。因此，根据（30）式可知，储蓄率将上升。定理3背后的机制是，工业扶持政策的加强将减少非工业品产出。由于在消费者的最优决策中，工业品消费受制于非工业品消费，因此，实际总消费将减少。综上所述，当工业扶持政策增强时，对工业品的额外投资将挤占消费，增加储蓄。

四　数值模拟

通过赋予参数具体的取值，可以根据系统（27）中的两式，模拟工业扶持政策对实际利率、资本分布结构和储蓄率等变量的影响，以直观展示定理1至定理3的结果。具体来说，令：

$$A=\alpha(g+\delta-1),\ B=\frac{1+\omega\mu}{1-\omega},\ C=\frac{g(1+\beta)(1+\mu)}{\beta(1-\alpha)(1-\omega)},\ D=1-\delta+\frac{g}{\beta} \tag{31}$$

可以将（27）式重写成：

$$A=r(1-B_\varphi),\ \frac{C_\varphi}{1+\mu\varphi}=D+r \tag{32}$$

（32）式确定了平衡增长路径上的 r 和 φ。

在数值模拟中，参数需尽可能合理地取值，以使结果具有更好的现实含义。具体而言，参照Song等①和Bai等②，设国内总产值中资本收益所占的份额α为50%，这意味着劳动的份额也是50%。设消费者将50%的总消费支出用于购买工业品，即ω为50%。③ 这表明，非工业品消费在总消费支出中的占比也是50%。为设定β、δ和g的取值，需认识到在本文使用的两期世代交叠模型中，每期大约对应于现实中的20—30年。根据现实情况，一代人大约工作30年后退休，④ 因此，设每期对应于30年。根据Song等⑤，将效用的年折现因子设为0.997，则为期30年的效用折现因子，即模型中的β就是0.99730=0.91。方文全指出，既有文献对资本折旧率的估计普遍存在高估。⑥ 根据他的测算，设资本的年折旧率为3%。这意味着为期30年的折旧率，即模型中的δ为$1-(1-0.03)^{30}=0.6$。再根据过去30年的数据，设经济的年增长速度为9.5%。因此，为期30年的复合增长率g为$(1+0.095)^{30}=15$。

通过设定工业扶持政策强度μ的不同取值，可以比较在不同政策环境下经济结构的不同表现。我们首先尝试给出μ在现实中的可能水平，以便作为比较分析时的参照值。由于μ对应于一种假想的政策，在现实中并没有直接的度量指标，因此，参照值只能靠粗略的估计确定。根据本文的假设，政府对非工业部门征收的资本收益税被全部用于投资基础设施建设。

① Z. Song, K. Storesletten and F. Zilibotti, "Growing like China", *The American Economic Review*, Vol. 101, No. 1, 2011.

② C. E. Bai, C. T. Hsieh and Y. Qian, "The Return to Capital in China", *Brookings Papers on Economic Activity*, Vol. 37, No. 2, 2006, pp. 61-101.

③ 根据统计局数据，2000—2008年，第一产业占GDP比重的均值为12%，第二产业占比均值为46%，第三产业占比均值为42%；同期，净出口占比均值为4.5%。净出口中大部分是工业品。因此，工业消费占GDP之比的均值约为42%。由于本文的模型未考虑农业部门，因此，工业消费占工业与服务业品消费总额的份额，即模型中的ω约为50%。

④ Z. Song, K. Storesletten and F. Zilibotti, "Growing like China", *The American Economic Review*, Vol. 101, No. 1, 2011.

⑤ Z. Song, K. Storesletten and F. Zilibotti, "Growing like China", *The American Economic Review*, Vol. 101, No. 1, 2011.

⑥ 方文全：《中国的资本回报率有多高？——年份资本视角的宏观数据再估测》，《经济学（季刊）》2012年第2期。

2004—2014 年，基础设施建设投资平均占 GDP 的 14%。与此同时，根据徐现祥等①，2002 年中国工业部门的资本存量大约占全部资本存量的 50%，故非工业部门资本存量也大约是全部资本存量的 50%。又由于全部资本收益约占 GDP 的 50%，因此，非工业部门的资本收益 $r_t k_t^S$ 约占 GDP 的 25%。综上，现实中 μ 的参照值约为 $\mu r_t k_t^S / r_t k_t^S = 0.56$。

图 2 模拟了 μ 以［0，1］为取值范围时，储蓄率和资本边际回报率的变化。若 μ 从 0 增加到 1，会造成储蓄率上升 4.2 个百分点，年均资本边际回报率下降 1 个百分点。这反映了工业扶持政策对于经济结构影响的大致程度。

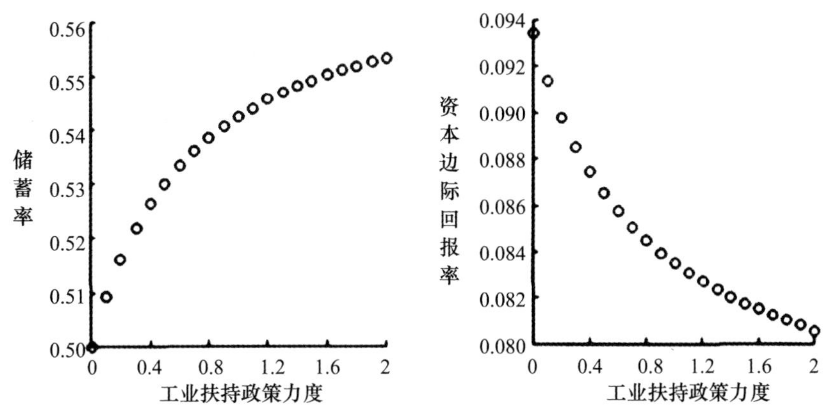

图 2　μ 上升过程中的储蓄率和资本边际回报率变化

这个模型的另一个用途是，模拟当政府扩大基础设施建设投资时，经济结构会相应出现的变化。由于非工业部门的资本收益约占 GDP 的 25%，因此，基础设施建设投资占 GDP 的比重每上升 1 个百分点，就意味着 μ 增加 0.04。根据图 2，如果基础设施建设投资占 GDP 的比重匀速上升，则储蓄率将减速上升。当基础设施建设投资占 GDP 的比重从 0 上升到 10%时，储蓄率会累积上升 2.6 个百分点，资本的边际回报率会下降 0.4 个百分点。

① 徐现祥、周吉梅、舒元：《中国省区三次产业资本存量估计》，《统计研究》2007 年第 5 期。

五 小结

本文的理论模型和数值模拟，揭示了工业和非工业部门政策环境的差异对经济结构指标的影响，为理解中国的经济结构失衡问题提供了新的视角。不同于以往讨论政策环境或政策变化对经济结构影响的文献，本文考虑的政策环境既体现了政府对非工业部门的“压”，又体现了对工业部门的“推”。2008年国际金融危机爆发以来，中国的宏观政策有所转向。政府一些扩大消费的政策在一定程度上取代了先前对投资的直接干预。在附录里，我们讨论了如果政府将对非工业部门征收的资本收益税全部返还给当期的老年消费者以鼓励其消费，而不是将它们用来购买工业品进行基础设施建设投资时，经济结构将出现何种变化。结果显示，如果政府的工业扶持政策只有对非工业部门的“压”，而没有对工业部门的“推”，则工业部门规模过大和储蓄率过高等结构失衡问题会减小。

需要说明的是，本文并未试图论证当前的经济结构是否合意，因此，所得结论不能作为支持或反对工业扶持政策的充分理由。只有当经济结构被认为显著失衡时，上述结论才具有明确的政策含义。

本文的理论模型部分对复杂的工业扶持政策做了抽象研究，对政策变量和经济变量间的关系做了定性分析；数值模拟部分的相关结论主要是验证这些定性关系。无论是对政策组合的抽象方式，还是对政策变量和经济变量间定量关系的研究，都还需进一步深入。此外，本文对两个部门生产函数、消费函数、技术进步都采取了非常简单的设定。而通过采取更贴近现实的复杂设定，将能得到更丰富的研究结论。

附录

附录1：定理2的证明

定理2：政府对工业品部门的支持力度提高，将减小平衡增长路径上的实际利率。证明：首先，通过对（28）式的整理，我们可以解出 φ 对 μ 的偏导数：

$$\frac{\partial\varphi}{\partial\mu}=\frac{\omega\varphi\frac{\beta(1-\alpha)(1+\mu\varphi)^2r^2}{g(1+\beta)a(g+\delta-1)}-\varphi(1-\varphi)}{(1+\mu)-(1+\omega\mu)\frac{\beta(1-\alpha)(1+\mu\varphi)^2r^2}{g(1+\beta)a(g+\delta-1)}} \tag{A1}$$

如果（A1）式的分母为正，可以证明$\frac{\partial\varphi}{\partial\mu}<-\omega\varphi/(1+\omega\mu)$。这是因为，如若不然，则有：

$$\frac{\partial\varphi}{\partial\mu}=\frac{\omega\varphi\frac{\beta(1-\alpha)(1+\mu\varphi)^2r^2}{g(1+\beta)\alpha(g+\delta-1)}-\varphi(1-\varphi)}{(1+\mu)-(1+\omega\mu)\frac{\beta(1-\alpha)(1+\mu\varphi)^2r^2}{g(1+\beta)\alpha(g+\delta-1)}}\geqslant-\frac{\omega\varphi}{1+\omega\mu} \tag{A2}$$

将不等式两边同时乘以分母，可以由此推出 $\varphi\geqslant(1-\omega)/(1+\omega\mu)$。但根据（27）式中的第一式可知，这意味着在平衡增长路径上，利率 r 是非正的。这显然是不可能的。因此，如果（A1）式的分母为正，就一定有 $\partial\varphi/\partial\mu<-\omega\varphi/(1+\omega\mu)$。因而根据（28）式中的第一式可知，有 $\partial r/\partial\mu<0$。

反之，如果（A1）式的分母为负，可以证明 $\partial\varphi/\partial\mu<-\varphi(1-\varphi)/(1+\mu)$。这是因为，如若不然，我们同样可以推出 $\varphi\geqslant(1-\omega)/(1+\omega\mu)$ 构成矛盾。根据（28）式中的第二式，仍有 $\partial\varphi/\partial\mu<0$。

附录 2：对平衡增长路径存在性、唯一性和稳定性的证明

要证明平衡增长路径存在且唯一，只要证明系统（27），也即（32）式有唯一解。而这只要证明参数满足以下条件成立：

$$BD^2+ABD+C(D-A)>0 \tag{A3}$$

显然，这是 g 的增函数。当 $g=0$ 时，上式变为：

$$BD^2+ABD+C(D-A)=(1-\alpha)(1-\delta)^2\frac{1+\omega\mu}{1-\omega}>0 \tag{A4}$$

因此，条件（A3）总是成立。

要证明平衡增长路径稳定，注意到在系统（27）中，当 $\varphi=0$ 时，第

一式对应的 r 为正数，第二式对应的 r 为负数。所以在图 1 中，要保证两条实线最终能够相交，必然可知较平坦的一条对应第一式，较陡峭的一条对应第二式。如图 3 所示，如果系统从使得第二式平衡而第一式不平衡的 a 点出发，则在给定的 φ 值下，r 值需增加到 b 点，以使第一式平衡；但在 b 点，第二式不再平衡，故在给定的 r 值下，φ 值需增加到 c 点，以使第二式再平衡；在 c 点，第一式再度失衡，故在给定的 φ 值下，r 值需进一步增加到 d 点，以使第一式再次平衡；以此类推。综上，系统将按照虚线表示的路径收敛到两条实线的交点。因此，该系统是稳定的。

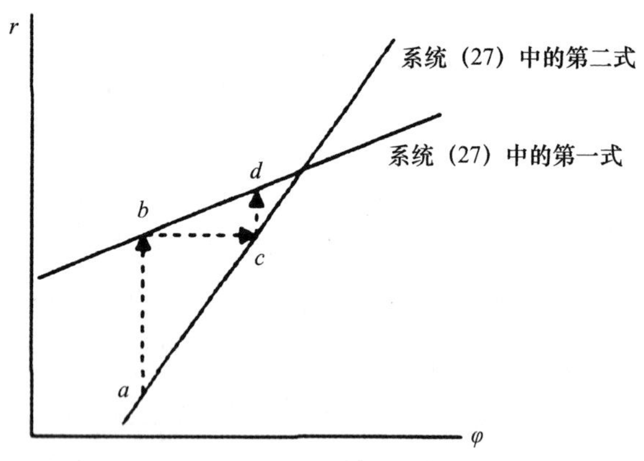

图 3　系统的稳定性

附录 3：税收收入全部返还消费者的情形

2008 年国际金融危机后，中国政府实施了一系列扩大内需的政策。为此，我们考虑一种极端情况，假设政府将对非工业部门征收的资本收益税全部返还给当期的老年人。此时，第 t 代代表性消费者的跨期最优化问题从（5）式变为：

$$\max\ln\left(c_{1t}^{M}\right)^{\omega}\left(c_{1t}^{S}\right)^{1-\omega}+\beta\ln\left(c_{2t+1}^{M}\right)^{\omega}\left(c_{2t+1}^{S}\right)^{1-\omega}$$

$$s.t.\ c_{1t}^{M}+s_t+p_t c_{1t}^{S}=w_t,\quad c_{2t+1}^{M}+p_{t+1}c_{2t+1}^{S}=\left(1+r_{t+1}-\delta\right)s_t+r_t\mu k_t^{S} \tag{A5}$$

生产者的关系保持不变，而政府的作用只不过是将非工业部门的一部分资本收益转移给老年消费者。即平衡增长路径上，产品市场的出清条件

（27）式变为：

$$\alpha\ (g+\delta-1)\ =r\left[1-\frac{(1+\omega\mu)\ \varphi}{1-\omega}\right]$$

$$g\left[\frac{(1+\beta)\ (1+\mu)}{(1-\alpha)\ (1-\omega)}+\frac{\alpha\mu}{1-\delta+r}-\frac{\alpha\beta\mu}{1-\alpha}\right]\frac{\varphi}{1+\mu\varphi}=\beta\ (1-\delta+r)\ +g \qquad (A6)$$

其中，第一式与（27）式中的第一式相同，描述了 r 与 φ 之间的正向关系。第二式的右边仍是 r 的增函数；由于右边非负，故第二式左边方括号内的取值为正，说明第二式的左边仍是 φ 的增函数。因此，与（27）式中的第二式相似，这也描述了 r 与 φ 之间的正向关系。平衡增长路径上总储蓄率的表达形式仍与（30）式相同。

我们仍可用图 1 表示以上两个平衡增长路径上的产品出清条件。仔细观察两式，不难发现，当 $\varphi=0$ 时，第一式对应的 r 为正数，而第二式对应的 r 为负数。由于两式最终能够相交，说明在图 1 中，较平坦的实线对应第一式，较陡峭的实线对应第二式。比较政府将全部税收用于购买工业品或返还消费者两种情形。我们可以证明，在两种情形下，图 1 中较平坦的实线位置不变，而只要技术进步不是非常慢，较陡峭的实线在政府返还税收时将更靠右。因此，我们有以下定理。

定理 A1：给定任何政府支持工业部门的力度水平，如果政府将对非工业部门的资本收益税全部返还给当期的老年消费者，则平衡增长路径上工业部门的相对规模将更小，而实际利率将更高。

基于该定理和（30）式，又可得到下面的定理。

定理 A2：给定任何政府支持工业部门的力度水平，如果政府将对非工业部门的资本收益税全部返还给当期的老年消费者，则平衡增长路径上的储蓄率将更低。

综上所述，如果政府将税收收入全部返还给消费者，也就是说，如果政府的政策组合中只有对非工业部门的“压”，而没有对工业部门的“推”，则工业部门规模过大和储蓄率过高等结构失衡会减小。

（本文发表于《中国社会科学》2016 年第 3 期）

布雷顿森林遗产与国际金融体系重建

高海红*

内容摘要：第二次世界大战后国际金融体系运转至今已有70年。在此期间，国际汇率制度从黄金—美元本位转变为以浮动为主的多种汇率安排体系，国际资本流动和国际金融市场也得到了极大的发展。汇率制度选择、储备货币和流动性以及国际货币基金组织改革等理论讨论和政策变化贯穿于这一进程当中，成为重要的布雷顿森林遗产。在此期间，以中国为代表的发展中国家和新兴经济体崛起，世界经济格局发生了深刻的变化。然而在金融领域，美元仍是主要的国际储备货币，发达国家仍在国际金融机构治理结构中处于支配地位，经济格局与金融权力之间形成明显的错配，造成国际金融体系的不稳定和不平等。原本以解决收支问题和确保金融稳定为目的的国际金融体系，却在历次危机中无能为力，甚至为持续性全球失衡深埋隐患。实现储备货币多元化，重组和增设多层级的国际金融机构，建立全球金融安全网，是未来国际金融体系重建的核心内容。这其中，中国参与国际金融体系重建，扩大人民币作为国际货币的功能，提升中国在全球金融治理中的地位，参与创建新的多边金融机构，既符合以中国为代表的发展中国家和新兴经济体的利益，也顺应新的国际经济格局。

关键词：布雷顿森林体系　汇率制度　国际货币基金组织　全球金融治理

---

* 高海红，中国社会科学院世界经济与政治研究所研究员。

一 引言

1944 年 7 月，45 个国家或政府代表在美国新罕布什尔州的布雷顿森林召开会议，决定成立国际货币基金组织（以下简称基金组织）和国际复兴开发银行（之后为世界银行）。1945 年 12 月，参加会议的 29 国代表签署了《布雷顿森林协议》，这标志着以布雷顿森林体系为代名词的第二次世界大战后国际金融秩序正式建立。美国凭借世界第一强国和拥有全球 70% 的黄金储备，确立了美元在这一秩序中的核心地位：美元作为唯一的法定货币与黄金挂钩，其他成员国的货币与美元保持可调整的固定汇率关系。与此同时，美国作为重要的顺差国，为基金组织提供最大份额的资金，相应也获得了一票独大的决策权。在随后的 20 多年间，这一由可调节钉住汇率制度、资本管制和基金组织三个要素配合运转的体系，在全球第二次世界大战后经济恢复和国际贸易增长中发挥了重要的作用。然而，也正是这一安排为体系的崩溃埋下了隐患。1971 年 8 月，当美国无法履行其按固定平价以黄金兑换其他国家中央银行手中美元的义务之时，尼克松政府关闭了黄金兑换窗口。1973 年 3 月，欧洲共同市场国家宣布对美元联合浮动，英国和意大利等国货币对美元单独浮动，以黄金—美元本位为基石的布雷顿森林体系就此解体。1976 年 4 月，基金组织通过了《国际货币基金协定第二次修正案》，正式承认成员国在汇率制度选择方面的自由，国际货币体系进入浮动汇率时代。在缺乏全球汇率制度性安排下，这一时期的国际金融体系运转主要依靠两个主要支柱：一是国际货币基金组织和世界银行等国际金融机构，行使全球金融治理职能；二是美元作为主要国际货币，是顺差国主要储备资产，也是多数发展中国家和新兴市场的钉住货币。

第二次世界大战后 70 年国际金融体系演变历史见证了国际货币体系重要的理论变迁，也揭示了重大趋势性变革的必然。以中国为代表的发展中国家和新兴经济体的崛起，成为国际金融体系重建的重要推动力量。2008 年爆发的国际金融危机更为国际金融体系重建提供了契机。本文将评估布雷顿森林体系重要理论和政策遗产，分析在格局变化下既有的国际金融体系存在的问题，并阐述未来国际金融体系重建的要点以及发展中国家和新兴经济体的作用。

二　布雷顿森林遗产

布雷顿森林体系从成立到崩溃仅20多年时间，却为国际金融体系建设留下了太多未完成的使命。这不仅仅因为体系建设是一个长期的主题，还因为贯穿于国际金融体系演进之中的是一系列重要理论发展和政策变化。这其中，汇率制度问题、储备货币问题和基金组织的救助职能问题不仅是国际金融体系运转的核心，也与发展中国家和新兴经济体作用的演变密切相关。①

（一）汇率制度问题

汇率制度是国际货币体系的核心要素之一。从国际货币史上看，汇率制度设计贯穿于各个时期的国际货币体系当中。比如，第一次世界大战前实行了40多年的金本位，采取的是以黄金和英镑为储备的固定汇率制度；第二次世界大战后在布雷顿森林体系下，成员国约定保持1盎司黄金兑换35美元的固定平价，其他国家货币与美元挂钩，上下波动幅度不超过1%，实行的是可调节的钉住汇率制度；20世纪70年代以来，虽然在全球没有统一的国际汇兑安排，但在各国自主的选择之下形成多种汇率制度并存，我们称之为浮动汇率的格局。② 在这一时期，围绕汇率制度出现

① 国际货币体系是指支配国家间金融关系的约定、规则、程序和机构的集合。其功能是为国际贸易和投资活动提供稳定的价值尺度（汇兑制度）、充足的流动性（国际储备货币）以及国际收支的调节机制。因此，国际货币体系由汇率制度、国际储备货币和国际收支调节机制三个关键要素构成。具体分析参见余永定、路爱国、高海红《全球化与中国：理论与发展趋势》，经济管理出版社2010年版，第91页。

② 基金组织负责统计成员国官方公布的汇率安排，按照灵活性大小进行分类，并对汇兑管理状况进行年度总结，出版年度报告“Annual Report on Exchange Arrangements and Exchange Restrictions”。

了如下重要的理论和实践变化。

1. 从全球设计转向国家选择

在全球层面，汇兑制度设计的主要目的是为国际贸易和投资提供稳定的价值尺度。早在第一次世界大战爆发之后，各国相继放弃金本位制，通过大量发行纸币弥补巨额的军费支出和财政赤字。其结果是各国汇率普遍偏离当时的金平价。在当时的情况下，为恢复正常的国际贸易关系，主要国家针对是否恢复第二次世界大战前实行多年的金本位制进行了广泛的争论。20 世纪 30 年代西方世界的经济危机以及随后爆发的第二次世界大战，再一次中断了各国正常的贸易和投资往来。在构筑第二次世界大战后国际货币体系框架时，布雷顿森林会议的参加国共同选择了黄金—美元体系，因为设计者们相信，固定汇率有利于促进国际贸易和经济增长，可以减少各国的汇兑限制，并且防止各国货币竞争性贬值。从实际效果看，第二次世界大战后固定汇率安排部分地实现了其目标。比如，对三个时期的人均国内生产总值（GDP）年增长率的比较发现，1951—1970 年，成员国人均 GDP 增长率为 3%，高于随后的 1971—1990 年和 1991—2010 年两个时期。同一时期，西方各国的通货膨胀率也得到了有效控制。①

然而，在多种因素作用下，全球性的固定汇率的运转变得越来越不稳定。在各国政策决策者应对汇兑危机之时，经济学家开始重新审视各种汇率制度的选择，关注的焦点也从全球性制度设计转向单个国家的汇率制度选择，所考虑的要素包括汇率制度与国际收支和贸易流量的相互作用，汇率与国内充分就业、价格稳定及经济增长的关系，不同汇率制度下货币政策和财政政策的有效性的差异等。这些讨论为汇率制度由全球设计向国别选择的转换提供了大量的理论和政策准备。

2. 浮动还是钉住

布雷顿森林体系的崩溃使各国的汇率实践发生了巨大变化。1997—1998 年爆发于亚洲、俄罗斯以及巴西的货币危机更是引发了针对发展中国

① Charles Wyplosz, “Forgotten Lessons from Bretton Woods”, Paper Presented at the Conference on “Re- thinking the International Monetary System”, Shanghai, June 17-18, 2014, pp. 1-2.

家汇率制度选择的争论，在汇率理论上出现“角解”假说。该假说认为对于那些不断开放本国金融市场的国家来说，要么实行完全固定，要么实行完全浮动，任何中间制度都不是好的选择。其代表人物是美国经济学家劳伦斯·萨默斯（Lawrence Summers）。他在提交给参议院对外关系委员会的证词中指出，汇率选择问题没有统一的答案，但是考虑最近一些国家的经验，国际社会所提供的建议中有一条越来越清楚，那到是在一个资本自由流动的世界中，那些采用可调整的钉住汇率制度的国家的选择范围将越来越有限。① 实际上，“角解”的重要依据是开放宏观经济学中的“三角难题”，即在资本流动的自由化程度越来越高的前提下，如果中央银行想要保持货币政策的独立性，它必须放弃汇率的稳定性。这一难题对那些处于不断开放资本项目的新兴市场国家来说更为棘手。这是因为，当这些国家开始放松资本管制，资本更自由的流动导致大规模的资本流入，对国内经济造成通胀性冲击。如果这些国家同时放弃钉住汇率，在缺乏其他货币锚（比如采取通胀目标制）的情况下，就等于失去管理通货膨胀的工具。尽管如此，另一些经济学家则认为三角难题并不是绝对无解的困境。对货币当局而言存在诸多中间地带的组合，由此形成的汇率灵活程度不等的“中间解”，对很多国家来说要比“角解”好得多。②

尽管存在上述理论争论，但在实践中被各国政策决策者广为接受的信条是：没有任何一种汇率制度在任何时间适合所有国家。③ 20世纪70年代以来的浮动汇率时期，世界各国汇率选择呈现出多样性的同时，总体上表现为如下四个特征：其一，美元、欧元（马克）和日元之间自由浮动构成全球汇率体系的中心。三种货币自由浮动的结果，除对全球外汇市场具有导向性作用以及这三个主要经济体的国内政策调整具有全球溢出效应，主

① Lawrence Summers, “Testimony Before the Senate Foreign Relations”, http: //www. treasury. gov/press-center/press-releases/Pages/ls212. aspx.

② Frankel Jeffrey, “No Single Currency Regime is Right for All Countries or at All Times”, *NBER Working Paper*, No. 7338, September 1999, p. 7.

③ Frankel Jeffrey, “No Single Currency Regime is Right for All Countries or at All Times”, *NBER Working Paper*, No. 7338, September 1999, p. 1.

要汇率剧烈波动与主要国家间的贸易摩擦交互影响，以至在 1985 年和 1987 年，西方国家不得不针对稳定币值达成汇率合作协议。[①] 其二，在三种主要货币的外围，一些较小的工业国普遍采取浮动汇率制。如澳大利亚、加拿大、新西兰、瑞典以及 1992—1993 年欧洲货币危机之后的英国、芬兰、挪威和瑞士等国。其三，1999 年 1 月 1 日欧元正式启动，这是固定汇率支持者的一次胜利，更是最优货币区倡导者的历史性实践。[②] 这一由初始 11 个欧洲国家组成、至今已扩大至 18 个成员国的合作层次最高的区域性货币安排，可以认为是布雷顿森林体系在欧洲的复活。然而，欧元危机引发了对货币联盟理论的各种质疑，欧元这一单一货币的命运仍处于不确定之中。其四，处于外围的发展中国家和新兴经济体，其汇率制度选择存在很大的差异。这些国家在选择汇率制度时，必须考虑中心国家汇率的波动，并根据本国贸易条件可能受到的冲击以及国内不发达的金融市场等因素，或者为本国货币寻找名义锚而钉住单一或组合货币，或者实行有较强干预的管理浮动制度，有少部分国家也实行单独浮动。

3. 发展中国家的浮动恐惧和美元本位

亚洲金融危机爆发之后，一些经济学家提出“浮动汇率恐惧症（fear of float）”观点，用以解释为什么许多发展中国家官方公布的汇率制度是浮动汇率制度，而在实际上却采用的是钉住汇率制度，即存在着事实（de facto）汇率制度与法定（de jure）汇率制度之间的差别。一些理论研究发现，有三类国家容易产生浮动恐惧。第一类是政府公信力较差的国家。这些国家通常面临本国货币贬值的压力。当这些国家在利率稳定和汇率稳定之间进行选择时，通常它们会选择后者，因为汇率稳定能为经济提供明确的稳定锚，而利率稳定却做不到这一点。[③] 第二类是面对较高汇率风险的

---

① 在 20 世纪 80 年代出现的美日贸易摩擦中，美国认为其主要原因是日元兑美元币值低估的结果。在美国的压力下，西方五国于 1985 年 9 月签署《广场协议》，通过联合干预迫使日元升值。1987 年 2 月，西方 7 国又签署《卢浮宫协议》，以稳定过度贬值的美元。

② 比如，罗伯特·蒙代尔被视为最优货币区的重要倡导者。有关最优货币区的重要理论文献和经验研究，参见高海红《最优货币区：对东亚国家的经验研究》，《世界经济》2007 年第 6 期。

③ Guillermo Calvo and Carmen Reinhart, “Fear of Floating”, *Quarterly Journal of Economics*, Vol. 117, 2002.

国家。这些国家通常有大量的、以外币计值的外部债务。尽管它们可能已经对外公布采用的是浮动汇率制度，但事实上倾向于将本国货币钉住主要债务标值的货币。第三类是存在货币替代（采用外币作为本国交易货币）的国家。这些国家经常发生未预料到的本币向外币的转换，货币性冲击经常因此被放大。为了防止汇率和货币市场的过度波动，这些国家也倾向于选择固定汇率。① 显著的例证是1997—1998年亚洲金融危机爆发之后，一些国家宣布脱离钉住美元，但实际操作中美元在货币篮子中的权重仍然高达80%以上（见表1）。

表1　**美元在部分东亚国家货币篮子中的权重测量结果**　单位：%

货币	1999年	2007年	货币	1999年	2007年
柬埔寨瑞尔	0.95	0.93	菲律宾比索	0.87	0.82
中国人民币	1.00	0.94	新加坡元	0.81	0.77
印度尼西亚卢比	0.69	0.75	泰国铢	0.76	0.97
韩国圆	0.92	0.81	越南盾	0.99	0.99
老挝基普	0.97	0.96	马来西亚林吉特	1.00	0.72

资料来源：笔者根据Eiji Ogawa and Taiyo Yoshimib，"Widening Deviation Among East Asian Currencies"，*RIETI Discussion Paper Series* 2008-E-010的研究进行总结整理得出。

从实际选择看，在过去几十年间，美元在发展中国家汇率制度选择中处于核心地位。由于大多数发展中国家国内金融市场不发达，国内金融部门脆弱，它们不能以本币向外国借款，甚至无法获得外币长期贷款。这些国家的国内银行往往借入短期美元，产生美元短期负债，同时向国内借款人发放以本币计价的长期贷款，这便形成了币种和期限"双重错配（double mismatch）"。这种双重错配风险在许多外债高企的发展中国家尤为常见。当美元短期负债超过本币长期贷款时，遭受货币错配的债务人将面临破产的风险。为了避免银行破产，政府必须提供保护，而最直接的担

① Helene Poirson，"How Do Countries Choose Their Exchange Rate Regime"，*IMF Working Paper*，WP/01/46，2001.

保就是将本国货币与美元钉住。这种现象又称为汇率制度选择中的“原罪论（original sin）”[①]。对于东亚这些高储备的顺差国家，也同样摆脱不了美元本位控制的命运。在出口导向战略的作用下，包括中国在内的东亚国家在运行经常项目顺差的同时累积了巨额的外汇储备，成为债权国。与此同时，这些国家的货币不能用于国际交易，其对外债权主要是美元资产。为了避免本币升值，维持出口竞争力，这些国家不得已将本国货币钉住美元。[②]

（二）国际储备货币和流动性问题

储备货币是国际货币体系的另一个核心要素。在金本位制下，黄金和英镑行使国际储备货币职能。在布雷顿森林体系下，国际储备货币为黄金、美元、其他少量可兑换货币、特别提款权（1970 年以后）以及成员国在基金组织的头寸。20 世纪 70 年代开始的浮动汇率时期，国际储备货币则是各国货币当局发行的法币，其中主要是美元。无论采取何种形式，国际储备货币的主要职能是为国际贸易和投资提供国际支付手段。然而长期以来，国际储备货币的供求矛盾以及其与国际货币体系稳定性的关系始终困扰着学界和各国货币当局。

1. 特里芬难题

特里芬难题表述的是在法币承担国际储备货币条件下国际货币体系运行中存在的内在矛盾。在布雷顿森林体系下，除了供给有限的黄金、数额较小的特别提款权和英镑等少数可兑换货币，美元是最主要的国际储备货币。相应地，美国是主要的国际储备货币提供者。美国提供储备货币主要有以下两个途径：一是凭借其他国家货币当局对美元的信心。在黄金—美元固定平价安排下，美国有义务以 1 盎司黄金兑换 35 美元的固定价格，将

① Barry Eichengreen and Ricardo Havsmann, “Exchange Rates and Financial Fragility”, *NBER Working Paper*, No. 7418, November 1999, p. 3.

② 这一现象被视为“美德冲突（conflicted virtue）”。详见 Ronald MeKinnon and Gunther Schnabl, “The Return to Soft Dollar Pegging in East Asia: Mitigating Conflicted Virtue”, *International Finance*, Vol. 7, No. 2, 2004, pp. 169-201。

外国官方手中的美元储备以黄金进行赎回。这意味着外国官方持有美元储备，是建立在美国承诺以等值黄金进行兑换的信心基础之上的。在黄金供给与美元储备需求相当的情况下，维持这一平价的同时确保足够的美元流动性是没有问题的。但在20世纪五六十年代，黄金产量的增长明显低于世界经济增长，各国美元储备需求与黄金储备缺口大增，美国维持既定的固定平价能力受到了极大的挑战。二是美国的经常项目逆差。由于美元是法定的官方储备，世界各国获得美元的途径，除了美国在第二次世界大战后通过马歇尔计划对欧洲提供的美元援助，主要是靠与美国的贸易往来，准确地讲是对美国的经常项目顺差。这便要求美国必须通过运行贸易逆差，以外国持有美元余额的增长来满足各国对储备的需求。美国耶鲁大学教授罗伯特·特里芬（Robert Triffin）发现，依靠美国的美元负债（外国手中的美元余额）满足世界超额的储备需求，在黄金供给有限的情况下，美元—黄金平价的约束力大打折扣。美元币值稳定性因此受到冲击，其结果对国际货币体系的正常运转产生了破坏作用。[①] 1960年，美国的国外负债首次超过其黄金储备，此后美元负债与黄金储备比率不断上升，这迫使美国在1971年关闭黄金兑换窗口。遗憾的是，自20世纪70年代进入浮动汇率时代之后，特里芬难题仍没有得到解决。

2. 从有财金纪律到无节制发债

布雷顿森林体系下的黄金—美元本位制通常被视为对美国政府施加了财金纪律（fiscal discipline）。换言之，由于美国承诺维护固定平价，在黄金供给有限的条件下，美国不可以通过无限制印钞提供美元供给，美国财政部不可以无节制地发行债券满足其他国家对美元储备的超额需求。从图1可见，这一财金纪律在布雷顿森林体系时期相当有效。美国国会在1917年就通过立法确立了美国国债限额发行制度，目的是限制当届政府的无节制透支。1941—1962年，美国联邦债务法定限额基本维持在年均3000亿美元以下。

① ［美］罗伯特·特里芬：《黄金与美元危机——自由兑换的未来》，陈尚霖、雷达译，商务印书馆1997年版，第1—14页。

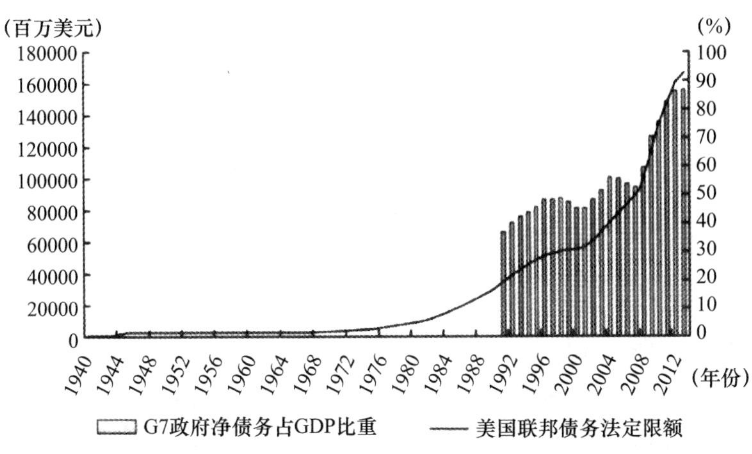

图 1　美国和其他发达国家政府债务的增长

资料来源：Wind 资讯金融终端 2014。

注：左轴为美国联邦债务法定限额，右轴为 G7 政府净债务占 GDP 比。

在浮动汇率下，法币充当国际储备货币，储备货币也主要是以政府债券形式提供。不仅如此，能够发挥储备货币职能的政府债券必须具有较高的评价级别，必须具有财政清偿力担保。这意味着，传统的以经常项目逆差提供储备资产来源的渠道，在浮动汇率时代更主要是通过资本项下的资金流动来提供。从需求方看，发展中国家和新兴经济体经济快速增长，使其成为国际储备资产需求的新生主体。换言之，发展中国家和新兴市场对储备资产需求的增加，需要发达国家政府不断发行债券来加以满足。在缺乏类似金本位所能施加的财金纪律的今天，政府发债变得相对容易，即使各国都存在预算约束，在特定时期也变得不具有约束力。从图 1 可见，自 20 世纪 70 年代中期以来，美国联邦债务法定限额不断上调。特别是从 2008 年国际金融危机开始，这一限额上调速度加快。2009 年，其上限额度为 12. 1 亿美元，到 2013 年则突破了 16. 39 亿美元的高限。除了美国，其他主要工业国家的债务水平也普遍增加。至 2013 年，七国集团（G7）政府净债务占 GDP 比重接近 90%，而 20 年前这一比重还不到 40%。当然，发达国家大规模发债有多重原因，但从储备资产角度看，其结果却是在满足全球储备资产增加的需求的同时，破坏了储备资产所具备的特质：有信誉担保的较高清偿力。可以说，这是特里芬难题在浮动汇率下的一种新的表现形式。

（三）国际货币基金组织与危机救助

国际货币基金组织与世界银行、国际清算银行一道，是第二次世界大战后国际金融体系框架中的重要职能机构。在布雷顿森林体系时期，基金组织的主要职能是保证黄金—美元本位的有效运转。在浮动汇率时期，基金组织作为全球最后贷款人，其主要职能是对成员国的经济与金融政策进行监督，实施危机预防和救助，以达到避免收支危机、维持国际金融稳定的目的。

1. 规模问题

基金规模是决定贷款能力的重要因素。其来源包括成员认缴的份额以及其产生的未分配净收入，还包括临时性新贷款安排和美元双边借款安排等渠道获得的资金。这其中，成员国认缴份额是最主要的资金来源，其规模大小和分配比例则需要最高决策机构基金理事会进行评估表决。从基金组织成立以来，针对份额规模，基金理事会共进行了 14 次评估，其中有 9 次达成提高总份额的决议。2008 年国际金融危机爆发，基金救助能力亟待提高。在二十国集团（G20）峰会的推动下，基金组织理事会在 2010 年的第 14 次份额评估达成决议，决定将总份额增加一倍至 4768 亿特别提款权。

围绕救助资金的规模，一直以来悬而未决的问题是在发生危机时提供多少资金救助才能有效。在国际金融市场一体化程度不断加深、国际资本流动规模之大和速度之高的今天，金融危机在不同国家、不同市场和不同部门之间的传染性增大。当金融危机演变为信心危机之时，这无疑增加了对救助规模量化的难度。

2. 救助形式和条件

危机救助贷款是基金组织行使救助职能的主要方式。其目的是对出现收支危机的国家提供救助，补充其有限的国际储备，稳定其货币，恢复其国际收支支付能力，并辅助以政策调整，改善其经济增长的条件。基于协商，基金组织与申请贷款的成员国确定贷款的时机、数额和条件。

提供贷款的方式和条件是保证救助效果的重要条件。在基金组织成立70年间，历经若干次金融危机，基金组织不断改善和增加其救助性贷款形式，使之更适用于新形势，更符合受援国的经济特征。这其中，1997—1998年爆发的亚洲金融危机集中暴露出基金组织救助贷款方面存在的问题。泰国、马来西亚等危机国家对基金组织贷款所附加的苛刻条件表示不满，因为这些条件包含了诸多不适当的结构性调整指标以及错误的政策药方。比如，基金组织建议危机国家应立即实行紧缩货币和财政政策，以便稳定汇率。然而这种惩罚性的紧缩却在相当程度上加剧了经济衰退，恶化了经济条件。

2008年以来的国际金融危机为基金组织强化其救助职能创造了契机。针对贷款职能，基金组织进行了两项重要改革：一是增加贷款形式，使之更具差异化特征（见表2）。比如，在传统的支持性贷款（SBA）和展期基金便利（EFF）之外，基金组织增加了灵活性贷款（ECL）、预防和流动性贷款（PLL）以及快速融资工具（RFI）。同时，为了对低收入国家提供更多的融资，基金组织设立了优惠性贷款，承诺零利率条件，体现其对低收入国家的关注。二是增加贷款条件的灵活性。基金组织传统的贷款条件性主要包括量化标准、结构指标和定期评估三个核心内容。其中，量化标准涵盖了一系列对政策和经济指标的定量目标，如货币信贷总量、国际储备规模、财政余额和外部负债等。结构标准通常指非量化的结构性目标，如自由化和放松管制等。20世纪80年代之前，贷款条件性侧重宏观政策条件；之后，基金组织认为结构性问题更为突出，是危机爆发的根源。这样，贷款条件性便增加了苛刻的结构调整条款。从过去多年的实践看，基金组织贷款条件性不断受到批评。2002年，基金组织不得不修订“条件性指南”，放松了贷款条件。2009年，作为一揽子改革的一部分，基金组织更是对贷款条件性做了进一步的完善。

表2　**国际货币基金组织主要贷款工具**

种类	对象	条件性	期限	数额	利率和手续费	设立
支持性贷款（SBA）	短期收支危机	传统条款①	12—24个月	依据配额	适用	1952年
灵活性贷款（ECL）	预防危机且基本面良好	事先条件性	1年或2年	个案处理	适用	2009年
预防和流动性贷款（PLL）	应对脆弱性且基本面良好	事先和事后条件性	6个月或1—2年	依据期限和收支状况	适用	2009年
展期基金便利（EFF）	应对危机和中长期结构扭曲	传统条款并注重结构性标准	3—4年	依据配额	适用	1974年
快速融资工具（RFI）	应对突发收支危机	无明确条件性要求	1—2年	有最高限	适用	2009年
优惠贷款②	为低收入国家（LIC）特制	依据不同贷款性质确定条件性	依据不同工具而定		零利率③	2010年

注：①传统条款包括数量指标、结构指标和定期评估；②优惠贷款（concessional lending）主要包括展期信贷便利（ECF）、支持信贷便利（SCF）和快速信贷便利（RCF）；③初期设计截至2014年年底，原则上两年评估一次。

资料来源：笔者根据国际货币基金组织文件整理，http：//www. imf. org，登录时间：2014年12月20日。

放弃“华盛顿共识”可以说是近年来基金组织顺应发展中国家需要的最重要的一项改革。基金组织曾在相当长时期倡导金融自由化和资本项目开放，在一定程度上将其作为医治发展中国家结构问题的万灵药。然而，随着实践的变化，特别是危机频发的教训，基金组织不得不反思发展中国家和新兴经济体金融脆弱性的真正来源，反思应对危机和恢复金融稳定性各项措施的有效性。最突出的变化是针对成员国实施的资本管制措施，基金组织开始大幅度提高了容忍度，并承认在其他非行政性政策措施耗尽的情况下，资本管制不失为一个国家金融稳定的可行措施。①

① 关于基金组织对资本流动管理政策讨论的主要结论，参见 Jonathan D. Ostry, et al.,“Managing Capital Inflows：What Tools to Use?” *IMF Staff Discussion Note*, April 5, 2011, p. 6。

三 国际金融体系重建的必要性

1971年布雷顿森林体系濒临崩溃，欧洲跟美国在美元固定平价问题上争执不休。欧洲已经没有办法维持跟美元的可调节比价，希望美国采取措施以保证美元汇率的稳定。在一次双方谈判中，时任美国财政部部长小约翰·包登·康纳利（John Bowden Connally，Jr.）抛出了“美元是我们的货币，但是你们的问题”这句名言，被认为是20世纪70年代以来国际货币体系的真实写照。[①] 在过去几十年间，新兴经济体的快速崛起改变了世界经济格局。然而在金融领域，国际金融秩序仍延续以发达国家为中心、以发展中国家和新兴市场国家为外围的格局。美元仍然是主要的国际储备货币，国际金融机构治理仍然由发达国家来控制。经济格局与金融权力之间形成明显的错配。与此同时，世界各国不得不应对持续的全球失衡，直至2008年国际金融危机爆发。美元还是美国的美元，但是当美国不再像布雷顿森林体系时期那样承担稳定汇率义务的时候，问题便成了全球的问题。

（一）多极格局与单极货币

新兴经济体的快速崛起打破了原有世界经济力量的格局，主要表现在以下三个方面：一是发展中国家和新兴经济体的经济总规模与发达市场差距缩小。1980年，新兴经济体以购买力平价（PPP）计算的GDP占世界比重为36.2%，发达市场占63.8%。20世纪90年代开始，发展中国家和新兴经济体GDP规模呈现上升趋势，而发达国家整体呈现下降趋势。2002年，发展中国家和新兴经济体GDP份额首次超过发达国家七国集团。2008年，发展中国家和新兴经济体GDP份额上升至51.2%，首次超过发达国家

① 美国时任财政部部长在与欧洲使团针对美国兑现黄金的谈判中对欧洲请求的回应。转引自Barry Eichengreen，“It's May Be Our Currency，But It's Your Problem”，*Text of the Butlin Lecture Delivered to the Joint Meeting of the Economic History Society of Australia-New Zealand and the All-UC Group in Economic History*，Berkeley，February 18，2011，p. 1。

的48.8%。根据基金组织预测，2019年，发展中国家和新兴经济体GDP份额将达到60.3%，发达国家份额降至39.8%（见图2）。二是发展中国家和新兴经济体以高于世界平均水平的速度增长。1980—2014年，世界经济年均增长3.5%，发展中国家和新兴经济体平均增速为4.6%，其中亚洲新兴经济体增长速度高达7.4%；发达国家增速为2.5%，其中核心的G7国家增速为2.3%（见图3）。三是新兴市场在全球贸易中的地位上升。随着世界经济一体化的不断发展，新兴市场贸易规模不断扩大。更重要的是，从贸易流向看，新兴市场成为重要的顺差国家（见图4）。与之相对应，新兴经济体的外汇储备规模日益扩大。外汇储备的累积增强了这些市场对外部冲击的抵抗能力，同时也让新兴市场成为全球重要的债权人，形成“穷国”为“富国”融资的格局。

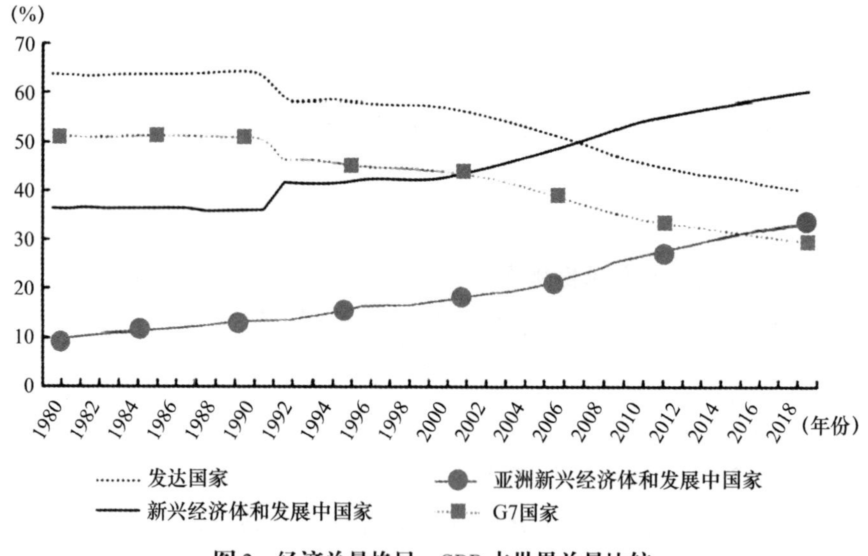

图2　经济总量格局：GDP占世界总量比较

注：2014—2019年为预测数据。

资料来源：国际货币基金组织数据库，http：//www.imf.org，登录时间：2014年12月22日。

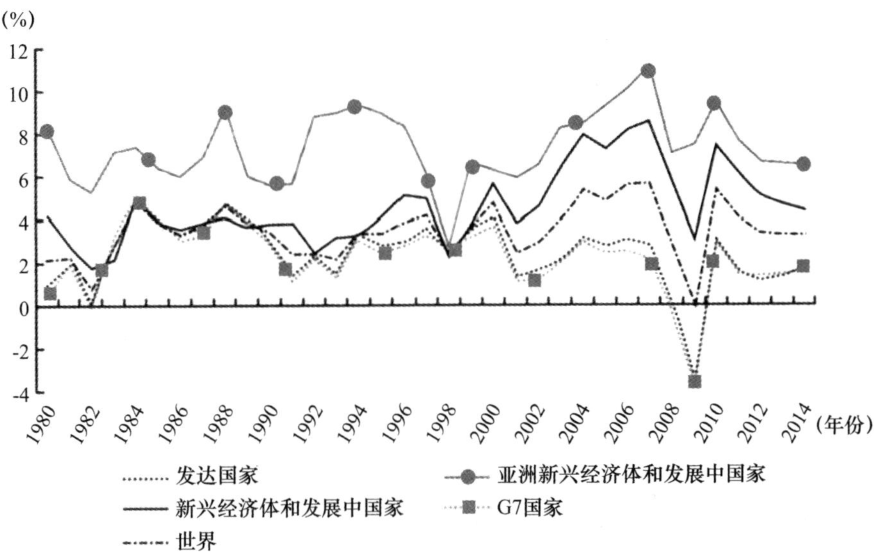

图 3　高速与低速增长：GDP 增长率比较

资料来源：国际货币基金组织数据库，http：//www. imf. org，登录时间：2014 年 12 月 22 日。

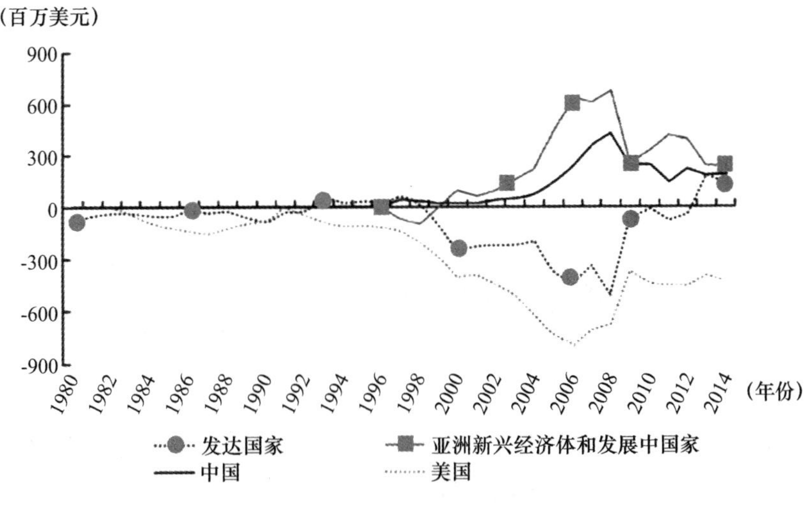

图 4　顺差国与逆差国：经常项目差额

资料来源：国际货币基金组织数据库，http：//www. imf. org，登录时间：2014 年 12 月 22 日。

然而在国际金融领域，美元仍是多数发展中国家和新兴市场国家汇率制度的钉住货币，也是顺差国的主要储备资产。即便是20世纪80年代马克、日元崛起以及后来欧元建立，美元的核心地位也没有受到根本性的挑战。各国中央银行手中持有的主要是美元资产，在国际金融市场上交易的也主要是以美元计值的产品。由表3可见，在全球官方和私人交易中，与欧元和日元相比，美元至今仍占据核心地位。基金组织188个成员国中，61%的外汇储备以美元持有，23.1%的成员国明确将本币钉住美元，接近一半的外汇交易额与美元有关，59%的银行贷款以美元提供，39.1%的国际有价证券市场以美元发行（略低于欧元的41.8%）。

表3　**主要国际货币的地位比较**　（单位：%）

	美元	欧元	日元
外汇储备（占成员国总外汇储备比，2013年）	61	24	4
钉住安排（占成员国总数比，2012年10月）	23	15	0
外汇交易（占总交易额比，200%，2013年）	87	33	23
贷款（占总贷款比，2013年3月）	59	18	4
有价证券发行未清偿额[①]（占总未清偿额比，2013年9月）	39	42	21

注：有价证券包括国际债券、股权、票据和货币市场商业票据等。

资料来源：笔者根据国际货币基金组织和国际清算银行数据计算得出，http：//www.imf.org，http：//www.bis.org，登录时间：2014年12月16日。

（二）国际货币体系改革滞后的后果

国际货币体系改革的滞后性表现为三个方面：第一，布雷顿森林体系时期存在的储备货币和流动性问题并没有得到有效解决。更进一步，在美元本位下，全球流动性多少与美国国内政策息息相关，这使美国国内政策的外溢性增强。第二，国际收支调节问题没有得到解决。美国凭借美元国际货币地位，通过资本流入为其经常项目逆差融资；高储蓄顺差国家为了预防收支危机而不断累积外汇储备，后者又以美元资产形式流向美国。第三，涉及信心问题的特里芬难题仍然没有得到解决。①

1. 不平等问题

美元本位的表现之一是作为主权货币发行者，美联储成为全球流动性的最主要创造者。2002—2007 年，境外美元对非金融机构的信贷年均增长为 30%，远高于对国内的美元信贷。美国之所以能向全球大规模提供美元流动性，主要基于以下三点：一是美联储同期的低利率政策，大幅度降低了美元借贷成本；二是美国经常项目逆差严重，需要通过资本项目为其融资；三是发展中国家和新兴经济体快速的经济增长和出口导向政策，造成外汇储备大幅度累积，而这些国家缺乏将国内储蓄转化为国内投资的国内金融市场，在别无选择的情况下不得不将大部分的外汇储备购买美国国债等收益率极低的“安全资产（safe asset）”。

在缺乏国际机构行使监控中央银行流动性创造的职能的情况下，美联储拥有美元流动性创造的绝对权利。这产生了三个结果：第一，美元流动性与美国经常项目逆差挂钩，只要顺差国愿意接受并持有美元，创造的美国流动性总可以以美元债务的形式流回美国。这构成了全球失衡的重要来源。第二，由于美元是世界货币，同时美国不承担稳定美元汇率的义务，这使得美国在吸纳资本流入的同时不必担心引起国内的通货膨胀，因为美国政策的外部性主要由其伙伴国承担。比如，那些自愿钉住美元的国家货币当局面临两种选择：一是钉住美元保持竞争力，同时紧跟美联储，接受美国货币政策的传递效应；二是对外汇市场持续干预，从而被动累积更多的美元储备。第三，美国巨额的贸易逆差和不断累积的债务负担，再加上美国政府对汇率的“善意忽视态度”，美元币值从 2002 年 2 月开始步入其长期贬值通道。以美元指数走势来看，除了危机期间美元因发挥避险货币功能以及 2013—2014 年美联储开始退出量化宽松政策使得美元受到市场青睐之外，美元指数总体呈现贬值态势。图 5 表明了发展中国家和新兴经济体美元外汇储备与美元指数之间的动态关系：发展中国家和新兴经济体美

① 余永定：《国际货币体系与改革》，中国社会科学院世界经济与政治研究所青年论坛演讲稿，2010 年 4 月 29 日，第 35—37 页。

元外汇储备在1999年为2553.22亿美元，2014年中期达到1.69万亿美元，而美元实际指数在同期贬值了14.8%。美元长期贬值给那些以美元资产为主要投资对象的外汇储备大国带来了巨额的资本损失。美国经济学家保罗·克鲁格曼（Paul Krugman）在《纽约时报》撰文称之为“美元陷阱”。①

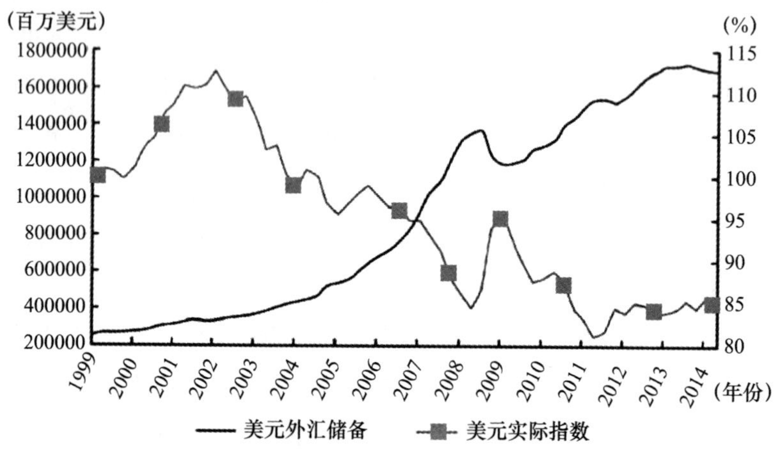

图5　发展中国家与新兴经济体外汇储备和美元指数

资料来源：Wind资讯金融终端2014和国际货币基金组织的“Currency Composition of Official Foreign Exchange Reserves”（COFER）各期，http://data.imf.org/? sk=E6A5F467-C14B-4AA8-9F6D-5A09EC4E62A4，登录时间：2015年1月15日。

2. 不稳定性与信心问题

由于美元是全球最主要的储备、结算和计价货币，美联储便成为全球事实上的最后贷款人。在金融繁荣时期，过度的美元流动性鼓励杠杆性融资和金融泡沫累积，与此同时为金融危机埋下了隐患；在金融动荡甚至爆发危机之时，美元流动性的瞬间紧缩又需要美联储及时提供美元流动性支持，防止市场解冻和系统性破产。事实上，自2008年国际金融危机以来，美联储与其他中央银行通过货币互换形式提供流动性支持，成为防止金融危机蔓延的重要手段。然而，由于流动性短缺通常难以量化，特别在危机

① Paul Krugman, “China's Dollar Trap”, New York Times, http://nytimes.com/2009/04/03/opinion/03knugman.html.

时期市场枯竭有自我强化的心理特征，在美联储资源明显有限的条件下，投资者逃向安全资产的举动会导致更剧烈的市场动荡。

特里芬难题在浮动汇率时期依然存在。从理论上讲，依靠单一的主权货币行使国际储备货币职能的国际货币体系，其本身就存在着内在缺陷。如前所述，作为美元储备货币的发行国，美国需要不断通过经常项目逆差向世界提供流动性。而伴随美国逆差的累积，美元币值又受到损害，后者危及美元作为储备货币的地位。除了经常项目逆差渠道，近年来资本项目成为美国输出美元流动性的重要渠道。在对储备资产需求增加的情况下，对具有财政清偿力担保的安全资产的需求也随之增长。这就形成了一个悖论：储备资产需求增加，需要具有清偿能力的政府债券的增加；债券发行得越多，清偿力受到的影响就越大。[①] 考虑发达国家的债务规模和未来趋势，我们正面临的是一个无解状态。

3. 资产安全性问题

2008 年国际金融危机爆发以来，全球安全资产在供求结构、数量等方面发生了变化。一方面，新兴市场出于预防性动机的储备资产需求不断上升。在危机期间，那些本来是储备资产的提供者（央行和金融机构）也转变为需求者，对安全资产的需求急剧上升。另一方面，在供给方，主权债务级别的降低导致合格的安全资产提供者减少，金融机构的去杠杆化也造成安全资产供给萎缩。

在过去十多年间，作为全球主要安全资产的美国、德国和英国 10 年期国债收益率呈现总体下降趋势，这在一定程度上反映出对安全资产较多的需求追逐有限供给（见图 6）。尤其是在危机爆发和动荡期间，投资者风险偏好降低，对安全资产需求激增，美元资产通常是最主要的避险资产，所谓“没有好资产，只有较好的坏资产”的说法正是反映了投资者对储备资产质量的担忧。而在其背后反映的是国际金融体系中安全资产的短缺。

① Maurice Obstfeld, “The International Monetary System: Living with Asymmetry”, *NBER Working Paper*, No. 17641, 2011, pp. 8-13.

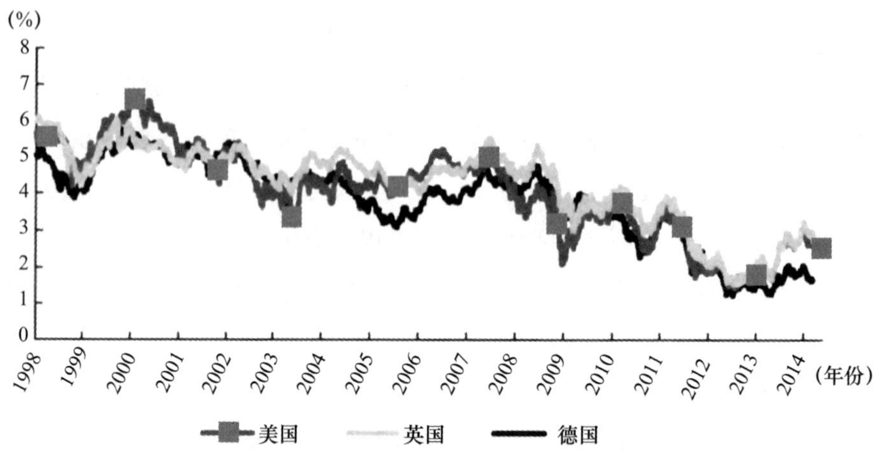

图6　安全资产：美国、德国和英国政府10年期国债收益率

资料来源：Wind资讯金融终端2014。

（三）基金组织份额改革步履维艰

2008年国际金融危机以来，以中国为代表的新兴经济体通过G20峰会等多边平台，要求对现有的国际金融治理结构进行重新评估，重点评估包括中国在内的发展中国家和新兴经济体在基金组织份额中的普遍低估问题，目的是增加发展中国家和新兴经济体在全球金融规则制定中的发言权。

2008年国际金融危机爆发以来，基金组织先后两次调整成员国的份额。表4列举了2008年和2010年两次改革的核心内容，包括增加总份额、调整份额分配、保护低收入国家份额以及对执行理事会和组成进行改革。2010年的份额分配改革方案中，基金组织对高估和低估成员国进行全面评估，决定将超过6%的份额从高估国家向低估国家转移，因此，发达国家的总体份额有所降低，发展中国家和新兴经济体份额有所增加。2010年的改革还特别注重低收入国家，不改变这些国家的份额。更为重要的是，基金组织调整了份额评估方法，采用新的计算公式确定份额的权重。新方法综合考虑了GDP规模、经济开放度、经济变量和国际储备这4个组成部分。需要指出的是，2008 年的第 13 次理事会改革方案已于 2011 年完成执行。然而，2010 年的改革方案原本计划在 2014 年年初实施，却因未能获得足够的通过票数而搁置。根据基金组织协议，改革方案的实施需要两个条件：一是 188 个成员国中要有 113 个成员国通过，二是总投票权的 85%通过。截至 2014 年 8 月，超过 113 个成员国通过了改革方案，但是要求的 85%通过票中只获得了 77%。①

表 4　**国际货币基金组织第 14 次份额评估改革方案（2010 年 12 月 15 日）**

		2008 年（执行）	2010 年（未执行）	变化（未执行）
总份额（亿 SDR）		2384	4768	增加
调整份额分配（%）（投票权）	发达国家	60.5（57.9）	57.7（55.3）	减少
	发展中国家和新兴经济体	39.5（42.1）	42.3（44.7）	增加
保护低收入国家投票权（%）（投票权）		3.2（4.5）	3.2（4.5）	不变
改革执行董事会规模和组成		保持 24 个执行董事席位； 发达欧洲国家减少 2 个席位；由提名制改为选举制； 提高执行董事会的国别成员多样化		

注：将有 54 个新兴市场和发展中国家增加份额，其中最大份额增加为中国、韩国、印度、巴西和墨西哥。

资料来源：笔者根据国际货币基金组织数据整理，http://www.imf.org，登录时间：2014 年 12 月 5 日。

中国是基金组织中重要的资金提供者。在危机爆发后，中国向基金组织提供的份额扩大了三倍。作为世界第二大经济体，中国目前在基金组织中的投票权份额排列第六位。根据 2010 年制订的改革计划，中国有望升至第三位（见表 5）。然而，在新的改革方案迟迟得不到落实的情况下，以中国为代表的新兴市场国家份额低估的问题将可能无限期延长。

① 其中重要的原因是 2014 年年初美国国会未将对基金组织增加份额这部分预算纳入年度预算案，导致整体改革计划悬置。

表5　　国际货币基金组织改革前后主要国家投票权排名比较

	2008年（%）（2011年执行）	排名（2011年以后）	2010年（%）（未执行）	排名（未执行）
美国	16.72	1	16.47	1
日本	6.00	2	6.14	2
德国	5.86	3	5.31	4
法国	4.84	4	4.02	5
英国	4.84	4	4.02	5
中国	3.65	6	6.06	3

资料来源：笔者根据国际货币基金组织数据整理，http：//www.imf.org，登录时间：2014年12月5日。

四　国际金融体系的改革

特里芬当年所担忧的核心问题是世界经济不断增长与国际清偿力充足性之间的矛盾。他在1959年美国国会经济联合委员会第87届会议上的发言中提出的解决方案是外汇储备构成的国际化。① 半个多世纪之后，上述矛盾仍然存在，而且历经数次危机，对国际货币体系改革的讨论似乎又回到了原点。改革现有的以美元为主导的储备货币体系，重组和增设多层级的国际金融机构以及建立多层次的全球金融安全网，是未来国际金融体系重建的核心内容。

（一）储备货币体系多元化

改革以美元为主导的储备货币体系，需要建立一个多元化的储备体系，其中，建立超主权货币、改革特别提款权以及提升包括人民币在内的非美元货币的作用，是实现储备货币多元化的重要路径选择。

1. 建立超主权货币

以超主权货币取代主权国家发行的货币这一主张由来已久。早在第二

① ［美］罗伯特·特里芬：《黄金与美元危机——自由兑换的未来》，陈尚霖、雷达译，商务印书馆1997年版，第88—95页。

次世界大战后构建布雷顿森林体系方案之时，约翰·凯恩斯（John Maynard Keynes）就提出建立世界货币班考（Bancor）方案。根据设计，班考作为超主权货币，是成员国之间进行国际贸易和投资的计价单位。凯恩斯同时建议成立国际清算联盟（International Clearing Union）作为超主权货币的执行机构。随后，特里芬在凯恩斯建议的基础上提出在黄金之外建立新的支付手段，这一手段独立于国家通货。根据他的设想，"所有国家不愿以黄金形式持有的储备可以以国际化的、可兑换黄金的储蓄方式存入国际货币基金组织"①。这样，成员国对基金组织的缴纳变为存款制度，作为对成员国放贷的基础，其优势是与黄金有在全球同样自由的可兑换性的同时，又不会因债权国提供过多的放贷而影响其清偿力。然而，与凯恩斯方案相似，这一方案的实施需要一个超越国家主权的国际机构，其所遇到的最大障碍"其实是政治的而非经济的"②。

2008年国际金融危机之后，超主权货币概念再度被提起。中国人民银行行长周小川在2009年撰文，提出建立超主权储备货币的建议。根据这一主张，世界需要建立一个与主权国家脱钩，并能保持币值长期稳定的国际储备货币。"理论上讲，国际储备货币的币值首先应有一个稳定的基准和明确的发行规则以保证供给的有序；其次，其供给总量还可及时、灵活地根据需求的变化进行增减调节；最后，这种调节必须是超脱于任何一国的经济状况和利益。"③

在实践中，超主权货币首先要能够行使货币的四大功能：交换媒介、计价单位、价值储藏和价值标准。其次，它要有执行机构作为支撑，这个机构又必须具有超越国家主权的性质，要有高于主权国家的信用。欧元的建立可以说是在欧洲区域建立了局部的超主权货币，但是在机构建设方

① ［美］罗伯特·特里芬：《黄金与美元危机——自由兑换的未来》，陈尚霖、雷达译，商务印书馆1997年版，第10页。

② ［美］罗伯特·特里芬：《黄金与美元危机——自由兑换的未来》，陈尚霖、雷达译，商务印书馆1997年版，第93页。

③ 周小川：《关于国际货币体系改革的思考》，http：//www.pbc.gov.cn/publish/hanglingdao/2950/2010/20100914193900497315048/20100914193900497315048_html。

面，除了欧洲中央银行执行统一的货币政策，欧元区至今也没有建成真正意义的超主权机构。在全球层面，超主权货币作为储备货币体系改革的一个动议，它更主要的是理想目标。这一动议所传递的重要信息，是中国作为最大的新兴经济体，对以美国国家信用为担保的现行美元本位具有不可持续性的担忧。

2. 改革特别提款权

特别提款权创立于1969年，其初衷是为了补充美元流动性的不足。在过去的40多年中，特别提款权的使用范围非常有限，主要用于基金组织成员国央行之间的账户往来以及历史上发行过的少量的以特别提款权计价的债券。到目前为止，特别提款权中也只有美元、欧元、英镑和日元4种货币。作为世界第二大经济体的中国，其人民币仍在货币篮子之外。相比建立超主权货币，改革特别提款权是一项更具有可行性的方案。

扩大特别提款权的功能，首先要解决的是其篮子货币的代表性问题。在特别提款权创立初期，其定值标准只考虑货币发行国在世界的贸易份额。根据这一标准，特别提款权在1969—1980年一直包括16种货币。1981年基金组织修订了定值标准，除了考虑贸易份额的重要性，还加入了资本市场指标。这样，篮子货币数量减少到5种货币。2000年，欧元替代马克和法郎，篮子货币则由美元、欧元、英镑和日元这4种货币构成。2011年，基金组织再度修订定值标准。目前，这一标准主要考虑两个因素：一是货币发行国货物和服务贸易额，二是成员国持有该种货币作为储备货币的比重。2015年，基金组织将再次对特别提款权货币构成进行评估。动态体现成员国在全球贸易和金融中的地位，扩大定值篮子货币种类，考虑纳入人民币等重要的新兴经济体国家的货币，应该是一项重要的评估内容。

改革特别提款权，其次要考虑的是扩大其规模。按照基金组织协议，成员国每5年对特别提款权分配规模和结构进行评估，以适应成员国对储备资产的长期需求。然而从设立至今，基金组织针对特别提款权只进行了3次分配，它们分别是：（1）1970—1972年分配的93亿特别提款权；（2）1979—1981年分配的121亿特别提款权；（3）2009年分配的1612亿特别提款权。考虑到1981年以后加入基金组织的成员国中有近1/5从未获得过配额，基金组织于2009年8月以特别分配的名义对这些国家提供了215亿特别提款权的一次性分配。截至2009年年底，特别提款权累积分配额为2040亿特别提款权。相对世界经济增长对流动性的需求，增加特别提款权配额也仅仅对美元流动性需求起到部分补充的作用。

值得指出的是，约瑟夫·斯蒂格利茨（Joseph Stiglitz）领导的联合国国际货币与金融体系改革小组在改革特别提款权方面提供了比较系统的方案。根据斯蒂格利茨报告，基金组织在短期需要按照每年增发2000亿美元的特别提款权的速度扩大规模，这便在将储备货币供应与美国经常项目逆差分离的同时，满足成员国对储备资产需求的增加；基金组织在长期创立全球货币（Global Greenbacks）作为新的储备货币，并成立“全球储备基金（GRF）”。该基金负责管理新的全球货币，成员国每年向其提交一定数额的本国货币，基金向各成员国发放等值全球货币。[①] 针对特别提款权改革，另一个值得关注的主张是在基金组织框架下建立特别提款权的替代账户。[②] 在这一账户下，有美元储备的国家可以存储部分储备，并换取相应的特别提款权。这种设计有助于各国分散储备资产，然而，其流动性和替代账户设计在实施中存在技术问题，缺乏二级市场将阻碍对交易规模的扩大，进而对其储备货币功能形成制约。

无论如何，特别提款权改革应是国际储备货币改革的突破口。其改革核心是提高其代表性，扩大其职能范畴，增加市场流动性，使之真正作为美元的重要补充，成为储备货币多元化中的一员。由于这项改革是在现有的国际机构框架下进行的，基金组织成员国之间能否积极合作决定了改革的成败。

3. 提高非美元主权货币的作用

鉴于在全球范围内建立超主权货币缺乏现实操作基础，黄金作为储备

---

① 详细解读参见余永定《国际货币体系与改革》，中国社会科学院世界经济与政治研究所青年论坛演讲稿，2010年4月29日。

② Peter Kenen，“An SDR Based Reserve System”，*Journal of Globalization and Development*，Vol. 1，No. 2，2010，pp. 1-14.

货币扩展的可能性又非常有限，提高非美元货币在国际储备体系中的重要性便成为储备货币体系多元化的现实选择。欧元的建立有其历史性意义。作为储备货币，欧元在基金组织成员国储备中的比重仅为24%。但在国际债券市场上，欧元已成为全球最大的债券发行货币。新兴经济体在国际贸易和金融交易中的重要性大幅度提高，为其货币行使更多的国际职能奠定了基础。尽管在储备货币职能方面，新兴经济体货币的作用十分有限，但是在结算和计价方面，新兴经济体货币地位有所上升。在国际清算银行最新公布的报告中，2013 年全球外汇市场交易额排名前 20 的货币中，新兴经济体货币已占 8 席，而在 1998 年，新兴经济体货币只占 5 席。①

在新兴经济体货币中，人民币行使国际货币职能的前景备受关注。从国际经验看，成为国际储备货币需要一系列的前提条件，包括货币发行国的经济规模、国内市场容量、资本项目开放程度、金融市场成熟度、中央银行公信力以及该国的政治影响力和军事实力等。比较各种条件，人民币具有成为国际货币的极大潜质。首先，中国在全球经济中日益增加的重要性和影响力是人民币国际化的实力基础。其次，在美元和欧元支撑着世界上两个最大的经济区的同时，作为世界第三大经济区的亚洲却缺少自己的主导货币。亚洲国家巨额的外汇储备主要以美元资产形式持有，共同面临美元资产缩水的风险，有共同的储备多元化需要。由于中国与亚洲在贸易、投资和金融一体化方面不断增长，中国的在亚洲地区的影响力在不断增强，这成为人民币在亚洲地区存在需求的市场基础。最后，在国内政策方面，从 2009 年放松人民币贸易结算限制之后，中国政府出台了一系列鼓励人民币“走出去”的政策。这些政策与资本项目开放、人民币汇率制度改革以及国内金融改革相结合，为人民币走出国门建立了快速通道。

得益于政策推动、政府间积极合作以及相当长时期的升值预期，人民币在诸多国际货币职能中迅速占领一席之地，人民币的跨境流动也迅猛发展。作为储备货币，人民币已经成为英国、日本、印度、尼日利亚和马来西亚等国家储备货币篮子中的组成部分；作为贸易结算和投资计价货币，

---

① SWIFT，http：//www. swift. com/products_ services/renminbi_ reports.

人民币贸易结算已经占到中国跨境贸易的25.5%，直接投资中人民币计价比率也占到9%；在支付体系中，人民币从2010年的第35位上升至2014年的第5位，1/3的全球金融机构在与中国内地和中国香港进行支付往来时以人民币支付；中国人民银行与其他国家中央银行签署的人民币双边互换协议已达28项，总额约2.71亿元人民币；人民币也实现了与欧元、英镑、日元和美元等主要发达国家货币之间的直接交易；人民币离岸市场迅速发展，中国香港成为最重要的人民币离岸中心。此外，新加坡、伦敦、卢森堡、巴黎和法兰克福等地的人民币业务也在兴起。中国作为最大的发展中国家和新兴经济体，其货币的国际化速度和规模将在相当程度上决定国际货币体系多元化的进程。

（二）改革国际金融机构

国际货币体系从单极向多元过渡，很可能伴随着国际金融动荡。比如，在从美元本位转向多元化进程中，投资者不断进行储备资产结构重组，这将带来国际资本流动和汇率的剧烈波动。① 如何有效降低过渡期风险是摆在各国决策者面前的重大挑战。金融稳定性是公共物品，这需要有意愿通过合作提供这一公共物品，并且运行有效的机构主体。其可行的途径有两个：一是针对现有金融机构进行存量改革，二是以体现发展中国家和新兴经济体重要性为核心开展增量改革。

1. 存量改革：现有机构的治理结构调整

2010年，基金组织开始将中国并同美国、欧元区、英国和日本作为系统性重要国家（systematically important countries）。其含义指中国与其他4个发达经济体一样，其经济状况和政策调整具有全球溢出性影响。作为系统性重要国家，提高中国在基金组织治理结构中的重要性顺理成章。事实上，如何提高包括中国在内的新兴经济体在基金组织中的份额和投票权一

① 关于国际储备体系从单极向多极过渡的风险评估和应对政策讨论，参见 Agnès Bénassy-Queré and Jean Pisani-Feny，“What International Monetary System for a Fast-Changing World Economy?” *Bruegel Working Paper*，June 2011，pp. 22-27。

直是基金组织改革的重点。2010 年 12 月，基金组织的最高决策层（理事会）批准了一项一揽子改革计划。根据这一计划，除成倍增加总份额，基金组织承诺通过历史上最大的份额调整，向有活力的发展中国家和新兴经济体增加 6%的投票权。届时，中国、巴西、印度和俄罗斯这 4 个金砖国家的投票权都将位于前 10 位。同时，为体现对贫穷国家的关注，基金组织对低收入国家预留份额和投票权。然而，这一改革方案的执行至今悬而未决。由于美国在基金组织具有实质上的一票否决权，基金组织的份额改革在事实上完全受制于美国国内的政治纷争，这对改革前景带来巨大的不确定性。基金组织治理结构改革的另一个方面涉及最高管理层的人事任命。在基金组织建立之初，其与世界银行之间在人事安排方面形成了这样的惯例，即欧洲人执掌基金组织，美国人执掌世界银行，这一安排延续至今。针对欧洲人治理的惯例，要求考虑有资格的，同时具有新兴经济体背景的人选呼声不断。

在治理结构中反映发展中国家和新兴经济体的重要性，这不仅将改善治理结构的合理性，也为新兴市场经济体在国际金融合作中承担更多责任的同时，赋予了其相应的权利。这种调整即便在短期内无法实现，也应该在中期内完成。

2. 增量改革：更多的机构

在对现有体系进行存量改革的同时，以增量改革建立新的机构，是发展中国家和新兴经济体实现其重建国际金融体系诉求的另一个重要途径。

2014 年，中国主要参与的新的合作性金融机构建设有两个突破性进展：一是中国、巴西、俄罗斯、印度和南非 5 国宣布成立金砖国家新开发银行，或称新开发银行（NDB）；二是主要由中国倡导筹建了亚洲基础设施投资银行（AIIB）。这两个机构被认为在现有的世界银行、亚洲开发银行以及基金组织之外，更能体现新兴经济体国际金融治理的意志。其中，金砖国家新开发银行成立的同时设立总额为 1000 亿美元的金砖国家应急储备基金（CRA），对现有国际机构的危机救助职能改革具有多重意义。

首先，这是一项增量改革。与其他国际性机构一样，金砖国家新开发银行只是一个新的公共物品的提供者。应急储备基金对基金组织不是竞争，而是互补。目前来看，在诸多提供短期流动性支持的基金中，基金组织覆盖面最大，成员国遍布全球。然而，相比全球的经济规模，基金组织资源仍然有限，需要其他来源补充。新成立的金砖国家应急储备基金将起到这个作用。其次，这是一项温和的改革。其突出标志是，在应急储备安排的条款中，有 70%的贷款额度仍然与基金组织的贷款条件性挂钩，这体现出对布雷顿森林体系重要遗产的继承，而不是颠覆。针对基金组织贷款条件性的是非需要有客观评判。过于严格的条件制约救助的成效，也使得救助有失公正性，但是缺乏足够的约束则容易滋生道德风险。在金砖储备机制中，中国很可能是一个出资国，金砖储备基金启动与基金组织保持挂钩，在一定程度上保障贷款安全、有效地使用，这也是对出资国的一种保护。再次，应急储备基金所依托的是一个开放的机构。与传统区域性金融机构相比，金砖国家新开发银行实现的是跨区域的构想，能调动的资源更广。金砖各国都是本地区经济实力最强的国家，具有撬动周边的杠杆作用。最后，从更广的角度看，这项改革体现了金砖国家对全球治理结构施加影响的诉求。金砖国家 GDP 占到全球 GDP 的 1/5，但它们在全球治理中的地位受到了低估。随着成员拓展、监督机制完善以及私人部门参与等方面有所突破，金砖国家新开发银行将成为全球金融治理的一个重要环节。

（三）建立全球金融安全网

2008 年国际金融危机爆发后，多边机构和相关国家采取的危机救助实践表明，建立多层级的全球金融安全网对阻止危机深化、防止危机蔓延有重要的作用。在资源有限的条件下，建立多元、多层次的防火墙，有助于提高危机应对的有效性。比如，救助资金既来自公共部门，也可以来自私人部门；危机救助主体既包括全球多边机构，也包括区域性机构。在欧洲，欧元区国家建立了欧洲稳定机制（ESM），用于维护欧元区的金融稳定。在亚洲，东盟十国和中国、日本、韩国共同成立了清迈倡议多边机制（CMIM），用来防止和救助出现流动性困难的成员国。此外，中央银行之间双边货币互换协议也在保证金融稳定方面发挥重要的作用。

对于发展中国家和新兴经济体来说，在本国金融市场发育不成熟的条件下，大规模短期资本流动会对国内金融稳定带来巨大的破坏性。应对大规模短期资本流动主要有两种政策选择：一是采取单边抵御措施，这是保证本国金融稳定的第一道防线。这一单边行动最有效的方式是实行资本管制。事实上，在2010年11月的G20首尔峰会上，发展中国家对美国单边量化宽松政策后果忧心忡忡，担心短期资本大规模的流入，而应对方案很可能是有更多国家加入资本管制的行列。2013年，围绕美联储退出量化宽松政策，发展中国家又开始担心资本的大规模流出。二是通过全球的或是区域合作的途径采取共同行动抵御风险。集合财力和协调救助，形成金融安全网，这是保证相关国家金融稳定的第二道防线。在G20首尔峰会前后，韩国、印度等亚洲国家已经明确提出建立全球金融安全网的倡议。未来的合作，在尊重各国政策选择的同时，强化多层级的金融合作，在全球、区域以及双边等多层次建立风险共担、危机救助机制，将成为国际金融体系重建的重要环节。

五　结论

布雷顿森林体系是第二次世界大战后国际金融秩序最重要的遗产。以黄金—美元本位为核心的国际货币体系为第二次世界大战后世界经济增长发挥了积极的作用。然而，无论是布雷顿森林体系时期还是浮动汇率时代，市场动荡持续，金融危机频发。原本以解决收支问题、确保金融稳定，并以促进国际贸易和投资为目的的国际金融体系，却在历次危机中无能为力，甚至为持续性全球失衡深埋隐患。

在过去40多年间，发展中国家和新兴经济体以经济快速增长、贸易规模迅速扩大、外汇储备大规模累积方式实现了经济崛起，改变了世界经济格局。大部分新兴经济体在高储备的推动下，将资本输往美国等逆差市场，成为全球债权人，在全球失衡中形成“穷国”为“富国”融资的格局。与此同时，新兴经济体融入全球市场的程度不断加深，中国作为大型新兴经济体即已成为系统性重要国家。经济实力的变化要求国际金融秩序进行相应的改变。然而，从历史经验看，新的金融体系的建立往往滞后于经济实力的变化。巴里·艾肯格林（Barry Eichengreen）将这种滞后效应称作国际货币的网络外部性。① 比如 19 世纪晚期和 20 世纪早期，英国支配国际货币体系的时间要长于英国在全球经济中具有控制力的时间。美国早在第一次世界大战前就已经取代英国成为世界第一强国，但美国金融实力则主要是在第二次世界大战期间形成的。美国在国际金融体系的核心地位的制度保障，则因布雷顿森林体系的建立而得以实现。

国际金融体系重建是一项长期工程。其核心内容有三个方面：其一，建立超主权货币、改革特别提款权以及提升包括人民币在内的非美元货币的作用，是实现储备货币多元化的重要路径选择。其二，在针对现有金融机构进行存量改革的基础上，以体现发展中国家和新兴经济体重要性为核心开展增量改革，建立新的金融机构，是全球金融治理改革的重要途径。其三，在国际金融体系重建时期，如何化解全球金融风险是各国政策制定者面临的重大挑战。建立多层级的全球金融安全网对阻止危机深化、防止危机蔓延有重要的作用。

中国参与国际金融体系重建，扩大人民币作为国际货币的功能，提升中国在基金组织等国际金融机构中的地位，参与创建新的多边金融机构，这体现了中国经济实力，也极大地改善了全球金融治理结构。无论实现路径如何，建立一个更为稳定、平等的国际金融体系既符合以中国为代表的发展中国家和新兴经济体的利益，也顺应新的国际经济格局。

（本文发表于《世界经济与政治》2015 年第 3 期）

① ［美］巴里·艾肯格林：《资本全球化：国际货币体系史》（第二版），彭兴韵译，上海人民出版社 2009 年版，第 16—17 页。

人民币增加值有效汇率及其向不可贸易品部门的拓展

杨盼盼　李晓琴　徐奇渊*

内容摘要： 本文测算了加总和全口径分行业人民币有效汇率，共包含了可贸易品部门和不可贸易品部门在内的33个行业，采用增加值有效汇率的测算方法以更好地体现人民币对外竞争力。研究发现，加总层面人民币汇率在经增加值贸易调整之后的升值幅度高于传统有效汇率的上升幅度。分行业来看，不同于传统理解，部分不可贸易品行业的增加值有效汇率上升幅度同样较高，其上升幅度甚至高于某些可贸易品行业，因此需要关注不可贸易品行业的对外竞争力变化及其理论和政策含义。在中国不断融入全球价值链和进一步对外开放的进程中，基于增加值的有效汇率应当作为理解人民币对外竞争力和面临外部冲击时的重要工具。

关键词： 增加值有效汇率　人民币　可贸易品　不可贸易品　全球价值链

一　引言

有效汇率（Effective Exchange Rate，EER）对一国对外经济政策制定非常重要。无论是评估对外竞争力，还是全球失衡的再调整，或是判断人

* 杨盼盼，中国社会科学院世界经济与政治研究所副研究员；李晓琴，原 The Conference Board 经济学家；徐奇渊，中国社会科学院世界经济与政治研究所副所长、研究员。

民币汇率是否被低估或高估，都离不开对有效汇率的评估。

全球价值链研究的发展为有效汇率的研究注入了全新血液。由于构造有效汇率权重本身涉及贸易流数据，而全球价值链研究在一定程度上对全球贸易流进行了重新核算，因此基于增加值贸易的有效汇率核算就自然而然地产生了。由于垂直分工在全球贸易中发挥着越来越重要的作用，很多时候一国的进口并非为了最终消费，而是为了出口。在这种情形下，以加总贸易流为基础的传统有效汇率不再是衡量经济体对外竞争力的有效指标，其会产生偏差，并误导相关政策的制定。正如 Klau 和 Fung 指出的①，忽略垂直分工的贸易权重可能带来贸易权重的偏差，因为从加总的贸易数据中得到的权重不能很好地反映不同来源的增加值，这会导致在有效汇率篮子中，对贸易伙伴重要程度赋予错误的权重。Klau 和 Fung 特别强调了这一错配在区域生产网络较为发达的东亚地区尤为严重。② 这意味着在分析中国与东亚地区贸易伙伴的经贸关系时，更有可能产生上述类型的偏误。这种偏误同时存在于行业和加总的贸易流中。

在上述背景下，研究增加值有效汇率的意义在于更有效地揭示了贸易伙伴间的相对重要性。它不再基于各经济体在本经济体范围内进行完整的产品生产，随后再进行国际贸易的假定，而是认为各经济体在全球价值链的每一个环节开展竞争，其需求又可以最终分解为价值链上的需求，从而更准确地评估各经济体汇率变化带来的竞争力变化。

目前，已有多位学者从不同角度测算基于增加值的有效汇率③，为本研究提供了坚实的基础。在此基础上，我们将研究基于增加值的人民币有效汇率。本文的目标不是创新基于全球价值链的有效汇率测算，而是关注基于全球价值链的人民币有效汇率测算，尤其是将其拓展至测算不可贸易

① Klau, M. and Fung, S. S., "The New BIS Effective Exchange Rate Indices", *BIS Quarterly Review*, *Bank for International Settlements*, Basel, 2006, March.

② Klau, M. and Fung, S. S., "The New BIS Effective Exchange Rate Indices", *BIS Quarterly Review*, *Bank for International Settlements*, *Basel*, 2006, March.

③ 较有代表性的文献有 Bems 和 Johnson 与 Patel 等的研究，其他文献参见第二部分中对增加值有效汇率的文献综述。

品部门的分行业增加值有效汇率及相关政策含义。因此，本文将测算基于增加值的人民币有效汇率，包含可贸易品和不可贸易品部门共计33个行业，并将分析加总的和不同行业有效汇率的变动趋势。

本文余下内容安排为：第二部分是传统有效汇率、增加值有效汇率及增加值测算的相关文献综述；第三部分提出测算增加值有效汇率和增加值数据的方法，并介绍数据来源；第四部分测算加总层面的基于增加值的人民币有效汇率，并与传统有效汇率进行比较；第五部分测算33个行业基于增加值的人民币有效汇率并分析其含义；第六部分是进一步的拓展分析；第七部分是本文结论。

二　文献综述

本研究与三个方面的文献有关：传统有效汇率、增加值有效汇率及增加值测算。

（一）传统有效汇率

国际货币基金组织（IMF）和国际清算银行（BIS）是发布有效汇率的两个重要机构，他们发布的有效汇率权重均包含两个部分：一部分来自直接进口竞争；另一部分来自出口竞争，出口竞争又可进一步分解为直接竞争和第三方市场竞争两个部分。① 上述构造形成了有效汇率的双重权重系统。

尽管IMF和BIS都采纳双重权重系统，但在权重计算的贸易流选取上，二者仍然存在差异。BIS权重系统基于Turner和Van't dack的研究，将重点放在贸易流的筛选上，譬如哪些商品应当引入权重，哪些则应当排除在权重以外。在权重测算上，BIS将直接进口和出口分别除以总进口和总

① Bayoumi, T., Lee, J. and Jayanthi, S., "New Rates from New Weights", *International Monetary Fund Staff Papers*, Vol. 53, No. 2, 2005, pp. 272-305; Klau, M. and Fung, S. S., "The New BIS Effective Exchange Rate Indices", *BIS Quarterly Review*, Bank for International Settlements, Basel, 2006, March.

出口得到相应的权重。这种设定考虑了进口和出口的相对重要性，但没有考虑国内市场规模因素。IMF 权重系统①则考虑了国内市场规模因素，其理论框架来自 McGuirk② 的研究。在权重体系中，IMF 假设每个经济体生产一种产品，在消费者效用函数中，该经济体和其他经济体产品满足不变替代弹性。在这样的设定下，其他经济体产品和该经济体产品将会出现在多个市场。因此，在 IMF 有效汇率的定义中，计算权重的分母不再是加总的贸易流，而是经济体消费的所有产品，其中既包括国际贸易产品，也包括自产自销的产品。

BIS 和 IMF 有效汇率的差异不仅体现在权重上，在贸易流的选取上，二者同样存在差异。IMF 比 BIS 更广泛，BIS 的选择则更谨慎。IMF 贸易流的选取包括大宗商品、制造业产品和服务业产品，③ 而 BIS 只包含制造业产品，具体包含国际贸易标准分类（SITC）分类下第 5—8 类产品。BIS 认为大宗商品是全球统一定价，难以受到单个经济体汇率波动的影响，而服务贸易数据质量参差不齐，因此也没有包含在贸易流中。除了 BIS 和 IMF，一些经济体的中央银行也公布有效汇率数据。其框架与 BIS 和 IMF 有延续关系，例如欧洲央行的有效汇率体系主要基于 BIS 框架，④ 而英格兰银行的有效汇率体系主要参考 IMF 框架。⑤

国内对人民币有效汇率的研究，一般是直接引用 IMF 和 BIS 等国际机构测算的人民币有效汇率。在人民币有效汇率测算方面，国内文献也主要是对传统有效汇率的框架进行修正，例如黄薇和任若恩基于 IMF 方法测算了 1980—2007 年中国单位劳动成本（ULC），⑥ 从而用 ULC 替代原有的

① Bayoumi, T., Lee, J. and Jayanthi, S., "New Rates from New Weights", *International Monetary Fund Staff Papers*, Vol. 53, No. 2, 2005, pp. 272-305.

② Turner 和 Van't dack 与 McGuirk 的研究都是对 Armington 研究的扩展。

③ Bayoumi, T., Lee, J. and Jayanthi, S., "New Rates from New Weights", *International Monetary Fund Staff Papers*, Vol. 53, No. 2, 2005, pp. 272-305.

④ Buldorini, L., Makrykakis, S. and Thimann, C., "The Effective Exchange Rates of the Euro", *Occasional Paper Series*, *No. 2*, European Central Bank, Frankfurt, 2002.

⑤ Lynch, B. and Whitaker, S., "The New Sterling ERI", *Quarterly Bulletin* (*Winter*), Bank of England, London, 2004.

⑥ 黄薇、任若恩：《中国价格竞争力变动趋势分析：基于单位劳动成本的实际有效汇率测算研究》，《世界经济》2008 年第 6 期。

CPI物价指数，修正人民币实际有效汇率。徐建炜和田丰利用传统权重方法计算2000—2009年中国分行业实际有效汇率，[1] 分析名义有效汇率和相对价格有效汇率对人民币实际有效汇率的贡献，发现前者的贡献超过90%。徐奇渊等基于细分的贸易品，[2] 从商品差异化角度考虑不同贸易伙伴对中国的竞争压力，他们用竞争压力取代传统的贸易流数据作为有效汇率的权重。戴觅和施炳展基于企业—交易层面的海关贸易数据，[3] 测算了中国企业层面的有效汇率。肖立晟和郭步超则关注汇率波动对中国国际金融资产价值的影响，[4] 构建了中国金融有效汇率。

（二）增加值有效汇率

Bems和Johnson基于全球投入产出表及其他数据，[5] 重新测算了各经济体增加值贸易数据，并在此基础上测算了增加值有效汇率的权重。他们的研究能够将基于增加值的有效汇率写成一个形如传统有效汇率的形式，只是在权重的贸易流选取方面与传统有效汇率有所区别。Bayoumi等在传统有效汇率的基础上新增一个能够反映中间品投入的项目，[6] 修正了原有的有效汇率。Patel等建立了一个理论模型，[7] 放松替代弹性的假定，基于投入产出表数据测算基于增加值的有效汇率。Bem和Johnson则放松了增

① 徐建炜、田丰：《中国行业层面实际有效汇率测算：2000—2009》，《世界经济》2013年第5期。

② 徐奇渊、杨盼盼、刘悦：《人民币有效汇率指数：基于细分贸易数据的第三方市场效应》，《世界经济》2013年第5期。

③ 戴觅、施炳展：《中国企业层面有效汇率测算：2000—2006》，《世界经济》2013年第5期。

④ 肖立晟、郭步超：《中国金融实际有效汇率的测算与影响因素分析》，《世界经济》2014年第2期。

⑤ Bems, R. and Johnson, R., "Value-Added Exchange Rates", *NBER Working Papers*, No. 18498, 2012.

⑥ Bayoumi, T., Saito, M. and Turunen, J., "Measuring Competitiveness: Trade in Goods or Tasks?" *IMF Working Paper*, WP/13/100, 2013.

⑦ Patel, N., Wang, Z. and Wei, S. J., "Global Value Chains and Effective Exchange Rates at the Country-Sector Level", *NBER Working Papers*, No. 20236, 2014.

加值的固定需求弹性假定,[①] 构建一个增加值有效汇率，研究价值链上通过货币贬值提升竞争力的效应。这些文献的发展表明，增加值有效汇率正逐渐成为有效汇率研究的一个重要方向。

国内关于增加值有效汇率的研究也开始出现，涉及测算的主要有张运婷[②]、盛斌和张运婷[③]、牛华等[④]以及倪红福[⑤]。张运婷[⑥]基于 Bems 和 Johnson[⑦] 方法整理了主要经济体的增加值有效汇率，并与传统有效汇率进行比较，其侧重点是加总层面的有效汇率。盛斌和张运婷测算了基于“任务”和“产品”的两类人民币有效汇率,[⑧] 并检验了有效汇率对净出口贸易的影响，其测算仍然主要基于加总层面。牛华等虽然测算了行业层面的增加值有效汇率,[⑨] 但主要关注的是制造业部门的有效汇率，且仅测算了 2000—2011 年的年度数据。倪红福的研究则基于 Bems 和 Johnson 的框架，重点关注了人民币有效汇率进一步分解至双边贸易伙伴时的经济含义。

（三）增加值测算

对全球价值链现象的观察和分析始于 20 世纪 90 年代初，这一称谓源

---

① Bems, R. and Johnson, R., “Demand for Value Added and Value-Added Exchange Rates”, *American Economic Journal: Macroeconomics*, Vol. 9, No. 4, 2017, pp. 45-90.

② 张运婷:《附加值实际有效汇率——结合全球价值链测算中国国际竞争力新方法》,《现代管理科学》2014 年第 10 期。

③ 盛斌、张运婷:《全球价值链视角下的中国国际竞争力：基于任务与产品实际有效汇率的研究》,《世界经济研究》2015 年第 2 期。

④ 牛华、宋旭光、马艳昕:《全球价值链视角下中国制造业实际有效汇率测算》,《上海经济研究》2016 年第 5 期。

⑤ 倪红福:《全球价值链人民币实际有效汇率：理论、测度及结构解析》,《管理世界》2017 年第 7 期。

⑥ 张运婷:《附加值实际有效汇率——结合全球价值链测算中国国际竞争力新方法》,《现代管理科学》2014 年第 10 期。

⑦ Bems, R. and Johnson, R., “Value-Added Exchange Rates”, *NBER Working Papers*, No. 18498, 2012.

⑧ 盛斌、张运婷:《全球价值链视角下的中国国际竞争力：基于任务与产品实际有效汇率的研究》,《世界经济研究》2015 年第 2 期。

⑨ 牛华、宋旭光、马艳昕:《全球价值链视角下中国制造业实际有效汇率测算》,《上海经济研究》2016 年第 5 期。

自 Krugman 等提出的分割价值链（slice up the value chain）[①]，不同学者对其有不同的称谓。[②] 增加值的核算随之发展起来。Hummels 等率先测算经济体从国际生产链中获得的增加值，[③] 并定义了衡量垂直分工（vertical specialization）的指标，但垂直分工并不是一个完整的指标，因为跨国贸易并未被考虑在内。[④] Koopman 等[⑤]提出了 KPWW 方法[⑥]，以完整地衡量增加值贸易，他们的模型基于经济体间投入产出表，增加值贸易的测算来自列昂惕夫逆矩阵乘以总出口和增加值的份额。Lejour 等对这一方法提出了批评，[⑦] 认为如果最终的目标是全面核算增加值贸易，那么最终总需求是比

① Krugman P., Cooper, R. N. and Srinivasan, T. N., "Growing World Trade: Causes and Consequences", *Brookings Papers on Economic Activity*, Vol. 1995, No. 1, 1995, pp. 327-377.

② Feenstra R., "Integration of Trade and Disintegration of Production in the Global Economy", *Journal of Economic Perspectives*, Vol. 12, No. 4, 1998, pp. 31-50.

③ Hummels, D., Ishiib, J. and Yi, K., "The Nature and Growth of Vertical Specialization in World Trade", *Journal of International Economics*, Vol. 54, No. 1, 2001, pp. 75-96.

④ Daudin, G., Rifflart, C. and Schweisguth, D., "Who Produces for Whom in the World Economy?" *Canadian Journal of Economics*, Vol. 44, No. 4, 2011, pp. 1409 - 1538; Koopman, R., Powers, W., Wang, Z. and Wei, S. J., "Give Credit Where Credit is Due: Tracing Value-Added in Global Production Chains", *NBER Working Papers*, No. 16426, 2011; Koopman, R., Wang, Z. and Wei, S. J., "Tracing Value-Added and Double Counting in Gross Exports", *NBER Working Papers*, No. 18579, 2012a; Koopman, R., Wang, Z. and Wei, S. J., "Estimating Domestic Content in Exports When Processing Trade is Pervasive", *Journal of Development Economics*, Vol. 99, No. 1, 2012b, pp. 178-189; Koopman, R., Wang, Z. and Wei, S. J., "The Value-Added Structure of Gross Exports and Global Production Network", *Paper for Presentation at the Final WIOD Conference "Causes and Consequences of Globalization"*, 2012c.

⑤ Koopman, R., Wang, Z. and Wei, S. J., "How Much of Chinese Export is Really Made in China? Assessing Domestic Value-Added When Processing Trade is Pervasive", *NBER Working Papers*, No. 14109, 2008; Koopman, R., Powers, W., Wang, Z. and Wei, S. J., "Give Credit Where Credit is Due: Tracing Value-Added in Global Production Chains", *NBER Working Papers*, No. 16426, 2011; Koopman, R., Wang, Z. and Wei, S. J., "Tracing Value-Added and Double Counting in Gross Exports", *NBER Working Papers*, No. 18579, 2012a; Koopman, R., Wang, Z. and Wei, S. J., "Estimating Domestic Content in Exports When Processing Trade is Pervasive", *Journal of Development Economics*, Vol. 99, No. 1, 2012b, pp. 178 - 189; Koopman, R., Wang, Z. and Wei, S. J., "The Value-Added Structure of Gross Exports and Global Production Network", *Paper for Presentation at the Final WIOD Conference "Causes and Consequences of Globalization"*, 2012c.

⑥ KPWW 来自 Koopman、Powers、Wang 及 Wei 4 位作者姓名首字母。

⑦ Lejour, A., Rojas-Romagosa, H. and Veenendaal, P., "The Origins of Value in Global Production Chains", *Final Report for DG Trade*, European Commission, 2012.

总贸易更好的指标。Timmer 与 Timmer 等①基于世界投入产出表建立了全球价值链收入（GVC income）的核算框架。他们将经济体的最终需求分解至国际生产分工中，每个经济体的全球价值链收入被定义为该经济体从其他经济体的最终需求中直接或间接获得的增加值收入，在这一框架下，全球 GDP 可以被分解为各个经济体的全球价值链收入。这一框架能够全面系统地理解增加值，同时其需求引致的内涵使其非常适合运用于研究基于增加值的有效汇率，因此本文将采用这一方法作为有效汇率权重测算的基础。

三　指标测算与数据来源

（一）增加值有效汇率的测算方法

本文增加值有效汇率测算的主要方法遵循 Bems 和 Johnson② 推导出的增加值有效汇率公式，其在形式上与传统有效汇率相同，但在测算权重的数据选取上，用增加值替代传统的加总贸易流。它的经济学含义是，经济体生产不同种类的增加值（而非最终产品），消费者消费不同种类的增加值，经济体间在全球价值链的各个环节展开竞争。

Bem 和 Johnson 推导的这一公式有赖于多个假设，特别是需要假定生产和需求弹性相等。本文同样遵循这一假定，原因是大部分有效汇率的测算均遵循这一假定，特别是与传统有效汇率比较时，遵循这一假定能够确保可比性。此外，基于 Bems 和 Johnson 的稳健性检验，在放松弹性假定时，结果没有太大变化。

1. 增加值有效汇率权重体系测算方法。Bems 和 Johnson 构造了一个模

① Timmer, M., "The World Input-Output Database (WIOD): Contents, Sources and Methods", *WIOD Working Paper*, No. 10, 2012; Timmer, M. P., Erumban, A. A., Los, B., Stehrer, R. and de Vries, G. J., "New Measures of European Competitiveness: A Global Value Chain Perspective", *WIOD Working Paper*, No. 9, 2012; Timmer, M. P., Erumban, A. A., Los, B., Stehrer, R. and de Vries, G. J., "Slicing up Global Value Chains", *Journal of Economic Perspectives*, Vol. 28, No. 2, 2014, pp. 99-118.

② Bems, R. and Johnson, R., "Value-Added Exchange Rates", *NBER Working Papers*, No. 18498, 2012.

型来计算增加值有效汇率，模型强调经济环境中3个基本要素：最终产品的偏好函数、总产出的生产函数以及市场的出清条件。模型中产出是一个加总的Armington差异产品，它同时被视为最终产品和中间投入，偏好和产出函数为常替代弹性（CES）函数形式或其嵌套形式。原始模型中一开始假定偏好和产出的弹性不相等，不过在推导有效汇率的表达式时，所有弹性被假定为同一数值。在一个 n 个经济体构成的系统中，i，j，$k \in \{1, \cdots, n\}$ 表示不同的经济体，增加值有效汇率（*VEER*）的对数差分形式可以表示为：①

$$\Delta log(RVEER_i) = \sum_{j \neq i} \frac{\sum_k \left(\frac{p_i^v V_{ik}}{p_i^v V_i}\right)\left(\frac{p_j^v V_{jk}}{P_k F_k}\right)}{1 - \sum_k \left(\frac{p_i^v V_{ik}}{p_i^v V_i}\right)\left(\frac{p_i^v V_{ik}}{P_k F_k}\right)} (\hat{p}_i^v - \hat{E}_{i/j} - \hat{p}_j^v) \tag{1}$$

（1）式中包含了经济体 j 的货币在经济体 i 有效汇率中的权重：

$$W_j^v = \frac{\sum_k \left(\frac{p_i^v V_{ik}}{p_i^v V_i}\right)\left(\frac{p_j^v V_{jk}}{P_k F_k}\right)}{1 - \sum_k \left(\frac{p_i^v V_{ik}}{p_i^v V_i}\right)\left(\frac{p_i^v V_{ik}}{P_k F_k}\right)} \tag{2}$$

其中，V_i 是经济体 i 的国内实际增加值，V_{ik} 是经济体 k 从经济体 i 购买的实际增加值，p_i^v 是 V_i 的价格水平，P_k 是经济体 k 最终产品的价格水平，F_k 是经济体 k 购买的最终产品，$\frac{p_i^v V_{ik}}{p_i^v V_i}$ 反映了以增加值口径衡量的经济体 k 需求对经济体 i 的相对重要性，$\frac{p_j^v V_{jk}}{P_k F_k}$ 反映了经济体 k 对经济体 j 的增加值需求总额占经济体 k 全部最终产品的比重。W_j^v 的分母部分旨在标准化有效汇率权重之和为1。（1）式中 $\hat{p}_i^v - \hat{E}_{i/j} - \hat{p}_j^v$ 是经济体 i 和经济体 j 的双边实际汇率的对数差分形式，其中 $-\hat{E}_{i/j}$ 是名义有效汇部分，$\hat{p}_i^v - \hat{p}_j^v$ 是相对价格

① 在Bems和Johnson的原始公式中，将所有价格都转化为一种货币表示，所以在原文公式中没有名义汇率这一项，本文的（1）式是一个更一般化的形式。

部分。

根据（1）式，实际增加值有效汇率的测算公式可以写为：

$$RVEER_i = VEER_i \left[\prod_{j \neq i} \left(\frac{p_i^v}{p_j^v} \right)^{W_j^v} \right]$$

其中，名义增加值有效汇率为：

$$VEER_i = \prod_{j \neq i} \left(\frac{1}{E_{i/j}} \right)^{W_j^v} \tag{3}$$

不难看出，实际增加值有效汇率和名义增加值有效汇率的权重是相同的，前者与后者的差异在于多出了加权相对价格项。

W_j^v 经过改写，可以写成形如传统有效汇率的权重形式，令 $\frac{p_i^v V_{ik}}{p_i^v V_i} = w_i^k$，$\frac{p_j^v V_{jk}}{P_k F_k} = s_j^k$，由于 $\sum_k w_i^k = 1$，故有 $W_j^v = \frac{\sum_k w_i^k s_j^k}{\sum_k w_i^k (1 - s_i^k)}$，这与 Bayoumi 等推导出的 IMF 有效汇率公式①在形式上具有一致性。②

本文的研究重点是名义增加值有效汇率，原因在于我们关注的是基于增加值的权重与基于传统加总贸易的权重究竟有何不同，此外，与增加值相对应的价格指数并无高频和近期数据。因此，本文主体部分主要基于名义增加值有效汇率展开，在拓展部分将对实际增加值有效汇率略加讨论。

2. 行业层面的增加值有效汇率。尽管 Bems 和 Johnson 研究的是总体的增加值有效汇率，但实质上仍然基于一定假设的局部均衡：在该研究中，他们将来源地的增加值价格和目的国的需求视为给定。本文行业层面的有效汇率测算同样遵循这一假定。此外，我们遵循如下假定，以使行业层面的增加值有效汇率可以表述成同加总层面一致的形式：（1）特定行业的汇

① Bayoumi, T., Lee, J. and Jayanthi, S., "New Rates from New Weights", *International Monetary Fund Staff Papers*, Vol. 53, No. 2, 2005, pp. 272-305.

② 然而，本文的权重与 Bayoumi 等的权重差异不仅体现在增加值和加总贸易的形式上，$P_k F_k$ 和 $\sum_l X_l^k$［见 Bayoumi 等（2005）第 19 页第 1 个公式］的形式也有所不同，前者不能写成形 $\sum$ 的形式，因为 P_k 和 F_k 是复合指数。

率变动不会对宏观经济变量如最终支出产生显著冲击，这一假设与 Bems 和 Johnson 保持一致；(2) 两个行业之间的替代弹性必须足够小，例如食物和交通工具之间的替代弹性非常小。在投入产出表框架下，行业之间的划分较宽泛，因此这一假定是合理的。

3. 增加值有效汇率的分解。与 IMF 传统有效汇率体系类似，增加值有效汇率权重（W_j^v）也可分解为 3 个部分，反映不同的竞争来源，包括进口竞争、出口直接竞争和出口第三方竞争：

$$W_j^v = \frac{w_i^i s_j^i + w_i^j + \sum_{k \neq i,\, j} w_i^k s_j^k}{\sum_k w_i^k (1 - s_i^k)} = \underbrace{\frac{w_i^i s_j^i}{\sum_k w_i^k (1 - s_i^k)}}_{\text{进口竞争}} + \underbrace{\frac{w_i^j s_j^j}{\sum_k w_i^k (1 - s_i^k)}}_{\text{出口直接竞争}} + \underbrace{\frac{\sum_{k \neq i,\, j} w_i^k s_j^k}{\sum_k w_i^k (1 - s_i^k)}}_{\text{出口第三方竞争}} \tag{4}$$

（二）增加值数据的测算方法

为计算增加值有效汇率的权重，本文需要测算全球各经济体增加值数据。我们采用 Timmer 等的框架测算各经济体增加值。① 正如前文所述，这一测算方法实质上是将全球各经济体的 GDP 按照全球价值链分解为各国的增加值收入（value-added income），是非常完整而全面的分解方法。理论上，这一模型将一国的最终消费按照国际生产分割（International Production Fragmentation，IPF）进行全面分解，追踪生产的各种直接和间接环节。在实际操作中，该模型基于世界投入产出表，随后利用列昂惕夫逆矩阵得到所有直接和间接生产活动以匹配最终需求。增加值是国际生产分割各个环节中产品的价值。

基于一个包含 n 个经济体的世界投入产出表，可以得到如下恒等式：

$$X = AX + Y \tag{5}$$

① Timmer, M. P., Erumban, A. A., Los, B., Stehrer, R. and de Vries, G. J., "Slicing up Global Value Chains", *Journal of Economic Perspectives*, Vol. 28, No. 2, 2014, pp. 99-118; Timmer, M. P., Dietzenbacher, E., Los, B., Stehrer, R. and de Vries, G. J., "An Illustrated User Guide to the World Input-Output Database: the Case of Global Automotive Production", *Review of International Economics*, Vol. 23, No. 3, 2015, pp. 575-605.

其中，$X=\{X_1, X_2, \cdots, X_k, \cdots, X_n\}'$，$X$ 是总产出矩阵，X_k 是经济体 k 的总产出矩阵；$Y=\{Y_{i1}, Y_{i2}, \cdots, Y_{ik}, \cdots, Y_{in}\}'$，$Y$ 是最终需求矩阵，Y_{ik} 是经济体 k 对经济体 i 各行业的最终需求矩阵；$A=\{A_{i1}, A_{i2}, \cdots, A_{ik}, \cdots, A_{in}\}'$，$A$ 是直接消耗系数矩阵，A_{ik} 是经济体 k 消耗 i 国各行业中间产品的直接消耗系数矩阵。由（5）式可得：

$$X=(I-A)^{-1}Y=BY \tag{6}$$

其中 B 是列昂惕夫逆矩阵。直观上看，它反映的是生产 1 单位最终需求过程中，所有相关中间产品的投入。

为获取各生产环节要素投入的增加值，将 va 定义为每单位总产出中增加值的比例，$va=diag\{va_1, va_2, \cdots, va_k, \cdots, va_n\}$，其中 $va_k=diag\{r_k^1, r_k^2, \cdots, r_k^n\}$，且 r_k^1，r_k^2，$\cdots$，r_k^n 是经济体 k 从各国各行业获取的增加值在总产出中的占比。增加值占比由 1 减去反映所有中间投入的直接消耗系数之和决定。据此，本文用于测算有效汇率权重的增加值数据的公式为：

$$VA=v(I-A)^{-1}Y=vBY \tag{7}$$

（三）数据

在上述测算方法基础上，本文基于世界投入产出表得到 40 个经济体和世界其他经济体的增加值数据。① 涵盖的范围与世界投入产出表中包含的经济体一致。利用这些数据，基于（2）式的增加值有效汇率权重测算公式，本文得到用于测算人民币增加值有效汇率的权重。本文测算了 2008 年、2009 年和 2010 年的数据，并对这 3 年的权重取平均值，得到最后的权重。选择这 3 年平均值的主要原因是：第一，传统有效汇率的代表 IMF 和 BIS 均选择 3 年平均权重，其中 IMF 是固定权重，选取时间是 1999—2001 年；BIS 是时变权重，但每一时期的权重均基于 3 年平均值，当期期

① Timmer, M. P., Dietzenbacher, E., Los, B., Stehrer, R. and de Vries, G. J., "An Illustrated User Guide to the World Input-Output Database: the Case of Global Automotive Production", *Review of International Economics*, Vol. 23, No. 3, 2015, pp. 575-605.

初和上期期末的有效汇率数据通过平滑增速得到；第二，考虑到本文样本期为1999—2016年，BIS在2016年8月前发布的近期数据均采用2008—2010年的平均权重；第三，IMF的固定权重和BIS的时变权重得到的有效汇率在实际测算中并不存在显著的差异，这表明两种平均方法的结果相对稳健；第四，服务贸易及附加在产品上的服务在近年发展更为迅速，因此选取最近年份的数据有助于更好地刻画这一变化，特别是在分行业有效汇率测算时，这一选择更有必要。

随后我们基于1999年1月—2016年12月的月度名义汇率①，将基期定为2010年，基于（3）式测算出人民币增加值有效汇率的月度数据。具体地，世界投入产出表可以提供35个行业的增加值数据，但中国仅可获得33个行业的数据，另外两个行业“销售、维修机动车和摩托车；零售销售的燃料”（第19项）和“家庭服务业”（第35项）数据不可得。因此，本文仅测算了中国33个行业的增加值有效汇率。此外，由于欧元区统一货币，本文将所有的欧元区经济体加总，因此总共得到22个经济体的权重用于计算最终的人民币增加值有效汇率。

四　加总的人民币增加值有效汇率特征

下面分析3种类型的加总人民币增加值有效汇率：所有部门加总的人民币增加值有效汇率（*VEER*），可贸易品部门的人民币增加值有效汇率（*TVEER*）和不可贸易品部门的人民币增加值有效汇率（*NVEER*）。*VEER*计算了可获得的所有33个行业加总的有效汇率，这33个行业可分为第一产业、第二产业和第三产业三大类。对可贸易品行业选取的方法参照BIS，*TVEER*选择的行业包括世界投入产出表中编号为3—16的行业（编号对应的行业类别参见表1）。*NVEER*专注服务部门，因此包含所有第三产业的行业，这些行业在传统上被视为不可贸易品的部门，即世界投入产出表中编号为20—34的行业。根据上述划分，所有部门加总的*VEER*涵盖的范畴

① 数据来源为CEIC数据库。

比 *TVEER* 和 *NVEER* 二者加在一起还要广泛，包括了农业部门和第二产业中的非制造业行业。

图 1 展示了 *VEER*、*TVEER* 和 *NVEER* 在样本期内反映的人民币升值幅度态势，汇率上升代表人民币升值。可贸易品增加值有效汇率的上升幅度与不可贸易品增加值有效汇率的上升幅度非常接近，2016 年年末，二者相对期初升值幅度的差异不到 2 个百分点。这意味着在样本期内，不可贸易品部门的对外竞争力也发生了类似可贸易品部门竞争力的变动。因此，需要重视传统不可贸易品的对外竞争力变动情况，同时需要进一步深入比较行业层面的增加值有效汇率变动，以更好地刻画不可贸易品行业竞争力的变动。此外，所有行业加总增加值有效汇率的升值幅度最高，这意味着 *TVEER* 和 *NVEER* 没有包含的行业具有更高的升值幅度。

图 1　加总的人民币增加值有效汇率升值幅度（1999 年 1 月—2016 年 12 月）

注：假定开始阶段（1999 年 1 月）的有效汇率升值水平为 0，所有其他时期的比率是相对开始阶段的百分比变化，上升代表升值。图 2—图 6 和表 1、表 2 同。

我们进一步比较增加值有效汇率与传统有效汇率之间的差异。图2比较了IMF公布的人民币有效汇率与加总的人民币增加值有效汇率（*VEER*）在样本期内的走势差异，增加值有效汇率的权重构建方法与IMF的有效汇率相似。正如上文的分析，IMF的权重框架较BIS更加精确，它将经济体自产自销的产品也纳入权重计算，这对于国内市场广大的经济体如中国尤为重要，同时也与增加值的概念更为契合。IMF同时也考虑了产品贸易和服务贸易。因此IMF有效汇率较适合与本文33个行业加总的*VEER*进行比较。从图2不难看出，*VEER*的升值幅度始终大于IMF有效汇率的升值幅度，二者最大的差距超过12个百分点。

图2　*VEER*与IMF人民币有效汇率升值幅度的比较

资料来源：笔者计算和CEIC数据库。图3同。

图3比较了BIS人民币有效汇率与可贸易品的人民币增加值有效汇率（*TVEER*）在样本期内的走势差异。*TVEER*按照与BIS有效汇率相似的贸

易流标准进行权重测算，因此相比其他两个加总有效汇率，*TVEER* 更适合与 BIS 有效汇率加以比较。BIS 有效汇率与 *TVEER* 之间的差异与上文对 IMF 的讨论较为类似，*TVEER* 的升值幅度高于 BIS 有效汇率的升值幅度，最大差距接近 8 个百分点。

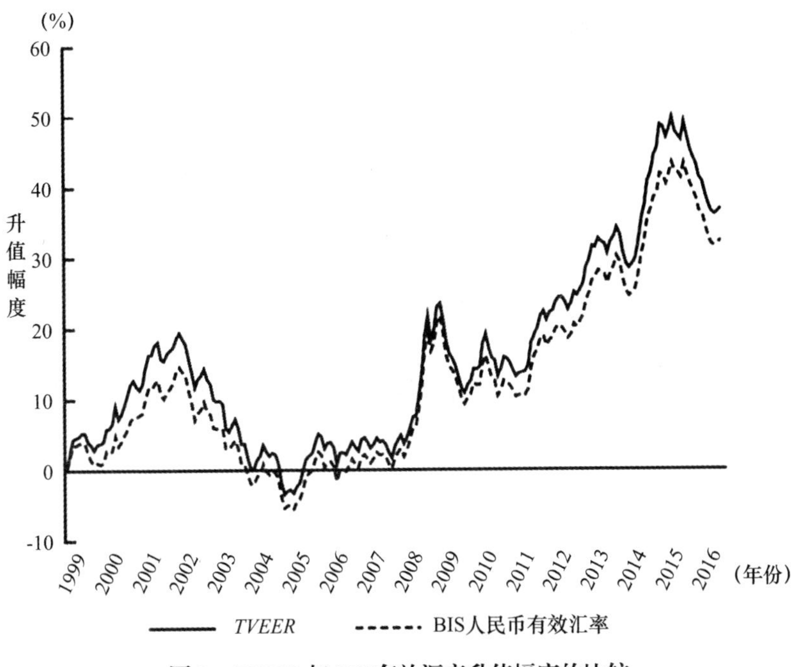

图 3　*TVEER* 与 BIS 有效汇率升值幅度的比较

权重差异是增加值有效汇率升值幅度高于传统有效汇率升值幅度的主要原因。以与 BIS 有效汇率权重之间的差为例，权重差异超过 1 个百分点的经济体包含两类：[①]（1）欧元区和美国权重分别增加了超过 4 个百分点和 2 个百分点。这表明来自欧元区和美国的最终需求在构建增加值有效汇率时发挥了更加重要的作用，许多发生在中国和其他经济体之间的贸易的最终需求实质上指向欧元区和美国。（2）韩国、日本和中国台湾权重分别下降了约 2 个百分点、3 个百分点和 3 个百分点。这意味着，中国和东亚

① 限于篇幅，未报告其他权重差异小于 1 的情形，备索。

价值链区域主要经济体间的贸易并不完全反映这些经济体间的相互需求，而有部分实质上是为了满足本区域以外其他经济体（特别是欧元区和美国）的需求。因此，在通过增加值进行核算时，这些经济体的权重下降了。本文将在第六部分讨论权重差异的政策含义。

五　分行业人民币增加值有效汇率及向不可贸易行业的拓展

本部分分析33个行业的增加值人民币有效汇率，并讨论其特征。本文的增加值有效汇率包含了可贸易品和传统被视为不可贸易品的行业，而后者在当今全球化过程中已经不同程度地变得可贸易起来。服务逐步从不可贸易变成可贸易的跨境流动过程中，存在3种不同的渠道。

第一个渠道是国际收支项下的服务贸易，也就是传统测算中考虑的服务贸易。根据《服务贸易总协定》和《国际服务贸易统计手册》，这一渠道指居民与非居民之间的服务贸易，包含跨境提供、境外消费和自然人移动3种形式。目前，这一服务贸易数据是各经济体统计最多的服务贸易数据。

第二个渠道是通过境外附属机构实现的服务贸易（附属机构服务贸易，FATS），即在境外建立商业机构为非本国消费者提供服务，分为内向FATS（进口）和外向FATS（出口）。这一渠道同样涵盖在《服务贸易总协定》和《国际服务贸易统计手册》规定的服务贸易中。具体的实现途径是服务提供者到国外设立服务提供企业，例如建立会计师事务所、银行、酒店等，为所属地区及其他地区的消费者提供服务。目前，只有极少数发达经济体公布FATS数据，中国于2017年首次发布了2015年的FATS数据。从国际经验看，这一渠道的服务贸易数据规模一般是第一种渠道的2倍，中国在2015年超过3倍。

上述两个渠道均可被视为服务贸易的内容，第三个渠道则是附着在可贸易产品上的服务。在增加值贸易发展日趋壮大的背景下，产品跨境流动的过程中，附着在产品上的服务也实现了跨境流动。

由此可见，集中于传统服务贸易流的有效汇率测算仅考虑了第一个渠道的服务贸易规模，存在显著的偏误。基于投入产出表的服务贸易流测算则能够提供一个更加全口径的视角。相较而言，有如下优势：第一，投入产出表提供各国在国民经济各行业中本国和外国增加值的投入，其中包含服务业各行业的国内外增加值投入。第二，投入产出表包含各渠道下国内外增加值投入，继而在服务的跨境流动中可以涵盖上述 3 种渠道。尽管仍存在数据可得性造成的偏误，但已经是现有数据约束和所有信息下的最优选择。第三，在计算不可贸易品的有效汇率权重中，同样需要考虑第三方竞争效应，以实现与传统有效汇率的可比，这就需要各经济体国内服务业的增加值数据。在这个层面上，基于投入产出表的信息也是非常全面的。由此可见，基于投入产出表的增加值有效汇率核算能够为全口径的分行业有效汇率提供一个现有条件下最优的测算框架，适用于全面考察中国的分行业对外竞争力。

表 1 总结了分行业的增加值人民币有效汇率在样本期内的上升水平，上升水平的计算基于样本期末（2016 年 12 月）和期初（1999 年 1 月）汇率水平的差异。有效汇率按上升水平由高到低排列。表 1 的编号为世界投入产出表中行业的编号。

表 1　**分行业的增加值人民币有效汇率的上升水平**　单位：%

行业编号	行业名称	上升幅度	上升排名
4	纺织材料和纺织制品业	74.97	1
5	皮革、皮革制品和鞋业	61.59	2
1	农林牧渔业	56.79	3
2	采矿和采石业	54.43	4
23*	内陆运输业	51.34	5
8	石油加工、炼焦及核燃料加工业	50.68	6
11	其他非金属矿物制品业	44.40	7
17	电力、燃气、水的供应业	42.29	8

续表

行业编号	行业名称	上升幅度	上升排名
21 *	零售贸易、家用商品修理	41.72	9
6	木材、木材制品业	41.70	10
24 *	水路运输业	41.48	11
20 *	批发贸易	41.27	12
3	食品、饮料和烟草业	41.21	13
27 *	邮政通信业	38.74	14
12	金属和金属制品业	38.60	15
9	化学品和化工产品制造业	38.36	16
16	其他制造业（含回收利用）	38.35	17
26 *	其他支持和辅助运输业、旅行社活动	37.78	18
7	纸浆、纸、纸张、印刷和出版业	37.19	19
10	橡胶和塑料制品业	36.62	20
33 *	卫生和社会工作	36.57	21
28 *	金融业	36.57	22
29 *	房地产业	35.83	23
34 *	其他社区、社会和个人服务	35.73	24
15	运输设备业	35.19	25
13	设备制造业	34.89	26
22 *	酒店和餐饮业	33.48	27
30 *	租赁和商务服务业	31.99	28
18	建筑业	31.85	29
32 *	教育	31.53	30
14	电气和光学设备制造业	30.99	31
31 *	公共管理和国防业、强制性社会保障	29.66	32
25 *	航空运输业	28.18	33

注：* 表示该行业属于第三产业。

表1中上升趋势的一个特征是不可贸易品行业的上升幅度总体不及可贸易品部门，这符合传统认知。表中体现为第二产业中的行业多分布在上升幅度较高的表格上半部分，而第三产业中的行业多分布在上升幅度较低

的表格下半部分。其中，第二产业的主要可贸易品部门，例如“纺织材料和纺织制品业”“皮革、皮革制品和鞋业”和“石油加工、炼焦及核燃料加工业”在观察期内的上升幅度均超过 50%。而同样在过去的 10 多年中，大多数不可贸易行业（如“酒店和餐饮业”“邮政通信业”和“教育”）的上升幅度低于 40%。图 4 进一步展示了上述几个行业增加值人民币有效汇率上升水平随时间变化的趋势。纺织材料和纺织制品业的上升水平在最高时期比期初高了约 85%，而对图 4 中的 3 个服务部门相对期初的上升水平在样本期内从未超过 40%。

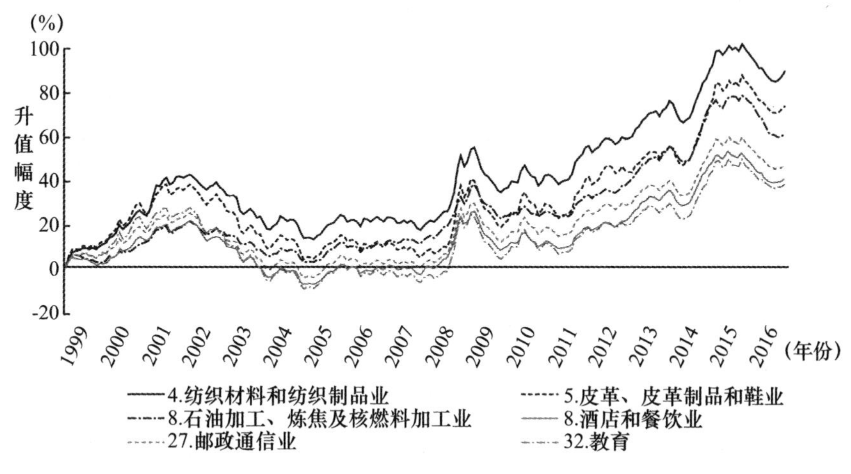

图 4　可贸易品和不可贸易品行业的上升水平比较

表 1 反映的另一个特征则可能与传统认知不符，即部分不可贸易品行业的上升幅度较大，甚至高出一些可贸易品行业。例如，“内陆运输业”和“水路运输业”在观察期内的上升幅度分别约为 51% 和 41%，在所有 33 个行业中排名第 5 和第 11。

表 1 反映出来的特征表明，异质性不仅存在于可贸易品和不可贸易品之间，在可贸易行业内部和不可贸易行业内部也同样存在。为更进一步看清这一点，表 2 将三大产业的统计信息列出，并将第二产业区分为制造业和非制造业，第三产业区分为与产品流通、运输相关的行业以及除此之外

的其他服务行业。总体看，第一产业上升幅度较高，这使得加总的增加值有效汇率上升幅度大于可贸易品增加值有效汇率上升幅度。第二产业和第三产业的平均上升幅度有约6个百分点的差异，这表明可贸易品的平均上升幅度高于不可贸易品。但从中值看，二者的差异缩窄至2个百分点，表明第二产业的上升幅度受极端值影响较大（最大值约为75%），二者之间的升值差异没有平均值反映的那么大。在第三产业中，与产品流通和运输相关的行业升值幅度较高，平均值和中值接近甚至超过第二产业升值水平。直观上看，这两个领域与贸易直接相关，开放程度更高，故面临的汇率冲击也更大。

表2　**不同行业人民币增加值有效汇率上升幅度**　单位:%，个

	平均值	中值	取大值	最小值	行业数
第一产业	57.79	57.79	57.79	57.79	1
第二产业	43.14	38.60	74.97	30.99	17
制造业	43.19	38.48	74.97	30.99	14
非制造业	42.86	42.29	54.43	31.85	3
第三产业	36.79	36.57	51.34	28.18	15
产品流通	41.49	41.49	41.72	41.27	2
运输	39.69	39.63	51.34	28.18	4
其他	34.45	35.73	38.74	29.66	9

说明：第二产业包括行业类别2—18，其中制造业包括3—16，非制造业包括2、17、18。第三产业包括行业类别20—34，其中产品流通包括20、21，运输包括23—26，其余为第三产业的其他行业。

上述观察同汇率决定和巴拉萨—萨缪尔森效应研究中分析可贸易品中不可贸易品作用的文献有内在一致性。例如，在对新兴经济体的研究中，Devereux考虑了服务可贸易品运输的物流部门，通过建立动态模型发现，东亚地区物流部门相对劳动生产率的下降会抑制可贸易部门的劳动生产率，从而抑制东亚国家的实际汇率升值。在对高收入经济体的研究中，MacDonald和Ricci分析了主要OECD国家的情况，他们发现物流部门相对

劳动生产率的上升会带来实际汇率的升值。但是，在这两篇文献的分析中，不能将附着在产品上的服务区分出来，因此采用劳动生产率作为替代。而本文通过对全口径分行业人民币增加值有效汇率的测算，可以直接得出包括产品流通、运输在内的不可贸易品部门有效汇率升值将直接推高总体人民币有效汇率水平的结论。这一发现有助于进一步研究可贸易品和不可贸易品在汇率决定中的作用以及分析拓展巴拉萨—萨缪尔森效应。

伴随开放程度的提升，服务贸易跨境流动及贸易—投资—服务三位一体格局的形成，评估不可贸易品行业有效汇率的重要性上升，传统被视为不可贸易的行业将会在外部竞争中遭遇更大的汇率冲击。对中国而言，在所有主要行业中构建全口径分行业的增加值人民币有效汇率显得十分必要。首先，随着以开放促改革进程的进一步深化，中国的服务业将更加开放，外商直接投资（FDI）和对外直接投资（ODI）将进一步活跃，基于增加值的分行业有效汇率能够测量这些领域的对外竞争力，从而为政策制定提供有益参考。其次，在人民币汇率形成机制改革不断深化的背景下，人民币汇率的波动浮动与之前相比将更加剧烈，因此有必要分析开放条件下全口径各行业受到的不同水平冲击。最后，随着中国进一步融入全球价值链，有必要沿价值链各环节考察中国各行业的对外竞争力。

六　进一步的讨论

（一）加总层面传统有效汇率和增加值有效汇率差异的政策含义

在加总部分的讨论中，本文发现在样本期内，以增加值有效汇率（名义值）测算的人民币升值幅度高于以传统有效汇率测算的人民币升值幅度。我们进一步测算了实际增加值有效汇率（*RVEER*），与此前测算的名义增加值有效汇率（*VEER*）进行比较（见图 5）。结果显示 *RVEER* 的升值幅度比 *VEER* 更高，表明考虑价格因素后也不改变此前结论，而是进一步加强了此前结论。

增加值有效汇率和传统有效汇率的差异主要体现为权重的差异，正是

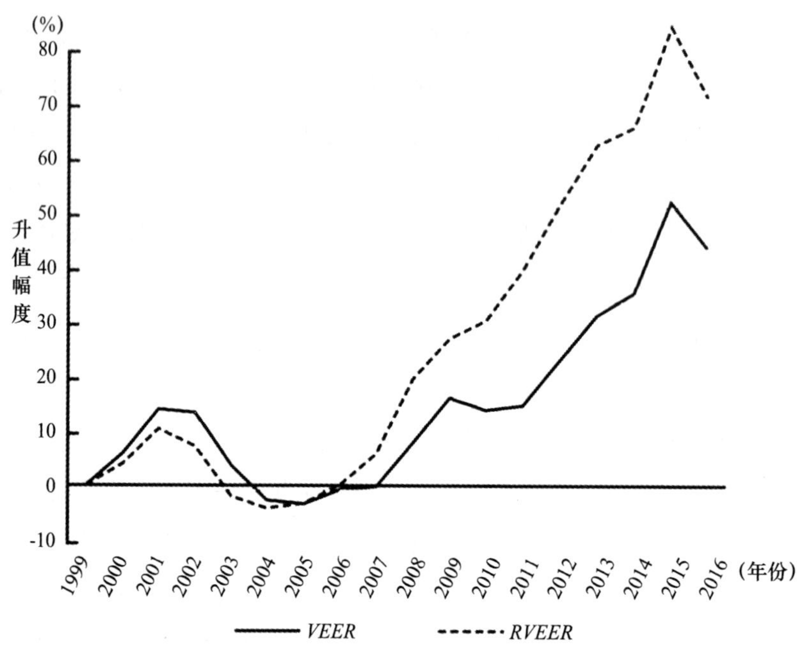

图5 名义和实际人民币增加值有效汇率（1999—2016年）

注：实际汇率计算中价格指数的构造采用GDP平减指数，其余与前文*VEER*相同。

资料来源：IMF世界经济展望（WEO）数据库，CEIC。

这种权重的差异，使加权后的名义汇率或实际汇率产生差异。增加值调整带来的有效汇率权重调整在区域上具有一致性，美欧的权重被调升，而东亚价值链区域的经济体权重被调降。上述权重变化对正确理解真实的人民币有效汇率及背后包含的对外竞争力变动十分关键，以下进行简单的情景分析。

当欧美经济体货币贬值时（如出现金融危机），人民币增加值有效汇率上升幅度将高于传统有效汇率的上升幅度，传统有效汇率低估了人民币的上升幅度；当东亚地区经济体货币集体贬值时（如东亚地区出现金融危机），人民币增加值有效汇率上升幅度将低于传统有效汇率的上升幅度，传统有效汇率高估了人民币的升值幅度。本文模拟了3种外币贬值的情形，即欧美经济体和东亚地区经济体货币分别贬值10%、20%和40%的情形。

在其他条件不变的情况下，对应上述 3 种贬值情形，比较传统有效汇率和增加值有效汇率的差异，采用传统有效汇率将使人民币上升幅度在欧美经济体货币贬值时分别被低估 0.63、1.25 和 2.49 个百分点，在东亚地区经济体货币贬值时分别被高估 0.81、1.59 和 3.08 个百分点。① 在人民币汇率形成机制改革进一步深化，人民币逐步转向参考一篮子货币和波动区间扩大的背景下，研究者和决策者应就增加值有效汇率带来的权重变动和人民币有效汇率测算结果的变动给予进一步的关注。

通过调整权重揭示中国与其他经济体的真实贸易关系，本文发现人民币增加值有效汇率与传统有效汇率具有显著的不同。在样本期内，人民币增加值有效汇率上升幅度显著高于传统有效汇率；在面临不同区域的外部冲击时，人民币增加值有效汇率变动也与传统有效汇率有较大差异。因此在分析对外竞争力变动和汇率冲击变动时，有必要同时考虑基于增加值的有效汇率，以更加全面地看待上述问题。

（二）竞争力的分解

根据（4）式，有效汇率权重可以被进一步分解为 3 个部分：进口竞争、出口直接竞争和出口第三方竞争，以反映不同的竞争来源。图 6 比较了通过使用这 3 类竞争权重构造的汇率上升幅度，$VEER_1$ 代表进口竞争，$VEER_2$ 代表出口直接竞争，而 $VEER_3$ 代表出口第三方竞争。从图 6 有效汇率的分解情形看，1999 年以来的多数时间，$VEER_2$ 上升幅度最高，这意味着中国出口与最终需求经济体内部市场的竞争压力最大，面临的上升压力也最大。$VEER_3$ 上升幅度次之，表明中国与其他经济体在第三方市场上也面临较大的竞争压力。代表进口竞争的 $VEER_1$ 上升幅度最小。这意味着从增加值有效汇率衡量的汇率变动视角看，中国在出口市场面临的来自当地企业的竞争压力最大，在第三方市场面临的别国竞争压力次之，在国内市场面临的别国竞争压力最小。

---

① 限于篇幅，未报告具体的情景分析图，备索。

图6 进口竞争、出口直接竞争和出口第三方竞争

从权重的国别分解情况看，不同经济体与中国的竞争关系不同。[①] 对中美的竞争关系而言，两国的出口竞争主要源于在美国市场的直接竞争，这与欧元区国家的情形有所不同。中国在欧元区进口竞争和第三方市场竞争的压力均大于美国，这意味着中国企业在国内面临来自欧元区国家的压力要大于来自美国的压力。这一进口竞争压力在东亚经济体中体现得更加明显，中国市场上来自日本、韩国和中国台湾企业的竞争压力均大于中国企业在这3个市场上给当地企业施加的压力。

进一步比较传统有效汇率和增加值有效汇率在进口竞争、出口直接竞争和出口第三方竞争权重上的差异可以发现，相比传统有效汇率，增加值有效汇率权重中出口直接竞争的权重显著上升，从原来的占比1/4上升至

① 限于篇幅，未报告分国别权重分解数据，备索。

1/2，这一权重的上升主要对应出口第三方竞争权重的下降，出口第三方竞争权重的占比从原来的 1/3 下降至 1/10，进口竞争的权重也有小幅下降（见图 7）。这意味着在考虑增加值贸易的影响后，人民币相对某经济体货币的升值，将显著削弱中国产品在该国市场上与该国产品的竞争力，但对中国产品与该国产品在第三方市场上竞争力的削弱要比使用传统有效汇率衡量时更少。从而，基于增加值的有效汇率改变了以传统有效汇率衡量的各国之间因币值变动而产生的对外竞争力关系。

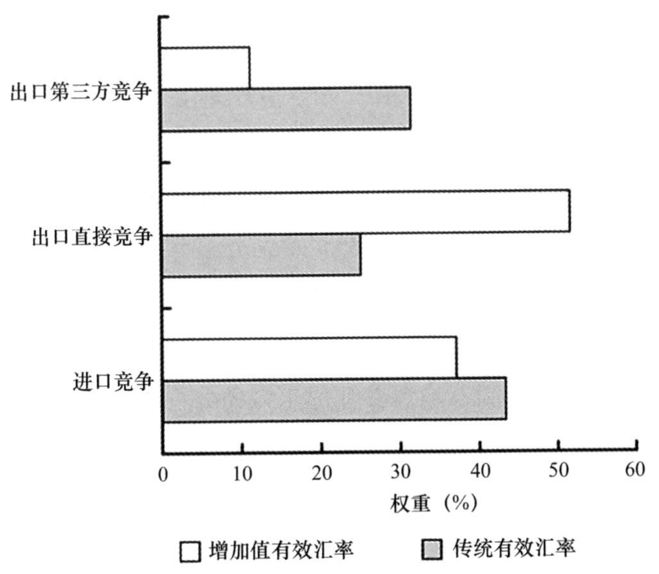

图 7　人民币增加值有效汇率和传统有效汇率竞争力分解比较

说明：传统有效汇率权重测算公式与增加值有效汇率权重测算公式一致。在数据方面参考黄薇和任若恩的研究方法，进出口数据基于各国出口数据交叉表格，国内自产自销数据等于总产出—总出口。为保证数据来源的一致性，使用的数据库为 OECD-WTO 增加值贸易数据库（TiVA）中的传统贸易和产出数据。

七　结论

本文基于世界投入产出表，构建了中国 1999—2016 年加总和分行业的人民币增加值有效汇率。从加总的人民币增加值有效汇率视角看研究发现：第一，人民币增加值有效汇率在样本期内的上升幅度高于传统有效汇率，即传统有效汇率可能高估了人民币对外竞争力。在观察期内，人民币被低估了大约8个百分点到12个百分点。换言之，基于增加值数据调整有效汇率权重后，人民币的上升幅度显著提升。第二，这一差异来源主要是美欧权重调升和东亚经济体和地区权重调降，上述权重的变化对理解竞争力变化和外部贬值冲击影响十分重要。在假定来自欧美和东亚地区外部冲击的情景分析中，人民币增加值有效汇率变动与传统有效汇率也有较大差异。第三，我们首次在文献中比较了传统有效汇率和增加值有效汇率在进口竞争、出口直接竞争和出口第三方竞争权重上的差异。从竞争力分解看，中国在出口市场面临的来自当地企业的竞争压力最大，在第三方市场面临的其他经济体竞争压力次之，在国内市场面临的其他经济体竞争压力最小，这一竞争压力情形与传统有效汇率的分解有显著不同。

进一步从分行业的人民币增加值有效汇率视角看，本文发现：第一，从国际收支的服务贸易、境外附属机构服务贸易和附着在可贸易品上的服务3个角度，阐释了测算包含服务业的全口径分行业人民币增加值有效汇率的必要性；第二，基于测算发现可贸易品行业和不可贸易品行业之间以及各自内部均存在差异。不同行业的人民币增加值有效汇率呈现不同的趋势，行业之间上升水平差异最高可达47%。这种差异性不仅存在于可贸易行业和不可贸易行业之间，在可贸易行业内部和不可贸易行业内部也存在。特别是伴随服务贸易跨境流动及贸易—投资—服务三位一体格局的形成，传统被视为不可贸易的行业将会在外部竞争中遭遇更大的汇率冲击，需要重视构建和评估不可贸易行业有效汇率。第三，基于全口径分行业增加值有效汇率，可以直接得出包括产品流通、运输在内的不可贸易品部门有效汇率上升将直接推高总体人民币有效汇率水平的结论，这一发现拓展了巴拉萨—萨缪尔森效应研究中分析可贸易品中不可贸易品作用的文献。

本文结论对中国的政策含义体现在：一方面，随着改革开放政策的实施，中国将会进一步开放和发展服务业部门，传统的相对不可贸易部门将面临更多外部竞争和冲击，因此仅专注于传统制造业的有效汇率是不足的。本文构建服务业领域的有效汇率将有助于衡量这些行业的外部竞争力。另一方面，传统有效汇率在测算权重时选取了加总贸易流，在垂直分工的背景下，这一做法得出的权重有偏误。根据本文基于增加值的贸易流重新测算，传统有效汇率在样本期显著低估了人民币有效汇率的上升水平，从而高估了人民币的对外竞争力。特别是在面临极端性外部冲击时，仅使用传统有效汇率会因冲击来源地区不同而产生不同的偏误。因此，在分析中国对外竞争力和汇率冲击变动时，有必要同时考虑基于增加值的有效汇率，以便全面分析相关问题。

（本文发表于《世界经济》2019 年第 2 期）

美债减持与国际货币体系多元化路径

刘东民　宋　爽*

内容摘要： 以美元为中心的国际货币体系作为一种霸权体系具有内在不稳定性，而国际货币体系一直未能形成真正的多元格局。通过对霸权稳定论、均势理论和国际货币权力理论的批判，结合国际金融理论的定性与定量分析，从美国政府债务压力与美元国际信用的相互影响这一视角出发开展研究，可以发现国际货币体系变革存在一条和平、渐进的市场演化路径：在市场条件下，美国政府不断加重的公共债务成为导致美元国际信用下降的重要因素之一，而美元国际信用下降与其他国际货币的持续崛起这两个因素促使各国官方减持美国国债、降低美元储备，从而引起美国中长期国债利率上升、财政压力增大，这将进一步动摇各国官方对美国国债的信心并加大美债减持，最终形成国际货币体系从霸权走向多元的自我增强型循环。进一步的情景模拟展现了市场条件下美债减持对美国财政产生的潜在冲击及其推动国际货币体系多元化的动态路径。

关键词： 美债减持　货币国际化　国际货币体系　霸权稳定论　均势理论

一　引言

第二次世界大战后布雷顿森林体系的形成正式确立了以美元为中心的

* 刘东民，中国社会科学院世界经济与政治研究所副研究员；宋爽，中国社会科学院世界经济与政治研究所助理研究员。

国际货币体系，由此也奠定了美元的霸权地位。20 世纪 70 年代，美元在巨大的贬值压力下不得不与黄金脱钩，而美元霸权依然得以维持。但是，以美元为中心的国际货币体系从其确立之日就从未停止过暴露各种各样的问题。从阐述美元扩张与币值稳定之间矛盾的特里芬难题，到全球经济失衡与 2008 年国际金融危机对国际金融体系带来的冲击，再到近期美国债务负担不断加重引起的普遍担忧，充分表明以美元为中心的国际货币体系具有内在不稳定性。

随着对现行国际货币体系缺陷的认识不断加深，世界大多数国家的货币当局和研究机构逐步形成一个共识，即美元霸权不仅是第二次世界大战后国际货币体系的基本特征，也是后者存在的主要问题，因此在超主权货币尚无法实现的背景下，由美元霸权衰落和其他货币崛起而形成的国际货币多元化进程，是国际货币体系变革最具可行性的方向。从 2008 年国际金融危机后对国际货币基金组织（IMF）和世界银行的投票权改革，到新兴国家对货币国际化的努力，再到近年来一些国家加速去美元化，都反映出世界各国对国际货币体系多元化的强烈诉求和探索。更有学者引入国际政治学的均势理论，作为国际货币体系改革的理论基础。根据该理论，国际货币体系中国家货币权力的平衡分布不仅能有效阻止个别国家的货币称霸，还有助于实现全球金融体系的稳定。从这一理论的视角来看，欧元、人民币、日元和英镑等具有一定国际化水平的货币将为推动建立一个更加多元、公平、稳定的国际货币体系作出重要贡献。

与已有研究文献的不同点在于，本文从美国国债减持①入手，根据债券交易的利率效应，通过定性和定量分析，论证国际货币体系可以基于市场化机制和平、渐进地从霸权格局走向多元格局，并给出了动态演变的情景模拟。虽然目前国内外均有从霸权稳定论或者均势理论的视角对国际货币体系展开的研究，但是对于从霸权体系演变到多元体系的机制和路径的研究非常稀少。有西方学者基于国际货币权力理论与历史事件，提出挑战

① 本文所说的“美债减持”，既包括各国政府在绝对量上减少对美债的购买，也包括在相对量上的减少购买，后者实际上表现为“减少增持”。

国会试图通过“体系破坏”来改变国际货币体系格局，[①]其分析缺乏霸权国视角，且列举的案例均是两国采取货币对抗的方式，其结果对国际货币体系的演变具有破坏效应。本文认为，这样的西方理论具有较大局限性。在分析和批判前述理论的基础上，本文从美国政府债务压力与美元国际信用的相互影响这一视角出发，着力研究国际货币体系在市场条件下[②]从霸权体系向多元格局演变的动态路径。

二　文献批判与理论建构

霸权稳定论和均势理论是用于分析国际政治经济格局的两个理论。霸权稳定论自提出以来便被广泛应用于国际货币体系的研究中，但是近年来其缺陷受到越来越多的关注。霸权稳定论认为，霸权有助于世界经济的稳定，因为霸权国运用其权力地位制定并维护国际规则、提供公共产品，实现世界经济体系的有序运转。[③]这一思想可追溯至查尔斯·P. 金德尔伯格（Charles P. Kindleberger）在1973年出版的《1929—1939年世界经济萧条》[④]，书中首次提出一个自由的国际经济秩序需要政治领导力的命题，指出缺少大国承担维护自由贸易机制、稳定国际货币体系以及最后清偿者等责任，是国际经济失序的重要原因。[⑤]但是，霸权国在建立霸权体系的过程中也将自身意愿投射到体系当中，享受着霸权体系为其带来的国家利益。[⑥]当体系成员的公共利益与霸权国自身利益不一致的时候，霸权国为

① ［美］乔纳森·科什纳：《货币与强制：国际货币权力的政治经济学》，李巍译，上海人民出版社2020年版，第186—189页。

② 这里所说的“市场条件”，指相关国家不采取激烈的攻击性行为或破坏性行为，而是遵循市场规律采取各项经济政策。

③ 戴轶、李廷康：《亚洲基础设施投资银行的国际政治经济学分析——以霸权稳定论为视角》，《社会主义研究》2015年第3期。

④ ［美］查尔斯·P. 金德尔伯格：《1929—1939年世界经济萧条》，宋承先、洪文达译，上海译文出版社1986年版，第348页。

⑤ 钟飞腾：《霸权稳定论与国际政治经济学研究》，《世界经济与政治》2010年第4期。

⑥ 秦亚青：《霸权体系与国际冲突：美国在国际武装冲突中的支持行为（1945—1988）》，上海人民出版社2008年版，第88页。

谋取自身利益会对国际货币体系强行设置种种条件，加剧体系的潜在不稳定性。[①] 2008 年国际金融危机的爆发使美国的金融霸权受到普遍质疑和批判。美国无力也不愿充分承担维持国际金融稳定的责任，却采取一系列举措来维护其国内利益和霸权地位，如推迟 IMF 投票权改革方案、阻挠亚洲基础设施投资银行设立、计划减少对世界银行和 IMF 的资金贡献等。霸权国对国际货币体系的控制，会造成体系的动荡不安；霸权国衰落或受到挑战时不惜使用非常手段来保护自己的地位，更是造成国际秩序动荡的根源。[②] 总的来讲，国际体系稳定的核心问题并不在于权力的集中，而是必须有能力提供所需的公共物品，不管是一个国家还是多个。[③]

均势理论是国际政治中的重要理论之一，指国际体系中各主要国家间的权力分布应该呈现一种大致平衡，以有效阻止其中一个特别强大且意欲统治或支配国际体系的国家实现其称霸野心。[④] 尽管均势理论家们在很多问题上无法达成一致，但他们却几乎一致同意均势的最高目标就是防止霸权出现，[⑤] 即均势的目的不仅是维持体系的稳定性，还在于不破坏体系构成要素的多样性。针对国际货币体系，经济学家巴里·埃森格林（Barry Eichengreen）指出，尽管霸权稳定论有助于解释短期内的国际货币关系，但是长期来看国际货币体系的稳定需要由一个以上的主导经济大国才能确保维持；动态来看，在单极大国有力控制着国际货币体系的霸权时期，体系的潜在不稳定性最大。[⑥] 中国学者李巍也认为国际货币之间的相互竞争

① 邝梅：《国际政治经济学——国际经济关系的政治因素分析》，中国社会科学出版社 2011 年版，第 201 页。

② 洪小芝：《全球金融治理中霸权稳定论和多边主义思想初探》，《国际展望》2013 年第 1 期。

③ ［美］本杰明·J. 科恩：《国际政治经济学：学科思想史》，杨毅、钟飞腾译，上海人民出版社 2022 年版，第 86 页。

④ ［英］赫德利·布尔：《无政府社会：世界政治中的秩序研究》，张小明译，上海人民出版社 2015 年版，第 89 页。

⑤ 吴征宇：《“制衡”的困境——均势与二十一世纪的世界政治》，《欧洲研究》2006 年第 2 期。

⑥ Barry Eichengreen, “Hegemonic Stability Theories of the International Monetary System”, *NBER Working Paper*, No. 2193, 1987.

激发了货币体系中的约束和制衡机制，因此更有助于形成一种良性的国际货币格局。[①] 然而，从历史经验来看，针对潜在霸权国的制衡很难一蹴而就，而是需要经历一个过程，存在着一定“时滞”。[②] 这是因为，在体系集中度较高、国家间实力分布很不平衡的时期，制衡会受到抑制。在美国采取霸权护持战略、不容对其超强实力地位构成挑战的情况下，大国之间采取制衡的成本显著提高。[③] 总之，虽然现实主义认为国际体系会朝均势的方向发展，但在实际操作过程中，其他大国按照传统策略挑战霸权国的努力仍然面临着重重阻力。

国际货币权力理论主要探讨国家如何将国际货币关系作为一种施加强制性权力的工具来运用，而这种权力的运用可能导致国际货币体系格局的改变。在国际政治经济学的研究当中，国际货币权力被界定为一国的行为变化对与其存在货币关系的其他国家的影响。[④] 根据权力的来源和针对的目标不同，国际货币权力的运用可分为 3 种方式：进行货币操控、利用货币依赖和实施体系破坏。[⑤] 对于挑战国实施体系破坏的目的，乔纳森·科什纳（Jonathan Kirshner）提出了 3 个方面：摧毁整个体系、重新分配国际货币特权、向霸权国攫取额外收益，这 3 个目的从本质上都是实现挑战国的自身利益。[⑥] 本文认为，这一理论对于挑战国实施体系破坏的认识具有较大局限性，它实际上意味着国际货币体系难以和平地进行多元化变革。

上述 3 种理论均属于国际政治经济学的范畴。在 2008 年国际金融研究领域，学者们对于国际货币体系变革的前景存在两类观点。一种观点认

① 李巍：《制衡美元的政治基础——经济崛起国应对美国货币霸权》，《世界经济与政治》2012 年第 5 期。

② Randall L. Schweller, *Unanswered Threats, Political Constraints on the Balance of Power*, Princeton, New Jersey: Princeton University Press, 2006, pp. 1-3.

③ 刘丰：《均势为何难以生成？——从结构变迁的视角解释制衡难题》，《世界经济与政治》2006 年第 9 期。

④ ［美］大卫·M. 安德鲁：《国际货币权力》，黄薇译，社会科学文献出版社 2016 年版，第 16 页。

⑤ ［美］乔纳森·科什纳：《货币与强制：国际货币权力的政治经济学》，李巍译，上海人民出版社 2013 年版，第 7 页。

⑥ ［美］乔纳森·科什纳：《货币与强制：国际货币权力的政治经济学》，李巍译，上海人民出版社 2013 年版，第 16 页。

为，由于存在网络外部性，真正强势的国际货币只有一种，即使未来国际货币体系走向多元化，也将是相当漫长的过程。保罗·克鲁格曼（Paul Krugman）在研究了英镑和美元的国际地位之后认为，国际货币的使用体现了历史和惯性，当一种货币在国际交易中占据主导地位，它将持续发挥作用，即使该国经济地位下降。[①] 埃里克·赫莱纳（Eric Helleiner）则指出，美元并没有在2008年国际金融危机之后衰落，事实上，危机后美元在各个方面的地位都没有受到挑战，反而是人们通过危机对于美元优势地位有了新的认识视角。[②]

但是，近十几年来一种新的观点在崛起。巴里·埃森格林等基于历史数据指出，1899—1913年，虽然英镑在国际储备中占比最高，但是法国法郎和德国马克也占据不容忽视的份额（1913年英镑在国际储备中的占比降到48%，法国法郎和德国马克则达到31%和15%）；从1920年至第二次世界大战之前，美元则快速成为和英镑同等地位的国际储备货币。巴里·埃森格林等据此认为，多元化的国际货币体系在20世纪曾经出现过较长时间，而单极国际货币体系并不像传统理论认为的那样稳固，支持单极国际货币体系的理论——网络外部性，在现实中的力量被夸大了。巴里·埃森格林等进一步指出，伴随美国GDP在全球份额的逐步下降，美国向全球提供安全与流动性资产的能力也在下降，国际货币体系多元化进程会比很多人预计的来得快。[③]

上述理论或者观点对于国际货币体系的权力格局和未来演变都具有一定解释力，但是也存在明显不足。深入研究国际货币体系变革，需要回答两个问题：其一，国际货币体系变革的可能路径是什么？其二，导致国际货币体系走上某一条变革路径的触发因素是什么？霸权稳定论和均势理论

① Paul Krugman, "The International Role of the Dollar", in John F. O. Bilson and Richard C. Marston, eds., *Exchange Rate Theory and Practice*, Chicago: The University of Chicago Press, 1984, p. 268.

② Eric Helleiner, *The Status Quo Crisis: Global Financial Governance after the 2008 Meltdown*, New York: Oxford University Press, 2014, p. 9.

③ Barry Eichengreen, Arnaud Mehl and Livia Chitu, *How Global Currencies Work: Past, Present, and Future*, Princeton, New Jersey: Princeton University Press, 2018, pp. 6-13.

主要探讨了国际货币体系不同权力格局背后的逻辑和存在的问题，基本不讨论体系变革的实际路径问题；国际货币权力理论虽然涉及国际货币体系权力的变化机制，但是其认为一个国家能够对国际货币体系产生整体性影响的仅仅是“体系破坏”，排除了世界各国对国际货币体系变革发挥建设性作用的可能性，本文认为这种观点具有片面性。而且，前述各种理论文献在讨论国际货币体系时，大多站在挑战国角度分析其内、外部因素和压力，却鲜有从霸权国角度考虑其称霸所依赖的内部因素以及当此因素发生变化时国际货币体系可能产生的重大变化。

实际上，霸权国所依赖的内部因素往往比外部因素更为重要，基于霸权国内部因素变化而产生的国际货币体系演变，是最具可行性的。因此本文认为，国际货币体系变革有可能走出一条与西方国际货币权力理论所说的“体系破坏”完全不同的路径，这是一条和平、渐进的“市场演化”路径，其触发因素包括内外两部分：内部因素是美国公共债务的过度积累导致美元信用下降（从而促使各国官方持续减持美国国债）；外部因素是其他货币的国际化为投资者提供了更多的安全资产。由上述内外双重因素推动的国际货币体系多元化演变，能够有效缓解美元霸权体系固有的脆弱性并塑造更加稳定、均衡、公正的国际金融体系（而非满足个别国家利益），这对世界而言是一种帕累托改进。

货币即权力，国际货币体系就是货币权力在国际博弈过程中所形成的权力分配格局，这是霸权稳定论、均势理论和国际货币权力3种学术理论在研究国际货币体系时共同认可的观点，也是国际政治理论相比于经济学所拥有的独到研究视角。该视角揭示了国际货币体系在形成、维系和变革过程中的权力结构及其变化，即国家权力（包括货币权力）在国际社会当中的分布、制衡与转移，这是影响国际货币体系变迁的底层真实力量。因此，运用上述理论分析国际货币体系的演变，具有较好的现实感。但是3种理论均没有对国际货币体系变革的具体路径进行深入分析，所以本文结合国际金融理论，引入市场演化的视角来分析货币权力转移的市场化路径。本文认为，一个更为稳定的国际货币体系应该是主要国家的货币权力得到有效制衡并能够开展充分竞争的体系。实际上，正如巴里·埃森格林等人所做研究指出的，人类社会出现过这样的多元化国际货币体系，它不仅仅存在于理论之中。①

三　国际货币体系演变的分析框架

（一）美元霸权得以维系的两个重要因素

美元霸权的获得来源于美国在经济、军事、科技等领域共同体现出来的综合国力。问题在于，从第二次世界大战结束至今，美国在上述各领域的全球优势地位都在下降，但是美元依然保持了在国际货币体系中的主导地位。对此国内外学者开展了大量研究，提出了多种观点，其中，网络外部性和缺乏替代货币是多数学者认同的美元霸权得以持续维系的两个重要因素。

在全球范围内，随着某种货币的使用者数量增加，使用该种货币的交易成本会下降，而带来的收益则上升，这就是国际货币体系的网络外部性。一旦货币的网络外部性形成，货币霸权就会在一段时期内得到稳固，即使该国的经济实力在下降。19 世纪末英国已经在经济规模上被美国超出，但是直到第二次世界大战爆发，英镑才完全丧失在国际货币体系中的主导地位，学界普遍认为，这是英镑拥有网络外部性带来的结果。同理，当今的美元也是依赖网络外部性，才能够在美国综合国力衰落的背景下依然保持其在国际货币体系中的主导地位。②

此外，国际货币体系中还没有出现能够充分替代美元的货币。欧元和人民币都具有较大潜力，但是迄今为止还存在明显的不足。欧元区货币统一而财政分散，欧元债券市场的深度不够，长期缺乏超国家的“欧元区统一债券”（直到 2020 年 7 月欧盟才发起设立“复苏基金”，可以发行欧元

① Barry Eichengreen, Arnaud Mehl and Livia Chitu, *How Global Currencies Work: Past, Present, and Future*, Princeton, New Jersey: Princeton University Press, 2018, pp. 6-7.

② Barry Eichengreen, Arnaud Mehl and Livia Chitu, *How Global Currencies Work: Past, Present, and Future*, Princeton, New Jersey: Princeton University Press, 2018, pp. 3-6.

计价的欧盟统一债券为该基金融资)，这些结构性问题对于欧元的国际地位上升造成拖累。人民币国际化在过去十几年获得了长足进步，但是资本账户未充分开放也对人民币国际地位的进一步提升形成了掣肘。在这样的国际背景下，美元没有遇到足够强大的竞争对手，美元之外的安全资产供应不足，全球投资者在综合考虑投资安全性、流动性、收益性的情况下，仍然不得不继续持有美元资产。2008 年国际金融危机虽然首先在美国爆发，但是，由于其他货币无法替代美元，金融危机的蔓延以及随后爆发的欧债危机反而使美元成了避险货币，美元的国际主导地位继续得以维持。

（二）推动国际货币体系演变的两个重要因素

推动国际货币体系演变的因素是相当复杂的，本文仅从未来国际货币体系演变较有可能的一个突破口，即美国政府债务压力与美元国际信用的相互影响作为出发点，分析内外两个重要因素。

1. 美国国债的过度发行：重要的内部因素

美国国债是支撑美元网络外部性、维护美元国际权力的重要内部因素。具有足够深度、广度和充分流动性的美国国债市场为美元形成国际网络打造了至关重要的环流机制：经常项目成为美元的对外输出渠道；资本项目则成为美元回流的主要通道，美国政府通过发行国债吸收贸易顺差国赚取的美元，使资金回流到美国，而美国又将回流资金用于本国经济发展或投资于其他国家。由于对外债务以美元计价，美国不仅在债务端消除了货币错配和汇率波动的风险，还可以通过低成本从外部融资缓解自身的债务问题。[①] 由于其他货币计价的安全资产供给不足，世界各国政府“不得不”持续大量购买美国国债。2000 年以后，随着贸易顺差国政府大量增持美国国债，美国长期国债利率一路下行（见图 1）。长期利率下行使美国的企业和消费者能够低成本融资，刺激创新活动和消费需求，成为推动美国

① 李晓、李俊久：《美元体系内的东亚权力转移：性质及前景》，《世界经济与政治》2014 年第 11 期。

在2008年国际金融危机前经济繁荣和危机后迅速恢复的重要因素之一。可见，正是通过发行国债回流美元的机制，美国构筑了完整的全球美元网络，拥有了网络外部性，获得了国际货币权力。

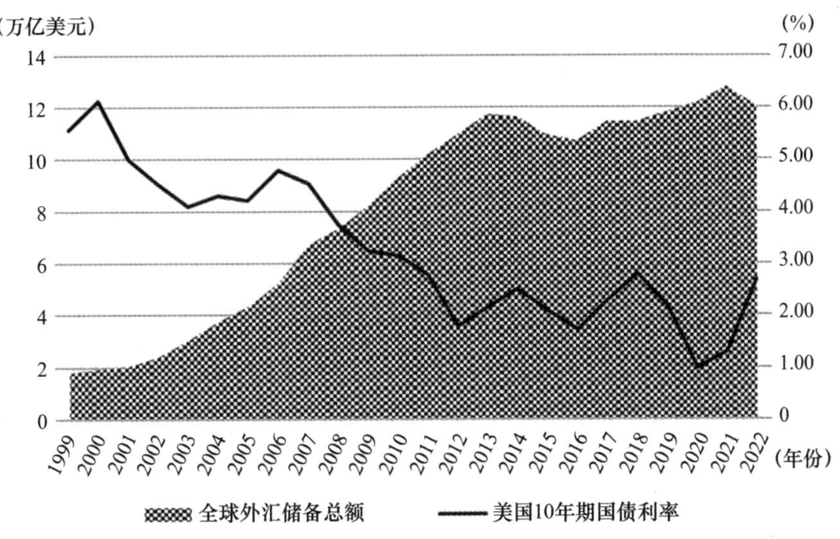

图1　全球外汇储备增长与美国长期利率下行

资料来源：万得数据库。

但是，以美国国债为核心的美元环流机制，也存在显著的脆弱性。美元环流机制的运行实际上是美国扩大对外负债的过程，而对外负债增长与对外资产增长背后的驱动因素并不一致，所谓的平衡机制只是“刀锋上的平衡”。对外负债的增长在维持美国低成本融资的同时有可能催生资产价格泡沫（2008年国际金融危机就是这种情况），由此带来的财富效应又进一步推动需求过度扩张和经常项目逆差增长，即对外负债增长本身有一种自我强化机制。与之形成对比的是，对外资产增长并不存在明确的自我强化机制，因为对外投资并不必然伴随资产增长（如对外投资失败导致亏损），且有可能会因为国内开支的增加挤占对外投资。因此，从长期来看，美国的对外资产和负债高概率出现的是不平衡增长，其结果是对外净债务持续积累。[①] 这将导致各国官方对美国偿债能力失去信心，从而降低美元资产在国际储备中的比重。一旦各国官方开始有计划地减持美国国债，美国经济和美元国际地位都将遭遇严重的负面影响。美联储理事会副主任丹尼尔·贝尔特兰等指出各国官方购买美国国债的速度放缓，将会对美国国债收益率产生显著影响，美国利率可能会上升并对经济产生伤害。[②] 美国学者艾琳·沃尔科特也提出，如果外国政府决定出售大量的美国国债，而美联储尚未做好准备来实施对应的措施，美国利率可能会上升。[③] 如果减持美债在全球范围形成趋势，美元环流机制将逐渐瓦解。

如果将当前的美元本位体系与19世纪中后期至20世纪30年代初英镑主导的国际金本位体系做对比，可以发现，依靠美债环流支撑的美元本位体系具有更加显著的脆弱性。在国际金本位体系中，英镑通过承诺以固定价格与黄金自由兑换而具有稳定的币值，国际市场对于英镑的信用拥有足够信心，这对于英镑维系全球霸权地位十分重要。相比之下，在美元本位体系中，美元放弃了与黄金挂钩，其信用失去了贵金属的支撑，仅仅依靠政府信用来支撑。美国要通过美债的全球环流为各国国际储备提供安全资产，伴随这一过程美国国债长期过度发行，美国财政压力不断加大，美国政府信用遭遇侵蚀，从而导致美元国际地位的下降，这就是“新特里芬难题”。

可见，美国国债既是美国维持美元霸权的强大工具，也是美国金融和经济体系的脆弱性所在。在当前美国政府债务不断上升的背景下，这一脆弱性越发显著。

2. 其他货币的国际化：外部均势力量

第二次世界大战后，在推动多种货币国际化的因素中，学术界存在较

① 即使对外资产和对外负债达到平衡，由于美国的对外投资都是私人投资，形成的是私人资产，而发行国债形成的对外负债则是公共负债，私人资产并不能偿还公共负债。

② Daniel O. Beltran et al.，“Foreign holdings of U.S. Treasuries and U.S. Treasury yields”，*Journal of International Money and Finance*，Vol. 32，February 2013，pp. 1120-1143.

③ Erin L. Wolcott，“Impact of Foreign Official Purchases of US Treasuries on the Yield Curve”，*AEA Papers and Proceedings*，Vol. 110，2020，pp. 535-540.

多共识的包括以下几项。第一，世界主要经济体之间的实力对比发生趋势性变化，日本、欧元区和中国相继崛起，美国整体国力下降，崛起国希望在国际货币体系当中拥有与其自身实力相匹配的影响力；第二，以单一主权货币作为全球主导货币的现行国际货币体系，存在内生的不稳定性，布雷顿森林体系的解体和2008年国际金融危机的爆发，都证明了这一点，因此推动国际货币体系改革，也是世界上大多数国家的真实需求；第三，美国对美元的“武器化”利用，也使得很多国家不愿意接受美元霸权。由于超主权货币的使用尚不具备现实性，因此，在可以预见的未来由多种货币共同发挥国际货币职能，是推动国际货币体系改革、应对美元霸权最现实的方向。①

欧元目前是仅次于美元的第二大国际货币，欧元区涵盖19个国家和3.4亿多人口，未来将在国际货币体系多元化进程中扮演重要角色。截至2023年9月，欧元占国际储备份额为19.58%；截至2023年12月，欧元占跨境支付比例为22.41%。② 长期以来，困扰欧元区的问题是只有统一的货币政策而没有统一的财政政策，这在很大程度上妨碍了欧元国际地位的进一步提升。2019年6月欧元区推出了“促进竞争力和趋同性预算工具”，2020年7月欧盟通过了1.074万亿欧元的未来7年财政预算并发起设立7500亿欧元的“复苏基金”，该基金将以欧盟国家共同举债的方式进行融资（即发行以欧元计价的欧盟统一债券）。这些举措使得欧元区在财政一体化的道路上实现了重要进展。区域一体化进程的加快有利于欧元区经济的复苏和持续增长，欧元的国际地位将得以稳固并有可能在未来获得提升（见图2）。

人民币国际化是推动国际货币体系走向均势的另一支重要力量。首先，中国经济规模的持续增长及其在全球化当中的影响力构成人民币国际化的实力基础。中国是世界第二大经济体、全球最大的货物贸易国，并且

① 李巍：《制衡美元的政治基础——经济崛起国应对美国货币霸权》，《世界经济与政治》2012年第5期。

② 数据来源：万得数据库。

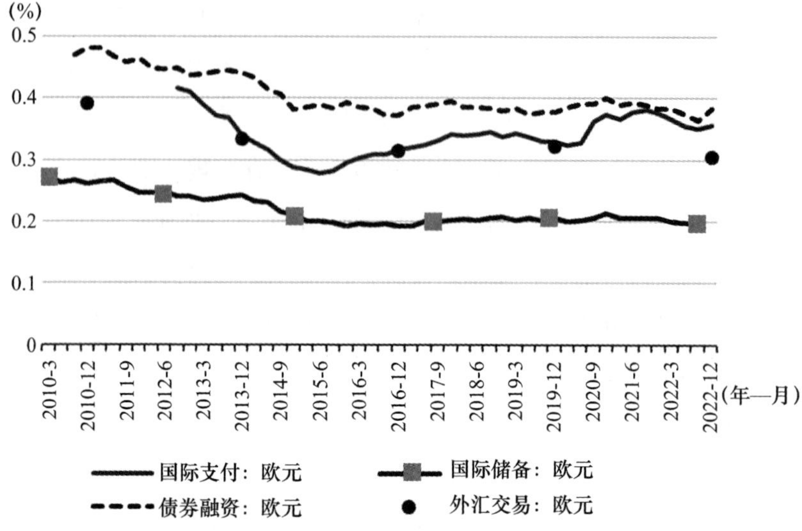

图2　欧元在国际支付、债券融资、外汇交易和国际储备中的份额变化

资料来源：万得数据库。

拥有全球最完整的制造业体系。其次，中国通过一系列改革，为人民币国际化夯实制度基础。在国内制度方面，中国逐步放开金融市场的外资准入，稳步推进汇率自由化和资本项目可兑换。在国际领域，中国争取货币合作伙伴并参与构建国际制度体系，推动人民币发挥国际货币职能，例如：推进IMF改革，发起成立亚投行和新开发银行，与多国签署双边货币互换协议等。① 此外，其他国家对国际储备多元化的需求构成了人民币国际化的市场需求基础。该问题在亚洲尤为突出，亚洲许多国家都是外汇储备盈余国，但亚洲作为世界第三大经济区却缺少区域主导货币，只能将外汇储备投资于美元资产，共同面临货币错配和美元资产缩水的风险，因此有着共同的储备多元化需求。②

在上述基础条件的共同作用下，人民币国际化已经取得显著进展。首先，人民币的国际收付货币功能不断增强。根据中国人民银行发布的

① 李巍：《中美金融外交中的国际制度竞争》，《世界经济与政治》2016年第4期。

② 高海红：《布雷顿森林遗产与国际金融体系重建》，《世界经济与政治》2015年第3期。

《2023 年人民币国际化报告》，2023 年 1—9 月，人民币跨境收付金额合计为 38.9 万亿元，同比增长 24.4%，收付金额创历史同期新高；2023 年 9 月人民币在全球跨境支付中占比为 3.71%，排名保持在第五位。其次，人民币的投融资功能持续深化。2023 年 1—9 月，直接投资人民币跨境收付金额合计为 5.6 万亿元，同比增长 19.2%；证券投资人民币跨境收付金额合计 21.6 万亿元，同比增长 19.7%；2023 年 1—8 月境外主体在境内发行熊猫债规模为 1060 亿元，同比增长 58.2%。再次，人民币作为储备货币功能逐渐显现。截至 2023 年 9 月人民币全球储备规模达 2601.2 亿美元，占全球外汇储备总额的 2.37%。[①] 目前，全球已有 60 多个央行或货币当局将人民币纳入外汇储备。最后，跨境人民币业务的基础设施逐步完善。截至 2022 年年末，人民币跨境支付系统（CIPS）已有 77 家直接参与者，1283 家间接参与者。从国际地位来看，人民币在国际支付、债券融资、外汇交易和国际储备中的比重稳步上升（见图 3），已成为全球第五大国际支付货币、第六大债券融资货币、第五大外汇交易货币和第五大国际储备货币。

近年来，受到地缘政治等因素的影响，人民币在国际贸易结算中的地位得到增强，不仅亚洲、南美洲和大洋洲有越来越多的国家在与中国的贸易中增加了人民币结算量，更出现了人民币的第三方使用，如俄罗斯和印度在能源贸易中使用人民币结算。国际贸易中货币的第三方使用，是货币发行国之外的国家间使用该种货币进行贸易结算，这是货币发行国自身无法控制的，完全出于国际市场的自由选择，说明该种货币的全球影响力在增强。人民币在国际贸易中的第三方使用，表明人民币作为国际结算货币迎来了新机遇。这一趋势如果得以持续，将对国际货币体系的多元化进程起到推动作用。

（三）国际货币体系从霸权走向多元的可能路径

随着美国政府公共债务的不断增加，在长期中由减持美国国债产生的

① 数据来源：万得数据库。

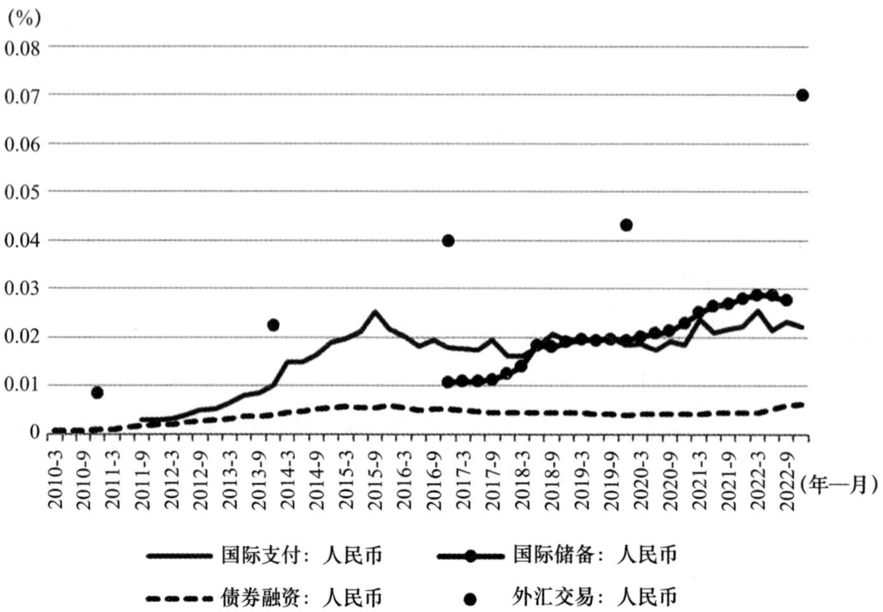

图3 人民币在国际支付、债券融资、外汇交易和国际储备中的份额变化

注：由于数据的统计口径不同，图中人民币在国际支付、债券融资、外汇交易和国际储备中的份额，分别采用月度流量数据、季度流量数据、年度流量数据和存量数据计算得到。

资料来源：万得数据库。

正反馈循环有可能成为国际货币体系走向多元化的实际路径。

一方面，美国国债的长期过度发行，成为导致各国官方对美国偿债能力的信心下降从而减持美债的关键内部因素；另一方面，其他货币国际地位的上升为投资者提供了非美元的安全资产，这成为减持美国国债的重要外部因素。内外双重因素的结合，将有可能促使国际投资者持续大幅减持美国国债，并替换成其他货币构成的安全资产。这是一个典型的美元国际权力下降、其他货币国际权力上升的过程，这一过程的持续演进最终将推动国际货币体系从霸权走向真正的多元化。

包括美联储在内的多篇论文通过实证研究得出一致结论，各国官方增持或者减持美国国债具有显著的利率效应，即增持导致美国国债利率下降，减持导致利率上升。① 因此，伴随各国官方由于担心美国偿债压力过大而减持美国国债，美国国债利率将会上升，美国财政支出压力增大（因为偿还国债的利息负担加重）。财政压力加大将导致各国官方对美国国债信心的进一步下降，从而继续增大美债减持额度，增持其他货币作为储备资产——这就形成了美债减持并推动国际货币体系向多元方向发展的自我增强型循环。沿着这一路径发展下去，美国长期依赖国际债务的发展模式将难以为继，债务水平不断高企将导致两种可能的结果：要么美联储成为美债最大持有者，要么美国爆发债务危机。这两种结果不论出现哪一种，都意味着美国之外的美元国际储备大幅下降，美元国际权力显著衰落，其他货币的国际权力上升，真正的多元货币体系将会形成。当然，上述过程不会一蹴而就，而将经历较为长期的演变。

四　模型设计

本节以各国官方减持美国国债造成的利率效应为核心机制构建数学模型，考查美债减持所导致的美国国内财政和债务指标动态变化及其对美元国际地位和国际货币体系多元化的影响。

（一）基准情况：国际储备货币构成不变

首先考虑基准情况，即美元和其他货币所占国际储备的份额在考察期内维持不变，即 $S_t^{USD}=S_0^{USD}$，$S_t^{OTH}=S_0^{OTH}$。其中，S_t^{USD} 和 S_0^{USD} 分别表示第 t 期和第 0 期美元资产在国际储备中所占份额；S_t^{OTH} 和 S_0^{OTH} 分别表示第 t 期和第 0 期其他货币在国际储备中所占份额；t 表示时期，取值为 0，1，…，n。

① Ben S. Bernanke, Vincent R. Reinhart, and Brian P. Sack, "Monetary Policy Alternatives at the Zero Bound: An Empirical Assessment", *FEDS Working Paper*, No. 2004-2048; Daniel O. Beltran et al., "Foreign holdings of U. S. Treasuries and U. S. Treasury yields", *Journal of International Money and Finance*, Vol. 32, 2013, pp. 1120-1143; Francis E. Warnock and Veronica Cacdac Warnock, "International capital flows and U. S. interest rates", *Journal of International Money and Finance*, Vol. 28, 2009, pp. 903-919. 这些研究通过实证分析表明，各国官方购买美国国债的金额每增加 1000 亿美元，美国国债利率下降 40—100 个基点。

由于各国官方的美元储备主要以美国中长期国债形式持有（本文采用5年期和10年期国债进行分析测算），那么第 t 期各国官方持有美国中长期国债为 $B_t=\rho \cdot RSV_t \cdot S_t^{USD}=\rho \cdot RSV_t \cdot S_0^{USD}$，则第 t 期较第 $t-1$ 期持有美国中长期国债的新增部分为：

$$\Delta B_t=B_t-B_{t-1}=\rho \cdot (RSV_t-RSV_{t-1}) \cdot S_0^{USD} \tag{1}$$

其中，RSV_t 表示第 t 期的国际储备总额；ρ 表示各国官方持有中长期国债占美元储备资产的份额；ΔB_t 表示各国官方在第 t 期较第 $t-1$ 期持有美国中长期国债的增量。

假设美国政府发行国债总量占国内生产总值的比例一定，中长期国债占全部国债比例一定，则美国政府在第 $t+1$ 期应当支付的中长期国债的利息为：

$$I_{t+1}=GDP_t^{US} \cdot d_t \cdot l \cdot r_t$$

其中，GDP_t^{US} 表示第 t 期美国 GDP 总量；d_t 表示第 t 期美国国债占 GDP 的比重；l 是中长期国债在全部国债的份额，为常数；r_t 表示基准情况下第 t 期美国中长期国债平均利率。

（二）目标情况：其他货币在国际储备中份额增加并挤占美元份额

在目标情况下，假设其他货币占国际储备的份额逐年复合增长，并在第 n 期达到目标值，则第 t 期其他货币的份额为：

$$S_t'^{OTH}=S_0^{OTH}(1+\omega)^t \tag{2}$$

$$\omega=\left(\frac{S_n'^{OTH}}{S_0^{OTH}}\right)^{\frac{1}{n}}-1 \tag{3}$$

其中，$S_t'^{OTH}$ 和 $S_n'^{OTH}$ 分别表示第 t 期和第 n 期其他货币占国际储备份额；ω 表示其他货币份额的年均复合增长率，由其他货币占国际储备份额的初始值和目标终值共同决定。

由于其他货币挤占美元份额，因此该情景下美元在国际储备中的份额为：

$$S_t'^{USD}=S_0^{USD}+S_0^{OTH}-S_t'^{OTH} \tag{4}$$

其中，$S_t'^{USD}$ 表示目标情况下第 t 期美元在国际储备中的份额。

那么，第 t 期各国官方持有的美国中长期国债为 $B'_t=\rho \cdot RSV_t \cdot S_t'^{USD}$，则各国官方在第 t 期较第 $t-1$ 期持有美国中长期国债的新增部分为：

$$\Delta B_t' = B_t' - B_{t-1}' = \rho \cdot \left(RSV_t \cdot S_t'^{USD} - RSV_{t-1} \cdot S_{t-1}'^{USD}\right) \quad (5)$$

其中，B_t' 表示目标情况下第 t 期各国官方持有美国中长期国债的金额；$\Delta B_t'$ 表示目标情况下各国官方在第 t 期较第 $t-1$ 期持有美国中长期国债的增量。

将第（1）式减去第（5）式并将第（4）式代入，可以得到目标情况下各国官方减少购买美国中长期国债的金额：

$$\Delta B_t - \Delta B_t' = \rho \cdot \left[RSV_t \cdot \left(S_t'^{OTH} - S_0^{OTH}\right) - RSV_{t-1} \cdot \left(S_{t-1}'^{OTH} - S_0^{OTH}\right)\right] \quad (6)$$

根据美联储等多篇实证研究文献所描述的机制可知，各国官方减少购买美国国债将在第 t 期引起国债利率上涨，即 $r'_t - r_t = \alpha \cdot (\Delta B_t - \Delta B'_t)$。其中，$\alpha$ 表示各国官方减持美国中长期国债单位金额导致的利率上升幅度（利率效应参数），r_t' 表示目标情况下第 t 期美国中长期国债平均利率。

于是，可以得到由于第 t 期国债利率上涨，在第 t 期新借中长期国债将引起美国政府在第 $t+1$ 期新增支付国债利息：[①]

$$I_{t+1}' - I_{t+1} = GDP_t^{US} \cdot d_t \cdot l \cdot \tau \cdot (r_t' - r_t)$$

其中，I_{t+1}' 表示在其他货币挤占美元储备份额的情景下第 $t+1$ 期美国政府需要支付的中长期国债利息；τ 表示美国政府新借中长期国债与当年中长期国债余额的比例[②]，为常数。

假设美国政府财政支出为国内生产总值的固定份额，美国国内生产总值保持稳定增长，则有 $EX_{t+1} = \varphi \cdot GDP_{t+1}^{US}$，$GDP_{t+1}^{US} = (1+g^{US}) \cdot GDP_t^{US}$。其中，$EX_{t+1}$ 表示第 $t+1$ 期美国政府财政支出；φ 为美国政府财政支出占国内

---

① 为简化运算，此处仅考虑当年的新增利率效应。在实际中利率效应是逐年累计的，即美国政府在 $t+1$ 期较基准情况产生的新增利息应为 $GDP_t^{US} \cdot d_t \cdot l \cdot \tau \cdot \sum_{i=1}^{t}(r_i' - r_i)$，以及之前年份新借债务在 $t+1$ 期仍未到期部分所产生的增量利息，算式结构与前式相同。由于这一简化不改变主要变量和参数之间的关系，因此基于文中算式展开后续推导以更加简洁、清晰地展示主要结果。在情景分析时，将全面计算新增债务的累计利息增量及其给美国财政造成的压力。

② 新借债务适用于新的利率。

生产总值的比重；g^{US}为美国国内生产总值的年增长率，为常数。

那么，新增利息支出导致政府财政支出负担增加的百分比为：

$$\frac{I'_{t+1}-I_{t+1}}{EX_{t+1}}=\frac{1}{\varphi\cdot(1+g^{US})}\cdot d_t\cdot l\cdot\tau\cdot(r'_t-r_t)$$

令$\frac{I'_{t+1}-I_{t+1}}{EX_{t+1}}=\chi_{t+1}$，$\frac{1}{\varphi\cdot(1+g^{US})}=\varphi^*$，并代入上式，则有：

$$\chi_{t+1}=\varphi^*\cdot\alpha\cdot d_t\cdot l\cdot\tau\cdot(\Delta B_t-\Delta B'_t) \tag{7}$$

其中，χ_{t+1}表示第t+1期新增利息导致财政支出增加的幅度。

假设国际储备总额与全球生产总值同步增长，后者的年均增长率为g^{RSV}，即：

$$RSV_t=RSV_0\cdot(1+g^{RSV})^t \tag{8}$$

其中，RSV_0表示第0期国际储备总额。

将第（2）、第（6）和第（8）式代入第（7）式，可得：

$$\chi_{t+1}=\varphi^*\cdot\alpha\cdot d_t\cdot l\cdot\tau\cdot\rho\cdot RSV_0\cdot S_0^{OTH}\cdot(1+g^{RSV})^{t-1}\cdot\{\omega\cdot(1+\omega)^{t-1}+g^{RSV}\cdot[(1+\omega)^t-1]\} \tag{9}$$

在上式中，各参数和变量均大于0，而且$(1+\omega)^t-1>0$，由此可知$\chi_{t+1}>0$。显然，χ_{t+1}是t的增函数，因此得到如下结论。

结论1：在其他条件不变的情况下，非美货币国际化作为外部均势力量，通过促使各国官方减持美国国债导致美国中长期国债利率上升，美国面临的财政压力加大且随时间延续不断增强。

将第（3）式代入第（9）式，并对$S_n'^{OTH}$求导可得：

$$\frac{d\chi_{t+1}}{dS_n'^{OTH}}=\varphi^*\cdot\alpha\cdot d_t\cdot l\cdot\tau\cdot\rho\cdot RSV_0\cdot S_0^{OTH}\cdot(1+g^{RSV})^{t-1}\cdot\left[\frac{t}{n}\cdot\frac{1}{S_0^{OTH}}\cdot(1+g^{RSV})\cdot\left(\frac{S_n'^{OTH}}{S_0^{OTH}}\right)^{\frac{t}{n}-1}-\frac{t-1}{n}\cdot\frac{1}{S_0^{OTH}}\cdot\left(\frac{S_n'^{OTH}}{S_0^{OTH}}\right)^{\frac{t-1}{n}-1}\right] \tag{10}$$

易知第（10）式必然大于零，于是可得如下结论。

结论2：在其他条件不变的情况下，非美货币国际化作为外部均势力量，在国际储备中获得的份额越高，美国政府因美债减持面临的财政压力越大。

从第（10）式还可以看到，$S_n'^{OTH}$ 对 χ_{t+1} 的作用效果受到美国国内经济参数（φ^*、d_t、l、τ）的影响。因此，可以得到结论 3。

结论 3：在其他条件不变的情况下，非美货币国际化作为外部均势力量，通过美债减持机制对美国财政构成的压力，受到美国国内经济结构指标（财政支出占 GDP 的比重、债务总额占 GDP 的比重、中长期债务占债务总额的比重、新借中长期国债占当年中长期国债余额的比例）的影响。

五　多元国际货币体系演化的数据模拟与情景分析

基于上述数学模型，本节对美债减持导致的国际货币体系多元化进程及其具体路径开展情景模拟。

（一）参数设定

以 2019 年为基期（$t=0$），利用上述模型进行为期 30 年（$n=30$）的情景分析。① 参考现实经济和文献，设定上述模型中的主要参数伴随着全球经济的低迷，国际储备在未来一段时间将步入低速增长。从 2009 年到 2019 年，国际储备总额的年均增长率为 3.78%，同期全球 GDP 年均增长率为 3.68%，这段时期可见国际储备与全球 GDP 基本保持同步增长趋势。本文设定未来 30 年全球 GDP 平均年增长率为 3%，国际储备总额也按照同速率增长。根据 IMF COFER 数据库，2019 年国际储备总额为 11.83 万亿

① 本文的情景模拟以 2019 为基期，主要是考虑到两方面因素：一是国际货币体系的多元化需要一个过程，不会一蹴而就，本文采用最长 30 年的考察期，分别在 10 年、20 年和 30 年的时间节点上分析美债减持和国际货币体系的演进，能够清楚、完整地看出美元地位持续下降的全过程，结论具有稳健性；二是在采用 30 年为最长考察期的情况下，以 2019 年为基期，则期末是 2049 年，为中华人民共和国成立 100 周年，这对于分析人民币国际化和中国推动国际货币体系多元化变革具有典型意义。

美元，其中美元为6.75万亿美元，其他货币为5.08万亿美元，占比分别为57%和43%。于是，可以设定相关参数的值为：

$$g^{RSV}=3\%$$

$$RSV_0=11.83$$

$$S_0^{USD}=57\%$$

$$S_0^{OTH}=43\%$$

从美国经济来看，债务将继续维持较高水平，财政状况不容乐观。根据世界银行的数据，最近10年美国GDP年均增长率为2.25%，再考虑到近年美国经济面临的困难，将未来30年GDP年均增长率设定为2%。根据万得数据，截至2019年年底美国未偿国债总额为22.72万亿美元，占GDP的比重为106%；经测算，该比例在近10年以年均2.35个百分点的速度上升，故设定未来30年未偿国债总额占GDP比重将每年增长2个百分点。测算可知近10年中长期债务在美国未偿国债中的比重约75%，财政支出占GDP比重约为21%，新发中长期国债占当年中长期国债未偿余额的比重约20%，这3个指标未呈现明显随时间变化的趋势，故认为未来30年将继续保持近10年水平。则有，

$$g^{US}=2\%$$

$$d_0=106\%$$

$$\Delta d=2\%$$

$$l=75\%$$

$$\varphi=21\%$$

$$\tau=20\%$$

在中长期内，美国国债仍将是美元储备的主要形式。根据美国财政部数据，2019年年底各国官方持有美国国债的金额约4万亿美元，① 占美元储备资产的比重约60%。包括美联储在内的多项研究表明，各国官方购买美国国债流量变化产生的利率效应约为：每1000亿美元国债购买量变化对

① 来自美国财政部国际资本流动（TIC）数据库。

应40—100个基点国债利率变化。理论上讲，随着各国官方减持美国国债和国际市场对美国国债信心的下降，上述利率效应将会不断放大。不过，为稳妥起见，本文在测算部分将利率效应参数设定为每减少购买1000亿美元国债，利率上升50个基点。于是，

$$\rho = 60\%$$

$$\alpha = 0.5\%$$

（二）3种情景估计

情景1：2049年其他货币在国际储备中份额达到51%，即 $S_{30}'^{OTH} = 51\%$

情景1是较为温和的情景，其他货币国际化稳步推进，在国际储备中的占比在2049年（$t=30$）升至51%，美元在国际储备的比重相应降至49%（采取这样的比重设定，是基于如下考虑：美元在国际储备中的比例降至50%以下，标志着一超多强的霸权型国际货币体系开始向均势格局转变）。此情景下虽然各国官方持有美国国债的存量保持增长，但是购买美国国债的增量金额在2044年（$t=25$）达到峰值后就开始下降。与基准情况相比，各国官方减少购买美国国债的金额以年均约10%的速度上升，到2049年已达1272亿美元/年。各国官方减少购买美国国债将导致中长期利率上升，累计利率增幅在2032年（$t=13$）突破1%，到2041年（$t=22$）突破3%，在2046年（$t=27$）突破5%。以2019年年底美国10年期国债利率1.75%为参考，到2049年该项利率指标将达到8.64%，高于欧债危机期间意大利和西班牙长期国债利率的最高值7.06%和6.79%。同时，美国政府需支付的中长期国债利息相应增加，在2030年（$t=11$）就超过1000亿美元，到2043年（$t=24$）超过1万亿美元，2048年（$t=29$）超过2万亿美元；2049年新增利息占财政支出比重高达28.10%。可见，即便是在较温和的情景下，美国公共债务的积累和其他货币国际化的稳步推进也会对美债利率产生显著影响，增加美国的债务和财政负担，甚至可能像欧债危机当中的意大利和西班牙一样爆发财政危机。更有可能发生的是，美联储在二级市场大规模买进国外机构减持的美债，同时在一级市场购进美国

财政部增发的国债，那么美国可能不会爆发财政危机，但是美元储备份额将显著下降，美元的国际信用遭到侵蚀，其霸权地位会衰落（参见表1）。

表1　**情景1下各国官方减持美国国债的利率效应和财政影响**

年份	美元储备占比（%）	美元储备金额（亿美元）	各国官方减少购买美国国债（亿美元）	利率累计上升幅度（%）	新增利息（亿美元）	增加利息占财政支出比重（%）
2019	57.00	67500	—	—	—	—
2024	56.38	77327	124	0.25	173	0.35
2029	55.58	88364	205	0.68	913	1.67
2034	54.53	100498	330	1.37	2484	4.10
2039	53.15	113564	524	2.47	5617	8.40
2044	51.35%	127195	821	4.20	11637	15.76
2049	49.00	140701	1272	6.89	22908	28.10

情景2：2049年其他货币在国际储备中份额达到61%，即 $S'^{OTH}_{30}=61\%$

情景2是中等情景，其他货币在国际储备中的占比于2049年达到61%，美元储备的份额降至39%。美元储备的金额在2046年（$t=27$）达到峰值后便开始下降，到2049年已降至约11.2万亿美元。与基准情况相比，各国官方减少购买美国国债的金额以年均约12.3%的速度上升，到2038年（$t=19$）已达到1000亿美元/年，到2045年（$t=26$）超过2000亿美元/年，2048年（$t=29$）更是突破3000亿美元/年。各国官方大量减少购买美国国债导致其中长期利率上升，累计利率增幅在2029年（$t=10$）突破1%，到2040年（$t=21$）突破5%，在2046年（$t=27$）突破10%。参考2019年年底美国10年期国债利率，到2049年该项利率指标将达到17.26%，显著超过西班牙、意大利、爱尔兰（12.45%）和葡萄牙（13.85%）在欧债危机期间的长期国债利率峰值。美国政府需支付的中长期国债利息迅速增加，在2028年（$t=9$）就超过1000亿美元，到2039年（$t=20$）超过1万亿美元，2048年（$t=29$）超过4万亿美元，到2049年增加利息占财政支出比重将达到60.21%。可见，在中等情景下，美国高额公共债务和其他货币国际化这两项因素将在大幅提升美国国债利率的同时，显著加剧美国的债务负担。与情景1类似，要么美联储大规模购进美债，要么美国爆发债务危机。无论哪种情况出现，美元国际地位都会大幅下降，霸权型国际货币体系将会转向多元体系（参见表2）。

表2　　情景2下各国官方减持美国国债的利率效应和财政影响

年份	美元储备占比（%）	美元储备金额（亿美元）	各国官方减少购买美国国债（亿美元）	利率累计上升幅度（%）	新增利息（亿美元）	增加利息占财政支出比重（%）
2019	57.00	67500	—	—	—	—
2024	56.06	76888	196	0.38	257	0.52
2029	54.69	86951	359	1.10	1435	2.62
2034	52.68	97084	641	2.39	4178	6.90
2039	49.72	106225	1126	4.67	10186	15.23
2044	45.37	112387	1956	8.64	22877	30.99
2049	39.00	111982	3375	15.51	49084	60.21

情景3：2049年其他货币在国际储备中份额达到71%，即 $S_{30}'^{OTH}=71\%$

情景3是激进情景，其他货币在国际储备中的占比在2049年达到71%。美元储备的金额从2041年（$t=22$）以后便一直下降，到2049年已降至约8.33万亿美元，与2028年（$t=9$）水平相当。与基准情况相比，各国官方减少购买美国国债的金额以年均约13.7%的速度上升，到2035年（$t=16$）已达1000亿美元/年，到2044年（$t=25$）超过3000亿美元/年，2048年（$t=29$）更是突破5000亿美元/年。在中后期，各国官方减持美国国债的规模大幅增长，使美国中长期利率加速上升，累计利率增幅自2038年（$t=19$）至2049年迅速从5.67%涨到24.12%。仍以美国10年期国债利率为参考，到2049年该项利率指标将达25.87%，显著超越西班牙、意大利、爱尔兰和葡萄牙在欧债危机期间的长期国债利率，几乎与希腊在欧债危机最艰难时刻的长期国债利率水平相当。美国政府需支付的中长期国债利息急剧增加，到2038年（$t=19$）超过1万亿美元，2047年（$t=28$）

超过5万亿美元；2049年新增利息占财政支出的比重将高达90.87%，美国因利率上升需要新增支付利息超过7万亿美元。面对如此巨大的债务偿还压力和财政赤字缺口，包括美国国内投资者在内的全球所有投资者（除去美联储）都会大规模抛售美债。在此情景下，美国要么爆发十分严重的债务危机，要么由美联储买进并持有绝大部分美债。即使美联储的救助行为能够防止美国陷入债务危机，美元也将丧失国际储备货币的地位，美元霸权时代就结束了（参见表3）。

表3　**情景3下各国官方减持美国国债的利率效应和财政影响**

年份	美元储备占比（%）	美元储备金额（亿美元）	各国官方减少购买美国国债（亿美元）	利率累计上升幅度（%）	新增利息（亿美元）	增加利息占财政支出比重（%）
2019	57.00	67500	—	—	—	—
2024	55.86	76606	244	0.47	309	0.62
2029	54.07	85959	476	1.40	1785	3.25
2034	51.25	94465	903	3.18	5420	8.95
2039	46.84	100069	1686	6.52	13844	20.70
2044	39.90	98820	3120	12.71	32708	44.30
2049	29.00	83267	5737	24.12	74073	90.87

（三）结果分析

上文3种情景的测算，均是在美元国际储备匀速减少的假定下进行的，这是一种最温和的假设，在现实中美债减持不会是一个匀速过程。随着美国国债利率上升和财政赤字加剧，国际市场对于美元的信心可能发生突变。美国一旦发生债务危机，将无外部救助的可能性，因此各国的理性选择将是加速减持美国国债，前述估计所涉及的美国国内经济指标（财政支出占GDP的比重、债务总额占GDP的比重、中长期债务占债务总额的比重、新借中长期国债占当年中长期国债余额的比重）和反映各国官方对美国国债态度的指标（各国官方美国国债占美元储备的比重、美国国债购买的利率效应参数）都可能在短时间内迅速变化，因此国际货币体系可能早于 2049 年就会出现重大调整。

六　结论

本文基于多项实证研究所揭示的美债利率效应，建立数学模型，进行了 3 种情景模拟，即在美元之外的其他货币于 2049 年在国际储备中的份额分别达到 51%、61%和 71%的情况下，美债利率的上升幅度及美国财政面临的压力，实际上这是美债减持正反馈循环的 3 条动态路径。模拟结果表明，美国中长期国债利率将分别上升至 8.64%、17.26%和 25.87%。

实际上，国际货币体系的演变具有很大的不确定性，美元之外其他货币国际化进程的准确预测亦有较大困难，即使采用多种设定情景，也难以完全涵盖未来国际货币体系演化的真实发展状况。基于此，本文设定温和、中等和激进 3 种情景开展模拟，主要目的是为了增强研究结论的稳健性和全面性。根据量化模拟的结果，即使是其中最温和的设定情景，即美国中长期国债利率上升至 8.64%，也显著超过了欧债危机期间意大利和西班牙国债利率的最高值（分别为 7.06%和 6.79%）。意大利和西班牙是在危机期间得到了欧元区和 IMF 的救助才渡过难关，而美国庞大的经济体量和债务规模使得任何外部救助均无可能，只能由美联储购买巨额美债，这意味着美国之外的美元国际储备将大幅下降，美元国际信用遭遇严重侵蚀，国际货币体系则从霸权格局走向真正的多元格局。如果实际情况是接近中等情景或者激进情景，美国还有可能爆发财政危机，美元国际地位的下降会更加严重。换言之，不论发生上述 3 种情景中的哪一种，长期来看美元国际地位的显著下降都是较高概率事件。

当然，在影响上述国际货币体系演化进程的两个因素中，美国政府公共债务的持续积累是核心因素，其影响力超过外部因素。正如前文模型推导所显示的，美国经济的内部因素对国际货币体系演化的进程和最终结果具有关键性的影响力。如果美国在未来能够有效控制债务规模，并获得较高的经济增长，则国际货币体系的演变将不同于上文设定的情景。问题在于，长期以来美国公共债务一直处于上升态势，美国政府不断突破债务上限。2023 年 6 月美国国会通过了关于债务上限和预算法案，暂缓政府债务上限至 2025 年年初，这是美国自第二次世界大战结束以来第 103 次调整债务上限。可以看出，美国政府削减公共债务的难度很大。

需要说明的是，国际货币体系演变受到政治、经济、军事和科技等多方面因素的影响，是一个极其复杂的过程。本文仅仅从美国政府债务压力与美元国际信用相互影响的视角出发，分析国际货币体系多元化演变的可能路径，这一研究的重点在于提供一种视角和方法。实际上，尽管从历史经验来看，美国政府控制债务增长的努力没有获得明显效果，但是伴随政府债务的巨额积累，美国政府还是会采取一定的措施进行债务管理，如何评估和预测在政府干预下的美国公共债务长期增长情况，仍需从定性和定量层面开展深入、动态的研究。

总体上看，未来的国际货币体系，如果能够在尊重市场规则、增强公正性和稳定性、促进全球化并加强全球治理的前提下和平、渐进地演化为多元体系，必将为人类社会提供更高质量的公共产品，而这或应成为各国政府和学术界努力的目标。

（本文发表于《中国社会科学》2024 年第 5 期）

垂直分工下中国对外贸易中的内涵 CO_2 及其结构研究

马　涛*

内容摘要：本文利用非竞争型投入产出模型，根据出口产品的国内外投入构成，分别测算了加工贸易出口和非加工贸易出口中的国产和进口内涵碳排放构成，进而分析出口碳排放和碳排放强度的结构变化。结果表明，尽管中国出口贸易中碳排放总量在不断增加，但是碳排放强度在降低；加工贸易出口中投入品国产化程度的提高，扩大了国产内涵碳排放，而非加工贸易出口中投入品国产化程度的降低，则减少了国产内涵碳排放。本文还从碳排放视角分析了中国对外贸易结构的调整，碳排放强度较高产业出口结构的逐步优化，不仅促进了中国节能减排政策的有效实施，也有利于贸易结构的调整和产业转移。

关键词：垂直分工　碳排放　贸易结构　非竞争型投入产出模型

一　问题的提出

发展与气候变化是当今国际热点问题。从《京都议定书》国际公约的签署，到哥本哈根气候变化大会维护了议定书确定的“共同但有区别的责任”原则，再到坎昆全球气候变化大会的谈判，各国经济增长中的碳排放问题被提到了史无前例的高度。如何实现碳减排也成为全球及各国可持续

* 马涛，中国社会科学院世界经济与政治研究所研究员。

发展的一个重要约束条件。同时，在全球化进程中，越来越多的国家参与到垂直一体化分工当中。在生产领域，一件产品往往不是在一个国家内完成，而是按照比较优势和要素禀赋配置在多个国家制成，因此形成了国际垂直分工体系（也称作产品内分工的新型国际分工）。由于产品的生产分布在多个国家，国际分工把价值链上的国家联系在一起，因此，形成的二氧化碳（CO_2）排放在各国间的边界效应也变得不再清晰。对于占中国半壁江山的加工贸易而言，中间投入品在国家之间的流动也使得对碳排放的边界属性难以测度。出口品中的部分 CO_2 排放在生产国，但消费在异国，在生产核算原则下，生产国承担了消费国的碳排放责任。由于各国的发展模式不同，在全球气候变化方面承担的责任和义务也是有差异的。普遍认为，作为“世界工厂”的中国，外商在华投资设厂或以外包的形式把污染产品转移至中国生产，生产过程中大量的碳排放留在了国内，而外国再从中国进口这些高能耗的产品。实际情况如何，需要具体测算不同行业出口贸易中的碳排放以及进口节约的碳排放，以此检验出口贸易中的碳排放结构变动。

改革开放以来，随着中国经济发展和外资企业不断涌入，加工贸易在中国对外贸易中的比重不断提高。我们以 1997—2007 年的五个时点来分析中国一般贸易出口、加工贸易出口和总出口中 CO_2 排放的总体发展情况。由图 1 可见，随着总产出和出口以及出口占总产出比重的增加（1999 年出口占总产出比重比其他年份略低，碳排放量也出现回落，从出口额上看，加工贸易出口比一般贸易出口增长得更多一些，并且前者在多数年份的增长率也大于后者），中国总出口中 CO_2 排放总量也在大幅度提高。分阶段来看，2002 年是中国加入世界贸易组织（WTO）后的第一年，从这一年的数据看，出口碳排放量没有明显增加，但是加工贸易和一般贸易的出口额有显著增加，说明贸易开放产生了即刻的影响。对比 1997 年，一般贸易出口增长 63.9%，加工贸易出口增长 80.7%，出口碳排放量增长 16.2%。相对于 1997 年，2005 年一般贸易出口增长 279.2%，加工贸易出口增长 318.2%，出口碳排放量增长 149.8%；同样相对 1997 年，2007 年一般贸易出口增长 548.1%，加工贸易出口增长 520.1%，出口碳排放量增长 204.8%。我们可以看出，经过几年的发展，出口中 CO_2 排放量随着产出和出口贸易的迅速增长而变得剧烈起来。虽然碳排放总量和总产出在提高，但是我们也知道，在理论上碳排放强度可以随着技术进步和生产率的提高而不断降低。因此，基于总量数据，我们难以判断在大力发展低碳经济的政策条件下（尽管碳排放总量还在不断增加）低碳约束是否能够促进中国出口贸易中的碳排放结构的优化，甚至有助于中国贸易结构的调整和转型。这正是本文所要深入研究的问题。

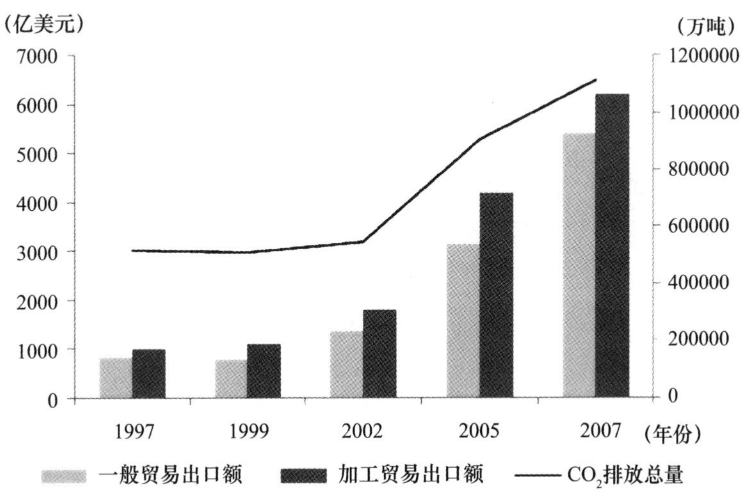

图 1　中国一般贸易、加工贸易出口额与总出口中 CO_2 排放量的变化

资料来源：中国海关总署网站、《中国统计年鉴》。CO_2 排放的测算方法依据本文第四部分提供的方法计算得出。

以往对贸易和气候变化关系的研究，很少考虑到中国在国际垂直分工下的生产和贸易模式。笔者认为，在当前的中国，对上述问题进行研究是十分必要的。本文创新之处是，在（进口）非竞争型投入产出模型中，特别研究了在加工贸易和非加工贸易出口情形下 CO_2 排放结构及其动态变化。通过上述方法，不仅可以全面考察出口产品（尤其是加工贸易出口）的碳排放构成的变化，还能对中国制造业对外贸易的碳排放强度与出口结构调整做深入研究。在中国加入 WTO 十周年之际，在全世界倡导发展低碳经济与全球化不断深化的双重背景下，探讨低碳经济对中国贸易模式和贸易结构的影响，尤其是减少碳排放对中国贸易结构调整能否起到潜移默化的作用，值得我们深入剖析。

二 相关研究回顾

众所周知，低碳经济是一种全新的发展模式，可归结为一个发展问题，其核心是能源利用效率。发展低碳经济关键在于如何有效控制二氧化碳的排放、如何实现发展与减排的双赢，对两者的研究具有重大现实意义。Grossman 提出，碳排放量是生产活动的一个副产品,① 其取决于规模、结构和技术效应三个决定因素，处理好上述三个效应可以实现低碳经济。同时，低碳经济是一个环境经济问题，Beaumont 和 Tinch 认为，厂商获得经济和环境双赢的前提需要建立在有效的环境治理基础上。② 所以，低碳经济就是在增长与环境保护之间进行权衡，以获得双赢的结果。

为了实现绿色增长并完成节能减排任务，各国在研发节能技术的同时，在进行着产业结构调整和升级。进出口贸易中的能源消耗抑或碳排放，也是经济发展中值得关注的现实问题。贸易模式转变所带动的生产方式的调整，对生产过程中碳排放的转移和结构变化产生影响，进而改变一国的贸易碳排放结构。

无论是能源消费结构还是碳排放结构，低碳经济已成为国内研究中的热点问题。陈迎等基于投入产出表对中国进出口商品的内涵（embodied）能源进行了测算,③ 并对主要贸易伙伴国出口和进口的内涵能源流向进行

① Grossman, G., "Pollution and Growth: What Do We Know?" *CEPR Discussion Papers*, No. 848, 1993.

② Beaumont, N. J. and Tinch, R., "Abatement Cost Curves: A Viable Management Tool for Enabling the Achievement of Win-Win Waste Reduction Strategies?" *Journal of Environmental Management*, Vol. 71, No. 3, 2004.

③ 陈迎、潘家华、谢来辉：《中国外贸进出口商品中的内涵能源及其政策含义》，《经济研究》2008 年第 7 期。

了比较，发现内涵能源进出口净值随贸易顺差的扩大呈增长趋势。刘瑞翔和姜彩楼也从投入产出视角，① 运用结构分解的方法对中国能源消耗加速增长现象进行了研究。结果表明，当前中国在工业化进程中所处的阶段及以加工贸易为主参与国际分工的事实，是促使能源消耗加速增长的根本原因。李小平和卢现祥的研究得到国际贸易能减少工业行业的 CO_2 排放总量和强度的结论，② 并认为中国并未通过国际贸易成为发达国家的“污染产业天堂”。彭水军和刘安平基于开放经济的环境投入产出模型，③ 分析了进出口贸易对中国四种主要污染物排放的影响。研究发现，中国并没有专业化生产和出口污染密集型产品，“污染避风港”假说在中国不成立。

国外学者开始研究碳排放要更早一些，尤其在关注国际贸易中内涵碳排放问题方面更是给中国此领域的研究提供了许多新思路。Shui 和 Harriss 对中美贸易中的 CO_2 排放进行测算后发现，④ 如果美国不从中国进口商品则会增加 3%—6% 的碳排放，而中国目前 CO_2 排放中的 7%—14% 是美国出口造成的。他们认为美国对中国高技术和清洁生产的输出会使双方获得双赢，也能有效缓解贸易失衡和碳排放状况。Machado 等也采用投入产出方法对巴西国际贸易的内涵能源和 CO_2 排放进行了经验研究，⑤ 发现内涵在贸易中的能源消耗和碳排放不断增加，并建议贸易政策要考虑到环境问题，以实现经济与增长协调发展。Julio 和 Duarte 建立了环境投入产出模型用来分析进出口中的内涵 CO_2 对行业的影响，⑥ 结果表明，西班牙的污染

---

① 刘瑞翔、姜彩楼：《从投入产出视角看中国能耗加速增长现象》，《经济学（季刊）》2011 年第 3 期。

② 李小平、卢现祥：《国际贸易、污染产业转移和中国工业 CO_2 排放》，《经济研究》2010 年第 1 期。

③ 彭水军、刘安平：《中国对外贸易的环境影响效应：基于环境投入—产出模型的经验研究》，《世界经济》2010 年第 5 期。

④ Shui，B. and Harriss，R.，“The Role of CO_2 Embodiment in US-China Trade”，*Energy Policy*，Vol. 34，No. 18，2006.

⑤ Machado，G.，Schaeffer，R. and Worrell，E.，“Energy and Carbon Embodied in the International Trade of Brazil：An Input-Output Approach”，*Ecological Economics*，Vol. 39，No. 3，2001.

⑥ Julio，S. C. and Duarte，R.，“CO_2 Emissions Embodied in International Trade：Evidence for Spain”，*Energy Policy*，Vol. 32，No. 18，2004.

出口产品主要集中在能源和矿产部门，进口导向政策转移了大量的污染，有利于实现平衡排放。

以往不少文献运用竞争型投入产出方法来研究贸易中的含碳量问题，如 Weber 等及姚愉芳等的研究，① 此方法因不能区别投入品的来源而不能深入分析一些结构性问题，尤其是不能对中国参与全球化垂直分工的环境影响做出结构研究。此外，张友国及张为付和杜运苏与本文使用的研究方法较为接近，② 他们应用了非竞争型投入产出模型分析了中国对外贸易中的碳含量、内涵碳排放及其影响因素，使该领域研究向前迈进了一大步。但上述研究并没有把这种结构细化到加工贸易和非加工贸易的层面，还是局限于总进出口贸易中内涵的碳排放结构。本文将在这方面向前推进，对中国的现实问题进行一个较为全面的探讨。

在碳排放结构的研究方法上，国内外均有大量具体的研究，其中也包括贸易中内涵碳排放的测度。如 Kaya 模型法的恒等式为：$CO_2 = P \times (GDP/P) \times (E/GDP) \times (CO_2/E)$，E/GDP 表示能源强度，主要与技术有关；而 CO_2/E 与能源利用结构有关。借助 LMDI 分解法（logarithmic mean divisia index，对数平均迪氏指数）对所有因素进行无残差分解，可以将两个时期二氧化碳排放的变动量表示为各个解释变量贡献份额的线性表达式。但上述方法仅仅是对碳排放结构的分解，没有涉及贸易中的碳排放结构问题。Peters 和 Hertwich 将二氧化碳排放分为三种途径分析：③ 一是贸易中的内涵碳排放（emission embodied in trade）。这里将贸易中内涵碳排放的收支平衡式表述为总出口中的内涵碳排放与总进口中的内涵碳排放之差为零，差值为正是碳排放顺差，差值为负则是逆差。本文研究的只是出口

① Weber，C.，Peters，G.，Guan，D. and Hubacek，K.，“The Contribution of Chinese Export s to Climate Change”，*Energy Policy*，Vol. 36，No. 9，2008. 姚愉芳、齐舒畅、刘琪：《中国进出口贸易与经济、就业、能源关系及对策研究》，《数量经济技术经济研究》2008 年第 10 期。

② 张友国：《中国贸易含碳量及其影响因素——基于（进口）非竞争投入—产出表的分析》，《经济学（季刊）》2010 年第 9 卷第 4 期；张为付、杜运苏：《中国对外贸易中隐含碳排放失衡度研究》，《中国工业经济》2011 年第 4 期。

③ Peters，G. and Hertwich，E. G.，“CO_2 Embodied in International Trade with Implications for Global Climate Policy”，*Environmental Science & Technology*，Vol. 42，No. 5，2008.

贸易中的碳排放“局部”平衡问题，即出口贸易中的国产内涵碳排放与进口内涵碳排放的结构变化，所以在内涵碳排放的定义上与此处略有不同。二是当前正广泛研究的碳泄漏（carbon leakage），该研究一般基于可计算一般均衡（CGE）方法，此方法对相关假设条件依赖程度较高。其中，“弱碳泄漏”定义为从《京都议定书》确定的非附件 B 国家到附件 B 国家进口中的 CO_2 内涵碳排放量。三是生产和消费排放量，两者的关系是消费排放量等于生产排放量减去贸易中内涵碳排放量的收支平衡，该方法研究的是碳排放的整体平衡问题。

上述文献为本文的研究提供了扎实的理论基础，也拓宽了本文的研究思路。由于本文考虑到了中国深入参与国际垂直分工的现实，在投入产出表的基础上对加工贸易单独进行考虑，以此来测算中国出口贸易中碳排放的内涵构成及其动态变化。国内外的研究很少将加工贸易情形放入投入产出模型中，故不能针对中国现实问题进行具体分析。通过对出口贸易碳排放结构的分解，可以进一步了解中国贸易是向低碳还是高碳方向转移。尤其是中国加入世界贸易组织后，随着贸易开放程度的提高，碳排放构成是否也发生了变化？这些问题都值得进一步关注。

三　出口贸易中碳排放的测算方法

本文借鉴 Koopman 等的（进口）非竞争型投入产出模型①，与传统竞争型投入产出模型不同的是，该模型能够充分反映中国加工贸易较为普遍的特点，并能区分加工贸易和非加工贸易（包含一般贸易和国内销售）中的进口投入品和国产投入品，将出口贸易的构成分解为外国投入和国内投入两部分。本文在此基础上研究出口商品含碳量的结构性问题，通过不同年份的数据动态分析中国出口贸易中碳排放的结构性变化。值得说明的

① Koopman，R.，Wang，Zhi and Wei，Shangjin，“How Much of Chinese Exports is Really Made In China? Assessing Domestic Value-Added When Processing Trade is Pervasive”，*NBER Working Paper*，No. 14109，2008.

是，以往学者在研究中国出口贸易中的碳排放时，通常是对总出口贸易中的内涵碳排放进行估算，而这种方法并不能真实体现中国参与垂直生产的特点。于是，本文估算加工贸易与非加工贸易出口中的内涵碳排放，以及两类出口中进口投入品所节约的碳排放，并以此进行碳排放结构的比较。

非竞争型投入产出模型用到方程组（1）所列恒等式：

$$\begin{cases}\begin{bmatrix}I-A^{DD} & -A^{DP}\\ 0 & I\end{bmatrix}\begin{bmatrix}X-E^{P}\\ E^{P}\end{bmatrix}=\begin{bmatrix}Y^{D}\\ E^{P}\end{bmatrix}\\ A^{MD}(X-E^{P})+A^{MP}E^{P}+Y^{M}=M\\ \mu A^{Dk}+\mu A^{Mk}+A_{v}^{k}=\mu,\ k=D,\ P\end{cases} \tag{1}$$

其中，考虑加工贸易情形后变量的表达变得更加复杂，变量的上标 D 代表非加工贸易，P 代表加工贸易，A_v^D 和 A_v^P 分别是上述两种情形下的增加值比率向量，A^{MD} 是进口中间品用于非加工贸易出口的消耗系数矩阵，A^{DD} 是国内生产中间品用于非加工贸易出口的消耗系数矩阵，A^{DP} 是国内生产的中间品用于加工贸易出口的消耗系数矩阵，A^{MP} 是进口中间品用于加工贸易出口的消耗系数矩阵。X 为总产出向量，M 为总进口向量，Y^M 为对进口产品的最终需求向量，Y^D 为对国内产品的最终需求向量，E^P 为行业加工贸易出口向量，μ 是 $1\times n$ 的单位向量。

根据方程组（1）中的第一个方程，我们可以得到如下恒等式：

$$X-E^{P}=(I-A^{DD})^{-1}Y^{D}+(I-A^{DD})^{-1}A^{DP}E^{P} \tag{2}$$

将（2）式带到方程组（1）中第二个恒等式中，就得到对进口中间品（$M-Y^M$）的总需求方程：

$$M-Y^{M}=A^{MD}(I-A^{DD})^{-1}Y^{D}+A^{MD}(I-A^{DD})^{-1}A^{DP}E^{P}+A^{MP}E^{P} \tag{3}$$

（3）式中的进口中间品由三部分组成：第一部分是非加工贸易出口中的进口中间品，第二、三部分是加工贸易出口中间接和直接使用的进口中间品。于是，根据（3）式的构成，我们就可以计算在垂直专业化条件下的加工贸易出口和非加工贸易出口中外国贡献部分向量 S_{FIC}。

根据方程组（1）中的第一个等式，我们得到扩展的里昂惕夫逆矩阵及其展开式，其含义是国内贡献（生产）投入品的需求矩阵：

$$\begin{bmatrix} I-A^{DD} & -A^{DP} \\ 0 & I \end{bmatrix}^{-1} = \begin{bmatrix} (I-A^{DD})^{-1} & (I-A^{DD})^{-1}A^{DP} \\ 0 & I \end{bmatrix}$$

再用增加值向量（$A_v^D A_v^P$）乘以上述逆矩阵就能推导出两种贸易出口方式下国内贡献部分向量 S_{DIC}。当然，还要加入两种贸易份额作为权重进行加权，结果见方程组（4），其中 E 为行业总出口向量：

$$\begin{cases} S_{FIC} = A^{MD}(I-A^{DD})^{-1}\dfrac{E-E^P}{E} + [A^{MD}(I-A^{DD})^{-1}A^{DP}+A^{MP}]\dfrac{E^P}{E} \\ S_{DIC} = A_v^D(I-A^{DD})^{-1}\dfrac{E-E^P}{E} + [(I-A^{DD})^{-1}A^{DP}A_v^D+A_v^P]\dfrac{E^P}{E} \end{cases} \tag{4}$$

在 Beghin 等对环境与经济之间关系的研究中，假设了污染排放与投入成比例。① 我们知道化石燃料消耗与碳排放相对应，也便有碳排放与产出成比例。如果能分解产出中的投入构成，那么碳排放与产出构成也成比例。于是，在得到贸易中不同投入的贡献份额后，若要考虑 CO_2 在不同出口中的含碳量结构，在方程组（4）的基础上，按照比例方法（proportional method），可以将生产投入品所排放的 CO_2 按照其在制成品中所占份额进行折算。实际上，彭水军和刘安平与陈迎等所构建的贸易环境模型和进出口内涵能源框架②，与本文的研究思路相同，区别在于本文对投入产出模型的运用更加细化了。需要强调的是，无论是加工贸易出口，还是非加工贸易出口，其国产内涵的 CO_2 都排放在国内，可以根据行业总排放量 E_{CO_2}，按照比例方法直接分摊得到［见（5）式］。为了分析碳排放的均衡情况，我们需要测算出内涵在进口中的 CO_2 排放量。由于进口投入品的生产在国外进行，是对国内碳排放的替代，所以不会对中国国内碳排放造成直接影响。下面我们来解决如何按照中国的口径测度外国内涵（也可以称为进口内涵）碳排放问题。③ 我们利用上述的两类出口贸易中国内

① 即投入越多，污染排放就越多，这与 Copeland 和 Taylor 提出的能源消耗与产出成比例相一致。

② 彭水军、刘安平：《中国对外贸易的环境影响效应：基于环境投入—产出模型的经验研究》，《世界经济》2010 年第 5 期；陈迎、潘家华、谢来辉：《中国外贸进出口商品中的内涵能源及其政策含义》，《经济研究》2008 年第 7 期。

③ 由于中国与发达国家间的技术水平存在差距，而且大量的进口品来自发达国家，用中国的口径测算会高估进口品的碳排放。本文的假设是，中国与外国排放技术层面按固定比例变化，而本文主要是研究进口品替代国产品所节约的碳排放结构变动趋势，按照此假设去处理是可行的。

外投入贡献的份额作为权重进行估算，以求得进口投入品的碳排放量［见（6）式］。同时，还要考虑把两种类型出口贸易额向量占总产出向量 Y 的比重作为加权，就可以得到关于碳排放构成的结构方程：

$$CO_{2\text{进口内涵}} = \underbrace{A^{MD}(I-A^{DD})^{-1}\frac{E-E^{P}}{Y}E_{CO_2}}_{\text{非加工贸易}} + \underbrace{[A^{MD}(I-A^{DD})^{-1}A^{DP}+A^{MP}]\frac{E^{P}}{Y}E_{CO_2}}_{\text{加工贸易}} \quad (5)$$

$$CO_{2\text{国产内涵}} = \underbrace{A_v^{D}(I-A^{DD})^{-1}\frac{E-E^{P}}{Y}E_{CO_2}}_{\text{非加工贸易}} + \underbrace{[A_v^{D}(I-A^{DD})^{-1}A^{DP}+A_v^{P}]\frac{E^{P}}{Y}E_{CO_2}}_{\text{加工贸易}} \quad (6)$$

加入各行业的碳排放向量后，就可以将出口贸易中的 CO_2 排放分解为：本国附加值创造所内涵的 CO_2 排放量以及内涵在进口投入品中外国产生出来的 CO_2 排放量。本文将加工贸易和非加工贸易出口两种方式考虑进去，分解出各项出口贸易所排放出的 CO_2。同时，分行业、分三个时间点，分别测算了国内外内涵在出口贸易中的 CO_2 排放量，最终达到在国际垂直分工条件下测算中国出口贸易碳排放结构的目的。

四　数据获得及处理方法

（一）各消耗系数矩阵的计算

如何从传统（竞争型）投入产出（I/O）表获得非竞争型投入产出表，需要具体的拆分计算。尽管原始的 I/O 表提供了直接消耗系数矩阵，但并不能直接使用此矩阵，而是要按照进口或者国产投入品的来源拆分成以下多个独立系数矩阵。尤其是把贸易数据拆分为加工贸易和非加工贸易之后，各个系数矩阵就变得更加细化和复杂了，最终得到各个系数矩阵的表达式为：

$$A^{DD}=\frac{z_{ij}^{dd}}{x_j-e_j^{p}},\ A^{MD}=\frac{z_{ij}^{md}}{x_j-e_j^{p}},\ A_v^{D}=\frac{v_j^{d}}{x_j-e_j^{p}};\ A^{DP}=\frac{z_{ij}^{dp}}{e_j^{p}},\ A^{MP}=\frac{z_{ij}^{mp}}{e_j^{p}},\ A_v^{P}=\frac{v_j^{p}}{e_j^{p}} \quad (7)$$

上述系数矩阵都是两种不同渠道生产（进口或者国产）的中间品 z_{ij} 分别占国内销售与一般出口、加工贸易出口的份额（d、p、m 的含义与对应的大写字母相同），两种增加值 v_j^{d}、v_j^{p} 分别是非加工贸易出口、加工贸易出口过程中创造的增加值。其中，x_j 是行业 j 的总产出，z_{ij} 是总的投入品，v_j 是总的增加值，这些数据都可以直接从 I/O 流量表中得到；e_j^p 是行业 j 的加工贸易出口，从中国海关总署统计数据得到产品层面数据，通过下面的集结方法得到行业数据。此外，要具备行业的总进口 m_j，数据来自 I/O 表；行业 j 用于加工贸易出口的投入品进口 m_j^p，以及用于国内销售和一般贸易出口的投入品进口 m_j^d，数据来自中国海关总署统计数据。上述消耗系数矩阵的求解方法见附录。

分离总贸易中加工贸易与非加工贸易数据是一个重要任务，尤其是从产品到行业的归并更是烦琐。因为在从产品层面到投入产出行业的分类和对接上，目前国内没有一个现成的对应标准，所以本文在这方面做了一项基础性的、繁复的工作。由于本文所用产品层面的贸易数据是基于协调制度编码 HS 八位码产品统计的（数据来自中国海关总署统计数据，可以将加工贸易和非加工贸易数据分离），为了获得中间品的贸易数据，按照 HS 产品类别（1997 年、2002 年、2007 年）和联合国《按经济大类分类（BEC）》的中间品对接表，将中间品贸易从全部贸易中分离出来，于是可以得到中间品的加工贸易、非加工贸易数据。我们以 2007 年为基准，将 1997 年、2002 年和 2007 年三份 I/O 表的部门分类在中类层面上进行对接，并分别归并为 42 个部门；同时，我们以 HS 八位码在不同年份之间的对应关系以及国家统计局提供的 2007 年 HS 产品分类（八位码）同 I/O 表 2007 年部门分类（五位码）的对应关系为基准，分别建立了 1997 年和 2002 年 HS 八位码与 I/O 表 42 部门之间的对应关系。最终就能得到这三个年份从 HS 八位码产品到 I/O 表 42 个部门的对接。① 在此基础上，就可以进行产品到 I/O 表行业的转换。

（二）行业碳排放的计算

本文对碳排放的测度主要依据 2006 年《IPCC 国家温室气体清单指

① 由于中国服务业部门的加工贸易数据无法获得，所以本文只包含了农林牧渔业和制造业的 22 个部门，而不是 I/O 表中按中类划分的 42 个部门。

南》提供的缺省方法，行业对某种化石燃料消费产生 CO_2 排放量 E_{CO2} 的计算公式为：

$$E_{CO2}=\text{化石燃料消耗量}\times CO_2\ \text{排放系数} \tag{8}$$

显然，在具备化石燃料消耗量统计数据的条件下，计算碳排放需要先确定某种化石燃料的 CO_2 排放系数，指南提供的 CO_2 排放系数计算公式为：①

$$CO_2\ \text{排放系数}=\text{低位发热量}\times\text{碳排放因子}\times\text{碳氧化率} \tag{9}$$

根据（8）式和（9）式就可以把消耗的多种化石燃料排放的 CO_2 进行计算加总。根据所研究问题，确定本文应从消费端计算行业 CO_2 排放量。

本文要计算电力能源的消耗，由于各个行业使用的电力属于二次能源，由此产生的碳排放在电力的生产过程中已经实现。在计算一个地区总的排放量时，为了避免重复计算，通常不再对电力的碳排放进行二次计算。本文是从行业角度来计算 CO_2 排放量，属于从消费端来测算，因此需要根据各行业使用的电力，将其生产时产生的 CO_2 计入各行业的排放量。电力排放系数的计算是假定生产电力的一次能源为原煤，根据全国平均的单位供电煤耗来计算。

另外，“石油加工、炼焦、核燃料加工业”中的原油一部分作为原材料投入使用，一部分作为燃料自耗掉，根据《中国能源统计年鉴》中“原油平衡表”“工业分行业终端能源消费量（实物量 2007）”以及“按行业分能源消费量（2007）”，可以把终端消费原油使用量，中间消费中的发电、发热以及油田原油损失作为原油的自耗，其占原油总消费量的比重经过计算是 3.1%。经过笔者的计算验证，1997 年和 2002 年该行业的能源自耗比重也是这一水平。

分行业化石燃料消费量的数据来自 1997 年、2002 年和 2007 年的《中国统计年鉴》。考虑到投入产出表行业与《中国统计年鉴》中行业的对应情况，本文对统计年鉴中的部门进行了合并和调整，合计成包括农林牧渔

① 本文引用了马涛等（2011）的各种化石燃料（包括煤炭、焦炭、原油、汽油、煤油、柴油、燃料油、天然气和电力）的 CO_2 排放系数。

业和制造业在内的与 I/O 表一一对应的 22 个行业部门。

五　经验结果分析

（一）出口贸易中碳排放的结构分析

如何研究贸易含碳量是碳排放责任划分的科学依据，估算出口贸易的碳排放也是做出理论判断和政策制定的唯一标准。由于中国长期承担着制造业很多中间环节的生产任务，大量碳排放留在了中国境内，同时大量的中间品进口减少了其在国内生产所排放的碳污染，也就是说节约了在中国境内的排放。这正如在计算中国的实际顺/逆差时，不能单凭总进出口之差，而应该从增加值的角度测度顺/逆差才更准确。所以，以往较为宏观地分析碳排放问题，仅仅比较了中国出口中的碳与进口中的碳大小，并不能说明由于产品构成变化或者技术升级等变化所导致的碳排放结构的变动。于是，本文将焦点放在垂直一体化分工条件下中国出口贸易中（而不是进出口贸易）碳排放结构的局部平衡问题上，而不是整体贸易中的碳排放问题。正是这种出口中包含着进口的构成方式，决定着出口中既有国产投入品在国内排放的碳，也有进口投入品在境外的碳排放的结构特征。下文的碳排放结构分析用国产内涵碳排放减去进口内涵碳排放差值的变化来表示。

为了了解各行业碳排放情况，本文利用不同年份的贸易结构分解数据研究行业碳排放的动态变化。图 2 显示，中国各行业加工贸易出口中的国产碳排放与进口碳排放的差值绝大部分都为负值，并且多数行业的碳排放结构与所有行业合计的结构变化是一致的。中国加工贸易出口中的碳排放净值为负值，也就是进口内涵碳排放大于国产内涵碳排放，或者说中国加工贸易出口总体上节约了碳排放。但是加工贸易出口的总体碳排放节约量有逐步缩小的趋势，从 1997 年的 4980 百万吨降至 2002 年的 3475 百万吨，再缩减至 2007 年的 3143 百万吨，幅度缩小了 36.9%。出现上述趋势的核心在于加工贸易出口中进口的中间投入品份额有所减少（见表 1），主要原因是国内生产的投入品替代了进口的投入品，从而扩大了国产内涵的碳排放，这种情况一般多出现在进料加工贸易中。这种碳排放节约量缩小的变化趋势与张友国认为中国加工贸易中进口随着出口大幅增长而增长，进口节碳量也增加的结论不同。具体而言，由于中国出口企业生产率水平的提升，原来从韩国、日本和美国等国家进口的部分零部件及半成品等中间投入品，现在国内企业也可以制造出来，这种进口投入品的替代，既有技术密集型的也有资本密集型的。

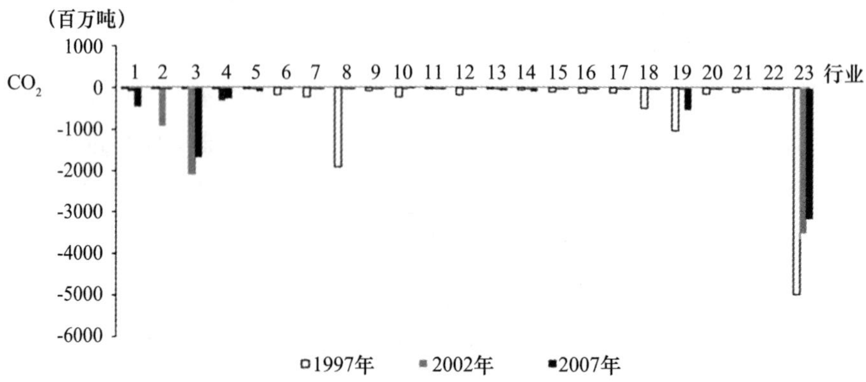

图2　各行业及合计的加工贸易出口中的碳排放结构

注：1. 农林牧渔业；2. 煤炭开采和洗选业；3. 石油和天然气开采业；4. 金属矿采选业；5. 非金属矿及其他矿采选业；6. 食品制造及烟草加工业；7. 纺织业；8. 纺织服装鞋帽皮革羽绒及其制品业；9. 木材加工及家具制造业；10. 造纸印刷及文教体育用品制造业；11. 石油加工、炼焦及核燃料加工业；12. 化学工业；13. 非金属矿物制品业；14. 金属冶炼及压延加工业；15. 金属制品业；16. 通用、专用设备制造业；17. 交通运输设备制造业；18. 电气机械及器材制造业；19. 通信设备、计算机及其他电子设备制造业；20. 仪器仪表及文化办公用机械制造业；21. 其他制造业；22. 电力、热力的生产和供应业；23. 合计。

资料来源：笔者根据（5）式、（6）式计算得到。

图3描绘了中国非加工贸易出口中的碳排放结构构成情况。通过三个年份的数据比较可见，有的行业国内碳排放与进口碳排放的差值扩大，有的行业差值在缩小，有的行业差值由正值变为负值，也有的行业负的差值在不断扩大，行业层面的变化结果并不一致。从行业合计的数据来看，碳排放差值由正值渐变为负值，说明非加工贸易出口中在国内排放

的 CO_2 在逐渐减少（也可以说相对于进口内涵碳排放逐渐变小）。上述两种情形的变化趋势，可以从表 1 的中国进口中间投入品的结构变化得到解释。

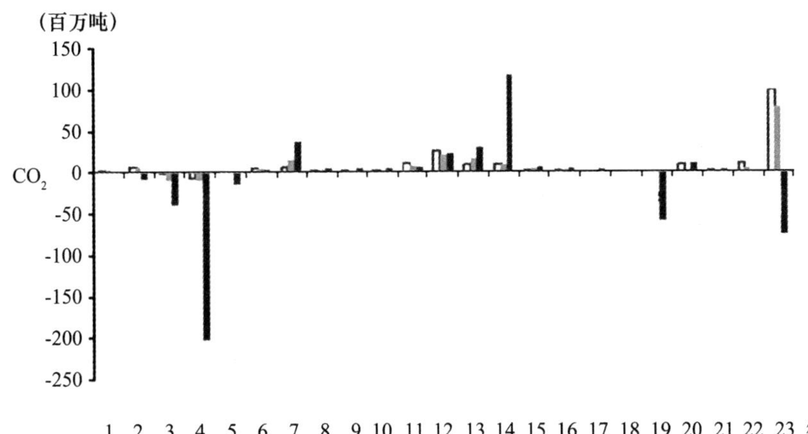

图 3　各行业及合计的非加工贸易出口中的碳排放结构

资料来源：笔者根据（5）式、（6）式计算得到。

非加工贸易出口中的国内碳排放与进口碳排放的差值由正值变为负值，以及加工贸易出口碳排放差值始终保持着较大负值（尽管此负值有小幅减少），充分反映出中国贸易中的碳排放是复杂的并且具有结构性特征。这种结构性表现为上述两种出口贸易中的碳排放结构的差异以及碳排放结构发生的渐变，这些都是以往贸易碳排放研究中没有发现的结构性问题。在结构分析过程中，我们也应该清醒地看到，加工贸易出口中投入品国产化程度的提高，在一定程度上加大了中国境内的碳排放。所以，在获得出口贸易与经济快速增长的同时，需要我们加强环境治理并积极应对气候变化，以便沿着倒“U”形环境库茨涅兹曲线获取两者的可持续发展，顺利进行结构改革，实现绿色增长。

（二）碳排放结构变化的原因分析

为了解释上述碳排放的结构性变化，我们采用加工贸易出口和非加工贸易出口中进口中间投入品分别占两种出口贸易额的比重这一指标，分析各行业乃至总体碳排放结构的变化情况。如表 1 数据所示，我们发现加工贸易出口中，进口中间投入品所占比重逐年递减（由 1997 年的 61.99%下降至 2007 年的 46.59%），但是中国加工贸易总出口并没有减少，可以判断其中一定发生了结构性变化。究其原因在于随着国内在制造业技术水平上的提升，原来需要大量进口的中间投入品，现在可以由国产的投入品替代。由于来料加工贸易完全是从国外进口原材料，而进料加工贸易可以使用国内投入品，所以可以判断，主要是进料加工贸易造成了这种结构性变化。这样国产投入品生产量的增加就会扩大留在国内的碳排放量，也就增加了制造中间品所释放的碳污染。例如，在一些资本密集型的金属冶炼和技术密集型的机电类产业，加工贸易出现的这种新特点在一定程度上会扩大国产内涵碳排放量。

非加工贸易出口中进口中间投入品比重的提高（见表 1），使得非加工贸易出口中国产与进口碳排量放差值由 1997 年的 9899 万吨，逆转为 2007 年 7605 万吨的负值（见图 3）。这充分说明，在非加工贸易出口中，进口的中间投入品越多，在国内排放的 CO_2 就越少，于是出现了国产与进口内涵碳排放量差值由正值转变为负值的格局。

表 1　**加工贸易和非加工贸易出口中进口中间投入品所占比重的变化**　单位：%

	1997 年	2002 年	2007 年
加工贸易出口中进口中间投入品所占比重	61.99	58.19	46.59
非加工贸易出口中进口中间投入品所占比重	50.61	78.53	72.61

资料来源：笔者通过行业数据加总计算得到。

由此可见，虽然对投入品的进口依赖能减少中国国产内涵碳排放量，但是随着中国制造业整体产能以及大量出口企业生产率水平的提升，是采取进口替代还是过度依赖进口的外贸政策，二者收益大小的权衡决定着中国如何去做决策。进口替代必然会增加因此而带来的在国内的碳排放量，但是这种鼓励国内产品自主研发、争创自有品牌的发展政策，会提高中国企业的技术水平和生产能力。同时，在一定程度上能摆脱出口国对一些产品的出口管制。从全球生产网络和碳排放均衡视角看，为满足市场需求和产能的扩张，国与国之间的生产联系越发紧密，但从全球层面看，碳排放的供需还是均衡的。发展低碳经济是我们应对全球气候变化的有效手段，但是如果一些国家巧立名目，利用各种措施限制别国发展，将变成掩人耳目的保护主义。如美国、欧洲等国以发展低碳经济为名，拟推行边界调节税或者碳关税，就是名副其实的贸易保护政策。应该用发展的眼光看中国的问题，国内生产必然会增加在中国境内的碳排放量，而判断得失的核心在于碳排放强度是提高还是降低，对此层面的研究和判断将在本文下一部分给出分析。

（三）中间投入碳排放的结构分解

根据（3）式和（4）式，我们可以分解出进口中间投入和国产中间投入的组成结构。依据这层含义，就可以把各类中间投入的碳排放进行结构分解，比较各种中间投入碳排放的结构性变化。这其中包括两大层面、六个具体结构：用于非加工贸易的进口中间投入、直接用于加工贸易的进口中间投入、间接用于加工贸易的进口中间投入；用于非加工贸易的国产中间投入、直接用于加工贸易的国产中间投入、间接用于加工贸易的国产中间投入。对计算出的行业碳排放量进行分解，再把行业层面的数据加总得到总体数据，从而进行结构分析（具体数据见表 2）。

表 2　**各类中间投入碳排放变化的结构分解**　单位：万吨

		1997—2002 年	2003—2007 年	1997—2007 年
进口中间投入	用于非加工贸易	291	9387	9678
	间接用于加工贸易	-11055	25778	14723
	直接用于加工贸易	-141223	-42664	-183887

续表

		1997—2002 年	2003—2007 年	1997—2007 年
国产中间投入	用于非加工贸易	-8506	835699	827193
	间接用于加工贸易	-500	3162	2662
	直接用于加工贸易	-1273	12729	11456

资料来源：笔者根据（3）式、（5）式和（6）式计算得到。

通过估算，可以得到进口中间投入和国产中间投入在两类贸易中的碳排放变化的结构分解数据。我们发现，进口中间投入用于非加工贸易的碳排放在逐年递增，同时，间接用于加工贸易的碳排放也是增加的，但是直接用于加工贸易的碳排放是逐年递减的。所以，可以全面印证表 1 所证明的随着加工贸易出口中进口投入越来越多被国内产品替代，进口投入的内涵碳排放量就会减少，而国内碳排放相对增加。在国产中间投入方面，用于非加工贸易情形下的碳排放逐年增加，同时，直接和间接用于加工贸易的碳排放都在扩大（2002 年数据略有回落），尤其是直接用于加工贸易的增长幅度较大，这与进口投入品使用比重降低是一致的。

（四）两类出口贸易的国产内涵碳排放强度变化

国产内涵碳排放就是产品在中国境内生产过程中排放在国内的 CO_2。根据单位增加值创造的碳排放就是碳排放强度这一定义，可以进行延伸，行业出口的碳排放量与出口增加值的比值就是行业出口的碳排放强度。所以，我们可以用碳排放强度来分析中国加工贸易出口和非加工贸易出口中的国产内涵的碳排放强度在行业间的差异和变化情况。我们用加工贸易出口中国产内涵碳排放量除以加工贸易出口的增加值（v_j^p），或者非加工贸易出口中国产内涵碳排放量除以非加工贸易出口的增加值（v_j^d），来定义上述两种碳排放强度。图 4 给出了 1997 年、2002 年和 2007 年三个年份各行业加工贸易出口的碳排放强度的柱状图。通过比较可得出，碳排放强度下降显著的行业有：化学工业，金属冶炼及压延加工业，仪器仪表及文化办公用机械制造业，交通运输设备制造业，其他制造业。

如果关注 2001 年入世以后的情况，用 2007 年对比 2002 年来分析，非金属矿及其他矿采选业、纺织服装鞋帽皮革羽绒及其他制品业、非金属矿制品业、电气机械及器材制造业等行业也出现了碳强度的下降。而与加入 WTO 之前的 1997 年相比，2002 年一些行业的碳排放强度还是处在较高水平，如造纸印刷及文教体育用品制造业、化学工业、金属冶炼及延压加工业、仪器仪表及文化办公用机械制造业等。数据的变化能说明一些问题，但能否据此就判断说入世后这些行业严格按照国际标准增强了节能减排的力度、有效提高了能源的利用效率，还有待进一步考察。

考虑到加工贸易出口情形，众所周知，中国机械和机电类产品加工贸易的出口份额最大，而机械和机电类产品包括的行业主要有交通运输设备制造业、金属冶炼及压延加工业、仪器仪表及文化办公用机械制造业和其他制造业等行业，这些行业碳排放强度下降的幅度也最大。一个可能的原因是：加工贸易企业或者生产任务的经营权主要由跨国公司掌控，而跨国公司对贸易产品环保、节能的要求较高。国际因素在环境治理方面的制约作用有多大及其具体的作用机制有待专门研究。

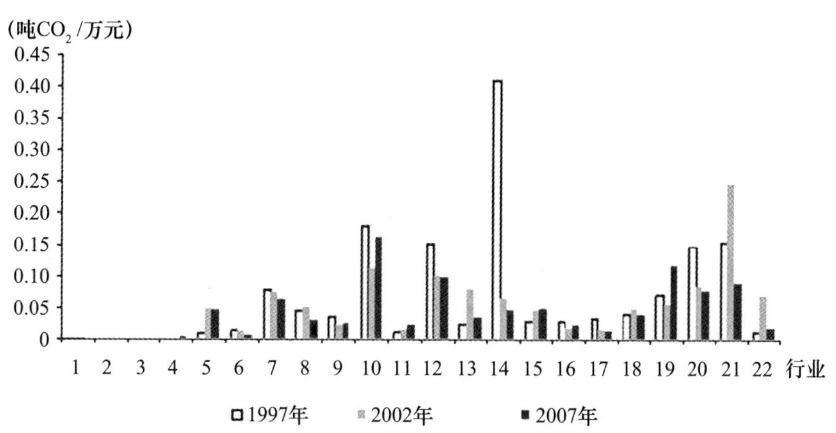

图 4　各行业加工贸易出口国产内涵碳排放强度

资料来源：笔者根据公式计算得到。

即使没有参与全球化垂直分工，非加工贸易出口品也可以通过不同途径作为最终品或者中间投入进入下一个流通环节。对于非加工贸易出口的国产内涵碳排放强度而言，结构性改善很可能会出现在中国的传统产业上，因为以往这些产业多属于高污染和高耗能部门。从检验结果可以看出，多数行业的出口碳排放强度明显下降，尤其是一些资源和能源类行业，如煤炭开采和洗选业，石油和天然气开采业，化学工业，石油加工、炼焦和核燃料加工业，仪器仪表及文化办公用机械制造业，电力、热力的生产和供应业等行业的排放，在提升节能减排方面取得了长足的进步（见图5）。

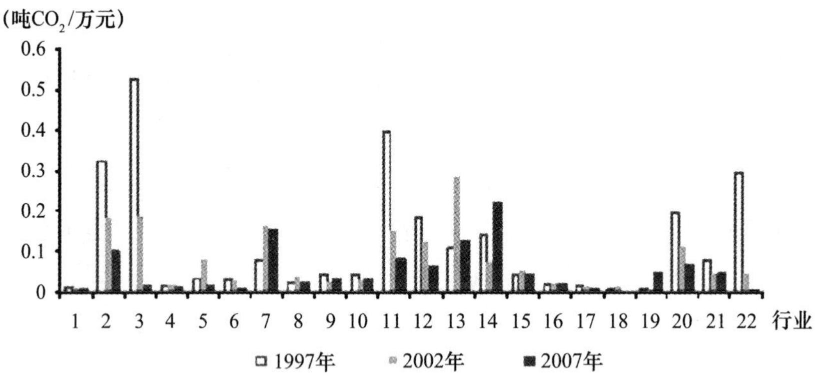

图5 各行业非加工贸易出口国产内涵的碳排放强度

资料来源：笔者根据公式计算得到。

中国加工贸易和非加工贸易出口中国内碳排放强度的降低，说明2006年以来中国实施的节能减排政策已经取得了积极的成效，这种成效的取得一方面在于中国制造业提高了能源利用效率并有效改善了节能技术和设备；另一方面是由于中国出口企业生产率水平的显著提升，进而提高了单位投入的产出，降低了单位产出的碳排放量。对于不同产业而言，资源和能源类部门碳排放强度的积极改善，为这些产业的可持续发展奠定了基础。同时，加工贸易出口碳排放强度的降低，为中国转变出口增长模式提供了一个更加充裕的调整期。

（五）高碳排放强度产业的贸易结构调整

下面对碳排放强度较高且无明显下降的行业进行筛选，其中，加工贸易符合上述情形的行业有：造纸印刷及文教体育用品制造业，化学工业，金属制品业，其他制造业；非加工贸易符合上述情形的行业有：煤炭开采和洗选业，纺织业，非金属矿物制品业，金属冶炼及压延加工业，金属制品业。我们可以通过上述产业的出口比重变化检验这些产业是否从数量上出现了调整和转移，如果符合这种情形，就可以判断这些碳排放量较高的产业得到了有效调整。

从表 3 的统计数据可以看出，无论是加工贸易还是非加工贸易的出口，上述排放强度高的产业中这两类出口份额多数都出现了明显的回落（个别行业的出口份额还在扩大，如：金属冶炼及压延加工业和金属制品业的非加工贸易的出口份额，按照低碳经济要求有必要进行适当调整），说明这些行业的出口结构已经出现了有效的调整。无论是出于市场周期性调节还是贸易政策驱动，其调整方向与节能减排政策目标是一致的。此外，从这些行业的进口结构变化来看，所有行业在这三个年份里所占总进口的比重也都呈现逐渐缩小的特征，和出口的结构变化相同。尤其是加工贸易情形，其进口深受出口结构调整的影响。于是，随着进出口比重的分别降低，碳排放强度高的产业进出口结构的优化有利于环境的改善和污染产业的向外转移。入世前，中国这些高碳排放产业的产品在出口市场具有较高的竞争力；入世后，随着对出口产品环境规制的提高，这部分产品失去了原有的比较优势，这也是在低碳经济条件下进行贸易结构调整应该付出的代价。

表 3　**碳排放强度较高产业的进出口贸易所占比重的变化**　单位：%

	1997 年		2002 年		2007 年	
	进口	出口	进口	出口	进口	出口
加工贸易情形						
造纸印刷及文教体育用品制造业	3.98	6.80	2.58	5.43	1.21	3.88

续表

	1997年		2002年		2007年	
	进口	出口	进口	出口	进口	出口
化学工业	20.69	8.56	15.32	6.57	12.03	5.98
金属制品业	1.40	3.14	1.04	3.17	0.92	2.58
其他制造业	0.89	3.37	0.71	2.41	0.37	1.18
非加工贸易情形						
煤炭开采和洗选业	0.10	1.56	0.20	1.76	0.41	1.37
纺织业	0.67	18.55	0.45	18.06	0.41	9.42
非金属矿物制品业	0.86	3.88	0.66	3.23	0.36	2.88
金属冶炼及压延加工业	6.42	3.39	7.85	3.28	5.65	10.16
金属制品业	1.35	4.29	0.71	4.74	0.80	5.44

资料来源：笔者根据上文贸易数据整理，进出口额分别是中间品、资本品和消费品进出口额的总和。

作为“世界工厂”的中国，虽然承接着全球大量加工贸易的生产任务，但并不是出口贸易品的所有碳排放都留在了中国境内，碳排放强度高的产业的进出口贸易结构向着有利于中国环境改善的方向发展。中国在扩大对外贸易的同时，向外输出的产品变得更加“洁净”，并渐进地进行着产业转移。于是，我们可以清晰地看到，中国并没有因加工贸易扩大而使高排放产业的出口份额提升。相反，这些高排放产业的出口结构得到了优化。因此，随着高排放产业出口份额的降低，中国应该继续鼓励出口增值率高、碳排放强度低的高技术产品和服务业产品的出口。

中国高碳产业出口贸易结构的优化，反过来也能促进这些行业碳排放结构的调整。通过不断提升这些产业节能减排技术，并适当向这些部门转移生产要素，就可以在有效降低环境污染的同时，提高中国出口产品的品质。以往我们只强调对附加值低的产业进行转型，如果再加入碳排放优化这样一个新的约束，就会使中国贸易结构调整与转型的重要战略得到进一步落实。中国一些产能低效、污染环境的传统产业如何调整、何时调整，成为急需回答的问题。

六　结论及政策建议

本文测算了出口贸易中的碳排放，并从碳排放视角分析了中国对外贸易结构的调整和变化。我们利用（进口）非竞争型投入产出模型，将中国的加工贸易和非加工贸易分离，再根据计算出的出口产品的国内外投入构成，测算两类贸易出口中基于I/O表22个行业的国产和进口内涵碳排放结构，进而判断碳排放以及碳排放强度的结构变化。研究结果表明，尽管中国出口贸易中的碳排放总量在不断增加，但是碳排放强度在降低。其中，非加工贸易出口中的国产碳排放与进口碳排放之差由正值变为负值，而加工贸易出口中的碳排放差值为负并有缩小趋势，说明中国出口产品在国内形成的碳排放有减少趋势，这与进口中间投入品的比重及其碳排放有着紧密联系。此外，碳排放强度较高产业出口比重的降低，不仅促进了中国节能减排政策的有效实施，也有利于贸易结构的调整和转型。

通过对加工贸易与非加工贸易出口中碳排放结构的估算，我们可以从更具体的视角研究中国的实际情况，结合上述结论，本文提出以下对策和建议。

首先，继续实施出口结构的优化和调整政策，适度调控一些高排放产业的出口规模。优化出口产品的结构，是今后中国贸易发展的必由之路。中国从制造与出口“两高一资”产品获得粗放型增长，到代工、贴牌生产技术和资本密集型加工贸易产品，再到实现“自有品牌、自主知识产权和自主营销”产品（三自产品）不断扩大，生产和贸易结构得到显著优化。发展中国家需要通过技术、管理、创新等多轮驱动获得国际竞争优势，只有这样，才有利于促使中国企业朝着生产高附加值产品方向发展，进而在全球化分工体系中获得更多的福利。

其次，中国经济发展不能仅以经济增长作为唯一目标（从当前情况来看，出口在中国经济增长中的贡献在逐步缩小），还要考虑到增长对环境的影响。将发展低碳经济作为经济增长的新约束，中国经济才能获得绿色增长和可持续发展。

再次，根据本文的计算结果，中国多数行业出口的碳排放强度都出现了下降的趋势，尤其是入世以后，这种现象越发明显。若要继续降低出口贸易的碳排放量，不仅要靠产业结构的调整，关键还要提高节能减排的技术水平。因为有些高排放产业本来就属于技术或资本密集型部门，如果不断调整这些行业的出口规模，则不利于中国制造业的健康发展。所以，要加大节能减排的技术研发投入力度，并通过引进清洁生产机制降低出口贸易中的碳排放量。

最后，为防止一些国家企图用碳关税对所谓的高碳排放国进行出口限制，这些出口国应该对贸易碳排放结构的实质做出积极回应。从发达国家推行碳关税的动机看，主要是想削弱竞争对手的出口竞争力，实行贸易保护。而本文的经验结果表明，中国出口品的国内碳排放并非想象中的那么高，其中包括大量进口品的碳排放，若发达国家以碳关税扰乱国际贸易秩序，在理论上是行不通的。

附录　消耗系数矩阵的求解方法

进口消耗系数流量矩阵为：$z_{ij}^{mp}=\frac{z_{ij}}{\sum_j^k z_{ij}}m_i^p$，$z_{ij}^{md}=\frac{z_{ij}}{\sum_j^k z_{ij}}m_i^d$

对于国内生产的中间品的消耗系数，也可以按照比例分摊的方法求解。国内生产的投入品的求法如下：

$$z_{ij}^{d}=z_{ij}^{dp}+z_{ij}^{dd}=z_{ij}-(z_{ij}^{mp}+z_{ij}^{md})$$

那么，根据出口的比例份额，可以分摊国内生产的投入品的流量系数矩阵如下：

$$z_{ij}^{dd}=z_{ij}^{d}\frac{x_j-e_j^p}{x_j},\quad z_{ij}^{dp}=z_{ij}^{d}\frac{e_j^p}{x_j}$$

对于两种出口贸易的增加值的计算，可运用如下公式：

$$\sum_{j=1}^{22}(z_{ij}^{dd}+z_{ij}^{md})+v_j^d=x_j-e_j^p,\quad \sum_{i=1}^{22}(z_{ij}^{dp}+z_{ij}^{mp})+v_j^p=e_j^p$$

（本文发表于《世界经济》2012 年第 10 期）

中国省级出口的增加值分解及其应用

苏庆义*

内容摘要：本文在全球价值链的基础上考虑国内价值链，首次构建一国内部地区出口增加值的分解框架，并据此框架进行中国省级出口的增加值分解及应用研究。结果表明：(1) 各省出口价值来源中，本地增加值份额最高，回流增加值份额最低，国内垂直专业化份额和国际垂直专业化份额居中；各省经济发展水平和本地增加值份额及国际垂直专业化份额分别呈很强的负相关和正相关关系。(2) 以增加值出口衡量的各省出口差距明显缩小；具有比较优势的省份—产业往往也更有优势为其他省份提供出口增加值；中国出口的低本地增加值率主要源于沿海省份制造业的增加值出口和总值出口之比较低。(3) 以增加值出口和以总值出口衡量的显性比较优势呈现差异，对于许多省份—产业而言，比较优势甚至发生了逆转；对于大部分省份而言，以增加值出口衡量的出口专业化程度要低于以总值出口衡量的出口专业化程度。

关键词：全球价值链　增加值分解　比较优势　出口专业化

一　引言

20世纪90年代以来，垂直专业化（VS）在国际分工形式中逐步占据主导地位。垂直专业化分工的特点是生产的国际分割和共享，全球范围内

---

* 苏庆义，中国社会科学院世界经济与政治研究所研究员。

许多国家都对某种产品的生产贡献增加值，因此这种形式也被称为“全球价值链”（GVCs）。从完全竞争市场结构的视角来看，传统的分工形式是产品由生产成本最低的国家来生产，全球价值链分工形式的特点是生产环节由生产成本最低的国家来完成。由于全球价值链分工意味着生产跨越国境，产品的最终成本不仅包含生产成本，也包含贸易成本。得益于20世纪90年代贸易成本的快速下降，这种分工形式才开始占据重要位置。①

目前，对全球价值链的研究热点是相关的核算问题。学者们起初主要建立模型研究全球价值链对要素价格、分工模式及福利的影响，② 近年来也有学者建立相关理论模型解释这一分工现象的相关问题。③ 但是，相比以往的分工形式，全球价值链对贸易统计核算也提出了相应的挑战。自HIY以来，为客观准确地描述全球价值链的事实和特征，对这一分工形式的量化及相关经验研究一直在推进。毕竟，传统核算方式统计的是总值贸易，而全球价值链本质上是增加值贸易。如何根据已有总值贸易数据和国民核算数据（投入产出表）追踪总值贸易中的价值来源，成为学者们和政策制定者们不得不首先面对的问题。

HIY是较早超越个案分析系统研究出口价值来源的研究者，他们利用单国的投入产出表计算了14个经济体出口中蕴含的进口价值，并将其称之为VS。刘遵义等、Koopman等在考虑了中国的加工贸易特点后测算了中国出口的价值来源。④ Daudin等利用国家间投入产出表研究了增加值

① Johnson, R. C. and G. Noguera, “Fragmentation and Trade in Value Added over Four Decades”, *NBER Working Paper*, No. 18186, 2012a; Baldwin, R. and J. Lopez-Gonzalez, “Supply-Chain Trade: A Portrait of Global Patterns and Several Testable Hypotheses”, *NBER Working Paper*, No. 18957, 2013.

② Hummel, D., J. Ishii and K-M. Yi, “The Nature and Growth of Vertical Specialization in World Trade”, Journal of International Economics, Vol. 54, No. 1, 2001, pp. 75-96, Hummels et al., 2001, 以下简称HIY。

③ Antràs, P. and E. Helpman, “Global Sourcing”, *Journal of Political Economy*, Vol. 112, No. 3, 2004, pp. 552-580; Antràs, P. and D. Chor, “Organizing the Global Value Chain”, *Econometrica*, Vol. 81, No. 6, 2013, pp. 2127-2204; Costinot, A., J. Vogel and S. Wang, “An Elementary Theory of Global Supply Chains”, *Review of Economic Studies*, Vol. 80, No. 1, 2013, pp. 109-144.

④ 刘遵义、陈锡康、杨翠红等：《非竞争型投入占用产出模型及其应用——中美贸易顺差透视》，《中国社会科学》2007年第5期；Koopman, R., Z. Wang and S-J. Wei, “Estimating Domestic Content in Exports When Processing Trade Is Pervasive”, *Journal of Development Economics*, Vol. 99, No. 1, 2012, pp. 178-189.

贸易问题，① 并将一国出口中被其他国家用作中间品生产最终品（该最终品返回国内）的部分定义为 VS1*。Johnson 和 Noguera 定义并测度了增加值出口（VAX），② 并将增加值出口和总值出口之比（VAXR）视为测度生产共享程度的指标。Koopman 等是识别出口价值来源的集大成者，③ 他们构建了分解国家层面出口价值来源的框架，将以往对出口价值来源的测度指标统一起来。Wang 等④认为 KWW 国家层面的出口价值分解框架不适于分析双边国家和产业层面，从而建立了双边国家和产业层面的分解框架。也有学者分解了企业层面的出口价值来源，如 Kee 和 Tang、张杰等、Tang 等利用中国工业企业数据库分解了中国企业出口价值来源。⑤

通过对代表性文献的梳理可以发现，现有研究在关注全球价值链的同时却忽视了国内价值链，从而没有对一国内部不同地区出口的价值来源进行分解。由于现有研究以国家为单位、着眼于国际分工，在研究出口价值来源时，将其分解为国内和国外两大部分。显然，这一研究没有（也不需要）关注国内价值链。然而，如果以国家内部不同地区为单位，可以发现，地区出口既包含来自国外进口的价值，又可以将出口中来自国内的价值分解为来自本地区的价值和国内其他地区的价值，即地区出口既涉及全球价值链又涉及国内价值链。事实上，国内价值链的产生远远早于全球价值链。即使在产业间分工、产业内分工等传统的国际分工形式下，一国内部不同地区之间也存在生产的垂直专业化。

---

① Daudin, G., C. Rifflart and D. Schweisguth, "Who Produces for Whom in the World Economy?" *Canadian Journal of Economics*, Vol. 44, No. 4, 2011, pp. 1403-1437.

② Johnson, R. C. and G. Noguera, "Accounting for Intermediates: Production Sharing and Trade in Value Added", *Journal of International Economics*, Vol. 86, No. 2, 2012b, pp. 224-236.

③ Koopman, R., Z. Wang and S-J. Wei, "Tracing Value-Added and Double Counting in Gross Exports", *American Economic Review*, Vol. 104, No. 2, 2014, pp. 459-494, Koopman et al., 2014, 以下简称 KWW。

④ Wang, Z., S-J. Wei and K. Zhu, "Quantifying International Production Sharing at the Bilateral and Sector Levels", *NBER Working Paper*, No. 19677, 2013.

⑤ Kee, H. L. and H. Tang, "Domestic Value Added in Chinese Exports: Firm-level Evidence", *World Bank*, 2012；张杰、陈志远、刘元春：《中国出口国内附加值的测算与变化机制》，《经济研究》2013 年第 10 期；Tang, H., F. Wang and Z. Wang, "The Domestic Segment of Global Supply Chains in China under State Capitalism", *World Bank Policy Research Working Paper*, Series 6960, 2014.

对一国内部不同地区出口的价值来源进行分解具有重要的研究价值。第一，有助于认识全球价值链在国家层面和国家内部地区层面的不同表现形式；第二，有助于理解全球价值链和国内价值链之间的关系，统筹利用国际国内要素；第三，有助于厘清国家内部不同地区之间的生产联系；第四，对国家内部地区出口价值分解结果的应用有助于重新认识地区出口相关问题，如地区—产业的比较优势、出口专业化等。很显然，这些都具有重要的政策启示。

本文的目的就是试图弥补现有文献缺乏对国家内部地区出口价值进行分解的缺憾。为此，本文建立了分解一国内部地区出口增加值的框架，使用中国区域间非竞争型投入产出表和世界投入产出表分解了中国省级出口的增加值来源，并对分解结果进行了简单的应用。

本文研究工作的创新之处主要体现于：在全球价值链的基础上考虑国内价值链，基于现有文献首次建立追踪国家内部地区出口价值来源的框架，并利用相关数据进行核算和应用。具体到中国而言，本文首次分解了中国省级出口价值来源并将分解细化到产业层次，计算了各省区市（以下统一简称为“省”）的增加值出口及增加值出口和总值出口之比，并且应用分解结果重新计算了省份—产业的比较优势及各省的出口专业化程度。

二　国内地区出口的增加值分解框架

HIY 在研究垂直专业化时，做出两个关键假设：(1) 假设加工贸易和非加工贸易的生产投入方式是相同的；(2) 假设用于国内生产的进口品价值完全来自国外，不包含本国的增加值，也即本国出口的产品价值完全被国外消费，没有回流到国内。为了将研究更好地聚焦于国家内部地区出口增加值的分解，且基于数据可得性，本文尝试放松上述第二个假设，即考虑进口品中回流的国内增加值。①

① Koopman 等使用中国的投入产出表和相关贸易数据编制了区分加工贸易和非加工贸易的投入产出表。由于具有国家层面海关统计的详细进出口贸易数据（8 位码 HS 分类数据，并统计贸易方式），这一国家层面的分析是可行的。但是，当深入国家内部地区层面时，比如下文将要研究的中国省级层面，由于缺乏各地区（省）区分加工贸易和非加工贸易的 8 位码进出口数据，本文暂时还无法放松 HIY 的第一个假设。但是，本文将在分析测算结果时说明，这并不影响基本结论。

接下来，本文将KWW国家层面出口价值来源的分解框架引申到国家内部地区层面，并借鉴HIY、Johnson和Noguera创立的相关概念进行分析。[①] 为便于理解，下面首先在两个地区一个产业的情形下建立地区出口增加值的分解框架，然后将研究拓展到G个地区N个产业，构建一般情形下地区出口增加值的分解框架。

（一）两个地区一个产业

假设一国只有两个地区一个产业，则该国的区域间非竞争型投入产出表的格式如表1所示。对比KWW基于国家层面的分析，因为此时除了本国两个地区，还存在外国，表1增加了国内两个地区对其他国家的出口和进口两项。对于进口，又区分为两部分：进口的真正国外增加值部分（纯进口）和通过进口中间品回流的国内增加值（回流）。

表1 **区域间非竞争型投入产出（两地区一产业）**

		中间使用		最终使用			总产出
		地区1	地区2	地区1	地区2	出口	
中间投入	地区1	x_{11}	x_{12}	y_{11}	y_{12}	e_1	x_1
	地区2	x_{21}	x_{22}	y_{21}	y_{22}	e_2	x_2
	纯进口	m_1	m_2				
	回流	r_1	r_2				
增加值		v_1	v_2				
总投入		x_1	x_2				

根据表1，可以计算出区域间的投入产出系数矩阵：

$$\begin{pmatrix} a_{11} & a_{12} \\ a_{21} & a_{22} \end{pmatrix} = \begin{pmatrix} \dfrac{x_{11}}{x_1} & \dfrac{x_{12}}{x_2} \\ \dfrac{x_{21}}{x_1} & \dfrac{x_{22}}{x_2} \end{pmatrix} \tag{1}$$

① Johnson, R. C. and G. Noguera, "Accounting for Intermediates: Production Sharing and Trade in Value Added", *Journal of International Economics*, Vol. 86, No. 2, 2012b, pp. 224-236.

由此，存在以下等价方程：

$$\begin{pmatrix} x_1 \\ x_2 \end{pmatrix} = \begin{pmatrix} a_{11} & a_{12} \\ a_{21} & a_{22} \end{pmatrix} \begin{pmatrix} x_1 \\ x_2 \end{pmatrix} + \begin{pmatrix} y_{11}+y_{12}+e_1 \\ y_{21}+y_{22}+e_2 \end{pmatrix} \tag{2}$$

经调整得到：

$$\begin{pmatrix} x_1 \\ x_2 \end{pmatrix} = \begin{pmatrix} 1-a_{11} & -a_{12} \\ -a_{21} & 1-a_{22} \end{pmatrix}^{-1} \begin{pmatrix} y_{11}+y_{12}+e_1 \\ y_{21}+y_{22}+e_2 \end{pmatrix} = \begin{pmatrix} b_{11} & b_{12} \\ b_{21} & b_{22} \end{pmatrix} \begin{pmatrix} y_1 \\ y_2 \end{pmatrix} \tag{3}$$

其中，$\begin{pmatrix} b_{11} & b_{12} \\ b_{21} & b_{22} \end{pmatrix} = B$ 是里昂惕夫逆矩阵，$\begin{pmatrix} y_1 \\ y_2 \end{pmatrix}$ 是最终需求向量。

地区 1 的总产出中，本地区直接增加值所占比重是 $\tilde{v}_1 = \frac{v_1}{x_1}$，本地区纯进口国外增加值所占比重是 $\tilde{m}_1 = \frac{m_1}{x_1}$，本地区回流增加值所占比重是 $\tilde{r}_1 = \frac{r_1}{x_1}$。由此，地区 1 存在以下等式：$a_{11}+a_{21}+\tilde{v}_1+\tilde{m}_1+\tilde{r}_1 = 1$。地区 2 的总产出中，本地区直接增加值所占比重是 $\tilde{v}_2 = \frac{v_2}{x_2}$，本地区纯进口国外增加值所占比重是 $\tilde{m}_2 = \frac{m_2}{x_2}$，本地区回流增加值所占比重是 $\tilde{r}_2 = \frac{r_2}{x_2}$。地区 2 同样存在以下等式：$a_{12}+a_{22}+\tilde{v}_2+\tilde{m}_2+\tilde{r}_2 = 1$。据此，定义 2×2 的直接增加值系数矩阵、直接纯进口系数矩阵、直接回流增加值系数矩阵如下：

$$\tilde{V} = \begin{pmatrix} \tilde{v}_1 & 0 \\ 0 & \tilde{v}_2 \end{pmatrix},\ \tilde{M} = \begin{pmatrix} \tilde{m}_1 & 0 \\ 0 & \tilde{m}_2 \end{pmatrix},\ \tilde{R} = \begin{pmatrix} \tilde{r}_1 & 0 \\ 0 & \tilde{r}_2 \end{pmatrix}$$

$\tilde{V}$、$\tilde{M}$ 和 $\tilde{R}$ 分别乘以里昂惕夫逆矩阵 B 可以得到三个增加值份额矩阵（$\tilde{V}B$、$\tilde{M}B$ 和 $\tilde{R}B$）：

$$\tilde{V}B = \begin{pmatrix} \tilde{v}_1 b_{11} & \tilde{v}_1 b_{12} \\ \tilde{v}_2 b_{21} & \tilde{v}_2 b_{22} \end{pmatrix},\ \tilde{M}B = \begin{pmatrix} \tilde{m}_1 b_{11} & \tilde{m}_1 b_{12} \\ \tilde{m}_2 b_{21} & \tilde{m}_2 b_{22} \end{pmatrix},\ \tilde{R}B = \begin{pmatrix} \tilde{r}_1 b_{11} & \tilde{r}_1 b_{12} \\ \tilde{r}_2 b_{21} & \tilde{r}_2 b_{22} \end{pmatrix}$$

对于 $\tilde{V}B$，$\tilde{v}_1 b_{11}$ 和 $\tilde{v}_2 b_{22}$ 分别表示地区 1 和地区 2 生产的产品中来自本地

区的增加值比重，$\tilde{v}_2b_{21}$和$\tilde{v}_1b_{12}$则表示来自另外一个地区的增加值比重。对于$\tilde{M}B$，$\tilde{m}_1b_{11}$和$\tilde{m}_2b_{22}$分别表示地区1和地区2生产的产品中来自本地区纯进口的增加值比重，$\tilde{m}_2b_{21}$和$\tilde{m}_1b_{12}$则表示来自另外一个地区纯进口的增加值比重。对于$\tilde{R}B$，$\tilde{r}_1b_{11}$和$\tilde{r}_2b_{22}$分别表示地区1和地区2生产的产品中来自本地区回流的增加值比重，$\tilde{r}_2b_{21}$和$\tilde{r}_1b_{12}$则表示来自另外一个地区回流的增加值比重。由于一个地区产品的增加值只有可能来自本地区、本国另外地区、本地区纯进口、本国另外地区的纯进口、本地区回流增加值、本国另外地区回流的增加值，因此存在以下等式：

$$\tilde{v}_1b_{11}+\tilde{v}_2b_{21}+\tilde{m}_1b_{11}+\tilde{m}_2b_{21}+\tilde{r}_1b_{11}+\tilde{r}_2b_{21}=\tilde{v}_1b_{12}+\tilde{v}_2b_{22}+\tilde{m}_1b_{12}+\tilde{m}_2b_{22}+\tilde{r}_1b_{12}+\tilde{r}_2b_{22}=1 \tag{4}$$

可以根据$\tilde{V}B$、$\tilde{M}B$和$\tilde{R}B$以及两个地区出口组成的出口矩阵$E=\begin{pmatrix} e_1 & 0 \\ 0 & e_2 \end{pmatrix}$对两个地区的出口增加值来源进行分解：

$$\tilde{V}BE=\begin{pmatrix} \tilde{v}_1b_{11}e_1 & \tilde{v}_1b_{12}e_2 \\ \tilde{v}_2b_{21}e_1 & \tilde{v}_2b_{22}e_2 \end{pmatrix},\ \tilde{M}BE=\begin{pmatrix} \tilde{m}_1b_{11}e_1 & \tilde{m}_1b_{12}e_2 \\ \tilde{m}_2b_{21}e_1 & \tilde{m}_2b_{22}e_2 \end{pmatrix},\ \tilde{R}BE=\begin{pmatrix} \tilde{r}_1b_{11}e_1 & \tilde{r}_1b_{12}e_2 \\ \tilde{r}_2b_{21}e_1 & \tilde{r}_2b_{22}e_2 \end{pmatrix}$$

$\tilde{v}_1b_{11}e_1$ 和 $\tilde{v}_2b_{22}e_2$ 分别表示地区 1 和地区 2 出口中蕴含的本地增加值（DVA），$\tilde{v}_2b_{21}e_1$ 和 $\tilde{v}_1b_{12}e_2$ 分别表示来自本国另外地区的增加值。$\tilde{m}_1b_{11}e_1$ 和 $\tilde{m}_2b_{22}e_2$ 分别表示地区1和地区2出口中蕴含的来自本地区纯进口的增加值，$\tilde{m}_2b_{21}e_1$ 和 $\tilde{m}_1b_{12}e_2$ 则分别表示出口中蕴含的来自本国另外地区纯进口的增加值。$\tilde{m}_1b_{11}e_1+\tilde{m}_2b_{21}e_1$ 是地区 1 出口中来自纯进口的增加值，根据 HIY 的定义，它们是地区 1 的 VS；$\tilde{m}_1b_{12}e_2+\tilde{m}_2b_{22}e_2$ 是地区 2 出口中来自纯进口的增加值，也即地区 2 的 VS。由于现在既考虑地区出口中来自国外（纯进口）的增加值（国际垂直专业化），也考虑来自本国另外地区的增加值（国内垂直专业化），本文将 $\tilde{m}_1b_{11}e_1+\tilde{m}_2b_{21}e_1$ 和 $\tilde{m}_1b_{12}e_2+\tilde{m}_2b_{22}e_2$ 称为地区 1 和地区 2 的国外垂直专业化（FVS），将 $\tilde{v}_2b_{21}e_1$ 和 $\tilde{v}_1b_{12}e_2$ 称为地区 1

和地区 2 的国内垂直专业化（DVS）。$\tilde{r}_1 b_{11} e_1$ 和 $\tilde{r}_2 b_{22} e_2$ 分别表示地区 1 和地区 2 出口中蕴含的来自本地区回流的增加值，$\tilde{r}_2 b_{21} e_1$ 和 $\tilde{r}_1 b_{12} e_2$ 则分别表示出口中蕴含的来自本国另外地区回流的增加值。那么，$\tilde{r}_1 b_{11} e_1 + \tilde{r}_2 b_{21} e_1$ 表示地区 1 出口中蕴含的总回流的增加值（RDV），$\tilde{r}_1 b_{12} e_2 + \tilde{r}_2 b_{22} e_2$ 表示地区 2 出口中蕴含的总回流的增加值。需要指出的是，各地区出口中蕴含的总回流的增加值和 KWW 中的重复核算部分并不完全一致，因为还无法区分回流的增加值本身的组成是来自地区 1 或者地区 2。

根据上述分解结果，可以得到地区 1 和地区 2 的增加值出口额分别是：

$$VAX_1 = \tilde{v}_1 b_{11} e_1 + \tilde{v}_1 b_{12} e_2 ,\quad VAX_2 = \tilde{v}_2 b_{21} e_1 + \tilde{v}_2 b_{22} e_2$$

可以看出，地区 1 的增加值出口额是地区 1 和地区 2 的总值出口中包含的真正来源于地区 1 的增加值。地区 2 的增加值出口额同理得出。①

在将一个地区的出口增加值来源完全分解为本地增加值、国内垂直专业化、国际垂直专业化、回流增加值之后，可以得到一个地区的本地增加值份额（DVAS）、国内垂直专业化份额（DVSS）、国外垂直专业化份额（FVSS）和回流增加值份额（RDVS）。在两个地区一个产业的模型中，它们分别表示如下：

$$DVAS_1 = \tilde{v}_1 b_{11} ,\quad DVAS_2 = \tilde{v}_2 b_{22} ;$$

$$DVSS_1 = \tilde{v}_2 b_{21} ,\quad DVSS_2 = \tilde{v}_1 b_{12} ;$$

$$FVSS_1 = \tilde{m}_1 b_{11} + \tilde{m}_2 b_{21} ,\quad FVSS_2 = \tilde{m}_1 b_{12} + \tilde{m}_2 b_{22} ;$$

$$RDVS_1 = \tilde{r}_1 b_{11} + \tilde{r}_2 b_{21} ,\quad RDVS_2 = \tilde{r}_1 b_{12} + \tilde{r}_2 b_{22}$$

地区 1 和地区 2 的增加值出口额与各自总值出口的比率②分别表示为：

① 需要指出的是，这一计算方法没有剔除回流的增加值，高估了增加值出口额。限于数据和方法，暂时还无法区分回流的增加值来自哪个地区，因此目前可以用这一计算方法近似得出各地区增加值出口。在回流的增加值绝对数额及占比很小时，计算得出的各地区增加值出口额误差很小。

② 从表达式可以看出，VAXR 并不必然小于等于 1。而且，当 $e_1 = 0$、$e_2 > 0$ 时，尽管地区 1 的总值出口等于 0，该地区的增加值出口却大于 0，此时，$VAXR_1$ 趋向于无穷大。Wang 等认为 Johnson 和 Noguera 给出的 VAXR 在产业层次上存在这一缺陷。本文地区层次出口的分解证实 *VAXR* 同样存在这一缺陷。后文的分解结果将使我们对此有更直观的认识。

$$VAXR_1=\frac{\tilde{v}_1 b_{11} e_1+\tilde{v}_1 b_{12} e_2}{e_1},\ VAXR_2=\frac{\tilde{v}_2 b_{21} e_1+\tilde{v}_2 b_{22} e_2}{e_2}$$

（二）G 个地区 N 个产业

地区 i 生产出口品时，既投入了本地区中间品、劳动和资本、直接纯进口品、回流增加值，也投入了其他地区 j 的中间品。而其他地区 j 生产中间品时投入了地区 j 的劳动和资本、地区 j 的直接纯进口品、地区 j 的回流增加值和其他地区的中间品。这意味着地区 i 的出口价值包含了来自本地区的增加值、本地区纯进口的价值、本地区回流的增加值、其他地区的增加值、其他地区纯进口的价值、其他地区回流的增加值。

当将地区出口增加值分解框架延伸到 G 个地区 N 个产业的实际情形时，区域间非竞争型投入产出表的格式如表 2 所示。X_{ij}是一个 $N\times N$ 的矩阵（$i=1$，2，…，G，$j=1$，2，…，G），表示地区 i 的产出被地区 j 使用的中间品需求矩阵，该矩阵的元素分别对应地区 i 各产业被地区 j 各产业作为中间品使用的数额。Y_{ij}、E_i 和 X_i 是 $N\times 1$ 的矩阵，分别表示地区 i 各产业被地区 j 作为最终需求的向量、地区 i 的出口向量、地区 i 的总产出向量，X_i' 是 X_i 的转置矩阵。M_j、R_j 和 V_j 是 $1\times N$ 的矩阵，分别表示地区 j 生产过程中投入的纯进口向量、回流增加值向量和直接增加值向量。

表 2　**区域间非竞争型投入产出（G 地区 N 产业）**

		中间使用				最终使用					总产出
		地区 1	地区 2	…	地区 G	地区 1	地区 2	…	地区 G	出口	
中间投入	地区 1	X_{11}	X_{12}	…	X_{1G}	Y_{11}	Y_{12}	…	Y_{1G}	E_1	X_1
	地区 2	X_{21}	X_{22}	…	X_{2G}	Y_{21}	Y_{22}	…	Y_{2G}	E_2	X_2
	…	…	…	…	…	…	…	…	…	…	…
	地区 G	X_{G1}	X_{G2}	…	X_{GG}	Y_{G1}	Y_{G2}	…	Y_{GG}	E_G	X_G
	纯进口	M_1	M_2	…	M_G						
	回流	R_1	R_2	…	R_G						
增加值		V_1	V_2	…	V_G						
总投入		X_1'	X_2'	…	X_G'						

将与 X_{ij}对应的投入产出系数矩阵表示为 A_{ij}，与 M_j、R_j 和 V_j 对应的纯进口系数矩阵、回流增加值系数矩阵和直接增加值系数矩阵表示为$\tilde{M}_j$、$\tilde{R}_j$和$\tilde{V}_j$。则存在以下等价方程：

$$\begin{pmatrix} X_1 \\ X_2 \\ \vdots \\ X_G \end{pmatrix} = \begin{pmatrix} I-A_{11} & -A_{12} & \cdots & -A_{1G} \\ -A_{21} & I-A_{22} & \cdots & -A_{2G} \\ \vdots & \vdots & \ddots & \vdots \\ -A_{G1} & -A_{G2} & \cdots & I-A_{GG} \end{pmatrix}^{-1} \begin{pmatrix} \sum_j^G Y_{1j}+E_1 \\ \sum_j^G Y_{2j}+E_2 \\ \vdots \\ \sum_j^G Y_{Gj}+E_G \end{pmatrix} \tag{5}$$

$$= \begin{pmatrix} B_{11} & B_{12} & \cdots & B_{1G} \\ B_{21} & B_{22} & \cdots & B_{2G} \\ \vdots & \vdots & \ddots & \vdots \\ B_{G1} & B_{G2} & \cdots & B_{GG} \end{pmatrix} \begin{pmatrix} Y_1 \\ Y_2 \\ \vdots \\ Y_G \end{pmatrix}$$

和两个地区一个产业的情形类似，将 $\tilde{V}$、$\tilde{M}$ 和 $\tilde{R}$ 分别表示为：

$$\tilde{V} = \begin{pmatrix} \tilde{V}_1 & 0 & \cdots & 0 \\ 0 & \tilde{V}_2 & \cdots & 0 \\ \vdots & \vdots & \ddots & \vdots \\ 0 & 0 & \cdots & \tilde{V}_G \end{pmatrix},\quad \tilde{M} = \begin{pmatrix} \tilde{M}_1 & 0 & \cdots & 0 \\ 0 & \tilde{M}_2 & \cdots & 0 \\ \vdots & \vdots & \ddots & \vdots \\ 0 & 0 & \cdots & \tilde{M}_G \end{pmatrix},$$

$$\tilde{R} = \begin{pmatrix} \tilde{R}_1 & 0 & \cdots & 0 \\ 0 & \tilde{R}_2 & \cdots & 0 \\ \vdots & \vdots & \ddots & \vdots \\ 0 & 0 & \cdots & \tilde{R}_G \end{pmatrix}$$

则 $\tilde{V}B$、$\tilde{M}B$ 和 $\tilde{R}B$ 可分别表示为：

$$\tilde{V}B=\begin{pmatrix}\tilde{V}_1B_{11} & \tilde{V}_1B_{12} & \cdots & \tilde{V}_1B_{1G}\\ \tilde{V}_2B_{21} & \tilde{V}_2B_{22} & \cdots & \tilde{V}_2B_{2G}\\ \vdots & \vdots & \ddots & \vdots\\ \tilde{V}_GB_{G1} & \tilde{V}_GB_{G2} & \cdots & \tilde{V}_GB_{GG}\end{pmatrix},\quad \tilde{M}B=\begin{pmatrix}\tilde{M}_1B_{11} & \tilde{M}_1B_{12} & \cdots & \tilde{M}_1B_{1G}\\ \tilde{M}_2B_{21} & \tilde{M}_2B_{22} & \cdots & \tilde{M}_2B_{2G}\\ \vdots & \vdots & \ddots & \vdots\\ \tilde{M}_GB_{G1} & \tilde{M}_GB_{G2} & \cdots & \tilde{M}_GB_{GG}\end{pmatrix},$$

$$\tilde{R}B=\begin{pmatrix}\tilde{R}_1B_{11} & \tilde{R}_1B_{12} & \cdots & \tilde{R}_1B_{1G}\\ \tilde{R}_2B_{21} & \tilde{R}_2B_{22} & \cdots & \tilde{R}_2B_{2G}\\ \vdots & \vdots & \ddots & \vdots\\ \tilde{R}_GB_{G1} & \tilde{R}_GB_{G2} & \cdots & \tilde{R}_GB_{GG}\end{pmatrix}$$

将出口矩阵表示为：

$$E=\begin{pmatrix}E_1 & 0 & \cdots & 0\\ 0 & E_2 & \cdots & 0\\ \vdots & \vdots & \ddots & \vdots\\ 0 & 0 & \cdots & E_G\end{pmatrix}$$

则 $\tilde{V}BE$、$\tilde{M}BE$ 和 $\tilde{R}BE$ 可表示为：

$$\tilde{V}BE=\begin{pmatrix}\tilde{V}_1B_{11}E_1 & \tilde{V}_1B_{12}E_2 & \cdots & \tilde{V}_1B_{1G}E_G\\ \tilde{V}_2B_{21}E_1 & \tilde{V}_2B_{22}E_2 & \cdots & \tilde{V}_2B_{2G}E_G\\ \vdots & \vdots & \ddots & \vdots\\ \tilde{V}_GB_{G1}E_1 & \tilde{V}_GB_{G2}E_2 & \cdots & \tilde{V}_GB_{GG}E_G\end{pmatrix},$$

$$\tilde{M}BE=\begin{pmatrix}\tilde{M}_1B_{11}E_1 & \tilde{M}_1B_{12}E_2 & \cdots & \tilde{M}_1B_{1G}E_G\\ \tilde{M}_2B_{21}E_1 & \tilde{M}_2B_{22}E_2 & \cdots & \tilde{M}_2B_{2G}E_G\\ \vdots & \vdots & \ddots & \vdots\\ \tilde{M}_GB_{G1}E_1 & \tilde{M}_GB_{G2}E_2 & \cdots & \tilde{M}_GB_{GG}E_G\end{pmatrix},$$

$$\tilde{R}BE=\begin{pmatrix}\tilde{R}_1B_{11}E_1 & \tilde{R}_1B_{12}E_2 & \cdots & \tilde{R}_1B_{1G}E_G\\ \tilde{R}_2B_{21}E_1 & \tilde{R}_2B_{22}E_2 & \cdots & \tilde{R}_2B_{2G}E_G\\ \vdots & \vdots & \ddots & \vdots\\ \tilde{R}_GB_{G1}E_1 & \tilde{R}_GB_{G2}E_2 & \cdots & \tilde{R}_GB_{GG}E_G\end{pmatrix}$$

$\tilde{V}BE$、$\tilde{M}BE$ 和 $\tilde{R}BE$ 都是 $G\times G$ 的矩阵。$\tilde{V}BE$ 第 i 行第 j 列的元素 $\tilde{V}_iB_{ij}E_j$ 表示地区 j 的出口中蕴含的地区 i 的增加值，$\tilde{V}BE$ 的主对角线上的元素表示地区 i 出口中蕴含的本地增加值。据此，可以求得地区 i 出口的本地增加值和国内垂直专业化：

$$DVA_i=\tilde{V}_iB_{ii}E_i,\quad DVS_i=\sum_{j\neq i}^{G}\tilde{V}_jB_{ji}E_i$$

此外，可以求得地区 i 的增加值出口额：

$$VAX_i=\sum_{j=1}^{G}\tilde{V}_iB_{ij}E_j$$

$\tilde{M}BE$ 第 i 行第 j 列的元素 $\tilde{M}_iB_{ij}E_j$ 表示地区 j 的出口中蕴含的地区 i 纯进口的增加值，则地区 i 的国际垂直专业化可以表示为：

$$FVS_i=\sum_{j=1}^{G}\tilde{M}_jB_{ji}E_i$$

$\tilde{R}BE$ 第 i 行第 j 列的元素 $\tilde{R}_iB_{ij}E_j$ 表示地区 j 的出口中蕴含的地区 i 回流的增加值，则地区 i 的回流增加值可以表示为：

$$RDV_i=\sum_{j=1}^{G}\tilde{R}_jB_{ji}E_i$$

假设地区 i 的总值出口额是 e_i，则根据上述求得的变量可以得到地区 i 的本地增加值份额、国内垂直专业化份额、国际垂直专业化份额、回流增加值份额、VAXR：

$$DVAS_i=\frac{DVA_i}{e_i},\quad DVSS_i=\frac{DVS_i}{e_i},\quad FVSS_i=\frac{FVS_i}{e_i},\quad RDVS_i=\frac{RDV_i}{e_i},$$

$$VAXR_i=\frac{VAX_i}{e_i}$$

其中，$DVAS_i+DVSS_i+FVSS_i+RDVS_i=1$。

为分解地区—产业层次出口的增加值，首先需要构建一个 $N\times N$ 的对角矩阵$\hat{V}_j$，该矩阵对角线上的元素是地区 j 的直接增加值系数。在此基础上，定义矩阵 V 如下：

$$V=\begin{pmatrix} V_1 & 0 & \cdots & 0 \\ 0 & V_2 & \cdots & 0 \\ \vdots & \vdots & \ddots & \vdots \\ 0 & 0 & \cdots & V_G \end{pmatrix}$$

VBE 提供了分解地区—产业层次出口增加值的公式，即：

$$VBE=\begin{pmatrix} V_1B_{11}E_1 & V_1B_{12}E_2 & \cdots & V_1B_{1G}E_G \\ V_2B_{21}E_1 & V_2B_{22}E_2 & \cdots & V_2B_{2G}E_G \\ \vdots & \vdots & \ddots & \vdots \\ V_GB_{G1}E_1 & V_GB_{G2}E_2 & \cdots & V_GB_{GG}E_G \end{pmatrix}$$

$V_iB_{ij}E_j$ 是一个 $N\times 1$ 的矩阵，表示地区 j 的出口中蕴含的地区 i 的各产业的增加值。则地区 i 各产业真实的增加值出口额向量是 $\sum_{j=1}^{G} V_iB_{ij}E_j$ 。

从产业层次上分解各地区出口中蕴含的来自各地区—产业纯进口增加值和回流增加值的方法同理可得，不再赘述。

三　数据来源及说明

为采用第二部分一国内部地区出口增加值的分解框架，需要编制一国的区域间非竞争型投入产出表。第二部分的分解框架具有一般性，可以使用该框架分解任何国家不同地区的出口增加值来源。本文着重探讨中国不同地区出口增加值来源。目前，中国的区域间非竞争型投入产出表主要有两个来源：一个是国家信息中心编制的 1997 年、2002 年、2007 年中国 8 区域 30 部门（8 部门、17 部门）区域间非竞争型投入产出表；① 另一个是

① 国家信息中心编：《中国区域间投入产出表》，社会科学文献出版社 2005 年版；张亚雄、齐舒畅主编：《2002、2007 年中国区域间投入产出表》，中国统计出版社 2012 年版。

中国科学院区域可持续发展分析与模拟重点实验室编制的2007年中国30省区市区域间非竞争型投入产出表。① 为了更加详细地分解中国地区出口增加值来源，本文使用2007年中国30省区市区域间非竞争型投入产出表来分解中国省级出口增加值的来源。该表存在6部门和30部门两张表，本文使用30部门的表，以便使研究的产业层次更细。需要注意的是，在该表的编制过程中，为了平衡投入产出数据，该表中列出的各省出口和产出数据和各省实际统计数据可能稍微有些出入。

另一个数据来源是世界投入产出数据库（WIOD）中的世界投入产出表（WIOT）。本文使用的区域间非竞争型投入产出表只有进口中间品这一项，并没有将进口中间品区分为真正的纯国外增加值和回流的增加值，需要根据WIOT数据进行分离。KWW仅提供了国家层面出口增加值来源的分析，Wang等②在此基础上拓展到双边和产业层面，并提供了更为广泛的分解框架。首先可以根据Wang等提供的分解方法和WIOT数据计算得出2007年中国进口的中间品有多少回流的国内增加值（分产业—分国别）、有多少是真正的国外增加值。然后，根据中国从这些国家进口中间品占总进口中间品的比重计算出中国整体进口中间品蕴含的真正国外增加值和回流的增加值（分产业）。在此过程中存在一个问题，那就是WIOT数据中的产业分类（35种）和本文使用区域间非竞争型投入产出表的产业分类并不统一（30种）。由于两种产业分类都很粗糙，因此只能粗略对应。对于中国区域间投入产出表中产业对应多于1种WIOT产业的情况，根据进口各产业比重进行加权平均得出回流增加值的份额。

四 中国省级出口增加值分解结果及分析

本部分将给出中国省级出口增加值的分解结果，并对结果进行分析。

① 刘卫东、陈杰、唐志鹏等：《中国2007年30省区市区域间投入产出表编制理论与实践》，中国统计出版社2012年版。

② Wang, Z., S-J. Wei and K. Zhu, "Quantifying International Production Sharing at the Bilateral and Sector Levels", *NBER Working Paper*, No. 19677, 2013.

第一节研究中国各省出口增加值来源，分析各省出口的本地增加值、国内垂直专业化、国际垂直专业化、回流增加值及相应的份额；第二节计算各省增加值出口额，并给出各省增加值出口和总值出口的比率；第三节计算各省出口蕴含的省份—产业的增加值；第四节给出各省各产业的增加值出口额。

（一）中国省级出口增加值来源

对于各省而言，其出口中的价值只能来自本省增加值、国内其他省份的增加值、从国外进口的增加值、回流的国内增加值。表 3 列出了 30 省份出口增加值来源及其占总值出口的份额。从表 3 可以看出，在出口增加值来源中，对各省而言，来自本省的增加值所占份额最高，区间范围是 40. 68%—74. 84%。其中，湖北、山东、山西、内蒙古、河南等省份的本地增加值份额最高，均超过 70%。[①] 广东、上海和天津等沿海省份的本地增加值份额最低，尚未达到 50%。由此初步判断，沿海省份出口中蕴含的本地增加值份额较低。由于沿海地区往往也是经济更发达的地区，经济发展水平是否和本地增加值份额有关呢？为此，可以计算各省人均国内生产总值（GDP）（数据来自《中国统计年鉴》）和本地增加值份额的相关系数。结果表明二者的负相关性很强（相关系数为-0. 62）。[②]

表 3　　30 省份出口增加值来源及占总值出口的份额

	总值出口（亿元）	出口增加值来源（亿元）				增加值来源占总值出口份额（%）			
		DVA	DVS	FVS	RDV	DVAS	DVSS	FVSS	RDVS
北京	3770	1936	584	1237. 0	12. 8	51. 35	15. 50	32. 81	0. 34
天津	3003	1347	874	772. 5	9. 5	44. 85	29. 11	25. 72	0. 32
河北	1591	908	439	241. 9	2. 9	57. 04	27. 57	15. 20	0. 18

① 除山东外，其余 4 个省份均属于中部地区。

② 负相关性并不能说明二者的因果关系，存在两种可能：一是地区经济越发达，出口使用本地增加值越少；二是出口品生产的垂直专业化水平越高，出口增长越快从而经济增速越高。这需要进一步研究。

续表

	总值出口（亿元）	出口增加值来源（亿元）				增加值来源占总值出口份额（%）			
		DVA	DVS	FVS	RDV	DVAS	DVSS	FVSS	RDVS
山西	601	433	74	92. 9	1. 0	71. 98	12. 39	15. 46	0. 17
内蒙古	262	188	43	31. 1	0. 4	71. 62	16. 36	11. 88	0. 15
辽宁	2932	1785	520	619. 7	7. 7	60. 88	17. 72	21. 13	0. 26
吉林	346	195	106	44. 8	0. 5	56. 29	30. 59	12. 97	0. 16
黑龙江	603	400	124	77. 9	1. 0	66. 42	20. 50	12. 92	0. 16
上海	11315	4839	1954	4470. 2	52. 6	42. 76	17. 27	39. 50	0. 47
江苏	14805	7877	2213	4659. 1	55. 1	53. 21	14. 95	31. 47	0. 37
浙江	10440	5418	2514	2476. 5	31. 7	51. 90	24. 08	23. 72	0. 30
安徽	700	380	192	126. 3	1. 5	54. 29	27. 45	18. 04	0. 22
福建	4100	2554	718	817. 9	9. 9	62. 29	17. 52	19. 95	0. 24
江西	417	280	76	60. 3	0. 7	67. 18	18. 19	14. 46	0. 18
山东	6935	5141	784	999. 1	11. 6	74. 13	11. 30	14. 41	0. 17
河南	855	610	136	108. 0	1. 4	71. 30	15. 91	12. 63	0. 16
湖北	668	500	81	86. 5	1. 1	74. 84	12. 05	12. 95	0. 16
湖南	525	339	91	94. 0	1. 3	64. 55	17. 32	17. 89	0. 24
广东	27966	11377	4438	12000. 6	150. 0	40. 68	15. 87	42. 91	0. 54
广西	498	330	90	76. 9	1. 0	66. 33	18. 03	15. 45	0. 19
海南	222	133	27	61. 4	0. 6	59. 74	12. 36	27. 65	0. 25
重庆	352	190	90	70. 6	0. 9	54. 10	25. 59	20. 05	0. 25
四川	644	450	80	113. 2	1. 4	69. 85	12. 36	17. 58	0. 21
贵州	144	82	36	25. 6	0. 3	56. 77	25. 27	17. 72	0. 23
云南	355	238	66	50. 0	0. 6	67. 10	18. 62	14. 10	0. 17
陕西	426	260	106	59. 8	0. 7	60. 90	24. 89	14. 03	0. 17
甘肃	433	302	81	49. 6	0. 5	69. 73	18. 68	11. 46	0. 12
青海	54	33	14	6. 6	0. 1	61. 06	26. 60	12. 21	0. 14
宁夏	80	51	18	10. 3	0. 1	64. 09	22. 85	12. 90	0. 16
新疆	499	310	123	64. 4	0. 8	62. 20	24. 72	12. 91	0. 17
全国	95542	65578	29604. 9	359. 7	68. 64	30. 99	0. 38		

对于不同省份而言，国内垂直专业化份额和国际垂直专业化份额二者

并无确定性的关系。如对于广东而言，国内垂直专业化份额仅为15.87%，国际垂直专业化份额则达到42.91%。对于吉林而言，国内垂直专业化份额达到30.59%，而国际垂直专业化份额仅为12.97%。进一步，通过计算人均GDP和国内垂直专业化份额、国际垂直专业化份额的相关系数，发现人均GDP和国内垂直专业化份额的相关性并不高（相关系数为-0.10），但是和国际垂直专业化份额具有很强的正相关性（相关系数达到0.74）。这说明，沿海发达省份在生产出口品时更加依赖进口的中间品。

各省出口中蕴含的回流增加值并不多，占总值出口的份额均不足1%。一般来讲，沿海省份和发达省份出口中含有更多回流的增加值，比如广东和上海回流的增加值占总值出口的比重是最高的，分别是0.54%和0.47%。甘肃、青海、内蒙古等地区回流的增加值占比最低，分别只有0.12%、0.14%和0.15%。初步的相关性分析表明，人均GDP和RDVS的相关系数达到0.72，二者具有较强的正相关关系。

还可以根据各省出口增加值来源计算整个中国层面出口的增加值来源。2007年，中国出口来自国内的增加值占总值出口的份额是68.64%（本地增加值率），来自进口的真正国外增加值占总值出口的比重是30.99%（垂直专业化份额，VSS），来自回流的增加值占总值出口的比重仅为0.38%。尽管中国的总值出口高达95542亿元，实际的增加值出口仅为65578亿元。

为了更好地追踪30省份出口中来自国内其他省份的增加值，本文同时计算了30省份出口来自其他省份的增加值占来自国内其他省份增加值总额的比重。结果表明，北京出口的增加值主要来自河北和江苏，天津出口的增加值主要来自河北，广东出口的增加值主要来自江苏和浙江。初步分析可以发现，地理位置相近省份之间的生产联系也更加紧密。

（二）30省份增加值出口额及其与总值出口的比率

上一节分析了30省份出口增加值来源，这其实是从生产的后向联系来分析的。从生产的前向联系来看，30省份增加值可被用在其他省份的出口中。如果将30省份通过本省和其他省份出口的增加值加总起来，则可以得到各省的增加值出口，并可以计算各省增加值出口额和总值出口的比率。计算结果列于表4中。从计算结果可以看出，VAXR低于1的省份是广东、天津、浙江、北京、江苏、福建、辽宁、山东等沿海出口大省。这意味着这些沿海省份的增加值出口额小于传统统计的出口额。VAXR超过2的省份则是内蒙古、贵州、陕西、河南、云南等中西部省份，这些省份的增加值出口额是传统统计出口额的2倍多。这些结果表明，以传统统计方式统计的出口额高估了沿海省份的出口，低估了中西部省份的出口。因此，中国省级间的出口差距并没有传统统计数据表现得那么大。

为了更加直观地说明30省份以增加值出口表示的出口差距明显小于传统统计，可以将两种统计方式下出口额均最低的省份（青海）标准化为1，重新计算两种统计方式下的出口。结果表明，以增加值出口额衡量的各省出口差距明显缩小。以传统统计衡量出口额，广东是青海的517.89倍；而使用增加值出口来衡量，广东是青海的133.70倍。二者的差距缩小了74.18%。通过计算得出两种统计方式下各省出口的标准差，传统方式是110.79，增加值出口方式是31.57，标准差明显降低。

两种统计方式所表现出来的差异可以通过国内各地区之间的生产联系得到解释。东部地区在生产出口品时投入了来自中西部地区的中间品，其总值出口包含了来自中西部地区的中间品价值，也即中西部地区通过为东部沿海地区提供中间品进行了间接出口。在计算增加值出口时，将东部地区出口中属于中西部地区的增加值归属中西部地区，因此二者的增加值出口差距明显缩小。

表4　**30省份增加值出口及其和总值出口的比率**

省份	总值出口	VAX	VAXR	省份	总值出口	VAX	VAXR
北京	3770	2348	0.62	河南	855	1776	2.08
天津	3003	1823	0.61	湖北	668	866	1.30
河北	1591	2452	1.54	湖南	525	853	1.62

续表

省份	总值出口	VAX	VAXR	省份	总值出口	VAX	VAXR
山西	601	982	1.63	广东	27966	12300	0.44
内蒙古	262	870	3.32	广西	498	810	1.63
辽宁	2932	2345	0.80	海南	222	175	0.79
吉林	346	576	1.67	重庆	352	385	1.09
黑龙江	603	967	1.60	四川	644	810	1.26
上海	11315	5504	0.49	贵州	144	316	2.19
江苏	14805	9277	0.63	云南	355	720	2.03
浙江	10440	6371	0.61	陕西	426	921	2.16
安徽	700	983	1.40	甘肃	433	491	1.14
福建	4100	2988	0.73	青海	54	92	1.71
江西	417	606	1.45	宁夏	80	133	1.66
山东	6935	6149	0.89	新疆	499	691	1.38

注：总值出口和增加值出口的单位是亿元。

从以上计算结果也可以看出，本文做出的不区分加工贸易和非加工贸易的假设并不影响基本结论。比如，一般沿海地区的加工贸易占比更高，由此低估了沿海地区出口的国外增加值。上述计算结果表明，沿海地区出口拥有更多的国外增加值，如果将加工贸易考虑进去，也只不过是使得沿海省份拥有更高的国外增加值，和上述分析结论一致。

（三）中国省级出口蕴含的省份—产业增加值

限于篇幅，仅分析广东省出口中蕴含的来自各省各产业的增加值。以4个代表性产业为例进行分析：农林牧渔业，纺织业，通信设备、计算机及其他电子设备制造业，批发零售业。① 广东省出口蕴含的农林牧渔业主要来自本省，其次来自河北、湖南、河南等农业大省。对于纺织业，除本省外，来自浙江、河北、河南的最多。对于通信设备、计算机及其他电子

① 这4个产业分别来自农业、工业和服务业，且纺织业和通信设备、计算机及其他电子设备制造业是出口额较大的制造业。

设备制造业，除本省外，来自江苏、福建、上海、天津的最多。对于批发零售业，除本省外，来自浙江、云南、广西、上海、江苏的最多。通过观察后面的表 5 可以看出，在这些产业上广东蕴含增加值较多的省份往往也是在这些产业上具有比较优势的省份，尤其是以增加值出口衡量的显性比较优势大于以传统总值出口衡量的比较优势。因此，具有比较优势的省份—产业往往也更有优势为其他省份提供出口的增加值。

（四）中国省级各产业的增加值出口和总值出口的比率

根据第二部分的分解框架，同样可以计算省级各产业的增加值出口额，以及相应的 VAXR。限于篇幅，仅分析代表性产业的 VAXR。对于农林牧渔业，省级 VAXR 均大于 1，江苏和江西的 VAXR 最高（32.10 和 25.52），说明农林牧渔业主要通过蕴含在其他产业中出口；对于煤炭开采和洗选业，省级差异较大，辽宁和河南的最高，均超过 200；对于纺织业，宁夏的最高，为 4.62，新疆的最低，是 0.24；对于纺织服装鞋帽皮革羽绒及其制品业，山西的最高，是 3.05，天津、黑龙江、江苏的最低，均为 0.30；对于化学工业，吉林和青海的最高，均超过 2，天津的最低，是 0.59；对于通用、专用设备制造业，大部分省份的 VAXR 低于 1，只有山东的明显超过 1，说明该产业实际出口的并没有那么多，出口中蕴含了较多的进口品价值；对于电气机械及器材制造业，海南和宁夏的 VAXR 最高，达到 2.66 和 2.51，天津和广东的最低，分别是 0.23 和 0.24；对于通信设备、计算机及其他电子设备制造业，也都普遍低于 1，只有重庆、江西、新疆的大于 1；对于交通运输及仓储业，宁夏的 VAXR 明显高于其他省份，达到 44.96；对于批发零售业，江西的最高，达到 15.40。

可以看出，制造业的 VAXR 普遍低于农业和服务业。为更加清晰地分析各产业的 VAXR，可以计算出中国整体的各产业的 VAXR。结果表明，制造业中只有石油加工、炼焦及核燃料加工业的 VAXR 略大于 1，其余制造业的 VAXR 均小于 1。通信设备、计算机及其他电子设备制造业的 VAXR 甚至仅有 0.23。而这些 VAXR 较低的产业恰恰也是中国出口的主导产业，因此，从产业层次来讲，中国出口整体的低本地增加值率主要是由于生产低 VAXR 的制造业引起的。结合已有结果，可以继续探索中国制造业低 VAXR 的地区层次的原因，那就是主要源于沿海省份。综合起来看，中国出口的低本地增加值率主要源于沿海省份制造业的低 VAXR。

五 中国省级出口增加值分解结果的应用

前面分解了中国省级出口的增加值，并对结果进行了简单分析。通过分析可以看出，如果以增加值的视角来看待出口，将会与传统统计分析得出的结论有所差异，有的甚至差异较大。显然，本文计算得出的中国省级出口增加值数据还为从全球价值链与国内价值链视角研究相关问题提供了数据支撑。接下来，对前面得到的增加值数据进行简单应用以便更好地认识省级增加值出口。由于显性比较优势（RCA）和出口专业化（多样化）是国际贸易研究中两个较为常用的概念，以这两个概念为例进行分析。

（一）显性比较优势

地区 i 产业 n 的显性比较优势的计算公式是：

$$RCA_{in} = \frac{e_{in}/e_i}{E_n/E} \tag{6}$$

其中，e_{in} 和 E_n 表示地区 i 和国家层面产业 n 的（增加值）出口，E 表示国家层面的（增加值）出口。

可以运用公式（6）计算得到总值出口和增加值出口的显性比较优势。将各省代表性产业的显性比较优势列于表 5 中。通过表 5 可以看出，两种计算结果有明显的差异。对于许多省份的许多产业而言，比较优势甚至发生了逆转。如对于农林牧渔业，天津和青海从比较优势转变为比较劣势，江苏、浙江和福建则从比较劣势转变为比较优势；对于纺织业，黑龙江从比较优势转变为比较劣势，河北、湖北、湖南、广东、四川、宁夏则从比较劣势转变为比较优势；对于通信设备、计算机及其他电子设备制造业，天津、辽宁、福建、四川则从比较劣势转变为比较优势；对于批发零售业，许多省份都从比较劣势转变为比较优势，尤其是对于内蒙古、重庆和贵州而言，如果以传统统计计算显性比较优势，因为它们的批发零售业出口为0，显性比较优势也是0，但是由于它们的批发零售业蕴含在其他省份的出口中，以增加值出口衡量的显性比较优势显示这些地区具有比较优势。可见，如果以传统统计计算显性比较优势，会误导相关的研究进而影响研究结论。

表5 **30省份代表性产业的比较优势**

	农林牧渔业			纺织业			通信设备			批发零售业		
	RCA	VRCA	变动	RCA	VRCA	变动	RCA	VRCA	变动	RCA	VRCA	变动
北京	0.41	0.31	↓	0.20	0.33	↑	1.20	2.10	↑	3.07	3.97	↑
天津	1.32	0.67	↓	0.20	0.36	↑	0.85	2.70	↑	0.54	2.12	↑
河北	1.89	3.36	↑	0.40	1.65	↑	0.06	0.12	↑	0.72	1.02	↑
山西	0.58	0.59	→	0.10	0.07	↓	0.01	0.03	↑	0.00	0.88	△
内蒙古	7.66	3.49	↓	1.52	1.46	→	0.02	0.04	↑	0.00	1.09	△
辽宁	1.86	1.91	→	0.30	0.63	↑	0.50	1.06	↑	1.57	2.41	↑
吉林	16.10	6.05	↓	0.83	0.82	→	0.07	0.10	↑	2.53	1.30	↓
黑龙江	9.65	4.39	↓	1.15	0.91	↓	0.07	0.07	→	0.49	1.08	↑
上海	0.15	0.17	→	0.17	0.45	↑	1.37	2.29	↑	0.80	2.48	↑
江苏	0.20	2.31	↑	1.89	3.39	↑	1.57	4.01	↑	0.63	1.63	↑
浙江	0.33	1.12	↑	2.43	5.38	↑	0.38	1.00	↑	0.44	2.14	↑
安徽	2.10	4.78	↑	2.03	1.38	↓	0.23	0.45	↑	0.68	2.23	↑
福建	0.60	1.91	↑	1.11	1.73	↑	0.51	1.71	↑	1.21	2.30	↑
江西	1.03	3.99	↑	1.61	2.27	↑	0.23	1.00	↑	0.13	1.27	↑
山东	3.18	3.49	↑	2.38	3.11	↑	0.17	0.34	↑	2.44	1.93	↓
河南	2.04	3.29	↑	1.07	2.04	↑	0.09	0.12	↑	2.24	1.50	↑
湖北	2.27	3.21	↑	0.73	2.55	↑	0.42	0.99	↑	1.32	2.04	↑
湖南	2.06	4.36	↑	0.45	1.18	↑	0.26	0.81	↑	0.34	1.26	↑
广东	0.23	0.82	↑	0.30	1.22	↑	1.40	4.04	↑	0.73	1.96	↑
广西	5.90	4.38	↓	1.45	1.26	↓	0.17	0.33	↑	1.53	2.84	↑

续表

	农林牧渔业			纺织业			通信设备			批发零售业		
	RCA	VRCA	变动	RCA	VRCA	变动	RCA	VRCA	变动	RCA	VRCA	变动
海南	2.17	4.27	↑	0.33	0.35	→	0.14	0.24	↑	1.89	3.33	↑
重庆	2.15	2.12	→	0.22	0.41	↑	0.04	0.26	↑	0.00	2.31	△
四川	1.36	4.39	↑	0.88	1.36	↑	0.90	1.91	↑	0.84	1.48	↑
贵州	3.60	2.70	↓	0.03	0.07	↑	0.05	0.11	↑	0.00	1.11	△
云南	8.27	2.53	↓	0.09	0.09	→	0.03	0.05	↑	0.93	2.61	↑
陕西	2.67	1.88	↓	0.41	0.55	↑	0.28	0.39	↑	4.89	2.68	↓
甘肃	7.31	2.19	↓	0.17	0.25	↑	0.03	0.09	↑	2.84	2.25	↓
青海	2.69	0.70	↓	0.15	0.16	↑	0.00	0.00	→	0.33	0.18	↓
宁夏	18.43	3.70	↓	0.39	3.36	↑	0.07	0.04	↓	0.29	1.29	↑
新疆	16.04	6.20	↓	2.19	1.20	↓	0.01	0.04	↑	2.35	2.17	→

注：RCA 表示使用传统总值出口计算的显性比较优势，VRCA 表示使用增加值出口计算的显性比较优势。“↑”和“↓”分别表示 VRCA 高于和低于 RCA 的比例超过 10%，“→”表示 VRCA 高于或低于 RCA 的比例不超过 10%，“△”表示 RCA=0 但是 VRCA>0。通信设备是指通信设备、计算机及其他电子设备制造业。

（二）出口专业化指数

许多指标都可以用来衡量出口专业化程度，它们之间具有较强的相关性。① 下面采用常见的赫芬达尔指数（Herfindahl Index）来计算各省的出口专业化程度。该指数的计算公式如下：

$$H_i = \sum_{n=1}^{N} (e_{in}/e_i)^2 \tag{7}$$

可以使用增加值出口和传统总值出口数据计算出两种出口专业化指数，列于表 6 中。从表 6 可以看出，除吉林、黑龙江、广西、新疆外，以增加值出口衡量的出口专业化指数普遍低于以传统方式计算得出的出口专业化指数。这说明，以传统出口数据计算各省的出口专业化指数，会得出各省专业化程度较高的结论。而以增加值出口计算，中国省级出口专业化程度并没有那么高。其背后的原因是，省级出口产业中蕴含了大量来自其

① 高凌云、王洛林、苏庆义：《中国出口的专业化之路及其增长效应》，《经济研究》2012 年第 5 期。

他产业的增加值，从而以增加值出口衡量的各产业比重的差异并没有传统总值出口数据衡量得那么大，省级出口的多样化程度有所增强（出口专业化程度降低）。

表 6　　　　30 省份的出口专业化指数

省份	TH	VH	TH/VH	省份	TH	VH	TH/VH
北京	0.15	0.14	1.03	河南	0.09	0.06	1.46
天津	0.09	0.07	1.30	湖北	0.09	0.07	1.42
河北	0.09	0.07	1.28	湖南	0.17	0.08	2.03
山西	0.21	0.14	1.46	广东	0.14	0.07	2.02
内蒙古	0.18	0.10	1.84	广西	0.08	0.09	0.86
辽宁	0.08	0.06	1.31	海南	0.12	0.10	1.26
吉林	0.09	0.10	0.90	重庆	0.14	0.09	1.58
黑龙江	0.07	0.17	0.39	四川	0.12	0.07	1.71
上海	0.13	0.09	1.54	贵州	0.26	0.09	2.80
江苏	0.17	0.08	2.17	云南	0.18	0.15	1.22
浙江	0.09	0.08	1.23	陕西	0.11	0.09	1.15
安徽	0.09	0.07	1.28	甘肃	0.18	0.10	1.69
福建	0.08	0.07	1.17	青海	0.15	0.12	1.22
江西	0.12	0.07	1.61	宁夏	0.19	0.09	2.03
山东	0.10	0.06	1.56	新疆	0.10	0.15	0.68

注：TH 和 VH 分别表示用总值出口和增加值出口计算的出口专业化指数，TH/VH 是二者的比值。

高凌云等①为研究中国出口的专业化趋势，使用传统总值出口数据计算了中国省级的出口专业化指数，并得出中国出口越来越专业化的结论。上述使用增加值出口计算的中国省级出口专业化指数表明，应谨慎看待高

① 高凌云、王洛林、苏庆义：《中国出口的专业化之路及其增长效应》，《经济研究》2012 年第 5 期。

凌云等①的研究结论，有必要使用本文重新计算的出口专业化指数进行进一步研究。

六 结论性评论

本文在KWW的基础上首次构建了追踪国家内部地区出口价值来源的框架，并使用2007年中国区域间非竞争型投入产出表和世界投入产出表分解了中国省级出口的增加值来源，随后应用分解结果计算了省份—产业的显性比较优势和各省的出口专业化指数，得到如下结论。

第一，对各省出口而言，本地增加值所占份额最高，回流增加值份额最低，国内垂直专业化份额和国际垂直专业化份额居中。各省经济发展水平和本地增加值份额呈很强的负相关关系，和国际垂直专业化份额呈很强的正相关关系。沿海省份拥有较低的本地增加值份额、较高的国际垂直专业化份额和较高的回流增加值份额。中国整体的本地增加值率是68.64%。地理位置相近的省份之间生产的联系更加紧密。

第二，以增加值出口额衡量的各省出口差距相比传统统计方式明显缩小。具有比较优势的省份—产业往往也更有优势为其他省份提供出口的增加值。中国出口整体的低本地增加值率主要是由生产低VAXR的制造业引起的，而这主要源于沿海省份制造业的低VAXR。

第三，以增加值出口和以总值出口衡量的显性比较优势有较多差异。对于许多省份的许多产业而言，比较优势甚至发生了逆转。对于大部分省份而言，以增加值出口衡量的出口专业化程度要低于以总值出口衡量的出口专业化程度。

上述研究结论具有重要的政策内涵。第一，为提升中国出口整体的本地增加值率，应以提升沿海地区出口本地增加值率为重点，尤其是沿海地区的制造业。研究表明，中国各省份的国际垂直专业化份额存在差异，沿

① 高凌云、王洛林、苏庆义：《中国出口的专业化之路及其增长效应》，《经济研究》2012年第5期。

海省份（制造业）往往拥有较高的国际垂直专业化份额。因此，针对性的措施是从沿海省份的制造业着手提高中国出口的本地增加值率。第二，重视国内地区生产之间的联系，切实采取措施降低地方保护、削减区域间贸易成本，这有利于中西部地区通过为东部沿海地区提供中间品间接出口。研究表明，沿海省份出口蕴含了较多中西部省份的增加值，中国各省份出口差异并没有传统统计表现得那么大。沿海省份具有较低的国际贸易成本、便于出口，中西部地区可以通过为沿海省份提供中间品间接出口。降低区域间的贸易成本有利于提升各区域间的生产联系。第三，谨慎调整贸易结构。以增加值出口衡量的省份—产业的比较优势和各省的出口专业化程度与传统统计方式有所差异。这意味着从增加值出口的视角来看，中国的贸易结构将会有所不同。因此，在出台和实施调整贸易结构相关措施时，应谨慎而为。

（本文发表于《经济研究》2016 年第 1 期）

全球供应链脆弱性测度
——基于贸易网络方法的分析

崔晓敏　熊婉婷　杨盼盼　徐奇渊*

内容摘要：当前供应链安全已成为影响各国经济稳定发展的突出因素，是具有全局性和长远意义的重大问题。本文利用贸易网络分析方法和2017—2020年双边产品层面贸易数据，分析了中国及全球供应链的总体特征和内在脆弱性。研究发现，一是全球供应链脆弱性产品多来自技术密集型行业。其中，发达经济体的供应链脆弱点主要面向政治和经济同盟，而发展中经济体普遍对区域集团依赖更深。二是中国在超过八成高脆弱性中间品贸易中占据明显出口优势，但在部分高端机电和化学产品上依赖来自发达经济体或其跨国企业的进口，在部分资源型产品上依赖来自发展中经济体的进口。三是在2018—2019年的贸易摩擦期间，中美两国在关键产品上的供应链脆弱性相对其他产品显著下降，这反映出关键产品供应链的布局特征从以效率为主转向了兼顾效率与安全。本文提供了全面、客观地认识世界各国供应链脆弱性的量化方法，并为中国制造业补短板、强化产业基础能力提供了具体的政策依据。根据供应链脆弱性特征，本文将中国进口中间品分为4类，并提出应当以供给端的补短板、需求端的多元化进口以及国际协调合作等多种方式来应对供应链脆弱性问题。

关键词：供应链脆弱性　贸易网络分析　出口中心度变异指数　进口

---

* 崔晓敏，中国社会科学院世界经济与政治研究所副研究员；熊婉婷，中国社会科学院世界经济与政治研究所助理研究员；杨盼盼，中国社会科学院世界经济与政治研究所副研究员；徐奇渊，中国社会科学院世界经济与政治研究所副所长、研究员。

集中度指数

一　引言

近年来，国际地缘政治风险、贸易摩擦以及新冠疫情等事件加速了各国对产业链安全性的考量。2008 年国际金融危机后，主要经济体经济增长放缓，贸易保护主义和民粹主义抬头，全球经济政策不确定性上升，跨国贸易和投资行为受到严重影响。2018—2019 年，中美贸易摩擦几度升级，并冲击产业链上相关国家和跨国企业的生产经营。这促使一些国家和企业试图通过分散投资实现产业链多元化，部分国家还对企业调整海外生产据点给予财政支持。因此，如何全面、客观地度量各国供应链脆弱性成为理论和政策研究的重要问题。

在全球化格局经历深刻调整的背景下，产业链安全对中国经济稳定发展尤为重要，是具有全局性和长远意义的重大问题。“十四五”时期，中国的国内、国外环境都面临着巨大转变。从国内看，中国经济从高速增长阶段向高质量发展阶段转变，正处在转变发展方式、优化经济结构、转换增长动力的攻关期。从国际看，世界正处于百年未有之大变局。国际形势风云变幻，地区冲突不断升级，民粹主义、单边主义、贸易保护主义暗流涌动，大国间力量发生深刻变化，博弈进一步加剧。在此背景下，保障关键产业的产业链安全具有重要意义：一方面，这类产业关系国家安全和经济安全，是经济高质量发展的主战场和内生动力支撑；另一方面，这类产业研发周期长，物质、人力和金融资本投入高，面临较高的“卡脖子”风险。

一般而言，产业链活动越复杂、关键中间品供应越集中的产业链越脆弱。随着国际分工的不断深化和复杂化，全球产业链的内在脆弱性随之凸显，具体表现为复杂产业链活动极易受到外部环境变化的影响。[①] 复杂产

① Johnson R. C., Guillermo N., “Fragmentation and Trade in Value Added over Four Decades”, *NBER Working Paper*, 2012.

业链活动涉及中间产品的两次及以上跨境贸易。复杂产业链活动的脆弱性与其产业链较长、生产环节较多以及牵涉国家较多相关。因此，贸易摩擦、大国关系以及外部环境变化等均可能对复杂产业链活动构成冲击。从贸易网络关系看，供应来源越集中的中间产品越关键，关键中间产品越多的产业链越复杂，但同时也越脆弱，因而可从出口和进口两个层面衡量中间产品的产业链脆弱性。一方面，出口越集中在少数国家的中间产品，供应链脆弱性越大；另一方面，进口越集中在少数国家的中间产品，供应链脆弱性也越高。

本文利用贸易网络分析方法，从全球和各国两个视角构建供应链脆弱性度量指标，并利用这些指标分析全球和主要经济体供应链脆弱性。具体而言，本文研究内容主要包括四个方面。第一，参考贸易网络分析方法，构建全球—产品层面和国家—产品层面供应链脆弱性指标，并利用双边产品层面贸易数据进行测算。第二，分析全球层面供应链脆弱的中间产品在国别（地区）、行业等方面的分布特征，探讨不同经济体供应链脆弱性的特征差异及可能原因。第三，全面检查中国的供应链脆弱点，并在分析供应链脆弱性产品的其他指标特征基础上，探讨本文构建的供应链脆弱性指标相对其他指标的优势。第四，利用2017—2019年面板数据，探讨中美贸易摩擦期间主要经济体供应链脆弱性的动态变化。

本文的研究具有重要的理论和现实价值。已有文献关于供应链的讨论，主要关注总量和大类行业的结构性特征，对产业链脆弱性讨论不多。根据本文分析，供应链脆弱性产品多为大类行业下的细分产品，需要细化到6位甚至10位产品编码才能准确识别。这类产品经济规模不高，但替代产品少、一旦缺失可能影响全产业运转，是关系国家安全和经济高质量发展的重要产品。高科技产品分类、战略性新兴产业分类等与产业链脆弱产品密切相关，但这些分类大多建立在产业层面上，划分口径较粗，不能准确识别“卡脖子”产品和技术，且多数分类设定并不针对供应链问题。而单个产品或行业的案例研究虽能精准识别制约本行业产业链安全的关键产品和技术，但却难以提供各国产业链安全的全貌。本文从贸易网络研究视角提供了一个全面、客观识别各国产业链脆弱点的量化方法，且该方法依据经典的国际贸易和社会网络分析理论，能够较好地揭示供应链脆弱性特征及其理论逻辑。此外，当前世界各国普遍关心产业链供应链安全，但缺乏有效度量供应链脆弱性的方法。本文提出的测度方法可用于观察世界各国细分产品的供应链脆弱性，有助于识别外部环境变化对各国供应链脆弱性的影响，并为相关供应链安全政策落地提供理论和实证支撑，进而具有鲜明的现实意义。

后文安排如下：第二部分为文献综述；第三部分介绍全球—产品和国家—产品层面脆弱性指标构建方法及数据；第四部分分析全球供应链脆弱性的总体特征和地区差异；第五部分分析中国供应链的脆弱性及其分布特征，探讨供应链脆弱性产品的其他指标特征及本文指标的相对优势；第六部分利用 2017—2019 年面板数据，探讨中美贸易摩擦期间主要经济体供应链脆弱性的相对变化；第七部分为结论与政策启示。

二　文献综述

进口品的竞争力指标难以有效度量供应链脆弱性。文献在讨论贸易品竞争力时，采用了进出口规模、价格①、国际市场占有率、市场渗透率、显示比较优势、贸易竞争指数、显示性竞争优势②、贸易强国指数③、替代弹性④等指标。具体而言，进口规模越大则供应链中断后的经济影响越大，出口规模越大的产品则国内生产实力可能越强。进出口产品相对价格差异越大则产品异质性越高、质量差距越大。⑤ 替代弹性越大，则本国中间品

① Manova K., Zhang Z., "Export Prices Across Firms and Destinations", *Quarterly Journal of Economics*, Vol. 127, No. 1, 2012, pp. 379-436.

② 茅锐、张斌：《中国的出口竞争力：事实、原因与变化趋势》，《世界经济》2013 年第 12 期。

③ 毛日昇：《贸易强国指数的跨国经验分析》，《世界经济》2019 年第 10 期；姚枝仲：《贸易强国的测度：理论与方法》，《世界经济》2019 年第 10 期。

④ Kee H. L., Tang H. W., "Domestic Value Added in Exports: Theory and Firm Evidence from China", *American Economic Review*, Vol. 106, No. 6, 2016, pp. 1402-1436.

⑤ Greenaway D., Hine R., Milner C., "Country-specific Factors and the Pattern of Horizontal and Vertical Intra-industry Trade in UK", *Review of World Economics*, Vol. 1, 1994, pp. 77-100.

对进口中间产品的可替代程度越高，进口供应下降对国内生产的影响有限。相反，替代弹性越小，则进口中间产品的不可替代性越高，进口供应中断的影响越大。总体上看，市场渗透率、国际市场占有率、显性比较优势指数等传统竞争力指标，与本文使用的进口市场集中度指数存在相似之处，但传统竞争力指标缺少外部整体供应集中情况的测度信息，这也使得其难以准确识别产品层面的供应链脆弱性。

本文与将网络分析方法用于国际贸易的研究紧密相关。与传统的国际贸易实证研究方法相比，采用网络方法研究贸易问题能够刻画不同节点（国家）的异质性特征和地位，第三国对双边贸易关系的影响以及贸易网络在结构上的相互依赖性，① 进而对以个体为研究对象的传统分析范式形成补充。如 Fagiolo 等和 Schiavo 等发现贸易网络存在多数国家贸易联系较多、少数国家贸易联系极其密切的中心—外围特征，② 并在一定程度上表现出富有国家贸易联系更为紧密的现象。De Benedictis 等基于 BACI-CEPII 数据库计算了 178 个国家 1995—2010 年的中心度指数（网络关系指标），③ 进而描述了全球贸易网络的拓扑结构。蒋小荣等在利用网络分析方法研究全球贸易网络结构演化特征的基础上，④ 重点讨论了中国在全球贸易网络中的角色变化。Korniyenko 等利用中心度、模块度等网络分析指标评估了 HS-6 位码中间品的供应脆弱性。⑤ 本文在其基础上利用更细化的数据进一步提供国别—产品层面的供应链脆弱性测度指标。

本文还与以市场集中度为主题的研究相关。除了由于存在核心参与者

---

① De Benedictis L., Nenci S., Santoni G., et al., "Network Analysis of World Trade Using the BACI-CEPII Dataset", *Global Economy Journal*, Vol. 14, 2014, pp. 287-343.

② Fagiolo G., Reyes J., Schiavo S., "The Evolution of the World Trade Web: A Weighted-network Analysis", *Journal of Evolutionary Economics*, Vol. 20, 2010, pp. 479-514; Schiavo S., Reyes J., Fagiolo G., "International Trade and Financial Integration: A Weighted Network Analysis", *Quantitative Finance*, Vol. 10, No. 4, 2010, pp. 389-399.

③ De Benedictis L., Nenci S., Santoni G., et al., "Network Analysis of World Trade Using the BACI-CEPII Dataset", *Global Economy Journal*, Vol. 14, 2014, pp. 287-343.

④ 蒋小荣、杨永春、汪胜兰：《1985—2015 年全球贸易网络格局的时空演化及对中国地缘战略的启示》，《地理研究》2018 年第 3 期。

⑤ Korniyenko M. Y., Pinat M., Dew B., "Assessing the Fragility of Global Trade: The Impact of Localized Supply Shocks Using Network Analysis", *International Monetary Fund Working Paper*, 2017.

而导致的中间品供应脆弱性，产品进口来源地集中是导致供应链脆弱性的另一重要因素。本文采用赫芬达尔—赫希曼指数（Herfindahl-Hirschman Index）度量进口来源地的集中程度。该指数最早由 Herfindahl 和 Hirschman 提出,[①] 后来被广泛用来衡量不同领域的竞争程度，包括市场垄断程度[②]、产业集聚度[③]、航线竞争程度[④]、地域银行竞争度[⑤]、城市群竞争力[⑥]等。当一国某种商品的进口来源地较为集中或与冲击源经济关系较为紧密时，受到负面冲击波及的可能性也越大，也即供应链风险越大。

三　指标构建和数据基础

本文尝试构建全球—产品、国家—产品两个层面的供应链脆弱性指标。需要说明的是，本文主要关注供应链极化视角的脆弱性，而非一般意义下因商品供不应求所导致的脆弱性。

（一）全球视角

全球—产品层面供应链脆弱性利用出口中心度变异指数进行测度。[⑦]

---

① Herfindahl O. C. , *Concentration in The Steel Industry*, Dissertation: Columbia University, 1950; Hirschman A. O. , *National Power and the Structure of Foreign Trade*, *Berkeley*, *Los Angeles*, London: University of California Press, 1945.

② 陈林、朱卫平:《创新竞争与垄断内生——兼议中国反垄断法的根本性裁判准则》,《中国工业经济》2011 年第 6 期；赵瑞丽、孙楚仁、陈勇兵:《最低工资与企业价格加成》,《世界经济》2018 年第 2 期。

③ 乔彬、李国平、杨妮妮:《产业聚集测度方法的演变和新发展》,《数量经济技术经济研究》2007 年第 4 期；茅锐:《产业集聚和企业的融资约束》,《管理世界》2015 年第 2 期。

④ 徐舒、李涵、甘犁:《市场竞争与中国民航机票定价》,《经济学（季刊）》2011 年第 2 期。

⑤ 蔡竞、董艳:《银行业竞争与企业创新——来自中国工业企业的经验证据》,《金融研究》2016 年第 11 期。

⑥ 张凡、宁越敏、娄曦阳:《中国城市群的竞争力及对区域差异的影响》,《地理研究》2019 年第 7 期。

⑦ 蒋小荣、杨永春、汪胜兰:《1985—2015 年全球贸易网络格局的时空演化及对中国地缘战略的启示》,《地理研究》2018 年第 3 期；Barrat A. , Barthelemy M. , Pastor-Satorras R, et al. , "The Architecture of Complex Weighted Networks", *Proceedings of the National Academy of Sciences of the United States of America*, Vol. 101, No. 11, 2004, pp. 3747-3752; Korniyenko M. Y. , Pinat M. , Dew B. , "Assessing the Fragility of Global Trade: The Impact of Localized Supply Shocks Using Network Analysis", *International Monetary Fund Working Paper*, 2017.

该指标反映了贸易网络中因存在核心参与者而导致的供应链脆弱性。比如，2018年，全球飞机发动机出口来自美国、英国和法国的比重分别为46.7%、10.3%和9.0%，如果外部冲击使得美、英、法三国生产停滞，全球飞机制造业将大范围“熄火”。出口中心度变异指数的核算方法如下。首先，国家 i 产品 k 在 t 年的中心度指标 c_{ikt} 的计算公式为：

$$c_{ikt} = \sum_{j \neq i}^{N_{kt}-1} \frac{m_{jikt}}{\left(\sum_{l} m_{jlkt}\right) / N_{jkt}} \tag{1}$$

其中，i 和 j 代表国家；N_{kt} 表示在产品 k 上的进口国家总数；m_{jikt} 表示 t 年国家 j 从国家 i 进口的产品 k 的总量；N_{jkt} 表示 t 年国家 j 在产品 k 上的所有进口来源国总数。因此，在带权重的有向网络中，i 国的中心度指标 c_{ikt} 即为按照进口国平均水平标准化后的 i 国在产品 k 上的出口总额。

其次，将各国在产品 k 上中心度指数的标准差（剔除贸易流为0的观测点）作为该种产品的脆弱性指标，也即中心度变异指数（Centrality Variance）：

$$C_{kt} = \sqrt{\frac{\sum_{i} \left(c_{ikt} - \bar{c}_{kt}\right)^2}{N'_{kt} - 1}} \tag{2}$$

其中，$\bar{c}_{kt}$ 为 t 期产品 k 不同国家中心度 c_{ikt} 的平均值，N'_{kt} 表示在产品 k 上的出口国家总数。将计算得到的中心度变异指数样本值在其75%分位数①以上的产品作为高脆弱性产品。

（二）国别视角

国家—产品层面脆弱性指标基于剔除本国出口后的出口中心度变异指数和进口市场集中度指数进行构建。首先，以中国为例，剔除本国出口后的出口中心度变异指数构建公式同式（1）—式（2），但在计算之前将中国的出口数据剔除。剔除本国出口后的出口中心度变异指数（$C_{-j,kt}$）能够反映除本国外其他国家在某种产品上的出口影响力，也即外部整体供应的集中程度。其次，计算进口市场集中度指数（赫芬达尔指数），即国家 j 从

① 选取不同的分位数，高脆弱性产品在国别、行业层面的分布特征基本稳健。

所有伙伴国（$\forall i$）进口给定产品份额的平方和：

$$h_{jkt} = \sum_{i \neq j}^{N_{jkt}-1} \left(\frac{m_{jikt}}{\sum_i m_{jikt}} \right)^2 \tag{3}$$

该指标反映了一国实际进口来源国的集中情况，如果一种产品的实际进口来源越集中，则该产品脆弱性越高。从理论上讲，国家 j 的进口来源国越集中则 h_{jkt} 指数越接近于 1，越分散则越接近于 $1/N_{jkt}$。极端情形下，若国家 j 在产品 k 上只有一个进口来源国，则 h_{jkt} 取 1；若国家 j 在产品 k 上有 N_{jkt} 个进口来源国且每个份额相同，则 h_{jkt} 取 $1/N_{jkt}$。最后，基于出口中心度变异指数和进口集中度指数构建国别—产品层面复合脆弱性指标。将出口中心度变异指数和进口市场集中度指数进行标准化，[①] 进而得到每一个指标（x_{kt}）的 z 分数（z-score，又称作标准分）：

$$\tilde{x}_{kt} = \frac{x_{kt} - \bar{x}_t}{se(x_{kt})} \tag{4}$$

其中，x_{kt} 表示某个指标，$\bar{x}_t$ 和 $se(x_{kt})$ 分别表示时间 t 产品 k 的该指标的均值和标准差。经过这一处理后，不同指标去除规模效应，进而更加可比。由于此时的取值介于（$-\infty$，$+\infty$），为避免符号对结果的干扰，进一步采用正态分布的累计分布函数将其转换为（0，1）之间的函数：

$$\hat{x}_{kt} = \int_{-\infty}^{\tilde{x}_{kt}} \frac{1}{\sqrt{2\pi}} e^{-\frac{z^2}{2}} dz \tag{5}$$

其中，e 为自然对数。将转换后的两个指数相乘定义为国家 j 在产品 k 上的复合脆弱性指数：

$$y_{jkt} = \hat{C}_{-j,kt} \times \hat{h}_{jkt} \tag{6}$$

其中，$\hat{C}_{-j,kt}$ 和 $\hat{h}_{jkt}$ 分别为标准化后的非源于 j 国的产品出口中心度变异指数和 j 国进口产品的市场集中度指数。

进一步可度量高科技中间产品的供应链脆弱性。与普通脆弱性中间品

---

① 出口中心度变异指数和进口集中度指数的核密度图与正态分布较为接近，且二者并不高度相关。

相比，高科技脆弱性中间品涉及国计民生，经济影响辐射面更大，且大多存在技术壁垒、替代难度更大，与当前各国重点关注的“卡脖子”产品较为一致。欧洲统计局根据技术密集度（研发支出占总销售额之比），提供了高科技产业和知识密集型服务业的第3版国际贸易标准分类（SITC Rev. 3）编码，包括航空航天、计算机—办公设备、电子—电信设备、医药、科学仪器、电气设备、机械设备、化学品和武器9大类。本文进一步结合联合国商品贸易统计数据库（UN Comtrade）提供的2017年版《国际商品统一分类和编码制度》（The Harmonized Commodity Description and Coding System，简称HS）和SITC Rev. 3对应码，识别高科技中间品的供应链脆弱性情况。

（三）数据处理

本文使用2017年至2019年UN Comtrade数据库提供的全球双边HS-6位产品进口数据，中国海关总署提供的中国自其他经济体HS-8位产品进口和出口数据，以及美国国际贸易委员会提供的美国自其他经济体HS-10位产品进口数据进行分析。[①] HS是世界海关组织主持制定的一部供国际贸易各方共同使用的商品分类编码体系。HS的前6位编码为国际通用编码，其余为各国根据监管、征税或统计需要增设的本国及附加编码。在HS-6位双边贸易数据基础上，引入HS-8位和HS-10位更加细分的产品贸易数据，有助于提高对特定国家供应链脆弱性产品的识别精度。[②] UN Comtrade贸易数据采用2012年版HS，中国海关总署和美国国际贸易委员会数据则采用2017年版HS，HS2012和HS2017对应表来自联合国统计司。本文根据Broad Economic Categories Rev. 5（简称BEC Rev. 5）识别中间品和资本

① UN Comtrade数据中，进口国、出口国汇报的贸易数据可能存在不一致的地方，由于进口产品涉及关税缴纳、数据质量可能更好，故本文选取进口国汇报的贸易数据进行分析。计算时剔除进口国等于出口国以及贸易伙伴为全球加总、本国境内关外地区、国际组织机构、国别地区不详等情况。

② 如中国被“卡脖子”的制造半导体器件或集成电路用分步重复光刻机，其HS-8位编码为84862031，而前6位848620行业下属产品还包括“氧化、扩散、退火及其他热处理设备”等非“卡脖子”商品。

品，剔除消费品。BEC Rev. 5、HS2012 和 HS2017 的分类对应码来自联合国统计司，与 BEC Rev. 4 相比，BEC Rev. 5 的产品分类更细、对中间品识别效果更好。[①] 以 UN Comtrade 全球双边 HS-6 位产品进口数据为例，经过上述处理，最终可得到 2017—2020 年最多 159 个国家或地区从 240 个贸易伙伴进口的 4004 种中间品和资本品贸易数据。考虑到全球和各国供应链脆弱性随时间变化总体较慢，同时避免中美贸易摩擦的干扰，基准分析主要围绕 2017 年数据展开，第六部分将利用 2017—2019 年面板数据，探讨中美贸易摩擦期间，主要经济体供应链脆弱性的动态变化。

四　全球的供应链脆弱性

（一）总体特征

根据出口的高脆弱性产品数目和金额，可判断各经济体在全球产业链上的影响力。图 1 中，美国、中国、德国位于第一梯队，日本、韩国、中国台湾（TWN）以及英国、法国、意大利等位于第二梯队，一些经济体量较小的发达经济体以及除中国以外的新兴经济体多位于第三梯队至第五梯队，随后是出口产品单一但金额巨大的资源型经济体。中国的高脆弱性产品出口金额最大，这与其较高的经济外向度和“世界工厂”地位相一致。2017—2020 年，中国在全球贸易的 4004 种 HS-6 位中间品中有 2400 多种出口规模位列全球前三，在 1001 种 HS-6 位高脆弱性产品中有 800 多种出口规模位列全球前三（其中 519 种 2017—2020 年均排名第一）。这意味着中国在超过八成高脆弱性中间品上占据明显的出口优势。当新冠疫情影响中国国内生产时，主要经济体供应链将受到影响，尤其是机电等依赖全球分工协作的产品。而当海外新冠疫情肆虐、国内复工复产时，国内产能可对国际供需缺口形成补充，但部分行业中间品出口也可能因为外部需求急

① BEC 分类将产品分为消费品、资本品、中间品和其他 4 类，本文将除纯消费品以外产品均定义为中间品，包括纯中间品、纯资本品及各类混合产品。根据 2017 年全球双边 HS-6 位产品贸易数据，消费品与中间品和资本品混合类贸易品占比在 9.3%左右，对结论影响不大。

剧萎缩而下滑。

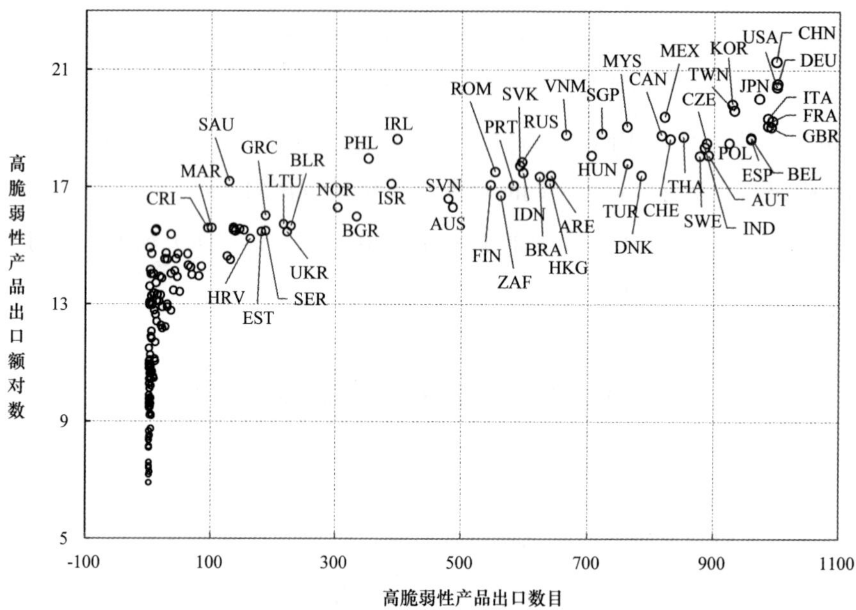

图1　主要经济体高脆弱性产品出口数目和出口规模（2017年）

注：纵轴高脆弱性产品出口额的单位是美元，横轴高脆弱性产品出口数目的单位是种。高脆弱性产品为全球层面中心度变异指数前25%的产品。图中散点标签为相应经济体英文名称的ISO-3位字母简称。给定HS-6位产品，按出口额从大到小排序，剔除出口额占比位于最后1%的观测值，以避免微量出口带来的对脆弱性产品出口数目的高估。

资料来源：UN Comtrade数据库及本文整理。

从行业分布看，供应链脆弱性较高的产品整体呈现技术密集度较高和平均单价较高的特点。从产品数目看，2017—2020年，平均34.3%和9.8%的高脆弱性产品来自机电音像设备（HS-2：84和85）和光学、医疗等仪器（HS-2：90）两个行业。与此相比，在全部中间产品中，这两个行业分别占总产品数目的18.2%和4.2%。从产品价值看，高脆弱性产品中来自机电音像设备行业的占比为49.0%，既高于全部中间品中来自该行业的价值占比（32.5%），又高于基于高脆弱性产品数目统计的占比（34.3%）。这反映机电音像设备行业产品价值平均较高。相反，贱金属及其制品基于价值统计的占比显著低于基于数目统计的占比，反映该类产品价值平均较低。从平均单价看，各行业高脆弱性产品的平均单价显著高于全部产品的平均单价。这可能是因为这些产品的供应国较为集中（买方垄断力强）且多为技术密集型行业。总体而言，高脆弱性产品在行业层面的分布特征符合供应链脆弱性产品的一般预期，也间接验证了本文识别方法的有效性。

（二）国别（地区）差异

本文的研究方法可用于分析全球所有国家（地区）的供应链脆弱性，但受篇幅限制，后文重点关注不同组别经济体供应链脆弱性的特征差异以及中国的供应链脆弱性。首先，发达经济体的供应链脆弱点集中于机电产品和化学产品。2017 年，美国、德国、日本、韩国 4 个国家平均有 27. 7%和 17. 4%的脆弱性产品分别来自机电产品（HS-2：84—90）和化学产品（HS-2：28—38）两个行业。其中，美国供应链存在脆弱性的 HS-10 位高科技产品有 209 种，占其高科技中间品进口总数的 23. 5%；德国、日本、韩国分别在 29. 2%（77 种）、27. 1%（73 种）、26. 9%（73 种）的 HS-6 位高科技中间品上存在供应链脆弱性。其次，从空间看，发达经济体的供应链脆弱性呈现社团分布①特征。北美和亚洲经济体的供应链脆弱性主要集中于区域内部或“亚太社团”内部。从金额看，美国的脆弱性产品来源地近 5 成为中国，3 成为北美自贸区，两成为欧盟、英国和其他发达经济体。欧洲经济一体化程度更高，供应链脆弱性主要面向区内，对外依赖主要面向美国和中国。稳定的政治和经济同盟关系对美欧供应链安全形成有力保障。

最后，发展中经济体的供应链脆弱性普遍分布更广且对区域集团依赖更深。2017 年，印度、印度尼西亚、巴西、墨西哥、南非在 HS-6 位中间品上存在供应链脆弱性的数量介于 845—966 种，其中来自机电产品和化学

① 在复杂网络中，连接紧密的节点集合可视为一个社团（Community），并可通过模块度等指标度量社团划分优劣。

产品两个行业的平均比重分别为26.4%和15.4%，比美国、德国、日本、韩国4个国家均值分别低1.3和2.0个百分点。不少发展中经济体还在金属制品、纺织制品及杂项制品等方面呈现供应链脆弱性，而在农产品和初级产品上供应链相对安全。总体上，本国工业基础能力越差的国家（地区），供应链脆弱性行业分布越散，而工业基础能力越好的国家（地区），供应链脆弱点越向机电产品和化学产品聚集。从区域看，印度、印度尼西亚、巴西、墨西哥、南非等发展中经济体普遍依赖中国，2017年供应链脆弱性产品自中国进口占比在21.1%—55.4%，其中墨西哥依赖程度最低、印度依赖程度最高。除此之外，发展中经济体普遍依赖所在区域集团，如巴西和墨西哥依赖北美产业链、印度和印度尼西亚依赖亚洲产业链、南非依赖欧洲产业链等。中国的供应链脆弱点主要面向美国、欧洲、日本、韩国等发达经济体，对以美国为首的《瓦森纳协定》成员国呈现高度和广泛依赖。

五　中国的供应链脆弱性

本部分将利用前述脆弱性指标对中国供应链进行检查，从而更加全面、客观地认识中国产业链在全球生产网络中的优势与不足。

（一）总体情况

2017年，中国共进口6043种HS-8位中间品，基于非源于中国的产品出口中心度变异指数、进口市场集中度指数以及两个指标的对应样本指数值75%分位数，可将这些产品分为4组（图2）。其中，第Ⅰ组为出口中心度变异指数值和进口集中度指数值均高于其对应样本指数值75%分位数的产品。这类产品供应链脆弱性大，而且难以改变。2017年，194种HS-8位产品属于该组，进口金额的占比为1.2%。第Ⅱ组为出口中心度变异指数值高于其样本指数值75%分位数，而进口集中度指数值低于其样本指数值75%分位数的产品。这类产品供应链脆弱性小（进口来源较为分散），但可能恶化（外部整体供应呈现聚集）。2017 年，1313 种产品属于该组，进口金额的占比为 46.7%。第Ⅲ组为出口中心度变异指数值低于其样本指数值 75%分位数，而进口集中度指数值高于其样本指数值 75%分位数的产品。这类产品供应链脆弱性大（进口来源呈现聚集），但存在改善空间（外部整体供应较为分散）。2017 年，1316 种产品属于该组，进口金额的占比为 6.0%。第Ⅳ组为出口中心度变异指数值和进口集中度指数值均低于其样本指数值 75%分位数的产品。这类产品供应链脆弱性较小且较为稳定。2017 年，3220 种产品属于该组，进口金额的占比为 46.1%。

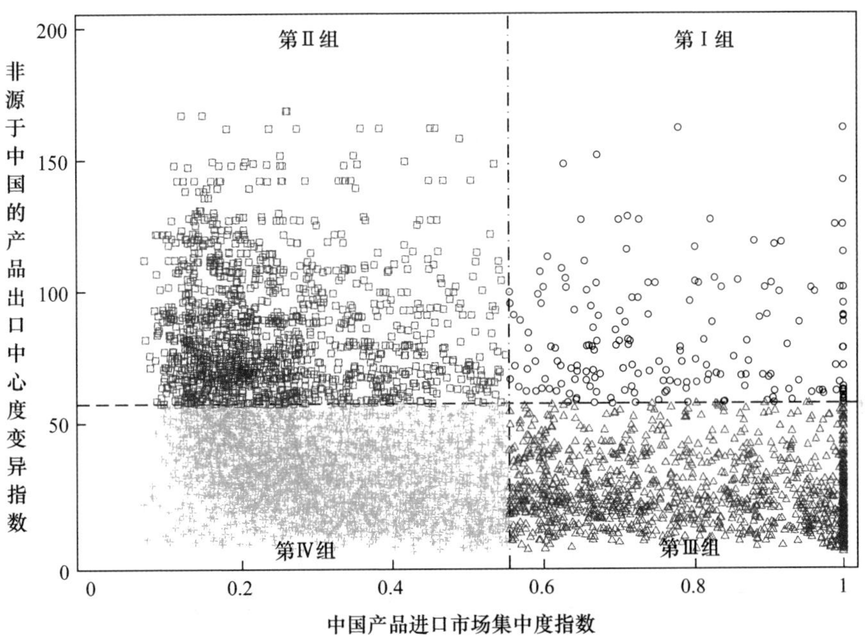

图 2　中国 HS-8 位产品出口中心度变异指数和进口集中度指数分布（2017 年）

注：水平和垂直虚线分别为相应指标的样本 75%分位数。

资料来源：UN Comtrade、中国海关总署和本文整理。

（二）行业差异

1. HS-2 位行业脆弱性评估

分别基于中国各 HS-8 位产品进口占所有产品进口份额、从发达经济体进口的 HS-8 位产品额占从发达经济体总进口额的比重作为权重，对中国—产品（HS-8）层面复合脆弱性指数进行加总，并得到中国—行业（HS-2）层面复合脆弱性指数。中国供应链脆弱性最高的 3 个行业为电机—电气—音像设备（HS-2：85）、车辆（HS-2：87）、机械设备（HS-2：84），且电机—电气—音像设备行业的复合脆弱性指数是后两个行业的 3 倍以上。复合脆弱性排名靠前的行业具有外部整体供应集中、中国进口来源集中、下属产品种类丰富以及进口规模较大 4 个特征。此外，车辆、光学—医疗等仪器、药品、航空航天器等行业基于从发达经济体进口份额加权的脆弱性指数，显著高于基于总进口份额加权的脆弱性指数，而动植物油脂、木及木制品、油籽（HS-2：12）等行业基于从发达经济体进口份额加权的脆弱性指数则低于基于总进口份额加权的脆弱性指数。这表明中国在技术密集型行业上的供应链脆弱性主要面向发达经济体，在自然资源类行业上的脆弱性则部分来自发展中经济体。

2. HS-8 位产品脆弱性

2017 年，在中国进口的 6043 种 HS-8 位中间品中，有 1510 种中间品存在供应链脆弱性。根据主要进口来源地可分为两类。第一类为对发达经济体进口依赖高（超过 50%）且出口中心度变异指数和进口市场集中度指数呈现双高的产品。这类产品普遍为资本密集型或技术密集型产品，或与这两类产品相关的资源型产品，涉及机电、化工、运输设备和仪器等行业。第二类为对发展中经济体进口依赖高（超过 50%），且进口市场集中度指数较高的产品，但其出口中心度变异指数大多明显低于第一类产品。这类产品一部分为发达经济体企业在发展中经济体投资设厂所生产的制成品，另一部分为发展中经济体自身具有生产优势的自然资源型产品。此外，2017 年，中国共有 200 种高科技 HS-8 位中间品供应链存在脆弱性。其中，66%的产品来自电机—电气—音像设备（51 种）、机械设备（41 种）和光学—医疗等仪器（40 种）3 个行业，31%来自无机化学品（24 种）、有机化学品（23 种）和药品（15 种）3 个行业。从区域看，欧盟、日本、美国、中国台湾、马来西亚和韩国是中国脆弱性高科技中间品进口依赖最大的 6 个经济体，其中约一半的产品以欧盟（38 种）、日本（32 种）和美国（31 种）为第一大进口来源地，但不同行业的地域依赖存在差异。

（三）供应链脆弱性产品的其他指标特征

在前文复合脆弱性指标的基础上，结合传统竞争力指标和其他网络指标，本文进一步探讨供应链脆弱性产品的其他指标特征，包括进口规模、进口与出口金额比值、进出口单价比值、聚集倾向等，[①] 从而探讨本文构建的供应链脆弱性指标相对其他指标的优势。

1. 进口规模

进口规模是衡量供应链外部依赖情况的最基础指标，基于该指标可构建进口依存度、进口渗透率等指标。但进口规模越大并不意味供应链脆弱性越高。2017 年，原油是中国进口规模最大的 HS-8 位产品，在全部中间品进口占比为 15. 9%。但全球原油供应和中国原油进口来源均相对分散，[②] 局部地区原油供应中断并没有给中国原油进口造成较大影响，因此原油并不是中国供应链脆弱性较高的产品。事实上，当细化至 HS-8 位产品时，大部分供应链存在脆弱性的产品进口规模并不大。2017 年，中国仅 7 种 HS-8 位脆弱性产品进口占比大于 1%，其中最大的为“其他集成电路存储器”，占当年中间品进口总额的 8. 5%，且 9 成以上进口来自韩国、中国台湾和日本。但这并不意味着脆弱性产品断供后的经济影响很小。如制造半导体器件或集成电路用分步重复光刻机，2017 年其进口额仅占中国当年中间品总进口的 0. 5‰（5. 14 亿美元），但光刻机是制造半导体器件的关键

① 中间品的供应链脆弱性还取决于进口产品与国内同类产品的替代弹性。根据 Kee 和 Tang 的研究，2000—2007 年中国国内中间品对进口中间品的总体替代弹性平均为 2. 752。产业链脆弱性较高的行业，如机电产品、仪器仪表、塑料制品、有机化学品等，国内中间品对进口中间品替代弹性较低，2007 年取值在 1. 892—2. 539。而运输设备中间品的替代弹性从 2. 663 提高至 4. 212，反映出国内运输设备中间品供应能力提升，但在更细化的零部件上可能仍有差距。

② 2017 年，俄罗斯、沙特阿拉伯和安哥拉是中国前三大原油进口来源国，进口占比依次为 14. 6%、12. 5%和 12. 3%；俄罗斯、加拿大和伊朗是全球前三大原油出口国，分别占全球原油总出口的 16. 2%、9. 4%和 8. 4%。

设备，其供应链中断将可能危及中国 1925 亿美元（2021 年）半导体产业①的长期发展。

2. 进口与出口金额比值

考虑到出口可作为一国生产能力的代理变量，一些研究借助进口与出口金额的比值或行业间贸易指数来判断产品的脆弱性。该类指标筛选的产品主要为矿产品、木制品、农产品等产业间贸易产品，其多数产品在外部整体供应和中国进口来源两个维度上并不呈现脆弱性，也与产业链安全主要关心的关键核心技术不一致。因此，进口和出口比值不宜作为产业链脆弱性产品的识别标准，而宜作为参考指标。给定供应链具备脆弱性的高科技中间品，2017 年进口金额是出口金额 10 倍的 HS-8 位产品共有 18 种。其中，7 种来自光学—医疗等仪器，6 种来自无机化学品、有机化学品和药品 3 个行业，3 种来自机械设备行业。这些产品关乎中国高科技产业发展，但国内供应能力相对较弱且外部供应存在脆弱性，需要重点关注。在多数复合脆弱性指数排名靠前的产品中，中国的进口规模显著低于出口规模，呈现国内存在大量中低端产品，而高端产品仍依赖进口的特征。

3. 进出口单价比值

高质量的产品价格一般较高，因此单价常被用作度量产品质量的指标。通过对比同类 HS-8 位产品的进口和出口单价，有助于识别进口和出口产品的质量差异，进而更加准确地判断各国供应链脆弱性情况。基于复合脆弱性指标和进出口单价比值，可发现多数供应链脆弱产品具备进口单价高于出口单价的特征，进口质量较出口质量相对更高。这在一定程度上验证了复合脆弱性指标对供应链脆弱性识别的有效性。2017 年，71.0%供应链脆弱性中间品和 77.3%的高科技供应链脆弱性中间品进口单价与出口单价比值高于 1.25，② 17.7%和 26.0%的产品进口和出口单价比值甚至超

① 参见 2022 年全球半导体行业协会发布的《行业在短缺下加速生产，2021 年全球半导体销售额和出货量创历史新高》，https://www.semiconductors.org/global-semiconductor-sales-units-shipped-reach-all-time-highs-in-2021-as-industri-ramps-up-production-amid-shortage/。

② 2017 年，4.9%的进口中间品由于没有统一的单位或没有数量统计，而无法计算单价。

过 10。在 47 种供应链存在脆弱性且进口和出口单价比值超过 10 的高科技中间品中，约 7 成来自光学—医疗等仪器（16 种）、电机—电气—音像设备（10 种）、机械设备（7 种）三个行业。其中，进口和出口单价差距最大的脆弱性高科技产品为“水下、航空测量等特种照相机”，其进口单价是出口单价的 2699 倍，且主要进口于德国（92.3%）。

4. 其他网络指标

除中心度指标[①]外，平均集聚系数、网络直径等指标也可从不同角度测度贸易网络拓扑特性。Korniyenko 等利用平均集聚系数和网络直径的乘积得到集聚倾向指数，并认为该指标可从社团结构角度衡量贸易网络脆弱性。当产品网络的平均集聚系数越高、网络直径越长时，该网络的社团化倾向越严重、网络脆弱性可能也越高。2017 年，全球集聚倾向较高的中间品主要来自油脂、贱金属等生产原料类产业，而机电产品等依赖全球生产分工的产品网络社团化倾向处于中低水平。由此可见，集聚倾向指标不能较好地识别“卡脖子”产品和技术。此外，集聚倾向指数计算使用所有节点数据，其计算结果主要反映给定产品的全球网络脆弱性，而不能体现各国特定的网络脆弱性。但在给定供应链脆弱性产品的情况下，可用集聚倾向指数研究特定产品贸易网络的“小圈子”特性。将中国 HS-8 位产品的复合脆弱性指数与全球 HS-6 位产品的集聚倾向指数匹配，可得到中国进口的每一种 HS-6 位中间品的全球网络集团化特征。给定供应链脆弱性产品，集聚倾向排名前 30 的产品几乎全部来自电机—电气—音像设备、机械设备、光学—医疗等仪器 3 个行业。

（四）供应链脆弱性与产业链“卡脖子”

中国的产业链“卡脖子”问题包括产品、技术及多因素组合式“卡脖子”3 个层次。本文提供的复合脆弱性指标能够较好地识别第一个层次的“卡脖子”问题。第二个层次的“卡脖子”问题可从代表性技术视角进行

① 文献中关于网络中心度的测度有多种指标。考虑到不同指标反映的节点重要性程度接近，同时本文在识别供应链脆弱性时需区分贸易方向，故选用出度中心度指标进行核算。

探讨。参考欧盟委员会突破性创新列表①等研究，当前中国被“卡脖子”的技术大部分与前文所述的机电产品有关，且美国、欧洲、日本、韩国是掌握这些关键技术的主要国家和地区。这与本文复合脆弱性指数的结论基本一致，但不少领域的“卡脖子”技术并不能简单地通过获取相应产品而加以模仿，技术背后的基础理论知识、相关设备以及生产经验和技巧是后发国家模仿的关键瓶颈。第三个层次的“卡脖子”问题指的是，在一些重大前沿领域，“卡脖子”问题并非仅涉及设备和技术，而是一种从资源、技术、产品到基础理论的多因素组合式“卡脖子”。以重大疾病研究和新药研发涉及的单细胞质谱流式技术为例，② 该技术面临元素纯化技术、机械微加工技术、质谱分析仪器以及基于生物信息学的数据算法等多环节“卡脖子”且多数技术掌握在美国手中。该案例证明：一方面，即便中国是全球最大的稀土出口国，涉及专用领域的稀土元素纯化技术仍存在“卡脖子”问题；另一方面，复合脆弱性指标所揭示的成百上千种供应链脆弱性产品，可能通过资源、技术、产品和基础理论等排列组合的方式产生成千上万种“卡脖子”情况，即在多重因素组合下产生放大效应。

六　中美贸易摩擦与供应链脆弱性

本文提出的供应链脆弱性测度方法，既可用于刻画全球供应链脆弱性的静态特征，也可用于追踪全球供应链脆弱性的动态变化。本部分将利用2017—2019年面板数据，探讨中美贸易摩擦对主要经济体供应链脆弱性的影响。

2018—2019年，中美经贸关系持续紧张，对双边乃至全球产业链、供应链都产生明显影响。受中美贸易摩擦影响，2018—2019年全球贸易增速

① 参见2019年欧盟委员会发布的《面向未来的100项颠覆性创新》，https：//ec. europa. eu/jrc/communities/en/community/digitranscope/document/100-radical-innovation-breakthroughs-future。

② Liu X.，Song W.，Wong B. Y.，et al.，“A Comparison Framework and Guideline of Clustering Methods for Mass Cytometry Data”，*Genome Biology*，Vol. 20，No. 1，2019，p. 297.

较2017年放缓，尽管全球产业链总体格局变化不大，但各经济体相对影响力有所调整。2019年，中国、德国、美国、日本、韩国等经济体高脆弱性产品出口额下降、相对影响力下降，而墨西哥、马来西亚、越南等高脆弱性产品出口额上升、相对影响力上升，这反映了中美贸易摩擦对双方及产业链互补经济体的负面影响以及对产业链替代经济体的正面作用。从行业看，2018—2019年供应链脆弱性产品的行业分布与2017年基本接近，机电产品和化学产品仍是全球脆弱性较高的两个行业，但细分产品间的供应链脆弱性差异有所调整。

进一步利用中美加征关税产品①分组，以时间虚拟变量识别贸易摩擦发生年份，并通过脆弱性产品虚拟变量、清单产品虚拟变量和时间虚拟变量三者的交互项，识别贸易摩擦期间两国关键商品供应链脆弱性的相对变化。分别利用2017—2019年中国和美国数据进行如下回归：

$$y_{kt} = \beta_0 + \sum_{\tau=2018}^{2019} (\beta_{1\tau} D_{k2017}^{fragile} \times D_\tau + \beta_{2\tau} D_k^{tariff} \times D_\tau + \beta_{3\tau} D_{k2017}^{fragile} \times D_k^{tariff} \times D_\tau) + \lambda_t + \xi_k \tag{7}$$

其中，y_{kt}表示t年中国或美国产品k的复合脆弱性指数。$D_{k2017}^{fragile}$、D_k^{tariff}、$D\tau$分别表示2017年供应链脆弱性产品、加征关税清单产品及时间的虚拟变量。当中国或美国产品k在2017年被界定为供应链脆弱性产品（识别方法见第三部分）时，$D_{k2017}^{fragile}$取1，反之取0；当产品k为中国或美国加征关税清单产品时，D_k^{tariff}取1，反之取0；当$t=\tau$（$\tau\in\{2018, 2019\}$）时，$D\tau$取1，反之取0。所有回归均控制产品和时间层面固定效应。

表1中列（1）和列（4）展示了中美两国2017年供应链脆弱性产品的复合脆弱性指数随时间的变化结果。具体而言，2017年供应链脆弱产品虚拟变量与2018年和2019年时间虚拟变量交互项的回归系数分别为-0.032和-0.041，二者均在1%水平上显著异于零。这表明，2018—

① 美国第1批加征关税清单包括约340亿美元和160亿美元清单，第2批和第3批分别为约2000亿美元和3000亿美元清单。中国第1批、第2批和第3批加征关税清单分别为约500亿美元、600亿美元和750亿美元清单。

2019年中美贸易摩擦期间，供应链脆弱性产品的复合脆弱性指数相对其他产品明显下降。这可能由于贸易摩擦下两国关键产品交易受影响，是以牺牲效率为代价换取的供应链安全。列（2）和列（5）展示了第2批加征关税清单商品的复合脆弱性指数变化结果。值得说明的是，本文同时考虑了3批加征关税清单产品交互项的回归结果，但第1批和第3批加征关税清单产品交互项的回归结果不显著，受篇幅限制表1中暂未汇报。比较各批清单产品的复合脆弱性指数变化可发现：中美贸易摩擦期间两国2019年相互加征的第2批关税清单商品与2019年时间虚拟变量交互项回归系数显著为负，而第1批和第3批关税清单交互项回归系数不显著。这可能是因为第1批清单金额相对较小且关税排除比例较高，第2批清单规模较大、关税排除比例较低且资本品和中间品占比较高，第3批清单消费品占比高且实际落地受《中华人民共和国政府和美利坚合众国政府经济贸易协议》影响而削弱。列（3）和列（6）进一步比较了供应链脆弱的清单商品复合脆弱性指数的相对变化。回归结果表明，在中美第2批加征关税清单中，2017年供应链存在脆弱性的产品复合脆弱性指数下降幅度相对更大，且2019年清单实际落地期间降幅更为显著。

表1　**中美贸易摩擦期间中国和美国关键产品供应链脆弱性的相对变化**

因变量：复合脆弱性指数	中国			美国		
	（1）	（2）	（3）	（4）	（5）	（6）
2017年供应链脆弱产品虚拟变量×2018年虚拟变量	−0.032***		−0.022***	−0.022***		−0.025***
	（0.003）		（0.006）	（0.002）		（0.003）
2017年供应链脆弱产品虚拟变量×2019年虚拟变量	−0.041***		−0.027***	−0.046***		−0.036***
	（0.004）		（0.006）	（0.003）		（0.004）
第2批加征关税清单产品虚拟变量×2018年虚拟变量		−0.002	−0.001		0.002	0.001
		（0.002）	（0.002）		（0.001）	（0.001）

续表

因变量：复合脆弱性指数	中国			美国		
	(1)	(2)	(3)	(4)	(5)	(6)
第 2 批加征关税清单产品虚拟变量×2019 年虚拟变量		-0.006**	-0.004*		-0.009***	-0.003**
		(0.003)	(0.002)		(0.002)	(0.001)
第 2 批加征关税清单产品虚拟变量×2017 年供应链			-0.016**			0.007
脆弱产品虚拟变量×2018 年虚拟变量			(0.007)			(0.005)
第 2 批加征关税清单产品虚拟变量×2017 年供应链			-0.023***			-0.020***
脆弱产品虚拟变量×2019 年虚拟变量			(0.008)			(0.005)
固定效应	HS-8 位产品，年份			HS-10 位产品，年份		
Total R^2	0.915	0.916	0.915	0.925	0.924	0.925
样本量	17881	18237	17881	35540	36356	35540

注：括号中为稳健标准误。*，**，*** 分别表示在 10%、5%和 1%水平下显著。

七　结论及政策启示

本文利用贸易网络分析方法，分析了全球和中国的供应链脆弱性，并探讨了中美贸易摩擦对主要经济体供应链脆弱性的影响。本文构建的产品脆弱性指标与传统竞争力指标存在一致性，但能更好地识别供应链脆弱性产品和“卡脖子”技术产品。从全球贸易网络看，发达经济体的供应链脆弱点集中于机电产品和化学产品，且在空间上呈现社团分布特征。除中国以外的发展中经济体的供应链脆弱性行业分布更广，且普遍对中国和所在区域集团呈现明显依赖。中国在超过八成的高脆弱性产品出口上具有明显优势，但供应链仍有脆弱性。其中，电机—电气—音像设备、机械设备、光学—医疗等仪器、车辆等行业的脆弱性较为突出。从动态特征看，全球供应链脆弱性随时间调整总体较慢，但中美贸易摩擦期间，中美两国在关键产品上的供应链脆弱性出现相对减弱。

本文依据出口中心度变异指数和进口集中度指数将中国进口中间品分为4组，研究发现具有明确的政策指示含义。具体而言，第Ⅰ组和第Ⅱ组产品在外部整体供应方面有较高的聚集倾向，优先考虑通过供给侧补短板的方式来应对供应链脆弱性问题，包括在坚持市场机制和企业主体作用下，强化国家战略引领，加大对基础研究的支持力度，推动关键核心技术攻关等。第Ⅲ组产品在进口层面呈现聚集倾向，但外部有调整改善空间，可通过需求端进口策略和国际协调合作等方式应对供应链脆弱性问题，包括不断扩大开放，鼓励企业引进消化吸收再创新，多元化国际合作等。同时，这类方法适用于第Ⅰ组和第Ⅱ组中进口集中度偏高而外部总体供应仍有改善空间的产品。第Ⅳ组中大多数产品供应链脆弱性较小，仅需重点关注两类指标靠近临界水平的产品。

本文的研究具有较强的理论价值和现实意义。一方面，当前世界各国普遍关心产业链供应链安全，而本文的研究方法可用于观察世界各国细分产品的供应链脆弱性，具有广泛的应用价值。另一方面，本文的研究方法可动态追踪全球和主要经济体供应链脆弱性，进而识别外部环境变化对其供应链脆弱性的影响。这有助于科学认识供应链脆弱性的决定因素，同时为相关政策制定提供理论和数据支撑。当然，本文的研究也存在一定局限性。受数据限制，本文关于供应链脆弱性的研究主要关注中间品，缺乏服务和技术脆弱性等方面研究。此外，本文关于供应链脆弱性的度量主要基于已有数据，缺乏对潜在脆弱性以及国内生产潜能和贸易网络适应性等方面的研究。后续研究将尝试整理服务和技术数据并考虑其他影响因素，进一步提高研究的理论和现实意义。

（本文发表于《统计研究》2022年第8期）

成本压力、吸收能力与技术获取型OFDI

王碧珺　李　冉　张　明*

内容摘要：本文利用国家发改委核准对外直接投资项目列表，结合企业信息披露构造项目层面数据集，初步识别了中国技术获取型OFDI，并通过理论模型推导、比较静态分析及均衡策略空间模拟发现，发展中国家企业OFDI决策是技术获取型需求和国内上升成本之间相互作用的结果，同时也与企业对技术的吸收能力有关。进一步的经验研究证实了理论预测，即随着国内平均工资增加，企业OFDI的可能性显著增加；企业实力和行业利润率对技术获取型OFDI有显著正向影响；国有力量越小，企业进行技术获取型OFDI的可能性也越大；当与东道国技术差距较小时，技术差距扩大对OFDI有促进作用；但当技术差距扩大到一定程度时，由于企业吸收能力降低，该促进作用将减弱。

关键词：对外直接投资　发展中国家　技术获取　吸收能力

一　引言

近年来，全球对外直接投资（Outward Foreign Direct Investment，简称OFDI）领域的一个显著特征是发展中国家的重要性不断上升，发达国家的

* 王碧珺，中国社会科学院世界经济与政治研究所研究员；李冉，世界银行高级经济学家；张明，中国社会科学院金融研究所副所长、研究员。

比重逐渐下降。20世纪80年代前，99%的全球OFDI来自发达国家；80年代后，发展中国家OFDI的比重缓慢上升，这一步伐在90年代有所加快，到了1997年达到历史高值16%。随后亚洲金融危机的不利影响打击了发展中国家OFDI的积极性。但进入21世纪之后，发展中国家OFDI快速上升。到了2014年，发展中国家OFDI比重已经从2007年的13%上升到35%。[①] 亚洲发展中国家是整个发展中世界OFDI增长的主要驱动因素。2014年亚洲发展中国家首次成为全球最大的投资来源地，独占全球OFDI流出的将近三分之一。而中国继2012年首次成为位列美国和日本之后的世界第三大OFDI国以来，2015年再创新高，首次超过日本成为全球第二大对外投资国。

传统国际投资理论认为，企业只有具备战胜东道国本土企业以及第三国企业的显著优势，才能克服海外经营所面临的天然劣势，才更适宜进行海外直接投资。而发展中国家企业的优势主要是成本优势以及适用于类似发展阶段国家市场的管理、产品和技术。因此，发展中国家跨国企业的主要投资目的地应该是其他发展程度类似或者发展程度更低的发展中国家。

由于研发行为高度集中于发达经济体，而知识的扩散具有地理局限性，[②] 众多发展中国家企业期望通过OFDI来发展和提高自身实力，克服自身的竞争劣势。我们将这类称为技术寻求型OFDI。这里的“技术”是泛指，包括生产技术，管理技巧、市场渠道以及品牌商誉等战略性资产。

本文试图分析技术获取型中国企业OFDI的决策行为。为此，本文初步识别出技术获取型OFDI，并在理论模型推导、比较静态分析和均衡策略空间模拟的基础上，运用项目层面数据研究技术获取动机如何受到国内成本因素和技术吸收能力的影响。相对于既有文献，本文有如下贡献。

---

① UNCTAD, *World Investment Report 2015: Reforming International Investment Governance*, New York and Geneva: United Nations Conference on Trade and Development, 2015.

② Jaffe, A. B., Manuel, T. and Rebecca, H., “Geographic Localization of Knowledge Spillovers as Evidenced by Patent Citations”, *The Quarterly Journal of Economics*, Vol. 108, No. 3, 1993, pp. 577-598; Audretsch, D. B. and Feldman, P. M., “R&D Spillovers and the Geography of Innovation and Production”, *American Economic Review*, Vol. 86, No. 3, 1996, pp. 630-640.

第一，弥补了专门针对中国技术获取型 OFDI 研究不足的缺陷。获取技术是中国对外直接投资的重要动机，但大部分相关文献主要围绕探讨 OFDI 动机、研究 OFDI 逆向技术溢出效应的存在性及其影响因素展开。这些研究使用的数据基本是全范围 OFDI，以技术获取型为样本的实证研究文章极少，针对技术获取型 OFDI 决策分析的实证研究文章就更少。本文在填补这一缺陷方面作出了贡献。我们利用国家发改委核准对外直接投资项目列表和企业信息披露，再结合企业自身判断和计量验证，初步识别出技术获取型 OFDI。并以此为样本，实证检验了成本因素和技术吸收能力对中国制造业企业技术获取型 OFDI 决策的影响。

第二，弥补了理论方面缺乏相关研究的不足，并用实证数据和方法验证了理论模型。国内学者鲜有涉足技术获取型 OFDI 的理论研究，国外相关研究主要基于发达国家跨国企业行为的分析。① 本文通过模型推导和比较静态分析刻画了发展中国家 OFDI 的技术寻求效应，同时通过均衡策略空间模拟，分析了国内成本和技术吸收能力的影响。本文还利用 2003—2011 年项目和行业层面数据，验证了理论模型。

第三，丰富了现有文献对技术获取型 OFDI 的认定方法。现有文献的认定方法主要有以下三类。一是投资企业主体的描述。例如，蒋冠宏等根据企业在商务部的核准和备案类型，将技术研发 OFDI 认定为技术获取型。② 二是学者基于投资目的地或行业特征的判断。例如，王恕立和向姣姣把中国对发达经济体的 OFDI 定义为技术获取型。③ 潘素昆和代丽把中国企业 OFDI 到笔者认为技术资源丰富的 20 个国家或经济大国认定为技术

① Siotis, G., "Foreign Direct Investment Strategies and Firms' Capabilities", *Journal of Economics & Management Strategy*, Vol. 8, No. 2, 1999, pp. 251 - 270; Smeets, R. and Bosker, E. M., "Leaders, Laggards and Technology Seeking Strategies", *Journal of Economic Behavior & Organization*, Vol. 80, No. 3, 2011, pp. 481-497.

② 蒋冠宏、蒋殿春、蒋昕桐：《我国技术研发型外向 FDI 的"生产率效应"——来自工业企业的证据》，《管理世界》2013 年第 9 期。

③ 王恕立、向姣姣：《对外直接投资逆向技术溢出与全要素生产率：基于不同投资动机的经验分析》，《国际贸易问题》2014 年第 9 期。

获取型。[①] 陈菲琼等把发生在高科技行业的并购定义为技术获取型。[②] 三是根据关键变量的显著性来判断。例如刘青等取东道国专利数作为关键变量。[③] 本文将企业自身判断和关键变量显著性两方面相结合，相互印证，初步识别出中国技术获取型 OFDI，从而丰富了现有文献对技术获取型 OFDI 的认定方法。

第四，丰富了行业层面中国 OFDI 影响因素的研究视角。企业所处的行业环境对企业行为有重要影响。但现有中国 OFDI 决定因素的文献大多从企业和国别视角展开，研究了企业的异质性、母国或东道国经济变量或制度变量对中国 OFDI 的影响，纳入行业层面影响因素的文献极少。本文将国内行业竞争以及与东道国行业层面的技术差距作为企业技术吸收能力的重要表征，分析了这两类行业层面的变量对中国技术获取型 OFDI 的影响，从而丰富了行业层面中国 OFDI 影响因素的研究视角。

本文余下部分安排如下：第二部分为文献回顾；第三部分为理论模型及其模拟；第四部分为实证研究 1，用以初步识别技术获取型中国 OFDI；第五部分为实证研究 2，用以验证理论模型，分析成本因素和吸收能力对中国制造业企业技术获取型 OFDI 的影响；最后一部分为结论。

二　文献回顾

在国际经济学领域，已经有不少关于发展中国家 OFDI 理论的有益探索。早期的主要理论包括小规模技术理论和技术本地化理论。[④] 这些文献

① 潘素昆、代丽：《中国企业技术获取型对外直接投资风险量化与评估》，《工业技术经济》2014 年第 12 期。

② 陈菲琼、陈珧、李飞：《技术获取型海外并购中的资源相似性、互补性与创新表现：整合程度及目标方自主性的中介作用》，《国际贸易问题》2015 年第 7 期。

③ 刘青、陶攀、洪俊杰：《中国海外并购的动因研究——基于广延边际与集约边际的视角》，《经济研究》2017 年第 1 期。

④ Wells，L. T.，*Third World Multinationals：The Rise of Foreign Direct Investment from Developing Countries*，MIT Press，1983；Lall，S.，“The Rise of Multinationals from the Third World”，*Third World Quarterly*，Vol. 5，No. 3，1983，pp. 618-626.

认为，与发达国家的跨国企业不同，发展中国家的跨国企业海外经营的主要优势是成本优势以及适用于第三世界国家的管理、产品和技术。因此，发展中国家跨国企业的主要投资目的地是其他发展程度类似或者发展程度更低的发展中国家。然而，部分学者发现，从 20 世纪 90 年代开始，发展中国家 OFDI 的性质发生了极大改变：更多的投资到发达国家、几乎所有的制造业部门都积极进行 OFDI 以及出现了更多服务业 OFDI。①

随后越来越多的研究发现，众多发展中国家企业期望通过 OFDI 来发展和提高自身实力，克服自身的竞争劣势。我们将这类称为技术获取型 OFDI。这一现象背后的原因是知识的扩散具有地理局限性，毕竟研发行为高度集中于发达经济体。数个研究发现技术获取型 OFDI 是巴西、波兰、墨西哥、罗马尼亚等国企业国际化的重要驱动因素。② 较多以美国为目的地的直接投资受到技术获取型动机的驱动。③ 技术溢出效应的存在也使得跨国企业偏好集聚。④

① UNCTAD, *Sharing Asia's Dynamism*: *Asian Direct Investment in the European Union*, *Sales*, NO. E. 97. Ⅱ. D. 1, 1997; Pradhan, J. P., "The Determinants of Outward Foreign Direct Investment: A Firm-level Analysis of Indian Manufacturing", *Oxford Development Studies*, Vol. 32, No. 4, 2004, pp. 619-639.

② Hitt, M. A., Dacin, M. T., Levitas, E., Arregle, J. and Borza, A., "Partner Selection in Emerging and Developed Market Contexts: Resource-based and Organizational Learning Perspective", *Academy of Management Journal*, Vol. 43, No. 3, 2000, pp. 449-467; Makino, S., Chung-Ming, L. and Rhy-Song, Y., "Asset-exploitation Versus Asset-seeking: Implications for Location Choice of Foreign Direct Investment from Newly Industrialized Economies", *Journal of International Business Studies*, Vol. 33, No. 3, 2002, pp. 403-421; Flavia, C., Ionara, C. and Geert, D., "Global Players from Brazil: Drivers and Challenges in the Internationalization Process of Brazilian Firms", *UNU-Merit Working Paper*, No. 016, 2010, Maastricht.

③ Kogut, B. and Chang, S. J., "Technological Capabilities and Japanese Foreign Direct Investment in the United States", *The Review of Economics and Statistics*, Vol. 73, No. 3, 1991, pp. 401-413; Chang, S. J., "International Expansion Strategy of Japanese Firms: Capability Building through Sequential Entry", *Academy of Management Journal*, Vol. 38, No. 2, 1995, pp. 383-407; Almeida, P., "Knowledge Sourcing by Foreign Multinationals: Patent Citation Analysis in the US Semiconductor Industry", *Strategic Management Journal*, Vol. 17, No. S2, 1996, pp. 155-165; Shan, W. and Song, J., "Foreign Direct Investment and the Sourcing of Technological Advantage: Evidence from the Biotechnology Industry", *Journal of International Business Studies*, Vol. 28, No. 2, 1997, pp. 267-284.

④ Head K. and Mayer T., "Market Potential and the Location of Japanese Investment in the European Union", *Review of Economics and Statistics*, Vol. 86, No. 4, 2004, pp. 959-972; Alfaro L. and Chen M. X., "The Global Agglomeration of Multinational Firms", *Journal of International Economics*, Vol. 94, No. 2, 2014, pp. 263-276.

不断丰富变化的实践为理论的演进提供了现实基础。为了解释发展中国家企业国际化进程的加快以及亚太地区跨国企业的成功经验，研究提出这些企业的国际化扩张受到资源连接（Linkage）、杠杆（Leverage）和学习（Learning）的驱动（即LLL框架）。LLL框架解释的是，全球化给发展中国家企业带来了更多与发达国家企业建立联系的机会（Linkage），以这些机会为杠杆来利用其中的资源（Leverage），在重复Linkage和Leverage的过程中，发展中国家企业能够学习到更有效的经营管理和技术（Learning）。[①] 然而，LLL框架更多的是管理学和企业战略学的研究概念，作者并未直接验证LLL框架对中国的适用性。还有学者提出了跳板理论（Springboard Perspective），认为新兴市场跨国企业使用OFDI作为跳板来获得所需的技术等战略性资产。[②]

专门针对中国技术获取型OFDI的研究相对较少，大部分的相关研究主要围绕以下几方面展开。

一是对OFDI动机的探讨。通过案例分析，康荣平和柯银斌发现若干原来没有什么竞争优势，通过跨国发展而获得竞争优势的实例，并提出华人跨国企业的“赢得优势论”。[③] 通过国家层面数据的实证分析，蒋冠宏和蒋殿春发现中国对发达国家的投资具有技术寻求动机。[④] 通过微观层面数据的实证分析，刘青等发现当中国的经济发展到新阶段（2002年）后，海外并购表现出技术寻求动机。[⑤] 但也有一些文献发现获取技术动机并不显著。[⑥]

---

① Mathews, J. A., “Dragon Multinationals: New Players in 21st Century Globalization”, *Asia Pacific Journal of Management*, Vol. 23, No. 1, 2006, pp. 5-27.

② Luo, Y. and Tung, R. L., “International Expansion of Emerging Market Enterprises: A Springboard Perspective”, *Journal of International Business Studies*, Vol. 38, No. 4, 2007, pp. 481-498.

③ 康荣平、柯银斌：《华人跨国公司的成长模式》，《管理世界》2002年第2期。

④ 蒋冠宏、蒋殿春：《中国对发展中国家的投资——东道国制度重要吗?》，《管理世界》2012年第11期。

⑤ 刘青、陶攀、洪俊杰：《中国海外并购的动因研究——基于广延边际与集约边际的视角》，《经济研究》2017年第1期。

⑥ Cheung, Y. W. and Qian, X., “Empirics of China's Outward Direct Investment”, *Pacific Economic Review*, Vol. 14, No. 3, 2009, pp. 312-341; Buckley, P. J., Clegg, L. J., Cross, A. R., Liu, X., Voss, H. and Zheng, P., “The Determinants of Chinese Outward Foreign Direct Investment”, *Journal of International Business Studies*, Vol. 38, No. 4, 2007, pp. 499-518.

二是对 OFDI 逆向技术溢出效应存在性的分析。例如，赵伟等考察了 1985—2004 年中国对美国、日本等十个经济体的 OFDI 与全要素生产率之间的相关性，发现 OFDI 能够促进母国生产率增长。[①] 毛其淋和许家云利用 2004—2009 年国家统计局的《中国工业企业数据库》和中国商务部提供的《境外投资企业（机构）名录》，采用倾向得分匹配方法评估了 OFDI 对企业创新的影响，结果发现中国 OFDI 与企业创新之间存在显著的因果效应。[②] 但是王英和刘思峰却得出不一样的结论，[③] 通过采用国际 R&D 溢出回归框架，利用中国 1985—2005 年对美国、德国等 8 个经济体的 OFDI 数据，其发现以 OFDI 为传导机制的国际研发溢出并没有对中国的技术进步起到促进作用。这一差异可能与模型设定、变量选取有关，也有可能与企业对技术的吸收能力有关。

三是对 OFDI 逆向技术溢出影响因素的分析。李梅和柳士昌利用 2003—2009 年中国省际面板数据，采用广义矩估计方法，发现 OFDI 的逆向技术溢出存在明显的地区差异。[④] OFDI 仅对中国东部地区的全要素生产率、技术进步和技术效率产生显著正面影响，广大中西部地区并未受益。以上研究使用的都是宏观数据。在微观数据层面上，李泳利用 1996—2006 年中国商务部样本企业数据库和中国上市公司数据库，考察了 OFDI 对企业产出和技术人员占比的影响。结果发现，虽然总体上企业海外投资与国内投资相比在产出增长和技术提升效应上没有差异，但投资到发达国家的产出增长效应从第三年开始有显著提升，且技术增长效应要高于国内投资。[⑤] 蒋冠宏等是少数专门针对中国技术获取型 OFDI 进行实证研究的学

① 赵伟、古广东、何元庆：《外向 FDI 与中国技术进步：机理分析与尝试性实证》，《管理世界》2006 年第 7 期。

② 毛其淋、许家云：《中国企业对外直接投资是否促进了企业创新》，《世界经济》2014 年第 8 期。

③ 王英、刘思峰：《国际技术外溢渠道的实证研究》，《数量经济技术经济研究》2008 年第 4 期。

④ 李梅、柳士昌：《对外直接投资逆向技术溢出的地区差异和门槛效应——基于中国省际面板数据的门槛回归分析》，《管理世界》2012 年第 1 期。

⑤ 李泳：《中国企业对外直接投资成效研究》，《管理世界》2009 年第 9 期。

者，其通过比较实验组和对照组，发现技术研发型 OFDI 显著提升了企业生产率，并且这样的提升呈倒“U”形滞后。[①]

上述文献虽然加深了我们对技术获取型 OFDI 相关问题的认识，但仍然存在两方面的缺陷。一是在理论上缺乏相关研究。就笔者所知，国内学者鲜有涉足。国外相关研究在建模中并没有充分考虑发达国家和发展中国家间生产成本差异的影响。[②] 二是缺乏专门针对中国技术获取型 OFDI 影响因素的研究。

本文弥补了以上缺陷。首先，在理论部分，通过模型推导和比较静态分析刻画了发展中国家 OFDI 的技术寻求效应，同时通过均衡策略空间模拟，分析了国内成本和吸收能力的影响，弥补了之前文献未充分考虑发达国家和发展中国家间生产成本差异的影响，从而更贴近中国实际。其次，在实证部分，本文利用国家发改委核准对外直接投资项目列表和企业信息披露，再结合企业自身判断和计量验证，识别出技术获取型 OFDI。并以此为样本，实证检验了成本因素和技术吸收能力对中国制造业企业技术寻求型 OFDI 的影响，验证了理论模型。

三　理论模型及模拟

本部分通过理论模型推导、比较静态分析和均衡策略空间模拟刻画了发展中国家 OFDI 的技术寻求效应。该理论模型在延续现有文献的基础上，进行了两点修改：一是重点考察了发达国家和发展中国家间生产成本的差异，以与中国的实际情况更契合；二是略去了反映技术溢出效应程度的变量，而是重点考察企业技术吸收能力的影响。

① 蒋冠宏、蒋殿春、蒋昕桐：《我国技术研发型外向 FDI 的“生产率效应”——来自工业企业的证据》，《管理世界》2013 年第 9 期。

② Siotis, G., “Foreign Direct Investment Strategies and Firms' Capabilities”, *Journal of Economics & Management Strategy*, Vol. 8, No. 2, 1999, pp. 251-270; Smeets, R. and Bosker, E. M., “Leaders, Laggards and Technology Seeking Strategies”, *Journal of Economic Behavior & Organization*, Vol. 80, No. 3, 2011, pp. 481-497.

本部分的一个重要结论是发展中国家企业 OFDI 的决策受到技术寻求需求和国内成本压力的相互作用，同时与企业对技术的吸收能力密切相关。当存在 OFDI 的技术寻求效应时，发展中国家企业（低生产率）投资到发达国家能够从发达国家企业（高生产率）获得单向技术溢出效应。如果发展中国家企业拥有完全的技术吸收能力，在大部分参数组合下，其最优策略是 OFDI。完全技术溢出效应所带来的好处将弥补在发达国家生产的成本劣势。当发展中国家企业的技术吸收能力并不完全时，这一吸收能力与其与发达国家企业之间的技术差距相关。如果技术差距过大，尽管发展中国家企业有较大的学习空间，但是技术吸收能力较低。从均衡策略来看，当国内生产成本上升时，如果技术差距仍然很大，发展中国家企业仍然会选择出口；如果技术差距较小，其最优策略变为 OFDI。

（一）模型设立

1. 基本设定

在本模型中，有两个国家 S 和 N，S 是发展中国家，N 是发达国家；有两个企业 s 和 n，企业 s 是发展中国家的企业，企业 n 是发达国家的企业。我们假设仅存在发达国家 N 市场，其逆需求函数为：

$$p_N=\varphi-\frac{x_s^N}{\beta_N}-\frac{x_n^N}{\beta_N/\tau}$$

其中，φ 是需求参数，由于产品价格为正，该参数足够大；x_s^N，x_n^N 分别是企业 s 和企业 n 在国家 N 的产出；β_N 是国家 N 的市场规模。

发展中国家企业 s 选择向发达国家 N 进行直接投资（m）或出口（e）来满足其市场需求：

（1）出口的冰山成本。出口企业需要承担运输、关税等成本。按惯例，出口成本建模为冰山形式，即部分产品在出口过程消耗下“融化”了。因此，出口 x 产品数量，由于冰山成本，需要装载更多的产品数量 τx（其中，$\tau\geqslant 1$）。

（2）OFDI 的设立成本。OFDI 企业虽然节约了出口成本，但是产生了在东道国 N 的设立成本 F_N。

（3）单向技术溢出效应。当发展中国家企业 s 投资到发达国家 N 时，存在从高生产率的发达国家企业 n 向低生产率的发展中国家企业 s 的单向技术溢出效应。这一技术溢出效应将企业 s 的生产成本降低了 za_n。a_n 是企业 n 的技术水平，z 衡量的是发展中国家企业 s 对技术的吸收能力，$0 \leqslant z \leqslant 1$。

2. 边际成本函数

如果没有技术溢出效应，企业的边际成本函数是：

$$f_i^k = c_k - a_i, \quad k \in \{S, N\}, \quad i \in \{s, n\}$$

其中，f_i^k 是企业 i 在 k 国生产的边际成本，c_k 是在国家 k 生产的单位可变成本，a_i 是企业 i 的技术水平。由于产出为正，因此 $0 \leqslant a_i < c_k$。

本模型有两个合理的假设：一是 φ 足够大，使得均衡产量和均衡价格均为正；二是技术的溢出效应限定在一定范围内，使得边际成本为正，即 $a_s + za_n < c_N$。

于是，边际成本函数可以写成：

（1）s 出口

$$f_n^N = c_N - a_n$$

$$f_s^S = c_S - a_s$$

（2）s 进行 OFDI

$$f_n^N = c_N - a_n$$

$$f_s^N = c_N - a_s - za_n$$

3. 博弈描述和利润函数

这是一个两阶段博弈。在第一阶段，s 企业在出口（e）和 *OFDI*（m）之间作出选择，策略集合为 $\sigma_s \in \{e, m\}$。在第二阶段，两企业在 N 国进行古诺竞争，其利润 $\pi_i^{\sigma_s}$ 决定于第一阶段的国际化策略。$\pi_i^{\sigma_s}$ 表示企业 i 在 s 企业采取策略 σ_s 的利润。根据子博弈精炼纳什均衡（Subgame Perfect Nash Equilibria，简记为 SPNE），需要进行反向求解。即先解出第二阶段的产品市场，企业针对对方的策略进行最优反应，然后最大化利润。

经过推导，利润函数为：

（1）s 选择出口（e）

$$\pi_n^e=\frac{\beta_N}{9}(\varphi-2c_N+2a_n+c_S-a_s)^2$$

$$\pi_s^e=\frac{\beta_N}{9\tau}(\varphi-2c_S+2a_s+c_N-a_n)^2$$

（2）s 选择 OFDI（m）

$$\pi_n^m=\frac{[\varphi-c_N+(2-z)a_n-a_s]^2\beta_N}{9}$$

$$\pi_s^m=\frac{[\varphi-c_N+2a_s+(2z-1)a_n]^2\beta_N}{9}-F_N$$

（二）比较静态分析

本文主要关注的是发展中国家企业 s 的决策，依以上设定，企业 s 选择 OFDI 策略的条件是：

$\Delta_s^{m,e}\equiv\pi_s^m(\cdot)-\pi_s^e(\cdot)>0$，也即：

$$\Delta_s^{m,e}(\cdot)=\frac{(\varphi-c_N+2a_s+(2z-1)a_n)^2\beta_N}{9}-\frac{\beta_N}{9\tau}(\varphi-2c_S+2a_s+c_N-a_n)^2-F_N>0$$

1. 基准情景：没有技术寻求效应，$z=0$

考虑一般情形，发达国家生产成本更高 $c_N>c_S$，发达国家企业生产率更高 $a_n>a_s$，则在前述假设 φ 足够大时，有：

$$\Delta_s^{m,e}(\cdot)=\frac{(\varphi-c_N+2a_s-a_n)^2\beta_N}{9}-\frac{\beta_N}{9\tau}(\varphi-2c_S+2a_s+c_N-a_n)^2-F_N$$

$$\frac{\partial\Delta_s^{m,e}(\cdot)}{\partial c_N}=-\frac{2\beta_N}{9}(\varphi-c_N-a_n+2a_s)-\frac{2\beta_N}{9\tau}(\varphi-2c_S+c_N-a_n+2a_s)<0 \quad (1)$$

$$\frac{\partial\Delta_s^{m,e}(\cdot)}{\partial c_S}=\frac{4\beta_N}{9}(\varphi-2c_S+c_N-a_n+2a_s)>0 \quad (2)$$

$$\frac{\partial \Delta_s^{m,e}(\cdot)}{\partial a_s}=\frac{4\beta_N}{9}\left[(\varphi-c_N-a_n+2a_s)-\frac{\varphi-2c_S+c_N-a_n+2a_s}{\tau}\right]=-2\frac{\partial \Delta_s^{m,e}(\cdot)}{\partial a_n}$$

当 $\tau>1$ 时，

$$\frac{\partial \Delta_s^{m,e}(\cdot)}{\partial a_s}>0,\ \frac{\partial \Delta_s^{m,e}(\cdot)}{\partial a_n}<0 \tag{3}$$

根据式（1）和式（2），发达国家生产成本越高，发展中国家企业 s 在发达国家进行直接投资的盈利性越低，企业 s 更有可能选择出口。同样，发展中国家的生产成本越高，企业 s 更倾向于进行 OFDI。根据式（3），发达国家企业 n 的生产率越高，发展中国家企业 s 进行 OFDI 的概率越低；而发展中国家企业 s 的生产率越高，其进行 OFDI 概率越高。这一结果符合直觉，当发达国家企业 n 生产率更高时，发展中国家企业 s 处于竞争劣势地位。s 在 N 国无法获得足够大的市场份额，OFDI 的固定成本会比出口的总可变成本更大，企业 s 进行 OFDI 的概率降低。

2. 存在技术寻求效应

当企业 s 到发达国家 N 进行直接投资时，存在从发达国家企业 n 到发展中国家企业 s 的正向技术溢出效应，增加了 OFDI 对企业 s 的吸引力。

定理 1：当低生产率企业（企业 s）具有较高的技术吸收能力时，s 将会进行 OFDI；否则，选择出口。

推论 1：如果企业 s 技术吸收能力很高，同时发达国家的生产成本不是太高，那么即使出口成本趋于零，企业 s 仍会选择 OFDI。

（三）均衡策略空间模拟

在本模型中，企业 s 和企业 n 同时选择各自的最优策略，因此没有分析解。这是市场结构为内生时常见的情况。本博弈的 SPNE 依赖变量的参数区间。为了模拟出均衡策略空间，我们让感兴趣的变量变动，将其他变量固定（设定为常数）。

本文关注的是技术吸收能力对均衡策略的影响，以及生产率的差异和国家生产成本的差异之间的相互作用及其对均衡策略的影响。因此，我们让这些变量变动，固定其他变量。具体而言，令 $a_n=1$ 和 $c_N=2$，让 a_s 和 c_S 分别在区间［0，1］和［1，2］变动。所有的产出和利润非负。与 Siotis（1999）、Smeets 和 Bosker（2011）保持一致，我们设定 $\varphi=5$，$\tau=1.05$，$F_N=20$，$\beta_N=100$。

1. 情景 1：完全无技术吸收能力

图 1 描绘了在完全无技术吸收能力下（$z=0$）的均衡策略空间。其中，横轴是发展中国家生产成本 c_S，纵轴是发展中国家企业生产率 a_s。在完全无技术吸收能力的情形下，发展中国家企业 s 在参数范围内始终选择出口。可见相对于无技术溢出、有建厂成本的 OFDI，在国内生产并出口的成本较低，更有吸引力。

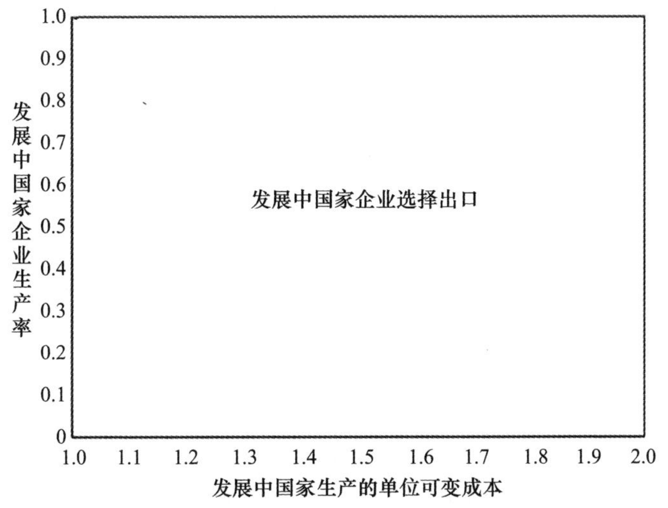

图 1　无技术吸收能力的均衡策略空间

2. 情景 2：完全技术吸收能力

图 2 描绘了在完全技术吸收能力（$z=1$）下的均衡策略空间。和完全无技术吸收能力的情况比较，在参数范围内，只要发展中国家生产成本不至于过低，企业 s 都会选择 OFDI。

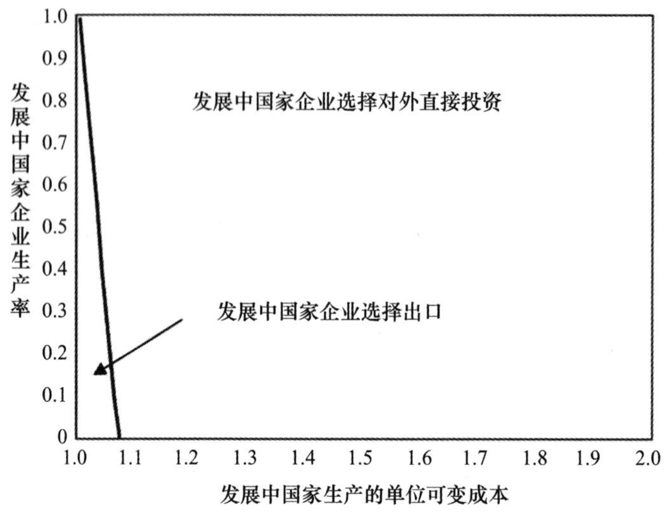

图2　完全技术吸收能力的均衡策略空间

3. 情景3：不完全技术吸收能力

图3描绘了在不完全技术吸收能力下的均衡策略空间。根据现有文献，低生产率企业的吸收能力与其与高生产率企业之间的技术差距密切相关，因此我们将技术吸收能力设定为$z=a_s/a_n$。如果技术差距过大，尽管低生产率企业有较大的学习空间，但是由于其很难消化，技术吸收能力较低。

发展中国家企业s的均衡策略不仅受到本国生产成本c_S的影响，而且与其自身的生产率a_s密切相关。当c_S相对较低时，企业s选择出口。这时国内较低的生产成本比在发达国家进行直接投资所获得的技术溢出更有吸引力。随着c_S上升，如果企业s的生产率a_s仍然很低，与企业n的生产率差距较大，企业s仍然会选择出口。理由是，虽然由于c_S上升，OFDI相对出口变得更有吸引力，但企业s的吸收能力太低而不足以吸收OFDI的技术溢出。然而，随着c_S上升，如果a_s不是太低，技术差距较小，企业s的最优策略变为OFDI。一方面，随着c_S上升，国内较低生产成本的优势被弱化，OFDI的技术溢出效应变得更有吸引力。另一方面，如果企业技术差距不是很大，那么发展中国家企业 s 有一定的吸收能力来消化获得的技术溢出效应。

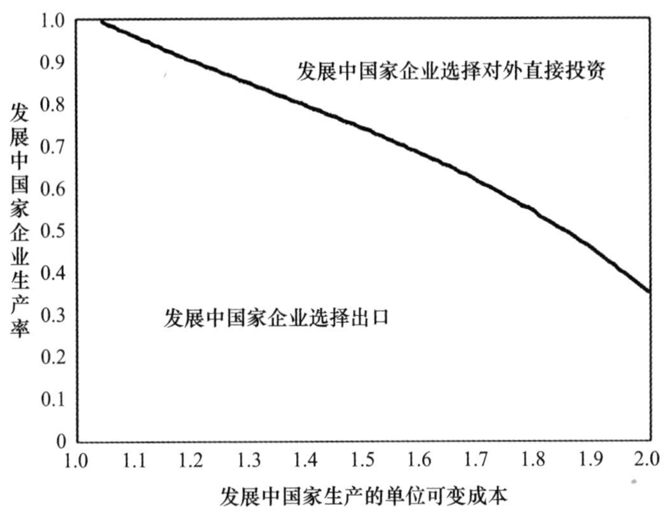

图 3　不完全技术吸收能力的均衡策略空间

四　实证研究 1：识别技术获取型 OFDI

以上模型刻画的是发展中国家企业 OFDI 的技术寻求效应。本部分试图初步识别出技术获取型中国 OFDI。为此我们进行了数据收集、动机标识和计量验证方面的工作。

（一）数据收集

由于以《中国对外直接投资统计公报》为代表的宏观层面 OFDI 数据存在种种问题，我们试图构建具有翔实投资信息的企业项目层面样本数据集。又由于中国 OFDI 的主管部门是国家发改委（针对海外投资项目）和商务部（针对海外投资企业），我们从国家发改委核准 OFDI 项目列表着手，首先从列表中获得基本信息，包括投资企业、投资目的国、投资标的等。其次通过企业信息披露，我们对于下列项目信息予以保留：（1）公布了投资额；(2) 披露了投资内容；(3) 中国企业在目标项目中股权占比超过10%。对于下列项目信息予以删除：(1) 投资者和被投资者都是中国企业；(2) 项目是“返程投资”，即项目的最终目的地是中国大陆；(3) 投资目的是建立贸易中心、工业和科技园区。

在应用以上标准后，我们最终得到的样本集包括293个投资项目，总投资额达到994.3亿美元，由216家中国企业在2003—2011年上半年完成。这一样本在企业数量上覆盖面并不大，毕竟截至2011年年底，中国在境外设立的对外直接投资企业达到1.8万家。但从投资量来看，同期中国OFDI总投资额达到2764.35亿美元，本样本覆盖了40%，因此具有一定代表性。

(二) 动机标识①

在经济学文献中，企业进行OFDI通常有4个主要动机：“市场寻求型”“自然资源寻求型”“技术寻求型”以及“效率寻求型”。由于发改委提供的企业OFDI信息非常简单，如果仅凭此来区分投资动机，可能存在很多误识别问题。因此，我们收集并仔细阅读了大量企业披露的投资报告、项目文件以及媒体报道，根据企业自身对投资动机的描述，再结合现有文献的定义，我们给每一个OFDI项目标识投资动机，并将在下一部分用计量方法进行验证（见表1)。

表1 **中国OFDI动机标识的步骤**

第一步	仔细阅读每个OFDI项目披露的投资报告、项目文件和媒体报道
第二步	找出企业自身对投资动机的描述

① 在最初版本中，考虑到在实际中企业OFDI可能受到多重投资动机的驱动，除了将企业自身对投资动机的第一个描述标识为首要投资动机，我们还将企业自身对投资动机的第二个描述标识为次要投资动机。但在验证投资动机的回归结果中，部分关键验证变量要么不显著，要么显著程度下降。我们认为企业所汇报的次要动机不能很好地反映其真实投资意图。因此，我们仅采用第一种投资动机定义，即将企业汇报的首要动机作为投资动机的定义。

续表

第三步	结合文献对不同投资动机的定义	
	市场获取型	维护现有市场份额和客户资源，或者开拓新的市场
	自然资源获取型	利用东道国当地的自然要素禀赋
	技术获取型	获得技术、品牌、市场渠道以及管理水平等战略性资产
	效率获取型	利用东道国低廉的要素成本，尤其是劳动力成本
第四步	将企业自身对投资动机的第一个描述标识为投资动机	

1. 市场获取型。企业进入当地市场，目的是维护现有的市场份额和客户资源，或者积极开拓新的市场。当一国（威胁）施加贸易壁垒或者其他市场进入障碍时，企业为了克服这些障碍，直接到东道国进行投资和生产；或者，企业希望更好地服务现有市场和客户，增强其忠诚度，于是建立海外分支，以贴近当地客户。这些市场获取型 OFDI 都是防守性的。市场获取型 OFDI 还可以是进攻性的，即开拓新的市场和发掘新的客户。

2. 自然资源获取型。为了利用东道国当地的自然要素禀赋，例如油气、矿物、林业等自然资源。

3. 技术获取型。为了获得东道国企业的技术等其他战略性资产，以实现 OFDI 企业的战略性目标。这里的“技术”是泛指，不仅包括生产技术，还包括品牌，销售、市场渠道以及管理经验等其他战略性资产。这些“技术”可以通过在资产上的投资而直接获得，也可以通过溢出效应或者示范效应而间接实现。

4. 效率获取型。又称为降低成本型。利用东道国低廉的要素成本（尤其是劳动力成本），在全球范围内配置生产的各个环节以提高生产效率。

表 2 列出了所标识的中国 OFDI 动机分布情况。41.3%的投资项目、51.3%的投资额是为了获取自然资源，其次是技术获取型和市场获取型。由于我们的理论模型刻画的是制造业 OFDI，因此余下实证部分关注的也是制造业企业的海外投资行为。

表2　　**中国OFDI的动机**

		项目数量（个）	比重（%）	投资额（亿美元）	比重（%）
整体	市场获取型	87	29.7	282	28.4
	自然资源获取型	121	41.3	510	51.3
	技术获取型	78	26.6	200	20.1
	效率获取型	7	2.4	2	0.2
制造业	市场获取型	49	27.2	69	22.2
	自然资源获取型	61	33.9	99	31.6
	技术获取型	63	35.0	142	45.5
	效率获取型	7	3.9	2	0.7

对于中国制造业企业而言，最重要的投资目的是获取技术。技术获取型OFDI在项目数量中占比35.0%，在投资额中占比45.5%。众多中国制造业企业投资海外，主要目的是寻求战略性资产——先进的技术、品牌和商誉、市场渠道——从而增加利润空间，向产业价值链更高端延伸。此外，获取自然资源是中国制造业企业OFDI的第二大目的。值得关注的是，效率获取型并不是中国OFDI的主要动机：一方面，面临成本压力的沿海地区制造业企业可以向成本更低的中国广阔内陆地区转移，而不是必须迁移到充满不确定性的海外；另一方面，本样本数据主要覆盖的是大型OFDI项目，成本压力对于低附加值的中小制造企业挑战更大。

（三）计量验证

很难完全判断企业所宣称的投资动机是否就是其真实投资动机。但如果基本属实，那么从计量上来看，企业OFDI决策应该对相应的东道国变量有所反映。例如，市场获取型OFDI会对衡量市场机会的宏观变量产生积极反应；自然资源获取型OFDI会对东道国自然资源的丰富程度产生积极反应。以下分析落实到具体变量上。

1. 市场获取型验证变量。市场获取型OFDI会对市场规模、收入水平、增长前景等衡量市场机会的宏观变量产生积极反应。于是我们采用了东道国人口规模（*Population*）、人均GDP水平（*GDP_PC*）、年度GDP增长率

（*GDPG*）这 3 个变量来衡量市场机会和增长潜力。这 3 个变量都来自世界银行发布的世界发展指标（World Development Indicator，WDI）。我们将 *Population* 以及 *GDP_PC* 进行对数化处理。

给定其他条件，市场获取型 OFDI 应该与东道国人口规模和 GDP 增长率正相关。至于东道国人均 GDP 的影响方向则不明：一方面，人均 GDP 越高，说明市场购买力越强，影响方向为正；另一方面，由于发展中国家企业的产品可能更符合其他类似发展阶段国家的消费者需求，发展中国家 OFDI 的目的地常常是其他发展中国家，于是人均 GDP 与市场获取型 OFDI 的关系可能为负。

2. 自然资源获取型验证变量。东道国自然资源的丰富程度是重要决定因素。我们采用两个变量来衡量，一是东道国资源密集度指标（*Orefuel*），定义为矿石和燃料占东道国总出口的比重，二是东道国在中国原材料进口中的比重（*Raw*）。这两个变量都是基于联合国贸易和发展会议数据库（United Nations Conference on Trade and Development，UNCTAD）中商品贸易矩阵数据计算而来。自然资源获取型 OFDI 应该对 *Orefuel* 和 *Raw* 都有显著的正面反应。

3. 技术获取型验证变量。我们使用（1）东道国人均专利数（*Patent_PC*）和（2）高科技产品显示性比较优势指数（*RCA_hitech*）这两个指标来作为技术水平的代理变量。

人均专利数来源于世界知识产权组织（World Intellectual Property Organization，WIPO）。该指标定义为每百万人口申请专利数①，覆盖了 1980—2013 年约 250 个国家和地区。虽然专利数据并不能完全反映一国的技术水平，但能在一定程度上反映一国的技术研发投入—产出水平，以及可公开的技术知识水平。较多现有文献使用专利数据来衡量技术水平。我们对 *Patent_PC* 也进行了对数化处理。

显示性比较优势指数体现了一国某种产业的比较优势，定义是“东道国某产业出口占其总出口的比重除以世界该产业出口占世界总出口的比重”，即：

① 专利所属国以申请人国籍划分。

$$RCA_{c,i,t}=\frac{EX_{c,i,t}/\sum_{c}EX_{c,i,t}}{\sum_{i}EX_{c,i,t}/\sum_{i}\sum_{c}EX_{c,i,t}}$$

其中 $EX_{c,i,t}$表示国家 c 在 t 年行业 i 的出口。$RCA_{c,i,t}$表示国家 c 在 t 年行业 i 的显示性比较优势指数。在本文中，*RCA_hitech* 的定义为东道国高科技产品出口占其总出口的比重除以世界高科技产品出口占世界总出口的比重。如果这一指数大于1，表明东道国在高科技产品上具有显示性比较优势。指数越大，显示性比较优势越强。

技术获取型OFDI应该与东道国人均专利数（*Patent_PC*）和东道国在高科技产品出口上显示性比较优势指数（*RCA_hitech*）正相关。

4. 效率获取型验证变量。效率获取型OFDI利用国家间不同要素成本来提高生产效率，因此对成本因素比较敏感。我们引入3个变量：（1）GDP平减指数（*Inflation*），来衡量通胀水平；（2）对美元汇率的波动率（*Exchanf*），来衡量币值稳定性；（3）人均GDP（*GDPP*），来衡量劳动力成本。*Inflation* 和 *GDPP* 的数据来源是世界银行WDI数据库，而 *Exchanf* 的计算是基于UNCTAD数据库，*GDPP* 仍然进行对数化处理。

表3将以上验证变量进行了汇总。我们在回归中也考虑了可能的异方差情况，并使用稳健的方差估计方法（Huber/White Sandwich Estimator）进行了调整。我们进一步计算了各变量的方差膨胀因子（Variance Inflation Factor，VIF），得到VIF最大值为3.53，小于10，因此可以认为不存在严重的多重共线性问题。此外，为了减少内生性问题的干扰，我们将母国和东道国的经济变量采取滞后一期处理。我们还引入年份虚拟变量、行业虚拟变量和企业层面控制变量。

表3　　**OFDI动机的验证变量**

	验证变量	变量含义	预期符号
市场获取型	*Population*	东道国的人口规模	正向
	GDP_PC	东道国人均GDP水平	不定
	GDPG	东道国年度GDP增长率	正向

续表

	验证变量	变量含义	预期符号
自然资源获取型	*Orefuel*	东道国矿石和燃料出口占其总出口的比重	正向
	Raw	东道国在中国原材料进口中的比重	正向
技术获取型	*Patent_PC*	东道国人均专利数	正向
	RCA_hitech	东道国高科技产品显示性比较优势指数	正向
效率获取型	*Inflation*	东道国 GDP 平减指数	负向
	Exchanf	东道国货币对美元汇率的波动率	负向
	GDP_PC	东道国人均 GDP	负向

在确定相应验证变量后，我们采用 Probit 概率模型估计样本企业 OFDI 动机决策行为，以检验企业自己宣称的投资动机是否基本属实。虽然这里有 4 类投资动机，但我们并没有使用多值选择模型。主要的考虑是：首先，使用多值选择模型需要确定一个动机作为基准，该动机的系数因此无法估计出来；其次，我们要比较的不是某个 OFDI 动机与基准动机相比的显著程度，而是要比较该动机与其他所有动机相比的显著程度；最后，即使不同投资动机存在相关性也没有关系，因为我们只需要识别出其最突出的首要投资动机。考虑如下回归式：

$$
\begin{aligned}
&Pr\left(D_{OFDIMotivation_{it}} \mid X_{it}\right)= \\
&\beta_0+\beta_1 \ln Population_{i,t-1}+\beta_2 \ln GDP\_PC_{i,t-1}+\beta_3\ GDPG_{i,t-1}+ \\
&\beta_4 \ln Patent\_PC_{i,t-1}+\beta_5\ RCA\_hitech_{i,t-1}+\beta_6\ Orefuel_{i,t-1}+\beta_7\ Raw_{i,t-1}+ \\
&\qquad\qquad \beta_8\ Inflation_{i,t-1}+\beta_9\ Exchanf_{i,t-1}+\beta\ Control_{it}+\varepsilon_{it}
\end{aligned}
$$

其中，$D_{OFDIMotivation_{it}}$为上一部分标识的投资动机，i 和 t 分别代表投资项目①和年份。

① 为简化起见，我们并没有对东道国、行业和企业单独设立下标。而是统一用 i 代表投资项目，具体指代内容取决于变量含义。例如，如果是东道国变量，则表示投资项目所在东道国；如果是行业变量，则表示投资项目所属行业等。

表4汇报了以上Probit概率模型的回归结果。如预期，市场获取型OFDI受到市场规模变量*Population*和*GDPG*的显著正向影响。而*GDP_PC*的变量系数不显著，如前所述，由于人均GDP对OFDI的影响有正负两种渠道，从数据结果来看，正负效应几乎相抵消，最终回归系数不显著。技术获取型OFDI对*Patent_PC*和*RCA_hitech*有显著正向反应，而自然资源获取型OFDI受到*Orefuel*和*Raw*的显著正向作用。效率获取型OFDI虽然受样本量所限，但仍然可以观测受*Inflation*的显著负向作用，但人均GDP和汇率*Exchanf*回归系数并不显著。我们还计算了制造业OFDI子样本的回归结果。与全样本回归结果基本类似，结果符合对各类投资动机的预期1。因此，从计量验证结果来看，企业自己所宣称的投资动机基本属实。

表4　**验证中国OFDI动机Probit概率模型回归结果**

	市场获取型（1；否则为0）	技术获取型（1；否则为0）	自然资源获取型（1；否则为0）	效率获取型（1；否则为0）
ln*Population*	0.384***	-0.125	-0.395***	0.00583
	(0.0966)	(0.158)	(0.105)	(0.135)
ln*GDP_PC*	0.0555	1.106***	-0.264**	-0.102
	(0.116)	(0.411)	(0.130)	(0.144)
GDPG	0.107***	-0.0189	-0.177***	0.305***
	(0.0367)	(0.0493)	(0.0372)	(0.114)
ln*Patent_PC*	-0.0860**	0.142**	0.00877	0.0726
	(0.0384)	(0.0645)	(0.0444)	(0.0747)
RCA_hitech	-0.122	0.956**	-0.424	-2.083**
	(0.318)	(0.482)	(0.371)	(0.829)
Orefuel	-1.342***	-2.731**	2.176***	-0.589
	(0.429)	(1.144)	(0.536)	(0.695)
Raw	-7.977*	-7.926	20.01***	-4.066
	(4.138)	(7.480)	(5.079)	(14.99)
Inflation	0.0158	-0.166**	0.0596**	-0.0905**
	(0.0156)	(0.0683)	(0.0241)	(0.0356)

续表

	市场获取型（1；否则为0）	技术获取型（1；否则为0）	自然资源获取型（1；否则为0）	效率获取型（1；否则为0）
Exchanf	2.470*	-0.154	-0.389	-3.602
	（1.472）	（2.135）	（1.681）	（3.542）
企业控制变量	是	是	是	是
年份虚拟变量	是	是	是	是
行业虚拟变量	是	是	是	是
观测值	267	267	267	267
R^2	0.314	0.528	0.519	0.438

注：括号中的数字是系数的标准差，均为异方差稳健标准差，未报告常数项的估计结果；***、**和*分别表示系数在1%、5%和10%水平上显著。

五 实证研究2：制造业技术获取型OFDI的影响因素

本文第四部分已经初步识别出技术获取型 OFDI，而第三部分的理论模型说明发展中国家企业 OFDI 的决策成为技术获取型的需求和国内上升的成本压力之间的相互作用，同时与企业对技术的吸收能力密切相关。那么，在中国实证中，上述理论是否能够得到验证？本部分将主要分析成本因素和技术吸收能力对中国制造业企业技术获取型 OFDI 的影响。

（一）变量

1. 成本变量。根据第三部分的理论模型，给定其他因素，国内生产成本的上升将使得企业更有动力到海外投资设厂，因此进行 OFDI 的概率增加。工资是制造业企业面临的首要成本，于是我们选用国家统计局发布的年度各省就业人员平均工资（*Wage*）来作为成本变量，并预期 *Wage* 系数为正。

2. 企业技术吸收能力。发展中国家企业需要具备一定的吸收能力来消化 OFDI 所获取的技术。如第三部分的模型设定，企业的技术吸收能力与其和生产率更高的被投资企业的技术差距有关。但在缺乏被投资企业层面相关信息的情况下，我们关注的是中国技术获取型OFDI企业的自身能力和所处的行业环境，并试图由此在一定程度上推断出其对技术的吸收能力。具体而言，我们着重考察3类变量。

第一类是企业实力变量。企业实力越强，越可能更好地吸收和消化在OFDI中所获取的技术。然而，企业实力并不容易衡量，因为其是内在、不可见的。同时受限于数据，我们无法通过计算企业生产率来近似作为企业实力变量。自2002年开始，中国企业联合会、中国企业家协会每年都会发布中国企业500强名单，并于2005年新增中国制造业企业500强和中国服务业企业500强。[①] 我们利用这一数据，设立虚拟变量 *Market_leader*，即如果该企业在当年是中国500强企业之一，或者中国制造业/服务业500强企业之一，则该变量为1，否则为0。

第二类是国内行业竞争变量。企业所处的行业竞争环境对于其OFDI的动机及其效果有重要影响。[②] 这一竞争环境既与利润率有关，又受到行业垄断态势的影响。因此，这里考虑两个维度的行业竞争环境，一是行业利润率，二是行业国有资本比重。行业利润率（*Profit_sale*）定义为总利润除以主营业务收入。一般而言，行业利润率越高，行业竞争压力越小。然而，较高的行业利润率可能吸引其他行业的企业进入，从而加大潜在竞争压力。于是除了行业利润率，我们还考察了行业国有资本比重，*State_power*，定义为国有资本在实收资本中所占百分比。行业国有资本比重较高可能有历史因素，也可能是行业存在一定的民营资本准入限制。

第三类是中国与东道国行业层面的技术差距。技术差距的影响是非线性的。[③] 当技术差距较大时，企业有更多学习空间，但是吸收能力不足；随着技术差距的缩小，企业的学习空间也在缩小，但是吸收能力在增强。

① 500强排名的入围指标是按企业合并报表得到的营业收入。

② Boter, H. and Holmquist, C., "Industry Characteristics and Internationalization Process in Small Firms", *Journal of Business Venturing*, Vol. 11, No. 6, 1996, pp. 471-487.

③ Grünfeld, L., "Multinational Production, Absorptive Capacity, and Endogenous R&D Spillovers", *Review of International Economics*, Vol. 14, No. 5, 2006, pp. 922-940.

基于以上分析，当技术差距较小时，技术差距扩大对投资有促进作用；而当技术差距扩大到一定程度，由于企业吸收能力降低，该促进作用可能减弱。因此，我们在回归方程中同时引入行业技术差距的一次项（*Tech_gap*）和二次项（*Tech_gap_sq*），并预期 *Tech_gap* 系数为正，*Tech_gap_sq* 系数为负，即技术差距和 OFDI 概率呈先增后减的二次曲线（或凹曲线）形式。OECD 专利数据库（OECD Patent Database）提供了详尽的欧洲专利局分行业数据，我们使用各国与中国相应行业的比值来反映技术差距。①

3. 控制变量。我们引入另外 3 个行业层面的变量作为控制变量：(1) 行业增长率（*Growth*），定义为总产值年度增长率；(2) 人均资产（*Intensity*），定义为行业平均固定资产除以平均从业人员。(3) 行业产值比重（*Significance*），定义为各行业占工业总产值的比重。以上控制变量来自中国工业经济年鉴。同时，我们控制了国民经济行业分类中二位数分类的固定效应。

我们的回归对异方差也进行了调整。在实证检验之前，先报告各主要变量的相关系数，以检查是否存在严重的多重共线性问题。我们进一步计算了回归各变量的方差膨胀因子（VIF），得到 VIF 最大值为 3.89（仍小于 10），因此可以认为不存在严重的多重共线性问题。同时，为了尽量减少内生性问题的干扰，我们将所有行业变量采取滞后一期处理。另外，为了控制 OFDI 决策的时间波动，本文引入了年份虚拟变量。

（二）估计系数

我们接下来估计前述因素对技术获取型 OFDI 决策的影响。计量估计方程可写为 Probit 概率模型回归式：

$$Pr(D_{StrategicOFDI_{it}} \mid X_{it}, Industry=Manufacture) =$$
$$\psi(X_{it}, \beta) = \beta_0 + \beta_1 \ln Wage_{i,t-1} + \beta_2 Market\_leader_{i,t-1} +$$
$$\beta_3 Profit\_sale_{i,t-1} + \beta_4 State\_power_{i,t-1} + \beta_5 Tech\_gap_{i,t-1} +$$
$$\beta_6 Tech\_gap\_sq_{i,t-1} + \beta Control_{it} + \varepsilon_{it}$$

① OECD 专利数据库使用“知识产权分类”（Intellectual Patent Classification，IPC）进行行业划分。我们依据 MERIT 对应法则将 IPC 与工业行业分类进行匹配。

式中 Ψ 为累计分布函数；由于我们在这里仅关注制造业企业技术获取型 OFDI 的决定因素，因此回归限于制造业样本（*Industry* = *Manufacture*）。$D_{StrategicOFDI_{it}}$ 为技术获取型 OFDI 的指示变量。变量的定义见上部分。在具体回归过程中，我们逐渐加入各关键变量。表 5 汇报了不同解释变量集下的 Probit 回归估计结果。

表 5　　**成本因素和技术吸收能力对技术获取型 OFDI 决策的影响**

		技术获取型（1；否则为0）				
成本因素	ln*Wage*	1.484***	1.818***	1.540***	1.385***	1.678***
		(0.402)	(0.425)	(0.424)	(0.443)	(0.648)
技术吸收能力因素	*Market_leader*		0.845***	0.748***	0.724***	1.366***
			(0.272)	(0.280)	(0.276)	(0.470)
	Profit_sale		0.158***	0.177***	0.220***	
				(0.043)	(0.042)	(0.056)
	State_power				−0.041**	−0.097**
					(0.018)	(0.038)
	Tech_gap					0.0295***
						(0.00736)
	Tech_gap_sq					−5.50e−05**
						(2.47e−05)
控制变量素	*Growth*	0.0799	0.0834	−0.306	−0.0696	0.914
		(0.950)	(0.894)	(1.221)	(1.228)	(1.049)
	Intensity	−0.0226**	−0.0262**	−0.0390***	−0.0132	−0.000164
		(0.0101)	(0.0104)	(0.0105)	(0.0136)	(0.0232)
	Significance	−2.245	−4.835	0.0357	−1.736	−0.195
		(5.011)	(5.265)	(5.966)	(5.736)	(9.050)
	行业虚拟变量	是	是	是	是	是
	年份虚拟变量	是	是	是	是	是
	观测值	170	170	170	170	101
	R^2	0.215	0.262	0.327	0.386	0.480

注：括号中的数字是系数的标准差，均为异方差稳健标准差，未报告常数项的估计结果；***、** 和 * 分别表示系数在 1%、5%和 10%水平上显著。

1. 成本变量的影响

根据回归结果，国内生产成本对技术获取型 OFDI 有显著正向影响。检验变量 ln*Wage* 的系数显著为正，且通过了 1%的显著性水平检验。这表示随着国内平均工资的增加，企业 OFDI 的可能性显著增加。这一回归结果验证了我们理论模型中“国内上升的成本压力对 OFDI 决策有正向影响”的发现。

2. 企业技术吸收能力的影响

第一类是企业实力变量。企业实力对技术获取型 OFDI 有显著正向影响。变量 *Market_leader* 的系数显著为正，且通过了 1%的显著性水平检验。这表示企业实力越强，其越可能进行技术获取型 OFDI。

第二类是国内行业竞争变量。从行业利润率指标来看，其系数显著为正且通过了 1%的显著性水平检验。这表示行业利润率越高，企业进行技术获取型 OFDI 的概率越高。一般而言，行业利润率越高意味着行业当下面临的竞争压力较低，尽管潜在的竞争压力会增加。于是企业不仅有资金投资到海外的技术，还可以利用本身的利润空间来作为缓冲，赢得吸收技术的时间，因此更有可能进行技术获取型 OFDI。然而，较高的行业利润率可能吸引其他行业的企业进入，从而加大该行业潜在竞争压力。于是我们考察了另一指标，行业国有资本比重。变量 *State_power* 的系数显著为负，说明国有力量越低，企业进行技术获取型 OFDI 可能性越大。通常，国有力量更低行业的进入门槛（至少是行政上的进入门槛）也更低。这些行业中的企业，即使当前享有相对较高的利润空间，由于行业的进入门槛限制较低，也有可能在未来面临严峻的竞争压力。因此，这些企业有动机进入海外，获取技术等战略性资产，从而保持和加强自身的竞争优势。

第三类是中国与东道国行业层面的技术差距。回归结果显示，行业技术差距的一次项（*Tech_gap*）的回归系数显著为正，二次项（*Tech_gap_sq*）的回归系数显著为负。这一结果符合预期，即技术差距对技术获取型 OFDI 概率呈先增后减的二次曲线形式。当技术差距较低时，技术差距扩大对投资有促进作用；而技术差距扩大到一定程度时，由于企业吸收能力降低，该促进作用减弱。样本中技术差距 *Tech_gap* 的最大值为 383.39。而二次回归中 *Tech_gap* 的二次项系数为-5.50e-05，一次项系数为 0.0295（见表 5）。则关于 *Tech_gap* 的二次曲线与 *X* 轴交点为 536.36>Max（*Tech_* *gap*）= 383. 39，二次曲线对称轴为 268. 18<Max（*Tech_gap*）= 383. 39。也就是说，在样本取值范围内，技术差距 *Tech_gap* 的增加对技术获取型 OFDI 始终为正向影响。但当与东道国的技术差距过大（超过阈值 268. 18）时，这一正向影响的程度将会减小。

（三）边际效应

表 6 展示了表 5Probit 模型对应的边际效应，其中结果为各变量均值处计算而得。① 从边际效应来看，国内成本和是不是 500 强企业的影响较大。具体而言，工资每提高 1%，技术获取型 OFDI 的概率就增加 63%；而企业成为 500 强企业将提高技术获取型 OFDI 概率 51%。此外，在技术吸收能力方面，行业利润率提高一单位，企业进行技术获取型 OFDI 的概率就提高 8. 2%；国有资本占比增加一单位，相应概率就减小 3. 6%；与东道国的技术差距增加一倍，企业进行技术获取型 OFDI 的概率就增加 1. 1%。

表 6　成本因素和技术吸收能力对技术获取型 OFDI 决策的影响（边际效应）

成本因素	ln*Wage*	0. 530***	0. 641***	0. 525***	0. 469***	0. 626**
		(0. 151)	(0. 161)	(0. 151)	(0. 154)	(0. 248)
技术吸收能力因素	*Market_leader*		0. 298***	0. 255***	0. 245***	0. 510***
			(0. 0968)	(0. 0956)	(0. 0944)	(0. 184)
	Profit_sale			0. 054***	0. 060***	0. 082***
				(0. 014)	(0. 015)	(0. 022)
	State_power				−0. 014**	−0. 036***
					(0. 006)	(0. 014)
	Tech_gap					0. 0110***
						(0. 00282)
	观测值	170	170	170	170	101
	R^2	0. 202	0. 245	0. 347	0. 383	0. 589

注：括号中的数字是系数的标准差，均为异方差稳健标准差；*** 、** 和 * 分别表示系数在 1%、5%和 10%水平上显著。

① 限于篇幅，笔者略去了控制变量的边际效应。

六　结论

本文初步识别出技术获取型 OFDI，并在理论模型推导、比较静态分析和均衡策略空间模拟的基础上，研究技术获取型动机如何受到成本因素和技术吸收能力的影响。

本文理论部分主要得到以下结论。第一，发展中国家企业 OFDI 的决策成为技术获取需求和国内上升的成本压力之间相互作用的结果，同时与企业对技术的吸收能力有关。第二，如果发展中国家企业拥有完全的技术吸收能力，其最优策略是进行 OFDI，因为完全技术溢出效应所带来的好处将弥补在发达国家生产的成本劣势。第三，当发展中国家企业的技术吸收能力并不完全时，这一吸收能力与其与发达国家企业间的技术差距有关。当国内生产成本上升时，如果技术差距仍然很大，发展中国家企业仍然会选择出口；如果技术差距较小，其最优策略变为 OFDI。

我们利用 2003—2011 年上半年中国 OFDI 企业层面数据进行经验分析，得到主要结论为：第一，35.0%的投资项目、45.5%的投资额是技术获取型 OFDI，因此获取技术是中国制造业企业 OFDI 的第一大动机。第二，国内生产成本上升对中国技术获取型 OFDI 有显著正向推动作用。第三，企业实力对技术获取型 OFDI 有显著正向影响。第四，行业利润率越高，企业进行技术寻求型 OFDI 的概率越高。第五，国有力量越低，企业进行技术获取型 OFDI 可能性越大。第六，技术差距对技术获取型 OFDI 概率呈先增后减的二次曲线形式。当技术差距较低时，技术差距扩大对投资有促进作用；而当技术差距扩大到一定程度，由于企业吸收能力降低，该促进作用减弱。

本文的研究样本尽管从投资规模上覆盖了整体的 40%，但是在样本数量上占同期中国境外投资企业数的比例仍然较低。因此主要代表的是大型 OFDI 项目的技术获取决策分析。要准确且全面地把握包括中小企业在内的中国技术获取型 OFDI 决策，亟须新的数据支持，这也是我们未来的工作方向。

（本文发表于《世界经济》2018 年第 4 期）

资本充裕度与国际投资体制的演变

潘圆圆　张　明*

内容摘要：一国的资本充裕度对该国在国际投资体制中的立场起到决定性作用。当前中国对外投资和吸引外资的规模较大，但国际投资体制建设相对滞后。为完善国际投资体制建设，需要估计中国的资本充裕度、理解资本充裕度影响对外政策的逻辑。根据不同国家在国际投资体制中的定位，可以将其大致划分为四种类型：资本匮乏国、资本增加国、资本充裕国和资本减损国。通常来说，资本匮乏国常处于非自愿开放的状态，资本增加国倾向于扩大本国的开放，资本充裕国的主要诉求是对等开放，资本减损国则再次降低本国开放度。笔者通过国别案例验证了这一观点：拉美国家资本匮乏，同时难以维护本国利益，开放的自愿程度不高；19 世纪中后期的美国和 20 世纪后期的中国则处于资本增加阶段，尽可能地开放本国市场；20 世纪的美国是资本充裕国推动对等开放的最典型例子；19 世纪中后期的英国出现资本减损，呈现保护主义倾向。这一新的分类方法能够更好地解释当前中国在国际投资体制中的定位，推导出中国优先的政策选项。

关键词：国际投资体制资本充裕度　对外投资净收益　开放度

一国的资本充裕度如何影响该国在国际投资体制中的立场？这个问题

---

* 潘圆圆，中国社会科学院世界经济与政治研究所副研究员；张明，中国社会科学院金融研究所副所长、研究员。

的答案对于中国至关重要。当前中国国际投资体制建设相对滞后，考虑到中国的直接投资数量，完善国际投资体制的需求更显迫切。中国 2/3 的双边投资协定（BIT）签订于 20 世纪 80—90 年代，当时中国对外投资数量较少，缔结协定更多是站在资本输入国的立场，加上协定内容较为保守，难以满足中国当前投资保护和促进的需求。2020 年中国对外投资存量已位居全球第三，吸引外资流量位列全球第一，这凸显了构建中国主导的国际投资体制的重要性。而要建立中国主导的国际投资体制，估计中国的资本充裕度、理解资本充裕度影响对外政策的逻辑是必不可少的。本文提出了新的国家分类方法，这种方法能够更好地定位一国在国际投资体制中的位置，也能从理论上解释塑造一国开放倾向的核心变量，即资本要素的密集度及一国在资本上的比较优势，为构建中国主导的国际投资体制提供理论基础，有助于推动双向投资实现平衡。

一 既有研究及不足

国际投资体制是国际体制的重要构成部分，具体是指协调国际投资活动的制度安排。[①] 本文分析的重点是制度安排中的规制维度即国际投资协定体系。除了规制维度，国际投资体制还包括国际投资实践中形成的规范、原则和惯例等。

国际政治经济学主要从两个角度分析国际投资：第一个角度较为宏观，重点关注外国投资者特别是跨国公司与东道国之间的关系，具体可分为自由主义、民族主义（重商主义）和马克思主义三类理论。[②]

首先，自由主义强调投资促进经济发展，主张资本跨境自由流动，关心财富创造而较少关注财富分配，本质上是让市场决定国际投资流动的方向。[③]

① 詹晓宁、欧阳永福：《国际投资体制改革及中国的对策》，《国际经济合作》2014 年第 7 期。

② Lorraine Eden, "Bringing the Firm Back in: Multinationals in International Political Economy", *Millennium Journal of International Studies*, Vol. 20, No. 2, 1991.

③ Kenneth J. Vandevelde, "The Political Economy of a Bilateral Investment Treaty", *The American Journal of International Law*, Vol. 92, No. 4, 1998.

亚当·斯密（Adam Smith）和大卫·李嘉图（David Ricardo）都认为自由竞争有助于增进社会整体福利。约翰·洛克（John Locke）不承认绝对政府的概念，认为政府的作用在于促进个人自由。雷蒙德·弗农（Raymond Vernon）的生命周期模型是自由主义的代表性理论，该理论通过拆解制造品的生命周期解释了跨国公司崛起的不同阶段。①

其次，民族主义（重商主义）较为关注东道国的主权与自主权，认为监管外国投资的目的之一是维护国家主权。“陷入困境的主权（sovereignty at bay）”和“过时的讨价还价（obsolescing bargain）”是民族主义的典型理论。“陷入困境的主权”理论认为跨国公司有盈利目标，母国可能借助跨国公司扩展海外管辖权，而东道国通常有自身的社会目标，东道国与跨国公司之间存在目标冲突。跨国公司的优势以及国家间对监管权的争夺可能导致东道国主权被削弱。②“过时的讨价还价”理论认为外国投资者与东道国的力量对比在投资前后发生了逆转。投资前投资者可以选择投资地点，具有更大的话语权；投资后因为存在资本抵押，投资者讨价还价的能力下降。③ 但对于制造业这类技术革新快的行业，东道国可能持续依赖外国企业获得技术。④

持民族主义观点的学者通常认为一国的经济政策服务于其政治政策⑤，因此应保护和增加一国可得的资源以提高该国在国际体系中的地位，这意味着以东道国的政策目标为标准监管外资。第二次世界大战后，亚非拉强调独立发展的国家普遍接受了民族主义观点，对外国投资采取干预性政策，采用包括税收激励、审查、业绩要求和关税等措施促使外资为东

---

① Raymond Vernon, "International Investment and International Trade in the Product Cycle", *Quarterly Journal of Economics*, Vol. 80, No. 2, 1966.

② Raymond Vernon, *Sovereignty at Bay*, Harmondsworth: Penguin Book, 1971.

③ Steven J. Kobrin, "Testing the Bargaining Hypothesis in the Manufacturing Sector in Developing Countries", *International Organization*, Vol. 41, No. 4, 1987.

④ Theodore Moran, *Multinational Corporations: The Political Economy of Foreign Direct Investment*, Lexington: Lexington Books, 1985, pp. 264-269.

⑤ Jeffrey A. Frieden and David A. Lake, *The International Political Economy: Perspectives on Global Power and Wealth*, London: Routledge, 1999, p. 133.

道国服务。[①] 发达国家同样可能持有民族主义观点，这体现在促进和保护投资的措施方面，如信息提供、技术援助、融资保险服务以及军事、经济制裁和外交等保护性政策。[②]

最后，马克思主义认为自由主义通过“分工进而提升效率”的做法可能导致资本过剩和投资者边际收益下降，投资者被迫转向海外特别是资本数量较少的国家。[③] 这样的外国投资可能使得东道国依赖外来资本[④]，也可能使得东道国经济发展缓慢，外资在一定程度上具有新殖民主义特征。[⑤] 斯蒂芬·海默（Stephen Hymer）的“不平衡发展”和“国际劳动力分工”理论从马克思主义角度出发进行了阐述。“不平衡发展”理论认为国际投资可能使得跨国公司内部分工转变为全球劳动力的分工，造成全球范围的管理层、白领和蓝领。这导致边缘国家更落后、中心国家更发达，国家之间产生不平衡发展。[⑥] 中心国家从国际投资中的获利各有不同，因此在争夺边缘国家市场方面也存在不平衡情况。[⑦] 20 世纪 70 年代以来，跨国生产和交换的国际化程度提高，不平衡状况进一步加剧。[⑧] 马克思主义学者因此更关心国际投资体制对财富分配的影响。“国际劳动力分工”理论同样

---

① Rhys Jenkins, “Theoretical Perspectives and the Transnational Corporation”, in Roe Goddard, John Passe-Smith and John Conklin, eds., *International Political Economy: State-Market Relations in the Changing Global Order*, Boulder: Lynne Rienner Pub, 1995, pp. 445–446.

② Robert Gilpin, *The Political Economy of International Relations*, Princeton: Princeton University Press, 1987, pp. 241–245.

③ George T. Crane and Abla Amawi, *The Theoretical Evolution of International Political Economy*, Oxford: Oxford University press, 1997, pp. 83–95.

④ Theotonio dos Santos, “The Structure of Dependence”, in C. Roe Goddard, John Passe-Smith and John Conklin eds., *International Political Economy: State-Market Relations in the Changing Global Order*, p. 165.

⑤ M. Sornarajah, “The International Law on Foreign Investment”, *The American Journal of International Law*, Vol. 89, No. 3, 1994, pp. 43–45.

⑥ Stephen Hymer, “The Multinational Corporation and the Law of Uneven Development”, in Jagdish Bhagwati, eds., *Economics and World Order*, New York: McMillan, 1972, pp. 113–140.

⑦ Rhys Jenkins, “Theoretical Perspectives and the Transnational Corporation”, in C. Roe Goddard, John Passe-Smith and John Conklin, eds., *International Political Economy: State-Market Relations in the Changing Global Order*, pp. 450–452.

⑧ Robert W. Cox, “Social Forces, States and World Order: Beyond International Relations Theory”, *Millennium Journal of International Studies*, Vol. 10, No. 2, 1981, pp. 126–155.

认为发展中国家遭受剥削，并且在不同历史时期这种地位的差异有不同的体现。第一次世界大战后边缘国家承担了向中心国家出口原材料的角色。20世纪70年代以后，中心国家利用的是边缘国家的劳动力。20世纪90年代以来国际投资中知识的密集程度上升，跨国公司更注重将技术和劳动力相结合。但无论哪个时期，美欧的跨国公司都与东道国存在对抗性关系，跨国公司在将不同生产要素进行组合的过程中往往伴随着跨国公司对母国影响力的上升。①

从投资者与东道国的关系来看，既有国际投资研究存在三方面问题：其一，当资本来源和使用发生变化时，资本对其他要素的作用也可能改变。以亚洲国家和石油出口国为代表的国有企业和主权财富基金为例，这些投资者与传统跨国公司在资金来源、使用、约束和目标方面显著不同，这类投资者在处理与东道国关系时遭遇了同传统企业不一样的问题，既有文献对这一演变中的情况的解释非常有限。其二，没有突出资本相对于其他生产要素的优势地位，也就无法有效解释部分国家为何处于边缘地位且难以转变为中心国家的深层次原因。正如多种理论分析的，国际投资者主要拥有资本要素，可能还有附加的管理经验和人力资本。资本要素在某种程度上更为重要，是结合土地、劳动力、自然资源和技术等进行生产所必需的要素。其三，投资者和母国政府之间可能存在利益不一致的情况，东道国企业和资本拥有者会游说本国政府，而既有文献较少给出资本影响国际投资体制的渠道和机制。本文对资本充裕度的分析能弥补既有文献的不足。

国际政治经济学分析国际投资的第二个角度较为微观，围绕直接投资的供给和需求展开。供给方是从投资者的角度来看做出投资决策会考虑哪些因素。通常来说，东道国的政治风险是重要考量。弗农认为，对于特定的行业如资源能源业，生产设备一旦投入使用将不容易撤资。② 因此跨国

① Stephen Hymer, "The International Division of Labour", in Robert B. Cohen, et al., eds., *The Multinational Corporation: A Radical Approach*, Cambridge: Cambridge University Press, 1979, pp. 239-255.

② Raymond Vernon, "The Product Cycle Hypothesis in a New International Environment", *Oxford Bulletin of Economics and Statistics*, Vol. 41, No. 4, 1979, pp. 255-267.

公司首先会避开高政治风险的国家，并在进行投资前与东道国签订条约，这是为了防止公司的投资成为东道国的“人质”。内森·詹森等学者认为，如果东道国在与跨国公司的合同中违约，那么后续的外资流入会因受到负面影响而减少。①

有研究认为，尽管存在高额成本，东道国政府仍有违约的动力，资源国更是如此。詹森和李泉对这个问题的分析集中于国内政治机制如何约束东道国政府，从体制上降低国际投资的政治风险。② 以资源国为例，自然资源禀赋会影响一个国家的国内体制和国内冲突，进而影响东道国政府的选择。部分学者认为民主体制有利于改善投资环境，吸引更多的直接投资。③ 麦卡坦·汉弗莱斯等学者认为，自然资源密集的国家发生国内冲突的概率更大，而国内冲突是衡量投资环境恶化的主要指标。④ 这是因为冲突和不稳定增加了不可预测性，投资者最在意的利润可能因此受损。但一国政治体制对国际投资的作用并没有定论。有观点认为独裁体制下劳动力难以表达自身需求，也没有选举带来的政治不确定性，这些情况可能吸引外资。还有研究认为体制对国际投资的影响不显著。⑤

基于需求方的分析是从东道国的角度来看何种因素决定了东道国对外国投资者的态度，因此相关分析集中在国际投资如何影响东道国的分配状

① Nathan M. Jensen and Noel P. Johnston, “Political Risk, Reputation, and the Resource Curse”, *Comparative Political Studies*, Vol. 44, No. 6, 2011, pp. 662-688.

② Nathan M. Jensen, “Political Risk, Democratic Institutions, and Foreign Direct Investment”, *Journal of Politics*, Vol. 70, No. 4, 2008, pp. 1040-1052; Quan Li, “Democracy, Autocracy, and Expropriation of Foreign Direct Investment”, *Comparative Political Studies*, Vol. 42, No. 8, 2009, pp. 1098-1127.

③ Nathan M. Jensen, “Democratic Governance and Multinational Corporations: Political Regimes and Inflows of Foreign Direct Investment”, *International Organization*, Vol. 57, No. 3, 2003, pp. 587-616.

④ Macartan Humphreys, “Natural Resources, Conflict, and Conflict Resolution: Uncovering the Mechanisms”, *Journal of Conflict Resolution*, Vol. 49, No. 4, 2005, pp. 508-537; Quan Li and Adam Resnick, “Reversal of Fortunes: Democracy, Property Rights and Foreign Direct Investment Inflows to Developing Countries”, *International Organization*, Vol. 57, No. 1, 2003, pp. 175-211.

⑤ Volker Bornschier and Christopher Chase-Dunn, *Transnational Corporations and Underdevelopment*, New York: Praeger, 1985; Philipp Harms and Heinrich W. Ursprung, “Do Civil and Political Repression Really Boost Foreign Direct Investment?” *Economic Inquiry*, Vol. 40, No. 4, 2002, pp. 651-663.

况。有观点认为外国投资改变了东道国国内外的利益分配：东道国国内不同地区、行业和种族之间的收入不平等可能因外国投资而加剧；同时直接投资也造成外国人控制本国资产，而这些资产可能与东道国的核心利益相关，包括军事、文化等方面。索纳尔·潘迪亚采用外资股权的数据分析了政客选择政策工具进行外资监管的原因，结论是民主程度更高的国家，其开放度也更高，这是因为民主能够提升本国劳动力的政治影响力，而劳动力是外资自由流入的主要受益者。① 威托德·亨尼斯也认为参与投票人员越多对政策的约束力越强，政策对于外资更友好。② 但埃里卡·欧文的观点是，发达国家的工会更倾向于限制外资流入。③

不同层面的不同因素影响了东道国对待外国投资的态度。在国家层面，东道国可能会在国有化的收益和减少投资的损失间进行权衡，最终决定国有化程度。④ 在地方政府层面，埃德蒙·马莱斯基分析越南数据得出结论，地方省份通过自主改革试验可能获得大量的外国直接投资，能够增强地方讨价还价的能力和自治程度并挑战中央权威。⑤ 在行业层面，巴勃罗·平托等采用经济合作与发展组织（OECD）国家不同行业的外资流入数据说明，由于外国直接投资对不同集团收入分配的效果不一，因此各党派在外资的行业偏好上存在差异。⑥ 詹森等基于美国的调查数据认为，吸引外资和竞争资本对政治家有利，因为政治家可以用项目作为政绩，所以政府愿意提供优惠的引资政策，虽然这些税收政策的经济效果并

---

① Sonal S. Pandya, "Democratization and Foreign Direct Investment Liberalization, 1970-2000", *International Studies Quarterly*, Vol. 58, No. 3, 2014, pp. 1-14.

② Witold J. Henisz, "The Institutional Environment for Multinational Investment", *Journal of Law, Economics and Organization*, Vol. 1, No. 2, 2000, pp. 334-364.

③ Erica Owen, "The Political Power of Organized Labor and the Politics of Foreign Direct Investment in Developed Democracies", *Comparative Political Studies*, Vol. 48, No. 13, 2015, pp. 1746-1780.

④ Nathan M. Jensen and Noel P. Johnston, "Political Risk, Reputation, and the Resource Curse", *Comparative Political Studies*, Vol. 44, No. 6, 2011, pp. 662-688.

⑤ Edmund Malesky, "Straight Ahead on Red: How Foreign Direct Investment Empowers Subnational Leaders", *Journal of Politics*, Vol. 70, No. 1, 2008, pp. 1-23.

⑥ Pablo M. Pinto and Santiago M. Pinto, "The Politics of Investment Partisanship and the Sectoral Allocation of Foreign Direct Investment", *Economics & Politics*, Vol. 20, No. 2, 2008, pp. 216-254.

不十分确定。[①] 在个人层面，个人对外资态度的集合也会影响政策决策。既有文献认为，一国的教育水平、私营部门所占比重、投资者来源地和国内利益集团等是影响其外资政策的重要因素。[②]

本文单独提取资本这一变量，分析其在国际投资体制演变中的决定性角色，一定程度上弥补了供需分析的不足。单独分析资本的原因在于其本身的特点。首先，资本具有较高的通用性。通常认为母国提供物质资本、管理经验和人力资本，东道国提供劳动力、自然资源和土地等其他要素。资本适用于不同的生产场景，而其他要素有不同程度的异质性。其次，资本禀赋不是事先给定的。与自然资源、人口、国土面积等既定变量不同，一国拥有的资本数量可能在短期内发生较大变化，即使在特定阶段缺乏资金，仍可以通过多种方式积累资本。这也是本文想说明的问题，即资本匮乏国转化为资本充裕国需具备哪些前提条件，国际投资体制在其中又扮演何种角色。最后，资本具有双重作用。资本充裕度提高除说明一国经济的变化外，也隐含着政治权力和话语权的转变。既有分析更多地把资本充裕度视为既定变量，较少关注资本增减的政策含义，本文在这方面对其进行了补充。

本文基于资本充裕度的分类方法有助于理解不同类型国家在国际投资体制中的作用，进一步完善了既有文献中的分类方法。国际投资体制文献中主要采用两种分类方法：第一种分类方法是将国家区分为发达国家和发展中国家。该方法能在一定程度上解释现有国际投资体制的状况，如发达国家之间的投资金额和投资协定数量占据主导、两类国家在缔结投资协定时地位不对等等问题。这种分类方法的缺陷在于未能解释国际

① Nathan M. Jensen, et al., "Pass the Bucks: Credit, Blame, and Global Competition for Investment", *International Studies Quarterly*, Vol. 58, No. 3, 2014, pp. 433-447.

② Ayse Kaya and James T. Walker, "The Legitimacy of Foreign Investors: Individual Attitudes Toward the Impact of Multinational Enterprises", *Multinational Business Review*, Vol. 20, No. 3, 2012, pp. 266-295; Nathan M. Jensen and René Lindstädt, "Globalization with Whom: Context Dependent Foreign Direct Investment Preferences", Working Paper, 2013; Jeffry A. Frieden, "Capital Politics: Creditors and the International Political Economy", *Journal of Public Policy*, Vol. 8, No. 3/4, 1988, pp. 265-286.

投资体制的演变。由于发达国家和发展中国家之分是20世纪60年代以来采取的分类方法，因此无法解释更早时期的国际投资情况。一国本身的定位也可能变化，如美国在19世纪被视为新兴市场国家，但在20世纪尤其是第二次世界大战后成为发达国家，其在不同时期签订的协议的内容差异明显。另外，新兴市场国家和部分石油出口国并非发达国家，却是近20年来重要的资本输出国。上述分类法无法解释这类国家的投资行为和特征，更无法解释国际投资体制变化的原因。

第二种分类方法是区分资本流入国和资本流出国。这种分类方法通常用于对国际投资进行统计，但在分析国际投资体制演变时采用该方法存在较大问题。究其原因，资本流动只有两种情形：一是资本从充裕国流向资本匮乏国，二是在资本充裕国之间流动。资本从来不存在从匮乏国向充裕国的流动，这与国际贸易中货物的流动完全不同。商品之间和同一类商品内部都存在不同程度的要素密集度差异，所以不同国家在不同商品、同一类商品不同细分项上具有不同的相对优势和劣势。因此即使是某类要素匮乏的国家，其仍可能出口密集使用该要素的商品，这是国际贸易发生的原因。但资本流动与此不同，尽管新古典模型预测资本应该从富裕国家流向贫穷国家，但在现实中大多数直接投资都是在富裕国家之间发生。

区分资本流入国和流出国的方法强调资本流动的结果，没有给出资本流出国的不同动机，也没有区分资本流入国的不同需求。动机和需求不同意味着一国在谈判中的心态和筹码不同，立场自然也不相同。当研究更长的时间维度中国际投资体制的演变时，需要给出能够回避上述缺陷的分类方法。因此，本文以储蓄—投资和对外投资净收益情况来解释国际投资体制的演变。

二　国际投资体制演变的分析框架

国家的划分标准对于理解国际投资体制的演变至关重要。本文提出了新的国家分类方法，并基于这一分类解释不同类型的国家在国际投资体制演变过程中的作用。本文将国家分为四种类型：资本匮乏国、资本增加国、资本充裕国和资本减损国，区分标准包括净借贷和对外投资净收益两方面的差异。

（一）净借贷差异

本文提出的国家分类方法是基于传统国际收支理论的细化和创新。传统的国际收支理论往往根据一国经常项目顺差或逆差将其定义为资本过剩国或资本不足国。当一国国内储蓄超过国内投资，即经常项目顺差，与之对应的是资本流出。当一国将多余的储蓄投向国外，该国常被称为资本过剩国，即经常项目顺差使得资本增加，甚至可能有过剩的资本。反之是资本不足国：实行外向型经济的发展中国家常面对国内储蓄不足，因此引入外国资本（资本净流入）以弥补国内储蓄的不足，同时从国外购买资本品的需求使得贸易余额为逆差。

本文并未采用资本过剩国和资本不足国的说法，因为传统国际收支理论描述了国际资本的整体流动，但具体到直接投资，其流入流出的情况与整体状况不完全一致。美国和中国都存在直接投资与整体资本流动方向不同的情况。20 世纪 80 年代以来，美国长期处于经常项目逆差，整体是资本净流入的状况，而同期美国直接投资基本是净流出。[①] 2003 年后，美国的证券投资和其他投资都存在巨额净流入。中国的直接投资与整体资本流动也基本是反方向的，1980 年后中国大部分年份处于资本净流出，但中国的直接投资几乎总是净流入。

净借贷的定义是贸易逆差加上为外国投资者支付的利息和利润。[②] 净借贷为正意味着从国外借入资金，净借贷为负意味着向国外借出资金。净借贷指标之所以重要，是因为该指标描述了一国的储蓄—投资差异和资金使用的成本。储蓄—投资差异的含义是：当一国国内储蓄不能满足

① 2003 年后，美国的证券投资和其他投资都存在巨额净流入。

② 净借贷为正意味着从国外借款，净借贷为负意味着向国外借款。

国内投资需求时，不得不从国外借款以支付进口所需资金，即储蓄—投资为负意味着存在贸易逆差。通常资本匮乏国进口的是国内投资所需的资本品，同时通过引进外资弥补国内储蓄不足，而吸引外国直接投资、让外国投资者获得本国企业股权是弥补国内储蓄不足的一种方式。相比债权的方式，吸引外国股权投资的稳定性更高，但外国投资者期待获得更高回报，东道国为使用资本需要支付更高的正值利息。

（二）对外投资净收益差异

国际投资体制主要协调直接投资关系，以资本流动的整体情况来解释国际投资体制的演变并不完整。正如卢卡斯悖论关注到的情况，资本往往从人均资本较少的发展中国家流向发达国家。对这一悖论的解释包括投资者更看重发达国家的制度质量高、投资风险低和基础设施完善等优势。因此，除了储蓄—投资差异以及为外资支付的利息，在分析直接投资这一单独类别的国际资本流动时还需要考虑对外投资收益的状况。本文选择对外投资净收益作为解释指标的原因在于对外投资净收益的大小决定了一国能否由贸易顺差过渡到以投资收益顺差为主的阶段。一国贸易顺差增长仅仅说明该国利用本国资源进行生产并出口，不一定意味着该国积累了资本优势。只有当一国对外投资净收益为正，特别是在支付外资利息后仍然为正，才说明该国不仅是资本输出国，而且资本输出是经常账户顺差的主要来源，该国更加依赖资本投资的收益，叠加贸易顺差，才能被称为资本充裕国。

根据本文的划分标准，资本匮乏国同时满足两个条件：净借贷为正，对外投资净收益为负。这类国家没有或者只有少量对外投资，需要支付巨额外资利息。

资本增加国是一个国家从资本匮乏国转向资本充裕国的中间类别。这一类型的国家净借贷为正，但对外投资净收益由负转正使得该国不再属于资本匮乏国。随着一国生产能力增强和国内储蓄上升，储蓄—投资为负的情况有所改善，可能贸易已经出现顺差，但该类国家支付正值利息的状况可能仍将持续，因此净借贷仍然是正值。与此同时，在资本输出过程中，一国的对外投资已经开始有正值收益，该国进入了对外资本意义上的增长阶段。参见图 1。

对外投资净收益	净借贷	
	正	负
负	①资本匮乏（非自愿开放）	④资本减损（降低本国开放度）
正	②资本增加（加大本国对外开放）	③资本充裕（要求伙伴国对等开放）

图 1　一国的资本充裕度及在国际投资体制中立场的演变

资料来源：笔者自制。

资本充裕国同时满足两个条件：净借贷为负，对外投资净收益为正。资本充裕国的经常项目为顺差，主要原因是该国在对外投资中获得了正值收益，贸易顺差的重要性下降。同时，这类国家为外资支付的利息也小于贸易顺差，是资本的输出国和成熟的债权国。

资本减损国的特征是，虽然仍从对外投资中获得正值收益，但基于人口和产业结构等方面的原因，贸易逆差日益增加，且投资收益难以弥补贸易逆差，经常账户整体呈现逆差。这可能引致海外资本回流、海外资本净值减少以及国家竞争力下降。

（三）国家经济实力和国际投资体制

一国的资本充裕度对该国的经济实力起到决定性作用，而一国的经济实力决定了该国在国际投资体制中的立场。总的来说，资本充裕国是国际投资体制的主导者，资本获利和扩张的需求促使该国在国际关系中以保障投资利益为重要目标，资本的充裕使得该国能够采取政治、军事和法律等手段保护投资者利益，通过对技术和市场的掌握进一步强化本国的资本优势。资本匮乏国虽然在经济上有吸引资本的需求，但在国际投资体制中的话语权较弱，难以通过国际规则获取利益，因此在政策选择上其开放度可能降低。

经济实力至少通过三条路径影响国际投资规则：首先，一国经济实力为构建利益—话语权的良性循环提供了起点。以美国为例，一方面，美国以经济实力为基础，对其他国家和个人施加制度性影响，在国际交往中投射美国的观念和规则，为多边活动提供制度基础，这决定了第二次世界大战后美国是国际规则的主导国家。① 在这一过程中，美国可以为小国提供利益，得到好处的小国在政治上支持和追随美国。② 另一方面，美国通过维持国际规则的运转获得了最大利益。作为规则的提出者，美国具有天然的话语权。③ 美国会以促进国家利益最大化的方式适用和解释国际规则。④ 利益和话语权的互相强化构成了良性循环，而这个循环的起点是一国的经济实力。其次，经济力量会影响政治、军事和舆论等方面的竞争力，间接影响国际投资议题。最后，现代经济大国可以通过市场和技术，分别运用买方权力和卖方权力影响国际规则。现代资本大国和经济大国通常拥有较大的消费市场和消费能力，也有相对先进的技术，在国际投资规则的形成过程中更倾向于利用市场和技术两方面的权力塑造有利于本国的利益分配格局。

对不同类型的国家而言，其经济实力影响国际投资体制的结果和特征各有不同。资本匮乏国的竞争力弱，在国际投资体制的形成过程中发挥的作用小，在国际规则谈判中的话语权相对较弱，这一状况在国际投资的历史上变化不大。通常来说，资本匮乏国对外开放的动力不大，不少国家选择了进口替代和保护国内产业的政策。面对资本充裕国开放市场、获取资源和攫取利润的要求，资本匮乏国曾提出以东道国法律为基

① Michael Byers and Georg Nolte, *United States Hegemony and the Foundations of International Law*, Cambridge: Cambridge University Press, 2003.

② 杨原：《大国无战争时代的大国权力竞争：行为原理与互动机制》，中国社会科学出版社 2017 年版。

③ Paul B. Stephan, "Great Power Politics: Symmetry and Selectivity: What Happens in International Law When the World Changes", *Chicago Journal of International Law*, Vol. 10, No. 1, 2009。

④ 李巍、李玙译：《解析美国对华为的"战争"——跨国供应链的政治经济学》，《当代亚太》2021 年第 1 期。

础的投资待遇，或尝试通过多边体制维护自身利益，但难以成功。

资本增加国的竞争力开始逐步上升。资本增加国减少了从国外借贷的数量，扩大本国开放，目的是获得尽可能多的资金流入，增强生产能力，提高本国的技术水平，以便利自身参与国际分工协作。从资本匮乏期过渡而来的资本增加国尚并不具备强大的谈判能力，更为合理的策略是开放本国市场参与国际协作并加快资本增加。

资本充裕国对国际投资体制的主要诉求是对等开放，即本国扩大开放的同时，要求其他国家也开放贸易市场和投资机会。资本充裕国产品成本低、企业竞争力强，对等开放的立场足以发挥本国的优势。资本充裕国需要尽力占领海外销售市场、获取低成本原材料、塑造独占优势，利用不同国家在资源、市场和技术等方面的差异实现超额利润。在这一过程中，投资协定的作用是从法律上保障获取利润的途径，具体包括扩大市场销量、保障原料供给和保护投资者的各项权利（如市场准入、利润汇回、对征收行为进行补偿等），降低解决摩擦的成本并最终提高投资收益。

资本减损国在参与国际投资体制过程中常出现降低本国开放度的倾向。资本优势的下降直接导致减损国的竞争力下降，这反映在经济、军事和政治等方面。而竞争力的下降使得该国在国际谈判中的话语权下降，虽然可能对国际投资体制仍有一定影响，但不再拥有丰厚的讨价还价筹码，这反过来将进一步放慢资本增加的速度，该国在国际投资体制中更倾向于民族主义和保护主义。参见图 2。

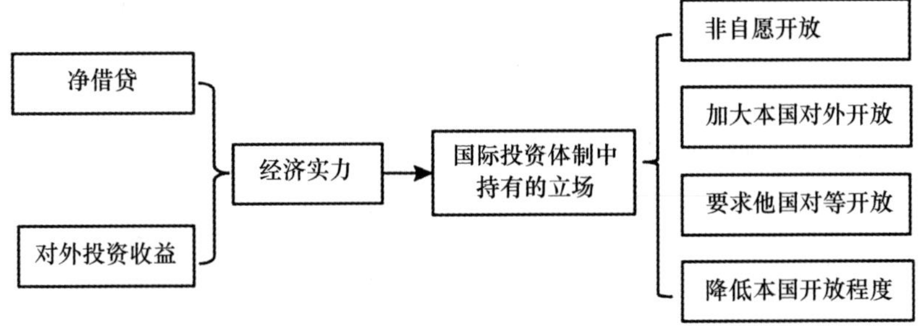

图 2　一国资本充裕度对该国在国际投资体制中立场的影响

资料来源：笔者自制。

三　国际投资体制的演变：基于资本充裕度的视角

如前文所述，根据不同国家在净借贷和对外投资净收益两方面的差异，可依据资本密集度将其划分为四种类型：资本匮乏国、资本增加国、资本充裕国和资本减损国。一国在资本增加的过程中其经济实力处于上升期，则资本越充裕经济实力越强。而一国的经济实力对其在国际投资体制中持有的立场具有决定性作用。概括地说，资本匮乏国不倾向于开放，在国际投资体制中话语权较弱，常处于非自愿开放的状态。资本增加国通过加大本国的开放来吸引更多的国外资本。资本充裕国会在国际投资体制中推动其他国家对等开放。资本减损国可能再次回归保护主义，降低本国的开放度。

（一）资本匮乏国

资本匮乏国的资本要素不足，因此该国资本的边际收益较高。根据经济学理论的预测，外国资本更倾向于投资这些国家，以获取比在母国国内投资更高的收益。因此，外国资本有动力推动资本匮乏国开放。

资本匮乏国是否对外资开放有多方面考虑。从经济角度来说，东道国开放本国市场的目标是促进本国经济增长，但这个目标不一定能够实现。外国投资促进东道国经济增长需要满足多个条件，例如东道国参与分工和专业化生产，并通过商品交换提高生产效率。当外国投资不能增强东道国的生产能力时，投资的正面作用难以发挥，资源和能源丰富的国家常出现这种情况。

从政治角度来说，国际投资带来了财富增长，但东道国在财富分配中的所得较少，因此更倾向于“内向观望哲学”，即一国更多依赖本国资源，本国厂商主要服务于本国市场，本国商品的主要消费者是本国居民。[①] 持有这种观点的东道国通常认为要监管外资，怀疑外国可能干预本国政治体制，防范外资对东道国国内认同的影响，预防出现潜在的文化殖民情况。

虽然资本匮乏国有多种担心，但很难依照本国意愿决定自身的投资开放度。如上文所述，他国的资本优势与经济实力能够通过多条路径转化为国际话语权。外国资本为了进入资本匮乏国市场，会以政治、军事和外交等不同方式向该国施加压力。签订国际投资协定也是施压的一种方式。资本匮乏国或者接受既定的投资协定模板，或者完全拒绝。如果资本匮乏国拒绝既定模板，仍可能面临其他压力。比较而言，资本匮乏国缺乏在国际社会表达诉求的渠道，维护权益的手段不足，因此常处于非自愿开放状态，拉美国家是较为典型的例子。

拉美国家符合资本匮乏国的两个条件：净借贷几乎一直为正，对外投资净收益几乎总为负。1820 年后拉美国家几乎一直处于外国资本净流入的状态，早期拉美国家的外资流入有几个特点。例如，拉美的外国投资者主要来自英国、美国和日本，1914 年这三个国家占对拉美投资总量的 95%。[②] 再如，外国对资本匮乏国的借款主要用于铁路及公用事业的建设，且大都是绿地投资。另外，19 世纪外国资本对拉美国家国内资本的形成至关重要：外国资本占阿根廷国内资本形成的比重是 70%，墨西哥是 75%。[③]

拉美国家的对外投资净收益几乎总为负。在外资大量流入的 19 世纪，拉美国家没有或几乎没有对外投资，外国资本以股权和债权两种形式流入拉美国家，拉美国家向外资支付了高额利息。拉美国家对外投资净收益为负有两点原因：其一，拉美国家固定资本的形成高度依赖外国资金，因此对本国开放进程的控制力较弱。其二，拉美国家对外资的利用效率较低，

---

① Kenneth J. Vandevelde, "The Political Economy of a Bilateral Investment Treaty", *The American Journal of International Law*, Vol. 92, No. 4, pp. 621-641.

② Kevin H. O' Rourke, "Globalization and Inequality: Historical Trends", *NBER Working Paper 8339*, June 2001.

③ Kevin H. O' Rourke, "Globalization and Inequality: Historical Trends", *NBER Working Paper 8339*, June 2001.

在支付外资的利息后剩余数量较少，难以增强拉美国家自身的生产能力。

为了发挥外国资本对于本国经济的正面作用，拉美国家至少在四方面做了努力。

第一，在投资待遇问题上，拉美国家提出了与欧美发达国家不同的投资待遇标准。欧美国家认为，外国投资者应该享受国际最低投资待遇标准，该标准高于拉美国家给予国内投资者的投资待遇，是以母国情况为基准提出的待遇标准。拉美国家针对“最低待遇”提出了“卡尔沃主义”，核心是外国投资者应和本国投资者享受同样的投资待遇，力图以国内规则约束外国投资者。但“卡尔沃主义”没有成为国际投资关系中被普遍接受的理念。

第二，拉美国家尝试通过双边支付协定、清算协定和区域经济合作等方式促进经贸往来。1939 年之前多个拉美国家与美国签订了互惠贸易协定，拉美国家之间也大量签订自由贸易协定。

这个阶段拉美国家签订自贸协定的原因在于：两次世界大战期间全球资金普遍不足，国际投资主要流向相对稳定的欧洲，拉美等资本匮乏国很难获得自己需要的资金。拉美国家希望通过自贸协定获得资金。有少量国际贷款流向拉美国家的初级产品部门，资金的流入扩大了拉美国家初级产品的生产规模，导致初级产品价格下跌。更重要的是，拉美国家偿还贷款利息的压力没有改变甚至有所上升，这反而增加了发生经济危机的可能性。

另外，拉美国家尝试建立多边投资体制来保障本国利益，但这方面的努力没有取得实质性结果。例如，1930 年国际联盟举办了海牙国际法编纂会议，但各国未就国家应该承担的责任达成共识。尽管大多数国家赞成“执法不公”和“尽职调查”条款，但最终这两个条款并没有成为正式条款。

第三，拉美国家在部分时期降低投资开放度的努力没有取得预期效果。第二次世界大战后，拉美国家延续了第二次世界大战时期以国内生产为主、保护本国工业的策略，并通过关税、补贴和多重汇率等政策减少进口实现自给自足。同时，拉美国家对外来投资持怀疑态度，认为外国资本可能控制本国的基础设施和自然资源部门，甚至认为外国投资者可能干涉东道国的国内政治，属于“新殖民主义”。例如，1970 年美国电话电报公司（AT&T）阻止智利社会党人萨尔瓦多·阿连德（Salvador Allende）当选总统并参与推翻总统的军事政变就是一个典型例子。因此，拉美国家对外征收高关税，不欢迎外来投资，强烈抵制跨国公司对当地政治的影响。

在这种情况下，拉美国家仍然不得不保持一定程度的开放，欧洲和美国的跨国公司凭借强大的竞争力成功控制了拉美国家绝大部分产出：1973 年拉美的工业产出中，外国公司占 1/3—1/2；在技术较为先进的化工、电机和制药等部门，外国公司占比高达 80%—90%。

第四，即使拉美国家对外资开放，将自己纳入国际分工体系，仍难以有效监管资本流入，更难降低外资对本国的负面影响。1973 年后，新的资金来源方即国际贷款机构给拉美国家带来沉重的负担。相比外国直接投资造成的所谓“新殖民主义”，以多边机构为主的贷款人对拉美国家的控制力度更大。由于国内建设需要资金，拉美国家只能在“付出高的利息”和“付出高利息的同时接受贷款人的多方面控制”之间进行选择。拉美国家因此不得不重新审视直接投资的作用，对直接投资者“控制本国经济”的抱怨声音变小了。拉美国家更加珍惜为数不多的直接投资，签订投资协定的动力有所增强。20 世纪 90 年代之后拉美国家纷纷缔结双边投资协定，目的是对外传达一个信号，即愿意提供安全的投资环境吸引外来资本。拉美国家愿意接受国际仲裁也使得其开放承诺的可信度更高。

与此同时，拉美国家仍然无法减少外来资金对国内经济的负面效应。20 世纪 90 年代，资本项目过早开放被证明是高风险行为，金融领域的国际规则和一国主权冲突的情况在拉美国家多次出现，拉美国家金融危机频发。在这种情况下，拉美国家对资本流动的规则制定仍然缺乏影响力，也难以降低外国资本对国内经济的冲击。

总而言之，1820 年后国际资本开始流向拉美国家，但时至今日拉美大部分国家仍然停留在资本匮乏阶段。面对外国投资，拉美国家进行了种种努力来维护本国的利益，包括提出“卡尔沃主义”、以国内规则约束外国投资者、建立多边和双边机制以及尝试自给自足的战略等。但是拉美国家难以影响外国资本在本国的经营、产品的国际定价和资金的流入流出，原因在于外国资本没有帮助拉美国家提升产业结构，拉美国家的经济实力和谈判能力没有随着外资的流入而增强，甚至拉美国家对开放度没有太多发言权，即使为保障自身权益进行努力，这些努力取得的效果也很有限。

需要说明的是，有两个因素对东道国是否非自愿开放影响较大：一是国际关系的整体状况。在殖民体系和在霸权主导的国际关系中更容易出现非自愿开放的情况，前者的代表有英国前殖民地，后者以拉美国家为典型代表。二是东道国的经济结构。通常来说，资源能源丰富的国家更容易出现非自愿开放的情况。

除此之外，也有一些资本匮乏国或资本匮乏地区积极引入外资，并在对外开放的过程中积累本国的生产能力、增强在国际投资体系中的话语权。如20世纪50年代中期的韩国、新加坡以及20世纪70年代的泰国、马来西亚、菲律宾、印度尼西亚先后采取了出口导向型发展战略，这些国家和地区成功发展为重要的出口地。与拉美国家不同，20世纪90年代中东欧的部分国家（如波兰、匈牙利、捷克）把自己打造为西欧国家的制造业基地，并将本国经济整合到欧盟经济发展中。亚洲和中东欧国家更多地利用自己的地理位置和人力资源等要素来参与国际生产，而不是仅仅作为自然资源的生产国。这些资本匮乏的国家利用外资增加出口，同时帮助国内的资本积累，保持了较长时间的经济增长，成功过渡到资本增加和资本充裕阶段。

（二）资本增加国

当资本匮乏国完成借款的利息和本金支付后，还有剩余来增加国内资本、培育国内产业以及提升本国技术进步，则该国可能进入资本增加阶段，并最终升级成为资本充裕国。19世纪中后期的美国和20世纪后期的中国处于资本增加阶段。处于这个阶段的国家将尽可能开放本国市场。

1. 19 世纪中后期的美国

美国在由资本匮乏期转向增加期的过程中体现出经济起飞国家的一般规律，即借用外国资本来建设国内基础设施，增强国内的生产能力。在这个过程中，美国从国外获得资金净借贷为正，对外投资的净收益开始由负转正，其基本立场是尽可能地开放本国市场。19 世纪外国对美国的投资以证券投资为主，其中包括债券和股票。外国资本投资的美国证券的底层资产是美国的基础设施，包括运河、铁路、电力设施、电信和电报系统等。外国资本满足了美国基础设施建设时期井喷式的巨大资金需求，促进了美国国内资本积累。

19 世纪早期，由于美国建国的时间并不长，为加速资本增长、发展本国的对外经济贸易关系，美国主要有两方面诉求：一是巩固与传统资本充裕国的经济关系，二是建立与西半球其他新兴市场国家的经济关系。为满足上述诉求，美国与他国缔结了友好通商航海协定（FCN）。主要包括两类：第一类是与欧洲主要贸易伙伴缔结的 FCN①，目的是与欧洲强国建立完整的货物贸易法律框架，保障美国的国家安全和贸易机会；第二类则是美国与其他新兴市场国家之间缔结的 FCN，目的是创造新的商业机会。虽然针对这两类国家签订的国际协定有不同的特点，但共同原则是加大美国的开放力度。

对第一类 FCN 来说，由于美国和欧洲国家关系较为紧密，双方的协定具有更明显的利益互换特征，通常包括贸易、投资和人员等多方面议题。这类协议的特点是通过在部分议题上的让步来换取在其他议题方面的获益。例如，美国政府承诺保护缔约国财产和国民的投资安全，要求另一方在更大程度上开放商品市场。同时，美国与不同国家签订的 FCN 中各类原则的内涵不完全相同，依贸易伙伴的特征而有较强的针对性。以最惠国待遇为例，有些 FCN 中的最惠国待遇仅指贸易，有些则指向税费。

第二类 FCN 的目的是为美国企业创造新的商业机会，其中对新兴市场的开放更多停留在纸面上。因此美国在第二类 FCN 中发挥了更强的主导作

① 第一个类似条约是美国和法国在 1778 年签订的 FCN。其他欧洲国家包括：西班牙（1795 年）、普鲁士（1799 年）、英国（1815 年）、瑞典和挪威（1816 年）、丹麦（1826 年）等。

用，并将重要的投资原则引入所有 FCN 中，包括“准入”“非歧视”“投资安全”“正当程序”等，确立了通过国际仲裁解决国际纠纷的方式。换言之，美国通过 FCN 把习惯法的内容以国际协定的形式固定下来，并在后来的双边投资协定中再次重申这些原则。美国对征收问题的处理也说明其在资本增加阶段开始尝试利用国际投资协定增强本国的资本优势。

2. 20 世纪后期的中国

在中国的经济起飞期，对外开放是基本国策，吸引外国直接投资是重要内容之一。外国资本尤其是直接投资提供了购买资本品所必需的资金，资金流入的同时伴随着技术转让。中国利用外来资金和技术开展市场导向的生产，实现了对外出口的增长，出口的商品以制造品为主。在资本增加期，中国经济整体对外开放度非常高，并通过多种方式促进出口，这些措施使得外国将中国视为良好的投资目的地。中国对外开放体现在多个方面：给予外资特别的优惠政策，包括税收优惠、土地优惠、财政支持以及外汇管理等；在开放直接投资领域的同时加快金融投资的开放。

在对外资开放 40 多年后，中国已经处于资本增加转向资本充裕的阶段。从经济指标看，中国资本输出数量较大，虽然也向外资支付利息，但净借贷已经由正转负，对外投资收益也有了显著提高。

中国的资本积累方式与传统资本充裕国不尽相同，在资本积累早期中国并不拥有先进技术，也没有利用战争等极端的国际形势。另外，中国推动构建新型国际投资体制面临的国际环境也有所不同，这主要体现在两方面。一方面，当前的国际投资协定更加强调投资者的责任，也更加重视东道国对外资的监管权力。随着中国资本输出能力的上升，传统的资本充裕国更加强调东道国的权利，这体现在投资待遇、征收赔偿条件以及兑换与转移等条款上。传统的资本充裕国认为，东道国国内部分监管权优先于国际协定，如安全问题是投资协定中的例外条款。发达国家因此普遍加强了对外资的安全审查。发达国家调整在东道国监管权问题上的立场，部分原因是限制以中国为代表的新兴投资者发挥其资本优势。另一方面，国有投资主体的行为被重点关注且面临新约束。主权财富基金和国有企业是亚洲新兴资本充裕国对外投资的主体，在国际竞争中取得了较好的效果，也因此受到发达国家的关注。投资协定中约束主权财富基金和国有企业的内容有所增加，这涉及企业融资、技术、补贴和治理等方方面面。

3. 资本增加期的日本

日本在吸引外国直接投资方面是一个特例。日本民族主义倾向较为明显，并对外来资本持怀疑态度，吸引的外资数量非常低。2019 年日本的外国直接投资存量占国内生产总值（GDP）的比例为 4.4%，在全球居第 201 位，日本也是经合组织国家中该数值最低的国家。

回顾日本资本增加的历史，可以看到日本同样充分利用了外来资本，包括直接投资和证券投资两种方式。第二次世界大战后，美国资金是日本经济恢复和资本增加的主要原因之一。美国资金首先以援助贷款的方式流入日本。1947 年后，美国向日本提供援助贷款的目的是帮助日本重建工业生产，助力日本经济恢复。除了援助贷款，美国以在日本建厂的方式对日投资。美国这类直接投资主要是为了规避日本的贸易壁垒，美国同时向日本产品开放其国内市场。美国对日本的投资数量较大而且效果明显。20 世纪 60 年代，美国对日本和欧洲的直接投资是对拉美国家数量的三倍，主要用于建厂。① 美国的投资促进了日本国内的资本增加：1955—1970 年日本的固定资产总额增加了 500% 以上，而同期美国的固定资产增长率只有 57%。在获得美国资金和市场后，日本的跨国公司快速发展壮大并进行对外投资。20 世纪 70 年代，日本跨国公司的对外投资甚至挤占了美国公司在本国的市场份额。

但是，即使日本通过对外投资增加了本国资本，其在扩大自身开放方面一直非常保守。研究显示，日本国内市场规模、收入水平、地理因素、语言差异和国家之间的历史关系等因素都有一定的解释力，但并不能充分解释日本吸引外资数量少这一现象。

---

① Robert E. Lipsey, "Changing Patterns of International Investment in and by the United States", in Martin Feldstein, ed., *The United States in the World Economy*, Chicago: University of Chicago Press, 1988, pp. 475-545.

（三）资本充裕国

资本充裕国对于国际投资体制的基本立场是：本国在扩大开放的同时，要求其他国家也开放贸易市场和投资机会。其原因在于资本充裕国的产品和企业具有极强的竞争力，对等开放足以保障本国的市场和资源。资本充裕国在国际投资体制的构建中有更多筹码，国际投资协定是促进其他国家开放的方式之一，其作用是保障和增进本国的海外利益。美国随着资本充裕度的提高而完善利用国际投资体制、推动双向开放是典型的例子。

1. 美国资本充裕度的变化

在经过半个多世纪的资本积累后，美国在19世纪末转变为资本充裕国，开始对外投资。这一时期美国国内储蓄仍然是投资最重要的资本来源。第一次世界大战前，美国国内储蓄的上升超过了国内投资需求：1904—1913年美国国民储蓄为平均每年30亿美元，1914—1919年达到平均每年60亿美元。[①] 但同时美国国内的住房和公共工程投资增加缓慢，美国有过剩的储蓄进行对外投资。美国多方面的技术进步促进了全要素生产率的增长，航运、造船业和耐用消费品等制造业快速发展，20世纪20年代美国在世界制造业中占据了绝对优势（见表1），这也增加了美国可供投资的资本数量。1919年，美国成为全球最大债权国。

表1　**1913—1938年世界制造业生产的分布**　单位:%

时期	美国	德国	英国	法国	俄国/苏联	日本	瑞典	世界其他地区
1913年	35.8	14.3	14.1	7.0	4.4	1.2	1.0	22.2
1926—1929年	42.2	11.6	9.4	6.6	4.3	2.5	1.0	22.4
1936—1938年	32.2	10.7	9.2	4.5	18.5	3.5	1.3	20.1

资料来源：［澳］A. G. 肯伍德、A. L. 洛赫德：《国际经济的成长：1820—1990》，王春法译，经济科学出版社1996年版，第167页。

① ［美］斯坦利·L. 恩格尔曼、罗伯特·E. 高尔曼主编：《剑桥美国经济史》（第三卷），蔡挺、张林、李雅菁译，中国人民大学出版社2018年版，第427页。

两次世界大战在多个方面便利了美国的资本增加。首先，战争期间美国加速发展国内制造业和对外出口，同时以促进固定资本的增长作为战争时期对外经济政策的主要目标。其次，美国的地理位置远离战场，战争对于美国本土经济的直接影响小，美国甚至通过为交战方提供物资提升了本国生产能力。再次，美国通过为参战国提供资金直接获益，第一次世界大战后不能偿还美国贷款的国家不得不接受美国提出的其他条件。美国通过这种方式瓦解了主要对手的竞争力，增强了对德国的控制，便利了美国扩大对外影响和积累资本。最后，战争结束后美国以贷款和债券的方式大量对外金融投资，提高了资本积累速度。

20 世纪 30 年代，美国成为继英国和法国之后全球最重要的资本来源国，美国对外借款成为债权国，同时对外投资取得大量的正值净收益。无论是从相对值还是绝对值来看，第二次世界大战后美国的资本充裕度都非常高。

第二次世界大战后美国的资本充裕度达到了最高水平，部分原因在于第二次世界大战损害了其他国家的固定资本和国际收支，而美国是当时唯一一个国际收支不受外部压力影响的国家。与此同时，战争扩大了对军需品的需求，美国厂商在满足国内消费者的需求之外，还向其他国家提供商品。此外，第二次世界大战后美国政府和大型企业携手合作，这样的联合体具有全球最强的生产能力，美国政企联合体扩大美国国内投资进行生产，增加出口，从中获得了较高的利润。上述因素的共同作用使得第二次世界大战后美国的资本数量达到了惊人水平。从数据上看，第二次世界大战后美国的国内固定资本存量几乎等于其他发达国家之和（见表 2）。

表 2　**美国与其他发达国家的固定资本存量比较**　单位：亿美元

	制造业固定资本存量			企业固定资本存量		
	1951 年	1954 年	1957 年	1951 年	1954 年	1957 年
除美国外的其他发达国家	1778	2033	2372	5900	6530	7459
加拿大	160	187	223	726	855	1011

续表

	制造业固定资本存量			企业固定资本存量		
	1951 年	1954 年	1957 年	1951 年	1954 年	1957 年
法国	371	394	421	1206	1262	1355
德国	321	393	512	1239	1421	1754
意大利	230	261	308	618	702	832
日本	128	163	195	484	549	632
英国	568	634	713	1627	1741	1875
美国	1758	1980	2211	6388	7140	7924

资料来源：［英］P. 阿姆斯特朗、A. 格林、J. 哈里逊：《战后资本主义大繁荣的形成和破产》，史敏、张迪恳等译，中国社会科学出版社 1991 年版，第 438—439 页。

20 世纪 70 年代，美国在资本充裕度方面的绝对优势略有下降，美国固定资本存量的增速从 1970 年的 5%左右下降到 1982 年的 3. 2%。① 发达国家在 20 世纪 70 年代面临的滞涨问题和 20 世纪 80 年代的财政赤字都极大地影响了美国对外投资，并促使美国转向更倚重外部借款以及更多的对外证券投资。美国在随后数十年维持资本优势的方式是赚取国内外投资收益率的差异，其中美国对外直接投资的高收益非常引人注目。根据美国经济分析局（BEA）的数据，1982—2004 年美国对外直接投资的平均收益率为 7. 6%，同期外国对美国直接投资平均收益率为 2. 2%，投资净收益对美国资本和财富积累的重要性日益上升。

2. 推动双向开放的不同方式和美国的选择

资本充裕国为了推动双向开放可能采用政治、军事、外交和法律等手段。在国际投资早期，军事和外交是保护海外利益的重要手段。随着海外投资数量增加，传统保护方式成本高、效率低等问题日益明显，投资协定成为保护海外利益的重要手段。美国非常重视投资协定在推动双向开放中的作用，但同时保留了其他手段。另外，资本充裕国推动双向开放的目的是促进资本持续增加，并形成利益—话语权的良性循环，这是美国成为全

① ［英］P. 阿姆斯特朗、A. 格林、J. 哈里逊：《战后资本主义大繁荣的形成和破产》，史敏、张迪恳等译，中国社会科学出版社 1991 年版，第 335 页。

球资本最充裕国家的重要经验。

20 世纪初，随着资本实力逐渐增强，美国已经开始利用投资协定推动他国开放。1904 年，美国提出了基于“门罗主义”的“罗斯福推论”，一方面禁止欧洲国家干预美洲的债务偿付，另一方面强调美国有权使用武力迫使西半球国家偿还债务。这意味着美国倾向于把其他美洲国家视为类似经济共同体的一部分。在对外关系中，美国通过一系列国际协定从政治上控制其他美洲国家、促使其开放，这类国际协定包括《巴黎条约》《普拉提修正案》以及与尼加拉瓜政府的贷款协议等。在利用国际协定的同时，美国保留了军事手段并将其作为解决投资纠纷的重要手段。这是因为作为一个新兴资本充裕国，美国有从其他国家特别是从传统资本充裕国手中抢占市场的迫切需求，而军事手段是更快捷有效的手段。

第一次世界大战后，美国从战争期间的保护主义转向自由贸易的速度最快、转向也最彻底。美国对外投资特征及对国际协定的关注点出现了新变化，在保持自身开放的同时促进其他国家更大程度地开放贸易和投资市场，突破了战争遗留下来的限制投资的政策，包括资本流动管制、外汇管制和多重汇率等。美国一方面推动他国采取更自由的贸易政策，另一方面进一步细化投资保护。第一次世界大战后全球贸易格局转变为美国对第三国存在逆差、对欧洲存在顺差，而在此之前欧洲是美国主要的进口品来源地，占美国进口的比重超过 50%。美国的加入和贸易链条拉长需要更自由的贸易政策。在美国国内贸易政策的争斗中，支持自由贸易者逐渐占据上风。1934 年美国国会通过了《互惠贸易协定法》，该法允许总统和其他国家谈判削减关税 50%而无须国会批准。在此之后的 5 年内美国签署了 20 个贸易协定，覆盖了全国 60%的进口商品。①

第一次世界大战后各国对贸易施加高关税，美国为了降低关税对出口的负面影响，选择在销售市场所在地建立厂房，这是一类全新的直接投资。当投资是为了规避贸易壁垒而发生时，投资对贸易形成了一定的替代

① ［美］杰弗里・弗里登：《20 世纪全球资本主义的兴衰》，杨宇光等译，上海人民出版社 2009 年版，第 227 页。

作用，成为相对独立的经济现象，投资协定中投资保护的内容进一步细化。这一阶段美国在FCN中区分了绝对和相对的投资待遇。①

与英国相比，美国在促进双向开放中更多利用国际协定。在对外投资早期，无论是通过贸易公司在海外建立分支，还是在殖民地设立种植园和商业基地，英国政府和投资者之间利益一致的程度都非常高。因此，“炮舰外交”成为英国政府投资保护的重要手段。英国政府使用军事和外交手段有利于其从政治上控制海外殖民地。美国作为新兴投资大国，更倾向于通过签订条约处理国家间经济关系，推动使用仲裁手段解决国家间的投资争端。

第二次世界大战后，美国在国际话语权的争夺中占据了绝对上风。美国在国际投资体制中的主要诉求是促进自由贸易、便利资本流动以及通过国际协定保障美国投资者在海外的投资自由，尤其是在那些可以供给原料、保障美国出口市场的国家和地区，使美国投资者获取尽量高的利润。由于美国在生产能力和金融服务上都具有绝对优势，并不需要其他国家的“特殊优惠”。只要推动双向开放尤其是其他国家保持开放，美国就能最大限度地发挥自身优势。

由此，美国规划并主导了第二次世界大战后的国际经济体系建立，该体系的最重要原则就是促进自由贸易。一方面，美国在1944—1946年对西欧进行对外援助，1947年开始实施对外提供援助贷款的“马歇尔计划”，帮助欧洲复兴和日本经济恢复。这是因为欧洲国家的民族主义政策、高关税、贸易壁垒和不公平竞争会影响美国的出口，而出口对美国GDP的增长至关重要。另一方面，美国主导建立了以国际货币基金组织（IMF）和国际复兴开发银行（IBRD）为核心的布雷顿森林体系。IMF的作用是在金本位崩溃的前提下减少贸易和外汇限制，保障长期资本的自由流动。国际复兴开发银行要解决的是为大型工程项目融资的问题。

通过提供对外援助贷款并建立布雷顿森林体系，美国实现了自身的利

① Jeswald W. Salacuse, *The Law of Investment Treaties*, Oxford: Oxford International Law Library, 2010, p. 85.

益诉求：为美国商品出口扩大市场，同时不用过于担心外国的竞争。美国资本的增加与实力的增强之间存在互相加强的关系，在这个阶段，“美国在参与国际事务时完全遵照美国的条件进行，美国对英国和法国表达出来的意见采取一种‘姑且听之’的态度，与盟友之间的关系绝对谈不上平等，有时甚至对盟友进行摆布或操控”①。

1973年后美国在国际投资体制中开始转向以BIT为主。简单而言，BIT与美国第二次世界大战后的FCN有着如下区别：FCN处理的是资本充裕国之间的关系，目的是建立两国间的经济关系，因此协定中常常包含投资规则之外的多方面议题，如贸易、知识产权和人权等。因此，FCN通常比较全面和复杂。② 由于资本充裕国势均力敌、投资关系对等，国家之间可以把不同的议题作为谈判筹码。FCN中有大量与投资无关的议题，这意味着力量对比悬殊的国家之间难以缔结FCN，因为实力相对较弱的一方即使做出承诺通常也未必遵守，不平等的国家之间难以签订涵盖多方面议题的协定。

BIT的缔约方通常是资本充裕国和资本匮乏国两类完全不同的国家。BIT处理的是不对等的投资关系，在形式、内容、谈判方式和责任承担方面都与FCN明显不同。在形式上，BIT通常简短而专业，基本只关注投资保护问题，而FCN投资保护对象以财产为主。在内容上，BIT重点关注征收问题，这是因为20世纪70—80年代东道国尤其是非洲国家发生了多起没有补偿的征收案例，仅在1975年一年就有80多起征收案例。在谈判方式上，BIT更多地由资本充裕国主导。以美国签订的BIT为例，美国负责起草谈判模板，其他国家往往在模板基础上进行谈判，最后签订的协议与模板相比通常变化不大。资金匮乏国通常只有接受或者不接受协定模板两个选项，这意味着想要获得资金得先接受美国给出的条件，而有些条件将

① ［美］杰弗里·弗里登：《20世纪全球资本主义的兴衰》，杨宇光等译，上海人民出版社2009年版。

② Wolfgang Alschner，“Americanization of the BIT Universe：The Influence of Friendship，Commerce and Navigation（FCN）Treaties on Modern Investment Treaty Law”，*Goettingen Journal of International Law*，Vol. 5，No. 2，2013.

使得资金匮乏国让渡监管主权。在责任承担上，虽然BIT通常要求缔约方承担对等的责任，但由于资金匮乏国没有可能对资本充裕国投资，也不存在保护本国投资的需求，因此几乎是单方面承担协定义务。

比较美国与荷兰和斯堪的纳维亚国家对外投资的情况能够看到，构建利益—话语权的良性循环是大国增强资本充裕度的必经之路。以荷兰为例，荷兰是18—19世纪晚期的对外投资大国，1790年海外投资总额约为8亿荷兰盾，其海外收益来自非洲的奴隶贸易、巴西的种植园以及与亚洲的贸易。为维护商业利益，17世纪中期至18世纪晚期荷兰与英国发生了四次战争。这些战争后缔结的国际协定确认了各国的殖民地势力范围，为荷兰的贸易扩张铺平了道路。荷兰对英国的投资帮助了18世纪后半期英国国内资本形成，工业革命则将英国推向了世界霸主地位，随后荷兰在与英国的冲突中丧失了贸易垄断权。

时至今日，荷兰和斯堪的纳维亚国家资本充裕度仍然较高，但在利用国际投资体制增加资本方面的动力不如美国。原因在于这些国家的国内经济规模小，对外投资获取财务收益已经能够满足国内需求，利用现有投资规则进入他国市场能够达到获取财务收益的目的。另外，荷兰的金融服务发达，为全球跨国公司尤其是科技巨头提供离岸服务，从中获益丰厚。在目前的国际投资体制下，荷兰通过促进利益—话语权循环推动他国开放的动力低于美国。

（四）资本减损国

以传统方式积累资本的国家具有如下特点：资本来源于国内的技术优势以及国内生产上的巨大优势。在这种情况下资本充裕国对外投资的重点是国内优势产业，并极力通过国际协定推动自由贸易。当资本充裕度达到较高水平时，一国对投资收益的追求会导致对外金融投资的快速增长，金融投资在短期内能够提升投资收益率，但就长期而言，对外投资净收益为正的状况难以维持，甚至转为负，该国可能因此成为资本减损国。19世纪中后期英国的资本减损状况已经较为明显。

19 世纪中后期英国对外金融投资规模开始上升，但金融投资的增加降低了资本增长速度。从寻求回报的动机来看，英国积累了较大数量的资本，但对外贸易与航运的利润在逐步下降，同时由于对外金融投资利润诱人，英国更多地转向海外金融投资，这是非常自然的选择。

英国在资本方面的优势还因为战争受到影响。首先，英国的经常项目顺差因为战争而缩小。其次，英国失去了对外投资中的绝对优势地位，海外资产价值缩水，资本增长速度下降。两次世界大战显著削弱了英国在资本充裕方面的优势。英国资本积累放慢的负面影响逐步显露，不得不退回到保护主义和经济国家主义，对国际投资体制的影响力显著下降。

在国内经济政策上，第一次世界大战前，英国政府对经济的干预较少；在第一次世界大战期间，英国政府深度操控经济，直接参与生产过程；第一次世界大战后，英国的经济管理没有恢复到战前自由放任的状态。加上大萧条和全球经济状况恶化，英国应对大萧条的稳定和复苏政策又成效甚微，因此采纳了类似计划经济的管理方式和体制，并更加倾向于经济国家主义。

在贸易政策上，英国放弃了 1914 年前持有的自由贸易政策，具体表现为 1915 年实施的《麦肯那法案》对制成品征收 33.2%的关税、1921 年的《工业保护法和染料进口法》为英国工业提供了进一步的保护以及禁止进口化学合成染料和中间品等。1932 年，英国将战争期间的暂时性关税政策转变为官方的保护主义政策。英国在 20 世纪 30 年代建立了帝国（关税）特惠网络，将出口集中在殖民地内部。

在投资政策上，第一次世界大战后限制贸易的措施影响了投资利润和贷款利息汇回到母国，由于海外权益无法保障，英国人对外投资的动力大大下降。加上英国在俄国等国的海外资产被直接没收，英国的海外总资产遭受了巨额损失。英国海外投资的价值还因为战争、通货膨胀和清偿货币难度上升等问题而缩水，维系英国和殖民地国家的经济联系有所削弱。第二次世界大战后由于从殖民地获得的投资贸易收益相对有限，英国撤出了殖民地。英国在这个阶段签订的双边贸易协定抛弃了最惠国待遇原则，而

1860年《科布登—雪佛利尔条约》签订以来英国一直将该原则用于投资待遇方面。第二次世界大战后，英国更多转向国内投资，这既有技术进步的原因，也有资本优势下降以及经济实力衰弱的原因。

四 结论

总体而言，不同时期基于资本充裕度的代表性国家和地区有所不同（见表3）。以净借贷和对外投资净收益两个因素区分的国家资本充裕度差异影响着一国在国际投资体制中关于开放度的基本立场。具体来看，本文对资本充裕度如何影响开放度主要得出四点结论。

表3 **不同时期基于资本充裕度的代表性国家（地区）**

时间	资本匮乏国（地区）	资本增加国（地区）	资本充裕国（地区）	资本减损国（地区）
18世纪初至1820年	亚洲、非洲、拉美的殖民地	英国、法国	葡萄牙、西班牙、荷兰	
1820—1914年	亚洲、非洲、拉美的殖民地	德国、美国	英国、荷兰	西班牙、葡萄牙
两次世界大战时期	马来西亚、智利、印度	俄国/苏联	美国、日本、瑞典	英国、德国
第二次世界大战后至1973年	阿根廷、安哥拉、赞比亚	韩国、新加坡、中东欧国家	美国、西欧国家、日本、挪威	英国
1973—1989年	墨西哥、巴西、埃塞俄比亚、苏丹	中国、泰国、马来西亚、菲律宾、印度尼西亚	东亚国家、美国、爱尔兰	苏联、部分中亚国家

资料来源：笔者自制。

第一，资本充裕国和资本匮乏国在国际投资体制中处于不对等地位，这一状况在国际投资历史中没有发生根本性改变。资本充裕国通常在技术上和经济上也具有优势，在保障海外投资利益方面可选的手段较多。早期的海外利益保护以军事和外交方式为主，但国际投资协定以其成本低、效果明显而逐步占据主导地位。资本匮乏国可以选择接受或拒绝外来资本；

前一种情况下匮乏国是资金的需求方，对于国际投资规则几乎没有讨价还价的筹码，资本匮乏国之间为了争夺资金甚至需要做出更大让步以展示诚意；后一种情况被证明存在诸多困难且难以持续。资本匮乏国的经济状况决定了其在大部分情况下是国际投资规则的接受者。

第二，一国能否由资本匮乏国增加资本转变为资本充裕国，关键在于对外投资的收益和获取资本的成本之间的差额是正还是负。当资本匮乏国在支付借款的利息和本金后还有富余，国内的资本积累增加，并培育国内的产业发展，促进内生的技术进步，该国可能转变为资本充裕国。部分亚洲国家经济转型的成功经验正在于此，而历史上拉美利用外资的效率非常低甚至引发了债务危机，经济停滞不前。当一国对外投资的收益超过获取资金的成本，即使本国资本增长速度下降，仍然可以保持资本充裕国的地位，美国是这方面最有代表性的国家。

第三，本文分析了 FCN 与 BIT 两类投资协定的差异。FCN 处理的是资本充裕国之间的关系，协定中常常包含投资规则之外的多方面议题，如贸易、知识产权和人权等。FCN 缔约方之间势均力敌，其国内法律也比较接近，因此不同的议题容易成为可交换的谈判筹码，力量对比悬殊的国家之间则难以缔结 FCN。BIT 的缔约方通常是资本充裕国和资本匮乏国两类差异非常大的国家，这不仅体现在经济上，也体现在国内法律上，缔约方之间要妥协的内容多，因此需要通过单独的投资协定进行约定。BIT 通常由资本充裕国主导，无论是谈判模板起草、谈判过程还是谈判结果都是如此。资本匮乏国通常只有接受或者不接受协定模板两个选项，接受模板的话就相当于按照资本充裕国的标准改变本国法律。

第四，新兴资本充裕国的崛起是理解未来国际投资条约演变的重要变量。新兴资本充裕国在资本增加的方式、对外投资的主体和投资模式上与传统资本充裕国有一定差异，在对传统资本充裕国进行投资的同时难以达成类似 FCN 的协定，对资本匮乏国进行投资时也无法用传统的 BIT 进行保障，需要创新的国际投资体制。

从以上视角出发，中国如何构建符合自身诉求的国际投资体制，答案就非常明确了。以人均 GDP 来衡量，中国仍是发展中国家，但以资本充裕度来衡量，中国已经接近资本充裕国。因此，只以发展中国家或净债权国来描述中国都是片面的。

中国存在着双向资本流动。一方面，大量的外国投资流入中国，但中国并不依赖外来资金弥补国内储蓄投资缺口；另一方面，中国同时大量对外投资，投资目的地既包括资本充裕国也包括资本匮乏国。

关于中国如何新签或完善投资协定，需要具体问题具体分析，不可一概而论。第一类情况是中国与资本充裕国之间的协定。中国与这些国家之间存在双向资本流动，在与这些国家缔结投资协定时，可以参考初步成为资本流出国的国家的相关经验，如 20 世纪 20 年代美国与其他资本充裕国签署的协定。第二类情况是中国与资本匮乏国之间的协定。中国对这些国家更多的是单向资本流出。在与这些国家签订投资协定时，需要通过条款设计来实现差异化的投资目标。第三类是多边协定。由于多边平台会模糊一国对自身资本充裕度的定位，一国无法对资本充裕度不同的国家采取不同立场，因此多边投资协定中原则性内容居多，而很难有实质性条款，这对中国也不例外。

基于当前中国在资本充裕和生产能力方面的优势，扩大双向开放、推进自由贸易和投资是最合乎中国利益的选择。基于中国利益构建国际投资体系，首先，要明确中国与不同国家之间资本充裕度的差异，分别确定缔约的原则与顺序。其次，中国需要参考英国和美国作为世界资本最充裕国家的经验，针对不同类型国家设计具有针对性的条款。最后，中国还需要针对关键条款进行充分的经济评估与预测，给出理想方案与备选方案。

（本文发表于《世界经济与政治》2022 年第 2 期）

中国城市低保制度的瞄准度分析

宋　锦　李　实　王德文*

内容摘要：中国在2020年消除绝对贫困之后，相对贫困、城市贫困问题会引起更多的关注。城镇地区的社会保障制度已成为经济转型和社会稳定的重要基础。城市低保的瞄准度是这一制度成功的关键。本文考察住户调查数据分析了城市低保的瞄准实践和瞄准表现，发现低保金发放考虑了家庭收入、财产和人口特征，兼顾了“托底线”和“救急难”，这种做法在经济转型阶段具有重要意义。按照多维审核机制，城市低保的漏保率在38.45%—66.28%，错保率在54.59%—69.17%，而且2013年低保瞄准效率比2007年有明显改善。评估低保的瞄准效率更适合使用多维标准，而不是只使用收入标准；在低保瞄准政策中对多维评估进行规范也十分重要。

关键词：城市低保　瞄准　多维　瞄准误差

2020年是中国脱贫攻坚的决胜之年，农村贫困人口将全面实现脱贫，贫困县全部脱贫摘帽。在消除绝对贫困之后，中国扶贫工作的重心将向缓解相对贫困人口转变。传统的收入贫困、农村贫困问题不能满足新时期的扶贫工作目标要求，多维贫困、城乡统筹扶贫成为新的任务。那么，下一阶段贫困的主要形式和特点是什么？如何有效地瞄准贫困群体？回答这些问题既需要加强研究，也是政策设计的要求。从长期来看，中国城市化水

---

* 宋锦，中国社会科学院世界经济与政治研究所研究员；李实，浙江大学公共管理学院教授；王德文，世界银行高级经济学家。

平将不断提高，农村劳动力继续转到城镇地区落户，公共服务进一步实现均等化，都意味着城镇地区的贫困和保障问题变得日益重要。城镇社会保障制度将覆盖城镇全部常住人口，完善城镇社保网络也是中国进一步提高城市化水平的必然要求。与此同时，中国经济进入新常态后经济增速有所放缓，产业结构调整、国际贸易格局变化、环境治理强化等都给人们的就业和生活带来冲击。中国制造业资本密集度不断提高，就业创造力持续减弱，服务业市场需求迅速扩大且在电子商务、数字经济的助力下，就业岗位从制造业向服务业转移，下岗再就业等结构性和摩擦性失业问题会更加凸显，其中低技能、中老年等脆弱劳动力群体受到更多的冲击。他们的再就业能力差，缺乏制度保障的情况下很容易陷入长期贫困。准确地识别困难群体和个人并进行有效的兜底保障将是经济成功转型、社会稳定的关键。

中国城市低保制度（简称低保）出台于1997年，最初的设立目的是保障国有企业下岗职工和困难群众的基本生活水平。从2000年开始，伴随国企改革的推进城市低保救助人数在两年内迅速增加。2002年之后的十几年时间里，城市低保的救助人数始终稳定在2000万人以上。然而作为一种常规性制度安排，低保制度不完善的问题逐渐显现，其中瞄准低效问题尤为突出，错保、漏保情况始终存在。民政部自2011年以来致力于提高低保瞄准效率，加强低保资格的审核和管理①、进行了较大规模的错保清退，并持续完善低保瞄准机制。② 2014年到2018年，城市低保人数的年均缩减速度分别达到9.07%、9.37%、12.99%、14.81%、20.14%（见图1）；2018年的城市低保人数为1007万人，不足2012年保障人数的一半。这些结果反映出致力于完善低保瞄准的政策力度。然而，城市低保最新的瞄准

① 参见《低保工作成效显著全国低保错保率约为4%》，http://www.gov.cn/jrzg/2013-02/25/content_2339035.htm。

② 参见《民政部关于印发〈开展社会救助专项整治　提高为民服务水平活动方案〉的通知》，http://www.shanxi.gov.cn/sxszfzwfw/bmfw/sbly/shjz/zcyjd_5272/201705/t20170516_301395.shtml；《民政部：3个月清退“人情保”、“错保”25.7万人》，http://www.gov.cn/xinwen/2014-12/08/content_2788304.htm。

效率如何、如何理解原有的错保漏保现象、城市低保的瞄准实践中存在什么问题、瞄准机制的完善应侧重哪些方面，现有的研究尚未给出明确的答案。

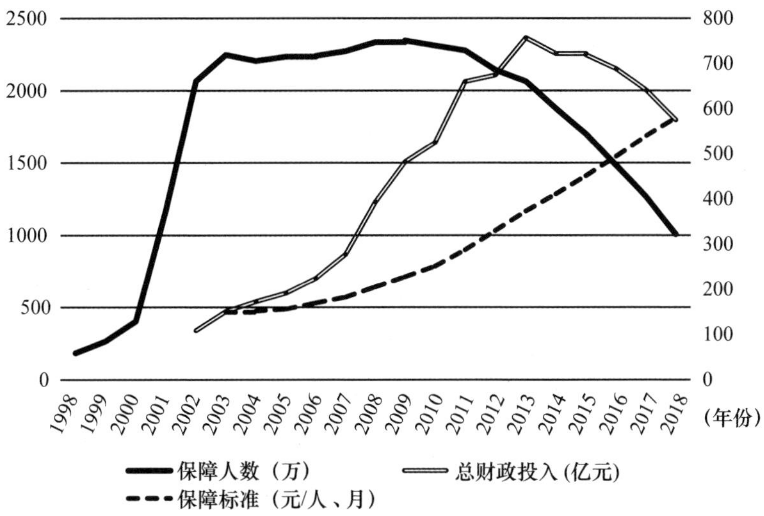

图 1　中国城市低保的保障人数、平均保障标准和总财政投入

资料来源：民政部，历年《社会服务发展统计公报》。

本文梳理了中国城市低保瞄准政策的演进，采用中国居民收入调查（CHIP）2013 年的城镇住户数据评估了中国城市低保的瞄准表现，讨论了使用收入指标衡量低保瞄准效率存在的问题，分析了民政部门在城市低保资格审核实践中的多维考虑因素和综合决策机制，检验了在多维考量机制下城镇低保的瞄准效率，并分析了它对于收入指标衡量下低保瞄准误差的解释力度。最后一部分总结了文章的研究发现并讨论了政策启示。

一　城市低保的瞄准政策演进

1999—2020 年，城市低保的瞄准政策经历了从无到有、从粗放到细致、从平面到立体、从主抓清错到优化规范的变化。1999 年颁布的《城市居民最低生活保障条例》规定，城市居民低保对象为持有当地非农业户口且家庭人均收入低于当地城市居民最低生活保障标准的居民，通过家庭人均收入识别城市困难群体。[①] 这一时期低保的主要任务是对包括下岗职工在内的城市困难家庭提供基本生活保障，相关的政府文件几乎没有提到低保的瞄准问题。[②] 2004 年民政部在《关于严格规范低保管理工作的紧急通知》中第一次提出低保制度执行中存在错保、漏保现象，要求加强低保工作的规范管理和监督检查，但是没有提出具体的防范措施。2008 年民政部出台《城市低收入家庭认定办法》，第一次将家庭财产纳入家庭经济状况的考量。该办法规定，“城市低收入家庭收入标准主要包括家庭收入和家庭财产两项指标”，家庭财产包括存款、房产、车辆、有价证券等。2010 年民政部在《进一步加强城市低保对象认定工作的通知》中强调，各地应将家庭财产作为认定城市低保对象的重要依据。2012 年《最低生活保障审核审批办法》将家庭财产的范围进一步扩充和规范，纳入债权等信息。2014 年民政部颁布《社会救助暂行办法》，要求低保家庭需要满足“人均收入低于当地最低生活保障标准，且符合当地最低生活保障家庭财产状况规定”。各地根据自身发展情况制定了相应的标准，例如广东省规定，入户调查时应当调查家庭不动产、高档家用电器、古董艺术品、贵金属制品等的持有情况；[③] 青海省规定，“低保家庭银行存款、有价证券、债券的总额不得超过我省上年度居民人均可支配收入的 3 倍；低保家庭可以拥有生活必需机动车辆，不得拥有 2 套及以上商品房”[④]。整体来看，2004—2016

① 低保待遇的标准是对三无人员“按照当地城市居民最低生活保障标准全额享受”，尚有一定收入的城市居民“按照家庭人均收入低于当地城市居民最低生活保障标准的差额享受”。其中，“三无人员”指无生活来源、无劳动能力又无法定赡养人、扶养人或者抚养人的城市居民。

② 参见 2001 年民政部颁发的《关于进一步加强和规范城市居民最低生活保障工作的通知》（民发〔2001〕16 号）和国务院颁发的《关于进一步加强城市居民最低生活保障工作的通知》（国办发〔2001〕87 号）。

③ 参见《广东省最低生活保障申请家庭经济状况核对及认定暂行办法》（粤民发〔2014〕202 号），http：//www. szns. gov. cn/xxgk/bmxxgk/qmzj/xxgk/zcfg/zcfgjgfxwj/201710/t20171013_9371724. htm。

④ 参见《青海省城乡最低生活保障审核审批办法》（青政办〔2019〕92 号），http：//zwgk. qh. gov. cn/zdgk/zwgkzfxxgkml/zcjd/jd/201912/t20191220_34223. html。

年的低保瞄准政策改革的主要方向是清退“错保”，而政策手段是在低保资格审核依据中引入财产指标。2016 年开始低保瞄准政策发生了进一步变化，国务院转发的《民政部等部门关于做好农村最低生活保障制度与扶贫开发政策有效衔接指导意见》指出，低保资格认定应根据地方实际情况，统筹考虑家庭成员收入、财产、刚性支出等情况，适当考虑最低生活保障家庭成员因残疾、患重病等增加的刚性支出因素，综合评估家庭贫困程度。刚性消费支出情况至此被纳入农村低保资格认定，并逐渐向城市低保拓展。[①] 2019 年，民政部颁布《关于进一步加强生活困难下岗失业人员基本生活保障工作的通知》，正式要求城市低保资格认定考虑家庭刚性支出因素，城市低保的瞄准依据在原有收入、财产的基础上拓展为三维。同年，低保资格认定在农村低保制度中更迈进一步。2019 年 12 月民政部颁布《关于在脱贫攻坚中切实加强农村最低生活保障家庭经济状况评估认定工作的指导意见》，要求农村低保在原有的收入、财产、刚性支出的基础上增加辅助指标作为评估家庭是否存在隐瞒收入、财产状况的参考依据；辅助指标主要包括日常消费（用水、用电、燃气、通信等）和高消费（自费在高收费学校入托、出国留学、出国旅游等）两类；辅助指标超标或不合理且不能说明理由的，可作为家庭经济状况超出规定的判断依据。虽然这一变化尚未体现到城市低保政策中，但在执行中低保资格认定依据已扩展为收入、财产、刚性支出和消费的四维标准。

低保瞄准政策的演变表现出低保制度在困难人群的识别上不断进行完善和优化，而实践层面的操作与政策设计往往存在一定的偏离。一些文献指出，早在政策改革之前基层工作人员就开始综合考虑更多维度的因素判断家庭的贫困状况以确定低保资格。这些因素有的与收入表现高度相关，也有的并不相关，但是它们有助于准确判断家庭的经济状况。这种没有严格按照收入标准划线的“弹性”操作会带来以收入标准评估的低保瞄准率偏低的问题。而且，近年来中国居民收入来源更加多元化、资产形式更加

① 参见《民政部关于加大城镇贫困群众脱贫解困力度的提案答复的函》（民函〔2018〕790 号），http：//www. mca. gov. cn/article/gk/jytabljggk/zxwyta/201811/20181100013114. shtml。

多样化、对困难家庭的认定也愈发复杂，单纯凭借监测收入指标不能进行有效甄别。已有文献普遍发现，根据收入水平判断，城乡低保制度都存在着严重的错保漏保问题。这其中既有“人情保”“关系保”等原因导致的真实错漏保，也可能存在“弹性划线”带来的“伪”错漏保。然而，已有文献对这一问题仍缺乏规范研究。

二　文献综述

近年来，文献采用收入指标衡量普遍发现了低保的瞄准偏差，研究结果表明错保和漏保的问题都比较明显。Gao 等考察了 2002 年的中国城市低保表现，发现 2.3%的城市家庭符合低保资格，但是漏保率为 54%，低保家庭中 74%为错保家庭。[①] 王有捐采用 2004 年国家统计局大样本调查汇总资料发现，中国大、中城市低保的错保率为 32.2%，漏保率为 67.4%。[②] Ravallion 等发现，在低保实施的初期中国城市低保的错保率为 43%，并认为作为基于家庭收入水平核定的社会救助制度，中国低保的瞄准效果在国际上算是不错的。[③] 一系列文献得出的结论与此类似，认为中国城市低保在 2004 年前后的有效覆盖率在 39%—51%，错保率为 40%—42%。[④] 杨穗等比较了中国城市低保瞄准的变化，认为 2002—2007 年中国城市低保的漏保率从 54%降到 42%，而错保率略有上升，从 74%升到 76%；如果从低保

---

① Gao, Q., I. Garfinkel and F. Zhai, "Anti-poverty Effectiveness of the Minimum Living Standard Assistance Program in Urban China", *Review of Income and Wealth*, Vol. 55, 2009, pp. 630-655.

② 王有捐：《对城市居民最低生活保障政策执行情况的评价》，《统计研究》2006 年第 10 期。

③ Ravallion, M., S. Chen and Y. Wang, "Does the Di Bao Program Guarantee a Minimum Income in China's Cities?" In Jiwei Lou & Shuilin Wang (ed.), *Public Finance in China: Reform and Growth for a Harmonious Society*, World Bank publish, 2006, pp. 317-334.

④ 都阳、Albert Park：《中国的城市贫困：社会救助及其效应》，《经济研究》2007 年第 12 期；Wang, M., "Emerging Urban Poverty and Effects of the Dibao Program on Alleviating Poverty in China", *China & World Economy*, Vol. 15, 2007, pp. 74-88.

缺口考察，低保金的瞄准率更差。① 邓大松等检验了 2013 年中国城市低保的瞄准情况，认为中国城市低保的瞄准率为 26.7%。一些研究农村低保瞄准的文献也发现了农村低保的高错保率和漏保率。② 宋锦发现了其他社会救助和补贴政策的财政支出没有有效集中于低收入家庭。③ 国际文献考察了其他国家的现金转移支付项目，例如 Veras 和 Guerreiro 检验了巴西的 Bolsa Familia 制度对贫困家庭的瞄准情况及其影响，发现其错保率为 49%，漏保率达到 59%。④

近年来政策部门和一些研究人员指出，单纯用收入指标衡量低保瞄准效率的方法有误，低保资格认定过程事实上考虑了收入以外的因素。Ravallion 考察 2003 年的中国城镇数据就发现，低保的发放没有完全依据自报收入，而是考虑了家庭金融资产、耐用品消费和家庭居住状况；按照收入测算的错保率为 43%，漏保率为 71%；而考虑家庭其他经济指标之后，低保的错保率为 49%，漏保率也为 49%；城市低保的“兜底”效果好于依据收入的评估结果。⑤ 刘喜堂指出，在实践中对于低保家庭经济状况调查只能进行估算，很难进行准确核算，在对特殊困难对象的认定过程中地方政府采取了分类施保的做法，对低保对象、高龄老人、残疾人等特殊困难群体分别予以保障，并不完全依靠家庭收入。⑥ 姚建平讨论了低保资格认

---

① 杨穗、高琴、李实：《中国城市低保政策的瞄准有效性和反贫困效果》，《劳动经济研究》2015 年第 3 期。

② 邓大松、王增文考察同一时期农村低保的瞄准情况，认为 2007 年中国农村低保漏保率为 79%。Golan、Sicular 和 Umapath 检验了中国 2007—2009 年的农村低保瞄准情况，发现农村低保的瞄准率虽然逐年提高，但是瞄准误差整体处于高位，错保率达到 85.7%—93.6%，而漏保率达到 89.1%—93.7%。朱梦冰、李实检验了 2007—2013 年中国农村低保的瞄准情况，认为农村低保漏保率在 70%—83%，误保率达到 69%—90%。

③ 宋锦：《取暖财政支出的受益群体及再分配效果》，《北京工商大学学报》（社会科学版）2018 年第 6 期。

④ Veras, P. and R. Guerreiro, “Evaluating the Impact of Brazil's Bolsa Família Cash Transfer Programmes in Comparative Perspective”, *Latin American Research Review*, Vol. 45, 2010, pp. 173-190.

⑤ Ravallion, M., “Miss-targeted or Miss-measured?” *Economics Letters*, Vol. 100, 2008, pp. 9-12.

⑥ 刘喜堂：《当前中国城市低保存在的突出问题及政策建议》，2012，http://shaanxi.mca.gov.cn/article/llyj/201210/20121000367730.shtml。

定过程中的各种复杂影响因素，认为地方政府的保障目标、优先顺序、收入和资产的核查困难、潜在申请对象的主动性等都可能影响低保瞄准的效果。由于地方政府和工作人员具有一定的自由裁量权，以一刀切的收入标准衡量低保的瞄准效果是不合适的。① Golan 等认为在低保人群的识别过程中，家庭收入状况难以准确衡量，而可观测的家庭经济状况是其资格审核的重要依据，仅从收入指标衡量低保的瞄准效果没有反映这样的操作机制，低估了低保的瞄准效果。②

对此，较新的文献正在转向采用多维贫困方法评估家庭的贫困状态并检验低保瞄准效率。这些文献包括韩华为和徐月宾③、朱梦冰和李实④、Wang 等⑤、Golan 等。文献通过考察家庭财产状况、劳动力状况、子女教育和家庭成员的健康状况等因素定义家庭在多维指标下的贫困程度，进而检验低保是否瞄准了贫困家庭。这些文献普遍发现，如果单纯以收入为标准进行衡量，低保的瞄准效果很差，但是采用多维贫困标准定义贫困家庭，中国低保的瞄准效果有了一定程度的改善。纳入教育、健康、住房、消费等维度的多维贫困指标显示，中国农村低保的瞄准率为 42%，城市低保的瞄准率为 26.7%，且随着多维贫困的维度提高，低保的瞄准率呈现提高趋势。也有文献通过引入倾向匹配得分方法对低保瞄准率加以评估。例如，Golan 等发现，相较于直接用低保线来测量家庭是否符合低保条件，如果综合考虑家庭的家庭结构、居住环境、耐用消费品数量、社区环境等采用 PSM 方法进行匹配之后，2007 年中国农村低保的正确识别率从 6% 提

① 姚建平：《中国城市低保瞄准困境：资格障碍、技术难题，还是政治影响》，《社会科学》2018 年第 3 期。

② Golan, J., T. Sicular and N. Umapathi, "Unconditional Cash Transfers in China: Who Benefits from the Rural Minimum Living Standard Guarantee (Dibao) Program?" *World Development*, Vol. 93, 2017, pp. 316-336.

③ 韩华为、徐月宾：《农村最低生活保障制度的瞄准效果研究——来自河南、陕西省的调查》，《中国人口科学》2013 年第 4 期。

④ 朱梦冰、李实：《精准扶贫重在精准识别贫困人口——农村低保政策的瞄准效果分析》，《中国社会科学》2017 年第 9 期。

⑤ Wang, D., S. Li, and J. Song, "China's Dibao Program and Its Impacts on Urban Poverty and Inequality", *The World Bank Working Paper*, 2016.

高到 17%，2008 年从 7%提高到 20%，2009 年从 11%提高到 17%。

相较于已有文献，本文的贡献在于三个方面。第一，关于城市低保制度的瞄准情况缺乏最新的评估，考虑到 2011 年之后民政部对低保的审核和管理开展了一系列专项整治，城市低保的瞄准状况需要用新的数据重新检验。本文使用了更新的数据，对新政策下的新情况进行研究具有新的贡献。第二，已有文献指出了低保瞄准中的错保、漏保问题，但是对于其形成原因和影响结果缺少进一步的研究，本文考察了城市低保资格的多维考核认定实践，并依据这一实际认定机制对低保瞄准误差进行了检验，对用收入指标衡量的瞄准误差中的真实错漏保和“弹性划线”带来的“伪”错漏保进行区分。这对于正确理解评估低保瞄准效率、认识瞄准误差有学术价值。第三，基层部门在低保资格的认定实践中存在综合判断的情况，虽然政策层面近年来不断调整、要求瞄准机制中引入更多的考核维度，但是没有给出相对规范和具体的认定规则。这使得对低保瞄准效率的评估失于依据，不利于识别城市低保瞄准中仍然存在的问题并且诊断瞄准机制的完善应侧重哪些方面。本文的研究为进一步完善瞄准政策提供了经验依据，这对于完善城市低保制度具有一定的实践价值。

三　数据来源、低保户定义和瞄准效率的评估方法

（一）数据来源以及收入和消费定义

本文使用的数据为中国住户收入调查（CHIP）2013 年的城市数据。根据 2013 年执行的低保政策，家庭人均月收入低于当地低保标准是申请低保待遇的基本条件，同时家庭财产应符合地方政府规定的条件，是认定低保资格的重要依据。① 对此，本文整理了家庭的收入、财产和人口结构等相关信息。其中，家庭可支配收入包括以货币和实物形式体现的家庭所

① 参见《民政部关于进一步加强城市低保对象认定工作的通知》（民函〔2010〕140 号），2010 年 6 月 13 日，http：//zyzx. mca. gov. cn/article/zyzx/shjz/202001/20200100023330. shtml。

有来源的收入，由工资性收入、经营性净收入、财产性净收入和转移性净收入组成。转移净收入包括了低保金和政府的其他转移性收入。为了检验低保的瞄准效果，本文将低保收入从家庭可支配收入中扣除进而计算低保发放之前的家庭“原始”收入水平，将扣除低保金之后的家庭可支配收入称为“事前收入”，加入低保金之后的家庭可支配收入称为“事后收入”，分别除以家庭常住人口数得到事前和事后的人均可支配收入，再分别除以12个月得到月均事前和事后收入，最后将其与所在地市划定的最低生活保障标准进行比较，判断家庭是否按照政策符合申请低保待遇的“基本条件”。

（二）低保户定义

根据数据的可得性，本文识别家庭是否低保户的方法有两种。第一种是通过低保收入指标进行识别。如果样本户在2013年的收入来源中“最低生活保障费”这一项收入的数值为正，则被认定为低保户（称作“低保户定义1”）。考虑到低保户一年中有进入又退出低保的情况，这种做法未考虑到低保的实际覆盖时间从而可能高估低保的时点覆盖面。第二种是通过户主的自我报告进行识别。[①] 如果户主报告自己在2013年年底属于低保户，则该家庭被认定为低保户（称作“低保户定义2”）。[②] 两种定义下低保户的分布情况如表1所示。总体而言，3.14%的样本家庭收到了低保金，3.32%的户主报告自己在2013年年底属于低保户。根据民政部公布的数据，2013年年底全国共有城市低保户1097.2万户，占城镇总户数的4.31%，[③] 本

① CHIPS调查询问了家庭所有成员在2013年年底“享有以下哪种最低生活保障或社会救济？（1）农村最低生活保障；（2）城市最低生活保障；（3）五保供养；（4）其他社会救济；（5）没有任何低保或社会救济”。

② 所有回答了自己享受低保待遇的样本中，83.4%的样本回答自己享受城市低保待遇，16.6%的样本享受农村低保待遇。一种可能的原因是在城市化过程中原有的农村地区被发展为城镇地区，但是原有的社会保障待遇尚未发生变化。

③ 城镇低保对象的户数和人数取自民政部《2013年社会服务发展统计公报》，http：//www.mca.gov.cn/article/sj/tjgb/201406/201406156561679.shtml；全国城镇总户数和人口数取自国家统计局《中国人口就业统计年鉴2014》，http：//www.stats.gov.cn/tjsj/ndsj/。

文的数据得到的住户层面的低保覆盖率低于城市低保的实际覆盖率。但是在个人层面，2.72%的个人样本报告自己在2013年年底属于低保户，民政部公布数据显示低保的个人覆盖率为2.80%，二者之间的差距明显缩小。① 从个人与住户层面的覆盖率差异我们推测，民政部公布的低保覆盖户数指家庭中是否有享受低保待遇的个人，这其中不乏有家庭成员参照单人户纳入低保范围的情况。② 本文所使用的数据对全国城市低保数据的整体代表性较好。

表1　　两种定义下低保户的分布情况　　单位：%

		户主报告2013年年底是否享受低保		
		是	否	合计
2013年是否收到低保金	是	1.2837	1.8561	3.1398
	否	2.0405	94.8197	96.8602
	合计	3.3242	96.6758	100.0000

资料来源：CHIPS2013城市数据，由笔者自行计算得到。

在全部的城市住户中，约94.82%的住户在2013年未收到任何低保金且自报不享受最低生活保障，约1.28%的住户在2013年收到了低保金且自报享受最低生活保障，两种类别占城市住户总数的约96.10%。2013年收到了低保金但自报不享受低保的家庭占城市住户总数的约1.86%，可以推测这些家庭应当是在2013年中享受低保待遇，但在2013年年底不再符合低保资格。约2.04%的家庭在2013年没有收到低保金但自报享受最低生活保障。这种情况比较奇怪，我们猜测主要的原因来自两个方面，一是该家庭在2013年不符合低保领取资格，直至2013年年底才刚刚符合低保领取资格，低保金的支付存在滞后从而没有反映到2013年的家庭收入中。二是家庭在报告自己的收入时倾向于低报自己的收入，低保金没有如实反映到

① 根据城镇低保制度的相关规定，在领取低保待遇的个人中，一部分是靠家庭供养且无法单独立户的重残人员、重病患者等完全或部分丧失劳动能力的贫困人口，这种情况参照单人户纳入。

② 参见《哪些人可以参照单人户纳入低保范围?》，http：//mzzt.mca.gov.cn/article/zt_zxzz/hyb/201909/20190900019416.shtml，2019年9月5日。

家庭收入统计中。我们随后将分别检验两个定义下的低保瞄准情况。

（三）瞄准效率的评估方法

低保制度理想的瞄准结果应当是符合资格的家庭都被低保覆盖，也即"应保尽保"，而不符合资格的家庭都被排除在外，也即"应退尽退"。我们定义"纳入准确率 P_1"和"排除准确率 P_2"两个指标用以衡量低保的瞄准效率，具体公式如下。当 P_1 等于100%时，符合资格的家庭都被低保覆盖了，实现了应保尽保；而当 P_1 等于0时，符合资格的家庭都被排除在外；P_1 取值越高，低保在瞄准贫困家庭的效率越高。$1-P_1$ 也即文献中经常使用的"漏保率"指标。当 P_2 等于100%时，不符合资格的家庭都被排除了，实现了应退尽退；而当 P_2 等于0时，低保对象都是不符合资格的家庭；P_2 取值越高，低保的错保率越低。

$$P_1=\frac{\text{符合资格且被低保覆盖的家庭数}}{\text{符合资格的家庭数}} \tag{1}$$

$$P_2=\frac{\text{不符合资格且未被低保覆盖的家庭数}}{\text{不符合资格的家庭数}} \tag{2}$$

此外，在理想情况下，低保的财政资金应全部投入符合低保资格的家庭。我们定义"名额集中度 P_3"和"资金集中度 P_4"两个指标衡量低保投入的瞄准效率。其中，$P3$ 衡量了获得低保收入的家庭中多大比例为符合资格的家庭，$1-P_3$ 也即文献中经常使用的"错保率"指标；P_4 衡量了符合资格的家庭获得的低保收入占所有家庭获得的低保总收入的比例。当 P_3 和 P_4 的取值为100%时低保具有最高的瞄准效率，而当这两个指标的取值为0时低保的瞄准最缺乏效率，指标取值越高低保投入的瞄准效率越高。

$$P_3=\frac{\text{低保覆盖家庭中符合资格的家庭数}}{\text{低保覆盖家庭总数}} \tag{3}$$

$$P_4=\frac{\text{符合资格的家庭获得的低保金支付总额}}{\text{低保金支付总额}} \tag{4}$$

表2可以帮助说明这几个度量指标的定义。符合资格的家庭可区分为 A 和 B 两类，其中 A 为符合资格且领取低保的家庭，也即正确纳入户，B

为符合资格但未领取低保的家庭，也即漏保户。不符合资格的家庭可区分为 C 和 D 两类，其中 C 为不符合资格但领取了低保的家庭，也即错保户，D 为不符合资格但未领取低保的家庭，也即正确排除户。这四类家庭构成了全部家庭样本，四类家庭的占比之和等于 100%。本文所采用的评估指标中，$P_1=A/(A+B)$，$P_2=D/(C+D)$，$P_3=A/(A+C)$，P_4 则是对 A 和 C 分别按照家庭收到的转移金额进行加权的结果。

表 2　　低保的瞄准状态分类

	符合资格	不符合资格
领取	A	C
不领取	B	D

四　以收入标准衡量低保瞄准效率

（一）瞄准效率分析

家庭人均收入是否低于低保线与他们在两个低保定义下是否被低保覆盖的分布如表 3 所示。在 6601 个家庭样本中，加权后 95. 45%—95. 58%的样本家庭人均月收入高于低保线，也未被低保瞄准；0. 22%—0. 31%的家庭样本人均月收入低于低保线并被低保所覆盖；3. 00%—3. 13%的家庭人均月收入高于低保线，但享有低保待遇；1. 10%—1. 20%的家庭人均月收入低于低保线，却没有享有低保待遇。

表 3　　家庭收入是否低于低保线与家庭是否为低保户的分布情况　　单位：%

		2013 年的平均月收入是否符合低保领取资格		
		是	否	合计
覆盖定义 1：2013 年是否收到低保金	是	0. 3145	3. 0001	3. 3145
	否	1. 1027	95. 5827	96. 6855
	合计	1. 4172	98. 5828	100. 0000

续表

		2013 年的平均月收入是否符合低保领取资格		
		是	否	合计
覆盖定义 2：户主报告 2013 年年底是否享受低保	是	0. 2184	3. 1281	3. 3464
	否	1. 1988	95. 4547	96. 6536
	合计	1. 4172	98. 5828	100. 0000

资料来源：CHIPS2013 城镇数据，由笔者自行计算得到。

两种低保定义下的瞄准指标 P_1、P_2、P_3 和 P_4 如表 4 所示。纳入准确率分别约为 22. 19%和 15. 41%，也即漏保率为 78. 80%—84. 59%，排除准确率接近 97%。根据覆盖定义 1 计算的纳入准确率（P_1）较高，而根据覆盖定义 2 计算的纳入准确率（P_2）较低，主要的原因应当是定义 1 捕捉了家庭在 2013 年任意时点曾被低保覆盖的情况，而定义 2 只捕捉了户主在 2013 年年底的覆盖情况。低保的名额集中度和资金集中度的取值都较低。在全部低保家庭中，收入符合资格的低保户仅占 6. 53%—9. 49%，也即错保率为 90. 51%—93. 47%，绝大多数低保户的人均收入都高于当地低保线。从资金的集中度来看，仅有约 12. 95%的资金投向了符合低保资格的住户，这一比例高于名额集中度。这说明虽然低保资金的支付更加向更贫困的家庭倾斜，但是这没有改变低保整体瞄准效率较低的事实。

表 4　　**收入指标衡量的中国城市低保瞄准情况**　　单位：%

	纳入准确率（P_1）	排除准确率（P_2）	名额集中度（P_3）	资金集中度（P_4）
2013 年是否收到低保金	22. 1916	96. 9568	9. 4886	12. 9516
户主报告 2013 年年底是否享受低保	15. 4107	96. 8269	6. 5264	

资料来源：CHIPS2013 城镇数据，由笔者自行计算得到。

（二）各类家庭特征对比

将全部家庭分为四类，分别为“收入低于低保线的低保户”（类型 1，也即正确纳入户)、“收入高于低保线的低保户”(类型 2，也即错保户)、“收入低于低保线的非低保户”(类型 3，也即漏保户) 和 “收入高于低保线的非低保户”(类型 4，也即正确排除户)，各种类型家庭的人口结构、收入状况、资产状况和债务情况如表 5 所示。

表 5　**以低保户定义 1 下的各类家庭特征对比**

家庭特征	类型 1	类型 2	类型 3	类型 4	全部样本户
	收到，且收入符合低保资格	收到，但收入不符合低保资格	未收到，但收入符合资格	未收到，且收入不符合资格	
家庭基本人口结构					
(1) 家庭规模 (人)	2. 9048	3. 1658	3. 0345	2. 9682	2. 9753
(2) 家庭成员平均年龄 (岁)	41. 3143	43. 8040	44. 0876	43. 4253	43. 4371
(3) 户主的受教育年限 (年)	7. 9524	8. 2474	9. 3158	10. 6346	10. 5331
(4) 户主为离婚或丧偶女性 (%)	0. 1429	0. 1307	0. 0690	0. 0585	0. 0613
(5) 经济上依赖家庭的成员数 (人)	0. 5238	0. 6884	0. 6724	0. 5240	0. 5310
(6) 残疾或自评健康非常不好的家庭成员数 (人)	0. 2857	0. 1508	0. 0345	0. 0240	0. 0293
(7) 家庭失业人员数 (人)	0. 6190	0. 3317	0. 2759	0. 1240	0. 1343
家庭收入情况					
(1) 低保金发放家庭收到的平均金额 (元/月)	152. 6982	101. 3415	0. 0000	0. 0000	3. 9832
(2) 事前收入 (元/月)	140. 0287	1149. 7670	−33. 6597	2329. 3020	2258. 1100
(3) 事后收入 (元/月)	292. 7270	1251. 1080	−33. 6597	2329. 3020	2262. 0930
(4) 事前离低保线的距离 (元/月)	−216. 8284	809. 8121	−405. 8322	1927. 8940	1859. 2340

续表

家庭特征	类型1	类型2	类型3	类型4	全部样本户
	收到，且收入符合低保资格	收到，但收入不符合低保资格	未收到，但收入符合资格	未收到，且收入不符合资格	
(5) 事后离低保线的距离（元/月）	-64.1302	911.1536	-405.8322	1927.8940	1863.2170
(6) 工资性收入的占比（%）	23.7352	43.8507	96.3933	61.3045	60.9250
(7) 经营性净收入的占比（%）	12.2084	7.7638	-36.0022	5.8181	5.4936
(8) 财产性净收入的占比（%）	2.3836	9.3869	183.9193	9.6694	11.3561
(9) 转移性净收入的占比（事前）（%）	61.6729	38.9986	-144.3104	23.2079	22.2253
金融资产状况					
(1) 家庭人均人民币金融资产（元/人）	2437.7311	8260.6234	17438.8783	19646.6692	19183.0935
(2) 家庭人均动产（元/人）	1709.5833	4286.5042	7833.6678	11848.8025	11510.8442
(3) 除住房和购车贷款之外的人均债务（元/人）	1087.3016	986.0824	1660.9195	427.1576	460.6694
(4) 住房、购车贷款的人均债务（元/人）	0	2395.2264	4893.6782	6488.7287	6310.9197
住房状况					
(1) 人均自有住房面积（多套统算）（平方米/人）	0.0000	9.4784	10.1667	14.0499	13.7295
(2) 无管道供水（%）	0.0000	4.5226	12.0690	1.7710	1.9598
(3) 无水冲式厕所（%）	33.3333	21.1055	50.0000	7.6744	8.6401
(4) 无洗澡设施（%）	57.1429	30.1508	37.9310	11.3059	12.3722

续表

家庭特征	类型 1	类型 2	类型 3	类型 4	全部样本户
	收到，且收入符合低保资格	收到，但收入不符合低保资格	未收到，但收入符合资格	未收到，且收入不符合资格	
(5) 住房建筑材料不是钢混或砖混材料（%）	38.0952	15.0754	25.8621	6.2791	6.8848
(6) 家庭不具备洗衣机、冰箱或手机（%）	9.5238	3.5176	1.7241	1.9320	2.0109
车辆/电器状况					
家庭具有的车辆数（辆）	0.0952	0.1106	0.2586	0.3047	0.2969
样本数（户）	21	199	58	5590	6601
加权占比（%）	0.3145	3.0001	1.1027	95.5827	100

注：这里采用了低保户定义 1。采用定义 2 分类得到的统计结果基本一致，为了节约篇幅不再列出。

资料来源：笔者根据 2013 年中国住户收入调查数据自行计算得到。

整体来看，四类家庭的经济状况依次变好，错保户平均而言确实比漏保户处于更脆弱的经济地位。户主受教育年限可以用来衡量家庭的就业能力，户主是否为离婚或丧偶女性，以及经济上依赖家庭、健康状况较差和失业的成员数可以用来衡量家庭经济负担的大小，家庭收入结构和资产水平可以用来衡量家庭收入的稳定性和经济上的抗风险能力，住房状况反映了家庭实际生活水平的高低。从特征对比来看，经济上最弱势的家庭是类型 1，其次是类型 2。类型 3 虽然在 2013 年的平均月收入低于低保线，但是由于有一定的金融资产，这些家庭具有一定的抗风险能力，且他们不具有户主是离婚或丧偶女性、负担多个家庭成员或健康状况较差等特点。类型 4 的经济水平在四类家庭中最好。从四类家庭特别是类型 2 和类型 3 的家庭特征对比可以看到，单用收入水平不能反映家庭的实际困难程度，但是低保覆盖的结果显示低保资格审核对这些家庭特征予以了关注。单纯用收入指标评价低保瞄准效率可能低估低保对实际困难家庭的捕捉能力、高估瞄准误差。

五　多维度审核机制下的低保瞄准效率

（一）检验是否存在对低保资格的多维度审核机制

根据2013年的低保资格认定依据，我们将家庭收入 *Y* 和家庭财产 *F* 两类指标纳入识别机制模型，用以检验低保发放与这两类指标之间的关系。其中，由于各地区低保的保障标准不同，本文衡量家庭收入采用了家庭的事前人均可支配收入减去所在地区低保线的差值（*DB distance*）。家庭财产的指标集合 F 包括金融资产、住房和车辆拥有情况这三类指标。其中，金融资产指标包括家庭人均人民币金融资产数量（*FA*）、家庭人均动产数量（*MP*）、住房和购车贷款之外的人均债务数量（*Debt*）三个变量；住房条件指标衡量六方面住房特征：人均自有住房面积是否小于12平方米、住所是否没有管道供水、是否没有水冲式厕所、是否没有洗澡设施、住房建筑材料是否为砖瓦或竹草土坯结构（非钢混或砖混）、是否不具备日常电器，如果家庭住房在以上六个方面都为否也即不具备“简陋”的特点，则住房困难指标 *HousPoor* 取值为0；如果一个方面具备则取值为1，以此类推；由于三个及以上方面都具备“简陋”特点的住户较少，这些住户的 *HousPoor* 都取值为3；车辆拥有指标采用是否拥有家用汽车（*Has auto*）。此外，我们在识别机制模型中纳入了家庭基本人口结构特征指标集合X，包括家庭规模（*Hhscale*）、成员平均年龄（*Meanage*）、户主受教育年限（*Hhhedu*）、户主是否为离婚或丧偶女性（*Frighhh*）、经济上依赖家庭的成员个数（*Indep_1*，*Indep_2*，*Indep_3* 和 *Indep_4*）、残疾或自评健康非常不好的成员个数（*Disab_1* 和 *Disab_2*），以及家庭是否有成员失业（*Unemp*）。最后我们控制了所在地区的固定效应 D。低保制度的操作设计和执行具有很强的区域特点，低保标准在区县一级就存在差别，控制区县一级的固定效应应当是控制低保瞄准的区域性差别的最优做法。然而低保的发生率不高，划分到区县的低保家庭样本较少，这使得实际估计结果可能受到样本数量限制从而影响了结论的稳健性，且控制区县固定效应损失了大量的自由度，对此我们增加了控制市级和省级固定效应的检验用以考察机制模型结果的稳健性。用 Probit 模型估计低保资格的识别机制，方程如下：

$$\text{Prob}\ (DB_i) = f\ (Y_i,\ F_i,\ X_i,\ D_i)$$

其中，DB_i 表示家庭 i 是否低保户，Prob（DB_i）为家庭 i 获得低保的概率，Y_i、F_i、X_i、D_i 分别表示家庭 i 的收入、财产、基本人口结构和所在地区的特征变量集合。

回归结果可以看到，家庭收入和财产两类变量在低保资格认定中发挥着非常显著的作用，基层低保资格审核实践很好地遵从了这一阶段的政策规定，同时，多种家庭人口特征因素也表现出清晰的影响（参见表 6）。表中看到，家庭人均可支配收入比低保线高出越多、家庭人均金融资产越多、人均不动产越多，家庭被低保纳入的概率越低；此外，户主受教育水平提高，家庭被低保纳入的概率下降；户主是离婚或丧偶女性、家庭有残疾或健康状况较差的成员，以及家庭有劳动力处于失业状态将显著提高家庭被低保纳入的概率。附表 1 显示了这些变量的边际效应，从中可以看到，收入水平是低保资格获取最重要的影响因素，除此之外，按照影响规模（绝对值）从大到小排序分别是户主的受教育程度、家庭金融资产水平、家庭动产水平、家庭是否有成员失业、户主是否为离婚丧偶女性，最后是家庭中残疾或健康状况较差的成员数。以模型 1（控制区县级固定效应）为例，家庭人均收入比当地低保线每高出 100 元，家庭收到低保金的概率降低 3.57%；户主受教育年限每增加 1 年，家庭收到低保金的概率降低 1.72%；家庭人均金融资产每增加 1 万元，家庭收到低保金的概率降低 1.05%；人均不动产每增加 1 万元，家庭收到低保金的概率降低 0.72%；家庭有成员失业，家庭收到低保金的概率增加 0.19%；户主是离婚丧偶女性，家庭收到低保金的概率增加 0.18%；家庭有一个残疾或健康状况较差的成员，家庭收到低保金的概率增加 0.11%。家庭债务情况对低保资格的获取没有显著影响。在控制市级和省级固定效应以后，结论仍然稳健，多维度因素都在发挥显著作用。

从回归结果来看，中国城市低保资格审核的实践采用了多维标准：收入水平确实发挥了主导作用，家庭金融资产水平低是获得低保的重要条件之一，同时户主的受教育年限以及户主是否为离婚或丧偶女性、家庭成员健康状况较差等家庭脆弱特征都会影响是否被低保覆盖。其中，户主受教育年限较高不利于家庭被低保覆盖不应是低保瞄准“歧视”的结果，而可能与姚建平提到的潜在申请对象主动性有关，较高受教育水平户主申请低保的积极性不高。家庭脆弱会增加其被低保覆盖的概率则应是多维审核机制在发挥作用。在上述模型的基础上，删除家庭债务、住房状况、成员平均年龄、家庭负担人口等作用不显著的变量，保留一些关键变量，也保留住房简陋程度（*HousPoor*）和汽车拥有状况作为控制变量，模型的重新估计结果如表6所示，从中可以看到，关键变量对低保资格的影响没有发生显著变化。

表6　**多维度衡量的低保瞄准机制检验**　单位：%

	模型1	模型2	模型3	模型4	模型5	模型6
DB distance	-0.0022***	-0.0013***	-0.0008***	-0.0023***	-0.0014***	-0.0009***
	(4.6684)	(4.4125)	(4.8721)	(4.8224)	(4.5144)	(5.0023)
FA	-0.0058***	-0.0030***	-0.0023***	-0.0057***	-0.0029***	-0.0023***
	(3.0191)	(2.6914)	(3.0724)	(2.9154)	(2.5898)	(3.0198)
MP	-0.0076**	-0.0046**	-0.0023**	-0.0080**	-0.0049**	-0.0024**
	(2.3767)	(2.4560)	(2.0060)	(2.4028)	(2.5193)	(2.0532)
Debt	-0.0074	-0.0039	-0.0017			
	(1.4626)	(1.2687)	(0.9242)			
Small size	-0.0076	-0.0034	-0.0051*			
	(1.0753)	(0.8669)	(1.7955)			
HousPoor1	0.0064	0.0044	0.0038*	0.0056	0.0038	0.0026
	(1.3013)	(1.4989)	(1.8482)	(1.1585)	(1.3666)	(1.3667)
HousPoor2	0.0111	0.0075*	0.0068**	0.0094	0.0066	0.0054*
	(1.5565)	(1.7418)	(2.2452)	(1.3808)	(1.6197)	(1.9226)

续表

	模型 1	模型 2	模型 3	模型 4	模型 5	模型 6
HousPoor3	-0.0015	0.0002	0.0015	-0.0038	-0.0008	0.0002
	(0.1875)	(0.0408)	(0.4962)	(0.4688)	(0.1752)	(0.0779)
Has auto	0.0114	0.0063	0.0015	0.0105	0.0059	0.0014
	(1.5798)	(1.4949)	(0.5511)	(1.3973)	(1.3472)	(0.4874)
Hhscale	-0.0045**	-0.0026**	-0.0009	-0.0046**	-0.0027**	-0.0009
	(1.9780)	(1.9620)	(1.0863)	(2.4938)	(2.4653)	(1.4014)
Meanage	0.0001	0.0000	0.0000			
	(0.6216)	(0.5245)	(0.2072)			
Hhhedu	-0.0017**	-0.0008**	-0.0005*	-0.0021***	-0.0010**	-0.0006**
	(2.4064)	(2.1169)	(1.9141)	(2.9128)	(2.5724)	(2.3551)
Frighhh	0.0210***	0.0113***	0.0077***	0.0208***	0.0110***	0.0076***
	(3.1045)	(2.8394)	(2.9306)	(3.0447)	(2.7457)	(2.8507)
Indep_1	0.0003	-0.0002	-0.0005			
	(0.0731)	(0.1031)	(0.3231)			
Indep_2	0.0039	0.0020	-0.0000			
	(0.6271)	(0.5598)	(0.0209)			
Indep_3	0.0060	0.0038	-0.0004			
	(0.4894)	(0.5260)	(0.0840)			
Indep_4	0.0422	0.0185	0.0101			
	(1.3524)	(1.0931)	(0.9292)			
Disab_1	0.0308***	0.0166***	0.0101***	0.0322***	0.0172***	0.0105***
	(3.3295)	(3.0642)	(2.9914)	(3.3974)	(3.1160)	(3.0202)
Disab_2	-0.0006	-0.0011	-0.0019	0.0013	0.0001	-0.0024
	(0.0197)	(0.0631)	(0.1376)	(0.0416)	(0.0031)	(0.1611)
Unemp	0.0148***	0.0084***	0.0043**	0.0149***	0.0082***	0.0046**
	(2.7958)	(2.6198)	(2.1829)	(2.8344)	(2.6105)	(2.2963)

续表

	模型 1	模型 2	模型 3	模型 4	模型 5	模型 6
固定效应	区县级	市级	省级	区县级	市级	省级
常数项	0.0428*	-0.0034	-0.0093	0.0482**	-0.0004	-0.0091
	(1.6820)	(0.3134)	(1.1306)	(1.9988)	(0.0430)	(1.2686)
样本数	2091	2909	4396	2092	2910	4398

注：***、**、*分别表示在1%、5%、10%的置信水平上显著，括号内为t统计量。

资料来源：笔者根据2013年中国住户收入调查数据自行计算得到。

（二）多维度审核机制下的低保瞄准水平

我们根据表6中模型4—模型6的估计结果，进一步计算出每个家庭获得低保的估计概率$\hat{P}_i$。具体方法为，将家庭i的特征变量（包括家庭事前人均月收入到低保线的距离、家庭财产、住房条件、车辆拥有，以及家庭基本人口结构的各变量）的取值分别代入模型4—模型6，得到的被解释变量$Prob\ (DB)_i$的取值即为该家庭在多维审核机制下获取低保的估计概率。随后采用以下两种方法判定一个家庭是否具有低保资格。第一，根据家庭获得低保的估计概率$\hat{P}_i$是否大于50%：如果$\hat{P}_i$大于或等于50%，说明在现有的低保资格审核实践中该家庭以更高概率被判定为符合低保资格，反之，如果$\hat{P}_i$低于50%则说明在现有的低保资格审核实践中该家庭以较低概率被判定为符合低保资格。我们将以此判定的家庭低保资格状态称为Q_1。根据方法一估计出的符合资格的家庭数少于样本中实际领取低保的家庭数，这说明50%概率门槛值是在当前政策实践体现出的审核机制中设定的更为严格的执行标准。第二，按照“选出同样数量的家庭”的原则确定概率门槛$\bar{P}$，使$\hat{P}_i>\bar{P}$的家庭数与实际领取低保的家庭数相等。此时如果家庭i获得低保的估计概率$\hat{P}_i>\bar{P}$，我们称该家庭符合低保资格，如果$\hat{P}_i<\bar{P}$则称该家庭不符合低保资格；以此定义符合低保资格的状态为Q_2。经测算，在模型4、模型5、模型6的审核机制下获得低保的概率门槛分别为43.46%、25.95%、19.15%，都低于方法一采用的50%的标准。在Q_1和Q_2的定义下，城市低保的瞄准状况如表7所示。其中，根据模型4估计的

结果为控制区县固定效应得到的低保资格识别机制的瞄准表现，模型 5 和模型 6 为控制城市和省级固定效应的稳健性检验得到的低保瞄准表现。我们同时列出了按照收入指标衡量的瞄准效率评估结果作为参照。总体上讲，如果按照家庭收入、财产和人口特征三维标准进行考量，相对于收入标准下的瞄准状况，中国城市低保的排除准确率基本不变，纳入准确率、名额集中度和资金集中度都显著提高。按照$\hat{P}_i$>0.5 估计的纳入准确率进一步高于按照“选出同等数量的家庭”估计的纳入准确率 P_1，说明如果以更为严格的标准执行现在的审核机制进行低保资格判断，大多数符合资格的家庭都被低保有效纳入了。

表 7　**多维度标准下的低保瞄准率**　单位:%

低保定义 1	纳入准确率（P_1）	排除准确率（P_2）	名额集中度（P_3）	资金集中度（P_4）
按照 p>0.5 估计（Q1）				
模型 4（区县级固定效应）	63.6916	93.5682	18.7148	25.5770
模型 5（市级固定效应）	61.2315	95.1954	14.4748	19.5840
模型 6（省级固定效应）	80.1950	96.9855	6.6391	10.6126
按照“选出同等数量的家庭”估计（Q2）				
模型 4（区县级固定效应）	61.5522	94.4357	30.8306	38.8277
模型 5（市级固定效应）	46.8023	96.8012	45.4068	53.1834
模型 6（省级固定效应）	33.7236	97.7501	32.2889	44.7969
参照：按收入指标衡量	22.1916	96.9568	9.4886	12.9516

资料来源：笔者根据 2013 年中国住户收入调查数据自行计算得到。

以 Q_2 方法下得到的瞄准表现与收入标准下得到的瞄准表现进行对比（如表 7 所示），有三个主要发现。第一，实践中城市低保的漏保率在 38.45%—66.28%，也即 1—61.55%到 1—33.72%。即使是在控制省级固定效应的情况下，漏保率也显著低于收入指标衡量的 78.80%—84.59%的水平。这说明虽然一些家庭人均月收入低于低保标准，但是他们在财产、家庭人口特征等方面存在一定的优势，因此未被城市低保纳入。可以想见，收入水平与家庭财产和人口特征不直接正相关的问题在城市家庭中将更为普遍，收入对家庭困难程度的识别力更差也成为城市低保瞄准中的典型性问题。辅助指标的引入将很有必要。第二，排除准确率取值在94.44%—97.75%，与收入指标衡量的排除准确率基本相当，反映出民政部门对不符合资格的低保家庭进行清退取得了显著效果；但是控制区县固定效应得到的排除准确率低于按收入指标的衡量结果，这可能说明如果考虑多维因素，低保的排除效率比收入标准衡量的结果要差，一些按照收入水平不应被排除的家庭在多维度衡量下应当被排除。进一步通过多维指标识别真正的困难家庭、清退错保人群仍然非常重要。第三，名额集中度提高到30.83%—45.41%（也即错保率降低到54.59%—69.17%），资金集中度提高到38.83%—53.18%，资金集中度高于名额集中度，且两者之间的差值（也即资金向应保人群的倾斜力度）显著高于收入指标衡量的两者差值，这些结果说明现有的低保对象中符合资格的住户比例高于收入指标判断的结果，并且从资金分配来看低保转移支付更多地集中于多维指标下更加困难的家庭。然而，三种模型的结果给出的名额集中度都没有超过50%，错保的存在仍然显著影响了名额集中度和资金集中度的表现。

对比收入和多维审核下的低保资格可以看到低保瞄准中潜在的主要问题。按照收入指标与多维度衡量得到的家庭是否领取低保与是否符合资格的交叉分布如表8所示。整体来看，如果按照基层实践采用的多维度指标进行衡量，中国城市低保的“错保户”中有26.12%不属于错保，而“漏保户”中有76.10%不属于漏保，低保的整体瞄准状况比单纯用收入指标衡量的结果要好；但是我们同时也发现“正确瞄准户”中有9.44%不满足多维度衡量标准，属于错保情况，而“正确排除户”中有1.84%可以被低保纳入，属于漏保情况。进一步检验这些偏差的影响规模可知，按照收入指标衡量的正确纳入家庭占全部家庭样本的0.31%（见表5），其中9.44%的家庭被错保，占家庭总数的0.03%；依据收入指标衡量的错保家庭占全部家庭样本的3.00%，其中26.12%的家庭不属于错保，占家庭总数的

0. 78%；依据收入指标衡量的漏保家庭占全部家庭样本的 1. 10%，其中 75. 6%的家庭不属于漏保，占家庭总数的 0. 83%；依据收入指标衡量的正确排除家庭占全部样本的 95. 58%，其中 1. 84%的家庭属于漏保，占家庭总数的 1. 76%。根据影响规模的大小可以得到两个结论。第一，对于城市低保而言，如果按照收入指标进行判断，最大的问题在于漏保，2. 54%（即 1. 76%+0. 78%）的实际困难家庭将因自身收入水平被错误地排除在低保之外；其次是错保，0. 86%（即 0. 83%+0. 03%）的家庭虽然收入水平较低但不属于脆弱或困难群体，他们因收入水平被错误地纳入低保；漏保的发生率是错保的三倍。第二，对于低收入群体而言，无论按照收入水平还是多维标准判断，低保的瞄准误差都是很低的。进一步完善低保瞄准政策，应注重评估家庭特别是中等收入家庭的实际生活困难，确保家庭不被漏保。基层部门在低保资格认定中存在“宁漏勿错”倾向，其后果将十分严重。[①] 表 8 的衡量主要依据了控制省级固定效应的回归结果，在控制市级和区县级固定效应的情形下，多维瞄准机制对收入指标下的瞄准误差的解释力更高。

表 8　**收入指标与多维指标得到的低保瞄准状况对比**

		按照多维指标划分（控制省级固定效应）				
		正确纳入家庭	错保家庭	漏保家庭	正确排除家庭	合计
按收入指标划分	正确纳入家庭	90. 5642	9. 4358	0	0	100
	错保家庭	26. 1179	73. 8856	0	0	100
	漏保家庭	0	0	23. 8971	76. 1029	100
	正确排除家庭	0	0	1. 8412	98. 1588	100
	合计	1. 0398	2. 1805	2. 0435	94. 7363	100

资料来源：笔者根据 2013 年中国住户收入调查数据自行计算得到。

① 参见《刘勇副司长介绍〈关于推进深度贫困地区民政领域脱贫攻坚工作的意见〉，通报全国农村低保专项治理工作有关情况》，http：//www. mca. gov. cn/article/hd/zxft/201812/20181200013398. shtml，2018 年 4 月 25 日。

六　文章的结论和政策讨论

中国在2020年消除绝对贫困之后，相对贫困、城市贫困问题的重要性逐渐提高。城镇地区的社会保障网络将逐渐负担大多数人口，同时它也是保障经济成功转型和社会平稳过渡的基础。城市低保的瞄准度是这一制度成功的关键。中国的城市低保制度近年来经过了不断的政策改革，在对困难人群的识别上不断进行完善和优化，从单纯依靠收入判断逐渐扩展为收入、财产、刚性支出和消费四维评价体系。而低保资格认定的操作实践与政策设计往往存在一定的偏差，这使得对低保瞄准效率的评估失于依据、变得十分困难。一些文献普遍发现了低保存在的错保漏保问题，本文在此基础上进一步分析了错保漏保的构成和形成的原因。本文的主要发现有以下几点。

第一，从收入指标的衡量结果来看，中国城市低保的瞄准表现显著恶化，错保率为90.51%—93.47%，漏保率为78.80%—84.59%，比明显高于文献对早期低保的估计结果。从收入指标进行衡量，中国城市低保的纳入准确率为15.41%—22.19%，排除准确率为96.83%—96.96%，名额集中度为6.53%—9.49%，资金集中度为12.95%。低保的瞄准表现持续恶化，这与已有文献发现的趋势一致，并且瞄准误差率之高达到了前所未有的水平。然而对比各类家庭的基本特征，本文发现正确纳入户在经济上最为弱势，其次是错保户，再次是漏保户，最后是正确排除户。错保户比漏保户的平均经济状况更差，说明单用收入水平不能反映这些家庭的实际困难程度；低保覆盖的结果呈现出向他们的倾斜，说明单纯用收入指标衡量低保瞄准表现的评估方法可能低估低保对实际困难家庭的捕捉能力、高估瞄准误差。

第二，家庭收入和财产两类变量在低保资格认定中发挥着非常显著的作用，低保资格审核实践很好地遵从了这一阶段的政策规定，同时，多种家庭人口特征因素表现出清晰的影响，低保认定实际上采用了多维指标评价体系。除收入外，按照影响规模（绝对值）从大到小排序分别是家庭金融资产水平、家庭动产水平、家庭是否有成员失业、户主是否为离婚丧偶女性，最后是家庭残疾或健康状况较差的成员数。城市低保的发放整体上指向“托底线”的目标，但是考虑了对于脆弱家庭进行政策倾斜分类施保，回应了失业等经济上出现暂时性困难的需求，这在经济转型的背景下具有重要意义。根据多维指标综合评估家庭的困难程度后，城市低保的瞄准表现明显改善，漏保率为 38.45%—66.28%，错保率为 54.59%—69.17%，好于以前研究对 2007 年前后低保瞄准表现的评估结果。

第三，多维度指标审核体系有效解释了中国城市低保的瞄准误差。中国城市低保的名义错保户（按照收入指标衡量）中有 26.12%不属于错保，而漏保户（按照收入指标衡量）中有 76.10%不属于漏保；城市低保的漏保和错保发生率都低于收入指标衡量的结果，特别是漏保方面。多维指标体系有效排除了那些收入低于低保线但家庭经济水平较高或抗风险能力较强的家庭，也帮助了少数收入水平高于低保线但实际经济状况较差的家庭。但是收入指标衡量的“正确瞄准户”和“正确排除户”中也存在错保和漏保的情况。整体而言，如果完全按照收入指标衡量，漏保的发生率将是错保的三倍。低保的主要瞄准误差不是发生在低收入群体而是发生在中等或中低收入家庭，完善低保瞄准政策、注重评估实际生活困难、确保家庭不被漏保是非常重要的改革方向。

第四，多维评估系统反映出低保资格认定的复杂性。财产差异、就业冲击的影响更大、脆弱家庭面临更少的替代生活选择，这些问题在城市贫困中都更加突出。多维考核有效排除了那些收入水平低但经济状况好的家庭，这对于城市低保来说更有价值。但是综合考量多个维度而缺乏明确的依据必然使得低保资格的认定受到更多主观因素的干扰并存在识别误差。近年来政策虽然致力于不断完善低保的瞄准机制，但是在制定多维度认定标准方面没有显著推进。这也影响了对城市低保整体瞄准效果的评估。随着城镇化水平在未来不断提高，城市居民中困难群体的典型特征是什么、这一群体有多大规模、兜住这一群体需要多少财政预算，这些都是重要的政策问题，也都有赖于准确识别困难群体来回答。有效推进城市低保瞄准的规范化是下一阶段中国扶贫工作的关键。

（本文发表于《管理世界》2020年第6期）

附表

附表1　　低保资格决定机制的边际效应

变量	1	2	3	4	5	6
DB distance	−0.0357***	−0.0233***	−0.0147***	−0.0375***	−0.0243***	−0.0154***
FA	−0.0105***	−0.0057***	−0.0044***	−0.0104***	−0.0056***	−0.0044***
MP	−0.0072**	−0.0048**	−0.0026**	−0.0076**	−0.0050**	−0.0028**
Debt	−0.0006	−0.0003	−0.0001			
Small size	−0.0008	−0.0003	−0.0005*			
*HousPoor*1	0.0012	0.0008	0.0006*	0.0011	0.0007	0.0004
*HousPoor*2	0.0007	0.0004*	0.0003**	0.0006	0.0004	0.0003*
*HousPoor*3	−0.0001	0	0	−0.0002	0	0
Has auto	0.0019	0.0011	0.0003	0.0017	0.0011	0.0003
Hhscale	−0.0133**	−0.0078*	−0.0028	−0.0137**	−0.0080**	−0.0028
Meanage	0.0041	0.0022	0.0004			
Hhhedu	−0.0172**	−0.0087**	−0.0051*	−0.0209***	−0.0106**	−0.0062**
Frighhh	0.0018***	0.0009***	0.0005***	0.0018***	0.0008***	0.0005***
*Indep*_1	0.0001	−0.0001	−0.0002			
*Indep*_2	0.0003	0.0001	0			
*Indep*_3	0.0001	0.0001	0			
*Indep*_4	0.0001	0	0			
*Disab*_1	0.0011***	0.0005***	0.0003***	0.0011***	0.0005***	0.0003***
*Disab*_2	0	0	0	0	0	0
Unemp	0.0019***	0.0010***	0.0005**	0.0020***	0.0010***	0.0005**

汇率变动、产品再配置与行业出口质量

毛日昇　陈雯瑶*

内容摘要：本文通过构建局部均衡理论模型，分析了出口和进口汇率变化对行业出口质量升级的不同影响机制。基于中国2000—2015年海关多维度细分产品数据，采用KSW和BF方法测算了细分制造业的出口质量升级状况，检验了人民币汇率变化通过多种渠道对中国制造业出口质量升级的影响。研究表明：(1) 汇率升值会显著促进行业出口质量升级，出口和进口汇率变化对行业出口质量升级作用相反，出口汇率变化的边际作用相对更高；(2) 汇率升值主要通过影响行业内部产品重新配置（新产品净进入）促进了行业出口质量升级，汇率升值对行业出口质量升级的扩展边际和集约边际作用相反，对扩展边际质量升级的正向影响作用更大；(3) 汇率变化对出口质量升级影响与行业进口中间品的比重存在系统性关系，在进口中间品比重更高的行业，汇率升值更可能对出口质量升级产生促进作用。

关键词：实际汇率　出口质量　扩展边际　进口中间品

一　引言

中国经济进入新常态以来，加快供给侧结构性改革，激发微观经济主体创新活力，实现经济从数量扩张型向质量效益型转变已经成为当下实现

* 毛日昇，中国社会科学院世界经济与政治研究所研究员；陈瑶雯，广西民族大学东盟学院/中国—东盟区域国别研究院教授。

经济高质量发展的主要任务。提高对外开放水平，实现对外贸易提质增效是经济实现高质量发展的重要内容。作为全球制成品第一出口大国，随着国内生产要素成本不断提升和外部市场环境显著变化，中国长期依赖廉价生产要素来推动出口扩张的比较优势正在快速消退，出口增长模式从数量规模扩张型逐步转向质量效益型显得尤为迫切和必要。出口产品提质增效的根本驱动力来自发挥市场在资源配置中的决定性作用，价格是市场经济中引导资源配置最为直接有力的信号，2001 年中国加入 WTO 以来，人民币实际有效汇率经历了数次显著的贬值和升值变化趋势，实际汇率的显著变化势必会导致制成品本身竞争力以及不同制成品之间相对竞争力出现变化，促进产品在行业内部出现更新换代和市场份额重新调整，进而对制造业总体的竞争力产生显著影响。过去 20 多年来，人民币汇率的显著调整和变化为我们考察汇率变化对中国制造业出口质量升级影响提供了良好的现实基础和条件。一方面，由于全球价值链的快速发展，制造业的出口和进口高度相关，制造业大多数出口密集型企业同时也是进口密集型企业（Amiti, et al., 2014）[①]，行业的出口和进口汇率变化会同时影响行业内部产品的重新配置，进而对行业总体出口质量升级产生影响；另一方面，汇率的变化不仅会直接改变出口产品面临的竞争环境，也会通过价格传导或者进口中间投入渠道间接对出口产品的市场竞争环境产生影响。因此，在理论上明确汇率变化通过何种渠道和机制对行业出口质量升级产生影响，在经验上检验汇率变化对制造业出口质量升级的具体作用大小和方式，有助于深化认识汇率变化对制造业出口产品升级的机制和作用，也对于如何进一步完善人民币汇率形成机制改革，发挥市场在资源配置中的决定性作用，促进制造业出口提质增效具有重要的现实意义。

出口质量升级是制造业升级的一个重要环节和内容，制造业升级不仅包括质量升级，还包括生产率、技术创新能力、资源配置效率等方面的提升。已有的研究文献主要从汇率变化如何影响出口企业绩效、生产率、创

① Amiti, M., O. Itskhoki and J. Konings, "Importers, Exporters, and Exchange Rate Disconnect", *American Economic Review*, Vol. 104, No. 7, 1942-1978, 2014.

新能力、质量升级等多个维度诠释了汇率变化对一国产业升级的影响，但总体上并未取得一致性的结论。国内外一些研究发现汇率升值总体上有助于强化市场竞争，加快企业进入退出，促进资源配置效率改善，最终提升制造企业生产率和产品质量（Hu, et al., 2017[①]; Mouradian, 2014[②]; Tomlin, 2014[③]; Jeanneney and Hua, 2011[④]; Ekholm, et al., 2012[⑤]; Fang et al., 2008[⑥]; 张明志和季克佳，2018[⑦]; 余淼杰和张睿，2017[⑧]; 刘啟仁和黄建忠，2016[⑨]; 许家云等，2015[⑩]）。

与上述文献结论完全不同的是，一些理论和经验研究同样发现汇率贬值的情况下，企业更容易快速获取现金流和利润，更有利于企业增加研发和技能型劳动投入，促进产业创新活动，提升生产率和产品质量（Alfaro, et al., 2018[⑪]; Blaum, 2017[⑫]; Verhoogen, 2008[⑬]; Alvarez and

① Hu, C. D. Parsley and Y. Tan, "Exchange Induced Export Quality Upgrading: A Firm-Level Perspective", MPRA Paper No. 80506, online at: https://mpra.ub.uni-muenchen.de/80506/, 2017.

② Mouradian, F., "Real Exchange Rate and Quality: Product-Level Evidence from the Eurozone", http://www.touteconomie.org/afse2014/index.php/meeting2014/lyon/paper/view/371, 2014.

③ Tomlin, B., "Exchange Rate Fluctuations, Plant Turnover and Productivity", *International Journal of Industrial Organization*, Vol. 35, No. 12-28, 2014.

④ Jeanneney, S. G. and Ping Hua, "How Does Real Exchange Rate Influence Labor Productivity in China?", *China Economic Review*, Vol. 22, No. 628-649, 2011.

⑤ Ekholm, K., A. Moxnes and K. H. Ulltveit-Moe, "Manufacturing Restructuring and the Role of Exchange Rate Shocks", *Journal of International Economics*, Vol. 86, No. 101-117, 2012.

⑥ Fang, W., Y. Lai and S. M. Miller, "Does Exchange Rate Risk Affect Export Asymmetrically? Asian Evidence", *Journal of International Money and Finance*, Vol. 28, No. 215-239, 2009.

⑦ 张明志、季克佳：《人民币汇率变动对中国制造业企业出口产品质量的影响》，《中国工业经济》2018年第1期。

⑧ 余淼杰、张睿：《人民币升值对出口质量的提升效应：来自中国的微观证据》，《管理世界》2017年第5期。

⑨ 刘啟仁、黄建忠：《人民币汇率、依市定价与资源配置效率》，《经济研究》2016年第12期。

⑩ 许家云、佟家栋、毛其淋，《人民币汇率、产品质量与企业出口行为——中国制造业企业层面的实证研究》，《金融研究》2015年第3期。

⑪ Alfaro, L., A., Cunat, H. Fadinger and Y. Liu, "The Real Exchange Rate, Innovation and Productivity: Regional Heterogeneity, Asymmetries and Hysteresis", *NBER Working Paper* 24633, 2018.

⑫ Blaum, J., "Importing, Exporting and Aggregate Productivity in Large Devaluations", http://www.brown.edu/Departments/Economics/Faculty/Joaquin_Blaum/DevaJuly2017.pdf, 2017.

⑬ Verhoogen, Eric A., "Trade, Quality Upgrading and Wage Inequality in the Mexican Manufacturing Sector", *Quarterly Journal of Economics*, 2008, pp. 489-530.

Lopez, 2008[①]; Cimoli, et al., 2013[②]; Missio and Gabriel, 2016[③])。

本文研究的主要贡献体现在以下方面。首先，从研究的视角来看，本文重点从理论和经验方面考察人民币汇率变化对中国行业层面出口质量升级的影响。尽管已有的研究主要基于企业层面的数据评估了汇率变化对企业出口质量升级的影响作用，但由于行业出口质量升级除了产品（within product）本身质量提升效应之外，另一个重要渠道在于行业内产品之间重新配置导致的质量升级效应（product reallocation within industries）。以Hopenhayn（1992）[④]和Melitz（2003）[⑤]为代表的相关理论重点强调了市场竞争和选择带动产品的重新配置（包括进入和退出）对行业加总生产率带来的提升效应；Martin和Mejean（2014）[⑥]的研究强调了即使在产品层面不存在质量升级效应情况下，行业内部不同产品之间的重新组合配置也会显著地促进行业层面的质量升级。现有的研究并未对汇率如何通过影响产品内部质量升级和产品之间重新配置导致的质量升级的差异进行深入的论证和检验。基于上述考虑，本文重点考察汇率变化导致产品内部质量升级以及产品之间重新配置引致的行业出口质量升级的差异性。研究结论稳健地表明：汇率升值总体上会促进制造业出口质量升级；进一步的研究发现：汇率升值总体上会降低行业内持续存在产品的出口相对质量（产品内部质量升级效应），但汇率升值会通过加速产品之间的重新配置带动行业

① Alvarez, R. and Richardo A. Lopez, "Skill Upgrading and the Real Exchange Rate", *World Economy*, Vol. 32, No. 8, 2009, pp. 1165-1179.

② Cimoli, M, S. Fleitas and G. Porcile, "Technological Intensity of the Export Structure and the Real Exchange Rate", *Economics of Innovation and New Technology*, Vol. 22, No. 4, 2013, pp. 353-372.

③ Missio, F. J. and L. F. Gabriel, "Real Exchange Rate, Technological Catching up and Spillovers in a Balance of Payments Constrained Growth Model", *Economia*, Vol. 17, 2016, pp. 291-309.

④ Hopenhayn, Hugo A., "Entry, Exit, and Firm Dynamics in Long Run Equilibrium", *Econometrica*, Vol. 60, No. 5, 1992, pp. 1127-1150.

⑤ Melitz, M. J., "The Impact of Trade on Intra-Industry Reallocations and Aggregate Industry Productivity", *Econometrica*, Vol. 71, No. 6, 2003, pp. 1695-1725.

⑥ Martin J. and Isabelle Mejean, "Low Wage Country Competition and the Quality Content of High-Wage Country Exports", *Journal of International Economics*, Vol. 93, 2014, pp. 140-152.

质量升级，并且汇率升值通过产品间的重新配置渠道带动的质量升级效应要显著高于对产品内部造成的质量相对降级效应。基于行业层面的研究视角是对已有基于企业层面考察人民币汇率变化对现有出口质量升级影响的重要补充和丰富，有利于更全面认识汇率变化对中国制造业出口质量升级的影响方式和渠道。

其次，为了准确反映汇率变化通过出口和进口渠道对行业出口质量升级影响的差异性，本文构建了一个局部均衡理论模型，从理论上分析了出口和进口汇率变化对行业质量升级的影响机制的差异性。这里重点从理论和经验上区分了汇率变化通过出口和进口渠道对质量升级影响的差异性，这样做的必要性在于：（1）由于同一行业出口目的地市场和进口来源地市场存在十分显著的差别，行业的出口和进口市场面临的汇率变动会呈现极为明显的差异性（见图 2 和图 3），需要分别考察人民币相对于出口市场和进口市场汇率变化对行业质量升级的影响；（2）更重要的是，出口和进口汇率对行业出口质量升级的作用机制在理论上存在明显差别，需要从理论上对此予以澄清并进行检验。从理论和经验方面分析出口和进口汇率变动对行业质量升级影响的差异性，能够更加全面细致地认识汇率变化对行业出口质量升级的影响的渠道和方式，这也是本文对现有文献的补充和完善。

最后，本文从经验识别方法、数据选取以及指标度量方面也与现有相关文献存在较大区别。第一，在核心变量的因果识别方面，相对于企业和宏观层面实际有效汇率指数，基于行业层面的实际有效汇率指数更可能外生于制造业出口质量升级指标。原因在于：基于贸易加权的行业有效汇率主要取决于国家层面的双边实际汇率和行业层面贸易目的地特征，这些变量本身独立于微观企业的行为决策（Caballero and Corbo，1989[①]）；不仅如此，按照最新的理论研究（Goldsmith-Pinkham，et al.，

① Caballero R. J. and V. Corbo，"The Effect of Real Exchange Rate Uncertainty on Export：Empirical Evidence"，*World Bank Economic Review*，Vol. 3，No. 2，1989，pp. 263-278.

2019[①]；Adao，et al.，2019[②]；Borusyak，et al.，2019[③])，基于地区层面的权重对宏观变量加权事实上在构建宏观变量对应的 Bartik 工具变量。本文以细分制造业在不同地区进口和出口额分别作为权重，通过加权方法得到的行业层面的实际汇率事实是人民币双边实际汇率的 Bartik 工具变量，这为有效识别和检验汇率变化对行业出口质量升级之间的因果关系提供了更可靠的理论和经验基础。

第二，在数据选取方面，现有基于企业层面考察人民币汇率变化对出口质量升级的相关研究均采用了 2000—2007 年海关和工业企业的匹配数据。由于人民币实际有效汇率在 2005 年 7 月到 2015 年 8 月两次汇率改革期间出现了大幅升值变化趋势，而在 2001—2006 年人民币实际有效汇率总体上呈现较为明显的贬值趋势。中国贸易结构在过去 20 多年来也有显著的变化。显然，本文采用 2000—2015 年海关多维度的微观数据来测度和分析行业出口质量升级的变化趋势也更具代表性和现实意义。数据更长的时间跨度，也为我们充分捕捉人民币汇率的大幅调整对行业出口质量升级的影响作用提供了良好的现实条件。

第三，在出口质量升级指标的测度方面，本文对于出口产品质量的估计在采用了 KSW 框架的基础上，同时参照 Harrigan 和 Barrows（2009）[④]以及 Martin 和 Mejean（2014）对 Boorstein 和 Feenstra（1987）[⑤] 质量测度的扩展方法，计算质量升级（BF 框架）指数。采用这两种方法进行测度可以有效避免估计过程内生性问题的干扰。同时，由于 KSW 和 BF 方法均从需求角度进行质量测度，并且都可以将行业内的出口质量升级指数进行

① Goldsmith-Pinkham，P，I. Sorkin and H. Swift，"Bartik Instruments：What，When，Why，and How"，*NBER Working Paper*，No. 24408，2019.

② Adao，R.，M. Kolesar and E. Morales，"Shift-Share Designs：Theory and Inference"，*Quarterly Journal of Economics*，Vol. 134，No. 4，2019，pp. 1949-2010.

③ Borusyak，K.，P. Hull and X. Jaravel，"Quasi-Experimental Shift-Share Research Designs"，*NBER Working Paper*，No. 24997，2019.

④ Harrigan J. and G. Barrows，"Testing the Theory of Trade Policy：Evidence from the Abrupt End of the Multifiber Arrangement"，*Review of Economics and Statistics*，Vol. 91，No. 2，2009，pp. 282-294.

⑤ Boorstein，R. and R. C.，Feenstra，"Quality Upgrading and its Welfare Cost in U. S. Steel Imports，1969-1974"，*NBER Working Paper*，Vol. 2452，1987.

产品内部和产品之间类似的分解，指数的变化更具可比较性，便于检验经验分析结果的稳健性和可靠性。

本文其他内容如下：第二部分是理论模型；第三部分是行业出口质量测度分解以及实际有效汇率指数构建；第四部分是经验方程的设定识别及描述性统计；第五部分是经验回归结果及解释；第六部分是结论和政策含义。

二　理论模型

本文参照 Melitz（2003）、Berman 等人（2012）①、Crino 和 Epifani（2012）②、Nishiyama（2016）③ 的相关研究，构建了一个局部均衡异质性出口产品模型，分别考察出口和进口汇率对行业平均出口质量的影响机制。假设外国消费者在行业 z 的效用取决于来自中国出口产品消费集合 H_Z 以及来自其他国家和地区（包括自己国家和地区）产品的消费集合 H_{MZ}。CES 效用函数表示为：

$$U_Z^* = \left[\int_{h \in H_Z} \lambda^{\theta(1-\rho)} q_h^{\rho} dh + \int_{h_m \in H_{ZM}} \lambda_m^{\theta_m(1-\rho)} q_{hm}^{*\rho} dh \right]^{\frac{1}{\rho}} \tag{1}$$

$\sigma = 1/(1-\rho)$ 表示产品的替代弹性，其中 q_h 表示外国消费者购买中国出口产品的数量，q_{hm}^*表示外国消费者购买其他国家和地区产品的数量，λ^{θ}、λ^{θ_m}分别表示外国消费者对中国和其他国家及地区产品质量的偏好系数。假定外国消费者在行业 z 的总支出 R_Z^* 和总价格水平 P_Z^* 是外生给定的，基于消费者效用最大化条件可以得到中国出口产品数量的需求函数：

$$q_h = \lambda_h^{\theta} p_h^{*-\sigma} P_Z^{*\sigma-1} R_Z^* \tag{2}$$

---

① Berman, N., P. Martin and T. Mayer, "How Do Different Exporters React to Exchange Rate Changes", *Quarterly Journal of Economics*, Vol. 127, 2012, pp. 437-492.

② Crino, R. and P. Epifani, "Productivity, Quality and Export Behavior", *The Economic Journal*, Vol. 122, No. 12, 2012, pp. 1206-1243.

③ Nishiyama, H., "The Effect of Exchange Rate Fluctuation on Intra-industry Reallocation in a Firm Heterogeneity Model with Trade and Foreign Direct Investment", *Quarterly Review of Economics and Finance*, Vol. 9, No. 3, http://dx.doi.org/doi: 10.1016/j.qref.2016.09.003, 2016.

其中外国总体价格指数为①：

$$P_z^* = \left[\int_{h \in H_Z} p_h^{*1-\sigma} dh + \int_{h \in H_{ZM}} p_{hm}^{*1-\sigma} \right]^{\frac{1}{1-\sigma}}$$

中国出口产品生产遵循简单的 CD 生产函数，即，$q_h = \varphi_h l_d^{\alpha} l_f^{1-\alpha}$，其中 φ_h 表示生产产品 h 的生产率，l_d 表示国内生产要素投入，l_f 表示进口外国生产要素的投入，α，$1-\alpha$ 分别表示国内和外国进口要素投入的比重。进口实际汇率（rer_m）升值会导致国内厂商用进口生产要素替代国内生产要素，反之则反。因此要素投入的比重本身是进口汇率的一个函数，进口汇率升值会导致国内投入要素的比重下降，即：$\frac{\partial\alpha}{\partial rer_m}<0$。其中 $rer_m = e_m \frac{P_Z}{P_Z^*}$，$e_m$ 表示进口名义汇率（间接标价法，一单位本币可以兑换外币的数量，汇率上升表示升值，下降表示贬值），P_Z 表示中国总体价格指数，P_Z^* 表示外国总体价格指数。参照 Crino 和 Epifani（2012）的研究，厂商生产的边际成本取决于产品的单位成本和产品质量水平，即：

$$MC_h = C_h \lambda_h^{\delta} \tag{3}$$

其中 δ 表示出口厂商生产中对质量的偏好系数，出口产品的单位成本 C_h 可以表示为：

$$C_h = \frac{\tau \left[\alpha\ (rer_m)\ w_d + \left(\frac{1-\alpha\ (rer_m)}{e_m} \right) w_f^* \right]}{\varphi_h} \tag{4}$$

其中 τ 表示单位产品出口的“冰山成本”，w_d 表示国内生产要素单位成本，w_f^* 表示外国进口生产要素的单位成本。国内厂商出口单位产品 h 的利润函数为（人民币计价）：

$$\pi_h = \left[\frac{p_h^*}{e_x} - MC_h\ (rer_m) \right] q_h - F_e \tag{5}$$

式（5）中 e_x 表示出口的名义汇率（间接标价法，一单位本币可以兑换外币的数量，汇率上升表示升值，下降表示贬值）。生产出口产品的固

① 变量上标带有星号表示以外国货币计量。

定成本 F_e 包括两部分，一部分是不随产品质量变化的进入成本 E_e，以及与出口产品质量相关的可变固定成本投入 $b\lambda^{\eta}$，即：

$$F_e = E_e + b\lambda^{\eta},\ b>0 \tag{6}$$

其中 η 表示可变固定成本对出口产品质量的敏感系数。由式（2）（3）（4）（5）（6）可以得到利润函数为。

$$\pi_h(e_x,\ e_m) = \frac{\lambda_h^{\theta} p_h^{*1-\sigma} P_Z^{*\sigma-1} R_Z^*}{e_x} - \frac{\tau\left[\alpha(rer_m)w_d + (1-\alpha(rer_m))w_f^*/e_m\right]}{\varphi_h} \times \lambda_h^{\theta+\delta} p_h^{*-\sigma} P_Z^{*\sigma-1} R_Z^* - E_e - b\lambda^{\eta} \tag{7}$$

从式（7）中不难发现，出口汇率变化主要通过影响销售收入，进口汇率变化主要通过影响国内和国外要素转换以及要素投入成本对出口厂商的利润产生影响。基于利润函数相对于出口价格变化的一阶条件：

$$\frac{\partial \pi_h}{\partial p_h^*} = \frac{(1-\sigma)\ \lambda_h^{\theta} p_h^{*-\sigma} P_Z^{*\sigma-1} R_Z^*}{e_x} + \sigma\frac{\tau\left[\partial \alpha w_d + \frac{1-\alpha}{e_m} w_f^*\right]}{\varphi_h} \lambda_h^{\theta+\delta} p_h^{*-\sigma-1} P_Z^{*\sigma-1} R_Z^* = 0$$

可以得到利润最大化情形下出口产品的最优价格水平，即：

$$p_h^* = \frac{e_x}{\rho} C_h \lambda^{\delta} \tag{8}$$

由式（2）和（8）可以得到出口产品的销售收入为：

$$r_h^* = p_h^* q_h = \lambda_h^k (\rho P_Z^*)^{\sigma-1} (e_x C_h)^{1-\sigma} R_Z^* \tag{9}$$

其中 $k=\theta+\delta$。同样，由利润函数（7）对出口产品质量的一阶导数可以得到：

$$\frac{\partial \pi}{\partial \lambda_h} = \frac{\partial r_h^*}{\sigma \partial \lambda_h} - b\eta\lambda_h^{\eta-1} = 0$$

$$b\eta\sigma\lambda_h^{\eta-k} = k(\rho P_Z^*)^{\sigma-1}(e_x C_h)^{1-\sigma} R_Z^* \tag{10}$$

由式（10）可以得到利润最大化情形下最优出口产品质量和收入函数，即：

$$\lambda_h = \left[\frac{k\ (\rho P_Z^*)^{\sigma-1}\ (e_x C_h)^{1-\sigma} R_Z^*}{\sigma b\eta}\right]^{\frac{1}{\eta-k}} \tag{11}$$

$$r_h^* = \left[\frac{k}{\sigma b\eta}\right]^{\frac{k}{\eta-k}} [(\rho P_Z^*)^{\sigma-1} (e_x C_h)^{1-\sigma} R_Z^*]^{\frac{\eta}{\eta-k}} \tag{12}$$

由式（10）和（7）可得利润为零条件下，临界收入水平（$\overline{r_h}$）：

$$\overline{r_h} = \frac{\eta\sigma E_e}{\eta-k} \tag{13}$$

其中 $\eta-k>0$。由式（9）和（13）可得利润为零时的临界出口产品质量，即：

$$\lambda_{hmin}^k (\rho P_Z^*)^{\sigma-1} (e_x C_h)^{1-\sigma} R_Z^* = \frac{\eta b E_e}{\eta-k}$$

为了考察实际汇率变化与出口产品临界质量水平之间的关系，这里将所有名义汇率都转化为实际汇率，并结合式（4）可得：

$$\lambda_{\text{hmin}} = \xi \times \left\{ \frac{e_x \left[\alpha(rer_m) w_d + \frac{(1-\alpha(rer_m))}{e_m} w_f^* \right]}{P_Z^*} \right\}^{\frac{\sigma-1}{k}}$$

$$= \xi \times \left\{ \frac{rer_x}{P_Z(rer_x, rer_m)} \times \alpha(rer_m) w_d + \frac{rer_x}{P_Z^*} \times \frac{(1-\alpha(rer_m))}{rer_m} w_f^* \right\}^{\frac{\sigma-1}{k}} \tag{14}$$

其中 $rer_x = e_x \times \frac{P_Z}{P_Z^*}$，$rer_m = e_m \times \frac{P_Z}{P_Z^*}$，$\xi = \left[\frac{\eta b E_e}{(\eta-k) R_Z^*} \right]^{\frac{1}{k}} \left[\frac{\tau}{\rho\varphi_h} \right]^{\frac{\sigma-1}{k}}$

式（14）表明，国内价格指数 $P_Z(rer_x, rer_m)$ 可能会同时受到出口和进口实际汇率传递的影响，而外国价格指数是假设外生给定的，不受实际汇率变化影响。

本文重点是考察出口和进口实际汇率变化对行业出口质量的影响，因此需要进一步考察产品出口临界质量与行业平均出口质量之间的关系。参照 Nishiyama（2016）的研究，假设行业内出口产品质量服从帕累托分布，即：

$$G(\lambda) = 1-\lambda^{-\omega}$$

概率密度函数为：$g(\lambda) = \omega\varphi^{-\omega-1}$，其中 ω（$>1+\sigma$）为分布函数的参数，出口产品质量下限标准化为 1。只有当 $\lambda_h > \lambda_{hmin}$ 时产品才能进入出口市

场，产品 h 出口的概率密度为：

$$\mu(\lambda)=g(\lambda)/[1-G(\lambda_{\min})]=\left(\frac{\omega}{\lambda}\right)\left(\frac{\lambda_{\min}}{\lambda}\right)^{\omega} \tag{15}$$

行业的平均出口产品质量 $\overline{\lambda_Z}$ 为：

$$\overline{\lambda_Z}=\left\{\int_{\lambda\, h\min}^{\infty}\lambda^{\sigma-1}\mu(\lambda)d\lambda\right\}^{\frac{1}{\sigma-1}}=\left(\frac{\omega}{1+\omega-\sigma}\right)^{\frac{1}{\sigma-1}}\lambda_{h\min} \tag{16}$$

由公式（16）可知：汇率变化对行业平均出口质量的影响取决于汇率变化对产品进入出口市场临界质量的影响，当汇率变化会提升进入出口市场的临界产品质量时就会提升整个行业的平均质量水平，反之反是。显然汇率变化主要通过改变市场选择效应来影响行业平均出口质量水平。出口产品的临界质量对出口汇率求一阶导数可得：

$$\frac{\partial\lambda_{h\min x}}{\partial rer_x}=\xi\frac{\sigma-1}{k}M^{\frac{\sigma-k-1}{k}}\left[\frac{\alpha w_d}{P_Z}+\frac{(1-\alpha)\ w_f}{P_Z^{*}rer_m}-rer_x\frac{\partial P_Z}{\partial rer_x}/P_Z^2\right] \tag{17}$$

其中 $M=\frac{rer_x}{P_Z(rer_x,\ rer_m)}\times\alpha(rer_m)\ w_d+\frac{rer_x}{P_Z^{*}}\times\frac{(1-\alpha(rer_m))}{rer_m}w_f^{*}$

当出口汇率存在完全传导的情况下：

$$\frac{\partial P_Z}{\partial rer_x}=0,\ \frac{\partial\lambda_{h\min}}{\partial rer_x}>0$$

当出口汇率存在不完全传导的情况下（依市定价行为，Pricing to market），参照 Berman 等人（2012）的研究可知：

$$\frac{\partial P_Z}{\partial rer_x}<0,\ \frac{\partial\lambda_{h\min}}{\partial rer_x}>0$$

推论 1：出口实际汇率升值会强化市场选择效应，加剧市场竞争，提高产品进入出口市场的临界质量水平，进而提升整个行业平均出口质量水平。

出口临界产品质量对进口实际汇率求一阶导数可知：

$$\frac{\partial\lambda_{h\min}}{\partial rer_m}=\xi\frac{\sigma-1}{k}M^{\frac{\sigma-k-1}{k}}\left\{\frac{rer_x w_d}{P_Z}\frac{\partial\alpha}{\partial rer_m}-\alpha\frac{rer_x w_d}{P_Z^2}\frac{\partial P_Z}{\partial rer_m}-\frac{rer_x w_f^{*}}{P_Z^{*}rer_m}\frac{\partial\alpha}{\partial rer_m}-(1-\alpha)\ \frac{rer_x w_f^{*}}{P_Z^{*}rer_m^2}\right\}$$

进口汇率变化引起进口中间要素对国内生产要素的替代与行业进口中

间品依赖度相关，在进口中间品依赖度更高的行业中，汇率升值更容易引起替代（边际替代成本较低），反之反是。为了便于处理，这里假设二者存在简单线性关系，即：

$$\frac{\partial \alpha}{\partial rer_m}=-\kappa_1 IM,\ 0<\kappa_1<1$$

其中，$0<IM<1$ 表示产品或者行业的进口中间品依赖度。同时，参照已有相关研究（Camp and Goldberg，2001①，2005②）的相关假设，进口汇率变化对国内价格传导水平与行业进口渗透度之间存在等比例关系，即：

$$\frac{\partial P_Z}{\partial rer_m}=-\kappa_2 IMP,\ 0<\kappa_2<1$$

其中 $0<IMP<1$ 表示行业的进口渗透率。由此可以得到：

$$\frac{\partial \lambda_{h\min}}{\partial rer_m}=\xi\frac{\sigma-1}{k}M^{\frac{\sigma-k-1}{k}}\left\{-\chi_4(1-\alpha)+(\chi_3-\chi_1)IM+\chi_2\alpha IMP\right\} \tag{18}$$

其中，$\chi_1=\frac{\kappa_1 rer_x w_d}{P_Z}>0$；$\chi_2=\frac{\kappa_2 rer_x w_d}{P_Z^2}>0$；$\chi_3=\frac{\kappa_1 rer_x w_f^*}{P_Z^* rer_m}>0$；$\chi_4=\frac{rer_x w_f^*}{P_Z^* rer_m^2}>0$。

当 $\kappa_1=\kappa_2=0$ 时，$\frac{\partial \lambda_{h\min}}{\partial rer_m}=\xi\frac{\sigma-1}{k}M^{\frac{\sigma-k-1}{k}}\left\{-\chi_4(1-\alpha)\right\}<0$，即如果不考虑进口汇率变化的要素替代效应，以及进口汇率的价格传递效应，进口汇率升值会降低企业进口中间产品成本，弱化市场选择效应，降低产品进入出口市场的临界质量水平，从而降低整个行业的平均出口质量。

当 $\kappa_1>0$ 且 $\kappa_2>0$ 时，进口汇率变化对产品进入出口市场的临界水平影响是不确定的。一方面，进口汇率升值通过要素替代会进一步放大成本节约效应，降低产品进入出口市场的临界水平，但是进口中间产品比重增加本身也会提升出口产品质量，从而提高产品进入出口市场的临界水平，因此进口汇率变化通过进口中间投入渠道存在两种相反作用，最终结果取决

① Campa J. M. and L. S. Goldberg, "Employment Versus Wage Adjustment and the U. S. Dollar", *Review of Economic and Statistics*, Vol. 83, No. 3, 2001, pp. 477-489.

② Campa J. M. and L. S. Goldberg, "Exchange Rate Pass-through into Import Prices", *Review of Economics and Statistics*, Vol. 87, No. 4, 2005, pp. 679-690.

于 $(\chi_3 - \chi_1)$；另一方面，进口汇率升值同样会通过价格传递渠道增强市场选择效应从而提高出口产品的临界质量水平，从而提高整个行业平均出口质量水平，但总体效应较弱（价格传递的最终作用结果，同时取决于国内要素投入比重和进口渗透率的比例，αIMP 的乘积较小）。

推论 2：如果不考虑进口实际汇率变化引起的要素替代效应，以及进口实际汇率引起的价格传递效应，进口实际汇率升值会弱化市场选择效应，降低整个行业的出口平均质量；如果同时考虑进口实际汇率变化引致的要素替代效应以及价格传递效应，进口实际汇率升值对行业平均出口质量的影响具有不确定性。

三　行业出口质量测度分解和汇率指标构建方法

（一）行业出口质量的测度与分解

行业出口质量升级指标来自对产品层面的出口质量升级指数进行加权，因此首先需要测度产品层面的出口质量升级指数。

1. KSW 出口质量升级指数的测度及分解。参照 Khandelwal 等人①的方法，假设消费者的需求偏好中包括了产品质量升级参数（λ），基于 CES 函数效用方程可以表示为：

$$U = \left\{ \int_{\xi \in \Omega} \left[\lambda_c(\xi) q_c(\xi) \right] \right\}^{\frac{(1-\sigma)}{\sigma}} d\xi^{\frac{\sigma}{(1-\sigma)}}$$

基于上述效应函数最优化问题，我们可以将消费者的需求函数表示为：

$$q_c\ (\varphi) = \lambda_c^{\sigma-1}\ (\varphi)\ p_c^{-\sigma}\ (\varphi)\ P_c^{\sigma-1} Y_c \tag{19}$$

如果我们是基于海关产品（h）—出口来源地（c）—出口目的地（d）—年份（t）维度的数据，对式（19）两边取对数后，每一种产品的

---

① Khandelwal，A. K.，P. K. Schott and Shang-jin Wei，"Trade Liberalization and Embedded Institutional Reform：Evidence from Chinese Exporters"，*American Economic Review*，Vol. 103，No. 6，2013，pp. 2169-2195.

质量升级参数可以采用如下的方程进行估计，即：

$$\ln q_{hcdt} + \sigma_h \ln p_{hcdt} = \alpha_c + (1 - \sigma_h) P_{dt} + Y_{dt} + (1 - \sigma_h) \lambda_{hcdt} \quad (20)$$

q 表示出口的产品数量，p 表示出口产品的单位价格。其中 α_c 表示出口产品的来源地，由于同一种分类海关产品在不同的出口来源地（细分到地级和县级层面）的价格和产量信息可能存在一定的差异，这里控制了海关产品的出口来源地固定效应。$(1-\sigma_p)P_{dt}+Y_{dt}$ 表示出口目的地和时间的固定效应，用来控制出口目的地的价格和收入等宏观因素对出口产品价格和出口量的影响，σ_p 表示产品之间的替代弹性系数，各国分行业产品替代弹性系数可以从 Broda 等人①的估计结果中直接获取。因此基于替代弹性系数、产品相关出口价格以及数量数据，我们可以用固定效应方法估计式（20），获得残差的估计值 $\hat{\varepsilon}=\widehat{(1-\sigma_h)\ \lambda_{hcdt}}$ 进而获得对应的出口产品质量升级指数的估计值：

$$\hat{\lambda}_{hcdt} = \frac{\hat{\varepsilon}}{(1-\sigma_h)} \quad (21)$$

基于式（21）得到的 KSW 产品质量升级指数估计值，同时参照 Mouradian（2014）的研究可以将产品层面的 KSW 指数通过贸易加权加总的方式最终得到 HS 四位码行业层面的 KSW 出口质量升级指数，即：

$$\hat{\lambda}_{it} = \sum_{h \in i} s^i_{hcdt}\, \hat{\lambda}_{hcdt} \qquad s^i_{hcdt} = \frac{p_{hcdt} q_{hcdt}}{\sum_{h \in i} p_{hcdt} q_{hcdt}}$$

为了进一步明确行业出口质量升级变化究竟来自产品内部的质量升级，还是来自不同质量产品之间市场份额调整以及新旧产品进入退出导致的重新配置效应，参照对 TFP 分解方法，这里对 HS 四位码行业质量升级指数的变化进行分解，其中 BHC/FHK 分解（Baily，Hulten and Campbell，1992②；

① Broda，C.，J. Greenfield and D. E. Weinstein，"From Groundnuts to Globalization：A Structural Estimate of Trade and Growth"，*Research in Economics*，2017.

② Baily，M. N.，C. Hulten and D. Campbell，"Productivity Dynamics in Manufacturing Plants：Brookings Papers on Economic Activity"，*Microeconomics*，1992，pp. 187-249.

Foster, Haltiwanger and Syverson, 2008[①]）方法可以表示为：

$$\Delta\lambda_{it} = \sum_{h\in C_i} s_{ht-1}\Delta\lambda_{ht} + \sum_{h\in C_i}(\lambda_{ht-1} - \lambda_{it-1})\Delta s_{ht} + \sum_{h\in C_i}\Delta\lambda_{ht}\Delta s_{ht} + \sum_{h\in N_i} s_{ht}(\lambda_{ht} - \lambda_{it-1}) - \sum_{h\in X_i} s_{ht-1}(\lambda_{ht-1} - \lambda_{it-1}) \quad (22)$$

其中 C_i，N_i，X_i 分别表示行业 i 中持续存在产品、新进入的产品、退出的产品，s_h 表示产品 h 在行业中的市场份额。式（22）右边第一项表示产品质量升级的产品内效应（within-product），第二项表示持续存在产品市场份额变化导致的组间效应（between-product），第三项表示持续存在产品出口质量和市场份额同时变化的交叉效应（cross），第四项和第五项分别表示新产品进入和旧产品退出导致的重新配置效应。第二项到第五项之和可以看作由于产品重新配置带动行业出口质量升级的总效应（reallocation overall）。GR 分解方法（Griliches and Regev，1995）[②]，可以表示为：

$$\Delta\lambda_{it} = \sum_{h\in C_i} \overline{s_h}\Delta\lambda_{ht} + \sum_{h\in C_i}(\bar{\lambda}_h - \bar{\lambda}_i)\Delta s_{ht} + \sum_{h\in N_i} s_{ht}(\lambda_{ht} - \bar{\lambda}_i) - \sum_{h\in X_i} s_{ht-1}(\lambda_{ht-1} - \bar{\lambda}_i) \quad (23)$$

式（23）中的变量指标上标横线表示对应变量在 t 和 $t-1$ 年的平均值，其他变量的含义与式（22）完全相同。与 FHK 分解方法相比，GR 分解方法少了交叉效应，第一项仍然表示持续存在产品内部质量升级对行业质量升级变化的贡献，第二项表示持续存在产品由于市场份额变化导致产品间重新组合对行业质量升级变化的贡献，第三和第四项同样表示由于新产品进入和旧产品退出对行业质量升级变化的贡献。同样，式（23）中第二、第三及第四项之和表示由于产品间的重新配置对行业出口质量升级变化的总贡献。

2. BF 出口质量指数的测度与分解。本文同样参照 Harrigan 和 Barrows

① Foster, L., J. Haltiwanger and C. Syverson, "Reallocation, Firm Turnover, and Efficiency: Selection on Productivity or Profitability?" *American Economic Review*, Vol. 98, No. 1, 2008, pp. 394-425.

② Griliches, Z. and H. Regev, "Firm Productivity in Israeli Industry: 1978-1998", *Journal of Econometrics*, Vol. 65, No. 1, 1995, pp. 175-203.

(2009) 以及 Martin 和 Mejean (2014) 对 Boorstein 和 Feenstra (1987) 扩展方法来测度和分解行业层面的出口质量升级变化趋势。BF 框架测度质量升级的核心思路是：从消费者最优的角度来看，消费的价值应当等于消费产品理想价格指数 (Ideal price index) 与消费效用的乘积，即：

$$Val_{ht}=P_{ht}C_{ht}\left(q_{hcdt},\ \Lambda_{hcdt},\ I_{ht}\right) \tag{24}$$

式 (24) 中理想价格指数为 P_{ht}，消费 C_{ht} 效用取决于产品 h 包括各种类产品对应的数量 q_{hcdt}、产品的质量水平 Λ_{hcdt} 以及能够提供的该产品的企业组合 I_{ht}，其中理想的价格指数是指每获取一单位的效用能够达到的最小支出的价格水平。即：

$$P_{ht}=\min\left\{Val_{ht}=\sum_{h\in I_{ht}}p_{hcdt}q_{hcdt}\mid C_{hcd}(q_{hcdt},\ \Lambda_{hcdt},\ I_{ht})=1,\ q_{hcdt}\geqslant 0\right\} \tag{25}$$

遵循 Boorstein 和 Feenstra (1991) 的思路，判断产品 h 是否质量升级可以用消费产品的单位价值 UV_{ht} 变化是否超过了产品理想价格指数 P_{ht} 变化的差值来度量，即：

$$\Delta\ln Q_{ht}=\Delta\ln UV_{ht}-\Delta\ln P_{ht} \tag{26}$$

式 (26) $\Delta\ln Q_{ht}$ 表示产品出口质量升级效应，产品的单位价值为销售总价值除以消费的总数量 (Qty_{ht})，可以表示为对组内产品单位价值采用实际销售量进行加权后的平均值：

$$UV_{ht}=Val_{ht}/Qty_{ht}=\sum_{h\in I_{ht}}w_{hcdt}^{R}p_{hcdt} \tag{27}$$

w_{hcdt}^{R} 表示产品组内对应每种类型产品的实际产出比重，即 $w_{hcdt}^{R}=q_{hcdt}/Qty_{ht}$。上述式子的直观的经济含义是：消费者如果消费产品的单位价值超过了对应的理想价格水平，表示消费者愿意购买更多价格昂贵的产品，也表示产品质量出现了升级趋势。按照 Feenstra (1994)① 提出的测算方法，假设消费者购买产品的支出函数遵循 CES 函数形式，即：

$$e(P,\ I_{ht},\ b)=\left[\sum_{h\in I_{ht}}b_{h}p_{ht}^{1-\sigma}\right]^{\frac{1}{1-\sigma}} \tag{28}$$

① Feenstra, R. C., "New Product Varieties and Measurement of International Prices", *American Economic Review*, Vol. 84, No. 1, 1994, pp. 157-177.

其中参数 b_h 表示不随时间变化的消费偏好系数，σ 表示产品的替代弹性系数，为了得到理想价格指数，需要考虑新产品的进入对价格水平的影响。定义：I_{ht}为在时间 t 出口的产品集合，I_{ht-1}为时间 $t-1$ 出口产品集合，$I_{ht,t-1}$表示在时间 t 和时间 $t-1$ 同时出口产品集合，如果出口产品的集合在时间点 t 和 $t-1$ 之间没有变化（完全重合），那么就有 $I_{ht}=I_{ht-1}=I_{ht,t-1}$。因此可以定义如下关系式：

$$\eta_{ht}=\frac{\sum_{h\in I_{ht,\ t-1}}V_{hcdt}}{\sum_{h\in I_{ht}}V_{hcdt}}\leqslant 1;\ \eta_{ht-1}=\frac{\sum_{h\in I_{ht,\ t-1}}V_{hcdt-1}}{\sum_{h\in I_{ht}}V_{hcdt-1}}\leqslant 1$$

其中 V_{hcdt}表示出口产品金额，η_{ht}，η_{ht-1}分别表示在时间 t 和 $t-1$ 重合产品出口金额占各时期全部出口金额的比重。可以定义：

$$\eta_{ht,t-1}=\frac{\eta_{ht}}{\eta_{ht-1}} \tag{29}$$

显然如果在时间 t 和 $t-1$ 产品组内的出口种类没有发生较大的变化，式（29）就越接近于 1，如果新进入产品或者退出产品种类越多，式（29）偏离 1 的幅度越大。基于上述定义和支出函数式（28），可以得到考虑新产品进入后的理想价格指数变化表达式为：

$$\begin{aligned}\ln F(p_{hcdt},\ p_{hcdt-1},\ q_{hcdt},\ q_{hcdt-1}) &= \ln P_{ht}/P_{ht-1}\\ &=\sum_{h\in I_h}w_{hcdt}\ln\frac{p_{hcdt}}{p_{hcdt-1}}+\frac{1}{\sigma_h-1}\ln\frac{\eta_{ht}}{\eta_{ht-1}}\end{aligned} \tag{30}$$

$w_{hcdt}=\dfrac{(s_{hcdt}-s_{hcdt-1})\ln(s_{hcdt-1}/s_{hcdt})}{\sum_{h\in I}(s_{hcdt}-s_{hcdt-1})\ln(s_{hcdt-1}/s_{hcdt})}\cong\dfrac{s_{hcdt}+s_{hcdt-1}}{2}$，$\sum_{h\in I_h}w_{hcdt}=1$，如果产品在两个相邻时间点市场份额变化很小，可近似认为：$w_{hcdt}=s_{hcdt}$，其中 $s_{hcdt}=\dfrac{p_{hcdt}q_{hcdt}}{\sum_{h\in I_h}p_{hcdt}q_{hcdt}}=\dfrac{V_{hcdt}}{V_{ht}}$。

基于公式（26）和公式（30），我们最终计算得到每一种出口产品 h 质量升级公式，即：

$$\ln(Q_{ht}/Q_{ht-1})=\ln(UV_{ht}/UV_{ht-1})-\ln F(p_{hcdt},\ p_{hcdt-1},\ q_{hcdt},\ q_{hcdt-1}) \tag{31}$$

理想价格指数和单位价值的区别在于：前者的加权权重为出口金额，后者的加权权重为出口实际数量；另外，理想价格指数考虑了产品的进入退出以及产品替代弹性两个因素。

基于公式（31）计算得到每一种HS八位码出口产品的BF质量升级指数，通过加权方式加总得到HS四位码行业层面的出口质量升级指数。对比公式（20）和公式（31）不难发现：两种方法的估计过程都首先将产品的价格因素控制或者消除，因此得到的质量升级指数都避免了价格因素对质量测度的干扰。参照Martin和Mejean（2014），可以将BF质量升级指数按照集约和扩展边际（intensive & extensive）进行分解。集约边际是指持续存在出口产品质量升级效应，包括持续性产品内部以及之间的升级效应。行业i的集约边际出口质量BF升级指数可以表示为：

$$\Delta\ln Q_{it}^{int} = \Delta\ln UV_{it}^{int} - \Delta\ln P_{it}^{int} \tag{32}$$

上标int表示在时间t和$t-1$同时存在的产品集合，即持续性产品集合。对单位价值和理想价格指数的公式进行泰勒近似展开，集约边际的质量升级BF指数可以表示为：

$$\Delta\ln Q_{it}^{\mathrm{int}} = \sum_{h\in I_i}(w_{hcdt-1}^{N} - w_{hcdt-1}^{R})\ln\frac{q_{hcdt}}{q_{hcdt-1}} + \sum_{h\in I_i}w_{hcdt-1}^{N}\ln\frac{\Lambda_{hcdt}}{\Lambda_{hcdt-1}} \tag{33}$$

公式（33）右边的第一项表示持续存在产品中，由于不同质量产品之间市场份额的重新调整导致的行业质量升级效应，即产品间的重新配置效应。第二项表示产品内部质量升级导致的产业质量升级效应。其中w_{hcdt-1}^{N}表示每一种产品以出口金额计算的市场份额（名义权重），w_{hcdt-1}^{R}表示每一种产品以出口数量计算的市场份额（实际权重）。显然这与FHK/BHC/GR分解方法有所区别，这里集约边际的质量升级同时考虑了持续存在产品的组内和组间调整导致的质量升级。同样我们可以定义出口行业质量升级的扩展边际，即：

$$\Delta\ln Q_{it}^{ext} = \Delta\ln UV_{it}^{ext} - \Delta\ln P_{it}^{ext} \tag{34}$$

质量升级的扩展边际是指由于产业内产品进入和退出导致的质量升级效应。上标ext表示在时间t新产品进入以及$t-1$旧产品退出的产品集合。

基于单位价值公式，可以得到单位价值的扩展边际变化为：

$$\Delta \ln UV_{it}^{ext} = \left(\ln \frac{\sum_{h \in I_{it}} p_{hcdt} q_{hcdt}}{\sum_{h \in I_i} p_{hcdt} q_{hcdt}} - \ln \frac{\sum_{h \in I_{it-1}} p_{hcdt-1} q_{hcdt-1}}{\sum_{g \in I_i} p_{hcdt-1} q_{hcdt-1}} \right) - \left(\ln \frac{\sum_{h \in I_{it}} q_{hpct}}{\sum_{h \in I_i} q_{hpct}} - \ln \frac{\sum_{h \in I_{it-1}} q_{hcdt-1}}{\sum_{h \in I_i} q_{hcdt-1}} \right) \quad (35)$$

$$= \ln \frac{\gamma_{it}}{\gamma_{it-1}} - \ln \frac{\eta_{it}}{\eta_{it-1}}$$

其中 γ_{it}，η_{it}表示集约边际产品占全部产品的出口金额份额和出口数量份额。从式（30）推导和定义，可以得到产品进入和退出（扩展边际）造成理想价格指数变化为：

$$\Delta \ln P_{it}^{ext} = \frac{1}{\sigma - 1} \ln \frac{\eta_{it}}{\eta_{it-1}} \quad (36)$$

其中 σ 表示产品间替代弹性，同样采用了 Broda 等人（2017）得到的估计结果。由式（34）（35）（36）可以得到由于产品进入和退出导致出口质量升级的扩展边际为：

$$\Delta \ln Q_{it}^{ext} = \ln \frac{\gamma_{it}}{\gamma_{it-1}} - \frac{\sigma}{\sigma - 1} \ln \frac{\eta_{it}}{\eta_{it-1}} \quad (37)$$

新产品进入会增加消费者效用，式（37）表明：产品净进入所占的消费市场份额越大，产品之间的替代弹性越小，消费者对新产品的偏好就会更显著带动行业质量水平的提升。

3. 行业实际有效汇率指数构建及内生性讨论。本文核心内容是考察汇率变化对行业出口质量升级的影响，不同行业出口目的地和进口来源地之间存在显著差异，行业出口与进口本身存在高度相关性，行业出口质量变化不仅会受到出口目的地市场汇率变化影响，同样也会受到进口来源地市场汇率变化影响。参照 Goldberg（2004）[①] 方法，行业实际有效汇率指数

① Goldberg, L., "Industry Specific Real Exchange Rate for the United States", *Economic Policy Review*, Vol. 10, No. 1, 2004, pp. 1-16.

通过贸易加权方式构建。这里构建了1999—2016年HS四位码分类行业的总体实际有效汇率指数：

$$REER_{it} = \sum_{j=1}^{k} \omega_{jt}^{i} RER_{jt}$$

$$\omega_{jt}^{i} = \frac{X_i}{X_i + M_i} \times \frac{\sum_{t-3}^{t-1} ex_{jt}^{i}}{\sum_{j=1}^{k} \sum_{t-3}^{t-1} ex_{jt}^{i}} + \frac{M_i}{X_i + M_i} \times \frac{\sum_{t-3}^{t-1} im_{jt}^{i}}{\sum_{j=1}^{k} \sum_{t-3}^{t-1} im_{jt}^{i}} \tag{38}$$

RER_{jt}表示中国与j国在年度（或者月度）的双边实际汇率指数（以PPI或者CPI计算），ω_{jt}^{i}表示中国与j国在HS四位码行业i的双边贸易年度加权系数，ex_{jt}^{i}，im_{jt}^{i}分别表示中国与j国在HS四位码行业i在年度（或者月度）t的双边进口和出口贸易量。由于双边实际汇率RER_{jt}变化会影响的ex_{jt}^{i}、im_{jt}^{i}大小，为避免贸易权重和汇率变化的内生性问题（simultaneity bias），这里ex_{jt}^{i}、im_{jt}^{i}分别采用相对于实际汇率t所在年份之前三年的平均值作为加权值，$X_i/（X_i+M_i）$表示2000—2016年相应行业出口的平均市场份额，$M_i/（X_i+M_i）$表示相应行业进口的平均市场份额，k表示加权国家和地区数量。权重如果单独取出口和进口，可以得到出口和进口实际有效汇率指数：

$$XREER_{it} = \sum_{j=1}^{k} \omega_{jt}^{xi} RER_{jt};\ \omega_{jt}^{xi} = \frac{\sum_{t-3}^{t-1} ex_{jt}^{i}}{\sum_{j=1}^{k} \sum_{t-3}^{t-1} ex_{jt}^{i}}$$

$$MREER_{it} = \sum_{j=1}^{k} \omega_{jt}^{mi} RER_{jt};\ \omega_{jt}^{mi} = \frac{\sum_{t-3}^{t-1} im_{jt}^{i}}{\sum_{j=1}^{k} \sum_{t-3}^{t-1} im_{jt}^{i}}$$

行业实际有效汇率指数是本文的核心解释变量，需要探讨这些变量相对于行业出口质量升级指数的外生性状况。按照Goldsmith-Pinkham等人（2019）、Adao等人（2019）以及Borusyak等人（2019）的研究，本文这里将地区贸易作为权重对国家层面的双边实际汇率加权得到的行业实际汇率事实上是宏观双边实际汇率的Bartik工具变量，实际上是用分行业分地区的进出口比重来设定处理组和控制组来考察双边实际汇率冲击对行业出口质量的影响，本质上是一种标准的DID方法。分行业分地区的贸易权重事实上是双边实际汇率冲击的工具变量。工具变量的有效性首先要满足排他性假设，即分行业分地区的贸易权重不能与经验方程的误差项存在相关性，但是 Borusyak 等人（2019）的研究又进一步证明，即使权重份额与误差项存在相关的情况下，只要权重的份额足够分散（即来自外部冲击的来源越多，更接近于随机性），工具变量的估计仍然具有有效性。特别是在面板数据情况下，当横截面或者时间维度不断增加的情况下，以权重份额作为工具变量的有效性和估计参数一致性就会不断提升。本文这里行业实际汇率指数构建选取 2000—2016 年中国与 41 个国家和地区在 770 个 HS 四位码行业的双边进出口作为权重变量，充分考虑了双边汇率冲击来源的多样性。为了考察贸易权重份额的分散程度，我们计算了 41 个国家和地区在中国不同细分行业贸易市场份额集中度指数（HHI）变化趋势。图 1 显示：无论是行业出口还是进口权重份额集中度都非常低，而且总体上呈现逐步下降的趋势，出口权重份额集中度下降的趋势尤为明显。这为我们有效识别实际汇率变化对行业出口质量升级的影响提供了有力的理论和现实支撑。

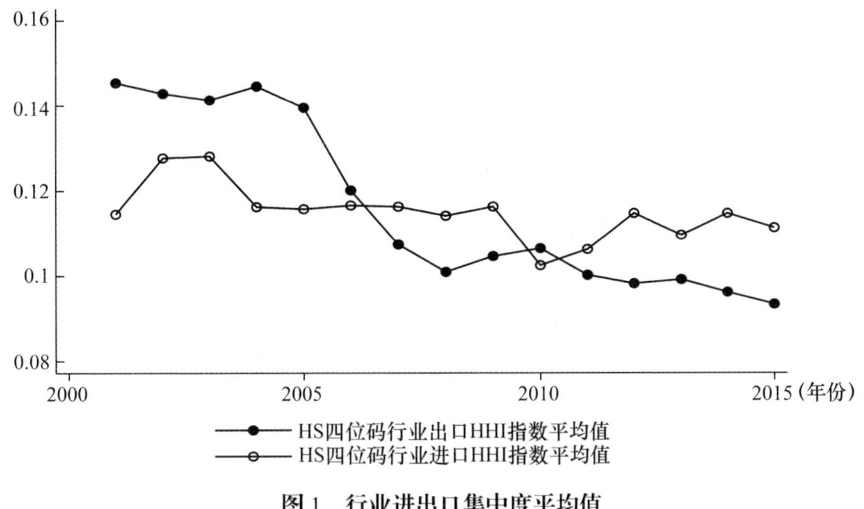

图 1　行业进出口集中度平均值

四 经验方程的设定识别、数据变量说明及描述性统计

（一）经验方程的设定与识别方法

由于行业出口质量升级是一个较为缓慢的长期过程，以及汇率长期变化的不可预期性，汇率长期变化和冲击相对于行业出口质量升级效应更可能是一个外生变量。同时行业加权汇率本身又是双边实际汇率的 Bartik 工具变量。为了有效识别汇率变化对行业出口质量升级的影响，借鉴 Amiti 和 Khandelwal（2011）[①]、Ekholm 等人（2012）以及 Bloom 等人（2015）[②]的相关研究方法，我们同样通过 5 年期差分后的变量设定经验方程来识别汇率长期变化对行业出口质量升级的影响，首先设定如下基准检验方程：

$$\begin{aligned}\Delta \ln Q_{it} = \alpha_0 + \alpha_1 \Delta \ln XREER_{it} + \alpha_2 \Delta \ln MREER_{it} + \\ \alpha_3 \Delta \ln REER_{it} + \sum_{i=1}^{k} \alpha_i \Delta X_{it} + \gamma_t + \varepsilon_{it}\end{aligned} \tag{39}$$

方程（39）中的 Δ 表示五年期差分运算，即对于方程中任何变量 Z_{it}，$\Delta Z_{it} = Z_{it} - Z_{it-5}$。其中被解释变量 $\ln Q_{it}$是基于 KSW 和 BF 框架测度得到的 HS 四位码分类行业出口质量升级指数。核心解释变量为出口汇率指数 $XREER_{it}$，进口汇率指数 $MREER_{it}$，以及总体的汇率指数 $REER_{it}$，对这些核心解释变量都取了自然对数，X_{it}表示其他控制变量。通过差分控制了行业个体固定效应后，同时控制了时间固定效应 γ_t，误差项为 ε_{it}。基准方程主要考察出口和进口汇率对行业出口质量升级影响作用的差异，并且验证本文的两个理论推论。同时也考察总体的汇率指数变化对行业出口质量升级的影响。

---

① Amiti, M. and A. K. Khandelwal, "Import Competition and Quality Upgrading", *NBER Working Paper* 15503, 2011.

② Bloom, N., M. Draca and J. V. Reenen, "Trade Induced Technical Change? The Impact of Chinese Imports on Innovation, IT and Productivity", *Review of Economic Studies*, Vol. 83, 2016, pp. 87-117.

按照本文的理论推导过程可知，出口和进口汇率变化不仅会直接导致市场竞争环境的改变，还可能通过价格传递或者进口中间投入的渠道对行业出口质量升级产生作用。已有考察实际汇率变化对制造业投资、就业、企业绩效及出口贸易影响的理论和经验分析（Klein，et al.，2003[①]；Campa and Goldberg，2001，2005；Moser，et al.，2010[②]；Ekholm，et al.，2012；Berman，et al.，2012；Li，et al.，2015[③]）都表明，汇率变化主要通过出口开放、进口中间投入以及进口竞争三种渠道对制造业的绩效产生影响。基于本文理论推导，并参考相关的研究文献，需要进一步检验出口和进口汇率分别通过价格传递和进口中间投入渠道对行业出口质量的影响，扩展后的经验方程设定为：

$$\begin{aligned}\Delta \ln Q_{it} = {} & \beta_0 + \beta_1 \Delta \ln XREER_{it} + \beta_2 EXPRO_{it-5} \times \Delta \ln XREER_{it} + \\ & \beta_3 \Delta \ln MREER_{it} + \beta_4 IMS_{it-5} \times \Delta \ln MREER_{it} + \\ & \beta_4 IMCP_{it-5} \times \Delta \ln MREER_{it} + \sum_{i=1}^{k} \beta_i \Delta X_{it} + \nu_t + \varpi_{it}\end{aligned} \tag{40}$$

为了验证出口汇率变化通过价格传递方式对出口质量升级的影响，在经验方程中加入了出口汇率与加工贸易占行业出口比重（$EXPRO_{it-1}$，出口加工贸易模式会对出口汇率的国内价格传递产生影响），进口中间品占全部进口比重（IMS_{it-1}）以及行业对应的进口竞争程度（$IMCP_{it-1}$，会影响进口汇率的价格传递效应）。参照 Bloom 等人（2015）的方法，四位码分类行业面临的进口竞争程度可以采用对应的 HS 二位码分类行业的进口占全部进口的比重来度量。这里主要采用出口和进口汇率与上述变量的交叉项检验汇率变化通过不同渠道对行业出口质量升级的影响。方程（39）和（40）中 X_{it}表示的控制变量除了上述三个变量之外还包括了其他变量，即：

---

① Klein，Michael W.，Scott Schuh and Robert K. Triest，“Job Creation，Job Destruction and the Real Exchange Rate”，*Journal of International Economics*，Vol. 59，No. 2，2003，pp. 239-265.

② Moser，C.，D. Urban and B. D. Mauro，“International Competitiveness，Job Creation and Job Destruction—An Establishment Level Study of Germany Job Flows”，*Journal of International Economics*，Vol. 80，No. 2，2010，pp. 302-317.

③ Li，H.，Hong，M.，and Yuan，X.，“How Do Exchange Rate Affect Chinese Exports”，*Journal of International Economics*，Vol. 97，No. 1，2015，pp. 148-161.

X_{it} = [$EXPRO_{it}$, IMS_{it}, $IMCP_{it}$, $EXSOE_{it}$, $EXFOR_{it}$, $EXHHI_{it}$]

其中 $EXSOE_{it}$表示行业国有企业出口占全部出口的比重，$EXFOR_{it}$表示行业外资企业出口占全部出口的比重，$EXHHI_{it}$表示行业出口产品的集中程度。ν_t 为对应的时间固定效应，ϖ_{it}表示对应误差项。

由于行业出口质量可以进一步分解为来自产品内部本身的质量升级效应和产品之间重新配置（包括进入退出）导致的质量升级效应，因此，本文进一步检验汇率长期变化对两种不同的出口质量升级效应的影响差异性，即：

$$\Delta \mathrm{Ln}DCQ_{it} = \varphi_0 + \varphi_1 \Delta \ln XREER_{it} + \varphi_2 \Delta \ln MREER_{it} + \varphi_3 \Delta \ln REER_{it} + \sum_{i=1}^{k} \varphi_i \Delta X_{it} + \lambda_t + \sigma_{it} \tag{41}$$

经验方程（41）中的被解释变量 $\ln DCQ_{it}$为行业出口质量指数按照不同方法分解后的质量升级指数，即：

$\ln DCQ_{it}$ = [WIN, BTW, $ENTRY$, $EXIT$; $BFINT$, $BFEXT$]

WIN，*BTW*，*ENTRY*，*EXIT* 表示按照 KSW 方法测度得到的行业出口质量并且按照 FHK 和 GR 方法分解后得到的质量升级指数，*WIN* 表示持续性产品内部的质量升级效应，*BTW* 表示持续性产品重新配置（市场份额变化）导致的质量升级效应，*ENTRY* 和 *EXIT* 表示产品进入和退出导致的质量升级效应（属于产品重新配置导致的质量升级效应）。*BFINT* 和 *BFEXT* 表示按照 BF 方法测度并分解后的质量升级指数，*BFINT* 表示持续性产品质量升级指数（集约边际），*BFEXT* 表示产品进入和退出导致的质量升级指数（扩展边际）。

需要说明的是，上述经验方程的被解释变量和核心解释变量都取了对数形式，核心变量的回归系数都是行业质量升级效应相对于汇率变化的弹性系数。不仅如此，为了检验上述回归方程估计结果的稳健性，本文同时也采用了水平变量以及采用了 4 年期的长差分变量进行了稳健性检验，发现所有的回归结果都与采用 5 年期的长差分变量回归结果高度一致。为了与相关的代表性文献保持一致（Amit and Khandewal，2011；

Ekholm, et al., 2012; Bloom, et al., 2015), 并且考虑到更长期的汇率变动外生性特征更好，这里主要以 5 年期长差分变量回归作为本文的经验结果。

(二) 数据变量说明

本文出口质量测度和相关变量选取采用了 2000—2015 年中国海关出口 HS 八位码分类产品数据库，对于每一种细分的 HS 八位码分类产品，包含了出口来源地（地级市或者县级市）、出口目的地、进口来源地、进口目的地、产品生产的企业性质、贸易模式、进出口数量、计量单位及金额等信息。与海关企业数据库相比，基于产品的数据库与企业数据库除了删除企业信息之外，其他信息都得到了保留。我们同时获取了 2000—2016 年中国海关企业数据库，但是 2013—2016 年期间的海关企业数据库并未提供进出口数量和计价单位等信息，无法计算对应出口产品质量升级状况。基于上述考虑，本文采用了时间跨度更长的海关产品数据库来测度行业出口质量升级变化。具体处理过程中，首先删除了单位价值变化在相邻年份绝对值超过 300%的样本。由于产品质量升级主要体现在差异化产品方面，参照 Rauch（1999）① 分类方法，只保留制造业中按照相对宽松规则分类的（Liberal）差异化产品。

构建行业层面实际有效汇率指数采用了各国和地区 CPI 和 PPI 价格指数和名义汇率数据，数据分别来自 IMF 国际金融数据库（IFS）和亚洲经济数据库（CEIC)，本文选取了中国及其 41 个贸易伙伴的相关指标。中国与 41 个贸易伙伴在 2000—2016 年的货物贸易进出口总额占中国的全部货物进出口总额比重均超过了 85%，代表性较好。同时，由于本文计算 1999—2016 年行业层面的实际有效汇率指数需要采用 1996—2015 年的行业层面双边贸易数据进行加权计算，本文采用了联合国按照 HS 六位码分类 1996—2015 年的中国贸易产品数据（UN-COMTRADE）来统一计算行业

① Rauch, J. E., "Networks versus Markets in International Trade", *Journal of International Economics*, Vol. 48, No. 1, 1999, pp. 7-35.

层面的双边贸易权重，以确保统计口径一致。

（三）描述性统计与分析

表1第（3）列和第（4）列分别给出了基于不同分解方法持续性产品质量升级的变化趋势，基于KSW测算框架下的分解方法都表明持续性产品内部质量变化以及持续性产品由于市场份额变化重新组合导致的质量升级都出现了显著下降，其中在2006—2010年最为显著。与KSW框架分解结果不同，基于BF测算框架下的集约边际分解显示，持续性产品质量总体上仍然存在升级趋势，但升级速度十分缓慢，不同时期持续性产品平均质量升级年增长速度都低于1%，总体上表明持续性产品出口质量升级对行业出口质量升级贡献很低。

表1第（6）列和第（7）列分别给出了由于产品进入和退出对行业质量升级的贡献。采用KSW测算框架分解结果都表明无论是新产品进入还是旧产品退出都会对行业出口质量升级产生显著带动作用，并且新产品进入带动的质量升级均显著高于旧产品退出带动的质量升级，产品净进入对行业出口质量升级产生了显著的促进作用。在2006—2010年，新产品进入和旧产品退出对行业出口质量升级变化的带动作用最大。基于BF框架下出口质量升级变化分解结果同样表明：由于新产品进入和退出（产品净进入）引起的扩展边际效应对行业出口质量产生了显著带动作用，明显高于持续性产品的质量升级效应（集约边际效应）。同样，2006—2010年由扩展边际带动的质量升级最快，年平均增长率为5.64%。同时，在KSW分析框架下2001—2005年产品间重新配置导致的质量升级增长速度高于产品内部出口质量下降速度，在其他时期产品内部质量下降速度都超过了产品间调整带动的质量升级速度。

表1最后一列给出了KSW框架分解后由于产品重新配置（持续性产品重新组合以及产品净进入）对行业出口质量升级的总贡献。结果显示：无论采用KSW还是BF方法测算和分解出口质量升级，行业中新产品进入和旧产品退出，以及不同产品之间的重新组合都是带动行业出口质量升级

最为重要的因素。

表 1　　采用不同方法测算的制造业出口质量升级增长率变化趋势　　单位：%

测度及分解方法	时期	产品内	产品间	产品交叉	产品进入	产品退出	产品间总和
(1)	(2)	(3)	(4)	(5)	(6)	(7)	(4) + (5) + (6) - (7)
KSW_FHK	2001—2005	-22.53	-27.84	42.87	27.78	19.89	22.92
	2006—2010	-35.02	-25.80	44.02	30.23	22.26	26.19
	2011—2015	-30.34	-25.03	40.83	29.30	21.46	23.64
KSW_GR	2001—2005	-1.10	-6.37		27.80	19.97	1.46
	2006—2010	-12.91	-3.73		30.55	22.45	4.37
	2011—2015	-9.89	-4.67		29.77	21.63	3.47
		集约边际		扩展边际			
BF	2001—2005	0.03		4.86			
	2006—2010	0.74		5.64			
	2011—2015	0.43		5.23			

注：表中统计值是基于 HS 四位码对行业出口质量分解后结果计算得到的算术平均值。

图 2 随机选取了 12 个 HS 四位码分类的行业，给出了基于 CPI 和 PPI 指数构造的贸易加权实际有效汇率指数变化状况，曲线显示：不同行业汇率走势在 2005 年 7 月和 2015 年 8 月两次汇率形成机制改革之后都发生了显著逆转。在 2006—2015 年，随机选取的行业汇率总体上都出现了显著升值变化趋势，基于 CPI 指数构建的汇率指数升值幅度远超基于 PPI 指数构建的汇率指数升值幅度。不同行业汇率升值幅度呈现出非常明显的差异性，表明采用细分行业层面汇率指数考察汇率变化对行业出口质量升级的必要性。图 3 给出了基于 PPI 指数构造的出口和进口汇率指数对比，图中曲线显示：

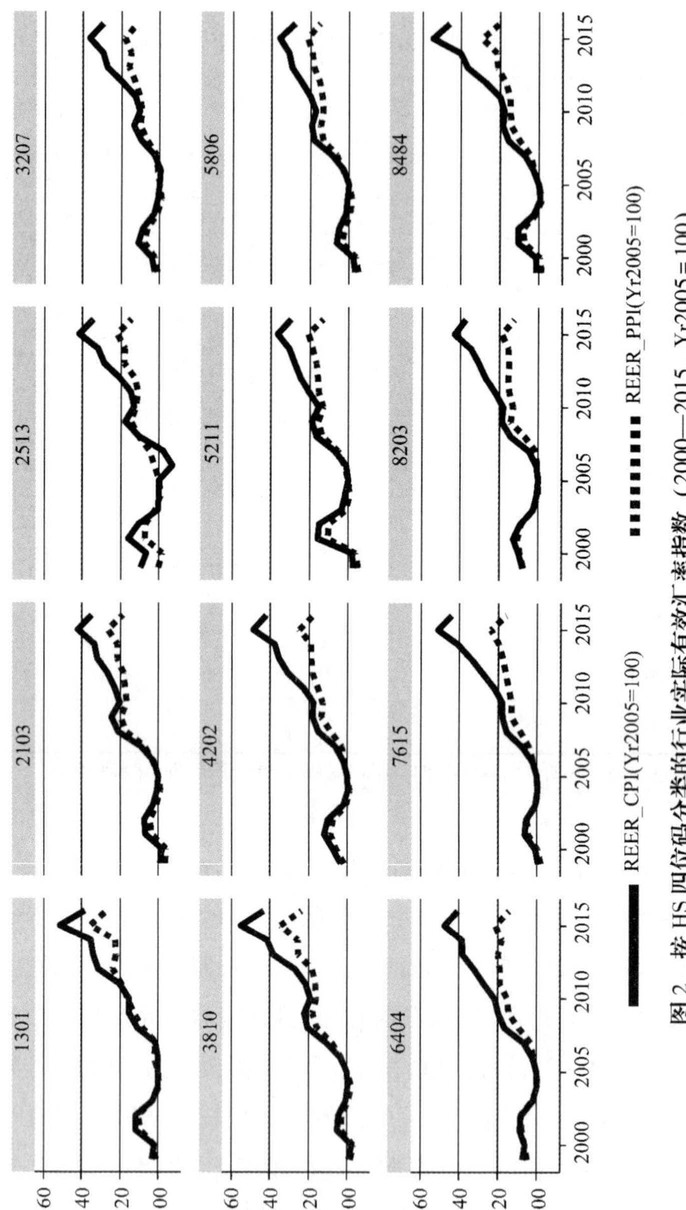

图2 按HS四位码分类的行业实际有效汇率指数（2000—2015，Yr2005＝100）

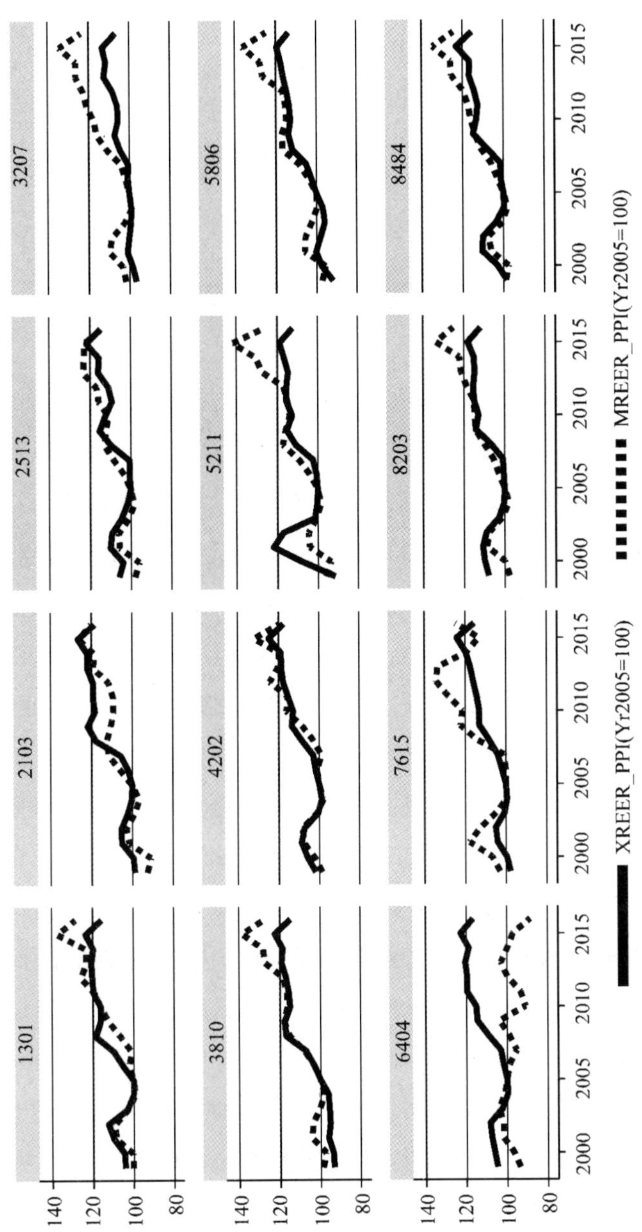

图3　按HS四位码分类行业基于PPI进出口实际有效汇率指数（2000—2015，Yr2005＝100）

尽管2006—2015年不同行业出口和进口汇率指数都出现了不同程度升值变化趋势，但多数行业进口汇率升值幅度要高于出口汇率升值幅度，不同行业出口和进口汇率变化特征也呈现出十分显著的差异，这也表明区分出口和进口汇率影响行业质量升级差异的必要性。本文主要考察汇率变化对细分制造业出口质量升级影响，经验分析中均采用了基于PPI指数构建的行业实际汇率指数。

五 经验回归结果的分析与解释

（一）基准回归结果的分析

表2给出了基于长差分变量回归的基准检验，考察出口、进口以及总体汇率变化对行业出口质量的影响。表2中所有的被解释变量行业出口质量指数均采用Broda等人（2017）估算的中国产业替代弹性系数计算得到。第（1）列和第（3）列检验了出口和进口汇率长期变化对行业出口质量升级的影响作用，回归结果显示：无论是否控制其他变量，出口和进口汇率的回归系数均在1%显著性水平上显著，出口汇率的回归系数为显著正值，进口汇率的回归系数为显著负值，非常稳健地表明：出口汇率长期升值会显著促进制造业出口质量升级，进口汇率长期升值则会对制造业出口质量升级产生显著负面影响，这与本文第二节理论模型的推论完全一致。理论模型分析表明：汇率变化主要通过改变市场选择效应强度对行业出口产品质量升级产生影响。出口汇率升值会显著提升出口企业面临的外部市场竞争压力，促进制造业出口质量升级，进口汇率升值总体上会降低或者抵消外部市场的竞争压力，进而对制造业出口质量升级产生负面影响。第（1）列和第（3）列系数大小表明：出口汇率长期变化对制造业出口质量升级影响的边际作用高于进口实际汇率变化的边际作用；其中第（3）列回归结果显示，控制其他变量之后，出口汇率升值10%，行业出口平均质量大约会提升9.6%，进口汇率升值10%，行业出口平均质量大约会下降4.9%。

表2的第（2）列和第（4）列分别采用长差分变量检验了总体汇率变化对行业出口质量升级的影响，无论是否控制其他变量，总体汇率长期变化回归系数均在10%的显著性水平上为正值，表明汇率长期升值总体上会促进制造业出口质量升级，其中第（4）列回归系数显示：控制其他因素后，总体汇率长期升值10%，行业出口平均质量大约提升5.4个百分点。总体汇率升值会对行业出口质量升级产生显著促进作用，这一结论在逻辑上也与出口汇率升值的边际作用显著高于进口汇率升值边际作用的结论是一致的。同时这与基于中国企业层面已有的相关研究结论也一致（许家云等，2015；余淼杰和张睿，2017；Hu，et al.，2017；张明志和季克佳，2018）。

表2　**实际汇率变化对制造业出口质量升级的基准检验（基于长差分变量的回归）**

被解释变量	ΔlnQ	ΔlnQ	ΔlnQ	ΔlnQ
	σ（*Broda*）	σ（*Broda*）	σ（*Broda*）	σ（*Broda*）
	（1）	（2）	（3）	（4）
Δln（*XREER*）	0.750***		0.956***	
	（0.270）		（0.299）	
Δln（*MREER*）	−0.430***		−0.489***	
	（0.157）		（0.167）	
Δln（*REER*）		0.450*		0.539*
		（0.264）		（0.301）
Δln（*IMP_COM*）			0.100***	0.100***
			（0.029）	（0.029）
Δln（*EX_SOE*）			−0.058**	−0.056**
			（0.023）	（0.024）
Δln（*EX_PRO*）			−0.026**	−0.027**
			（0.011）	（0.011）

续表

被解释变量	$\Delta\ln Q$	$\Delta\ln Q$	$\Delta\ln Q$	$\Delta\ln Q$
	σ（*Broda*）	σ（*Broda*）	σ（*Broda*）	σ（*Broda*）
	（1）	（2）	（3）	（4）
Δln（*IM_Share*）			0.011	0.008
			（0.012）	（0.012）
Δln（*EX_FOR*）			-0.031	-0.028
			（0.023）	（0.023）
Δln（*EX_HHI*）			-0.027	-0.027
			（0.018）	（0.018）
行业固定效应	是	是	是	是
时间固定效应	是	是	是	是
观测值	7279	7269	6457	6455
R^2	0.029	0.025	0.048	0.042
行业数	726	726	685	685

注：括号内为聚类到 HS 四位码分类的稳健性标准误差，*** p<0.01，** p<0.05，* p<0.1。

除了核心变量估计完全符合理论推论之外，表 2 中其他控制变量估计结果显示：进口竞争程度（*IMCP*）上升会显著促进制造业出口质量升级，所有回归系数都在 1% 显著性水平上为正值。国有企业出口比重（*EX_SOE*）较高以及加工贸易比重（*EX_POR*）较高的行业，出口平均质量升级较为缓慢，相应回归参数都至少在 5% 显著性水平上为负值，这也与相关的理论预期结果一致。

（二）汇率变化对行业出口质量升级的贸易渠道检验

按照本文第二节理论推论，汇率变化对质量升级的影响与汇率对国内价格的传递因素，以及进口中间品依赖度之间存在关系。而影响汇率对国内价格传递的因素又与行业的贸易特征存在密切关系。因此为了检验汇率变化对行业质量升级影响与行业贸易特征之间的关系，依照本文第二节设定的经验方程（40），通过汇率长期变化与行业贸易特征的交叉项变量，来检验汇率变化对质量升级影响与贸易特征之间的关系。

表3中加入汇率与行业贸易依赖度的交叉项变量，分别考察汇率变化通过贸易渠道对行业出口质量升级的影响。第（1）列和第（2）列考察了进口汇率变化通过进口竞争渠道对制造业出口质量升级的影响，进口汇率与进口竞争交叉项变量的回归参数均不显著，表明汇率升值并没有通过增强进口竞争的方式显著带动行业出口质量升级，这一经验结论表明：进口汇率变化本身产生的市场选择和竞争效应要显著高于进口汇率通过进口竞争渠道间接产生的市场竞争效应。原因在于：本文第二节的理论分析表明，进口汇率变化通过进口竞争渠道对行业出口质量的影响同时取决于行业国内要素投入比重以及进口汇率变化的国内价格传递效应的乘积，总体影响作用较弱，尤其在进口汇率价格传递不显著情况下很难通过间接渠道显著增强进口竞争进而对行业出口质量升级的影响。

表3　　**实际汇率变化对出口质量升级影响与行业贸易特征关系检验（被解释变量 $\Delta\ln Q$）**

	(1)	(2)	(3)	(4)	(5)	(6)
Δln（*XREER*）	0.747***	0.980***	0.788***	0.882***	1.350***	1.255***
	(0.270)	(0.304)	(0.279)	(0.295)	(0.425)	(0.411)
Δln（*MREER*）	−0.420***	−0.498***	−0.697***	−0.875***	−0.472***	−0.455***
	(0.163)	(0.178)	(0.223)	(0.231)	(0.179)	(0.168)
IMP_COM_{t-5}	0.001	0.001				
	(0.001)	(0.001)				
Δln（*MREER*）× IMP_COM_{t-5}	−0.001	0.000				
	(0.005)	(0.005)				
IM_Share_{t-5}			0.001	0.001*		
			(0.001)	(0.001)		
Δln（*MREER*）× IM_Share_{t-5}			0.004	0.006**		
			(0.003)	(0.003)		

续表

	(1)	(2)	(3)	(4)	(5)	(6)
EXP_PRO_{t-5}					-0.001	-0.000
					(0.001)	(0.001)
$\Delta\ln(XREER)\times EXP\_PRO_{t-5}$					-0.009	-0.007
					(0.007)	(0.007)
其他控制变量	否	是	否	是	否	是
行业固定效应	是	是	是	是	是	是
时间固定效应	是	是	是	是	是	是
观测值	7279	6457	6855	6403	6580	6479
R^2	0.030	0.039	0.033	0.053	0.035	0.051
行业数	726	685	699	679	688	679

注：括号内为聚类到 HS 四位码分类的稳健性标准误差，*** p<0.01，** p<0.05，* p<0.1。

表3的第（3）列和第（4）列考察了进口汇率变化通过进口中间投入渠道对行业出口质量升级的影响。第（4）列回归结果显示：控制了其他变量后，进口汇率与进口中间品比重交叉项变量至少在5%显著性水平上为正值，表明在进口中间品比重较高的行业，进口汇率升值对制造业出口质量相对降级的影响作用会显著减弱，进口汇率升值同样可能提升出口产品质量。由本文理论模型可知：进口汇率变化通过进口中间投入渠道对行业出口质量影响存在两种相反的作用机制，一方面进口实际汇率升值会造成行业更多使用进口中间要素，进一步降低出口企业成本，弱化市场竞争和选择效应，但另一方面进口中间要素投入的增加本身也会直接提高出口产品质量。本文经验结果表明：进口汇率变化通过要素替代带来的质量提升效应要高于成本降低带来的市场竞争弱化效应。这也与之前的相关经验研究结论一致（Mouradian，2014；Ekholm，et al.，2011；Hu，et al.，2017）。

表3第（5）列和第（6）列考察了出口汇率通过加工贸易渠道对制造业出口质量升级的影响。估计结果显示：无论是否控制了其他变量，出口汇率与出口加工贸易比重交叉项回归系数为不显著的负值，表明总体上汇

率升值对制造业出口质量升级的影响与行业的加工贸易比重之间并没有显著的系统性关系。本文理论模型显示：出口汇率变化对行业出口质量升级影响除了直接的市场竞争和选择效应之外，还可能通过影响国内价格传递渠道产生。出口汇率与加工贸易比重交叉项回归系数不显著也表明：行业加工贸易比重变化并没有显著的汇率变化对国内价格的传递效应进而对出口质量升级产生显著影响。

表 3 的回归结果同样显示：控制了实际汇率变化与贸易特征交叉项变量后，出口和进口汇率单独项变量回归结果与表 2 高度一致，所有回归系数仍然至少在 1%的水平上显著，非常稳健地显示：出口汇率升值会显著提升行业平均出口质量，进口汇率升值则会显著降低行业平均出口质量；出口汇率变化对质量升级的边际影响作用要显著高于进口汇率变化的影响作用，也进一步验证了本文第二节的理论推论。

（三）汇率变化对行业出口质量升级的机制检验

第三节的描述性统计表明行业出口质量升级在产品内部和产品之间存在截然不同的变化趋势和特征，为进一步明确实际汇率变化对行业出口质量升级渠道和机制的影响，我们分别考察了汇率变化对行业产品内部出口质量升级、汇率变化引起产品间重新配置带动的行业出口质量升级影响。

表 4 中第（1）列和第（2）列分别检验了出口和进口汇率变化对行业产品内部出口质量升级的影响，结果显示：无论出口还是进口汇率升值都会对产品内部的质量升级产生负面影响作用，其中基于 GR 分解方法的回归系数都至少在 5%的显著性水平上为负值，同时回归系数的大小也显示：出口汇率升值对产品内质量升级的负面影响作用要显著高于进口汇率升值相应的影响作用，出口汇率升值 10%，产品内部质量升级会下降 1.4 个百分点，进口汇率升值 10%，产品内部质量升级会下降大约 0.6 个百分点。

表 4 中第（3）列同样验证了总体汇率变化对产品内部质量升级的影响，回归系数在 5%显著性水平上为负值，总体汇率升值 10%，产品内部质量增长率大约会下降 1%。汇率升值会显著降低持续性产品内部出口质

量升级。原因在于：总体汇率升值会导致产品结构调整和新产品进入速度加快，外部市场竞争压力加大，会挤压持续性产品内部的市场份额，造成持续性产品市场竞争力和出口质量增长率出现下降。

表4中的第（4）列和第（5）列分别考察了采用FHK和GR分解方法情况下，出口和进口汇率变化对产品间重新配置（包括产品的进入和退出效应）变化导致的出口质量升级影响。回归结果显示：控制其他变量后，出口和进口汇率回归系数都为显著的正值，表明无论出口还是进口汇率升值都会通过影响产品之间的重新配置对行业出口质量升级产生显著促进作用，回归系数大小表明出口汇率升值通过产品间重新配置渠道对质量升级的影响作用要高于进口实际汇率升值的相应作用。出口汇率升值10%，由于产品间重新配置导致的出口平均质量增长率会上升大约6.7个百分点，进口汇率升值10%，相应的出口平均质量增长率会上升大约2.7—3.9个百分点。

表4中的第（6）列进一步检验了总体汇率变化通过产品间重新配置渠道导致的出口质量升级影响。回归结果显示：控制其他变量后，汇率升值10%会通过产品间重新配置带动出口平均质量增长率上升6.8%。

表4中第（7）—（8）列进一步检验了汇率变化造成产品进入（属于产品间重新配置效应）带动的行业出口质量升级效应。第（7）列考察了出口和进口汇率变化造成新产品进入带动的行业质量升级作用，控制其他变量后，出口汇率在1%的显著性水平上为正值，进口汇率为不显著的正值。出口汇率升值10%，通过引致新产品进入带动的行业出口平均质量增长率上升8.7%，进口汇率升值10%相应的质量增长率影响作用只有大约2.5%，并且不显著。

表4中第（8）列检验了总体汇率变化通过引起新产品进入带动的出口质量升级影响，回归系数在1%的显著性水平上为正值，控制其他变量后，总体汇率升值10%会通过引入新产品方式带动行业出口平均质量增长率上升大约8.2%，表明汇率变化总体上通过引入新产品渠道对行业出口质量升级产生了显著且重要的影响作用。

表 4　实际汇率变化对行业出口质量升级效应的分解后的机制检验（基于长差分变量的回归）

被解释变量	ΔWIN	ΔWIN	ΔWIN	ΔBTW	ΔBTW	ΔBTW	Δ Entry	ΔEntry	ΔExit	ΔExit
分解方法	FHK	GR	GR	FHK	GR	GR	GR	GR	GR	GR
	(1)	(2)	(3)	(4)	(5)	(6)	(7)	(8)	(9)	(10)
Δln（*XREER*）	-0.146 **	-0.142 ***		0.676 **	0.675 ***		0.870 ***		-0.092	
	(0.068)	(0.048)		(0.279)	(0.260)		(0.317)		(0.172)	
Δln（*MREER*）	-0.030	-0.058 **		0.386 **	0.268 *		0.228		-0.013	
	(0.051)	(0.029)		(0.159)	(0.137)		(0.159)		(0.088)	
Δln（*REER*）			-0.103 **			0.676 ***		0.823 ***		-0.020
			(0.044)			(0.249)		(0.290)		(0.204)
控制变量	是	是	是	是	是	是	是	是	是	是
行业固定效应	是	是	是	是	是	是	是	是	是	是
时间固定效应	是	是	是	是	是	是	是	是	是	是
观测值	5158	5147	5147	5160	5149	5147	5149	5147	5149	5147
R^2	0.043	0.064	0.062	0.023	0.022	0.021	0.025	0.024	0.013	0.013
行业数	665	654	654	665	654	654	654	654	654	654

注：括号内为聚类到 HS 四位码分类的稳健性标准误差，*** p<0.01，** p<0.05，* p<0.1；WIN 表示产品内出口质量指数；BTW 表示产品间出口质量指数；Entry，Exit 分别表示产品进入和退出的出口质量指数。△表示变量当前值与其滞后 5 期变量的差分运算。

表4中第（9）列和第（10）列分别检验了出口和进口以及总体汇率变化通过引致产品退出（属于产品间重新配置效应）带动的行业质量升级效应，所有汇率变量的回归系数都不显著，表明汇率变化并不会通过引致行业内产品退出的渠道显著影响行业出口质量的升级。

对比表4中的回归结果，不难发现：汇率变化通过影响新产品进入对行业出口质量升级的边际作用要显著地高于通过影响产品间总体重新配置（包括产品的进入和退出）带动的出口质量升级的边际作用，更显著高于通过影响产品内部质量变化的边际作用。汇率升值主要通过影响新产品进入带动了行业出口质量升级这一经验结论，不仅与Khandelwal等人（2013）的研究认为市场竞争主要通过新企业进入带动中国制造业TFP增长的结论一致，也进一步验证了Tomlin（2014）的研究结论：汇率变动导致新企业净进入是带动制造业生产率增长的最重要因素。

（四）基于BF框架测度和分解的进一步验证

前面主要基于KSW质量测度和分解方法考察了实际汇率变化对行业出口质量升级的影响。为了进一步验证上述分析结果的稳健性，我们同样基于BF框架计算和分解了行业出口质量升级效应，考察实际汇率变化对行业BF出口质量升级的影响作用和方式。表5给出了基于BF出口质量升级指数和汇率长差分变量的进一步检验结果，第（1）列和第（2）列考察了汇率长期变化对行业出口质量升级的总体影响作用。第（1）列出口汇率估计系数在1%的显著性水平上为正值，进口汇率估计系数为负值但不显著，第（2）列总体汇率估计系数为不显著正值，上述汇率的估计结果与基于KSW方法的基准回归估计的结论完全一致，只是在参数估计的显著性方面略有差别，结果仍然表明出口汇率升值会促进行业质量升级，进口汇率升值倾向于对行业质量升级产生负面影响，且出口汇率升值对行业质量升级的边际作用要显著高于进口汇率升值相应的边际作用。第（3）列和第（4）列考察了汇率变化对行业内出口质量升级的集约边际（持续性产品的质量升级）影响。第（3）列估计系数显示：无论出口还是进口汇率的估计系数均为负值，其中进口汇率估计系数在5%的显著性水平上为负值，表明汇率升值总体上会降低持续性产品的出口质量升级（集约边际）。为了进一步验证上述结论，第（4）列总体汇率估计结果同样在5%的显著性水平上为负值，表明汇率升值总体上会对行业集约边际的出口质量升级产生显著的负面影响。估计系数表明，总体汇率升值10%，行业集约边际出口质量升级会下降4.3个百分点。

表5　**实际汇率变化对出口质量升级的影响的进一步检验（基于BF方法的测度和分解）**

被解释变量	ΔlnQBF	ΔlnQBF	ΔlnTBF	ΔINTBF	ΔEXTBF	ΔEXTBF
	(1)	(2)	(3)	(4)	(5)	(6)
Δln（XREER）	0.566**		-0.132		0.394*	
	(0.270)		(0.156)		(0.231)	
Δln（MREER）	-0.119		-0.246**		0.348*	
	(0.152)		(0.124)		(0.194)	
Δln（REER）		0.233		-0.429**		0.823***
		(0.349)		(0.220)		(0.291)
控制变量	是	是	是	是	是	是
行业固定效应	是	是	是	是	是	是
时间固定效应	是	是	是	是	是	是
观测值	5743	5741	4675	4674	4571	4571
R^2	0.010	0.009	0.015	0.016	0.017	0.019
行业数	671	671	647	647	639	639

注：括号内为聚类到HS四位码分类的稳健性标准误差，*** $p<0.01$，** $p<0.05$，* $p<0.1$。QBF表示基于BF方法得到的出口质量指数，INTBF表示出口质量指数的集约边际；EXTBF表示出口质量的扩展边际，均为对数值。Δ表示变量当前值与其滞后5期变量的差分运算。

表5第（5）列和第（6）列考察了汇率变化对行业出口质量升级的扩展边际影响作用。第（5）列估计结果显示：无论出口还是进口汇率估计系数都在10%的显著性水平上为正值，表明汇率升值总体上会加快行业内

产品进入和退出（扩展边际）促进行业出口质量升级；第（6）列采用了总体汇率指数变化进行了估计，估计系数同样在1%显著性水平上为正值，也进一步表明汇率升值会通过加速产品进入和退出显著促进行业出口质量提升。估计系数大小显示，总体汇率升值10%引起行业产品进入和退出对制造业BF出口质量升级速度提升大约8.2个百分点。显然，表5估计结果同样表明：汇率升值通过影响行业内产品进入和退出对质量升级的影响作用要显著高于对持续性产品质量相对降级的影响作用，仍然表明汇率变化对制造业出口质量升级主要是通过影响新产品的净进入带动的，汇率升值会对持续性产品质量升级产生负面影响的原因仍然在于新产品的净进入会显著削弱持续性产品市场竞争力，降低其相对质量增长率，这与基于KSW分解方法进行经验分析得到的结论是完全一致的。

我们同样采用BF框架测度得到的行业出口质量升级指数作为被解释变量，检验了汇率变化对质量升级影响与行业贸易特征之间的关系，相关估计结论与采用KSW框架估计结论仍然完全一致。不仅如此，为了进一步检验本文上述所有结果的稳健性，我们还同时采用了水平变量和4年期的差分变量进行了稳健性回归检验，结果仍然与上述的结论高度一致。考虑到已有的研究从多方面强调了汇率变动对价格传递的不对称影响作用（Marston，1990①；Knetter，1994②；Koutmos and Martin，2003③；Fang，et al.，2008④），除了上述检验之外，我们同样检验了汇率在贬值和升值情况下是否会对质量升级产生不对称的影响作用。检验结果发现：无论在升值还是贬值情况下，出口和进口汇率回归系数的显著性和大小均没有发现存在系统性的差别，汇率变化对制造业出口质量升级不存在不对称的影响作

① Marston，R. C.，"Pricing to Market in Japanese Manufacturing"，*Journal of International Economics*，Vol. 29，1990，pp. 217-236.

② Knetter，M. M.，"Is Export Price Adjustment Asymmetric? Evaluating the Market Share and Marketing Bottlenecks Hypothesis"，*Journal of International Money and Finance*，Vol. 13，1994，pp. 55-77.

③ Koutmos，G. and A. D. Martin，"Asymmetric Exchange Rate Exposure：Theory and Evidence"，*Journal of International Money and Finance*，Vol. 22，2003，pp. 365-383.

④ Fang，L.，"Large Real Exchange Rate Movements，Firm Dynamics and Productivity Growth"，*Canadian Journal of Economics*，Vol. 41，No. 2，2008，pp. 391-424.

用。考虑到 2005 年 7 月人民币汇率形成机制改革后，人民币汇率变化出现了显著的逆转趋势，我们以这一政策冲击为背景，通过汇率变化与时间虚拟变量的交叉项变量，考察了 2006—2015 年在人民币实际汇率快速升值趋势下的相关经验结果，结论仍然与本文上述给出的结果完全一致[①]。

六　结论与政策含义

本文通过构建理论模型分析了汇率变化对行业出口质量升级的影响机制。基于 KSW 和 BF 两种不同分析框架，测度并分解了中国制造业出口质量升级状况，检验了汇率变化对行业出口质量升级的总体影响作用及其机制。测算结果表明制造业出口质量升级主要来自行业内产品之间的重新配置（或者来自扩展边际），产品内部出口相对质量不仅没有提升，总体上还出现了下降。研究发现：汇率升值总体上显著促进了行业出口质量的升级。出口和进口汇率的影响作用呈现完全相反的方向，出口汇率升值的正面影响作用要显著高于进口汇率升值的负面影响作用；汇率升值主要是通过强化市场选择和竞争的方式促进了行业出口质量升级；汇率变化对制造出口质量升级与行业进口中间品依赖程度存在显著的系统性关系；汇率升值总体上会导致行业内持续性产品出口相对质量下降，但会显著促进行业内产品间重新配置带动行业出口质量升级，并且通过产品间重新配置带动的质量升级效应要显著高于产品内的质量相对降级效应；汇率变化对产品间的重新配置影响主要是通过改变新产品的进入渠道所产生。

本文的理论和经验研究结论有如下政策含义。首先，尽管汇率升值短期内会对企业出口增长产生压力，但汇率升值长期来看并没有显著地削弱中国制造业的出口竞争力，反而通过强化市场选择效应，促进产品更新技术和换代，引起行业内部产品的重新配置，有效地促进了制造业出口质量的提升。其次，汇率升值在强化市场选择效应推动制造业升级的同时，也

① 这里未列出相关的稳健性经验结果，如需要可以向作者索取。

通过强化进口中间投入要素对国内生产要素替代进一步提升了行业出口质量升级，这也表明进口中间品对提升制造业出口产品质量具有重要作用，深度融入全球价值链体系对提升中国制造业出口质量仍然具有重要现实意义。最后，汇率变化引致的市场竞争环境变化带动制造业出口质量升级主要是通过促进新产品进入的方式实现，但对产品的退出影响不显著，这也表明未来供给侧结构性改革的重点仍然在于营造更加公平的营商环境，真正落实市场在资源配置方面的决定性作用，做到企业有进有出，强化市场选择效应，带动对外贸易和经济增长向高质量发展阶段迈进。

（本文发表于《经济研究》2021 年第 2 期）

技术进步、经济周期与制造业岗位丢失

姚　曦　续　继*

内容摘要：自动化技术对就业的替代，通常被认为是持续发生的，但事实并非如此。本文强调了经济周期在技术进步影响劳动力市场过程中的作用，并从理论和经验两方面，证实技术进步对制造业岗位的替代会集中发生在经济下行期。从理论机制上看，要发生自动化技术对人的替代，除了技术约束，还要满足价格约束。经济周期对工资和利率的冲击具有非对称性，使得价格约束往往只在经济下行期满足。计量分析显示，在中国经济下行期，技术进步使得制造业就业增速年均下降0.479个百分点，表明替代效应发挥了主导作用；而在经济上行期，技术进步使得制造业就业增速年均上升0.037个百分点。经济下行期会出现更急剧的就业结构转型，意味着其就业政策更需找到经济效率和社会公平的平衡点。

关键词：技术进步　经济周期　制造业　就业

一　引言

新一轮技术变革对制造业生产方式的影响日益显著，在欢呼人工智能和机器人技术推动产业升级和生产力大踏步前进的同时，对技术进步导致

* 姚曦，中国社会科学院世界经济与政治研究所副研究员；续继，中国社会科学院经济研究所助理研究员。

就业岗位丢失的担忧也再次凸显。从发达国家的经验来看，技术进步已经成为制造业岗位丢失的重要原因之一①，而制造业岗位丢失会引起工资极化、贫富分化等诸多社会问题。从中国就业的产业结构来看，第二产业的就业占比已经进入下降通道，已经从 2012 年的 30.4%下降至 2019 年的 28.2%，这其中固然有需求结构转型以及劳动力供给方面的原因，但自动化技术对制造业岗位的替代已经成为其中不可忽视的影响因素之一②。而与技术进步将在多大范围内造成制造业岗位丢失这一问题同样重要的，是这一过程何时发生？是持续发生的，还是集中在某一时期？在中国经济要实现高质量发展和共同富裕的大背景下，回答上述问题，显得尤为重要。

自动化技术对就业的替代，通常被认为是持续发生的，但事实并非如此。本文强调了经济周期在技术进步对劳动力市场影响过程中的作用，并从理论机制和经验分析两方面，证实技术进步对就业岗位的替代会集中发生在经济下行期。在理论机制方面，基于在该领域得到广泛运用的“任务型”模型③，本文考察了经济周期在技术进步对劳动力市场影响中的作用。简要来说，技术进步对就业的影响可以分为替代效应、创造效应和新任务效应，三者的影响方向分别是负向、正向和正向。替代效应能否实现，需要满足两个条件：一是技术约束，即存在自动化技术；二是价格约束，即使用机器比使用劳动更便宜。技术约束属于长期变量，与经济周期的关联较弱；而价格约束却与经济周期息息相关。具体而言，经济周期对工资和

① Acemoglu, D. and Autor, D., “Skills, Tasks and Technologies: Implications for Employment and Earnings”, *Handbook of Labor Economics*, Vol. 4, Part B, 2011, pp. 1043 - 1171; Acemoglu, D. and Restrepo, P., “Robots and Jobs: Evidence from US Labor Markets”, *Journal of Political Economy*, Vol. 128, No. 6, 2020, pp. 2188-2244.

② 王永钦、董雯：《机器人的兴起如何影响中国劳动力市场？——来自制造业上市公司的证据》，《经济研究》2020 年第 10 期；周广肃、李力行、孟岭生：《智能化对中国劳动力市场的影响——基于就业广度和强度的分析》，《金融研究》2021 年第 6 期。

③ Acemoglu, D. and Autor, D., “Skills, Tasks and Technologies: Implications for Employment and Earnings”, *Handbook of Labor Economics*, Vol. 4, Part B, 2011, pp. 1043 - 1171; Acemoglu, D. and Restrepo, P., “The Race between Man and Machine: Implications of Technology for Growth, Factor Shares, and Employment”, *American Economic Review*, Vol. 108, No. 6, 2018a, pp. 1488 - 1542; Acemoglu, D. and Restrepo, P., “Automation and New Tasks: How Technology Displaces and Reinstates Labor”, *Journal of Economic Perspectives*, Vol. 33, No. 2, 2019, pp. 3-30.

利率的冲击是不对称的，在经济下行期，由于工资黏性，工资下降的速度相对较慢，利率下降的速度相对较快，使得机器相对于劳动更便宜，价格约束满足，从而更容易实现自动化技术对劳动的替代；而在经济上行期，利率上升的速度往往快于工资上升的速度，使得机器相对于劳动更昂贵，价格约束不容易满足，此时即便存在自动化技术，也无法实现对劳动的替代。在新冠疫情冲击期间，伴随着保就业、稳就业的压力，许多中国制造业企业利用新冠疫情期间的优惠信贷政策，加大了对机器设备的投资力度，工业机器人的销售量屡创新高①，也从直觉上印证了上述结论。

本文借鉴的研究②，以全要素生产率（*TFP*）作为技术进步的代理变量，考察技术进步对制造业劳动力市场的全面影响，并基于 1998—2013 年中国工业企业数据和省际投入产出表，提供了经济周期不同阶段的经验证据。分析结果显示，自动化技术对就业的负向替代效应并非一个渐进过程，而是主要发生在经济下行期。在 2008—2009 年和 2011—2013 年的经济下行期，*TFP* 增长使得制造业就业增速年均下降 0. 479 个百分点，相对于 2008—2013 年年均 2. 07%的中国制造业就业增速，技术进步对就业增速的负面影响接近 1/4。而在 1999—2007 年的经济上行期，*TFP* 增长使得制造业就业增速年均上升 0. 037 个百分点，相对于 1999—2008 年年均 4. 78%的中国制造业就业增速③，技术进步对就业增速具有微弱促进效果。此外，技术进步对制造业人均实际工资的影响在经济周期不同阶段也是非对称的，在经济下行期，*TFP* 增长使得制造业人均实际工资年均增速下降 0. 555 个百分点；而在经济上行期，则使制造业人均实际工资年均增速上升 0. 377 个百分点。上述结论意味着，经济下行期将面临更急剧的就业结构转型，就业政策更需要找到经济效率和社会公平的平衡点。

---

① 陈洁、吴淑萍：《“招工难”下的智能制造突进：工业机器人产量激增》，《21 世纪经济报道》2021 年 10 月 29 日。

② Autor, D. H. and Salomons, A., “Is Automation Labor-Displacing? Productivity Growth, Employment, and the Labor Share”, *Brookings Papers on Economic Activity*, No. 1, 2018, pp. 1-87.

③ 制造业就业年均增速根据《中国工业统计年鉴》中规模以上工业企业全部从业人员数计算得到。

本文的边际贡献体现在以下四个方面。第一，强调了技术进步替代就业的过程在经济周期不同阶段的非对称性，并证实技术进步对制造业岗位的替代集中发生在经济下行期。已有针对中国的研究探讨了技术进步替代就业的程度、范围和机制，但并未考察该过程与经济周期的关系，并且本文也是对发达国家类似情形的重要补充。第二，在理论机制方面，基于“任务型”模型，厘清了经济周期作用于技术进步替代就业的机制，而已有关于“任务型”模型的文献并未探讨经济周期的影响。第三，在经验分析方面，全面考察了技术进步对就业的影响，尤其是负向的替代效应和正向的创造效应，并通过从产业层面到宏观层面的加总公式，得出技术进步对制造业就业的总体影响。第四，通过构造相对外生的自变量较好地处理了内生性问题，并使用专利数据替代 *TFP* 进行了稳健性检验。

本文其余部分安排如下：第二部分是文献综述；第三部分是理论模型，分析经济周期在技术进步影响劳动力市场过程中的作用；第四部分是经验分析及数据说明，阐明技术进步的劳动力市场效应及加总公式；第五部分是计量分析结果及稳健性检验；第六部分考察经济周期不同阶段中技术进步的劳动力市场效应；最后是结论及政策含义。

二 文献综述

对于技术进步替代工作机会的担忧由来已久。早在19世纪早期，伴随着纺织业从家庭作坊向工厂制的转变，英国爆发了卢德运动，工人通过破坏机器来反抗工厂主压迫和应对技术创新所带来的恐慌①。此后，伴随着工业革命的兴起，经济学界对于技术进步替代就业岗位的探讨从未停止。而经济发展史表明，尽管短期内技术进步会造成部分岗位缩减并引发恐慌，但长期来看技术进步可以带动经济繁荣，创造更多工作岗位，并给予

① Hobsbawm, E. J., “The Machine Breakers”, *Past & Present*, Vol. 1, No. 1, 1952, pp. 57-70.

劳动者高质量的闲暇活动①。当今，物联网、人工智能等技术快速兴起，技术进步的创造性和破坏性增强，新一轮技术变革对于就业的影响可能与前几轮技术变革所产生的影响不同②。即使技术进步对就业的长期影响是正向的，但短期内的经济转型也有可能引发阵痛，影响到部分产业的发展和劳动者就业，这就需要加大收入分配和公共服务的力度③。很多制造业的工作是常规性和重复性的，相较于随时对新信息和新物理环境变化做出应变的工作岗位，更容易被自动化技术所替代④。因此，在新一轮技术变革背景下，研究技术进步对于就业，尤其是对于制造业就业的影响十分必要。

从理论研究的进展来看，该领域近 20 年来最具活力和扩展性的是“任务型”模型⑤。该模型通过使用任务型生产函数取代传统的要素型生产函数，对技术进步类型的描述更为准确和灵活，在保留传统技术进步类型的基础上，指出了自动化技术与劳动力市场的新型关系。在传统要素型生产函数中，技术进步通常被模型化为要素增强型，具体来说可以是资本增强型（提升资本的生产率）、劳动增强型（提升劳动的生产率）和希克斯

① Mokyr, J., Vickers, C. and Ziebarth, N. L., “The History of Technological Anxiety and the Future of Economic Growth: Is This Time Different?” *Journal of Economic Perspectives*, Vol. 29, No. 3, 2015, pp. 31-50.

② Nübler, I., “New Technologies: A Jobless Future or Golden Age of Job Creation?” *International Labour Office Research Department Working Paper*, No. 13, 2016.

③ Mokyr, J., Vickers, C. and Ziebarth, N. L., “The History of Technological Anxiety and the Future of Economic Growth: Is This Time Different?” *Journal of Economic Perspectives*, Vol. 29, No. 3, 2015, pp. 31-50.

④ Acemoglu, D. and Autor, D., “Skills, Tasks and Technologies: Implications for Employment and Earnings”, *Handbook of Labor Economics*, Vol. 4, Part B, 2011, pp. 1043-1171.

⑤ Zeira, J., “Workers, Machines, and Economic Growth”, *Quarterly Journal of Economics*, Vol. 113, No. 4, 1998, pp. 1091-1117; Acemoglu, D. and Autor, D., “Skills, Tasks and Technologies: Implications for Employment and Earnings”, *Handbook of Labor Economics*, Vol. 4, Part B, 2011, pp. 1043-1171; Acemoglu, D. and Restrepo, P., “The Race between Man and Machine: Implications of Technology for Growth, Factor Shares, and Employment”, *American Economic Review*, Vol. 108, No. 6, pp. 1488 - 1542; Acemoglu, D. and Restrepo, P., “Automation and New Tasks: How Technology Displaces and Reinstates Labor”, *Journal of Economic Perspectives*, Vol. 33, No. 2, 2019, pp. 3-30.

中性型（在不改变资本—劳动组成的情况下提升生产率），但无论哪一种类型的要素增强型技术进步，都无法得出使得劳动份额、劳动需求和均衡工资同时下降的结论，而这些结论恰恰是近几十年来劳动经济学领域的主要经验发现①。在任务型生产函数中，产出并非直接由要素生产，而是由一系列任务来完成，在不同任务中，资本和劳动（或者不同技能的劳动）可以拥有不同的比较优势，因此该模型也被称作劳动经济学领域的李嘉图模型。在该模型中，技术进步可以区分为自动化、新任务以及要素增强型技术进步，其中自动化技术对劳动力市场的影响可以解释近年来的经验发现②。

在经验分析方面，由于样本、时期和方法选择的差异，已有文献关于技术进步对就业的影响程度和范围仍然存在争议。一方面，部分经济学家相对悲观，认为技术进步会毁灭工作机会。Frey 和 Osborne 基于机器学习和高斯过程③，分类估计了 702 个职业被计算机化的可能性。研究发现，在美国 47%的行业容易被计算机所替代，其中物流运输类、行政辅助类、生产类职位最有可能被计算机替代。而基于类似方法，针对英国、芬兰、挪威等欧洲国家的研究表明④，各国有 30%—60%的工作在未来面临较高的被计算机替代的风险。国际劳工组织对柬埔寨、印度尼西亚等 5 个东盟国家的研究表明，各国面临自动化替代风险较高的工作占比在 44%—70%之间。Acemoglu 和 Restrepo 研究了 1990—2007 年工业机器人使用量的增加

① Acemoglu, D. and Restrepo, P., "Modeling Automation", *AEA Papers and Proceedings*, Vol. 108, 2018b, pp. 48-53.

② Acemoglu, D. and Restrepo, P., "Automation and New Tasks: How Technology Displaces and Reinstates Labor", *Journal of Economic Perspectives*, Vol. 33, No. 2, 2019, pp. 3-30.

③ Frey, C. B. and Osborne, M. A., "The Future of Employment: How Susceptible Are Jobs to Computerisation?" *Technological Forecasting and Social Change*, Vol. 114, 2017, pp. 254-280.

④ Bowles, J., *The Computerization of European Jobs*, Brussels: Bruegel Press, 2014; Frey, C. B. and Osborne, M. A., *Agiletown: The Relentless March of Technology and London's Response*, London, England: Deloitte LLP Press, 2014; Pajarinen, M., Rouvinen, P. and Ekeland, A., "Computerization Threatens One-Third of Finnish and Norwegian Employment", *ETLA Brief*, Vol. 11, No. 1, 2015, pp. 3-17.

对美国当地劳动力市场的影响[①]，并借助其他发达经济体工业机器人的外生性构造工具变量以识别因果关系，发现工业机器人密度对于美国劳动力就业和工资具有负向净影响。

另一方面，较多经济学家则相对乐观，认为技术进步不会大范围毁灭工作机会。比如一些研究表明技术进步引发的就业问题是局部性的，主要集中在制造业的中低端就业。Arntz 等人认为“自动化的风险”决不能等同于就业损失[②]，宏观经济的反馈机制会同时带来劳动力需求的增加。该文在识别易被自动化所替代的工作岗位时不同于 Frey 和 Osborne[③]，他们考虑了职业内部劳动者的异质性，以工作任务而非整个职业作为研究单位，在对 21 个经济合作与发展组织国家的研究中发现，易被替代的工作比例仅在 6%—12%之间。Graetz 和 Michaels 构建了 1993—2007 年美国、韩国、澳大利亚以及 14 个欧洲国家的面板数据[④]，针对大多数工业行业和公共事业部门进行了研究。该文以机器人在工作中出现的密度为自变量，研究发现机器人使用会提升劳动生产率、全要素生产率，对整体行业就业影响不显著。Gregory 等人（2016）认为常规性任务类的技术进步对于就业有替代作用[⑤]，但同时技术进步降低产出价格和增加产品需求，并通过收入增加等渠道产生溢出效应，从而对劳动力市场起到正向作用。该文对 1999—2010 年欧盟 27 个国家 238 个地区的研究发现，技术进步对于就业的总效应是正向的。Autor 和 Salomons 则更为全面地总结了技术进步的劳动力市

---

① Acemoglu, D. and Restrepo, P., “Robots and Jobs: Evidence from US Labor Markets”, *Journal of Political Economy*, Vol. 128, No. 6, 2020, pp. 2188-2244.

② Arntz, M., Gregory, T. and Zierahn, U., “The Risk of Automation for Jobs in OECD Countries”, *OECD Social Employment & Migration Working Papers*, No. 189, 2016; Arntz, M., Gregory, T. and Zierahn, U., “Revisiting the Risk of Automation”, *Economics Letters*, Vol. 159, 2017, pp. 157-160.

③ Frey, C. B. and Osborne, M. A., “The Future of Employment: How Susceptible Are Jobs to Computerisation?” *Technological Forecasting and Social Change*, Vol. 114, No. C, 2017, pp. 254-280.

④ Graetz, G. and Michaels, G., “Robots at Work”, *Review of Economics and Statistics*, Vol. 100, No. 5, 2018, pp. 753-768.

⑤ Gregory, T., Salomons, A. and Zierahn, U., “Racing With or Against the Machine? Evidence from Europe”, *ZEW-Centre for European Economic Research Discussion Paper*, No. 16-053, 2016.

场效应，将其分为技术进步的直接效应和间接效应[①]，以及生产率增长带来的创造效应。该文构建了 19 个发达国家 32 个行业的面板数据，在国家—行业层面研究 1970—2007 年 *TFP* 变动对劳动力市场的影响，结果显示，技术进步的直接效应减少了就业，但技术对于就业的间接效应和创造效应是正向的，且抵消了负向的直接效应，最终带来了就业的增长。

随着制造业升级，中国在 2016 年已经成为世界上最大的工业机器人使用国，2005—2016 年中国工业机器人保有量的年均增速高达 38%[②]。中国学界开始关注新一轮技术变革与就业的关系。王永钦和董雯使用国际机器人联合会（IFR）的中国行业机器人应用数据和制造业上市公司数据[③]，从企业层面证实，机器人应用对企业的劳动力需求产生一定的替代效应，工业机器人渗透度每增加 1%，企业的劳动力需求下降 0. 18%。周广肃等[④]基于 Frey 和 Osborne 的方法[⑤]，估算了中国各职业被智能化替代的概率，并基于人口普查和家庭调查微观数据研究发现，智能化对中国劳动就业产生了明显的替代作用，一方面减少了就业人数的增长，另一方面却增加了在职劳动力的工作时间。孔高文等综合运用 2012—2017 年的海关机器人进口数据以及 IFR 机器人使用数据[⑥]，发现机器人应用规模扩大会显著降低本地未来一年的劳动力就业水平（尤其是易被机器替代的行业）。邵文波和盛丹应用 2004—2013 年工业企业数据库[⑦]，借助 2004 年企业拥有的计算机数量与固定资产之比衡量信息资本投入水平，发现企业信息投入与就业人

① 其中间接效应又包括供应商或者需求商的关联效应。

② Cheng，H.，Jia，R.，Li，D. and Li，H.，“The Rise of Robots in China”，*Journal of Economic Perspectives*，Vol. 33，No. 2，2019，pp. 71-88.

③ 王永钦、董雯：《机器人的兴起如何影响中国劳动力市场？——来自制造业上市公司的证据》，《经济研究》2020 年第 10 期。

④ 周广肃、李力行、孟岭生：《智能化对中国劳动力市场的影响——基于就业广度和强度的分析》，《金融研究》2021 年第 6 期。

⑤ Frey，C. B. and Osborne，M. A.，“The Future of Employment：How Susceptible Are Jobs to Computerisation?” *Technological Forecasting and Social Change*，Vol. 114，No. C，2017，pp. 254-280.

⑥ 孔高文、刘莎莎、孔东民：《机器人与就业——基于行业与地区异质性的探索性分析》，《中国工业经济》2020 年第 8 期。

⑦ 邵文波、盛丹：《信息化与中国企业就业吸纳下降之谜》，《经济研究》2017 年第 6 期。

数、劳动收入份额呈明显负相关关系。

在针对中国的研究中，关于自动化技术到底是会替代还是创造就业仍然存在分歧。大部分研究认为中国制造业已经出现了技术进步替代就业的现象①，而部分针对城市的研究则显示机器人能够促进就业岗位的增加②。本文借鉴 Autor 和 Salomons 的方法③，采取 *TFP* 作为总体技术进步的代理指标，全面衡量技术进步对制造业就业的影响，试图为该领域提供更为丰富的经验证据。此外，本文进一步回答了技术进步在何时替代就业的问题，是对发达国家类似情形的重要补充。如 Jaimovich 和 Siu 的研究表明④，20 世纪 80 年代中期以来美国 88%的制造业常规工作岗位丢失发生在经济衰退期开始后的 12 个月内，并且这部分常规工作岗位在经济复苏后无法恢复，是造成无就业复苏的主要原因。

三　理论模型

基于 Acemoglu 和 Restrepo 的“任务型”模型⑤，本文通过考察经济周期对模型关键假设条件的含义，讨论了在经济上行期和经济下行期，四种类型技术进步对劳动需求的不同影响，强调了价格约束在自动化技术对就业替代效应中的关键作用。

---

① 余玲铮、魏下海、孙中伟、吴春秀：《工业机器人、工作任务与非常规能力溢价——来自制造业“企业—工人”匹配调查的证据》，《管理世界》2021 年第 1 期；闫雪凌、朱博楷、马超：《工业机器人使用与制造业就业：来自中国的证据》，《统计研究》2020 年第 1 期。

② 魏下海、张沛康、杜宇洪：《机器人如何重塑城市劳动力市场：移民工作任务的视角》，《经济学动态》2020 年第 10 期。

③ Autor, D. H. and Salomons, A., “Is Automation Labor-Displacing? Productivity Growth, Employment, and the Labor Share”, *Brookings Papers on Economic Activity*, Vol. 2018, No. 1, 2018, pp. 1-87.

④ Jaimovich, N. and Siu, H. E., “Job Polarization and Jobless Recoveries”, *Review of Economics and Statistics*, Vol. 102, No. 1, 2020, pp. 129-147.

⑤ Acemoglu, D. and Restrepo, P., “The Race between Man and Machine: Implications of Technology for Growth, Factor Shares, and Employment”, *American Economic Review*, Vol. 108, No. 6, 2018a, pp. 1488-1542; Acemoglu, D. and Restrepo, P., “Automation and New Tasks: How Technology Displaces and Reinstates Labor”, *Journal of Economic Perspectives*, Vol. 33, No. 2, 2019, pp. 3-30.

(一) 模型设定

假设总产出Y由一系列连续任务i生产，并采取常替代弹性（CES）形式：

$$Y = \left(\int_{N-1}^{N} y(i)^{\frac{\sigma-1}{\sigma}} di\right)^{\frac{\sigma}{\sigma-1}} \tag{1}$$

其中$\sigma>0$为任务之间的替代弹性。积分上下限在$N-1$和N之间，保证任务i的度量被标准化为1，而N的增加表示新任务的出现。假设存在自动化的技术约束$I\in[N-1, N]$，$i>I$的任务是技术上无法自动化的，必须由人来生产，其生产函数为：

$$y(i)=\gamma(i)\,l(i) \tag{2}$$

其中$\gamma(i)$表示任务i上的劳动生产率，也即劳动增强型技术进步；$l(i)$表示任务i上生产$y(i)$单位产量所需的劳动投入。而$i\leqslant I$的任务是技术上可以实现自动化的，可以由人或者机器来生产，其生产函数为：

$$y(i)=\eta(i)\,k(i)+\gamma(i)\,l(i) \tag{3}$$

其中$\eta(i)$表示任务i上的资本生产率（即资本增强型技术进步），$k(i)$表示任务i所需的资本投入。在上述生产函数中资本和劳动是完全替代的，所以在生产中实际使用哪种要素将取决于使用该要素的成本。

假设$\gamma(i)/\eta(i)$对于i严格递增，这意味着劳动在高阶任务i上具有比较优势。产品和要素市场都是完全竞争的。为简化分析，将劳动供给L和资本存量K视作给定。将劳动供给视作给定，意味着劳动需求的改变只会影响工资，但不会改变就业水平。因此，在本模型中工资的变动就代表了劳动需求的变动，而劳动需求的变动则意味着实际经济中的就业变动。以上就完成了模型设定，给定四种技术进步类型：自动化I、新任务N、劳动增强型技术进步$\gamma(i)$、资本增强型技术进步$\eta(i)$，我们将找到模型均衡时的产出Y、工资W和利率R，并探讨经济周期带来的比较静态含义。

（二）模型均衡

由于市场是完全竞争的，所以每个任务的价格 $p\ (i)$ 等于生产该任务的最小单位成本：

$$p\ (i)\ =\begin{cases}\min\left(\dfrac{R}{\eta\ (i)},\ \dfrac{W}{\gamma\ (i)}\right) & \text{如果}\quad i\leqslant I\\[2ex] \dfrac{W}{\gamma\ (i)} & \text{如果}\quad i>I\end{cases}\tag{4}$$

求解生产端的成本最小化问题，可知每个任务的需求函数为：

$$y(i)=\frac{Y}{\Phi}p(i)^{-\sigma}\text{，其中 }\Phi=\left(\int_{N-1}^{N}p(i)^{1-\sigma}di\right)^{\frac{\sigma}{\sigma-1}}\tag{5}$$

至此，需要做出一个对模型结论至关重要的假设 A1：

$$\frac{\gamma\ (I)}{\eta\ (I)}<\frac{W}{R}\tag{6}$$

该假设保证了在自动化技术约束临界点 I 处，使用资本的单位生产成本更低。因此，当 $i\in\ [N-1,\ I]$ 时，任务全部由资本生产；当 $i\in\ (I,\ N]$ 时，任务全部由劳动生产。当自动化技术约束放松即 I 增加时，将实现机器对人的替代。在假设 A1 下，可以得出要素需求函数：

$$k\ (i)\ =\begin{cases}\dfrac{Y}{\Phi}\dfrac{1}{\eta\ (i)}\left(\dfrac{R}{\eta\ (i)}\right)^{-\sigma} & \text{如果}\quad i\leqslant I\\[2ex] 0 & \text{如果}\quad i>I\end{cases}\tag{7}$$

$$l\ (i)\ =\begin{cases}0 & \text{如果}\quad i\leqslant I\\[2ex] \dfrac{Y}{\Phi}\dfrac{1}{\gamma\ (i)}\left(\dfrac{W}{\gamma\ (i)}\right)^{-\sigma} & \text{如果}\quad i>I\end{cases}\tag{8}$$

均衡时资本市场出清，因此资本需求等于资本供给：

$$\frac{Y}{\Phi}\int_{N-1}^{I}\frac{1}{\eta(i)}\left(\frac{R}{\eta(i)}\right)^{-\sigma}di=K\tag{9}$$

劳动市场出清意味着劳动需求等于劳动供给：

$$\frac{Y}{\Phi}\int_{N-1}^{I}\frac{1}{\gamma(i)}\left(\frac{W}{\gamma(i)}\right)^{-\sigma}di=L\tag{10}$$

产品市场出清意味着产品需求（由总收入决定）等于总产量：

$$WL+RK=Y \tag{11}$$

由生产函数、要素需求函数和资本劳动市场出清条件，可得均衡产出为：

$$Y=\left[\left(\int_{N-1}^{I}\eta(i)^{\sigma-1}di\right)^{\frac{1}{\sigma}}K^{\frac{\sigma-1}{\sigma}}+\left(\int_{I}^{N}\gamma(i)^{\sigma-1}di\right)^{\frac{1}{\sigma}}L^{\frac{\sigma-1}{\sigma}}\right]^{\frac{\sigma}{\sigma-1}} \tag{12}$$

（三）四种技术进步类型与全要素生产率

全要素生产率代表总体技术进步，在模型中可以看作在给定要素投入L和K的条件下总产出的增长。因此，给定L和K，将对数总产出对I、N、$\gamma(i)$和$\eta(i)$求偏导可得：

$$\frac{\mathrm{d}\ln Y}{dI}=\frac{1}{1-\sigma}\Phi^{\frac{1-\sigma}{\sigma}}\left[\left(\frac{W}{\gamma(I)}\right)^{1-\sigma}-\left(\frac{R}{\eta(I)}\right)^{1-\sigma}\right] \tag{13}$$

由假设A1可知，$\frac{\mathrm{d}\ln Y}{dI}>0$。

$$\frac{\mathrm{d}\ln Y}{dN}=\frac{1}{1-\sigma}\Phi^{\frac{1-\sigma}{\sigma}}\left[\left(\frac{R}{\eta(N-1)}\right)^{1-\sigma}-\left(\frac{W}{\gamma(N)}\right)^{1-\sigma}\right] \tag{14}$$

新任务之所以被生产，意味着生产新任务的单位成本小于相应淘汰的旧任务单位成本，也即$\frac{W}{\gamma(N)}<\frac{R}{\eta(N-1)}$，因此$\frac{\mathrm{d}\ln Y}{dN}>0$。

$$\frac{\mathrm{d}\ln Y}{d\gamma(i)}=\Phi^{\frac{1-\sigma}{\sigma}}\left(\frac{W^{1-\sigma}}{\gamma(i)^{2-\sigma}}\right)>0 \tag{15}$$

$$\frac{\mathrm{d}\ln Y}{d\eta(i)}=\Phi^{\frac{1-\sigma}{\sigma}}\left(\frac{R^{1-\sigma}}{\eta(i)^{2-\sigma}}\right)>0 \tag{16}$$

由此可知，在给定要素投入L和K的情况下，自动化I、新任务N、劳动增强型技术进步$\gamma(i)$和资本增强型技术进步$\eta(i)$的提升都将带来总产量的提升，也即四种技术进步类型都将促进全要素生产率的提升。

（四）技术进步与劳动需求

下面分析各种技术进步类型对劳动需求的影响。由资本市场、劳动市场和产品市场出清条件可得：

$$\frac{d\ln W}{dI}=\frac{d\ln Y}{dI}-(1-s_L)\frac{1}{\sigma}\Lambda_I \tag{17}$$

其中，$\Lambda_I=\frac{\gamma(I)^{\sigma-1}}{\int_I^N\gamma(i)^{\sigma-1}di}+\frac{\eta(I)^{\sigma-1}}{\int_{N-1}^I\eta(i)^{\sigma-1}di}>0$，$s_L=WL/Y$ 表示劳动收入份额。上式等号右边第一项 $d\ln Y/dI$ 为创造效应，由上文推导结果可知为正，也即自动化技术通过促进总产出的增加，进而提升劳动需求；第二项 $-(1-s_L)\frac{1}{\sigma}\Lambda_I$ 为就业替代效应，符号为负。自动化对劳动需求的影响取决于正向创造效应和负向替代效应孰大孰小。

$$\frac{d\ln W}{dN}=\frac{d\ln Y}{dN}+(1-s_L)\frac{1}{\sigma}\Lambda_N \tag{18}$$

其中，$\Lambda_N=\frac{\gamma(N)^{\sigma-1}}{\int_I^N\gamma(i)^{\sigma-1}di}+\frac{\eta(N-1)^{\sigma-1}}{\int_{N-1}^I\eta(i)^{\sigma-1}di}>0$。上式等号右边第一项为创造效应，由上文推导结果可知为正；第二项为新任务效应，符号为正。由此可知，新任务对劳动需求的影响总是正向的。

$$\frac{d\ln W}{d\gamma(i)}=\frac{d\ln Y}{d\gamma(i)}-(1-s_L)\frac{1-\sigma}{\sigma}\frac{\gamma(i)^{\sigma-2}}{\int_I^N\gamma(i)^{\sigma-1}di} \tag{19}$$

上式等号右边第一项为创造效应，由式（15）可知符号为正；第二项为负，但由于现实中替代弹性 σ 的估计值从左侧趋近于 1，因此该项的绝对值很小，相对于创造效应可以忽略不计。因此，劳动增强型技术进步对劳动需求的影响是正向的。

$$\frac{d\ln W}{d\eta(i)}=\frac{d\ln Y}{d\eta(i)}+(1-s_L)\frac{1-\sigma}{\sigma}\frac{\eta(i)^{\sigma-2}}{\int_{N-1}^I\eta(i)^{\sigma-1}di} \tag{20}$$

上式等号右边第一项为创造效应，由式（16）可知符号为正；第二项为正，但由于绝对值很小，相对于创造效应可以忽略不计。所以资本增强型技术进步对劳动需求的影响总是正向的。

综上，在A1假设下，各种类型技术进步对劳动需求的影响可以分解如下（括号中表示影响方向）：

“自动化”对劳动需求的影响=创造效应（+）+替代效应（-）

“新任务”对劳动需求的影响=创造效应（+）+新任务效应（+）

“要素增强型技术进步”对劳动需求的影响=创造效应（+）

由上述分解可知，总体技术进步对就业的影响取决于替代效应、创造效应和新任务效应孰大孰小。如果总体技术进步对就业的影响为负，则可以推断是自动化对就业的替代效应起了主导作用。

（五）经济周期的影响

重新考察整个模型之后，我们会发现对于上述推论至关重要的A1假设（即在自动化技术约束临界I处使用资本相对更便宜），事实上并非任何时期都满足。当然，导致A1假设无法满足的因素可能有很多，比如经济发展阶段不同，资本主义发展的早期阶段普遍存在资本稀缺问题①，从而利率较高；再如工业化早期国家的资本增强型技术进步水平较低等。但本文要强调的是短期经济波动因素。在A1假设中，劳动增强型和资本增强型技术进步属于长期变量，短期很难改变。短期经济波动会首先冲击价格变量，当经济下行时，利率和工资都趋于下降，但是由于存在工资黏性，利率下降速度往往快于工资，使得A1假设更容易满足。

而在经济上行期，利率上升的速度往往快于工资上升的速度，从而使得A1假设不再满足，而是有以下A2假设：

$$\frac{\gamma(I)}{\eta(I)}>\frac{W}{R} \tag{21}$$

A2假设表明在自动化技术约束临界点I处，使用资本的单位生产成本更高。因此，当自动化技术约束放松，即I增加时，也不会出现机器对人的替代。由于$\gamma(i)/\eta(i)$相对于i严格递增，所以必然存在$J<I$，使得

① 浦山：《技术进步与就业》，美国哈佛大学经济系论文，1949年。刊载于《浦山集》，中国社会科学出版社2006年版。

$\gamma(J)/\eta(J)>W/R$。任务 i 由何种要素完成将由成本最小化而不是自动化技术约束决定。当 $i\in[N-1, J]$ 时，有 $\gamma(i)/\eta(i)<W/R$，任务全部由资本生产；而当 $i\in(J, N]$ 时，任务全部由劳动生产。

模型的均衡产出将变为：

$$Y=\left[\left(\int_{N-1}^{J}\eta(i)^{\sigma-1}di\right)^{\frac{1}{\sigma}}K^{\frac{\sigma-1}{\sigma}}+\left(\int_{J}^{N}\gamma(i)^{\sigma-1}di\right)^{\frac{1}{\sigma}}L^{\frac{\sigma-1}{\sigma}}\right]^{\frac{\sigma}{\sigma-1}} \tag{22}$$

因此，$d\ln Y/dI=0$，自动化无法促进全要素生产率的提升。而 $d\ln Y/dN$、$d\ln Y/d\gamma(i)$ 和 $d\ln Y/d\eta(i)$ 与在 A1 假设下相同，符号均大于零。

进一步，自动化也无法改变劳动需求：

$$\frac{d\ln W}{dI}=\frac{d\ln Y}{dI}=0 \tag{23}$$

而新任务和要素增强型技术进步的劳动需求效应与在 A1 假设下相比，只有细微变动：

$$\frac{d\ln W}{dN}=\frac{d\ln Y}{dN}+(1-s_L)\frac{1}{\sigma}\Lambda_N^J \text{ 其中，}$$

$$\Lambda_N^J=\frac{\gamma(N)^{\sigma-1}}{\int_J^N\gamma(i)^{\sigma-1}di}+\frac{\eta(N-1)^{\sigma-1}}{\int_{N-1}^{J}\eta(i)^{\sigma-1}di}>0 \tag{24}$$

$$\frac{d\ln W}{d\gamma(i)}=\frac{d\ln Y}{d\gamma(i)}-(1-s_L)\frac{1-\sigma}{\sigma}\frac{\gamma(i)^{\sigma-2}}{\int_J^N\gamma(i)^{\sigma-1}di} \tag{25}$$

$$\frac{d\ln W}{d\eta(i)}=\frac{d\ln Y}{d\eta(i)}+(1-s_L)\frac{1-\sigma}{\sigma}\frac{\eta(i)^{\sigma-2}}{\int_{N-1}^{J}\eta(i)^{\sigma-1}di} \tag{26}$$

综上，在经济上行期的 A2 假设下，各技术进步类型对劳动需求的影响可以分解如下（括号中表示影响方向）：

“自动化”对劳动需求的影响=创造效应（0）+替代效应（0）

“新任务”对劳动需求的影响=创造效应（+）+新任务效应（+）

“要素增强型技术进步”对劳动需求的影响=创造效应（+）

由上述分解可知，在 A2 假设下，总体技术进步对就业的影响总是正向的，而自动化对就业没有影响，这正是由于资本相对于劳动更昂贵，即便存在自动化技术也无法实现对劳动的替代。

四　经验分析及数据说明

在经验分析中，本文借鉴 Autor 和 Salomons 的方法①，采用 *TFP* 作为技术进步的代理变量，考察了技术进步对劳动力市场的直接效应、创造效应和上下游效应，并提供从产业层面到宏观层面的加总方法。该计量策略衡量了技术进步对加总劳动力市场的全面影响，其中直接效应涵盖了理论机制中的替代效应和新任务效应；创造效应对应理论机制中的创造效应；与单一行业理论模型相比，计量检验拓展为多行业，因此本文还考察了上下游效应。下文将详述三个效应的模型构建，阐明如何将技术进步的三个劳动力市场效应加总为整体影响，探讨该模型中的内生性问题和识别策略，并对数据和关键变量构造进行说明。

（一）直接效应

直接效应是指本行业技术进步对本行业就业和实际工资产生的直接影响，具体公式如下：

$$\Delta \ln Labor_{ipt} = \alpha + \sum_{g=0}^{1} \beta_g \Delta \ln TFP_{i,\ \tilde{p} \neq p,\ t} + \gamma_t + \chi_p + \gamma_t \cdot \chi_p + \varepsilon_{ipt} \quad (27)$$

其中 i 表示行业，p 表示省份，t 表示时间。$\Delta \ln Labor_{ipt}$ 为就业人数或者人均实际工资的对数差分。$\Delta \ln TFP_{i,\tilde{p} \neq p,t}$ 为相对外生的自变量，同样使用 *TFP* 的对数差分。构造时使用 i 行业 t 期除本省 p 之外其他省份的 *TFP* 均值来替代 i 行业 t 期 p 省 *TFP*，即 $TFP_{i,\tilde{p} \neq p,t}$②。技术进步对劳动力市场的影响具有一定滞后性，不仅当期的 *TFP* 会影响到劳动力市场，滞后期 *TFP* 也

---

① Autor, D. H. and Salomons, A., "Is Automation Labor-Displacing? Productivity Growth, Employment, and the Labor Share", *Brookings Papers on Economic Activity*, Vol. 2018, No. 1, 2018, pp. 1-87.

② 经检验，$\ln TFP_{i,p,t}$ 与本文构造的 $\ln TFP_{i,\tilde{p} \neq p,t}$ 的相关系数在 0.9 以上。

会影响劳动力市场，因此本文引入了 TFP 的滞后项，$\sum_{g=0}^{1}\beta_g \Delta \ln TFP_{i,\ \tilde{p}\neq p,\ t}$ 包括当期和 $t-1$ 期 $\ln TFP$ 的变化，$\sum_{g=0}^{1}\beta_g$ 为当期和 $t-1$ 期 $\ln TFP$ 变动的系数加总。

γ_t、χ_p 和 $\gamma_t \cdot \chi_p$ 分别为时间固定效应、地区固定效应、地区和时间固定效应交叉项。上述固定效应可以控制宏观经济政策冲击对劳动力市场的影响，也可以控制总体劳动供给的趋势性变化。劳动力价格很大程度上受劳动供给的影响，在本文覆盖的样本期内（1998—2013），中国劳动力供给经历了两个重要时点：一是2004年左右，中国经历了刘易斯转折点，标志着劳动力从过剩转向短缺；另一个是2010年，中国劳动年龄人口进入负增长。劳动供给的趋势性变化是全局性的，通过控制上述固定效应，可以更好地识别由技术进步带来的劳动力市场效应。此外，α 为常数项，ε_{ipt} 为误差项。

（二）上下游效应

上下游效应是指上游和下游行业技术进步对本行业劳动力市场的间接影响。王永钦和董雯的研究指出①，机器人应用会通过产业链对上下游企业劳动力需求产生影响，因此有必要在整体影响中考虑上下游效应。具体公式如下：

$$\Delta \ln Labor_{ipt} = \alpha + \sum_{g=0}^{1}\beta_g \Delta \ln TFP_{i,\ \tilde{p}\neq p,\ t} + \sum_{g=0}^{1}\rho_g \Delta \ln TFP^{up}_{i,\ p,\ t} + \sum_{g=0}^{1}\tau_g \Delta \ln TFP^{down}_{i,\ p,\ t} + \gamma_t + \chi_p + \gamma_t \cdot \chi_p + \varepsilon_{ipt} \tag{28}$$

其中 $\Delta \ln TFP^{up}_{i,p,t}$ 和 $\Delta \ln TFP^{down}_{i,p,t}$ 分别表示第 i 个行业的上游行业和下游行业 TFP 变动的加权平均值，$\sum_{g=0}^{1}\rho_g \Delta \ln TFP^{up}_{i,\ p,\ t}$ 和 $\sum_{g=0}^{1}\tau_g \Delta \ln TFP^{down}_{i,\ p,\ t}$ 表示上游和下游行业 TFP 变动及其1期滞后项。$\Delta \ln TFP^{up}_{i,p,t}$ 和 $\Delta \ln TFP^{down}_{i,p,t}$ 的具体公式如下：

---

① 王永钦、董雯：《机器人的兴起如何影响中国劳动力市场？——来自制造业上市公司的证据》，《经济研究》2020年第10期。

$$\Delta\ln TFP_{i,\ p,\ t}^{stream} = \sum_{j=1}^{n} weight_{j\neq i}^{stream} \times \Delta\ln TFP_{j\neq i,\ p,\ t} \tag{29}$$

$$stream \in \{up,\ down\}$$

其中，$weight_{j\neq i}^{stream}$为上游或者下游行业的权重，表示$j$行业作为上游供应商在$i$行业中作为投入的占比，或者$j$行业作为下游客户在$i$行业中获得产出的占比。将$i$行业对应的每个上游或者下游$j$行业的权重$weight_{j\neq i}^{stream}$与第$j$行业对应的 ln*TFP* 变动相乘，再进行加总得到上游或者下游行业的 *TFP* 变动$\Delta\ln TFP_{i,p,t}^{stream}$。

在计算i行业的上游或者下游行业 *TFP* 变动时，需要在权重中去除i行业本身占投入或者产出的权重，避免重复计算i行业的 *TFP* 变动从而导致内生性问题。

（三）创造效应

创造效应是指本行业以及上下游行业的技术进步通过带动产出增长，最终对劳动力市场产生的间接效应。Gregory 等人①以及 Autor 和 Salomons②都强调了在计量检验中考察创造效应的重要性，如果技术进步通过促进产出规模扩大从而带动就业的效应大于其就业替代效应，那么技术进步在整体上将带动就业扩大。

创造效应的检验分为两步，首先，本行业以及上下游行业的 *TFP* 进步作用于以实际增加值代表的本行业产出规模：

$$\Delta\ln ValueAdd_{ipt} = \alpha + \sum_{g=0}^{1}\beta_g^{VA}\Delta\ln TFP_{i,\ \tilde{p}\neq p,\ t} + \sum_{g=0}^{1}\rho_g^{VA}\Delta\ln TFP_{i,\ p,\ t}^{up} + \sum_{g=0}^{1}\tau_g^{VA}\Delta\ln TFP_{i,\ p,\ t}^{down} + \gamma_t + \chi_p + \gamma_t\cdot\chi_p + \varepsilon_{ipt} \tag{30}$$

---

① Gregory, T., Salomons, A. and Zierahn, U., "Racing With or Against the Machine? Evidence from Europe", *ZEW-Centre for European Economic Research Discussion Paper*, No. 16 - 53, 2016.

② Autor, D. H. and Salomons, A., "Is Automation Labor-Displacing? Productivity Growth, Employment, and the Labor Share", *Brookings Papers on Economic Activity*, Vol. 2018, No. 1, 2018, pp. 1-87.

$\Delta\ln ValueAdd_{ipt}$表示 i 行业 p 省份 t 期的实际增加值的对数差分。式（30）的识别策略与式（27）（28）类似，不再详述。

其次，本省行业产出规模变动作用于本省本行业的劳动力市场：

$$\Delta\ln Labor_{ipt} = \alpha + \sum_{g=0}^{1} \delta_g \Delta\ln ValueAdd_{\tilde{\imath} \neq i,\ p,\ t} + \varepsilon_{ipt} \tag{31}$$

$\Delta\ln ValueAdd_{\tilde{\imath}\neq i,p,t}$为相对外生的本省行业产出规模的对数差分。在构造时，为了避免由联立相关引起的内生性问题，使用 p 省 t 期除本行业 i 之外其他行业实际增加值均值 $ValueAdd_{\tilde{\imath}\neq i,p,t}$来替代 p 省 t 期所有行业实际增加值的均值。

（四）劳动力市场效应加总公式

利用上述估计系数考察三大效应各自在行业层面的加总，以计算三大效应对本地制造业劳动力市场的总体影响。

第一，直接效应加总。利用式（27）中的估计系数，将技术进步的直接效应在行业层面加总，可以得到技术进步的直接效应对本地制造业劳动力市场的总效应：

$$\begin{aligned}\Delta\ln Labor_{p,\ t}^{D} &= \sum_{i=0}^{I} \tilde{w}_{i,\ p} \frac{\partial\ln Labor_{i,\ p,\ t}}{\partial\ln TFP_{i,\ \tilde{p}\neq p,\ t}} \Delta\ln TFP_{i,\ \tilde{p}\neq p,\ t} \\ &= \sum_{i=0}^{I} (\tilde{w}_{i,\ p} \sum_{g=0}^{1} \beta_g \Delta\ln TFP_{i,\ \tilde{p}\neq p,\ t})\end{aligned} \tag{32}$$

其中，$\Delta\ln Labor_{p,t}^{D}$为直接效应带来的 p 省 t 期制造业劳动力市场总变动，包括就业和人均实际工资。$\tilde{w}_{i,p}$表示 p 省份中 i 行业的权重，由 p 省总就业人口中 i 行业就业人口所占份额的年度平均值计算而来。就业份额权重采用年均值形式，有效减少了权重和因变量的联立关系。$\sum_{g=0}^{1}\beta_g$ 为 TFP 直接效应的估计系数，$\Delta\ln TFP_{i,\tilde{p}\neq p,t}$表示 TFP 变动。

第二，上下游效应加总。利用式（28）中的估计系数，将技术进步的上下游效应在行业层面加总，可以得到技术进步的上游效应和下游效应对本地制造业劳动力市场的总效应：

$$\Delta \ln Labor_{p,t}^{stream} = \sum_{i=0}^{I} \tilde{w}_{i,p} \frac{\partial \ln Labor_{i,p,t}}{\partial \ln TFP_{i,p,t}^{stream}} \Delta \ln TFP_{i,p,t}^{stream}$$
$$= \sum_{i=0}^{I} (\tilde{w}_{i,p} \sum_{g=0}^{1} \kappa_g \Delta \ln TFP_{i,p,t}^{stream}) \qquad (33)$$
$$stream \in \{up, down\}, \kappa_g \in \{\rho_g, \tau_g\}$$

其中，$\Delta \ln Labor_{p,t}^{stream}$为上游效应或下游效应带来的 p 省 t 期制造业就业总变动。$\tilde{w}_{i,p}$表示 p 省份中 i 行业的权重，构造方法与式（32）相同。$\sum_{g=0}^{1} \kappa_g$为 TFP 上游效应或下游效应的估计系数。

第三，创造效应加总。利用式（30）（31）中的估计系数，将技术进步的创造效应在行业层面加总，可以得到技术进步的创造效应对本地制造业就业的总效应：

$$\Delta \ln Labor_{p,t}^{F} = \sum_{i=0}^{I} \tilde{w}_{i,p} \times \frac{\partial \ln Labor_{i,p,t}}{\partial \ln VA_{i,p,t}} \times \frac{\partial \ln VA_{i,p,t}}{\partial \ln TFP_{i,p\neq p,t}} \times \Delta \ln TFP_{i,\tilde{p}\neq p,t}$$
$$= \sum_{i=0}^{I} \tilde{w}_{i,p} \times \frac{\partial \ln Labor_{i,p,t}}{\partial \ln VA_{p,t}} \times \frac{\partial \ln VA_{p,t}}{\partial \ln VA_{i,p,t}} \times \frac{\partial \ln VA_{i,p,t}}{\partial \ln TFP_{i,\tilde{p}\neq p,t}} \times \Delta \ln TFP_{i,\tilde{p}\neq p,t}$$
$$= \sum_{i=0}^{I} (\tilde{w}_{i,p} \times \sum_{g=0}^{1} \delta_g \times \theta_{i,p} \times \sum_{g=0}^{1} \beta_g^{VA} \times \Delta \ln TFP_{i,\tilde{p}\neq p,t}) \qquad (34)$$

其中，$\Delta \ln Labor_{p,t}^{F}$为创造效应带来的 p 省份 t 期制造业就业总变动。$\tilde{w}_{i,p}$表示 p 省份中 i 行业的权重，构造方法与上两式相同。TFP 进步通过创造效应对劳动力市场的边际影响可拆分为两个系数的乘积。一个是 TFP 对实际增加值的边际影响，该系数来自式（30），即 $\partial \ln VA_{i,p,t} / \partial \ln TFP_{i,\tilde{p}\neq p,t} = \sum_{g=0}^{1} \beta_g^{VA}$。一个是实际增加值对劳动力市场的边际影响，该系数可以进一步分解为两个边际影响的乘积。其中，第一项边际影响 $\partial \ln Labor_{i,p,t} / \partial \ln VA_{p,t}$即式（31）中的系数 $\sum_{g=0}^{1} \delta_g$；第二个边际影响 $\partial \ln VA_{p,t} / \partial \ln VA_{i,p,t}$是 p 省 i 行业实际增加值对 p 省制造业全部行业实际增加值的边际影响，可

简化为 p 省制造业实际增加总值中 i 行业实际增加值所占份额[①]，用 $\theta_{i,p}$ 表示。

综上，通过行业层面的加总，在得到 *TFP* 进步对本地制造业的直接效应、上下游效应和创造效应之后，再将这三大效应相加，可以得到 *TFP* 进步对于本地制造业就业的总影响。

（五）内生性问题与识别策略

在上述基准计量模型的构造中，本文借鉴 Autor 和 Salomons 的方法[②]，构造相对外生的自变量，使用该行业除本省之外其他省份 *TFP* 的均值来替代该行业本省 *TFP*。该做法一方面可以消除 *TFP* 和就业的直接联立相关性；另一方面可以表示中国该行业技术前沿面的推移，且给定年份同一行业的技术水平在各个省份之间差别不大，使其与内生自变量的相关性得到保证。然而，Autor 和 Salomons[③] 的研究是行业—国家层面的，本文将该方法应用在行业—省份层面时，劳动力在中国各省之间的流动性要高于国家之间，这使得 *TFP* 和就业的联立相关性或较为严重。对此有两点需要阐明。

第一，本文使用规模以上工业企业数据库计算企业层面的 *TFP* 和就业，进而加总至“行业—省份”层面，省际劳动力流动问题的影响被减弱了。因为大中型工业企业的人事用工制度相对小企业更为完善，其雇佣的流动人口流动期限相对较长，居留意愿相对较高[④]。此外，2010 年第六次全国人口普查数据显示，中国流动人口总数为 2.6 亿，其中约七成为省内

① 计算时使用年度平均值。

② Autor, D. H. and Salomons, A., “Is Automation Labor-Displacing? Productivity Growth, Employment, and the Labor Share”, *Brookings Papers on Economic Activity*, Vol. 2018, No. 1, 2018, pp. 1-87.

③ Autor, D. H. and Salomons, A., “Is Automation Labor-Displacing? Productivity Growth, Employment, and the Labor Share”, *Brookings Papers on Economic Activity*, Vol. 2018, No. 1, 2018, pp. 1-87.

④ 王玉君：《农民工城市定居意愿研究——基于十二个城市问卷调查的实证分析》，《人口研究》2013 年第 4 期。

流动人口，只有约三成是省际流动人口，而省际流动人口中只有24%的流动期限小于1年，这部分人口约为2000万①。这2000万人口中在大中型制造业企业就业部分，才可能给本文的估计带来联立相关性问题，而这部分人口的数量相对较少。

第二，由于*TFP*的计算需要用到劳动投入，它与就业的联立相关性无论如何难以完全消除，因此本文在稳健性检验中使用专利数据作为技术进步代理变量，而专利数据可以避免与就业的联立相关性。

（六）数据说明与主要变量构造

本文数据主要包括1998—2013年中国规模以上工业企业数据库②、省际投入产出表数据，以及分省消费者物价指数等宏观经济数据。

1. *TFP*的测算与加总

经验分析中所使用的行业—省份层面*TFP*，由基于中国工业企业数据库测算的企业层面*TFP*加总而来。估算企业*TFP*的主要问题是解决生产函数估算中的内生性，以OP、LP和ACF为代表的控制函数法得到了较为普遍的认可③。本文使用ACF法计算企业层面*TFP*，该方法兼具OP法的稳健和LP法的效率，得到了更多学者的青睐。

在企业*TFP*测算过程中，关于企业跨期匹配，计算实际资本存量，对名义产出、增加值和中间投入进行平减等问题，参考了Brandt等人的研究④。针对2008—2013年工企库中工业增加值和中间投入数据同时缺失的

---

① 马红旗、陈仲常：《我国省际流动人口的特征——基于全国第六次人口普查数据》，《人口研究》2012年第6期。

② 其中2010年数据由于质量问题，从样本中剔除。

③ Olley, G. S. and Pakes, A., "The Dynamics of Productivity in the Telecommunications Equipment Industry", *Econometrica*, Vol. 64, No. 6, 1996, pp. 1263-1297; Levinsohn, J. and Petrin, A., "Estimating Production Functions Using Inputs to Control for Unobservables", *The Review of Economic Studies*, Vol. 70, No. 2, 2003, pp. 317-341; Ackerberg, D. A., Caves, K. and Frazer, G., "Identification Properties of Recent Production Function Estimators", *Econometrica*, Vol. 83, No. 6, 2015, pp. 2411-2451.

④ Brandt, L., Van Biesebroeck, J. and Zhang, Y., "Creative Accounting or Creative Destruction? Firm-Level Productivity Growth in Chinese Manufacturing", *Journal of Development Economics*, Vol. 97, No. 2, 2012, pp. 339-351.

问题，本文通过国家投入产出表计算出不同行业增加值与总产出的比率，称为增加值率，并将该比率赋予该行业的所有企业，以估算每个企业的工业增加值，进而计算每个企业的中间投入①。此外，在测算过程中，本文参照聂辉华等②剔除了工企库中的异常值③；按照 2002 版国民经济行业分类对行业进行统一；对关键变量进行了前后 0.5%的缩尾处理。最后，按照二位码国民经济行业分类分行业估算生产函数，进而计算每个企业的 *TFP*。

在将企业 *TFP* 加权平均至行业④—省份层面时，使用各企业的雇佣人数占其所处行业—省份总雇佣人数的比重作为权重。此外，规模以上工业企业统计范围有所调整。1998—2006 年为全部国有企业和主营业务收入 500 万元及以上的非国有企业，2007—2010 年为主营业务收入 500 万元及以上的工业企业，2011—2013 年为主营业务收入 2000 万元及以上的工业企业。但是本文发现，随着时间的推进，主营业务收入在 500 万—2000 万元的企业对于行业 *TFP* 的贡献越来越小，到 2007 年已经不足 1%，因此规模以上工业企业统计范围的变化并不会对行业—省份 *TFP* 的计算产生太大影响。

在计算上游 *TFP* 和下游 *TFP* 时，权重根据省际投入产出表计算。其中，1998—2002 年数据应用 2002 年省际投入产出表，2002—2007 年数据应用 2007 年省际投入产出表，2008—2013 年数据应用 2012 年省际投入产出表。

2. 其他主要变量

其他主要变量包括就业、人均实际工资和实际增加值，均为行业—省份层面变量，由工企库中的企业层面数据加总或平均而来。其中，人均实

---

① 估算公式如下：工业增加值=（产出+增值税）×增加值率，中间投入=产出+增值税-工业增加值。

② 聂辉华、江艇、杨汝岱：《中国工业企业数据库的使用现状和潜在问题》，《世界经济》2012 年第 5 期。

③ 关键变量缺失或者异常、职工人数小于 8 人以及明显不符合会计原则的样本。

④ 这里的行业，也即全文计量分析中的行业，使用二位码投入产出表行业分类。因此，需要将二位码国民经济行业分类与二位码投入产出表行业分类进行匹配。

际工资并非仅限于工资，而是包含了工资、福利费、劳动待业保险费、养老和医疗保险费以及住房公积金和住房补贴，所使用的平减指数为分省消费者物价指数。表1列出了主要变量的统计特征描述。

表1　　主要变量统计特征描述

	观测值	均值	标准差	最小值	最大值
本行业 ln*TFP*	7227	0.52	0.56	-1.58	2.11
上游 ln*TFP*	7667	0.37	0.29	-1.30	1.12
下游 ln*TFP*	7667	0.49	0.16	-0.59	1.39
就业（千人）	7429	283.13	149.22	12.00	2317.00
人均实际工资（元）	6441	16154.96	8798.30	1300.46	152180.80
实际增加值（万元）	7426	2087.24	1801.29	11.60	49481.65

五　计量结果及稳健性检验

（一）技术进步的劳动力市场效应检验结果

表2为1998—2013年*TFP*的劳动力市场效应检验结果①。第（1）列和第（2）列对应直接效应公式（27）；第（3）（4）列对应上下游效应公式（28）；第（5）—（8）列对应创造效应，其中第（6）列对应公式（30），第（5）列为第（6）列的对照回归，第（7）列和第（8）列对应公式（31）。

从表2可以看出以下三点。第一，*TFP*的直接效应为负。1998—2013年，本行业*TFP*进步对本地本行业就业的直接效应是负的，从第（1）列来看，本行业*TFP*增长率每提升1个百分点，使得本地本行业就业增长率下降0.394个百分点。第二，上下游效应不显著。从第（3）列可以看出，上游和下游行业*TFP*进步对于本地本行业就业的影响并不显著，且控制了上下游效应之后，本行业*TFP*进步的直接效应依然显著，系数变化不大。

① 采用行业—省份—年份层面*TFP*进行OLS回归的结果，与采用相对外生*TFP*的回归结果基本一致，受篇幅限制未呈现。

第三，创造效应为正。以第（6）列来看，控制上下游 *TFP* 变动之后，本行业 *TFP* 增长率每提升 1 个百分点将使得本地本行业实际增加值增长率提升 0.844 个百分点。第（7）列显示，本地制造业所有行业的平均实际增加值增长率每提升 1 个百分点，使得本地本行业就业增长率提升 0.380 个百分点。

表 2　　　　*TFP* 的劳动力市场效应（1998—2013）

直接效应和上下游效应	(1)	(2)	(3)	(4)
	就业	实际工资	就业	实际工资
本行业 *TFP*（当期及 t-1 期）	-0.394***	0.221**	-0.393***	0.218**
	(0.107)	(0.095)	(0.107)	(0.095)
上游 *TFP*（当期及 t-1 期）	—	—	-0.089	-0.071
			(0.072)	(0.053)
下游 *TFP*（当期及 t-1 期）	—	—	0.052	0.065
			(0.065)	(0.061)
R^2	0.491	0.473	0.491	0.473
观测值	6212	4763	6212	4763
年份固定效应	控制	控制	控制	控制
地区固定效应	控制	控制	控制	控制
年份×地区固定效应	控制	控制	控制	控制
创造效应	(5)	(6)	(7)	(8)
	实际增加值	实际增加值	就业	实际工资
本行业 *TFP*（当期及 t-1 期）	0.865***	0.844***	—	—
	(0.135)	(0.134)		
上游 *TFP*（当期及 t-1 期）	—	-0.313**	—	—
		(0.157)		
下游 *TFP*（当期及 t-1 期）	—	0.008	—	—
		(0.114)		
实际增加值（当期及 t-1 期）	—	—	0.380**	0.422**
			(0.027)	(0.027)
R^2	0.283	0.285	0.104	0.036

续表

创造效应	(5)	(6)	(7)	(8)
	实际增加值	实际增加值	就业	实际工资
观测值	6212	6212	6212	4763
年份固定效应	控制	控制	—	—
地区固定效应	控制	控制	—	—
年份×地区固定效应	控制	控制	—	—

注：回归使用行业—省份层面聚类稳健标准误，表中各项系数为自变量当期系数及 $t-1$ 期系数之和，括号中的标准误为相对应的联合检验标准误，*、** 和 *** 分别表示在 10%、5%和 1%水平下显著。下表同。

下面分析 *TFP* 的三大效应对人均实际工资影响。首先，直接效应为正。本行业 *TFP* 进步对本地本行业人均实际工资的直接效应是正向的，从第（2）列来看，本行业 *TFP* 增长率每提升 1 个百分点，本地本行业人均实际工资增长率上升 0.221 个百分点。其次，上下游效应不显著。上游行业和下游行业 *TFP* 进步对本地本行业人均实际工资的影响不显著，从第（4）列来看，控制了上下游效应之后，本行业 *TFP* 进步的直接效应依然显著且系数变化较小。最后，创造效应为正。第（6）列为 *TFP* 变动的实际增加值效应，第（8）列显示，本地制造业所有行业的平均实际增加值增长率每提升 1 个百分点，本地本行业人均实际工资增长率提升 0.422 个百分点。

（二）技术进步三大劳动力市场效应加总结果

基于表 2 中的估计系数，根据劳动力市场效应加总公式（32）（33）（34），计算 1998—2013 年 *TFP* 的三大效应对各省份制造业劳动力市场的总体影响，结果见图 1。其中的显著性与表 2 相对应，不显著的系数视为零。

图 1 左图为技术进步对就业的影响，该影响来自直接效应和创造效应。1998—2013 年整体来看，制造业 *TFP* 增长通过直接效应导致各省制造业就业增长率年均降低 0.212 个百分点，通过创造效应带动各省制造业就业增

长率年均提升 0. 025 个百分点，整体使得各省制造业就业增长率年均降低 0. 187 个百分点。作为参考，1998—2013 年全国制造业就业年平均增速约为 3. 5%[①]，0. 187 个百分点这一负向影响幅度相对较小。

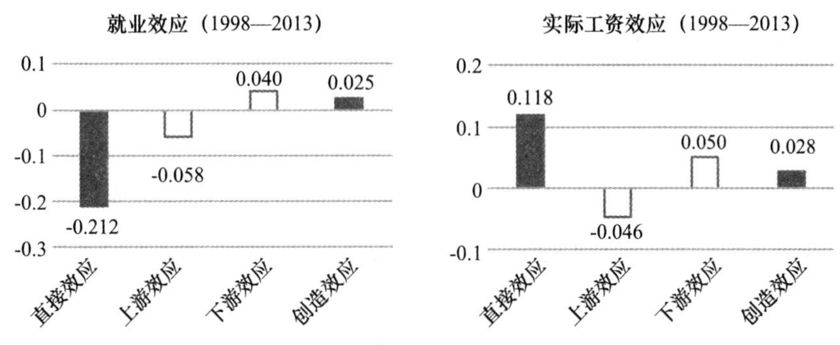

图 1　*TFP* 的三大劳动力市场效应加总

图 1 右图为技术进步对人均实际工资的影响，该影响同样来自直接效应和创造效应。从 1998—2013 年整体来看，制造业 *TFP* 增长通过直接效应促进各省制造业人均实际工资增长率年均提升 0. 118 个百分点，通过创造效应带动各省制造业人均实际工资增长率年均提升 0. 028 个百分点，整体使得各省制造业人均实际工资增长率年均提升 0. 146 个百分点。

（三）稳健性检验

下面使用专利数据替代 *TFP* 进行稳健性检验。行业—省份层面的专利数据来源为中国微观专利数据库，在数据加总和指标选择中主要考虑了以下三方面问题。

第一，在将专利对应到各个省份时，使用专利权人地址中的邮编与标准地区代码相对应，并考虑了标准地区代码随时间的调整，将其统一至最新年份。

第二，在将专利对应到投入产出表行业时，首先使用国家知识产权局发

① 根据《中国工业统计年鉴》中的规模以上工业企业全部从业人员年平均人数计算。

布的《国际专利分类（IPC）与国民经济行业分类参照关系表（2018）》，将专利的IPC分类对应到国民经济行业分类，再将国民经济行业分类对应到投入产出表行业分类号。需要指出的是，IPC分类与国民经济行业分类并非一一对应关系，本文使用的匹配规则是，在国民经济行业分类端重复计算，即如果1个IPC分类号同时对应3个国民经济行业分类号，那么该IPC分类号对应的专利数量同时计入这3个国民经济行业分类号。这一匹配规则使得按照国民经济行业分类加总的专利总数超过实际专利总数，但其合理性在于，由于知识产权被使用的边际成本几乎为零，所以在国民经济行业分类端重复计算，能更好地反映每个行业的技术创新情况。

第三，在专利指标的选择上，核心问题在于如何反映专利背后的技术创新含量。1998—2013年中国专利申请数量从12.2万件上升至237.7万件，年均复合增长率高达21.9%。专利申请数量的激增反映了多方面积极因素，如专利法改革、研发投入增加、外国直接投资流入、产权改革、产业结构升级等[①]。此外，税收优惠、补贴等激励政策也会使得专利数量激增，但其背后的技术创新含量并未得到相应提高。为了尽可能反映专利背后的技术创新含量，本文选取5年内有引用记录的发明授权专利数量作为行业—省份层面专利数据的代理指标。与实用新型专利和外观设计专利相比，获得了授权的发明专利通常代表更高质量等级的技术创新，并且发明专利受到专利激励政策的影响较小[②]。而且，如果专利自公开起5年内被引用过，也通常表明该专利的质量更高。

在构造相对外生的行业—省份层面专利数据时，参照*TFP*的构造方法，使用该行业除本省之外其他省份专利数量的均值。在构造上下游专利数据时，参照上下游*TFP*构造方法，使用行业—省份层面专利数据和省际投入产出表根据公式（29）进行构造。统计检验表明，本行业专利、上游

① Hu, A. G. and Jefferson, G. H., "A Great Wall of Patents: What is Behind China's Recent Patent Explosion?", *Journal of Development Economics*, Vol. 90, No. 1, 2009, pp. 57-68.

② 龙小宁、王俊：《中国专利激增的动因及其质量效应》，《世界经济》2015年第6期。

专利和下游专利均与相对应的 *TFP* 数据具有较强的正相关性。

我们使用专利指标（*Patent*）再次检验技术进步的直接效应式（27）、上下游效应式（28），以及创造效应式（30）（31），结果见表 3。可以看出，专利数据通过三大效应对劳动力市场的边际影响，虽然整体小于 *TFP* 对劳动力市场的边际影响，但是结论基本一致。在就业影响方面，1998—2013 年以专利数据代表的技术进步，通过直接效应对本地本行业就业产生负向影响，通过创造效应对本地本行业就业产生正向影响。在人均实际工资方面，技术进步通过直接效应对本地本行业人均实际工资产生正向影响，通过创造效应对本地本行业人均实际工资也产生正向影响。专利数据的三大劳动力市场加总效应结果，也与上述结论保持一致，不再赘述。

表 3　**专利数据的劳动力市场效应（1998—2013）**

直接效应和上下游效应	(1)	(2)	(3)	(4)
	就业	实际工资	就业	实际工资
本行业 *Patent*（当期及 $t-1$ 期）	−0.084***	0.031	−0.111***	0.055*
	(0.027)	(0.027)	(0.029)	(0.029)
上游 *Patent*（当期及 $t-1$ 期）	—	—	0.059*	0.026
			(0.031)	(0.023)
下游 *Patent*（当期及 $t-1$ 期）	—	—	0.0112	0.017
			(0.034)	(0.020)
R^2	0.564	0.564	0.682	0.653
观测值	5311	3924	3586	2418
年份固定效应	控制	控制	控制	控制
地区固定效应	控制	控制	控制	控制
年份×地区固定效应	控制	控制	控制	控制
创造效应	(5)	(6)	(7)	(8)
	实际增加值	实际增加值	就业	实际工资
本行业 *Patent*（当期及 $t-1$ 期）	0.236***	0.314***	—	—
	(0.053)	(0.066)		

续表

创造效应	(5)	(6)	(7)	(8)
	实际增加值	实际增加值	就业	实际工资
上游 *Patent*（当期及 $t-1$ 期）	—	0.124	—	—
		(0.077)		
下游 *Patent*（当期及 $t-1$ 期）	—	0.025	—	—
		(0.043)		
实际增加值（当期及 $t-1$ 期）	—	—	0.380**	0.422**
			(0.027)	(0.027)
R^2	0.318	0.415	0.104	0.036
观测值	5312	3586	6212	4763
年份固定效应	控制	控制	—	—
地区固定效应	控制	控制	—	—
年份×地区固定效应	控制	控制	—	—

本文并没有将专利数据应用在基准计量模型当中，其原因有二。首先，专利虽然与 *TFP* 密切相关，但并不完全相同。专利通常反映了一个经济单位当前的自主创新水平，它决定了未来技术进步的速度和方向；而 *TFP* 衡量的是一个经济单位综合利用给定投入品的效率，它全面反映了以前发明创造出来的技术、引进学习来的技术在当前生产中起的作用。对于本文的研究而言，*TFP* 是衡量总体技术进步更为理想的代理变量，例如一个制造业企业使用工业机器人替代了劳动力，可以通过购买引进该机器人，但却没必要拥有相关发明专利。其次，专利数据本身存在申请量虚高、技术质量难以评估等诸多问题，本文在上述使用专利数据的过程中，尽量妥善地考虑了这些问题，但却无法完全消除其影响。

六　经济周期与技术进步的劳动力市场效应

上述计量分析表明，1998—2013 年中国制造业确实存在技术进步替代就业的现象，然而，这一过程是渐进发生的吗？本节首先构造邹至庄检验，考察技术进步对劳动力市场的影响在经济上行期和下行期是否具有结构性变化，然后分经济周期不同阶段检验技术进步对劳动力市场的影响，最后分时期计算技术进步对劳动力市场的加总效应。

（一）技术进步对劳动力市场影响的结构性变化检验

针对技术进步的三大劳动力市场效应，即直接效应、上下游效应和创造效应，本节分别构造邹至庄检验，检验这三大效应在经济上行期和下行期是否具有结构性变化。

基于直接效应和上下游效应的式（28），引入经济下行期虚拟变量，对直接效应和上下游效应进行邹至庄检验，具体见式（35）：

$$\begin{aligned}\Delta\ln Labor_{ipt} = \alpha + I_D + \sum_{g=0}^{1}\beta_g\Delta\ln TFP_{i,\ \tilde{p}\neq p,\ t} + \sum_{g=0}^{1}\rho_g\Delta\ln TFP^{up}_{i,\ p,\ t} + \\ \sum_{g=0}^{1}\tau_g\Delta\ln TFP^{down}_{i,\ p,\ t} + I_D\times(\sum_{g=0}^{1}\beta^D_g\Delta\ln TFP_{i,\ \tilde{p}\neq p,\ t} + \\ \sum_{g=0}^{1}\rho^D_g\Delta\ln TFP^{up}_{i,\ p,\ t} + \sum_{g=0}^{1}\tau^D_g\Delta\ln TFP^{down}_{i,\ p,\ t}) \\ + \gamma_t + \chi_p + \gamma_t\cdot\chi_p + \varepsilon_{ipt}\end{aligned} \quad (35)$$

其中，I_D 表示经济下行期虚拟变量，在经济下行期取 1，在经济上行期取 0。在本文的数据期间，经济上行期涵盖 1999—2007 年，这期间实际 GDP 增长率基本呈现逐年上升态势，是新中国成立以来最长的一个经济上行期①；经济下行期涵盖 2008—2009 年和 2011—2013 年，2008 年全球金融危机之后中国 GDP 增长率基本呈现逐年下降态势，2010 年出现短暂反弹，并且由于工企库的数据质量问题，本文将 2010 年数据从经济下行期中剔除。

$\sum_{g=0}^{1}\beta^D_g$ 表示本行业 *TFP* 的劳动力市场直接效应在经济下行期相较于经济上行期的组间系数差异，如果该系数显著，则表明 *TFP* 的直接效应在经

① 刘树成：《新中国经济增长 60 年曲线的回顾与展望——兼论新一轮经济周期》，《经济学动态》2009 年第 10 期。

济周期不同阶段存在结构性变化。$\sum_{g=0}^{1}\rho_g^D$ 和 $\sum_{g=0}^{1}\tau_g^D$ 分别表示 *TFP* 的上下游效应在经济下行期相较于上行期的组间系数差异，如果该系数显著，则表明 *TFP* 的上下游效应在经济周期不同阶段存在结构性变化。

基于创造效应的式（30）（31），引入经济下行期虚拟变量，我们同样构造了创造效应的邹至庄检验，见式（36）（37）：

$$\begin{aligned}\Delta\ln ValueAdd_{ipt} = {} & \alpha + I_D + \sum_{g=0}^{1}\beta_g\Delta\ln TFP_{i,\ \tilde{p}\neq p,\ t} + \sum_{g=0}^{1}\rho_g\Delta\ln TFP_{i,\ p,\ t}^{up} + \\ & \sum_{g=0}^{1}\tau_g\Delta\ln TFP_{i,\ p,\ t}^{down} + I_D \times \Big(\sum_{g=0}^{1}\beta_g^D\Delta\ln TFP_{i,\ \tilde{p}\neq p,\ t} + \\ & \sum_{g=0}^{1}\rho_g^D\Delta\ln TFP_{i,\ p,\ t}^{up} + \sum_{g=0}^{1}\tau_g^D\Delta\ln TFP_{i,\ p,\ t}^{down}\Big) \\ & + \gamma_t + \chi_p + \gamma_t\cdot\chi_p + \varepsilon_{ipt}\end{aligned} \tag{36}$$

其中，$\sum_{g=0}^{1}\beta_g^D$、$\sum_{g=0}^{1}\rho_g^D$ 和 $\sum_{g=0}^{1}\tau_g^D$ 分别表示本行业 *TFP*、上游 *TFP* 和下游 *TFP* 对本行业实际增加值的影响在经济下行期相较于经济上行期的组间系数差异，如果该系数显著，则表明这些影响存在结构性变化。

$$\begin{aligned}\Delta\ln Labor_{ipt} = {} & \alpha + I_D + \sum_{g=0}^{1}\delta_g\Delta\ln ValueAdd_{\tilde{\imath}\neq i,\ p,\ t} + \\ & I_D \times \sum_{g=0}^{1}\delta_g^D\Delta\ln ValueAdd_{\tilde{\imath}\neq i,\ p,\ t} + \varepsilon_{ipt}\end{aligned} \tag{37}$$

其中，$\sum_{g=0}^{1}\delta_g^D$ 表示本省制造业所有行业增加值对劳动力市场的影响在经济下行期相较于上行期的组间系数差异。

表 4 为邹至庄检验的主要结果，其中第（1）列和第（2）列对应公式（35），第（3）列对应公式（36），第（4）列和第（5）列对应公式（37）①。从技术进步的直接效应来看，无论是对于就业还是人均实际工资，本行业 *TFP* 的直接效应在经济下行期相较于经济上行期都呈现显著的负向组间系数差异。从技术进步的创造效应来看，第一步中，本行业 *TFP* 进步

① 限于篇幅表 4 只汇报主要系数结果，固定效应的控制与式（28）（30）（31）保持一致，由于上下游效应本身不显著，也不再出现在表格中。

对实际增加值的影响，在经济下行期和上行期并没有呈现显著的系数差异；然而，第二步中，本省制造业所有行业平均实际增加值对就业和人均实际工资的影响，在经济下行期相较于上行期分别呈现显著的负向和正向组间系数差异。上述结果表明，技术进步对劳动力市场的直接效应和创造效应，确实在经济上行期和下行期出现了显著的结构性变化。

表 4　　**经济上行期与下行期的组间系数差异**

	直接效应			创造效应	
	(1)	(2)	(3)	(4)	(5)
	就业	实际工资	实际增加值	就业	实际工资
下行期×本行业 *TFP*	-0.383**	-0.873**	0.417	—	—
	(0.179)	(0.403)	(0.281)		
下行期×实际增加值	—	—	—	-0.323***	0.334*
				(0.054)	(0.180)

注：回归使用行业—省份层面聚类稳健标准误，表中各项系数为自变量当期系数及 $t-1$ 期系数之和，括号中的标准误为相对应的联合检验标准误，*、** 和 *** 分别表示在 10%、5%和 1%水平下显著。

（二）分时期技术进步三大劳动力市场效应检验结果

下面区分经济上行期和下行期，对技术进步的三大劳动力市场效应进行检验，结果见表 5 和表 6。表 5 为技术进步的直接效应和上下游效应的分时期检验结果，其中第（1）列和第（2）列对应直接效应式（27），第（3）列和第（4）列在直接效应基础上控制上下游效应的控制，对应式（28）（29）。

先看技术进步对就业的直接效应，从表 5 第（1）列可以看出，在经济上行期 *TFP* 增长对就业的直接效应并不显著；但在经济下行期，*TFP* 增长率每提升 1 个百分点，将使得就业增速下降 0.521 个百分点。再看技术进步对就业的上下游效应，从第（3）列可以看出，无论是经济上行期还是下行期，上下游行业 *TFP* 进步对本省本行业就业均无显著影响，控制上下游行业 *TFP* 进步之后，本行业 *TFP* 进步的直接效应与第（1）列相比无明显差异。

表5　　分时期 *TFP* 直接效应和上下游效应检验结果

	直接效应		上下游效应	
	（1）	（2）	（3）	（4）
	就业	实际工资	就业	实际工资
经济上行期（1999—2007）				
本行业 *TFP*（当期及 $t-1$ 期）	-0.140	0.215**	-0.139	0.211**
	（0.121）	（0.090）	（0.122）	（0.091）
上游 *TFP*（当期及 $t-1$ 期）	—	—	-0.155	-0.0653
			（0.103）	（0.055）
下游 *TFP*（当期及 $t-1$ 期）	—	—	0.116	0.0591
			（0.104）	（0.059）
R^2	0.190	0.279	0.193	0.280
观测值	3803	3798	3803	3798
经济下行期（2008—2009、2011—2013）				
本行业 *TFP*（当期及 $t-1$ 期）	-0.521***	-0.388	-0.523***	-0.662*
	（0.139）	（0.284）	（0.141）	（0.398）
上游 *TFP*（当期及 $t-1$ 期）	—	—	-0.020	-0.643
			（0.081）	（0.445）
下游 *TFP*（当期及 $t-1$ 期）	—	—	-0.010	-0.222
			（0.075）	（0.781）
R^2	0.522	0.519	0.523	0.521
观测值	2409	965	2409	965
年份固定效应	控制	控制	控制	控制
地区固定效应	控制	控制	控制	控制
年份×地区固定效应	控制	控制	控制	控制

注：回归使用行业—省份层面聚类稳健标准误，表中各项系数为自变量当期系数及 $t-1$ 期系数之和，括号中的标准误为相对应的联合检验标准误，*、** 和 *** 分别表示在10%、5%和1%水平下显著。下表同。

从第（2）列可以看出，在经济上行期 *TFP* 增长率每提升 1 个百分点，将使得人均实际工资增速上升 0.215 个百分点；而在经济下行期，*TFP* 增长对工资的直接效应不显著。再看技术进步对人均实际工资的上下游效应，从第（4）列可以看出，无论是经济上行期还是下行期，上下游行业 *TFP* 进步对本省本行业人均实际工资均无显著影响。但是，在第（4）列中控制上下游行业 *TFP* 进步之后，在经济上行期，本行业 *TFP* 进步的直接效应与第（2）列相比并无明显差异；在经济下行期，本行业 *TFP* 进步的直接效应与第（2）列相比出现明显变化，*TFP* 增长率每提升 1 个百分点，将使得人均实际工资增速下降 0.662 个百分点。上述结果表明，虽然上下游效应自身并不显著，但是否控制上下游 *TFP* 对于直接效应具有明显影响，考虑上下游效应对于分时期研究是非常重要的。

表 6 为技术进步创造效应的分时期检验结果，其中第（2）列对应创造效应检验中的第一步，控制上下游效应之后本行业 *TFP* 进步对本省本行业实际增加值的影响，见公式（30），第（1）列为第（2）列的对照回归；第（3）列和第（4）列对应第二步，本省制造业所有行业平均实际增加值对本省本行业就业和工资水平的影响，见公式（31）。

在第一步中，控制上下游效应之后本行业 *TFP* 进步对本省本行业实际增加值的影响，对应第（2）列结果。在经济上行期，本行业 *TFP* 增长率每提升 1 个百分点，将使得实际增加值增速上升 0.563 个百分点；在经济下行期，本行业 *TFP* 增长率每提升 1 个百分点，将使得实际增加值增速上升 0.980 个百分点。虽然系数扩大了将近一倍，但结合上文的邹至庄检验结果，可知 *TFP* 对实际增加值的正向影响在经济上行期和下行期并无显著的差异。与第（1）列结果相比，是否控制上下游效应，对于本行业 *TFP* 的实际增加值效应影响并不大。

在第二步中，先看本省制造业所有行业平均实际增加值对就业的影响，对应第（3）列结果。在经济上行期，本省行业平均实际增加值增长率每提升 1 个百分点，将使得就业增速上升 0.293 个百分点；在经济下行期，实际增加值的就业效应并不显著。再看本省制造业所有行业平均实际增加值对人均实际工资的影响，对应第（4）列结果。在经济上行期，本省行业平均实际增加值增长率每提升1个百分点，将使得人均实际工资增速上升0.073个百分点；在经济下行期，这一正向影响扩大至0.407个百分点。

表6　**分时期 *TFP* 创造效应检验结果**

	直接效应		上下游效应	
	（1）	（2）	（3）	（4）
	实际增加值	实际增加值	就业	实际工资
经济上行期（1999—2007）				
本行业 *TFP*（当期及 t-1期）	0.575***	0.563**	—	—
	（0.219）	（0.218）		
上游 *TFP*（当期及 t-1期）	—	-0.457***	—	—
		（0.170）		
下游 *TFP*（当期及 t-1期）	—	0.119	—	—
		（0.141）		
实际增加值（当期及 t-1期）	—	—	0.293***	0.073***
			（0.040）	（0.023）
R^2	0.220	0.225	0.053	0.002
观测值	3803	3803	3803	3798
经济下行期（2008—2009、2011—2013）				
本行业 *TFP*（当期及 t-1期）	1.008***	0.980***	—	—
	（0.171）	（0.171）		
上游 *TFP*（当期及 t-1期）	—	-0.150	—	—
		（0.233）		
下游 *TFP*（当期及 t-1期）	—	-0.076	—	—
		（0.162）		
实际增加值（当期及 t-1期）	—	—	-0.030	0.407**
			（0.037）	（0.178）
R^2	0.356	0.358	0.217	0.310

续表

	直接效应		上下游效应	
	(1)	(2)	(3)	(4)
	实际增加值	实际增加值	就业	实际工资
观测值	2409	2409	2409	965
年份固定效应	控制	控制	—	—
地区固定效应	控制	控制	—	—
年份×地区固定效应	控制	控制	—	—

（三）分时期技术进步三大劳动力市场效应加总结果

基于表 5 和表 6 中的分时期估计系数，根据劳动力市场效应加总公式（32）（33）（34），分经济上行期和下行期，计算 *TFP* 进步的三大效应对各省份制造业劳动力市场的总体影响，结果见图 2 和图 3，不显著的系数视为零。

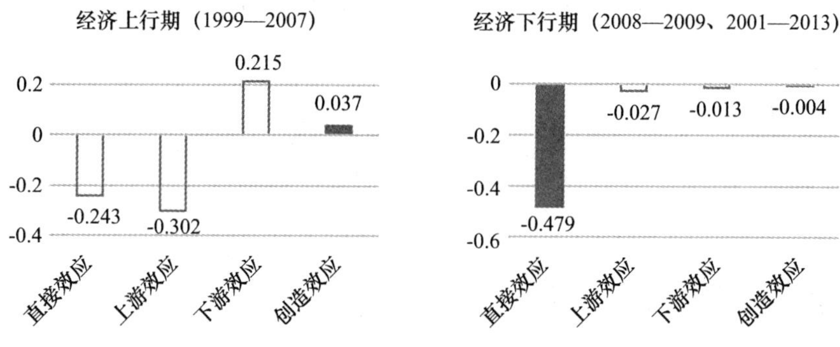

图 2　分时期 *TFP* 对制造业就业的三大效应加总

图 2 显示了分时期 *TFP* 对制造业就业的三大效应加总。可以发现，在经济上行期，直接效应和上下游效应均不显著，制造业 *TFP* 增长通过创造效应带动各省平均制造业就业年均增速提升 0.037 个百分点。而在经济下行期，上下游效应和创造效应均不显著，制造业 *TFP* 增长通过直接效应导致各省平均制造业就业年均增速降低 0.479 个百分点。

上述结果为我们带来了重要增量信息。在没有分时期的 1998—2013 年加总结果中（图1左图），技术进步对就业的总效应为负0.187个百分点，说明存在技术进步对就业的替代，但似乎是持续缓慢发生的。而在分时期结果中，我们发现技术进步对就业的替代效应主要发生在经济下行期，在经济上行期技术进步对就业甚至具有小幅促进作用。

图3显示了分时期*TFP*对制造业人均实际工资的三大效应加总结果。在经济上行期，制造业*TFP*增长通过直接效应促进各省制造业人均实际工资年均增长率提升0.368个百分点，通过创造效应带动各省制造业人均实际工资增长率年均提升0.009个百分点，整体使得各省平均制造业人均实际工资年均增长率提升0.377个百分点。而在经济下行期，制造业*TFP*增长通过直接效应导致各省制造业人均实际工资年均增长率降低0.607个百分点，通过创造效应带动各省制造业人均实际工资年均增长率提升0.052个百分点，整体使得各省平均制造业人均实际工资年均增长率降低0.555个百分点。

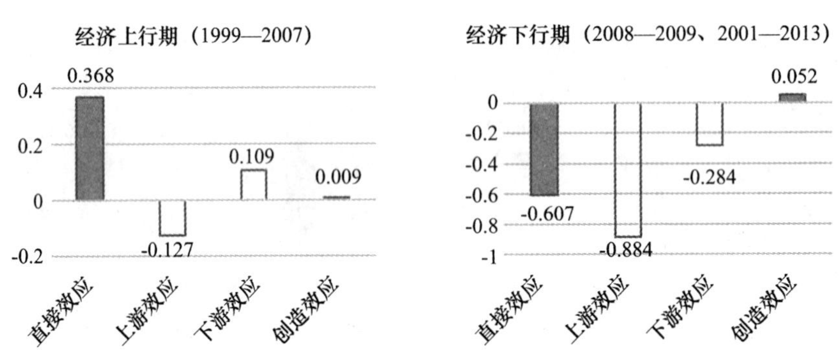

图3　分时期*TFP*对制造业人均实际工资的三大效应加总

在没有分时期的1998—2013年加总结果中（图1右图），技术进步对人均实际工资的总效应为正0.146个百分点。而在上述分时期结果中，我们发现技术进步对人均实际工资的正向作用只发生在经济上行期，正向影响程度提升至0.377个百分点。而在经济下行期，技术进步对人均实际工资呈现负向0.555个百分点的影响。

综上所述，技术进步在经济上行期和下行期对就业和人均实际工资的总体影响具有重大差异。上述总体影响绘制在图 4 中，该图充分说明经济周期对于技术进步的劳动力市场效应具有重要影响，也进一步印证了本文理论模型所得出的推论。

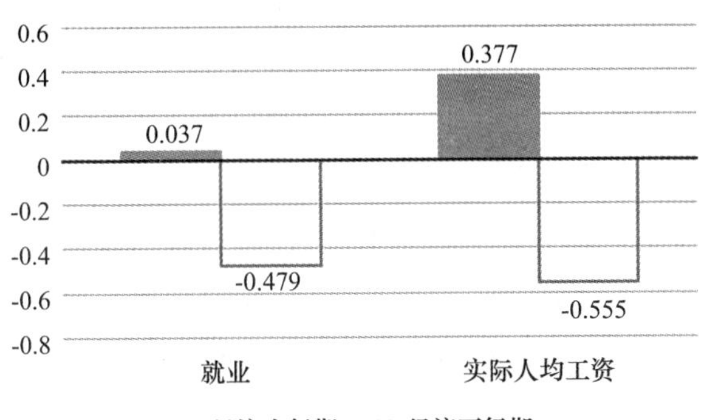

图 4　分时期 *TFP* 对制造业劳动力市场的总体影响

七　结论及政策含义

本文强调了经济周期在技术进步影响劳动力市场过程中的作用，并从理论机制和经验分析两方面，证实了技术进步对制造业就业岗位的替代过程并不是持续发生的，而是会集中发生在经济下行期。

在理论机制方面，基于在该领域得到广泛运用的“任务型”模型，本文考察了经济周期在技术进步影响劳动力市场过程中的作用。总体技术进步对就业的影响，可以分为替代效应、创造效应和新任务效应。模型推论显示，技术进步对就业的负向替代效应受到经济周期影响，只发生在经济下行期；而在经济上行期，该替代效应为零，只有正向的创造效应和新任务效应发挥作用。计量结果支持了上述结论。在 2008—2009 年和 2011—2013 年的经济下行期，*TFP* 增长使得制造业就业增速年均下降 0. 479 个百分点，相对于 2008—2013 年年均 2. 07%的中国制造业就业增速，降幅相当明显；而在 1999—2007 年的经济上行期，*TFP* 增长使得制造业就业增速年均上升 0. 037 个百分点，相对于 1999—2007 年年均 4. 78%的中国制造业就业增速，促进作用较微弱。此外，技术进步对于制造业人均实际工资的影响在经济周期不同阶段也是非对称的，在经济下行期，*TFP* 增长使得制造业人均实际工资增速年均下降 0. 555 个百分点；而在经济上行期，则使制造业人均实际工资增速年均上升 0. 377 个百分点。

上述结论意味着，经济下行期会出现更急剧的就业结构转型，这对于现实具有重要启发意义。一方面，从企业视角看，用自动化技术替代劳动是企业从生产效率角度出发的理性选择，有助于企业技术升级，进而带动整体产业结构升级，经济下行造成的经营困难客观上帮助企业完成了自动化技术替代劳动这一过程；另一方面，从民生视角看，经济下行期技术进步对劳动的替代加速，在短期可能造成大量失业从而带来社会不稳定因素；在长期则可能永久地改变就业结构，并加剧贫富两极分化。所以，经济下行期的就业政策，应该找到经济效率和社会公平的平衡点。首先，以疏导为主，不要为了保就业而保就业，对于制造业由于产业升级需求而产生的失业应该给予疏导；其次，加大社会转移支付力度，针对失业的产业工人构建更完善的社会保障体系，积极为其提供再就业培训；最后，吸取发达国家尤其是美国的教训，谨防技术进步替代就业加剧贫富分化，做大的蛋糕应该分配得更加公平。

（本文发表于《世界经济》2022 年第 5 期）

中国与国际人权规范重塑

袁正清　李志永　主父笑飞*

内容摘要：国际规范的生命周期并非只是一个兴起、扩散和内化的过程。争论性逻辑和过程建构主义的关系性逻辑显示，国际规范的发展还存在起源、扩散和重塑的另一路径。中国通过规范对话、话语批判和自我塑造等机制，用以生存权和发展权为核心的人权理论体系丰富着国际人权规范重塑的实践，为非西方国家突破人权规范发展的单一路径提供了新思路和新视角。

关键词：规范重塑　人权　争论性逻辑　关系性逻辑

国际规范的生命周期是一个兴起、扩散和内化的过程吗？[①] 自玛莎·芬尼莫尔等学者于1998年提出这一命题，国际关系学者对规范发展的不同阶段做了诸多微观研究，使这一命题得以充实和完善，并涌现出一大批学术成果。学者们对规范的退化和本地化问题的探索，拓展了规范研究的视野，但对命题本身却鲜有质疑。而笔者认为国际规范的发展除了兴起、扩散和内化过程之外，还有另外一个发展轨迹，即兴起、扩散和重塑的过程。规范是行为体行为的适当标准，是一种集体观念。国际规范不只是约束而且还建构着国家的行为，改变着国家对利益的认知。本文并不准备全

---

* 袁正清，中国社会科学院世界经济与政治研究所研究员；李志永，对外经济贸易大学国际关系学院教授；主父笑飞，中国社会科学院世界经济与政治研究所编审。

① Martha Finnemore and Kathryn Sikkink, "International Norm Dynamics and Political Change", *International Organization*, Vol. 52, No. 4, 1998, pp. 887-917.

面分析国际规范从兴起、扩散到重塑的整个历程，而是专门聚焦国际规范从扩散到重塑的环节。这个环节不仅是区别于现有规范发展逻辑的关键点，而且是理性主义的结果性逻辑和建构主义的适当性逻辑无法解释的。这一环节的理解必须超越目前的社会化分析路径。本文试将争论性逻辑和过程建构主义的关系性逻辑引入规范重塑研究，并以中国在国际人权规范方面的实践为案例，阐释中国在国际人权规范中的重塑作用，以期平衡目前学术界把非西方国家的规范重塑悬置的局面，寻求对中国与国际社会彼此争论磨合的再理解，从而呈现国际规范重塑的中国经验。

一　国际规范研究的现状与反思

随着国际关系理论的建构主义转向，国际规范被带入主流国际关系研究，并成为一个方兴未艾的议题。这项兴起于20世纪90年代中后期的研究现已形成彼此相互作用、相互渗透且相对明晰的两条路径。第一条路径运用了社会学制度主义的分析框架和理念，强调国家行为受到社会文化的影响，国家除了满足自身内部的功能需求之外，还要遵循合法性机制，满足国际社会的规范标准。玛莎·芬尼莫尔在《国际社会中的国家利益》一书中深入分析了国际社会中的规则和规范在定义和建构国家利益，以及国际组织在传授和改变国家的偏好和身份上是如何发挥作用的。① 江忆恩在《社会国家：国际制度中的中国（1980—2000）》（*Social States：China in International Institutions，1980-2000*）一书中从社会化的概念出发，探讨了中国与国际制度的关系，强调国际制度在改变中国行为方面的社会化角色，提出了模仿、说服和社会影响三种社会化机制。② 英国学派以国际社

① 参见［美］玛莎·芬尼莫尔《国际社会中的国家利益》，袁正清译，上海人民出版社2012年版。

② Alastair Iain Johnston, *Social States：China in International Institutions，1980 - 2000*，Princeton：Princeton University Press，2008.

会概念为核心来理解世界，认为国际社会的内容来自西欧民主制度的自由原则，伴随西方的扩张，这些原则逐渐国际化。[①] 虽然国际规范研究的英国学派和社会学制度主义在一定意义上体现了英美特色，但其研究路径还是从社会结构的层次来分析行动者的行为。总体上看，这一路径保留着主流理论的结构视野，但悬置了国家作为行动者的反思性，行为体被看成是结构的“木偶”，具有浓厚的结构中心本体论色彩。

国际规范研究的第二条路径将分析的目光聚焦在行动者身上，探讨的是规范扩散的机制。杰弗里·切克尔倡导“把施动性带回到国际规范研究中来”，从规范的创造者和规范接受者的角度，用文化匹配的概念分析国际规范是如何被国家接受的，如果体系规范与历史建构的国内规范发生共鸣，规范传播将更快。[②] 阿米塔夫·阿查亚提出了“本地化（localization）”概念，阐述了外部观念是如何被框定（framing）和嫁接（grafting）到本地仪式中进行文化选择的，并通过共同安全和人道主义干预规范两个案例来论证国际规范在地区层面本地化的过程。[③] 以托马斯·里斯为代表的非国家建构主义者聚焦国际非政府组织的作用，认为国际人权规范的扩散及其效应是跨国人权网络倡议者（非国家为中心）推动的结果，国内的和跨国的社会运动和网络“自上而下”或“自下而上”向政府施加压力，使人权发生变化，国际人权规范通过这种机制使国家社会化，接受人权规范。[④] 这一过程被凯瑟琳·辛金克称为“回飞镖效应”。芬尼莫尔的规范“生命周期”理论提出了规范演进和变迁的完整链条。她认为，一个规范在发展演变中要经历三个阶段，即规范的兴起、扩散和内化，每个阶段后面的变化

---

① Hedley Bull and Adam Watson, eds., *The Expansion of International Society*, New York: Oxford University Press, 1984.

② Jeffrey T. Checkel, “The Constructivist Turn in International Relations Theory”, *World Politics*, Vol. 50, No. 2, 1998, pp. 324-348; Jeffrey T. Checkel, “Norms, Institutions and National Identity in Contemporary Europe”, *International Studies Quarterly*, Vol. 43, 1999, pp. 83-114.

③ Amitav Acharya, “How Ideas Spread: Whose Norms Matter? Norm Localization and Institutional Change in Asian Regionalism”, *International Organization*, Vol. 58, No. 2, 2004, pp. 239-275.

④ Thomas Risse, Stephen C. Ropp and Kathryn Sikkink, eds., *The Power of Human Rights, International Norms and Domestic Change*, Cambridge: Cambridge University Press, 1999.

机制都不一样。[①] 显然，第二种研究路径尽管突破了以往学术研究中忽视非西方行为体能动作用的局限，但我们必须看到，在此框架下，非西方社会成为被不断纳入西方社会或国际社会的对象。通过社会化内化“先进者”的“好规范”成为“后进者”的必然选择。[②] 规范发展的过程也是“后进”国家被灌输的过程。阿米塔夫·阿查亚的本土化概念隐含着对规范扩散中的西方主导地位的肯定，没有对西方主导的规范的缺陷提出疑问，忽视了非西方国家在规范发展过程中的重塑作用。

规范研究的两条主线尽管有所差异，但都主要借鉴了社会化的理念来理解规范的扩散和内化。社会化就是社会化者（socializer）通过一定机制、用一定行为规范影响被社会化者接受某团体的规范和规则的过程。国家社会化是一些国家内化起源于外部国际体系的规范的过程。[③] 在这种社会化研究中，国际规范潜在地被视为起源于西方世界的好规范，这种西方好规范的传播和社会化将提高非西方社会的生活水平和个人自由。[④] 这一分析逻辑具有强烈的将非西方国家客体化的“西方偏见”或“西方中心论”倾向，没有注意到非西方国家在国际规范中的作用，也与目前国际规范的发展现实不符。国际规范研究要打破“西方偏见”，除了必须“把国家带回来”以发掘国家能动性作用之外，更重要的是要“把非西方国家带回来”以发掘规范重塑的理论与实践空间。因而，国际规范研究绝不能只局限于规范的起源、扩展与内化的单向扩散，还需要拓宽视野，认识到规范发展的过程并不是一个线性历程，还要考虑和研究规范相遇或碰撞时孕育的规范重塑，即规范发展的另一路线：兴起—扩散—重塑。[⑤]

---

① Martha Finnemore and Kathryn Sikkink, “International Norm Dynamics and Political Change”, *International Organization*, Vol. 52, No. 4, 1998, pp. 887-917.

② Amitav Acharya, “How Ideas Spread: Whose Norms Matter? Norm Localization and Institutional Change in Asian Regionalism”, *International Organization*, Vol. 58, No. 2, 2004, pp. 239-275.

③ Kai Alderson, “Making Sense of State Socialization”, *Review of International Studies*, Vol. 27, No. 3, 2001, pp. 415-433.

④ Didem Buhari-Gulmez, “Stanford School on Sociological Institutionalism: A Global Cultural Approach”, *International Political Sociology*, Vol. 4, No. 3, 2010, pp. 253-270.

⑤ 袁正清：《规范研究应突破单向的线性路径》，《中国社会科学报》2014 年 2 月 12 日第 B03 版。

二　规范重塑的定义、逻辑与机制

规范重塑是规范发展过程中的一个重要现象。它是一种规范创新，但这种创新并不是提出一种新的规范，不是已有规范的消亡和被替代，不是原有的规范不复存在，也不是规范被规范接受者完全内化，而是指原有规范在扩散中被新的行为体在实践过程中赋予和充实一些新的内涵，使规范的内容更丰富、更完善。规范之所以能够重塑，是与行为体①的行为逻辑驱动密切联系在一起的。从现有国际关系理论研究的成果来看，行为体的行动逻辑主要包括四种：结果性逻辑、适当性逻辑、争论性逻辑和关系性逻辑（见表1）。詹姆斯·马奇和约翰·奥尔森认为行为体的行动受两种逻辑支配，即结果性逻辑和适当性逻辑。结果性逻辑是指国际体系中的互动单位是自治的、利己的，行为体以工具理性的方式对手段—目的进行计算，并设计出效用最大化的战略，追求自我利益最大化，其关心的问题是"我如何得到我想要的东西"。个人、国家和组织都是按照自己原有的偏好，权衡可能出现的后果，据此来采取行动。行为体通过利益和权力来实现既定目标。② 适当性逻辑则强调规则和制度的作用，行为是基于规则的。行为体的行为遵循与特定情境之特定认同相联系的规则。行为体将依照社会建构的、广为人知的、预期的和被接受的规则和惯例来行动，行为体聚焦的问题是"这是什么情形"。依照这一逻辑，行为体将习惯性地坚持先定的价值。③

托马斯·里斯利用尤尔根·哈贝马斯（Jürgen Habermas）的沟通行动理论，把行为体的争论性逻辑引入国际关系分析中。争论性逻辑聚焦的是

---

① 在此，行为体主要是指国家。

② 参见 James G. March and Johan P. Olson, "The Institutional Dynamics of International Political Orders", *International Organization*, Vol. 52, No. 4, 1998, pp. 943-969；［美］玛莎·芬尼莫尔：《国际社会中的国家利益》，袁正清译，上海人民出版社 2012 年版，第 21 页。

③ 参见 James G. March and Johan P. Olson, "The Institutional Dynamics of International Political Orders", *International Organization*, Vol. 52, No. 4, 1998, pp. 943-969；［美］玛莎·芬尼莫尔：《国际社会中的国家利益》，袁正清译，上海人民出版社 2012 年版，第 21 页。

在特定情形下，做什么事情是对的。它强调行动者不是为了追求利益偏好固定下的效用最大化，而是挑战已有的话语陈述。在一个公共空间内，权力和等级的影响后退，话语的参与者乐于接受更好的论证，达成基于争论理性的共识，好的陈述和论证能够改变行为体的世界观和利益认知。①

秦亚青把中国的关系概念带入国际政治中来，提出了世界政治的关系理论，阐述了行为体行为的关系性逻辑。在关系性逻辑框架中，身份是关系身份，行为体在关系之中才能存在，才能够具有身份，关系确定身份，没有关系就没有行为体。没有自我与他者的关系，自我也就没有了身份。在这种关系互动实践中，存在着身份和规范的竞争和冲突，一方取代或凌驾于另一方之上，但也存在着对偶两极的共在、融合和共同进化。②

表 1　**四种行为逻辑的比较**

行为逻辑	行为体偏好	互动理性	互动行为	目标
结果性逻辑	偏好既定	工具理性	战略互动	功利最大化
适当性逻辑	偏好可变	规范理性	规范指导	社会化程度
争论性逻辑	偏好可变	争论理性	话语说服	达成一致
关系性逻辑	偏好可变	关系理性	中庸和谐	互容共处

在上述四种行为逻辑中，结果性逻辑不考虑规范的问题，规范只是工具理性的附属物。适当性逻辑偏于既有规范的接受和内化，对规范的产生、扩散和内化过程做了很好的解释，但对规范的重塑现象并不关注。争论性逻辑和关系性逻辑则提供了分析规范发展和重塑的可能性，为规范从扩散到重塑过程的阐释提供了理论基础。但我们也应该看到，争论性逻辑下的争论理性虽然超越了工具理性偏好既定的假定和社会学制度主义的单向社会化逻辑，最终聚焦于行为体间更为平等的争论过程，但在这种争论逻辑后面，行为体的利益、偏好以及身份不仅可以因为他者更好的论证而

① Thomas Risse, " 'Let's Argue!': Communicative Action in World Politics", *International Organization*, Vol. 54, No. 1, 2000, pp. 1-39.

② 参见秦亚青《关系与过程：中国国际关系理论的文化建构》，上海人民出版社 2012 年版。

改变，而且也可以通过争论与说服去追求真理以重塑合理共识，从而改变他者的身份与行为。里斯在解释人权变化时，预设了争论性逻辑本身就有一个“好的”标准存在，争论只不过是使这种“好的”话语让对象更容易接受，它所达成的一致还是欧洲的人权标准。① 哈贝马斯的争论性逻辑的背后也预设存在一个最终达成一致的结果，即确认了唯一话语的主导地位。这就意味着，如果只是止于争论性逻辑，规范发展的结果将仍然是一元的。对此，关系性逻辑因强调规范的对立转化、多元互补与并存、彼此的促进和共生，从而提供了有益的补充。

当然，争论性逻辑与关系性逻辑在国际社会中的存在需要具备一定的条件。其一，相对平等的权力关系，即有对偶关系的存在。这种权力关系可能表现为均势，也可能表现为需要解决的问题与权力之间的“弱联系”。其二，较为平等的话语权机会，即存在各方平等参与的能够表达自己的立场与观点的机制，如单边声明、双边对话、多边论坛等。其三，多样的思想文化资源。具备多样的思想文化资源是参与争论或实现关系性共处的思想条件，“头脑空白”的参与者只能成为他者观念社会化的对象与客体。

当今国际体系的多极化、社会化、信息化为规范重塑提供了日益广泛的争论空间，但出于国家利益的考量，规范重塑必定是在与他者的互动中，通过不断累积共识，逐渐得以实现的。而这一过程必然包含以下三个机制。

第一，规范对话机制。规范本质上是一种共享的观念，是通过主体间的交流和对话建立的一套规则和制度。这些规则和制度安排可以通过权力的使用、经济利益的奖惩以及说服和学习来完成。权力的使用和经济的回报只是一种外部力量的强制，这种强制不具有权威性。特别是具有不同文化背景的实体在构建共享观念的过程中，彼此平等对话是规范重塑中必不可少的一环。这种交流和对话可以是多边的，也可以是双边的；对话的结果并不一定是一方接受另一方，也可能是共存及相互吸收和借鉴的，但终

① Thomas Risse, “ ‘Let's Argue!’: Communicative Action in World Politics”, *International Organization*, Vol. 54, No. 1, 2000, pp. 1-39.

究能够促进规范参与者的彼此了解，减少分歧，扩大共识。

第二，话语批判机制。根据米歇尔·福柯（Michel Foucault）对知识、话语、权力的解读，“权力制造知识……权力和知识是直接相互连带的；不相应地建构一种知识领域就不可能有权力关系，不同时预设和建构权力关系就不会有任何知识”。① “权力—知识，贯穿权力—知识和构成权力—知识的发展变化和矛盾斗争，决定了知识的形式及其可能的领域。”② 因此，“某一时代特有的‘话语的秩序’具有规范和规则的功能，它运用组织现实的机制，并生产知识、战略和实践”。③ 在“话语即权力”的命题下，话语权应运而生。由于工业社会最早起源西方，并随着西方的殖民扩张而扩展至全世界，西方在现代国际社会尤其在诸如自由、人权、民主等国际规范领域享有话语霸权。因此，面对西方话语霸权，在与国际社会规范的互动争论中，如果一个潜在的社会化对象不希望自己完全按照既定的规范行事，受制于西方话语权，批判既定规范话语的合理性、政治性甚至虚伪性就是实现自主性伸张和规范重塑的重要方式和机制。当然，批判的有效性依赖于批判的逻辑性、事实性。这就要求话语批判必须在逻辑上自圆其说，并以事实为依据。

第三，自我塑造机制。全球化、现代化的发展彰显了诸如民主、人权等价值的普遍性，这是争论性逻辑包含的更好论证与更大共识存在的潜在前提。然而，全球化、现代化深入发展在给人类带来同一性的同时，也让人类见证了多样性的广泛存在。国际规范在扩散过程中既存在普遍性要求，也存在遭遇他文化而被“自我塑造”的逻辑需求。“自我塑造”指的是一种有价值取向的自我教化，即按照某种价值规范塑造自身，成为有“德行”之人。④ 这种自我塑造本质上体现的是中华民族的实践智慧，并进

① ［法］米歇尔·福柯：《规训与惩罚》，刘北成、杨远婴译，生活·读书·新知三联书店2012年版，第29页。

② ［法］米歇尔·福柯：《规训与惩罚》，刘北成、杨远婴译，生活·读书·新知三联书店2012年版，第29页。

③ 朱迪特·勒薇尔：《福柯思想辞典》，潘培庆译，重庆大学出版社2015年版，第40页。

④ 潘德荣：《文本理解、自我理解与自我塑造》，《中国社会科学》2014年第7期。

而成为中国文化传统历久弥新并自有其内在生命力的根源。在国际规范扩散的过程中，各国在接受人权规范普遍性的同时，基于国家本身的“背景性知识”和具体实际，会使国际规范的内涵更加充实和饱满。中华文化持续具有的“自我塑造”的实践智慧决定了面对西方国际规范的扩散，中国必然会以自己的价值取向进行自主的选择性的规范重塑和本地化实践。规范的自我塑造进程不仅不会损坏既定规范共识的权威，而且还为规范的实践指明了具体的实践路径和价值导向。

随着国际权力关系的平等化和广大发展中国家自主地位意识的增强，更加尊重他文化的关系性逻辑将在规范重塑中发挥更大作用。当然，上述三种规范重塑机制仅指出了规范重塑的可能性路径，并不表明只要存在上述机制就一定会出现规范重塑的结果。只有在争论性逻辑与关系性逻辑适用条件成熟的情况下，上述机制才有可能将规范导向重塑。

三　国际人权规范重塑中的中国实践

依据规范重塑理论，中国在国际人权规范重塑方面的努力可谓一个典型范例。中国在改善人权状况方面做出了举世瞩目的努力。对此，西方国际关系学界有着不同的看法。大部分西方学者仍将以中国为代表的非西方国家的当代人权状况进步看成是以西方为代表的外部驱动的结果，不同理论流派仅仅是对外部作用的因素与机制认识不同而已。现实主义认为中国的人权变化是西方国家给中国施加压力导致的。安·肯特通过分析联合国的人权机制对中国人权政策的影响和中国的反应，认为中国接受人权规范和联合国的监督密切相关。[①] 约翰·库珀等声称中国对国际形象的考虑是中国人权政策变化的主要原因。[②] 安德鲁·内森更是把中国人权的变化归

① Ann Kent, *China, the United Nations, and Human Rights: The Limits of Compliance*, Philadelphia: University of Pennsylvania Press, 1999.

② John Cooper and Ta-Ling Lee, *Coping with a Bad Global Image: Human Rights in the People's Republic of China, 1993-1994*, Lanham: University Press of America, 1997.

结为美国的压力，中国政府发表一系列人权白皮书正是对国际关注的回应。[①] 罗斯玛丽·富特认为对中国人权记录的全球批评把中国拖入国际人权机制中来。[②] 这样的视角虽然在一定程度上注意到了中国与国际人权制度的互动，但无法解释西方压力减弱或中国国际地位提高时中国的人权仍不断发展和进步的事实。

当然，也有学者看到了中国人权观念及其政策变化的国内因素。他们认为，中国政府基于对历史反思而产生的认知变化是中国人权规范变化的重要原因。[③] 这样的分析虽注意到了国内政治进步的作用，但仍然认为中国政府是在被动地接受和学习人权观念，没有关注人权规范本身内容的变化，在一定意义上低估了中国在世界人权规范上发挥的影响，忽视了中国在国际人权规范发展中的规范重塑作用。

由于人权国际规范源于西方独特的历史经验，且已成为诸多西方国家实现本国战略与经济利益的工具，因此，很多西方国家认为西方式的人权才是唯一的人权。实际上，具有不同文化背景和处于不同发展阶段的国家对人权必定有不同的认识，只有在平等基础上，经过公开争论达成共识，才能够成为人类共享的人权理念。因此，要促进人权国际规范共识的形成与发展，国家之间必须就人权观念展开平等的讨论和对话。在开放的环境下，通过不断地讨论、争论乃至批判才能祛除既定规范中不合理、不公正的内容。在这个过程中必定存在不同人权观念的碰撞，但这并不意味着一种人权观必须代替另一种人权观，相反，规范的发展必定是在不同观念的碰撞中实现，并达至规范重塑。随着中国国际地位的提升，改革开放40多年来所取得的物质性成就与精神自信使得中国越来越具有参与国际社会平等对话的资格，而丰厚的历史和思想资源则构成了参与规范重塑的重要条

---

① Andrew Nathan, "China: Getting Human Rights Right", *The Washington Quarterly*, Vol. 20, No. 2, 1997, pp. 132-151.

② Rosemary Foot, *Rights Beyond Borders: The Global Community and the Struggle over Human Rights in China*, Oxford: Oxford University Press, 2001, p. 273.

③ Dingding Chen, "Explaining China's Changing Discourse on Human Rights, 1978-2004", *Asian Perspective*, Vol. 29, No. 3, 2005, pp. 155-182.

件。中国有五千年的文化积淀，有一百多年遭受西方殖民和压迫的惨痛经历，更有七十多年虽充满曲折但成就巨大的艰辛探索，对人权有自己独到的见解与立场。随着规范重塑机制的不断健全，中国必将把本国的人权观念带给国际社会，以为丰富国际人权内涵提供资源。这种人权背后的知识和实践活动正是人权规范重塑的重要来源。① 这也为国际规范重塑提供了新的路径。

第一，人权的对话。

自 20 世纪 90 年代末以来，中国同欧盟、德国、澳大利亚、美国等 20 多个国家和地区开展了较为频繁且内容丰富的人权对话。中欧对话始于 1995 年，此后每半年举行一次，到 2015 年 11 月，中国与欧盟共举行了 34 次人权对话；截至 2015 年 4 月，中国与英国共举行了 22 次人权对话；中美人权对话尽管时断时续，截至 2015 年 8 月也已举行了 19 次；中国与澳大利亚的人权对话始于 1997 年，截至 2014 年 2 月，两国共举行了 15 次人权对话；截至 2015 年 11 月，中国与德国共举行了 13 次人权对话；截至 2015 年 10 月，中国与荷兰共举行了 9 次人权磋商；截至 2016 年 5 月，中国与瑞士共举行了 9 次人权对话。② 通过这些对话，中国不仅表达了自己的人权立场，而且超越了人权的单向社会化路径，开启了中西平等对话的历史进程，就不同人权观与国际社会达成了更多相互理解。

中美作为世界上两个具有代表性的大国，无论是历史文化传统、经济发展程度还是社会价值取向都存在巨大差异。两国在人权问题上的对话和交锋是中国与西方国家人权对话的重中之重。尽管中美人权立场迄今仍然存在较大分歧，但中美人权共识在对话中得到了不断扩展亦是客观事实，不容忽视，这尤其体现在 21 世纪以来的中美人权对话上。首先，中美人权对话内容基本固定。人权国际合作、宗教自由、言论自由、种族歧视、法治等是中美人权对话较为固定的议题。较为固定的议题本身表明中美就人

① 秦亚青：《行动的逻辑：西方国际关系理论“知识转向”的意义》，《中国社会科学》2013 年第 12 期。

② http：//www. humanrights. cn/html/gjjl/3。

权基本内容存在共识。其次，中美人权对话氛围良好。如表2所示，在最近的中美人权对话中，官方文件对对话氛围的描述主要是“坦诚”（7次）、“建设性”（7次）、“开放”（3次）、“深入”（2次）、“务实”（1次）、“专业”（1次）和“友好”（1次）。由此可见，中美已经认识到就客观存在的分歧进行坦诚、开放对话是必需的，而且事实上也能够取得建设性成果。最后，中美人权对话并非人们所想象的“各说各话”，对话成果主要包括：其一，承认人权对话的必要性，即能够增进了解、缩小分歧、扩大共识；其二，中国人权进步得到美方认可；其三，中国提出的种族歧视和土著人歧视问题得到美方回应；其四，双方同意继续对话。中美人权对话已经成为中美人权共识扩展的必要平台。

表2　**中美双边人权对话（2001—2015）**①

轮次	时间	地点	内容	氛围	共识
12	2001年10月9—11日	华盛顿		坦诚、务实和建设性	同意继续对话
13	2002年12月16—17日	北京	司法改革、宗教信仰自由及双方在人权领域的交流等	友好、坦诚，富有建设性	增进了相互了解，缩小了分歧，扩大了共识
14	2008年5月24—28日	北京	言论自由、宗教自由、反对种族歧视、联合国人权领域合作等	坦诚、开放，富有建设性	增进了相互理解，有助于缩小分歧
15	2010年5月13—14日	华盛顿	联合国人权领域合作、法治、言论自由、劳动者权利、反对种族歧视等	坦诚、开放，富有建设性	美方积极评价中国在人权领域取得的新进展，表示愿致力于通过对话就人权问题与中方加强交流
17	2012年7月23—24日	华盛顿	国际人权领域合作、法治、言论自由和媒体责任、种族歧视和歧视土著人等问题	坦诚、开放，富有建设性	有助于增进了解，减少误解；美国承认中国人权进展；美国回应了种族歧视问题；双方阐述了中美新型大国关系；同意继续对话

① 因第16次人权对话相关信息公开内容较少，故未在此表中列出。

续表

轮次	时间	地点	内容	氛围	共识
18	2013 年 7 月 31 日	昆明	人权保护与国家安全关切、国际人权领域合作、司法问题与人权、言论自由与隐私权保护等问题	坦诚、深入和全面，富有建设性	有助于加深相互了解；美方充分肯定中方在促进经济社会发展、消除贫困等方面取得的进步；中国重视两类人权的协调发展
19	2015 年 8 月 13 日	华盛顿	人权领域新进展、法律问题与人权观、多边人权领域合作、言论自由的权利与义务、宗教自由、反对种族歧视、反恐和打击暴力极端主义等问题	坦诚、深入、专业	有助于增进彼此了解

资料来源：http：//www. humanrights. cn/html/gjjl/3/2/。

不仅如此，中国还非常注重积极参与多边对话，特别是联合国有关人权规范的制定与讨论，不断将中国在人权对话中取得的理解和共识注入国际规范的制定和履行中，以获得国际社会的认可。2009 年 2 月，中国首次接受并通过联合国人权理事会国别人权审查；2013 年 11 月 12 日，第 68 届联合国大会改选联合国人权理事会成员，中国高票当选；2014 年 3 月 20 日，联合国人权理事会在日内瓦核准了中国 2013 年 10 月接受第二轮国别人权审查的报告。[①] 可以说，中国在以联合国为代表的多边场合的人权活动也在不断赋予国际人权规范新的内涵和价值。

第二，人权的话语批判。

中国不仅通过话语与西方尤其是美国争论人权规范本身，而且还对西方人权观展开话语批评，基于自身国情对人权国际规范予以塑造，以探索适合中国国情的人权发展道路。此种批评与塑造主要围绕人权争论的两个关键内容展开。

① http：//www. humanrights. cn/html/gjrqwj/.

（一）人权主体及其优先内容

自20世纪90年代发表关于中国人权状况白皮书以来，中国始终强调：生存权、发展权是首要人权。对于一个人口众多而人均资源相对贫乏的发展中国家来说，享有生存权历史地成为中国人民最迫切的要求。① 在现代国际体系中，如果国家不能独立，人民的生命就没有保障。中国争取民族独立与解放的过程就是中国人民争取人权的过程。基于此，中国坚持认为维持经济持续快速稳定发展是中国人民的一项基本人权。对此，中国在推动国际社会就发展权达成一致方面做出了积极的贡献。例如，中国对《发展权利宣言》的起草和最终通过发挥了积极作用；中国一直是人权委员会关于发展权问题决议的共同提案国；中国一直呼吁“国际社会应该积极推进世界人权事业，尤其是要关注广大发展中国家民众的生存权和发展权”。②

1986年第41届联合国大会对《发展权利宣言》进行了表决，尽管一些西方国家投了弃权票，但美国是唯一投了反对票的国家。在2014年9月人权理事会第27次会议通过有关发展权的决议时，美国再一次成为唯一投反对票的国家。尽管如此，从1986年以来联合国就相关问题的投票情况来看，以中国为代表的发展中国家对集体人权及其优先性的长期坚守已经突破了传统的人权规范，受到世界上绝大多数国家的认可。特别是1993年联合国世界人权会议通过了《维也纳宣言和行动纲领》，重申《发展权利宣言》所确立的发展权是一项普遍和不可剥夺的人权，是基本人权不可分割的组成部分。③ 这一行动纲领的通过标志着发展权被国际社会普遍承认为一项基本人权。它不仅拓展了既有西方人权规范的内涵，而且激活与延展了人权规范的生命力，具有重要意义。

---

① 1991年至2015年，中国政府每年都发表关于中国人权进展的白皮书。在白皮书中，这一主张贯穿始终。

② 《习近平致“2015·北京人权论坛”的贺信》，《人民日报》2015年9月17日第1版。

③ 《维也纳宣言和行动纲领》，http：//www. un. org/chinese/esa/social/youth/vienna. htm。

（二）人权与主权的关系

人权与主权的关系一直是中美人权争论的核心，中国依据自身历史教训，认为主权不仅是最大人权，而且是人权的根本保障，并逐渐被发展中国家广为接受，成为国际共识。

“人权高于主权”“人权无国界”等观点是美国极力倡导的核心原则。美国国务院发布的年度《国别人权报告》以人权为借口对他国内政指手画脚，还以维护人权为名，进行人道主义干涉或战争。科索沃战争和西亚北非发生的变局即这种人权高于主权论调的具体例证。相反，“中国一贯认为，人权问题本质上属于一国内部管辖的问题，尊重国家主权和不干涉内政是公认的国际法准则，适用于国际关系的一切领域，自然也适用于人权问题”。①

当然，中国对美国人权外交的批判从来就不是纯粹的批判，而是立足于理性与事实的争论，以求得更大的规范共识和各国人权的自我进步。首先，中国对主权优先性的强调具有国际法依据。例如，《联合国宪章》第二条第七款规定：本宪章不得认为授权联合国干涉在本质上属于任何国家内管辖之事件。② 联合国通过的《关于各国内政不容干涉及其独立与主权之保护宣言》《关于各国依联合国宪章建立友好关系及合作之国际法之原则之宣言》和《不容干涉和干预别国内政宣言》也都有相关明确规定。其次，中国对主权优先性的强调基于中国遭受的巨大人权侵害的历史事实。从 1840 年到 1949 年，西方列强对中国发动过大小数百次侵略战争，给中国人民的生命财产造成了不可估量的损失。最后，中国对主权优先性的强调基于广大发展中国家内部贫困、社会动荡以及部分西方国家由此肆意干涉其内政引起更大社会动荡的国际事实。进入 21 世纪以来，叙利亚的持续乱局已经表明，以美国为首的西方国家以人权为名发

① 中华人民共和国国务院新闻办公室：《中国的人权状况》，http：//www. scio. gov. cn/zfbps/ndhf/1991/Document/308017/308017. htm。

② 《联合国宪章》第二条第七款，http：//www. un. org/chinese/aboutun/charter/chapter1. htm。

动的一系列武装干预或政权更迭行动，带来的不是更好的人权保护而是更大的人权侵害。

长期以来，中美围绕人权与主权的关系展开的争论也反映了部分西方发达国家与绝大多数发展中国家的分歧。事实上，自联合国成立以来，主权与人权的高低之分就是各国争论的重要内容，而以中国为代表的广大发展中国家的观点最终赢得了更多共识。1981 年 12 月 9 日第 36 届联合国大会通过的《不容干涉和干预别国内政宣言》得到了包括美国在内的世界各国的公认。[①] 第 45 届联大决议重申，各国和各国人民有权自由选择和发展本国的政治、社会、经济及文化制度，并有权决定本国的法律和规章。[②] 而世界人权会议通过的《维也纳宣言和行动纲领》第 36 条也重申了“国家机构在促进和保护人权方面的重要和建设性作用，特别是向主管当局提供咨询意见的作用，以及它们在纠正侵犯人权行为、传播人权信息和进行人权教育的作用”。[③] 据此可见，主权作为当今国际社会基本规范仍然得到了绝大多数国家以及联合国机构的认可，人权的实现仍然主要依赖于主权的有效保护，这仍然是当今主权与人权关系的基本共识。

第三，人权的“自我塑造”。

在规范的自我塑造方面，中国就人权问题也逐渐摸索出了一套自己的机制。1991 年 11 月，国务院新闻办公室发表了《中国的人权状况》白皮书。这是中国政府关于人权的官方文件，也是中国第一份人权白皮书。该白皮书明确宣布“继续促进人权的崇高目标，努力达到中国社会主义所要求的实现充分人权的目标，仍然是中国人民和政府的一项长期的历史任务”。[④] 1997 年 9 月，党的十五大首次将人权概念写入报告，提出要“保

---

① 第 36 届联大决议，A/res/36/103，http：//www. un. org/chinese/aboutun/prinorgs/ga/36/36all2. htm。

② 第 45 届联大决议，A/res/45/97，http：//www. un. org/chinese/aboutun/prinorgs/ga/45/r45all1. htm。

③ 《维也纳宣言和行动纲领》（http：//www. un. org/chinese/esa/social/youth/vienna. htm）。

④ 中华人民共和国国务院办公厅：《中华人民共和国公报》1991 年 12 月 25 日第 39 号（http：//www. gov. cn/gongbao/shuju/1991/gwyb199139. pdf）。

证人民依法享有广泛的权利和自由，尊重和保障人权”。[①] 2002 年 11 月，党的十六大再次将“尊重和保障人权”作为“坚持和完善社会主义民主制度”的重要内容写入报告。[②] 2004 年 3 月，十届人大二次会议通过宪法修正案，将“国家尊重和保障人权”写入宪法。[③] 把人权保护从党和政府的意志提升到人民和国家的意志，这是对人权认知的一次新跃进。2006 年 3 月，十届人大四次会议审议批准的“十一五”规划纲要明确提出要尊重和保障人权，促进人权事业的全面发展。这是中国首次在国民经济和社会发展规划中写入有关人权的内容。[④] 此外，还有政府政策和法律层面的制度安排，国家人权行动计划就是最具体的表现。中国与国际人权合作也在扩大和深化，积极签署和批准各项国际人权公约，参加新的国际人权公约的规定，并认真履行各项公约义务。

人权作为国际社会的一项重要制度，尽管起源于西方，但这并不意味着只有一种理解方式和内涵。不同历史、文化和发展阶段的民族国家在理解人权的内涵时会存在差异。中国在人权实践中的背景知识和现实实践不仅催生了中美不同的人权观，而且也是中国推动国际人权规范重塑的重要来源。同时，中国从一个贫穷的国家发展为世界第二大经济体，发展不仅是人权实现的条件，也是人权的应有之义。中国文化中对人的理解的集体理念取向和传统也塑造了中国在人权上更偏向集体人权。中国强调“人者，仁也”。西方基督教文化则强调上帝面前人人平等、天赋人权，将权利理解为个人的自然权利。费孝通先生曾在《乡土中国》中指出，在西方的社会格局中，每个人都是独立的个体，这些个体组成了不同的团体，构

---

① 《高举邓小平理论伟大旗帜，把建设有中国特色社会主义事业全面推向二十一世纪——江泽民在中国共产党第十五次全国代表大会上的报告》，http：//cpc. people. com. cn/GB/64162/64168/64568/65445/4526285. html。

② 《全面建设小康社会，开创中国特色社会主义事业新局面——在中国共产党第十六次全国代表大会上的报告》，http：//cpc. people. com. cn/GB/64162/64168/64569/65444/4429125. html。

③ 《中华人民共和国宪法修正案》（http：//www. people. com. cn/GB/shehui/1060/2391835. html）。

④ 李君如主编：《中国人权事业发展报告 No. 1（2011）》，社会科学文献出版社 2011 年版，第 19—24 页。

成了团体格局。中国的社会格局则如石头击水泛起的波纹，一圈一圈推出去，分不清明确的边界，是一种从己到家、由家到国、由国到天下的差序格局。[①] 国际关系对国际社会的不同认知也有助于对中西人权争论的理解。从实体论出发的西方学者认为国际社会是一个独立的自在实体，国际社会的扩展实际上是嵌入了欧洲观念基因的延伸和放大，范围扩大，但内核不变。所有的国际社会朝着西方的自我类属发展，或是非西方的形态被同化到西方去。从过程论出发的中国学者则把国际社会视为一种生成和转化的过程。自我的性质和形态只有在自我与他者的关系中才有意义，才能得以确定。事物间的关系而非事物的所谓本质属性是理解人类社会的关键。这种对社会的理解是基于中国的互联关系性和中庸辩证法思维，是关系性逻辑的体现。同任何社会一样，国际社会中任何一种对偶关系都具有互容性和互补性。[②] 作为国际社会重要内容的人权也应从互容和互补的视角来透视。

以中美人权对话为例，双方可能存在实力的较量、利益的交换和彼此的冲突，我们并不否定西方国家人权主张有其合理的一面，但西方的人权实践活动和人权理念只是人权背景知识之一，这种知识不应该是唯我独尊的、自我—他者二元对立的。我们应该看到，在目前的国际人权规范中，人权不只是一方给另一方的灌输，一方接受另一方，成为同质性的关系，被“他者”内化，而是在互动过程中，存在万物并育而不相害、道并行而不相悖的局面。“人权事业永无止境。在人权问题上没有最好，只有更好。”[③] 中国在人权对话中并不只是被动地接受西方的主张，而是有自己的理解和坚持，并以自我塑造的方式推进人权规范的实践，这种理解具有但并不局限于中国自身的特性，在一定意义上，它代表了发展中国家的普遍主张，显示了更大的包容性。经过坚持不懈的积极探索，中国已经逐步形

① 费孝通：《乡土中国》，北京出版社2005年版，第32页。

② 秦亚青：《关系与过程：中国国际关系理论的文化建构》，上海人民出版社2012年版，第76—113页。

③ 《2013年中国人权事业的进展》，http：//www. scio. gov. cn/ztk/dtzt/2014/30852/30855/Document/1371132/1371132. htm。

成了人权保障的“中国模式”。[①] 中美之间的人权对话局面也在改变，已经由过去美方单向抛出人权议题、中方被动回应，转变为双方平等对话，互有攻守。这样的人权对话不是要完全改变对方，而是通过争论达到对人权内涵的丰富理解，彼此能够包容共处。中国与广大发展中国家提出的以生存权和发展权为核心的人权理论体系丰富了国际人权规范的内涵。中国这种从自身历史、现实出发对国际人权规范进行塑造的实践，增进了不同人权观的包容性，扩展了人权规范内涵，扩大了国际社会对人权规范的国际共识。这一规范塑造的实践路径对任何致力于探求符合本国国情的人权发展道路的国家都具有借鉴意义。

四　结语

国际规范研究尽管取得了显著进步，但一元的线性研究范式探索的是规范产生、扩散和内化的路线图，排斥了不同文化背景的行为体，主要是非西方国家行为体在规范重塑中的作用。国际规范研究的西方话语霸权遮蔽和压缩了非西方话语的发展空间，低估了非西方国家在规范重塑上的作用和影响，忽视了国际规范实践的多元路径。目前，非西方世界的兴起为国际规范的发展带来了新的动力和活力。他文化的实践活动为国际关系理论的多元建构提供了丰富的资源。[②] 本文以争论性逻辑和关系性逻辑为分析基础，从国际社会的过程论出发，把规范重塑作为规范演进的重要一环纳入规范研究框架中来，试图弥补这样的缺陷和不足。

中国作为一个具有悠久文明和国际地位不断提升的大国，在国际参与的过程中，尽管遇到强大的物质结构和社会结构压力，但并不会完全单向地遵从、内化由某些国家单方面制定并推行的所谓国际社会规范，而是基于自身历史与实际需要去重塑符合人类共同利益和愿望的国际规范。中国

① 罗豪才：《人权保障的“中国模式”》，《人权》2009年第6期。

② 秦亚青：《行动的逻辑：西方国际关系理论“知识转向”的意义》，《中国社会科学》2013年第12期。

在人权规范方面的贡献已经突破了西方经典的冲击—反应式的分析框架。[①]而这也为中国的国际关系学者理解中国与国际社会的关系提供了新思路和新视角。

当然，我们还应清醒地认识到，在国际规范领域，与占据绝对优势的西方相比，以中国为代表的非西方、发展中国家虽然在参与规范制定和进行规范重塑方面不断迈进，但差距仍然明显。挖掘中国重塑、创新人权规范的机制，是中国国际关系研究的应有之义，也是探索建立中国国际关系学派的重要内容和长久课题。

（本文发表于《中国社会科学》2016 年第 7 期）

① Yuan Zhengqing, "Review on Beyond Compliance", *Japanese Journal of Political Science*, Vol. 9, No. 2, 2008, pp. 255-257.

必要性现实主义：重构修昔底德的权力理论

李隽旸*

内容摘要：与其说修昔底德例解了国际政治的结构现实主义，不如说修昔底德的权力理论建构了一种“必要性”现实主义。本文借助同时代文本和古代注疏细读修昔底德对城邦国家权力互动的记载，重构其权力理论。史书中最重要的两个决策（斯巴达宣战和雅典发展帝国主义）都是围绕“必要性”展开的行动场景，结构上都具有困境、恐惧和主动决策三个要素。决策是困境与恐惧的产物。静态的必要性场景通过一定法则组成场景序列，展示权力的动态互动过程。必要性场景及其序列即修昔底德的权力理论；根据场景核心要素，修昔底德的权力理论是一种关于必要性的现实主义。相较于结构现实主义，修昔底德权力理论为权力本体论的核心争论——在权力施展过程中行为体与结构的关系——提供了更充分细致的理解，因此不是结构现实主义的例证。必要性现实主义是对修昔底德更准确的解读，并为现实主义理论光谱补充了一个新的理论提案。

关键词：修昔底德　结构现实主义　“必要性”　权力

一　战争归因与权力理论

修昔底德（Thucydides）对伯罗奔尼撒战争的归因——雅典人正在变

---

* 李隽旸，中国社会科学院世界经济与政治研究所副研究员。

强并给斯巴达人带来恐惧，迫使（相关各方）进入战争——是对国际政治结构现实主义的例解吗？如果不是，我们应当如何理解修昔底德的现实主义？本文认为，修昔底德史述没有例解结构现实主义理论，他的权力理论是一种关于必要性的现实主义（realism of necessity/ἀνάγκη）。作为现实主义理论的一种新提案，必要性现实主义在本体论上比结构现实主义更有说服力。

（一）解读修昔底德：结构现实主义还是必要性现实主义

格雷厄姆·艾利森（Graham Allison）提出了“修昔底德陷阱”这一概念，认为修昔底德的“故事主线是将雅典与斯巴达拖入冲突的引力：雅典持续的崛起与斯巴达对这一事态正在削弱其在希腊优势地位日益增加的担忧。换言之，他的主题是修昔底德陷阱以及这一陷阱如何诱捕了古代世界最为传奇的两大权势，即便双方多次试图避免这一结果”。[①] 这是一种结构现实主义的解读。对修昔底德的结构现实主义解读，主导了当下国际关系评论者和理论家对修昔底德的读法。本书将通过重构和比较两个步骤，批驳错误读法并重构修昔底德关于政治权力的理论。

依据修昔底德的同时代文本和对修昔底德的古代注疏，[②] 本书以如下方式重构修昔底德的权力理论。修昔底德笔下有两个最重要的城邦国家对外政策决策场景：一是雅典场景，雅典决定发展帝国主义；二是斯巴达场景，斯巴达决定对雅典宣战。两者都以“必要性”为核心，且具有同样的构成要素：困境、恐惧和主动决策。雅典场景与斯巴达场景组成场景序

① Graham Allison, *Destined for War*: *Can America and China Escape Thucydides' Trap*? Boston and New York: Houghton Mifflin Harcourt, 2017, p. 85.

② 希腊化时代（前323年至前146年），亚历山大缪斯宫图书馆的学者们为古风时代（前800年至前480年）及古典时代（前480年至前323年）的希腊作品撰写注疏解释。要理解古希腊作品，我们离不开这些古代注解。这些撰写注解的作者往往没能流传下来姓名，所以今天的研究者以“古代注疏家（scholiast）”指称。关于古代注解之起源与流传的一般情况，参见［英］L. D. 雷诺兹、［英］N. G. 威尔逊《学者与抄工：希腊、拉丁文献传播史》，苏杰译，北京大学出版社2015年版，第10—15页。关于修昔底德史书的古代边注，参见 Alexander Kleinlogel, ed., *Scholia Graeca in Thucydidem*, Berlin and Boston: De Gruyter, 2019, pp. 155-159。

列，形成了权力互动过程。必要性场景及其序列构成了修昔底德的权力理论，修昔底德的权力理论属于一种现实主义理论，可以用决策场景的核心要素将其命名为“必要性现实主义”。

对比必要性现实主义与结构现实主义，本书发现两者在权力本体论——在权力施展过程中行为体与结构的关系——方面完全不同。修昔底德的权力理论为行为体与结构的关系提供了比结构现实主义及其改进版本更充分、更完备的理解。因此，修昔底德权力理论是从本体论上增补而非例解结构现实主义理论。本书提出的必要性现实主义不仅是对修昔底德政治理论更加准确的读法，本身也是更复杂包容的新理论模式。

（二）“迫使”与“必要性”

结构现实主义将修昔底德引为先驱的理据是修昔底德的战争归因句，本书重构修昔底德权力理论的起点也是修昔底德的战争归因句。关于战争爆发的原因，修昔底德说：[1]

T1 （Th. 1. 23. 6）[2]

... τὴν μὲν γὰρ ἀληθεστάτην πρόφασιν, ἀφανεστάτην δὲ λόγῳ, τοὺς Ἀθηναίους ἡγοῦμαι μεγάλους γιγνομένους καὶ φόβον παρέχοντας τοῖς Λακεδαιμονίοις ἀναγκάσαι ἐς τὸ πολεμεῖν.

… for the truest cause, though most unnoticed in words, I believe <to be that> the Athenians becoming great and bringing fear to the Lacedaemoni-

① 本书采用《利德尔—斯科特希英字典》附表标准缩写古代作家与作品名字，参见 Henry George Liddell and Robert Scott, *A Greek-English Lexicon*, Oxford: Clarendon Press, 1996, pp. xvi, xix, xxiii, xxiv, xxxvii。本书讨论的核心文本共 8 句：修昔底德的战争归因句（T1：Th. 1. 23. 6）和雅典帝国主义叙事（T4：Th. 1. 75. 3，T5：Th. 1. 76. 2），辅以修昔底德关于权力的论述（T7：Th. 5. 89）、修昔底德史书的三则古代注疏（T2：Schol. Th. 1. 23. 6，T6：Schol. Th. 1. 75. 3，T8：Schol. Th. 5. 89）以及同时代文本埃斯库罗斯悲剧《阿伽门农》（T3：A Ag 218–222）。本书的论证依赖对文本的批判性理解，基于批判性理解的翻译是本书论证的第一个步骤。不同于力求流畅可读的全书译本，本书译文力求贴字，未贴字的补充性内容以括号标出。

② 本书依据的修昔底德希腊语文本是牛津古典文本版，参见 Henry Stuart Jones, ed., *Thucydidis Historiae*, Oxford: Clarendon Press, 1942。校勘本不标页码，文本通过上述缩写与章节编号检索。

ans forced <them> into the war.

……因为我相信，最真实的原因——但同时也是极少被提及（的原因）——（是）雅典人正在变强大、（雅典人）给拉栖代梦人带来了恐惧，迫使（他们）[①] 进入战争。[②]

针对后半句“雅典人正在变强大……迫使（他们）进入战争”，古代注疏家解释如下：[③]

T2（Schol. Th. 1. 23. 6）

τοὺς Ἀθηναίους ... ἀναγκάσαι ἐς τὸ πολεμεῖν: τὰ ὀνόματα ῥήματα ἐποίησεν· βούλεται γὰρ δηλοῦν, ὅτι μεγάλοι γινόμενοι οἱ Ἀθηναῖοι ἀνάγκην παρέσχον τοῦ πολέμου

the Athenians… forced <them> into the war: he made the nouns verbs; for he wishes to show clearly that the Athenians who became great brought the necessity of the war.

“雅典人……迫使（他们）进入战争”：他以动词替代名词；因为他想阐明，变得强大的雅典人带来了战争的必要性。

① 考虑到本书的重要读者群是非古典学家，以下称“拉栖代梦”为“斯巴达”。

② 参考四种现代语言的如下重要译本。最早且最贴字的英译本为托马斯·霍布斯版，参见 Thomas Hobbes, trans., *Thucydides: The History of the Peloponnesian War*, London: G. & W. B. Whittaker, 1822, p. 14。最新英译本为杰里米·迈诺特版，参见 Jeremy Mynott, ed., *Thucydides: The War of the Peloponnesians and the Athenians*, Cambridge: Cambridge University Press, 2013, p. 16。较重要的德译本为新版图斯库鲁姆丛书（Sammlung Tusculum），参见 Michael Weißenberger, trans., *Thukydides: Der Peloponnesische Krieg*, Berlin and Boston: De Gruyter, 2017, p. 131。最重要的法译本为布岱丛书（Collection Budé）校勘本，参见 Jacqueline de Romilly, trans. and ed., *Thucydide: La Guerre du Péloponnèse, Tome I: Introduction, Livre I*, Paris: Les Belles Lettres, 2019, p. 15。中文译本分别参见［古希腊］修昔底德《伯罗奔尼撒战争史》，谢德风译，商务印书馆 2018 年版，第 21 页；［古希腊］修昔底德《伯罗奔尼撒战争史》，徐松岩译，广西师范大学出版社 2004 年版，第 15 页；［古希腊］修昔底德《伯罗奔尼撒战争史》，何元国译，中国社会科学出版社 2017 年版，第 19 页。

③ Alexander Kleinlogel, ed., *Scholia Graeca in Thucydidem*, Berlin and Boston: De Gruyter, 2019, p. 317.

修昔底德用来描述斯巴达宣战决定的动词是“迫使（T1：ἀναγκάσαι，forced）”，古代注疏家则使用了其同源名词“必要性（T2：ἀνάγκην，necessity）”。因为在现代语言中没有准确的对应词，所以单纯通过翻译[①]无法准确理解这个动词，更无法准确理解修昔底德借该词描述的行动场景及权力过程。本书观察到修昔底德在战争归因句所做出的评论与其雅典帝国主义叙事具有共性，他使用了同一个动词，构成了一类叙事模式，进而提供了一种解释框架。[②] 本书试图证明，从战争归因句出发，以必要性这一记载权力实施与互动的通用模式，可以重构修昔底德的权力理论。

在战争归因句中修昔底德以“迫使/必要性”为核心构造了斯巴达行使权力的场景，这是《伯罗奔尼撒战争史》全书中最为重要的一个对外政策决策场景。本书第二部分会详细说明“斯巴达场景”的微观构造，即困境、恐惧与主动决策。第三部分将提供围绕“迫使/必要性”形成的第二个决策场景，笔者称之为“雅典场景”，这个场景中同样含有困境、恐惧与主动决策三个要素。第四部分简要论证修昔底德围绕必要性塑造的决策场景是一个关于权力的场景。基于这一论证，我们有理由将上述决策场景视为其权力理论的微观展现。第五部分说明雅典场景与斯巴达场景的关系：围绕“迫使”与“必要性”两个决策场景形成了一个交替决策序列和权力互动过程。这就是修昔底德权力理论的动态过程。在第六部分，笔者

① 笔者认为，ἀνάγκη应当译为“必要性”而非更常见的“必然性”。ἀνάγκη被译为“必然性”的原因是，英文研究者将ἀνάγκη译为 necessity，中文译者进而采用 necessity 一词的含义转译为“必然性”。necessity 本身确实含有“必然性”这一义项，但是 necessity 一词作为ἀνάγκη之英译的时候，就需要与ἀνάγκη具有同样的内涵和外延。本书接下来将证明，ἀνάγκη一词含有“必要性”的意思，不含“必然性”的意思。关于 necessity 一词所具有的“必然性”义项，参见《牛津英语词典》necessity 词条 7. b：“An unavoidable compulsion or obligation of doing something。”本书讨论的 necessity 基于下义项 3. b.：“The constraining power of circumstances；a condition or state of things compelling to a certain course of action”。参见 *Oxford English Dictionary*，（CD-Rom Version），Oxford：Oxford University Press，2009。

② 戴维·格里布指出，在阅读修昔底德时，我们不能将即便是像战争归因句（T1）这样的作者评论视为作者观点的直接表达。他接着提到，像战争归因句这样的作者评论的重要作用之一是为全书提供一个解释框架和一类叙事模式。参见 David Gribble，“Narrator Interventions in Thucydides”，*Journal of Hellenic Studies*，Vol. 118，1998，p. 57。但是，格里布没有详细解释战争归因句所提供的解释框架和叙事模式是如何与史书其他部分特别是与叙事部分相一致并贯穿全书的，这是本书的核心任务。

将说明并反驳结构现实主义者将修昔底德引为先驱的原因。第七部分将阐明修昔底德的权力理论对权力实施场景中的行动者—结构关系的认识为何比结构现实主义更加细致以及必要性现实主义这一新理论模式如何对权力本体论及行动者—结构关系提供了更完整的理解。

（三）必要性与结构现实主义批判

本书基于前5世纪必要性概念的相关研究重构修昔底德的权力理论，然后基于对结构现实主义的理论批判发展修昔底德的必要性现实主义。基于必要性对修昔底德权力理论进行重构主要获益于三类关于必要性的研究。

第一类是关于前5世纪必要性概念的基础研究，包括词语发展史与语义学研究①以及基于同时代悲剧文本的伦理学讨论。② 必要性的构词史、在悲剧中的用法及相关伦理学讨论将成为透视修昔底德权力场景的显微镜。第二类研究关注修昔底德史书中出现的“迫使/必要性”：其中一部分研究试图涵盖修昔底德书中出现的所有相关内容，③ 本书的关注点则局限在与政治权力相关的必要性。另一部分研究从特定问题出发，研究修昔底德的必要性概念，但它们与本文或问题不同，或关注的核心文本不同，或观点不同。④ 本书试图成为后一类研究中的一个新例。第三类研究围绕必要性将修

① Wilhelm Gundel, *Beiträge zur Entwicklungsgeschichte der Begriffe Ananke und Heimarmene*, Gießen: Lange Verlag, 1914; Heinz Schreckenberg, *ANANKE*: *Untersuchungen zur Geschichte des Wortgebrauchs*, München: C. H. Beck Verlag, 1964.

② 参见［美］玛莎·C. 纳斯鲍姆《善的脆弱性：古希腊悲剧与哲学中的运气与伦理》，徐向东、陆萌译，译林出版社2018年版，第33—72、680页；［英］伯纳德·威廉斯《羞耻与必然性》，吴天岳译，北京大学出版社2014年版，第142—182页。

③ Martin Ostwald, *ΑΝΑΓΚΗ in Thucydides*, Atlanta: Scholars Press, 1988; Mark Fisher and Kinch Hoekstra, "Thucydides and the Politics of Necessity", in Ryan K. Balot, Sara Forsdyke and Edith Forster, eds., *The Oxford Handbook of Thucydides*, Oxford: Oxford University Press, 2017, pp. 373-390.

④ 包括庞西对战争中生存必需的研究、麦克劳德对密提林对话的研究以及詹姆斯将必要性视为政治宣传手段的研究。参见 Peter R. Pouncey, *The Necessities of War*: *A Study of Thucydides' Pessimism*, New York: Columbia University Press, 1981; C. W. MacLeod, "Reason and Necessity: Thucydides Ⅲ 9-14, 37-48", *Journal of Hellenic Studies*, Vol. 98, 1978, pp. 64-78; David James, "The Concept of Practical Necessity from Thucydides to Marx", *Theoria*: *A Journal of Social and Political Theory*, Vol. 61, No. 138, 2014, pp. 1-17。

昔底德与其他作家——如历史家希罗多德（Herodotus）[①]，前苏格拉底哲学家、[②] 悲剧诗人索福克勒斯（Sophocles）[③] ——进行比较，以阐明修昔底德对必要性概念的发展和贡献。本书采用同样的比较研究进路：因为悲剧诗人埃斯库罗斯（Aeschylus）笔下阿伽门农（Agamemnon）的困境主要体现为个人层面上的行为体与结构关系的紧张，经过这一比较研究揭示的修昔底德必要性概念，能够为国际关系中的行为体与结构关系提供新的见解。

对修昔底德的结构现实主义解读和对结构现实主义的理论批判是本书的另一重要研究基础。修昔底德被国际关系理论学者视为现实主义者，因为他与现实主义共享一套基本假设：国际社会处于无政府状态，国家是主要行为体，行为体之间的冲突永远无法根除。[④] 经典现实主义与结构现实主义皆追溯修昔底德为其理论先驱。其他理论流派学者则从各个角度批评了现实主义者将修昔底德引为先驱的做法。理查德·勒博（Richard Ned Lebow）将修昔底德归为建构主义者，[⑤] 所获支持有限。迈克尔·多伊尔（Michael M. Doyle）为了争取最广泛的共识，退一步指出修昔底德赞同现实主义的最基本假设，因此可以称为“极简现实主义者”。[⑥] 这一观点得到了古典学家乔赛亚·奥伯（Josiah Ober）的支持。[⑦]

---

① Rosaria Vignolo Munson, “Ananke in Herodotus”, *Journal of Hellenic Studies*, Vol. 121, 2001, pp. 30–50.

② J. D. Noonan, “Thucydides 1. 23. 6: Dionysius of Halicarnassus and the Scholion”, *Greek, Roman, and Byzantine Studies*, Vol. 33, No. 1, 1992, pp. 37–49.

③ ［英］伯纳德·威廉斯：《羞耻与必然性》，吴天岳译，北京大学出版社 2014 年版，第 178—179 页。

④ Michael M. Doyle, “Thucydidean Realism”, *Review of International Studies*, Vol. 16, No. 3, 1990, pp. 224–225.

⑤ Richard Ned Lebow, “Thucydides the Constructivist”, *The American Political Science Review*, Vol. 95, No. 3, 2001, pp. 547–560.

⑥ Michael M. Doyle, “Thucydidean Realism”, *Review of International Studies*, Vol. 16, No. 3, 1990, pp. 223–237.

⑦ Josiah Ober, “Thucydides Theôrêtikos/Thucydides Histôr: Realist Theory and the Challenge of History”, in Jeffrey S. Rusten, ed., *Oxford Reading in Classical Studies: Thucydides*, Oxford: Oxford University Press, 2009, p. 436.

劳里·约翰逊（Laurie M. Johnson）认为，修昔底德是不同于经典现实主义者和结构现实主义者的另一种现实主义者。[①] 丹尼尔·加斯特（Daniel Garst）和乔纳森·蒙顿（Jonathan Monten）代表了一种更被认可的批评路径，他们都观察到结构现实主义对修昔底德的理解过于狭隘，修昔底德的史述和理论要比结构现实主义的简明归纳更加丰富。[②] 多伊尔的立场正确，但有待进一步精确。约翰逊的提议则很不明确，因为她的研究没有基于清晰明确的现实主义理论。加斯特和蒙顿则没有集中火力攻击结构现实主义的核心缺陷。一方面，经典现实主义关注权力与正义的关系，这不是本书的关注点；[③] 另一方面，在笔者看来，将批评聚焦于结构现实主义的权力本体论，明确这一路径对修昔底德的解读及其缺陷，可以更加准确、清楚和有力地主张修昔底德的现实主义理论提案。

"修昔底德陷阱"的理论基底就是结构现实主义。修昔底德最重要的结构现实主义读者是肯尼思·华尔兹（Kenneth N. Waltz）和罗伯特·吉尔平（Robert Gilpin）。华尔兹认为，修昔底德和他一样相信与其他因素体系相比结构的作用更具决定性。[④] 他追随的是沃纳·耶格（Werner Jaeger）的意见。耶格认为，战争爆发时的意识形态冲突实质上是由权力对比决定的。[⑤] 然而耶格的看法难以作为可靠的解读基础，[⑥] 研究者需要自行解读修昔底

① Laurie M. Johnson, "Thucydides the Realist?" in Christine Lee and Neville Morley, eds., *A Handbook to the Reception of Thucydides*, Oxford: Wiley-Blackwell, 2015, pp. 391-405.

② Daniel Garst, "Thucydides and Neorealism", *International Studies Quarterly*, Vol. 33, No. 1, 1989, pp. 3-27; Jonathan Monten, "Thucydides and Modern Realism", *International Studies Quarterly*, Vol. 50, No. 1, 2006, pp. 3-25.

③ 例如，克兰认为修昔底德对权力政治的展示旨在恢复正义在政治中的地位，参见 Gregory Crane, *Thucydides and the Ancient Simplicity: The Limits of Political Realism*, Berkeley: University of California Press, 1998。艾伦斯多夫认为，修昔底德并不认为缺乏正义的权力政治能够塑造成功的对外政策，参见 Peter J. Ahrensdorf, "Thucydides' Realistic Critique of Realism", *Polity*, Vol. 30, No. 2, 1997, pp. 231-265。经典现实主义对修昔底德的解读不是本书关注点。

④ 具体而言，华尔兹相信，修昔底德认为城邦国家在意识形态冲突中扮演的角色是由它们在城邦体系中的结构位置决定的。参见［美］肯尼思·华尔兹《国际政治理论》，信强译，上海人民出版社 2017 年版，第 134 页。

⑤ Werner Jaeger, *Paideia: The Ideals of Greek Culture*, Oxford: Basil Blackwell, 1946, pp. 392-398, 488.

⑥ 沃纳·耶格的问题在于，在探讨修昔底德所认为的战争爆发"最真实的原因"时他仅仅将雅典的崛起视为原因。事实上，修昔底德所说的"最真实原因"是指雅典的崛起还是指斯巴达的恐惧，抑或两者兼有，在耶格之后，学界对这个问题又进行了很多讨论且没有达成共识。本文第二部分还将继续讨论这一问题。

德。吉尔平则认为，修昔底德对战争的归因构成一种“霸权战争理论”，霸权战争是一种独特的战争类型，由体系的特定结构特征引起，并引发体系层面的深层变迁。[①] 吉尔平解读修昔底德存在的问题不在于他将体系政治变革的原因归为经济发展，[②] 而在于他试图论证修昔底德对体系变迁有兴趣。[③] 吉尔平的这一错误归咎显然来自他更早期的研究和更根本的学术信念：他相信体系存在平衡点，而霸权能够使得体系保持稳定；体系稳定遭到破坏是霸权战争的根本起因。[④]

包括华尔兹和吉尔平在内的结构现实主义对修昔底德的解读是本文在政治理论方面的主要学术争论对象。如上所述，结构现实主义者认为伯罗奔尼撒战争爆发的根本原因是体系结构对城邦决策的影响，将修昔底德的战争归因视为一种结构性解释。[⑤] 这样的看法源自结构现实主义本身对权力和结构的理解。结构现实主义将权力理解为行为体所有物，将结构理解为行为的动因。对结构现实主义的批评往往从这两个方面展开，并反映在行为体与结构关系这一核心争论中。对修昔底德的结构现实主义读法的批评也需要从这两个方面展开。

对结构现实主义的权力理论的批评有两种路径：第一种批评路径以罗伯特·基欧汉（Robert O. Keohane）为代表。[⑥] 他以多元主义丰富了权力定

---

① Robert Gilpin, “The Theory of Hegemonic War”, *The Journal of Interdisciplinary History*, Vol. 18, No. 4, 1988, pp. 592-599.

② 何元国：《“修昔底德陷阱”：一个站不住脚的概念》，《安徽史学》2020年第2期。

③ 修昔底德未曾对体系表达过任何兴趣。他既没有对战前和战后的城邦体系进行全面论述，也没有对战前两大同盟的结构和样态进行足够详细的描述。他的史书没有体现城邦世界的体系性变革。关于修昔底德对伯罗奔尼撒同盟及雅典帝国记载的不足，参见 Donald Kagan, *The Outbreak of the Peloponnesian War*, Ithaca: Cornell University Press, 1969, pp. 8-10, 31-34。

④ 关于霸权、两极和多极等国际体系的不同结构的稳定性，参见［美］罗伯特·吉尔平《世界政治中的战争与变革》，宋新宁、杜建平译，上海人民出版社2019年版，第68—72页。

⑤ 除了华尔兹与吉尔平等重要结构现实主义理论家之外，国际关系理论教科书往往也这样理解修昔底德，参见“Realism: Intellectual Precursors and Influence”, in Paul R. Viotti and Mark V. Kauppi, eds., *International Relations Theory*, Glenview: Pearson Education Inc., 2012, pp. 42-44。

⑥ Robert O. Keohane, ed., *Neorealism and Its Critics*, New York: Columbia University Press, 1986.

义，在多问题领域内对权力进行分析。[①] 但修昔底德并不关心权力在不同领域内的实施，他关心的是帝国政策和宣战决定等高政治议题。第二种批评方法由戴维·戴斯勒（David Dessler）所发展。戴斯勒对结构现实主义进行理论批评时指出，结构现实主义的解释困难主要源于其本体论的贫乏。[②] 加斯特对修昔底德的结构现实主义读法进行批评时意识到同样的问题，不过他并没有意识到，结构现实主义解读修昔底德的这一缺陷源于结构现实主义本身在本体论方面的贫乏。[③]

从戴斯勒和加斯特所代表的第二种批评路径出发，本书将展示虽然修昔底德在归因过程中对国际体系没有兴趣，但他对权力感兴趣，[④] 对行为体的决策场景感兴趣，[⑤] 对结构与行为体的互动机制感兴趣。修昔底德将结构与行为体的关系塑造为以必要性为核心的决策场景，将权力互动过程展示为这些场景组成的序列。本书将在第六、第七部分论证，这种权力理论在本体论方面与结构现实主义是不同的，基于这种权力理论的必要性现实主义是丰富而非例解了结构现实主义。反过来这将表明必要性现实主义本身亦是独立的现实主义理论提案。

---

① Robert O. Keohane, "Theory of World Politics: Structural Realism and Beyond", in Ada W. Finifter, ed., *Political Science: The State of the Discipline*, Washington, D. C.: American Political Science Association, 1993, pp. 520–527, quoted by Daniel Garst, "Thucydides and Neorealism", *International Studies Quarterly*, Vol. 33, No. 1, 1989, p. 19.

② David Dessler, "What's at Stake in the Agent-Structure Debate?" *International Organization*, Vol. 43, No. 3, 1989, p. 463.

③ 加斯特指出，不同于结构现实主义者，修昔底德不认为权力是行为体所有物，而认为权力是"特定政治环境中的政治潜能"。这一观察和论断已经非常接近国际关系理论学者对结构现实主义的本体论批评。参见 Daniel Garst, "Thucydides and Neorealism", *International Studies Quarterly*, Vol. 33, No. 1, 1989, p. 20。

④ 关于修昔底德笔下的权力，一个综合性研究参见 A. Geoffrey Woodhead, *Thucydides on the Nature of Power*, Cambridge: Harvard University Press, 1970。关于古希腊与古罗马权力概念异同的研究，参见 Ulrich Gotter, "Cultural Differences and Cross-Cultural Contact: Greek and Roman Concepts of Power", *Harvard Studies in Classical Philology*, Vol. 104, 2008, pp. 179–230。相比于伍德海德对修昔底德笔下权力概念的全面研究，本书仅关注修昔底德史书中与对外决策场景相关的权力施展过程。相比于格特的研究，本书仅关注修昔底德笔下的权力概念。

⑤ 参见 Ilias Kouskouvelis, *Thucydides on Choice and Decision Making: Why War Is Not Inevitable*, Lanham: Lexington Books, 2019。

二 斯巴达场景：发动战争

本书对修昔底德权力理论的重构，从战争归因句开始（T1：Th. 1. 23. 6）。该句的前半句是关于战争的不同“原因（T1：πρόφασις, cause）”的性质讨论，本书的研究不依赖前半句。后半句的主句是“我相信（T1：ἡγοῦμαι, I Believe）”，“我相信”的具体内容由描述雅典的两个动词分词结构和描述斯巴达的一个动词不定式结构组成。第一个分词结构“雅典人正在变强大（T1：τοὺς Ἀθηναίους ... μεγάλους γιγνομένους, the Athenians becoming great）”描述行为体面临的困境，第二个分词结构“给斯巴达人带来了恐惧（T1：φόβον παρέχοντας τοῖς Λακεδαιμονίοις, bringing fear to the Lacedaemonians）”描述行为体的恐惧，不定式结构“迫使（他们）进入战争（T1：ἀναγκάσαι ές τὸ πολεμεῖν, forced <them> into the war）”则指向行为体的主动决策。本部分将论证在前5世纪雅典的语境中，围绕“迫使/必要性”一词所形成的典型行动场景，其基本结构由“困境”“恐惧”“主动决策”三要素构成。

（一）困境

词义发展史揭示，“迫使/必要性”首先指向行动者面临的困境。“迫使（ἀναγκάζειν）”这个动词来源于名词ἀνάγκη,[①] 名词本义是“轭”“镣”或者“奴役”。以荷马（Homer）为代表的早期作者将该词用在具体的锁铐场景或主奴关系中。进入修昔底德生活和写作的前5世纪以后，ἀνάγκη的含义逐渐抽象化，被用来描述行为体面临的各类困境。[②] 该词的

① Robert Beekes, *Etymological Dictionary of Greek*, Leiden and Boston: Brill, 2009, p. 79. 在此，必须指出*ἀνάγκη*的动词源于名词，因为词语发展史中也存在相反的演化方向。

② 最开始，比喻用法开启了词义抽象化的进程；接着，词性活用延续了这一趋势；动词的出现应当是词义抽象化的最后阶段。在这一过程中，这个名词逐渐失去本义，获得抽象含义。施莱肯贝格为这一演变过程给出了足够有说服力的文本证据。参见 Heinz Schreckenberg, *ANANKE: Untersuchungen zur Geschichte des Wortgebrauchs*, München: C. H. Beck Verlag, 1964, p. 29。

含义不再局限于锁具和镣铸，也可以指限制行为体的各种情势与条件。根据这一抽象含义（而非其本义），ἀνάγκη在现代语言中被译为：（1）英语中的“压力（pressure）”“必要性（necessity）”“困境（predicament）”；（2）德语的“困境（Zwangslage）”“必要性（Notwindigkeit）”“困难（Bedrängnis）”；（3）法语中的“限制（contraignant）”。该词体现了困境但并不直接体现必然性，因此将ἀνάγκη译为“必然性”有失妥当。ἀνάγκη的动词是ἀναγκάζειν，常见译法有“强迫（force）”“迫使（constrain）”“用强力完成（carry through by force）”①“迫使（zwingen，contraindre）”等。因为是在名词ἀνάγκη的“压力”“困境”“强力”等义项上发展而来的，所以动词的主动形式ἀναγκάζειν指明了其宾语所面临的“困境”，是一种朝向特定方向的压力。词义发展史提示我们，构成“迫使/必要性”所刻画的行动场景中的第一个要素是困境。在修昔底德战争归因句（T1）中，在斯巴达场景中，第一个现在分词结构“雅典人正在变强大”就是行为体斯巴达所面临的困境。与同时代的一段文本对照，②并用名词“必要性”来替代动词“迫使”，能够更细致理解“迫使”所刻画的行动场景。埃斯库罗斯笔下的阿伽门农率亚该亚人远征到奥利斯的时候，“……狂风……（使）亚该亚人滞留港口，滞留引发饥馑”，③“摧毁亚该亚的年轻菁华”。④为此，阿伽门农需要杀掉并献祭亲生女儿伊菲革涅亚（Iphigenia）以平息风暴，继续远征，避免士兵死亡和远征失败。于是他：

① George Liddell and Robert Scott, *A Greek-English Lexicon*, Oxford: Clarendon Press, 1996, p. 100.

② 笔者并不是第一个注意到埃斯库罗斯所写的阿伽门农决策（T3）与修昔底德所写的斯巴达决策（T1）具有相似性的。修昔底德的重要注释者霍恩布鲁尔已经注意到这一点，虽然他和他所引述的文献都并未明确指出两段文本的相似之处，而这正是本文这一部分的主要目的。参见Simon Hornblower, *A Commentary on Thucydides, Volume Ⅰ: Books Ⅰ-Ⅲ*, Oxford: Clarendon Press, 1997, p. 66。

③ A. A. 188-189, Martin L. West, ed., *Aeschyli Agamemnon*, Berlin: De Gruyter, 2008, p. 12.

④ A. A. 196-197, Martin L. West, ed., *Aeschyli Agamemnon*, Berlin: De Gruyter, 2008, p. 13.

T3（A. A. 218–222）①

ἐπεὶ δ' ἀνάγκας ἔδυ λέπαδνον
φρενὸς πνέων δυσσεβῆ τροπαίαν
ἄναγνον, ἀνίερον, τόθεν
τὸ παντότολμον φρονεῖν μετέγνω.

since he put on the halter of necessity,
breathing impious change of heart,
unholy, unhallowed, from this moment on
he changed mind so as to be all-daringly minded.

自打套上必要性的绞索，吹着心志转变之风，（这风儿）不虔敬、不神圣、渎神，从这一刻开始他改变主意，于是心志变得无恶不作。

阿伽门农不牺牲女儿就必须抛弃军队的困难境地，被埃斯库罗斯比喻为“必要性的绞索（T3：ἀνάγκας … λέπαδνον，halter of necessity）”，“套上”这一绞索后，阿伽门农就“改变了心志”。古代注疏家对战争归因句的注解（T2）和词义发展史提示我们，可以用动词“迫使”替代名词“必要性”，因此这句话可以被改写为“绞索迫使阿伽门农转变心志”。这样一来，这个句子就与修昔底德的战争归因句一样了。因此，阿伽门农的行动场景与斯巴达的行动场景也是类似的：困境“迫使”行为体行动。这两个例子告诉我们，“困境”是围绕必要性形成的行动场景中的结构要素。下文将证明在这类场景中还存在“恐惧”与“主动决策”这两个要素。

（二）恐惧

必要性场景的第二要素是行为体的恐惧。恐惧属于心理因素。罗萨莉亚·穆森（Rosaria V. Munson）在探究希罗多德的必要性概念时，认为心理因素属于困境的一类。她认为最开始的时候，希罗多德将神、君主等具

① Martin L. West, ed., *Aeschyli Agamemnon*, Berlin: De Gruyter, 2008, p. 14.

体因素视为困境；后来，修昔底德将心理因素等抽象因素也视为困境。① 笔者不同意他的看法，而是认为心理要素独立于困境，应被视为围绕必要性形成的行动场景中的第二个要素。在修昔底德的政治史述中，这个心理要素往往是恐惧。一个看似自我矛盾的现象能够从反面证明心理要素在这类行动场景中是独立发挥作用的。这个现象就是虽然选择艰难、受制于困境，然而一旦做出选择，悲剧主角就会狂热地执行其决策。玛莎·纳斯鲍姆（Martha C. Nussbaum）观察到，埃斯库罗斯笔下的阿伽门农就是如此（T3），《七将攻忒拜》（*Septem contra Thebas*）中的埃忒俄克勒（Eteocles）也是如此。② 莱斯基想要替阿伽门农摆脱道德责任，但他也不得不承认，埃斯库罗斯笔下的悲剧主角莫不如此：阿伽门农、埃忒俄克勒、《奠酒人》（*Choephoroe*）中的俄瑞斯忒斯（Orestes）、《波斯人》（*Persae*）中的薛西斯（Xerxes）都因为艰难决策之后的狂热心理，遭到剧中歌队③的批评。④ 歌队批评的不是他们的决策，而是他们决策之后的狂热。决策可以受制于"困境"，但狂热会源于"困境"吗？答案是不会。因此，狂热等心理要素是独立的。

同样，在斯巴达场景中，也有必要把恐惧这一心理要素从困境和主动决策之中剥离出来视为独立要素。影响斯巴达在困境中做出决策的心理要

① 关于希罗多德与修昔底德对ἀνάγκη及其同源词在使用上的区别，参见 Rosaria Vignolo Munson，"Ananke in Herodotus"，*Journal of Hellenic Studies*，Vol. 121，2001，pp. 30-50。

② 阿伽门农做出选择之后，马上就把与这一决策相关的态度和情感也合理化了。参见［美］玛莎·C. 纳斯鲍姆《善的脆弱性：古希腊悲剧与哲学中的运气与伦理》，徐向东、陆萌译，译林出版社 2018 年版，第 50、54—55 页。

③ 前 5 世纪的古希腊悲剧，部分内容由歌队（chorus）以合唱歌（stasimon）形式唱出，其他内容由角色（如阿伽门农）唱出。一般认为，歌队在悲剧中的作用类似旁观者，歌队唱词或反映"理想化的观众"的看法，或反映当时社会的普遍常识。参见 John Gould，"Tragedy and Collective Experience"，in M. S. Silk，ed.，*Tragedy and the Tragic：Greek Theatre and Beyond*，Oxford：Clarendon Press，1996，pp. 217-243；Simon Goldhill，"Collectivity and Otherness—the Authority of the Tragic Chorus：Response to Gould"，in M. S. Silk，ed.，*Tragedy and the Tragic：Greek Theatre and Beyond*，pp. 244-257。

④ Albin Lesky，"Decision and Responsibility in the Tragedy of Aeschylus"，*Journal of Hellenic Studies*，Vol. 86，1966，pp. 82，84-85；N. G. L. Hammond，"Personal Freedom and Its Limitations in the Oresteia"，*Journal of Hellenic Studies*，Vol. 85，1965，p. 48.

素“恐惧”，被修昔底德写在战争归因句的第二个现在时分词中“给斯巴达人带来了恐惧”。然而，紧接其后的不定式结构“迫使进入战争”[①] 没有后接其他动词不定式或直接宾语，因此读者无法获知是谁受到了迫使又采取了何种行动。[②] 现代语言译本的译者们无论是出于语法结构的要求还是澄清语意的需要，都给“迫使”一词补上了直接宾语。[③] 马丁·奥斯特瓦尔德（Martin Ostwald）指出，这种做法改变了原文，使之变成ἀναγκάσαι [αὐτοὺς] ἐς τὸ πολεμεῖν/forced <them> into the war，即“迫使（他们）进入战争”。[④] 但原文并没有指明到底是迫使谁进入了战争。有学者认为是斯巴达人，奥斯特瓦尔德认为是雅典人和斯巴达人。[⑤]

笔者认为，“迫使”的宾语是斯巴达人。“雅典人正在变强大”是给斯巴达人而非给其他人带去了恐惧，因此“雅典人正在变强大”是斯巴达的心理认知，既不是实际情况，也不是作者的看法。将“雅典人正在变强大”视为斯巴达对困境的心理认知，这一看法有四重作用。第一，支持将“迫使”的缺席宾语判定为斯巴达。第二，疏解了一处典型的修昔底德式

① 需要简单说明，“迫使”不定式位于修昔底德说的“我相信”之后，是间接引语中的不定式，在“我相信”这个句子的间接引语从句中，承担谓语动词作用。参见 Herbert Weir Smyth，“2016（a）：Infinitives as Object in Indirect Discourse”，in *Greek Grammar*，Cambridge：Harvard University Press，2002，p. 449。

② George Liddell and Robert Scott，*A Greek-English Lexicon*，Oxford：Clarendon Press，1996，p. 100.

③ 布岱法文译本的译法是 les contraignant ainsi à la guerre，增加了代词“他们（les）”，而娄卜英文译本的译法是 and forced them to war，增加了代词“他们（them）”。霍布斯的译法比较机智，没有添加直接宾语：the growth of the Athenian power，which putting the Lacedaemonians into fear necessitated the war。霍布斯能够无须添加直接宾语而做到这一点，是因为他利用了词源结构类似其希腊语对应物的一个英语单词 necessitate。霍布斯使用的是由名词 necessity 衍生的动词 necessitate，而修昔底德使用的正是由名词*ἀνάγκη*衍生的动词ἀναγκάσαι。

④ Martin Ostwald，*ΑΝΑΓΚΗ in Thucydides*，Atlanta：Scholars Press，1988；Mark Fisher and Kinch Hoekstra，“Thucydides and the Politics of Necessity”，in Ryan K. Balot，Sara Forsdyke and Edith Forster，eds.，*The Oxford Handbook of Thucydides*，Oxford：Oxford University Press，2017，p. 3.

⑤ 阿尔弗雷德·克罗伊赛特认为，可以从第二个现在时分词的动词推断，“迫使”的宾语是斯巴达，这符合希腊语用法。除了指出“他们”同时指雅典人和斯巴达人，奥斯特瓦尔德还论证了修昔底德不写直接宾语的原因是为了强调“迫使”本身。参见 Martin Ostwald，*ΑΝΑΓΚΗ in Thucydides*，Atlanta：Scholars Press，1988；Mark Fisher and Kinch Hoekstra，“Thucydides and the Politics of Necessity”，in Ryan K. Balot，Sara Forsdyke and Edith Forster，eds.，*The Oxford Handbook of Thucydides*，Oxford：Oxford University Press，2017，pp. 3-4。

疑难，即评论与叙事不符，但无须诉诸困难的“修昔底德问题”。[①] 这里原本存在的疑难是，如果将“雅典人正在变强大”视为历史实情或作者的看法，那么这一作者评论就与作者为这一结论在“五十年纪事（Pentekontaetia：Th. 1. 89–117）”给出的历史叙事出现了矛盾，因为在对战前五十年雅典帝国发展的这段记叙中，雅典并没有“正在变强大”，它的权势在前445年与斯巴达签订《三十年和约》以后就陷入停滞乃至收缩。[②] 第三，将“雅典人正在变强大”视为斯巴达的认知，可知心理要素并不直接等同于困境，心理要素是行动场景中的独立因素。第四，恐惧的来源可以提示修昔底德更接近何种现实主义。经典现实主义将恐惧视为人性的自然延伸，而结构现实主义将恐惧视为体系结构的后果。恐惧源于困境但独立于困境，由人性和结构共同造就。这提示我们修昔底德的理论倾向在经典现实主义与结构现实主义之间。

（三）主动决策

接下来笔者将论证围绕“迫使/必要性”使形成的行动场景中，行为体做出的决策具有主动性。必要性场景的第三要素是行为体的主动决策。

在大部分情况下，ἀναγκάζειν作为动词的用法是后接宾语名词和其他动词的不定式，形成“迫使某行为体（宾语名词）去做某事（其他动词不定式）”的含义。“迫使/必要性”意味着宾语所指称的行为体有所行动。继续先前对阿伽门农和斯巴达的对比分析可以揭示，这种行动尽管受到“困境”限制，但这种决策含有自由意志和行为体的主动性。

---

① 对于修昔底德史书中的“报道栏”与“社论栏”相互抵触的矛盾，许多学者都诉诸“修昔底德问题（die Thukydideische Frage）”来解决，声称相互矛盾的段落写于不同时期，而作者在死前还没有来得及修改，所以未能注意到矛盾之处。在此，本书避免对修昔底德的写作过程做这些模棱两可、无法确证的猜想。

② 因为修昔底德的叙事与评论存在矛盾，所以关于雅典在这五十年中的权势发展趋势，学者争论激烈。一些学者选择采信修昔底德的叙事，认为在战争爆发前夕雅典已经是一个“饱和权势”；还有一些学者选择采信修昔底德的评论，不相信雅典那时是“饱和权势”。参见Donald Kagan, *The Outbreak of the Peloponnesian War*, Ithaca: Cornell University Press, 1969, pp. 107, 189–191。

埃斯库罗斯没用动词，而是用名词来描述阿伽门农的行动场景：尽管面临困境，但是阿伽门农“套上了必要性的绞索（T3：ἀνάγκας ἔδυ λέπαδνον，he put on the halter of necessity）”。首先，前文已经提到，“必要性”一词的本义就是枷锁，所以将必要性比喻为枷锁，在前5世纪很常见。[①] 修昔底德应该很熟悉这一比喻。前405年上演的欧里庇得斯遗作《伊菲革涅亚在奥利斯》，也使用了类似比喻“必要性的镣铐”。[②] 前458年[③]到前405年这一时间跨度足够覆盖修昔底德的成长和写作时间，[④] 修昔底德所使用的动词与前458年上演的《阿伽门农》和前405年上演的《伊菲革涅亚在奥利斯》中所使用的名词描述了大致相同的含义。更重要的是，当阿伽门农“套上了（T3：ἔδυ，he put on）”绞索时，这个动词是主动形式而不是被动形式，体现的是一个主动的动作。[⑤] 在直接使用动词描述斯巴达行动的战争归因句中，我们——特别是今天不用希腊语读修昔底德的我们——看不见斯巴达的动作，只能看见词义抽象化以后的动词所指明的困境。正因为如此，一些修昔底德研究者视战争爆发为“必然”，修昔底德的结构现

---

① 不止一位学者观察到这一点，参见 Heinz Schreckenberg，*ANANKE*：*Untersuchungen zur Geschichte des Wortgebrauchs*，München：C. H. Beck Verlag，1964，p. 37；K. J. Dover，“Some Neglected Aspects of Agamemnon's Dilemma”，*Journal of Hellenic Studies*，Vol. 93，1973，p. 65。

② 弗伦克在解释《阿伽门农》第218行时提示读者注意，欧里庇得斯在《伊菲革涅亚在奥利斯》第443、511行也使用了同样的比喻：E. IA. 443（ἐς οἷ' ἀνάγκης ζεύγματ' ἐμπεπτώκαμεν），511（ἀλλ' ἥκομεν γὰρ εἰς ἀναγκαίας τύχας）。参见 Eduard Fraenkel，*Aeschylus*：*Agamemnon*，*Vol. II*（*Commentary on 1-1055*），Oxford：Clarendon Press，2003，p. 127。同时参见“镣铐/绑带（ζεῦγμα）”一词的字典释义，George Liddell and Robert Scott，*A Greek-English Lexicon*，Oxford：Clarendon Press，1996，p. 754。

③ 这是埃斯库罗斯《阿伽门农》一剧在雅典大酒神节公开上演的时间。参见 Martin L. West，ed.，*Aeschyli Agamemnon*，Berlin：De Gruyter，2008，p. 2。

④ 修昔底德的生卒年份大概是前454年与前400年。前458年上演的《阿伽门农》应该是他出生前后的作品，反映了他接受教育时的周遭语境。关于修昔底德与欧里庇得斯共有的前5世纪晚期智识语境，参见 John H. Finley，Jr.，*Three Essays on Thucydides*，Cambridge：Harvard University Press，1967，pp. 1-54。修昔底德生卒年份的具体推算方法，参见 Luciano Canfora，“Biographical Obscurities and Problems of Composition”，in Antonios Rengakos and Antonios Tsakmakis，eds.，*Brill's Companion to Thucydides*，Leiden：Brill，2006，p. 3。

⑤ 埃斯库罗斯《阿伽门农》最新注解的作者莱本和托马斯认为，“套上”这个动作表明了阿伽门农“对必要性的自愿屈从”，同时参见他们对第218行及第221行中两个表示主动决策的动词ἔδυ和μετέγνω的注解，David Raeburn and Olivier Thomas，*The Agamemnon of Aeschylus*：*A Commentary for Students*，Oxford：Oxford University Press，2011，pp. 91-92。

实主义读者只看到了结构的作用，忽视了行为体的作用。阿伽门农的例子则揭示，无论困境多强大，行为体本身始终会做出一个动作。将“必要性”“困境”加诸自身的是阿伽门农本人，而被困境“迫使”进入战争的斯巴达人事实上是战争的主动发起者。埃斯库罗斯的阿伽门农和修昔底德的斯巴达都是“迫使/必要性”场景中的行动者。他们在行动时有多少自愿成分、是否应该为自己的行动负责，关于这两个问题学界并无一致意见。根据现有证据不难论证，阿伽门农和斯巴达的行动都是主动决策。

先看阿伽门农。要论证阿伽门农有自由意志，只需讨论并反驳敌对观点的解释策略。① 试图为阿伽门农洗脱伦理责任需要尽可能证明他没有行动自由。这一阵营的学者或者被迫承认阿伽门农拥有一定的决策选项余地，然后将决策的理由归给环境困难；② 或者不得不承认阿伽门农的自主意愿，但将决策与困境融为一体，然后拒绝承认这些不能独立存在的决策能够产生合理的伦理评价。③ 第一种策略表明阿伽门农并非毫无选择余地，第二种策略则拒绝伦理评价而非决策及其主动性的存在。因此无论是第一种策略还是第二种策略，阿伽门农的个人意愿和决策的主动性都无法被排除，主动决策这一要素以不同形态寄居在行动场景中。

再来看斯巴达。考察事实，斯巴达做出的是主动决策；考察史家意

① 认为阿伽门农拥有自由意志、因而要对行动负责的观点很多，这些观点全部可以直接用来佐证笔者的观点。具体包括纳斯鲍姆、威廉斯、莱斯基、多兹、莱本与托马斯的研究，参见［美］玛莎·C. 纳斯鲍姆《善的脆弱性：古希腊悲剧与哲学中的运气与伦理》，徐向东、陆萌译，译林出版社2018年版，第41—57页；［英］伯纳德·威廉斯《羞耻与必然性》，吴天岳译，北京大学出版社2014年版，第145页；Albin Lesky，“Decision and Responsibility in the Tragedy of Aeschylus”，*Journal of Hellenic Studies*，Vol. 86，1966，p. 81；E. R. Dodds，“Morals and Politics in the Oresteia”，*Proceedings of the Cambridge Philological Society*，Vol. 6，1960，pp. 27-29；David Raeburn and Olivier Thomas，*The Agamemnon of Aeschylus：A Commentary for Studeuts*，Oxford：Oxford University Press，2011，p. xxxviii。

② 多弗认为阿伽门农并非没有其他选择，弗伦克指出是行动的法律后果导致阿伽门农做出决策。参见 K. J. Dover，“Some Neglected Aspects of Agamemnon's Dilemma”，*Journal of Hellenic Studies*，Vol. 93，1973，p. 65；Eduard Fraenkel，*Aeschylus：Agamemnon*，*Vol. Ⅱ*（*Commentary on 1-1055*），pp. 122-123。

③ 例如，莱斯基可以声称“必要性影响下的选择不是自愿选择”，但是接着他不得不承认“必要性和个人意愿密不可分”。参见 Albin Lesky，“Decision and Responsibility in the Tragedy of Aeschylus”，*Journal of Hellenic Studies*，Vol. 86，1966，p. 82。

愿，其也没有暗示或者试图证明斯巴达的宣战行动中没有主动性。事实上，阿伽门农比斯巴达更加无辜。学者可以说阿伽门农这一角色完全是“宙斯的设计”，[①] 进而论证他缺乏自由意志，但斯巴达的确是宣战的一方。在斯巴达公民大会上，他们通过呼喊和站队投票，大多数人认定和约已遭破坏，是雅典人违背了和约；[②] 在伯罗奔尼撒同盟大会上，绝大多数盟邦投票决议开战；[③] 对于主动宣战，斯巴达人耿耿于怀，直到《尼基阿斯和约》破裂后大战第二阶段再启时，他们仍然认为战争第一阶段的失败应该归咎于自己；他们耿耿于怀的两个过错[④]实际上表明，是斯巴达人自己违背和约并主动宣战。

因此，修昔底德写战争归因句（T1）是在为斯巴达人辩护，是在强调斯巴达人宣战时的“困境”。但是强调行动场景中的一个要素“困境”，不等于抹杀场景中的另一个要素“主动决策”。修昔底德既无法抹杀宣战这一行动场景中斯巴达的自由意志，也不想抹杀。奥斯特瓦尔德考察了史书中所有的“迫使/必要性”用法之后断言，没有证据表明修昔底德视事件展开的每一步及其顺序都是由“必要性”直接决定的。[⑤] 麦克劳德（C. W. MacLeod）也认为，“必要性”一词既不意味着“命中注定”，也不意味着“毫无选择”。[⑥] 罗伯特·康纳（W. Robert Connor）则说，该词既不是“哲学上的确定性”，也不是“实践中的必然性”。[⑦] 此外，努南

① N. G. L. Hammond, “Personal Freedom and its Limitations in the Oresteia”, *Journal of Hellenic Studies*, Vol. 85, 1965, p. 43.

② Th. 1. 87：斯巴达人投票决议，认为雅典已经破坏了和约。

③ Th. 1. 125：伯罗奔尼撒同盟盟邦投票赞成开战。

④ 参见 Th. 7. 18. 2。两个过错一个是忒拜人（Thebans）在和平时期主动进犯普拉提阿（Plataea），引起大战战端；另一个是斯巴达人不接受雅典人根据三十年和约条款提出的仲裁请求，而自行投票判定和约破裂，需启战争。

⑤ Martin Ostwald, *ΑΝΑΓΚΗ in Thucydides*, Atlanta: Scholars Press, 1988; Mark Fisher and Kinch Hoekstra, “Thucydides and the Politics of Necessity”, in Ryan K. Balot, Sara Forsdyke and Edith Forster, eds., *The Oxford Handbook of Thucydides*, Oxford: Oxford University Press, 2017, p. 52.

⑥ C. W. MacLeod, “Reason and Necessity: Thucydides Ⅲ 9–14, 37–48”, *Journal of Hellenic Studies*, Vol. 98, 1978, p. 64. 霍恩布鲁尔采信了他的看法，参见 Simon Hornblower, *A Commentary on Thucydides*, *Volume Ⅰ: Books Ⅰ–Ⅲ*, Oxford: Clarendon Press, 1997, p. 66。

⑦ W. Robert Connor, *Thucydides*, p. 32.

（J. D. Noonan）指出，修昔底德使用动词“迫使”而非古代注疏家所提议的名词“必要性”，这表明修昔底德想要兑现在措辞和归因上与诗歌传统拉开距离的诺言。① 在古希腊的诗歌传统中，人类无力干涉“神的必要性”“宇宙的必要性”等困境；修昔底德无视这类困境，只关注人类可以发挥主观能动作用的那类困境。② 而人类要能够对困境发挥主观能动作用，首先就必须具备行动主动性。

综上所述，通过比照同个时代、同类措辞的阿伽门农行动场景，笔者还原出了斯巴达行动场景中的三个要素：困境、恐惧和主动决策。接下来笔者将证明这三个要素是修昔底德史书中同类行动场景的通用叙事模式，因为史书中还存在一个围绕必要性的行动场景，这一行动场景所涉及的对外政策决定——雅典决定发展它的帝国——与斯巴达宣战这一决策同等重要且联系紧密。

三　雅典场景：发展且不放弃帝国

在斯巴达场景中，“雅典人正在变强大”被斯巴达视为困境要素。同时，雅典帝国的发展和维持同样属于由“迫使/必要性”所刻画的这类行动场景。

---

① 修昔底德在史书中专门谈论他的撰史方法的章节坦白，他的史书将不会像诗歌一样含有引人入胜的动听故事。Th. 1. 22. 4. 1-3：“在听觉上，（我的史书）将因为缺少故事而显得没有那么令人愉悦。”

② 努南指出，因为“必要性”这个名词会唤起同时代读者对“神的必要性（θείη ἀνάγκη, divine necessity）”“宇宙的必要性（ἀνάγκη κόσμου κόσμου, necessity of cosmos）”的联想，所以修昔底德没有像此处的古代注疏家和另外一位古代修辞家狄奥尼修斯建议的那样使用名词来写这个句子，例如使用πολέμον κατ᾽ἀνάγκη即“war according to necessity”，ἀνάγκην πολέμου即“necessity of war”等简洁的表达。参见狄奥尼修斯《致阿玛乌姆的信/论修昔底德的风格》（D. H. *Amm.* 2. 6），转引自 J. D. Noonan，“Thucydides 1. 23. 6：Dionysius of Halicarnassus and the Scholion”，pp. 37-49。但是笔者对努南的论断有一个保留意见：像埃斯库罗斯那样自然地遵从史诗传统使用名词形式，未必不能描绘人类能够行动的场景。如前文所述，埃斯库罗斯的办法是加上“套上”这个主动形式的动词，以明确行为体的自由意志。

（一）雅典场景

雅典场景的文本基础是修昔底德史书第一卷的雅典人演说（Th. 1. 73-78）。大战爆发之前，伯罗奔尼撒同盟及其他希腊城邦在斯巴达集会，遭到雅典不公正对待的各个城邦提出对雅典的控诉。面对各方控诉，一位没有具名的雅典使节发表了一篇帝国辩护词。在演说中，他这样阐明雅典发展帝国的决定与原因：

T4（Th. 1. 75. 3）

ἐξ αὐτοῦ δὲ τοῦ ἔργου κατηναγκάσθημεν τὸ πρῶτον προαγαγεῖν αὐτὴν ἐς τόδε, μάλιστα μὲν ὑπὸ δέους, ἔπειτα καὶ τιμῆς, ὕστερον καὶ ὠφελίας.

Out of the nature itself of the deed we were forced back to advance <empire> to this height at first, above all by fear, then by honor, later also by interest.

因为此事（之性质）自身，我们受（以下因素的）强力迫使，起初发展（帝国）到如此程度：最重要的是恐惧，接着是荣誉，后来是利益。

雅典使节在此使用的是“迫使”一词的加强变体“强力迫使（T4：κατηναγκάσθημεν，we were forced back）”① 和被动语态来描述雅典的决策场景。在先前的斯巴达场景中，修昔底德使用了“迫使”一词的主动语态。表面看来，在这个句子所描述的决策场景中，“恐惧”“荣誉”“利益”是困境，“起初增强帝国到如此程度”体现了雅典的主动决策，“此事之性质本身”则是连接困境与决策的第二要素。但笔者认为并非如此。为了说明这一点，有必要对照雅典使节接下来的一段话。

① κατ-αναγκάζω的构成是κατὰ-ἀναγκάζω。其中，ἀναγκάζω就是前面所讨论的“迫使”一词，κατὰ-作为动词前缀，一般起强调作用。参见 George Liddell and Robert Scott，*A Greek-English Lexicon*，Oxford：Clarendon Press，1996，p. 883。

T5（Th. 1. 76. 2）

οὕτως οὐδ' ἡμεῖς θαυμαστὸν οὐδὲν πεποιήκαμεν οὐδ' ἀπὸ τοῦ ἀνθρωπείου τρόπου, εἰ ἀρχήν τε διδομένην ἐδεξάμεθα καὶ ταύτην μὴ ἀνεῖμεν ὑπὸ <τριῶν> τῶν μεγίστων νικηθέντες, τιμῆς καὶ δέους καὶ ὠφελίας, …

Also in this way we have done nothing surprising, nor <have we fared> away from manner of humanity, if, as we were conquered by <the three> most important <reasons>, honer, fear, and interest, we received <an> empire when it was offered, and if we do not let go of this <empire>, …

如果说我们被（三个）最重要的（理据）—荣誉、恐惧、利益—打败，接受了交来的帝国并且不放弃这个（帝国），（那么，）我们这样行事并不令人惊讶，也没有违反人之常情……

这段话（T5）是对上一段话（T4）的部分重复。在如此紧邻的两段话中，雅典使节的看法和意图不可能有什么不同。因此，此处演说中的重复是为了强调和给听众留下更深刻的印象。所以，这两段文字可以相互揭示对方的含义。

（二）困境

首先，我们借助古代注疏家对修昔底德这段文字的注解，来确定该必要性场景中的困境要素。笔者认为，雅典使节重复了两次的“恐惧、荣誉、利益”并不是场景中的困境因素。虽然雅典使节说，发展帝国主义是受到这三个动机的“强力迫使”，接着又说，雅典人被这三个动机“打败（T5：νικηθέντες，were conquered）”。[①] 然而，根据第二部分对词语使用环境的描述以及埃斯库罗斯和欧里庇得斯等同时代作品我们知道，在修昔底德的时代，“迫使/必要性”仍然能够令人清楚联想到某种具体的镣铐或

① 如前所述，雅典使节的发言在很短的范围内形成了重复（T4与T5），因此可以将“强力迫使”和“打败”视为同义重复。

锁具。在这样的语境下，将恐惧等心理活动直接视为困境，可能导致真正的具体困境被遮蔽。因此，在确定该场景中的困境要素时，我们需要寻找的是造成恐惧等心理活动的具体事态。这样才更符合这个词语在这个时代的用法。

那么具体是什么事态导致了雅典的恐惧？修昔底德笔下的雅典使节没有直接说明，为这段话做注解的古代注疏家则指出了雅典恐惧的两种可能来源：①

T6（Schol. Th. 1. 75. 3）

ὑπὸ δέους: τοῦ βαρβάρου, ἢ τῶν κακῶς παθόντων ἐν τῇ ἀρχῇ ὑπηκόων

.

by fear：<fear> of the barbarians or of the subjects suffering badly in the empire.

“被恐惧”：对蛮族（的恐惧）或是对在帝国内艰难忍受的属邦（的恐惧）。

据此，雅典恐惧的是波斯入侵和帝国属邦暴动。雅典决策场景中的困境要素是这两个事态，而非抵抗波斯带来的荣誉和控制属邦所获得的利益。

（三）恐惧

在雅典场景中，荣誉和利益既不是困境，也不是心理要素；只有恐惧是心理要素。这一点与斯巴达场景也是一样的。行为体的总体决策是“发展（帝国）到如此程度（T4：προαγαγεῖν αὐτὴν ἐς τόδε，to advance <empire> to this height）”，具体分为两步：第一步，雅典“接受了交来的帝国（T5：

① Alexander Kleinlogel，ed.，*Scholia Graeca in Thucydidem*，Berlin and Boston：De Gruyter，2019，p. 391.

ἀρχήν ... διδομένην ἐδεξάμεθα, we received < an empire > when it was offered）"；第二步，雅典"不放弃这个（帝国）（T5：ταύτην μὴ ἀνεῖμεν, we do not let go of this <empire>）"。古代注疏家的解释（T6）告诉我们，雅典既恐惧波斯入侵，又恐惧属邦暴动，那么我们可以推断，波斯是第一个阶段的困境，属邦是第二个阶段的困境，荣誉和利益分别属于这两个阶段，影响雅典人在其中的决策。对雅典的整体决策"发展（帝国）到如此程度"持续发挥作用的只有恐惧。① 换言之，雅典场景中一以贯之的心理要素和斯巴达场景一样都是恐惧。

（四）主动决策

雅典场景中的决策同样是一个主动的决策。这一场景中的决策即"发展（帝国）到如此程度"一语，是由"迫使"的衍生词"强力迫使"引导的。通过前文中对阿伽门农场景和斯巴达场景的归纳可知，使用"迫使/必要性"来刻画的决策场景，无论包含什么样的困境，最后的决策都是出于主动。无论如何，雅典人面临的困境不会超出受到宙斯等神明限制的阿伽门农。因此，雅典决定要"接受帝国"和"不放弃帝国"并"发展（帝国）到如此程度"是主动为之。

可以看到，修昔底德在写作雅典发展并拒不放弃帝国这一行动场景时，使用了与斯巴达宣战场景一样的叙事模式。两个场景都由"迫使/必要性"刻画，都具有这一场景类型的三个要素，行动结构相同。与之相对，这一时期的另一位史家希罗多德从未使用这一词语和模式来记载雅典的扩张决策。② 所以有理由认为，围绕"迫使/必要性"来建立政治决策场景是修昔底德史书中一以贯之的叙事模式，这一模式为修昔底德所特有。

① "恐惧"一词适用于雅典帝国主义的整个历程，而非仅适用于雅典帝国主义的两个阶段（接受帝国；不放弃帝国）当中的一个，是因为引导"恐惧"的副词是"最重要的（T4：μάλιστα, above all）"，它的时间含义较弱，主要限定的是程度。这一引导副词没有对"恐惧"做过强的时间限定，我们有理由推定，雅典人感到的"恐惧"可以适用于帝国主义的整个发展历程。

② Rosaria Vignolo Munson, "Ananke in Herodotus", *Journal of Hellenic Studies*, Vol. 121, 2001, pp. 41-42.

这一叙事模式为进一步提炼修昔底德的权力理论提供了基于伦理学分析的微观基础。

四　修昔底德的权力场景

现在让我们从伦理学转向政治学，论证这类行动场景属于权力场景，构造修昔底德权力理论的静态基础，为构造修昔底德权力理论的动态过程做准备。笔者做出这一论断的理论依据来自亚里士多德（Aristotle），文本依据则来自修昔底德史书第五卷中的弥罗斯对话（Th. 5. 85–112）。

亚里士多德以考察“与生活相关的行动”的伦理学作为政治学的基础，[①] 这表明从行动场景中提炼出政治学理论是可能的。同时，雅典人在弥罗斯对话中的一段发言可以证明修昔底德关于政治权力的看法与“必要性”密切相关。雅典使节说：

T7（Th. 5. 89. 1. 7–9）

... ἐπισταμένους πρὸς εἰδότας ὅτι δίκαια μὲν ἐν τῷ ἀνθρωπείῳ λόγῳ ἀπὸ τῆς ἴσης ἀνάγκης κρίνεται, δυνατὰ δὲ οἱ προύχοντες πράσσουσι καὶ οἱ ἀσθενεῖς ξυγχωροῦσιν.

...since we both know that justice in the reasoning of practical man is decided from their equal necessity, whereas those who hold powers do and those who <are> without strength accede.

……你我都清楚，实践理性之中的正义取决于双方必要性相等，而拥有权力的（一方）行动，没有权力的（一方）默许。

---

① 亚里士多德《尼各马可伦理学》第一卷第三章（Arist. EN. I. 3 1095 A 2–4）：“因此，年轻人不适合于成为政治学的学生；因为他们对生活中的行动无知，而（政治学）讨论基于这些（行动），考察这些（行动）。”亚里士多德在此说明，《尼各马可伦理学》讨论的是“生活中的行动（τῶν κατὰ τὸν βίον πράξεων，deeds about life）”，同时暗示，“基于并考察这些行动”的政治学属于另外一部作品，即他的《政治学》。关于政治学特别是亚里士多德的政治学为何是以研判个体行为方式的伦理学为基础的以及关于该问题的学术讨论，可参见 A. W. H. Adkins，“The Connection Between Aristotle's Ethics and Politics”，*Political Theory*，Vol. 12，No. 1，1984，pp. 29–49。

这句话及其古代注解表明，在修昔底德看来可以用必要性来界定权力。在这句话中，“你我都清楚”的具体内容分为两个分句，描述了两种不同的双边关系。这两个分句通过μέν－δέ连接，表明这两种关系形成了对比。[①] 前一个分句描述的双边关系中，双方拥有的必要性彼此相等（T7：ἀπὸ τῆς ἴσης ἀνάγκη ἀνάγκης，from their equal necessity）；因为两个分句形成对比，所以后一个分句描述的就是必要性不相等的关系。此时，修昔底德转变了措辞，他把必要性不对等的双方分别称为“拥有权力的（T7：δυνατὰ ... οἱ προύχοντες ，those who hold powers）”和“没有权力的（T7：οἱ ἀσθενεῖς，those who <are> without strength）”。[②] 这样我们就发现，修昔底德是在用权力反映必要性的状况。

古代注解将拥有“相同的必要性（T7：ἀπὸ τῆς ἴσης ἀνάγκη，from their equal necessity）”直接解释为“拥有相等的权力（T8：ἴσην ἰσχὺν ἔχωσι，They have equal power）”：[③]

T8（Schol. Th. 5. 89）

<ἐν τῷ ἀνθρωπείῳ λόγῳ:> ὁ ἀνθρώπινος λογισμὸς τὸ δίκαιον τότε ἐξετάζει, ὅταν ἴσην ἰσχὺν ἔχωσιν οἱ κρινόμενοι· ὅταν δὲ οἱ ἕτεροι προέχωσιν ἰσχύϊ, προστάττουσι πᾶν τὸ δυνατόν, καὶ οἱ ἥττονες οὐκ ἀντιλέγουσιν.

① μέν－δέ通常引导一组相反的内容，关于这一功能参见 J. D. Denniston，*The Greek Particles*，Oxford：Clarendon Press，1954，p. 165。

② 在三个中文译本中，此处的两个主语都被译为“强者”和“弱者”，而这两个主语的字面意思分别是“拥有权力的”和“没有权力的”。前者是以动词分词形式写出，直译是“那些拥有权力的人”；后者以形容词指代，这个形容词的构成方法是在“权力（σθενής，power）”一词前加上否定性前缀ἀ-。两个主语同时使用了权力掌握状况来表达必要性，这不可能是修昔底德随便选的词，他是要借助必要性来谈论权力。参见 George Liddell and Robert Scott，*A Greek-English Lexicon*，Oxford：Clarendon Press，1996，p. 256；［古希腊］修昔底德《伯罗奔尼撒战争史》，谢德风译，商务印书馆 2018 年版，第 466 页；［古希腊］修昔底德《伯罗奔尼撒战争史》，徐松岩译，广西师范大学出版社 2004 年版，第 313 页；［古希腊］修昔底德《伯罗奔尼撒战争史》，何元国译，中国社会科学出版社 2017 年版，第 350 页。

③ lexander Kleinlogel，ed.，*Scholia Graeca in Thucydidem*，Berlin and Boston：De Gruyter，2019，p. 794.

in the reasoning of practical man: *Calculation belonging to human being approves justice well at that time*, *whenever the separated parties have equal power*; *whereas whenever men of one side hold power beforehand*, *they practice all their power*, *and the weaker do not refuse.*

"实践理性之中"：那时的人类盘算重视正义，只要各方拥有相同的权力；但只要一方拥有更多的权力，他们就会全力使用权力，而较弱一方无法说不。

古代注疏家确认了修昔底德将必要性与权力联系起来这一事实，但是否全盘接受这一古代注解，我们应该审慎。修昔底德的重要注释者戈姆（A. W. Gomme）指出，"必要性"一词在此处语境中的具体含义，最接近雅典场景中的必要性。[①] 本书第三部分已经论证恐惧、荣誉、利益背后的波斯入侵和属邦暴动才是雅典场景中的困境要素。笔者认为，修昔底德用必要性状况指示了权力所有状况，但他没有将必要性状况等同于权力所有状况。修昔底德此处所说的必要性指的是行为体面临的困境，是行为体即将进行决策时所拥有的选项池，与阿伽门农场景、斯巴达场景和雅典场景中的必要性是同一种要素。

此外，这句话及其古代注解还表明由必要性界定的权力反映在行动决策之中："拥有权力的（一方）行动（T7：δυνατὰ δὲ οἱ προύχοντες πράσσουσι, Those who hold powers do）""只要一方拥有……权力，他们就会……使用权力（T8：ὅταν ... οἱ ἕτεροι προέχωσιν ἰσχύϊ, προστάττουσι ... τὸ δυνατόν, whenever men of one side hold power beforehand, they practice … power）"。行为体做出决策就是在使用权力。必要性场景的第三要素决策及其主动性也出现在这段文本所描述的权力场景中。

雅典使节对弥罗斯人说的这番话塑造了一个权力场景。通过上述

① A. W. Gomme, A. Andrewes and K. J. Dover, *A Commentary on Thucydides*, *Volume Ⅳ*: *Books Ⅴ-Ⅷ*, Oxford: Clarendon Press, 1978, p. 163.

分析我们看到，这个权力场景既指涉了必要性，又指涉了决策及其主动性，是一个必要性场景，与斯巴达场景和雅典场景具有类似的结构。同时，修昔底德试图通过雅典使节的看法来呈现“那个时代（T7：τότε，at that time）”关于权力的普遍看法，这种看法和他自己在斯巴达场景与雅典场景中所塑造的场景含有一样的要素。弥罗斯对话和雅典场景属于叙事部分的演说辞，斯巴达场景属于作者评论。只有当叙事内容与作者评论相同的时候，我们才能推定反映在这处叙事里的看法也是修昔底德本人的看法。据此可以推断，弥罗斯对话中雅典使节的话反映了修昔底德本人的看法。修昔底德的权力理论基于他反复刻画的这个必要性场景。

五　场景的性质与序列

围绕必要性形成的不同权力场景存在如下联系。雅典场景中的主动决策要素“发展帝国到如此程度”，构成了斯巴达场景中的困境要素“雅典人正在变强大”。将“迫使/必要性”引导的多个行动场景前后相连，就得到了一个场景序列。基于上一部分结论可以推断这个场景序列刻画了权力的互动过程。

（一）场景序列

由“迫使/必要性”刻画的多个行动场景，如果一直在行动者 A 和 B 之间展开，就可以以如下方式连接在一起。用 $\Delta[t]_A$ 来描述时刻 t[①] 的行为体 A 的行动场景。$\Delta[t]_A$（necessity）指示 A 在这一场景中面临的困境，即“必要性”，$\Delta[t]_A$（fear）指示 A 基于困境采取行动时所感受到的恐惧，$\Delta[t]_A$（decision）指示 A 的主动决策。这些指示标记的值对应某一历史事实。加上另外一个行为体 B 以后，可以将多个场景组成的序列

① 在表 1 中，暂时假定时间以决策场景为单位推进，线性匀速流逝。

描述如下。

表 1 **场景序列**

时刻	行动场景	第一要素：困境	第二要素：恐惧	第三要素：主动决策
1	Δ $[t]_A$	Δ $[t]_A$ (necessity)	Δ $[t]_A$ (fear)	Δ $[t]_A$ (decision)
2	Δ $[t+1]_B$	Δ $[t+1]_B$ (necessity)	Δ $[t+1]_B$ (fear)	Δ $[t+1]_B$ (decision)
3	Δ $[t+2]_A$	Δ $[t+2]_A$ (necessity)	Δ $[t+2]_A$ (fearn)	Δ $[t+2]_A$ (decision)
4	Δ $[t+3]_B$	Δ $[t+3]_B$ (necessity)	Δ $[t+3]_B$ (fear)	Δ $[t+3]_B$ (decision)
5	……	……	……	……

资料来源：笔者自制。

必要性场景之间存在链接法则 P。相邻场景的连接方式是，行为体困境来自上一时刻的对手决策，即 Δ $[t+1]_B$ (necessity) = Δ $[t]_A$ (decision)，Δ $[t]_A$ (necessity) = Δ $[t-1]_B$ (decision)。这里使用的等号可以理解为赋值等号，即先决策的行为体塑造后决策的行为体的可选决策项，也就是后决策行为体所面临的困境。①

前文已经分别用文字还原过斯巴达宣战场景和雅典帝国主义场景，这些场景还可以使用场景序列来呈现。雅典在五十年时期［Pentekontaetia，*P*］发展帝国主义的行动场景，用 Δ $[P]_A$ 指示；斯巴达在前 431 年宣战的行动场景，用 Δ $[431]_S$ 指示。结合文本证据与历史描述的场景序列如下。第 1 行第 4 列和第 2 行第 2 列两个单元格表明链接法则 P：斯巴达场景的困境要素来自上一场景中雅典的决策。

① 笔者清楚就单一行为体而言，决策选项可以通过必要性传递，严格来说是否成立，存在哲学上的争论。参见 Erik Carlson，“Incompatibilism and the Transfer of Power Necessity”，*Noûs*，Vol. 34，No. 2，2000，pp. 277–290。本书考虑的是一对战略对手，并暂且基于有利于本书论证及一般常识的观点，做出以下就哲学讨论而言是粗放的，但就本书论证来说精度足够的假定：决策选项池即必要性。

表2　**序列中的雅典场景与斯巴达场景**

$\Delta[P]_A$ 雅典帝国主义场景及其文本证据	$\Delta[P]_A$（necessity）波斯、属邦（T6）	$\Delta[P]_A$（fear）“恐惧、荣誉、利益”，主要是恐惧（T4，T5）	$\Delta[P]_A$（decision）“接受了交来的帝国并且不放弃这个（帝国）”（T5），“受到……强力迫使，发展（帝国）到如此程度”（T4）
$\Delta[431]_S$ 斯巴达宣战场景及其文本证据	$\Delta[431]_S$（necessity）“雅典人正在变强大”（T1）	$\Delta[431]_S$（fear）“给斯巴达人带来了恐惧”（T1）	$\Delta[431]_S$（decision）“迫使（斯巴达）进入战争”（T1）

资料来源：笔者自制。

（二）选项池变动

在政治历史和现实中，随着时间流逝，场景序列中的行动者选项池 $\Delta[t]_A$（necessity）不断发生变动。选项池可能越来越大，也可能时而变大、时而变小。令人印象最深刻的可能情形是选项池越来越小，危机不断升级。在这种情形中，决策选项池在开始的时候比较大，可以粗略认为行为体的决策接近完全自由选择。接着，行为体每做出一个选择（包括选择无所作为），决策选项池就缩小一些。最后所剩的极小选项池就有可能被称为“必然”。① 这一过程并不是跌入一个已成型的陷阱，而更像电线或鞋带在不经意间逐渐缠绕成团。在双方交替决策的时候，决策选项池随着时间流逝而逐渐坍缩。

是什么使得选项池随着时间流逝发生了变化？“迫使/必要性”主导的场景类型的结构可以对此做出解释。根据链接法则P，困境要素和主动决策要素彼此交替，不足以刻画事态恶化；事态变化的动力往往来自行为体的恐惧。在必要性场景中，虽然当前场景的困境要素与上一个场景的决策要素虽然由链接法则P相连，但在当前场景中，困境与主动决策却并不直接相连，连通二者的是恐惧。雅典场景与斯巴达场景中，两个行为体在受

① 需要再次重复第二部分的主要论点：极小选项池的“迫使/必要性”不等于“别无选择”或“必然性”；再小的选项池也需要决策主体自主做出决策。

到“迫使”后，决策都是在“恐惧”① 之中做出的。

修昔底德笔下的困境与决策是相互独立的，所以在他看来，任何决策都不是必然的。② 以恐惧为代表的心理要素的不确定性确保了困境和决策之间不存在任何“必然”联系，行为体的主动决策有可能明智也有可能愚蠢。必要性场景及其序列构成了修昔底德的权力理论，这一理论框架对未来的预测是开放的而非封闭的。

六 修昔底德为什么不是结构现实主义者

前文完成了对修昔底德权力理论的重构。在此基础上，本部分试图理解这一问题：为什么国际政治理论学者倾向于从结构现实主义理解修昔底德的战争归因，并指出这种理解存在的问题。

（一）为什么修昔底德看起来是结构现实主义的

必须承认，修昔底德的战争归因句看起来确实有结构现实主义特征。在对这一看法进行反驳之前，我们必须弄清这些特征出现的原因。笔者认为主要有两点原因：一是修昔底德确实在战争归因句提及了结构变化，二是修昔底德的写作目标之一确实是为国家对外行为寻找普遍模式。这两点与结构现实主义相同，是结构现实主义者认为他们可以将修昔底德的战争归因句解读为结构现实主义的一个例解的主要原因。

第一，在评论何为战争爆发原因时，修昔底德确实提及了结构变化，这使得我们有可能误解修昔底德找到的原因就是结构因素。战争归因句中

① 雅典：δέος，“fear”，Th. 1. 75. 3 （T4），76. 2 （T5）；斯巴达：φόβος，“panic fear”，Th. 1. 23. 6（T1）。

② 因此，修昔底德绝非历史决定论者，也绝非结构决定论者。德罗米利指出，修昔底德会区分“必然（inevitable）”和“必要（necessary）”。她对比色诺芬和伊索克拉底的相关作品之后说，他们之所以认为雅典帝国主义是必然的，正是因为他们缺少对心理因素的观察。参见 Jacqueline de Romilly，*Thucydides and the Athenian Imperialism*，Salem and New Hampshire：Ayer Company Publishers，1988，pp. 320-321。关于结构在修昔底德权力理论中的作用，第七部分将予以更详尽的说明。

的“雅典人正在变强大”清楚表明城邦体系的权力结构正在发生变化。既然修昔底德在战争归因句中提及了结构，如果不像本文第二部分到第五部分那样努力对照语境明确含义，那么认为修昔底德将战争爆发的原因推给了国际结构的变化就成了很自然的看法。

第二，修昔底德确实想寻找国家对外行为的普遍模式。首先，修昔底德在方法论章节提到自己的写作目标是：基于过去、基于人性不变这一假定，在某种程度上预见将来。① 其次，作为战争史家，他最关心的过去和将来是战争与和平，是国家的对外行为。只有当过去与将来的行为模式相似或一致，他才能基于过去预见将来。因此，修昔底德的方法论显示，在过去的行为中寻找具有普遍性的行为模式是修昔底德史书的写作目的之一。结构现实主义的理论目标是解释国家对外行为为何一再重现，并解释国家对外行为模式的普遍性。② 因此，结构现实主义理论家与修昔底德具有同样的理论目标。

（二）为什么不能使用结构现实主义理解修昔底德

首先，在寻找并解释国家对外行为的普遍模式时，艾利森的“修昔底德陷阱”基于历史与现实的事实相似推断历史再现的可能。但是时事殊异，我们几乎根本不可能正确判断古代事件是否会再现、会以何种程度和面貌再现。利用古代战争史述的正确方法不应该从史实推断现实，而应该从历史叙事中寻找叙事模式、从叙事模式中提炼政治理论，再以理论比照经验现实。这是从史实到事实的艾利森式路径不适用于修昔底德的主要原因。

其次，修昔底德尽管提及了国际结构、尝试寻找国家对外行为的普遍模式，但是他并不是从国际结构中寻找国家对外行为模式。一方面，国际结构只是他刻画的行动场景中的结构要素。在雅典场景与斯

① Th. 1. 22. 4：“将会想要洞察过去所发生过的事情和将来依据人性有可能再次如此这般发生的事情的清晰（图景）的任何人，将能够认为（我的史书）足够有用。”

② ［美］肯尼思·华尔兹：《国际政治理论》，信强译，上海人民出版社2017年版，第73页。

巴达场景中，修昔底德着重刻画的结构要素不是国际体系的结构，而是与行动者决策密切相关的“必要性”。国际体系的结构与行动者面临的“困境”并不相同。另一方面，必要性场景中还含有恐惧要素，由结构与行为体性格共同决定。[①] 行动并不是由结构单独决定的。必要性场景的上述两个特征表明，修昔底德不可能指望单独依靠结构来寻找国家行为的普遍模式，所以他不是结构现实主义者。这是华尔兹理论路径不适用于修昔底德的根本原因。

修昔底德笔下的国家对外行动在必要性场景中展开，模式的普遍性体现在场景的固定结构中，[②] 而他的必要性场景刻画的不是结构，而是结构与行动的关系。必要性场景为国际政治现实主义理论的一个核心争论——行为体与结构的关系——提供了新的视角。

七 修昔底德的理论贡献

本部分将证明修昔底德权力理论提供的国家对外行为普遍模式，对国际政治现实主义中关于行为体与结构关系的核心争论做出了贡献。必要性场景更新了我们对行为体—结构关系的理解，必要性现实主义可以作为结构现实主义的替代进路。相较于结构现实主义，必要性现实主义是对修昔底德权力理论更准确的总结，必要性现实主义本身也是一个更加充分、更有解释力的现实主义理论提案。

（一）权力定义：基于行为体还是基于结构

在现有的权力研究中，存在两类定义权力的方法：以行为体为中心的定义方法和以结构为中心的定义方法。前者重视行为体本身，以史蒂文·

① 参见本文第二部分：经典现实主义认为恐惧来源于人性，结构现实主义认为恐惧来源于结构，而修昔底德必要性场景对恐惧的刻画位于这两者之间，说明修昔底德现实主义的理论倾向也位于这两者之间。

② 见本文第二、第三部分所描述的必要性场景的结构。

卢克斯（Steven Lukes）的研究为代表。[①] 行为体中心观点的学者认为行为体是权力的唯一来源。后者将行为体视为次要因素，强调权力的其他来源，以罗伯特·达尔（Robert A. Dahl）、克拉丽萨·海沃德（Clarissa Rile Hayward）和米歇尔·福柯（Michel Foucault）等人的研究为代表。其中，达尔强调权力主体之间的关系，海沃德的关注重点是权力主体形成的结构，福柯的研究则是从权力的客体出发。[②]

（二）结构因素在国际政治理论中的核心地位

关于权力的这两类定义所形成的行为体—结构对立不适用于国际政治研究，因为在国际政治研究中，国际体系这一结构因素具有核心地位。仅仅基于行为体定义国家权力是不够的，结构中心的权力定义不可或缺。

国际体系是国际政治学科的主要研究对象，这一研究对象所具有的核心地位是这一学科的根本特征。这一核心地位有两重含义：其一，国际体系本身具有内在动因，“国际关系史研究所以具有独特的重大价值，是因为国际政治有其作为历史一大基本动因的固有的、独立的意义”。[③] 其二，国际体系是其他事件发生的原因而非后果。正是在这两重意义上，华尔兹试图以体系结构为自变量构建理论体系。结构现实主义的理论目标和方法体现了国际体系在国际政治学科研究中的核心地位。

（三）建立行为体—结构复合关系的迄今尝试

在笔者看来，能否找到对外决策的真正原因，取决于我们能否准确定义国家权力。权力的定义是否准确，则进一步取决于我们能否成功建立关于国家权力的本体论。笔者接下来将证明，相较于结构现实主义及其改进

---

① Steven Lukes, “Power and Agency”, *British Journal of Sociology*, Vol. 53, No. 3, 2002, pp. 491-496.

② Robert A. Dahl, “The Concept of Power”, *Behavioral Science*, Vol. 2, No. 3, 1957, pp. 201-215; Clarissa Rile Hayward, “De-Facing Power”, *Polity*, Vol. 31, No. 1, 1998, pp. 1-22; Michel Foucault, “The Subject and Power”, *Critical Inquiry*, Vol. 8, No. 4, 1982, pp. 777-795.

③ 时殷弘：《关于国际关系的历史理解》，《世界经济与政治》2005年第10期。

尝试，修昔底德的权力理论提供了一种更充分、更完备的权力本体论，因为修昔底德理论所基于的权力本体论能够更准确地描述行为体与结构的关系。

为国家权力建立一个包容性复合本体论的难点，在于很难在权力本体论中同时容纳行为体因素与结构因素。所以，当批评者对结构现实主义进行批评和改进时，他们的讨论核心往往是权力实施过程中的行为体—结构关系，这组关系构成了权力的本体论。正如戴斯勒所指出的，行为体是唯一的能动者，但是如果忽视结构因素，我们也无法解释行为体如何行动。[①] 年轻的国际关系学科在处理两者关系问题时往往在行为体中心取向和结构中心取向之间摇摆往复。

国际政治权力理论的雏形是国家行为体中心的。正如华尔兹所批评的那样，这是因为先前缺乏真正的国际政治理论，只有国别外交史研究和对外政策分析。[②] 接着，因为国际体系在学科研究中具有核心地位，所以当华尔兹旨在构建真正基于国际体系的政治理论时，他就将权力本体论的中心放在结构上。[③] 正是基于结构中心的权力本体论他才会推断出国际政治的主要事态都是结构的后果。[④]

华尔兹及其结构现实主义产生了真正基于国际体系的政治理论，但在理论适用时仍然存在困难：显而易见，如果忽视行为体要素，许多行动是无法解释的。[⑤] 如何既保留结构现实主义作为真正国际政治理论的价值又克服其适用困难？戴斯勒正确指出，结构现实主义产生困难的原因不在于其理论提案而在于其本体论，即这一理论如何看待行动者、结构与行

---

① David Dessler, "What's at Stake in the Agent-Structure Debate?" *International Organization*, Vol. 43, No. 3, 1989, p. 443.

② ［美］肯尼思·华尔兹：《国际政治理论》，信强译，上海人民出版社 2017 年版，第 75—76 页。

③ ［美］肯尼思·华尔兹：《国际政治理论》，信强译，上海人民出版社 2017 年版，第 84—107 页。

④ ［美］肯尼思·华尔兹：《国际政治理论》，信强译，上海人民出版社 2017 年版，第 74 页。

⑤ David Dessler, "What's at Stake in the Agent-Structure Debate?" *International Organization*, Vol. 43, No. 3, 1989, p. 444.

动的关系。[①] 华尔兹割裂了行为体与结构，他认为权力是行为体所有物，而结构则是行动者的约束条件。[②] 为此，在试图解决行为体—结构争论时，戴斯勒更新了华尔兹的结构中心本体论，为权力提供了同时包容行为体与结构的本体论，将行为体与结构更加紧密地联系起来：一方面，是结构使得行动成为可能；另一方面，结构同时是行动的手段及后果。[③]

（四）行为体—结构争论中的修昔底德权力理论

初看之下，修昔底德的权力理论——必要性场景及其序列——本身就是戴斯勒权力本体论的一个例证：一方面，必要性场景的固有结构同时包含困境、恐惧和主动决策，这提示我们，修昔底德也认为结构使得行动成为可能；另一方面，必要性场景序列传递困境这一特性（链接法则 P）阐释了结构何以同时是行动的手段及后果。相较于华尔兹的权力本体论，修昔底德的权力定义与戴斯勒对华尔兹的改进一样，同时包含了结构与行为体。

修昔底德的理论贡献还不止于此。他的理论模式拓展了时间维度，明确了局部结构。一方面，戴斯勒已经指出结构同时是行动的手段及后果，修昔底德必要性场景的链接法则 P 则为这一复合关系加上了时间。链接法则 P 在互动主体 A 与 B 之间增加了一个传递结构条件的旋转门。相比戴斯勒的复合权力本体理论，修昔底德的权力理论增加了在时间维度上按照一定链接法则不断传递复制的一个决策场景序列。另一方面，修昔底德的“必要性”要素将结构现实主义中的体系结构，具体明确为行为体在决策时所面临的局部结构。这样，就权力的定义及其本体论而言，修昔底德叙事中所包含的行为体—结构关系不仅最完备而且最具体。表 3 总结了结构

---

① David Dessler, “What's at Stake in the Agent-Structure Debate?” *International Organization*, Vol. 43, No. 3, 1989, p. 463.

② ［美］肯尼思·华尔兹：《国际政治理论》，信强译，上海人民出版社 2017 年版，第 77—78 页。

③ David Dessler, “What's at Stake in the Agent-Structure Debate?” *International Organization*, Vol. 43, No. 3, 1989, p. 452.

现实主义、戴斯勒对结构现实主义的改进①以及必要性现实主义对权力施展过程中行为体与结构关系的理解。

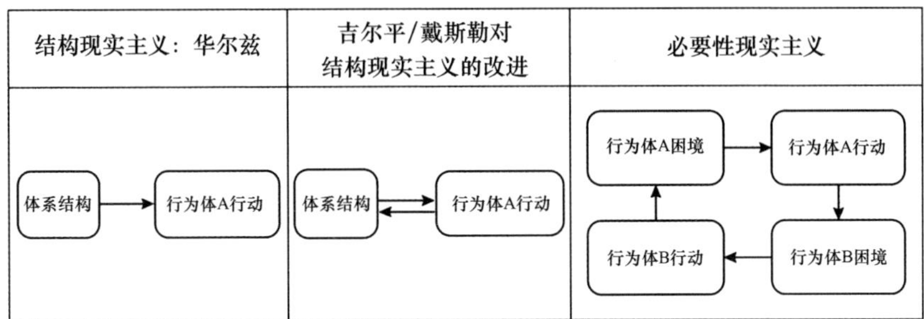

图1　权力实施过程中的行为体与结构关系

资料来源：笔者自制。

八　结论

通过严格的文本重构和批判性理论比较，本书论证了修昔底德关于帝国和战争的叙事模式以及基于这一叙事模式所提炼的权力理论在本体论上远远不是结构现实主义的。修昔底德的权力理论是一种关于必要性的现实主义，为行为体和结构关系提供了更细致、更准确的理解方式。必要性现实主义是对修昔底德帝国与战争叙事的合理提炼，也是国际政治现实主义的一项理论新提案。

修昔底德笔下的雅典场景和斯巴达场景比“修昔底德陷阱”所描述的要精巧复杂，修昔底德的必要性现实主义也基于比结构现实主义更完备、更具体的权力本体论。同时，修昔底德史述还挑战了结构现实主义更为根本的学理信念：（1）结构本身具有恢复平衡的倾向，体系的某类特定结构能够维持体系稳定；（2）结构恢复稳定的内在动能对战争爆发的决定作用大于国家之间的战略互动。然而，就何种体系结构具有内在平衡的问题，

① 这里包括吉尔平的霸权战争论。关于吉尔平将伯罗奔尼撒战争视为霸权战争的看法及其问题，参见本文第一部分。

结构现实主义内部亦无统一意见：在华尔兹看来是两极体系，在吉尔平看来是霸权体系。① 无论是古代的城邦国家，还是今天的民族国家，同样很难就最佳国际秩序达成统一意见。另外，对于体系到底是否能够自动达至平衡的问题，现有历史经验并不能给出肯定回答。当战略互动各方对于“何种体系结构最稳定”“何种国际秩序最佳”并无共识时，修昔底德的战争与帝国叙事和必要性现实主义就比“修昔底德陷阱”叙事和结构现实主义要更加适于解释和预测当下时刻及其切近未来。

（本文发表于《世界经济与政治》2020年第9期）

① ［美］罗伯特·吉尔平：《世界政治中的战争与变革》，宋新宁、杜建平译，上海人民出版社2019年版，第68—72页。

“边缘困境”与春秋霸政
——基于道义现实主义的扩展讨论

沈　陈*

内容摘要：中心—边缘格局是一种地理、文化、政治意义上的异质性结构，中心与边缘的异质性确定了不同的国家属性，导致边缘国家构建和护持霸权秩序存在先天的合法性困境，即“边缘困境”。春秋时期的国际关系呈现出典型的中心—边缘格局。楚、吴、越处于体系的边缘，是春秋霸政所排斥和打压的对象。然而，春秋霸政却存在显著的二律背反现象：一方面，在“尊王攘夷”的纲领下，中原地区不断强化与边缘国家的分野；另一方面，部分边缘国家成功突破“尊王攘夷”的桎梏，实现从制衡对象到联盟领导的华丽转变。道义现实主义的理论出发点是单元层次，特别是崛起国的政治领导和对外战略。边缘国家作为崛起国的类型之一，无疑适用于道义现实主义的基本逻辑。不过，道义现实主义没有关注国家属性的区别，低估了边缘国家崛起的合法性困境。本文按照道义现实主义的基本逻辑，提出边缘国家必须采取持续的规范学习，在长时段内取得较霸权国更高的道义水平，才能从根本上缓解“边缘困境”的负面影响。此外，边缘国家还应根据国内外形势变化，不断调整规范学习与结盟策略的战略组合，改善本国中长期的发展环境。

关键词：“边缘困境”　春秋霸政　道义现实主义

* 沈陈，中国社会科学院世界经济与政治研究所副研究员。

一 引言

春秋时期起源于中原诸侯勾结边缘国家①的一次反叛。公元前771年，申国、缯国等诸侯国家联合西方部落犬戎攻入西周都城镐京，西周最后一位君主周幽王遇害。幽王死后，申、鲁、晋、秦等诸侯拥立前任太子姬宜臼继位，是为周平王。鉴于镐京受到犬戎威胁，平王将都城从镐京迁至洛邑，开启了春秋时期。在犬戎攻破镐京以后的很长时间里，中原各诸侯国继续遭受边缘国家和蛮夷部落的威胁。秦国陷入西方戎族的包围，卫国、邢国因北方狄族入侵险些亡国，南方崛起的楚国接连吞并“汉阳诸姬”，由此形成了“南夷与北狄交，中国不绝若线”的危险态势。在危机时期，具有相似命运的族群会产生普遍和强烈的社会联系感，促使个体和单元追求更广泛的群体认同。② 面对外族入侵和礼崩乐坏的局面，中原地区的华夏认同空前强化，中国历史首次出现了“夷夏之辨”。③

“夷夏之辨”为春秋霸政奠定了思想基础。“平王之时，周室衰微，诸侯强并弱，齐、楚、秦、晋始大，政由方伯。”④ 维护礼制、惩叛平乱本是周天子的职责。平王东迁后，周王室一蹶不振。由于丧失了以镐京为核心的王畿，周天子的领土和实力出现大幅萎缩。加之平王是借助诸侯反叛和蛮夷入侵继位的，本身的合法性和权威性不足，限制了其对诸侯国的统领。随着天子权力的式微，“礼乐征伐自天子出”转变为“礼乐征伐自诸

① “边缘国家”是指在地理、文化、政治方面与中原诸侯国家存在明显差异的方国或部落，也就是周人所谓的“四夷”。边缘国家在政治上不来自周天子的分封，文化上忽视甚至抵制周礼，其民众的血统和族源与中原地区也较为疏离。由于蛮夷、戎狄等词汇带有一定的感情色彩，本文采用“边缘国家”的中性表述。参见 Adam Watson，*The Evolution of International Society*：*A Comparative Historical Analysis*，London：Routledge，1992；熊梅：《春秋时期霸权兴衰规律研究》，军事科学出版社2008年版，第60页。

② Peter Baehr，“Social Extremity，Communities of Fate，and the Sociology of SARS”，*European Journal of Sociology*，Vol. 46，No. 2，2005，pp. 179-211.

③ 管仲首次提出类似概念：“戎狄豺狼，不可厌也；诸夏亲昵，不可弃也。”参见《十三经注疏·春秋左传正义·闵公元年》，中华书局2009年版。

④ 《史记·周本纪》，中华书局1982年版，第149页。

侯出”。齐桓公、晋文公等侯伯相继举起“尊王攘夷”的大旗，在维护天子和华夏秩序的名义下组成中原诸侯联盟，开启春秋霸政时代。春秋霸政将“夷夏之辨”作为理论依据，不单纯按照血缘宗族的远近来划分，而是将政治服从和文化认同作为维系诸侯团结的纽带。

值得注意的是，在春秋霸政的讨论中，时常会出现楚国、吴国、越国等边缘国家的国君。例如，荀子将齐桓公、晋文公、楚庄王、吴王阖闾和越王勾践列为春秋五霸。[①]《史记索隐》关于五霸的说法是齐桓公、晋文公、秦穆公、楚庄王、宋襄公。[②] 颜师古认为是齐桓公、晋文公、秦穆公、宋襄公、吴王夫差。其他关于春秋五霸的说法还有很多，这里不一一列举。无论采取何种说法，都会发现春秋霸政存在明显的二律背反现象：一方面，在“尊王攘夷”的纲领下，春秋霸政将边缘国家作为排斥和打击的主要对象；另一方面，边缘国家突破“尊王攘夷”的桎梏，实现从制衡对象到联盟领导的华丽转变。对此现象，学界存在两种截然相反的解释路径。

第一种路径强调边缘国家的“华夏化”。边缘国家不断提升道义水平和合法性，促使中心国家逐渐接受其领导。从传统礼制来讲，边缘国家可以充当方伯，例如周天子曾赐胙于楚国、越国，但边缘国家所获取的征伐权力局限于其所在的蛮夷地区。到了春秋时期，尽管诸侯国面临蛮族的入侵，但是起源于黄河中下游的华夏族拥有先进的农耕文化，从而对周边蛮夷形成强大的吸引力和同化能力。[③] 经过长时间的融合发展，中国出现了多元一体的民族共同体，除了有作为主体民族的华夏族之外，还包括了许多习华夏礼仪文化、与华夏有不同亲缘性的其他族群。[④] 通过向中原地区学习政治制度、经济生活和文化观念，华夷之别逐渐消失，东部和南部地

① 《荀子·王霸》，中华书局 1988 年版，第 205 页。

② 《史记·十二诸侯年表·索隐》，中华书局 1982 年版，第 512 页。

③ 辛万翔、曾向红：《“多国体系”中行为体的不同行为逻辑及其根源——兼与许田波商榷》，《世界经济与政治》2010 年第 3 期。

④ 王欢、杨恕：《春秋时期的诸侯国是独立主权国家吗？——与叶自成先生商榷》，《中国边疆史地研究》2005 年第 4 期。

区的夷狄大部分已经被华夏政权同化或者消灭，而少数民族地区的政治体制和文化水平有了很大的提高，建立了类似于华夏体系的政治实体。① 随着自身逐渐演变成与中原地区同质的诸侯国家，边缘国家获得了主导中原霸政秩序的合法性。

第二种路径强调体系规范的退化。体系规范是在互动过程中建构的，行为体之间的互动有两种可能，即正向建构和逆向建构，国际体系也有正向进化和逆向退化。② 国际体系演化的标准在于共同利益规范的变化以及互动规则化程度的高低，其中，基础性制度的破坏是国际体系退化的核心。体系内的大国为争夺国际制度领导权而发生恶性竞争，通常会导致国际制度瓦解，以及国际体系的规范退化。③ 春秋时期是传统礼制规范退化的典型时期，华夏地区的诸侯国家在争夺霸权的过程中，为了利益和效率采取了越来越多不符合礼义规范的手段，华夏地区的体系规范不断退化，乃至与边缘国家基本趋同。随着中原地区逐渐放弃以“亲亲尊尊”为核心的宗法礼制，共有价值、集体身份与社会纽带趋于消散，礼制对外交、战争等互动行为的约束趋于减弱。④ 到了战国时期，体系规范已经完全演变为以提升战争能力为核心的“自强型逻辑”，⑤ 中心地区与边缘国家在国际规范上的分野不复存在。

在边缘国家实现体系领导的研究上，学界存在边缘国家华夏化和华夏体系规范退化两种解释路径，这两种路径描绘了国际体系规范建构的不同层次。前一种路径从单元层次出发，关注本地行为体对外来观念的学习、

① 王日华：《道义观念与国际体系的变迁——以春秋战国时期为例》，《国际观察》2009 年第 1 期。

② 赵广成：《国际关系的退化机制分析：一项研究议程》，《世界经济与政治》2011 年第 1 期。

③ 冷鸿基：《制度内恶性竞争与春秋时期国际合作规范退化》，《世界经济与政治》2013 年第 3 期。

④ 徐杰令：《春秋邦交研究》，中国社会科学出版社 2004 年版；陈拯：《春秋华夏秩序瓦解与国际社会退化机制》，《世界经济与政治》2015 年第 2 期。

⑤ ［美］许田波：《战争与国家形成：春秋战国与近代早期欧洲之比较》，徐进译，上海人民出版社 2009 年版，第 25 页。

模仿和内化，最终实现规范的本土化（localization）。[①] 这一解释的问题在于本土化的程度难以测量，无法说明多大程度的本土化能实现体系领导。该路径也不能解释在同一时空背景下，本土化水平存在明显差异的国家为何都能够实现体系领导。例如，在春秋中后期，楚、吴、越三国在相隔较短的时间里相继获得霸主地位，但三国当时的华夏化程度相差极大，越国甚至只处于华夏化的初级阶段。后一种路径从体系层次出发，提出体系规范退化是边缘国家构建霸政秩序的前提条件。按照这种逻辑，边缘国家应加速礼制秩序的解体，以利于自身的霸政秩序。但事实却正好相反，边缘国家不仅在霸政构建过程中学习和模仿中原地区的规范文化，而且在成为霸主以后继续努力维护处于退化中的礼制秩序。[②]

两种路径本质上都将规范一致性视为建构霸权的关键要素，忽视国家的能动性。当华夏化程度不足的边缘国家获得体系霸权时，必然形成霸权国内部规范（单元层次）与中原地区规范（体系层次）的对立冲突。然而，两种规范之间的冲突并不必然导致霸权国选择摧毁其中的任何一种规范，两种相互冲突的规范可能会在边缘国家构建霸权的过程中长期共存。边缘国家短期内可以通过“内外有别”的规范策略获得霸权合法性，而这种规范选择又会在中长期内对单元和体系层次的规范产生影响。换言之，单元与体系规范的一致性并非边缘国家称霸的充分条件，该国的能动性才是霸权构建和规范转变的关键。本文的重点不是研究边缘国家学习体系规范的过程机制，而是探求学习或不学习规范的行为会导致边缘国家采取何种战略取向，以及由此造成的体系影响。道义现实主义从单元层面特别是崛起国层面出发，试图把道义、规范、礼制等非物质资源融入权力理论。[③]

---

① Amitav Acharya, “How Ideas Spread: Whose Norms Matter? Norm Localization and Institutional Change in Asian Regionalism”, *International Organization*, Vol. 58, No. 2, 2004, p. 245.

② 例如楚国在庄王以后，对中原礼制态度由消极转向积极。越王勾践称霸以后，曾试图干预中原地区出现违反礼制的现象，尽管成效有限。具体内容将在下文案例进行阐述。

③ Zhang Feng, “The Tsinghua Approach and the Inception of Chinese Theories of International Relations”, *The Chinese Journal of International Politics*, Vol. 5, No. 1, 2012, pp. 95-96; Yan Xuetong, *Ancient Chinese Thought, Modern Chinese Power*, Princeton: Princeton University Press, 2011.

边缘国家是处于中心—边缘格局下的一种特殊类型的崛起国，道义现实主义的基本逻辑适用于分析边缘国家的霸政构建与护持，同时研究边缘国家崛起也能够扩展道义现实主义的解释范围。

二 概念界定与理论准备

中国传统文献通常将霸主与霸政联系在一起，聚焦于君主个人的理念和政策。本文认同霸权国领导人（国君）在霸政构建过程中起到的关键作用，同时着重从单元和体系层次出发，审视霸权国和霸权秩序在较长时间段中的演变。与一般类型的崛起国相比，边缘国家面临的崛起困境具有特殊性。

（一）春秋霸政

本文所述的春秋霸政，即春秋时期出现的霸权秩序。在西方，“霸权”一词来源于希腊，本意是相对于别国的政治或军事优势，后引申为国家之间的领导权和支配权。① 葛兰西最早将“霸权”作为一种政治概念，用以描述强制与同意相结合的领导关系。② 按照约翰·伊肯伯里（G. John Ikenberry）等人的划分，西方的霸权研究经历了三个阶段。③ 第一阶段关注国家的物质能力及其在体系中的权力地位，按照争霸国家的多少确定体系中的“极”，并对单极、两极、多极等国际体系的稳定性进行评判。这类研究的代表理论包括结构现实主义、霸权稳定论等。第二阶段聚焦于霸权国提供的国际公共产品，探究国际公共产品的内容、性质和功能，分析公共产品供给可能引发霸权衰落的前景，以及公共产品供给不足给国际体系带

① 有学者指出领导权并非一定来源于霸权，例如东盟在东亚一体化中的领导。不过，这一论点与霸权催生国际领导权的论断并不冲突。参见钟飞腾《霸权稳定论与国际政治经济学研究》，《世界经济与政治》2010 年第 4 期；陈琪、管传靖《国际制度设计的领导权分析》，《世界经济与政治》2015 年第 8 期。

② Antonio Gramsci, *Selections From the Prison Notebooks*, London: Lawrence & Wishart, 1998, p. 144.

③ G. John Ikenberry and Daniel H. Nexon, “Hegemony Studies 3.0: The Dynamics of Hegemonic Orders”, *Security Studies*, Vol. 28, No. 3, 2019, pp. 395-421.

来的影响等。这类研究的代表理论有自由制度主义、国际公共产品理论等。第三阶段即为霸权秩序理论，关注霸权之下的制度和规范。

在古汉语中，霸是"伯"的转音。在殷周时期，天子设立侯伯，命其为诸侯之长，准许其在一定范围和区域内代替天子施行礼乐征伐的权力。侯伯分为王官伯和方伯两种。王官伯为内庭的执政大臣，方伯主要在蛮夷异族势力强劲的地区设立，大多由力量强大的姬姓王亲和异姓姻亲诸侯出任。[①] 例如鲁国国君是周公之后，曾长期担任东方地区的方伯。还有少量边缘国家出任方伯的情况，[②] 例如西周晚期，周天子册封徐国、楚国为"徐伯"和"楚伯"。与西周的不同之处在于，春秋时期天子册封是担任霸主的必要非充分条件。宋襄公试图利用会盟争夺霸主地位，向楚国索要附庸国。后来宋襄公争霸失败也不是由于缺少册封，而是因泓水之战对楚国作战失利。晋国在春秋大部分时间都是体系内的霸权国和领导国，但并非所有的晋国国君都得到天子赐胙。晋国的霸主地位来源于国家实力和争霸战争，日常生活中体现为会盟、朝贡等制度形式。当然，天子册封确实能够给霸主的合法性带来很大提升。齐桓公、晋文公等中原诸侯得到天子封伯，提升了"尊王攘夷"的正当性和号召力。吴、越等边缘国家北上争霸时，也按照礼制接受了天子赐胙和册封。这些案例表明直到春秋中晚期，天子册封的合法性仍然继续存在，且认同度很高。

春秋霸政是西周侯伯的衍生物，但二者的合法性来源存在显著不同。按照程序、规范和绩效等三种合法性的划分，[③] 可以发现西周侯伯是天子到诸侯、天子到蛮夷之间的中间权力载体，负责行使和完成天子赋予的权力。春秋霸政是由霸权国（霸主）塑造出的规则、规范和安排，天子不再

① 邵蓓：《西周伯制考索》，《中国史研究》2008 年第 2 期。

② 王坤鹏：《商代异族邦伯考》，《中国史研究》2018 年第 3 期。

③ 韦斯利·塞恩等人将合法性分为规制合法性、规范合法性、认知合法性三种。赵鼎新认为意识形态、程序和政府绩效是国家的合法性来源。本文综合以上两种观点，提出程序、观念、绩效三种合法性类型。参见 Wesley D. Sine, Robert J. David and Hitoshi Mitsuhashi, "From Plan to Plant: Effects of Certification on Operational Start-up in the Emergent Independent Power Sector", *Organization Science*, Vol. 18, No. 4, 2007, pp. 578-594；赵鼎新《国家合法性和国家社会关系》，《学术月刊》2016 年第 8 期。

居于权力的金字塔尖（见表1）。由于霸主事实上对天子权力或者说西周礼制构成侵蚀，因此春秋霸政主要维护的并非西周礼制，而是礼制背后包含的礼义原则。三种合法性来源带来的政治效果是不同的。程序合法性包含担任会盟主持、诸侯定期朝贡以及天子册封等内容，拥有稳定的制度基础，合法性程度高。规范合法性是指坚持礼义规范，但在会盟、朝贡、册封等制度方面存在缺陷，合法性程度次之。绩效合法性来源于争霸战争的胜利，以及向盟国提供安全保障的能力。例如郑国处于晋楚之间，晋来从晋，楚来从楚，判断霸主的依据是“唯强是从”。这种类型的合法性抛弃了传统的礼义原则，弹性较大，合法性程度最低。

表1　**侯伯与霸主的合法性比较**

	程序合法性	观念合法性	绩效合法性
侯伯	册封	符合礼制	政治执行
霸主	会盟、朝贡、册封	符合礼义	战争能力

资料来源：笔者自制。

霸权秩序同时依赖强制力与合法性，春秋霸政同样如此。强制力来源于霸权国的物质实力，是霸政秩序稳定的基础和保障；合法性来自霸政秩序在多大程度上被视为合理的和符合道义的，强调对礼制和礼义的维护。霸权秩序理论主张国际制度和规范不仅会限制其他国家的行为，而且会限制霸权国自身的行为。[①] 在春秋霸政秩序中，拥有雄厚物质实力的霸权国不可以为所欲为，其行为也要受到礼制的规范。当然，霸政秩序是动态的和可塑的。当霸权国发现自我约束有利于获得长期收益时，霸权国将维持霸政秩序；反之，霸权国有可能放弃或推翻自身主导的霸政秩序。

（二）“边缘困境”

国际关系学中的中心—边缘格局通常用于刻画国家间的经济关系，强

① ［美］约翰·伊肯伯里：《大战胜利之后：制度、战略约束与战后秩序重建》，门洪华译，北京大学出版社2008年版，第2页。

调中心对边缘的剥削。[①] 本文的中心—边缘格局则是一种地理、文化、政治意义上的异质性结构，这种异质性在世界各地区广泛存在。亚里士多德对文明与野蛮进行区分，古希腊人是文明的民族，其他居住在希腊城邦以外、不会讲希腊语、实行专制暴政的民族为蛮族。[②] 萨义德（Edward Waefie Said）从三个层面界定了东、西方之间的二元关系。第一，东方世界是相对于西方世界的地理存在。第二，在西方话语中，东方是古老的、野蛮的、非理性的，相反，西方是现代的、文明的、理性的。第三，东、西方二元分野的背后隐含着权力关系，处于优势地位的西方世界可以对东方世界进行支配和控制。[③]

国家属性是支撑国家创建或维护国际规范的国内载体在国家层次上的外在表现。[④] 中心与边缘的异质性确定了不同的国家属性，并由此产生了同质性和异质性国家之间的不同行为模式。一般来说，同质性国家容易相互接受，能够在共同的制度和规范下开展合作。英美之所以能避免"修昔底德陷阱"，实现和平的权力转移，其中很重要的因素是两国拥有共同的语言、文化和种族。[⑤] 相反，异质性大国常常遭到其他国家的排斥和制衡，迫使异质性大国构建以自我为中心的互斥性联盟，加剧制度间的对立和竞争。历史上，这种情形并不罕见。例如，拿破仑在抗击欧洲君主国的进攻中，逐渐构建起以法国为核心的大陆体系；苏联成立之初多次遭受帝国主义侵略，为了维护自身安全，苏联在第二次世界大战后构建了社会主义阵营，与以美国为主的西方国家阵营对立。

在中心—边缘格局下，边缘国家构建和护持霸权秩序存在合法性困境，即"边缘困境"。一国崛起的终极目标并非物质性实力的赶超，而是

---

① 国际政治经济学中的依附论、世界体系论认为现代资本主义体系呈现出中心—边缘格局，发达国家处于体系的中心，发展中国家处于半边缘和边缘，中心对边缘的剥削是发展中国家贫穷的根源。

② ［古希腊］亚里士多德：《政治学》，吴寿彭译，商务印书馆 1997 年版。

③ ［美］爱德华·W. 萨义德：《东方学》，王宇根译，生活·读书·新知三联书店 1999 年版。

④ 徐进：《国家何以建构国际规范：一项研究议程》，《国际论坛》2007 年第 5 期。

⑤ ［美］格雷厄姆·艾利森：《注定一战：中美能避免修昔底德陷阱吗?》，陈定定、傅强译，上海人民出版社 2018 年版。

要构建一个自身主导的霸权秩序。[①] 边缘国家在崛起过程中往往缺乏的不是强制力，而是合法性，而这是构建霸权秩序所必需的要素。学界关于崛起国合法性的讨论很多，研究的重点要么是为了减少崛起过程中可能出现的制衡，[②] 要么是分析合法性对于维护霸权秩序的意义和价值。[③] 边缘国家与合法性的关系更多表现为“边缘困境”的长期存在。边缘国家在经济、军事等领域能够追赶甚至超越中心地带，但很难改变自身与中心地带在政治、文化上的差异，导致该国的实际国力与国际地位之间存在显著的不一致。[④] 古今中外不乏蛮族纯粹依靠武力获得霸权的情形，但一旦取得霸权以后，霸权国的合法性仍是不可回避的问题。边缘国家获取一定的合法性资源，有利于在崛起阶段取得中心地带国家的认同和追随，扭转实际国力与国际地位的落差；还能在霸权护持阶段促进体系内国家更自觉地服从，维持霸权秩序的长治久安。

三　基于道义现实主义的理论扩展

道义现实主义认为政治实力是大国兴衰的关键要素，[⑤] 获得政治合法性是霸权构建和护持的基础。霸权国或崛起国应关注本国战略与体系规

---

① 徐进：《理念竞争、秩序构建与权力转移》，《当代亚太》2019年第4期。

② 孙学峰：《中国崛起困境：理论思考与战略选择》，社会科学文献出版社2013年版，第24页；周方银：《松散等级体系下的合法性崛起——春秋时期“尊王”争霸策略分析》，《世界经济与政治》2012年第6期；王震、高程：《崛起国对外策略中的大国与周边》，《国际政治科学》2020年第1期。

③ 刘丰：《结构压力、霸权正当性与制衡行为》，《国际政治科学》2009年第3期；杨原：《大国权力竞争方式的两种演化路径——基于春秋体系和二战后体系的比较研究》，《当代亚太》2014年第5期。

④ Steven Ward，“Race，Status，and Japanese Revisionism in the Early 1930s”，*Security Studies*，Vol. 22，No. 4，pp. 607-639.

⑤ 道义现实主义认为一国的实力包括政治、文化、军事和经济四种类型，其中政治是操作性实力，后三者是资源性实力。经济、军事等资源性实力是大国实力的基础，政治实力或者说政治领导则是资源性实力的乘数。政治实力强能放大一国的资源性实力，政治实力弱会使资源性实力无法产生相应的效果。参见阎学通《道义现实主义的国际关系理论》，《国际问题研究》2014年第5期。

范、时代道义之间的契合，提升霸权或崛起的合法性。道义现实主义的理论出发点是单元层次，特别是崛起国的政治领导和对外战略，其理论逻辑在于崛起国的领导类型决定该国的战略偏好，进而导致体系领导权转移。边缘国家作为崛起国的类型之一，无疑适用于道义现实主义的基本逻辑。[①] 不过，道义现实主义没有关注国家属性的区别，即在中心—边缘格局下，边缘国家会面临比一般崛起国更大的合法性困境。

（一）道义现实主义对“边缘困境”估计不足

道义现实主义认为，“国际社会是以霸权国的道义水平为标准衡量崛起国的道义水平的”，“在既定的历史时期，崛起国的政策道义水平只要比霸权国略高一点，该国就会被认为是讲道义的，而如果略低一点，则被认为是不讲道义的”。[②] 通常来说，这一论断是正确的，崛起国的政治合法性与其道义水平成正比。但道义现实主义没有对国家属性和身份进行区分，因此对克服“边缘困境”的难度估计不足。在春秋时期的时空背景下，边缘国家的道义遵守行为未必能显著改善其合法性困境。原因有以下三点。

第一，边缘国家与公认的权威缺乏联系，是“边缘困境”产生的根源。哈贝马斯强调合法性只有间接地通过与权威联系才有效，并且这些权威本身也要获得承认。[③] 齐桓公、晋文公的口号是“尊王攘夷”，其霸政得到了周天子的授权和承认，与体系公认的最高权威建立了直接联系。尽管齐、晋不同程度地展示出代周自立的倾向，但都没有引起中原诸侯的反对和制衡。与之相反，楚、吴、越等边缘国家虽然自称为王，却没有得到体系内多数国家的承认，缺乏足够的合法性。春秋时期，也曾极少次出现过周天子册封边缘国家的情形。例如周天子曾“赐胙”于楚成王，要求楚国

① “边缘国家”崛起为体系主导国符合案例选择中“最不可能发生却发生了”的案例，对于道义现实主义是个强检验。

② 阎学通：《政治领导与大国崛起安全》，《国际安全研究》2016 年第 4 期。

③ 参见［德］尤尔根·哈贝马斯《合法化危机》，刘北成、曹卫东译，上海人民出版社 2009 年版。

“镇尔南方夷越之乱，无侵中国”①。从楚成王的册封理由可以看出两点：一是楚国的册封源自其对中原地区的侵扰，周天子出于安抚目的被迫册封楚王，而非真正打算将楚国纳入礼制中；二是楚国称“伯”的范围局限于“南方夷越”地区，而无权干涉中原诸侯国的事务。值得注意的是，边缘国家在已经称王的情况下，仍愿意接受周天子册封为“伯”，从礼制上属于“降级”，这也能从侧面反映出周天子册封的权威性和合法性。

第二，边缘国家经常遭遇双重标准。道义现实主义认为，霸权国通常采取双重标准，对待盟国与敌国采取不同的评价体系。中原霸主和诸侯国家主观上排斥边缘国家，对边缘国家的“无道”行为宽容度较低。楚国崛起之所以引起中原国家恐惧和霸权国齐国的干涉，主要原因是楚国采取灭国扩张的手段，与兴灭继绝的礼制不符。并且楚国等边缘国家时常发生“弑君”行为，加剧了中原国家的反感。值得注意的是，几乎与楚国崛起的同一时间，晋国也在对外扩张中崛起。晋献公“并国十七，服国三十八”，与同时期楚成王的灭国数量相比有过之而无不及。其中既有耿、霍、魏、虞等同宗姬姓国家，也有陆浑之戎、伊洛之戎、白狄、赤狄等蛮夷部落。晋献公还大肆虐杀公族，触碰“亲亲尊尊”的道德底线。对于晋国违反礼制的行为，当时的霸主齐桓公曾象征性地组织过一次类似伐楚的远征，但军队行至半途便撤退了，此后便不了了之。与此同时，其他中原诸侯国也大多加入制衡楚国的联盟，而很少会联合起来反对违反礼制甚至打压周室的晋国。

第三，边缘国家的内部规范与外部规范可能发生冲突。一般来说，规范本身具有很强的普遍性，崛起国遵循体系规范不仅能增加外部合法性，还有助于增强内部政治动员能力，提升政权的稳定性。② 不过，这一论断

---

① 《史记·卷四十·楚世家第十》，中华书局 1982 年版，第 1697 页。

② 吕振纲：《道义、合法性与国家实力——1592 至 1662 年东亚朝贡体系中的权力转移研究》，《国际政治科学》2017 年第 3 期。

的前提是霸权秩序依赖的意识形态与国内的精英、民众观念相一致。[①] 为了赢得中原地区的支持，边缘国家上层不断学习中原地区的礼制和礼义思想，其与国内民众的观念形成越来越大的代沟，这势必会引起本国民众的不满甚至反对。例如楚国传统尚武，弭兵会盟后，楚国的对外战争明显减少。但楚人依然认为，国君如果长时间不出兵打仗，那么其在去世时就不能按王的礼仪安葬。

从春秋时期的经验来看，“边缘困境”可能会演变成一种心理定势，很难随着边缘国家的崛起而彻底改变。鲁成公打算叛晋归楚时，大夫季文子予以反对，理由是“晋虽无道，未可叛也”以及“楚虽大，非我族也”。[②] 即使楚、吴、越等边缘国家事实上已经充当霸主，只因其不属于传统的华夏诸侯，《左传》等史籍继续称之为“楚子”“吴子”“越子”。这种排斥性心理甚至到近现代仍然存在。有学者严格按照“夷夏之辨”“尊王攘夷”的标准来定义春秋霸主，指出只有齐桓公和晋文公符合春秋霸主的标准。[③] 相反，楚庄王、吴王阖闾、越王勾践等边缘国家的国君则完全被排除在外，这便是春秋霸政“有二霸而无五霸”的根源所在。

（二）边缘国家的道义现实主义分析

道义现实主义认为，规范学习和结盟策略有利于提升本国的道义水平和崛起合法性。首先，边缘国家应谨慎处理本国与体系规范之间的关系，避免可能存在的规范冲突。面对现行的体系规范，边缘国家除了全面接受或全面抵制两种选择以外，还存在“调整后接受”的中间选项。[④] 规范学

---

① Bentley B. Allan, Srdjan Vucetic and Ted Hopf, “The Distribution of Identity and the Future of International Order: China's Hegemonic Prospects”, *International Organization*, Vol. 72, Vol. 4, 2018, pp. 839-869.

② 《十三经注疏·春秋左传正义·成公四年》，中华书局 2009 年版，第 4128 页。

③ 钱穆：《国史大纲》，商务印书馆 1996 年版，第 64—65 页。

④ Amitav Acharya, “How Ideas Spread: Whose Norms Matter? Norm Localization and Institutional Change in Asian Regionalism”, *International Organization*, Vol. 58, No. 2, 2004, p. 241.

习不是一蹴而就的，而需要经历兴起、普及、内化等发展阶段，最终使体系规范成为自我身份认同的一部分。[①]“调整后接受”强调规范学习应关注外部规范与内部规范的观念冲突，以及国内精英与民众的观念差异。一般来说，“调整后接受”可分为“形式上接受”和“实质上接受”两种类型。在能够实现国内精英观念、民众观念与外部规范三者共识的前提下，边缘国家会采取“实质上接受”的态度；反之，边缘国家通常会用“形式上接受”的方式进行调和，避免因规范冲突带来的不必要安全风险。

其次，边缘国家还可借助结盟承诺来提高合法性。在程序合法性上，边缘国家建立本国主导的联盟，可以有效增强其在联盟内外的权威和影响，为提升合法性构建有力的制度基础。在观念合法性上，边缘国家为盟友提供经济支持、安全保障是一种符合道义的行为，可换取盟友国家的战略支持，逐渐积累边缘国家的国际战略信誉。在绩效合法性上，边缘国家通过持续在提供安全保障等方面取得进展，逐步降低制衡一方的威胁认知，从而缓解“边缘困境”以及相应的体系压力。一般来说，盟友的多寡和增减是判断联盟主导国家合法性高低和变化的重要指标，边缘国家在扩大盟友范围的过程中，自身的合法性困境也将得到相应缓解。

道义现实主义强调政治领导的关键作用，将政治领导分为争斗、进取、守成、无为四种类型。[②] 与之对应，边缘国家的对外战略取向也分为四种类型（见表2）。[③] 一是采取斗争策略。边缘国家抵制现行的体系规范，全面退出和抵制现行联盟体系，与霸权国爆发冲突的可能性高。二是采取进取策略。边缘国家形式上接受现行体系规范，同时建立一个在主导国、成员国、规则等方面与已有联盟相互排斥的联盟，[④] 从而与霸权国构

---

① Martha Finnemore and Kathryn Sikkink, “International Norm Dynamics and the Political Change”, *International Organization*, Vol. 52, Vol. 4, 2005, pp. 887-917.

② 阎学通：《道义现实主义的国际关系理论》，《国际问题研究》2014年第5期。

③ Stacie E. Goddard, “Embedded Revisionism: Networks, Institutions, and Challenges to World Order”, *International Organization*, Vol. 72, No. 4, 2018, pp. 763-797.

④ 李巍：《国际秩序转型与现实制度主义理论的生成》，《外交评论》2016年第1期。

成了较高的冲突前景。三是采取守成策略。边缘国家基本接受现行规范，在已有联盟以外构成类似的、功能重叠的联盟体系，并塑造新旧制度之间的合作预期，最终实现国际制度的相融。① 新联盟不追求取代已有联盟，更多是发挥补充或呼吁改革的作用，与霸权国爆发冲突的可能性较低。四是采取无为策略。边缘国家完全接受现行体系规范，并且只参与霸权国主导的联盟，这种情况不存在爆发争霸战争的可能。

表 2　**边缘国家的对外战略取向**

	争斗	进取	守成	无为
规范学习	全面抵制	形式上接受	实质上接受	全面接受
结盟选择	退出已有联盟	构建互斥性联盟	构建相容性联盟	全面加入已有联盟
争霸战争前景	高	较高	较低	低

资料来源：笔者自制。

对外战略取向并不是一成不变的，边缘国家会根据本国利益和外部环境的变化，不断调整规范学习和结盟选择，以期更好地处理其与现行体系的关系。值得注意的是，规范学习和结盟选择的取向不是一一对应的。边缘国家可以在只加入已有联盟的情况下，全面抵制规范学习；也可以在形式上接受体系规范的情况下，构建本国主导的互斥性联盟。在中心—边缘格局下，边缘国家通常根据自身需要灵活制定对外战略，使其规范学习和结盟选择出现很大的差异性。即便边缘国家取得霸权以后，“边缘困境”对该国战略的影响仍会存在。一方面，霸权国的道义水平将决定体系的道义原则和水平，一些不符合霸权国需求的国际规范，经过一段时间后将会出现调整或走向消亡。② 另一方面，由于道义水平与霸权秩序的持续时间呈正相关，道义水平越高则合法性越高，霸权秩序越容易长期维系。因此，完全依赖强制力或规范学习不足的边缘国家在建立霸权秩序以后，应

① 刘玮：《崛起国创建国际制度的策略》，《世界经济与政治》2017 年第 9 期。

② Simon Frankel Pratt, “Norm Transformation and The Institutionalization of Targeted Killing in The US”, *European Journal of International Relations*, Vol. 25, No. 3, 2018, pp. 723-747.

继续进行规范学习，否则无法保障霸权秩序的稳定。

四　围绕楚、吴、越三国的比较分析

三千年前的“殷周之变”不单是一次普通的王朝更替，还是一场政治制度和规范的重大变革。武王伐纣属于以弱胜强，立国基础并不稳固。为了巩固统治，西周统治者采取分封诸侯的制度。一是分封宗族成员和具有姻亲的功臣。按照荀子的说法，周初分封的71个诸侯国中有53个是姬姓宗族国家。二是分封前朝王族的后裔，例如陈国国君是虞舜的后裔，杞国国君是夏禹的后人。周公平定三监之乱后，封纣王的兄长微子启为宋国国君，延续殷商的宗祀。两种分封背后的原则是不同的，前者遵循“亲亲尊尊”原则，通过“封建亲戚”，达到“以藩屏周”的目的；后者遵循“兴灭继绝”原则，用以安抚前朝遗民的不满情绪。分封制是西周礼制的重要组成部分，背后所遵循的原则体现了当时社会的礼义和道义观念。

从周人视角来看，西周的国际关系呈现出中心—边缘格局。周天子具有天下共主的崇高地位，各个分封诸侯拱卫在天子周围，按照大宗小宗原则构成周人眼中的中心地带；在中心地带之外，还存在形形色色的边缘国家。边缘国家的君主与西周宗室缺乏血缘联系，其权力一般不来自周天子的分封。在文化上，“中国有礼仪之大，故称夏；有服章之美，谓之华”。[①]中原地区遵从礼制规范，被称为华夏、诸夏。“夷狄之人贪而好利，被发左衽，人而兽心，其与中国殊章服，异习俗，饮食不同，言语不通”。[②]边缘国家的民众大多被认为是不文明的、不可信任的，[③]当地的政治和社会规范与中原地区相去甚远。华夏与夷狄在居住环境、生活方式、政治制度、礼乐教化等方面存在显著差异，这些因素构成了“内诸夏而外夷狄”

① 《十三经注疏·春秋左传正义·定公十年》，中华书局2009年版，第4664页。

② 《汉书·卷九十四下·匈奴传第六十四下》，中华书局1962年版，第3834页。

③ 葛汉文：《武力与道义：周人谋取天下的大战略——兼与赵汀阳研究员商榷》，《国际政治研究》2019年第4期。

的分野。①

（一）楚、吴、越的“边缘困境”

楚、吴、越三国是春秋时期位于长江中下游地区的边缘国家，且三国都是“夏君夷民”的二元模式，与中原地区的地理、文化和族源较为疏离。一方面，三国国君世系与中原地区具有一定渊源。楚国国君为芈姓、熊氏，自称为祝融之后。吴国国君为姬姓，自称周文王的伯父太伯之后。越国国君为姒姓，自称为夏朝君主少康后裔的一支。另一方面，三国的民俗在当时属于南方蛮夷文化。楚国文化受南方三苗文化影响，与中原地区文化差异明显：楚国尚凤，中原尚龙；楚国尚左，中原尚右；楚国尚武，中原尚礼。吴越则有文身断发的传统，经济文化落后于楚，与中原地区差别更大。

楚、吴、越三国基本处于西周礼制之外，没有得到中原地区的政治承认。周成王时，楚人首领熊绎受封为子爵。熊绎没有资格参与诸侯会盟，而是被安排在盟会上置酒和守燎。西周晚期，楚国开始勃兴。公元前706年，楚国国君熊通在没有正当理由的情况下讨伐随国，并称：“我蛮夷也。今诸侯皆为叛相侵，或相杀。我有敝甲，欲以观中国之政，请王室尊吾号。”② 随国按照熊通要求，向周天子请求为楚加尊号，但没有成功，于是熊通自尊为楚王，并召集巴、庸、邓、绞等长江流域的边缘小国参与会盟，构建由楚国主导、边缘国家组成的互斥性联盟体系，与“汉阳诸姬”等周天子分封的国家对抗。③ 吴、越距离中原地区更远，完全处于西周分封体系之外。春秋中后期，吴越国君也开始僭越称王，并与楚国和少数中原国家有了直接交往。

---

① 有学者提出华夷交界的地带存在非夏非夷或者亦夏亦夷的情形，这种情形可用“半中心”或“半边缘”进行描述。参见朱圣明《现实与思想：再论春秋“华夷之辨”》，《学术月刊》2015年第5期。

② 《史记·卷四十·楚世家第十》，中华书局1982年版，第1692页。

③ 公元前704年，楚武王在沈鹿召开诸侯会盟。随国等姬姓诸侯拒绝参加此次会盟，随后遭到楚国及其盟友的讨伐。

楚国崛起以后，其霸主地位迟迟没有得到中原国家的承认。除了僭越称王，楚武王的另一个创举是灭权置县。楚国灭掉权国后，没有按照兴灭继绝原则进行分封，而是创设权县。楚武王可以直接从县邑征集赋税和军队，对于增强楚国中央集权和对外扩张具有重要意义。楚成王继位以后，楚国加紧扩张步伐，吞并黄、英、蒋、道、贰、谷、绞、弦、柏、房、轸、夔等国，形成“奄有江汉”之势。随着楚国的势力不断向北发展，陈、蔡、许、郑、宋、曹等中原诸侯开始处于楚国的武力威胁之下。为了抵抗楚国的威胁，齐桓公举起“尊王攘夷”的大旗，率领诸侯联军向楚国“问罪”，迫使楚国一度暂缓了向北扩张。齐桓公死后，宋襄公试图继承齐国霸业，并邀请楚成王参加盟会。会上，楚成王违反礼义原则，挟持并羞辱了宋襄公。公元前638年，楚成王在泓水之战击败宋国，终结了宋襄公的称霸迷梦，但其霸主地位并未得到中原地区的承认，天下处于所谓的“无伯”状态。公元前633年，楚成王在城濮之战中败于晋国，晋文公却“一战而霸”，晋国一举在中原地区确立了长期的霸权地位。

（二）吴、楚、越的战略取向与演变

1. 楚庄王：实质上接受中原规范与构建互斥性联盟相结合

楚成王称霸失败的重要原因是其对中原规范的抵制和破坏，[①] 以至于当时和后世宁愿尊崇战败的宋襄公为霸，也不愿意承认楚成王的霸主地位。[②] 楚庄王吸取了前代称霸失败的教训，开始了有意识地学习中原地区的制度文化。继位之初，楚庄王以“勤王”名义北上，在周天子的都城洛邑附近陈兵。楚庄王试探“问鼎中原”，得到“在德不在鼎”的回答。楚庄王更加认识到提升道义对霸政的重要性，于是对内大力吸收周朝典章，推进“以夏化夷”；对外努力遵照周礼规范办事，争取国际支持。楚庄王

---

① 公元前654年，楚国进攻齐国的盟国许国，许僖公以“亡国之礼”面见楚成王，楚成王依照周礼宽恕了许僖公。不过在楚成王时期，这种案例凤毛麟角。

② 宋襄公于公元前641年开始“谋霸”，到公元前638年泓水之战失败，所谓“霸业”最多不过三年。从泓水之战到城濮之战之间则有五年，而楚成王并未得到公认的霸主地位，可见时间长短不是称霸的关键因素。

灭陈后没有置县，而是按照兴灭继绝的原则，选择“复封陈”，被《左传》称为“有礼也”。邲之战中，晋军战败，作为敌方的楚军没有追杀，还竟然教授晋军如何逃跑。战役结束后，楚庄王拒绝筑京观以炫耀武功，他以武王克商为例，提出了“止戈为武”的理论。邲之战是楚庄王的定霸之战，也充分展示其对礼义的理解和运用。楚庄王采用军事与道义相结合的手段，成功促使郑、宋、许等中原国家脱离晋国的联盟体系。楚庄王时期，凭借连续的军事胜利和对他国以礼相待，陈、郑、宋等国相继归附了楚国。

楚共王借助庄王留下的余威，于公元前589年在鲁地主持会盟。此次会盟有包括齐国、秦国在内的13国参加，是春秋时期由楚国主持的、参与国数量最多的一次会盟。公元前579年，在宋国的斡旋下，楚国与晋国达成第一次弭兵会盟，承诺不再相互使用武力。第一次弭兵会盟的停战协议没有维持太久，四年后晋楚爆发鄢陵之战。楚共王在鄢陵之战的失败，标志楚国的霸权地位已经完全转移到晋国手中。尽管丧失了霸权地位，但楚国的华夏化进程没有结束。“赫赫楚国，而君临之，抚有蛮夷，奄征南海，以属诸夏”。[①] 到楚共王去世时，楚国已全面吸收中原礼乐文明，并开始自称为华夏一员。

2. 楚康王：实质上接受中原规范与构建相容性联盟相结合

楚共王之子楚康王继位后，楚国在没有进行大规模战争的情况下，实现了与晋国的霸权共享。公元前546年，第二次弭兵会盟召开。此次会盟仍由宋国从中斡旋，规模较第一次更大，有14国参加。晋楚两国达成停战协议，并规定“晋楚之从交相见”，[②] 即晋国的盟国应同时向楚国朝贡，楚国的盟国也要向晋国朝贡。第二次弭兵会盟以后，晋楚之间没有再爆发大规模战争，楚国的北方压力大大缓解。更重要的是，此次会盟使晋楚两国达成了联盟相容和共享霸权的协议。楚国在这一时期的盟国和朝贡国数量都远远超越了庄王时期，其霸权地位第一次得到体系内绝大多数国家的

① 《十三经注疏·春秋左传正义·襄公十三年》，中华书局2009年版，第4244页。
② 《十三经注疏·春秋左传正义·襄公二十七年》，中华书局2009年版，第4333页。

承认。

晋楚的霸政共享较为稳定，从公元前546年第二次弭兵会盟开始，到公元前506年晋国主持召陵之盟为止，共维持了四十年。四十年间，楚国内政动荡不已，楚康王、楚郏敖、楚灵王、楚初王、楚平王、楚昭王六位国君相继登台。与“人亡霸灭”的常见现象相反，楚国在频繁的政局动荡中继续维持霸权地位。楚国在这段时期大体坚持了兴灭继绝、固危扶弱的行为方式，重视维护国际信誉与威望。公元前547年，许灵公请求楚国伐郑，楚康王在许灵公已经病逝的情况下仍然履行了伐郑的诺言。楚平王继位以后，不仅让蔡、陈复国，还允许许、胡、沈、房、申等国的公族回到故地。第二次弭兵会盟以前，楚国采取武力与政治相结合的方式争夺霸权。第二次弭兵会盟以后，楚国在中原地区几乎没有大规模用兵，其霸政护持更多依赖政治手段。

3. 阖闾：抵制中原规范与全面加入霸权国联盟相结合

尽管吴国国君自称为周太伯的后裔，但由于吴国地处蛮夷地区，与中原地区长期缺少直接联系。公元前585年，太伯的第十九世孙寿梦继位，并开始称王。寿梦主动加强与中原国家的联系，确立吴国新的内政外交政策。一是与晋国组成姬姓国联盟，积极参与晋国组织的中原地区会盟；① 二是主动进攻楚国，开辟晋楚争霸的第二战场；三是学习中原地区的先进军事技术，提升军事实力。② 此后，吴楚相互用兵，各有胜负。公元前515年，公子光刺死吴王僚后登基为王，是为吴王阖闾。阖闾延续了寿梦以来的政策，任用楚人伍子胥、齐人孙武等国外人才，进一步提升吴国的华夏化水平；③ 频繁发动对楚战争，强化与晋国的战略配合。

阖闾时期，吴国对楚作战接连取得胜利，还成功将原先归附楚国的蔡

---

① 公元前576年，吴国在钟离与晋、齐、鲁、宋、郑等中原诸侯国会盟，这是史书首次记载吴国参与中原会盟。参见《十三经注疏·春秋左传正义·成公十五年》，中华书局2009年版。

② 晋国派楚国流亡大夫申公巫臣出使吴国，并向吴人传授战车、布阵等军事技术士兵。参见《史记·卷三十一·吴太伯世家第一》，中华书局1982年版。

③ 与楚国不同，吴国的华夏化水平主要集中在军事技术领域，在政治、文化方面的改革较为有限。尤其是吴军攻破楚国都城的种种行为，显示出其对礼制规范的无视甚至践踏。

国、唐国纳入到反楚联盟中。公元前506年，吴军联合蔡国、唐国发起长途奔袭，以3万兵力击败楚军20万，攻破楚国都城郢都，创造了春秋时期占领大国都城的先例。与此同时，晋国放弃了第二次弭兵会盟达成的协议，在召陵组织反楚联盟，以配合吴国的军事行动。吴军占领郢都后烧杀抢掠，伍子胥还把楚平王掘墓鞭尸，这些事件显然与礼制大相径庭，引起了楚国民众乃至其他国家的不满。随国在吴国压力下为楚昭王提供避难之所，秦国直接派出军队帮助楚国军民复国。在前方战局不利的情况下，吴国后方又出现内乱并遭到越国的偷袭，阖闾在前后夹击之下选择撤军回国。公元前504年，阖闾派太子夫差再次伐楚，迫使楚国迁都，吴国的军事霸权达到巅峰。

4. 夫差：抵制中原规范与构建相容性联盟相结合。

吴楚争霸期间，越国多次趁吴国后方空虚之机进行袭扰。阖闾从楚国撤军不久，于公元前496年发起对越战争，但在槜李（今浙江嘉兴西南）遭到越军偷袭意外战败，阖闾本人中箭后不治身亡。其子夫差继位后，积极筹备进攻越国为父报仇。两年后，夫差在夫椒之战击败越国，迫使越王勾践请降。勾践采纳范蠡、文种等人的建议，先是贿赂吴国太宰伯嚭，后又向吴王献出美女、财宝，其本人也来到吴国做夫差的奴仆。夫差最终准和并同意越国附属于吴，很难说是基于兴灭继绝的大义，而更多是个人虚荣和享受的考虑。

夫差延续了阖闾时期以强制力手段为主的对外战略，不仅随意违反礼制，还开始拉拢鲁国，展现与晋国争夺体系领导权的野心。夫差降服了临近的越国后，立即把战略重心转移到北方。公元前489年，夫差首先用武力迫使鲁国接受结盟，又以齐国内政违反礼制为由准备伐齐。公元前484年，吴鲁联军在艾陵歼灭齐军10万。公元前482年，夫差率领大军北上，与晋定公在黄池会盟。黄池会盟的参与国很少，除了晋、吴以外，只有盟友鲁哀公和周天子代表单平公参加。此次会盟围绕盟主问题一度引发争议，夫差主张自己是太伯之后、姬姓之长，晋国则宣称本国是姬姓诸侯国中唯一担任过霸主的国家。史籍关于最终盟主的归属存在争议，不过根据事后鲁国的言辞，吴国似乎担任了黄池会盟的盟主。[①] 但与此同时，越国趁吴军主力在外，攻破吴国都城。公元前473年，越国灭吴，夫差自杀。

5. 勾践：形式上接受中原规范与构建相容性联盟相结合

越国一开始作为楚国制衡吴国的友国存在。吴越之间征战不断，吴国曾一度灭亡越国。后来，勾践趁夫差北上的机会偷袭吴国后方，并最终将吴国吞并。灭吴后，越国继承了吴国的霸主地位。“当是时，越兵横行于江、淮东，诸侯毕贺，号称霸王。”[②] 勾践北上徐州会盟诸侯，齐国、晋国等大国也派代表参加。周元王向勾践赐胙，并册封其为“越伯”。为了与诸侯结好，勾践将吴国侵占的领土分别归还给楚国、宋国、鲁国等。作为回报，宋、郑、鲁、卫、陈、蔡等国向越国朝贡。

徐州会盟标志越国构建起了相容性联盟体系。此后，越国曾试图维护联盟框架下的礼制秩序，但成效不大。公元前473年，越王勾践在灭吴的同时，扶植被夫差废黜的邾隐公复位。公元前471年，越国又因邾隐公“无道”将其再次废黜，但新立的国君仍然“无道”。两年后，越、鲁、宋三国军队护送卫出公回国，卫人贿赂越国将领，要求联军不要干涉卫国内政。卫出公因此没能进入卫国，最终客死越国。与卫出公相似，鲁哀公受国内三桓所逼，流亡到越国。勾践曾考虑讨伐三桓以帮助鲁哀公复位，后来还是不了了之。勾践死后，越国继续将战略重心放在北方，以便于维护本国主导的联盟体系。但是在朱勾弑父篡位后，越国几乎不再关注礼制，蜕变为墨子口中的“天下好战之国”。随后，越国接连发生“弑君”现象，吴人趁机图谋控制越国政治，越国国政陷于混乱和衰落。越王无疆继位以后，越国试图征伐齐国、楚国，恢复往日的霸业，结果反遭楚国灭亡。

（三）边缘国家的霸政比较

春秋时期，吴、楚、越三国共存在五种不同的霸政类型（见表3）。受

---

① 黄池会盟后，鲁国大夫子服景伯声称鲁国给吴国的朝贡多于给晋国的，是因为将吴国作为诸侯之长。参见《十三经注疏·春秋左传正义·哀公十三年》，中华书局2009年版。

② 《史记·卷四十一·越王勾践世家第十一》，中华书局1982年版，第1746页。

先天的、结构性的合法性困境影响，楚庄王在道义投入很大的情况下，仍然没有获得程序性的霸主合法性地位。到了康王时期，楚国在战争失利的情况下，凭借长时间的规范学习和道义外交，实现了从量变到质变的地位改变，最终成为体系内公认的领导国。华夏化是一个漫长的过程，楚国从“无侵中国”到“以属华夏”经历了上百年时间。即便如此，楚国的华夏化仍然呈现出精英与民众的脱节。楚国贵族积极学习宗周经典，使用周朝雅言。楚国民众扩大了与中原地区的往来，但很大程度上保留了楚俗，平时使用的语言多是楚语。但无论如何，楚国特别是楚国上层的规范学习是较为成功的，这也使得申公巫臣、伍子胥、伯嚭、范蠡、文种等楚国人才在吴越的华夏化进程中发挥重大影响。

表 3 **吴、楚、越的霸政比较**

	程序	观念	绩效	规范学习	结盟策略
楚庄王		√	√	守成	进取
楚康王	√	√		守成	守成
吴王阖闾			√	争斗	无为
吴王夫差	√		√	争斗	守成
越王勾践	√		√	进取	守成

资料来源：笔者自制。

吴越两国长期缺乏与华夏地区的直接接触，本国开启华夏化的时间较晚。吴王阖闾、越王勾践分别重用伍子胥、孙武以及范蠡、文种等外国人才，在短时间里实现国家层面的政治和军事变革。但在社会文化层面，吴越两国仍依然野蛮落后，整个国家对于礼乐文明的理解非常有限。① 尤其是越国，首次参与华夏地区的会盟便号为霸主，这显然不能归功于华夏化

① 在和中原地区密切交往数十年后，吴国随意违反礼制的情况仍然不胜枚举。例如哀公七年，吴国强行向宋国、鲁国征收“百牢”的贡品，而周礼规定的最高贡品等级是“十二牢”。晋国称霸时征收“十一牢”，仍被认为是有违礼制。再如，黄池会盟结束后，夫差在返国途中一度打算进攻宋国，“杀其丈夫而囚其妇人”，原因仅仅是宋国拒绝参加黄池会盟。参见《十三经注疏·春秋左传正义·哀公七年》《十三经注疏·春秋左传正义·哀公二十四年》，中华书局 2009 年版。

的成果。[①] 吴、越两国的霸政构建更多依赖争霸战争和霸权转移。吴国击败楚国，继承了楚国的霸权；而后越国击败吴国，继承了吴国的霸权。阖闾的争霸战略取向较为特别，采取了极为对立的战略组合，即抵制规范与全面加入霸权国结盟相结合。出现这一现象的原因是吴楚争夺的是地区霸权，吴楚之争只是晋楚争霸的一部分。夫差和勾践获得了天子赐胙、会盟承认等程序合法性，但这些承认都是战争之后追认，本质上还属于绩效合法性。

五　结论与启示

本文关注的核心是：作为边缘国家的楚、吴、越，如何在一个排斥性的中心地带构建霸权秩序，以及三国的战略取向所带来的差别性影响。本文将研究背景放置于春秋时期这一特殊的时空背景中，对道义现实主义的基本逻辑进行了验证和扩展。当然，本文的解释范围并不局限于春秋时期，而对分析其他时期的中心—边缘格局也具有一定的政策启示。

（一）理论总结

道义现实主义指出，政治领导能提升一国的道义与合法性，从而改善该国的崛起困境。本文认为“边缘困境”是崛起困境的一种特殊形式，体系对边缘国家的政治合法性评判，除了把该国的道义水平与霸权国的道义水平进行对比外，还更多源于中心地带对该国的刻板印象与排斥文化。对边缘国家来说，提升合法性不再仅仅是解决崛起困境的乘数，而是该国崛起过程中需要克服的最主要难题。按照道义现实主义的基本逻辑，本文提出边缘国家必须采取持续的规范学习，在长时段内取得较霸权国更高的道义水平，才能从根本上缓解“边缘困境”对霸权构建和护持造成的负面影响。值得注意的是，道义现实主义并不否认单纯依靠暴力谋求霸权的可能

① 尽管越国已经成为霸主，但在卫国人眼中仍是蛮夷。参见《十三经注疏·春秋左传正义·哀公二十六年》，中华书局2009年版。

性，但这种方式不仅会增加崛起难度以及带来称霸后的合法性问题，还反过来会对原有的秩序规范带来严重冲击。

楚国与越国华夏化的水平差异对霸政秩序的影响是巨大的。楚国采取的是相对稳妥和守成的战略组合，其霸政构建与华夏化进程基本一致，霸政秩序稳定性较高。相反，越国通过战争继承霸权，缺少足够的规范学习，由此导致了规范冲突和“边缘困境”。从单元层次来讲，越国在战争能力强于楚国的情况下，其霸政秩序的稳定性却较低。从体系层次来讲，如果说楚国通过“进夷为夏”的努力，逐步得到了中原地区的接纳，那么越国则可能有维护礼乐规范的意愿，却没有真正践行的能力。由于霸权国的道义水平决定体系规范的变迁，吴楚争霸、吴越争霸以后，兼并成了体系中的常见行为，进而在战国时期演变成各国广为接受的规范。① 相反，春秋时期一些抑制兼并的理念则被彻底放弃。

本文的另一个理论创新是将规范学习与结盟策略的取向进行分离。道义现实主义没有关注国家的身份和属性，因此将崛起国的规范学习和道义投入作为可以主观操控的变量。在中心—边缘格局下，崛起国的道义水平受到客观结构的长期制约，规范学习转而成为其对外战略的组成部分。因此，本文将边缘国家的战略取向区分为规范学习取向和结盟策略取向的组合。一国在崛起过程中既可以积极地学习体系规范，同时处于霸权国主导的联盟之外；也可以完全抵制体系的主流规范，同时加入霸权国主导的联盟体系。一国的战略取向是动态的，归根结底是根据国内外形势变化不断调整的结果。

（二）政策启示

自地理大发现以后，欧洲殖民主义者塑造出一个以欧洲为中心的世界格局，这一格局既是政治的、经济的，也是文化的、观念的。进入 20 世纪，世界格局的中心地位逐渐从欧洲转向美国。由于美欧之间存在紧密的历史与现实联系，世界中心变成了由欧美联合组成的“西方”。在西方主

① 阎学通：《国际领导与国际规范的演化》，《国际政治科学》2011 年第 1 期。

导下，国际社会在第二次世界大战以后建立了联合国、世界银行和世界贸易组织等国际制度和国际组织。进入21世纪，随着中国、印度等“他者”的经济实力迅速崛起，世界的政治、经济权力加速向东转移。[①] 但与此同时，西方中心的观念仍然根深蒂固，欧美国家在文化、意识形态和心理上处于规范输出的优势地位。

受2008年国际金融危机影响，西方国家在内、外两个层面均出现不同程度的规范倒退。在国内层面，西方国家民粹主义盛行，部分民粹主义政客公然违反本国曾宣扬的自由民主原则，制定排外主义甚至种族主义的政策方针。在国际层面，西方国家由国际制度的引领者蜕变为国际制度的退出者和破坏者，国际制度和国际组织面临空前危机。尽管国际制度呈现退化趋势，但国际制度所包含的规则理念仍然存在。在此基础上，西方国家提出了所谓“基于规则的国际秩序”（rules-based international order），即利用一些意识形态色彩浓厚的规则理念继续约束“他者”，维持自身的优势地位。从崛起的“他者”角度来看，可从以下三个方面分析与应对。

首先，“边缘困境”是“他者”崛起过程中长期伴随的现象。“边缘困境”最显性的表现是双重标准问题。例如，西方国家做出违反国际规则的决定，很多时候不会受到国际社会的抵制或者谴责。相反，中国即使在规则和制度框架内行事，仍然会遭到其他国家的猜疑和反对。这不是中国与西方国家实力对比差异的结果，而是由于西方所处的观念优势地位，致使西方话语演变成了所谓的“国际舆论”。“边缘困境”的另一个表现是国内外规范的冲突。中国一方面需要学习国际先进理念，加快国内改革；另一方面也必须从国内实际出发，不能搞“全盘西化”。这种“调整后的接受”能有效降低国内风险，但却给西方国家的猜疑和打压提供借口。

其次，需关注不同类型合法性之间的相互促进。合法性包含程序、观念和绩效三种类型。从难易程度来说，绩效合法性是最容易提升的类型，也是可变性最大的类型。提升观念合法性的难度居中，崛起国可以通过规范学习的方式，换取他国支持。这种方式的缺陷在于缺少足够的制度和权

---

① Fareed Zakaria, *The Post-American World*, New York: Norton, 2008, p. 36.

威基础，容易使其他国家质疑崛起国采取利他行为的动机。提升程序合法性的难度最大，但该类型具有坚实的制度基础，因此合法性程度最高。对崛起国来说，三类合法性并不是分离和平行的，而是相互交叉促进的。崛起国应关注不同类型合法性的相互促进，协调一致地推进对外战略和国际互动。

最后，采取守成型的对外战略组合。采取规范抵制、制度退出等争斗型对外策略，不仅将损害崛起国的国际合法性，还容易引起霸权国的遏制和干涉。相反，采取守成型的对外战略组合能够减少霸权国的猜疑，降低争霸战争的爆发概率，且更容易获得其他国家的接受和支持。规范学习是一个渐进且可能出现反复的过程，并且互斥性制度与相融性制度不存在单向演进关系，因此崛起必然是一个充满波折的过程。采取守成型的对外战略组合可以从中长期改善崛起国的发展环境，并有助于维护现有的国际制度与规范。

（本文发表于《世界经济与政治》2021 年第 1 期）

从结构主义到国际关系理论：一项系统的考察

——兼论华尔兹结构观的局限性

薛　力*

内容摘要：结构主义是20世纪人类思想的一大潮流，对自然科学与社会科学都产生了巨大影响。笔者集中考察了社会科学领域各个学科的结构观。结构具有某些共性特征，这些特征在相关学科都有比较充分的展示，也被国际关系理论进展所证实。由此可以推论：华尔兹的结构观确实过于狭隘，被修正是不可避免的，并表现为国际关系理论研究向个体层次的回落，包括重视单元功能或互动、强调历时性与共时性的结合、在非实体性问题上不囿于成见等。国际关系理论未来的发展有赖于对个体互动内涵的进一步挖掘，对互动过程的概化就是可能的创新点。

关键词：结构主义　国际关系理论　华尔兹结构观

华尔兹《国际政治理论》一书的出版标志着国际关系理论研究的结构主义转向：国际关系理论家从以前的“不关心结构”① 变成“纷纷谈结

---

* 薛力，中国社会科学院世界经济与政治研究所研究员。

① 华尔兹之前，也有少数学者提到了系统、结构概念，如默顿·卡普兰对系统概念的应用、斯坦利·霍夫曼使用了结构概念，但他们的系统与结构在本体论、认识论、方法论上都是个体主义的，因此，还算不上真正“关心结构”。

构”。一些公认的理论创新如新自由制度主义、结构建构主义①都借用了华尔兹的思路。但华尔兹理论的不足也成了学者们讨论的重点，尤其是他的结构观，普遍认为他的结构剥离了太多的东西，过于简化，特别是把互动或进程归入单元层次，这大大限制了结构现实主义理论的解释力。② 华尔兹则至今未对自己的观点进行修正。③

为了更好地鸟瞰结构概念、判断结构概念在国际关系理论中的现状和未来，笔者总结了结构主义思潮的四个特征，然后从结构主义的源头索绪尔语言学开始，逐一检验这些特征在社会科学④各个学科中的表达，从中可以看出华尔兹结构观的不足。接下来展示国际关系理论的进展与对华尔兹结构观的重大修正紧密相关，从而完成论证：华尔兹的思路是有价值的，但他的结构观确实走入了死胡同，国际关系理论的进展有赖于对非实体性因素、历时性因素、互动因素（或曰进程因素）等的深入挖掘，现有的国际关系理论（包括新自由主义与建构主义）在这方面做得还不够。

一　结构主义的四个特征

17 世纪以来自然科学的飞速发展对社会科学产生了深远的影响，集中表现为成分分析法的应用。这种做法暗含着这样的认识论：认清了构成事物的成分，自然也就认清了事物。但从 19 世纪末开始，自然科学进入了一个新的时代，普遍论思想代替了个体论思想（哲学意义上）；物理学上，用马克斯·普朗克的话来说，通过成分分析来概括总体特征的方法缺点日

---

① 建构主义有不同的分支，这里指温特建构主义。温特理论曾经也被称作温和建构主义、身份建构主义，但近三年来学界似乎倾向于用“结构建构主义”这一称呼，本书认为这一用法更为准确地表达了温特理论的核心内涵。

② 王逸舟：《西方国际政治学：历史与理论》（第二版），上海人民出版社 2006 年版，第 389 页。

③ ［美］罗伯特·O. 基欧汉编：《新现实主义及其批判》，郭树勇译，北京大学出版社 2002 年版。

④ 本文中的“社会科学”指人文和社会科学。

益明显。[①] 因而原子主义的观点市场变小，出现了场论的思想。场是一个限定区域内的一种整体存在，其中每一部分性质的变化都是由场的整体所决定，场不是成分的简单加总。[②] 这种思潮首先导致了语言学的结构主义转向，然后再扩展到别的学科。

结构主义的特征表现在四个方面：整体性、非实体性、共时性与历时性、单元功能。[③]

第一，整体性是指注重对研究对象的整体性把握，而不是把对象看成可以拆开的部件的机械组合。原子主义属于个体主义，作为对个体主义的反动，结构主义必然要强调整体性以体现成分之间的依存关系以及整体大于成分之和。皮亚杰注意到，结构具有整体性特征是不言而喻的，也是所有结构主义者都同意的。[④]

第二，结构可能不是实体，对结构主义的永恒危险是结构实在论思维。[⑤] 结构包括静态关系和动态关系，因此可以表现为规则、运算、互动等，如帕森斯所说，结构迟早要表现为强制个人接受的规范或规则。[⑥] 不存在没有构造过程的结构，结构总是处于构造和再造过程中，稳定只是相对的，因此，运算（operation）是结构主义的关键。[⑦] 数理逻辑公式在具体生活中的应用就是具体运算，[⑧] 这其实属于互动范畴。

---

① 1909年在纽约的一次演讲中，普朗克以不可逆过程来说明成分分析法的不足。运用成分分析法的前提是，对整体进行分解不能改变整体的特性。但如果把不可逆过程割裂为一个个小过程（成分），则不可逆性消失。参见［美］罗伯特·萧尔斯《结构主义——批评的理论与实践》，高秋雁审译，台北：结构出版群1989年版，第7页。另外，感谢中国社会科学院语言研究所博士候选人何文彬在语言学方面提供的帮助。

② 刘恩久、李铮等编著：《心理学简史》，甘肃人民出版社1985年版，第174—175页。

③ 这四个特征是笔者的概括，皮亚杰概括的结构主义三特征强调结构主义的共性，笔者的四特征则强调结构主义内部的区分。用皮亚杰的三特征无法进行这种区分。当然，这里仅仅是一个尝试，笔者期待方家对结构的鉴别特征做出更好的概括。

④ ［瑞士］皮亚杰：《结构主义》，倪连生、王琳译，商务印书馆1984年版，第3页。

⑤ ［瑞士］皮亚杰：《结构主义》，倪连生、王琳译，商务印书馆1984年版，第103页。

⑥ 转引自［瑞士］皮亚杰《结构主义》，倪连生、王琳译，商务印书馆1984年版，第72页。布赞大致上也持这种观点。

⑦ ［瑞士］皮亚杰：《结构主义》，倪连生、王琳译，商务印书馆1984年版，第101—103页。

⑧ ［瑞士］皮亚杰：《结构主义》，倪连生、王琳译，商务印书馆1984年版，译者前言，第2—3页。

但是，结构的非实体性受到了越来越多的挑战，在国际关系理论界尤其明显，这可能是因为，就社会世界而言，互动中单元交换的内容可能是信息，也可能是物质。属于互动内容者都可以归入结构。其实，索绪尔与皮亚杰对结构的非实体性也没有贯彻到底。索绪尔一方面认为语言是符号，是纯形式的，另一方面又认为语言是一种社会实在，这就超出了纯形式的范畴而具有实体性质。皮亚杰则认为一个内容永远是下一级内容的形式，一个形式永远是高一级形式的内容。① 但我们知道，内容只能是实体，而形式可以不是，他的“套叠法”模糊了二者的界限，等于否定了内容概念的核心内涵。笔者的观点是：结构可以是实体，也可以是非实体。

第三，对共时性的强调是结构主义的共有特征，共时是指一段时间，即从结构涌现的短暂时间到结构或系统维持稳定的一段时间。索绪尔出于对比较历史语言学的反动而强调语言的共时性②，但他之后的语言学家已经意识到片面强调共时性是不适当的，必须结合历时性才能解释语言的出现与变化。社会科学中其他学科的大部分学者在阐述自己的结构观时虽然强调共时性，但也注重共时性与历时性的结合，也就是说，存在如下现象：（1）强调共时性者比较看重单元之间的静态关系，如单元之间的差异乃至对立、单元能力的分布等；（2）强调历时性者侧重分析单元间的动态关系，包括单元间的互动、转化。

第四，单元功能也可以理解为主体功能，在互动中容易被观察到。功能作为生物学概念是指器官所具有的机能，从目的论角度看，则是指满足某种需要。单元有对外功能和对内功能，对内功能与单元内成分一道构成单元属性（attribution），对外功能表现为单元与外在环境（包括其他单元）之间的互动。社会有机体互动的内容是交换信息和物质。互动的结果是在不同程度上弱者顺应强者或强者同化弱者。

---

① ［瑞士］皮亚杰：《结构主义》，倪连生、王琳译，商务印书馆 1984 年版，第 100 页。

② ［瑞士］费尔迪南·德·索绪尔：《普通语言学教程》，高名凯译，商务印书馆 1980 年版，第 118—119 页；徐思益：《论语言的共时性和历时性》，载赵蓉晖编《索绪尔研究在中国》，商务印书馆 2005 年版，第 236 页。

皮亚杰总结的结构三特征是整体性、转换性和自身调整性。转换性和自身调整性在上述第三点和第四点得到体现。转换性强调动态的一面，历时性和单元功能都与之相关；自身调整性强调守恒性和封闭性，即转换在结构的边界内进行。①

下面我们将应用这四个特征对不同学科的结构观进行检验。由于整体性是结构主义者都同意的特征，因此，笔者在文中不再一一提及，而主要考察另外三个特征。首先从语言学入手，考察索绪尔以降主要语言学派的结构观，然后检验文学、社会学、人类学、心理学中的结构观，接着转入学科内考察华尔兹之后国际关系理论主要进展所体现的结构观，最后讨论华尔兹结构观的不足，并得出结论、提出建议。

二 语言学中的结构观

费尔迪南·德·索绪尔（Ferdinand de Saussure）是现代语言学的奠基人，公认的结构主义鼻祖，本文先分析他的结构观，再分析他之后的结构主义语言学主要学派：俄罗斯学派、法国社会学派、伦敦学派、布拉格学派、哥本哈根学派、美国描写语言学派、转换生成语法学派和法国学派日内瓦分支。

（一）索绪尔结构观

索绪尔的《普通语言学教程》被视作语言学的“圣经”，他的学术思想已经远远超出了语言学界。就语言学而言，他的成就至少包括以下五个方面：言语和语言的区分、历时和共时的区分、符号语言观、语言符号的任意性、符号价值理论。他的结构观大致如下。

第一，关于非实体性。他区分了言语与语言，认为应该研究语言的状态，语言是个纯粹的价值系统，涉及同时存在的事物间的关系，是时代的

① ［瑞士］皮亚杰：《结构主义》，倪连生、王琳译，商务印书馆1984年版，第6—7页。

价值特征的体现，这比具体的言语重要得多。[①] 词的概念是抽象的，词的音响形象是感觉的，二者都是心理活动的结果。总之，语言是符号，是纯形式的，即非实体的。此外他又受涂尔干影响，认为语言是社会心理现象，是社会实在，因而具有实际内容，而非纯形式的。可见，关于语言作为一个具有相应结构的系统是否具有实体性，索绪尔的观点是矛盾的，后世的形式主义与功能主义或许都可以从他的这种矛盾中找到源头依据，而这种矛盾在国际关系理论家中也得到体现。

第二，关于共时性与历时性。索绪尔反对把语言当作个人的生理、心理现象，[②] 主张在共时性的基础上研究语言这种社会事实。在他看来，与历时轴只是体现个别元素变化不同，共时轴牵涉整个系统。[③] 对说话者来说，语言事实在时间上的连续是不存在的，而且共时观点和历时观点的对立是绝对的、不容许有任何妥协的。[④]

索绪尔的结构是静态的，[⑤] 他悬置结构的来源，轻视互动（或进程）关系，结构的演变因而也不被重视。而法国学派的大多数学者、布拉格学派都不大接受他的这种侧重。后世语言学者多强调结合历时性的一面。文学、人类学、心理学等学科的结构主义者亦然。

第三，关于单元功能。索绪尔认为，重要的不是声音本身，而是使这个词区别于其他一切词的声音上的差别，换句话说，单元功能并不重要，重要的是差别所体现出来的关系，关系的总和构成他所说的系统。[⑥] 这一系统就是后人所说的结构。差别的极端就是对立，二元对立观贯穿

① ［瑞士］费尔迪南·德·索绪尔：《普通语言学教程》，高名凯译，商务印书馆 1980 年版，第 118—119 页。

② 冯志伟编著：《现代语言学流派》，陕西人民出版社 1999 年版，第 130 页。

③ 徐思益：《论语言的共时性和历时性》，载赵蓉晖编《索绪尔研究在中国》，商务印书馆 2005 年版，第 236 页。

④ ［瑞士］费尔迪南·德·索绪尔：《普通语言学教程》，高名凯译，商务印书馆 1980 年版，第 120—122 页。

⑤ 索绪尔也承认自己的研究是“静态语言学”。参见许国璋《论语言和语言学》，商务印书馆 1997 年版，第 106 页，转引自李葆嘉《语言学大师之谜和心理索绪尔》，载赵蓉晖编《索绪尔研究在中国》，商务印书馆 2005 年版，第 69 页。

⑥ 可见他的系统是非实体系统。这种观点与华尔兹的结构观相当接近。

于他的整个研究中。二分法看问题不是索绪尔的首创，但被他大大强化了。

索绪尔重视单元的相对位置，忽视单位的地位与作用。在他那里，思想是混沌、不定型、模糊不清的浑然之物，词仅仅是区别概念以及使思想"不得不清晰起来的"媒介手段,[①] 它本身是非物质的、空洞的。他的这些界定可能是出于研究便利的考虑，但展示了结构概念的不足，这在后来的结构主义者（如华尔兹）身上被更清晰地展示出来，成为某些结构主义者难以克服的一大障碍。

（二）俄罗斯学派的结构观

该派由两个部分组成：成立于1915年的莫斯科语言学小组和成立于1916年的彼得格勒诗歌语言研究会。前者的成员主要是语言学家，后者的成员主要是文学史家。

第一，关于非实体性。他们赞成结构的非实体性，因为他们的结构主义态度表现为一方面尝试从语言学中得到对字词自成一体的价值结构的认识,[②] 另一方面把文学看成一个符号学系统、[③] 一种形式表征。

第二，关于共时性和历时性。侧重共时性，认为结构是一种形式，把形式视为有效的交流工具，主张形式是自主的、自我表达的，因而关心文学语言得以发生作用的技巧,[④] 探索对整体的一种新解释、一种新本体论。[⑤]

第三，关于单元功能。该派不但不否认单元功能，反而强调文学主体

---

① ［瑞士］费尔迪南·德·索绪尔：《普通语言学教程》，高名凯译，商务印书馆1980年版，第157—158页。

② ［比］J. M. 布洛克曼：《结构主义：莫斯科——布拉格——巴黎》，李幼蒸译，商务印书馆1980年版，第54页。

③ ［比］J. M. 布洛克曼：《结构主义：莫斯科——布拉格——巴黎》，李幼蒸译，商务印书馆1980年版，第56页。

④ ［英］特伦斯·霍克斯：《结构主义和符号学》，瞿铁鹏译，上海译文出版社1987年版，第58—59页。

⑤ ［比］J. M. 布洛克曼：《结构主义：莫斯科——布拉格——巴黎》，李幼蒸译，商务印书馆1980年版，第39页。

或文学个性，强调文本本身的作用，否认素材和形式的对立，认为素材本身就是形式的，相信诗歌语言不单单是一种形象的语言，诗句的声音本身便有独立的意义。①

（三）法国社会学派的结构观

这一派又叫心理社会学派或法国学派，由索绪尔开创。他之后分成两支，其中日内瓦分支稍后介绍，法国一支以梅耶（Antoine Meillet，1866—1936）和房德里耶斯（Joseph Vendryes，1875—1960）为代表。

第一，关于非实体性。该学派的观点不清晰，可能偏向于实体性，如房德里耶斯一方面注重关系，认为词没有独立的存在，通过意义而汇合成心里的词群，另一方面又强调词的多义性。② 显然，词群是实体而意义不是实体。

第二，关于共时性和历时性。他们反对涂尔干对历时性的轻视，系统研究了历史比较语言学的一般原则及其使用中的优缺点，注重语言历时演变中的普遍现象，房德里耶斯把语言分为一般语言和个别语言，③ 既研究共时系统也研究历时演变规律。除了规模较小的日内瓦分支外，索绪尔之后的法国学派与历史比较语言学有较多的共通之处，不太重视系统与符号，主张共时与历时的结合。

第三，关于单元功能。他们强调词的多义性这一功能特征，并考察语言功能的变迁。不太重视符号概念和语言的系统性，而侧重从社会学角度研究语言，重视方言研究。如梅耶认为每个社会范畴都有自己在智力上的表现，因而都有自己的语言，社会变化是解释语言变化的唯一因素。他还

① ［俄］鲍·艾亨鲍姆：《“形式方法”的理论》，载［法］茨维坦·托罗多夫编选《俄苏形式主义文论选》，蔡鸿滨译，中国社会科学出版社 1989 年版，第 27 页。

② 此段根据以下材料综合而来：冯志伟编著《现代语言学流派》，陕西人民出版社 1999 年版，第 130—149、146—147、265—267 页；赵世开主编《国外语言学概述——流派和代表人物》，北京语言学院出版社 1990 年版，第 29—33 页。

③ 一般语言是某一社会全体成员使用的语言，而个体语言则只是社会中某一集体使用的语言（如行话）。

善于综合，如用“波浪说”来改进历史比较语言法的不足。

（四）伦敦学派的结构观

这一派包括弗斯学派和新弗斯学派，前者则由弗斯（J. R. Firth，1890—1960）创立，后者以韩礼德（M. A. K. Halliday）为代表。

第一，关于非实体性。伦敦学派倾向于认为语言结构不具有实体性，如弗斯把语言当作社会过程、一种生活形式，而不仅仅是一套约定俗成的符号和记号，强调语言的异质性和非交流性。形式意义来自索绪尔对语言内部上下文关系的强调，他还把形式意义分为搭配层、语法层和语音层。以韩礼德为代表的系统功能语法比较明显地表现为在语言描写中以语义和语篇为取向。①

第二，关于共时性和历时性。强调共时性与历时性的结合。共时性方面，弗斯认为结构是符号的线性排列，是为了说明连续事实间的相似性而设立的范畴，系统是由一组特点组成的网，从某一特定系统网中形成的特点中进行的任何选择就构成对某一单位的描写，系统从外部形式看就是一份可供说话者有效进行选择的清单；言语行为就是从数量巨大、彼此相关、可供选择的各种成分中，同时地进行选择的过程。历时性方面，该派对结构进行分层，如韩礼德认为结构中的每个单位由一个或多个比它低一级的单位组成，提出了语法分析三尺度：级（rank）、幂（exponence）、细度（delicacy）。②

第三，关于单元功能。该派学者反对离开单元谈结构，如韩礼德提出语境有三个组成部分：场景、方式和交际者，强调语义的观念功能、话语功能和交际功能。语调的选择体现说话人对角色的选择。③

---

① 任绍曾：《叶斯柏森和韩礼德》，载钱军编《语言学　中国与世界同步》，外语教学与研究出版社2003年版，第491页。

② 参见冯志伟编著《现代语言学流派》，陕西人民出版社1999年版，第185—204页。

③ 赵世开主编：《国外语言学概述——流派和代表人物》，北京语言学院出版社1990年版，第62页。

（五）布拉格学派的结构观[①]

布拉格学派成立于 1926 年，1928 年公布了自己的音位学观点，引起很大反响，在次年于布拉格召开的第一届国际斯拉夫学会议上进一步强调语言是一种功能体系，评价任何语言现象都应该从它所起的作用着眼。

第一，关于非实体性。该派把语言当作为一定目的服务的表达手段体系，将语言的功能区分为交际功能与诗歌功能（即美学功能），前者针对表达对象，后者针对表达本身，认为诗的语言表达上的语境化产生了文艺作品的美学功能。表达系统是一种非实体系统。他们青睐的美学功能，其非实体特征是很明显的。

第二，关于共时性和历时性。雅克布森对共时性是重视的，他在确认了索绪尔的音素的性质后将音素发展为“辨别特性”，并总结出所有语言共通的 12 个辨别特性，他与列维-斯特劳斯将这 12 个辨别特性比作组成染色体的碱基。[②] 但他也强调历史的重要性，看重语言的外部历史和内部历史的相互作用。马泰修斯（Vilém Mathesius，1882—1945）主张比较法研究应该按先共时后历时的方法进行。[③]

第三，关于单元功能。该学派强调语言是一种功能体系，评价任何语言现象都应该从它所起的作用着眼。雅克布森与列维-斯特劳斯将这 12 个辨别特性比作组成染色体的碱基，集中体现了其对单元功能的强调，这一观点与索绪尔有明显不同，并对语言学、人类学等产生了重大影响。马泰修斯主张分析语言应考察其功能，句子的实际切分与形式切分的关系是每一种语言的典型特征，在语言交际中通常是把已知信息作为表述的出发

---

① 本段主要参考赵世开主编《国外语言学概述——流派和代表人物》，北京语言学院出版社 1990 年版，第 35—40 页。

② ［日］渡边公三：《列维-斯特劳斯：结构》，周维宏、李巍、翁春等译，河北教育出版社 2002 年版，第 68—71 页；赵世开主编：《国外语言学概述——流派和代表人物》，北京语言学院出版社 1990 年版，第 377—378 页；冯志伟编著：《现代语言学流派》，陕西人民出版社 1999 年版，第 36—60 页。“辨别特性（distinctive features）”也有人译作“区别（性）特征”。

③ 赵世开主编：《国外语言学概述——流派和代表人物》，北京语言学院出版社 1990 年版，第 263—264 页。

点，而把传递的新知信息作为表述的核心。①

（六）哥本哈根学派的结构观②

该派比较偏重纯理论研究，其思想成为后来许多语言学理论观点的来源。其主要贡献可概述为“语符学（glossematics）”。

第一，关于非实体性。语言是纯演绎系统，理论独立于经验之外；重视整体与关系，但认为整体不是由物体而是由实体内部和外部的关系构成，关系可分为三种：相互依存关系、决定关系和并存关系；主张把语言学建立在符号逻辑的基础上，以使得所有科学都聚集在语言学周围。

第二，关于共时性和历时性。该派是一个追求纯理论的精干小群体，把索绪尔对共时与关系的强调推到了极端，忽视历时性。

第三，关于单元功能。注重语言的组合关系而忽视单元功能；内容（指语义和语法）和表现（指语音）两个平台之间的基本关系是转换，两个平面可以按照相同的规律进行结构分析；内容和表现的分析都必须独立于语言以外的标准；语言分析必须依次满足无矛盾、透明和简单三个标准。

（七）美国描写语言学派的结构观③

这一派代表人物有：人类学家鲍阿斯（Franz Boas，1858—1942）、布龙菲尔德（Leonard Bloomfield，1887—1949）、霍凯特（Charles F. Hockett）等。20世纪三四十年代被称为布龙菲尔德时期（Bloomfield era）该学派把语言看作代替实际的刺激和反应的行为，主张形式的分析和分类，反对非

---

① 赵世开主编：《国外语言学概述——流派和代表人物》，北京语言学院出版社1990年版，第263—264页。

② 本段主要参考冯志伟编著《现代语言学流派》，陕西人民出版社1999年版，第65—78页；赵世开主编《国外语言学概述——流派和代表人物》，北京语言学院出版社1990年版，第41—44页。

③ 本段主要参考赵世开主编《国外语言学概述——流派和代表人物》，北京语言学院出版社1990年版，第44—49页；冯志伟编著《现代语言学流派》，陕西人民出版社1999年版，第88—129页。

语言学特别是心理因素的标准。从 20 世纪 50 年代起则是以霍凯特为代表的后布龙菲尔德时期（post-Bloomfieldian era）。

第一，关于非实体性。该学派倾向于认为语言结构的非实体性。他们把确定单位之间的关系视作结构分析的任务。注重对语言的形式描绘和语言的意义。受逻辑实证主义和心理学中行为主义①的影响，该派在研究中面向语言材料，主张根据形式结构的差别来分析语言。

第二，关于共时性和历时性。这一流派的学者都同意在研究语言材料时划分语言与言语、共时和历时，强调共时性和历时性的结合但偏重于强调共时性，要求收集尽可能多的语言演变材料后再对语言结构做客观、共时的形式描写。

第三，关于单元功能。他们注重口语，这与欧洲着重于书面语的传统明显不同。操作上从话语开始切分，再把切分出来的单位依据分布（distribution）原则进行归类，派克（Kenneth L. Pike）还在结构分析中区分位（emic）和素（etic），并尝试将之运用于一切人类行为分析；注重形式分析而回避意义问题，认为形式的对立决定意义的不同；创造了分布②和替代的结构分析法，建立了语素音位这个新单位，强调分析结果必须接受验证。

（八）转换生成语法学派的结构观③

这一派的代表人物乔姆斯基认为，重要的是语法而不是语言，语言是从语法中派生的，语法存在于人脑中。所以，他把语言学研究的重心从对

---

① 主要是华生（J. B. Watson，1878—1958）的刺激—反应说。布龙菲尔德原先深受德国心理学家冯德（W. Wundt，1832—1920）的构造心理学影响，把语言看作一种同心理活动和生理活动联系在一起的表达活动。参见冯志伟编著《现代语言学流派》，陕西人民出版社 1999 年版，第 90 页。

② 该派的核心概念是分布，指的是某个单位或特征在话语里出现的不同位置的总和。

③ 本段主要根据下列材料总结：尤泽顺《乔姆斯基：语言、政治与美国对外政策研究》，世界知识出版社 2005 年版，第 25—58、125—181 页；赵世开主编《国外语言学概述——流派和代表人物》，北京语言学院出版社 1990 年版，第 50—57 页；冯志伟编著《现代语言学流派》，陕西人民出版社 1999 年版，第 206—307 页。

语言行为的描写转向对语言能力的研究。

第一，关于非实体性。乔姆斯基研究的重点是语言能力。他把句法分为基础部分和转换部分，基础部分生成深层结构，而转换部分则把句子的深层结构转换为表层结构并以语音形式表现出来。深层结构的作用还包括依据语义规则表达句子的语义，表层结构则根据语音规则表达出特定的语音。① 这里的两层结构都是非实体的。

第二，关于共时性和历时性。乔姆斯基比较强调共时性，把语言机能归为人心智的一部分进而归为人脑的一部分，通过研究人的心理活动来考察人类的语言机制。② 但人的心理活动有历时性的一面，语言机制也只有在历时性的比较中才得到彰显。因此，他持一种强共时性弱历时性观点。

第三，关于单元功能。他对单元（单词）的功能不是那么在意，而试图揭示“句子被建构出来以传递信息”的具体过程。他认为，语言机能的初始状态就是普遍语法，是人普遍具有的一种潜能，具体的语言机能就是个体所掌握的具体语言的用法，即个体语法。从普遍语法到个体语法的转变通过学习来实现，这一转变过程在儿童语言学习期完全开放，所以儿童可以学会任何一种语言。

（九）法国学派日内瓦分支的结构观

该分支继续索绪尔的方法，偏重静态研究，主要成员是巴利（Charles Bally）和薛施蔼（Albert Sechehaye）。巴利在文体论和风格学研究上也有较大的成就。皮亚杰认为巴利的文体论发展了索绪尔的能动平衡观念，已

---

① 乔姆斯基引入句法描写的概念，认为句法描写既决定句子的语音表现，也决定句子的语义解释。所谓的深层结构就是句法描写中确定语义解释的那一方面，而浅层结构则是确定语音表现的那一方面。这种定义确实是同义反复，说明他对自己的理论还没有考虑成熟，这也说明了为何他在不断的攻击下修正自己的理论，包括后来接受踪迹理论而放弃了深层结构的概念。

② 本段主要根据下列材料总结：尤泽顺《乔姆斯基：语言、政治与美国对外政策研究》，世界知识出版社 2005 年版，第 25—58、125—181 页；赵世开主编《国外语言学概述——流派和代表人物》，北京语言学院出版社 1990 年版，第 50—57 页；冯志伟编著《现代语言学流派》，陕西人民出版社 1999 年版，第 206—307 页。

经在种种个别变化的有限意义上研究转换关系。① 但这似乎不能否定巴利的研究总体上是一种静态研究。该派的结构观与索绪尔基本一致。

根据前面的分析，我们可以得出几点结论：（1）在对整体性的强调程度上可能有区别，但语言学家们都赞成结构的整体性特征；（2）关于非实体性，索绪尔、法国学派及其日内瓦分支的立场不确定，其余各派都承认结构的非实体地位；（3）索绪尔对共时性的片面强调只是被两个流派所继承，而大部分流派的语言学家都觉得有必要结合历时性与共时性特征来研究语言结构；（4）关于单元功能，索绪尔予以断然否定，这一点被哥本哈根学派继承了，日内瓦分支只是在较低程度上也继承了，因为他们已经开始研究转换关系，这与单元功能密切相关。转换生成语法学派转向研究人的语言能力而极大淡化了对单元功能的重视。大部分语言学家在分析语言结构时都离不开对单元功能的强调，这说明大多数语言学家不同意索绪尔在研究语言结构时片面强调共时性、忽视单元功能的做法。对语言学中主要流派结构观的总结见表 1。

表 1　**语言学中主要流派的结构观**

	整体性	非实体性	共时性/历时性	单元功能
索绪尔	是	不确定	共时性	忽略
俄罗斯学派	是	同意	二者结合	强调
法国学派	是（弱）	不确定	二者结合	强调
伦敦学派	是	同意	二者结合	强调
布拉格学派	是	同意	二者结合	强调
哥本哈根学派	是	同意	共时性	忽略
美国描写语言学派	是	同意	二者结合	强调
转换生成语法学派	是	同意	二者结合	忽略
法国学派日内瓦分支	是	不确定	共时性	忽略

结构主义在语言学中得到了淋漓尽致的表现，因此，对其进行详尽的

① ［瑞士］皮亚杰：《结构主义》，倪连生、王琳译，商务印书馆 1984 年版，第 6、7 页。

考察有助于我们大致把握结构主义在社会科学中造成了什么样的影响。事实上，当我们用上述特征检验受结构主义影响较大的人类学、社会学、心理学、文学等学科以及阿尔都塞的结构主义的马克思主义时，可以得出表2中的结论。

表2　**社会科学中五个学科的结构观**

	整体性	非实体性	共时性/历时性	单元功能
人类学	是	同意	共时性	强调
社会学	是	多数人反对	二者结合	强调
文学	是	多数人反对	共时性为主	强调
心理学	是（较弱）	同意	二者结合	强调
结构主义的马克思主义	是	反对	二者结合	强调

综上所述，包括语言学在内的社会科学诸学科在结构问题上的观点是：同意结构具有整体性，个别流派对此的强调较弱；对于结构的非实体性存在不同主张，部分人认为是非实体，另一部分人则认为结构包括单元或成分，这意味着结构具有实体性。大多数学者在强调共时性的同时也给予历时性以适当地位，但坚持共时性特征的观点也有一定受众。在强调单元功能或互动上，支持者仅次于整体性，说明学者们的普遍观点是：不能离开互动谈结构。

在此需做出以下七点说明。（1）由于篇幅关系，这里没有给出详细的论证过程，有兴趣者可以参见笔者的博士学位论文。（2）选择这些学科是因为它们受结构主义的影响较为明显，但是，我们没有考察教育学与经济学中的结构主义，这主要是笔者能力与精力限制，这一不足有待于通过后续研究来弥补。（3）人类学中，主要考察克洛德·列维-斯特劳斯的结构观，他的观点与雅克布森接近但放弃了对历时性的重视，在他看来，人的思维模式是千古不变的，变化的是思维面对的外部世界。（4）心理学中以雅克·拉康为例分析。他既是弗洛伊德的信仰者又是典型的结构主义者。他受列维-斯特劳斯影响但总体上与雅克布森的结构观更接近。（5）阿尔都塞的结构观独树一帜且影响巨大，又无法放在一般的哲学类中进行考察，因此予以单独列出。他的结构是实体，因为他把结构看作“异质的诸要素的集合”。(6) 社会学中流派众多，在韦伯看来社会结构可以是非实体也可以是实体，但帕森斯、涂尔干、达伦多夫等多数人认为结构是实体，因为它包含了单元及其功能，或者把社会事实当作客观实在物。但是，韦伯主张方法论个体主义、米德探究主我与宾我的功能，这显示他们与帕森斯、达伦多夫等观点一致：强调单元功能。也就是说，社会学家都强调单元功能。(7) 文学中的结构多数是模式化的安排，类似于神话结构，是包括了单元功能的实体，而且，单元功能相对固定——这一点在华尔兹那里得到了热烈的呼应。

三　国际关系理论中的结构

社会科学中的结构主义思潮在 20 世纪 60 年代达到高潮，此后随着后现代主义的兴起，结构主义大将们或离世或观点趋于平缓。但这不意味着结构主义已成明日黄花，而是说这种观念已经被各种不同的学科或多或少吸收了。华尔兹在 1979 年提出的结构现实主义可以看作结构主义一个迟到的回响，反映了国际关系理论在社会科学中的相对落后地位。

华尔兹之后，国际关系理论似乎进入了“结构的时代”，但我们更想知道，这些理论进步具体是如何取得的，是继续华尔兹的结构观往前走，还是从华尔兹的结构观上往后退后取得的？如何后退？这种探究可能会为未来的理论研究提供某种启发。

因此，我们先分析华尔兹的结构观，然后探讨吉尔平、基欧汉、奈和温特的结构观。这种探究不够全面，但有助于我们大致上把握 1979 年以来国际关系理论在结构问题上的主要进展，因为这些人对国际关系理论的创新具有代表性。

（一）肯尼思·华尔兹的结构观

华尔兹之前也有国际关系理论家应用了系统与结构概念，常常被提到的例子是默顿·卡普兰和斯坦利·霍夫曼，但霍夫曼的观点不够系统，影响不大；卡普兰的系统思想有相当的影响，但属于精致而无法应用的理论，其发展后继乏人。直到肯尼思·华尔兹在《国际关系理论》一书中提出了一套比较完整的关于国际体系的结构理论。他的理论对国际关系学界的影响巨大，有学者形容国际关系理论界形成了一种“华尔兹效应”，[①] 这意味着要建构新理论就必须给予体系的结构以足够的重视。

第一，关于整体性。华尔兹依照“与系统论和控制论相一致的方式”把系统定义为“一系列互动的单元”。“在一个层次上，系统由结构组成，结构是系统层次的组成部分，这显示单元构成了一个体系（a set）而不仅仅是个集合（collection）。在另一层次，系统由互动的单元组成。”“系统理论必须揭示这两个层次是如何运作和互动的。”[②] 他又把政治结构比作物理学中的场，[③] 而场的首要特性就是整体性。可见，他接受了结构与系统具有整体性。

第二，关于非实体性。华尔兹非常强调单元间的关系，他的结构是指一系列约束条件，而政治结构在国际政治中就是指主要大国的权力分布。[④] 这样，他的结构就是完全非实体的，这一点与索绪尔的观点相似，也符合皮亚杰对结构特征的界定。

第三，关于共时性和历时性。他看到了结构的共时性而忽略了结构的历时性一面，认为结构是像“场”那样涌现出来、固定不变的，这使得他无法分析结构的产生与变化。由于他的理论建构含有“为冷战国际体系提供一张说明书”的意蕴，又是首次将结构概念系统地引入国际关系理论，他强调共时性而忽略历时性的做法是可以理解的，但肯定是一种缺陷。

---

① ［美］彼得·卡赞斯坦、罗伯特·基欧汉、斯蒂芬·克拉斯纳编：《世界政治理论的探索与争鸣》，秦亚青、苏长和、门洪华等译，上海人民出版社2006年版，译者前言，第12页。

② Kenneth N. Waltz, *The Theory of International Politics*, New York: McGraw-Hill, Inc., 1979, p. 40.

③ Kenneth N. Waltz, *The Theory of International Politics*, New York: McGraw-Hill, Inc., 1979, p. 75.

④ Kenneth N. Waltz, *The Theory of International Politics*, New York: McGraw-Hill, Inc., 1979, pp. 75-77, 101.

第四，关于单元功能。在他看来，国际体系包括结构和单元两个部分；单元间的互动与单元属性属于单元层次，不属于结构，还原主义者才认为通过互动和单元属性可以理解整体。[①] 可见，互动在他的结构中没有任何位置。

华尔兹的这一观点最为人诟病。鲁杰、基欧汉、温特、布赞等几乎一致认为他的这一做法不妥，并从各个方面做了论证，如鲁杰认为“华尔兹的模型缺乏一个变化的维度”。[②] 又如布赞、琼斯和利特尔在《无政府的逻辑》中强烈批评了他把单元互动与单元属性混为一谈的做法，认为其理论仅仅是新现实主义（neorealism）而不是真正的结构现实主义，他们在该书中建立的才是结构现实主义理论，因为他们注意到了单元互动即进程形成（process formation），并引入三种因素：分解力（disaggregating power）、功能差异（functional differentiation）和互动能力（interaction capacity）。[③] 但华尔兹迄今拒绝让步，仅仅是承认在结构与单元之间划线比较困难。[④]

（二）罗伯特·吉尔平的结构观

华尔兹在把结构引入国际关系理论的同时强调了结构的静态性以及结构对行为体的影响等，这种“索绪尔式的结构观”在结构概念被引入一个新学科的早期或许是情有可原的，但后来者会很快发现这种结构观的不足而对之加以修正。这是理论拓展的必由之路。吉尔平接受了华尔兹的结构观，只是对华尔兹的两极体系稳定论（the stability of a bipolar system）这一推论做了三点保留。[⑤] 可见，对于结构与系统的整体性特征他没有什么疑

---

① Kenneth N. Waltz, *The Theory of International Politics*, New York: McGraw-Hill, Inc., 1979, p. 18.

② ［美］罗伯特·O. 基欧汉编：《新现实主义及其批判》，郭树勇译，北京大学出版社 2002 年版，第 132 页。

③ Barry Buzan, et al., *The Logic of Anarchy: Neorealism to Structural Realism*, New York: Columbia University Press, 1993, pp. 66-80, 237-238.

④ 吴征宇：《肯尼思·华尔兹国际政治理论研究》，当代世界出版社 2003 年版，第 155 页。

⑤ Robert Gilpin, *War and Change in World Politics*, Cambridge: Cambridge University Press, 1981, pp. 85-96. 笔者在别处论证了这三点保留价值不大，参见薛力《国际关系理论中的结构与变迁》，博士学位论文，中国社会科学院研究生院，2007 年。

义。因此，下面只检验他在别的结构特征上的态度。

第一，关于非实体性。他接受华尔兹的结构观，承认国家行为不同程度地受体系压力与无政府逻辑的制约，结构限制甚至强有力地影响行为，[①] 这说明他注意到了结构的非实体性一面，但又侧重研究单元属性与体系变化，显示他清楚地意识到华尔兹的结构观解释不了太多问题，必须通过分析体系内主要单元（霸权国与挑战国）来阐明国际政治的变革。那么主要单元之间的互动是否属于结构内涵呢？有可能是，因为他坚信“社会实在的本质是群体”，“国际事务本质上是冲突的”，[②] 国际事务显然不属于单元层次，那就只能属于系统结构层次。

第二，关于共时性和历时性。吉尔平的兴趣在研究国际政治的变革，试图构建一种国际政治变革的理论，[③] 所以他研究结构是如何被打破的。他强调了和平时期经济领域增长的重要性，但认为国际政治的重大变革必须通过战争来实现，渐进性变革或曰进化的进程虽然常见，不过只是对国际体系起微调作用。[④] 在这里，他既考察了三种国际体系类型，更考察了体系本身变化的条件。结合共时性与历时性是他的一大特征。

第三，关于单元功能。吉尔平清楚，华尔兹把结构当作准自变量的行为走得太远了，因此回过头来关注行为体，而且主要是霸权国及其挑战者或继承者，他关注行为体实力、类型、互动方式等变化。此外，在重点研究行为体的互动和霸主的兴替时注意到外交政策的主要决定因素包括国际体系的结构和社会的内部条件两方面。[⑤] 可见吉尔平像大部分结构主义者

---

① Robert Gilpin, *War and Change in World Politics*, Cambridge: Cambridge University Press, 1981, p. xii;［美］罗伯特·O. 基欧汉编:《新现实主义及其批判》，郭树勇译，北京大学出版社2002年版，第290页。

② ［美］罗伯特·O. 基欧汉编:《新现实主义及其批判》，郭树勇译，北京大学出版社2002年版，第277页。

③ Robert Gilpin, *War and Change in World Politics*, Cambridge: Cambridge University Press, 1981, p. xiii.

④ Robert Gilpin, *War and Change in World Politics*, Cambridge: Cambridge University Press, 1981, p. 47.

⑤ Kenneth N. Waltz, *The Theory of International Politics*, New York: McGraw-Hill, Inc., 1979, p. 87.

一样注重单元功能，华尔兹的结构不过是他的研究前提。

（三）罗伯特·基欧汉与约瑟夫·奈的结构观

奈一生涉及多业，而基欧汉一生都在做一件事：研究国际制度。他们的结构观前后有所不同，甚至有互相矛盾之处，但这不影响我们对他们的结构观做出大致判断。

第一，关于整体性。他们没有具体谈到这个问题，如果说他们1977年写作《权力与相互依赖》一书时既重视制度又重视个体，到后来则明显倾向于整体主义，基欧汉的《霸权之后：世界政治经济中的合作与纷争》一书强调的是制度对行为体的七种作用：约束行为、塑造预期、规定行为角色、降低交易成本、提供可靠信息、减少不确定性和让破坏机制者付出代价。[①] 而行为体对制度的影响则相应弱化了，这与他想创立与华尔兹理论比肩的国际制度理论有关。两人在2001年再版《权力与相互依赖》时，也继续了这一思维，强调全球主义对单元的影响。[②]

第二，关于非实体性。他们倾向于结构的实体性，主张应该把进程（包括制度）加入国际系统的结构概念中以增强理论建构力，[③] 而在基欧汉的国际制度定义中，国际制度包括国际组织、国际规制（regime）和国际惯例三种形式。这里的国际组织是有目的的制度，规制是指具有明确规则的制度，这些规则为各国政府同意且涉及国际关系中特定的一组问题；惯例体现行为的一般模式，受规则制约。[④]

第三，关于共时性和历时性。他们强调共时性和历时性两个维度的结

---

① 这七种功能内涵交叉，秦亚青在《国际制度与国际合作——反思新自由制度主义》（《外交学院学报》1998年第1期）一文中表述为惩罚与服务两种。不过，周方银认为，这两种服务不能覆盖前述七种功能。笔者没有找到更好的概括，暂时保留此说。

② ［美］罗伯特·基欧汉、约瑟夫·奈：《权力与相互依赖》（第3版），门洪华译，北京大学出版社2002年版，第257—318页。

③ ［美］罗伯特·基欧汉、约瑟夫·奈：《权力与相互依赖》（第3版），门洪华译，北京大学出版社2002年版，第161、339、341页。

④ Robert Keohane, *International Institutions and State Power*, Boulder: Westview Press 1989, pp. 3-4；［美］罗伯特·O. 基欧汉：《局部全球化世界中的自由主义、权力与治理》，门洪华译，北京大学出版社2004年版，第174—175页。

合。奈在《理解国际冲突：理论与历史》中的说法是：就系统特征而言，进程包括结构和制度，由于结构变化较慢，可以假定为不变，于是，国际制度就成了国际体系的最主要特征。① 考察进程必然要摆脱对共时性的片面强调，否则，国际制度就变成了“僵化的第二结构”。

第四，关于单元功能。在2001年版《权力与相互依赖》中，他们提到进程是单元互相联系的方式，相当于扑克牌游戏中的“正式规则、非正式惯例或常规以及玩家互动模式之间的关系”，“系统指的是相当于玩家手中的牌和筹码”。② 我们知道，相互依赖正是单元之间的互动导致的。他们一方面强调制度对行为体的作用，另一方面也意识到行为体才是行动的发出者，离开单元互动，结构意义不大。

（四）亚历山大·温特的结构观

温特理论始于对单一无政府逻辑的质疑，③ 并主张进程或曰互动应该被纳入体系理论范畴。但他的理论的成熟表述体现在1999年出版的《国际政治的社会理论》一书中。对他的结构观的分析也主要基于此书。与1987年的文章相比，他弱化了行为体对结构影响的维度，强调结构对行为体的两种作用：主要是建构作用，其次是因果作用。④

第一，关于整体性。不同于理性主义者，温特放弃了经济学转而借用社会学成果来建立自己的理论，声称自己的理论才是整体主义的、观念本体的结构理念主义，⑤ 因此，整体性是其结构观的题中应有之义。

第二，关于非实体性。温特强调主体间性，认为国际结构是社会建构

---

① 秦亚青：《权力·制度·文化：国际关系理论与方法研究文集》，北京大学出版社2005年版，第17页。

② ［美］罗伯特·基欧汉、约瑟夫·奈：《权力与相互依赖》（第3版），门洪华译，北京大学出版社2002年版，第22、339页。

③ Alexander Wendt, "The Agent-Structure Problem in International Relations Theory", *International Organization*, Vol. 41, No. 3, 1987, pp. 335-370.

④ 温特在2003年5月1日给笔者的来信中明确提到了这一点。他在专著中没有直接这么说，但确实表达了这层意思。

⑤ ［美］亚历山大·温特：《国际政治的社会理论》，秦亚青译，上海人民出版社2000年版，第1页。

的，因此是观念结构而非物质结构，他尝试赋予观念以本体地位，因此，他的结构是非物质的观念实体。而且，他主张社会结构对于个体来说是一种客观存在，这体现出他明显受孔德以降的科学实在论者——尤其是巴斯卡尔——的影响，他的观念结构似乎是实体至此得到确认。他自己也明确说过结构是实体。①

第三，关于共时性和历时性。应用结构概念者多数承认共时性的重要性，认为必须结合具有历时性特征的互动才能解释社会生活现象。温特也一样，主张结合历时性和共时性研究结构的变化。在其 1987 年的文章中，对结构化研究纲领硬核的描述提到社会科学研究要对历史和地理因素高度敏感，这体现了他对历时性的重视。② 这一点在 1999 年仍没有改变，如他对三种文化变迁的分析。③ 总的来说，他与吉尔平、基欧汉一样，都摆脱了华尔兹对共时性的片面强调。

第四，关于单元功能。温特认为，国际体系的结构有许多个，可以归纳为微观结构与宏观结构两类，华尔兹的结构属于宏观结构，国际结构建构国家的身份和利益，国家身份是在体系环境中形成的并置身于体系环境内。④ 他所关注的是国家之间的互动所形成的“国家体系的结构”，这是一种微观结构，它从施动者角度描述世界。“国家之间存在多少互动复合体，国家体系中就存在多少微观结构。”可见这是温特大力挖掘之处，他甚至认为自己的理论是在探究微观层次上的身份形成逻辑。⑤ “与单位层次上的理论不同，互动层次上的微观结构理论参照部分之间的互动关系来解释结果。”所谓互动，就是行为体在进行选择时把其他行为体考虑进来，如讨

① Alexander Wendt, *Social Theory of International Politics*, Cambridge: Cambridge University Press, 1999, p. 60.

② Alexander Wendt, “The Agent-Structure Problem in International Relations Theory”, *International Organization*, Vol. 41, No. 3, 1987, p. 356.

③ ［美］亚历山大·温特：《国际政治的社会理论》，秦亚青译，上海人民出版社 2000 年版，第 313—396 页。

④ Alexander Wendt, *Social Theory of International Politics*, Cambridge: Cambridge University Press, 1999.

⑤ ［美］亚历山大·温特：《国际政治的社会理论》，秦亚青译，上海人民出版社 2000 年版，第 454 页。

价还价、囚徒困境等。他对单元功能之重视由此得到清晰的展示。①

表3　　五位国际关系理论家的结构观

	整体性	非实体性	共时性/历时性	单元功能（互动）
华尔兹	是	同意	共时性	明显弱化
吉尔平	是	可能反对	二者结合	强调
基欧汉与奈	是	反对	二者结合	强调
温特	是	反对	二者结合	强调

四　讨论：结构观演进对国际关系理论发展的启示

结构通常被片面地理解为“成分间的关系”或“关系的组合”。② 其实，结构可以区分为物质结构和观念结构。体系=结构+单元，其中，结构=关系+互动，“关系”是“初始互动”的结晶并不断得到补充，“互动”属于单元的对外功能，可以是物质的和/或观念的，取决于互动的内容，单元的对内功能属于单元属性，对单元内的成分发挥作用，因而属于单元的内部结构，与单元之间的结构无关。

结构的定义是什么呢？皮亚杰将结构定义为一个由种种转换规律组成的体系；③ 华尔兹则认为结构是一系列约束条件，④ 就国际体系而言，是指（物质）能力的分配；布赞表示结构是一些基本原则；⑤ 吉登斯认为结构是

① ［美］亚历山大·温特：《国际政治的社会理论》，秦亚青译，上海人民出版社2000年版，第187—190页。

② ［比］J. M. 布洛克曼：《结构主义：莫斯科——布拉格——巴黎》，李幼蒸译，商务印书馆1980年版，第15页。

③ ［瑞士］皮亚杰：《结构主义》，倪连生、王琳译，商务印书馆1984年版，第2页。

④ Kenneth N. Waltz, *The Theory of International Politics*, New York: McGraw-Hill, Inc., 1979, p. 73.

⑤ 布赞2007年4月19日在北京大学国际关系学院就笔者的提问“结构的定义是什么？结构是否是实体（entity）？”答复道：国际结构基本上可以被理解为一些原则（structures are basically principles）。

规则和资源；[①] 列维-斯特劳斯的定义是：所谓结构是要素和要素间关系的总和，这种关系在一系列的变形过程中保持着不变的特性；[②] 诺思给出的结构定义有两个：（1）一种制度框架；[③]（2）规则、惯例习俗和行为信念的复杂混合物。[④] 综合考虑后笔者给出的定义是：结构是指系统内部各组成要素之间在空间或时间方面有机联系或相互作用的方式或顺序，它可以包括物质内容，并体现要素之间相对稳定的联系方式、组织秩序及其空间表现形式。[⑤] 国际体系的结构包括了关系与互动两个方面。

如前所述，本文考察了社会科学诸学科的结构观，可以得出如下几点结论：第一，在结构四特征中，整体性一项获得了一致的支持；第二，单元功能，社会科学中只有索绪尔等少数人予以忽略，国际关系理论界则只有华尔兹忽略了单元功能或互动的作用，这可能与索绪尔、华尔兹处于结构观的引进者地位有关，但肯定是个不足，因此被后来者修正了；第三，少数学者认为结构应该关注共时性，而大部分学者认为历时性也应该受到重视，尽管对于互动是否属于结构存在不同意见；第四，语言学界对结构的非实体性较少争议，其他社会科学领域则争议更多，国际关系理论代表作家多数对结构的非实体性表示反对。

就国际关系学界而言，华尔兹的结构化努力影响虽大，但他的结构观中的不足也被普遍意识到，并被后来者做了修正，国际关系理论取得进展与此息息相关。因此，有必要进一步加以讨论，以得出一些有益的结论。

概括地说，华尔兹认为结构是非实体，它属于体系层次并使得单元成

① ［英］安东尼·吉登斯：《社会的构成》，李康、李猛译，生活·读书·新知三联书店1998年版；［美］乔纳森·特纳：《社会学理论的结构》（下），邱泽奇等译，华夏出版社2001年版，第170—171、200—201页。

② 列维-斯特劳斯1977年访问日本时在一次公开演讲中给出的定义，转引自［日］渡边公三《列维-斯特劳斯：结构》，周维宏、李巍、翁春等译，河北教育出版社2002年版，第4—6页。

③ ［美］道格拉斯·诺思：《经济史中的结构与变迁》，陈郁、罗华平等译，上海三联书店、上海人民出版社1994年版，第225页。

④ ［美］罗纳德·科斯等著：《制度、契约与组织从新制度经济学角度的透视》，刘刚、冯健、杨其静译，经济科学出版社2003年版，第15页。

⑤ 高振荣、陈以新：《信息论、系统论、控制论120题》，解放军出版社1987年版，第88—89页；魏宏森、曾国屏：《系统论——系统科学哲学》，清华大学出版社1995年版，第288页。

为一个系统；结构通过竞争和社会化影响单元行为。[①] 他排除了单元及其功能，而从前面的分析可以看出，无论是语言学家还是别的社会科学家都很少这么处理结构问题。索绪尔片面强调共时性并完全不考虑单元功能，但是，即使是忠实继承他的语法思想的日内瓦分支也开始注意分析结构转换问题。如前所述，绝大部分的社会科学家认为，在研究结构共时性维度时，应该考虑结构的历时性维度；结构可以是实体也可以是非实体，而且结构不应该是静态的；单元的互动是结构的来源，把单元功能从结构中排除出去的做法行不通。

有些人认为不同学科的学者可以对结构概念自行进行界定，华尔兹的做法无可厚非。对此，本文乐于指出，固守华尔兹的结构观很难取得新的理论进展。他之后的国家关系理论家们，无论是新现实主义者、新自由制度主义者还是建构主义者，都意识到华尔兹的静态结构观太绝对了，有意识地从他的立场上稍稍后退，重新引入单元因素，因而取得各自的理论成果。

以吉尔平为例，他意在研究结构的变化。他虽然以华尔兹的结构观作为自己的研究起点，但他知道，华尔兹的结构观无法说明体系的变迁与结构的变化，因而把分析的重点对准了霸权国与挑战国，分析了霸权衰弱的主要原因、挑战国成败的主要条件。他与华尔兹一样都采用了经济学理论作为自己的解释工具，他的论证逻辑是自洽的。华尔兹的理论则存在内在张力：他借用的寡头理论是个体本位的，而他又想赋予结构以决定行为的作用，其结果是导致读者理解上的分野：温特认为华尔兹遵循个体主义方法论，[②] 而吉尔平则强调华尔兹应用了社会学方法或体系方法，这无疑提示华尔兹理论具有整体主义方法论倾向。[③] 两位理论家的不同解读正体现了华尔兹的理论在逻辑上不够严密自洽。而吉尔平的不足则是：经济决定

① Kenneth N. Waltz, *The Theory of International Politics*, New York: McGraw-Hill, Inc., 1979, chapter 4-5.

② ［美］亚历山大·温特：《国际政治的社会理论》，秦亚青译，上海人民出版社2000年版，第18页。

③ Robert Gilpin, *War and Change in World Politics*, Cambridge: Cambridge University Press, 1981, p. xii.

论倾向明显、忽视文化和社会维度、欧洲中心主义、仅仅关注霸主的变化。此外，他也没有明确回答行为体互动与结构之间的关系。

奈认为在国际体系层次，进程包括结构、国际制度和相互依存，① 他和基欧汉承认结构因素的重要性。但他们注意到，结构是相对稳定的，无法解释太多的国际生活，因此强调国际制度这一行为体互动的结晶对行为体行为的影响，并总结出七种影响方式。这实际上扩展了结构的内涵，因为不同议题的国际制度可能体现出该领域主要国家的力量对比。但二人的结构观也存在明显的不足：对系统、结构、进程等关键概念及其相互关系的描述互相矛盾，说明他们的相关认识既不清晰也不统一；② 把国际制度（international regimes）当作准行为体（准政府），③ 这是一种准自变量，而不是干预变量；④ 在个体主义与整体主义之间摇摆不定，试图赋予整体主义以优先地位的努力并不成功。

温特更是大大扩充了结构的内涵：注重主体间性的作用，认为物质力量本身的作用有限，把观念纳入结构概念并赋予本体地位，认为结构是实体，⑤ 指出国际结构不过是一种观念的分配，这是一种宏观结构。他不满足于华尔兹之后的理性主义者仅仅强调互动的做法，干脆把互动纳入结构，这是一种与宏观结构相对的微观结构，加上单位属性理论（他称之为不考虑互动仅考虑个体国家特征的单位层次理论，即还原主义理论），这

---

① 他提到的另外一个因素是国家性质，这显然不属于体系特征，参见 Joseph Nye, *Understanding International Conflicts*, New York: Harper Collins, 1993, p. 31。

② 需要说明的是，由于笔者一时未能核对英文原文，上述判断是基于中文文本做出的。本人的资料来源是［美］罗伯特·基欧汉、约瑟夫·奈《权力与相互依赖》（第 3 版），门洪华译，北京大学出版社 2002 年版，第 22、339 页；秦亚青《权力·制度·文化：国际关系理论与方法研究文集》，北京大学出版社 2005 年版，第 17、44 页。

③ ［美］罗伯特·O. 基欧汉：《局部全球化世界中的自由主义、权力与治理》，门洪华译，北京大学出版社 2004 年版，第 140 页。

④ 我们认为，国际制度是一种规范，无法发出动作，只能起促进和阻碍（或激励与约束）行为体行为的作用，这是干预变量的功能。基欧汉认为国际制度包括国际组织、国际规制和国际惯例三个部分，即便如此，也只有国际组织有可能成为行为体而发出动作，而且真正能发挥强有力作用的国际组织并不多。

⑤ Alexander Wendt, *Social Theory of International Politics*, Cambridge: Cambridge University Press, 1999, p. 60.

样国际政治理论的研究层次就变成了三个而不是两个。微观结构用部分之间的互动关系来解释结果，宏观结构的产生与再生乃是微观层次互动的结果。但宏观结构不能还原为微观结构，因为宏观结构伴随微观结构，两者是伴随关系（supervenience）。① 温特结构观的不足在于，在创立微观结构的概念后对其内涵语焉不详，仅仅是枚举了一些例子了事。② 如果对微观结构的内涵进行理论概化，阐述结构变迁的微观基础，有可能实现国际关系结构理论研究的重大突破——创立一种结构变迁理论。

可见，这些理论进展与如下四点有关：保持整体性、引入单元功能或互动、重视历时性与共时性的结合、在非实体性问题上不囿于成见。这就是许多学者注意到的"国际关系研究层次的回落"。③ 那么国际关系理论未来的发展方向将会是什么？这需要另外一篇文章才能阐述清楚，这里仅做简要描述。本文注意到，包括温特在内的理论家们所说的结构实际上都是派生的，不可能具有本体地位，结构因为无法发出动作而只能扮演干预变量的角色，而单元或个体才是终极本体。国际关系中的整体主义理论不过是方法论整体主义与本体论个体主义的混合。而且，这种方法论整体主义也是不完整的。韦伯很明确地说过，社会是名义上的整体，对社会的研究只能采取方法论个体主义以及通过社会行动（即与他人有关的行动）来考察。④ 华尔兹的结构现实主义理论导致了国际关系理论研究的"结构化转向"。他之后的理论进展通常是在借鉴他的思路的基础上克服其结构的僵化性后取得的，突出表现为对互动或进程因素的重视。但吉尔平、基欧汉、奈等都不敢明确把互动因素归入结构。温特大胆地跨出了这一步，把互动因素归之为微观结构，却又没有对微观结构的内涵进行很好的挖掘。因此，未来国际关系结构理论的发展仍有赖于对单元层次的挖掘，布赞提

① ［美］亚历山大·温特：《国际政治的社会理论》，秦亚青译，上海人民出版社2000年版，第191—197页。

② ［美］亚历山大·温特：《国际政治的社会理论》，秦亚青译，上海人民出版社2000年版，第187—191页。

③ 李巍、王勇：《国际关系研究层次的回落》，《国际政治科学》2006年第3期。

④ ［德］马克斯·韦伯：《韦伯作品集Ⅶ：社会学的基本概念》，顾忠华译，广西师范大学出版社2005年版，第3页。

出的领域分析法[①]是个比较有创意的尝试。但这还不够，对互动过程进行具体分析后进行抽象与理论概化（generalization），可能会出现意义重大的结构变迁理论。[②]

（本文发表于《世界经济与政治》2007 年第 10 期）

① ［英］巴瑞·布赞、［丹麦］奥利·维夫、［丹麦］迪·怀尔德主编：《新安全论》，朱宁译，浙江人民出版社 2003 年版。

② 对结构问题至少有两种处理方式：当作干预变量；当作是关系+互动的总和。笔者的博士学位论文以“互动+关系”结构观为基础，探讨建立一种能够说明行为体量变的结构理论——领域互渗结构理论。该理论认为，“单元间不同领域的互渗”可能是国际关系体系的基本特征。

国际安全竞争必定导向国内军事化?

——竞争态势、战略反应与制度调适

肖　河*

内容摘要：既有理论认为，国际安全竞争会促进国内的军事化，但这一认识过于简化了前者与国内制度建构之间的复杂关系。根据国家对自身在一对竞争关系中的态势感知，国际安全竞争可以被分为四类，它们会分别诱使国家做出不同的战略反应，引发相应的制度调适。基于这一机制，可以得出关于国际安全竞争与国内制度建构之间更为全面的关系框架。其中最重要的发现是，国家对于竞争关系中的长期和短期优势的感知不仅能够抑制军事化，还会增强文官对军事部门的控制。在案例检验中，文章详细回顾了美国在1945—1949年的国家安全机制建构过程，指出美国基于对苏联的短期和长期优势感知，制定了政策目标与资源投入不匹配的“冒险”战略，同时追求利益最大化和防止过度军备，形成了一方面推行进攻性战略，另一方面构建去军事化的国家安全机制的“反常”局面。这表明，激烈的国际安全竞争未必一定导致国内制度的军事化，也意味着崛起国可以通过调整或者强化某种战略认知来妥善应对与霸权国的国际安全竞争，突破历史上反复出现的崛起国在国际安全竞争中不断走向军事化和资源分配失衡，最终危及崛起进程的困境。

关键词：安全竞争　国内结构　军政关系　军事化

* 肖河，中国社会科学院世界经济与政治研究所副研究员。

一 安全领域“国际—国内”范式的关切、缺陷及其研究意义

(一)“国际—国内”研究范式的兴起

探讨国际竞争对国内制度的影响是一种“逆转的第二意象”(the second image reversed)研究，即不是关注既定的国内结构(domestic structure)对一国国际行为的影响，而是反过来强调国际行为可能改变国内结构。① 这一范式可被称为“国际—国内”理论，其将国内结构作为因变量并不是要否定国内结构的重要性及其塑造国际行为的能力。相反，正是因为重视国内结构对国际行为和国际环境的影响，才必须打破对国内结构的简单化认知，去深入理解其形成和变迁的国际动因。此外，可能只有遵循这一研究方向，国际关系研究才能建立起“国际环境”这一独立于其他学科理论的自变量，而不再是它们的衍生物。

大部分相关研究将上述范式追溯至彼得·古勒维奇(Peter Gourevitch)在1978年以《逆转的第二意象：国内政治的国际根源》为题发表的论文，有的还进一步溯源至罗伯特·基欧汉(Robert Keohane)与约瑟夫·奈(Joseph Nye)在1970年关于跨国关系(transnational relations)的讨论。② 如果仅限于国际关系理论，可能确乎如此。但是如果将视野放宽到比较政治学或者历史社会学，情况就大为不同了。自冷战以来，国际安全竞争对国内制度的影响就一直是政治学家和社会学家关注的主题。美国社会学家哈罗德·拉斯维尔(Harold D. Lasswell)基于第二次世界大战对美国社会的影响，于1941年提出了“堡垒国家”(garrison state)的概念。拉斯维尔指出，伴随国际关系中对暴力预期的不断提升，各国暴力精英的社会地位和控制能力将不断增强，可能形成公民权利萎缩的堡垒国家和由诸多堡

① “逆转的第二意象”的提法参见 Peter Gourevitch, “The Second Image Reversed: The International Sources of Domestic Politics”, *International Organization*, Vol. 32, No. 4, 1978, pp. 881-912。

② 参见苏长和《跨国关系与国内政治——比较政治与国际政治经济学视野下的国际关系研究》,《美国研究》2003年第4期。

垒国家构成的国际体系。[①] 拉斯维尔用社会学的语言阐述了隐含的“国际—国内”理论——较高暴力预期的国际环境将促进各国的军事化。

1945年后，美苏从“伟大联盟”（grand alliance）迅速走向冷战，堡垒国家的命题在美国被转化为一个更令人警醒的提问：“我们如何才能既做好全面战争的准备，又不会变成一个堡垒国家，不会亲手摧毁那些我们原本想要捍卫的品质、美德和原则?”[②] 这一提问预设了应对国际安全竞争与维护美式自由民主制度之间的“两难”。此后，美国社会围绕冷战对美国政治影响的性质展开了长期争论。从20世纪40年代至90年代，关注“冷战美国”（Cold War America）这一命题的学者逐渐达成共识，那就是堡垒国家并没有从理论变为现实。拉斯维尔也在1951年部分修正了其理论，指出对国际暴力的较高预期会产生公民型、警察型和军队型这三种不同的堡垒国家，美国在冷战中很可能转变为对公民权利和自由限制较少的公民型堡垒国家。[③] 与此同时，塞缪尔·亨廷顿（Samuel Huntington）则指出，“军工复合体”（military-industrial complex）的出现并不意味军事部门地位的上升。相反，这仅仅是军队为了防止自身影响力的进一步衰退而不得不构筑的“政治堡垒”（political castle）。实际上，冷战期间，美国军事部门和职业军人的社会威望和政治地位在持续降低。[④] 冷战结束后，更有人试图给这一命题“盖棺定论”，指出美国已发展成为广泛利用私人部门进行国家安全建设的“合同国家”（contract state），这是与堡垒国家截然不同的、开放的结构形态。[⑤] 需要强调，上述围绕堡垒国家的讨论在逻辑上具有相似性，那就是激烈的国际安全竞争会产生强烈的安全需要、诱发

① Harold D. Lasswell, “The Garrison State”, *American Journal of Sociology*, Vol. 46, No. 4, 1941, pp. 455-468.

② Hansan Baldwin, *The Price of Power*, New York: Harper, 1947, pp. 153-155.

③ Harold Lasswell, “Does the Garrison State Threaten Civil Rights”, *Annals of the American Academy of Political and Social Science*, Vol. 275, 1951, pp. 111-116.

④ Samuel Huntington, “Patterns of Violence in World Politics”, in Samuel Huntington ed., *Changing Patterns of Military Politics*, New York: Free Press of Glencoe, Inc., 1962.

⑤ Aaron L. Friedberg, “Why Didn't the United States Become a Garrison State”, *International Security*, Vol. 16, No. 4, 1992, pp. 109-142.

军事化，但是美国的某种禀赋——诸如反国家主义的价值观、政治文化或者开放的社会结构——可能削弱乃至抵消了这一作用。

（二）国际安全竞争研究的“欣茨—蒂利”传统

“堡垒国家之争”虽然是一条重要线索，但并非国际—国内理论的源泉。美国政治学家加布里埃尔·A. 阿尔蒙德（Gabriel A. Almond）指出，“逆转的第二意象”的思想可以追溯至19世纪的英国历史学家约翰·R. 西利（John R. Seeley），以及德意志第二帝国和魏玛时期的德国历史学家奥托·欣茨（Otto Hintze），其中后者颠覆了“从亚里士多德经马基雅维利、孟德斯鸠至马克思的所有建立在内因之上的政治理论”。[①] 在发表于1902年的一篇论文中，欣茨指出，无论是马克思还是黑格尔，都是孤立地考察一国的上层建筑或精神意志，从而将整个外部世界从国家的发展中排除出去。与之相反，他主张，一国与他国的互动至少是与一国内部因素同等重要的因素。[②] 欣茨认为，一国的外部安全环境在很大程度上决定了其国内制度，并提出了国际安全竞争与常备军、官僚机构和威权政治之关系的研究议题。[③] 不过，尽管该范式极具冲击性，但是直到冷战结束后才得到学界的普遍重视。

欣茨之后最出色地发展了这一学术传统的是美国历史社会学家查尔斯·蒂利（Charles Tilly）。作为20世纪70年代历史学和社会学中“回归国家学派”的领军人物，蒂利的研究重点是从国家能力的角度考察国家间竞争对国家与社会关系的影响，其主要论点是国际安全竞争决定了在资源汲取方面拥有独特优势的民族国家（nation state）成为欧洲的主流国家形

① Gabriel A. Almond, “The International-National Connection”, *British Journal of Political Science*, Vol. 19, No. 2, 1989, p. 240.

② Otto Hintze, *The Historical Essays of Otto Hintze*, New York: Oxford University Press, 1975, pp. 159-162, 266; 转引自 Gabriel A. Almond, “The International-National Connection”, *British Journal of Political Science*, p. 241。

③ Otto Hintze, *The Historical Essays of Otto Hintze*, New York: Oxford University Press, 1975, pp. 159-162, 266; 转引自 Gabriel A. Almond, “The International-National Connection”, *British Journal of Political Science*, p. 241。

态。不同的是，蒂利特别指出，民族国家之所以适应安全竞争，并非因为其能实现最大限度的军事化，而是因为能够更好地平衡强制（coercive）和资本（capital）之间的关系。[①] 值得强调的是，与阿尔蒙德的线性政治发展理论不同，蒂利不认为国家的发展是单向度的，而是遵循一种建立在历史机遇和偶然之上的特殊规律性。[②] 国家在面对国际安全竞争时可能无动于衷，它们的制度反应也是多样化的，结果也各不相同。[③] 换而言之，国家感受到的安全压力与作为回应的国家制度建设之间不一定有严密的对应关系。[④] 后者总是要受到某些内部禀赋（例如税源或者社会结构）的制约，因此只能通过竞争机制形成结果上的大致趋同。

蒂利通过研究不同国家结构之间的竞争拓宽了国际—国内理论的潜力。例如，许田波通过分析古代中国的案例指出，在战国时期胜出的是将支配逻辑发展到顶峰的秦国，而不是国家和社会关系更加平衡的其他国家。对比欧洲和中国，“战争并未在两个体系内创造出同样的政体”。[⑤] 换言之，国家和社会关系更加平衡的民族国家并非一定占优。有新近研究指出，与民族国家在概念上相近的主权国家（sovereign state）模式并非在所有的竞争体系中都是胜出者。例如，在殖民地时期的印度次大陆，葡萄牙和英国先后推行的主权国家模式都未能在地区竞争中胜出。[⑥] 这种观点也

① Charles Tilly, *Coercive, Capital and European States, AD990-1992*, Cambridge: Blackwell Publishing, 1994.

② 孙琇：《解读蒂利——查尔斯·蒂利的政治转型研究与美国历史社会学的发展》，山东人民出版社2015年版，第3、200、238页。

③ 欣茨将波兰的灭亡视为国家无法适应其战略环境的后果，蒂利同样将过于依靠资本的威尼斯、热那亚等城邦国家，以及过于依靠强制的俄罗斯和北欧丹麦、挪威和瑞典三国视为竞争的失败者。参见 Otto Hintze, *Soziologie und Geschichte*, Gottingen: Vandenhoeck und Ruprecht, 1964, pp. 19-20; Charles Tilly, *Coercive, Capital and European States, AD990-1992*, Cambridge: Blackwell Publishing, pp. 127-161。

④ ［美］托马斯·埃特曼：《利维坦的诞生：中世纪及现代早期欧洲的国家与政权建设》，郭台辉译，上海人民出版社2016年版，第11页。

⑤ ［美］许田波：《战争与国家形成：春秋战国与近代早期欧洲之比较》，徐进译，上海人民出版社2009年版，第29—30页。

⑥ Andrew Phillips and Jason C. Sharman, "Explaining Durable Diversity in International Systems: State, Company, and Empire in the Indian Ocean", *International Studies Quarterly*, Vol. 59, No. 3, 2015, pp. 1-13.

挑战了各国会在国际竞争中结构趋同的定式思维。

与关注国家间安全竞争的比较政治学和历史社会学相比，20 世纪 70 年代以来国际关系的相关范式研究集中于国际经济领域，特别是“商品、服务和资本在国际的加速流动”对“各国政府及国内社会和经济行为体的机遇、偏好和选择”的影响。① 其中最重要的线索是观察国际经济进程如何改变国内不同利益集团的地位和偏好，以及随之而来的政治联盟重组。② 不过，在这类研究中，国内结构的变化往往只是中间变量，落脚点还是各国的经济政策。③ 在国际经济领域也同样存在趋同论，即主张经济竞争压力会驱使各国采取以提高竞争力为目标的结构改革，导致发展方向由福利国家（welfare state）向竞争性国家（competition state）转变。这削弱了国家对市场的控制和民主制度。④ 总体而言，国家因国际互动而导致的制度趋同是国际—国内研究的一大关切。特别是在国际安全领域，大部分研究认为，国际安全竞争总是会鼓励国家强化对社会资源的汲取，从而具有更多的强制色彩。因此，国家间竞争所带来的制度趋同会产生广泛的负面影响。检验这一论断也是重新探讨国际安全竞争与国内结构之间关系的重要考虑。

（三）既有范式的缺陷与反思的价值

大部分现有研究都将国际竞争对国内结构的影响视作同质、单向的作用，即推动国家汲取更多资源。在竞争中，如果各国国内结构的发展存在差异，那么这往往被归因于各国的内在禀赋，包括地理位置（例如海洋的

① Robert Keohane and Helen Milner eds., *Internationalization and Domestic Politics*, Cambridge: Cambridge University Press, 1996.

② 田野:《国际制度对国内政治的影响机制——来自理性选择制度主义的解释》,《世界经济与政治》2011 年第 1 期。

③ 例如，彼得·特鲁博威茨通过美国东北、南部和西部地区在国际经济分工中的地位变化来分析美国国内利益集团联盟的重塑，并通过国会投票最终反映在美国对国家利益的认定和对外政策的偏好上。参见 Peter Trubowitz, *National Interest: Conflict and Change in American Foreign Policy*, Chicago: The University of Chicago Press, 1998。

④ Tore Fougner, “The State, International Competitiveness and Neoliberal Globalisation: Is there a Future beyond ‘the Competition State’?” *Review of International Studies*, Vol. 32, No. 1, pp. 165-185.

隔绝)、政治文化和社会结构的差异，以及参与某种进程的时机和起点(例如工业化)的不同。借用亨廷顿对军政关系的描述，这些理论展示了国际层面的安全需求和功能必要性与国内层面的社会价值和社会必要性之间的冲突。[①] 其中隐藏的假设是，安全竞争的功能性需求必定与社会需求相冲突。以此而言，美国没有变成堡垒国家并未证伪拉斯维尔的机制逻辑，只是其本身拥有足以“缓解冷战的国内影响”的禀赋或“免疫机制”。[②] 如此，一国是否会成为堡垒国家取决于自身“抵抗力”的强弱。由此可见，由于将国际安全竞争的影响视为同质的作用力，这降低了该自变量的重要性，毕竟，国内结构变化的差异主要是由作为中间变量的国内禀赋所决定。从国际关系理论的角度而言，这种对国际安全竞争作用的简单化正是现有研究的缺陷所在。

重新审视国际安全竞争与国内结构之间的关系也有其政策价值。在中国持续崛起、与外部世界的安全竞争也越来越激烈之际，堡垒国家论是否适用于中国同样是一个问题。丹尼尔·耶尔金(Daniel Yelgin)早已指明了该机制的自我强化循环——国际安全竞争会使得由外交、军事、产业和民众代表组成的广义国家安全部门的影响力增强，这反过来会进一步激化安全竞争、塑造军事化的国内结构，形成“国家安全国家”(national security state)。[③] 而根据杰克·斯奈德(Jack Snyder)的理论，这种强调对抗和军事投入的意识形态会在一国内部催生鼓吹扩张主义的“卡特尔联盟”，带来“帝国的迷思”和过度扩张，最终吞下自我摧毁的苦果。[④] 即使这种作用的影响有限，没有导致社会结构的根本改变，“仅仅”带来了决策更加集中和对社会动员力更强的国家机制，也很容易造成资源错配和战

① 塞缪尔·亨廷顿：《军人与国家：军政关系的理论与政治》，李晟译，中国政法大学出版社2017年版，第2页。

② Aaron L. Friedberg, “Why Didn’t the United States Become a Garrison State”, *International Security*, Vol. 16, No. 4, 1992, p. 142.

③ Daniel Yelgin, *Shattered Peace: The Origins of the Cold War and the National Security State*, Boston: Houghton Mifflin, 1978.

④ 参见杰克·斯奈德《帝国的迷思：国内政治与对外扩张》，于铁军等译，北京大学出版社2007年版。

略误判。历史上，不少新兴强国都因此遭遇崛起失败。[①] 总之，从理论和政策角度来看，重新审视国际安全竞争是否会推动国内结构的军事化均有其意义。

二　国际安全竞争的分类与国内结构变化的界定

（一）区分国际安全竞争的类型

在拉斯维尔、欣茨和蒂利的理论中，国际安全竞争并非直接导致国内的军事化，而是需要以对安全威胁的“恐惧”作为中介。只有当国家对于国际安全威胁切实感到恐惧时，后者才能发挥作用。只有当对暴力的预期（expectation of violence）更加迫切时，暴力精英取代交易精英成为国家主导者的设想才能变为现实。[②] 显然，并非所有的安全竞争都会给国家带来同等程度的恐惧。因此，应当识别出能够显著提高暴力预期的安全竞争。

按照强度（intensity）来区分安全竞争是最自然的选择。欣茨指出，英国之所以能够建立分权的议会君主制政体，在于其只需要妥善应对海上竞争；其他欧陆国家则面临着多个方向的安全压力，因此需要建立更加集权的官僚军事国家。[③] 另外，也并非竞争强度越大，国家就越有动力军事化。政治心理学的研究指出，当外部威胁明显超过国家的应对能力时，国家反而会提高对威胁的感知阈值，导致反应迟钝。[④] 而如果国家钝化了对安全威胁的感知，那么其一般会采取绥靖、追随或者推卸责任的政策，这

① 冯维江、张斌、沈仲凯：《大国崛起失败的国际政治经济学分析》，《世界经济与政治》2015 年第 11 期。

② 对暴力预期的作用来自其他研究者对拉斯维尔堡垒国家理论的解读，参见 J. Samuel Fitch, “The Garrison State in America : A Content Analysis of Trends in the Expectation of Violence”, *Journal of Peace Research*, Vol. 22, No. 1, 1985, pp. 31–45。

③ Otto Hintze, *Staat und Verfassung*: *Gesammelte Abhandlungen Vol. 1*, Gottingen: Vandenhoeck und Ruprecht, 1962, pp. 428–429；转引自 Gabriel A. Almond, “The International-National Connection”, *British Journal of Political Science*, Vol. 19, No. 2, 1989, p. 244。

④ 对安全威胁的认知警觉和钝感的政治心理学研究，参见姜鹏《海陆复合型大国崛起的“腓力陷阱”与战略透支》，《当代亚太》2018 年第 1 期。

会降低安全竞争的强度。总体上，竞争强度越高、威胁感知就越强的逻辑可以成立。不过，按强度分类默认了国际安全竞争对国内结构影响的单一性质，因此，其对于全面认识国际安全竞争和国内结构之间的关系帮助有限。

应当认识到，在一对安全竞争关系中，互相竞争的国家基于力量对比的差异，可能对竞争产生不同的感知，从而采取不同的内部制衡。在欣茨看来，一切国际因素都源于国家力量的外部排序（external ordering），这包括国家之间的相对排序和在整个国际体系中的绝对排序。[①] 因此，应当分析国家在不同的权力对比状态下，是否会在国际安全竞争中采取不同的行为，并且构建相应的国内制度。对于这一系列问题的前半部分——权力对比与国际行为的关系，很多国际关系学者做出过回答。约翰·伊肯伯里（John Ikenberry）在《大战胜利之后：制度、战略约束与战后秩序重建》一书中提出，霸权国与其他国家的实力差距会影响前者的偏好和行为——差距越大，霸权国越倾向于通过合作和自我限制来锁定长期收益；反之，则更不愿意受到限制。与一般感觉相反，他指出，更大的力量差距反而有利于国家间的制度化合作。[②]

对力量对比长期变化的感知也会影响国家行为。对第一次世界大战的较新研究指出，德国之所以在1914年开战，在于其担忧当时迅速工业化的俄国。其认为与竞争对手的力量对比将“难以逆转地愈发倾向于后者”，因此愿意发动“防御性战争”。[③] 对现有和预期力量对比的感知在对国家的作用机制上也存在差异，国家在面对短期和长期的力量对比失衡时会采取不同的内部制衡策略。[④] 这表明，力量对比及其变化趋势都能显著影响国家行为，能够成为区分国际安全竞争类型的有效标准。考虑到“经济的长

① Otto Hintze, *The Historical Essays of Otto Hintze*, New York: Oxford University Press, 1975, p. 183.

② 参见［美］约翰·伊肯伯里《大战胜利之后：制度、战略约束与战后秩序重建》，门洪华译，北京大学出版社2008年版。

③ 梅然：《德意志帝国的大战略：德国与大战的来临》，北京大学出版社2016年版，第587—588页。

④ Michael Mastanduno, David A. Lake and G. John Ikenberry, “Toward a Realist Theory of State Action”, *International Studies Quarterly*, Vol. 33, No. 4, 1989, pp. 465-466.

期增长是军事进一步增长的前提条件”①，在很多研究中，经济发展增速被当作识别力量对比趋势的指标。这样一来，根据国家对现有和长期力量对比的感知，能够得出一个国际安全竞争的分类矩阵。②

不过，这一划分框架也存在缺漏，无法区分低强度竞争或无竞争状态。无竞争是一种理论状态。援引亨廷顿的说法，在无须对外安全功能的情况下，一国的军政关系将完全服务于社会需要，而这种需要高度多样化。蒂利指出，第二次世界大战后独立的新兴国家失去了战争压力，无须为对抗外敌而寻求国内协商，反而使得军事部门致力于压制国内。③ 不过，考虑到这一情况并不普遍，因此上述分类也具有足够的覆盖面。

（二）界定国内结构的军事化

古勒维奇较为系统地归纳了国内结构（domestic structure），将其分为政权类型（regime type）和联盟样式（coalition pattern）两大类。前者指国家制度、决策机制、过程和程序，后者指各社会阶层和利益集团之间的关系。④ 其中，联盟样式是决定政权类型的深层因素。⑤ 不过，在联盟样式基本不变的情况下，国家制度也会因为功能性需求而不断调整。⑥ 因此，本

① ［美］理查德·罗斯克兰斯、［美］阿瑟·斯坦主编：《大战略的国内基础》，刘东国译，北京大学出版社 2005 年版，第 155—156 页。

② 参见马修·伊万杰里斯塔《对大战略的内外制约：苏联的案例》，载［美］理查德·罗斯克兰斯、［美］阿瑟·斯坦主编《大战略的国内基础》，刘东国译，北京大学出版社 2005 年版，第 155—156 页。在这里，伊万杰里斯塔所划分的威胁高低可以被视为当前是否存在旗鼓相当的对手，而经济状况则可以被视为对力量消长的预期。

③ Charles Tilly, *Coercive, Capital and European States, AD990 - 1992*, Cambridge: Blackwell Publishing, pp. 192-227.

④ Peter Gourevitch, "The Second Image Reversed: The International Sources of Domestic Politics", *International Organization*, Vol. 32, No. 4, 1978, pp. 883-884.

⑤ 巴林顿·摩尔指出，在现代化进程中，由商人、工人阶级与土地精英组成的政治联盟必然会产生既要激励经济发展，又能控制经济发展的专制政府。参见巴林顿·摩尔《专制与民主的社会起源：现代世界形成过程中的地主和农民》，王苖、顾洁译，上海译文出版社 2013 年版，第 450—455 页。

⑥ 例如，1945 年后，美国国内的政治联盟重组虽然引发了美国政党体系的重组，但是这一因素并没有直接影响其政治制度和决策机制。参见 Peter Trubowitz, Defining the National Interest: Conflict and Change in American Foreign Policy, Chicago: The University of Chicago Press, 1998。而 19 世纪后期的英国在国内政治联盟未发生显著变化的情况下，却因为普鲁士在普法战争中的胜利而彻底将自身的贵族军事制度转变为职业军事制度。参见塞缪尔·亨廷顿《军人与国家：军政关系的理论与政治》，李晟译，中国政法大学出版社 2017 年版，第 42 页。

文主要考察的是作为政权类型的国内结构。

接下来，需要明确军事化的概念。这种在权力和资源分配上偏重军事部门的特征有时被称为军国主义，不过本文使用的是更加适度的军事化的概念。这是因为，除非发生革命，外部环境对国内结构的影响是在同一或者相似政权类型下的渐进作用，大多是量的变化，罕有质变。回到军事化的内涵上，对应安全、经济和政治权力分配，这一概念涉及国家对暴力、商品和政治实践的管理，① 其具体内涵如表 1 所示。

表 1　**国内结构的军事化**

	政治发展（广义）	军政关系（狭义）
暴力管理	军事机构的中立性下降	军官集团的政治权力提升
商品管理	政府对经济控制的增强	军事部门的资源汲取上升
政治实践管理	政治权力的单极化	军事伦理扩散

资料来源：笔者自制。

在暴力管理领域，广义军事化的极端状态是军人集团完全掌握了政治权力，不存在政治中立的职业军官集团；狭义军事化则仅指军官集团政治权力的提升，这取决于其“在政治权威的科层制结构中所占的地位”。② 现实中，这大致可等同为军事部门的文官控制（civilian control）问题。文官控制越紧密，暴力管理的军事化程度就越低。

在经济管理领域，广义军事化意味着国家对于经济的干预增强，特别是在物资的生产和分配上。除了满足安全竞争需求外，这种控制还要防止经济发展带来的社会变化冲击现有体制；③ 狭义军事化则意味着军事部门

① 这一划分借鉴了拉斯维尔对堡垒国家的分析，但是去掉了其管理宣传（propaganda）的部分。参见 Harold Lasswell，“The Garrison State”，*American Journal of Sociology*，Vol. 46，No. 4，1941，p. 461。

② 塞缪尔·亨廷顿：《军人与国家：军政关系的理论与政治》，李晟译，中国政法大学出版社 2017 年版，第 76—77 页。

③ 巴林顿·摩尔：《专制与民主的社会起源：现代世界形成过程中的地主和农民》，王茁、顾洁译，上海译文出版社 2013 年版，第 455 页。

在国家资源分配中的地位上升。需要强调的是，军事部门所获资源的增加并不必然说明其地位的上升，关键在于在资源分配的过程中军事部门的权力是否增强。[①]

在政治实践管理领域，广义军事化意味着权力中心对整个国家的暴力控制增强，体现为行政决策压倒议会政治，取消反对党和自由表达的权利，立法权和司法权完全掌握在统治集团手中。[②] 在权力集团内部则表现为领导者的个人专断、决策权集中以及其他成员的权力受限。[③] 在整体民主的国内结构中同样可能出现局部和有限的军事化。例如，冷战时期的美国总统和白宫办公室就部分侵夺了国会和其他行政部门的权力，成为“帝王式总统”（Imperial Presidency）。[④] 狭义军事化则体现为服从权威、追求绝对安全等保守的军事伦理成为主流价值并扩散到政治领域。在极端情况下，国防需求和目标不再是可以争论的政治议题，而仅仅是如何加以满足的技术问题。[⑤]

军事化强调对权威的服从，以功能性讨论代替合法性讨论。究其实质，军事化国家给予社会的“受保护的协商”（protected consultation）更少，公民从国家的专断行为中得到保护的可能性更低，公民和社会集团对国家的制约逐渐消失。[⑥] 在最好的情况下，军事化国家会用物质福利和一定程度的法律保障来换取社会在政治权利上的让步；在最坏的情况下，军事化国家不再提供福利和保障，“进入一个与社会为战的状态”。[⑦] 换言之，

---

① 塞缪尔·亨廷顿:《军人与国家：军政关系的理论与政治》，李晟译，中国政法大学出版社 2017 年版，第 76—78 页。

② Harold Lasswell, “The Garrison State”, *American Journal of Sociology*, Vol. 46, No. 4, 1941, pp. 461-462.

③ 参见刘绵绵、王立新《苏联集权体制的嬗变及启示》，《理论月刊》2002 年第 1 期。

④ 参见 Arthur M. Schlesinger Jr., *The Imperial Presidency*, New York: Popular Library, 1973。

⑤ Harold Lasswell, “Does the Garrison State Threaten Civil Rights”, *Annals of the American Academy of Political and Social Science*, Vol. 275, 1951, p. 111.

⑥ 蒂利将民主定义为“受保护的协商”，这拓宽了对民主的实质理解，指明了即使在非自由民主制度的政权中也存在程度不一的民主实质。参见［美］查尔斯·蒂利《民主》，魏洪钟译，上海人民出版社 2015 年版，第 13 页。

⑦ 对经济、法律和政治权利交换的论述，参见［美］许田波《战争与国家形成：春秋战国与近代早期欧洲之比较》，徐进译，上海人民出版社 2009 年版，第 163、174 页。

军事化的实质后果是国家削减或者终止了与社会的利益协商和交换。

三　国际安全竞争与国内结构变化的作用机制

在明确了自变量的区分和因变量的概念后，接下来将建立两者之间的作用机制框架。

（一）从国际安全竞争到安全战略反应

国际安全竞争必须被参与竞争的国家及其社会感知，才可能进一步作用于国内结构。在这一领域，新古典现实主义（neo-classic realism）同样重视国内结构对国际环境的认知及其反应。由于起直接作用的是对安全竞争态势的认知，其必然带有主观性。① 对同一安全竞争，一国的不同群体可能有差异化的威胁认知。其中，能够采取行动的主要是由正式和非正式部门的决策精英共同构成的国家安全部门（national security executive）。它是“连接国家和国际体系的接口”，其对安全竞争的总体感知直接决定了国家的战略反应和制度调适。② 因此，考察国家安全部门对安全竞争的认知和反应至关重要。

竞争感知会引发战略反应，为了保障战略的有效性，国家安全部门还会推动调适国内结构，其可能涉及从政治制度到决策机制等不同层次。对这一制度调适的理解有两个方面：第一，没有适用所有战略的最优机制，倚重海军航空母舰或者战略轰炸机需要两套不同的国防机制；第二，机制变化往往是政策和战略变化的结果，很少存在完全“政策中立”的组织结

---

① 新古典现实主义认为，虽然长期来看，认知和现实会趋于相符，但是在短期内却可能存在忽视和扭曲。参见于铁军《进攻性现实主义、防御性现实主义和新古典现实主义》，《世界经济与政治》2000 年第 5 期。

② Jeffrey W. Taliaferro, Steven E. Lobell and Norrin M. Ripsman, “Introduction: Neoclassical Realism, the State and Foreign Policy”, in Steven E. Lobell, Norrin M. Ripsman and Jeffrey W. Taliaferro, eds., *Neoclassical Realism, the State and Foreign Policy*, Cambridge: Cambridge University Press, 2009, p. 25.

构,“决策过程是由政治选择决定的”。[①] 简而言之,利益差异导致了战略分歧,战略竞争的结果则决定了机制调整的方向。

在“竞争—战略—制度”的逻辑链条中,首先要确定不同态势的国际安全竞争与国家战略反应之间的关系。由于国家在实力上不可能完全一致,同时,不同性质的实力所造成的威胁也千差万别,因此很少有在认知上势均力敌的竞争。[②] 按照对长期和短期力量对比的认识,国家的感知可分为四类。它们均会影响战略反应,其可能的作用机制如下。

第一,短期优势意味着一国拥有比竞争对手更充裕的军事力量。这一方面意味着更强的威慑力和更自由的政策选择,另一方面也意味着更沉重的长期负担。因此,拥有短期优势的国家倾向于最大可能地利用现有优势,获得最大化的战略收益,弥补在长期经济增长中的损失。这一补偿既可能是物质性的,也可能是合法性。[③]

第二,长期优势意味着一国拥有比竞争对手更强劲的经济潜力。这意味着竞争时间越长,其在竞争中就越有利。因此,拥有长期优势的国家倾向于避免短期摊牌,通过拉开潜力差距来威慑对手。其战略原则是避免反应过度(overreact),仅仅将部分经济能力转化为军事力量,愿意为最大化长期收益承担风险。[④] 在军力建设中,其会重视避免“不必要的重复建设”,防止资源浪费。[⑤]

---

① Warner R. Schilling, Paul Y. Hammond and Glenn Snyder, *Strategy, Politics, and Defense Budgets*, New York: Columbia University Press, 1962.

② Steve E. Lobell, “Threat Assessment, the State, and Foreign Policy”, in Steven E. Lobell, Norrin M. Ripsman and Jeffrey W. Taliaferro eds., *Neoclassical Realism, the State and Foreign Policy*, Cambridge: Cambridge University Press, p. 45.

③ 迈克尔·马斯坦多诺(Michael Mastanduno)、莱克和伊肯伯里将两种补偿分别称为外部汲取(external extraction)和外部确证(external validation)。参见 Michael Mastanduno, David A. Lake and G. John Ikenberry, “Toward a Realist Theory of State Action”, *International Studies Quarterly*, Vol. 33, No. 4, 1989, pp. 466-467。

④ 执行这一战略还需要国家安全部门倾向于低估而非高估某些局部安全利益的重要性。参见 Melvyn P. Leffler, *A Preponderance of Power: National Security, the Truman Administration and the Cold War*, California: Stanford University Press, 1992, pp. 502-511。

⑤ Michael J. Hogan, *A Cross of Iron: Harry S. Truman and the Origins of the National Security State 1945-1954*, Cambridge: Cambridge University Press, 1998, p. 10.

第三，短期劣势意味着一国的竞争对手拥有更充裕的军事力量。这会鼓励竞争对手发起安全挑战，使得自身面临更紧迫的近期风险。此时，一国会将经济潜力尽量转化为足以弥补差距的军事力量。由于风险紧迫，其将通过内部资源汲取（internal extraction）的方式来实现转化。[①] 在处于危机状态时，这种紧急转化战略表现得最为明显。

第四，长期劣势意味着一国的竞争对手拥有更强劲的经济潜力。此时，一国并不面临紧迫的近期风险，但是其在安全竞争中的地位将被持续削弱。因此，其将以内部动员（internal mobilization）的方式来增强国内的经济基础。[②] 这有两种方式：第一是利用后发优势实现“工业赶超”，其核心是利用先进技术和产业经验来扶持工业；[③] 第二是推行经济自由化改革，提高对国内外市场的利用效率。国家通常会综合运用两种方式，但是工业赶超往往更受重视。[④]

如表 2 所示，对于力量对比的不同感知会促使国家做出收益最大化、防止反应过度、增强实力转化和追求赶超发展这四种战略反应。在安全竞争中，一国很大程度会受到两种感知的影响，它们彼此间可能相互抵消或者促进。这四种基本战略反应构成了一国应对不同态势的安全竞争的复合战略组合，每一种组合又会引发与其相应的制度调适。

表 2　**国际安全竞争与战略反应**

国际安全竞争感知	长期劣势	长期优势
短期劣势	1 追求赶超发展 增强实力转化	3 防止反应过度 增强实力转化

① Michael Mastanduno, David A. Lake and G. John Ikenberry, “Toward a Realist Theory of State Action”, *International Studies Quarterly*, Vol. 33, No. 4, 1989, p. 466.

② Michael Mastanduno, David A. Lake and G. John Ikenberry, “Toward a Realist Theory of State Action”, *International Studies Quarterly*, Vol. 33, No. 4, 1989, pp. 465-466.

③ 参见［美］亚历山大·格申克龙《经济落后的历史透视》，张凤林译，商务印书馆 2009 年版。

④ 参见张斌、茅锐《工业赶超与经济结构失衡》，《中国社会科学》2016 年第 3 期。

续表

国际安全竞争感知	长期劣势	长期优势
短期优势	2 追求赶超发展 收益最大化	4 防止反应过度 收益最大化

资料来源：笔者自制。

（二）从安全战略选择到制度调适

由战略反应引发的制度调适在大部分情况下不会是“大刀阔斧”式的变化。相对于各国在14—19世纪“天翻地覆”的制度发展，各国在20世纪之后通常只是进行局部调整。纵向来看，在经历了持续的安全竞争后，主要国家的国家建设（state building）已经颇具规模，形成了强大的路径依赖，这使得利益和制度安排“非常难以更替”。[①] 横向来看，制度建构资源和经验充裕的现代国际环境赋予了各国建立高度相似的国家制度的可能。因此，这种变化往往仅涉及军事和官僚部门的调适性变化（accommodable change），而不是基本规范和整体制度的变迁。它们调整的是制度中各部门的具体角色和关系，是在社会政治认同的“大传统”基本不变的情况下发展出新的“小传统”。[②]

本文无法全面考察一国所有的制度调适，而是集中于军政关系特别是文官控制的机制上。[③] 这是因为，该部分能够最有针对性地考察国家的军事化程度。文官控制的减弱会增强以军人为主的暴力精英的政治权力，进而使后者获取更多的资源，甚至完全掌握国家的经济命脉。最终，服从军事部门将成为政治秩序的核心要素。需要强调的是，高度的军事化并不意味着国家的强大，只是表明政治秩序的性质。例如，军队在不少发展中国

① ［美］托马斯·埃特曼：《利维坦的诞生：中世纪及现代早期欧洲的国家与政权建设》，郭台辉译，上海人民出版社2016年版，第24页。

② S. N. 艾森斯塔得：《帝国的政治体系》，阎步克译，贵州人民出版社1992年版，第316—317页。

③ 本文所说的控制机制可以理解为文官控制，其是指亨廷顿所说的主观而非客观控制，即政治力量可以介入军事领域并压缩军事部门在军事事务上的权力。参见塞缪尔·亨廷顿《军人与国家：军政关系的理论与政治》，李晟译，中国政法大学出版社2017年版，第71—75页。

家长期掌权，但是这些国家的能力却相当有限。①

文官控制的核心是规制军事部门，其有三方面内涵。（1）政治规制，包括军事部门是否受到文官部门的控制以及受控程度，军队与其他科层集团之间的交叉状况（例如现役军人能否担任文职，或者非军人能否进入军事部门）。（2）政策规制，包括军事部门在政策制定上的影响。静态地看，这包括军事部门及其主导的军事战略和军力建设是否服务于文职部门制定的内外政策。动态地看，这包括暴力精英在国家决策机制中的地位，例如是拥有特权还是受到了限制。（3）资源分配规制，包括军事部门在预算分配中的影响。其一方面涉及资源消耗部门内部关于预算权的竞争，另一方面又涉及资源消耗部门和供给部门之间的关系。

从上述内涵出发，我们再来观察收益最大化、防止反应过度、增强实力转化和追求赶超发展这四种战略反应会如何引发军政关系的调适。在这里需要指出，立法和行政部门中的集中决策并不必然促进军事化，相反，分散决策（例如全体一致原则）可能意味着更高程度的军事化。其逻辑如下：当一国采取收缩政策、控制资源投入时，其通常无法满足各军事部门的需求，这会带来激烈的部门间和部门内冲突。此时，要想维护收缩战略，需要更加强大的控制机制来加以约束。而当一国采取扩张政策、增加资源投入时，其通常能够满足各军事部门的需求，军事利益集团带来的冲突会相对缓和，不需要那么强大的控制机制。在第一种情况下，如果未能成功施加约束，军事部门就会提升自身在资源分配中的地位，更多介入决定资源分配原则的外交和政治事务。这种变化有可能导致一国在基本相同的竞争环境中显著改变威胁感知。

融合与分离、集中与分散这两组概念是理解军政关系的关键维度。融合与分离在于政治层面，体现的是暴力部门和其他政府部门之间的相互渗透关系。融合意味着相互渗透较强，分离则意味着相互渗透较弱。彻底渗透的结果无非军人文官化或文官军事化。这两者都将推动军事化，但是前

① 亨廷顿对第三世界国家的军人政权有过详细论述，参见塞缪尔·P. 亨廷顿《变化社会中的政治秩序》，王冠华、刘为等译，上海人民出版社2008年版。

者通常会赋予暴力部门更高的权威。集中与分散指的是政策和资源分配中的决策原则，是“全体一致”“少数服从多数”还是由最高权威独立决策。极端的分散要求在决策中遵循全体一致原则，这大多意味着军事部门将对政策和资源分配拥有否决权；集中则意味着决策者能够更好地排除军事部门的影响。简言之，政治层面的融合会促进军事化，决策层面的集中则有利于抑制军事化。基于此，战略反应与制度调适的关系如表 3 所示。

表 3 **战略反应与制度调适**

	政治层面	政策层面	资源分配
收益最大化	中性	分散	中性
防止反应过度	军政分离	集中	集中
增强实力转化	军政融合	分散	分散
追求赶超发展	军政融合	集中	集中

资料来源：笔者自制。

第一，当一国采取收益最大化的战略时，其原则是利用短期力量优势获取收益。这会导致扩张性的对外政策，鼓励各部门追求自身目标。此时，决策权会相对下放，军事部门的自主性将会增强。但是由于已经拥有短期优势，国家在资源分配上会偏向维持现状。同样，对现状的满意不会鼓励政治层面的显著变化。

第二，当一国采取防止反应过度的战略时，其原则是避免资源的无谓消耗。这会导致收缩性的对外政策，限制各部门追求自身目标。此时，决策权将会被收回，军事部门的自主性将会降低。同时，该战略还会增强财政约束，减少消耗性资源投入。为了克服军事部门的阻力，通常还需要更加集中的资源分配机制。为此，还需要进一步削弱军事部门与其他部门的联系，在政治层面趋于军政分离。

第三，当一国采取增强实力转化的战略时，其原则是弥补现有力量差距。这会导致扩张性的资源分配政策，满足各部门的资源需求，放松财政约束。这通常会带来更加分散的资源分配机制，鼓励各部门追求自身目标，下放决策权。此外，在这一过程中，军事和相关工业能力的增长会被视为优先目标，政府和社会的其他部门在很大程度上要为此服务，其结果将是暴力部门的政治地位和对内干预能力上升，在政治层面将趋于军政融合。

第四，当一国采取赶超发展的战略时，其原则是弥补长期力量差距。这会导致扩张性的经济扶植，将资源集中于少数关键部门，短期内会抑制对军事部门的资源投入。这会带来更加集中的决策和资源分配机制，军事部门的自主性将会降低。但是该战略会让国家更多介入社会事务，军事部门也会在其中扮演重要角色，一些经济和社会部门可能会出现明显的军事化，在政治层面将趋于军政融合。

上述四种战略在安全竞争中对国内结构的复合影响如表 4 所示。

表 4　**安全竞争与制度调适**

安全竞争中的态势感知	长期劣势	长期优势
短期劣势	政治：军政融合 政策：抵消 资源分配：抵消	政治：抵消 政策：抵消 资源分配：抵消
短期优势	政治：军政融合 政策：抵消 资源分配：集中	政治：军政分离 政策：抵消 资源分配：集中

资料来源：笔者自制。

需要强调的是，表 4 中的抵消仅仅是指两种战略引发的制度调适方向相反，但两者的影响不一定相等，其最终影响取决于两者的相对强度。除去这种不确定的情况不论，根据上表可以归纳出三点推论：第一，当一国处于长期劣势时，其在政治层面的军事化将较为显著；第二，当一国处于短期优势时，趋于集中的资源分配会显著抑制军事化；第三，当一国同时处于长期和短期优势时，“去军事化”效应将非常明显。这说明，国际安全竞争的存在以及一国对自身优势地位的认知有可能抑制军事化。这在某种程度呼应了蒂利关于民主和国家形成的理论，即在缺少安全压力的新兴国家，其军事部门无须考虑长期的安全竞争，因此反而无法构建起一个去军事化的国家。① 总而言之，没有国际安全竞争未必会带来非军事化，而安全竞争有时还可能有助于抑制军事化。在这里，安全竞争不再是单向的作用力，不再仅仅存在强度上的差异，而是带来了更多可能。

四　国际安全竞争与制度调适的案例分析

在提出了关于国际安全竞争与国内制度调适的新框架后，以下将通过历史案例展示其作用机制。在案例选择上，主要目的是验证避免过度反应和收益最大化这两类机制。这是因为，竞争劣势对军事化的促进作用与传统理论相似，没有必要重复论述。相反，验证国家在国际安全竞争中的短期和长期优势会在资源分配、政策和政治层面抑制军事化才是新框架的价值所在。案例中的安全竞争越是激烈，就越能证明其解释力。

以下将通过单个案例来详细展示上述作用机制，而非通过大量案例来证明变量之间的相关性。之所以如此，因为前述推导出的国际安全竞争对国内政治、政策和预算分配机制的影响较为复杂。因此，对个别案例的详细展示更有利于阐明作用机制，为进一步的研究打好基础。

基于上述理由，本文选择了冷战初期（1945—1950）的美国为单一案例来展示国际安全竞争、战略反应和制度调适之间的作用机制。这一案例有两方面的优势：第一，该时期美苏之间安全竞争的激烈程度和紧迫性迅速提高，并维持在较高水平；第二，该时期的美国进行了空前的国家安全机制建构，该过程中的各参与方均有意识地将国际环境、战略反应和制度调适联系在一起，更有利于清晰辨识三者关系。

（一）冷战初期美国国家安全机制建构的两种方案

这一案例是要揭示美国在 1945 年至 1950 年与苏联的安全竞争中感知

① 孙琇：《解读蒂利——查尔斯·蒂利的政治转型研究与美国历史社会学的发展》，山东人民出版社 2015 年版，第 118 页。

到短期和长期优势时的制度调适。此次调适是美国历史上规模最大的国家安全机制建构，其发端于第二次世界大战期间的军种竞争，形成于1947年的《国家安全法》（*National Security Act*），初步定型于1949年的《国家安全法修正案》，其战略和制度调适思路一直延续到1950年的朝鲜战争爆发。

1945—1950年是“冷战美国”的关键塑造期。这一时期，美国外交的主线是美苏由“伟大联盟”走向激烈对抗，双边关系由政治摩擦经由“杜鲁门主义”（Truman Doctrine）的出台和冷战的全面爆发而走向朝鲜战争的局部热战。制度调适的主线则是不同政治力量围绕《国家安全法》展开的立法竞争，以及国防部（Department of Defense，DoD）和国家安全委员会（National Security Council，NSC）的建立与发展。总体来看，两条主线之间存在明显的相互影响关系。美国决策者对自身在国际安全竞争中所拥有的长期和短期优势的感知决定了制度调适的重点、原则和结果，塑造了有利于文职部门的国家安全机制，有效抑制了军事部门利用安全竞争在美国政治、政策和资源分配层面增强影响力的尝试。

在第二次世界大战行将结束的1944—1945年，美国的国家安全精英，特别是以陆军参谋长乔治·马歇尔（George Marshall）和陆军部部长史汀生（Henry L. Stimson）为代表的陆军部门（当时的美国空军属于陆军部）逐渐形成了美国应当改革国家安全机制的认知，其主要诉求是建立一个由内阁级别的文职部长领导的行政部门，统一管理陆海空三军，承担制定军事战略和向总统提供整体国防预算的职责，终止陆海军各自提交独立的军事预算的做法。[①] 这一方案意在减少因军种独立而产生的重复建设和部门本位主义，有利于制定高效的国防预算。陆军的立场得到了以美国总统杜鲁门（Harry Truman）为首的文职部门的欢迎。对他们来说，高效的国防预算意味着更少的国防投入，有利于推进包括公平施政（Fair Deal）在内

① “Patterson's Testimony in Senator Committee of Military Affairs，17th October，1945”，papers of Samuel I. Rosenman，in Deninis Merrill，President Truman：Fight to Unify the Armed Services 1945 - 1949，United States ：University of Publication of America，1996，doc. 8. 以下该档案集简写为DHTP10。

的重要国内议程。杜鲁门本人公开声明，建立统一的文职国防部的目标是要打破“陆军和海军的高级军官们控制陆海军部，甚至控制两院的军事委员会的习惯”，最终缩减国防预算。① 如果军种统一方案得以实施，那么这将是美国继 1921 年通过《预算与审计法》（*Budget and Accounting Act*）后政府加强军事预算控制的重要一步。②

与这一立场针锋相对的是以海军部部长詹姆斯·福莱斯特（James Forrest）为代表的海军部门。他们认识到，统一的文职国防部将意味着海军失去独立的预算权，很难在陆军和空军占据多数的新部门中确保海军利益的最大化，因此竭力反对。海军派在 1945 年年初就确定了现有陆、海、空三军分离结构不变的重组方针。为了争取公众支持，他们有意识地将调适的焦点由军事部门本身转移到更广泛的军政关系上来。③ 为此，海军派开始利用 1945 年后美苏之间逐渐紧张的外交关系，向国会提出了以“为全面战争做全面准备”（total preparedness for total war）为原则的《埃伯斯塔特报告》（Eberstadt Report）。该报告涉及军政关系的内容主要有三点：第一，维持分散决策的独立军种架构不变，将空军从陆军中分离出来；第二，建立由总统担任主席，有权制定和审查外交和军事政策以及国防预算的国家安全委员会；第三，建立协调产业政策和军事战略的国家安全资源委员会（National Security Resource Council）。④

对比两个方案，以应对“全面战争”为前提的《埃伯斯塔特报告》的表面理由是分权的军事结构更符合民主原则，但真实目的是通过分权为包

---

① Harry Truman, *Years of Decisions*, *Memoirs* Vol. 1, New York: Doubleday & Company, Inc., 1955, p. 88.

② 1921 年美国的预算改革要求陆军部和海军部必须通过白宫向国会递交年度军事预算，切断了军事部门和国会中负责处理陆海军事务的专门委员会（当时为参议院陆军事务委员会、参议院海军事务委员会、众议院陆军事务委员会、众议院海军事务委员会，在第二次世界大战结束后不久，上述四个委员会合并为参议院军事委员会和众议院军事委员会）的直接联系，增强了总统对军事预算的控制。参见 Donald T. Critichlow, *The Brookings Institute 1916-1952: Expertise and the Public Interest in a Democratic Society*, Dekalb: Northern Illinois University Press, 1912-1952, p. 37。

③ “Letter From David Walsh to Forrestal, 15 May, 1945”, Papers of George M. Elsey, DHTP10, doc. 4.

④ “Eberstadt Report”, Papers of George M. Elsey, DHTP10, doc. 4.

括海军在内的各军种在资源分配中获得更多话语权。在政策上，报告试图通过军事部门首长和军种参谋长占多数的国家安全委员会，将第二次世界大战以来军事部门对美国最高决策的强大影响制度化，使得军事部门可以名正言顺地插手外交政策。在政治上，报告试图通过设置国家安全资源委员会让产业界与军事部门更紧密地结合。《埃伯斯塔特报告》提出国家安全委员会的概念后，引起了文职部门的高度警惕。时任白宫预算局（Bureau of Budget）局长的哈罗德·史密斯（Harold Smith）提醒杜鲁门，该委员会的建立将侵占属于总统的“危险的权力”，强大的军事部门会“在文职委员会结构的伪装下……拥有对外交政策的否决权”，而国家安全资源委员会则会侵蚀其他政府部门的权力。[①] 国务院同样认为，国家安全委员会不仅会削弱总统处理外交事务的宪法职能，还会将“国务卿会变成委员会的玩偶”，动摇外交体系。[②] 以此而言，在1945—1947年的美国国家安全辩论中，确实存在借助对美苏“全面战争”的恐惧推动军事化的政治力量。

（二）两种调适方案的战略逻辑

对于海军派而言，在美苏关系由于波兰选举、土耳其海峡通行权和德国战后管理问题而不断恶化的情况下，渲染苏联的安全威胁和美国的安全需要成为最优政治策略。特别是在1947年希腊右翼政府陷入危机后，他们断言美国的军事力量不足以与苏联展开竞争，无法支撑美国的广泛外交承诺，必须增加总体军事开支（陆海空军应该遵循“平衡”的预算均分原则）。[③] 他们希望将安全战略和国防预算与美国的外交政策牢牢绑定，由职业军人组成的参谋长联席会议来研究军事力量在美国外交政策中的角色，并据此制订战略方案、确定各兵种的任务和组成，再得出“合理”的军事

---

① Smithto Truman, 22 May, 1946, Truman papers, PSF-Subject Files, box 145, folder: Military: Army-Navy Unification; 转引自 Michael J. Hogan, *A Cross of Iron*: *Harry S. Truman and the Origins of the National Security State 1945-1954*, Cambridge: Cambridge University Press, 1998, p. 49。

② "Memorandum from Secretary of State to President", Papers of Clark M. Clifford, DHTP10, doc. 48.

③ "5 March, 1947", Walter Millis and E. S. Duffield, eds., Forrestal Diary, New York: Viking Press, 1951, pp. 249-250.

预算。相反，如果只是从经济和内政的角度来考虑国防开支，则说明总统、国会和其他文职领导人并不具备赢得冷战所必需的领导力。[①] 这一逻辑的实质是要在资源分配上遵循国防先于内政的军事专业主义。此外，为了增强这一逻辑的合理性，福莱斯特还多次利用“英国退出中东”和“柏林危机”等外部危机来诱使国务院与军方合作，试图结成统一战线，以联合突破政府的预算限制。1948 年，福莱斯特致信参加巴黎外交部部长会议的时任美国国务卿马歇尔，希望后者能够不顾杜鲁门限制预算开支的官方立场，就是否应当增加武装部队数量以及 144 亿美元的预算限制是否合理等问题发表看法。[②]

然而，正如美国政府的疑虑和批评所显示的那样，《埃伯斯塔特报告》及其背后的“恐惧逻辑”并未打动整体的美国政治精英。该观点既未能在行政部门中获得支持，遑论立法部门的理解。其中最重要的因素在于，美国政治精英认为自身在美苏竞争中拥有巨大的短期和长期优势，双方发生直接军事冲突的可能性极低，没有必要过多地消耗资源。杜鲁门在波茨坦会议召开前对当时世界格局的看法就较好地反映了这种优势意识。他认为，未来的世界将由美国和苏联共同主导，但是美国将拥有 85%的发言权，苏联只有区区 15%，苏联对美国的需要远大于美国对苏联的需要。[③] 对于这种自信，冷战史学权威约翰·加迪斯（John Gaddis）有过精辟论述：“冷战早期中一个令人震惊的特征就是无论是政府还是国会都抱有这样一种确信的态度，那就是无论外部威胁看上去有多么危险，这个国家（指美国——笔者注）都只会运用有限的资源与其对抗……（真正的危险在于）苏联在有意识地驱使美国把资源分散到空前广泛的外交承诺中，最

① Arnold A. Rogow, *James For restal*: *A Study of Personality*, New York: The Macmillan Company, 1963, p. 299; Michael J. Hogan, *A Cross of Iron*: *Harry S. Truman and the Origins of the National Security State 1945-1954*, Cambridge: Cambridge University Press, 1998, p. 162.

② “Memorandum by the Secretary of Defense to Secretary of State”, October 31, 1948, 811. 20/10-3148, Foreign Relations of United States, 1948v01p2. i0007, pp. 644-647. 以下该外交档案简称 FRUS。

③ Harry Truman, *Years of Decisions*, *Memoirs Vol. 1*, London: Hodder and Stoughton, 1945, p. 75.

终导致财政破产。”①

“遏制政策之父”乔治·凯南（George Kennan）在该时期清晰地阐述了防止反应过度的战略。他最初是因为坚定的反苏立场而得到福莱斯特等强硬派的青睐，进而担任新设立的国务院政研署主任这一要职。但是在这一位置上，凯南却是政府预算政策的支持者。他并不认可福莱斯特主张的美苏军事冲突迫在眉睫的观点。在1948年的国家安全评估文件中，凯南指出，虽然美苏之间存在激烈竞争，美国也应该坚定地遏制苏联，但是苏联并不构成军事威胁。他的判断依据主要有三点：第一，两次世界大战的经验已经让苏联领导人认识到美国的潜力，即不可能在短期内决定性地打击美国；第二，苏联倾向于对外国进行政治控制而非军事控制，因而不会入侵西欧；第三，根据共产主义理论，苏联的战略机遇是要等待并促成资本主义世界经济危机的到来。② 凯南的观点契合了美国政府和国会的主流看法。正是由于美国拥有相对于苏联的短期和长期优势，因此可以毫无顾忌地一边推行马歇尔计划和杜鲁门主义等扩张性遏制战略，一边在国防开支上精打细算，防止不必要的资源浪费和损害长期经济潜力。这正是利益最大化和防止反应过度这两种战略的组合。这种组合也被称为“精打细算的冒险”（calculated risk-taking），即美国基于对苏联的显著优势，因而愿意承担现实军事力量无法完全支撑全部外交承诺的风险，以同时实现短期和长期收益的最大化。③

（三）双重优势战略的制度反映

收益最大化和防止过度反应的双重战略主导的制度调适可以分为两个

① John Lewis Gaddis, *Strategic of Containment*: *A Critical Appraisal of Postwar American National Security Policy*, New York and Oxford: Oxford University Press, 1982, pp. 58-59.

② “Report to the National Security Council by Department of State, Factors Affecting the Nature of Defense Arrangement in the Light of U. S. S. R. Policies”, August25, 20/2S/S-NSC Files: Lot63D351: NSC20Series, FRUS, 1948v01p2. i0007, pp. 615-624.

③ Melvyn P. Leffler, *A Preponderance of Power*: *National Security*, *the Truman Administration and the Cold War*, Redwood: Stanford University Press, 1993, p. 504.

阶段。在1945—1947年的第一阶段，海军派通过充分动员相关利益集团建立了一个分权的国家军事部门（National Military Establishment）和参谋长联席会议，以及体现总体战需要的国家安全委员会和国家安全资源委员会。但是后两者均遭到政府和国会的“无害化”改造，国家安全委员会由决策机构降格为咨询机构。在1947—1949年的第二阶段，杜鲁门对分权的国家军事部门施加严格的预算纪律，并以国务院来主导国家安全委员会，抑制了军方在国家安全事务上的影响。这一双重限制引发了军方的激烈内斗，显著削弱了军队的威望。最终，白宫通过1949年的《国家安全法修正案》实现了建立集中决策的国防部的初衷。

在1945—1947年的立法辩论期间，杜鲁门对于海军公然违背总统政策的态度相当不满，将其视为“最恶劣的冒犯者”，认为其要求的预算并非基于战略合理性，仅仅是为了部门利益要求“平均分配”。这恰恰证明了集中决策的国防部和国防部部长的必要性。[①] 但是，由于美国军队的声望正隆，杜鲁门此时的政治地位也并不稳固，他并不希望强迫海军集团接受政府支持的“一个部门、一个部长、一个总参谋长”的方案。[②] 在杜鲁门看来，只要能够限制预算总额，那么新的国防部门是遵循分权还是集中原则并非不可妥协。因此，政府支持的陆军派在长期的立法拉锯后还是做出了让步。

1947年1月16日，双方达成妥协，核心共识为：（1）新建国家安全委员会、国家安全资源委员会和中央情报局；（2）设立国防部部长，但同时保持三军部部长的独立内阁地位和预算权；（3）不设置总参谋长，成立由三军参谋长组成的参谋长联席会议。[③] 这一妥协意味着“全面战备”派在军种统一议题上取得了胜利，其结果是建立了一个“四不像”的国家军

① Harry Truman, *Years of Trial and Hope 1946-1953*, Memoirs, New York: Doubleday & Company, Inc., 1956, p.36.

② "Memorandum from Smith to Truman, and Memorandum from Truman to Smith", Papers of Harry S. Truman: President's Secretary's Files, DHTP10, doc. 29, 30.

③ "Release to Robert Patterson and James Forrestal from Truman", Papers of Stuart Symington, DHTP10, doc. 43.

事部门。这一古怪命名是因为其下属的陆军部、空军部和海军部才是具有法定权力的行政部门，而国家军事部门则更接近于一个常设的联合协调机构。但是，在军政统筹这一议题上，“全面战备”派只取得了名义上的胜利。虽然《国家安全法》中同意设立统筹外交与军事、产业与军事的委员会，但是删除了由国防部部长担任国家安全委员会执行秘书长的条款，同时并未在法案中正式规定组织的架构和运作原则。[①] 这回应了政府内部和公众对于军事部门会主导这两个委员会、侵蚀总统和其他部门职权的担忧。

在1945—1947年的美国制度调适的第一阶段中，同时实现短期和长期收益最大化的战略认知有力地发挥了作用。一方面，在国防部机制上的妥协并不表明白宫放弃了控制国防预算的目标，而只是暂时尝试是否可以通过相对分权的机制来实现目的；另一方面，这一双重战略的追随者成功改变了国安会等新建机制的形态，很大程度消除了其中的军事化成分。究其原因就在于，这一战略相信美国可以在更少经济干预、更少军费开支的同时增强自身的国家安全、维持在美苏竞争中的优势地位。

在1947—1950年的第二阶段中，“精打细算的冒险”战略逻辑的作用更为明显。杜鲁门在《国家安全法》通过后，首先排除了军事部门在国家安全委员会中凭借多数“绑架”外交政策和总统决策的可能性。在1947年9月26日举行的第一次国家安全委员会会议上，杜鲁门明确表示这是“他的”委员会，除总统之外不存在任何“第一小提琴手”，外交政策的制定权完全属于总统和国务卿所有。[②] 对于国家安全委员会的性质，杜鲁门明确表示，即使总统列席国安会并发表意见，也不意味着做出了决策。他指出，“在委员会正式提交文件给总统之前，任何事情都没有被最终决定”。[③] 此外，杜鲁门还用不出席会议的方式来削弱国安会。从1947年到

① “Memorandum from Clifford to Truman, 22 July, 1947”, Papers of Clark M. Clifford, DHTP10, doc. 69.

② “22 September, 1947”, Forrestal Diary, pp. 320-321.

③ David Rothkopf, *Running the World: The Inside Story of the National Security Council and the Architects of American Power*, New York: Public Affairs, 2005, p. 57.

1950 年朝鲜战争爆发前，他总共只参加了 60 次国安会会议中的 11 次。这是为了表明美国总统不会成为任何委员会的“俘虏”，尤其不会成为希望扩充国防预算的军方的“俘虏”。[①] 这一做法使得国家安全委员会的地位岌岌可危，远远逊色于第二次世界大战期间行使集体决策权的日本御前会议。[②]

除此之外，试图统筹工业和军事政策的国家安全资源委员会也遭到了“无力化”。对于这一委员会，福莱斯特希望其主席能够在相关事务中拥有对参与委员会的各行政部门和联邦机构的领导权，特别是让主席本人拥有“作为总统的代理人在委员会的职权范围内做出决定的权力”，以“减轻总统的负担”。[③] 但是，全面战备的逻辑在工业政策领域同样未能奏效。在 1947 年年底的数次会议后，政府决定由总统授予国家安全资源委员会而非其主席本人以相应的协调职权。[④] 同时，在包括部门信息获取等问题上，还进一步明确国家安全资源委员会主席只能“请求”而非“命令”其他行政部门和联邦机构配合。[⑤] 这些安排显著削弱了这一新委员会的作用，让其陷入了很难发挥实际影响的处境。

在国防预算问题上，杜鲁门指示出任首任国防部部长的福莱斯特严格按照政府的财政纪律指导各军种制定国防预算。然而，福莱斯特始终坚持预算应该在不同军种间平均分配，构建“平衡”的军力和预算方案，拒绝满足政府的要求。在这一背景下，军事部门以 1948 年捷克斯洛伐克二月革命为由在国会煽动“春季危机”，以强行突破预算限制。1948 年 3 月，参谋长联席会议向白宫预算局提交了总额达 88 亿美元的追加预算，其理由是

---

① David Rothkopf, *Running the World: The Inside Story of the National Security Council and the Architects of American Power*, New York: Public Affairs, 2005, p. 57.

② Ernest R. May, “The Development of Political-Military Consultation in the United States”, *Political Science Quarterly*, Vol. 70, No. 2, 1955, pp. 161-180.

③ “Eberstadt to Forrestal”, October 2, 1947, Eberstadt papers; 转引自 Robert Cuff, “Ferdin and Eberstadt, the National Security Resources Board, and the Search for Integrated Mobilization Planning, 1947-1948”, *The Public Historian*, Vol. 7, No. 4, 1985, pp. 37-52.

④ “Memorandum from Elsey to Clifford, October 30”, Papers of George M. Elsey, DHTP10, doc. 78.

⑤ “5 November 1947”, Forrestal Diary, pp. 332-333.

应对危机引发的安全挑战。而之前，预算局已经告知福莱斯特追加拨款不应超过15亿美元。[①] 与此同时，各军种不仅互不相让，而且纷纷“违背政府纪律”单独在国会提出预算请求。其中，为了在总体预算限制下获得更多拨款，空军不仅在国会大肆抨击海军的军备方案，而且不惜牺牲杜鲁门支持的普遍军事训练（universal military training）计划。空军部部长斯图尔特·希明顿（Stuart Symington）在国会公开表示：“如果现在就要在70个空军大队与普遍军事训练之间做出选择，我将选择70个空军大队。”[②]

在国防预算竞争中，美国空军逐渐赢得优势。其原因在于，空军成功地说服了国会和公众相信依靠少量战略空军和核武器就可以有效威慑苏联，不用花费巨资发展昂贵的陆军和海军。在1948年4月的追加军事预算中，国会批准了近35亿美元的拨款，其中大部分给予空军。空军得以增员5.3万人，陆军增员8000人，海军则一无所获。[③] 至1948年7月，包括曾任众议院海军委员会主席的卡尔·文森（Carl Vinson）在内的很多议员已经转变为空军的鼓吹者。在这种环境下，空军参谋长霍伊特·范登堡（Hoyt Vandenberg）信心十足地告诉福莱斯特，由于美国不能长期花费150亿—200亿美元的军费，因此必须停止海军在航空力量上的重复建设，特别是应当终止超级航母项目。[④] 到1949年，美国政府对战略和预算的看法越来越不利于海军，不仅福莱斯特不再担任国防部部长，杜鲁门也在陆军参谋长德怀特·艾森豪威尔（Dwight Eisenhower）和范登堡的支持和建议下取消了海军最为看重的航母项目。这立即引发了时任海军部部长的约翰·苏利文（John Sullivan）的辞职，他严厉谴责政府“在没有与海军协商的情况下就采用这样一种史无前例的方式，如此严重、如此独断地改变

---

① “Record of the Luncheon Meeting Called by the Secretary of Defense”, March 20, 1948, RG218, CCS370（8-19-45）, Sec. 7；转引自 Michael J. Hogan, *A Cross of Iron*：*Harry S. Truman and the Origins of the National Security State 1945-1954*, Cambridge：Cambridge University Press, 1998, p. 104。

② “Memorandum for Outlining of the 70 Air Group Program, 8 April 1948”, papers of Clark M. Clifford, DHTP 10, doc. 81.

③ “19 April 1948”, Forrestal Diary, pp. 418-421.

④ “28 July 1948”, Forrestal Diary, pp. 466-469.

和限制军种运作”。[①] 随后，不甘失败的海军掀起了“海军上将暴动”（Admiral Revolt），公然违背白宫的指示打起了宣传战，在国会发起了针对空军的腐败指控。海军上将雷德福（Arthur Radford）在国会听证时质疑了核威慑作用，他声称：“我不相信核突击能够有效阻止战争的爆发，也不相信它能够赢得战争。我不认为核突击理论已经被军人普遍接受。”[②] 但是，反抗的结局是时任海军行动部部长（相当于陆军参谋长）的路易斯·丹菲尔德（Louis Denfield）遭到杜鲁门解职，并且还带来了增强国防部对军种控制能力的《国家安全法修正案》。

1949 年 8 月，美国国会通过了《国家安全法修正案》，将国家安全部门（NME）改组为国防部，剥夺了各军事部门和部长的内阁地位、国家安全委员会席位以及与总统直接接触的渠道，明确规定了“在遵循总统的权威和指示下，国防部部长能够决定以何种形式和方法准备、发表和论证国防部的军事预算评估，并且管理一切已批准的项目”。[③] 除此之外，国防部还将设立审计长（comptroller）一职来统一负责预算制定、审计、数据汇总和内部听证等事务。相应地，参谋长联席会议的决策方式也由一致同意变为多数决定。[④] 这一修正案的通过标志着美国最终建立起针对军事部门的更为严格的文官控制，体现了“精打细算的冒险”这一双重战略在制度层面的胜出。

（四）小结与扩展思考

美国在冷战初期的国家安全机制建构表明，一国在日益激烈的国际安

① Paul Y. Hammond, Super Carriers and B－36 Bombers: Appropriation, Strategy and Politics, Indianapolis: Bobbs-Merrill, 1963, pp. 27-30.

② “U. S. Congress, House, Committee on Armed Services”, *The National Defense Program-Unification and Strategy Hearings 81 : 1*, Washington, D. C., 1949, pp. 52, 186.

③ “Public Law 216, 81st Congres-10 August 1949”, Historical Office of the Secretary of Defense, The Department of Defense Documents on Establishment and Organization 1944－1978, Washington, D. C.: Government Printing Office, 1984, pp. 84-107.

④ “Public Law 216, 81st Congres-10 August 1949”, Historical Office of the Secretary of Defense, The Department of Defense Documents on Establishment and Organization 1944－1978, Washington, D. C.: Government Printing Office, 1984, pp. 84-107.

全竞争中完全可能采取去军事化的制度调适，而且这与推行扩张性的外交政策之间并不必然存在矛盾。在这种看似矛盾的组合之下，一以贯之的是美国政治精英对自身的短期和长期优势的确信，以及建立在这一认知基础上的战略——在不增加军事投入的前提下积极遏制竞争对手。在批评者看来，这种做法忽视了国防安全的专业性，将反映社会价值需要的政治决策凌驾于反映安全功能需要的军事评估之上，但恰恰是这种做法显著削弱了军事化对于军事部门乃至整个政治制度的不良影响。这种去军事化又是以军事部门内部的集中决策和军政部门间的分离为特征。前者是为了增强文官领导，后者则是削弱相互渗透，有意减缓决策进度。例如，主张战略收缩的奥巴马政府一方面加强了政府对国家安全委员会幕僚体系的控制，另一方面又在国家安全委员会的正式机制中明显表现出“拖延决策”的特征。这一双重做法的目的是削弱国务院和国防部对政府的压力，避免提升对外干预的强度和投入。[①] 总体而言，这一案例比较清晰地展现了优势感知、战略制定和制度调适之间的关系，较为有力地说明了为什么冷战初期的美苏安全竞争没有让美国的国家安全制度军事化，反而带来了更为坚实的文官控制。

不过，美国在冷战初期的国家建构也并非单向的去军事化。伴随着苏联在1949年年底掌握了核武器以及1950年朝鲜战争的爆发，美国决策精英虽仍然坚信美国拥有长期优势，但是对于这一长期优势是否足以构成短期威慑还是产生了强烈的动摇。美国决策精英中认为外交承诺和现实力量并不匹配的观点逐渐占据上风，其结果是形成了短期劣势的认知，导向了强调大规模军备扩张的NSC68号文件。这不仅仅使得美国的年度军费开支在短期内由135亿美元攀升至482亿美元，而且还确定了必须在和平时期维持大规模军备的战略。[②] 这直接催生和壮大了日后被称为“军工复合体”的军工利益集团。这一变化从反面验证了一旦对短期优势的感知出现了明

① 参见肖河《收缩战略下的美国对外决策机制——简评奥巴马政府的国家安全委员会》，《当代世界》2016年第5期。

② David T. Fautua, “The ‘Long Pull’ Army: NSC68, the Korean War, and the Creation of the Cold War U. S. Army”, *The Journal of Military History*, Vol. 61, No. 1, 1997, pp. 94-95.

显削弱，长期优势所能发挥的抑制军事化的作用将大打折扣。不过，总体而言，朝鲜战争对美国短期优势感知的削弱程度还不足以彻底颠覆已有认知。在进行了有限的军备建设后，朝鲜战争结束后，美国又恢复了对短期优势的自信，并再次有意识地控制军工复合体的影响。①

与此类似，以色列在激烈的中东安全竞争中能够逐渐从高度军事化走向去军事化，而其大部分邻国却深陷堡垒国家泥潭的对比可能也适用于本文的解释框架。从 20 世纪七八十年代开始，在历经多次战争的以色列，国家特别是军事部门对社会的控制能力却在持续下降。② 此外，在整个冷战时期，以色列都未建立起统筹决策的国家安全委员会，而是保持着相对分散的军政协调机制。直到 1999 年，以色列总统内塔尼亚胡在建立国家安全委员会时还面临内阁部长的坚决反对。③ 考虑到中东地区的安全竞争高度激烈，路径依赖理论又指向军事化社会的自我强化，那么对以色列政治发展的合理解释就是以战争为极端表现形式的安全竞争中可能同样存在增强社会异议（dissent）能力的机制。可以假设，正是因为以色列拥有相对周边阿拉伯国家的长期优势，随后又逐步构建起明显的短期优势，才使得以色列在安全竞争中逐步推进去军事化。此外，由于安全形势复杂多变，以色列的议会政治更加倾向于组建远超过组阁需要的大政治联盟，以便在应对外部冲击时不至于因为政策转向而导致内阁垮台。④ 以此而言，在拥有优势的情况下，激烈的安全竞争反而使得以色列的主导政治联盟更具多元代表性。无论如何，以色列在 1947 年后的政治发展能够说明，1945—1950 年的美国并非安全竞争反向促进去军事化的孤例。

---

① 朝鲜战争爆发后，杜鲁门政府虽然承认美国的军事力量和外交承诺之间确实存在差距，但是仍然认为这是苏联的“扰乱战略”，是要利用朝鲜分散美国的注意力、削弱美国的经济力量，因此军备建设仍然需要保持适度。参见 Melvyn P. Leffler, *A Preponderance of Power: National Security, the Truman Administration and the Cold War*, Redwood: Stanford University Press, 1993, pp. 398-445。

② Gad Barzilai, “War, Democracy, and Internal Conflict: Israelina Comparative Perspective”, *Comparative Politics*, Vol. 31, No. 3, pp. 317-336.

③ 张骥主编：《世界主要国家国家安全委员会》，时事出版社 2014 年版，第 372 页。

④ Douglas M. Stinnett, “International Uncertainty, Foreign Policy Flexibility, and Surplus Majority Coalitions in Israel”, *The Journal of Conflict Resolution*, Vol. 51, No. 3, pp. 470-495.

五　结论：竞争态势感知的塑造

针对“逆转的第二意象”研究在安全竞争议题上的不足，本文提出了一个新的理论框架来解释安全竞争对国内结构的影响，其中的关键中间变量是一国的决策精英如何感知自身在安全竞争中的态势。与强调安全竞争的强度差异的传统逻辑不同，本文主张以长期和短期中的优势或者劣势地位来对竞争进行分类。在这一基础上，本文指出，对竞争态势的不同感知将引发不同的战略反应，不同的战略反应则会进一步呼唤相应的制度调适。根据该框架，可以看出，并非所有的高强度的安全竞争都会促进国内制度的军事化，相反，长期和短期优势都能够有效抑制国家的军事化冲动。值得强调的是，本文认为，竞争中的优势地位之所以能够对国内结构的去军事化发挥积极作用，不仅仅是因为该国处于优势，还在于安全竞争存在本身。正如“无敌国外患者，国恒亡”所言，外部竞争的存在有时是防止国内制度“专注于国内掠夺”的重要甚至唯一条件。以此而言，安全竞争本身就存在对国内制度的积极影响，只不过竞争和优势感知的共存能够最大限度地引发这一效应。

本文的创新之处在于不依赖于其他特定的单元层次的因素来构建安全竞争对国内结构影响的理论，包括安全竞争开启的时代差异、历史制度遗产或者国内的社会结构，而是以竞争中的长期和短期力量对比这一更加普适性的因素作为变量，这能够显著拓宽该框架的解释范围。当然，本文的案例对于检验理论而言只是走出第一步，还缺少对不同类型的战略反应及其相应制度调适的全面展示。但是，其中最有价值、最不符合既有常识的一种情况已经得到了部分验证。在现实层面，这表明守成大国针对崛起大国的安全挑战未必导致后者陷入制度层面的“赶超陷阱”。

不过，按照这一理论框架，崛起大国要想避免在国内发展中误入歧途，也并非“顺其自然”即可。本文理论中的核心变量是对力量对比的感知，而非力量对比本身。如何认识自身在安全竞争中的态势，如何做出战略反应是中国能否避免以往大国在崛起过程中受挫的关键。首先，在长期力量对比方面，崛起大国很容易认为自身拥有长期优势，但是问题在于如何看待这一优势的来源。如果认为优势是来自国家对经济更有效的控制和汲取，而非开放市场的充分发展，那么反而会诱使资源消耗部门对资源生产部门的进一步掌控。前者利用安全竞争谋求部门利益的可能性就会随之提高，而以防止过度反应作为主导战略的可能性将随之降低。其次，对短期力量对比的认知会产生更直接也更严重的影响。崛起国对短期劣势的感知越强烈，其对长期优势的感知带来的良性影响的抵消就越明显。实际上，在主要大国均拥有核武器的当今时代，崛起大国并不会真正地面临生死存亡的危机，因此，对军事冲突的预期并非源自国际体系，而在于行为体层面对不同利益轻重缓急排序的不同认识。要想避开崛起过程中的军事化陷阱，崛起大国并非只能无能为力地承受现实力量对比的影响，相反，其有足够的空间通过调整战略认知来加以回避或者缓解。

一言以蔽之，不同类型的国际安全竞争会对国内结构产生不同的影响，但是这种影响并不完全由客观现实决定，如何认识客观现实会产生更加重大的影响。在安全竞争中，完全有可能双方都认为自身处于劣势或者优势。从这种意义上来说，国内制度并不存在由国际结构所决定的发展方向，其始终是作为整体的国内政治精英的选择。

（本文发表于《当代亚太》2019 年第 4 期）

国际秩序的评判研究

邹治波*

内容摘要：当前，世界正处于百年未有之大变局，国际秩序变革加速推进，未来要构建一个什么样的国际秩序是国际社会面临的重大问题。这一问题在学理上涉及如何评判国际秩序的良莠，即建立科学认识和评判国际秩序的标准和方法。在分析国际秩序构成要素、定义和内涵等概念要义基础上，可从静态和动态两个维度来评判一个国际秩序。在静态存在状态上，衡量标准主要包括国际秩序有无和国际秩序完备性：前者涉及各行为体是否存在常态化关系以及是否存在被普遍认可和接受的国际规范及惩戒机制两个具体指标；后者涉及行为体参与度、规范完备性和惩戒机制的有效性三个刻画指标。在动态表现结果上，主要用战争（包括冲突）频度和危机频度衡量一个国际秩序的合理性，用国际秩序的时间跨度即存续时间作为衡量一个国际秩序的稳定性。以东亚朝贡秩序和欧洲威斯特伐利亚秩序的历史事实和数据为依据，对两者的完备性、合理性和稳定性进行实证比较，可验证这一评断标准。

关键词：国际秩序 国际规范 国际法 朝贡秩序 威斯特伐利亚秩序

一 引言

当前，世界正经历百年未有之大变局，国际秩序也处于第二次世界大

* 邹治波，中国社会科学院世界经济与政治研究所副所长、研究员。

战以来的最大调整期。随着世界格局的变迁，未来应构建一个什么样的国际秩序是当今国际社会面临的重大问题，这是世界之问、时代之问。要回答这个问题，应在从学理上厘清国际秩序的概念和内涵的基础上，建立一个科学认识评判国际秩序的标准和方法，以更好地引导未来国际秩序的构建。国际秩序是国际政治理论研究的主要内容之一，国际政治学者也发表了大量有关国际秩序的学术研究成果。但迄今为止，中外学术界大都从价值角度评价国际秩序的良莠，未能提出一个能够用来评估国际秩序的标准。这无疑难以客观、理性、准确地评判国际秩序。

要做出对国际秩序的全面、客观、准确的评判，首先要全面、客观、准确地理解国际秩序这一概念，吃透其要素、定义及内涵。目前中外学界在这些问题上仍有较大分歧。本文试图从国际秩序构成要素入手，通过挖掘其要义提出一个较为全面和清晰的国际秩序定义，从静态评判和动态评判两个维度给出一种评判国际秩序的标准和方法，并以东亚的朝贡秩序与同时代的欧洲威斯特伐利亚秩序为案例进行实证比较。

二　国际秩序的概念

本部分将从构成要素、定义和内涵入手分析国际秩序的基本概念，以期全面理解和准确把握相关问题。

（一）国际秩序的构成要素

要正确理解和准确定义国际秩序，首先应明确国际秩序其中的构成要素。中外学界对国际秩序构成要素的认识存在较大分歧。2014 年 7 月 2 日，中国现代国际关系研究院召开了国际秩序的专题研讨会，与会学者围绕国际秩序构成要素和定义等提出各自的见解，这些认识一定程度上代表了中国国际政治学者有关国际秩序问题的普遍看法。[①] 但学者们提出的国际秩序构成要素不尽相同，比较分散、宽泛，将原则和机制、价值观和道

① 林利民：《如何认识国际秩序（体系）及其转型?》，《现代国际关系》2014 年第 7 期。

德、格局和体系、权力和权势、文明因素和经济力量等众多因素都纳入其中。显然，将过于分散和宽泛的因素纳入国际秩序构成要素，我们既无法清晰准确地定义国际秩序，又难以抓住国际秩序的核心要素、把握国际秩序的本质。

阎学通基于以上中国学者对国际秩序构成要素的认识，提出国际秩序构成的三个要素：国际主流价值观、国际规范和国际制度安排。[①] 外国学者对国际秩序构成要素的看法同样存在分歧。亨利·基辛格（Henry A. Kissinger）在《世界秩序》一书中提出国际秩序的构成要素主要有两点：一是一套明确规定了允许采取行为的界限且被各国接受的规则，二是该规则受到破坏时强制各方自我克制的一种均势。[②] 赫德利·布尔（Hedley Bull）则把共同利益、国际规则和制度三个因素视为国际秩序构成要素，认为国际社会的“秩序不仅是有一组条件的结果，也是关于共同利益、行为规则和制度这三者观念的结果。共同利益的观念基于社会性的基本目标，行为规则的观念用于支持这些目标，制度的观念则有助于使规则有效率”。[③] 显然，中外学者对国际秩序构成要素的看法不尽相同。

中外学者的代表性研究成果都将价值观视为国际秩序的构成要素。毋庸讳言，价值观在构建国际秩序中发挥着指引作用，特别是对国际秩序的核心要素——国际规范起着决定性作用。但价值观属于上层建筑范畴，只有当它化为约束各行为体的具体原则、规则并体现在具体的国际规范中，才能真正体现其宗旨和意义。这就是价值观在国际秩序中的关键作用。所谓“内化于心、外化于行”就是这个道理。因此，价值观本身并不是国际秩序的构成要素，而是指导国际秩序建立、决定国际秩序属性的因素。

所谓事物的构成要素就是事物存在的最基本因素，离开其中任何一个因素，事物都不可能存在。从国际秩序的渊源和目的、历史演变及其实践看，本文认为，国际秩序主要有国际行为体、一套被普遍接受的国际规范

---

① 阎学通：《无序体系中的国际秩序》，《国际政治科学》2016年第1期。

② ［美］亨利·基辛格：《世界秩序》，胡利平等译，中信出版集团2015年版，第18页。

③ Hedley Bull, *The Anarchical Society: A Study of Order in World Politics*, *4th Edition*, Hampshire and New York: Palgrave Macmillan, 2012, pp. 62-63.

和相应的惩戒机制三个构成要素。首先，国际行为体是国际秩序的行为者，也是构成国际秩序的最基本要素：只有秩序范围内的行为体尤其是主要行为体均参与到秩序中，这个秩序才可称为国际秩序。其次，需要有一套为各行为体普遍接受的国际规范，这是国际秩序的核心要素。最后，对违反规范的惩戒机制也是构成国际秩序不可或缺的要素。这套机制能够维护规范的有效性，使国际秩序真正运行起来，否则国际秩序就会有名无实。综上，国际秩序应由基本要素（国际行为体）、核心要素（国际规范）和必要要素（惩戒机制）构成。

需要特别指出，国际秩序中的惩戒机制存在效力受到限制的先天缺陷，这是由国际社会的无政府属性决定的。由于没有建立起国家的世界政府，也就没有一个建立在各国政府主权之上的强制性法律执行机构，因此，国际惩戒机制的建立和运行只能经由各国特别是大国的参与和配合实现，需要它们为此提供公共产品。这样，惩戒机制的效力就由各国特别是大国的态度所决定，也受这些国家的政治立场和利益取舍影响，这就决定了惩戒机制效力的有限性。比如，就较为成熟完备的当今国际秩序而言，其惩戒机制是集体安全机制，由联合国安理会决定并予以实施。联合国安理会能否有效地对违反《联合国宪章》和危害国际安全的行为行使惩罚的职责受制于大国的态度。而大国是根据其政治立场和自身利益进行决策的，当因某些事项对某些国家进行惩戒不符合大国利益时，特别是当大国自身就是违反《联合国宪章》的行为者时，拥有否决权的大国就会对此进行否决，联合国安理会因此无法对相关行为做出惩罚决议，惩戒机制则不能发挥作用，这大大影响了国际秩序惩戒机制的效力。如针对以色列侵占巴勒斯坦领土的诸多联合国安理会决议提案，美国均行使了否决权，致使巴勒斯坦领土被以色列不断蚕食，而以色列没有因此受到惩罚。针对美国入侵格林纳达和巴拿马等行为，因美国是联合国安理会常任理事国，安理会无法通过谴责和制止的决议，不能发挥制止侵略、维护国际安全的作用。根据联合国安理会的票决统计，美苏（俄）两个大国在联合国安理会行使否决权次数占全部常任理事国否决权次数的75%以上，这两个大国的争斗是影响联合国安理会效力的主要因素。[①]

（二）国际秩序的定义

国际秩序是国际政治理论研究的主要内容之一，国际政治学者发表了大量研究成果。但一直以来，学界并没有一个关于国际秩序的统一定义，也没有一个能够用来评估国际秩序的基本框架。[②] 阎学通在总结中外学者有关国际秩序定义的基础上，将国际秩序定义为“国际体系中的国家依据国际规范采取非暴力方式处理冲突的状态”。[③] 他还特别强调：“该定义明确了国际秩序的本质是无军事暴力行为……明确不使用暴力，可以为人们判断一个时期有无国际秩序提供最基本的标准。”[④] 该定义将国家定义为国际秩序的行为体，符合现代国际秩序范式；将国际规范引入国际秩序定义，也抓住了其核心要素。但这一定义有关暴力问题的处理存在两个问题：第一，将“采取非暴力方式处理冲突”引入定义，而把暴力因素排除在国际秩序定义外，实际上是将现有国际秩序中不可或缺的惩戒机制排除在外，因而是不全面的。第二，将“不使用暴力”作为“存在国际秩序”的标准，显然与历史事实不符。以第二次世界大战后建立的国际秩序为例，可以非常直观地看出这一定义存在的上述两个问题。现有国际秩序是以各主权国家为国际行为体、以《联合国宪章》为主要国际规范、以联合国安理会决议及其行动作为惩戒机制的集体安全秩序。其中，联合国安理会负责对包括武装侵略等非法使用武力的情况做出包括军事反应等强制措施在内的决议并开展行动，也就是说现有国际秩序含有暴力方式和暴力行为。若遵循上述定义，就会对第二次世界大战后建立的国际秩序产生认知偏差。一是含有暴力因素的联合国安理会体制不应该是构成现有国际秩序的一部分，而这一体制恰恰是现有国际秩序最重要、最核心的组成部分。

---

① 参见《安理会常任理事国在公开会议上所投的否决票》，https：//www. un. org/security-council/zh/content/veto。

② 唐世平：《国际秩序变迁与中国的选项》，《中国社会科学》2019 年第 3 期。

③ 阎学通：《无序体系中的国际秩序》，《国际政治科学》2016 年第 1 期。

④ 阎学通：《无序体系中的国际秩序》，《国际政治科学》2016 年第 1 期。

例如，在1990年8月伊拉克武力吞并科威特这一严重违反《联合国宪章》的行为发生后，联合国安理会授权联合国会员国可以使用“一切必要手段”执行联合国通过的各项决议。根据这一决议，以美国为首的多国部队出兵海湾，用武力将伊拉克军队赶出科威特，恢复了科威特主权和领土完整，维护了国际正常秩序。这是现有国际秩序中采取暴力方式处理冲突的典型案例。二是因为现有国际秩序含有“使用暴力”因素，若按照上述定义理解，那么就可以认为现在不存在国际秩序，这显然与国际政治现实不符。

布尔在《无政府社会：世界政治中的秩序研究》一书中将国际秩序定义为“追求国家社会或国际社会的基本或主要目标的行为格局”，① 并把这些目标归结为维持国际社会本身的生存、维护国家的独立和主权、追求国际社会成员之间没有爆发战争的状态（即以和平为目标）。② 布尔提出了国家和国际社会的概念，认为国家是“拥有政府并声称对地球表面的特定地区和世界人口的特定部分享有主权的独立政治共同体”，国际社会则是“两个或两个以上国家之间有足够的交往并对彼此的决策有足够的影响，从而使得它们能作为一个整体的组成部分来行为而构成的体系”。③ 可以看出，布尔对国际秩序的定义仅仅将现代意义上的国家作为国际行为体，这只适用于现代国际秩序的概念范畴，缺乏历史性。同时，布尔将国际秩序归结为一种格局而非状态，没有体现国际秩序定义在内容和形式上的统一。④

准确定义国际秩序，有必要分别理解国际秩序中的两个关键词——秩序和国际。按照《辞海》的解释，“秩，常也；秩序，常度也，指人或事

---

① Hedley Bull, *The Anarchical Society: A Study of Order in World Politics*, *4th Edition*, Hampshire and New York: Palgrave Macmillan, 2012, p. 8.

② Hedley Bull, *The Anarchical Society: A Study of Order in World Politics*, *4th Edition*, Hampshire and New York: Palgrave Macmillan, 2012, pp. 16–18.

③ Hedley Bull, *The Anarchical Society: A Study of Order in World Politics*, *4th Edition*, Hampshire and New York: Palgrave Macmillan, 2012, pp. 8–10.

④ 阎学通：《无序体系中的国际秩序》，《国际政治科学》2016年第1期。

物所在的位置，含有整齐守规则之意”。[①]《现代汉语词典》将秩序解释为“有条理、不混乱的情况”。[②]《韦伯斯特新大学词典》将秩序解释为“社会政治体系的一种特定范围或方面的规律或和谐的安排”。[③]

国际一词则是相对国家而言的，凡是发生在国家间的关系都应属于国际关系。当然，国家这一概念也是近代以来才出现的。从一般国际法看，只有国家才具有承担国际法权利和义务的能力，即国家是国际法的唯一主体。[④] 现代国际秩序也是以国家作为国际行为体而承担国际责任和义务的。然而，我们不应仅着眼于现代国际秩序，而应从人类历史的宏大角度来认识和定义国际秩序。对国际秩序的定义应具有历史格局，这样也才具有学术的普遍意义。历史地看，凡是能对一定数量的居民、一定规模的领土拥有排他性管辖权的政治单元，都应视作国际行为体。[⑤] 因此，近现代以前的帝国、王国、公国甚至一些较大的部族等符合这一定义的政治单元都可称为国际行为体，它们在所在地区于一定历史时期形成的秩序都应视为国际秩序。因为这些秩序具备国际秩序的构成要素，具有国际秩序的特征。

根据以上对国际秩序的构成要素和国际秩序内涵词语本义的分析，本文认为秩序是相互关联、相互作用的单元共处一个体系内，按照一定规范发生关系所体现出的一种有条不紊的状态。基于此，本文认为，国际秩序是各国际行为体在其所处的国际体系内，按照普遍或共同认可的国际规范发生关系而呈现出的状态。

本文给出的国际秩序定义具有普遍意义和一般的适用性，不仅可用于研究现代的国际秩序，也可将古代形成的地区性国际秩序纳入现代国际政治理论研究范畴，这在一定意义上扩展了国际秩序研究的宽度。广义地

① 《辞海》，上海辞书出版社 1979 年版，第 1123 页。

② 《现代汉语词典》（第七版），商务印书馆 2016 年版，第 1694 页。

③ 参见 *Websters New Collegiate Dictionary*, Springfield: G. & C. Merriam Company, 1977, p. 807。

④ 朱晓青主编：《国际法》，社会科学文献出版社 2005 年版，第 44 页。

⑤ 这一定义是在参考国际法对国家定义的基础上，根据世界历史变迁及其所呈现出的状态而提出的。

看，国际秩序并非仅指作用于全球的世界性秩序，如凡尔赛—华盛顿秩序、雅尔塔秩序等国际政治秩序以及以世界贸易组织（WTO）、国际货币基金组织（IMF）和世界银行为核心的国际经济秩序等；也包括在各地区或某领域内形成的各种多边秩序，如以欧盟为核心的欧洲秩序和以东盟为核心的东南亚政治经济秩序以及以正在谈判并即将达成的中日韩自贸协议为核心的东北亚经贸秩序等。可以说，该定义也拓展了国际秩序研究的广度。

（三）国际秩序的内涵

对于一个定义，需要对其词义进行深入阐释，才能全面理解和准确把握。首先，在前文给出的国际秩序定义中，第一个关键词是国际行为体。前文已对国际行为体进行了界定，即能对一定数量的居民、一定规模的领土拥有排他性管辖权的政治单元，它能在所处的国际体系内拥有一定权利并能承担对该体系和其他政治单元的责任和义务。这是一个广义的国际行为体概念，不再局限于现代国际政治理论中的国家学说，而是将历史上所有符合这一标准的政治单元都视为国际行为体，这就扩展了考察和研究国际秩序的历史视野。

其次，需要理解国际行为体所处国际体系这一概念。体系是指“若干有关事物或某些意识互相联系而构成的一个整体”。[①] 国际体系是指国际行为体互相联系而构成的一个整体。国际秩序既可以是世界性、全球性的，也可以是地区性、区域性的，关键要素是这些政治单元是相互联系、相互作用的，因而同处于一个国际体系。如果一个国际体系外的政治单元没有与体系内政治单元相互联系，则它不属于这个国际秩序的一部分。

再次，需要对另一个关键词国际规范进行明晰定义。规范是约定俗成或明文规定的标准，把规范含义引入国际秩序概念，国际规范即可定义为体系内国际行为体所普遍接受并遵守的约定俗成或明文规定的行为标准。国际规范包括原则、规则和长期形成的国际习惯等。

---

① 《现代汉语词典》（第七版），商务印书馆 2016 年版，第 1288 页。

最后，国际行为体对国际规范的普遍或共同认可也是一个不可或缺的要素。以被誉为近现代国际秩序开端的威斯特伐利亚秩序和之后的维也纳秩序为例，其中的国际行为体只是西方国家，只有它们是体系中共同国际规范的制定者和接受者。亚洲、非洲等地区的广大国家则是局外者，这些国家从未真正认可和接受这种国际规范，西方国家也从未按照这种规范对待亚非国家，因而亚非国家并不是这种秩序的国际行为体。也就是说，威斯特伐利亚秩序和维也纳秩序只是欧洲秩序，是一种地区性国际秩序而非世界性国际秩序。

这一定义不仅可涵盖世界上各个地区在特定历史时期内形成的相对稳定的国际秩序，也覆盖了当今世界在各地区/区域在各领域形成的多个多边秩序，具有历史格局和丰富含义，拓展了国际秩序定义的深度和广度。这一定义对国际秩序研究有两点意义：一是承认历史上在不同地区形成的国际秩序，而非以现代国际秩序观来认识和评判古代各地区的国际秩序；二是在研究当代及未来世界和多个多边国际秩序时可以采取一种更加宽广的视角。

三　国际秩序的评判

评判一个国际秩序良莠的核心在于采用什么样的方法和标准。国际秩序的评判问题不仅关系到如何看待历史上出现的多个国际秩序，也关系到对当前国际秩序深刻演变的认知，更攸关对如何构建一个公正合理的国际秩序的导向。

目前，研究国际秩序评判问题的既有学术成果相对较少，西方学者基本没有就此进行专门研究，中国学者也主要从道义角度讨论既有国际秩序的好坏以及什么样的国际秩序更合乎一定的道义标准。这方面比较有代表性的是阎学通等学者的研究。阎学通认为，对国际秩序的判断有三个层次，即秩序的有无、秩序的稳定与否以及秩序是否具有公平正义性。秩序的有无是定性判断，以是否发生战争为标准；秩序的稳定与否是对其程度的判断，以有无危机为标准；关于国际秩序是否具有公平正义性，则属于价值判断。① 唐世平提出了一个国际秩序变迁的四维评估框架。第一，秩序覆盖空间和领域的广度。覆盖的空间和领域越大，秩序建立和维持的难度越大，建立和维持的成本也会越高。第二，秩序对权力的相对集中或垄断。秩序内权力分布的显著变化通常会导致秩序的重要变化。秩序内的权力分布与该秩序的和平与稳定并不是简单的线性关系。第三，秩序的制度化程度。制度化程度越高，秩序的稳定性就越高，拥有该秩序的体系也越和平。当然，制度化程度越高并不一定意味着这个秩序越好。第四，制度被内化的程度。制度被内化的程度越高，秩序越稳定。但是，制度被内化的程度更高并不意味着秩序更好。② 戴长征把道义性作为评判国际秩序的标准，认为只有符合道义的国际秩序才能维持长久。③ 这些成果在国际秩序评判研究方面具有一定的开创性：阎学通实际上提出了对国际秩序评判的三个标准，唐世平虽然更多讨论的是国际秩序变迁的评估框架，但也已涉及对国际秩序好坏、稳定与否等的评判。在既有研究成果和对国际秩序变迁历史研究基础上，本文提出如下评判国际秩序的方法和标准。

（一）国际秩序的评判维度

人们对国际秩序这一国际政治性问题的看法和评估必然带有价值取向，并受文化理念和利益取舍影响。具有不同文化背景、价值观和国家利益的个人对同一国际秩序的看法可能存在差别甚至完全不同，评判标准分歧较大。无论是中国学者提出的标准（如阎学通提出的公平正义性等）还是西方学者以“自由、民主和人权”为原则的道德观来看待国际政治问题，都难以对国际秩序的良莠这一主观评判取得一致看法。因为即使大家都同意使用正义性和道义性标准来衡量国际秩序，但因价值观、文化理念等的不同，难以就正义性和道义性的内涵达成共识。即便如此，一个国际

① 阎学通：《无序体系中的国际秩序》，《国际政治科学》2016 年第 1 期。

② 唐世平：《国际秩序变迁与中国的选项》，《中国社会科学》2019 年第 3 期。

③ 戴长征：《道义与国际秩序》，《现代国际关系》2014 年第 7 期。

秩序的存在状态、表现特征及其所导致的历史结果是客观的。如果抛开这些涉及分歧性的主观因素标准，将国际秩序作用下的国际关系所呈现出的状态和结果与建立该秩序所追求的目标相比较，以结果与目标相吻合的程度评判这一国际秩序的良莠，则更为客观、中性，也较为理性、准确。因此，我们可从国际秩序客观性的两个维度——静态存在的状态和动态的表现结果评判国际秩序，这样就能够排除文化背景、价值观和国家利益等主观因素的影响，客观理性地看待和评判一个国际秩序。

对国际秩序客观性的第一个维度即静态存在状态的衡量，我们可以用国际秩序的有无和是否完备两个标准进行评判。若在特定历史时期、在一定区域范围内存在一个国际秩序且该秩序具有较好的完备性，则可以说这个地区是有秩序的。我们也可把对国际秩序静态存在状态的评判称为静态评判。

对国际秩序客观性的第二个维度即动态表现结果的衡量，我们用国际秩序的合理性和稳定性两个标准来进行评判。若在特定历史时期、在一定区域范围内不仅存在一个国际秩序且该秩序具有较好的合理性和稳定性，则可以说这个地区的秩序是良好的。因此可把对国际秩序的动态表现结果的评判称为动态评判。

（二）国际秩序的静态评判

1. 国际秩序的有无

从国际秩序的静态存在状态评判一个国际秩序，首要标准是看一定区域范围内有无国际秩序。国际秩序的建立是维护地区和世界有条不紊关系状态的基本因素。17 世纪的英国政治哲学家托马斯·霍布斯（Thomas Hobbes）就指出，最坏的政府也好过无政府状态，这一观点得到普遍认可。

判断有无国际秩序的指标有两个。一是各行为体是否存在常态化关系，如果行为体各自处于孤立封闭状态，则谈不上国际秩序。在近代以前的非洲和拉美等地区，各王国和部族彼此基本处于分散隔绝状态，这种状态不可能形成国际秩序。二是在各行为体建立常态化关系的情况下，是否存在被普遍认可和接受的国际规范及惩戒机制。若不存在这样的规范和机制，就不能构成国际秩序。在威斯特伐利亚秩序形成以前的欧洲，虽然欧洲各王国和公国等保持着一定的政治宗教和经济贸易关系，但没有形成一套被各方认可并遵守的行为规范及相应的惩戒机制，也就没有形成一个国际秩序。

2. 国际秩序的完备性

从国际秩序的静态存在状态评判一个国际秩序，第二个标准是要看国际秩序的完备性。国际秩序的完备性是指国际秩序构成要素的完整性以及三个构成要素各自的完备程度。国际秩序构成要素的完整性是指三个构成要素缺一不可，否则国际秩序就不完整；三个构成要素各自的完备程度是指体系内行为体参与度、规范完备性和惩戒机制的有效性。

下文对各个构成要素的完备程度指标进行刻画。对国际行为体的刻画主要是通过体系内行为体的参与度，即体系内参与秩序的行为体力量与体系中全部行为体力量之比，比值越大，说明行为体参与度越高、该国际秩序越完备。行为体参与度实际上关系到国际秩序的一个重要标准——合法性。

合法性一词在政治学中通常用来指政府与法律的权威为民众所认可的程度。从国际法角度来看，包括条约在内的国际规范之所以对体系内的国家有约束力，就在于它们是体系内国家共同意志的体现。因此，“同意”是整个国际法律制度效力以及某一具体国际法规范对某一具体国家效力的基础。[①] 本文将国际秩序的合法性定义为体系内行为体对国际规范认可和接受的程度。行为体对国际规范认可和接受程度越高，则这一国际秩序的合法性越强，反之则越弱。行为体在对国际规范认可和接受上的表现都将对国际秩序合法性产生影响。国家对国际规范的认可与接受是两个不同的概念：认可表示一个国家肯定这个国际秩序所确立的原则、宗旨及规则等国际规范；接受则表示一个国家正式签署条约，在法律上加入这个国际秩

① 朱晓青主编：《国际法》，社会科学文献出版社 2005 年版，第 4 页。

序，承担相应的国际责任和义务。一个国家认可国际规范并不意味它一定会接受这个国际规范；同样，一个国家接受国际规范并不意味它一定认可这个国际规范。例如，第一次世界大战后美国对凡尔赛—华盛顿秩序所确立的国际规范是高度认可的，因为它体现了美国总统伍德罗·威尔逊（Thomas Woodrow Wilson）的思想，这一秩序也是在美国倡导下建立的。但受国内孤立主义影响，美国国会拒绝批准加入《凡尔赛和约》，美国没有加入威尔逊一手缔造的国际联盟。这表明美国认可但未接受凡尔赛—华盛顿秩序的规范。而战败国德国在《凡尔赛和约》中受到严厉惩罚，对此充满怨恨，虽然被迫接受了条约安排，但从此也播下了仇恨的种子，这成为德国发动第二次世界大战的重要原因。这表明，德国虽然接受了凡尔赛—华盛顿秩序的规范，但根本就不认可它。

因此，我们可以用合法性刻画体系内行为体的参与度。合法性能在一定程度上体现国际秩序的合理性和稳定性。[①] 基辛格在《世界秩序》一书中高度肯定了合法性对国际秩序成败的作用，认为“一种国际秩序的生命力体现在它在合法性和权力之间建立的平衡”。[②] 需要特别指出，从国际秩序的历史实践看，主导性国家特别是大国参与国际秩序至关重要，否则国际秩序就难以成功。基于上述分析，合法性可表示为：

合法性=参与秩序的行为体力量/体系内全部行为体力量

通常而言，有了体系内包括所有主要大国在内的绝大多数国际力量的参与，该国际秩序才算得上具有基本的合法性；若有了体系内所有国家行为体的参与，该国际秩序就实现了完全的合法性。例如，在第一次世界大战后形成了凡尔赛—华盛顿秩序，由于缺少美国和苏联这两个重要大国的参与，使其合法性深受质疑，这也为该秩序的失败命运埋下伏笔。

对国际规范的刻画可以通过规范完备性，它是指秩序确立的原则、规则及国际习惯等涵盖实现秩序主要目标的程度。国际秩序确立的规范越能

① 合法性本来是一个主观性概念，但这里所提国际秩序的合法性是指国际秩序的参与度，是一种客观存在的事实标准。

② ［美］亨利·基辛格：《世界秩序》，胡利平等译，中信出版集团2015年版，第75页。

满足实现秩序的目标尤其是主要目标，这一国际秩序就越完备，反之同理。规范完备性难以定量刻画，故采取定性刻画指标，可在一定实践基础上通过德尔菲法（Delphi method）给出数值指标。①

对惩戒机制的刻画则是通过惩戒有效性实现，它是指对体系内行为体违反国际规范的阻遏效力，包括威慑力、反应能力和惩罚能力。若这一机制效力不足，则国际秩序难以有效运行。凡尔赛—华盛顿秩序之所以失败，一个重要原因是其惩戒机制的有效性严重不足。惩戒机制有效性的评估涉及惩戒力量的构成、决策机制和执行力，也难以定量刻画，只能通过实践判定。

通过行为体参与度、规范完备性和惩戒机制的有效性这三个指标可较为全面客观地衡量一个国际秩序的完整性，并在一定程度上可判断该秩序是否成熟或成功。用这一标准分析第一次世界大战和第二次世界大战后建立的国际秩序成功与否，就能得出与历史结果相吻合的结论，从而验证这一标准。

按照上述标准看，第一次世界大战后建立的凡尔赛—华盛顿秩序存在严重缺陷。首先，从体系内行为体参与度看，当时已成为世界第一的美国因国内孤立主义影响拒绝参加这一体系，另一个重要大国苏联因意识形态被西方国家拒之门外。这样，在当时世界六大国家（美国、英国、法国、德国、苏联和日本）中缺少两个大国，因而这一秩序的合法性严重不足。其次，凡尔赛—华盛顿秩序的国际规范存在严重缺陷。作为主要行为规范的《国际联盟盟约》并未宣布战争为非法，只是不允许会员国在某些情况下进行战争。只要这些情况不存在，会员国仍可进行战争。② 正如雷·让（Ray Jean）所说："这无异于默认战争仍然是解决国际冲突的途径，而且是正常的解决途径……其中暗含着诉诸战争的原则。"③ 可见，这一秩序的

① 德尔菲法也称专家调查法，这是一种反馈匿名函询法，是对所要断定的问题通过征询一定数量的专家，将获得的打分结果或意见等进行整理、统计、归纳，得出一个总体结果或结论。

② ［美］汉斯·摩根索：《国家间政治：权力斗争与和平》（第七版），徐昕、郝望、李保平译，北京大学出版社 2006 年版，第 500 页。

③ Ray Jean, *Commentaire du Pacte de la Socéité des Nations*, Paris: Sirey, 1930, pp. 73-74.

国际规范并没有消除战争因素，存在重大缺陷。最后，这一国际秩序的惩戒机制效力有限，前文已对这一问题进行了阐述。因此，凡尔赛—华盛顿秩序是一个不完备、不成功的国际秩序，最终未能阻止第二次世界大战的发生。

相反，第二次世界大战后在吸取凡尔赛—华盛顿秩序失败教训基础上建立的雅尔塔秩序则较大程度上克服了凡尔赛—华盛顿秩序的重大缺陷。首先，从体系内行为体参与度看，不仅中、美、苏、英、法五大国和世界上绝大多数国家加入了联合国这一体系，战败国德国、日本和意大利等也随后加入了联合国。这一国际秩序的行为体参与度非常高，到目前为止，几乎所有主权国家均加入了联合国，其合法性接近100%。其次，雅尔塔秩序的国际规范较为完备。《联合国宪章》的确立和联合国的成立标志着当代国际秩序的形成。《联合国宪章》确立了国际关系的基本原则，成为各国普遍遵守的基本行为准则以及国际条约等国际法律文书制定所遵循的指导原则。而联合国是按照《联合国宪章》要求建立的旨在推动实现《联合国宪章》宗旨、目的和原则的国际组织。当代国际秩序是以《联合国宪章》为国际关系的基本行为规范、以联合国为主要国际组织的国际秩序。《联合国宪章》和联合国构成了当代国际秩序的基础。最后，雅尔塔秩序的惩戒机制效力较强。这一国际秩序建立以联合国安理会为核心的集体安全机制，在一定程度上防止和惩戒了冲突和战争，在遏制大国冲突和战争、防止世界大战方面发挥了有效作用。相对而言，雅尔塔秩序是一个较为完备和成功的国际秩序，它也维持了自第二次世界大战以来世界总体和平与发展的局面。

（三）国际秩序的动态评判

1. 国际秩序的合理性

从国际秩序的动态表现结果来评判一个国际秩序，第一个衡量标准是国际秩序的合理性。国际秩序的合理性是指其在运行周期内实现秩序目标的程度。由于世界各地区文化、格局、环境及国际秩序所处历史阶段不同，若用道德范畴的属性如正义性、道义性等衡量一个国际秩序的良莠，很难对其做到客观准确的评判。因为以道德观评判事务不仅与个人的价值观、文化理念有关，也与个人或国家所处历史阶段或发展阶段有关，因而既不能以一己之见看待他人，也不能用今天的眼光评判历史事物。所谓适合的就是合理的，只要一个国际秩序能够在自身所处的历史阶段实现其主要目标，就可以说该秩序是一个成功的或好的国际秩序。

建立国际秩序的主要目标是防止战争、避免冲突和抑制矛盾，维持体系内有条不紊的状态。因此，我们用战争（包括冲突）频度和危机频度衡量一个国际秩序的合理性。在定义战争频度和危机频度时，不仅要考虑发生战争的次数和国际秩序的存续时间，也应考虑战争广度（参与战争的国际行为体数量）、战争宽度（战争延续时间）以及体系容量（国际秩序所包含的国际行为体数量）。因为战争广度和宽度越大，战争影响程度就越大；体系容量越大，维持正常秩序的难度也就越大。在国际秩序存在时间内，体系内的国际行为体数量越多，战争（冲突）发生次数和危机发生次数越少；而每次参与战争（冲突）和危机的行为体数量越少，每次战争（冲突）和危机延续时间越短，则该国际秩序就越成功、越好。这样就能够较全面准确地反映国际秩序实现其目标的能力。

本文将战争频度定义为在一个国际秩序内每个国际行为体平均每年参与战争（冲突）的次数，将危机频度定义为在一个国际秩序内每个国际行为体平均每年参与危机的次数。

战争频度和危机频度表达如下：

$$\text{战争频度} = \sum W_i \times Y_i/(Y \times N)$$

其中，W_i 表示第 i 次战争（冲突）参与的国际行为体数量，y_i 表示第 i 次战争（冲突）延续的年数，Y 表示国际秩序存在年数，N 表示该秩序内国际行为体数量。$i=1$，2，3……m。m 表示发生战争（冲突）的总次数。

$$\text{危机频度} = \sum C_i \times R_i/(Y \times N)$$

其中，C_i 表示第 i 次危机参与的国际行为体数量，R_i 表示第 i 次危机延续的年数，Y 表示国际秩序存在年数，N 表示该秩序内国际行为体数量。$i=1，2，3\cdots\cdots m$。m 表示发生危机的总次数。

从历史上看，一个国家若在 10 年内平均仅参加不足 1 次战争（冲突），那么可以说这个国家是相对和平的；若在 10 年内平均发生不到 1 次与他国的危机，则可以说这个国家对外关系相对稳定。同理，若在一个国际秩序内，10 年内每个国家参与战争（冲突）平均不足 1 次，则可以说该秩序维护体系和平的效能是良好的；每个国家若与他国发生危机平均不足 1 次，则可以说该秩序维护体系稳定的效能是良好的，即这一国际秩序是较为合理的。

为此，国际秩序的相对合理即能较好地维护国际和平与稳定的标准为：

战争频度≤0.1，危机频度≤0.1。

需要指出的是，历史总是在发展的，人类文明的程度也在不断提升，对国际秩序的要求标准也越来越高，因此对国际秩序合理性的刻画标准也需要随之提高。

2. 国际秩序的稳定性

从国际秩序的动态表现结果来评判一个国际秩序，第二个衡量标准是国际秩序的稳定性。一个好的国际秩序不仅应当是合理的，也应该是稳定的，即能保持较长时间的运行。当然，国际秩序也要与时俱进地不断调整完善而保持有效运行。我们用国际秩序的时间跨度即存续时间作为衡量一个国际秩序稳定性的指标，国际秩序存续时间越长，说明其越稳定，反之则越不稳定。国际秩序的稳定性在一定程度上能体现这一国际秩序的良莠，因为一个不成熟、不成功的国际秩序很容易坍塌或被推翻，难以长久存在。

近现代国际秩序中的威斯特伐利亚秩序、维也纳秩序、凡尔赛—华盛顿秩序和雅尔塔秩序的存续时间分别为 167 年、104 年、26 年和 76 年，平均存续时间为 93 年。作为一个稳定的国际秩序，其存续时间至少要大于现代国际秩序的平均存续时间。因此，我们可把 100 年存续时间作为一个现代国际秩序稳定性的刻画标准：若国际秩序存续时间大于100 年，则说明其具有较好的稳定性。需要指出的是，这是对现代国际秩序考察得出的基于现代国际秩序稳定性的衡量标准，而现代国际秩序都是西方主导建立的一定时期和一定范围内的国际秩序。若纵观整个世界历史，情况会有不同，这一点将在下文有关国际秩序评判的实证讨论中得以体现。

综上，我们以合理性和稳定性作为衡量国际秩序在运转过程中表现的标准，能较为客观地评判一个国际秩序成功与否。这样，我们就能摆脱意识形态分歧和历史局限，更加全面客观理性地认识国际秩序。

3. 国际秩序评判框架

对国际秩序的静态存在状态和动态表现结果的衡量构成了对国际秩序全面统一的评判框架，两者既存在内在必然联系又存在逻辑递进关系。首先，一个国际体系内如果没有国际秩序，国际行为体之间的关系及地区局势必然出现紊乱。其次，即使一个体系内存在国际秩序，若该秩序不完备、在构成要素上存在重大缺陷，则难以有效运转和正常发挥功能，其动态表现结果也不会太理想。

上述内容是从国际秩序最基本的客观存在状态进行的基础性评判。实践是检验真理的唯一标准，一个国际秩序到底是良是莠需要从其实际表现和运行结果上进行评判。因此，在存在国际秩序且较为完备基础上，还需要对其在运行过程中多大程度上实现自身的功能和目标（尤其是防止战争维护和平）以及维持这种功能的存续时间（稳定性）进行衡量，才能真正判定一个国际秩序的良莠。

由此可见，在考察特定历史时期和一定地区范围内的国际秩序时，对其静态存在状态的衡量是评判国际秩序的基本标准，若这种衡量的结果不够理想，那么这个国际秩序不是一个好的国际秩序，其动态表现结果也就不可能理想。但即使静态存在状态的衡量结果比较理想，也不意味着这个国际秩序就是良好的，还需要对其动态表现结果即其合理性和稳定性进行衡量，才能最终评判这一国际秩序。因此，静态存在状态的衡量是评判国际秩序的基础，或者说具备充分的完备性是一个良好的国际秩序的基本条件；动态表现结果的衡量则是对国际秩序的最终评判，即只有具备充分的合理性和稳定性，才算得上是良好的国际秩序。由此可见，充分的完备性是良好的国际秩序的必要条件，而充分的合理性和稳定性是良好的国际秩序的充分必要条件。

四　国际秩序评判的实证检验

本部分以历史上东西方同期存在的两个主要国际秩序——朝贡秩序和威斯特伐利亚秩序的完备性、合理性和稳定性进行实证比较，以验证这些评判标准能否较为全面客观准确地衡量一个国际秩序，即是否发挥了国际秩序的主要功能——维持体系内有条不紊状态的能力。

（一）完备性比较

近代以前的东亚存在朝贡体系及相应的东亚秩序。首先，从合法性看，中国和朝鲜、日本、琉球、安南、暹罗和占城等中国周边的王国等是这个国际秩序的行为体，它们基本都参与到这一东亚秩序中。因此，这个国际秩序的合法性接近100%。其次，从规范完备性看，中国保持对其他王国的宗主国地位，但并不实际干预其内部事务；各方定期或不定期向中国上表纳贡，以表示在政治上认可和尊崇中国的中心地位，中国也以薄来厚往礼遇优待各方。各方在与中国的朝贡关系中，政治上获得有力支持，经济上获得巨大利益，文化上得到极大提升。在很长的一段时间内，中国与周边各王国形成了一种特定关系格局并遵循一定的行为规范。最后，从惩戒有效性看，虽然各国没有专门签署法律文书对相互关系处理做出明文规定，但各国普遍接受并遵守这一东亚秩序的国际规范。一旦出现王国破坏上述规范的行为，如挑战中国权威、军事入侵他国、发生内乱后请中国干预等，中国就会凭借其强大实力予以干预制止，以维护朝贡体系的稳定，这就是东亚秩序的惩戒机制。因此，虽然这一东亚体系不是现代意义上的国际秩序，但具备国际秩序的三个构成要素且相对完备，是一个较为完整稳定的古代国际秩序。这一秩序维系了东亚地区上千年的相对和平稳定局面。

威斯特伐利亚秩序是第一个具有现代意义的国际秩序，虽然其体系内参与度较高即合法性较强，但在另两个构成要素上存在重大缺陷，完备性严重不足。一是在国际规范上存在缺陷。《威斯特伐利亚和约》主要关注和解决的是国家主权、独立、平等以及疆界划分等问题，但侵略和吞并等非法使用武力引发冲突和战争的行为不是该和约关注和处理的重点问题，和约中没有对此做出明确而严格的法律界定和禁止，造成难以有效预防和制止武力侵略或吞并等战争行为，其规范不能满足国际秩序建立的主要目标。二是这一秩序的惩戒机制效力明显不足。虽然和约规定“同本协议有关的每一方都必须站在受害者的一方，向他提供意见和武力，协助他还击侵害者”，但这一规定是模糊和非强制性的，是否对受害者提供武力协助完全取决于各国的意愿和当时的形势，没有相应组织机制来保障实施对违反者的有效惩戒。由于完备性严重不足，威斯特伐利亚秩序并没有维持欧洲的稳定状态，在《威斯特伐利亚和约》达成后的一百多年的时间里，欧洲仍然战火不断，特别是在整个 18 世纪，欧洲相继发生了西班牙王位继承战争、北方大战、奥地利王位继承战争、七年战争以及波及整个欧洲的拿破仑战争等较大规模战争。

（二）合理性验证

可以从历史记录的战争次数所体现的战争频度考察两个秩序的合理性。

从 1648 年威斯特伐利亚秩序建立到 1815 年被维也纳秩序取而代之的 167 年中，根据美国学者乔治·科恩（George C. Kohn）《世界战争大全》的统计，在威斯特伐利亚秩序包括英国、法国、西班牙、俄国、奥斯曼帝国、奥地利（奥匈帝国）、波兰、荷兰、普鲁士（德国）、瑞典、丹麦、意大利、葡萄牙和瑞士 14 个主要国际行为体之间，共发生约 72 次较大规模的战争，平均每次战争持续约 4 年、约 3 个国际行为体参加。[①] 那么其战争频度为：

威斯特伐利亚秩序战争频度=（3×4×72）/（167×14）≈0.4

这说明，威斯特伐利亚秩序体系内每个国家平均每年参加 0.4 次战争，即 10 年参与 4 次战争，远远达不到能较好地维护国际和平与稳定的国际秩序合理性标准。

而根据《世界战争大全》的统计，1648—1815 年朝贡体系内的战争次数较少。为从总体上全面准确反映朝贡秩序的战争频度，我们可适当拉长历史时段以增加统计样本，为此可以 1368 年明朝建立为始端，以 1840 年鸦片战争西方摧毁朝贡秩序为止考察朝贡秩序的战争频度。美国学者康灿雄（David Kang）在专门研究朝贡秩序的《西方之前的东亚：朝贡贸易五百年》一书中，根据《中国历代战争年表》[②] 和科恩所著的《世界战争大全》统计了 1368—1840 年中国对外战争和东亚发生的战争：涉及中国的对外战争共发生 12 次，东亚共发生 51 次国家间战争。[③] 实际上，康灿雄把中国内部的统一战争，如 1757 年清朝政府统一西北、平定准噶尔叛乱的国家统一之战等也纳入中国对外战争，而且将新旧王朝间的战事如清朝入关等也定义为国家间战争。[④] 这种做法是不正确的，扩大了中国对外战争的统计次数。即便按照康灿雄扩大了的统计战争数据，《世界战争大全》记载的 1368—1840 年东亚发生的 51 次战争中，平均每次战争约有 2 个国家参加、持续 4 年左右时间。这样，其战争频度为：

朝贡秩序战争频度=（2×4×51）/（472×16）≈0.05

由此可见，朝贡秩序内每个国家平均每年参加 0.05 次战争，即 20 年才参与 1 次战争，其战争频度比同时期的威斯特伐利亚秩序的战争频度要

① 参见［美］乔治·C·科恩《世界战争大全》，乔俊山、许永仁、杨林庚等译，昆仑出版社 1988 年版。

② 参见《中国军事史》编写组编《中国历代战争年表》，解放军出版社 2003 年版。

③ ［美］康灿雄：《西方之前的东亚：朝贡贸易五百年》，陈昌煦译，社会科学文献出版社 2016 年版，第 113—115 页。

④ ［美］康灿雄：《西方之前的东亚：朝贡贸易五百年》，陈昌煦译，社会科学文献出版社 2016 年版，第 112 页。

小一个数量级，远高于能较好地维护国际和平与稳定的国际秩序合理性标准。

若按照康灿雄的研究结论，实际上朝贡体系的主要国际行为体只有中国、日本、朝鲜和越南四个，朝贡秩序主要反映在这四个国家之间的关系上。而在这一时期，这四个国家间只发生了三次战争，分别是日本侵略朝鲜的壬辰战争（1592—1598）以及明王朝出兵越南恢复其王室的两次战争（1405—1407、1418—1428）。其战争频度为：

朝贡秩序主要行为体战争频度＝（3×6+2×2+2×10）／（472×4）≈0.02

朝贡秩序主要行为体之间的战争频度进一步降低，仅为威斯特伐利亚秩序战争频度的1/20。由此可见，朝贡秩序远比威斯特伐利亚秩序更能维护行为体之间的和平状态，因此更为合理。

（三）稳定性验证

从国际秩序的稳定性看，威斯特伐利亚秩序存续了167年，超过刻画现代国际秩序稳定100年的标准，是较为稳定的。但朝贡秩序存续了上千年时间，其存续时间高过威斯特伐利亚秩序一个数量级，其稳定性也远超后者。

按照现代国际政治理念和理论，具有主权独立与平等价值理念的威斯特伐利亚体系远比具有一定等级制色彩的朝贡体系“先进”，欧洲比东亚更应维持一个和平与稳定的状态和良好的秩序。但历史却给出了相反的答案，东亚朝贡体系内的秩序状态比同时期欧洲威斯特伐利亚体系内的秩序状态更加和平稳定。这是因为朝贡秩序在完备性、合理性、稳定性上都比威斯特伐利亚秩序表现得更好。因此，评价一个国际秩序的良莠，关键是看这一秩序是否适合当时体系内的文化、格局和环境等以及是否完备、合理与稳定。

五　结论

本文对国际秩序的概念和国际秩序的评判进行了新的探讨。尽管国际秩序评判更多属于学理性研究，但在当下世界格局大变化、国际秩序大调整的历史阶段，该问题也具有一定的现实意义。本文提出从两个维度来评判国际秩序，对这两个维度给出了各自的衡量标准，并就每个标准提出了具体的刻画指标，阐明了两个评判维度的逻辑关系。总体上，本文从方法到标准、指标形成了一个整体，建立了评判一个国际秩序的框架。该框架既在学理上丰富了国家秩序研究，也对当下国际政治经济新秩序的构建具有一定的现实意义。例如，本文提出从静态和动态两个维度评判国际秩序：在静态评判方面提出了完备性标准，包括国际秩序三个构成要素各自的完备程度，即体系内行为体参与度、规范完备性和惩戒机制的有效性；在动态评判方面提出了合理性和稳定性两个客观标准，可在一定程度上降低中外学界因意识形态问题对国际秩序评判的分歧。这启示我们，在推动谈判缔结国际政治经济条约或协议时应更加注重体系内的参与度和规范的完整性，尤其是要注重行为体的参与度，这关系到国际秩序的合法性问题。为此，在推动达成一些条约或协议时，要注重推动更多国家的认可和接受。即使这些条约或协议是区域性或多边性的，也应着眼长远推动这些条约或协议在未来能影响和作用于更多的国家和地区，使其具有世界意义。这是推动构建一个公正合理的国际新秩序时应有的格局和视野。

对国际秩序的定义和评判问题仍是一个不断深化和发展的过程。在这一过程中，需要加强两个方面的认知：一是应有历史纵深视野，即从源远流长的宏大人类发展历史，而非仅依据威斯特伐利亚体系建立以来的国际关系史认识和理解国际秩序；二是要坚持以历史唯物主义而非仅凭西方国际关系理论认识和评判国际秩序。这不仅关系到能否更加全面、完整、科学地认识国际秩序以及能否加强对国际秩序理论研究的学术体系建设，还涉及在当今世界格局面临百年未有之大变局、国际秩序处在深刻调整变化时期的背景下能否增强对构建一个更加公正合理的国际新秩序的话语权。

（本文发表于《世界经济与政治》2022年第5期）

什么影响了国际货币基金组织的预测误差

——一个政治经济学分析

熊爱宗*

内容摘要：提供高质量的经济预测是国际货币基金组织的重要职责，也是其维护世界金融和经济稳定的重要手段。但受诸多因素的影响，基金组织对成员国的经济预测难免产生误差。本文从预测方法、预测信息、政治因素构建了一个分析基金组织预测误差的政治经济学分析框架，并通过面板数据分析方法，检验了不同因素对基金组织预测的影响。研究结论认为，基金组织倾向对实施基金组织贷款支持项目的国家做出乐观经济预测，且这种效应在对发达经济体的经济预测中体现得尤为明显。同时一国与美国在联合国大会的投票立场越接近，其也越容易获得基金组织的乐观预测，但该国对基金组织的直接政治影响却对预测误差影响并不显著。此外，本文通过对一国是否采纳基金组织数据公布特殊标准和世界银行统计能力指标的考察显示，提升成员数据的可得性有利于改善基金组织预测效果。基金组织对主要经济体的预测误差也会对一国的预测产生影响。为此，本文从建立更为独立的预测程序、改善预测数据质量、提升对主要经济体的预测准确性等方面提出进一步改善基金组织预测质量的建议。

关键词：国际货币基金组织监督　经济预测　政治经济学

* 熊爱宗，中国社会科学院世界经济与政治研究所副研究员。

一 引言

宏观经济预测是国际货币基金组织（IMF，以下简称基金组织）监督行动的重要内容。对全球、区域和成员经济的发展趋势进行预测是基金组织监测世界经济运行、识别可能的稳定性风险并提出建议、确保世界金融和经济稳定的重要手段。准确的经济预测无论是对基金组织自身还是对成员而言都非常重要。从基金组织自身来看，准确的经济预测是基金组织提供政策支持的重要依据与基础，这既包括在经济危机之前或期间向成员提供资金救助安排，也包括在经济平稳期向成员提供的政策建议。从成员来看，基金组织的经济预测是其规划和决策的重要参考。此外，基金组织的预测对市场借贷主体、评级机构、媒体以及公众都具有重要影响。[①] 因此，基金组织的经济预测应当符合稳健、公平和优质的标准。[②]

但是在实践中，受诸多因素的影响，基金组织对成员经济状况的预测难免存在误差。在《世界经济展望》报告中，基金组织遵循“自上而下”和“自下而上”的混合方法。在基金组织层面，其开发了多种计量经济模型，[③] 并会组建跨部门预测委员会为经济预测提供全球经济的环境分析。

① James Cust and David Mihalyi，“The Presource Curse”，*Finance and Development*，December 2017，Vol. 54，No. 4，p. 39.

② Independent Evaluation Office of the International Monetary Fund，“IMF Forecasts：Process，Quality，and Country Perspectives”，February 12，2014，http：//www. ieo-imf. org/ieo/pages/EvaluationImages181. aspx，p. ⅶ，

③ 基金组织的《世界经济展望》报告始于1969年，起源于供执行董事会非正式讨论的背景文件，随后逐渐发展为半年一期同时辅以世界经济趋势和政策问题分析的预测项目。计量经济模型从一开始就在《世界经济展望》报告中发挥重要作用。20世纪60年代后期，基金组织最先采用多边汇率模型（MERM），随后开发出世界贸易模型（WTM）作为补充，但以上两个模型均为静态模型。1986年，基金组织开发出MINIMOD模型，但这只是一个简化版的动态多国模型，为此1988年又开发出大型多国动态MULTIMOD模型。2000年后，基金组织开发出全球经济模型（GEM），这是一个大型的具有微观基础的开放经济模型。然而全球经济模型以及MULTIMOD模型并不用于预测。2008年后，基金组织开始研究开发全球预测模型（GPM），其目标是在考虑经济和金融联系的基础上开发出一系列国家或地区层面的小型宏观经济模型，从而帮助基金组织以及其他预测者进行一致性的世界经济前景预测。关于基金组织经济预测模型更多介绍可参见Boughton M. James，“Modeling the World Economic Outlook at the IMF：A Historical Review”，*IMF Working Paper*，WP/97/48，1997；Pesenti Paolo，“The Global Economy Model：Theoretical Framework”，*IMF Staff Papers*，Vol. 55，No. 2，2008，pp. 243-284；Carabenciov Ioan，Freedman Charles，Garcia-Saltos Roberto，Laxton Douglas，Kamenik Ondra and Manchev Petar，“GPM6—The Global Projection Model with 6 Regions”，*IMF Working Paper*，WP/13/87，2013.

在国别层面，基金组织还会委托驻各国代表处预测各成员的经济状况。由于各代表处的预测方法不一，就需要在基金组织层面调整预测结果以确保预测的一致性。除此之外，基金组织的不同部门还会就各国的预测结果进行磋商修改，这一过程并不公开而且具有一定的政治色彩。① 因此，预测方法的选择、预测信息的获取、预测人员的预测能力、IMF 的组织偏好以及政治因素等都会对经济预测的结果产生影响。这使得基金组织的预测难免偏离实际值，产生预测偏差。图 1 展示了 2003 年至 2015 年基金组织对 163 个成员实际经济增长的预测误差。从图中可以看出，基金组织对成员经济增长的预测有的表现为高估（正值），有的表现为低估（负值）。总体平均情况来看，基金组织在 2003 年至 2007 年以及 2010 年低估了成员的经济增长，在 2008 年以及 2011 年至 2015 年则出现高估。

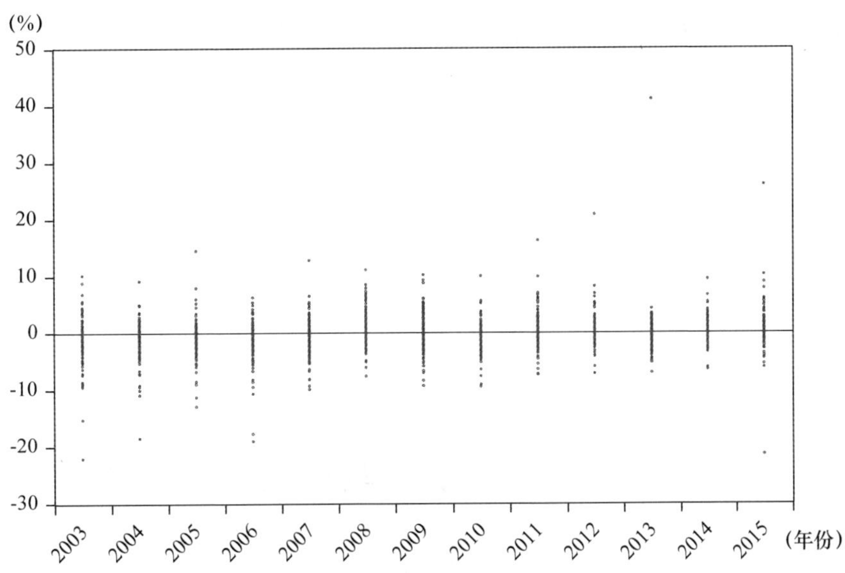

图 1　IMF 对成员实际经济增长的预测误差

注：预测误差基于《世界经济展望》报告春季预测。

资料来源：国际货币基金组织《世界经济展望》报告。

① Bretton Woods Project, “IMF Forecasting Models”, October 4, 2013, http://www.bretton-woodsproject.org/2013/10/imf-forecasting-models.

预测错误有时会产生比较严重的后果。例如，基金组织对经济增长的预测结果会影响到各国政府债务余额的发展路径。过高估计一国未来经济增长的前景可能会使该国政府低估其政府债务占 GDP 的比例，造成政府过度支出。一旦经济未能实现预期的高速增长，政府债务占 GDP 的比例就将会高于预期，并可能引发债务危机。从历史上看，部分国家的债务危机就是源自预料之外的经济减速。[①] 因此，寻找预测误差的产生原因，进而提高预测准确度对于基金组织及其成员都具有重要意义。

预测误差来源于经济变量的预测值与实际值的偏离。探寻预测误差的影响因素有两种方法：一是直接方法，即从经济变量的预测行为方程出发找出其与变量实际运行方程的差异，但这种方法的难点在于很难准确识别出变量的实际运行方程；二是间接方法，即从预测行为方程的影响因素出发寻找那些可能使预测行为方程偏离实际运行方程的因素。本文采用后一种方法，以基金组织《世界经济展望》报告对成员国实际经济增长预测为检验案例，从预测方法、预测信息、政治因素这三个方面构建了影响基金组织预测误差的政治经济学分析框架。通过面板数据分析方法，得出结论为成员是否实施基金组织的贷款支持项目、与基金组织的政治关系、成员的经济数据可得性以及基金组织对主要经济体的预测误差都会影响基金组织对一国的预测。本文之后的结构如下：第二部分是相关文献综述，第三部分通过分析基金组织预测误差的来源建立分析框架，第四部分为框架下的经验分析，第五部分是结论。

二 文献综述

提供优质预测是国际经济组织在信息供给上的比较优势之一，[②] 但大

① William Easterly, "The Role of Growth Slowdowns and Forecast Errors in Public Debt Crises", In Alberto Alesina and Francesco Giavazzi, eds., *Fiscal Policy After the Financial Crisis*, Chicago: University of Chicago Press, 2012, pp. 151-173.

② Michele Fratianni and John Pattison, "The Economics of International Organizations", *Kyklos*, Vol. 35, No. 2, 1982, p. 258.

部分文献都指出基金组织的经济预测存在偏差。① 其中，多数指出基金组织的宏观经济预测过于乐观。② 胡江（Giang Ho）和保罗·毛罗（Paolo Mauro）指出，基金组织的长期经济增长预测存在明显的乐观偏差。且随着预测时间的拉长，这种乐观偏差就越明显。③ 查尔斯·弗里德曼（Charles Freedman）分析了基金组织研究部授权的外部专家对《世界经济展望》报告预测准确性的五份评估研究（时间跨度为1988年至2013年），发现基金组织对经济增长的预测存在过度的乐观偏差。④ 但是也有文献发现基金组织对不同地区的预测误差可能存在差别。高木真司（Shinji Takagi）和哈林姆·库柯（Halim Kucur）通过分析1994年至2003年基金组织的宏观经济预测发现，基金组织对非洲和拉丁美洲的预测存在乐观偏差，但是对工业化国家和中东国家的预测却存在悲观偏差，对亚洲新兴经济体和转轨国家的预测误差则并不明显。⑤

为什么对基金组织的预测误差会出现不同的判断？文献指出这可能有三个原因。一是聚合问题。大部分文献对基金组织预测误差的检验来自不同的国家类型，例如接受基金组织援助项目的国家和没有接受援助项目的国家、低收入国家、新兴市场国家和发达国家等。这些文献都假设不同的国家类型是同质的，但实际情况可能并非如此。二是实际值的测度与选择不同。因为实际数据会不断调整，所以根据“较早可得”的实际值与“最新可得”的实际值所做出预测的误差也会有所不同。三是样本的时期选择不同。预测误差并不是一成不变的，其会随着时间的不同而变化，例如经

① Hans Genberg and Andrew Martinez, “On the Accuracy and Efficiency of IMF Forecasts: A Survey and Some Extensions”, *IEO Background Paper*, No. BP/14/04, 2014.

② Pratiti Chatterjee and Sylwia Nowak, “Forecast Errors and Uncertainty Shocks”, *IMF Working Paper*, WP/16/228, 2016.

③ Giang Ho and Paolo Mauro, “Growth—Now and Forever?” *IMF Economic Review*, Vol. 64, No. 3, 2016, pp. 526-547.

④ Charles Freedman, “An Evaluation of Commissioned Studies Assessing the Accuracy of IMF Forecasts”, *IEO Background Paper*, No. BP/14/02, 2014.

⑤ Shinji Takagi and Halim Kucur, “Testing the Accuracy of IMF Macroeconomic Forecasts, 1994-2003”, *IEO Background Paper*, No. BP/06/1, 2006.

济危机和平稳时期的预测误差在性质上就可能有所不同。[①] 国际货币基金组织独立评估办公室（IEO）就指出，对基金组织预测误差的测度取决于样本期的选择。在地区、全球经济衰退以及单个国家的经济危机期间，基金组织对成员的经济增速存在明显的高估倾向。但是在这些时期之外，基金组织的预测并没有表现出明显的乐观或悲观偏差。[②]

在此基础上，研究进一步分析了基金组织预测误差的来源。鲁本·阿托扬（Rouben Atoian）等人认为造成预测误差的潜在原因包括：一是对初始条件数据的错误测度，二是基金组织预测模型与实际数据所展示的模型之间的差异，三是国家之间的特定差异，四是预测未能反映实际数据的动态时序（time-series）过程，五是预测所基于的改革措施与实际政策行动之间的差异，六是实际数据的随机误差。[③] 通过对基金组织在 1993 年至 2009 年间对 291 个贷款项目所做预测的分析，阿托扬和帕特里克·康威（Patrick Conway）指出初始条件的信息不完全和国家的特定差异是产生预测误差的两个最重要原因。[④] 从现有文献来看，是否接受基金组织的贷款项目、数据可得性、预测初始条件、政治因素和基金组织员工的预测能力等因素都被认为可能影响基金组织的预测。[⑤]

第一，多数文献认为如果一国接受基金组织的贷款项目，那么基金组织会倾向于对该国做出乐观预测。有文献认为是否接受基金组织的贷款项目可以在很大程度上解释对发展中国家的预测误差。威廉·W. 毕奇（William W. Beach）等人就发现基金组织对西半球国家每增加 10 亿特别提

① Hans Genberg and Andrew Martinez, "On the Accuracy and Efficiency of IMF Forecasts: A Survey and Some Extensions", *IEO Background Paper*, No. BP/14/04, 2014, pp. 9-11.

② Independent Evaluation Office of the International Monetary Fund, "IMF Forecasts: Process, Quality, and Country Perspectives", February 12, 2014, p. 4.

③ Rouben Atoian, Patrick Conway, Marcelo Selowsky and Tsidi Tsikata, "Macroeconomic Adjustment in IMF Supported Programs: Projections and Reality", *IEO Background Paper*, No. BP/04/2, 2004.

④ Ruben Atoyan and Patrick Conway, "Projecting Macroeconomic Outcomes: Evidence from the IMF", *The Review of International Organizations*, Vol. 6, No. 3-4, 2011, pp. 415-441.

⑤ Hans Genberg and Andrew Martinez, "On the Accuracy and Efficiency of IMF Forecasts: A Survey and Some Extensions", *IEO Background Paper*, No. BP/14/04, pp. 5-6.

款权贷款，其预测误差将会提高 0.17 个百分点。[①] 不过，基金组织独立评估办公室指出并不是所有的贷款项目都会影响基金组织的预测。预测误差只是在通过“例外渠道（exceptional access）”获得基金组织资金的国家才表现比较明显，而且这种误差大都会在贷款项目实施的第一阶段审查中得到纠正。[②]

第二，成员的数据质量。部分文献指出基金组织预测误差的大小与一国是否采纳基金组织的数据公布标准有关。基金组织对发达国家的预测要好于发展中国家，这可能是因为发展中国家的数据质量不高，只能将贷款项目中的预测数据直接用作预测基础。或者是由于经济正处于结构转型之中，数据变动剧烈等。[③] 童晖（Hui Tong）分析了数据透明度标准是否以及如何影响了宏观经济预测。其通过对 16 个国家 1996 年至 2003 年的宏观经济增长季度预测数据的研究发现，遵循透明度标准对改善基金组织的预测准确度有着非常显著的影响。[④] 米可·M. 姆尔卡伊奇（Mico M. Mrkaic）研究了成员参与基金组织数据标准倡议（DSI）的状况对《世界经济展望》报告预测质量的影响。研究结果显示，《世界经济展望》报告对采纳了数据公布特殊标准（SDDS）的成员的预测要普遍好于只采纳了数据公布通用系统（GDDS）的成员以及那些没有参与数据标准倡议的成员。[⑤]

第三，对初始假设条件因素与国际联系的考虑不足。高木真司和库柯通过分析基金组织对不同地区的宏观经济预测发现，预测偏差除了与基金组织的贷款项目相关外，还与对美国利率水平的预测误差有关，主要经济

① William W. Beach, Aaron B. Schavey and Isabel M. Isidro, “How Reliable Are IMF Economic Forecasts?” *Heritage Foundation Center for Data Analysis Report 99-05*, 1999, Washington, D. C.: The Heritage Foundation.

② Independent Evaluation Office of the International Monetary Fund, “IMF Forecasts: Process, Quality, and Country Perspectives”, February 12, 2014, p. ⅶ.

③ Michael J. Artis, “How Accurate Are the IMF's Short-Term Forecasts? Another Examination of the World Economic Outlook”, *IMF Working Paper*, WP/96/89, 1996.

④ Hui Tong, “Do Transparency Standards Improve Macroeconomic Forecasting?” *Unpublished Paper*, Vol. 455, 2004.

⑤ Mico M. Mrkaic, “Data Dissemination Standards and the Statistical Quality of the IMF's World E-conomic Outlook Forecasts”, *IMF Working Paper*, WP/10/203, 2010.

体货币政策和油价的预期外变化也对基金组织的预测造成了明显影响。①阿伦·迪莫曼（Allan Timmermann）也通过研究基金组织1990年至2003年的宏观经济预测指出，对美国GDP增速的预测误差与对大多数发达国家当年GDP增速的预测误差存在明显的正向关系。与此同时，对德国GDP增速的预测误差也与对某些地区GDP增速的预测误差存在相关关系。此外，预测准确性也与产出缺口的假设有关。②

第四，政治因素的影响。弗兰克-奥利弗·阿尔登霍夫（Frank-Oliver Aldenhoff）指出基金组织的经济预测经常遭到政治偏见（political bias）的扭曲。他提出了政治预测周期假说，认为基金组织会在一国大选之前对该国做出明显的乐观预测。通过考察基金组织对实际经济增长、通货膨胀和失业率的预测，其指出基金组织对工业化国家的长期经济增长预测存在绝对和相对意义上的乐观偏差，对发展中国家的预测也存在明显的乐观偏差。不过除对美国外，并没有发现对其他工业化国家预测的乐观误差与其国内选举之间的显著相关关系。③阿克塞尔·德雷尔（Axel Dreher）等人对基金组织对157个国家在1999年至2005年的预测数据进行了政治经济学分析，提出了政治战略性假说。他们指出基金组织成员的政府会通过公开或隐蔽的方式对基金组织施力，促使基金组织对该国的经济发展做出乐观预测。实证研究发现，一国与美国在联合国大会上的投票倾向越一致，基金组织对其通货膨胀率的预测就越低。④

第五，基金组织员工的预测能力与经验。甘博文（Hans Genberg）和安德鲁·马丁内斯（Andrew Martinez）指出，基金组织的国别代表在《世

---

① Shinji Takagi and Halim Kucur, "Testing the Accuracy of IMF Macroeconomic Forecasts, 1994-2003", *IEO Background Paper*, No. BP/06/1, 2006.

② Allan Timmermann, "An Evaluation of the World Economic Outlook Forecasts", *IMF Working Paper*, WP/06/59, 2006.

③ Frank-Oliver Aldenhoff, "Are Economic Forecasts of the International Monetary Fund Politically Biased? A Public Choice Analysis", *The Review of International Organizations*, Vol. 2, No. 3, 2007, pp. 239-260.

④ Axel Dreher, Silvia Marchesi and James Raymond Vreeland, "The Political Economy of IMF Forecasts", *Public Choice*, Vol. 137, No. 1, 2008, pp. 145-171.

界经济展望》报告的预测过程中拥有相当大的自主权，因此每个国别代表所用的预测方法及其能力和经验就显得格外重要。他们通过分析 149 个国家在 2007 年至 2011 年的面板数据发现，基金组织员工的国别和一般预测的经验越多，就越有利于提高预测的准确性。[①]

现有文献从不同角度单独或综合分析了各因素对基金组织预测准确性的影响。本文希望在已有文献的基础上，运用政治经济学的框架从理论和实证上分析影响基金组织预测的因素。本文将从预测方法、预测信息和政治因素这三个方面来识别基金组织预测误差的来源，并在此基础上利用面板数据分析不同因素对基金组织预测误差的影响。相比已有文献，本文尝试将数据可得性和初始预测条件加入分析框架中。在数据可得性方面，本文不但考察了基金组织的数据公布特殊标准，同时也利用世界银行的统计能力指标进一步证实了提高数据可得性对于降低预测误差的作用。在初始预测条件方面，本文根据阿伦·迪莫曼的分析，[②] 考察了基金组织对美国、德国、中国的预测误差与对其他国家的预测误差之间的相关性，进一步证实了基金组织对主要经济体的预测将会显著影响对其他国家的预测。

三　基金组织预测误差的来源：分析框架

基金组织通过双边和多边监督对成员、地区和全球经济进行预测。在每年对成员的双边监督磋商报告中，基金组织都会就成员的主要经济指标做出预测。但基金组织最具影响的预测仍是每年发布两次的《世界经济展望》报告。[③] 在该预测中，基金组织会对各成员、主要地区以及世界整体的国民账户、货币、贸易、人员、政府财政、国际收支等重要指标做出预

① Hans Genberg and Andrew Martinez, "On the Accuracy and Efficiency of IMF Forecasts: A Survey and Some Extensions", *IEO Background Paper*, No. BP/14/04, 2014, pp. 23-33.

② Allan Timmermann, "An Evaluation of the World Economic Outlook Forecasts", *IMF Working Paper*, WP/06/59, 2006.

③ 基金组织每年会在春季和秋季发布两份《世界经济展望》报告，同时在每年的 1 月份和 7 月份还会发布两份《世界经济展望》更新报告。在更新报告中，基金组织会对世界经济主要指标以及主要经济体的经济预测进行更新。

测。《世界经济展望》报告的国家覆盖面更广，又是在同一时间做出的预测，更便于各国的横向对比，因此我们主要分析的是《世界经济展望》报告中的预测。这一部分将首先说明基金组织《世界经济展望》报告的预测过程，然后建立起关于基金组织预测误差影响因素的分析框架。

（一）基金组织如何进行预测

《世界经济展望》报告的预测混用了“自上而下”和“自下而上”的方法。[①] 其一是自上而下的过程。在每次预测周期开始后，来自基金组织各地区部门和关键功能部门的代表会组成跨部门预测委员会（Interdepartmental Forecast Committee，IDFC），交流对世界经济和主要国家与地区经济发展形势的看法。通常，会由某一个地区部门的代表和基金组织研究部的副主任担任跨部门预测委员会的共同主席。跨部门预测委员会的成员除了基金组织五个地区部门（非洲部、亚太部、欧洲部、中东和中亚部、西半球部）的代表外，还包括财政事务部、货币和资本市场部、研究部以及战略、政策与检查部的代表，后者将提供全球大宗商品价格、世界金融市场状况、财政政策发展等最新情况。此外，研究部还建有全球预测模型（GPM）用于预测分析。跨部门预测委员会的讨论结果将为世界经济预测提供初始的全球环境条件，并通过《世界经济展望》报告协调小组发送给基金组织的各国别代表经济学家。

其二是自下而上的过程。各国别代表经济学家会将全球初始环境条件与他们从当地政府以及其他预测渠道获得的信息进行整合，然后利用各自的模型与方法给出对所在国的经济预测，[②] 并就结果与基金组织相关地区部门协调检查，以确保预测在区域内的一致性以及与在最初阶段所确立的

① Independent Evaluation Office of the International Monetary Fund，“IMF Forecasts：Process，Quality，and Country Perspectives”，February 12，2014，pp. 7-10.

② 基金组织独立评估办公室指出，驻各国代表处会根据各国情况使用不同的预测方法。总体来看，使用基金组织基于表格的宏观框架方法的国家要多于使用结构化计量经济模型、向量自回归模型以及简化式方程的国家。参见 Independent Evaluation Office of the International Monetary Fund，“IMF Forecasts：Process，Quality，and Country Perspectives”，February 12，2014，p. 14。

全球和地区前景保持一致。基金组织的不同部门会对各国的预测结果进行检查，基金组织研究部和成员政府也会对预测提出意见。这可以纠正各国别预测之间的不一致，并降低国别代表经济学家误判的影响。此后该预测结果将会被发送给《世界经济展望》报告小组。

《世界经济展望》报告小组将会对国别预测的一致性再次进行检查。所有程序结束之后，国别代表经济学家将最终预测数据提交给《世界经济展望》报告小组的数据管理系统。之后，《世界经济展望》报告小组会与基金组织执行董事会进行两次会议交流，然后基金组织才会在《世界经济展望》报告中发布相关预测。基金组织《世界经济展望》报告的上述预测过程如图 2 所示。

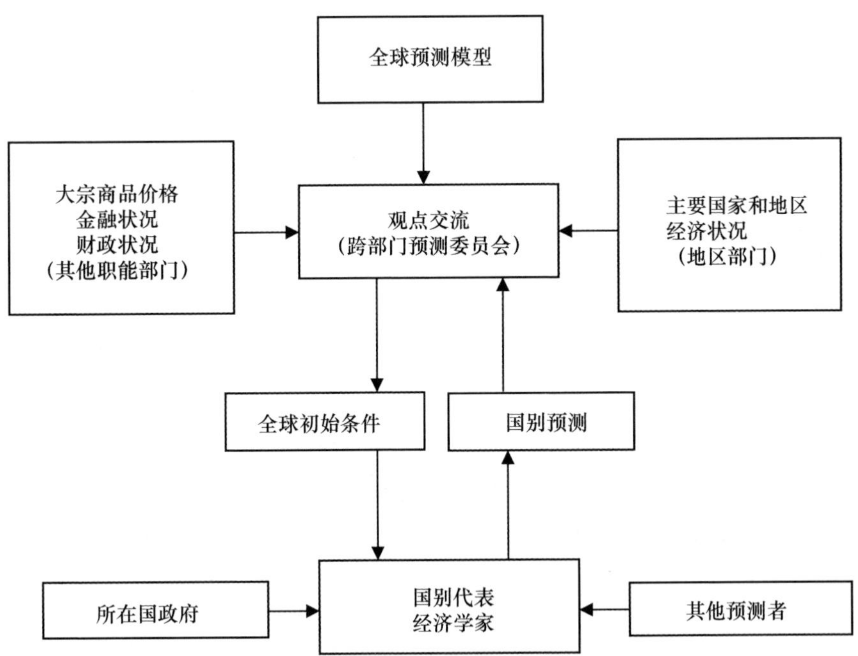

图 2　基金组织世界经济展望报告的预测过程

资料来源：Independent Evaluation Office of the International Monetary Fund，“IMF Forecasts：Process，Quality，and Country Perspectives”，February 12，2014，http：//www. ieo-imf. org/ieo/pages/EvaluationImages181. aspx。

(二) 基金组织预测误差的来源

本文借鉴了阿托扬等人和阿布杜哈迪·沙欣 (Abdulhadi Sahin) 的分析①，假设基金组织的宏观经济预测行为方程如下：

$$F_{it}=f_i\ (X_{it},\ P_{it}) \tag{1}$$

其中，F_{it}表示基金组织对国家i在t时期某一宏观经济变量的预测值，f_i (.) 表示基金组织的预测模型或方法，X_{it}表示在t时期基金组织在预测国家i时所能获得的信息组合，P_{it}表示影响预测的政治因素。假设宏观经济实际值的行为方程如下：

$$R_{it}=\varphi_i\ (\zeta_{it}) \tag{2}$$

其中，R_{it}表示国家i在t时期该宏观经济变量的实际值，φ_i (.) 表示实际情况下该宏观经济变量的行为方程，ζ_{it}表示国家i在t时期的实际信息组合。因此，预测误差 (e_{it}) 可表示为：

$$e_{it}=F_{it}-R_{it}=f_i\ (X_{it},\ P_{it})\ -\varphi_i\ (\zeta_{it}) \tag{3}$$

根据式 (3)，基金组织的预测误差来自以下三个方面。

第一，预测误差来自预测模型或方法f_i (.) 与实际行为方程φ_i (.) 的差异，这与基金组织的预测行为偏差相关。从基金组织来看，预测行为偏差所造成的预测模型与实际行为方程的差异可能来自多个方面。

一是数据的可得性问题。某些情况下，数据的可得性直接决定了基金组织会采用何种预测模型或方法。基金组织独立评估办公室指出，数据的可得性是影响国别代表选择何种预测模型的最重要因素。由于数据的可得性较差，诸如结构性、向量自回归、简化式等统计模型在对低收入国家经济预测中发挥的作用要远低于发达国家。② 由于数据受限以及可资借鉴的

① Rouben Atoian, Patrick Conway, Marcelo Selowsky and Tsidi Tsikata, "Macroeconomic Adjustment in IMF Supported Programs: Projections and Reality", *IEO Background Paper*, No. BP/04/2, 2004, pp. 12-14; Abdulhadi Sahin, International Organizations as Information Providers: How Investors and Governments Utilize Optimistic IMF Forecasts, Ph. D. dissertation, St Louis: Washington University, 2014, pp. 32-38.

② Independent Evaluation Office of the International Monetary Fund, "IMF Forecasts: Process, Quality, and Country Perspectives", February 12, 2014, p. 14.

外部预测资源不足，基金组织对低收入国家的预测不得不依赖于国别代表经济学家的判断。[①]

二是基金组织自身职责所带来的预测行为偏差。鉴于基金组织的重要地位，其发布的《世界经济展望》报告对世界经济以及各国经济具有重要影响，其对各国经济发展状况的预测直接影响着市场对该国经济的看法。由于基金组织的重要职责是促进全球经济稳定，因此基金组织存在天然的乐观预测倾向，以正面引导市场预期，促进世界经济的平稳发展。这在经济下行时期体现得尤为明显，提升经济预期可以在一定程度上防止经济下行风险的恶性循环与自我实现。从基金组织员工的角度看，他们也倾向低调处理风险，不愿承担由于强调风险而引发的金融危机传染的责任。[②] 然而，这种乐观倾向并不会发生在所有国家。考虑到国际经济的传递效应，基金组织的这种乐观倾向可能更多发生在对世界经济整体以及主要国家和地区的经济预测上。

三是基金组织的贷款项目带来的预测行为偏差。多数文献认为基金组织倾向高估贷款项目的执行效果。基金组织之所以倾向乐观预测其给予贷款项目的国家，是因为这有利于证明其贷款支持政策的有效性，维护其国际金融稳定机制的声誉。从国别代表处的员工来看，其往往也会对接受贷款项目的成员做出乐观预测，这是因为他们一般都参与了对该国的贷款决策，乐观预测能够证明该国贷款项目决策的正确性。与此同时，基金组织对贷款项目的乐观预测也有利于成员政府说服国内其他主体，使得贷款项目更容易被成员接受。此外，弗朗西斯科·卢娜（Francesco Luna）还从预测技术层面指出了基金组织倾向对贷款项目国做出乐观预测的两个原因。首先，基金组织对贷款项目国的预测是基于贷款项目附加的政策建议将会被实施，即预测是建立在贷款方案成功的基础上。因此一旦贷款项目的条件没有完全落实，预测就会显得过于乐观。其次，贷款项目接受国的数据

---

① Hans Genberg and Andrew Martinez, “On the Accuracy and Efficiency of IMF Forecasts: A Survey and Some Extensions”, *IEO Background Paper*, No. BP/14/04, 2014, p. 36.

② Axel Dreher, Silvia Marchesi and James Raymond Vreeland, “The Political Economy of IMF Forecasts”, *Public Choice*, Vol. 137, No. 1, 2008, p. 152.

质量往往不高。在危机时期基金组织的预测往往只能依赖少数可得数据，而这些数据往往会下调，这也容易造成基金组织的预测出现乐观偏差。①

第二，预测过程中所能获得信息 X_{it} 与实际信息 ζ_{it} 的差异。实际预测中使用的信息不可能与实际信息完全一致，这种不完全性导致了预测误差的产生。

预测过程中所获信息与实际信息的差别一是来自数据的可得性。数据是宏观经济预测的基础，数据可得性除了影响上述提到的预测方法之外，还会直接影响预测质量。基金组织十分重视成员数据的可得性问题。在与成员关于第四条款的磋商中，基金组织强调应在监督过程中评估一国的数据是否充足。为此，基金组织一直与成员政府就相关统计问题进行讨论，确定各国的数据提供状况，并就进一步扩大数据提供的范围与成员磋商。为提高成员的透明和开放度，基金组织采取了一些重要举措。在 20 世纪 90 年代的一系列新兴市场危机之后，基金组织与世界银行共同启动了标准与准则（standards and codes）工作，致力于在 12 个领域提高数据和政策的透明度、金融部门的标准以及机构和市场的基础设施建设。1996 年基金组织颁布了数据公布特殊标准，以为进入或寻求进入国际资本市场的成员向公众公布经济和金融数据提供指导。1997 年基金组织颁布了数据公布通用系统，旨在为国内统计体系不够成熟的成员提供一个评估数据改进需求、确定优先事项的框架。此后，基金组织先后推出数据公布特殊标准增强版（SDDS Plus）和数据公布强化通用系统（e-GDDS），以逐步提高及时、综合的统计数据的可得性，为稳健的宏观经济政策和金融市场提供有效支持。

预测过程中所获信息与实际信息的差别还来自初始条件假设中的误差。例如对一国经济增长的预测就涉及对货币政策、财政政策等相关国内政策的初始条件假定，也会涉及对世界和主要经济体经济增长、国际金融、国际贸易、大宗商品价格等国际因素的初始条件假定。如果这些初始

① Francesco Luna, "IMF Forecasts in the Context of Program Countries", *IEO Background Paper*, No. BP/14/05, 2014.

条件假定出现误差，必然会对一国的经济预测产生影响。

预测过程中所获信息与实际信息的差别还可能来自政策的不可预知性。如果基金组织未能预料到成员的政策变化，那么其对该国的预测就会出现偏差。例如，受2008年国际金融危机的影响，大部分国家在2010年采取了一系列的经济刺激政策。由于未能充分预估这些政策的影响，这造成了基金组织在当年4月的世界经济展望预测中低估了大部分国家的实际经济增长。

第三，政治因素 P_{it} 也会对预测造成影响。对经济变量的预测一般只是一个经济问题，但是由于基金组织涉及众多政治因素，这使得基金组织的预测也不可避免地受到政治因素的影响。

即使国际经济组织提供的预测在统计意义上不够准确，但是其对成员来说仍然可能具有政治意义上的好处。由于每个国家在事关本国经济表现的预测上都具有一定的发言权，因此他们可以通过对外发布错误或误导性信息来推动某些政策。① 由于基金组织广泛的影响力，成员更加偏好基金组织的乐观预测。② 成员将会积极利用自身的政治影响力，游说基金组织对该国做出乐观预测。

这种政治影响力可能来自两个方面。一是成员对基金组织的直接政治影响，这包括成员在基金组织中的份额和投票权大小，该国人员担任基金组织高级管理职务的状况以及在执行董事会中的地位。基金组织员工在基金组织执行董事会的指导下工作，各项业务活动不得不考虑主要股东国的偏好。因此，基金组织的主要股东国相比其他成员更容易令基金组织做出对本国有利的经济预测。

二是成员对基金组织的间接政治影响，如通过与基金组织主要股东（如美国）的紧密政治联系获得后者在基金组织预测上的支持，这也有利

① Michele Fratianni and John Pattison, "The Economics of International Organizations", *Kyklos*, Vol. 35, No. 2, 1982, p. 259.

② Roland Vaubel, "The Political Economy of the International Monetary Fund: A Public-choice Approach", In Roland Vaubel and Thomas D. Willett, eds., *The Political Economy of International Organizations: A Public Choice Approach*, Boulder: Westview, 1991, p. 235.

于基金组织做出对该国的乐观预测。大部分研究通过测度一国与美国在联合国大会上投票立场的一致性来确定这种间接政治联系。德雷尔等人指出，一些发展中国家愿意利用它们在联合国安全理事会中的投票来换取基金组织的贷款。对这些国家来说，不仅经济问题更为重要，而且其面临的安全问题大都集中在国内或区域层面，联合国安理会讨论的安全问题则主要集中于全球层面。因此，相对于安理会投票，这些国家更看重能否获得基金组织的贷款。对于美国来说，获得联合国安理会的授权能够减少国际行动的成本，而要获得授权就需要得到足够多的安理会成员的支持。与此同时，通过基金组织向联合国安理会成员施压既有利于通过政治掩护回避公众谴责，还能够利用基金组织的贷款条件获得杠杆效应和成本优势。因此，无论是发展中国家还是美国都存在利益交换的需求。① 可以设想，在涉及基金组织的预测时，一国与美国在联合国大会上的投票立场越接近，就表明其与美国的政治关系越密切，相应地就越容易获得基金组织的乐观经济预测。

表1汇总了基金组织预测误差的三个可能来源，以及各因素对预测的可能影响方向。实际上，不同的因素可能在不同方面对预测造成影响。例如，数据的可得性既可能影响预测模型与方法的选择，同时又直接影响着预测质量。再比如贷款支持项目可能会使基金组织高估项目接受国经济预测，但也可能有利于基金组织员工更为深入地了解该国，从而提高对该国预测的准确性。② 在下一部分将利用表1提供的框架，实证分析各因素对基金组织预测的可能影响。

---

① Axel Dreher, Jan-Egbert Sturm and James Raymond Vreeland, "Global Horse Trading: IMF Loans for Votes in the United Nations Security Council", *European Economic Review*, Vol. 53, No. 7, 2009, pp. 742-757.

② 美国政府问责办公室通过分析基金组织对87个新兴市场国家1999年至2001年的预测发现，《世界经济展望》报告对成员的经济预测存在普遍乐观估计，但就预测质量（预测准确性）而言，基金组织对实施有贷款项目的国家的预测要好于没有实施贷款项目的国家。美国政府问责办公室认为这可能是因为基金组织将会给予实施贷款项目的国家更仔细的审查，从而改善了预测质量。参见 U. S. Government Accountability Office, "International Financial Crises: Challenges Remain in IMF's Ability to Prevent and Resolve Financial Crises", Washington, D. C.: United States General Accounting Office, GAO-03-734, 2003, p. 44。

表 1　　基金组织预测误差的来源

预测误差的来源	可能影响因素	可能影响方向
预测模型与方法	数据可得性	不明确
	机构职责	偏向乐观
	贷款支持项目	偏向乐观
预测所需信息	数据的可得性	不明确
	初始条件假设	不明确
	政策的不可预知性	不明确
政治因素	成员对基金组织的直接影响	影响越大越偏向乐观
	成员与基金组织主要股东的关系	关系越紧密越偏向乐观

四　经验分析

（一）模型的构建

根据上一部分的分析，我们构建以下模型：

$$e_{it}=\alpha+\beta_1 GDP_{it}+\beta_2 Credit_{it}+\beta_3 Power_{it}+\beta_4 UN_{it}+\beta_5 Data_{it}+\beta_6 US_t+\beta_7 DE_t+\beta_8 CN_t+\eta_i+\mu_{it} \quad (4)$$

各变量的含义如下：

1. 预测误差（e_{it}）。e_{it}为基金组织对国家 i 在 t 时期实际 GDP 增速的预测误差，其定义如（3）式。在此，F_{it}和 R_{it}分别为基金组织对国家 i 在 t 时期的实际 GDP 增速预测值和国家 i 在 t 时期的实际 GDP 增速实际值。基金组织《世界经济展望》报告每年发布两次，在此我们选取的是基金组织在每年春季发布的对各国当年的预测值。考虑到实际值可能会随着时间的推移而调整，我们选取的实际值来自最新一期（2017 年秋季）的《世界经济展望》报告。考虑到数据的可得性，本文的样本国家总数为 160 个，其中发展中经济体 129 个，发达经济体 31 个，时间跨度为 2003 年至 2015 年。数据来自基金组织世界经济展望数据库（World Economic Outlook Databases）。

2. 成员国经济规模（GDP_{it}）。GDP_{it}为国家 i 在 t 时期现价 GDP 占世界

GDP 的比例，该比例越高，表明其在世界经济中的地位越高。根据前文分析，国家地位越高，基金组织越可能对该国给予乐观预测，以促进世界经济的稳定发展。数据来自基金组织的世界经济展望数据库。

3. 基金组织贷款支持项目（$Credit_{it}$）。$Credit_{it}$为国家 i 在 t 时期接受基金组织贷款项目的金额占其当期 GDP 的比例。基金组织的贷款支持项目既包括备用安排（SBA）、中期贷款（EFF）等非优惠贷款安排，也包括减贫与增长信托（PRGT）项目下的优惠贷款机制。[①] 在此，本文考虑了基金组织所有类型的贷款支持项目。数据来自基金组织贷款安排监测数据库（Monitoring of Fund Arrangements Database）。

4. 成员对基金组织的直接政治影响（$Power_{it}$）。在此，我们用两个指标来刻画成员对基金组织的直接政治影响（$Quota_{it}$和 ED_{it}），其中 $Quota_{it}$为国家 i 在 t 时期所占基金组织的份额比例。一国在基金组织中的份额比例越高，其投票权比例就越高，对基金组织的直接影响就越大。ED_{it}表示国家 i 在 t 时期是否有该国人员在基金组织执行董事会中出任执行董事。因为执行董事会在基金组织的日常管理中具有重要地位，因此拥有执行董事席位也是一国对基金组织的重要影响渠道。[②] 其中 $Quota_{it}$数据来自基金组织金融数据库（IMF Financial Data），ED_{it} 数据来自基金组织各期年度报告。

5. 成员对基金组织的间接政治影响（UN_{it}）。UN_{it}为国家 i 在 t 时期在联合国大会投票中与美国的一致性。如果 UN_{it}为 1，表示该国的所有投票均与美国保持一致。如果为-1，则表示该国与美国的投票完全相反。考虑

① 考虑到本文研究的时间跨度，基金组织的贷款支持项目也在不断演进，相关信息可参见各期年度报告 http：//www. imf. org/en/publications/areb。有关基金组织贷款支持项目的最新信息可参见 http：//www. imf. org/en/About/Factsheets/IMF-Lending。

② 在基金组织 2010 年份额和治理结构改革之前，执行董事会由任命执董和选举执董组成，其中美国、日本、德国、法国、英国五个份额最大的基金组织成员国可以指派任命执董，选举执董则由其他成员国分选区选举产生。大部分选举执董来自多个国家组成的选区，但中国、俄罗斯、沙特阿拉伯为单一国家选区，这三个国家在执董会中也拥有独立执董席位。2010 年份额和治理结构改革生效之后，执行董事会所有成员均由选举产生，不过，由于美国、日本、德国、法国、英国、中国、俄罗斯、沙特阿拉伯均为一国家选区，它们在执行董事会中仍拥有独立执董席位。其他执董则由多国组成的选区选举产生，代表两个以上的国家。

到美国在基金组织中的特殊地位，UN_{it}越接近1，则表明该国与美国的政治立场越接近，其获得基金组织乐观预测的概率也就越高。数据来自艾力克·韦登（Erik Voeten）等人的联合国大会投票数据库（United Nations General Assembly Voting Data）。[①]

6. 数据可得性（$Data_{it}$）。本文采用两个指标来测度一国的数据可得性。一是一国是否采纳基金组织的数据公布特殊标准（$SDDS_{it}$）。如果一国采纳数据公布特殊标准，则$SDDS_{it}$表示为1，否则为0。二是使用世界银行评估各国统计能力的统计能力指标（Statistical Capacity Indicator）（SCI_{it}）。该指标是世界银行对各国统计能力的评估，评分范围为0—100。各国采用数据公布特殊标准的状况来自基金组织公布标准公告（Dissemination Standards Bulletin Board），统计能力指标来自世界银行统计能力指标数据库。

7. 初始条件假定（US_t、DE_t 和 CN_t）。根据前文的分析，预测一国经济状况的初始条件假定取决于多方面，本文主要考虑的是基金组织对重要经济体的预测误差对其他国家预测的影响。US_t、DE_t 和 CN_t 分别表示 t 时期基金组织对美国、德国和中国的实际经济增速的预测误差，考虑到这三国对世界经济的影响，基金组织对其预测质量的高低将直接影响到对其他国家的预测。数据来自基金组织的世界经济展望数据库。各变量的统计特征如表2所示。

表2　**各变量的统计特征**

变量	含义	均值	标准差
e_{it}	预测值与实际值之差	-0.3166	3.0845
GDP_{it}	一国经济总量占世界经济总量的比例	0.0037	0.0097
$Credit_{it}$	接受基金组织贷款支持项目的资金规模占当期GDP的比例	0.0088	0.0234
$Quota_{it}$	成员在基金组织中的份额比例	0.0044	0.0091

① Erik Voeten, Strezhnev Anton and Bailey Michael, "United Nations General Assembly Voting Data", hdl: 1902.1/12379, Harvard Dataverse, V17, UNF: 6: o5OiqHLeXMiv9Q8w8+3sVw==; Dyadicdata.tab [fileName], UNF: 6: mEJ8YqLPaLbZLh28kl7Pmg== [fileUNF], 2009.

续表

变量	含义	均值	标准差
ED_{it}	是否拥有本国执行董事（是为1，否为0）	0. 1308	0. 3372
UN_{it}	在联合国大会中与美国投票的相似度	0. 1987	0. 1349
$SDDS_{it}$	是否采用数据公布特殊标准（是为1，否为0）	0. 3745	0. 4841
SCI_{it}	世界银行统计能力指标	67. 3322	15. 2378
US_t	基金组织对美国的预测误差	0. 3692	0. 4463
DE_t	基金组织对德国的预测误差	−0. 4462	1. 1819
CN_t	基金组织对中国的预测误差	−1. 3231	1. 5119

（二）经验结果分析

1. 全样本估计结果

我们采用面板数据分析方法对（4）式进行估计，然后根据稳健豪斯曼检验结果决定是采用固定效应模型还是随机效应模型。我们共检验了两种不同的估计形式，即分别在 $Quota_{it}$ 和 ED_{it} 情形下各变量对基金组织预测误差的影响。除了全样本估计外，我们还对发达经济体和发展中经济体进行分样本估计，以考察基金组织对不同类型国家的预测行为差异。在全样本和分样本的估计中，我们首先考虑是否采用数据公布特殊标准对基金组织预测误差的影响，随后引入世界银行统计能力指标以进一步验证数据可得性对预测的影响。全样本的估计结果如表3所示。

表3　**全样本估计结果（随机效应）**

	(1)	(2)
Credit	5. 927*	5. 851*
	(0. 053)	(0. 057)
GDP	43. 99**	18. 71
	(0. 044)	(0. 106)
Quota	−39. 59*	
	(0. 099)	

续表

	(1)	(2)
ED		-0.348
		(0.217)
UN	1.571**	1.401*
	(0.038)	(0.062)
SDDS	-0.400*	-0.404*
	(0.072)	(0.070)
US	0.103	0.0998
	(0.537)	(0.549)
DE	0.118*	0.115*
	(0.063)	(0.069)
CN	0.223***	0.228***
	(0.000)	(0.000)
常数项	-0.211	-0.203
	(0.298)	(0.317)
观察值数量	2080	2080
面板分组数	160	160
稳健 Hausman 检验 P 值	0.1387	0.1669

注：括号中为 p 值，其中 * $p<0.1$， ** $p<0.05$， *** $p<0.01$，下同。

第一，$Credit_{it}$的估计系数显著为正，表明基金组织倾向给予获得基金组织贷款支持项目的成员以乐观预测。成员获得基金组织的贷款数额越大，其获得乐观预测的概率就越高。这与本文的分析以及既有文献的结论基本相同。

第二，GDP_{it}的估计系数为正，且在多数情况下通过显著性检验，表明 GDP 占比越大的国家越容易获得基金组织的乐观预测。这与预期一致。基金组织倾向给予占世界经济较大比重的国家以乐观经济预测，希望以此来引导对世界经济的预期，促进世界经济的平稳发展。

第三，从政治关系来看，无论是$Quota_{it}$还是ED_{it}的估计系数均为负，且不显著，表明成员与基金组织的直接政治关系对基金组织预测的影响并不明显。不过，成员与美国在联合国大会投票立场的相似度（UN_{it}）的估计系数显著为正，表明一国与美国的政治立场越接近，其越容易获得基金组织的乐观预测。为什么成员与基金组织的直接政治关系对基金组织预测误差的影响不显著而成员与基金组织的间接政治关系的影响却十分显著呢？本文认为，只有基金组织主要股东才能影响基金组织的预测行为。例如马丁·C. 斯坦旺德（Martin C. Steinwand）和兰德尔·W. 斯通（Randall W. Stone）通过文献总结指出，在基金组织贷款活动的各个阶段，只有基金组织的主要股东才能发挥明显作用。① 因此，基金组织的大部分成员并不能通过自身在基金组织中的地位来影响基金组织决策，而是通过与主要股东特别是美国协调政治立场来争取基金组织对自身有利的决策。②

第四，从数据可得性角度来看，$SDDS_{it}$估计系数为负，表明如果一国采纳基金组织的数据公布特殊标准，有利于降低基金组织的预测误差，提高基金组织的预测准确性。加入基金组织数据公布特殊标准表明一国通过了"良好统计做法"的检验，承诺在数据覆盖面、公布频率和时效性，公众获取数据的渠道，数据真实性和数据质量这四个方面遵守良好实践。③ 这为基金组织的预测提供了及时、准确的数据基础。

---

① Martin C. Steinwand and Randall W. Stone, "The International Monetary Fund: A Review of the Recent Evidence", *The Review of International Organizations*, Vol. 3, No. 2, 2008, pp. 123-149.

② 斯通研究了不同经济变量对一国参与基金组织贷款项目的影响，其实证结果显示一国的份额规模对基金组织贷款决策的影响为负且不显著，与本文的估计结果类似。斯通指出，根据假设，人口众多或份额较大会增加一国在基金组织贷款项目中的议价能力，但是并没有证据显示这些因素发挥了作用。不过，斯通并没有对此给出解释。参见 Randall W. Stone, "The Scope of IMF Conditionality", *International Organization*, Vol. 62, No. 4, 2008, pp. 589-620；马克·科佩列维奇（Mark S. Copelovitch）提出了国际货币基金组织决策的"共同代理（common agency）"理论，指出基金组织执行董事会实际上是由五个最大股东国（G5）控制，五国（美国、英国、日本、德国、法国）的不同偏好成为决定基金组织贷款规模和条件的最为关键的因素，偏好异质性可能令五国产生冲突也可能令五国相互捧场（logrolling），不过这也使得基金组织员工可以利用这一点来增强自主性。因此，未来针对预测活动的一个研究方向是关注主要股东国家集团对基金组织预测活动的影响。参见 Mark S. Copelovitch, "Master or Servant? Common Agency and the Political Economy of IMF Lending", *International Studies Quarterly*, Vol. 54, No. 1, 2010, pp. 49-77。

③ 参见"IMF Standards for Data Dissemination", October 9, 2017, https://www.imf.org/en/About/Factsheets/Sheets/2016/07/27/15/45/Standards-for-Data-Dissemination。

第五，基金组织对主要经济体的预测误差也会对预测其他国家产生影响。基金组织对美国、德国、中国的预测误差的估计系数均为正，表明如果基金组织对这些国家的预测出现误差，那么将会放大对其他国家的预测误差。这说明对主要经济体的预测在基金组织的预测中具有十分关键的作用。从估计系数的显著性来看，对中国、德国的预测误差的系数较为显著，表明这两个国家的预测准确性尤为重要。

2. 分样本估计结果

为了考察基金组织对发达经济体和发展中经济体预测的不同倾向，我们对发达经济体和发展中经济体进行了分组估计（表4）。发达经济体和发展中经济体的分类依据国际货币基金组织世界经济展望数据库。

表4　**分组估计结果（固定效应）**

	发达经济体		发展中经济体	
	（1）	（2）	（1）	（2）
Credit	8.532**	8.217**	2.033	1.637
	（0.036）	（0.043）	（0.653）	（0.717）
GDP	8.543	8.340	166.8**	156.8*
	（0.778）	（0.783）	（0.045）	（0.058）
Quota	−76.56		−152.6	
	（0.454）		（0.447）	
ED		−0.251		−0.532
		（0.548）		（0.257）
UN	−3.540**	−3.419**	6.790***	6.845***
	（0.029）	（0.034）	（0.000）	（0.000）
SDDS	−1.316	−1.367	0.773	0.807
	（0.113）	（0.101）	（0.212）	（0.191）
US	0.376	0.373	0.175	0.174
	（0.163）	（0.167）	（0.379）	（0.381）

续表

	发达经济体		发展中经济体	
	（1）	（2）	（1）	（2）
DE	0. 308 ***	0. 304 ***	0. 144 *	0. 142 *
	（0. 003）	（0. 003）	（0. 059）	（0. 062）
CN	0. 226 **	0. 229 **	0. 0986	0. 100
	（0. 012）	（0. 011）	（0. 133）	（0. 126）
常数项	3. 307 *	2. 416 **	-1. 343 **	-1. 648 ***
	（0. 061）	（0. 034）	（0. 024）	（0. 000）
观察值数量	403	403	1677	1677
面板分组数	31	31	129	129
稳健 Hausman 检验（P 值）	0. 0000	0. 0000	0. 0127	0. 0123

总体上，分组估计结果与总体结果类似，但也有一些不同的发现。

第一，从基金组织贷款支持项目来看，无论是发达经济体还是发展中经济体，接受基金组织贷款支持项目的国家都更容易获得乐观预测，这与总样本的估计结果一致。但发达经济体的估计系数要明显高于发展中经济体，且更为显著，这表明相比发展中经济体接受基金组织贷款支持项目的发达经济体更容易获得基金组织的乐观预测。基金组织的这一预测偏向性可能有多个原因。一是发达经济体整体上在基金组织治理结构中占有较大的投票权和发言权，且这种权力较为集中，更容易对基金组织的预测活动产生影响。二是相比发展中经济体，基金组织更迫切地需要通过高估来证明其对发达经济体的贷款支持项目的有效性与正当性。这是因为对发达经济体的贷款支持项目往往需要更大的资金规模。

第二，GDP_{it}估计系数为正，与总样本估计结果类似。其中发展中经济体的估计系数较为显著，而发达经济体的估计系数则不显著。

第三，从成员与基金组织的直接政治关系来看，分组估计结果与总样本估计结果类似。无论是发达经济体还是发展中经济体，$Quota_{it}$和ED_{it}系数均为负，且不显著，表明成员与基金组织的直接政治关系对基金组织预测的影响并不明显。

第四，从成员与基金组织的间接政治关系来看，发展中经济体与美国在联合国投票立场的相似度（UN_{it}）的估计系数显著为正，这与总样本的估计结果一致，表明发展中经济体与美国的政治立场越接近，其越容易获得基金组织的乐观预测。但发达经济体的估计系数显著为负，表明发达经济体与美国政治立场的相似度并不会造成基金组织高估发达经济体。这种估计系数的差异表明，在基金组织的预测活动中，基金组织的重要股东美国更为看重发展中经济体是否与其政治立场一致。

第五，从数据可得性角度来看，估计结果也存在差异。其中发达经济体的 $SDDS_{it}$ 估计系数仍为负，这与总体样本的估计结果一致，但估计系数均变得不显著。而发展中经济体的估计系数则为正，同时估计系数也不显著。这可能与分组估计的样本有关。例如在分样本考察期内，在作为样本的 129 个发展中经济体中，采纳基金组织数据公布特殊标准的国家从 22 个增加到 36 个，采纳比例只有 17. 1%—27. 9%；而在作为样本的 31 个发达经济体中，采纳基金组织数据公布特殊标准的国家则从 27 个增加到 30 个，采纳比例为 87. 1%—96. 8%。这种数据分布的不平衡性导致估计结果出现差异。为进一步评估数据可得性对预测误差的影响，本文随后将根据世界银行的统计能力指标做进一步估计。

第六，无论是发达经济体还是发展中经济体，基金组织对美国、德国、中国预测误差的估计系数均为正，这与总体样本的估计结果一致。从估计系数显著性的角度来看，对发达经济体而言，对德国预测误差和对中国预测误差的系数均较为显著，表明对发达经济体的预测受对德国预测误差和对中国预测误差的影响更大。对发展中经济体而言，只有对德国预测误差的系数较为显著，表明对德国经济的预测误差对预测发展中经济体的影响更为显著。

3. 数据可得性对预测误差影响的再检验

为进一步验证数据可得性对预测误差的影响，我们用世界银行评估各国统计能力的统计能力指标（SCI_{it}）来替代一国是否采纳基金组织数据公布特殊标准（$SDDS_{it}$）来重新对（4）式进行估计。世界银行的统计能力指标是对一国统计系统的综合评分，其基于统计方法、数据来源、统计周期这3个维度设置了25个具体指标，每年对全球140多个发展中国家的统计能力进行评估。① 相比 $SDDS_{it}$，SCI_{it}有两个不同的统计特征：一是其数值范围分布在0—100之间，而不像 $SDDS_{it}$只是0或1的虚拟变量；二是 SCI_{it}所刻画的一国统计能力会随着时间的推移上下波动。而如果根据一国是否采纳数据公布特殊标准，除非遭遇特殊情况，一国不会退出该标准，即 $SDDS_{it}$只会刻画0到1的过程，而不会有1到0的情况出现。因此，通过用 SCI_{it}替代 $SDDS_{it}$进行估计有利于进一步验证估计的稳健性。根据数据的可得性，SCI_{it}估计的所选样本为120个，均为发展中国家，时间跨度为2005年至2015年。

表5展示了 SCI_{it}替代 $SDDS_{it}$后的估计结果。从 SCI_{it}的估计系数来看，其显著为负，表明一国统计能力的提高有利于降低基金组织的预测误差，提高基金组织的预测准确性。这进一步确认了本文此前的假设。不过，基金组织贷款支持项目的系数为负，且不显著。这表明在对发展中经济体的经济预测中，贷款支持项目的影响并不显著。这与分样本的估计结果是一致的。其他变量的估计结果与本文此前估计也基本一致。如果一国在联合国大会中与美国政治立场越接近，其越容易获得基金组织的乐观预测。基金组织对主要经济体的预测误差对关于其他经济体的预测误差仍有正向影响。这验证了本文估计的稳健性。

表5　**利用世界银行统计能力指标的估计结果（随机效应）**

	(1)	(2)
Credit	−2.261	−2.342
	(0.613)	(0.600)
GDP	−34.44	1.149
	(0.547)	(0.969)

① 世界银行统计能力指标的详细情况参见 http://datatopics.worldbank.org/statisticalcapacity。

续表

	(1)	(2)
Quota	51.78	
	(0.432)	
ED		0.132
		(0.752)
UN	4.747***	4.720***
	(0.000)	(0.000)
SCI	-0.0204***	-0.0193**
	(0.008)	(0.011)
US	0.195	0.197
	(0.447)	(0.442)
DE	0.421***	0.423***
	(0.000)	(0.000)
CN	0.0676	0.0641
	(0.292)	(0.317)
常数项	0.770	0.731
	(0.157)	(0.178)
观察值数量	1320	1320
面板分组数	120	120
稳健 Hausman 检验（P 值）	0.1172	0.1300

五　结论

经济预测是基金组织向成员提供政策建议和资金救助安排的重要依据，同时也会对成员经济和国际金融市场产生重要影响。因此，基金组织预测的准确性受到各方的高度关注。但在实践中，由于受到诸多因素的影响，基金组织对成员的经济预测难免存在误差。本文从预测方法、预测信息、政治因素这三个方面构建了影响基金组织预测误差的政治经济学分析框架，并以实际经济增长指标为例，通过对 2003 年至 2015 年 160 个基金组织成员的实证分析，检验了不同因素对基金组织预测的影响。本文的主要结论如下。

第一，接受基金组织贷款支持项目的成员更容易获得基金组织的乐观经济预测。分样本估计显示，相比发展中经济体，接受贷款支持项目的发达经济体将会获得基金组织更为乐观的预测。

第二，政治因素对基金组织的预测误差具有显著影响。如果一国与美国在联合国大会的投票立场越接近，其越容易获得基金组织的乐观预测。但成员与基金组织的直接政治关系（成员在基金组织中的份额以及是否拥有执行董事席位）对基金组织预测误差的影响并不显著。这表明大部分成员并不能通过自身在基金组织中的地位来影响基金组织的决策，但是却可通过与主要股东特别是美国协调政治立场来争取基金组织对自己有利的预测结果。

第三，提高成员数据的可得性有利于改善基金组织的预测效果。从总体样本估计看，如果成员采纳基金组织的数据公布特殊标准，有利于降低基金组织的预测误差。但在分样本估计中，这种关系并不显著。为此，本文利用世界银行的统计能力指标进行了再检验。通过对 2005 年至 2015 年 120 个国家的估计显示，统计能力的提高有利于降低基金组织的预测误差，进一步验证了数据可得性在基金组织预测中的作用。

第四，对其他条件的假定也会影响基金组织的预测效果。基金组织对主要国家（美国、德国、中国）的预测误差将会放大对其他国家的预测误差。不过，这种影响对不同国家却不尽相同。对发达经济体来说，对德国和中国的预测误差的系数较为显著。对发展中经济体来说，则只有对德国经济预测误差的影响较为显著。这表明提升这两个国家的预测准确性尤为重要。

根据本文的研究结论，为进一步改善基金组织的预测质量，提出以下建议。其一，基金组织应建立更为独立的预测程序，避免内外部因素的干扰。基金组织要使自己的预测更为可信，就需要降低政治因素、组织偏好对经济预测的影响。为此，基金组织可引入外部机制加强对预测活动的监督与研究，通过外部机制来约束基金组织的内部行为。其二，继续改善预测数据质量。可通过双边监督、技术能力支持进一步规范成员的数据报告标准，帮助成员提高数据统计能力和数据报告质量。其三，进一步提升对主要经济体的预测准确性。通过加强对主要经济体国别研究人员的配备与培训，提升国别代表处的预测能力。同时就预测加强与成员政府以及私人部门的沟通，降低对主要经济体的预测误差。

（本文发表于《世界经济与政治》2018 年第 5 期）

贸易、权力与福利：大国博弈的国际经济政治学分析

张宇燕　夏广涛*

内容摘要：传统国际贸易理论对于国家间博弈过程中保持、扩大自身相对实力的权力追求缺乏考量。而在大国博弈背景下，权力在先发国家与后发国家间贸易中的重要性则更加凸显。基于此，在经典的两国贸易理论中引入权力要素，将经济学注重的绝对福利和政治学注重的相对福利视作行为体的双重目标，运用博弈论方法，可以为大国博弈建立一个简洁、方便、贴近现实、适用广泛的国际经济政治学分析框架。由此可以发现，在一个由先发国家和后发国家组成的两国博弈中，后发国家更加偏好“扬己长补己短”战略；先发国家更加偏好于“压彼短扬彼长”战略，而一旦决定比较优势的技术差距由大变小，先发国家则更倾向于全面打压后发国家甚至“脱钩”。

关键词：大国博弈　贸易　权力　福利　双重效率

一　问题的提出

百年大变局在各个领域均有所反映，在经济学领域亦十分明显，其突

* 张宇燕，中国社会科学院学部委员；夏广涛，中国社会科学院世界经济与政治研究所副研究员。

出表现就是大国博弈背景下权力要素①回归国际贸易关系并由此产生对相对福利的高度重视。

经典国际贸易理论主要从绝对福利改进的维度探讨自由贸易的结果，有意或无意地忽视了对相对福利变化的关注。所谓绝对福利，即行为体从财富或消费中所获得的满足感或效用。所谓相对福利，即行为体从与其他行为体的福利比较中所获得的满足感或效用。大卫·李嘉图（David Ricardo）的“比较优势理论”是西方经典贸易理论的重要基石之一，其核心思想是两个国家在两种产品上的技术水平、劳动生产率和生产成本存在差异，即使一国在两种产品上均处于绝对劣势，两国依然可以通过专业化生产具有比较优势（绝对优势更大或绝对劣势更小）的产品并进行自由贸易来实现双方的福利改进。② 比较优势理论为基于技术差异和生产率异质性的国际贸易理论奠定了思想基础，相关的后续研究不仅将李嘉图两国两部门研究框架拓展为两国多部门③和多国多部门框架④，还将部门层面的比较优势拓展至企业层面的比较优势⑤。然而，这些研究的规范分析高度集中于绝对福利，很少触及相对福利，以至于由英国古典政治经济学家提出的自由贸易理论在过去200多年里一直得到了大多数经济学家的认同，因为仅从绝对福利的角度看，自由贸易能让所有参与其中的国家或地区获得福利改进。不过，这一共识在21世纪伊始亦开始发生变化，面对百年大变

① 传统的国际关系研究一般将权力的本质归结为影响力，即违背其他主体意愿并支配它们的强制力。参见［德］马克斯·韦伯《经济与社会》（上卷），林荣远译，商务印书馆1997年版，第81页；［美］W. 菲利普斯·夏夫利《权力与选择：政治科学导论》，孟维瞻译，世界图书出版公司2015年版，第7页。

② ［英］大卫·李嘉图：《政治经济学及赋税原理》，郭大力、王亚南译，译林出版社2011年版，第64—77页。

③ R. Dornbusch, S. Fischer, and P. A. Samuelson, “Comparative Advantage, Trade, and Payments in a Ricardian Model with a Continuum of Goods”, *American Economic Review*, Vol. 67, No. 5, 1977, pp. 823-839.

④ J. Eaton and S. Kortum, “Technology, Geography, and Trade”, *Econometrica*, Vol. 70, No. 5, 2002, pp. 1741-1779.

⑤ M. J. Melitz, “The Impact of Trade on Intra-Industry Reallocations and Aggregate Industry Productivity”, *Econometrica*, Vol. 71, No. 6, 2003, pp. 1695-1725; C. Gaubert and O. Itskhoki, “Granular Comparative Advantage”, *Journal of Political Economy*, Vol. 129, No. 3, 2021, pp. 871-939.

局下“经济实力消涨、科技竞争加剧、权力政治回归、规则博弈白热化”①等新特征，部分西方主流经济学家对自由贸易的理解发生了本质性变化。

曾经是自由贸易旗手的美国经济学家保罗·A. 萨缪尔森（P. A. Samuelson），于2004年在《经济学展望》上发文，通过考量两个国家同时生产两种相同产品的情况，发现如果两国生产同种产品的劳动生产率之比不同便会出现潜在贸易收益，而在此基础上，如果两国进一步生产自己具有比较优势的产品并进行交易则双方均可获得收益并改善自身福利。② 萨缪尔森的新模型的关键点即引入了技术进步变量。但问题在于，尽管两国均能获益，但可能存在相对落后或弱势一方的受益程度更大的情况，其结果将导致两国实力对比的差距缩小。而在萨缪尔森看来，这一情景就意味着一国受益的同时另一国遭受了持久的损害。在引入国家福利改进幅度差异考量后，特别是将其置于国家实力差距缩小的背景下时，原本纯粹的经济学逻辑热情拥抱的东西，就可能一下子变成需要严加防范之事。对先发国家来说，这恐怕是不可容忍的。经济学在这里摇身一变成为政治经济学，亦即一度在西方主流经济学中颇受冷落的权力要素又被请了回来，由此产生的对相对福利的重视，反而成了国家之间尤其是大国之间制造贸易纠纷乃至发动损人损己贸易战的理论依据。

萨缪尔森的理论引起了学术界和政策界的广泛关注，一大批学者和政策制定者开始关注贸易自由主义的裂痕，并据此开始预测并分析贸易保护主义和大国贸易冲突。中国学者对此亦多有关注。③

事实上，马克思早已在其政治经济学研究框架中对贸易问题做出了深刻而全面的分析，他首先揭示了发达国家和不发达国家在贸易体系中的不

① 冯维江、张宇燕：《世界百年未有之大变局》，《经济研究》2022年第6期。

② P. A. Samuelson, “Where Ricardo and Mill Rebut and Confirm Arguments of Mainstream Economists Supporting Globalization”, *Journal of Economic Perspectives*, Vol. 18, No. 3, 2004, pp. 135-146.

③ 刘洪钟：《霸权护持与超越——高科技产业全球价值链竞争的政治经济学》，《世界经济与政治》2023年第2期；蔡继明、陈臣、王勇等：《论技术进步对贸易模式和贸易利益的影响——一个不同于萨缪尔森的分析框架》，《国际贸易问题》2021年第12期；J. Ju and X. Yang, “Hicks Theorem Effects of Technological Improvement in the Ricardian Model”, *International Review of Economics & Finance*, Vol. 18, No. 2, 2009, pp 239-247.

平等性，指出在对外贸易中“比较发达的国家高于商品的价值出售自己的商品”，而生产条件较为不利的其他国家“所付出的实物形式的对象化劳动多于它所得到的”，但同时也强调了贸易给不发达国家带来的绝对福利改进，“它由此得到的商品比它自己所能生产的更便宜”。[①] 根据马克思主义政治经济学的分析，国家之间确实可以通过对外贸易获得绝对福利改进，但收益分配的不对称性和权力关系的结构变化却有可能使部分国家的相对福利受损。那么，国家行为体在国际经济互动中应该以绝对福利还是相对福利作为目标呢？目前，国际关系领域的诸多研究部分回答了这一问题。一种颇具代表性的观点认为，物质利益等福祉在维护强权动机面前往往会退居次要地位，这反映出国家行为体对相对福利的重视程度高于绝对福利。[②] 而经典贸易理论通常将国家行为体的目标函数设定为绝对收益或绝对福利最大化，在这个单一目标的指引下，推动帕累托改进和达到帕累托效率[③]成为评判目标实现与否和实现程度的基本尺度。

显然，经典贸易理论忽视了大国博弈背景下国家行为体对权力要素和相对福利的高度重视。一旦考虑博弈对手或力量对比，仅仅关注福利的绝对改进显然不够充分，必须将自身与对手或竞争者总体实力之差异纳入视野。这样一来，国家行为体的目标函数就包含双重内涵，即绝对福利与相对福利“双重改进”并最终实现“双重效率”。

所谓绝对福利改进，即行为体财富或消费提高所带来的满足感或效用增加。所谓相对福利改进，对先发国家而言，即拉大两国绝对福利之差距或比例所带来的满足感或效用增加；对后发国家而言，则逻辑相反。“双重效率”，即绝对福利与相对福利“双重改进”充分实现的理想状态，在这一状态下，绝对福利与相对福利双重改进的空间被充分利用，一国再无

① 《资本论》第三卷，人民出版社 2018 年版，第 264—265 页。

② 例如，国际关系英国学派代表人物之一的马丁 · 怀特在《权力政治》中论述了“福祉”与“强权”的关系。参见［英］马丁 · 怀特《权力政治》，宋爱群译，世界知识出版社 2004 年版，第 209 页。

③ 参见［英］约翰 · 伊特韦尔、［美］默里 · 米尔盖特、［美］彼得 · 纽曼《新帕尔格雷夫经济学大辞典第三卷：K—P》，经济科学出版社 1992 年版，第 868—870 页。

余地去推动绝对福利与相对福利的同时改进。也就是说，当想要再继续改进相对福利（扩大与对手之差距）就不得不牺牲自身绝对福利，想要再继续改进自身绝对福利就不得不忍受与对手差距缩小（相对福利恶化）时，一国就达到了“双重效率”。在“双重效率”实现之后，一国不可避免地需要在绝对福利与相对福利之间进行权衡取舍。先发国家的绝对福利水平一般远高于后发国家，在面对后发国家的快速追赶和激烈竞争时，先发国家往往倾向于追求相对福利，其损人不利己甚至损人损己的行为也就不足为奇。

对国家行为体追求绝对福利和相对福利这一双重目标进行形式化的交叉学科研究，具有鲜明的理论和现实意义。在国际关系或国际政治理论中，相关分析虽然非常丰富，但基于形式化模型的研究并不多见。与此同时，以形式化模型见长的西方国际经济学却对这一双重目标鲜有讨论。在经典贸易理论和福利经济学基础上，运用博弈论方法对国家行为体的这一双重目标进行形式化的交叉学科探究，这一分析范式便是“国际经济政治学”，它既不同于传统的国际经济学、国际政治学，也与当前流行的国际政治经济学存在一定差别，旨在运用经济学的理论和分析方法对国际关系问题加以研究，即“国际关系的经济学分析或解释”。[①] 作为一种尝试和补充，大国博弈的国际经济政治学分析能够为复杂的大国博弈搭建相对简明的分析框架，有助于我们深化对大国博弈的理解，并更好地应对新的世界动荡变革期，为妥善处置大国博弈下的对外关系提供一定的政策参考。

基于此，本文强调相对福利对于大国博弈的重要性，在经典的两国贸易理论中引入权力要素，并遵循博弈论分析理念，将经济学注重的绝对福利和政治学注重的相对福利同时纳入国家行为体的目标函数，在理论上将帕累托改进和帕累托效率拓展为绝对福利与相对福利“双重改进”和“双重效率”，尝试为大国博弈提供一套尽可能简洁完整、使用便捷、贴近现实、普遍适用的国际经济政治学分析框架。

① 关于国际经济政治学的详细说明，参见张宇燕、李增刚《国际经济政治学》，上海人民出版社2008年版，第1—20页。

二 基准模型的设立

假设世界上有两个国家（甲和乙），每个国家都有两个部门（A 和 B），令 A 代表高技术产品部门，B 代表低技术产品部门，两国相同部门生产的产品是完全同质的。甲国是先发国家，乙国是后发国家，甲国劳动力总量为 L，少于乙国的劳动力总量 L^*，即 $L<L^*$。甲国两个部门的生产率（π_A 和 π_B）具有绝对优势，均高于乙国两个部门（A 和 B）的生产率（π_A^* 和 π_B^*），即 $\pi_A>\pi_A^*$，$\pi_B>\pi_B^*$。甲国在部门 A 的生产率上有比较优势 $\left(\frac{\pi_A}{\pi_B}>\frac{\pi_A^*}{\pi_B^*}\right)$，乙国在部门 B 的生产率上有比较优势 $\left(\frac{\pi_B^*}{\pi_A^*}>\frac{\pi_B}{\pi_A}\right)$。

在自给自足的情况下，两国没有专业化分工，每个国家都同时生产 A 和 B 两种产品。甲国投入规模为 l_{A0} 的劳动力生产出数量为 $l_{A0}\pi_A$ 的 A 产品，投入规模为 l_{B0} 的劳动力生产出数量为 $l_{B0}\pi_B$ 的 B 产品，其中 $l_{A0}+l_{B0}\leqslant L$。乙国投入规模为 l_{A0}^* 的劳动力生产出数量为 $l_{A0}^*\pi_A^*$ 的 A 产品，投入规模为 l_{B0}^* 的劳动力生产出数量为 $l_{B0}^*\pi_B^*$ 的 B 产品，其中 $l_{A0}^*+l_{B0}^*\leqslant L^*$。

由于两国在两个部门的相对生产率上存在明显差异，按照李嘉图的比较优势理论，两国会产生专业化分工并进行贸易。在自由贸易情况下，甲国会专门生产 A 产品，A 的全球总产量为 $l_{A1}\pi_A$（其中 $l_{A1}\leqslant L$），乙国会专门生产 B 产品，B 的全球总产量为 $l_{B1}^*\pi_B^*$（其中 $l_{B1}^*\leqslant L^*$）。甲国从乙国进口 B 产品，乙国从甲国进口 A 产品，换句话说甲国用自己生产的一定数量 A 产品交换乙国生产的一定数量 B 产品。

（一）双重目标：绝对福利与相对福利

假定每个国家的居民都是同质的代表性个体，两国居民的绝对福利由代表性个体的消费决定。相对福利是指两国居民在绝对福利水平上的差距，定义为两国居民的绝对福利之比。

甲国的绝对福利水平由如下效用函数表示：

$$U\left(C_A, C_B, l_A, l_B\right)=\frac{\left(C_A\right)^{\alpha}\left(C_B\right)^{\beta}}{l_A+l_B} \tag{1}$$

其中，C_A 表示甲国消费的产品 A 数量，C_B 表示甲国消费的产品 B 数量，$\alpha>0$ 表示甲国居民对产品 A 的消费偏好，$\beta>0$ 表示甲国居民对产品 B 的消费偏好，$\alpha+\beta=1$，l_A 表示甲国投入生产部门 A 的劳动力规模，l_B 表示甲国投入生产部门 B 的劳动力规模，l_A+l_B 表示甲国投入生产的总劳动力规模。

相应地，反映乙国绝对福利水平的效用函数表示如下：

$$U^*\left(C_A^*, C_B^*, l_A^*, l_B^*\right)=\frac{\left(C_A^*\right)^{\alpha^*}\left(C_B^*\right)^{\beta^*}}{l_A^*+l_B^*} \tag{2}$$

其中，C_A^* 表示乙国消费的产品 A 数量，C_B^* 表示乙国消费的产品 B 数量，$\alpha^*>0$ 表示乙国居民对产品 A 的消费偏好，$\beta^*>0$ 表示乙国居民对产品 B 的消费偏好①，$\alpha^*+\beta^*=1$，l_A^* 表示乙国投入生产部门 A 的劳动力规模，l_B^* 表示乙国投入生产部门 B 的劳动力规模，$l_A^*+l_B^*$ 表示乙国投入生产的总劳动力规模。

甲国的相对福利水平定义为甲乙两国的绝对福利之比：

$$RU\equiv\frac{U}{U^*}=\frac{\left(C_A\right)^{\alpha}\left(C_B\right)^{\beta}}{l_A+l_B}\Big/\frac{\left(C_A^*\right)^{\alpha^*}\left(C_B^*\right)^{\beta^*}}{l_A^*+l_B^*} \tag{3}$$

乙国的相对福利水平与甲国的相对福利水平互为倒数：

$$RU^*\equiv\frac{U^*}{U}=\frac{1}{RU} \tag{4}$$

（二）封闭经济

在封闭经济情况下，甲国和乙国都处于自给自足的状态，两国没有专业化分工，每个国家都同时生产 A 和 B 两种产品。

① 后发国家对于不同产品的偏好与先发国家是有区别的，后发国家对于高技术产品的偏好存在学习效应，随时间不断累积变化。参见 A. Bhidé and E. Phelps，“A Dynamic Theory of China-U. S. Trade：Making Sense of the Imbalances”，*Center on Capitalism and Society Working Papers*，No. 4，July 2005，pp. 2-17.

甲国投入规模为l_{A0}的劳动力生产出数量为$l_{A0}\pi_A$的 A 产品，投入规模为l_{B0}的劳动力生产出数量为$l_{B0}\pi_B$的 B 产品，其中$l_{A0}+l_{B0}\leqslant L$。此时先发国家甲国的绝对福利水平为：

$$U_0=\frac{(C_{A0})^{\alpha}\ (C_{B0})^{\beta}}{l_{A0}+l_{B0}}=\frac{(l_{A0}\pi_A)^{\alpha}\ (l_{B0}\pi_B)^{\beta}}{l_{A0}+l_{B0}} \tag{5}$$

乙国投入规模为l_{A0}^*的劳动力生产出数量为$l_{A0}^*\pi_A^*$的 A 产品，投入规模为l_{B0}^*的劳动力生产出数量为$l_{B0}^*\pi_B^*$的 B 产品，其中$l_{A0}^*+l_{B0}^*\leqslant L^*$。此时后发国家乙国的绝对福利水平为：

$$U_0^*=\frac{(C_{A0}^*)^{\alpha^*}(C_{B0}^*)^{\beta^*}}{l_{A0}^*+l_{B0}^*}=\frac{(l_{A0}^*\pi_A^*)^{\alpha^*}\ (l_{B0}^*\pi_B^*)^{\beta^*}}{l_{A0}^*+l_{B0}^*} \tag{6}$$

在封闭经济下，两国初始的相对福利水平为：

$$RU_0\equiv\frac{U_0}{U_0^*}=\frac{(l_{A0}\pi_A)^{\alpha}\ (l_{B0}\pi_B)^{\beta}}{l_{A0}+l_{B0}}\Big/\frac{(l_{A0}^*\pi_A^*)^{\alpha^*}\ (l_{B0}^*\pi_B^*)^{\beta^*}}{l_{A0}^*+l_{B0}^*}=\frac{1}{RU_0^*} \tag{7}$$

（三）开放经济

虽然先发国家甲国在两个部门的生产率（π_A和π_B）上具有绝对优势，高于乙国两个部门（A 和 B）的生产率（$\pi_A{}^*$和$\pi_B{}^*$），即$\pi_A>\pi_A{}^*$，$\pi_B>\pi_B{}^*$，但是甲国在部门 A 的生产率上表现更加突出，即甲国在生产 A 产品上具有比较优势$\left(\frac{\pi_A}{\pi_B}>\frac{\pi_A^*}{\pi_B^*}\right)$，乙国在部门 B 的生产率上有比较优势$\left(\frac{\pi_B^*}{\pi_A^*}>\frac{\pi_B}{\pi_A}\right)$。由于两国在两个部门的相对生产率上存在明显差异，两国会有激励实施专业化分工并进行国际贸易。

在开放经济情况下，甲国会专门生产 A 产品，A 的全球总产量为$l_{A1}\pi_A$（其中$l_{A1}\leqslant L$），乙国会专门生产 B 产品，B 的全球总产量为$l_{B1}^*\pi_B^*$（其中$l_{B1}^*\leqslant L^*$）。

在开放经济下，甲乙两国通过开展国际贸易来满足自身对于 A 和 B 两种产品的消费需求，甲国从乙国进口 B 产品，乙国从甲国进口 A 产品。具体来说，甲国用自己生产的一定数量 A 产品交换乙国生产的一定数量 B 产品，两种产品的交换比例表示 ε，即甲国生产的一单位 A 产品可以兑换 ε

单位乙国生产的 B 产品。

基于两国的比较优势，两国实施专业化分工并进行贸易要求交换比例 ε 满足如下激励相容条件：

$$\frac{\pi_B}{\pi_A} \leqslant \varepsilon \leqslant \frac{\pi_B^*}{\pi_A^*} \tag{8}$$

上述激励相容条件公式包含两层经济学含义：其一，甲国要求一单位本国生产的 A 产品至少可以兑换$\frac{\pi_B}{\pi_A}$单位乙国生产的 B 产品，否则甲国将回到自给自足状态，自主生产 B 产品；其二，乙国要求一单位甲国生产的 A 产品至多可以兑换$\frac{\pi_B^*}{\pi_A^*}$单位本国生产的 B 产品，否则乙国将回到自给自足状态，自主生产 A 产品。

甲乙两国贸易中两产品的最终交换比例 ε，由两国在国际经济体系中的权力①分布决定。两国在不对称的权力结构框架下通过讨价还价博弈确定双方的贸易利得分配。两国在国际经济体系中的相对权力大小使得博弈双方在讨价还价的能力、手段和有效性上存在明显差异，导致两国贸易关系存在不对称议价和分配机制。

甲国作为先发国家，在两个部门均具有绝对优势，又在高科技部门有比较优势，相对于后发国家专业化生产的低科技产品 B 而言，先发国家专业化生产的高科技产品 A 的可替代性更小，更重要的是，先发国家通过先发优势和积累的国家实力实现了对自己更有利的权力分配设计，在国际经济体系中拥有主导性权力，能够通过经济治理体系设计、国际规则制定和经济制裁手段对博弈对手施加有效影响力②，故而先发国家甲国的议价能

① 此处将权力定义为“一国在国际经济体系中决定贸易条件及贸易利得分配方案的能力”，在国家间博弈的过程中，一国权力体现为其设计自身策略空间并影响对手策略空间、吸引或迫使对手接受博弈结果的能力。

② ［土］丹尼·罗德里克：《贸易的真相——如何构建理性的世界经济》，卓贤译，中信出版社 2018 年版，第 181 页。更进一步，国际社会中的强势政治主体不但可以设计自己的策略空间，而且能够影响甚至设计其他主体（盟友或对手）的策略空间。强势主体利用国际规则体系遏制弱势主体发展空间就是一个典型的例子。

力更强，其在确定贸易交换比例 ε 的讨价还价博弈中占据优势地位。一般而言，后发国家在国际经济体系的权力分配中处于弱势地位，并且对高科技部门 A 产品实施进口替代的机会成本也很高，故而乙国的议价能力更弱，在确定交换比例的讨价还价博弈中处于劣势地位。

因此，相对于后发国家乙国，先发国家甲国在整体贸易利得的分配中更占优势，甲国在讨价还价博弈中会竭尽全力攫取更多的贸易利得来同时改善其绝对福利水平和相对福利水平。如果甲国拥有绝对权力，在讨价还价博弈中占据绝对优势地位，则交换比例完全由甲国掌握，乙国只能被动服从甲国提出的贸易方案，最终交换比例会趋近于乙国生产 A 产品的机会成本，即 $\varepsilon \to \frac{\pi_B^*}{\pi_A^*}$。

在开放经济下，自由贸易使得先发国家甲国的绝对福利水平变为：

$$U_1 = \frac{(C_{A1})^{\alpha}\ (C_{B1})^{\beta}}{l_{A1}} = \frac{(l_{A1}\pi_A - E_{A1})^{\alpha}\ (\varepsilon E_{A1})^{\beta}}{l_{A1}} \tag{9}$$

其中，$l_{A1} \leqslant L$，E_{A1} 为甲国 A 产品的出口量，εE_{A1} 表示甲国按照 $\frac{\pi_B}{\pi_A} \leqslant \varepsilon \leqslant \frac{\pi_B^*}{\pi_A^*}$ 的交换比例从乙国进口的产品 B 数量。

自由贸易使得后发国家乙国对应的绝对福利水平变为：

$$U_1^* = \frac{(C_{A1}^*)^{\alpha^*}\ (C_{B1}^*)^{\beta^*}}{l_{B1}^*} = \frac{(E_{A1})^{\alpha^*}\ (l_{B1}^*\pi_B^* - \varepsilon E_{A1})^{\beta^*}}{l_{B1}^*} \tag{10}$$

其中，$l_{B1}^* \leqslant L^*$，E_{A1} 表示乙国以 $\frac{\pi_B}{\pi_A} \leqslant \varepsilon \leqslant \frac{\pi_B^*}{\pi_A^*}$ 单位的产品 B 作为代价从甲国进口的产品 A 数量。

在开放经济情况下，两国的相对福利水平为：

$$RU_1 \equiv \frac{U_1}{U_1^*} = \frac{(l_{A1}\pi_A - E_{A1})^{\alpha}\ (\varepsilon E_{A1})^{\beta}}{l_{A1}} \Big/ \frac{(E_{A1})^{\alpha^*}\ (l_{B1}^*\pi_B^* - \varepsilon E_{A1})^{\beta^*}}{l_{B1}^*} = \frac{1}{RU_1^*} \tag{11}$$

（四）福利变化

在封闭经济下，A 产品的世界总产量为 $l_{A0}\pi_A + l_{A0}^*\pi_A^*$，B 产品的世界总

产量为 $l_{B0}\pi_B+l_{B0}^*\pi_B^*$。在开放经济下，甲国会专门生产 A 产品，A 的全球总产量为 $l_{A1}\pi_A$（其中 $l_{A1}\leqslant L$），乙国会专门生产 B 产品，B 的全球总产量为 $l_{B1}^*\pi_B^*$（其中 $l_{B1}^*\leqslant L^*$）。

与封闭经济相比，开放经济下专业化分工使得产品的全球总产量上升，整体贸易利得表现为 A 和 B 两种产品的增加量：

$$l_{A1}\pi_A-(l_{A0}\pi_A+l_{A0}^*\pi_A^*) \tag{12}$$

$$l_{B1}^*\pi_B^*-(l_{B0}\pi_B+l_{B0}^*\pi_B^*) \tag{13}$$

与封闭经济情况相比，开放经济下两国绝对福利和相对福利均发生变化。

先发国家甲国的绝对福利水平变化值为：

$$\Delta U=U_1-U_0=\frac{(l_{A1}\pi_A-E_{A1})^{\alpha}(\varepsilon E_{A1})^{\beta}}{l_{A1}}-\frac{(l_{A0}\pi_A)^{\alpha}(l_{B0}\pi_B)^{\beta}}{l_{A0}+l_{B0}} \tag{14}$$

后发国家乙国的绝对福利水平变化值为：

$$\Delta U^*=U_1^*-U_0^*=\frac{(E_{A1})^{\alpha^*}(l_{B1}^*\pi_B^*-\varepsilon E_{A1})^{\beta^*}}{l_{B1}^*}-\frac{(l_{A0}^*\pi_A^*)^{\alpha^*}(l_{B0}^*\pi_B^*)^{\beta^*}}{l_{A0}^*+l_{B0}^*} \tag{15}$$

两国相对福利水平的变化值为：

$$\Delta RU=RU_1-RU_0=\frac{(l_{A1}\pi_A-E_{A1})^{\alpha}(\varepsilon E_{A1})^{\beta}}{l_{A1}}\Big/\frac{(E_{A1})^{\alpha^*}(l_{B1}^*\pi_B^*-\varepsilon E_{A1})^{\beta^*}}{l_{B1}^*}-\frac{(l_{A0}\pi_A)^{\alpha}(l_{B0}\pi_B)^{\beta}}{l_{A0}+l_{B0}}\Big/\frac{(l_{A0}^*\pi_A^*)^{\alpha^*}(l_{B0}^*\pi_B^*)^{\beta^*}}{l_{A0}^*+l_{B0}^*} \tag{16}$$

$$\Delta RU^*=RU_1^*-RU_0^*=\frac{(E_{A1})^{\alpha^*}(l_{B1}^*\pi_B^*-\varepsilon E_{A1})^{\beta^*}}{l_{B1}^*}\Big/\frac{(l_{A1}\pi_A-E_{A1})^{\alpha}(\varepsilon E_{A1})^{\beta}}{l_{A1}}-\frac{(l_{A0}^*\pi_A^*)^{\alpha^*}(l_{B0}^*\pi_B^*)^{\beta^*}}{l_{A0}^*+l_{B0}^*}\Big/\frac{(l_{A0}\pi_A)^{\alpha}(l_{B0}\pi_B)^{\beta}}{l_{A0}+l_{B0}} \tag{17}$$

三　双重目标下的大国博弈：模型推演

基于前文构建的两国两部门基准模型，表 1 描述了两大国博弈的策略全集，每个国家均有 7 种策略，构成 49 种博弈情形。

表 1　　**两国博弈的战略集**

		乙国战略						
		维持现状	扬乙长	补乙短	扬乙长补乙短	压甲长	压甲短	压甲长压甲短
甲国战略	维持现状	基准情形	情形Ⅰ	情形Ⅱ	情形Ⅲ	╳	╳	╳
	扬甲长	╳	╳	╳	╳	╳	╳	╳
	补甲短	╳	╳	╳	╳	╳	╳	╳
	扬甲长补甲短	╳	╳	╳	╳	╳	╳	╳
	压乙长	╳	╳	╳	╳	╳	╳	╳
	压乙短	情形Ⅳ	情形Ⅴ	情形Ⅵ	情形Ⅶ	╳	╳	╳
	压乙长压乙短	╳	╳	╳	╳	╳	╳	╳

鉴于两国在国际经济体系中的权力分配具有显著差异，甲国作为先发国家的权力大于乙国，故甲国可以对甲乙两个国家的不同部门都施加一定战略影响，既可以对甲国不同部门采取激励策略，又可以对乙国的不同部门实施遏制或激励策略，而乙国权力和对外影响力相对有限，只能对乙国不同部门采取激励策略。综合考虑现实性、代表性和两国的技术及资源约束，本文仅集中研究事关后发国家技术进步和先发国家技术遏制的七种情形（见表 1）。

（一）后发国家（乙国）的策略选择

1. 扬乙长（情形Ⅰ）：乙国优势部门技术进步

情形Ⅰ是指在开放经济下的国际贸易体系中，先发国家甲国各部门生产率保持不变且不采取任何遏制策略，而后发国家乙国的比较优势部门（低技术产品 B 部门）在投入 $Z^{*\mathrm{I}}$ 规模的成本后实现技术进步，即 $\pi_B^{*\mathrm{I}}>\pi_B^*$。

情形Ⅰ下先发国家甲国的绝对福利水平为 $U_1^{\mathrm{I}}=\dfrac{(l_{A1}^{\mathrm{I}}\pi_{\mathrm{A}}-E_{A1}^{\mathrm{I}})^{\alpha}\,(\varepsilon^{\mathrm{I}}E_{A1}^{\mathrm{I}})^{\beta}}{l_{A1}^{\mathrm{I}}}$，

后发国家乙国对应的绝对福利水平为 $U_1^{*\mathrm{I}}=\frac{(E_{A1}^{\mathrm{I}})^{\alpha^*}\ (l_{B1}^{*\mathrm{I}}\pi_B^{*\mathrm{I}}-\varepsilon^{\mathrm{I}}E_{A1}^{\mathrm{I}})^{\beta^*}}{l_{B1}^{*\mathrm{I}}}-Z^{*\mathrm{I}}$，其中，$l_{A1}^{\mathrm{I}}$代表情形Ⅰ下甲国A部门的劳动力投入规模，$l_{B1}^{*\mathrm{I}}$代表情形Ⅰ下乙国B部门的劳动力投入规模，$\varepsilon^{\mathrm{I}}$代表情形Ⅰ下的交换比例。先发国家甲国的相对福利水平为 $RU_1^{\mathrm{I}}=\frac{U_1^{\mathrm{I}}}{U_1^{*\mathrm{I}}}$，后发国家乙国对应的相对福利水平为 $RU_1^{*\mathrm{I}}=\frac{1}{RU_1^{\mathrm{I}}}$。

与开放经济的基准情形（两国技术条件不变）相比，情形Ⅰ下两国绝对福利和相对福利的变化值分别为：$\Delta U_1^{\mathrm{I}}=U_1^{\mathrm{I}}-U_1$，$\Delta RU_1^{\mathrm{I}}=RU_1^{\mathrm{I}}-RU_1$；$\Delta U_1^{*\mathrm{I}}=U_1^{*\mathrm{I}}-U_1^*$，$\Delta RU_1^{*\mathrm{I}}=RU_1^{*\mathrm{I}}-RU_1^*$。与封闭经济相比，情形Ⅰ下两国绝对福利和相对福利的变化值分别为：$\Delta U_0^{\mathrm{I}}=U_1^{\mathrm{I}}-U_0$，$\Delta RU_0^{\mathrm{I}}=RU_1^{\mathrm{I}}-RU_0$；$\Delta U_0^{*\mathrm{I}}=U_1^{*\mathrm{I}}-U_0^*$，$\Delta RU_0^{*\mathrm{I}}=RU_1^{*\mathrm{I}}-RU_0^*$。

2. 补乙短（情形Ⅱ）：乙国劣势部门技术进步

情形Ⅱ是指在开放经济下的国际贸易体系中，先发国家甲国各部门生产率保持不变且不采取任何遏制策略，而后发国家乙国的比较劣势部门（高技术产品A部门）在投入 $Z^{*\mathrm{II}}$ 规模的成本后实现技术进步，即 $\pi_A^{*\mathrm{II}}>\pi_A^*$，但两国之间的比较优势依然存在，即$\frac{\pi_A}{\pi_B}>\frac{\pi_A^{*\mathrm{II}}}{\pi_B^*}$。当乙国比较劣势部门的技术进步达到一个特定水平时，两国比较优势会短暂消失。

情形Ⅱ下先发国家甲国的绝对福利水平为 $U_1^{\mathrm{II}}=\frac{(l_{A1}^{\mathrm{II}}\pi_A-E_{A1}^{\mathrm{II}})^{\alpha}\ (\varepsilon^{\mathrm{II}}E_{A1}^{\mathrm{II}})^{\beta}}{l_{A1}^{\mathrm{II}}}$，后发国家乙国对应的绝对福利水平为 $U_1^{*\mathrm{II}}=\frac{(E_{A1}^{\mathrm{II}})^{\alpha^*}(l_{B1}^{*\mathrm{II}}\pi_B^*-\varepsilon^{\mathrm{II}}E_{A1}^{\mathrm{II}})^{\beta^*}}{l_{B1}^{*\mathrm{II}}}-Z^{*\mathrm{II}}$，其中，$l_{A1}^{\mathrm{II}}$代表情形Ⅱ下甲国A部门的劳动力投入规模，$l_{B1}^{*\mathrm{II}}$代表情形Ⅱ下乙国B部门的劳动力投入规模，$\varepsilon^{\mathrm{II}}$代表情形Ⅱ下的交换比例。甲国的相对福利水平为 $RU_1^{\mathrm{II}}=\frac{U_1^{\mathrm{II}}}{U_1^{*\mathrm{II}}}$，乙国对应的相对福利水平为 $RU_1^{*\mathrm{II}}=\frac{1}{RU_1^{\mathrm{II}}}$。

3. 扬乙长补乙短（情形Ⅲ）：乙国两部门技术进步

情形Ⅲ是指在开放经济下的国际贸易体系中，先发国家甲国各部门生产率保持不变且不采取任何遏制策略，而后发国家乙国的比较优势部门（低技术产品 B 部门）和比较劣势部门（高技术产品 A 部门）在投入 $Z^{*Ⅲ}$ 规模的成本后同时实现技术进步，即 $\pi_B^{*Ⅲ}>\pi_B^*$ 且 $\pi_A^{*Ⅲ}>\pi_A^*$，但两国之间的比较优势依然存在，即 $\frac{\pi_A}{\pi_B}>\frac{\pi_A^{*Ⅲ}}{\pi_B^{*Ⅲ}}$。与情形Ⅱ的“补短”策略相比，“扬长补短”策略下，乙国可以通过同比例提高两个部门的生产率来保持两国原有的比较优势不变。

情形Ⅲ下先发国家甲国的绝对福利水平为 $U_1^Ⅲ=\frac{(l_{A1}^Ⅲ\pi_A-E_{A1}^Ⅲ)^{\alpha}(\varepsilon^Ⅲ E_{A1}^Ⅲ)^{\beta}}{l_{A1}^Ⅲ}$，后发国家乙国对应的绝对福利水平为 $U_1^{*Ⅲ}=\frac{(E_{A1}^Ⅲ)^{\alpha^*}(l_{B1}^{*Ⅲ}\pi_B^{*Ⅲ}-\varepsilon^Ⅲ E_{A1}^Ⅲ)^{\beta^*}}{l_{B1}^{*Ⅲ}}-Z^{*Ⅲ}$，其中，$l_{A1}^Ⅲ$ 代表情形Ⅲ下甲国 A 部门的劳动力投入规模，$l_{B1}^{*Ⅲ}$ 代表情形Ⅲ下乙国 B 部门的劳动力投入规模，$\varepsilon^Ⅲ$ 代表情形Ⅲ下的交换比例，与基准情形下交换比例的大小关系依赖于两个部门生产率的相对变化程度。先发国家甲国的相对福利水平为 $RU_1^Ⅲ=\frac{U_1^Ⅲ}{U_1^{*Ⅲ}}$，后发国家乙国对应的相对福利水平为 $RU_1^{*Ⅲ}=\frac{1}{RU_1^Ⅲ}$。

（二）先发国家（甲国）的策略选择

为了从理性角度理解先发国家对后发国家经济遏制的理论逻辑和基本策略，此处重点探索先发国家遏制后发国家技术进步的四种情形：一是先发国家遏制后发国家劣势部门，而后发国家没有反应、维持现状，即“压短”情形（见表 1 情形Ⅳ）；二是先发国家遏制后发国家劣势部门的同时扶持其优势部门，即“压短扬长”情形（见表 1 情形Ⅴ）；三是先发国家遏制后发国家劣势部门，但后发国家补强自身劣势部门，两国进入“高技术竞争”情形（见表1情形Ⅵ）；四是先发国家遏制后发国家劣势部门，但后发国家补强自身劣势部门的同时也提升自身优势部门，两国进入“全面技术竞争”情形（见表1情形Ⅶ）。

1. 压乙短（情形Ⅳ）：甲国遏制乙国劣势部门

情形Ⅳ是指在开放经济下的国际贸易体系中，先发国家甲国综合利用各种手段主动遏制后发国家乙国的比较劣势部门（高技术产品A部门），在投入 Z^{IV} 规模的成本后成功实现甲国对于乙国绝对优势和比较优势的强化。情形Ⅳ在模型中等价于甲国各部门生产率保持不变，而乙国的比较劣势部门出现相对的技术退步，即 $\pi_A^{*\mathrm{IV}}<\pi_A^*$，此时两国的比较优势进一步放大，即 $\frac{\pi_A}{\pi_B}>\frac{\pi_A^*}{\pi_B^*}>\frac{\pi_A^{*\mathrm{IV}}}{\pi_B^*}$。

情形Ⅳ下先发国家甲国的绝对福利水平为 $U_1^{\mathrm{IV}}=\frac{(l_{A1}^{\mathrm{IV}}\pi_A-E_{A1}^{\mathrm{IV}})^{\alpha}(\varepsilon^{\mathrm{IV}}E_{A1}^{\mathrm{IV}})^{\beta}}{l_{A1}^{\mathrm{IV}}}-Z^{\mathrm{IV}}$，后发国家乙国对应的绝对福利水平为 $U_1^{*\mathrm{IV}}=\frac{(E_{A1}^{\mathrm{IV}})^{\alpha^*}(l_{B1}^{*\mathrm{IV}}\pi_B^*-\varepsilon^{\mathrm{IV}}E_{A1}^{\mathrm{IV}})^{\beta^*}}{l_{B1}^{*\mathrm{IV}}}$，其中，$l_{A1}^{\mathrm{IV}}$ 代表情形Ⅳ下甲国A部门的劳动力投入规模，$l_{B1}^{*\mathrm{IV}}$ 代表情形Ⅳ下乙国B部门的劳动力投入规模，$\varepsilon^{\mathrm{IV}}$ 代表情形Ⅳ下的交换比例。先发国家甲国的相对福利水平为 $RU_1^{\mathrm{IV}}=\frac{U_1^{\mathrm{IV}}}{U_1^{*\mathrm{IV}}}$，后发国家乙国对应的相对福利水平为 $RU_1^{*\mathrm{IV}}=\frac{1}{RU_1^{\mathrm{IV}}}$。

2. 压乙短扬乙长（情形Ⅴ）：甲国遏制乙国劣势部门、扶持乙国优势部门

情形Ⅴ是指在开放经济下的国际贸易体系中，先发国家甲国综合利用各种手段实施“胡萝卜加大棒”战略，一方面通过技术封锁压制后发国家比较劣势部门（高技术产品A部门）的生产率，即 $\pi_A^{*\mathrm{V}}<\pi_A^*$，另一方面通过技术外溢鼓励或放任后发国家提升比较优势部门的生产率，即 $\pi_B^{*\mathrm{V}}>\pi_B^*$，甲国在投入 Z^{V} 规模的成本后最后实现强化两国之间比较优势的目的，

即$\frac{\pi_A}{\pi_B}>\frac{\pi_A^*}{\pi_B^*}>\frac{\pi_A^{*\text{IV}}}{\pi_B^*}>\frac{\pi_A^{*\text{V}}}{\pi_B^{*\text{V}}}$。

情形Ⅴ下先发国家甲国的绝对福利水平为 $U_1^{\text{V}}=\frac{(l_{A1}^{\text{V}}\pi_A-E_{A1}^{\text{V}})^{\alpha}(\varepsilon^{\text{V}}E_{A1}^{\text{V}})^{\beta}}{l_{A1}^{\text{V}}}-Z^{\text{V}}$，后发国家乙国对应的绝对福利水平为 $U_1^{*\text{V}}=\frac{(E_{A1}^{\text{V}})^{\alpha^*}(l_{B1}^{*\text{V}}\pi_B^{*\text{V}}-\varepsilon^{\text{V}}E_{A1}^{\text{V}})^{\beta^*}}{l_{B1}^{*\text{V}}}$，其中，$l_{A1}^{\text{V}}$代表情形Ⅴ下甲国 A 部门的劳动力投入规模，$l_{B1}^{*\text{V}}$代表情形Ⅴ下乙国 B 部门的劳动力投入规模，$\varepsilon^{\text{V}}$代表情形Ⅴ下的交换比例。先发国家甲国的相对福利水平为 $RU_1^{\text{V}}=\frac{U_1^{\text{V}}}{U_1^{*\text{V}}}$，后发国家乙国对应的相对福利水平为 $RU_1^{*\text{V}}=\frac{1}{RU_1^{\text{V}}}$。

3. 高技术竞争（情形Ⅵ）：甲遏制乙劣势部门、乙补强乙劣势部门

情形Ⅵ是指先发国家甲国综合利用各种手段压制后发国家乙国比较劣势部门（高技术产品 A 部门）的生产率，而乙国致力于通过自主技术创新补强较劣势部门（A 部门）的生产率，两国在高技术部门的竞争非常激烈，进入高技术竞争的状态，两国从开放经济体系重回封闭经济，即两国“脱钩”。在此情形下，两国针对乙国劣势部门生产率的博弈结果，乙国自主技术创新成功与否，乙国劣势部门生产率的提高程度，以及两国各自投入的成本 Z^{VI}和 $Z^{*\text{VI}}$均直接影响两国重回封闭经济后绝对福利和相对福利的变化。

4. 全面技术竞争（情形Ⅶ）：甲遏制乙劣势部门、乙补强劣势部门并提升优势部门

情形Ⅶ是指先发国家甲国综合利用各种手段压制后发国家乙国比较劣势部门（A 部门）的生产率，而乙国致力于自主技术创新，在补强比较劣势部门（A 部门）生产率的同时也在进一步提升其优势部门（B 部门）生产率，两国在两个部门的技术竞争均异常激烈，进入全面技术竞争的状态，两国从开放经济体系重回封闭经济，即两国“脱钩”。在此情形下，

乙国两个部门生产率的提高程度直接影响两国重回封闭经济后绝对福利和相对福利的变化。在此情形下，两国针对乙国劣势部门生产率的博弈结果，乙国自主技术创新成功与否，乙国两个部门生产率的提高程度，以及两国各自投入的成本 Z^{VII} 和 $Z^{*\mathrm{VII}}$ 直接影响两国重回封闭经济后绝对福利和相对福利的变化。

上述大国博弈模型抽象给出了不同情形下两国绝对福利和相对福利的水平及其变化，令 x 代表包含模型所有参数的向量，X 代表 x 的参数空间，即 $x\in X$，通过对比不同情形下的福利公式，两国博弈模型有如下几点推论。

推论 1：

在基准情形下，先发国家的绝对福利和相对福利变化与交换比例正相关，后发国家的绝对福利和相对福利变化与交换比例负相关，即 $\frac{\partial\ (\Delta U)}{\partial\varepsilon}>0$，$\frac{\partial\ (\Delta RU)}{\partial\varepsilon}>0$，$\frac{\partial\ (\Delta U^{*})}{\partial\varepsilon}<0$，$\frac{\partial\ (\Delta RU^{*})}{\partial\varepsilon}<0$；先发国家的权力越大，在贸易中的议价能力越强，交换比例 $\frac{\pi_B}{\pi_A}\leqslant\varepsilon\leqslant\frac{\pi_B^{*}}{\pi_A^{*}}$ 越高，则先发国家由封闭走向开放后绝对福利和相对福利的改进程度越大，而后发国家绝对福利和相对福利的改进程度则越小。

其潜在的政治经济含义是：当两国两部门技术条件均不变时，绝对福利与相对福利“双重改进”和“双重效率”依赖于两国的权力分配。一般而言，权力分配的结果在很大程度上取决于两国技术差距以及两国基于各自综合优势所形成的博弈实力和讨价还价能力，一国的技术实力越超群，其权力获取能力也越强。后发国家的技术进步及由此获取的权力增量往往会不断压缩先发国家实现双重改进的可行空间。

当后发国家发生技术进步时，两国贸易条件（交换比例）的可行区间被压缩，后发国家在新的贸易条件谈判时有了一个更高的底线——更有利的交换比例。也就是说，技术进步内生地导致了权力结构的变化，这一权力结构的变化体现为贸易条件可行区间的变化，技术进步为后发国家提供了关于贸易条件的谈判竞争力。在压缩后的可行贸易条件空间内，最终的贸易条件谈判则取决于其他非技术进步的因素，例如基于在国际贸易规则、国际定价体系、国际货币体系中的优势所形成的谈判竞争力。

推论2：

在参数空间X内，存在一个非空真子集 $X_1 \subset X$，使得如下条件同时成立：

$$U_1^{*\text{Ⅲ}} = \max\ \{U_1^*,\ U_1^{*\text{Ⅰ}},\ U_1^{*\text{Ⅱ}},\ U_1^{*\text{Ⅲ}}\};$$

$$U_1^{*\text{Ⅶ}} = \max\ \{U_1^{*\text{Ⅳ}},\ U_1^{*\text{Ⅴ}},\ U_1^{*\text{Ⅵ}},\ U_1^{*\text{Ⅶ}}\}$$

$$RU_1^{*\text{Ⅲ}} = \max\ \{RU_1^*,\ RU_1^{*\text{Ⅰ}},\ RU_1^{*\text{Ⅱ}},\ RU_1^{*\text{Ⅲ}}\};$$

$$RU_1^{*\text{Ⅶ}} = \max\ \{RU_1^{*\text{Ⅳ}},\ RU_1^{*\text{Ⅴ}},\ RU_1^{*\text{Ⅵ}},\ RU_1^{*\text{Ⅶ}}\}$$

其潜在的政治经济含义是：乙国同时提升比较优势部门和比较劣势部门生产率的“扬乙长补乙短”战略是乙国实现绝对福利与相对福利双重改进的最优选择，提升优势部门生产率会形成贸易利得的增长效应，从而同时提高两国的绝对福利水平，而提升劣势部门生产率会压缩两国贸易条件的可行空间和博弈边界，内生增强乙国关于贸易条件的谈判竞争力，提高乙国在国际经济体系中的权力位置，在很大程度上改善其分配劣势，形成贸易利得的分配效应，最终会提高乙国的相对福利水平。此外，“扬长补短”策略下，乙国可以通过同比例提高两个部门的生产率来保持两国原有的比较优势不变，从而避免单纯“补短”策略下因两国比较优势消失而引发的被动“脱钩”问题。

推论3：

在参数空间X内，存在一个非空真子集 $X_2 \subset X$，使得如下条件同时成立：

$$U_1^{\text{Ⅴ}} = \max\ \{U_1,\ U_1^{\text{Ⅰ}},\ U_1^{\text{Ⅱ}},\ U_1^{\text{Ⅲ}},\ U_1^{\text{Ⅳ}},\ U_1^{\text{Ⅴ}},\ U_1^{\text{Ⅵ}},\ U_1^{\text{Ⅶ}}\}$$

$$RU_1^{\text{Ⅴ}} = \max\ \{RU_1,\ RU_1^{\text{Ⅰ}},\ RU_1^{\text{Ⅱ}},\ RU_1^{\text{Ⅲ}},\ RU_1^{\text{Ⅳ}},\ RU_1^{\text{Ⅴ}},\ RU_1^{\text{Ⅵ}},\ RU_1^{\text{Ⅶ}}\}$$

其潜在的政治经济含义是：在甲国各部门生产率不变的前提下，甲国全力压制乙国比较劣势部门生产率，鼓励或放任乙国提升比较优势部门生产率的“压乙短扬乙长”战略是维护甲国绝对福利与相对福利双重改进的最优选择，提升乙国优势部门生产率会产生贸易利得的增长效应，同时提高两国的绝对福利水平，而压制乙国劣势部门生产率则会巩固甲国在国际经济体系中的权力获取和分配优势，提升甲国的相对福利水平。

推论4：

在参数空间X两个非空真子集 X_1 和 X_2 的交集内，即当 $x \in \{X_1 \cap X_2\}$ 时，两国追求双重改进的最优策略组合之间相互矛盾，后发国家乙国追求“补乙短”，而先发国家甲国却致力于“压乙短”，双方难以在博弈中达成实现双重改进的稳定纳什均衡。

其潜在的政治经济含义是：两国会围绕乙国劣势部门的技术进步展开激烈角逐，在两国差距显著缩小或博弈激烈程度趋高时，先发国家将更加重视相对福利，博弈双方开始从合作走向竞争乃至对抗，甲国将积极推行“脱钩”战略，导致国际贸易模式从“互联互通”走向“局部不通”。

推论5：

在参数空间X非空子集 X_1 内，存在一个非空子集 $X_3 \subset X_1$，使得如下条件同时成立：

$$U_1^{\mathrm{III}} = \max\ \{U_1^{\mathrm{III}},\ U_1^{\mathrm{VII}}\}$$

$$RU_1^{\mathrm{III}} = \max\ \{RU_1^{\mathrm{III}},\ RU_1^{\mathrm{VII}}\}$$

其潜在的政治经济含义是：在绝对福利与相对福利双重改进和双重效率的分析视角下，一旦乙国“扬乙长补乙短”战略取得成功，即乙国通过自主创新实现全面技术进步和各部门生产率提高时，甲国将不再固守“压乙短”策略，甲国会寻求从“脱钩”状态重新回到开放经济下的“互联互通”模式。

四 双重目标下的大国博弈：数值分析

以萨缪尔森的参数取值作为参照系，表2描述了基准模型中主要参数的经济含义和取值结果，除了反映贸易条件的交换比例 ε、策略成本（单期分摊值）Z^{ij} 以及情形Ⅳ至情形Ⅶ中的乙国生产率这几组参数外，其他参数取值的选取与萨缪尔森的参数取值完全一致，这有利于增加本文数值分析结果与萨缪尔森的参数取值的可对比性。

表2　**不同情形的参数设定**

参数	参数含义	参数取值
L	甲国劳动力总规模	100
L^*	乙国劳动力总规模	1000
l_{A0}	封闭经济下甲国A部门劳动力投入规模	50
l_{B0}	封闭经济下甲国B部门劳动力投入规模	50
l_{A0}^*	封闭经济下乙国A部门劳动力投入规模	500
l_{B0}^*	封闭经济下乙国B部门劳动力投入规模	500
l_{A1}	开放经济下甲国A部门劳动力投入规模	100
l_{B1}^*	开放经济下乙国B部门劳动力投入规模	1000
α	甲国居民对产品A的消费偏好	0.5
β	甲国居民对产品B的消费偏好	0.5
α^*	乙国居民对产品A的消费偏好	0.5
β^*	乙国居民对产品B的消费偏好	0.5
π_A	甲国A部门生产率	2.0
π_B	甲国B部门生产率	0.5
π_A^*	基准情形：乙国A部门生产率	0.05
π_B^*	基准情形：乙国B部门生产率	0.2
ε	基准情形：交换比例（贸易条件）	1
E_{A1}	基准情形：甲国A产品的出口量	100
$\pi_A^{*\mathrm{I}}$	情形Ⅰ：乙国A部门生产率	0.05
$\pi_B^{*\mathrm{I}}$	情形Ⅰ：乙国B部门生产率	0.8
ε^{I}	情形Ⅰ：交换比例（贸易条件）	4
E_{A1}^{I}	情形Ⅰ：甲国A产品的出口量	100
$\pi_A^{*\mathrm{II}}$	情形Ⅱ：乙国A部门生产率	0.2
$\pi_B^{*\mathrm{II}}$	情形Ⅱ：乙国B部门生产率	0.2
$\varepsilon^{\mathrm{II}}$	情形Ⅱ：交换比例（贸易条件）	0.4

续表

参数	参数含义	参数取值
E_{A1}^{II}	情形Ⅱ：甲国 A 产品的出口量	100
$\pi_A^{*\text{III}}$	情形Ⅲ：乙国 A 部门生产率	0.2
$\pi_B^{*\text{III}}$	情形Ⅲ：乙国 B 部门生产率	0.8
ε^{III}	情形Ⅲ：交换比例（贸易条件）	1
E_{A1}^{III}	情形Ⅲ：甲国 A 产品的出口量	100
$\pi_A^{*\text{IV}}$	情形Ⅳ：乙国 A 部门生产率	0.02
$\pi_B^{*\text{IV}}$	情形Ⅳ：乙国 B 部门生产率	0.2
ε^{IV}	情形Ⅳ：交换比例（贸易条件）	1.75
E_{A1}^{IV}	情形Ⅳ：甲国 A 产品的出口量	100
$\pi_A^{*\text{V}}$	情形Ⅴ：乙国 A 部门生产率	0.02
$\pi_B^{*\text{V}}$	情形Ⅴ：乙国 B 部门生产率	0.8
ε^{V}	情形Ⅴ：交换比例（贸易条件）	7
E_{A1}^{V}	情形Ⅴ：甲国 A 产品的出口量	100
$\pi_A^{*\text{VI}}$	情形Ⅵ：乙国 A 部门生产率	[0.05，0.2]
$\pi_B^{*\text{VI}}$	情形Ⅵ：乙国 B 部门生产率	0.2
$\pi_A^{*\text{VII}}$	情形Ⅶ：乙国 A 部门生产率	[0.05，0.2]
$\pi_B^{*\text{VII}}$	情形Ⅶ：乙国 B 部门生产率	[0.2，0.8]
Z^{ij}	i 国在情形 j 下的策略成本（单期分摊值）	0

注：此处对策略成本 Z^{ij} 进行了一般化表述，i 国是指甲或乙，情形 j 是指Ⅰ至Ⅶ七种情形中的一种。理论上不同情形下两国不同策略的总成本取值因各自的禀赋条件和实施难度之差异而有所不同，但此处之所以将两国不同情形下的不同策略成本（单期分摊值）均统一取值为 0，其原因如下：由于本文采用的模型是单期代表性模型而非多期或无限期异质性模型，单期代表性模型的一个重要假定是假设每一期的均衡结果相同，故而单期模型即可代表多期或无限期模型的结果，虽然理论上不同情形下两国不同策略的总成本可能差别极大，但一般而言，技术创新（或提高生产率）的总成本中绝大部分成本属于一次性投入但长期使用的固定投入成本，因此在单期代表性模型的成本赋值中不能用“策略总成本”直接赋值，而是应当用“策略成本（单期分摊值）”即“策略总成本的每期折旧值=成本总价/使用期数”进行赋值。考虑到大国博弈中各国对于长期性的重视，此处的“使用期数”理应很长，具体到技术创新（部门生产率）的影响而言，其影响周期是相当长甚至可以说是无穷期的。方便起见，此处将技术创新的影响周期设定为无穷期，计算“策略成本（单期分摊值）”时用到的“使用期数”设定为∞，因此无论某种策略的总成本有多高（非无穷），其策略成本的单期分摊值均应趋近于 0。

基于前文模型中关于绝对福利和相对福利的解析式，将表 2 中对应的参数取值带入对应情形，即可得到各种不同情形下两国福利分析的数值结果。表3列出了封闭经济及开放经济基准情形下两国福利水平及其变化的数值结果。

表3　　　　基准情形两国福利水平及其变化

	绝对福利及其变化			
	甲国		乙国	
封闭经济	U_0	0.5000	U_0^*	0.0500
基准情形	U_1	1.0000	U_1^*	0.1000
基准情形	$\Delta U=U_1-U_0$	0.5000	$\Delta U^*=U_1^*-U_0^*$	0.0500
	相对福利及其变化			
	甲国		乙国	
封闭经济	RU_0	10	RU_0^*	0.1
基准情形	RU_1	10	RU_1^*	0.1
基准情形	$\Delta RU=RU_1-RU_0$	0	$\Delta RU^*=RU_1^*-RU_0^*$	0

在基准情形下，两国的绝对福利和相对福利均会伴随交换比例（贸易条件）的变化而出现趋势相反的变动：交换比例越大，贸易条件对甲国越有利，甲国的绝对福利和相对福利越大；交换比例越小，贸易条件对乙国越有利，乙国的绝对福利和相对福利则越大。

表4列出了情形Ⅰ至情形Ⅷ下两国采取不同策略组合时绝对福利与相对福利的数值结果及福利改进状况。

当两国不同部门的技术条件分布维持现状时（基准情形），两国的福利结果为［（1，10）；（0.1，0.1）］，甲国的绝对福利为1，相对福利为10，乙国的绝对福利为0.1，相对福利为0.1。

当甲国两部门技术条件不变而乙国比较优势部门技术进步时（情形Ⅰ），两国的福利结果为［（2，10）；（0.2，0.1）］，甲国的绝对福利变为2，相对福利为10，乙国的绝对福利为0.2，相对福利为0.1。与开放经

表4 两国博弈的绝对与相对福利分析

		乙国战略			
		维持现状	扬乙长	补乙短	扬乙长补乙短
甲国战略	维持现状	基准情形 [（1，10）；（0.1，0.1）] 参照系	情形Ⅰ [（2，10）；（0.2，0.1）] 甲：绝对福利改进，相对福利不变； 乙：绝对福利改进，相对福利不变	情形Ⅱ [（0.6325，5）；（0.1265，0.2）] 甲：绝对福利损失，相对福利损失； 乙：绝对福利改进，相对福利改进	情形Ⅲ [（1，3.7796）；（0.2646，0.2646）] 甲：绝对福利不变，相对福利损失； 乙：绝对福利改进，相对福利改进
	压乙短	情形Ⅳ [（1.3229，26.458）；（0.05，0.0378）] 甲：绝对福利改进，相对福利改进； 乙：绝对福利损失，相对福利损失	情形Ⅴ [（2.6458，26.458）；（0.1，0.0378）] 甲：绝对福利改进，相对福利改进； 乙：绝对福利不变，相对福利损失	情形Ⅵ 压乙短成功 [（0.5，10）；（0.05，0.1）] 甲：绝对福利损失，相对福利不变； 乙：绝对福利损失，相对福利不变 补乙短成功 [（0.5，5）；（0.1，0.2）] 甲：绝对福利损失，相对福利损失； 乙：绝对福利不变，相对福利改进	情形Ⅶ 压乙短成功、扬乙长成功 [（0.5，5）；（0.1，0.2）] 甲：绝对福利损失，相对福利损失； 乙：绝对福利不变，相对福利改进 补乙短成功、扬乙长成功 [（0.5，2.5）；（0.2，0.4）] 甲：绝对福利损失，相对福利损失； 乙：绝对福利改进，相对福利改进

济的基准情形相比，甲国和乙国的绝对福利均有改进，但两国的相对福利并未变化。

当甲国两部门技术条件不变而乙国比较劣势部门技术进步时（情形Ⅱ），两国的福利结果为［（0.6325，5）；（0.1265，0.2）］，甲国的绝对福利变为0.6325，相对福利为5，乙国的绝对福利为0.1265，相对福利为0.2。与开放经济的基准情形相比，甲国的绝对福利和相对福利均遭受损失，与之相反，乙国的绝对福利和相对福利均发生改进，并且乙国相对福利的改进程度大于绝对福利的改进程度。

当甲国两部门技术条件不变而乙国比较劣势部门和比较优势部门均发生技术进步时（情形Ⅲ），两国的福利结果为［（1，3.7796）；（0.2646，0.2646）］，甲国的绝对福利为1，相对福利为3.7796，乙国的绝对福利为0.2646，相对福利为0.2646。与开放经济的基准情形相比，甲国的绝对福利不变但相对福利遭受大幅损失，与之相反，乙国的绝对福利和相对福利均发生大幅改进。

当甲国成功遏制乙国比较劣势部门的生产率时（情形Ⅳ），两国的福利结果为［（1.3229，26.458）；（0.05，0.0378）］。与开放经济的基准情形相比，甲国的绝对福利和相对福利均发生改进，且相对福利的改进程度大于绝对福利；与之相反，乙国的绝对福利和相对福利均遭受明显损失，乙国绝对福利下降至封闭经济的水平。

当甲国成功压制乙国比较劣势部门生产率并同步提升乙国比较优势部门生产率时（情形Ⅴ），两国的福利结果为［（2.6458，26.458）；（0.1，0.0378）］。与开放经济的基准情形相比，甲国的绝对福利和相对福利均发生大幅改进，且相对福利的改进程度与绝对福利改进程度相同，均增加至基准水平的26.458倍；而乙国的绝对福利水平保持不变，但相对福利遭受大幅损失，仅为基准水平的三分之一左右。

当甲国遏制乙国劣势部门生产率，而乙国致力于通过自主技术创新补强比较劣势部门生产率时（情形Ⅵ），两国因激烈的高技术部门竞争发生“脱钩”，从开放经济体系重回封闭经济，此时两国的福利结果取决于乙国劣势部门生产率的提升程度。当甲国的“压乙短”策略成功，乙国劣势部门生产率保持不变时，两国福利结果为［（0.5，10）；（0.05，0.1）］，与两国在初始封闭经济的福利水平完全相同，但与开放经济的基准情形相比，两国的绝对福利水平均遭受损失，当初全球化和经济开放带来的绝对福利增加全部消失，但此时两国的相对福利并未变化。当甲国的“压乙短”策略失败，即乙国“补乙短”策略成功，乙国劣势部门生产率成功跃升至0.2时，两国福利结果为［（0.5，5）；（0.1，0.2）］，与开放经济的基准情形相比，甲国的绝对福利和相对福利均损失一半，而乙国的绝对福利不变，相对福利发生两倍幅度的改进，与初始封闭经济相比，甲国绝对福利水平未发生改变，但相对福利大幅缩水至初始封闭水平的一半，而乙国的绝对福利和相对福利均发生两倍幅度的改进。

进一步地，考虑情形Ⅵ下两国策略成功的概率，不妨设甲国“压乙短”策略成功的概率为θ，失败的概率为1-θ，则乙国“补乙短”策略成功的概率为1-θ，那么给定乙国“补乙短”的策略选择，甲国“压乙短”策略是否优于其“维持现状”策略，取决于其对绝对福利和相对福利的不同重视程度：从绝对福利角度看，无论θ取何值，“维持现状”策略之于甲国是严格占优策略，此时甲国的绝对福利为0.6325，总是大于“压乙短”策略下甲国绝对福利的期望值0.5θ+0.5（1-θ）=0.5；从相对福利角度看，无论θ取何值，“压乙短”都是甲国的弱占优策略，此时甲国的相对福利期望值为10θ+5（1-θ）=5θ+5，总是大于或等于“维持现状”策略下甲国的相对福利值5。

当甲国遏制乙国劣势部门生产率，而乙国通过自主技术创新同时谋求本国比较优势和劣势部门生产率时（情形Ⅶ），两国因全面技术竞争发生“脱钩”，从开放经济体系重回封闭经济，此时两国的福利结果取决于乙国两个部门生产率的提升程度。当甲国的“压乙短”策略成功，乙国劣势部门生产率保持不变但比较优势部门生产率跃升至0.8时，两国福利结果为［（0.5，5）；（0.1，0.2）］，与两国在初始封闭经济的福利水平相比，甲国绝对福利水平未发生改变，但相对福利大幅缩水至初始封闭水平的一半，而乙国的绝对福利和相对福利均发生两倍幅度的改进；与开放经济的基准情形相比，甲国的绝对福利和相对福利缩水一半，而乙国的绝对福利不变，相对福利发生两倍幅度的改进。当甲国的“压乙短”策略失败、乙国劣势和优势部门的生产率分别跃升至 0. 2 和 0. 8 时，两国福利结果为［（0. 5，2. 5）；（0. 2，0. 4）］，与开放经济的基准情形相比，甲国的绝对福利和相对福利均遭受大幅损失，且相对福利的损失程度更大，而乙国的绝对福利和相对福利均发生大幅改进，且相对福利的改进程度更大，绝对福利扩大至开放经济基准水平的两倍，而相对福利扩大至开放经济基准水平的四倍；与初始封闭经济相比，甲国绝对福利水平未发生改变，但相对福利大幅缩水至初始封闭水平的四分之一，而乙国的绝对福利和相对福利均发生四倍幅度的明显改进；与开放经济下乙国两部门技术进步（情形Ⅲ）的福利水平相比，甲国的绝对福利和相对福利均有所下降。

考虑情形Ⅶ下两国策略成功的概率，设甲国“压乙短”策略成功的概率为 ρ，乙国“补乙短”策略成功的概率为 $1-\rho$，那么给定乙国“扬乙长补乙短”的策略选择，甲国“压乙短”策略是否优于其“维持现状”策略，取决于 ρ 的大小：从绝对福利角度看，无论 ρ 取何值，“维持现状”策略之于甲国是严格占优策略，此时甲国的绝对福利为 1，总是大于“压乙短”策略下甲国绝对福利的期望值 $0.5\rho+0.5(1-\rho)=0.5$；从相对福利角度看，当 $\rho<0.5118$，即甲国“压乙短”策略成功概率小于 51. 18%，或者说乙国“补乙短”策略成功的概率大于 48. 82%时，甲国“维持现状”策略下的相对福利为 3. 7796，“压乙短”策略下的相对福利期望值 $5\rho+2.5(1-\rho)=2.5(\rho+1)<3.7796$，“维持现状”策略在相对福利意义上也优于“压乙短”策略，此时两国博弈会从情形Ⅶ回到情形Ⅲ。因此，从绝对福利与相对福利“双重改进”和“双重效率”的视角出发，一旦后发国家通过自主创新实现全面技术进步和生产率提高时，先发国家会从全面技术竞争情形下的“脱钩”状态重回自由贸易模式。

五 结语

大国博弈背景下国家行为体不仅追求绝对福利最大化，而且非常关注博弈双方的相对福利和实力对比。本文在经典贸易理论中引入权力要素，将经济学注重的绝对福利和政治学注重的相对福利同时纳入国家行为体的目标函数，在一个由先发国和后发国组成的两国世界中，通过对几种博弈情形的模型推演和数值解析得到如下发现。

第一，绝对福利与相对福利“双重改进”和“双重效率”依赖于两国的技术分布和权力分配，后发国家的技术进步和权力获取往往会导致贸易条件（交换比例）的可行区间被压缩，后发国家在贸易条件谈判时有了一个更高的底线——更有利的交换比例，先发国家实现双重改进的可行空间受到限制。

第二，在大国博弈的特定条件下，后发国家同时提升比较优势部门和比较劣势部门生产率的“扬己长、补己短”战略是后发国家实现绝对福利与相对福利“双重改进”的最优选择，提升优势部门生产率会形成贸易利得的增长效应，从而同时提高两国的绝对福利水平，而提升劣势部门生产率会压缩两国博弈的边界，提高后发国家在国际经济体系中的权力位置，改善其分配劣势，形成贸易利得的分配效应，最终会提高后发国家的相对福利水平。此外，后发国家在“扬己长、补己短”战略下，可以通过同比例提高两个部门的生产率来保持两国原有的比较优势不变，从而避免单纯“补己短”战略下两国因比较优势消失而出现被动脱钩。

第三，在先发国家各部门生产率不变的前提下，先发国家全力压制后发国家比较劣势部门生产率、鼓励或放任后发国家提升比较优势部门生产率的“压彼短、扬彼长”战略是先发国家在大国博弈背景下维护绝对福利与相对福利双重改进的最优选择，提升后发国家优势部门生产率会产生贸易利得的增长效应，同时提高两国的绝对福利水平，而压制后发国家劣势部门生产率则会巩固先发国家在国际经济体系中的权力获取和分配优势，提升先发国家的相对福利水平。

第四，大国博弈背景下，两国追求双重改进的最优策略组合之间相互矛盾，博弈难以形成两国均实现双重改进的稳定纳什均衡，博弈双方围绕后发国家劣势部门展开技术压制与反压制的激烈角逐，在两国差距显著缩小或博弈激烈程度趋高时，先发国家更加重视相对福利的倾向将使得博弈双方从合作走向竞争乃至“脱钩”，导致国际贸易模式从“互联互通”走向“局部不通”。

第五，在绝对福利与相对福利“双重改进”和“双重效率”的分析视角下，一旦后发国家通过自主创新实现全面技术进步和各部门生产率提高，先发国家会寻求从全面技术竞争下的“脱钩”状态重新回到开放经济下的“互联互通”模式。

本文力求给出一个简明的两国两部门模型，运用经济学基本理论和博弈论研究方法对国际关系中的权力要素和大国博弈进行形式化表述。虽然模型相对抽象，但整个理论架构与现实世界密切关联并表现在：一是立足现实，亦即基本设定和前提假设均与大国博弈的现实环境一致；二是反映现实，亦即模型结构整体上映照出真实世界中大国博弈的关键因素和核心特征；三是贴近现实，亦即策略分析和数值模拟乃对博弈双方复杂互动过程的一种简化描述，读者可以非常方便地使用这一模型分析和理解当前世界的大国博弈，尤其是中美经贸博弈。后续研究将进一步探索多国博弈、权力要素的微观基础、市场规模效应和产业间溢出效应等相关问题，以求在更高的维度、更广的角度和更微的精度上拓展这一理论框架的应用范围。

（本文发表于《中国社会科学》2024 年第 2 期）

技术与霸权兴衰的关系
——国家与市场逻辑的博弈

任　琳　黄宇韬*

内容摘要：以技术为主要解释变量，可以从国家逻辑和市场逻辑互动的角度分析技术与霸权兴衰之间的关系。市场寻求财富，国家寻求权力。国家逻辑与市场逻辑之间存在矛盾互动，既有张力也有统一。两种逻辑之间的张力出现于两种情况：其一，技术周期更迭且新技术研发滞后；其二，霸权国比较权力优势下降，安全威胁感上升。为了护持霸权，主导国会基于国家逻辑“校正”市场逻辑。然而，“天平”重心偏向哪种逻辑并不必然决定霸权兴衰的结果。未来高科技领域的竞争会越来越激烈，各国会更加强调加强自主研发能力的重要性。人工智能等新技术将带来诸多新挑战，甚至可能重塑世界格局。大国之间的冲突并无益于问题的解决，只有诉诸国际交流与合作，各国才能共同应对挑战并共享发展与繁荣。

关键词：技术霸权　技术创新　技术租金　技术扩散　霸权兴衰

一　问题的提出

长期以来，技术都是国际关系研究中的一个外生变量。即使是在国际政治经济学者例如苏珊·斯特兰奇（Susan Strange）的分析框架当中，技

---

* 任琳，中国社会科学院世界经济与政治研究所研究员；黄宇韬，中国社会科学院世界经济与政治研究所助理研究员。

术也不是重要变量，而是特指生产中的某个环节，即以什么手段来生产的问题。① 国际关系学者对技术与国际关系的研究是以生产为中介，分析技术如何作用于生产并如何将影响传导至其他领域。当然，既有研究也不乏关注技术与霸权和国际政治格局之间关系的文献，② 只是相对来说其互动与作用机制还有待深挖和系统整理。③ 这也决定了技术这一变量可以为国际关系研究打开一个观察问题的新视角。

既有研究有的关注技术与大国战争、大国争霸的关系，例如在无核时代，技术进步是战争获胜的物质能力基础，④ 因此也是霸权的重要组成部分。⑤ 当前，更多的研究开始关注技术进步对国际政治的重大影响，例如技术进步（核武器的发明）创造了核威慑下的“长和平”，⑥ 直接或间接地塑造了现代国际政治经济格局；⑦ 技术应用增添了监管难度，降低了塑造战略互信的可能性；⑧ 新技术改变了未来战争的形式，“随着数字技术在

① ［英］苏珊·斯特兰奇：《国际政治经济学导论：国家与市场》，杨宇光等译，经济科学出版社 1990 年版，第 34 页。

② William F. Ogburn, *Technology and International Relations*, Chicago: University of Chicago Press, 1949; Erwin O. Smige, “Technology and International Relations”, in William F. Ogburn, ed., *American Sociological Review*, Chicago: University of Chicago Press, 1949, pp. 440-441; Otto Hieronymi, *Technology and International Relations*, London: Palgrave Macmillan, 1987; Eugene Skolnikoff, *The Elusive Transformation: Science, Technology, and the Evolution of International Politic*, Princeton: Princeton University Press, 1993.

③ Maximilian Mayer, Mariana Carpes and Ruth Knoblich, “An Introduction”, in Maximilian Mayer, Mariana Carpes and Ruth Knoblich, eds., *The Global Politics of Science and Technology*, Vol. 1, *Concepts from International Relations and Other Disciplines*, Heidelberg: Springer, 2014, pp. 1-2.

④ Maurice Pearton, *The Knowledgeable State: Diplomacy, War, and Technology Since 1830*, London: Burnett Books, 1982.

⑤ Mikael Nilsson, “The Power of Technology: U. S. Hegemony and the Transfer of Guided Missiles to NATO During the Cold War, 1953-1962”, *Comparative Technology Transfer and Society*, Vol. 6, No. 2, 2008, pp. 127-149; Daniel R. Headrick, *Power over Peoples: Technology, Environments, and Western Imperialism, 1400 to the Present*, Princeton: Princeton University Press, 2010.

⑥ Carina Meyn, “Realism for Nuclear-Policy Wonks”, *The Nonproliferation Review*, Vol. 25, No. 1-2, 2018, pp. 111-128; Bernard Brodie, ed., *The Absolute Weapon: Atomic Power and World Order*, New York: Harcourt, Brace and Company, 1946.

⑦ 傅莹：《人工智能对国际关系的影响初析》，《国际政治科学》2019 年第 1 期。

⑧ Qichao Zhu and Kun Long, “How Will Artificial Intelligence Impact Sino-US Relations?” *China International Strategy Review*, Vol. 1, No. 1, 2019, pp. 139-151.

军事领域的大量使用，与实体战线并行的数字战线被开辟出来”。[①]

除了技术改变世界秩序的观察维度之外，也有部分研究反过来关注国际政治对技术领域的影响。[②] 罗伯特·吉尔平（Robert Gilpin）就认为权力会决定技术流向，具体来说他关注了资本和技术类对外直接投资被政治化、成为美国的霸权工具这一现象，例如为了重建战后欧洲，美国根据“马歇尔计划”向不属于社会主义阵营的欧洲国家和地区转移了资金和技术，容忍了这些国家不利于美国经济利益的歧视性贸易与投资政策。[③] 黄琪轩认为，权力竞争、权力更替等大国政治博弈的主要形式引发了技术革命，推动了技术变迁、技术革新和技术进步。[④]

当然，越来越多的研究认为技术与国际权力格局（霸权）之间存在互动关系，[⑤] 开始从国家与市场互动的视角入手，探讨企业（特指技术类跨国企业）在与国家特别是霸权国家互动的过程中呈现出的不同关系形态。吉尔平就探讨了国家与市场互动所产生的“主权困境”、依附和重商主义三种模式，并分别探究了它们的优劣。[⑥] 由于世界进入“大国无战争”的相对和平时期，政府与技术、国家与市场的关系愈发引起学界和政策界的关注。在一般意义上，虽然博弈塑造了诸多的企业组织形态，但是霸权国

---

① 张宇燕：《理解百年未有之大变局》，《国际经济评论》2019年第5期。

② Ronald J. Deibert, *Parchment, Printing, and Hypermedia: Communication in World Order Transformation*, New York: Columbia University Press, 1997, pp. xi, 329; Geoffrey Herrera, *Technology and International Trans-formation: The Railroad, the Atom Bomb, and the Politics of Technological Change*, Albany: State University of New York Press, 2006.

③ ［美］罗伯特·吉尔平：《跨国公司与美国霸权》，钟飞腾译，东方出版社2011年版，第171—203页。

④ 黄琪轩：《世界技术变迁的国际政治经济学——大国权力竞争如何引发了技术革命》，《世界政治研究》2018年第1辑；黄琪轩：《霸权竞争与欧洲技术革新》，《科学学研究》2010年第11期；黄琪轩：《大国政治与技术进步》，《国际论坛》2009年第3期；黄琪轩：《大国权力转移与技术变迁》，上海交通大学出版社2013年版，第25—35页；黄琪轩：《技术大国起落的历史透视——政府主导的市场规模与技术进步》，《上海交通大学学报》（哲学社会科学版）2013年第2期。

⑤ Daniel W. Drezner, "Technological Change and International Relations", *International Relations*, Vol. 33, No. 2, 2019, pp. 286-303.

⑥ ［美］罗伯特·吉尔平：《跨国公司与美国霸权》，钟飞腾译，东方出版社2011年版，第171—203页。

追求权力与企业追求财富的偏好基本上是一致的。对国家而言，谁能在技术领域形成不对称依赖，确保在国际分工体系中的优势地位，谁就能掌握国际体系的主导权；对企业而言，谁能在技术领域形成不对称依赖，谁就能在世界市场上获得最大利润。国家和企业都希望拥有不对称依赖关系，前者追求得自技术比较优势的霸权和主导地位后者追求得自技术租金的垄断利润。

然而，国家和企业之间的不一致性也同样存在，霸权国追求等级化的全球秩序和全球化，而如果企业是全球化的主要动力，则会导致与等级化相反的扁平化趋势。例如，技术传播会降低原主导国家的比较优势，因为技术优势会从中心节点国家流向边缘地区。[①] 吉尔平等人还认为，科技创新是维系主导地位的根本保障，但知识有从中心国家向外围国家溢出的属性。随着时间推移，系统内的经济与军事权力会不断变化，而霸权国家也愈发无法像以前一样治理整个体系。[②]

随着研究的深入，有学者进一步引入了时间周期的维度，指出在不同阶段，国家与技术类企业会以不同的方式互动，两种逻辑时而一致时而矛盾。例如，在技术创新阶段，政府是安全驱动下的技术研发资助者（funding provider），而在之后又可能成为技术采购者（procurement）。[③] 由此可以进一步发问：在某些历史节点，国家和企业在得自技术的收益上是否会出现目标错配？国家与市场谁更支持技术研发、技术扩散和技术创新，谁更重视知识产权保护，或是更重视维护技术垄断地位？抑或不一致只是表象，它们在实质上是一致的，即都是对非对称相互依赖的追求？两种逻辑一致与否的转折点又是什么？

在中美高科技产业之间存在经贸摩擦的背景下，这一系列问题变得更为突出。我们常常听到美国意欲在高科技领域采取对华“脱钩”战略的说

① Carlo M. Cipolla, *The Economic Decline of Empire*, London: Methuen, 1979, pp. 1-7.

② Robert Gilpin, *War and Change in World Politics*, Cambridge: Cambridge University Press, 1981.

③ 黄琪轩：《大国政治与技术进步》，《国际论坛》2009 年第 3 期。

法，认为美国要将中国“规锁”在价值链的中低端。[①] 作为霸权国的美国提出“脱钩”战略似乎并没有顾及技术和生产全球化时代全球价值链的商业意义，那么类似现象又曾经出现在怎样的历史节点上？霸权国及其企业在技术领域的利益是一致的还是存在周期性冲突？企业层面追求技术的商业利益（市场逻辑）与霸权国层面追求安全和权力（国家逻辑）之间又存在着怎样的关系？为了更为系统地回答上述问题，本文将尝试限定时间条件，从国家和市场逻辑互动的角度研究技术与霸权兴衰之间的关系。需要说明的是，本文的研究对象是民用技术而不含军事技术，因为后者的市场化程度低，并不是本文要观察的两种逻辑博弈的优选对象。

二　概念、变量和基本假设

在研究技术与霸权兴衰的关系之前，需要先定义这两个研究对象。

第一，基于既有研究，霸权的定义包括实力和影响力两个方面。[②] 前者指在资源、人力、生产能力等权力资源方面占据相对优势（作为生产能力重要组成部分的技术也是霸权的内生因素）；后者指一国基于权力资源的优势来影响其他国家的能力，这在当代逐渐表现为主导国掌握以不对称依赖为基础的网络性权力，[③] 例如把其他国家嵌入霸权国主导的价值链中，或者向其他国家传播价值观和意识形态等。此外，霸权兴衰大体有三类原因：其一，治理资料消耗导致霸权自然衰落；其二，其他国家崛起导致权力转移；其三，国内利益集团的差异性诉求致使霸权难以护持。[④] 本文的讨论主要涉及第二类（霸权国以外国家或者国家集团的崛起，例如日本、西欧、中国等）和第三类（技术类企业寻求海外利益）。衡量霸权力量的

① 张宇燕：《理解百年未有之大变局》，《国际经济评论》2019年第5期。

② 任琳：《金融与霸权关系的悖论》，《国际政治科学》2020年第1期。

③ Stacie E. Goddard, “Embedded Revisionism: Networks, Institutions, and Challenges to World Order”, *International Organization*, Vol. 72, No. 4, 2018, pp. 763-797；任琳、孙振民：《大国战争之后：权力生产方式的历史演变》，《当代亚太》2020年第1期。

④ 任琳：《金融与霸权关系的悖论》，《国际政治科学》2020年第1期。

维度则是霸权护持是否成功或曰霸权是否衰落。

第二，在国际政治经济学或国际关系研究中很少追溯技术的原初定义。莫汉·马里（Mohan Malik）认为，技术发展是影响国际结构的三大因素之一，另外两个是战争和经济变革，而实际上战争与安全离不开技术，经济变革与增长也离不开技术。[①] 就技术的原初定义而言，本文采用查尔斯·维斯（Charles Weiss）的定义，即技术是“为了实际目的而对自然世界有组织的技术知识的应用，或开发和使用这种知识的能力”。[②] 在现实应用中，技术的发展周期包括研发、推广和衰退三个阶段。由于更关心市场与国家逻辑的互动，本文主要涉及技术在后两个阶段特别是在推广阶段的“技术扩散”，即从国内市场流入国际市场的现象以及在衰退阶段霸权国能否借助“技术创新”再次过渡到新的技术周期及其对霸权兴衰的影响。所以，文中的技术变量主要与技术扩散和技术创新有关。

第三，除了厘定技术与霸权的基本定义之外，也有必要澄清本文讨论的两种主要作用机制，即市场的逻辑和国家的逻辑，辨明它们背后的基本机理。两种逻辑的主体分别是国家与企业（尤其是跨国企业）。市场寻求财富，国家寻求权力。技术具有两面性，既可以创造财富，也可以被国家用来寻求权力。此外，财富既可能违背权力，也是权力的重要支撑。两者是矛盾但又互补的关系，都是国家推行内外政策的目标和手段。在这个意义上，才存在两种逻辑一致与不一致的问题以及不同场景。

市场逻辑倾向于在国内国际市场寻求利润，实现财富的最大化，因此关注的是绝对收益，相对而言并不关心权力与安全。跨国企业是技术扩散和知识溢出的主要推动者。越是趋近旧技术的衰退期，这种推动作用就越明显，甚至在客观上导致了国际权力结构相对扁平的全球化。企业往往试图通过不断研究新技术实现竞争周期的更替，重新获得非对称的相互依

① Mohan Malik，“Technopolitics：How Technology Shapes Relations Among Nations”，in Virgina Bacay Watson，ed.，*The Interface of Science*，*Technology & Security*：*Area of Most Concern*，*Now and Ahead*，Honolulu：Asia-Pacific Centre for Security Studies，2012，pp. 21–29.

② Charles Weiss，“How Do Science and Technology Affect International Affairs?” *Minerva*，Vol. 53，No. 4，2015，p. 412.

赖，以获取高额的技术垄断利润。当然，企业运行中也存在风险与滞后性。如果研发未能取得显著成果，只是在一个技术周期内借助旧技术的扁平化获得更多利益，但却没能成功地产生新的等级化关系，企业就无法持续占有得自非对称相互依赖的利润收益。

国家逻辑①的核心是权力，② 其偏好等级化的世界秩序。由于增加了安全考虑，③ 国家追求比较优势、关注相对收益。④ 正如经济现实主义者所认为的，让对手国获得更多的相对收益将危及本国安全。⑤ 因此，主导国希

① 需要说明的是，国家逻辑是相对于市场逻辑而言，但不能等同于国家利益。国家利益的内涵更为综合，国内政治不等于国家利益，还包括经贸利益、国家安全等。例如，德国和法国等欧洲国家在考虑是否支持里根的"星球大战"计划时，既会出于国家逻辑担忧超级大国之间的战略不稳定给国家带来安全隐患，也会有市场逻辑考虑，即如果不采取跟随战略就无法从美国继续获得先进技术和相关经济利益。最终，它们选择了跟随战略。这个案例中的市场逻辑是符合两国国家利益的，却不能简单等同于国家逻辑，因为其缺少安全维度的考虑。参见苏珊·斯特兰奇《国际政治经济学导论：国家与市场》，杨宇光等译，经济科学出版社1990年版，第91页。同样，在下文的情景分析中，我们进一步发现，国家逻辑可能有益于维护国家利益，也可能有悖于国家利益，遵循国家逻辑并不必然有益于国家利益。这个道理适用于霸权国家，对其他国家亦然。

② Denys Hay, "The Pursuit of Power: Technology, Armed Force and Society Since A. D. 1000", *History of European Ideas*, Vol. 5, No. 4, 1984, pp. 445–448；［美］约瑟夫·格里科、［美］约翰·伊肯伯里：《国家权力与世界市场：国际政治经济学》，王展鹏译，北京大学出版社2008年版；黄琪轩：《世界技术变迁的国际政治经济学——大国权力竞争如何引发了技术革命?》，《世界政治研究》2018年第1辑；黄琪轩：《大国权力转移与自主创新》，《经济社会体制比较》2009年第3期。

③ 安全既包括国内安全又包括国际安全，在本文中主要指国际安全。国际安全与技术进步息息相关，因此有学者建议，对相关话题的研究应注重学科的合流，例如综合国际安全与国际政治经济学、国际政治经济学和比较政治经济学、国际政治经济学和美国政治经济学。参见黄琪轩《国际安全、国际政治经济与科学技术》，《科学学研究》2011年第5期。此外，在国际政治经济学的分析中，例如在斯特兰奇的框架中，国际体系中的安全是一种部分国家向系统内其他国家提供安全的权力框架，它涉及谁提供安全防务给谁、国家如何感知威胁和获取安全的代价等问题。本文中的安全指的是，霸权国感知到它的权力基础受到威胁，或是安全结构赖以存在的权力结构不再稳定，进而出于安全考虑调整其技术政策的行为。参见苏珊·斯特兰奇《国际政治经济学导论：国家与市场》，杨宇光等译，经济科学出版社1990年版，第52—71页。

④ 需要补充说明的是，抑制技术扩散并不必然是国家逻辑的全部表现形态。一个例子是美国在第二次世界大战后的对日、对欧经济政策。美国战后的对日政策同样是出于国家逻辑，旨在维持全球系统的安全与稳定，但美国并没有抑制技术扩散，相反是以维护国家安全利益为由，允许日本吸收美国技术、进入美国市场，还容忍了日本对美国对日投资设立壁垒。只是在本文案例中，我们重点关注以抑制技术扩散为代表的这类国家逻辑。在这个意义上，技术扩散是具有两面性的。

⑤ 黄琪轩：《大国权力转移与自主创新》，《经济社会体制比较》2009年第3期。

望永久性地保持技术垄断，维持不对称依赖。国家逻辑表现为加强知识产权保护、① 控制技术扩散和技术转移，② 例如《1930 年美国关税法》的 "337 条款"、《1974 年贸易法》的 "301 条款"、进出口负面清单等文件中对技术类产品的进出口管制。本文在案例分析中用 "计算机相关产业中霸权国对崛起国的直接投资" 来测量技术扩散的幅度，用是否 "减少该类技术外国直接投资（FDI）或采取 301 调查等行政干预手段" 来测量霸权国对技术扩散的态度，描述国家逻辑对市场逻辑的干预程度。具体来说，本文观察的是霸权国的国家逻辑（霸权国关心的维持权力等级化的目标）和相关企业的市场逻辑（技术溢出效应导致权力结构相对扁平的全球化）之间的互动关系。

第四，在斯特兰奇的国际政治经济学分析框架中有金融、安全、生产和知识四个关键变量，如果从生产这种结构性权力中将技术抽离，设置为独立的解释变量，这一框架的解释力将会进一步增强。然而，因为变量之间的逻辑关系非常复杂，技术可以和四个关键变量中的任何一个产生联动效应并辐射全盘，所以全变量分析的难度非常大。例如，单是引入金融这一个变量，就会从融资和技术研发投资变现等诸多方面影响分析逻辑和结果。所以，依托已有文献的分析，本文限定仅分析技术与安全、生产两个相关变量的关系，以展示国家与市场逻辑的互动方式及其结果。因此，本文假定其他条件不变，观察技术对生产或安全的作用会使 "天平" 重心发生何种偏离，③ 其结果是支撑霸权还是导致霸权衰落。

---

① ［日］斋藤优：《知识产权制度的国际政治经济学——霸权的基础从资本转向科学技术》，李学英译，《世界研究与发展》1991 年第 2 期；熊洁：《知识产权保护的国际政治经济学：一项研究评估》，《世界经济与政治》2013 年第 2 期；徐元：《美国知识产权强保护政策的国际政治经济学分析——基于霸权稳定论的视角》，《宏观经济研究》2014 年第 4 期；王金强：《知识产权保护与美国的技术霸权》，《国际展望》2019 年第 4 期。

② David B. Audretsch, Erik E. Lehmann and Mike Wright, "Technology Transfer in a Global Economy", *Journal of Technology Transfer*, Vol. 39, No. 3, 2014, pp. 301-312.

③ 本文沿用了斯特兰奇的国家与市场模型，并试图进一步解释 "天平" 重心发生偏离时哪种逻辑为显性逻辑及其可能会产生的影响。参见任琳《金融与霸权的关系悖论》，《国际政治科学》2020 年第 1 期。导致 "天平" 偏向国家或市场逻辑的原因有很多，例如政府或领导人的政策偏好、国际国内政治经济格局的变动等。本文中讨论的致使 "天平" 重心偏移的原因包括技术租金、企业利润以及主导国相对崛起国的权力比较优势下降带来的威胁感知。

从时间节点的维度来看，我们假设国家逻辑与市场逻辑出现矛盾需要若干条件，其中包括两个必要条件和一个充分条件。

其一，两种逻辑出现矛盾的必要条件有两个：一是技术周期更迭；二是新一轮的技术研发尚未成功。企业对技术周期更为敏感，通常在每个周期的尾端就开始新一轮技术的研发，不再高度重视旧技术的知识产权，这也为后发国家获得技术溢出效应、[①] 迅速实现国内生产总值（GDP）和综合实力的飞跃提供了机会窗口，但这就与霸权国维持霸权地位的诉求产生了冲突。加之新一轮技术研发尚未成功，此时霸权国更倾向于抑制技术扩散，这会使得市场逻辑消退、国家逻辑凸显。在这样的条件下，市场的对外技术扩散会损害霸权国的非对称优势，因此霸权国将变得警惕，倾向限制技术的对外转移。但随着新一轮技术研发获得突破，霸权国将再次获得技术垄断地位，企业重新获得高额技术租金。

其二，两种逻辑出现矛盾的充分条件：霸权国相对权力优势下降，安全威胁感知上升。我们将“霸权国对技术扩散的容忍极限”设定为“霸权国能够维持相对权力优势”，并进一步将其操作化为“崛起国与霸权国GDP 的比值低于 2/3”。[②] 考虑到技术扩散在一定程度上也有助于技术创新，霸权国的对外限制是有选择性的，即那些 GDP 达到或者逼近霸权国2/3 的国家。本文将此类国家称为崛起国，它们更有可能让霸权国感到威胁，因此成为霸权国重点防范的对象。这些崛起国也是本文限定的研究对象。值得强调的是，仅依赖 GDP 来衡量国家实力仍不够精确。一国所占有

---

① 所谓的技术溢出效应体现为对东道国企业劳动生产率的提升，进而间接作用于该国的经济增长和国家实力增强。参见 Beata S. Javorcik，“Does Foreign Direct Investment Increase the Productivity of Domestic Firms? In Search of Spillovers Through Backward Linkages”，*The American Economic Review*，Vol. 94，No. 3，2004，pp. 605-627。

② 需要说明的是，我们使用 GDP 的比值来大致描述国家之间的实力对比，即霸权的等级化程度，虽然略显粗糙，但计算国家综合国力等其他指标将花费大量精力，而且计算口径各异并不乏争议，所以我们还是选定了霸权国与对应国之间的 GDP 比值作为因变量，来描述霸权的等级化或者扁平化程度。GDP 比值与 FDI 之间的中间作用机制也是比较复杂的，例如 FDI 对贸易有上扬作用，进而会拉动 GDP 的增长等，此外还有一些不那么直观的中间作用机制。我们主要观察市场层面技术溢出作用与霸权权力等级化之间的关系，所以适当舍弃了对中间机制的观察，包括贸易、投资、技术等各领域之间复杂交织的互动关系。

的资源总量（以 GDP 衡量）并不能直接等同于该国能够直接动用的资源数量，影响资源调动的其他限制条件还有军事开支、地理环境和人口结构等重要因素。[①] 然而，本文仍选择 GDP 作为测量国家实力的标准，这主要是因为国际政治经济学的研究中一直强调财富支撑权力，国家占有的绝对物资数量仍是其实力的核心来源。尽管这一测量方式并不完美，但是至少能清晰地反映出不同国家间的实力差距。

三　分析框架

现实中，公司与霸权国之间往往也存在重叠和互补的利益。虽然有相互矛盾、彼此相悖和相互博弈的情况，市场逻辑与国家逻辑大体具有一致性。总体而言，“公司利益和被美国历届行政当局界定的国家利益之间相一致，公司和政治精英分享了一个自由的世界经济秩序的美国远景”。[②] 问题在于国家与市场逻辑之间的均衡是如何打破，进而出现不一致的呢？在展示两者一致性的基础上，本文尝试从理论层面探讨稳定是在何种情况下被打破的。

（一）国家与市场逻辑相一致的作用路径

国家与企业均追求得自不对称相互依赖的收益。因此，两者的根本目标是一致或者至少是高度趋同的。国家出于安全考虑不愿意看到技术扩散和知识外溢；企业在大多数情况下对外输出同样不是最核心的技术，除非其已经被更为先进的技术创新取代。因此，市场与国家逻辑并不相悖。在任何情况下，断言技术流通领域内自由主义就此终结都经不起推敲，毕竟技术创新要求实现市场价值，需要开拓国际市场规模，技术扩散和知识溢出是一种历史必然。这也与霸权国获得更多贸易收益的诉求

① Stephen G. Brooks and William C. Wohlforth, *World Out of Balance: International Relations and the Challenge of American Primacy*, Princeton: Princeton University Press, 2008, pp. 1-59.

② ［美］罗伯特·吉尔平：《跨国公司与美国霸权》，钟飞腾译，东方出版社 2011 年版，第 114 页。

相契合。市场竞争的目标也是塑造等级化的世界："在制造业领域，美国跨国公司对经济活动的区位、工业生产以及技术发展施加影响力，它们创造了一种国际分工，留在母国的包括决策、财富和研发部门，而一些分支公司则安置在全球的边缘地带，当子公司之间的销售构成了世界贸易的一大部分时，跨国公司就对制造业的区位、国际收支以及总体上的国际劳动力分工产生了重大影响，很大程度上它们决定了世界经济的收益分配。"①

企业服务于国家，跨国公司则是美国霸权的工具，是实现其政治目标的重要经济手段和物质基础。在这个意义上，"技术是仆人，政治是主人",② 财富服务于权力。例如，美国企业带着技术和资金进入欧洲市场，成为美国执行"欧洲复兴计划"的"先锋"，降低了美国对欧外交战略的成本。除了权力物质层面的帮助，跨国公司还在影响力方面"帮助建立了在美国自由主义名誉下的民主和多元的世界，它们是实现美国创造一个和平与相互依赖的世界，这种意识形态共识的工具，在这样的世界中，经济合作和增长将取代民族国家竞争引发的冲突"。③ 在这一意义上，霸权国美国可以容忍跨国企业和直接投资带来的技术扩散，并以此为基础积累了大量财富，这成为维系霸权的重要支撑。

权力也要服务于财富。国家常常会出面维持市场逻辑和秩序，进而直接或间接地维护企业利益。在研发阶段，出于增强自身安全以及在国际政治与经济竞争中争取占据不对称权力优势的目的，国家积极地为技术研发融资、为技术创新背书，这与市场逻辑并无矛盾。恰恰是由于政府大规模地投入研发，在第二次世界大战后的美国，计算机和电子产业等新的产业集群才能获得技术基础，不断实现技术突破，其中以半导体和晶体管产业

① ［美］罗伯特·吉尔平：《跨国公司与美国霸权》，钟飞腾译，东方出版社2011年版，第118页。

② 黄琪轩：《大国政治与技术进步》，《国际论坛》2009年第3期。

③ ［美］罗伯特·吉尔平：《跨国公司与美国霸权》，钟飞腾译，东方出版社2011年版，第119页。

最为典型。[1] 此外，随着技术的推广，当市场逻辑成为显性逻辑时，国家还会为企业保护技术专利和知识产权提供建制。可见国家逻辑与市场逻辑并不必然存在矛盾，因为“高科技产业需要大规模的投资，需要一个市场规模效应来抵消利润的下降，需要相应的知识产权制度来保障和获取其技术租金。而国家在这一方面的作用是至关重要的。国家是调动社会资源支持企业研发、保障企业获得市场和技术租金的政治保障”。[2] 此外，在拓展海外利益方面，公司在扩张市场范围、维护自身利益时，往往也需要依托霸权国的对外政策。在新技术研发还没有取得显著成果，需要进一步巩固现有技术红利的时候，企业同样需要国家成为其新技术研发的重要融资方、支持者和初代产品的购买者。

（二）不一致的国家逻辑与市场逻辑

这一部分将以国家与市场逻辑的冲突为出发点，解释在什么条件下霸权国将会对崛起国施加技术限制，进而尝试更为透彻地剖析两种逻辑之间何时会出现张力，何种逻辑在何种情况下会占据优势以及国家是否出台技术抑制政策背后的作用机制。

1. 技术扩散的市场逻辑

就时间周期而言，“天平”偏向市场逻辑的情景大多出现在技术的推广（国内推广）和衰退阶段（国际推广）的前期，主要表现为技术扩散。此时，国家逻辑与市场逻辑的相悖属性主要是围绕对技术扩散的态度而言。在技术的推广和衰退期，技术进入生产领域，并逐步从国内市场流入国际大市场。技术向国际市场的扩散具有其必然性，符合基

① Ernest Braun, *Revolution in Miniature: The History and Impart of Semiconductor Electronics Reexplored in an Updated and Revised*, New York: Cambridge University Press, 1982, pp. 8, 71; Kenneth Flamm, *Creating the Computer: Government, Industry and High Technology*, Washington, D. C.: Brookings Institute Press, pp. 14-16；黄琪轩：《技术进步的政府规模与美国技术变迁》，《上海行政学院学报》2009 年第 3 期。

② 李滨、陈怡：《高科技产业竞争的国际政治经济学分析》，《世界经济与政治》2019 年第 3 期。

本的市场逻辑。就表现形态而言，市场逻辑的路径是借助技术扩散获得技术租金，包括产品出口、国际技术转让和对外直接投资（跨国公司）等。

市场逻辑驱动下的技术扩散有其客观性。技术扩散是企业“找回”前期投入、寻求技术租金、保证利润和维持运行的客观需求，也是为新技术研发积累财富基础、保障企业未来发展的重要手段。在现代经济中，市场逻辑的作用愈发明显，这是因为“技术变革速度的加快，加上用具有新技术的新工厂取代旧工厂的成本逐步上升，这意味着公司没有充分时间去补偿它们过去资本投资的越来越多的成本。在本国市场销售产品所获得的利润不足以维持公司营业；因此公司不得不采取全球销售战略，同时也采取全球生产政策，因为国家政策总是偏爱以当地生产的商品取代进口产品”。[①] 加之，虽然技术的国内推广也能给霸权国带来经济收益，但是由于其国内通常偏高的工资结构，企业从国内市场获得的边际收益递减，这使得霸权国企业寻求国际市场，要么转让技术，要么直接投资，要么在海外直接设厂。在市场逻辑的驱动下，为了弥补技术研发投入、寻得技术租金、赚取更多利润，企业偏好走出去，而在走出去的过程中，技术自然地扩散到东道国。只有这样，霸权国企业才能在国际竞争中发挥技术比较优势，从不对称依赖中谋求高额技术租金。

市场逻辑与国家逻辑存在差异并不意味着两者不可兼容，只是有时“天平”会偏向市场，届时市场逻辑表现为显性，出现国家逻辑服务市场逻辑的情景。市场逻辑预设可以借助新技术研发保持不对称相互依赖，这在某种意义上符合主导国的长期经济利益。然而，霸权国的中短期安全考虑可能与其长期经济利益矛盾。为了消除中短期的安全隐患，霸权国的国家逻辑凸显，越过经济逻辑成为显性逻辑。因此，市场逻辑可能会因在中短期内与国家逻辑相悖而不得不退居幕后。但是，这并不能用来否认市场逻辑可以作为显性逻辑同时给企业和国家带来收益的事实。

---

① ［英］苏珊·斯特兰奇：《国际政治经济学导论：国家与市场》，杨宇光等译，经济科学出版社1990年版，第89页。

市场逻辑与国家逻辑存在利益差异乃至相互对立的主要原因是：随着时代的发展，企业的利益往往需要跨越国界线才得以实现，国家则受主权原则限制，① 拘泥于国家利益。随着通信、交通和经贸的发展一再加强全世界的经济相互依赖，两者之间的“主权困境”愈发明显。当企业以对外直接投资的形式具备了国际属性时，国家则仍倾向用国内法来约束跨国企业的行为，寄希望于本国公司能够在某种程度上保持国家对外政策工具的属性。结果企业在追求商业利益的驱动下，客观上带来了技术的功能性扩散，相对来说不那么关心旧技术扩散的溢出效应，而国家则对溢出效应对东道国经济实力的提振作用尤为敏感。因此，在有些案例中我们看到了很多跨国公司的母国与东道国断交（例如美国公司在某些历史时期不得不放弃向古巴或苏联出售商品）、跨国公司业务受损的情况。当两种逻辑彼此矛盾时，企业虽然会尝试抵制政府的指令，采取游说或抗议等手段表示不满，但在大多数情况下还是会服从国家。

2. 技术扩散的国家逻辑

国家逻辑往往更多出于安全考虑，寻求权力最大化。言下之意即权力的相对优势越小，霸权国感受到的安全威胁就越大，越有可能强化国家逻辑。在某种意义上，国家逻辑与市场逻辑存在一定矛盾，因为对国家而言安全高于经济利益。国家逻辑超越市场逻辑的案例比较多。实际上，国家逻辑占主导也并非一定违背了市场逻辑，甚至有时还会服务于市场逻辑。只是当两者相悖时，国家逻辑往往会采取强力手段，抑制技术扩散，凸显其主导地位。国家逻辑占主导的时间段不同，表现也不同。国家逻辑与市场逻辑是矛盾互动的，有时相悖，有时却互相促进。就时间周期而言，国家逻辑占主导的情景主要出现在研发阶段和衰退阶段后期，此外也会出现在推广阶段。就出现的时间点而言，国家逻辑凸显于需要采取特殊手段护持霸权的时刻。

即使在技术的推广和衰退阶段，只要系统内其他国家或经济体不危及霸权国的比较优势，霸权国的国家逻辑就不会与市场逻辑相矛盾。作为霸

① 王逸舟：《试论科技进步对当代国际关系的影响》，《欧洲》1994 年第 1 期。

权国的美国使用行政手段来干预市场，其目的是“校正”市场行为和霸权护持之间的不一致。霸权国在国家层面诉诸行政条款干预市场是霸权国“校正”国家与市场逻辑不一致时的一种方式。“校正”具体表现为采取限制技术类出口清单和超级“301条款”等手段，干预企业贸易投资活动。[①] 历史上，美国曾对日本采取过干预市场的行政手段，最终实现了打压日本权力积累、防止其挑战美国霸权和维护等级化秩序的目标。如果能够在20世纪80年代日本实力不断上升的时刻找到一些历史细节，[②] 特别是美国干预对日贸易投资的行政手段，就能解释为什么美国最终会通过“校正”实现国家与市场逻辑的一致性。这是因为日本基于市场驱动获得来自美国的技术投资，进而实现了经济实力的不断上升，乃至在半导体、光纤和智能机械技术等领域挑战美国。这不仅威胁到美国的霸权地位，也威胁到美国企业的非对称技术优势。

伴随技术周期走向尾端，企业在市场逻辑驱动下开始不断放松老一代技术的知识产权、允许技术扩散，国家则可能会做更为长远的打算，试图抑制技术的溢出效应对其霸权地位的侵蚀，确保技术实力上的非对称相互依赖。当然，霸权国的政策走向还取决于新技术研发是否成功，能否借此重置新一轮的非对称相互依赖关系。在后文和计算机技术相关的案例中，溢出效应发生在该项技术的衰退期，而溢出效应的作用路径是霸权国自身在相关领域的对外直接投资。这些投资在其他主要经济体（例如中国、日本、欧盟等比较明显的世界权力中心）形成知识溢出效应，对霸权的比较优势产生了负面影响。由于东道国特别是潜在崛起国在吸收技术后发展迅速，这又反过来引发霸权国基于国家逻辑干预市场。

---

① 特指超级“301条款”调查中涉及不公平贸易措施和知识产权保护问题的内容，特别是高技术含量产品的进出口与投资行为对东道主国和母国带来的影响。

② 到20世纪80年代中后期，美国逼迫日本签署广场协议，批评日本是汇率操纵国，为“校正”日元被低估的现象，要求日本必须升值日元，导致日元大幅升值、日本GDP一路上扬，一度达到了美国GDP的2/3。此时，日本GDP中水分较大。为了校正市场逻辑和国家逻辑之间目标不一致性，进而护持霸权，作为霸权国的美国采取了非市场手段来进行干预。

四　案例分析与理论检验

（一）时间维度：技术扩散的周期性

现代技术扩散具有明显的周期性特征。维持在技术领域的优势是霸权的重要基础。三次技术革命相继催生了不同的霸权形式。作为第三次科技革命标志性技术进步的原子能、航天和电子计算机的发明、推广与应用也在不同程度上塑造了美国的全球霸权地位。在第三次科技革命带来的三类技术进步中，计算机的发明、推广和应用发生在核威慑带来“大国无战争时代”之后，这一时期市场力量与国家的互动博弈最为典型。因此，本部分选定计算机技术作为案例，观察该领域内市场行为与国家逻辑、技术扩散与美国霸权之间的关系。①

从 1951 年第一台自动计算机交付使用到 1964 年英特尔公司基于微处理机制造出第四代计算机，计算机的研发阶段结束，步入推广阶段，并不断扩展其应用领域，走向一定程度的商业化。如图 1 所示，纵轴为计算机产业对美国的 GDP 贡献率，该数值在 20 世纪 90 年代末达到顶峰，此后呈现明显下降趋势。这反映出美国的电脑产业在 2000 年后逐步进入衰退期。与此同时，美国计算机产业的对外投资显示出明显的上升趋势，海外市场的技术扩散越来越快。在 2005 年前后，尽管程度各有不同，美国对日本、中国、欧盟和俄罗斯的计算机产业的直接投资都出现增长。这可以反映出当计算机产业在霸权国进入衰退期后，其倾向于把技术以及生产线向其他国家转移，以最大程度地利用处于衰退期的技术，谋求技术租金，获得商业利润。在对双边数据例如美国对华投资的分析中，发现大多数可观测的

① 我们并不认为在其他两种技术领域中科技与霸权的互动机制不重要，相反，它们可能涉及非常有趣或更为直接的作用机制。例如，原子能技术的研发和运用对于塑造霸权权力优势的作用更为直接。正如肯尼思·华尔兹认为的，联盟和其他国家政策取决于对权力和科技地位的认知，而“科学知识和技术专长是国家威望的源泉”。但是，限于研究精力，这里仅举例分析计算机技术领域内国家与市场逻辑的互动机制。参见 Krishna-Hensel and Sai Felicia，“Technology and International Relations”，in Nukhet Sandal and Victor Asal，eds.，*Oxford Research Encyclopedia of International Studies*，Oxford：Oxford University Press，2010，pp. 1-17。

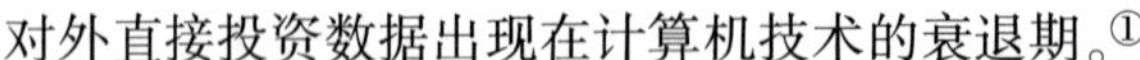
对外直接投资数据出现在计算机技术的衰退期。①

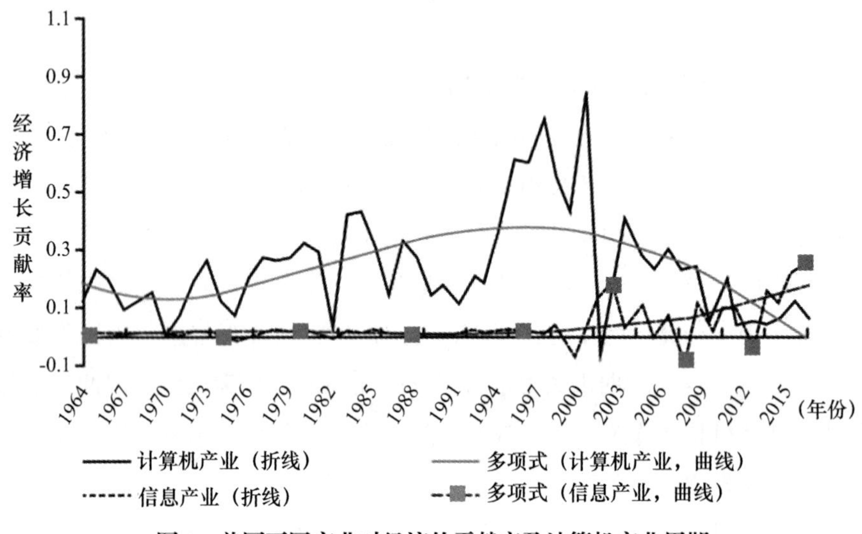

图1　美国不同产业对经济的贡献率及计算机产业周期

资料来源：U. S. Bureau of Economic Analysis（BEA），https：//www. bea. gov/international/di-lusdbal。

在研发阶段，国家逻辑与市场逻辑是一致的，美国与其计算机企业处在“稳定均衡”的状态，政府是企业技术研发的资助者和新产品的早期采购者。正如诸多既有文献所指出的，国家和市场在重点战略产业部门的研发上存在共识。随着技术周期的演进，之后霸权国想要通过技术的不对称依赖寻求权力相对优势，企业则会为了“找回”研发阶段的投入，试图获得更多的技术租金，国家与市场逻辑一致，权力与财富目标相容。霸权国与计算机企业利益处在“稳定均衡”状态，对外直接投资处于上升期。技术推广始于国内，并逐步随着该技术进入衰退期而在国际范围内大规模铺开。

① 考虑到技术发展有其时间周期，只有追踪技术在研发、推广和衰退这一完整时间轴上与霸权的互动，才能探知国家与市场的作用机制。因此，遵照计算机技术研发的时间脉络，我们在图1中涵盖了研发、推广和衰退这三个阶段。由于数据的可得性受限，我们无法涵盖萌芽、发展和成熟这三个阶段，但选定数据的时间范围都处于霸权国的计算机产业发展的最后两个阶段。

随着高技术附加值产品的对外直接投资不断增加，技术扩散到美国之外的其他国家，并产生溢出效应，日本、欧洲和中国等国家和地区的 GDP 相继上升，这在表面上导致了霸权国相对优势的下降。因此，在某一时期内，“计算机产业 FDI” 与 “崛起国/霸权国的 GDP 比值” 呈正相关关系，本文将其称为技术扩散的溢出效应。由于霸权相对削弱（GDP）比值上升）且新一轮的技术研发尚未成功，在以中国为代表的其他国家和地区开始在 5G 等领域拥有局部优势时，霸权国美国感受到的安全威胁骤然上升，因此开始干预，减少对崛起国的技术转移（高技术附加值的 FDI），采取技术保护主义，抑制技术扩散。①

2000 年后美国计算机产业处于衰退期，而且迄今为止新的技术尚未研发成功。中国的 GDP 则于 2016 年达到美国的 60%，逼近 2/3（见图 2）。美国因此开始变得警惕，国家逻辑上升为主导逻辑，紧接着于 2017 年对华发动“301 调查”。2017 年，美国贸易代表办公室（USTR）发布《2017 年特别 301 报告》，把中国列入重点观察国家名单。2018 年 4 月，发生了美国制裁中兴、禁售元器件和软件的事件。2018 年 8 月，美国商务部在原有《出口管理条例》的基础上新增了针对中国企业的出口管制清单。美国的这些举动意在校正美国高科技产业出口和技术转移带来的溢出效应，降低中国的自贸易投资等市场行为的收益。

依据国家逻辑，霸权国美国不满的对象是因旧技术扩散而实力增长和科技进步的崛起国，抑制的对象则不仅是旧技术扩散，还包括崛起国的新技术研发。比较而言，企业虽然也对崛起国的技术进步心存担忧，但在中低端价值链领域仍希望维系得自技术租金的利润。因此，本轮美国抑制技术扩散的行动除了针对一般零部件类技术产品及直接投资，还主要针对例如人工智能和 5G 等高科技产业，即下一轮科技产业技术的增长点。美国商务部下属的工业安全局（BIS）于 2020 年 1 月 6 日正式采取措施限制人

① 不可否认，导致 GDP 增加的作用机制纷繁复杂，需要结合一个国家的人口结构、地理条件、发展阶段和产业转型等因素综合考虑。尽管如此，技术传播对综合国力、国家实力或曰权力资源的提升作用是不可忽视的。本文重点探讨在后面两个阶段特别是当技术开始国际扩散时，国家逻辑与市场逻辑的博弈尤为激烈。

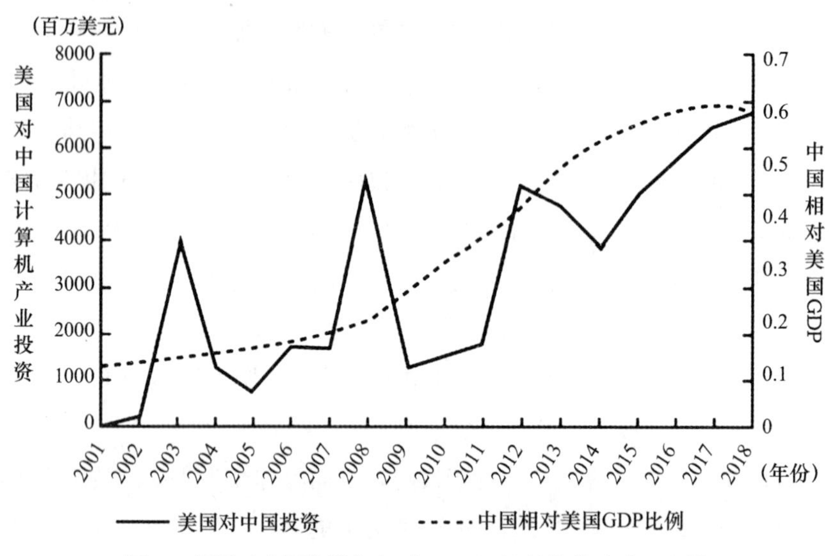

图2　美国对中国投资与相对GDP（以现价美元计）比较

资料来源：U. S. Bureau of Economic Analysis（BEA），https：//www. bea. gov/international/di-lusdbal。

工智能软件的出口，军用和民用智能化传感器、无人机、卫星和其他自动化设备都在受限之列。美国声称此举旨在防止敏感技术被对手国家掌握、保障国家安全、协助达成相关外交和经济政策目标，进而确保美国在相关敏感技术领域保持领导地位。①

（二）理论检验：国家与市场逻辑的张力

我们在案例分析中发现，国家逻辑和市场逻辑既可能相互融合，也可能相互冲突，两种逻辑能否维持平衡是有条件的。具体来说，均衡的打破源于两种逻辑之间的张力，这证实了本文的两个基础假设。

---

① 参见"Addition of Software Specially Designed to Automate：The Analysis of Geospatial Imagery to the Export"，https：//www. federalregister. gov/documents/2020/01/06/2019-27649/addition-of-software-specially-designed-to-automate-the-analysis-of-geospatial-imagery-to-the-export；"US Government Limits Exports of Artificial Intelligence Software"，https：//www. reuters. com/article/us-usa-artificial-intelligence/us-gov-ernment-limits-exports-of-artificial-intelligence-software-idUSKBN1Z21PT。

第一，两种逻辑相互冲突的必要条件是旧技术步入衰落期且新技术尚处于研发阶段。技术更新换代的周期、企业捕捉市场利润的周期与国家追求相对优势的周期之间的不同步导致两种逻辑间的矛盾。旧技术对崛起国带来的溢出效应在一定时期内具有持续性，而新技术的出现往往具有滞后性。国家和企业追求不对称相互依赖的周期错配导致两者目标殊途。在旧技术红利步入衰退期、新技术的研发呼之欲出的阶段，霸权国企业的倾向是最大化旧技术红利，获得尽可能多的技术租金，而这种市场行为为崛起国的实力增长创造了自由的市场环境。此时，如果霸权国及其企业未能在新一轮技术研发中拔得头筹，霸权国感受到的威胁感和霸权护持压力就会倍增。这就是前文中的基本假设，即在技术的推广阶段后期和衰退阶段，企业的市场目标会与霸权国的国家目标冲突。

第二，两种逻辑相互冲突的充分条件是当技术溢出效应足够大时，霸权国不再容忍市场逻辑驱动下的技术扩散。考虑到技术溢出会为崛起国的经济增长带来正向反馈，届时霸权国就会诉诸国家干预、抵制市场驱动下流向崛起国的技术扩散。正如打压中兴和华为一样，历史上美国也打压过日本的汽车企业。[①] 因此，探究霸权国超越忍耐限度的“时间节点”具有重大意义。当市场逻辑给崛起国带来的溢出效应超出主导国霸权护持的忍耐限度时，两者的矛盾就会凸显。有学者认为，这一节点出现于崛起国与霸权国之间发生权力更替之际，在历史上往往与战争或者备战有关，但是在当下，战争并非大国博弈的主要形式，因此其与主导国家对自身相对优势下降的感知密切相关。[②] 历史上，苏联和日本的 GDP 都曾逼近美国的

---

① 值得一提的是，可以在既有研究的基础上再追加一个问题，即技术扩散的起点和终点是否会因崛起对象国（盟国或非盟国）的差异而不同。研究者可以选定美日和美中两个案例作为一组对照组。例如假定其他条件一样，探讨相比对其盟国的技术扩散起点和忍耐限度，美国对非盟国的崛起国的技术扩散和忍耐限度是否具有一致性。

② 黄琪轩：《世界技术变迁的国际政治经济学——大国权力竞争如何引发了技术革命》，《世界政治研究》2018 年第 1 辑；黄琪轩：《霸权竞争与欧洲技术革新》，《科学学研究》2010 年第 11 期；黄琪轩：《大国政治与技术进步》，《国际论坛》2009 年第 3 期；黄琪轩：《大国权力转移与技术变迁》，上海交通大学出版社 2013 年版，第 25—35 页；黄琪轩：《国家权力变化与技术进步动力的变迁》，《中共浙江省委党校学报》2009 年第 4 期；黄琪轩：《技术进步的来源与国际视角》，《现代管理科学》2009 年第 5 期；Vernon W. Ruttan, *Is War Necessary for Economic Growth*, New York: Oxford University Press, 2006。

2/3，它们相继遭到美国霸权的打压。① 据此，这一忍耐限度的“时间节点”近似于美国相对其他国家的比较优势开始下降的时间节点，此时美国会感到霸权主导地位受到威胁。

表1　　第二代技术各产业周期中国家与市场逻辑的关系

	研发阶段	推广阶段	衰退阶段
技术扩散范围	国内部门和国内市场	从国内市场逐步流入世界市场	世界市场
霸权国的威胁感知	中	中	中→强 若崛起国实力超过忍耐限度时，则转强
跨国公司的威胁感知	强	强→弱 已掌握第二代技术的非对称优势	弱 当第三代技术创新可以瞬时接续技术衰退周期时，威胁感知弱
市场逻辑作用机制	技术创新，追求领先竞争对手的技术优势	技术扩散，开始利用现有技术优势	技术扩散，最大限度利用现有技术优势；技术创新，开始追求下一轮领先竞争对手的技术优势
国家逻辑作用机制	政府成为技术研发的资助者和初期采购者	技术扩散，技术类FDI上升	政府干预，采用限制技术类产品出口清单，动用特殊“301条款”，抑制流向崛起国的技术扩散，致使技术类产品出口和FDI下降
国家逻辑与市场逻辑之间的关系	国家与市场逻辑一致，前者甚至会服务于后者	国家与市场逻辑处于相对均衡状态，后者服务前者	国家逻辑不再容忍市场逻辑，开始予以“校正”

注：我们将以5G技术、人工智能等为代表的技术创新划定为第三代技术的开端，但严格来说这不等同于第三代技术革命的最终实现。

资料来源：笔者自制。

需要强调的是，虽然我们认为相对国家逻辑而言市场逻辑更支持技术扩散，但是企业对技术扩散的支持也以“新一轮技术创新可以瞬时接续技术衰退周期”为前提。企业也会基于研发周期及其与竞争对手的相对优势来决定是否支持技术扩散。企业虽然能通过技术扩散获取红利，但与此同时也会追求不对称的技术优势，以维持市场支配地位。更具体地说，只有

① 张宇燕：《跨越“大国赶超陷阱”》，《世界经济与政治》2018年第1期。

当拥有领先对手的技术优势且已经处在新一代技术的研发周期时，企业才会有最大化地扩散已有技术的动机。如果新一代技术尚处于研发之中，且其竞争对手已经通过逆向研发等手段在新技术上取得突破时，企业必然会感到自身的非对称技术优势受到威胁。此时，企业会主动限制技术扩散，也会出现国家逻辑服务市场逻辑的情景。

因此，在不同技术周期内，国家与市场逻辑的互动方式是不同的。基于简单的案例分析，本文以第二代技术的产业周期为例，概括了技术的不同发展阶段中国家与市场逻辑的互动关系。技术扩散是一种功能性溢出，可能会消解霸权的等级性，使霸权国相对其他国家的主导地位下降。在研发阶段，国家与市场都倾向技术保护，财富与权力相融；在推广阶段，市场倾向技术推广，国家虽然意识到技术扩散的溢出效应，但暂未感受到来自崛起国的威胁，财富与权力处于相对均衡状态；在衰退阶段，当崛起国实力超过霸权国的容忍限度时，后者的国家逻辑将倾向技术保护，财富与权力相斥。所以，当霸权国企业自认为已经进入下一轮研发周期，但是霸权国却感受到崛起国带来的威胁并因此难以容忍技术溢出效应时，国家逻辑与市场逻辑的矛盾最为突出。因此，企业与国家、市场逻辑与国家逻辑、主导国与崛起国在技术领域的互动机制会随客观环境而变化。

五　霸权护持的情景分析

世界范围内的大规模技术扩散往往出现在旧技术的衰退期，此时新技术革命和新旧技术交替已经“呼之欲出”，因此从技术质量的维度观察，技术扩散并不必然危及霸权国在技术领域的主导地位，但国家与市场逻辑的张力恰恰容易出现在这一时期。之所以霸权国对技术扩散的态度呈现出周期性变化，是因为每个阶段中关键变量之间的作用机制各不相同。为了更客观全面地展示关键变量之间的作用路径，这一部分选择以情景分析的方式尽可能地呈现各种作用路径，并说明这些路径往往会出现在哪个技术周期内，又会对霸权兴衰产生怎样的影响。

就影响和结果而言，“天平”偏向哪一个逻辑，并不会直接决定霸权的兴衰，即使偏向国家逻辑，也并不代表有益于国家利益，更不等于权力资源的积累和霸权影响力的塑造。具体来说，两种逻辑对霸权护持和霸权兴衰的影响类似“博弈树”的形态（见图3），每种选择下存在两种不同结果。此外，科学发现和技术创新在很大程度上是独立于国家的主观意志的。市场合作与独立研究这两种路径都有实现技术创新的可能。尽管无法分辨哪一种路径更有利于实现技术创新，但在现实中，霸权国为了维护有利于自身的不对称相互依赖，往往会选择对外限制技术扩散和打压竞争对手、对内大力支持独立研究的国家逻辑。

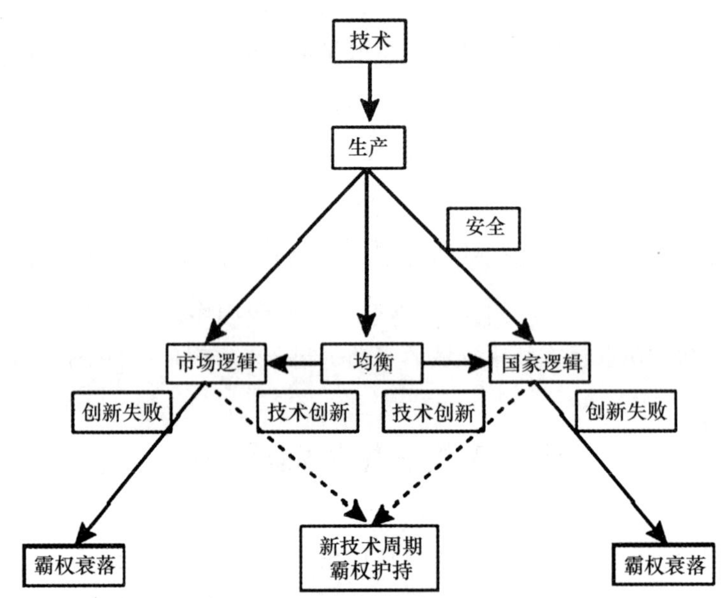

图3　两种逻辑对霸权护持的机制作用与情景分析

资料来源：笔者自制。

（一）国家逻辑凸显的霸权护持情景

当市场利益与国家利益相悖时，国家逻辑会校正并强化其主导地位，但是，凸显国家逻辑并不一定会带来霸权护持的效果，甚至可能会导致霸权的衰落。国家逻辑是相对于市场逻辑而言的，但不能等同于国家利益，也不等同于一定符合霸权国霸权护持的诉求。就霸权护持的效果而言，“天平”偏向国家逻辑时有两种情景：

情景 1：技术→国际生产+安全→国家逻辑→创新失利→霸权衰落

情景 2：技术→国际生产+安全→国家逻辑→技术创新成功→霸权护持

第一种情景描绘了“天平”偏向国家逻辑，但是霸权仍然衰落的情况，这有三种可能原因。其一，霸权国自我研发的兴趣和能力相对下降，国内环境不利于技术创新。有学者就认为：“美国不仅看上去不能维持旧产品的垄断地位，在创新新产品上也无能为力，用新产品替代旧产品的产品周期，似乎不再像过去那样灵验了，查尔斯·金德尔伯格（Charles Kindleberger）总结道，“美国人就像他的前辈英国人那样，对消费的兴趣远高于对生产的兴趣”。[①] 此外，抑制技术扩散和双向交流的强制“脱钩”不仅意味着无法实现合作创新，也使得霸权国无法通过必要的技术扩散来获得技术租金、攫取经济收益。没有足够的资金支持会导致技术研发能力下降，不利于霸权护持。其二，现代技术的特殊属性决定了没有交流合作创新就很难成功。[②] 国际货币基金组织的一份研究表明，1945—2014 年的技术创新主要集中在美国、德国、法国、日本和英国等发达国家，但之后中国和韩国等一些新兴国家开始加入创新第一梯队，发达国家也越来越多地从新兴国家的技术创新中获益。[③] 因此，今天的技术扩散的向度并非仅仅是由发达国家流向其他国家，而是双向互动的。其三，科学发现和技术创新具有偶发性，当霸权国过于关注单一崛起国时，可能会有第三方异军

---

① ［美］罗伯特·吉尔平：《跨国公司与美国霸权》，钟飞腾译，东方出版社 2011 年版，第 155 页。

② Ruth Knoblich, “The Role of Science and Technology in the Dynamics of Global Change and the Significance of International Knowledge Cooperation in the Post-Western World”, in Maximilian Mayer, Mariana Carpes and Ruth Knoblich, eds., *The Global Politics of Science and Technology*, Vol. 1, *Concepts from International Relations and Other Disciplines*, pp. 267-273.

③ 参见 Aqib Aslam, et al., “Globalization Helps Spread Knowledge and Technology Across Borders”, https://blogs.imf.org/2018/04/09/globalization-helps-spread-knowledge-and-technology-across-borders/; Maximilian Mayer, “Exploring China's Rise as Knowledge Power”, in Enrico Fels, Jan-Frederik Kremer and Katharina Kronenberg, eds., *Power in the 21st Century: International Security and International Political Economy in a Changing World*, Berlin Heidelberg: Springer, 2012, pp. 287-311。

突起，在技术研发中实现飞跃，然后挑战霸权国地位。虽然雄厚的经济实力积累是科技进步的重要支撑，但这不必然排除经济实力相对更弱的第三方也有取得巨大研发突破的可能性。

第二种情景描绘了霸权国家内部创新能力足够强或者基础科学和技术创新取得偶发性成功，国际技术竞争从旧技术的衰退期过渡到新周期时霸权护持成功的情况。当霸权国通过干预手段与其他国家拉开技术差距，再次拥有明显的非对称优势，且新技术从研发期向扩散期过渡时，霸权国对技术扩散的限制也会减少，国家和市场的逻辑将再次趋于一致。

当“天平”偏向国家逻辑、技术创新成功且能够转化为市场需求时，霸权护持可能会取得成功。需要注意的是，即使创新成功，技术也不一定能够“变现”为世界市场需求（因此我们在图 3 中用了虚线箭头），短期内可能无法为霸权国带来得自技术租金的经济收益，因而霸权国也无法获取护持霸权所需的财富。在现代国际社会中，国家实力的组成并非仅有军事力量，经济的重要性愈发增强。当霸权国用政治手段干预市场逻辑驱动的技术交流与扩散时，一方面崛起国的确无法得益于技术扩散，但另一方面“国际市场萎缩会降低国内民用技术的海外购买力”,[①] 该民用技术的盈利空间下降，创新动能也可能会随之下降。需求决定创新的朴素规律[②]应用到现代，就是世界大市场的需求驱动技术创新。这一规律随着经济全球化进入纵深阶段而愈发适用。此外，在经济全球化的现实之下，霸权国会有选择地允许对盟友或其他特定国家的技术扩散，但只要有扩散，就有可能存在主要崛起国之外的第三方异军突起、挑战霸权。

就影响力而言，技术扩散是霸权国家在网状结构中巩固霸权的重要工具，而基于国家逻辑切断技术扩散、让海外市场缩水则是在消解这一霸权影响力。正因如此，霸权国在切断技术扩散时是有选择性的，不会因打压崛起国而切断与所有国家的联系。这种网络结构中的联系性权力在第二次

① 黄琪轩：《大国权力转移与自主创新》，《经济社会体制比较》2009 年第 3 期。

② 黄琪轩：《霸权竞争与欧洲技术革新》，《科学学研究》2010 年第 11 期。

世界大战后的美国对欧、对日政策中都有所体现。[①] 再如《武器化的相互依赖：全球经济网络如何塑造国家胁迫》一文中提到，霸权国实现其权力需要依托“圆形监狱效应”与“瓶颈效应”，而这两种效应依存于靠技术扩散搭建起的网络状的全球结构，例如环球同业银行金融电信协会（SWIFT）系统和互联网。霸权国将自身打造为技术网络的中心节点和管辖者，就可以将相互依赖武器化。[②] 就此而言，针对别国高科技产业的“脱钩”战略可谓“伤人伤己”，而对其他国家而言，应全面研判“脱钩”和“挂钩”的影响，维护自身核心国家利益。

（二）市场逻辑凸显的霸权护持情景

当市场逻辑成为显性逻辑时，企业行为一方面依然可以服务于霸权国维持霸权的目标，另一方面也可能因追求超出主权限制的国际技术租金，客观上给东道国的经济增长带来溢出效应，进而与霸权国霸权护持的国家逻辑背道而驰。然而，霸权的兴衰与“天平”是否偏向市场逻辑、技术是否扩散到其他国家没有直接或必然的关系。

当“天平”偏向市场逻辑时，企业因为青睐更为广阔的国际市场而投入国际生产，在一定程度上为技术扩散创造了条件。但相对于技术扩散，霸权兴衰可能是随机事件。其一，某项技术扩散到海外市场之时已然是该项技术的衰败期，就企业和国家而言，得自旧技术的边际红利早已开始下降。其二，作为东道主的崛起国的经济腾飞进一步加速了（并不是决定了）这一收益边际下降的速度。其三，决定霸权兴衰的是新技术周期内霸权国能否在技术创新领域持续占据优势，但基础研究和技术创新具有偶发性，与遵循市场逻辑还是国家逻辑无关。

当市场逻辑作为显性逻辑起作用时，世界范围内的技术扩散得以实

① 黄琪轩：《对外经济战略、大国关联利益与战后秩序——两次世界大战后美国对外经济战略与德国问题》，《当代亚太》2016年第3期。

② Henry Farrell and Abraham L. Newman, “Weaponized Interdependence: How Global Economic Networks Shape State Coercion”, *International Security*, Vol. 44, No. 1, 2019, pp. 42-79.

现，可能导致的情景如下：

情景3：技术→国际生产→市场逻辑→创新失利→霸权衰落

情景4：技术→国际生产→市场逻辑→技术创新→霸权护持

这两种情景说明，在市场逻辑为显性逻辑的情况下，技术竞争仍然是现代大国竞争的核心方式。如果霸权国无法在尖端技术领域创新成功，霸权就会衰落。哪一国在技术进步方面取得突破，并运用市场逻辑扩大收益，就将获得更大的主动权。这与国家逻辑为显性逻辑的情景颇为一致。从本质上说，未来美国霸权的兴衰并不在于市场逻辑是否能超越国家逻辑，而在于哪一国能够在下一轮技术更新中夺得头筹。如上文所言，技术创新的结果具有偶发性。但考虑到现代市场经济的特点，在市场逻辑能够保持活力的情况下，全球范围内的技术交流和大市场驱动往往是技术创新非常重要的动力源。技术扩散与技术创新都是非常重要的市场产物，在发达国家与其他新兴国家之间是双向流动关系，而不是仅由发达国家流向发展中国家的单向度关系。[①] 不可否认，在高新技术领域，市场驱动下的国际研发合作对于技术进步和经济效益提高而言都具有积极作用。[②] 经济全球化不仅加速了技术扩散，也让阻滞技术扩散变得越来越困难。环环相扣的全球价值链、全球经贸网络和知识共同体等因素决定了技术创新越来越成为全球性事件，“脱钩”的代价越来越高。[③]

当然，即使在市场逻辑为显性逻辑的情景之下，技术竞争也愈发激烈。当崛起国经济不断增长、技术进步越发明显时，不仅使霸权国感受到了挑战，也威胁到了其市场主体所依赖的非对称技术优势。因此，为了在下一轮博弈中重新拔得头筹，霸权国的市场逻辑和国家逻辑有再次合流的

---

① Maximilian Mayer, “Exploring China's Rise as Knowledge Power”, in Enrico Fels, Jan-Frederik Kremer and Katharina Kronenberg, eds., *Power in the 21st Century: International Security and International Political Economy in a Changing World*, Berlin Heidelberg: Springer, 2012, pp. 287-311.

② Luke Georghiou, “Global Cooperation in Research”, *Research Policy*, Vol. 27, No. 6, 1998, pp. 611-626; Sunil Man, “Government, Innovation and Technology Policy: An International Comparative Analysis”, *International Journal of Technology and Globalisation*, Vol. 1, No. 1, 2004, pp. 29-44.

③ 不惜代价的战略“脱钩”现象是非理性的，不在本文的研究范围之内。

趋势。当然，技术创新成功、相对崛起国而言再次具备比较优势并不意味着霸权护持成功（因此我们在图 3 中用了虚线箭头）。例如，当下计算机产业中最炙手可热的信息化并不是独立的经济形态，虽然它以计算机和互联网为硬件基础、依托网络技术加以研发，但还是需要和服务业、工业、农业这些产业相配合，才能实现生产力变革。再如，由于科学革命的偶发性，如果崛起国之外的第三方在技术领域取得巨大飞跃，成为新的主要竞争对手，又将是另一番博弈场景。在这个意义上，霸权国针对他国高科技产业的“脱钩”战略伤害的是市场逻辑，关上了借助交流再次实现技术创新的机会窗口，同时也不能保证霸权护持。

六　结论

在一个技术周期的不同阶段，国家逻辑与市场逻辑的互动会不断变化，“天平”重心在两者之间摇摆，影响主导国的技术扩散政策。在某种意义上，国家逻辑与市场逻辑各自追求的权力与财富是相融的；两者之间之所以存在张力，是因为技术更新周期中的时间错配：旧技术在霸权国内处于衰退期，而新技术尚未研发成功。由于新技术研发滞后，加之在旧技术扩散的过程中比较优势降低，主导国更强烈地感受到来自崛起国的竞争威胁，当逼近“GDP 2/3”的节点时，国家逻辑与市场逻辑之间的均衡将被打破。

是由国家逻辑占主导还是市场逻辑占主导并不会直接决定霸权兴衰，技术扩散与否也同样如此，决定霸权兴衰的是技术创新能否成功，是当旧技术进入衰退期时，霸权国能否实现新一轮的技术创新。这具有偶然性，因为科学发现和技术创新在很大程度上是独立于国家意志的。霸权国因感受到权力优势下降，更倾向于根据国家逻辑抑制技术扩散，① 对崛起国采取严苛的技术管制。尽管这可能是不理性的，且无法扭转霸权衰落的趋

① ［日］斋藤优：《知识产权制度的国际政治经济学——霸权的基础从资本转向科学技术》，李学英译，《世界研究与发展》1991 年第 2 期。

势，但在安全思维的引导下，国家逻辑趋于显性的可能性将骤增，市场逻辑则会趋于隐性。

随着战争不再是大国博弈的唯一或主流方式，科技战和经济战将成为未来大国博弈的重要领域。① 越是感受到相对优势降低，霸权国就越是倾向于抑制技术扩散，中止技术创新领域的国际合作。② 由此，高科技领域的竞争会越来越激烈，市场逻辑将让位于国家逻辑，各国会越来越强调加强自主研发的能力，崛起国也将面临主导国一手推动的科技“脱钩”的严峻外部形势。对此，新兴国家和发展中国家一方面要增强自主创新能力，应对技术扩散减缓和被强制“脱钩”；另一方面，还要认清技术扩散与美国霸权的关系，避免引发高烈度技术冲突，争取为经济发展和技术进步创造良好条件。此外，人工智能等新技术将带来诸多新挑战，甚至可能重塑世界格局，因此只有诉诸国际交流与合作，各国才能共同应对挑战并共享发展与繁荣。正当的科技竞争是大国博弈中的必然现象，也是世界市场保持活力的重要体现，各国及其企业要规避的不是市场竞争，更不该关闭技术合作与交流的大门，而是规避科技摩擦上升为不必要的冲突。

（本文发表于《世界经济与政治》2020 年第 5 期）

---

① 黄琪轩：《大国权力转移与自主创新》，《经济社会体制比较》2009 年第 3 期。

② Jonathan B. Tucker, “Partners and Rivals: A Model of International Collaboration in Advanced Technology”, *International Organization*, Vol. 45, No. 1, 1991, pp. 83-120.

收入不确定、股票市场与中国居民货币需求

王永中*

内容摘要：本文根据中国居民在经济体制转轨过程中面临的收入不确定性程度上升和股票市场对货币需求的影响日益增强等因素，建立了一个引入股票价格、具有中国特色的储蓄偏好型居民货币需求函数，旨在解释中国持续存在的超额货币需求现象。理论分析显示，中国居民实际货币需求与收入、收入不确定性和存款利率正相关，与预期通货膨胀负相关，而与股票价格的关系不确定。经验研究发现，中国居民的长短期货币需求函数是显著稳定的。加入收入不确定性和股票价格变量后，居民超额货币需求现象得以消除。收入不确定程度上升以递减方式增加居民储蓄需求，而股价上涨以递增方式降低居民储蓄需求。

关键词：居民货币需求　收入不确定　股票价格

一　引言

在中国当前金融市场不发达，市场利率受政府严格监控，货币当局频繁运用数量控制工具调整货币供应量的条件下，研究货币需求函数的稳定性问题具有特殊重要的意义。因为在利率受政府控制而缺乏足够变动性，且企业信贷资金需求的利率敏感度低的情形下，货币当局难以通过利率等

* 王永中，中国社会科学院世界经济与政治研究所研究员。

价格手段来调控货币数量，只能依赖信贷规模控制、调整准备金率等数量调节工具来控制货币数量。货币当局的数量控制手段虽能显著影响货币供应量，但若货币需求函数不稳定，数量控制政策很有可能产生调整力度过大的问题，进而引发经济波动。

鉴于货币需求问题的重要性，学者们对中国货币需求函数作了大量的研究。这些研究主要从转轨经济体的视角，对中国经济改革过程中货币供应量的增长率持续高于经济增长率和通货膨胀率之和的现象进行解释。主要有两种相反的观点。一种观点将过高的 M_2/GDP 归咎为人为抑制性通货膨胀。该论点认为，中国的统计价格是受抑制的，低估了真实价格水平，若使用真实的价格水平，货币的收入流通速度将趋于稳定，货币流通速度下降之谜将会消失①。另一种观点将之归结为健康的货币化过程。根据易纲货币化假说②，经济产出分解为货币化部分和非货币化部分，非货币化产出是自产自销、自给自足、没有进入市场的产出，这部分产品不需要以货币为媒介进入市场。他认为货币化过程是以货币为媒介的经济活动比例不断增长，当经济发展时不仅总产值增加，而且货币化经济比例也会增加。因此，当经济存在货币化过程时将会产生额外的货币需求，从而改变货币需求中原有变量关系。余永定认为③，低通货膨胀率、高储蓄率、高不良债权率、企业留利水平低、资本市场不发达和企业资金利用水平低等因素是中国能够在货币供应量增长速度大大高于 GDP 增长速度的情况下依然能够保持物价稳定的原因。

20 世纪 90 年代以来，国有企业、住房、医疗和教育等体制变革逐步推进，导致居民收入差距日益扩大，收入支出不确定程度不断上升。因此，居民倾向于更多地持有预防性储蓄来应对不确定性。然而，除银行存款之外，其他替代性资产的规模仍比较小，致使居民增加的储蓄相当大一

① Feltenstein Andrew and Jiming Ha, "Measurement of Repressed Inflation in China", *Journal of Development Economics*, Vol. 36, No. 2, October 1991.

② 易纲：《中国的货币供求与通货膨胀》，《经济研究》1995 年第 5 期。

③ 余永定：《M_2/GDP 的动态增长路径》，《世界经济》2002 年第 12 期。

部分以储蓄存款的形式存在，从而居民储蓄存款需求迅速增加。秦朵发现①，改革以来中国居民收入不确定性程度（收入标准差）的上升、居民积累金融资产的途径单一等因素是造成中国居民储蓄存款、准货币、M_2/GDP 持续超高速增长的重要因素。

20 世纪 90 年代初兴起的股票市场，不仅增加了中国居民投资金融工具的可选择性，而且使得中国货币需求与利率、股票收益率等机会成本因素产生了密切的联系。易行健经验研究发现②，中国股票流通市值与货币需求总量负相关，而股价上涨和股票流通市值上升增强了货币流动性。汪红驹、张慧莲认为③，股市收益率下降和股市收益率方差增大（投资风险上升）将增加储蓄存款需求。Baharumshah 等指出④，股票价格对中国广义货币的长期需求产生显著替代效应，并且遗漏股价指数变量将导致中国长期和短期货币需求函数产生严重的误设问题。

本文考察收入不确定、股票市场与中国居民货币需求的关系问题。对于中国城乡居民而言，持有的货币主要可分为两个层次：一是现金 M_0；二是储蓄存款，包括活期存款和定期存款。居民持有现金主要源于交易需求，持有活期存款主要出于交易需求和预防性需求，而持有定期存款可归于价值储藏需求和预防性需求。基于中国当前社会保障体系不完善、居民支出不确定程度不断上升这一现实，本文直接将定期存款余额引入消费者的效用函数中，从而定期存款和消费在居民个人的生命周期内始终存在。

二　理论模型

假定一个代表性居民的即时效用函数 $u(t)$ 可表示为：

① 秦朵：《居民储蓄——准货币之主源》，《经济学》（季刊）2002 年第 1 期。

② 易行健：《关于中国股票市场对货币需求总量与结构影响的分析》，《经济科学》2004 年第 6 期。

③ 汪红驹、张慧莲：《资产选择、风险偏好与储蓄存款需求》，《经济研究》2006 年第 6 期。

④ Baharumshah Ahmad Zubaidi, Mohd Siti Hamizah and Yol Marial Awou, "Stock Prices and Demand for Money in China: New Evidence", *Journal of International Financial Markets, Institutions and Money*, Vol. 19, No. 1, February 2009.

$$u(t)=u(c(t),\ m_s(t)) \tag{1}$$

其中 $c(t)$ 为实际消费量，$m_s(t)$ 为实际定期存款余额，代表无风险价值贮存。

在时刻 t 存款余额 m_s 越大，居民的满足感、安全感越高，效用函数值越大。这种情况同传统效用函数中作为交换媒介的现金（活期存款）的地位相似。现金本身不能被消费，只能用于购买消费品。但现金为购买消费品提供了方便，因而具有独立的效用。在收入给定条件下 $c(t)$ 和 $m_s(t)$ 之间存在替代关系，因此效用函数存在最大化问题。

实际上这种对储蓄存款的超额需求或“偏好”现象，在当前中国具有广泛的代表性。在中国经济体制转轨过程中，国有企业的战略重组和所有制改造、教育医疗支出的增加、社会保障体系的不完善，使得居民面临的收入支出不确定风险增大，居民的预防动机需求增加。在金融市场不发达条件下，居民可以选择用于规避收入不确定风险的金融工具非常有限，只能通过持有储蓄存款的方式来规避不确定性风险。而且长期以来形成的崇尚节俭的文化传统，也使得中国居民的储蓄存款需求显著高于其他国家。因此，效用函数（1）近似刻画了当前中国居民在收入不确定风险上升条件下对储蓄存款的超额需求或偏好状况。

居民最大化行为的数学表述是：在一定预算约束条件下，通过在消费 $c(t)$ 与定期存款余额 $m_s(t)$ 之间的选择以使自己在某一时段（0，n）上的效用达到最大①。

$$U=\int_0^n u(t)\,dt \tag{2}$$

在消费函数的离散时间模型里，一种较为普遍的做法是，假定一个典型居民从当期开始时，以当前的价格、工资率和收入等信息以及对未来相应变量的主观点预期为基础，制定未来余生的消费计划。一般的离散时间效用函数只考虑两个时期：“现在”和“将来”。居民在此后所有时期中的

① Robert Barro and Herschel Grossman, *Money*, *Employment and Inflation*, Cambridge: Cambridge University Press, 1976.

效用，往往用“将来”这个时期结束时居民所拥有的货币余额来代表①。为与消费函数的推导保持一致性，我们假定效用函数具有可分性和可加性，居民计划时域分为“现在”（时期 1）、“未来”（时期 2）以及“未来”结束后一个短暂的消费高峰期。假定第 2 期（“未来”）结束之后，居民有一个必须实现的资产（储蓄存款加其他金融资产）目标，并且这个终极储蓄目标对于典型居民来说是给定的，并不进入效用函数而仅进入效用函数的预算约束条件。代表性居民的效用函数表示为：

$$u=\alpha_1\ln c_1+\beta_1\ln m_{s1}+\varphi(\alpha_2\ln c_2+\beta_2\ln m_{s2}) \tag{3}$$

α_i、β_i（$i=1, 2$）分别表示居民从消费和定期存款中获得的效用弹性，代表相应变量在总效用中的权数。$\varphi\equiv1/(1+\delta)$（$\delta$ 为时间偏好率或主观贴现率）②，是对数线性效用函数中的折现因子。下标 1 和 2 分别代表当前与未来两个不同时期。虽然居民在第 2 期末将走到生命的尽头，但其依然会持有储蓄存款，而不会计划在生命结束之前把储蓄存款余额减为零。

显然，居民面临的收入不确定风险 σ 与居民从持有储蓄存款中获得的效用弹性 β_i 呈正相关关系。在收入支出不确定程度 σ 上升情况下，居民为回避不确定性风险，必然选择减少消费，增加储蓄，以平滑其生命周期内的消费。在金融市场不发达条件下，居民增加的储蓄主要以银行定期存款的形式存在。因此，在效用最优化条件下，收入不确定风险的上升将使得居民对定期存款的效用评价 β_i 提高，进而增加定期存款的持有规模，即 $\beta_i'(\sigma)>0$。为方便起见，假定 σ 影响 β_1、β_2 产生相同影响，从而 β_1/β_2 为常数。

---

① Neary Peter and Joseph Stigliz, "Toward a Reconstruction of Keynesian Economics", *Quarterly Journal of Economics*, Vol. 98, Supplement, 1983; King Mervyn, "Economics of Saving: A Survey of Recent Contributions", in Arrow Kenneth and Seppo Honkapohja, eds., *Frontiers of Economics*, Oxford: Basil Blackwell, 1985.

② 时间偏好率越大意味着居民对现在的效用越重视，而未来的效用价值越少。因而未来效用在居民消费函数中的权数也就越小。未来效用折现因子 $\varphi\equiv1/(1+\delta)$ 的推导可参阅其他文献和教科书。

假定一国经济为封闭经济①，居民在出生时没有获得任何遗赠，初始财富为0。居民在生命第1期参加工作，获得名义工资收入 W_1；在生命第2期退休，获得名义退休收入为 W_2。我们将处于生命第1、2阶段的居民分别称之为“年轻人”“老年人”。在第1期，居民将名义工资收入 W_1 用于购买消费品、投资股票、存入银行定期存款账户、持有活期存款和现金等用途。在第2期，居民根据退休收入 W_2 和金融资产的规模（股票和存款）决定消费品的购买量、定期存款投资以及活期存款（现金）的持有量。

居民货币需求的约束条件为：

$$\begin{cases} c_1P_{c1}+M_{11}+M_{s1}+E_1P_{e1}=W_1 \\ P_{c2}c_2+M_{s2}+M_{12}=W_2+(1+i)M_{s1}+E_1P_{e2} \end{cases} \tag{4}$$

c_i 为1、2期实际消费，P_{ci} 为1、2期消费品价格（实际上可视为物价指数），M_{1i} 为1、2期现金和活期存款的名义增量，M_{si} 为名义定期储蓄存款，i 为定期存款利率，E_1 为第1期买入的股票（在第2期不再购买新股票），E_1P_{ei} 为股市市值，股票价格在1、2期各不相同。可将这两个预算约束条件变为一个包含两个时期的预算约束条件：

$$\frac{W_1-(c_1P_{c1}+M_{11}+M\,s1)}{P_{e1}}=\frac{P_{c2}c_2+M_{s2}+M_{12}-(W_2+(1+i)M_{s1})}{P_{e2}} \tag{5}$$

令 $w_i=W_i/P_{ci}$、$m_{1i}=M_{1i}/P_{ci}$、$m_{si}=M_{si}/P_{ci}$，则 w_i、m_{1i}、m_{si} 分别为居民实际工资（退休金）收入、实际活期存款和现金、实际定期存款。同时，令 $\pi=P_{c2}/P_{c1}-1$、$\rho=P_{e2}/P_{e1}-1$，则 π、ρ 分别为通货膨胀率、股票价格上涨速度。可将式（5）变换为

$$[w_1-(c_1+m_{11}+m_{s1})](1+\pi)(1+\rho)=c_2+m_{s2}+m_{12}-w_2-(1+i)m_{s1}/(1+\pi) \tag{6}$$

① 随着中国经济开放度的提高，货币替代和资本流动对中国货币需求的影响将逐步增强。当前，在人民币升值预期下，出现大量国外资本进入中国的现象便是一个明显例证。但是，中国目前尚未放开资本管制，短期资本虽可通过非正规甚至非法途径进出中国，但资本流动速度与规模毕竟有限，而且外币储蓄规模占人民币储蓄的比例尚处于较低的水平。因此，从总体上来说，货币替代和资本流动对中国货币需求的影响较小。所以，本文不考虑货币替代和资本流动对居民货币需求的影响。

经整理可得

$$c_1+\frac{c_2}{(1+\pi)(1+\rho)}+m_{11}+\frac{m_{12}}{(1+\pi)(1+\rho)}+m_{s1}+\frac{m_{s2}}{(1+\pi)(1+\rho)}=$$

$$w_1+\frac{w_2}{(1+\pi)(1+\rho)}+\frac{1+i}{(1+\pi)^2(1+\rho)}m_{s1}$$

下面我们可进一步考察，居民对现金和活期存款的需求。从功能的角度看，m_{11}取决于对消费品和资产（股票）的交易需求，m_{12}取决于对消费品的交易需求（居民在第 2 期不再买入股票）。设 $m_{11}=\mu c_1+\nu E_1P_{e1}/P_{c1}$、$m_{12}=\mu c_2$，则 μ、ν 分别为消费品、股票的货币交易需求系数。从而约束条件可改写为

$$(1+\mu)c_1+\frac{(1+\mu)c_2}{(1+\pi)(1+\rho)}+\frac{\nu E_1P_{e1}}{P_{c1}}+m_{s1}+\frac{m_{s2}}{(1+\pi)(1+\rho)}$$

$$=w_1+\frac{w_2}{(1+\pi)(1+\rho)}+\frac{1+i}{(1+\pi)^2(1+\rho)}m_{s1}$$

利用拉格朗日定理求解，可得

$$m_{s1}=\frac{\beta_1\left[w_1+\frac{w_2}{(1+\pi)(1+\rho)}-\frac{\nu E_1P_{e1}}{P_{c1}}\right]}{(\alpha_1+\varphi\alpha_2+\beta_1+\varphi\beta_2)\left[1-\frac{1+i}{(1+\pi)^2(1+\rho)}\right]} \tag{7}$$

式（7）显示，居民对第 1 期实际定期存款需求（年轻居民的定期存款需求）m_{s1}，与实际收入水平 w_i、收入不确定 σ（$\beta_1'(\sigma)>0$）、名义存款利率 i 正相关，与通货膨胀率 π、股票价格上涨率 ρ 负相关。显然，对于 m_{s1}而言，ρ 为机会成本变量，股价上涨将导致股票吸引力上升，从而居民对定期存款的需求下降。

同时，由拉格朗日定理也可得出

$$m_{s2}=\frac{\varphi\beta_2(1+\pi)(1+\rho)\left[w_1+\frac{w_2}{(1+\pi)(1+\rho)}-\frac{\nu E_1P_{e1}}{P_{c1}}\right]}{\alpha_1+\varphi\alpha_2+\beta_1+\varphi\beta_2} \tag{8}$$

式（8）表明，居民对第 2 期实际定期存款需求（年老居民的定期存

款需求）m_{s2}，与收入不确定 σ（$\beta_2'(\sigma)>0$）、股价上涨率 ρ、通货膨胀率 π 均呈正相关关系。股票价格上涨通过财富效应导致定期存款需求增加，即股价上涨使得居民金融财富上升，从而，居民货币需求增加。

通货膨胀率上升导致老年人定期存款需求上升一种可能的解释是，通货膨胀侵蚀了老年人的股票、银行存款等金融资产的实际价值，老年人出于预防和安全的考虑被迫更多地持有定期存款。具体来说，预期通货膨胀率的上升通过以下途径影响老年人定期存款需求：一是替代效应，持有定期存款的成本上升，导致定期存款需求下降；二是财富效应，老年人持有的金融资产缩水将降低定期存款需求；三是预防动机效应，在收入不确定程度上升情况下，老年人出于预防动机和安全的考虑需要更多持有定期存款。第三个效应大于第一、第二个效应之和，即预期通货膨胀率的上升将导致老年人定期存款需求的上升。因此老年人定期存款需求类似于“吉芬商品”，持有定期存款成本或价格越高定期存款需求越大。

由于居民处于生命周期的不同阶段，因而存在加总问题。假定经济中人口规模为1单位，且年轻人和老年人的数量相等，从而年轻人和老年人的规模均为0.5单位。因此，居民加总（或平均）的实际货币（现金、活期存款和定期存款）需求函数可表示为：

$$
\begin{aligned}
m^d &= 0.5\,(m_{11}+m_{s1}) + 0.5\,(m_{12}+m_{s2}) \\
&= 0.5\mu\,(c_1+c_2) + 0.5\nu E_1 P_{e1}/P_{c1} + 0.5\,(m_{s1}+m_{s2}) \\
&= \left[\frac{\mu\alpha_1}{1+\mu}+\left(\frac{\mu\varphi\alpha_2}{1+\mu}+\varphi\beta_2\right)(1+\pi+\rho)+\frac{\beta_1(1+2\pi+\rho)}{2\pi+\rho-i}\right] \\
&\quad \frac{w_1+\dfrac{w_2}{1+\pi+\rho}-\dfrac{\nu E_1 P_{e1}}{P_{c1}}}{2(\alpha_1+\varphi\alpha_2+\beta_1+\varphi\beta_2)}+\frac{\nu E_1 P_{e1}}{2P_{c1}}
\end{aligned}
\tag{9}
$$

对 m^d 分别求收入水平 w_i、收入不确定 σ、存款利率 i、通货膨胀率 π、股票价格上涨率 ρ 的偏导数为：①

① 考虑到 m^d 表达式比较复杂，我们根据运算规则做出了一些合理的简化处理，如 $(1+\pi)(1+\rho)=1+\pi+\rho$、$(1+\pi)^2(1+\rho)=1+2\pi+\rho$。

$\frac{\partial m^d}{\partial w_i}>0$（$i=1$，2）、$\frac{\partial m^d}{\partial\sigma}=\frac{\partial m^d}{\partial\beta_i}\frac{\partial\beta_i}{\partial\sigma}>0$（$i=1$，2）和$\frac{\partial m^d}{\partial i}>0$

令 $\Delta=\frac{\mu\alpha_1}{1+\mu}+\left(\frac{\mu\varphi\alpha_2}{1+\mu}+\varphi\beta_2\right)(1+\pi+\rho)+\frac{\beta_1(1+2\pi+\rho)}{2\pi+\rho-i}$，则 $\partial m^d/\partial\pi$ 可表示为：

$$\frac{\partial m^d}{\partial\pi}=\frac{1}{2\lambda}\left[\left(\frac{\mu\varphi\alpha_2}{1+\mu}+\varphi\beta_2\right)-\frac{2\beta_1(1+i)}{(2\pi+\rho-i)^2}\right]-\frac{w_2\Delta}{2(1+\pi+\rho)^2(\alpha_1+\varphi\alpha_2+\beta_1+\varphi\beta_2)}$$

$\partial m^d/\partial\pi$ 共包含三项，第一项为正，第二、三项为负，因而，其正负符号是不确定的，需作具体分析。在居民的储蓄意愿较低（φ 较小）、定期存款给老年人带来的边际效用较低（β_2 较小）的情况下，通货膨胀率的上升，将使得居民增加现时的消费，减少货币（活期存款和定期存款）持有量，即 $\partial m^d/\partial\pi<0$。如果居民的节俭意愿非常强（$\varphi$ 大）、定期存款给老年人带来效用非常大（β_2 小），通货膨胀的上升，将导致居民持有的货币、股票等金融资产贬值，居民为维持既定的安全保障水平，不得不减少消费，增加持有货币，而且，通货膨胀率水平越高，通货膨胀率的进一步上升导致居民增持定期存款货币的可能性更大，即 $\partial m^d/\partial\pi>0$。

由式（7）和（8）知老年人、年轻人应对通货膨胀上升的方式是相反的，年轻人倾向于减少储蓄，老年人选择增加定期存款。因此若经济中年轻人比重较大通货膨胀率上升将降低储蓄需求。所以在通常情况下 $\partial m^d/\partial\pi<0$ 可能性应该比较大。当然这需要经验数据的检验。$\partial m^d/\partial\rho$ 表达式为：

$$\frac{\partial m^d}{\partial\rho}=\frac{1}{2\lambda}\left[\left(\frac{\mu\varphi\alpha_2}{1+\mu}+\varphi\beta_2\right)-\frac{\beta_1(1+i)}{(2\pi+\rho-i)^2}\right]-\frac{w_2\Delta}{2(1+\pi+\rho)^2(\alpha_1+\varphi\alpha_2+\beta_1+\varphi\beta_2)}$$

$\partial m^d/\partial\rho$ 与 $\partial m^d/\partial\pi$ 的表达式几乎相同，只是在第二项系数值上存在差别，前者为后者的一半。因此 $\partial m^d/\partial\rho>0$ 的概率大于 $\partial m^d/\partial\pi>0$。根据式（7）和（8）股票价格上涨对年轻人存款货币需求是以替代效应为主，对老年人则以财富效应为主。因而股价上涨对货币需求的影响方向取决于两者力量的对比。

从上式可看出：在居民储蓄意愿较高（φ 大）和定期存款效用较高

（β_2 大）条件下，股价上涨对老年人产生的财富效应可能大于对年轻人的替代效应货币需求增加，即 $\partial m^d/\partial\rho>0$；在股票价格上涨率 ρ 较高（两个负项值较小）情况下，股价上涨率的进一步上升，居民将意识到股票风险过高，理性居民会选择卖出股票增加持有货币；若居民在年轻时购买的股票资产 $\nu E_1P_{e1}/P_{c1}$ 越多（λ 值越小），居民从股价上涨中获得的投资收益越多，从而金融资产规模越大，于是，在财富效应作用下，居民持有的存款货币量上升。在居民储蓄意愿不高、存钱防老观念不强以及预期通货膨胀和股价上涨率水平较低的条件下，股票价格上涨将主要对货币需求产生替代效应。于是，中国居民实际货币需求函数的一般形式可表示为：

$$m^D=f(w,\ \sigma,\ \pi,\ i,\ \rho) \tag{10}$$

实际收入水平 w 为规模变量，收入不确定 σ 为制定变量（收入分配制度）、通货膨胀率 π、名义存款利率 i 为机会成本变量，而股票价格上涨率 ρ 是否为规模变量或机会成本变量尚不确定。按 Friedman 观点①，股价上涨将导致居民金融财富增加，进而货币需求上升，但也有可能使得股票吸引力增加以致居民减少货币持有量。显然前者表明 ρ 为规模变量后者显示其为机会成本变量。

通过偏微分确定函数中各变量对货币需求的影响。根据式（9）的结论：

$\dfrac{\partial m^D}{\partial w}>0$；$\dfrac{\partial m^D}{\partial \sigma}>0$；$\dfrac{\partial m^D}{\partial i}>0$；$\dfrac{\partial m^D}{\partial \pi}<0$ 在通常情况下成立；$\dfrac{\partial m^D}{\partial \rho}$的正负号不确定，取决于替代效应和财富效应的力量对比。

三　计量模型、方法和数据

（一）计量模型

在传统教科书中，货币需求函数通常被简洁地设定为实际货币余额需

① Friedman Milton, "Money and the Stock market", *The Journal of Political Economy*, Vol. 96, No. 2, April 1988.

求 m 与交易或规模变量 y 和机会成本变量 r 之间的关系，即 $m=f\ (y,\ r)$。这一简单模型通常成为货币需求函数经验分析的理论起点。本文理论分析表明，中国居民实际货币需求量与实际消费水平、收入不确定性、银行存款利率正相关，与通货膨胀率负相关，与股票价格的关系不确定。居民实际货币需求函数的经验方程可设定为：

$$m=f\ (y,\ \sigma,\ r) \tag{11}$$

y 为交易或规模变量（实际 GDP）。σ 为收入不确定性，用省际城镇居民人均可支配收入标准差表示。$m=\ (m_0,\ m_p,\ m_h)'$为居民持有货币实际余额向量，包括三个层次货币存量：一是实际现金余额 m_0；二是城乡居民实际储蓄存款，m_p 包括居民的活期存款和定期存款；三是居民持有的实际货币余额 m_h，是前两个层次货币余额之和，即 $m_h=m_0+m_p$。

持有货币的机会成本包括货币自身的收益率和替代资产的收益率。向量 $r=\ (r,\ p_s,\ p^e)'$为居民持有货币的机会成本，包括三个变量：一是一年期实际定期存款利率 r，对于货币 m_0 而言，是替代资产收益，而对于 m_p、m_h 来说，则是其本身收益；二是平均实际上证股票价格指数 p_s，对 p_s 求对数并进行 1 阶差分变换，便可得出股票资产收益率 $\Delta \ln p_s$，显然，$\Delta \ln p_s$ 为货币的替代资产收益；三是预期消费者价格指数 p^e，对预期价格 p^e 进行对数 1 阶差分变换，便可得出预期通货膨胀率 $\pi_t^e=\Delta \ln p_t^e$，π_t^e 可视为持有货币的负回报率或不动产的回报率。在金融市场未得到充分发展的情况下，预期通货膨胀率通常是衡量持有货币的机会成本的最重要变量。

对于中国居民的货币需求函数而言，通常需要考虑经济转轨时期一些特有的制度性因素，如货币化过程、收入不确定等。20 世纪 90 年代以来，随着收入分配体制改革的深入，中国居民收入分配结构发生了显著变化，居民收入差距逐年扩大，收入不确定程度不断上升。从这个意义上说，收入差距的扩大就意味着收入不确定性的增强。本文样本期是从 1993 年 1 季度至 2007 年 4 季度，在这段时间中国货币化过程明显减缓，但居民收入支出不确定风险显著上升。因此，在居民货币需求函数中不包括货币化过程变量，但必须引入收入不确定性变量。本文遵循秦朵的思路①，用全国各省城镇居民实际可支配收入标准差衡量收入不确定性②，收入标准差 σ 越大，收入不确定性越高。

对式（11）两边求自然对数，得货币需求方程为：

$$\ln m_{it} = b_0 + b_1 \ln y_t + b_2 \ln \sigma_t + b_3 \ln p_{st} + b_4 \ln p_t^e + b_5 \ln r_t + \varepsilon_t,\ i = 0,\ p,\ h \tag{12}$$

我们可预期 $b_1>0$，$b_2>0$，$b_4<0$，b_3 的符号不确定，取决于收入效应和替代效益的力量对比。b_5 的符号将随货币存量层次的变化而变化，例如，对于 m_0 而言，$b_5<0$，而对于 m_p，则 $b_5>0$。

（二）计量方法

我们考虑一个非限制性 VAR（p）模型：

$$y_t = A_1 y_{t-1} + \cdots + A_p y_{t-p} + \varepsilon_t,\ t=1,\ 2,\ \cdots T \tag{13}$$

y_t 是 k 维非平稳的 I（1）内生变量向量，包括货币存量、产出、价格指数、股价指数和存款利率等变量，p 为滞后阶数，T 为样本个数。$k \times k$ 维矩阵 A_1，$\cdots A_p$ 是待估计系数矩阵，ε_t 为 k 维扰动向量，它们之间可同期相关但不与自身滞后值和等式右边变量相关，其协方差矩阵为 $\sum$，是一个 $k \times k$ 维正定矩阵。

对一般动态模型（13）进行1阶差分变换，可表示为向量误差修正模型形式，从而可将模型中变量的长期关系与短期动态区分开来。具体为：

$$\Delta y_t = \prod y_{t-1} + \sum_{i=1}^{p-1} \Gamma_i \Delta y_{t-i} + \varepsilon_t \tag{14}$$

其中，$\prod = \sum_{i=1}^{p} A_i - I$，$\Gamma_i = -\sum_{j=i+1}^{p} A_j$。若 $0<r_k<k$，表明 $\prod y_{t-1}$ 存在 r_k 个协整组合。从而矩阵 $\prod$ 分解成两个 $k \times r_k$ 维矩阵 α 和 β，即 $\prod = \alpha\beta'$。

① 秦朵：《居民储蓄——准货币之主源》，《经济学》（季刊）2002年第1期。

② 中国居民储蓄主要由城镇居民持有，因此，将城镇居民收入差距作为衡量中国居民收入差距指标是合适的。若要加上农村居民收入，则需要获取各省各季度的城镇、农村居民人数比例，这显然是难以获取的。

代入式（14）得：

$$\Delta y_t = \alpha\beta' y_{t-1} + \sum_{i=1}^{p-1}\Gamma_i \Delta y_{t-i} + \varepsilon_t \tag{15}$$

β'为协整向量系数矩阵，$\beta' y_{t-1}$可解释为变量对其长期均衡水平的偏离；α为调整系数矩阵，表示误差修正项对差分的因变量的调整速度。式（15）本质上是一个非限制性、简化的VAR模型，长期结构信息体现在协整矩阵β'中，短期信息包含于调整系数矩阵α和系数矩阵Γ_i中，扰动向量的协方差矩阵ε_t由$\sum$给定。其局限在于，没有给出变量之间当期相关关系的确切形式，即在方程右端不含有内生变量，这些当期相关信息隐藏在误差项的结构之中无法解释。

近来，以Hendry，Mizon、Johansen和Juselius以及Boswijk的研究为基础，VAR计量技术发展的一个新方向是结构VAR模型和结构VECM模型的应用①。结构VAR、结构VECM模型通过在方程右端添加当期内生变量的方式，反映了变量之间的同期关系，并对结构性参数施加短期或长期零约束条件，从而将非限制性、简化式VAR模型转化为结构性VAR模型。对（15）式两端同乘以短期结构参数矩阵A_0，便可转化为结构VECM模型：

$$A_0\Delta y_t = \alpha^* \beta' y_{t-1} + \sum_{i=1}^{p-1}\Gamma_i^* \Delta y_{t-i} + u_t \tag{16}$$

式中$\alpha^* = A_0\alpha$，$\Gamma_i^* = A_0\Gamma_i$，$u_t = A_0\varepsilon_t$，$\Omega = A_0 \sum A_0'$。我们可利用联立方程模型的估计方法，对（16）的参数矩阵进行估计。进行联立方程估计的前提是模型可识别，模型识别的关键是识别出长期结构参数矩阵β'和短期结构参数矩阵A_0。由于长期结构参数矩阵β'不受模型由简化式向结构式转

① Hendry David and Grayham Mizon, "Evaluating Dynamic Models by Encompassing the VAR", in Phillips Peter, ed., *Methods of and Applications of Econometrics*, Oxford: Basil Blackwell, 1993; Johansen Søren and Katarina Juselius, "Maximum Likelihood Estimation and Inference on Cointegration with Applications to the Demand for Money", *Oxford Bulletin of Economics and Statistics*, Vol. 52, No. 2, May 1990; Boswijk Peter, "Efficient Inference on Cointegration Parameters in Structural Error Correction Models", *Journal of Econometrics*, Vol. 69, No. 1, September 1995.

换的影响，因此短期结构参数矩阵 A_0 的识别是模型识别的关键。在实践中对 A_0 的识别主要依据下述准则进行。一是根据经济原理对 A_0 中一些元素施加零约束限制。例如一些变量的变动很可能不能导致另一变量发生同期变动。二是通过限制协方差矩阵为对角矩阵来对 A_0 施加限制。在 VAR 分析中通行的做法是对模型的结构误差项作出限制，使之同期不相关且不自相关，从而结构误差项协方差矩阵 $\Omega = A_0 \sum A'_0$ 为对角矩阵，进而对 A_0 施加限制。例如 A_0 常被限制为对角元素为 1 的下三角矩阵。

（三）数据

本文运用的中国宏观经济数据是季度数据，时间跨度为 1993 年 1 季度至 2007 年 4 季度（消费者价格指数 CPI 跨度为 1992 年 4 季度至 2007 年 4 季度）。所有季度时间序列数据均经过 X12 季节调整。数据来源于亚洲经济数据库和《中国人民银行统计季报》相关各期。

季度消费者价格指数（CPI）p 是以 1993 年 1 季度为基期的定基比价格指数。国内公布的月度 CPI 数据基本为同比价格，因而需要将同比价格换算为环比价格。以样本期内所有月份的 CPI 同比价格为基础，结合某年（如 2001 年）的月度 CPI 环比指数，推算出所有月份的 CPI 环比指数，进行数学平均得出季度 CPI 环比指数，并以 1993 年 1 季度为基期，计算出样本期内所有季度 CPI 定基比指数。消费者的价格预期采取滞后 1 期的适应性预期形式，即 $p_t^e = p_{t-1}$。

实际股票价格指数 p_s 选取上证综合指数实际值。获取上海综合指数的方法是，先求每季度 3 个月的上海综合指数的平均值，再经季度 CPI 指数调整，便得出各季度的实际股票价格指数。

收入不确定指标 σ 选取除重庆、西藏外 29 个省市及自治区（下文简称省）城镇居民人均可支配收入的标准差。重庆因成立直辖市时间较晚而导致样本期短，西藏一些年份数据缺失，因此我们剔除了重庆和西藏这两个观测点。从现有的统计来源渠道看，没有各省城镇居民人均可支配收入的季度数据，但有各省的年度数据和 2001 年以来的月度数据。本文根据上述月度数据得出2001年以来的季度数据，以及各季度收入占全年收入的平均比重值，进而以各省的季度收入占全年收入的平均比重为权重，将2001年以前各省的年度可支配收入数据拆分为季度数据。然后求出每个季度29个截面的可支配收入标准差，经CPI指数调整后，便得出城镇居民实际收入标准差。

季度国内生产总值 y 存在数据不可比问题。国家统计局根据2004年中国经济普查数据，对1993—2004年度GDP数据作了修正，但对2004年及之前季度GDP数据未作调整。本文对2004年及之前的季度GDP历史数据进行调整。调整思路是，在保持原有各季度GDP占全年GDP比重不变前提下，将调整后的GDP年新增量分摊到各个季度上去。对调整后名义季度GDP数据除去CPI价格因素后，便得到实际季度GDP数据。

我们利用消费者定基比价格指数，对各层次名义货币存量调整后，便得到各层次实际货币存量。同时本文对一年期名义存款利率作了微调。在名义存款利率发生调整的季度以新、旧利率实际发生作用的时间长度为权重，对利率进行加权平均。对名义存款利率进行价格调整后，便得到实际存款利率。

四　经验分析结果

（一）单位根检验

为防止“伪回归”现象的产生，在进行协整分析前，必须检验时间序列变量的平稳性。常用的检验方法有DF检验或ADF检验。ADF检验进行如下回归：

$$\Delta y_t = a_0 + \alpha_1 t + \rho y_{t-1} + \sum_{i=1}^{k} \gamma_i \Delta y_{t-i} + u_t \tag{17}$$

表1显示，各层次实际货币存量的对数（LM_h、LM_0、LM_p）、规模变量的对数（LY）、城镇居民收入标准差的对数（$L\sigma$）、机会成本变量的对数（LP^e、LP_s、LR）等序列的单整阶数相等，均为1阶单整时间序列变量。

表 1　　**单位根检验结果**

原序列	检验形式 (c, t, n)	ADF 检验 (-t 检验)	结论	差分序列	检验形式 (c, t, n)	ADF 检验 (-t 检验)	结论
LM_h	(c, t, 1)	-0.78	I (1)	D (LM_h)	(c, 0, 0)	-3.60***	I (0)
LM_0	(c, t, 0)	-2.26	I (1)	D (LM_0)	(c, 0, 0)	-9.17***	I (0)
LM_p	(c, t, 1)	-0.99	I (1)	D (LM_p)	(c, 0, 0)	-3.60***	I (0)
LY	(c, t, 3)	-1.87	I (1)	D (LY)	(c, 0, 1)	-11.8***	I (0)
$L\sigma$	(c, t, 0)	-3.24*	I (1)	D ($L\sigma$)	(c, 0, 1)	-6.93***	I (0)
LP^e	(c, t, 2)	-2.99	I (1)	D (LP^e)	(0, 0, 1)	-2.38**	I (0)
LP_s	(c, t, 3)	-2.73	I (1)	D (LP_s)	(0, 0, 2)	-2.39**	I (0)
LR	(c, t, 0)	1.37	I (1)	D (LR)	(c, 0, 1)	-3.35**	I (0)

注：1. LM_h 为城乡居民实际储蓄规模与实际现金规模之和的对数；LM_0 为实际现金余额的对数；LM_p 为城乡居民实际储蓄规模的对数；LY 为实际 GDP 的对数；$L\sigma$ 为省际城镇居民实际可支配收入的标准差的对数；LP^e 为预期 CPI 指数（CPI 滞后 1 期）的对数；LP_s 为实际上证指数的对数；LR 为一年期实际定期存款利率的对数。2. 检验形式（c, t, n）中 c、t 和 n 分别表示 ADF 检验模型中的常数项、时间趋势和滞后阶数；*、**、*** 分别表示在 10%、5%和 1%的显著水平下拒绝有单位根的原假设，即时间序列是平稳过程。

（二）协整检验

由于货币存量 m、规模变量 y、收入不确定变量 σ 和机会成本变量 r 均为 1 阶单整。因此，可利用 Johansen 和 Juselius 协整检验方法①，来判断各变量之间是否存在长期均衡关系。在分析检验结果之前，以下两点是值得强调的：一是我们利用 AIC 和 SC 准则，来判定滞后阶数并对简化式 VAR 方程的残差进行诊断检验，以判定 VAR 系统设置的适当性；二是 Johansen检验在样本数较小或变量较多条件下倾向于高估协整关系的个数，我们根据经济理论来确定变量协整关系的表达式。下面我们分别讨论 m_h、m_0、m_p 与其决定因素之间的长期协整关系。

1. 居民长期货币（m_h）需求函数

在滞后阶数为 4 的条件下，迹统计量值检验和最大特征值检验显示，

① Johansen Søren and Katarina Juselius, "Maximum Likelihood Estimation and Inference on Cointegration with Applications to the Demand for Money", *Oxford Bulletin of Economics and Statistics*, Vol. 52, No. 2, May 1990.

居民货币持有量 m_h 与规模变量 y、收入不确定变量 σ、机会成本变量 r 存在 4 个长期协整关系（表 2）。根据经济理论可得，居民实际货币需求量与规模变量、收入不确定变量、机会成本变量之间的长期协整关系为：

$$\ln m_{ht}=0.743\ln y_t+0.708\ln\sigma_t-0.114\ln p_{st}-1.317\ln p_t^e+0.219\ln r_t \quad (18)$$

$$(-3.57)\quad(-2.51)\quad(2.88)\quad(7.77)\quad(-3.85)$$

括号中的数值为 t 检验值（下同）。

表 2　　Johansen 迹检验和最大特征值（λmax）检验

原假设 H_0	m_h			m_0			m_p		
	特征值	迹统计量	λmax 统计量	特征值	迹统计量	λmax 统计量	特征值	迹统计量	λmax 统计量
$r=0$	0.85	223**	103**	0.91	308**	132**	0.84	223**	99.4**
$r\leq1$	0.62	119**	53.1**	0.76	176**	77.7**	0.64	124**	55.9**
$r\leq2$	0.44	66.3**	31.4**	0.70	98.0**	65.7**	0.40	67.8**	27.7**
$r\leq3$	0.29	34.9**	19.2*	0.30	32.3*	19.9	0.36	40.1**	24.1**
$r\leq4$	0.21	15.7*	12.8*	0.18	12.4	11.0	0.21	16.0*	13.0*
$r\leq5$	0.05	2.9	2.9	0.02	1.3	1.3	0.05	3.0	3.0

注：** 、* 分别表示在 1%和 5%的显著性水平下拒绝原假设。

式（18）显示，中国城乡居民实际货币需求量 m_h 与实际 GDP 水平 y、收入不确定性 σ、持有货币收益率（定期存款利率）r 呈正向关系①，与预期 CPI 价格指数 p^e 和股票价格指数 p_s 成负向关系。这表明，产出水平增加、收入不确定性提高、定期存款利率水平上升将提高居民的货币需求，而物价水平上升和股票价格上涨将降低居民的货币需求。

在加入收入不确定变量后，居民货币收入弹性不再显著大于 1，而是等于 0.74。因此，收入不确定变量的引入，一定程度上消除了中国持续存在的超额货币需求现象。不确定程度上升 1%，将导致居民货币需求增加

① 城乡居民实际储蓄规模 m_p 明显大于实际现金规模 m_0，前者大约为后者的 4—5 倍，因此一年期定期存款利率 r 可视为居民持有货币 m_h 的自身收益。

0.71%。居民货币需求的预期价格弹性为-1.32，远大于利率弹性（0.22）和股票价格弹性（-0.11）。这说明，在居民货币需求的机会成本变量中，通货膨胀占主导地位，但股票价格也对居民货币需求产生了重要的影响。

2. 居民长期现金（m_0）需求函数

表2显示在滞后4阶条件下，居民实际现金持有量 m_0 与规模、收入不确定和机会成本等变量之间存在多重协整关系。迹检验显示，存在3个协整关系最大特征值，检验表明存在2个协整关系。根据经济理论，可将中国居民实际现金需求与收入水平、收入不确定性、股价指数、预期价格和定期存款利率的长期关系表示为：

$$\ln m_{0t}=-2.513+0.805\ln y_t+0.085\ln\sigma_t+0.059\ln p_{st}-0.780\ln p_t^e-0.093\ln r_t \tag{19}$$
$$(-31.21)\quad(-2.47)\quad(-10.02)\quad(20.75)\quad(12.54)$$

上式显示居民实际现金需求量 m_0 与收入水平 y、收入不确定性 σ、股票价格指数 p_s 正相关与预期物价指数 p^e 和定期存款利率 r 负相关。这表明，居民收入水平及其不确定程度的提高将增加对货币（现金）的交易需求，股票价格的上涨将主要通过财富效应使货币交易需求增加；预期物价指数的上涨和定期存款利率的上升，均提高了居民持有现金的机会成本，导致居民现金需求下降。

由式（19）知，居民现金需求的收入弹性为0.8，收入不确定弹性约为0.09，说明收入水平是决定居民现金需求的主导因素，收入不确定因素对居民现金需求影响度较小。居民现金需求的股价弹性为显著的0.06，表明股票价格变化的财富效应大于货币替代效应，即股票价格上涨导致居民财富上升进而居民现金需求的增加量，超过因股价上涨引发的股票相对收益率的提高而导致现金需求的减少量，从而股票价格成为衡量居民金融资产拥有量的一个近似指标。现金需求的利率弹性为-0.09，意味着一年期定期存款利率的上升，将增加持有现金的机会成本从而现金需求下降。现金需求的预期物价指数弹性为-0.78，表明预期通货膨胀率依然是居民现金需求最重要的机会成本变量。总体上看，居民现金需求主要决定于收入水平机会成本因素的影响较小。这可能与现金的功能主要是交易媒介密切相关。

3. 居民长期储蓄（m_p）需求函数

在滞后 4 阶条件下，迹统计量和最大特征值统计量显示，居民实际储蓄持有量与 m_p 和实际产出 y、收入不确定性 σ、预期物价指数 p^e、股票价格指数 p_s、定期存款利率 r 之间存在 4 个协整关系（表 2）。根据经济理论可得出上述变量的协整关系式为：

$$\ln m_{pt} = 0.973\ln y_t + 0.405\ln\sigma_t - 0.145\ln p_{st} - 1.394\ln p_t^e + 0.166\ln r_t \quad (20)$$
$$(-4.68) \quad (-1.45) \quad (3.52) \quad (7.85) \quad (-2.89)$$

式（20）显示居民实际储蓄需求量 mp 与收入水平 u、收入不确定性 σ、定期存款利率 r 正相关，与股票价格指数 p_s、预期物价指数 p^e 负相关。这表明，居民收入水平及收入不确定性的上升将增加居民储蓄需求；而储蓄存款利率的下降、股票相对收益的提高、预期物价指数的上涨，将导致居民持有储蓄机会成本上升，从而居民储蓄需求下降。在引入收入不确定因素后，居民超额储蓄需求现象不再存在储蓄需求的收入弹性不再大于 1，而是约等于 1。因此，居民收入不确定程度上升，是造成中国超额储蓄需求现象的一个重要原因。收入不确定因素对居民储蓄的影响非常重要，收入不确定（收入标准差）上升 1%，将导致储蓄需求上升 0.4%。不过收入不确定变量 σ 系数的 t 统计量显著性不高，仅在 10%置信水平内显著，而在 5%置信水平上是不显著的。

由于储蓄存款的功能主要是价值储藏，而不是交易媒介，因而相对于现金而言，储蓄对机会成本变量变化通常能作出更为敏感而显著的反应。储蓄需求的股票价格弹性为负表明，股票价格上涨的替代效应（股票相对于货币收益率的变化导致投资者资产组合的变化）超过了财富效应（居民持有的金融资产规模上升）。这一负的替代效应印证了 Friedman（1988）的观点，股票价格上涨增加了投资者资产组合中股票的吸引力，将导致居民减少货币持有量。居民储蓄的股票价格弹性约为-0.15，即股价上涨 1%将导致储蓄存款下降 0.15%。这能较好地解释中国股票价格迅速上涨时期出现居民存款的搬家现象，也意味着中国股票市场运行状况已成为影响居民储蓄变动的一个重要因素。

居民储蓄需求最为敏感的因素是预期物价指数弹性系数为-1.40，表明预期通货膨胀是居民储蓄需求最为重要的机会成本变量。尽管中国存款利率没有实现市场化缺乏足够的变动性，但居民储蓄对实际存款利率仍呈现出一定敏感性（弹性为0.17）。因此，在预期通货膨胀率上升时期提高存款利率水平有助于稳定居民储蓄货币需求。

（20）式中的收入不确定变量 σ 统计显著性不高，我们剔除变量 σ 得到下述协整关系式：

$$\ln m_{pt} = 1.383\ln y_t - 0.099\ln p_{st} - 1.749\ln p_t^e + 0.083\ln r_t \quad (21)$$

$$(-21.12)\ (2.54)\quad (12.16)\quad (-2.22)$$

式（21）显示，在剔除收入不确定变量后，居民储蓄需求的收入弹性达1.4，明显大于1。这再度证明，收入不确定变量是造成超额储蓄需求的一个重要原因。同时居民储蓄的股票价格弹性为显著的-0.1，表明股价波动已成为影响居民储蓄需求的一个重要因素。

（三）结构向量误差修正（SVECM）模型估计

要考察各货币存量与其决定因素之间的短期动态行为，需进一步估计结构向量误差修正模型（SVECM）。我们采取以下三个步骤来估计结构误差修正方程：一是进行弱外生性检验，确定联立方程中的内生变量和外生变量；二是根据经济理论对模型中短期结构参数，设置零约束以满足联立方程的识别条件要求，并使联立方程组呈现出递归形式；三是运用最小二乘法（OLS）进行单方程估计。

1. 弱外生性检验

为判定VAR模型中弱外生性变量，我们对协整方程（18）（19）和（20）的误差修正模型分别进行Granger因果（Block Exogeneity Wald）检验。在表3中，我们分别列出每一个内生变量，在排除方程中所有其他内生变量滞后项（不包括本身滞后项）后的联合显著 x^2（Wald）统计量值。在上述误差修正方程中，收入不确定变量 σ 均为外生变量，这可能由于收入不确定（收入标准差）主要与收入分配体制改革相关，而与产出、货币和通货膨胀等因素的关联性较小。在式（19）的误差修正方程中，除收入不确定变量外，股票价格指数 p_s 和利率 r 也为弱外生变量。股票价格指数 p_s 为弱外生变量，这可能由于中国股票市场发展程度较低，与实体经济的联系不紧密，股票市场难以发挥实体经济的“晴雨表”作用。利率 r 为弱外生变量，这可能主要源于利率一直受政策控制，缺少足够变动性。

表 3　　Granger 因果（Block 外生 Wald）检验

误差修正方程	ΔLM_h	ΔLM_0	ΔLM_p	ΔLY	$\Delta L\sigma$	ΔLP_s	ΔLP^e	ΔLR
(18)	39.7**			202**	28.7	51.7**	111**	53.4**
(19)		59.0**		141**	16.5	16.1	46.6**	30.5
(20)			36.4**	192**	27.8	58.8**	167**	58.0**

2. 结构误差修正模型

我们依次估计货币 m_h、m_0、m_p 的结构误差修正模型即居民的短期货币、现金和储蓄的需求函数。

（1）居民短期货币（m_h）需求函数

在 $\Delta\ln m_h$ 的联立方程模型中，收入不确定 σ 为外生变量，而其他 5 个变量均为内生变量。为识别误差修正模型中的短期结构参数，需设置 10 个零约束条件。根据经济理论，我们可假定 $\Delta\ln p_s$、$\Delta\ln r$、$\Delta\ln p^e$、$\Delta\ln y$ 和 $\Delta\ln m_h$ 同期之间呈对角元素为 1 的下三角矩阵关系，具体为：储蓄增长率 $\Delta\ln m_h$、产出增长率 $\Delta\ln y$、预期通货膨胀率 $\Delta\ln p^e$、存款利率增长率 $\Delta\ln r$ 均不对股票价格上涨率 $\Delta\ln p_s$ 产生同期影响；$\Delta\ln m_h$、$\Delta\ln y$ 和 $\Delta\ln p^e$ 不对 $\Delta\ln r$ 产生同期影响；$\Delta\ln m_h$ 和 $\Delta\ln y$ 不对 $\Delta\ln p^e$ 产生同期影响；$\Delta\ln m_h$ 不对 $\Delta\ln y$ 产生同期影响。居民短期实际货币需求函数（结构误差修正模型）可表示为：

$$\Delta \ln m_{ht}=0.018-0.002ecm+0.269\Delta \ln m_{ht-2}+0.201\Delta \ln m_{ht-3}+0.047\Delta \ln y_{t-1}-$$
$$(3.01)(-0.14)\quad(2.31)\qquad(1.71)\qquad(2.01)$$
$$0.044\Delta \ln y_{t-4}-0.045\Delta \ln \sigma_{t-2}-0.682\Delta \ln p_t^e-0.544\Delta \ln p_{t-3}^e-0.028\Delta \ln p_{st-1}-$$
$$(-2.32)\qquad(-1.56)\qquad(-3.70)\qquad(3.42)\qquad(-3.51)$$
$$0.035\Delta \ln p_{st-2}-0.037\Delta \ln r_{t-3}+0.027\Delta \ln r_{t-4}$$
$$(-4.33)\qquad(-2.33)\qquad(1.52)\qquad\qquad(22)$$

$R^2=0.73$，$\bar{R}^2=0.65$，$DW=2.03$，LM（1）$=0.2$，LM（2）$=1.7$，LM（3）$=2.1$，LM（4）$=4.0$，$ARCH$（1）$=0.13$。括号中的数值为 t 检验值。方程 1-4 阶拉格朗日乘数（LM）统计量显示，残差序列不存在自相关和偏自相关。ARCH 统计量表明，残差序列不存在异方差。

式（22）表明，短期货币需求增长率主要取决于产出增长率、预期通货膨胀、股票价格等因素，而不受收入不确定风险以及自身的滞后影响。方程调整系数为显著的-0.03，表明长期均衡关系在短期货币需求调整过程中起到了稳定性修正作用，但调整速度较慢。若前期货币需求与长期均衡关系出现 1%偏离，将对货币需求产生-0.03%稳定反向修正作用，从而保证了居民短期货币需求函数的稳定性。

产出增长率对居民货币需求产生显著的正向滞后影响，若前第 1 季度和第 5 季度的产出增长率分别上升 1%，则居民本季度货币需求将增加 0.2%。预期通货膨胀对货币需求产生重要的同期影响，若本季度预期通货膨胀上涨 1%，居民货币需求将下降 0.8%。股价上涨对货币需求产生持久而显著的负向滞后影响，若前两个季度及第 5 个季度股票价格平均上涨 10%，则本季度的货币需求将下降 1%。定期存款利率变化对货币需求产生滞后期为半年的正向影响，不过影响力较小系数约为 0.03。

（2）居民短期现金（m_0）需求函数

在 $\Delta \ln m_0$ 的联立方程模型中收入不确定变量 σ、股价指数 p_s 和利率 r 为外生变量，现金 m_0、产出 y 和预期物价指数 p^e 为内生变量。为识别误差修正模型中的短期结构参数，需设置 3 个零约束条件。假定 $\Delta \ln p^e$、$\Delta \ln y$ 和 $\Delta \ln m_0$ 之间的同期关系呈对角元素为 1 的下三角矩阵形式，具体为：现金

增长率 $\Delta\ln m_0$ 变化对产出增长率 $\Delta\ln y$、预期通货膨胀率 $\Delta\ln p^e$ 不产生同期影响；$\Delta\ln m_0$ 对 $\Delta\ln y$ 不产生同期影响。居民短期实际现金需求函数可表示为：

$$\begin{aligned}\Delta\ln m_{0t} = & -0.989ecm + 0.161\Delta\ln m_{0t-4} + 0.441\Delta\ln y_t + 0.267\Delta\ln y_{t-2} + 0.209\Delta\ln y_{t-3} + \\ & (-8.49)\quad (1.96)\quad (6.26)\quad (5.87)\quad (5.18) \\ & 0.140\Delta\ln\sigma_t + 0.314\Delta\ln\sigma_{t-2} + 0.134\Delta\ln\sigma_{t-3} + 0.167\Delta\ln\sigma_{t-4} - 1.017\Delta\ln p^e_t + \\ & (2.75)\quad (6.74)\quad (2.53)\quad (3.57)\quad (-4.30) \\ & 0.643\Delta\ln p^e_{t-3} - 1.083\Delta\ln p^e_{t-4} - 0.037\Delta\ln p_{st-1} + 0.082\Delta\ln r_{t-4} \\ & (2.09)\quad (-3.75)\quad (-2.47)\quad (2.86)\end{aligned} \tag{23}$$

$R^2=0.73$，$\bar{R}^2=0.64$，$DW=1.86$，$LM(1)=LM(2)=LM(3)=0$，$LM(4)=2.3$，$ARCH(1)=2.1$。

LM 统计量和 ARCH 统计量均显示，方程残差序列不存在自相关、偏自相关和异方差现象。CUSUM 统计量值、CUSUMSQ 统计量值始终落在置信水平为 5%的两条临界线内，说明方程的参数和残差方差是统计稳定的。式（23）表明，居民短期现金需求增长率主要取决于自身滞后影响、产出增长率、收入不确定风险和预期通货膨胀。方程调整系数为显著的-0.62，表明现金需求的长期均衡关系在短期现金需求调整过程中起到了稳定性修正作用，而且短期现金需求向长期均衡关系的调整速度非常快，上季度实际现金需求与均衡现金需求的差距在半年之内便得到全部修正。

居民前 5 个季度的现金需求增长率的负向滞后影响是显著而重要的，若前 5 个季度的现金需求增长率均提高 1%，本季度现金需求将下降 1.5%；若前 5 个季度产出增长率均上升 1%，本季度现金需求增长率将提高 2.4%；若上年第 2—4 季度的收入不确定风险平均提高 1%，本季度的现金需求将增加 0.4%。

预期通货膨胀对现金需求的负向影响是重要而显著的。若本季度和上年同季度的预期通货膨胀率提高 1%，本季度现金需求增长率将下降 3.2%。股价上涨对现金需求的正向影响滞后 1 期影响度很小。上年同季度的定期存款利率对本季度现金需求产生较小的负向影响。

（3）居民短期储蓄（m_p）需求函数

在 $\Delta\ln m_p$ 的联立方程模型中，收入不确定 σ 为外生变量，储蓄 m_p、产出 y、预期物价指数 p^e、股价指数 p_s 和利率 r 为内生变量。为识别误差修正模型中的短期结构参数，需设置10个零约束条件。根据经济理论，我们可假定 $\Delta\ln p_s$、$\Delta\ln r$、$\Delta\ln y$、$\Delta\ln p^e$ 和 $\Delta\ln m_p$ 同期之间呈对角元素为1的下三角矩阵关系，具体为：储蓄增长率 $\Delta\ln m_p$、预期通货膨胀 $\Delta\ln p^e$、产出增长率 $\Delta\ln y$ 和利率增长率 $\Delta\ln r$ 均不对股价上涨率 $\Delta\ln p_s$ 产生同期影响；$\Delta\ln m_p$、$\Delta\ln p^e$ 和 $\Delta\ln y$ 对 $\Delta\ln r$ 不产生同期影响；$\Delta\ln m_p$ 和 $\Delta\ln p^e$ 不对 $\Delta\ln y$ 产生同期影响；$\Delta\ln m_p$ 不对 $\Delta\ln p^e$ 产生同期影响。居民短期实际储蓄需求函数可表示为：

$$\begin{aligned}\Delta\ln m_{pt} = {} & 0.029 - 0.015ecm + 0.273\Delta\ln m_{pt-2} - 0.070\Delta\ln\sigma_{t-2} - 0.055\Delta\ln\sigma_{t-6} - \\ & (6.43)\quad(-1.39)\quad(2.69)\qquad\qquad(2.03)\qquad\qquad(1.89) \\ & 0.520\Delta\ln p_t^e + 0.375\Delta\ln p_{t-3}^e - 0.041\Delta\ln p_{st-1} - 0.041\Delta\ln p_{st-2} \\ & (-2.90)\qquad(2.00)\qquad\qquad(-4.15)\qquad\qquad(-4.90)\end{aligned} \tag{24}$$

$R^2=0.76$，$\bar{R}^2=0.71$，$DW=2.16$，$LM(1)=0.4$，$LM(2)=1.1$，$LM(3)=2.4$，$LM(4)=5.8$，$ARCH(1)=0$。

括号中的数值为t检验值。1-4阶LM统计量和ARCH统计量显示，残差序列不存在自相关、偏自相关和异方差。CUSUM统计量值、CUSUMSQ统计量值始终落在置信水平为5%的两条临界线内，表明方程的参数和残差方差是统计稳定的。式（24）显示居民短期储蓄需求增长率取决于其自身滞后影响、产出增长率、收入不确定风险、预期通货膨胀和股价上涨等因素。方程调整系数为显著的-0.03，说明储蓄需求的长期均衡关系在短期储蓄需求调整过程中起到了稳定的修正作用，不过调整速度较慢，每季度仅有3%的上季度实际储蓄需求与均衡储蓄需求的差距被修正。

居民短期储蓄需求受前第2季度储蓄增长率的正向滞后影响，若前第2季度储蓄增长率提高1%，本季度储蓄需求增长率约上升0.3%。产出增长率对储蓄需求的正向影响滞后四五个季度，若前第4季度和第5个季度的产出增长率均提高1%，本季度储蓄增长率将上升0.1%。居民收入不确定程度变化对储蓄需求增长的影响是负向的，若前第2个季度居民收入不确定程度上升1%，本季度居民储蓄需求增长率将下降0.1%。说明收入不确定风险的上升推动居民储蓄需求上升的趋势是递减的，即随着收入不确定风险的不断上升，居民储蓄需求相应增加的规模越来越小。

预期通货膨胀对居民储蓄需求产生显著而重要的负向滞后影响，若上季度预期通货膨胀上升1%，本季度的储蓄需求将下降0.55%。股票价格上涨对居民储蓄需求产生同期和滞后的负向影响，若本季度、前两季度、前第5个季度的股票价格上涨率均提高1%，本季度储蓄需求将下降0.13%。定期存款利率对储蓄需求的正向影响滞后1期但影响力较小，影响系数仅为0.04。

五 结论

随着中国经济体制改革的深入推进和市场经济制度的日趋完善，货币化过程假说对中国持续存在的超额货币需求现象解释力显著下降。本文根据中国居民在体制改革过程面临的不确定风险增大、股票市场对居民货币需求的影响日益增强等事实，构建了一个引入股票价格、具有中国特色的储蓄偏好型居民货币需求函数，旨在解释中国居民的超额货币需求现象，并对中国居民货币需求、收入不确定与股票价格等因素的关系进行理论探讨和经验分析。

理论分析显示，中国居民实际货币需求与收入水平、收入不确定风险、定期存款利率呈正向关系，与预期通货膨胀呈负向关系，而与股票价格的关系不确定主要取决于替代效应和财富效应的力量对比。在储蓄偏好型货币需求函数条件下，年轻人和老年人的定期存款需求对股票价格、预期通货膨胀的反应显著不同。对年轻人来说，预期通货膨胀率和股票价格上涨率均为机会成本变量，通货膨胀率上升和股价上涨（股票吸引力增加）均提高居民持有定期存款的成本，导致定期存款需求下降。对于老年人而言，股票价格的上涨将使其金融财富规模增加，在财富效应作用下定期存款需求显著增加。而预期通货膨胀率的上升将通过替代效应、财富效应、预防动机效应影响老年人定期存款需求，且预防动机效应占主导地位，从而预期通货膨胀率的上升将导致老年人定期存款需求的上升。

协整检验结果表明，中国居民的各层次货币持有量与产出、收入不确定、预期通货膨胀、股价和利率等决定因素构成长期协整关系。在加入收入不确定因素后，居民货币需求的收入弹性不再大于1，而是约等于1，从而消除居民的超额货币需求现象。居民长期现金需求与收入、不确定风险、股票价格呈正向关系，与预期通货膨胀率、定期存款利率呈负向关系。居民长期储蓄（货币）需求与收入、收入不确定、定期存款利率呈正向关系，与预期通货膨胀率、股票价格呈负向关系。不确定风险的上升增加了居民的长期现金、储蓄需求，股票价格主要通过财富效应影响居民现金需求，而对储蓄需求的作用以替代效应为主。这说明，收入不确定因素是导致中国居民长期存在货币超额需求现象的一个重要原因，股票市场对居民货币需求的影响力在逐渐增强，但影响力仍然较小。

结构误差修正模型结论显示，居民的短期货币（现金、储蓄）需求函数呈现出稳定地向长期均衡关系调整修正的特征，说明居民的长短期货币（现金、储蓄）需求函数均是稳定的。不过，短期现金需求调整速度很快，而储蓄（货币）的调整速度较慢。居民短期现金需求与产出增长率、收入不确定性、股票价格上涨率正相关，而与自身滞后影响、预期通货膨胀、定期存款利率负相关。居民短期储蓄（货币）需求增长率与自身滞后影响、产出增长率、定期存款利率变化正相关，与预期通货膨胀、收入不确定风险变化、股价上涨率负相关。这表明，收入不确定上升以递减的方式增加居民储蓄（货币）需求，而股价上涨以递增的方式降低居民储蓄需求。

综上所述，在居民需求函数中加入收入不确定风险、股票价格因素之后，中国居民持续存在的超额货币需求现象得以消除，且居民长短期货币（现金、储蓄）需求函数是显著稳定的。居民持有现金、储蓄等存量货币指标可以作为货币政策调控的一个中介目标。因此，中央货币当局可以特定的居民货币需求函数为基础，根据收入水平、收入不确定、预期通货膨胀、股票价格和定期存款利率等因素的变动情况，预测居民货币需求总量，并据此调整货币供应量增长的中介目标，从而实现物价稳定和经济持续增长的目标。

（本文发表于《世界经济》2009 年第 1 期）

权力转移、地理距离与大国战和关系

逢锐之*

内容摘要：权力转移理论对地区内大国关系具有较强的解释力，但在解释地区间大国关系时存在明显不足。与同一地区内大国间发生的权力转移不同，不同地区大国间发生的权力转移几乎没有导致战争的先例。这源于权力转移理论本身的诸多缺点，尤其是其忽略地理距离这一变量。在同一地区内发生权力转移时，权力转移双方横向压力与安全困境较大，双方对相对实力和战争结果有不同判断，权力转移易于触发同盟连锁效应，战争容易爆发；而在不同地区间发生权力转移时，这三个机制相对较弱，虽然权力转移过程中双方龃龉不断，但战争爆发的概率较小。笔者选取第一次世界大战前的德俄权力转移、19 世纪末 20 世纪初的英美权力转移以及 20 世纪 50 年代末 60 年代初的美苏权力转移作为案例，使用皮尔森卡方检验检测权力转移、地理距离与大国战和关系的相关性。依据修正过的权力转移理论，中美之间的权力对比变化将会导致两国关系持续紧张且长期对峙，美国将长期采取遏制中国影响力的政策，但发生战争的可能性较小。

关键词：权力转移理论　地缘政治　地理距离　地区间关系　中美关系

* 逢锐之，中国社会科学院世界经济与政治研究所助理研究员。

一 引言

权力转移理论诞生于20世纪50年代末，经过几代学者的发展完善，该理论已具备较为系统的理论体系。随着中国的快速发展和中美战略竞争加剧，权力转移理论再次成为国际关系学界的热门话题。

权力转移理论的基本逻辑是：在工业化过程中，当崛起国权力趋近守成国时，两者发生冲突的概率大大增加。作为权力转移理论的变种，“修昔底德陷阱”理论列举了历史上由权力转移引发战争的一系列案例，如拿破仑战争、英荷战争、普奥战争、普法战争、甲午战争、日俄战争、第一次世界大战和第二次世界大战等，认为中美之间存在爆发战争的可能。同时，权力转移理论也试图解释权力和平转移（如19世纪末20世纪初英美之间的权力转移）的实现条件。[①]

然而，这一理论在解释力上具有较大不足，这在一定程度上是由其对地理距离的忽视所导致的。与许多以国家权力作为基本变量的国际关系理论相似，权力转移理论并没有考虑地理距离对权力转移结果的影响。权力转移理论学者也未将权力转移与战争之间的因果机制理论化。他们没有意识到一个最为直观的现象：几乎所有导致战争的权力转移都发生于同一地区；[②] 而不同地区大国之间的权力转移（如英美权力转移、美苏权力转移）虽然也伴随着双边关系的紧张，但大都以和平方式完成。随着近代大国权力投射能力、远程军事打击能力的发展和全球化的加速，很多学者都认为地理距离在解释大国关系上已经不再重要。那么地理距离这一因素是否仍能对权力转移的结果产生重要影响？如果地理距离对权力转移的结果具有重要影响，其动力机制如何？本文将着力探讨这一问题。通过加入地理距离因素，本文试图增强权力转移理论的解释力，这有助于更好地认识和理

① A. F. K. Organski, *World Politics* (*2nd Edition*), New York: Alfred A. Knopf, 1968; A. F. K. Organski and Jacek Kugler, *The War Ledger*, Chicago: The University of Chicago Press, 1980.

② 权力转移理论学者所列举的古代（1648年之前）的权力转移战争事例中，大多数都是敌对双方相邻，近代以来的权力转移战争事例则多在同一地区。

解正在发生的中美之间的权力对比变化。

二 权力转移理论的渊源、内容及其批评

权力转移理论认为，当守成国受到崛起国挑战时，两国之间往往难以避免冲突甚至导致大规模战争，但不论是权力转移理论学者还是其批判者都鲜有提及地缘政治因素。

（一）权力转移理论的渊源与基本内容

早在古希腊时期，修昔底德在论述伯罗奔尼撒战争时便指出："使战争不可避免的真正原因是雅典势力的增长和由此引起的斯巴达的恐惧。"① 这一论述被视为权力转移理论的最早来源，被引申至其他大国关系。由于守成国和崛起国往往存在严重的利益矛盾，并有发生军事冲突甚至战争的可能，有学者将二者间的紧张关系称为"修昔底德陷阱"。② 近代历史学著作中不乏类似的叙述。爱德华·卡尔（Edward Carr）提出"和平变革"因"满足现状者"和"不满足现状者"的冲突而难以实现；"国际秩序运行"的假定是由"一个强大的国家创造出来"的，而"随着这个国家的相对或绝对衰退，这一假定也被摧毁了"。③ 阿诺德·汤因比（Arnold Toynbee）提出全面战争之后会出现一个喘息期，而后形势恶化，发生"补充性战争"，直至权力转移完成，新的体系建立。④

奥根斯基（A. F. K. Organski）1958 年的《世界政治》一书首次系统

---

① ［古希腊］修昔底德：《伯罗奔尼撒战争史》，谢德风译，商务印书馆 1960 年版，第 19 页。

② ［美］格雷厄姆·艾利森：《注定一战：中美能避免修昔底德陷阱吗?》，陈定定、傅强译，上海人民出版社 2019 年版，第 70 页。

③ ［英］爱德华·卡尔：《20 年危机（1919—1939）：国际关系研究导论》，秦亚青译，世界知识出版社 2005 年版，第 212、231 页。

④ Arnold Toynbee, "War and Civilization", cited from Zhiqun Zhu, *US-China Relations in the 21st Century: Power Transition and Peace*, New York: Routledge, 2006, p. 10.

阐述了权力转移理论,[①] 在接受汉斯·J. 摩根索（Hans J. Morgenthau）将民族国家作为主要国际关系行为体以及将国家权力作为研究国际关系基本变量的同时，奥根斯基对均势理论的其他要素进行了批判，否定了将结盟看作国家增加权力有效手段的观点，认为国家权力的根源在于由工业化带动的内生性权力增长。[②]

奥根斯基提出了6种权力要素：地理条件、资源、人口、经济和政治发展情况以及民族士气。[③] 然而，在实际论述中以奥根斯基为代表的权力转移理论学者并没有提及地理因素。奥根斯基与亚采克·库格勒（Jacek Kugler）将国家的权力要素进一步确定为：（1）民族国家中能够工作和从事战争的人口（即“有效人口”）数量；（2）有效人口的技术与生产力；（3）政府体系动员人力以及物质资源的能力。[④] 两人共同构建了国家权力的计算公式，但其主要衡量工具却没有体现这些因素，而是使用了国民生产总值（GNP）。在《权力转移：21世纪的战略》一书中，罗纳德·L. 塔门（Ronald L. Tammen）、库格勒和道格拉斯·莱姆基（Douglas Lemke）等继承了《战争细账》中的权力计算方法，只是将国民生产总值改为国内生产总值（GDP）。[⑤] 地缘和地理因素淡出了权力转移理论。

与均势理论相反，权力转移理论认为世界权力的分布是高度集中的等级体系,[⑥] 国际秩序应该被想象为一个国家立于塔尖、许多国家位于塔底的金字塔的图景。[⑦] 在国际规则中处于优势的国家和处于劣势的国家的国家能

---

① 由于1958年版本体例不如1968年第二版完备，大部分学者倾向于引述1968年版本，本文也参考了1968年版。

② A. F. K. Organski, *World Politics (2nd Edition)*, New York: Alfred A. Knopf, 1968, pp. 338-339.

③ A. F. K. Organski, *World Politics (2nd Edition)*, New York: Alfred A. Knopf, 1968, pp. 124-125.

④ A. F. K. Organski and Jacek Kugler,, *The War Ledger*, Chicago: The University of Chicago Press, 1980, p. 8.

⑤ Ronald L. Tammen, et al., eds., *Power Transitions: Strategies for the 21st Century*, Washington, D. C.: CQ Press, 2000.

⑥ Ronald L. Tammen, et al., eds., *Power Transitions: Strategies for the 21st Century*, Washington, D. C.: CQ Press, 2000, p. 6.

⑦ A. F. K. Organski, *World Politics (2nd Edition)*, New York: Alfred A. Knopf, 1968, p. 364.

力不平衡时，和平能够最有效地得以维持。① 当体系内存在一个具有压倒性优势的强大支配国时，世界和平便得以维持。② 而当崛起国即“具有主导国权力的80%或以上的国家”③ 出现时，世界权力等级格局将受到威胁。如果崛起国是一个“不满现状国”④，则可能主动挑起与守成国的战争。转移性战争爆发后，新的等级体系建立，世界恢复到相对稳定的状态。除“中心体系”外，世界各地区亦存在等级秩序，而且“权力持平与战争的关系不仅适用于大国，亦适用于小国；不仅适用于全球体系，亦适用于地区体系”。⑤

权力转移理论学者在很多问题上并无共识。奥根斯基与库格勒认为崛起国的权力总量趋近权力成熟期的国家时，战争与冲突的可能性大大增加。⑥ 其他研究认为战争最容易爆发的临界点包括：（1）在崛起国权力超越守成国权力之后；（2）在崛起国权力与守成国权力持平之时；（3）在崛起国权力占守成国权力的80%—120%时。⑦ 奥根斯基认为快速的权力转移使各国无法适应，容易导致战争。有的学者则认为缓慢的权力转移提供了更多的冲突机会，更易引发战争。有些学者认为转移性战争的发起者一般是崛起国，也有学者认为转移性战争主要是守成国发起的预防性战争。⑧

① A. F. K. Organski and Jacek Kugler, *The War Ledger*, Chicago: The University of Chicago Press, 1980, p. 19.

② ［美］罗纳德·塔门、［美］亚采克·库格勒：《权力转移与中美冲突》，陈琪、吴文成译，《国际政治科学》2005年第3期。

③ A. F. K. Organski and Jacek Kugler, *The War Ledger*, Chicago: The University of Chicago Press, 1980, p. 44.

④ 此类国家也被称为非现状国家（non status quo power）或修正主义国家（revisionist power）。

⑤ A. F. K. Organski and Jacek Kugler, *The War Ledger*, Chicago: The University of Chicago Press, 1980, pp. 43-44; Ronald L. Tammen, et al., eds., *Power Transitions: Strategies for the 21st Century*, Washington, D. C.: CQ Press, 2000, p. 63.

⑥ A. F. K. Organski and Jacek Kugler, *The War Ledger*, Chicago: The University of Chicago Press, 1980, pp. 50-51, 59.

⑦ Daniel S. Gelle, “Relative Power, Rationality, and International Conflict”, in Jacek Kugler and Douglas Lemek, eds., *Parity and War: Evaluation and Extensions of the War Ledger*, Ann Arbor: University of Michigan Press, 1996, pp. 127-144.

⑧ Jack S. Levy, “Declining Power and the Preventive Motivation for War”, *World Politics*, Vol. 40, No. 1, 1987, pp. 82 - 107; Dale Copeland, *The Origins of Major War*, Ithaca: Cornell University Press, 2000.

如戴尔·科普兰（Dale Copeland）认为，守成国往往因不占据时间上的优势而在崛起国尚未超过自身时发动预防性战争。① 权力转移理论的“凤凰效应”认为崛起国发动战争是不智之举，但并未说明这些国家为何选择这种政策。②

权力周期理论学者如乔治·莫德尔斯基（George Modelski）、约书亚·S. 戈德斯坦（Joshua S. Goldstein）、罗伯特·吉尔平（Robert Gilpin）等以及格雷厄姆·艾利森（Graham Allison）、科普兰等都探讨了崛起国与守成国的关系问题，他们普遍认为崛起国与守成国之间发生战争的概率较大，但并未使用“权力转移”一词定义其理论。③ 本文将这些学者的理论视为广义的权力转移理论，而将奥根斯基和库格勒为代表的权力转移理论视为狭义的权力转移理论。本文讨论的对象是广义的权力转移理论，但主要参考奥根斯基等学者对权力转移的定义和衡量。广义的权力转移理论和狭义的权力转移理论都认为，崛起国和守成国在互动过程中发生军事冲突和战争的概率很大，这一点也部分地被历史所证明。英荷战争、法荷战争、北方战争、英法战争、普奥战争、普法战争以至于两次世界大战中的欧洲战争基本都伴随着大国间的权力转移。然而，无论是广义还是狭义的权力转

① Dale Copeland, *The Origins of Major War*, Ithaca: Cornell University Press, 2000; Jack S. Levy, “Declining Power and the Preventive Motivation for War”, *World Politics*, Vol. 40, No. 1, 1987, pp. 82-107. 与列维不同，科普兰还分析了权力分布（他认为在两极格局中衰落更易引发战争）以及衰落的性质（若守成国衰落较快且认为衰落不可避免，则其更可能发动预防性战争）等变量对预防性战争发生的影响，其理论体系更为完备。

② “长期来看（15—20 年），战争的作用消逝，战败国加速复兴，并回到了战前的增长速率，它们甚至会超越战胜国。用不了多久，体系内的权力分布就会回到战争没有发生时的预期……就国际权力而言，战争结果如何没有多大差别。”权力转移理论将这一现象称为“凤凰效应”。战争只能使权力转移推迟发生，而不能永远阻止其发生，权力转移的决定性因素仍然是内生性增长。参见 A. F. K. Organski and Jacek Kugler, *The War Ledger*, Chicago: The University of Chicago Press, 1980, p. 145.

③ 参见 Robert Gilpin, *War and Change in International Politics*, Cambridge: Cambridge University Press, 1981; George Modelski, *Long Cycles in World Politics*, Seattle: University of Washington Press, 1987; Joshua S. Goldstein, *Long Cycles: Prosperity and War in the Modern Age*, New Haven: Yale University Press, 1988; Dale Copeland, *The Origins of Major War*, Ithaca: Cornell University Press, 2000; Graham Allison, *Destined for War: Can America and China Escape Thucydides's Trap?* Boston: Houghton Mifflin Harcourt, 2017。

移理论学者都鲜有深入地讨论地理距离因素。虽有一些权力转移理论者提及地理距离的影响（如奥根斯基、库格勒和科普兰），但未系统地将这一变量引入理论分析。他们似乎并未注意到所分析的战争性权力转移案例几乎都是同一地区内的权力转移，而唯一被经常提及的权力和平转移——英美权力转移——发生在不同地区的大国之间。

（二）对权力转移理论的批评

权力转移理论的批评者大多未触及该理论对地理距离的忽略，其批判集中于其现状国家—修正主义国家二分法，或是通过增加其他国际关系经典理论的变量（如联盟、角色、经济相互依存等）修正权力转移理论。

许多学者认为权力转移理论的现状国家—修正主义国家二分法有很大问题，将某一国家简单地定义为现状国家或修正主义国家并不准确。守成国并不一定是现状国家，崛起国也并不一定是修正主义国家。冷战后，美国是守成国，但其“并未扮演一个现状国家的角色，相反，它利用其优势地位扩大影响，加强了相对于潜在对手的势力，并处理具体的安全威胁”。[①] 金宇祥（Kim Woosang）认为，权力转移理论侧重于内生性增长而忽略了联盟的作用。只有当现状国家集团和修正主义国家集团之间发生总体权力转移时战争概率才会增加。而通过适当调整联盟（解散或缔结联盟），权力转移战争能够避免。[②] 查尔斯·F. 多兰（Charles F. Doran）认为，当权力转移发生时，一国的权力资源和其现有外交地位产生张力，如果各国做出相应调整使其权力资源和国际地位产生新的均衡，则战争可以避免。[③]

① Stephen M. Walt, *Taming American Power: The Global Response to U. S. Primacy*, New York: W. W. Norton & Company, 2005, p. 23.

② Kim Woosang, “Alliance Transitions and Great Power War”, *American Journal of Political Science*, Vol. 35, No. 4, 1991, pp. 833 - 850; Kim Woosang, “Power Transitions and Great Power War from Westphalia to Waterloo”, *World Politics*, Vol. 45, No. 1, 1992, pp. 153-172.

③ Charles F. Doran, “Systemic Disequilibrium, Foreign Policy Role, and the Power Cycle: Challenges for Research Design”, *Journal of Conflict Resolution*, Vol. 33, No. 1, 1989, pp. 371 - 401; Charles F. Doran, “Economics, Philosophy of History, and the ‘Single Dynamic’ of Power Cycle Theory: Expectations, Competition, and Statecraft”, *International Political Science Review*, Vol. 24, No. 1, 2003, pp. 13-49.

许多学者认为紧密的经济、社会和人文交往关系，共同的语言、历史、种族纽带以及全球化带来的广泛合作等都能够缓解权力转移带来的体系压力，从而避免战争。朱志群认为，这些因素是英美间权力和平转移的重要原因。只要权力转移的双方不将对方视为严重威胁，权力和平转移便不难实现。[①] 此外，核威慑、内部制衡和软制衡等因素也有助于避免战争。大多数学者承认核威慑对国际关系的重要影响。肯尼思·N. 华尔兹（Kenneth N. Waltz）认为“拥核国家之间爆发大规模战争的概率几乎为零”。[②] 核武政治能够降低拥核大国之间发生权力转移战争的概率。还有学者认为，崛起国与守成国对抗的方式并不一定是武力，它们可以采取内部制衡和软制衡等方式避免战争。[③] 权力转移理论的批判者也将这些因素加入其对该理论的批判。

有学者指出，从方法上，权力转移理论缺乏历史研究，因此并没有讨论该理论能否被其所引述的案例所证明。[④] 此外，以奥根斯基为代表的权力转移理论学者也在不断修正其理论，很多学者都认为崛起国和守成国在权力持平阶段最易发生战争，并对两国权力比值达到何种程度时权力持平发生做出了定义，[⑤] 但并无突破性发展。

这些批评者的观点各有道理，但也有一定的局限性：（1）过于侧重分析特殊案例，这减弱了理论的概括性；（2）注重量化分析而缺少因果链条分析，如金宇祥关于权力转移与联盟之间关系的观点削弱了理论的

---

① Zhiqun Zhu, *US-China Relations in the 21st Century*: *Power Transition and Peace*, New York: Routledge, 2006, pp. 71-81, 142-144, 153-157. 关于相互依赖的经典著作，参见 Robert O. Keohane and Joseph S. Nye, *Power and Interdependence*: *World Politics in Transition*, Boston: Little, Brown and Company, 1977。

② Kenneth N. Waltz, “Nuclear Myths and Political Realities”, *The American Political Science Review*, Vol. 84, No. 3, 1990, p. 740; Robert Jervis, *The Meaning of the Nuclear Revolution*: *Statecraft and the Prospect of Armageddon*, Ithaca and London: Cornell University Press, 1989.

③ Steven Chan, *China*, *the U. S.*, *and the Power-Transition Theory*, New York: Routledge, 2008, pp. 93-96.

④ Richard Ned Lebow and Benjamin Valentino, “Lost in Transition: A Critical Analysis of Power Transition Theory”, *International Relations*, Vol. 23, No. 3, 2009, pp. 401-404.

⑤ 参见 Jacek Kugler and Douglas Lemke, eds., *Parity and War*: *Evaluations and Extensions of the War Ledger*, Ann Arbor: University of Michigan Press, 1996。

详细性,[①] 无益于区分相关性和因果性，更无益于因果机制的分析；（3）通过叠加有助于和平的变量来批判权力转移理论，如历史、文化联系、经济相互依存、对于民主价值观的认同和核威慑的可靠性，以论证权力转移有可能以和平方式解决，这减弱了理论的简洁性和杠杆力。最重要的是，这些批评者没有认识到，权力转移理论的最大问题在于忽视了地缘政治因素，没有系统论述地理距离对权力转移与战争爆发之间关系的影响。[②]

奥根斯基等人对地理距离的忽略有三点原因。首先，这些学者大都没有深入分析权力转移与战争之间的因果机制。他们很少进行严格的案例分析和因果机制分析。艾利森以案例分析的方式对“修昔底德陷阱”进行了探讨，但侧重于历史描述。科普兰的因果机制分析较为完备，但他将美苏冷战与两次世界大战同归为“大战”的做法显然欠妥。美苏之间的权力转移虽然导致其关系数度紧张，但两国并没有爆发正面军事冲突。

其次，奥根斯基和库格勒在分析权力转移案例时只挑选了1860—1975年处于“中央体系（central system）”的大国进行配对，而未考虑“边缘体系（peripheral system）”国家。[③] 按照他们的划分，英国、法国、德国和俄国一直在“中央体系”，日本、中国和美国分别于1900年、1950年和1940年进入该体系，奥匈帝国在1860—1918年处于该体系中，而影响有限的意大利却一直处于该体系中。这样的配对方法犯了欧洲中心论的错

① 金宇祥没有考虑到联盟目的的多样性、联盟内部集体行动协调及联盟违约等问题，因而未能详细解释如何运用联盟理论修正权力转移理论，更没有用实际案例考察因果机制从而分析其理论修正是否确实有助于提升权力转移理论的解释力。

② 科普兰曾提及地理因素，即第一次世界大战之前，由于地理上的临近，德国对英国的威胁高于日本和美国对英国的威胁。然而，科普兰未将地理距离的影响理论化，因而地理距离只能部分地解释这一特殊案例。参见 Dale Copeland, *The Origins of Major War*, Ithaca: Cornell University Press, 2000, p. 48。

③ 奥根斯基和库格勒根据与“相关国家”的联盟情况区分“中央体系”与“边缘体系”，与国际体系参与国有经常性联盟关系的国家为“中央体系”国家，其国际体系参与程度较高，而“边缘体系”国家由于国际体系参与度较低，行为具有不可预测性。参见 A. F. K. Organski and Jacek Kugler, *The War Ledger*, Chicago: The University of Chicago Press, 1980, p. 43。

误，没有考虑到其他地区大国崛起的过程，从而忽视了大多数不同地区间大国权力转移的案例。按这种划分方式，英美之间的权力转移甚至也被忽视。塔门和库格勒等扩充了权力转移的案例，将“边缘体系”国家相互配对来分析权力转移的影响，但其涉及的地区间大国权力转移仍然只有英美一例。

最后，奥根斯基与库格勒选择以国内生产总值衡量国家权力的原因是这一指标更加精炼，且其测量结果与国家能力综合指数（CINC）相差无几。[①] 这也与事实不符。按照国家能力综合指数，美苏之间于 1960—1974 年发生了权力转移并长期持平，1988 年出现了反转，权力转移理论学者却没有将这些时段作为权力转移案例来对待。为解释为何美苏之间没有爆发权力转移战争而是维持了“长和平”，莱姆基等强称按照国民生产总值衡量，美苏之间并没有发生权力转移，美国一直对苏联保持巨大优势。[②]

详尽的因果机制讨论的缺失、“中央体系”与“边缘体系”的武断划分和权力衡量指标存在的问题都使权力转移理论学者忽视了地缘政治因素对权力转移的影响以及地理距离对权力转移结果的影响。当然，他们或许也默认近现代军事投射能力的发展和全球一体化已使地缘因素不再重要，因而有意忽略了地理距离的影响。

三　地理距离与权力转移理论

本文认为，权力转移理论的最大缺陷在于忽视地理距离的作用，导致其在解释历史事件上存在严重不足，也无法对不同地理区域间大国权力的和平转移做出合理说明。权力转移理论学者似乎有意或无意地忽略了这一

① A. F. K. Organski and Jacek Kugler, *The War Ledger*, Chicago: The University of Chicago Press, 1980, pp. 37-38.

② Douglas Lemke, “The Continuation of History: Power Transition Theory and the End of the Cold War”, *Journal of Peace Research*, Vol. 34, No. 1, 1997, pp. 25-27; Ronald L. Tammen, et al., eds., *Power Transitions: Strategies for the 21st Century*, Washington, D. C.: CQ Press, 2000, pp. 54-56.

事实，即使是在军事投射能力大为增强的近现代国际关系中，所有权力转移战争都发生在某一地区之内；而在不同地区大国发生权力转移时，即使会发生较为严重的危机，发生战争的概率也极低。

权力转移理论学者鲜有论及不同地区国家发生权力转移时爆发战争的案例。为解释英美在19世纪末20世纪初发生的权力转移为何没有引发战争，权力转移理论学者不得不放弃权力分析，而是引入现状国家—修正主义国家这一对似是而非的概念。除国家能力综合指数外，苏联核武库的扩充、导弹数量的增加和太空能力的增强等迹象表明，美苏两国在20世纪50—60年代确实发生过权力转移，[①] 但这并未引发两国冲突。为解释这一现象，权力转移理论学者通过特定的衡量权力的方法，证明冷战期间美苏从未发生权力转移，而将这一案例排除在分析范围之外。

艾利森指出，近代历史上有16次大国之间的权力转移，其中12次伴随着战争。艾利森的“修昔底德陷阱”事例在统计上有一定的随意性，但大致囊括了一些重要的权力转移事例。从表1可以看出，与奥根斯基等人的案例分析类似，在艾利森列举的伴随着战争的权力转移事例中，只有第二次世界大战前美日之间的事例是发生在位于不同地区的大国之间。但无论按照何种指标，美日在第二次世界大战之前国力悬殊，并没有发生奥根斯基等人定义的权力转移。[②]

---

① 苏联自20世纪50年代末便在科技、核武器和导弹数量方面有追赶美国之势。美国从60年代中期开始陷入越南战争，加之后来的石油危机、滞胀危机，其国力下降。苏联军费开支于1971年超过美国，相关数据参见战争相关因素数据库（COW），https：//correlatesofwar. org/data-sets/national-material-capabilities。

② 太平洋战争之前，美日国家能力综合指数的最高比值为0.35（1938年）；1941年，美国国民生产总值约为日本的5.58倍；据希尔曼测算，太平洋战争之前美国的战争潜力约为日本的11.91倍。这些数值均表明，在太平洋战争之前，美日之间并不存在权力转移理论学者所定义的权力转移。参见战争相关因素数据库中的国家能力综合指数，https：//correlatesofwar. org/data-sets/national-material-capabilities；Mark Harrison，“The Economics of World War Ⅱ：An Overview”，in Mark Harrison，ed.，*The Economics of World War Ⅱ：Six Great Powers in International Comparison*，Cambridge and New York：Cambridge University Press，1998，p. 10.

表 1　　格雷厄姆·艾利森所列“修昔底德陷阱”事例

	历史时期	守成国	崛起国	结果
1	15 世纪后期	葡萄牙	西班牙	无战争
2	16 世纪上半叶	法国	哈布斯堡王朝	战争
3	16 世纪至 17 世纪	哈布斯堡王朝	奥斯曼帝国	战争
4	17 世纪上半叶	哈布斯堡王朝	瑞典	战争
5	17 世纪中后期	荷兰共和国	英格兰	战争
6	17 世纪后期至 18 世纪中期	法国	大不列颠王国	战争
7	18 世纪后期至 19 世纪中期	大不列颠联合王国	法国	战争
8	19 世纪中期	法国与大不列颠联合王国	俄国	战争
9	19 世纪中期	法国	德国	战争
10	19 世纪后期至 20 世纪早期	中国和俄国	日本	战争
11	20 世纪早期	大不列颠联合王国	美国	无战争
12	20 世纪早期	受法国、俄国支持的大不列颠联合王国	德国	战争
13	20 世纪中期	苏联、法国和英国	德国	战争
14	20 世纪中期	美国	日本	战争
15	20 世纪 40 年代至 80 年代	美国	苏联	无战争
16	20 世纪 90 年代至今	英国与法国	德国	无战争

注：关于英国的名称，《1707 年联合法案》后，英格兰、苏格兰正式合并，称大不列颠王国；《1800 年联合法案》后，大不列颠王国与爱尔兰王国合并，称大不列颠及爱尔兰联合王国，简称联合王国；1922 年爱尔兰共和国独立，称大不列颠及北爱尔兰联合王国，亦简称联合王国。在表 1 中，1922 年以后称英国。此外，本文在案例中对三个阶段不做区分，统称英国。

资料来源：［美］格雷厄姆·艾利森《注定一战：中美能避免修昔底德陷阱吗?》，陈定定、傅强译，上海人民出版社 2019 年版，第 70 页。

当然，位于不同地区的国家之间发生战争的频率相较同一地区国家之间要小。有学者指出，当争端发生地与争端中的一方或两方接壤时，战争概率大大增加；权力相近的两个邻国之间更容易发生战争。① 但是，这些

① Paul F. Dieh, “Contiguity and Military Escalation in Major Power Rivalries, 1816-1980”, *Journal of Politics*, Vol. 47, No. 4, 1985, pp. 1203-1211; Harvey Starr and Benjamin A. Mos, “Contagion and Border Effects on Contemporary African Conflict”, *Comparative Political Studies*, Vol. 16, No. 1, 1983, pp. 92-117; John O' Lough-lin, “Spatial Models of International Conflicts: Extending Current Theories of War Behavior”, *Annals of the Association of American Geographers*, Vol. 76, No. 1, 1986, pp. 63-80.

学者没有将地理距离与权力变动相结合来解释在严重危机发生时战争与和平解决的可能性。实际上，近现代国际关系史上不乏发生于不同地区的大国之间的战争。1812年美英战争、1898年美西战争、1941年太平洋战争和1950年朝鲜战争等都是典型的位于不同地区国家间的重要战争。在这些战争中很难找到权力转移的迹象；相反，战争双方往往实力悬殊。当然，这些战争不伴随权力转移的事例并不能否定权力转移理论的有效性。但如果绝大多数具备重大利益冲突的、不同地区的大国间发生权力转移时都未发生战争，则权力转移理论解释这一类事例的效力将受到严重质疑。

那么地缘政治因素尤其是地理距离究竟是否会影响权力转移与战争之间的关系呢？支持地缘政治持续性影响的学者认为，由于地理距离，一国不会对对方领土和缓冲地带的安全产生直接威胁。一国的战争意愿会因利益冲突地区与本土距离的增加而减弱。[①] 两者的安全困境烈度比同一地区发生权力转移的大国小。此外，权力投射能力也随着地理距离增加而递减，尤其是当两国被巨大水体阻隔时。[②] 无论权力投射能力如何强大，一国政府都难以解释为何相隔遥远的地区值得该国投入大量军事资源和士兵生命，因而无法提升跨地区作战的本国军队的士气。[③] 按照这一逻辑，权力转移中不同地区间的两个大国即使具有重大利益冲突，亦不愿劳师袭远与另一大国发生冲突。地理距离将影响权力转移的后果，不同地区大国之间的权力转移导致战争的概率较小。

也有学者认为，近现代军事权力投射能力的迅速发展已使地理距离不再重要。[④] 按照这一逻辑，则权力转移双方地理距离对权力转移的后果不

---

① Robert David Sack, *Human Territoriality: Its Theory and History*, Cambridge: Cambridge University Press, 1986, p. 2; Patrick O' Sullivan, *Geopolitics*, New York: St. Martin's Press, 1986, p. 11.

② Kenneth E. Boulding, *Conflict and Defense: A General Theory*, New York: Harper Torchbooks, 1963; John Mearsheimer, *The Tragedy of Great Power Politics*, New York: W. W. Norton & Company, 2001.

③ Bruce Bueno de Mesquita, *The War Trap*, New Haven and London: Yale University Press, 1981, p. 44.

④ Albert Wohlstette, "Illusions of Distance", *Foreign Affairs*, Vol. 46, No. 2, 1968, pp. 242 - 255.

会产生重要影响。本文认为：地理距离会对权力转移和战争之间的关系产生影响。在同一地区内，权力转移导致战争的概率较大，而不同地区国家之间的权力转移导致战争的概率较小。

本文依据战争相关指数数据库中的国家能力综合指数，列出自1816年以来主要大国和各地区主要大国之间所发生的权力转移，以观测地理距离是否影响主要大国之间权力转移与战争的关系。

国家能力综合指数虽然具有较大局限性，如其过于强调人口在国家权力中的影响、忽视科技在国家权力中的作用、用钢产量和能源消耗量衡量一国的工业化水平容易夸大人口众多的前现代化国家的国家权力等。同时，国家能力综合指数也无法显示一国是否处于分裂之中。20世纪上半叶，中国积贫积弱，其国家能力综合指数却一直保持较高水平，这显然是不合理的。然而，这一指数仍然是当前较为系统地反映了近两个世纪不同国家权力的数据。除中国和印度这样的人口大国外，其对各国权力的测定还是相对准确的，能较恰当地体现一国在某一年的权力水平。因此本文依据这一指数测量各国权力。

权力转移是一种趋势，所以应用较长的时间段来衡量。因此，与奥根斯基和库格勒一样，本文以每20年为一个阶段，对一对对象国家的国家能力综合指数比值进行观测。[①] 在这一对比值中，国家能力综合指数较小国家的国家能力综合指数值作为分子，另一国家的国家能力综合指数值作为分母，所得比值作为一个观测值。在这20年中，如果一对国家中实力较弱国家连续三年或非连续五年达到较强国家能力综合指数的80%，或较弱国家国家能力综合指数超过较强国家，则认为两国之间发生了权力转移。由权力转移导致的战争与权力转移的发生存在先后顺序，因此，由战争引起的权力转移不应被视为权力转移，以避免因果倒置。[②]

① A. F. K. Organski and Jacek Kugler, *The War Ledger*, Chicago: The University of Chicago Press, 1980, p. 48.

② 这样可以避免有些学者提出往往是战争导致权力转移而非反之的情况，参见 Richard Ned Lebow and Benjamin Valentino, "Lost in Transition: A Critical Analysis of Power Transition Theory", *International Relations*, Vol. 23, No. 3, 2009, pp. 389-410.

表2为奥根斯基与库格勒整理的1860—1975年的主要大国。本文基本采用两人对大国的定义，将各主要大国进行配对，不再使用中央系统与边缘系统这一具有欧洲中心论色彩的区分。另外，本文将观测时间提前至1816年，即战争相关因素数据库的起始年份。即使在大国中，具有地区间投射权力的国家并不多，只有1890年之后的英国和美国、1870年之后的法国、德国以及俄国尤其是1945年之后的苏联长期具有地区间投射权力的能力。因此，本文将把这些国家同其他与这五国不在同一地区的主要大国进行配对。[①] 除主要大国外，本文还将选取某一区域或次区域国家能力综合指数位于前列的地区大国，将它们与各自所在地区其他大国配对，以观察权力转移是否会增加战争风险。

表2　**“中央体系”和“边缘体系”中的大国**（1860—1975）

国家	“中央体系”	“边缘体系”
意大利	1860—1975	
法国	1860—1975	
奥匈帝国	1860—1918	
普鲁士—德国—联邦德国	1860—1975	
英国	1860—1975	
俄国—苏联	1860—1975	
日本	1900—1975	1860—1900
美国	1940—1975	1860—1940
中国	1950—1975	1860—1950

资料来源：A. F. K. Organski and Jacek Kugler, *The War Ledger*, Chicago: The University of Chicago Press, 1980, p. 43。

本文对战争的列举亦使用战争相关因素数据库，但仅将发生正面冲突的事例视为战争，只宣战而不发生正面冲突的事例不被视为战争（如第一

① 将这些大国与其他次级国家配对意义较小，因为它们之间发生权力转移的概率较小；将不具备权力投射能力的大国与其他次级国家之间进行配对亦没有太大意义，如意大利或奥匈帝国与巴西、阿根廷。

次世界大战期间的中国与德国)。本文对地理距离使用了较为宽松的定义方法。在同一地区的国家被视为地理距离上临近，不在同一地区的国家则被视为地理距离上远离。本文依据战争相关因素数据库划定地区。该数据库将全球划分为西半球、欧洲、非洲、中东、亚洲和大洋洲六大地区。在这六大地区外，本文将不包括中美地峡的南美洲作为第七大地区。①

本文共选取 7 个地区的 45 个主要国家行为体（包括 9 个大国），按照以上规则观察它们之间的权力转移和战争次数。其结果为：在 453 个观测值中观测到 107 次权力转移，在这 107 次权力转移中有 30 个观测值中发生了战争。通过皮尔森卡方检验得出，权力转移与战争之间在 0.05 显著水平上并不相互独立（见表 3)。因此，权力转移与战争爆发在整体上具有相关性。

表 3　**权力转移与战争间独立性的皮尔森卡方检验**

$\chi^2=25.27$，拒绝权力转移与战争相互独立的假设		权力转移		总数
		是	否	
战争	是	30	77	107
	否	77	269	346
总数		107	346	N = 453

资料来源：笔者自制。

然而，权力转移理论并没有考虑地缘政治因素，尤其没有考虑在同一地区国家之间和不同地区国家之间权力转移是否对战争爆发具有同样的意义。在 107 次权力转移中，有 88 次发生于同一地区国家之间，其中 28 次在权力转移发生之后伴随着战争；而在不同地区大国发生的 15 次权力转移中，只有 2 次在权力转移发生后伴随着战争。也就是说，在地区权力转移中，有近 1/3（31.82%）的权力转移伴随着战争；而在地区间权力转移中，只有不到 1/7（13.33%）的权力转移伴随着战争，而且仅有的两例地区间权力转移战争的背景十分复杂（1940 年日本入侵法属中南半岛时，法

① 大国即使在海外拥有基地和殖民地亦不被视为当地的本土国家，因为其在当地的权力投射仍受到巨大限制且其存在从该地撤出的选择。

国已被德军攻陷；第二次世界大战期间美国对德宣战时，德国正在与苏联鏖战），很难说是典型的权力转移战争。表4和表5说明，在同一地区范围内，权力转移与战争爆发具有很强的相关性，而在不同地区大国之间发生的权力转移与它们之间战争的爆发没有显著相关性。表6更直观地说明，两个相关国际关系行为体是否在同一地区与它们之间的权力转移是否伴随战争具有很强的相关性。地区间权力转移与战争的关联度较低，而同一地区权力转移与战争的关联度较高。

表4　**同一地区权力转移与同一地区战争间独立性的皮尔森卡方检验**

$\chi^2=21.71$，拒绝地区性权力转移与地区性战争相互独立的假设		同一地区权力转移		总数
		是	否	
地区性战争	是	28	64	92
	否	60	221	281
总数		88	285	N = 373

资料来源：笔者自制。

表5　**地区间权力转移与地区间战争间独立性的皮尔森卡方检验**

$\chi^2=3.56$，无法拒绝地区间战争与地区间权力转移相互独立的假设		地区间权力转移		总数
		是	否	
地区间战争	是	2	17	19
	否	13	48	61
总数		15	65	N = 80

资料来源：笔者自制。

表6　**是否为同一地区与权力转移是否伴随战争间独立性的皮尔森卡方检验**

$\chi^2=25.63$，拒绝是否同一地区与权力转移是否伴随战争相互独立的假设		权力转移伴随战争		总数
		是	否	
同一地区	是	28	60	88
	否	2	13	15
总数		30	73	N = 103

资料来源：笔者自制。

从另一角度看，如果将权力转移的门槛（崛起国超过守成国国力的80%被视为发生权力转移）大幅降低，则地区间权力转移战争爆发的概率会增大（如太平洋战争、朝鲜战争等）。在13次非权力转移性地区间战争中，有7次发生在两国国家能力综合指数比值在52%—70%，另有5次发生在两国国家能力综合指数比值在15%—38%，只有1次超过70%。

这些现象反映了权力转移理论的不足。权力转移理论之所以没有关注这一现象，既与其测量权力的方式有关，又与其不重视权力转移与战争爆发之间的因果链或发生机制相关。

那么是何种机制导致了同一地区和不同地区间大国权力转移结果的差异呢？

地缘因素通过影响领土与势力范围冲突及由此带来的横向压力和安全困境的大小、对于相对实力和可能的冲突结果的评估、同盟关系等影响权力转移与战争的因果关系机制。本文设想，在同一地区内权力转移发生时，战争发生概率较大。首先，地理邻近性往往伴随着领土、势力范围或缓冲地带的争夺，这会导致巨大的横向压力①和严重的安全困境。而权力转移带来的“承诺问题（commitment problem）”② 等将大大加剧守成国与崛起国之间的横向压力和安全困境，引发两国互相恐惧。守成国认为如果权力转移持续进行，则其在未来与崛起国的争端中将处于愈加不利的地位。因此，守成国希望在崛起国权力超过自身之前阻抑其崛起势头，甚至以先发制人的预防性战争遏制其崛起。崛起国则试图利用新增加的权力扩展自身利益，又惧于守成国阻挠或发动预防性战争，希望减弱守成国的优势。由此两国之间的安全困境增加，误判的可能性增大。其次，在此类争夺发生时，由于权力转移的发生，争夺的结果具有很大的不确定性。双方

① 关于“横向压力”，参见 Nazli Choucri and Robert C. North，“Lateral Pressure in International Relations：Concept and Theory”，in Manus I. Midlarsky，ed.，*Handbook of War Studies*，Ann Arbor：University of Michigan Press，1989，pp. 289-326。

② 由于权力转移的发生，崛起国将很难让守成国相信其将信守以前的承诺。参见 James D. Fearon，“Rationalist Explanations for War”，*International Organization*，Vol. 49，No. 3，1995，pp. 401-409。

对相对权力的评估以及对可能发生的冲突或战争结果的评估存在不同，这将使双方都不愿意做出重大让步，从而增大冲突的可能性。[①] 最后，在权力转移过程中，尤其是在多极区域内，守成国往往更加需要盟国或伙伴国家的支持，加之安全困境的压力，其不能坐视盟国的实力受到严重削弱，更倾向于支持盟国的利益，从而形成同盟连锁效应（chain-gang effects）。盟国亦有动因在追求自身利益的同时将守成国一起绑定。在这种情况下，“尾巴摇狗（the tail wagging the dog）”和连锁效应将十分严重，[②] 守成国可能被盟国拖入战争。

而在不同地区国家之间发生权力转移时，战争爆发概率则较小。首先，由于地理距离较远，权力转移带来的崛起国和守成国横向压力相对较小，两国即使有较为严重的利益冲突，但发动战争的意愿较低，都不愿劳师袭远。[③] 其次，两国往往具有相同的战争评估：自身在对方所在地区进行战争的胜算渺茫。因此，当本地区崛起国乙权力指数达到域外守成国甲的80%时，甲往往不会冒战争失败的巨大风险去直接阻止乙崛起，而会与乙达成某种程度的妥协，或采取风险较小的对抗方式与乙周旋。这两种情况引发战争的可能性都较小。最后，从同盟关系来看，若两国中的域外国家在对方地区内的盟友或伙伴与对方发生利益冲突，其往往也不愿为这些盟友或伙伴火中取栗。在这种情况下，同盟连锁效应比较微弱，从而减小了战争爆发的概率。地区间权力和平转移可能有两种情况：如甲采取妥协策略，其将减少在乙所在地区的军事存在，以缓和与乙的关系（这种妥协

① Geoffrey Blainey, *The Causes of War*, New York: The Free Press, 1973.

② “尾巴摇狗”在国际关系中一般指小国或相对不重要的国际关系行为体主导了大国或重要国际关系行为体的行为和政策；连锁效应指联盟造成的利益捆绑，易造成冲突或战争的扩大化。

③ 有关战争意愿与地理距离的关系，参见 Colin S. Gray, *The Geopolitics of the Nuclear Era: Heartland, Rimlands, and the Technological Revolution*, New York: Crane, Russak & Company, 1977, p. 59; Bruce Bueno de Mesquita, *The War Trap*, New Haven and London: Yale University Press, 1981, p. 44; Patrick O' Sullivan, *Geopolitics*, New York: St. Martin's Press, 1986, pp. 11-12; Robert David Sack, *Human Territoriality: Its Theory and History*, Cambridge: Cambridge University Press, 1986, p. 2; Benjamin Miller, *States, Nations, and the Great Powers: The Source of Regional War and Peace*, Cambridge: Cambridge University Press, 2007, pp. 14-15。这些学者大都认为，即使现代技术已克服了地理距离的物理屏障，却依然无法克服地理距离带来的战争意愿的削弱。

与缓和在甲面对甲所在地区的地区竞争者的挑战时更易发生）；如甲采取对抗策略，则其可能在经济、科技和文化等方面压制乙，并拉拢乙所在地区的对手对抗乙，但会避免与乙发生直接军事冲突。乙必然在其所在地区扩张影响力，若甲妥协，乙具有采取合作政策的动因，权力转移将是妥协性和平权力转移；若甲采取对抗政策，乙也将采取对抗政策，两国间发生严重危机的可能性大于前一情况，但慑于甲的余威，乙也将避免直接军事冲突，更不会冒战争风险在甲所在地区过度寻衅，此种权力转移将是对抗性权力和平转移。当然，即使双方最终都选择妥协，甲乙地区间权力转移的过程往往也会伴随长期的摩擦、一定程度的武装对峙甚至小规模冲突，但两国之间发生权力转移战争尤其大规模战争的概率较小。

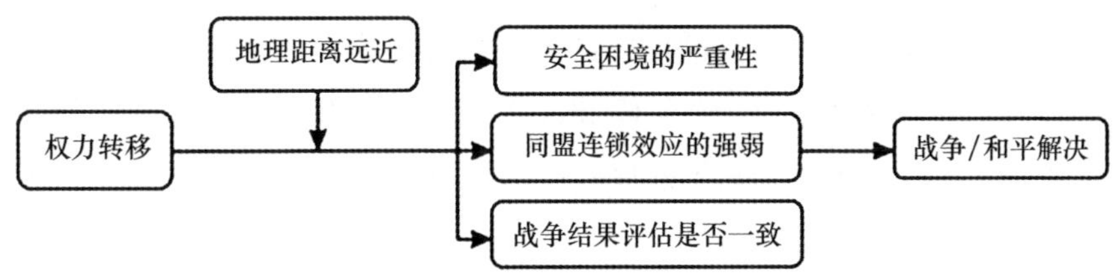

图 1　地理距离对权力转移结果的影响机制

资料来源：笔者自制。

该设想似乎也能解释降低权力转移门槛会增加地区间权力转移战争数量这一现象。在门槛降低的情况下，本地区崛起国依仗其地缘优势，域外守成国依仗其权力优势，两国对战争后果不确定性的预判增加，尤其当本土国家已卷入与其他地区强国的战争中（此时稍弱的域外国家会趁火打劫，如八国联军侵华战争中比中国弱小的列强亦欲分一杯羹）[①] 或域外国家还在其他地区与某些国家发生利益冲突之时（此时较弱的本土国家会趁

① 类似于兰德尔·施韦勒所说的“豺狼行为（Jackals）”，参见 Randall L. Schwelle, “Bandwagoning for Profit: Bringing the Revisionist State Back In”, *International Security*, Vol. 19, No. 1, 1994, pp. 72-107。

火打劫，如美国在拿破仑战争时期发动对英1812年战争）。[①] 而此时域外国家也存在发动预防性战争的动机。当本地区崛起国权力已达域外守成国的80%或以上时，双方对于战争结果倾向于产生一致性评估：域外国家获胜概率极低，这种情况下战争发生的概率较小。总之，不同地区的国家之间发生利益冲突，在两国国力差距巨大、没有奥根斯基所说的权力转移（即以国家实力比值80%为门槛的权力转移）发生时，战争发生的概率较大。[②]

四　德俄权力转移、英美权力转移与美苏权力转移比较研究

通过对比第一次世界大战前夕的德俄权力转移、19世纪末20世纪初的英美权力转移和20世纪50年代末60年代初的美苏权力转移，或可窥见同一地区大国间权力转移与不同地区大国间权力转移之不同，从而检验本文的论点和设想。

以奥根斯基为代表的权力转移理论学者认为第一次世界大战前英德之间发生了权力转移，并将其看作第一次世界大战的根本原因，也视其为典型的权力转移战争的案例，19世纪末20世纪初的英美权力转移则被视为权力和平转移的典型案例。但他们对第一次世界大战根本性原因的解释恐与事实不符。在整体国家实力上，除海军和金融能力外，德国的综合国力在大多数方面已超越英国，且这种趋势仍在扩大。在欧洲地区，自普法战争后，德国一直主导欧洲秩序，其主导地位虽在1890年后逐渐式微，但直到第一次世界大战结束才宣告终结。从这一意义上讲，德国很难被视为当时国际秩序的挑战者。英德最为突出的矛盾——海军竞争——也不是第一

① 关于后一种情况，参见 Ruizhi Pang，"Power Distribution and the Results of Major Inter-Regional Crisis：Distant Powers，Uncertain Balances"，Ph. D. Dissertation，Boston：Boston University，2021，Chapters 3 and 6。

② Ruizhi Pang，"Power Distribution and the Results of Major Inter-Regional Crisis：Distant Powers，Uncertain Balances"，Ph. D. Dissertation，Boston：Boston University，2021，Chapters 3 and 6.

次世界大战爆发的主要原因，只能说恶化了双边关系，以至于欧陆战争爆发时英国有更大概率选择与德国敌对的阵营。英德虽然最终爆发了战争，但欧洲局势早已不为英国所左右，德国曾努力争取英国中立。英国卷入战争是欧陆战争的余波，英国参战也有一定的不情愿性，这皆与权力转移理论的逻辑不符。因此，英德在第一次世界大战中交战很难说是权力转移的结果。

与奥根斯基等人关于英德权力转移的论述相比，德俄之间的权力转移对第一次世界大战的爆发更具相关性和典型性。第一次世界大战前夕，俄国逐渐从日俄战争后的低谷中走出，国力迅速提升，泛斯拉夫主义的民族主义情绪也随之高涨。俄奥、德俄在巴尔干半岛的争夺与冲突是第一次世界大战爆发的直接原因。与对第一次世界大战起源的解释不同，以奥根斯基为代表的权力转移理论学者和其他相关理论都认为英美权力转移是和平转移的典型案例，甚至权力转移理论的批评者也将英美权力转移视为和平转移的经典案例。[1]

第一次世界大战前的德俄权力转移和19世纪末20世纪初的英美权力转移分别被认为是同一地区大国间权力转移和地区间大国权力转移的典型代表。对这两个案例进行因果机制分析既可以检验本文的自变量——两国是否在同一地区——在条件变量（两国发生权力转移）发生时如何影响因变量（是否发生战争），又可与权力转移理论和相关理论进行对比，以检测本文提出的设想的解释力。由于英美权力转移是典型的一方妥协的地区间权力和平转移，因此，本文另外加入20世纪50年代末60年代初的美苏权力转移案例作为地区间对抗性权力和平转移的案例，并与德俄权力转移与英美权力转移进行对比分析。

（一）德俄权力转移与第一次世界大战爆发

根据国家能力综合指数，自1895年后，俄国国家能力达到德国的

① Zhiqun Zhu, *US-China Relations in the 21st Century: Power Transition and Peace*, New York: Routledge, 2006, p. 52.

80%（但第一次世界大战之前未能反超）。1910年，这一比值已近90%。1910年后，俄国的军事装备得到改进，军队规模有所扩张，军队组织形式增强。俄国在法国的金融支持下，开始重建波罗的海舰队，并开始修筑通往波兰的战略铁路。[①] 经过斯托雷平土地改革，俄国经济状况开始好转，这令德国和其他欧洲国家印象深刻。[②] 德国决策者认为，如任这种趋势继续下去，不出数年，德国将再也无法遏制俄国。

由于地理上的邻近性，权力转移使德俄两国开始具备战略层面的矛盾。长期以来，两国没有直接矛盾，战略矛盾也不深。俄国的战略、外交与国家安全受益于德国与英、法两国的均势，德国亦未将俄国视为主要威胁。然而，随着两国权力的接近，情况发生了改变。对德国来说，俄国的崛起威胁着东普鲁士地区，威胁着德国在中部欧洲的地位以及“施里芬计划”的实施，法俄同盟又使德国处于“邻国结盟的梦魇”之中，深忧于两线作战的可能；[③] 俄国支持泛斯拉夫主义、支持塞尔维亚，这对德国唯一的大国盟友奥匈帝国产生了巨大威胁。而对俄国来说，德国是俄国扩展中东欧影响的首要障碍，因其对奥匈帝国和奥斯曼帝国的支持，德国成为俄国在巴尔干地区扩张、控制土耳其海峡（该海峡是俄国开展对外贸易、获得外界战略物资援助的最重要航道）的最大障碍。

德俄之间的权力转移加剧了两国的战略矛盾和安全焦虑。俄国通往中东欧的战略铁路将大大提高其战争动员的速度，给德国带来重大威胁。俄国动员速度的提升直接威胁到“施里芬计划”的可行性。按照“施里芬计划”，一旦战争爆发，基于俄国缓慢的动员速度，德国可以首先集中优势兵力在六个星期内击败领土面积和回旋空间较小的法国，而后再将军队调至东线与俄国作战。如俄国实力进一步增长，战争动员速度大幅提升，则

① David Stevenson, *Armaments and the Coming of War: Europe, 1904-1914*, Oxford: Clarendon Press, 1996, Chapter 3.

② Christopher Clark, *The Sleepwalkers: How Europe Went to War in 1914*, New York: Harper Collins Publishers, 2012, pp. 326-327.

③ 约瑟夫·乔菲：《德国：从腓特烈大帝到联邦共和国》，载［美］罗伯特·A. 帕斯特编《世纪之旅：七大国百年外交风云》，胡利平、杨韵琴译，上海人民出版社2001年版，第98—153页。

会出现“我军未及巴黎，而俄国人已抵柏林”的情况。[①] 于是，恐俄情绪和宿命论（fatalism）开始在德国决策者中蔓延，支持针对俄国进行先发制人的预防性战争的决策者日益增多。[②] 很多决策者认为，如不及早解决俄国问题，德国将面临“战败与灭亡的双重威胁”。[③]

随着德国之于俄国国家实力的相对衰落，其更加需要盟国的支持。这使得德国与奥匈帝国的安全高度捆绑，形成了同盟连锁效应。奥匈帝国的安全对“施里芬计划”的有效实施至关重要。德国需要奥匈帝国在战争初期拖住俄国，直到德国击败法国、将兵力调至东线。然而，第一次世界大战前奥匈帝国处境困难。虽然其经济稳定增长，但陷入衰败却是不争的事实。影响奥匈帝国国家实力最为突出的问题是其境内的斯拉夫民族问题。随着大塞尔维亚主义的兴起，塞尔维亚企图联合奥匈帝国境内斯拉夫人集中的地区建立一个“大塞尔维亚国家”。这一企图在1908年奥匈帝国兼并波斯尼亚之后更加明显。塞尔维亚在两次巴尔干战争后国力增强，开始加强泛斯拉夫主义的宣传和行动。一些民间和半官方的带有恐怖主义性质的

---

① Norman Stone, *The Eastern Front, 1914-1917*, London: Penguin Books, 1998, p. 42.

② 戴尔·科普兰对德国的预防性战争政策做了论述，参见 Dale Copeland, The Origins of Major War, Ithaca: Cornell University Press, 2001, Chapters 3 and 4。科普兰试图使用系统性理论解释大战为何于1914年而非1912—1913年的两次巴尔干战争时期爆发。然而，系统性理论往往只能解释和预测某种趋势，而不能在未添加其他变量的情况下进行精确解释和预测，如预防性战争理论可以预测德俄权力转移增加了战争概率，但很难预测大战会因第一次巴尔干战争期间塞尔维亚和黑山进攻斯库台、俄国和奥匈帝国于加利西亚对峙而发生，或是因第二次巴尔干战争期间塞尔维亚侵略阿尔巴尼亚、奥匈帝国对塞尔维亚最后通牒而发生，还是因1914年的七月危机而发生。科普兰的预防性战争理论存在过度解释的问题。为论证德国的预防性战争计划，科普兰将1912—1914年若干大事皆归因于德国（或说是贝特曼）的计划，而该计划每每都能精确地达成目的，似乎其他国家的决策者不过是贝特曼等人的提线木偶，从而忽视了塞尔维亚、奥匈帝国和俄国战略诉求和策略手段的自主性与自发性，其各自政策并不由（至少并不完全由）德国所决定。科普兰的很多论述带有选择性，如其认为巴尔干战争时期德国一味防止奥匈帝国采取激进政策，但实际上德国的第一次空头支票正是此期间开出的，黑山占领斯库台后，德国支持奥匈帝国对黑山采取军事行动。如果黑山不屈服于奥匈帝国的动员威胁，则第一次巴尔干危机后果难料。参见 Samuel R. Williamson, *Austria-Hungary and the Origins of the First World War*, New York: Macmillan, 1991, p. 142。在第二次巴尔干战争中，德国亦支持奥匈帝国对塞的最后通牒。在两次巴尔干战争和七月危机中，奥匈帝国对塞政策有一定的自主性，并不完全受德国控制。

③ Kevin Krame, "A World of Enemies: New Perspectives on German Military Culture and the Origins of the First World War", *Central European History*, Vol. 39, No. 2, 2006, p. 272.

秘密组织也在塞尔维亚成立。这严重威胁到奥匈帝国的国家统一与安全。对于奥匈帝国来说，塞尔维亚代表着对于帝国安全与生存的双重威胁。[①] 奥匈帝国希望德国能够明确支持自己的对塞政策。

俄国对奥斯曼帝国和奥匈帝国的野心令德国忧心忡忡。随着俄国国家实力的增强，其战略野心亦随之增长。经过两次巴尔干战争，奥斯曼帝国的解体似乎已为时不远，土耳其海峡的控制权将会易主，俄国再次将目光投向黑海出海口和海峡控制权。为此，俄国加紧扩展其在巴尔干半岛的影响，这与奥匈帝国在领土和势力范围上发生了正面冲突。两次巴尔干战争中奥匈帝国的脆弱暴露无遗，这也激起俄国对扶植塞尔维亚以对抗甚至分裂奥匈帝国的兴趣。1914 年 1 月 6 日，俄国外交大臣谢尔盖·萨佐诺夫（Sergei Sazonov）在给沙皇尼古拉二世（Nicholas Ⅱ）的备忘录中首次提出通过海峡问题挑起第一次世界大战，最终达到三国协约共同占领和瓜分奥斯曼帝国的目的。[②] 俄国最有影响力的报纸《新时代》在 1914 年 4 月 17 日公开提出，肢解奥匈帝国势在必行，正如奥斯曼帝国的瓦解不可避免一样。[③] 俄国也一直垂涎奥匈帝国的加利西亚地区。俄国陆军大臣弗拉基米尔·苏霍姆利诺夫（Vladimir Sukhomlinov）曾强调吞并加利西亚对俄国防卫的重要性。1914 年 5 月初，当被法国驻俄大使毛里斯·帕莱奥洛格（Maurice Paléologue）问及若奥皇因年老退位，俄国将作何打算时，一位高阶俄国官员回答说："首先，我们必将吞并加利西亚。"[④]

为削弱奥匈帝国，俄国对塞尔维亚的大塞尔维亚主义采取了纵容与帮

---

① Samuel R. Williamson, Jr., "The Origins of World War Ⅰ", in Robert Rotberg and Theodore Rabb, eds., *The Origin and Prevention of Major Wars*, Cambridge: Cambridge University Press, 1988, p. 235.

② "Sazonov to Tsar Nicholas Ⅱ, Jan. 6, 1914", 转引自 Sean McMeekin, *The Russian Origins of the First World War*, Cambridge and London: The Belknap Press of Harvard University Press, 2011, p. 31.

③ 转引自 Sean McMeekin, *The Russian Origins of the First World War*, Cambridge and London: The Belknap Press of Harvard University Press, 2011, p. 22。

④ "Paléologue to Doumergue, May 3, 1914," 转引自 Sean McMeekin, *The Russian Origins of the First World War*, Cambridge and London: The Belknap Press of Harvard University Press, 2011, p. 22。该作者认为，俄国对保护塞尔维亚并没有十分上心，其参与战争实则是为入侵加利西亚寻找借口。

助的政策。俄国对塞尔维亚的许多秘密组织并非全然不知。很多历史学家认为，俄国对针对斐迪南大公（Franz Ferdinand）的刺杀行动起码是知情的。俄国驻塞尔维亚武官维克托·阿塔莫诺夫（Viktor Artamonov）与塞尔维亚陆军参谋本部上校、恐怖组织“黑手会”领导、刺杀斐迪南大公的策划者德拉古廷·迪米特里耶维奇（Dragutin Dimitrijevic）接触频繁。迪米特里耶维奇极有可能知会过阿塔莫诺夫有关刺杀行动的信息。① 俄国驻塞尔维亚大使尼古拉·哈特维希（Nikolai Hartwig）不知悉这一行动的可能性也很低。②

由于地理上邻近，俄国实力的扩张和野心的增长、俄国对塞尔维亚的支持以及塞尔维亚日益增强的国力直接威胁到奥匈帝国的国家安全与生存，也进一步刺激了相对衰落中的德国。德国于1912年年底便开始为战争做准备。在1912年12月8日召开的战争委员会上，德皇认为塞尔维亚不会安分守己，奥匈帝国为了国家安全必须积极应对塞尔维亚的威胁。但是，萨佐诺夫曾宣称若奥匈帝国进军塞尔维亚，俄国将会挺进加利西亚。俄国若参战，法国必然参战，而英国出于权力均衡的考量不允许法国失去独立性。德国不得不为同时与俄、法、英三国战争做准备。③

由于担忧俄国实力继续增长，预防性战争概念在德国甚嚣尘上。很多德国领导人都认为，应当趁德国相对其他国家具有军事优势时发动战争。总参谋长赫尔穆特·冯·毛奇（Helmuth Johannes Ludwig von Moltke，以下称小毛奇）在战争委员会上指出，战争不可避免，晚打不如早打。外交大臣戈特利布·冯·贾高（Gottlieb von Jagow）亦赞同此观点。于是，德国开始积极备战。④ 与此同时，德国愈加认识到塞尔维亚对奥匈帝国的威胁，

① Luigi Albertini, *Origins of the War 1914*, Vol. 2, New York: Oxford University Press, 1953, pp. 82-86.

② L. C. F. Turner, *Origins of the First World War*, London: Edward Arnold, 1970, p. 81.

③ John C. G. Röhl, *The Kaiser and His Court: Wilhelm Ⅱ and the Government of Germany*, New York: Cambridge University Press, 1987, pp. 162-165.

④ John C. G. Röhl, *The Kaiser and His Court: Wilhelm Ⅱ and the Government of Germany*, New York: Cambridge University Press, 1987, p. 162; Fritz Fischer, *The War of Illusions*, New York: W. W. Norton & Company, 1975, p. 402.

逐渐改变了以往对奥匈帝国对塞强硬政策的相对模糊态度，开始积极地支持和怂恿奥匈帝国对塞采取强硬政策，甚至威胁奥匈帝国如果其软化对塞政策，德国将削减对其支持的力度。萨拉热窝事件后，德国决策者认识到，奥匈帝国正在丧失大国地位，这使三国同盟受到削弱。奥匈帝国未来将更加无力应对塞尔维亚的威胁，因此奥匈帝国应当抓住时机清算与塞尔维亚的矛盾，德国必须给予支持。① 鉴于德国做出的承诺，奥匈帝国更倾向于采取激进的对塞政策，甚至不惜发动战争保卫国家生存。

早在1912年11月22日奥匈帝国总参谋长布拉修斯·冯·舍穆瓦（Blasius von Schemua）访问德国总参谋部并与德皇和小毛奇会谈时，小毛奇和德皇就先后承诺，如果奥匈帝国在攻击塞尔维亚过程中受到俄国威胁，在任何情况下都可以绝对地相信德国的帮助。这被视为德国给奥匈帝国对塞政策开出的第一张空头支票。② 而在萨拉热窝事件后的第七天（1914年7月5日），德国给奥匈帝国开出又一张空头支票。德皇承诺奥匈帝国驻德大使，无论奥匈帝国对塞尔维亚采取何种强硬手段，德国都将予以支持。然而，奥匈帝国最高决策者尤其是匈牙利首相伊斯特万·蒂萨（István Tisza）在对塞战争上仍然有所犹疑。为此，德国驻奥匈帝国大使海因里奇·冯·奇尔施基（Heinrich von Tschirschky）拜访了奥匈帝国外交大臣利奥波德·贝希托尔德（Leopold Berchtold），传达了德国对当下情势的主张："德皇令我强调，德国十分期待针对塞尔维亚的行动，不明白奥匈帝国为何要放弃这一打击塞尔维亚的良机……德国将视奥匈帝国与塞尔维亚谈判为软弱行为，这将损害奥匈帝国在三国同盟中的地位并影响德国未来的政策。"③ 奥皇弗朗茨·约瑟夫一世（Franz Joseph Ⅰ）和奥地利首相

① "Jagow to Lichnowsky, Jul. 18, 1914, No. 72", in Max Montgelas and Walther Schücking, eds., *Outbreak of the World War: German Documents Collected by Karl Kautsky*, New York: Oxford University Press, 1924, pp. 131-132..

② John Röhl, *Wilhelm Ⅱ: Into the Abyss of War and Exile: 1900-1941*, New York: Cambridge University Press, 2014, pp. 895-896.

③ "Private Letter by Berchtold to Tisza, Jul 7, 1914," in Imanuel Geiss, ed., *July 1914; The Outbreak of the First World War; Selected Documents*, New York: W. W. Norton & Company, 1974, p. 102.

卡尔·冯·施图尔克（Karl von Stürgkh）也担心一旦奥匈帝国采取缓和政策，德国将不复给予无条件支持。在这种压力下，德皇于1914年7月9日认可了对塞的强硬行动；7月14日，施图尔克和蒂萨等商定了对塞最后通牒的条款及预期的递交日期（7月25日，后改为23日）。奇尔施基认为最后通牒的内容将几乎不可能被塞尔维亚接受，对塞战争势在必行。①

由于权力转移的发生，双方对于彼此相对实力及冲突的结果持有不同评估。德国做出此种决策的重要原因之一是德皇与首相奥巴尔德·冯·贝特曼-霍尔韦格（Theobald von Bethmann-Hollweg）以及奥匈帝国的一些决策者仍怀有侥幸心理，都认为此时俄国尚未做好战争准备，德国仍然享有对法俄两国的权力优势。在德国的威慑下，俄国或许会如其在波斯尼亚危机和第二次巴尔干战争中一样采取妥协政策，不会干预奥匈帝国对塞尔维亚的战争。法国也会尽力阻止俄国采取军事行动。此种情况下，奥匈帝国与塞尔维亚的战争将会是区域性的，德奥两国将取得对俄的外交胜利。此时的德国国家实力强于俄国，相对于俄国拥有更多更高的谈判筹码，但随着德俄之间的权力转移，德国的谈判筹码将会不断减弱。即使此时发生战争，德国决策者有信心赢得对俄法两国的胜利，但随着时间的推移，德国的信心将减弱。②

基于国力的快速增长、德国的相对衰落和奥匈帝国的绝对衰落，俄国决策者对己方阵营实力和战争结果也持乐观态度。他们认为，虽然法国不愿卷入近东冲突，但一旦俄国与德奥开战，法国将别无选择。法国总理雷蒙·普恩加莱（Raymond Poincaré）1914年7月20—23日到访俄国，使萨

① "Berchtold to Franz Joseph, Jul 14, 1914," in Imanuel Geiss, ed., *July 1914*; *The Outbreak of the First World War*; *Selected Documents*, p. 113; "Tschirschky to Bethmann Hollweg, Jul 14, 1914, No. 49", in Max Montgelas and Walther Schücking, eds., *Outbreak of the World War*: *German Documents Collected by Karl Kautsky*, New York: Oxford University Press, 1924, pp. 112–113.

② A. J. P. Taylor, *The Struggle for Mastery in Europe, 1848–1918*, London: Oxford University Press, 1954, p. 522; Luigi Albertini, *Origins of the War 1914*, Vol. 2, New York: Oxford University Press, 1953, pp. 139, 142, 149, 159–161; Austro-Hungarian Monarchy, Ministerium des K. und K. Hauses und des Äussern, *Austrian Red Book*: *Official Files Pertain-ing to the Pre-War History*, Part I, London: George Allen & Unwin LTD, 1920, pp. 18–19; "Jagow to Lichn-owsky, Jul. 18, 1914", in Max Montgelas and Walther Schücking, eds., *Outbreak of the World War*: *German Documents Collected by Karl Kautsky*, New York: Oxford University Press, 1924, pp. 131–132.

佐诺夫确信法国认同俄国对塞尔维亚的强力支持。萨佐诺夫认为，一旦战争爆发，英国必将参加法俄阵营。[①] 这些事实增强了俄国的信心。苏霍姆利诺夫认为："德国或将很快陷入绝境，所有国家都反对它。"[②] 俄国决策者认为，一旦战争爆发，不出数月，俄国将赢得辉煌胜利。[③] 在普恩加莱到访期间，帕莱奥洛格发现俄国弥漫着乐观主义情绪。在7月22日的帝国宴会上，年少的阿纳斯塔西娅女大公（Grand Duchess Anastasia）对他说："战事将起……奥地利将荡然无存……贵国将收复阿尔萨斯和洛林，我们将会师柏林……德国将被摧毁。"[④]

俄国决策者信心满满，决心支持塞尔维亚，但鉴于其缓慢的动员能力，俄国不得不率先进行战争动员。俄国破译了1914年7月14—17日奥匈帝国的三封电报。很难判断俄国到底在多大程度上了解了德奥两国对塞尔维亚的具体要求，但俄国似乎已提前知悉奥匈帝国对塞尔维亚最后通牒的大致内容及发出时间。[⑤] 早在1914年7月24日上午11时，亦即奥匈向塞尔维亚发出最后通牒的第二天，萨佐诺夫便命令俄国总参谋长尼古拉·亚努什科维奇（Nikolai Yanushkevich）"让陆军做好战争准备"，并开始筹划针对奥匈帝国的部分动员计划。[⑥] 萨佐诺夫此时得到了法国大使的空头支票，帕莱奥洛格表示将许可萨佐诺夫针对奥匈帝国对塞尔维亚最后通牒所做出的任何反制措施，并将履行条约义务。[⑦] 俄国在当天下午就召开部

---

① Sidney Fay, *The Origins of the World War*, Vol. Ⅱ, New York: Macmillan Company, 1923, p. 296.

② "Sukhomlinov's Dairy, Aug. 9, 1914", 转引自 Sean McMeekin, *The Russian Origins of the First World War*, Cambridge and London: The Belknap Press of Harvard University Press, 2011, p. 81.

③ Geoffrey Blainey, *The Causes of War*, New York: The Free Press, 1973, pp. 38-39.

④ Maurice Paléologue, *An Ambassador's Memoirs*, Vol. Ⅰ, London: Hatchinson & Co., 1925, p. 23.

⑤ Sean McMeekin, *The Russian Origins of the First World War*, Cambridge and London: The Belknap Press of Harvard University Press, 2011, p. 51.

⑥ Luigi Albertini, *Origins of the War 1914*, Vol. 2, New York: Oxford University Press, 1953, pp. 292-293.

⑦ Sean McMeekin, *The Russian Origins of the First World War*, Cambridge and London: The Belknap Press of Harvard University Press, 2011, p. 56; Luigi Albertini, *Origins of the War 1914*, Vol. 2, New York: Oxford University Press, 1953, pp. 308, 626-627.

长会议，决定原则上动员基辅、敖德萨、莫斯科、喀山四大军区以及黑海和波罗的海舰队的武装力量，并令战争部长苏霍姆利诺夫即刻加紧战争物资的储备以供陆军之需。① 在次日召开的部长会议上，俄国正式宣布进入“战备状态”，在俄奥、俄德边境乃至整个俄国的欧洲部分都开始进行战争准备。② 俄军军事动员部主任谢尔盖·多布洛洛斯基（Sergei Dobrorolski）回忆，从7月24—25日的战争准备开始，“战争已成定局”。③ 7月27日，这一范围进一步扩展到高加索、突厥斯坦、鄂木斯克和伊尔库斯克等军区。④ 这种战备状态和战争准备虽不被官方称为战争动员，但其征召预备兵、在各大城市实行宵禁、提拔士官为军官等行为已经是武装动员。因此，俄国实际上从7月25日起便已开始秘密动员。在运作过程中，很多地方指挥官已经超出战备状态要求进行了武装动员。⑤ 7月25日晚7时，帕莱奥洛格看到华沙站的火车上挤满了军官和人群，“这看上去就是动员……这一次战争真的来了”。⑥ 到7月27日为止，“一半的俄国军队……已经整装待发”。⑦

为配合俄国的武装动员，法国也做了相应的军事准备。1914年7月26日，法国召回了所有休假军官；次日，政府下达指令，要求召回摩洛哥和阿尔及利亚约10万人的部队。⑧ 7月28日傍晚，亚努什科维奇通知俄国各

---

① L. C. F. Turner, “The Russian Mobilization in 1914”, *Journal of Contemporary History*, Vol. 3, No. 1, 1968, p. 75.

② Sidney Fay, *The Origins of the World War*, Vol. Ⅱ, New York: Macmillan Company, 1923, p. 314.

③ “Sergei Dobrorolski, Die Mobilmachung Der Russischen Armee”, 转引自 L. C. F. Turner, “The Russian Mobilization in 1914”, *Journal of Contemporary History*, Vol. 3, No. 1, 1968, p. 77。

④ Norman Stone, “Moltke-Conrad: Relations Between the Austro-Hungarian and German General Staffs, 1909-1914”, *Historical Journal*, Vol. 9, No. 2, 1966, p. 216.

⑤ L. C. F. Turner, “The Russian Mobilization in 1914”, *Journal of Contemporary History*, Vol. 3, No. 1, 1968, p. 77.

⑥ Maurice Paléologue, *An Ambassador's Memoirs*, Vol. Ⅰ, London: Hatchinson & Co., 1925, pp. 35-36.

⑦ John Keegan, *The First World War*, Toronto: Vintage Canada, 2000, p. 61.

⑧ L. C. F. Turner, “The Russian Mobilization in 1914”, *Journal of Contemporary History*, Vol. 3, No. 1, 1968, p. 82.

军区“7月31日将被宣称为全面动员的第一天”,① 可见至少在29日俄国便已开始做全面动员的准备。俄国不仅在俄奥、俄德边境进行了动员，甚至在与七月危机并不相干的高加索地区的俄国与奥斯曼帝国边境进行了动员。或许正是由于俄国在7月29日就已在全面动员的道路上走得太远，当沙皇希望停止全面动员时已没有可能。

俄国的秘密军事准备行动引起了德国的高度警惕，在得知俄国早已动员多日之时，德国决策者担心拖延动员时间会削弱德国在战场上的优势，于是下达动员令。1914年7月26—30日，德国外交部收到了28份关于俄国军事准备的报告，其中至少有16份是涉及俄国在俄德边境的军事准备。参谋本部和海军部收到的类似报告更为频繁。② 虽然俄国在欧洲各大国中军事动员速度最为缓慢，大约26天才能集结全部兵力开往欧洲各战线，而奥匈帝国需要16天，德国只需13天,③ 但是，按照“施里芬计划”，一旦战争爆发，德国需要在俄国尚未动员完结之时就集中兵力进攻动员速度较快的法国并取得决定性胜利。为此，德国不能允许俄法两国过早进行动员。然而，直到7月30日早上，德国总参谋长小毛奇尚未敦促进行动员，这时距俄国武装动员之日已有5天。德皇得知此消息后十分震惊，认为德国也不得不进行动员。④ 7月31日，德国宣布进入战备状态。8月1日，德国下达动员令。

德俄两国都进行动员之后，战争已不可避免，德国在下达动员令的同日向俄国宣战，同盟连锁效应迅速将欧洲大国卷入战争，第一次世界大战正式爆发。德俄间的权力转移加剧了两国由于地理邻近性所产生的战略矛盾和安全焦虑。预防性战争政策在德国高层决策者中得到越来越多的支

① “Janushkevich, Jul. 28, 1914”, 转引自 Luigi Albertini, *Origins of the War 1914*, Vol. 2, New York: Oxford University Press, 1953, p. 545。

② Sidney Fay, *The Origins of the World War*, Vol. Ⅱ, New York: Macmillan Company, 1923, pp. 320-321.

③ Bruce Menning, *Bayonets Before Bullets: The Imperial Russian Army, 1861 - 1914*, Bloomington: Indiana University Press, 1992, p. 252.

④ Luigi Albertini, *Origins of the War 1914*, Vol. 2, New York: Oxford University Press, 1953, p. 560.

持。随着国家实力的提升，俄国再次将目光投向控制黑海出海口和土耳其海峡，企图削弱甚至肢解奥斯曼帝国和奥匈帝国。衰落中的德国则更加需要盟友奥匈帝国的支持，因而支持和鼓励奥匈帝国对塞尔维亚采取强硬政策。由于德俄间的权力转移，两国对两个集团的相对实力和战争的结果有着不同的预估，在对塞政策上互不相让。俄国战争动员速度的缓慢促使其提前进行了动员，引发了德国的动员。这些因素都导致第一次世界大战的最终爆发。

由权力转移和地理邻近性产生的横向压力、安全困境、领土或势力范围的争夺、同盟连锁效应以及对相对实力、战争结果的不同评估，同样是其他地区性权力转移战争如普奥战争、普法战争和第二次世界大战等爆发的重要因素。

（二）英美权力转移与矛盾的和平解决

如果说权力转移理论学者将第一次世界大战的爆发视作权力转移战争的典型案例，那么英美在 19 世纪末 20 世纪初的权力转移则被视为权力和平转移的典型案例。

然而，权力转移理论学者对这次权力和平转移原因的解释却牵强附会。他们认为，英美之间的权力和平转移得益于双方文化和贸易上的亲缘关系以及两国同为现状国家的现实。但他们没有看到，一方面，在这一时期美国自认的优越性来源于其自我标榜不同于欧洲君主体制的共和体制以及新大陆与“腐朽”的旧大陆之间的不同;① 另一方面，美国帝国主义和扩张主义情绪高涨，不仅在美洲大肆奉行门罗主义、驱逐欧洲势力，还挑起了美西战争，将势力范围扩展到关岛和菲律宾，在中美地峡运河、英属圭亚那—委内瑞拉领土争端等问题上挑战既有秩序。因此，美国是典型的修正主义国家。此外，权力转移理论也没有例外。

19 世纪末 20 世纪初，美国的经济总量、人口和工业产值等指标已经

① “Olney to Bayard，Jul. 20”，in U. S. Department of State，*Foreign Relations of the United States* (*FRUS*)，*1895*，Vol. Ⅰ，Washington，D. C.：U. S. Government Printing Office，1896，p. 557.

超越英国。根据国家能力综合指数，美国国家能力于1888年达到英国国家能力的80%以上，并在1897年实现反超。美国的军事实力尚且不及欧洲主要大国，但已在迅速追赶之中。

基于其雄厚的经济实力和工业生产能力，美国军事发展的进程甚为可观。通过1898年美西战争，美国将西班牙的势力彻底驱除出美洲，占据了关岛和波多黎各等要冲。以美西战争为契机，美国的海军力量得到进一步发展。19世纪90年代中期，美国海军尚排世界第七，到1906年已跃居世界第二。[①]

随着相对实力的增长，美国决策者开始挤压并驱逐欧洲国家在美洲的势力，在西班牙之后便是在美洲拥有广大殖民地的英国。1895—1905年，美国先是挑起委内瑞拉危机迫使英国接受门罗主义，而后又单方面废止1850年美英关于中美运河中立化的《克莱顿—布尔沃条约》（*Clayton-Bulwer Treaty*），迫使英国接受美国建造并控制巴拿马运河。然而，英美间的权力转移和美国对英国在西大西洋地位的挑战并未引起两国之间的战争，甚至没有引起军事冲突。英国主动放弃了其在西大西洋的地位并承认了美国在该地区的主导地位。

1895年7月，美国国务卿理查德·奥尔尼（Richard Olney）甫一上任便开始处理委内瑞拉—英属圭亚那边界问题。奥尔尼向英国发出交涉文件，声称美洲国家不能接受殖民主义，美国视门罗主义为公法，对美洲具有实际主权，美国法令应当被遵守；门罗主义适用于英国与委内瑞拉的边界争端，如果英国不接受和平仲裁，则其文明国家的声誉将会受损，结果难以预计，美英间未来的关系也将受到妨碍。[②] 英国首相索尔兹伯里侯爵（Marquis of Salisbury）起初并未重视这一文件，亦无意让步，四个多月后

① George T. Davis, *Navy Second to None: The Development of Modern American Naval Policy*, New York: Harcourt, Brace, Jovanovich, 1940, pp. 170-171.

② "Olney to Bayard, Jul. 20", in U. S. Department of State, *Foreign Relations of the United States* (*FRUS*), *1895*, Vol. Ⅰ, pp. 545-565.

才回以一篇几乎与奥尔尼观点针锋相对的外交文件。[①] 1895 年 12 月 7 日，美国总统格罗弗·克利夫兰（Grover Cleveland）发表国会演说，公开批评索尔兹伯里的观点，重申门罗主义的国际法地位，声称美国有义务采取一切手段抵制英国对委内瑞拉领土的“窃取”。[②] 克利夫兰的这一做法明显带有战争边缘政策的味道，意在迫使英国就范。

在之后的中美地峡运河和阿拉斯加问题上，美国又屡屡采取胁迫政策，威逼英国让步。在中美地峡问题上，美国国会威胁，如果英国拒绝美国的修约条件，美国将单方面废止《克莱顿—布尔沃条约》，废除中美运河的中立化和非武装化。而在美加阿拉斯加边界争议中，在加拿大迟迟不情愿参加其认为成员构成不合理的美英加三边高级联合调查团时，西奥多·罗斯福直接威胁，如果再不进行仲裁并签订协定，美国将不复考虑仲裁，也不再考虑英国和加拿大的权利，而是将要求国会授权他直接奉行美国的领土主张。

美国的威逼并未造成严重后果，英国屡屡退让。即使是在两国权力转移时期最为紧张的 1895 年委内瑞拉危机中，两国间也未出现严重对抗与战争风险。在委内瑞拉危机时，索尔兹伯里开始反对向美国让步，但由于英德克鲁格电报事件、对相对实力的评估和内阁其他成员的反对，英国最终承认了门罗主义。而在之后的危机中，英国几乎未再做抵抗便向美国妥协。1902—1903 年委内瑞拉危机时，英国已经完全接受了门罗主义。与德国不同，英国力争对委内瑞拉实施和平封锁、力避冲突，避免引起美国不满，在德国不甚情愿的情况下，坚持要求让西奥多·罗斯福充当冲突仲裁人。[③]

---

① “Salisbury to Pauncefort, Nov. 26”, in U. S. Department of State, *Foreign Relations of the United States*（*FRUS*）, *1895*, Vol. Ⅰ, pp. 564-567.

② “Cleveland’s Message to Congress, Dec. 17, 1895”, 转引自 James D. Richardson, *A Compilation of the Messages and Papers of the Presidents*, Vol. ⅩⅣ, New York: Bureau of National Literature, 1897, pp. 6087-6090。

③ 参见危机期间英国首相兰斯顿与驻德大使弗兰克·拉塞勒斯、驻美大使迈克尔·赫伯特等人的往来信件，尤其是“The Marquess of Lansdowne to Mr. Buchanan, Nov. 26, 1902”, in G. P. Gooch, ed., *British Docu ments on the Origins of War, 1898-1914*, Vol. Ⅱ, London: His Majesty’s Stationery Office, 1927, pp. 157-158; “The Marquess of Lansdowne to Sir F. Lascelles, Dec. 22, 1902”, in G. P. Gooch, ed., *British Documents on the Origins of War, 1898-1914*, Vol. Ⅱ, pp. 162-163。

这首先是由于地理上的远近，英美间的权力转移并没有造成巨大的横向压力。在这一时间段，英国的主要关注点是欧洲大陆的势力均衡，与法国在非洲的竞争、与俄国在近东的竞争都服务于这一政策。索尔兹伯里认为，所有无关乎欧洲势力均衡和近东的问题都无关紧要，[①] 英国在美洲的战略利益相对有限。英国政治家、历史学家詹姆斯·布赖斯（James Bryce）致信西奥多·罗斯福道："或云我国欲干涉美国的权利及新世界的势力均衡……事实是，我国人民对此毫不关心，世界其他地方的事务已完全束缚住了我们的手脚。"[②] 因此，美国的崛起虽然对英国在美洲的利益和地位产生了威胁，但这一威胁对英国来说并非紧要。因而，英美的权力转移并没有造成巨大的横向压力和安全困境。[③] 由于横向压力较小，两国还在远东（就中国问题）和南太平洋（就萨摩亚问题）等地区展开了一系列合作。

与德俄之间的权力转移不同，鉴于美国的本土优势，英美之间的权力转移带来的是两国对战争可能性结果的一致性预估。19 世纪末 20 世纪初，虽然美国的军事能力与英国相去甚远，但基于其地缘政治优势，两国都认为英国不可能在美洲对美国形成主导优势，除非英国放弃在本土水域、地中海和东部水域的地位。[④] 由于美国实力的崛起以及英国北美和西印度群岛舰队长期没有得到扩建，英国北美和西印度群岛的海军实力到 1899 年已

---

① A. E. Campbell, *Great Britain and the United States, 1895–1903*, London: Longmans, Green & Co., 1960, p. 35.

② "Bryce to Roosevelt, Jan. 1, 1896", in H. A. L. Fisher, *James Bryce*, Vol. Ⅰ, London: Macmillan and Co., Limited, 1927, p. 319.

③ 有学者认为，这是因为在英美权力转移中，美国在"意志平衡"中胜过英国。参见韩召颖、袁伟华《权力转移进程中的国家意志制衡——以 1895 年英美解决委内瑞拉危机为例》，《中国社会科学》2014 年第 9 期。

④ "Public Record Office, Cabinet Papers, 37/56/2, Admiralty to Foreign Office, 1/5/01"，转引自 Aaron Friedberg, *The Weary Titan: Britain and the Experience of Relative Decline, 1895–1905*, Princeton: Princeton University Press, 1988, p. 171。关于此话题概括性的论述，参见 Kenneth Bourne, *Britain and the Balance of Power in North America, 1815–1908*, Berkeley and Los Angeles: University of California Press, 1967, Chapters 9 and 10; Aaron Friedberg, *The Weary Titan: Britain and the Experience of Relative Decline, 1895–1905*, Princeton: Princeton University Press, 1988, pp. 161–172。

被美国海军完全超越，而在10年前，这一舰队的实力远胜于美国海军。[1]美国决策者认为，如果英美之间爆发战争，美国将切断英军的补给线从而获胜。阿尔弗雷德·塞耶·马汉（Alfred Thayer Mahan）预计，战争爆发后约6个月，美国便可攻占新斯科舍这一英国在北美地区唯一的煤矿区。[2]英国决策者也认为，加拿大落后的军事能力根本不足以自守。由于英国面临与欧洲大陆强国发生冲突的风险，其无力增加美洲的防守。一旦英美爆发战争，哈利法克斯、百慕大、卡斯特里和罗亚尔港将难以防御。[3] 即使英军早期能够在缅因州和马萨诸塞州登陆，其后美军也将攻陷加拿大。因此“在美洲大陆进行陆战或许是我们将被迫发动的最为危险的军事行动”。[4] 而美国漫长的海岸线和众多的港口也使英军不可能对美国实行海上封锁。即使较小规模的对美封锁也意味着英国必须放弃在欧洲的海军部署。这自然是不可能采取的决策。

英美之间的权力转移导致了两国对战争结果的一致判断，美国咄咄逼人的政策并没有助长英国对预防性战争的热衷。英国认识到，美国在未来将愈加强大，并且会超越英国。时任英国第一海军大臣塞尔伯恩伯爵写道：“如果美国选择付出可以轻易支付的成本，他们可以逐渐地建立一支跟我们同样庞大，而后比我们更加庞大的海军。我不认为他们不会这么做。”[5] 由于横向压力和安全困境较小，英国并未考虑预防性战争。因为此时英国决策者已经认识到英国无法在美洲战胜美国，预防性战争也就失去

① “St Aldwyn Papers，PC/PP/74”，转引自 A. E. Campbell，*Great Britain and the United States*，*1895-1903*，London：Longmans，Green & Co.，1960，p. 31。

② Kenneth Bourne，*Britain and the Balance of Power in North America*，*1815-1908*，Berkeley and Los Angeles：University of California Press，1967，Chapters 9 and 10，p. 321.

③ “Colonial Defence Committee Memo，Nov. 10，1902”，转引自 Kenneth Bourne，*Britain and the Balance of Power in North America*，*1815-1908*，Berkeley and Los Angeles：University of California Press，1967，Chapters 9 and 10，p. 359-360。

④ “Memo of Sir John Ardagh Memo，Dec. 12，1897”，转引自 J. A. S. Grenville and George Berkeley Young，*Politics*，*Strategy*，*and American Diplomacy Studies in Foreign Policy*，*1873-1917*，New Haven：Yale University Press，1966，p. 173。

⑤ “Selborne to Curzon，Apr. 19，1901”，转引自 George Monger，*The End of Isolation*：*British Foreign Policy*，*1900-1907*，London：Thomas Nelson & Sons，1963，p. 72，note 1。

了“预防”意义。因此，伴随英美权力转移和英国对美国未来超越自身实力的预估而来的是英国全面撤出西半球，而非预防性战争。1904 年，时任英国第一海军大臣约翰·费舍尔（John Fisher）认为，由于美国国力的不断增长，英国应不复考虑以美国为敌，而应完全从西半球撤出。[①]

此外，英美之间的权力转移并没有使英国执着于其美洲殖民地的利益，因而也就没有产生德国之于奥匈帝国的同盟连锁效应，圭亚那、委内瑞拉和加拿大的利益都曾被两国抛弃。在委内瑞拉危机中，面对美国国务卿奥尔尼和总统克利夫兰的强硬态度，索尔兹伯里一度主张针锋相对，但当 1895 年 12 月底和 1896 年 1 月初危机到达高潮、战争阴影笼罩两国之时，即使索尔兹伯里以辞职相威胁，其内阁成员仍坚持缓和事态并与美国谈判，承认美国干涉委内瑞拉—英属圭亚那领土争端的权利。这一倾向在 1896 年 1 月 11 日的内阁会议中占据了绝对上风，索尔兹伯里只得屈从。[②]圭亚那的领土主权危机并没有引起内阁和议会的关注。但在后续谈判中，因美国对英国承认门罗主义表示满意，委内瑞拉的利益也被美国无情抛弃，英国谈判者实际上达成了其首要主张。同样，在美加发生阿拉斯加边境争议时，英国也无心为加拿大得罪美国。当西奥多·罗斯福威胁如果再不签订协定，美国将采取单边主义行动时，英国政府马上选择让步。在仲裁庭法官构成上，英国不仅接受了美国美加英三方代表 3：2：1 的比例要求（这意味着美国至少不会败诉），英国法官甚至在投票时支持美国的主张。

当然，英美之间的权力转移具有一定的特殊性。在 19 世纪末 20 世纪初英美权力转移之时，英国在全球各地都面临挑战。英国在欧洲面临着与德国、俄国间的权力转移，英德存在海军竞赛，英俄在近东存在势力范围之争；英法在非洲存在势力范围之争，还与布尔人在南非打了一场所耗不

① “Fisher to Viscount Knollys, August 1904”, in Arther J. Marder, ed., *Fear God and Dread Naught: The Correspondence of Admiral of the Fleet Lord Fisher of Kilverstone*, Vol. Ⅰ, London: Jonathan Cape, 1959, p. 327.

② J. A. S. Grenville, *Lord Salisbury and Foreign Policy the Close of the Nineteenth Century*, London: The Athlone Press, 1964, p. 68.

非的战争。由于这些争端的存在，英国不愿也无力再在与欧洲势力均衡相关度不大的美洲同美国展开竞争。出于当时盛行的种族主义因素和两国在亚洲政策上协调的可能性，许多英国决策者如殖民大臣约瑟夫·张伯伦（Joseph Chamberlain）甚至希望美国成为其"帝国主义伙伴"。[①] 但是，具有超越所在地区范围内利益的大国往往都面临利益分散和对手众多的问题，英国虽然因其世界范围内殖民帝国的地位而扩大了这种问题，但却可以视为这一问题的典型而非特例。

（三）美苏权力转移及危机的和平解决

如果说英美权力转移是以守成国单方面妥协为特点的地区间权力和平转移的典型案例，那么20世纪50年代末60年代初美苏权力转移则是地区间对抗性权力和平转移的典型案例。虽然这次权力转移伴随着第三次柏林危机和古巴导弹危机，但两次危机最终都得以和平解决。

20世纪50年代中后期，苏联工业和经济迅速发展，第二次世界大战造成的破坏逐渐恢复。至1960年，其国家能力综合指数接近美国的80%（1971年反超）。苏联军事、航空航天技术、导弹技术和核力量亦发展迅速，曾一度让美国民众相信其对美国享有导弹优势。苏联领导人赫鲁晓夫开始追求与美国平等的国际地位。

基于苏联综合实力的提升以及民主德国人才流失、不满于联邦德国军事力量加强和获取核武器的政策，[②] 赫鲁晓夫采取了较为激进的政策，以逼迫美国与之达成关于德国的和约。他于1961年6月在维也纳会议中威胁肯尼迪，苏联将把柏林控制权移交给民主德国，并于8月13日开始修筑柏林墙。[③] 修筑柏林墙并未挑战美国在柏林的红线，民主德国军队和苏军并

① Bradford Perkins, *The Great Rapprochement: England and the United States, 1895–1914*, New York: Atheneum, 1968, Chapters 4 and 5.

② "Conversation Between Ambassador Menshikov and Assistant Secretary Nitze, Jul. 15, 1961", in U. S. Department of State, *Foreign Relations of the United States* (*FRUS*), *1961–1963*, Vol. XIV, Washington, D. C.: U. S. Government Printing Office, 1993, p. 204.

③ 关于维也纳会议，参见"Memorandum of Conversation, Jun. 4, 1961", in U. S. Department of State, *Foreign Relations of the United States* (*FRUS*), *1961–1963*, Vol. XIV, pp. 87–96。

未涉足非苏占区，亦未在柏林内部采取大的军事行动。但苏联破坏了1945年7月美苏英法四国协定规定的四国保障柏林内部无限制迁居的原则。然而，肯尼迪政府自知无法阻止苏联的行动，也无意牺牲西方威信来反对这一行为。[①] 由于地理距离和有限的横向压力，肯尼迪并未将苏联的行动视为对美国的直接安全威胁。肯尼迪认为柏林墙的修筑有利于解决东柏林难民问题，也可缓解美苏在柏林问题上的争议，还体现了苏联在美苏争霸中的防守态势，因而在一定程度上乐见其成。[②] 从1961年7月中旬开始，肯尼迪决定就柏林问题进行谈判。[③] 负责准备谈判的美国官员的主流意见是，美国在谈判中可以承认民主德国、承认波德奥德—尼斯河分界线、签订互不侵犯条约甚至两份和平条约。[④] 虽然法国和联邦德国不满美国的软弱政策，肯尼迪政府却不愿为两国的政策背书，而是转而寻求摆脱盟友束缚，更为自由、坦诚地与苏联谈判。[⑤]

然而，赫鲁晓夫多次提出将柏林设为国际化"自由市"，并在苏共二十二大上宣称将进行"沙皇炸弹"试爆，这使肯尼迪十分紧张。肯尼迪自觉在维也纳受辱，力避示弱，开始制订与苏联就柏林问题发生战争甚至核战争的军事计划。[⑥] 但在危机真正爆发之时，肯尼迪政府保持了高度克制。

柏林墙的修筑并未立即引发危机，可由于一起偶发事件，危机还是于1961年10月底爆发。10月22日晚，美国驻西柏林外交官艾伦·莱特纳

① 参见 Kenneth P. O' DonnelL, et al., "*Johnny, We Hardly Knew Ye*": *Memories of John Fitzgerald Kennedy*, Boston: Little, Brown and Company, 1972, pp. 302-303; Marc Trachtenberg, *A Constructed Peace: The Making of the European Settlement, 1945 - 1963*, Princeton: Princeton University Press, 1999, p. 324; Frederick Kempe, *Berlin 1961: Kennedy, Khrushchev, and the Most Dangerous Place on Earth*, New York: G. P. Putnam's Sons, 2011, pp. 379-380。

② Michael Beschloss, *The Crisis Years: Kennedy and Khrushchev 1960-1963*, New York: HarperCollins, 1991, p. 283.

③ "Memorandum of Meeting on Berlin, Jul. 17, 1961", in U. S. Department of State, *Foreign Relations of the United States* (*FRUS*), *1961-1963*, Vol. XIV, pp. 209-212.

④ "Memorandum from Bundy to President Kennedy, Aug. 28, 1961", John F. Kennedy Library, Boston, National Security Files, Box 82a, Germany: Berlin, General.

⑤ Marc Trachtenberg, *A Constructed Peace: The Making of the European Settlement, 1945-1963*, Princeton: Princeton University Press, 1999, pp. 333-343.

⑥ Frederick Kempe, *Berlin 1961: Kennedy, Khrushchev, and the Most Dangerous Place on Earth*, New York: G. P. Putnam's Sons, 2011, pp. 430-444.

（Allen Lightner）夫妇在前往东柏林歌剧院途中行至腓特烈大街关卡（又称查理关卡）时，民主德国警察违反惯例，要求例行检查两人的外交护照。为避免产生西方承认民主德国政权的印象，莱特纳拒绝出示外交文件并试图闯关。被民主德国警方阻止后，莱特纳动用护卫，与 4 辆 M-48 坦克和美国军队强行闯关。[①] 此类事件在接下来几天多次发生。10 月 25 日，肯尼迪派往西柏林的私人代表卢修斯·克莱（Lucius Clay）越权命令 10 辆 M-48 坦克部署于查理关卡附近。鉴于克莱近期的激进举动，[②] 苏联担心其暴力拆墙，于是派遣 33 辆坦克至东柏林，并于 10 月 27 日派遣 10 辆坦克至查理关卡，两军发生对峙，局势一度紧张。

肯尼迪自知苏联在东欧地区占据的优势，不愿在柏林问题上与苏联对抗，对于克莱的行为十分不满。美国国务卿迪安·腊斯克（Dean Rusk）电告克莱："长期以来我们认为进入柏林并非生死攸关的利益，不能成为我们采取决绝地使用武力保护和支持的正当理由。因此，我们默许了柏林墙的修筑。我们必须坦率承认，我们很大程度上接受了苏联在东柏林以及其他有效控制的地区可以逼迫不情愿的民众就范这一现实。"[③] 但肯尼迪又不甘公开示弱，于是通过秘密外交渠道与赫鲁晓夫接触，传达了化解危机的愿望。[④] 据赫鲁晓夫回忆，肯尼迪请求苏联先行后撤，并保证在苏联后撤后美国马上后撤。赫鲁晓夫认为，美国当时陷于困境而不知所措，既然

① "Telegram from the Mission at Berlin to the Department of State, Oct. 23, 1961", in U. S. Department of State, *Foreign Relations of the United States* (*FRUS*), *1961 - 1963*, Vol. XIV, pp. 524-525; Raymond L. Garthoff, "Berlin 1961: The Record Corrected", *Foreign Policy*, No. 84, 1991, pp. 143-144.

② 克莱于 1961 年 9 月 19 日抵达柏林后曾秘密模拟用推土坦克攻击和摧毁柏林墙，这一行为被苏联情报部门获知。参见 Raymond L. Garthoff, "Berlin 1961: The Record Corrected", *Foreign Policy*, No. 84, 1991, pp. 147-148。

③ "Telegram from the Department of State to the Mission at Berlin, Oct. 26, 1961", in U. S. Department of State, *Foreign Relations of the United States* (*FRUS*), *1961 - 1963*, Vol. XIV, pp. 539-541.

④ 通过罗伯特·F. 肯尼迪与苏联情报人员格奥尔基·博尔沙科夫沟通，参见 Arthur Schlesinger, *Robert Kennedy and His Times*, New York: Ballantine Books, 1978, p. 538; Frederick Kempe, *Berlin 1961: Kennedy, Khrushchev and the Most Dangerous Place on Earth*, New York: G. P. Putnam's Sons, 2011, pp. 478-479。

他们寻求解决，苏联愿意配合。① 美国虽无记载美国司法部部长罗伯特·F. 肯尼迪（Robert F. Kennedy）与苏联情报人员格奥尔基·博尔沙科夫（Georgi Bolshakov）的会谈内容，但美国确实做出了重大让步，不再以军力护从文职官员或挑战民主德国关卡检查。1961 年 10 月 28 日，苏联撤离了坦克部队，美国如约，柏林危机解除。

1962 年，因不满美国不顾苏联多次反对在土耳其部署导弹，赫鲁晓夫采取了冒进战略，企图暗中在古巴部署导弹，以实现与美国在战略和心理上的平衡，并认为这是以牙还牙，即使美国发现，其既无理由也不会冒战争风险干涉。② 1962 年 10 月 16 日，美国发现了苏联部署的导弹，古巴导弹危机拉开序幕。肯尼迪政府召开国家安全委员会执行委员会（简称执委会）研究如何应对此次危机。起初，大部分与会官员主张对古巴进行空袭或入侵。他们担心如果允许苏联在古巴部署导弹，苏联导弹攻击美国的航程将大大缩短，且美国在古巴方向并未部署弹道导弹预警系统，美苏导弹平衡将出现不利于美国的情形。③ 慑于核战争的风险，执委会最终选择对古巴进行军事封锁，以逼迫苏联撤出导弹。但为预防苏联拒绝撤出的情况，肯尼迪仍然下令做好 2—3 天后空袭古巴的准备。④ 10 月 22 日，肯尼迪发表电视讲话，宣布对古巴实施封锁。

赫鲁晓夫开始时采取虚张声势的策略，扬言要与美国“在地狱相见”。⑤ 但事实上，赫鲁晓夫不愿在遥远的加勒比地区与美国发生冲突。他明白美国在该地区占据绝对军事优势，苏联无法阻止美国的封锁行动。在这一点上，美苏有着相同的评估。在抱怨美国“海盗帝国主义”行为的

① Strobe Talbott, *Khrushchev Remembers: The Last Testament*, Boston: Little, Brown and Company, 1974, p. 507.

② Richard Ned Lebow and Janice Gross Stein, *We All Lost the Cold War*, Princeton: Princeton University Press, 1994, pp. 77-78.

③ National Security Archive, “The Cuban Missile Crisis, 1962, Doc. 696”, 转引自 Dale Copeland, *The Origin of Major War*, Ithaca: Cornell University Press, 2001, p. 195。

④ “Minutes of the 505th Meeting of the National Security Council, Oct. 20, 1962”, in U. S. Department of State, *Foreign Relations of the United States (FRUS), 1961-1963*, Vol. XI, p. 134.

⑤ *The Soviet Bloc Armed Forces and the Cuban Crisis*, Washington, D. C.: National Indications Center, 1963, p. 57.

同时，赫鲁晓夫命令所有驶向古巴的带有武器的苏联船只在封锁令生效前返回。[1] 但赫鲁晓夫并未放弃试探美国和攫取利益，采取了两手政策：一方面命令加速在古巴的导弹基地建设；另一方面伸出橄榄枝，于 1962 年 10 月 26 日通知美国愿意以撤除导弹换取美国保证不入侵古巴。根据苏联驻美大使阿纳托利·多勃雷宁（Anatoly Dobrynin）的情报，赫鲁晓夫又通知美国希望其撤除部署在土耳其的朱庇特导弹（Chrysler SM-78/PGM-19 Jupiter）。[2] 10 月 27 日，驻古巴苏军击落了闯入古巴领空的美国 U2 飞机。当日傍晚，罗伯特·肯尼迪会见多勃雷宁，向苏联发出警告，“若明日尚未见告俄国人清除古巴导弹基地之意愿，则我们将清除之”，同时也表示在危机结束后较短时间内，土耳其和意大利的导弹将被撤除，但这不能被视为苏联移除古巴导弹的交换条件。[3] 从美国和古巴获得的情报中，赫鲁晓夫意识到了战争风险，他无意在加勒比地区这一美国后院与美国发生冲突，也不愿为古巴火中取栗，于是顶住苏联军方的压力，且不顾古巴政府的反对，承诺只要美国不攻击古巴，苏联愿意撤走导弹。[4] 肯尼迪也希望缓和事态。虽然肯尼迪内阁成员对撤走土耳其导弹多持异议，但肯尼迪兄弟还是认为，为达成和解撤除土耳其导弹势在必行，最终做出了以秘密协定形式答应赫鲁晓夫撤走土耳其导弹要求的决定。[5] 赫鲁晓夫最终接受秘密协定并撤出了古巴导弹。美国也解除了对古巴的海上封锁，古巴导弹危

---

① Richard Ned Lebow and Janice Gross Stein, *We All Lost the Cold War*, Princeton: Princeton University Press, 1994, p. 117.

② "Khrushchev to Kennedy, Oct. 25, 1961", in Ronald Pope, ed., *Soviet Views on the Cuban Missile Crisis: Myth and Reality in Foreign Policy Analysis*, Washington, D. C.: University of America Inc., 1982, pp. 48-49; James G. Blight and David A. Welch, *On the Brink: Americans and Soviets Reexamine the Cuban Missile Crisis*, New York: Hill and Wang, 1989, pp. 308-309.

③ Kenneth O' Donnell, et al., "*Johnny, We Hardly Knew Ye*": *Memories of John Fitzgerald Kennedy*, Boston: Little, Brown and Company, 1972, p. 340; Robert F. Kennedy, *Thirteen Days: A Memoir of the Cuban Missile Crisis*, New York: W. W. Norton & Company, 1969, pp. 108-109.

④ "Message from Chairman Khrushchev to President Kennedy, Oct. 28, 1962", in U. S. Department of State, *Foreign Relations of the United States (FRUS), 1961-1963*, Vol. XI, pp. 279-283.

⑤ Sheldon M. Stern, *Averting "The Final Failure": John F. Kennedy and the Secret Cuban Missile Crisis Meetings*, Stanford: Stanford University Press, 2003, pp. 306-307.

机得以解决。

这一案例中危机的和平解决表明，不同地区大国之间发生权力转移时并不一定导致守成国的一味让步，守成国可能采取对抗姿态，崛起国也有可能在守成国所在地区制造事端。这些对抗姿态都可能导致严重危机。但是，因横向压力较小，加之双方都自知在对方所在地区以常规力量无法取得优势，又不愿为远在对方地区的盟友付出惨重代价或爆发核冲突，因此在对方地区发生严重危机时往往选择让步以避免事态升级。

五　结论

权力转移理论具有深厚的理论渊源。早在古希腊时期，修昔底德便探讨了斯巴达与雅典之间权力转移对伯罗奔尼撒战争爆发的影响。随着 1958 年奥根斯基《世界政治》一书的出版，现代权力转移理论宣告诞生。经过奥根斯基、库格勒和塔门等人的发展，权力转移理论形成了完整的理论体系。吉尔平与艾利森等人的著作也体现了权力转移的逻辑。

权力转移理论认为在金字塔型的国际关系体系中，当国家间权力等级分明时，国际关系最为稳定，而当大国之间发生权力转移且崛起国为修正主义国家时易于发生战争。权力转移理论内涵十分丰富，还包含人类发展阶段、涅槃效应、转移速度与战争发生的可能性、战争发生的时间（在转移点之前还是之后）等内容。本文主要关注权力转移与战争爆发可能性这一核心内容并引入新的变量，增强这一战争起源理论的解释力。

权力转移理论自诞生之日起就不乏批评者，但这些批评往往未触及要害。本文引入地缘政治因素，指出权力转移理论及其批评者没有考虑地理距离的影响，并发现同一地区权力转移易于导致战争，而不同地区之间的国家发生权力转移时极少导致战争这一现象。这一现象具有经验数据的支持。通过对第一次世界大战前德俄权力转移、19 世纪末 20 世纪初英美权力转移和 20 世纪 50 年代末 60 年代初美苏权力转移的对比研究，可以揭示这一现象的因果机制。在地区权力转移中，由于地理上邻近，守成国与崛起国往往存在领土争端和势力范围重叠，权力转移大大加剧了横向压力和安全困境，守成国有发动预防性战争以避免未来处境更加堪忧的动机，崛起国则有削弱守成国以预防守成国发动预防性战争的动机，这加剧了安全困境。权力转移带来的对相对实力和战争后果评估的不同使二者互不相让，增加了战争的可能性。同时，守成国更加需要盟友和伙伴的支援，因而也容易卷入涉及盟友和伙伴的战争中。而在不同地区大国的权力转移中，由于地理隔离，横向压力与安全困境较弱。在权力转移发生时，双方对战争结果有着相似的预估——在对方所在地区与对方发生冲突，己方胜率极低。这种预估减弱了战争的可能性，也使得预防性战争失去了“预防”意义，从而进一步减小了权力转移战争的可能性。由于横向压力较小，双方无意卷入其在对方所在地区盟友、伙伴或殖民地与对方的冲突和争端，同盟连锁效应减弱，这也降低了战争发生的可能性。即使两国都采取对抗性政策从而引发危机，地区间权力转移导致战争的概率亦较小。

当然，这并不意味着权力转移理论对地区间权力转移完全没有解释力。在经验数据中，有两起不同地区间大国权力转移伴随战争的情况。在这两个案例中，都是域外大国 A 在权力转移另一方大国 B 已在其地区内与其他大国发生战争时介入战争。同时，如果将权力转移战争的门槛大大降低，则可发现不同地区大国之间的一些权力转移伴随战争。这一现象有待于进一步研究。

权力转移理论批判了“恐怖平衡”理论，指出核武器“并不是重新分配体系内存在竞争关系的国家的整体权力的有效工具”。[①] 核武器并没有阻止战争的发生，也没有在冲突中赋予核平衡中处于优势的国家决定性的整体优势，这些国家在国际争议中有时甚至处于不利地位。因此，核时代与常规武器时代并没有本质区别。这一论断并不合理。核武器的破坏性确能大幅增加某一国家的军事威慑能力，但拥核国家之间并非不会发生战争。核武器会带来稳定—不稳定悖论，即拥核国家发生全面战争的概率虽然不

① A. F. K. Organski and Jacek Kugler, *The War Ledger*, Chicago: The University of Chicago Press, 1980, p. 200.

大，但发生常规冲突的可能性依然存在，这一概率有时甚至有所增加。[①] 1999 年印巴卡吉尔战争便是例证。卡吉尔战争的前一年巴基斯坦第一次试爆了核弹，此时按照国家能力综合指数来看，巴基斯坦与印度国力相去甚远。但如果核武器在衡量国家综合实力中权重足够大，则可将卡吉尔战争视为权力转移战争。只要将拥有核武器这一因素加权后纳入国家综合能力的衡量，则其不会对考虑地缘因素的权力转移理论产生重大影响，这一理论在解释核武时代的国际关系时（如中东地区的权力转移战争和美苏间权力和平转移）仍具有很强的解释力。

本文具有一定的现实意义。很多学者和观察家都认为中美两国现在正处于权力转移过程中，并由此担心两国有发生军事冲突甚至战争的危险。权力转移理论早在 20 世纪 50 年代末就曾预言随着中国国力的提升，中国将超越苏联并最终超越美国，中苏之间以及未来中美之间爆发冲突的可能性令人担忧。[②] 根据本文的研究，中美两国分处不同的地区，即便两国已经发生奥根斯基等学者所宣称的权力转移（即中国国家实力达到美国 80% 以上），两国发生战争的可能性仍然较小。[③] 但在中美权力对比发生变化的过程中，如果中国与邻国的关系发生重大变故，中国与周边大国或多个邻国同时发生军事冲突，则中美之间发生战争的概率将增大。从目前的形势看，这种情况发生的概率并不大。当然，即使两国不发生热战，美国仍会采取一系列措施遏制中国的影响力。美国可能采取冷战期间对待苏联的政策，如战略封锁、文化与意识形态污名化以及鼓动国内分裂等。美国将继续并加强对中国的离岸制衡和战略封锁，挑拨中国与邻国的关系，构建亚太地区制衡中国的体系；[④] 继续以“人权、宗教自由和民族平等”为旗号

---

① Glenn Snyder，“The Balance of Power and the Balance of Terror”，in Paul Seabury，ed.，*The Balance of Power*，San Francisco：Chandler，1965，pp. 185-201.

② A. F. K. Organski，*World Politics*（*2nd Edition*），New York：Alfred A. Knopf，1968，pp. 321-322.

③ 若根据国家能力综合指数，中国国家能力已超过美国，且差距已不断增加，则两国间发生权力转移战争的可能性更小。

④ 参见逄锐之《美国在亚太地区的离岸制衡战略——从小布什政府到特朗普政府》，《南开学报》（哲学社会科学版）2019 年第 6 期。

污损中国的国际形象；继续在涉台、涉藏和涉疆问题上给中国制造麻烦。此外，由于两国在各领域的密切关系和中国对美国一定程度的依赖，美国还将采取20世纪80年代末90年代初打压日本的政策来压制中国，包括贸易、金融和科技等方面的制裁与打压。① 中美之间发生对峙和危机的概率可能增大，但战争概率较小。两国之间的权力对比变化可能类似于本文所述的地区间的对抗性和平权力转移。

在军事科技不发生重大变化的情况下，中美之间因权力对比变化发生战争的可能性只有在中国与东亚主要国家或与若干东亚国家同时发生军事冲突时才会大大增加。为此，中国外交战略必须立足东亚，处理好与东亚主要国家的关系。②

本文存在尚待扩展研究的议题和不足。一是国家实力的衡量。战争相关因素数据库中的国家能力综合指数虽然比奥根斯基等使用的国内生产总值指数更能体现国家综合实力尤其是战争潜力，但仍存在不能完全反映国家工业化、现代化和科技水平等问题，也不能反映对象国的国家状况（如是否分裂）。这一指数往往倾向于夸大幅员辽阔、人口众多国家的实力。然而，目前并不存在更为科学地反映各国长期综合实力的指数。这一问题的解决有待于学者的继续努力。典型案例的研究有助于得出典型的因果链，但这种因果链的外部适用性（external validity）往往需要一些影子案例（shadow cases）进行验证。囿于篇幅，这种验证尚待进一步研究。

二是本文并未区分多极地区权力转移和两极地区权力转移，二者的区别有待未来的研究厘定。逻辑上讲，在单极地区格局中不存在权力转移，因此在这种地区秩序中国际关系相对稳定，即使次级强国间发生权力转移，发生大规模战争的概率也不大。在准单极地区秩序中则可能出现权力

① Ruizhi Pang, "The Exceptionality of US Geopolitics and the Current Predicament of China-US Relations", https: //www. thinkchina. sg/part-i-exceptionality-us-geopolitics-and-current-predicament-china-us-relations.

② 参见逄锐之《中国国家战略定位》，《联合早报》2019年11月14日。

转移，这种情况下国际关系的稳定性将下降，战争爆发的概率增加。[①] 在地区间权力转移中，虽然权力转移双方发生战争的概率不大，但在两起发生地区间权力转移战争的案例中，权力转移中的一方都处于多极地区格局中。那么地区权力分布对地区间权力转移有何影响？在地区间妥协性和平权力转移中，守成国往往身处多极地区格局中，而在地区间对抗性权力和平转移中，守成国往往是其所在地区的单极。那么在地区间权力转移中，守成国选择撤出或对抗是否与崛起国所在地区权力分布有关？这些问题有待进一步研究。

三是地缘政治要素远不止于地理距离，还包括国家的资源禀赋、地形地貌、邻国数量和陆海属性等。这些要素都有可能影响权力转移的结果，比如海权国家与陆权国家之间发生的权力转移是否更易引发战争。[②] 本文主要就地理距离如何影响权力转移与战争爆发做了初步探讨。其他地缘要素是否对权力转移的结果具有重要影响？如果有，将如何影响？这有待于未来的研究。

四是如果国际体系结构不再是金字塔型，而是橄榄型或洋葱型结构，那么庞大的、在现有国际秩序中得益的中间力量或许有利于维持体系的稳定，从而减少权力转移战争的爆发。[③] 当然，这种结构在过往的国际关系尤其是近两百年的国际关系中较为少见，因而进行纵向对比的可能性不大，只能通过长期观测其运作机制方能开展进一步研究。

五是本文采用理性行为体分析模式，得出不同地区大国的权力转移引

① 春秋时期，当晋国的准单极地位受到楚国威胁时，两国争霸战争进行了数十年。参见逄锐之《晋国霸权与春秋时期国家间体系稳定》，《国际政治科学》2019年第4期。

② David P. Rapkin and William R. Thompson, *Transition Scenarios: China and the United States in the Twenty-First Century*, Chicago: University of Chicago Press, 2013. 经验数据似乎并不支持这一观点，海权国家之间（葡西、西英、荷英）、陆权国家之间（法俄、普奥、法普、德俄）发生权力转移的概率极大，而英美（两国发生权力转移时美国还不能算海权国家）、英俄、美苏之间的权力转移则都以和平为结局。这一问题还有待继续研究。

③ 参见逄锐之《超越权力转移：亚太地区中美新型大国关系建构的理论视角》，硕士学位论文，外交学院，2012年。

发战争可能性较小的结论，但并不排除在此种过程中由于组织层面及其他原因产生意外战争的可能。组织文化和组织机构协调问题如何导致意外升级也是国际关系分析的重要课题。[①]

（本文发表于《世界经济与政治》2022年第9期）

① 相关研究参见 Bruce Blair, *The Logic of Accidental Nuclear War*, Washington, D. C.: Brookings Institution, 1993; Scott Sagan, *The Limits of Safety: Organizations, Accidents, and Nuclear Weapons*, Princeton: Princeton University Press, 1993; Graham Allison and Philip Zelikow, *Essence of Decision: Explaining the Cuban Missile Crisis (2nd Edition)*, New York: Longman, 1999, Chapters 3 and 4。

统筹发展和安全视野下的数字经济治理绩效研究

郎 平 郎 昆[*]

内容摘要：数字经济治理的关键在于平衡好发展和安全的关系。笔者基于《新时代国家安全学论纲》一文的理论框架和数字经济的基本特征，从统筹发展和安全的视角出发，将数字经济治理分为基准情景、依附型合作、大国竞争和共享共治四种情景，分析和比较了不同情景下国家统筹发展和安全的绩效。结果发现，基准情景下国家对数字安全的投入应当止于均衡安全水平；依附型合作情景会形成“中心—外围”的数字霸权体系进而固化并加剧全球数字经济发展的不平等；大国竞争情景治理模式容易导致相关国家陷入“数字安全竞赛”困境；共享共治情景有助于实现总福利最大化的目标。数字经济治理中的欧盟数字经济治理模式、美日数字经济合作模式和中美数字竞争模式均会带来一定福利损失。中国提出的网络空间命运共同体倡议则可以充分发挥技术、数据和安全的公共产品属性，通过协调各国利益和促进各方合作，有助于在全球层面实现数字经济高质量发展与高水平安全的动态平衡。

关键词：数字经济治理　总体国家安全观　统筹发展和安全　全球数字合作　网络空间命运共同体

* 郎平，中国社会科学院世界经济与政治研究所研究员；郎昆，清华大学马克思主义学院博士后。

一 引言

数字经济是指“以数据资源作为关键生产要素、以现代信息网络作为重要载体、以信息通信技术的有效使用作为效率提升和经济结构优化重要推动力的一系列经济活动”。[①] 近年来，数字经济迅速发展，已成为新一轮科技革命和产业变革的重要引擎，深刻影响了人类的生产生活方式，也重塑和改变着全球竞争格局。数字经济发展速度之快、辐射范围之广、影响程度之深前所未有，正在成为重组全球要素资源、重塑全球经济结构、改变全球竞争格局的关键力量。[②] 与此同时，数字技术的创新应用也带来了诸多安全问题。网络和数据安全领域已成为新时代国家安全的主阵地和主战场。在此背景下，发展和安全之间的张力凸显，处理好发展和安全的关系是数字经济治理的关键。习近平深刻阐述了网络安全和信息化的辩证关系，指出“网络安全和信息化是一体之两翼、驱动之双轮，必须统一谋划、统一部署、统一推进、统一实施。做好网络安全和信息化工作，要处理好安全和发展的关系，做到协调一致、齐头并进，以安全保发展、以发展促安全，努力建久安之势、成长治之业”[③]。进入数字时代，统筹发展和安全的重要性更加凸显。中国共产党第二十次全国代表大会报告更是将统筹发展和安全提升到新时代党和国家事业发展的战略部署层面，明确提出以新安全格局保障新发展格局。[④] 因此，实现数字经济治理高质量发展和高水平安全的动态平衡既是贯彻新发展理念、构建新发展格局的关键，也是实现下一个百年奋斗目标的重要保障。本文研究的核心问题是：在全球层面，何种治理模式有利于实现数字经济高质量发展和高水平安全的动态

① 国家统计局：《数字经济及其核心产业统计分类（2021）》，https：//www. stats. gov. cn/sj/tjbz/gjtjbz/202302/t20230213_ 1902784. html。

② 《习近平著作选读》第二卷，人民出版社 2023 年版，第 534—539 页。

③ 《习近平谈治国理政》第一卷，外文出版社 2018 年版，第 197—198 页。

④ 习近平：《高举中国特色社会主义伟大旗帜 为全面建设社会主义现代化国家而团结奋斗——在中国共产党第二十次全国代表大会上的报告》，人民出版社 2022 年版，第 52—53 页。

平衡。

数字经济治理首先要解决好发展问题。以大数据、云计算和人工智能等为代表的数字技术迅速发展，数字经济已经成为推动全球经济增长的重要引擎，正在深刻改变人类的生产生活方式并重塑着全球竞争格局。当前，美国和中国在数字经济领域处于相对领先的位置。从数据来看，2021年美国的数字经济规模达15.3万亿美元，居世界第一位；中国的数字经济规模达7.1万亿美元，居世界第二位。① 可以预见，数字经济在未来国民经济中的比重仍将持续上升。中国政府发布的《“十四五”数字经济发展规划》明确提出，到2025年数字经济核心产业增加值占国内生产总值（GDP）的比重达到10%。② 然而，当前数字经济发展的不平衡问题凸显，

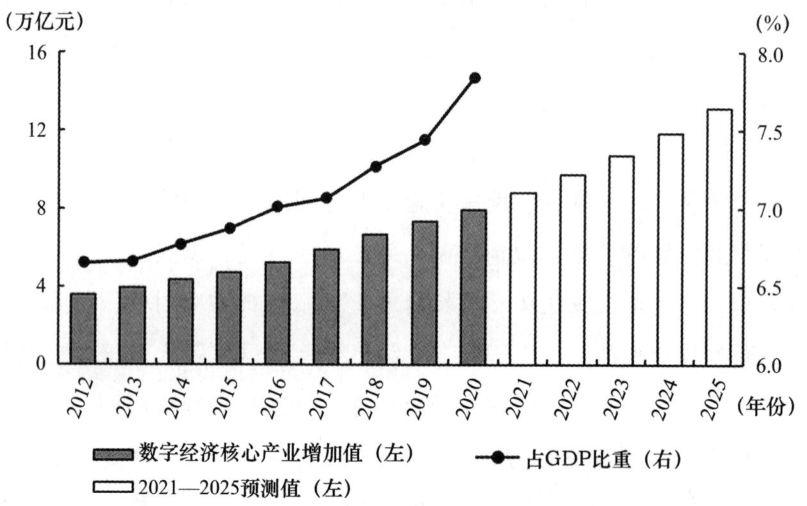

图1　2012—2025年中国数字经济核心产业增加值及其占GDP比重

注：数据截至2020年，由于2021、2022年数据迟滞，故2021—2025年数据为预测值。

资料来源：鲜祖德、王天琪《中国数字经济核心产业规模测算与预测》，《统计研究》2022年第1期。

---

① 中国信息通信研究院：《全球数字经济白皮书（2022年）》，http://www.caict.ac.cn/kxyj/qwfb/-bps/202212/t20221207_412453.htm。

② 国务院：《国务院关于印发“十四五”数字经济发展规划的通知》，http://www.gov.cn/zhengce/-content/2022-01/12/content_5667817.htm。

不同国家和不同地区之间的“数字鸿沟”日益扩大。主要国家在数据跨境流动、市场准入和技术标准制定等治理领域存在较大分歧，这严重阻碍了全球数字经济发展潜力的充分释放。

数字经济治理同样也需要处理好安全问题。数字经济的发展过程中始终伴随着安全风险并给国家安全带来了诸多新挑战，主要表现在三个方面：一是垃圾邮件、路由劫持、分布式拒绝服务（DDOS）攻击和勒索软件攻击等恶意网络活动与日俱增，对国家安全（特别是关键基础设施安全）构成了极大威胁；二是数字空间成为国家间战略博弈的重要领域，甚至成为国家间冲突时的主要攻击目标，数字空间的无序状态加剧了国家安全的脆弱性；三是颠覆性技术理论不完善或技术本身存在安全缺陷，新技术的快速创新和应用会引发潜在的安全风险。在此背景下，如何走出一条“数字经济活力迸发、数字治理精准高效、数字文化繁荣发展、数字安全保障有力、数字合作互利共赢的全球数字发展道路”① 日益成为世界各国亟待解决的共同问题。

数字经济治理中的安全风险与创新发展相伴相生。为规制技术发展带来的安全外部性，很多数字经济治理问题（如数据治理和平台治理）既是经济问题，也是安全问题，对数字经济进行治理需要兼顾发展和安全两方面目标。因此，数字经济治理的核心问题是寻求发展和安全的平衡。在实践中，由于不同国家具体国情的差异，各国在选择发展和安全的最优平衡时也存在明显分歧，这是导致当今数字经济领域存在全球治理赤字的主要原因。本文聚焦数字经济治理议题，基于发展—安全的分析框架比较了数字经济背景下国家统筹发展和安全的绩效，对不同情景下的全球总体福利水平进行排序，进而提出了实现全球福利最大化的数字经济治理路径。

① 《习近平向2022年世界互联网大会乌镇峰会致贺信》，《人民日报》2022年11月10日第01版。

二　文献综述

近年来，中外经济学、管理学和政治学等领域的学者就如何在数字经济治理中实现发展和安全的平衡展开了一系列研究和探索，其研究内容主要分为三类。

第一类研究主要基于经济增长理论，重视研究数字经济的发展规律及其对宏观经济增长的影响，将数字经济视为一种新的产业形态，把数据视为新的生产要素。例如，丛林（Lin William Cong）等学者构建了包含数据要素的内生经济增长模型，认为数据要素的运用可以有效提高创新效率，进而促进长期经济增长，因此提出要积极推动数据要素的流动、交易和共享等政策主张。[①] 徐翔和赵墨非分析了数据资本对经济增长的直接影响和溢出效应，使用理论模型和数据模拟证明数据资本积累拉动宏观经济增长的巨大潜力，提出要对内加快布局与数据资本相关的基础设施、对外积极开展跨国数据资本合作。[②] 黄群慧等发现互联网发展可以通过降低交易成本、减少资源错配以及促进创新等渠道显著提升制造业企业的生产效率，认为中国应大力发展互联网技术并实现“互联网+”和制造业的深度融合。[③] 张勋等聚焦数字金融领域，认为数字金融的发展显著提升了农村低收入群体的家庭收入，特别是改善了农村居民的创业行为，因此提出要推进数字金融的发展，强化其在创业、增收和改善收入分配上的作用。[④] 总的来说，这类研究大多是对传统经济学理论与模型的拓展，对数字经济治理的讨论往往聚焦于政府如何通过增加数字基础设施投入、推动数据共享和鼓励竞争创新等方式来促进数字经济发展的层面，对如何规制和解决数

① Lin William Cong，Danxia Xie and Longtian Zhang，“Knowledge Accumulation，Privacy，and Growth in a Data Economy”，*Management Science*，Vol. 67，No. 10，2021.

② 徐翔、赵墨非：《数据资本与经济增长路径》，《经济研究》2020 年第 10 期。

③ 黄群慧、余泳泽、张松林：《互联网发展与制造业生产率提升：内在机制与中国经验》，《中国工业经济》2019 年第 8 期。

④ 张勋、万广华、张佳佳、何宗樾：《数字经济、普惠金融与包容性增长》，《经济研究》2019 年第 8 期。

字经济发展过程中的潜在安全风险并未予以足够重视。

第二类研究从产业组织理论和市场监管理论出发，围绕平台企业的反垄断和反不正当竞争问题，讨论和分析了数字经济的监管规则设计。例如，有学者认为以平台为代表的新商业模式在数字经济时代正成为世界经济的主导，并产生了新的垄断。① 让-夏尔·罗歇（Jean-Charles Rochet）等提出平台经济具有交叉网络正效应，平台规模越大效率越高，平台的垄断不一定会损害社会福利。② 王勇等提出了平台分层理论，认为最优的监管策略是要求平台企业增加分层数目和优化平台市场的分层设计。③ 在数字经济时代，政府和平台企业都是重要的监管主体，公共监管和私人监管并不是简单的替代或互补关系。从监管激励角度来看，适中的强度能够最优地协调政府和平台的监管力度。④ 江小涓和黄颖轩认为，大型数字平台依托其数字技术优势带来了“大而管不了”的问题，监管机制也应与时俱进，需要重点推进合规监管、分类监管、技术监管、均衡监管、价值导向监管和敏捷监管。⑤ 陈伟光和钟列炀认为，传统治理机制难以适应全球数字经济的快速发展，未来全球数字经济治理的主体与对象都将趋于多元化，构建统一、包容、共享、互惠的新秩序应当成为全球数字经济治理的理想目标。⑥ 孙晋认为，数字经济具有动态竞争、跨界经营、网络效应和寡头竞争等特征，数字经济治理的关键是进行监管创新，推进落实包容审慎监管、公平公正监管、协同整体监管、激励性监管、信用监管和智慧监

---

① Alex Moazed and Nicholas L. Johnson, *Modern Monopolies: What It Takes to Dominate the 21st Century Economy*, New York: St. Martin's Press, 2016.

② Jean-Charles Rochet and Jean Tirole, “Platform Competition in Two-Sided Markets”, *Journal of the European Economic Association*, Vol. 1, No. 4, 2003.

③ 王勇、吕毅韬、唐天泽、谢丹夏：《平台市场的最优分层设计》，《经济研究》2021 年第 7 期。

④ 王勇、刘航、冯骅：《平台市场的公共监管、私人监管与协同监管：一个对比研究》，《经济研究》2020 年第 3 期。

⑤ 江小涓、黄颖轩：《数字时代的市场秩序、市场监管与平台治理》，《经济研究》2021 年第 12 期。

⑥ 陈伟光、钟列炀：《全球数字经济治理：要素构成、机制分析与难点突破》，《国际经济评论》2022 年第 2 期。

管。[①] 杨东提出，应本着鼓励创新和保护隐私原则，重构反垄断法及监管体系，实现数据价值的共建、共谋、共享和共治，助力增强中国数字经济的国际竞争力。[②] 总体而言，这类研究聚焦数字经济监管，其根本逻辑是通过对平台企业的合理监管，从而克服大数据“杀熟”和“二选一”不正当竞争等市场失灵问题，实现社会总体福利最大化。尽管这类研究也涉及数字经济安全议题，但讨论的问题仍局限于用户隐私与企业经营层面的安全，并未上升到国家安全层面。

第三类研究重点讨论了数字技术发展对国家和国际安全带来的新挑战。约瑟夫·S. 奈（Joseph S. Nye）在传统的国际关系分析框架中加入了网络空间这个变量，探讨了网络威慑的概念、手段及实现策略，提出了网络空间威慑的四种途径，进而构建了网络空间治理的国际关系理论。[③] 米尔顿·L. 米勒（Milton L. Mueller）聚焦互联网治理中的政治因素，认为互联网超越了传统民族国家的边界，并导致国家与全球化监管之间的冲突。[④] 托马斯·里德（Thomas Rid）反驳了网络战争即将到来的传统观点，认为技术的发展使得发动网络攻击的门槛越来越高，降低了发生大规模冲突和战争的概率。[⑤] 纳兹利·乔克里（Nazli Choucri）构建了一个网络空间国际关系的分析框架，从国家、国际和全球三个不同的体系层次预测和分析了存在的网络威胁及其对国家安全和国际稳定带来的挑战。[⑥] 阎学通和徐舟认为，主要国家在网络空间竞争的重要性已经超越了传统的地缘竞争，网络安全正在成为国家安全的核心。[⑦] 刘杨钺梳理了国际政治框架下研究网络安全的三种视角，认为网络安全的内涵应包括四个维度，即网域安全、

① 孙晋：《数字平台的反垄断监管》，《中国社会科学》2021 年第 5 期。

② 杨东：《论反垄断法的重构：应对数字经济的挑战》，《中国法学》2020 年第 3 期。

③ Joseph S. Nye, "Deterrence and Dissuasion in Cyberspace", *International Security*, Vol. 41, No. 3, 2016.

④ Milton L. Mueller, *Networks and States: The Global Politics of Internet Governance*, Cambridge: MIT Press, 2010.

⑤ Thomas Rid, "Cyber War Will Not Take Place", *Journal of Strategic Studies*, Vol. 35, No. 1, 2012.

⑥ Nazli Choucri, *Cyberpolitics in International Relations*, Cambridge: MIT Press, 2012.

⑦ 阎学通、徐舟：《数字时代初期的中美竞争》，《国际政治科学》2021 年第 1 期。

系统安全、发展安全和信息安全。① 蔡翠红认为，由美国引导的大国网络博弈的地缘政治趋势对全球网络安全形势构成了威胁，因此中国应与各国携手建设网络空间命运共同体。② 上述研究重点讨论了网络空间安全的内涵及实现路径，但现实中的网络空间的安全风险无法彻底根除，绝对安全无法实现，特别是数字技术发展的不确定性带来了未知的安全风险，不安全感又会促使各国持续增加安全投入而忽视成本与收益之间的效率问题，由此进一步增加了数字空间的军备竞赛风险。

尽管经济学、管理学和政治学领域的研究都对数字经济治理进行了探讨，但既有研究或是侧重促进数字经济的发展，或是聚焦维护相关领域的安全，较少有研究将发展和安全两个目标结合起来建立令人信服的理论分析框架。本文认为，数字经济治理的关键是要平衡好发展和安全的关系，因此对相关问题的研究也应在“统筹国内国际两个大局、发展安全两件大事”的基础上，③ 从平衡发展和安全的视角出发，采取理论模型和案例分析相结合的研究方法，探索实现数字经济治理的最优路径。

三　理论模型

张宇燕和冯维江构建了一个一般性的理论框架，④ 用于研究一国在资源约束的前提下发展和安全的投入产出关系，分析了权衡发展和安全目标后的最优安全水平。本文在建构理论模型时，借鉴了张宇燕和冯维江在《新时代国家安全学论纲》一文中的基本分析框架，同时考虑到数字经济发展产出的规模效应、数据本身具有开放性和共享性等数字经济的特殊性，调整了部分模型假设。基于该理论模型，本文依次分析了数字经济的

① 刘杨钺：《国际政治中的网络安全：理论视角与观点争鸣》，《外交评论》2015 年第 5 期。

② 蔡翠红：《网络地缘政治：中美关系分析的新视角》，《国际政治研究》2018 年第 1 期。

③ 《习近平著作选读》第二卷，人民出版社 2023 年版，第 537 页。

④ 本文构建的一般性理论框架用以锚定、理解和分析国家安全领域的重要议题及其发展背后的约束条件与演变逻辑，而不是直接用作安全治理的政策工具。参见张宇燕、冯维江《新时代国家安全学论纲》，《中国社会科学》2021 年第 7 期。

基准情景、依附型合作、大国竞争和共享共治四种不同的情景，求解出在不同情景下国家统筹数字经济发展和安全的绩效，进而比较了不同情景下的全球总体福利水平。需要强调的是，本文讨论的四种典型情景在现实的数字治理实践中往往会混合出现，但这并不妨碍本模型作为分析工具的理论意义。

（一）模型基本设定

本文认为，数字经济治理面临着“安全—发展”的权衡问题。首先，假设发展成果 y 与安全能力 s 是一对完全互补品（perfect complement），即行为体的总效用函数等于发展成果和安全能力的最小值，表达式为 $u=min\{y, s\}$。当 $y>s$ 时，安全能力能够保护的利益规模小于发展成果，超出保护能力范围的发展成果会损失掉，此时总效用函数等于安全能力 $u=s$；当 $y<s$ 时，安全能力能够保护的利益规模大于发展成果，此时总效用函数等于发展成果 $u=y$；当 $y=s$ 时，行为体安全能力所能保护的利益与其所产出的发展成果相当，此时达到均衡状态，即 $u=y=s$。

其次，假设行为体在数字经济领域的发展成果 y 由两个因素共同决定：数字技术水平 a 和数字发展投入 x。考虑到数字经济具有规模报酬递增的特征，因此假设数字发展成果的生产函数 y 是关于发展投入 x 的平方项，即 $y=ax^2$。假设行为体在数字经济领域的安全能力 s 也由两个因素决定：数字安全产出效率 b 和数字安全投入 z，并假设其生产函数的表达式为 $s=bz$。①

最后，假设行为体可用于数字经济投入的资源总量 l 是有限的，投入数字经济安全建设的资源量 z 和投入数字经济发展的资源量 x，满足关系 $x+z=l$。以数据治理为例，数据是数字经济发展的核心要素，然而大规模数据的共享和开放也会带来安全风险，事关个人信息保护和国家经济政治

① 为简化计算，本文假设数字安全能力产出是安全投入的线性函数。在稳健性检验部分，本文也修改了该假设，将数字安全产品的生产函数修改为边际报酬递增函数，即 $s=bz^2$，发现本文的主要结论依然成立。

安全；与此同时，加大数据安全的治理力度一定程度上也会成为产业创新的约束条件。

（二）基准情景

基准情景是指一国在封闭的条件下完全独立决策，仅将本国的资源投入发展和安全建设中，以实现效用最大化的目标，而不考虑国际合作和竞争等因素的影响。下面讨论在基准情景下，国家数字经济发展和安全的投入产出选择。

图 2 展现了基准情景下代表性国家的数字经济发展和安全的投入产出关系示意图。其中，曲线 *OP* 是一国数字经济发展成果的投入产出函数（$y=ax^2$）的曲线，横坐标（左起）代表发展资源投入，纵坐标代表发展成果产出。直线 *MQ* 是该国数字经济安全能力的投入产出函数（$s=bz$）的曲线，横坐标（右起）代表安全资源投入，纵坐标代表安全能力产出。*OM* 代表该国全部可投入的资源，线段上不同的点代表不同的资源配置方式。本文讨论了三种资源配置方式。第一，当安全—发展的资源分配点位于 *F* 时，代表投入 *OF* 的资源用于发展，产出了 *FH* 的发展成果，同时投入 *FM* 的资源用于安全，产出 *FG* 的安全能力，此时 *GH* 段的发展成果得不到安全保障，该国数字经济处于安全能力不足的状态，效用水平为 *FG*。第二，当资源分配点位于 *A* 时，代表投入 *OA* 的资源用于生产发展成果，投入 *AM* 的资源用于建设安全能力，此时产出的安全能力可以保障 *AD* 水平的发展成果，而实际的发展产出仅为 *AB*，该国处于安全供给过度状态，效用水平为 *AB*。第三，当资源分配点位于 *C* 时，代表投入 *OC* 的资源用于生产发展成果，投入 *CM* 的资源用于建设安全能力，此时生产的安全能力 *CE* 恰好等于其发展成果 *CE*，该国处于均衡安全状态，效用水平为 *CE*。通过比较这三种资源配置方式下的效用水平，我们可以发现一国在基准情景下，其数字经济的安全—发展的资源最优分配点应位于 *C* 点，此时效用水平最高，任何偏离该点的配置方式都会造成安全能力过剩或不足，带来绩效损失。这表明，在基准情景下国家对数字安全的投入应当止于均衡安全

水平 CE。

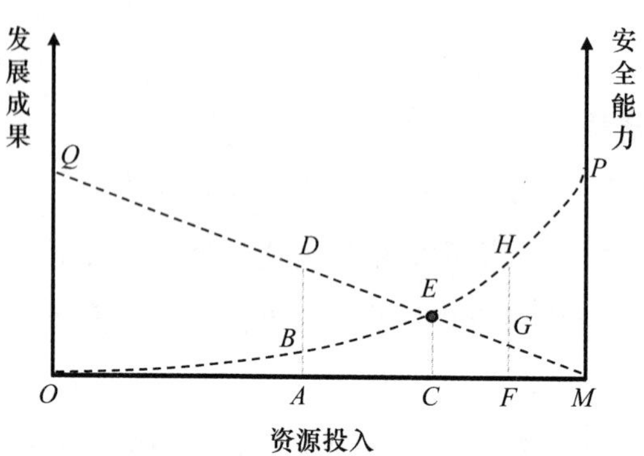

图 2　基准情景下发展和安全的投入产出关系

资料来源：笔者自制。

接下来，通过求解均衡安全水平的函数表达式，分析其影响因素。在基准情景下，国家面临的最优化问题如式（1）所示：

$$\max_{x,z}\min\ \{a\,x^2,\ bz\} \qquad \text{s. t. } x+z=l \tag{1}$$

对式（1）求最优解，可以得到均衡状态下的数字经济发展成果 y^* 和安全能力 s^*，满足：

$$y^*=s^*=bl+\frac{b^2}{2a}-\frac{b\sqrt{b^2+4abl}}{2a} \tag{2}$$

根据式（2），一国在基准情景下的均衡安全水平 s^* 由三个因素共同决定：数字技术水平 a、数字安全产出效率 b 和可投入资源总量 l。图 3 进一步展示当这三个因素发生变化时对均衡状态下的安全能力和资源配置方式的影响。给定其他因素保持不变，当一国数字技术水平 a 提高时，其数字经济发展成果的投入产出曲线将由 OP_1 变为 OP_2，从而使该国均衡状态下的发展能力（发展成果）由 C_1E_1 提高至 C_2E_2，投入安全能力建设的资源也由 MC_1 增加至 MC_2；当一国数字安全产出效率 b 提高时，其数字经济安全能力的投入产出曲线将由 MQ_1 变为 MQ_2，从而使该国均衡状态下的安全能力（发展成果）由 C_1E_1 提高至 C_3E_3，投入安全能力建设的资源也由

MC_1 减少至 MC_3。当一国数字经济可投入资源总量 l 扩大时，其发展成果的投入产出曲线将由 OP_1 延长至 OP_3，安全能力的投入产出曲线将由 MQ_1 平移至 NQ_3。在新的均衡下，该国的数字经济安全能力和发展成果也会由 C_1E_1 提高至 C_4E_4。

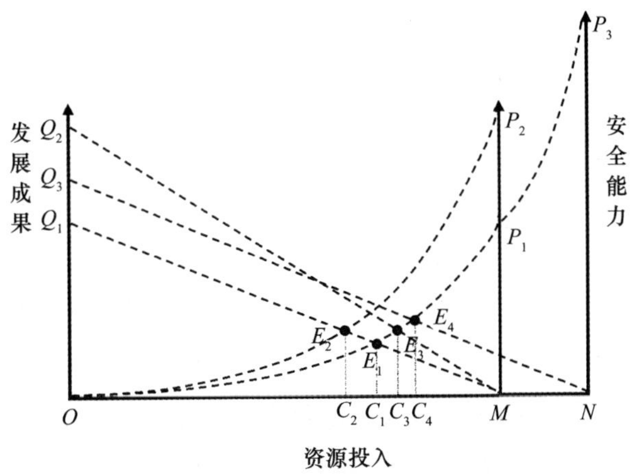

图 3　基准情景下均衡安全水平的影响因素

资料来源：笔者自制。

综上，在基准情景下，国家对数字安全的投入应止于均衡安全水平，此时该国生产的安全能力恰好等于发展成果，任何高于或低于均衡点的安全投入都会带来资源错配和社会福利的损失。提升数字技术水平、安全产出效率或扩大可投入资源总量，均可提高均衡状态下的安全能力和发展水平，同时也会带来资源最优分配比例的变化。其中，安全产出效率的提高会带来总资源中发展投入占比上升，而仅提高数字技术水平会导致总资源中安全投入占比上升。这意味着数字技术水平在提高的同时，也要同步提升数字安全的产出效率，否则会导致均衡状态下需要投入更多的资源用于数字安全能力建设，留给发展投入的资源也会相应减少，从而容易使数字经济治理陷入越发展越不安全、保障安全却阻碍发展的逻辑怪圈。因此，提升数字安全的产出效率是改善数字经济治理绩效的关键。

（三）依附型合作情景

依附型合作情景是指主导国与依附国之间进行的数字经济治理合作，其中的主导国可以在很大程度上利用依附国的资源发展数字经济，同时为依附国提供安全保护。考虑到数字经济的特殊性，数据是其重要的生产要素并具有非竞争性，因此主导国使用资源并不影响依附国的自身使用。为便于分析，假设主导国（A 国）无论是在数字技术水平还是在数字安全产出效率上，资源总量都高于依附国（B 国），即 $a_A>a_B$，$b_A>b_B$，$l_A>l_B$。

图 4 是 A、B 两国的数字经济发展和安全在依附型合作情景下的投入产出关系示意图。B 国将全部的资源 MN 投入数字经济发展，并产出发展成果 NP_2，同时要求 A 国为其建设与发展成果相匹配的安全能力 KH。在该情形下，由于 B 国向 A 国开放了全部资源，因此 A 国可用资源总量扩大为 ON。相应地，其发展成果的投入产出曲线将由 OP_1 延长至 OP_3。考虑到 A 国需要投入 KN 段资源帮助 B 国建设其安全能力，因此 A 国国内安全能力

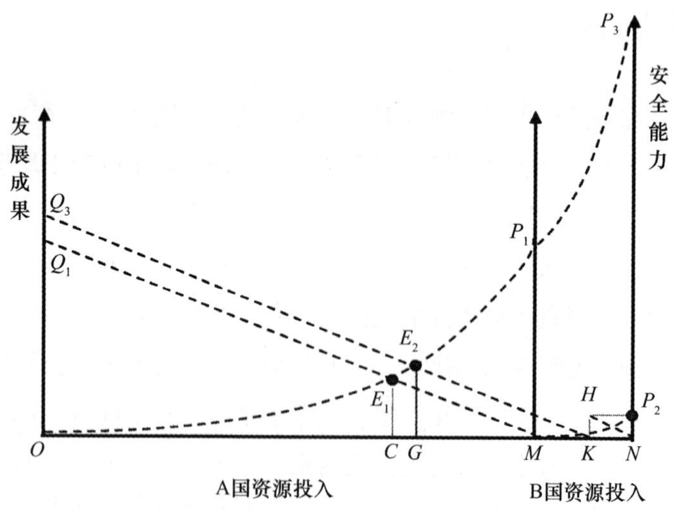

图 4　依附型合作情景下发展和安全的投入产出关系

资料来源：笔者自制。

的投入产出曲线将由 MQ_1 平移至 KQ_3。在新的均衡下，A 国的数字经济安全能力和发展水平为 GE_2，B 国为 NP_2。代入函数表达式，可以解得两国的均衡发展成果 y_A^{**}、y_B^{**} 和均衡安全能力 s_A^{**}、s_B^{**}，如式（3）和式（4）所示：

$$y_A^{**}=s_A^{**}=b_A l_A+\frac{b_A^2}{2a_A}+l_B\left(b_A-a_B l_B\right)-\frac{b_A\sqrt{b_A^2+4a_A b_A l_A+4a_A l_B\left(b_A-a_B l_B\right)}}{2a_A} \tag{3}$$

$$y_B^{**}=s_B^{**}=a_B l_B^2 \tag{4}$$

为了对比依附型合作情景和基准情景下的数字经济治理绩效，参考式（2）中基准情景下的均衡结果，得到 A、B 两国各自独立决策时的均衡发展成果 y_A^*、y_B^* 和均衡安全能力 s_A^*、s_B^*，如式（5）和式（6）所示：

$$y_A^*=s_A^*=b_A l_A+\frac{b_A^2}{2a_A}-\frac{b_A\sqrt{b_A^2+4a_A b_A l_A}}{2a_A} \tag{5}$$

$$y_B^*=s_B^*=b_B l_B+\frac{b_B^2}{2a_B}-\frac{b_B\sqrt{b_B^2+4a_B b_B l_B}}{2a_B} \tag{6}$$

基于式（3）至式（6），本文使用数值模拟的方法计算了 A、B 两国从基准情景转向依附型合作情景后均衡安全水平的变化，并在图 5 中使用三维坐标系呈现这一结果。对 B 国而言，依附型合作使得其均衡状态下的安全能力和发展成果相比基准情景都有了提升，即 $y_B^{**}=s_B^{**}>y_B^*=s_B^*$；对于 A 国而言，当且仅当 $b_A>a_B L_B$ 时，依附型合作的结果才优于其基准条件下的均衡，即 $y_A^{**}=s_A^{**}>y_A^*=s_A^*$。这意味着只有当 A 国的安全产出效率 b_A 足够高时，其帮助 B 国建设安全能力所付出的资源才能大于其使用 B 国资源的收益，此时依附型合作才能成为对两国福利的帕累托改进。

综上，在依附型合作情景下，在数字技术水平、安全产出效率和资源总量上占据优势的主导国可以同实力较弱的依附国开展合作，从而同步提升双方均衡状态下的安全能力和发展成果，实现从基准均衡向依附型合作均衡的帕累托改进。但是，上述结论的成立需要满足一定条件，即主导国的安全产出效率越高，依附国的资源总量越小、数字技术水平越低，这种

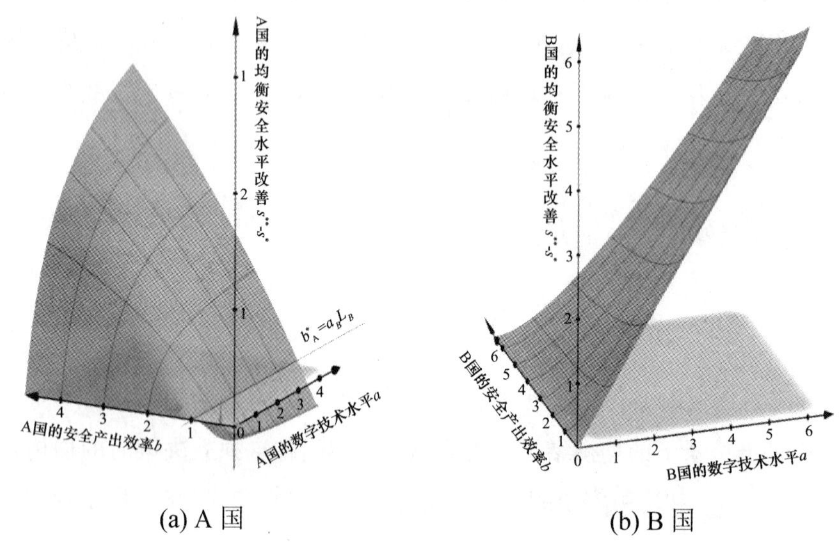

(a) A 国　　(b) B 国

图5　从基准情景到依附型合作的均衡安全水平改善

资料来源：笔者自制。

依附型合作越容易达成。这表明在数字经济治理领域的依附型合作往往发生在互补性较强的两国之间。而对于实力接近的国家来说，依附型合作给双方同时带来的福利改善效果并不显著。

（四）大国竞争情景

大国竞争情景是指国家在数字经济领域开展竞争博弈，其中一国生产的超额安全能力可以转化为对竞争对手的威胁。鉴于大国竞争情景往往出现在实力相近的国家之间，因此为了简化分析，本文假设两国资源总量都相同，即 $l_A=l_B$，其中领先国（A 国）在数字技术和数字安全产出效率方面都高于新兴发展国（B 国），即 $a_A>a_B$，$b_A>b_B$。

图 6 是 A、B 两国的数字经济发展和安全在大国竞争情景下的投入产出关系示意图。在该情景下，领先国（A 国）为了获取更大的竞争优势，会倾向于偏离其封闭情景下的资源最优配置点 C，而且选择减少发展投入、将更多资源投入安全能力建设的配置点 G。此时，A 国生产出 GE_2 水平的

安全能力、GE_3 水平的发展产出，从而具备了 E_2E_3 水平的超额安全能力。在大国竞争情景下，A 国的这种超额安全能力会转化为对 B 国的威胁能力，B 国的安全能力投入产出曲线会从 NQ_2 下降为 KQ_3，下降幅度等于 A 国的超额安全能力，即 $Q_2Q_3=E_2E_3$。同时，B 国在均衡安全状态下的发展水平也将由基准情景下的 DF_1 下降为 HF_3。在大国竞争情景下，B 国出于应对 A 国威胁的需要，也会主动提前储备与 A 国等量的超额安全能力。换言之，只要观察到 A 国储备了 E_2E_3 水平的超额安全能力，B 国也会将资源配置点从封闭均衡下的 D 点调整为 H 点，获得 F_2F_3 的超额安全能力，且 $F_2F_3=E_2E_3$。此时，A、B 两国会进入大国竞争情景下的新均衡状态。假设两国都储备 λ 水平的超额安全能力，带入函数表达式，可以解得两国的均衡状态下的发展成果 y_A^{***}、y_B^{***} 和安全能力 s_A^{***}、s_B^{***}，如式（7）至式（10）所示：

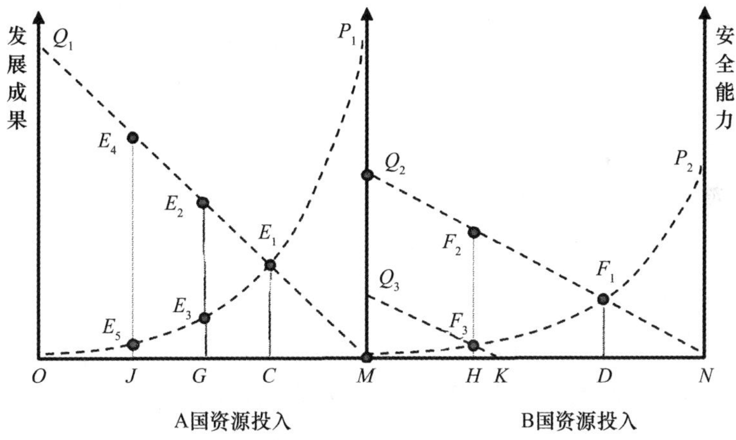

图 6　大国竞争情景下发展和安全的投入产出关系

资料来源：笔者自制。

$$y_A^{***}=b_Al_A+\frac{b_A^2}{2a_A}-\lambda-\frac{b_A\sqrt{b_A^2+4a_Ab_Al_A-4a_A\lambda}}{2a_A} \tag{7}$$

$$y_B^{***}=b_Bl_B+\frac{b_B^2}{2a_B}-\lambda-\frac{b_B\sqrt{b_B^2+4a_Bb_Bl_B-4a_B\lambda}}{2a_B} \tag{8}$$

$$s_A^{***}=b_Al_A+\frac{b_A^2}{2a_A}-\frac{b_A\sqrt{b_A^2+4a_Ab_Al_A-4a_A\lambda}}{2a_A} \tag{9}$$

$$s_B^{***}=b_Bl_B+\frac{b_B^2}{2a_B}-\frac{b_B\sqrt{b_B^2+4a_Bb_Bl_B-4a_B\lambda}}{2a_B} \tag{10}$$

基于式（5）至式（10），通过对比大国竞争情景和基准情景下的数字经济治理绩效，可以发现在大国竞争情景下，A、B 两国均衡状态下的发展成果均低于基准的情景，其表现为 $y_A^{***}<y_A^*$、$y_B^{***}<y_B^*$，安全能力均高于基准的情景 $s_A^{***}>s_A^*$、$s_B^{***}>s_B^*$，效用水平均低于基准情景。这说明同基准情景相比，大国竞争带来了资源错配，降低了两国在均衡状态下的效用水平。

综上，在大国竞争情景下，两国为应对潜在的安全风险，都会选择储备超额安全能力、减少均衡状态下的发展成果产出，同基准情景相比造成了福利损失。需要强调的是，大国竞争情景下的均衡非常不稳定，参与博弈的双方都有激励进一步增加其安全投入以获得超过竞争对手的安全优势，从而可能演变为一场“安全竞赛”。在极端情况下，领先国（A 国）会选择维持高于新兴发展国（B 国）最大安全能力的超额安全水平，从而迫使 B 国把全部资源投入安全能力建设中并完全放弃发展。换言之，B 国要想妥善应对 A 国的威胁，解决之道并不是简单增加安全投入；只有当 B 国主动提高自身的数字安全产出效率且使其最大安全能力赶超 A 国，A 国才会放弃极限施压的策略。

（五）共享共治情景

在共享共治情景下，各国为实现社会整体福利最大化的目标，发挥技术、数据和安全的公共产品属性，以共享共治的理念在数字经济领域开展合作。仍然假设有两个国家（A 国和 B 国），A 国无论是数字技术水平还是数字安全产出效率，其资源总量都高于 B 国，即 $a_A>a_B$，$b_A>b_B$，$l_A>l_B$。

图7是在共享共治情景下A、B两国的数字经济发展和安全的投入产出关系示意图。在该情景下，A、B两国会结成“共同体”来决定其最优安全和发展投入：由于两国技术充分共享，因此共同体的数字技术水平等于两国技术水平的最大值，即 $a^{*}=a_{A}$；由于两国数据充分共享，因此可投入的总资源水平等于两国资源的总和，即 $l^{*}=l_{A}+l_{B}$；由于两国安全共建，两国将数字安全能力作为一种国际公共产品合作提供，且安全产出效率等于两国产出效率的最大值 $b^{*}=b_{A}$。如图7所示，两国的数字经济发展成果投入产出曲线为 OP_3，两国的安全能力投入产出曲线为 NQ_3；均衡状态下，两国将投入OG的资源用于数字经济发展，NG的资源用于数字安全建设，并产出GE3水平的发展成果和安全能力。代入函数表达式，两国的均衡发展成果 y_{A}^{****}、y_{B}^{****} 和均衡安全能力 s_{A}^{****}、s_{B}^{****}，如式（11）所示：

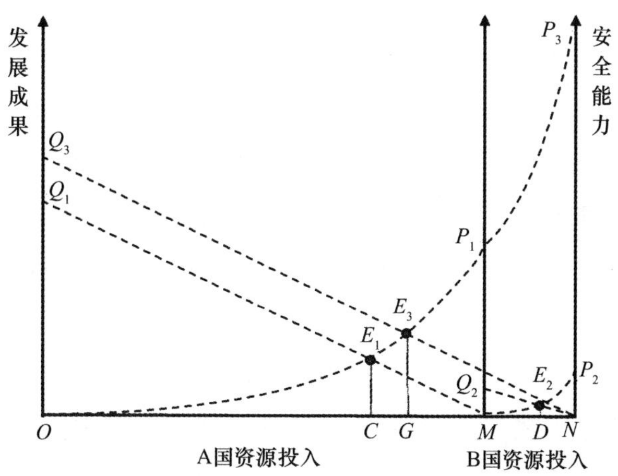

图7　共享共治情景下发展和安全的投入产出关系

资料来源：笔者自制。

$$y_{A}^{****}=y_{B}^{****}=s_{A}^{****}=s_{B}^{****}=b_{A}l_{A}+\frac{b_{A}^{2}}{2a_{A}}+b_{A}l_{B}-\frac{b_{A}\sqrt{b_{A}^{2}+4a_{A}b_{A}l_{A}+4a_{A}b_{A}l_{B}}}{2a_{A}} \qquad (11)$$

基于式（5）、式（6）和式（11），通过对比共享共治情景和基准情景下的数字经济治理绩效，可以发现在共享共治情景下，两国均衡状态下的发展成果与安全能力均高于基准下的情景，即 $y_A^{****}=s_A^{****}>y_A^{*}=s_A^{*}$，$y_B^{****}=s_B^{****}>y_B^{*}=s_B^{*}$。这说明共享共治不但实现了两国各自福利水平的帕累托改进，而且在均衡状态下两国福利水平相同。

综上，本文通过构建理论模型分析了不同情景下国家统筹数字经济发展和安全的绩效。进一步，本文将模型中所讨论的四种情景按照总体福利水平从高到低进行排序后发现，共享共治情景>依附型合作情景>基准情景>大国竞争情景的治理绩效。为检验结论的稳健性，本文修改了部分模型假设，如将数字安全的生产函数修改为边际报酬递增、将两国模型拓展到多国模型等，检验发现本文的主要结论依然稳健成立。

四　案例分析

数字经济作为一个新兴领域，世界主要大国都在探索并提出本国的数字经济治理方案。本文理论模型中提出的四种情景为分析各国数字经济治理模式提供了新视角。具体来说，基准情景适用于各国的数字治理实践，欧盟的数字经济治理模式具有代表性，本文以此为例检验基准情景的结论。依附型合作、大国竞争两种情景在现实中已经初见端倪，当前美日在数字经济领域的合作是依附型合作的典型代表，而中美在数字经济领域的竞争则体现了大国竞争的特征。共享共治作为一种理论上的最优情景，尽管在现实中并未出现，但中国提出的网络空间命运共同体理念与共享共治情景契合。

（一）基准情景：欧盟数字经济治理

欧盟在数字经济治理领域起步较早，其在治理过程中对发展和安全目标的平衡为理解基准情景提供了典型案例。欧盟长期以来重视数字安全能力建设，在个人数据保护、数字经济监管方面走在世界前列。联邦德国在

1970 年通过了世界上第一部个人数据保护法，即《黑森州数据保护法》;[①] 瑞典于 1973 年出台了《瑞典数据保护法》; 法国于 1978 年制定了《信息技术与自由法案》; 英国也在 1984 年通过了《数据保护法》;[②] 1981 年，欧洲委员会颁布了《关于在自动处理个人数据方面保护个人的公约》（简称“108 公约”），这是世界上首部聚焦个人数据保护的国际公约;[③] 1995 年，欧盟颁布了《数据保护指令》（简称“95 指令”），进一步完善了欧盟的数字治理规则;[④] 2018 年 5 月，欧盟的《通用数据保护条例》（GDPR）正式生效。[⑤] GDPR 的生效使全球为欧洲企业和公民提供互联网服务的企业都被纳入监管约束范围，此举成功地将欧盟的市场力量转化成了规范性权力，推动其数字空间治理原则和数字产业标准的国际化。[⑥] 除此之外，欧盟把大型互联网平台企业作为监管的重点对象，重视对平台企业的反垄断监管，以维护数字经济发展的公平竞争环境。[⑦]

欧盟长期以来强调的数字安全治理模式也在一定程度上抑制了其经济的发展。当前欧盟的数字经济发展相对滞后，在第五代移动通信技术（5G）通信、人工智能、大数据和云计算等领域的技术研发明显落后于中美两国。根据联合国发布的《2021 年数字经济报告》，在全球体量前 100 名的数字平台的市值总和中，中美两国占了近 90%，欧盟仅占 3%，远低于目前欧盟经济总量在世界经济总量中的占比（18%）。[⑧] 为扭转这一局

---

① 王华伟:《数据刑法保护的比较考察与体系建构》,《比较法研究》2021 年第 5 期。

② 李春华、万其刚:《国外网络信息立法情况综述》,《中国人大》2012 年第 20 期。

③ Council of Europe, “Convention for the Protection of Individuals with Regard to Automatic Processing of Personal Data”, https: //rm. coe. int/1680078b37.

④ European Union, “Directive 95/46/EC of the European Parliament and of the Council of 24 October 1995 on the Protection of Individuals with Regard to the Processing of Personal Data and on the Free Movement of Such Data”, https: //eur-lex. europa. eu/legal-content/EN/TXT/? uri=CELEX%3A31995L0046.

⑤ European Union, “General Data Protection Regulation (GDPR) Compliance Guidelines”, https://gdpr. eu/.

⑥ 蔡翠红、张若扬:《“技术主权”和“数字主权”话语下的欧盟数字化转型战略》,《国际政治研究》2022 年第 1 期。

⑦ 钟鸣:《欧盟数字平台监管的先进经验及我国的战略选择》,《经济体制改革》2021 年第 5 期。

⑧ UNCTAD, “Digital Economy Report 2021”, https: //unctad. org/webflyer/digital-economy-report-2021.

势，欧盟近年来在数字经济治理中更加强调发展和安全的平衡，出台了一系列政策法规，旨在提升数字经济的全球竞争力。2020年欧盟发布了《欧洲数据战略》，该文件以数字经济发展为主要视角，概述了政策措施和未来规划，目标是到2030年使欧盟在数字经济中的份额与欧盟的经济比重匹配。① 2022年欧盟先后通过了《数据治理法》《数字服务法》和《数字市场法》，旨在加强对互联网巨头的监管，为本土中小企业发展释放空间，从而激活欧盟数字经济市场的创造力，提升欧盟在数字经济领域的竞争力和主导权。

欧盟数字经济治理起步较早，但欧盟在制定数字经济治理规则时比较强调安全能力建设，重视对个人数据隐私的保护和平台企业的监管，这在一定程度上约束了企业的创新发展，部分导致欧盟的数字经济发展落后于中美两国。在此背景下，欧盟开始调整战略，重视提升本土企业的创新能力，在数字经济治理中兼顾发展和安全两方面目标。

（二）依附型合作情景：美日数字经济治理合作

美日数字经济治理合作可被视为依附型合作情景的案例。美国帮助日本建设其数字安全治理能力，日本也积极支持美国关于数据开放共享的主张。一方面，美国凭借其科技优势，通过数字经济治理合作方式为日本在数字安全方面提供保护。美国长期以来重视数字安全和网络攻防能力建设，并积极同盟友和伙伴组建“意愿联盟”，构筑网络空间的集体防御机制。② 2019年4月，美日两国的联合声明指出，“国际法适用于网络空间，网络攻击在某些情况下可以视为武装攻击，因而适用于《美日安保条约》第5条”，美日两国正式把网络空间安全纳入共同防卫的范畴。③ 2014年，

① European Commission，“European Data Strategy”，https：//commission.europa.eu/strategy-and-policy/priorities-2019-2024/europe-fit-digital-age/european-data-strategy_en.

② The White House，“International Strategy for Cyberspace：Prosperity，Security，and Openness in a Networked World”，https：//obamawhitehouse.archives.gov/sites/default/files/rss_viewer/inter-nationalstrategy_cyberspace.pdf.

③ Ministry of Foreign Affairs of Japan，“Japan-U.S. Security Consultative Committee（Japan-U.S. ‘2+2’）”，https：//www.mofa.go.jp/na/fa/page3e_001008.html.

美日成立了网络防御政策工作组，组织多轮网络安全对话，通过领导人峰会和美日安保磋商委员会等机制，在数字安全领域展开常态化合作。① 在美国的帮助下，日本的网络空间安全水平得到了显著提升。以 2021 年东京奥运会为例，日本在奥运会期间共遭遇了约 4.5 亿次网络攻击，但在应对这些网络攻击的过程中，美国提供了大量的技术支持。② 2022 年 11 月，日本宣布加入北约网络防御合作卓越中心，在日美同盟的基础上获得了北约数字安全力量的支持。③

另一方面，日本积极响应支持美国关于数据开放共享的主张。美国长期以来倡导建立跨境数据自由流动的相关规则，但在“棱镜门”事件之后受到包括欧洲国家在内的批评指责。2018 年美国国会通过了《澄清域外数据合法使用法案》，④ 以国内立法的形式赋予了美国政府对他国数据的长臂管辖权，其本质是要求他国数据对美国的单向开放。尽管美国的数字霸权行径受到了包括欧盟在内的多方抵制，但日本还是对其予以了积极回应。2019 年 6 月，日本在二十国集团（G20）大阪峰会上提出了“基于信任的跨境数据流动”理念，其核心内容同样是倡导数据自由开放流动，这其实是对美国数据话语权的附和。⑤ 2019 年 10 月，日本签署了《美日数字贸易协定》，反对各国对数字产品和服务征税，保证在所有领域进行无障碍的跨境数据交易。⑥ 除此之外，日本还通过加入美国主导的“印太经济框架”，在数字技术标准制定、数字贸易规则和跨境数据流动等方面支持美国构建以遏制中国为目标的“包围圈”。

---

① 江天骄：《美日网络安全合作机制论析》，《国际展望》2020 年第 6 期。

② “U. S. -Japan Cybersecurity Cooperation：Beyond the Tokyo 2020 Olympics”，https：//pacforum. org/publication/us-japan-cybersecurity-cooperation-beyond-the-tokyo-2020-olympics.

③ 《日本加入北约网络防御合作卓越中心居心叵测　警惕日本与北约加速勾连》，http：//www. news. cn/mil/2022-11/17/c_ 1211701740. htm。

④ The 115th Congress of the United States，“H. R. 4943 - CLOUD Act”，https：//www. congress. gov/bill/115th-congress/housebill/4943/text.

⑤ Ministry of Foreign Affairs of Japan，“G20 2019 Japan Leaders’ Special Event on Digital Economy”，https：//www. mofa. go. jp/policy/economy/g20_ summit/osaka19/en/special_ event/.

⑥ U. S. Trade Representative，“U. S. -Japan Digital Trade Agreement Text”，https：//ustr. gov/countries-regions/japan-korea-apec/japan/us-japan-trade-agreement-negotiations/us-japan-digitaltrade-agreement-text.

美日数字经济治理合作在本质上是要建立一个以美国为中心的数字霸权体系，体现了依附型合作的特征。这种依附型合作还体现在其他多边机制中，如跨境隐私规则体系、全面与进步跨太平洋伙伴关系协定（CPTPP）和美墨加协定（USMCA）等。在该模式下，主导国凭借其在数字技术水平、安全产出效率和资源总量上的优势，获取了对体系中其他国家的非对称权力，而依附国则处于边缘位置，向主导国开放国内资源并接受其安全保护。这种依附型合作存在三方面缺陷：其一，主导国以本国效用最大化为目标进行资源配置，进而实现本国数字经济发展和安全的平衡，而这种资源配置方式在很大程度上会损害他国的福利水平；其二，主导国为维持自身的优越地位会凭借其权力对其他国家进行技术封锁、安全威胁和资源剥削，从而长期固化“中心—外围”的体系结构；其三，依附型合作体系得以维持的前提是主导国长期对他国数字主权、安全和发展利益的损害，难以实现体系内所有国家福利的普遍提升，因而不具有可持续性。

（三）大国竞争情景：中美数字竞争

中美数字竞争可被视为大国竞争情景的案例。美国长期以来都是全球数字经济第一大国，而中国作为数字经济的第二大国，对美差距缩减的趋势明显。因此，美国2023年发布的《国家网络安全战略》将中国视为“最广泛、最活跃和最持久的威胁”，声称“美国将动用一切国家力量来瓦解和摧毁威胁美国利益的行为体”。[①] 一方面，美国把同中国的相互依赖关系武器化、供应链问题安全化，以国家安全为由限制中国数字经济的发展。自2018年中美贸易摩擦以来，以华为和中兴为代表的中国企业被美国政府列入制裁名单。特朗普政府时期，美国启动了“净网行动”，力图将中国的数字企业排除在美国市场之外。拜登政府基本延续了特朗普政府的对华科技遏压政策，通过采取加大对本国科技投入、扩大对华企业制裁以

① The White House, “National Cybersecurity Strategy”, https://www.whitehouse.gov/wp-content/uploads/2023/03/National-Cybersecurity-Strategy-2023.pdf.

及加紧构建排华小圈子等手段筑起“小院高墙”，以供应链安全和数据安全为由限制打压中国芯片制造和互联网应用等数字经济产业的发展。除此之外，美国政府还发布了《国防部云战略》《美国数据隐私和保护法案》等文件，强化了美国在数字领域的安全保障能力。[①]

另一方面，中国通过着力提升自主创新水平以应对美国的遏压。芯片断供“卡脖子”问题让中国认识到供应链中的短板和风险，提升经济安全水平、实现核心技术自主可控成为社会各界的共识并采取了积极有效的应对措施。中美发生贸易摩擦以来，中国各级政府密集出台了一系列政策扶持半导体行业的发展，为相关企业提供土地、税收、人才、技术和资金等方面的支持；以华为、小米和吉利汽车等为代表的中国企业也纷纷加快了国产芯片的研发步伐，国产替代成为大势所趋。2018 年以来，金融领域的大量投资涌入芯片领域。根据《财经》杂志统计，2018—2020 年的三年间，中国半导体投资额超过了过去 10 年的总和。[②] 在立法层面，中国政府出台了《中华人民共和国网络安全法》《中华人民共和国数据安全法》《中华人民共和国个人信息保护法》和《数据出境安全评估办法》等法律法规，强化数字安全体系和能力建设。

在中美数字竞争的背景下，两国都将大量资源投入安全能力建设，这也体现了大国竞争情景的特征。在大国竞争的情景下，领先国和新兴发展国都有动机选择将更多资源投入数字安全能力建设，这可能偏离资源的最优配置水平，造成资源错配并阻碍数字经济的发展。与此同时，各国通过不断增加安全投入的方式来缓解各自的安全焦虑，可能会让国家陷入“数字安全竞赛”的困境，增加系统性风险，带来更大的安全隐患。

---

① U. S. Department of Defense, “DoD Cloud Strategy”, https: //media. defense. gov/2019/Feb/04/2002085866/-1/-1/1/DOD-CLOUDSTRATEGY. PDF; U. S. Congress, “H. R. 8152-American Data Privacy and Protection Act”, https: //www. congress. gov/bill/117th-congress/house-bill/8152/all-actions? overview = closed#tabs.

② 《中国芯片业这三年》, https: //news. caijingmobile. com/article/detail/428351? source_ id = 43。

（四）共享共治情景：网络空间命运共同体

网络空间命运共同体是习近平2015年在第二届世界互联网大会上提出的治理主张，“网络空间是人类共同的活动空间，网络空间前途命运应由世界各国共同掌握。各国应该加强沟通、扩大共识、深化合作，共同构建网络空间命运共同体”。[①] 2022年习近平向乌镇峰会致贺信时又明确指出，“加快构建网络空间命运共同体，为世界和平发展和人类文明进步贡献智慧和力量”。[②] 网络空间命运共同体的理念主张与共享共治情景具有一致性。一方面，网络空间命运共同体坚持共商共建共享的全球治理观，有助于释放数字经济的发展潜力，各国共享发展成果。网络空间命运共同体强调“发展共同推进、安全共同维护、治理共同参与、成果共同分享”；[③] 主张构建利益共同体，“确保不同国家、不同民族、不同人群平等享有互联网发展红利”。[④] 在该理念的指引下，数字技术、数据资源和网络安全的国际公共产品属性才能被充分释放，有助于弥合数字鸿沟，促进全球普惠包容发展，让各国共享数字发展红利。

另一方面，网络空间命运共同体倡导开放合作的网络安全理念，有助于促进各国合作实现数字安全目标。网络空间命运共同体主张“加强关键信息基础设施保护国际合作，维护互联网基础资源管理体系安全稳定，合作打击网络犯罪和网络恐怖主义……反对以牺牲别国安全谋求自身所谓绝对安全，反对一切形式的网络空间军备竞赛”。[⑤] 在数字时代，各国面对的传统和非传统安全威胁更加复杂多变，跨地区、跨国家的攻击可以通过互

① 《习近平谈治国理政》第二卷，外文出版社2017年版，第534页。

② 《习近平向2022年世界互联网大会乌镇峰会致贺信》，《人民日报》2022年11月10日第01版。

③ 世界互联网大会：《携手构建网络空间命运共同体行动倡议》，https：//cn. wicinternet. org/2020-12/29/c_173670. htm。

④ 中华人民共和国国务院新闻办公室：《携手构建网络空间命运共同体》，http：//www. scio. gov. cn/zfbps/32832/Document/1732898/1732898. htm。

⑤ 中华人民共和国国务院新闻办公室：《携手构建网络空间命运共同体》，http：//www. scio. gov. cn/zfbps/32832/Document/1732898/1732898. htm。

联网高频率、低成本完成，增加了监管难度和治理成本。网络空间命运共同体倡议有助于促进各国合作应对全球性威胁和挑战，共同维护网络空间和平、安全和稳定。

网络空间命运共同体是中国提出的数字经济治理理念，体现了共享共治情景的特征。共享共治情景可以充分发挥数字技术、安全能力和数据资源的公共产品属性，通过在共同体层面实现发展和安全的平衡，有助于释放数字发展红利，促进各国合作实现总福利最大化的目标。因此，中国提出的网络空间命运共同体倡议，有助于在全球层面实现数字经济高质量发展与高水平安全的动态平衡。

五　结论

数字经济治理的关键是平衡好发展和安全的关系。本文基于《新时代国家安全学论纲》一文的理论框架，从统筹发展和安全的视角出发，分析了数字经济治理的不同模式和路径选择。本文通过构建理论模型分析了基准情景、依附型合作、大国竞争和共享共治四种数字经济治理情景，研究了数字经济背景下国家统筹发展和安全的绩效，并对不同情景的总福利水平进行了排序。本文将欧盟数字经济治理、美日数字经济治理合作、中美数字竞争和网络空间命运共同体四个典型案例与理论模型中的四种情景对应，探讨了在全球层面实现数字经济治理发展和安全平衡的路径，得出四点结论。

第一，在基准情景下，国家对数字安全的资源投入应当止于均衡安全水平，如果偏离了该资源配置方式，就会造成安全能力过剩或不足，带来绩效损失。在现实中，由于数字技术发展服从摩尔定律，技术的快速迭代进步在提高数字经济发展成果产出的同时，也导致安全能力的不足。此时，若能同步提升数字安全的产出效率，便可在资源配置方式不变的情况下实现更高水平的发展和安全平衡。因此，提升数字安全的投入产出效率是实现数字经济有效治理的关键所在。

第二，在依附型合作情景下，当主导国同依附国在数字经济治理领域展开合作时，主导国会利用依附国的资源发展数字经济，同时也会为依附国提供安全保护。然而，我们应对此合作模式保持清醒认识，依附型合作在本质上是要构建一个“中心—外围”的数字霸权体系。在该合作模式下，主导国凭借其在数字经济领域的先发优势，享有非对称权力，依附国则长期受到主导国的控制和剥削，这将固化并加剧全球数字经济发展的不平等。

第三，在大国竞争情景下，领先国和新兴发展国都有安全动机生产超额的安全能力以应对来自竞争对手的潜在威胁，但容易陷入“数字安全竞赛”困境。在该模式下，双方可能偏离实现发展和安全平衡的资源配置方式，造成绩效损失并积累系统性风险。对于新兴发展国而言，只有提高自身的数字安全产出效率，才能促使竞争对手放弃极限施压的策略。

第四，在共享共治情景下，各国如果在技术、资源和安全领域展开充分合作，那么就会在共同体的层面达到发展和安全的平衡，实现总福利最大化的目标。中国提出的网络空间命运共同体理念体现了共享共治情景的特征，这一治理模式有助于协调各国利益，在全球层面实现数字经济高质量发展与高水平安全的动态平衡。

基于统筹发展和安全的视角，本文认为数字经济治理的最优路径是在共享共治的基础上推动构建网络空间命运共同体。实现国家层面的数字经济治理要注重两方面内容：一是要探索新发展理念，通过对外开放实现高质量发展，因为不发展才是最大的不安全；二是要坚持从总体的视角看待国家安全，通过推动国家安全能力现代化实现安全产出效率的提升，实现更高水平的国家安全。对于全球数字经济合作，无论是组建以维护一国霸权为目的而不顾他国国家利益的“小圈子”，还是以“脱钩断链”的方式遏压竞争对手、制造网络空间的分裂与对抗，都会对相关各方的福利造成损害。各国只有在共享共治的基础上，以开放、互利、共赢为基础开展国际交流与合作，才能最终实现多方共赢，共享数字红利，造福全人类。

（本文发表于《世界经济与政治》2023 年第 7 期）